프레드릭 댕커의 『신약성서 그리스어 사전』은 이전에 그가 편찬한 BDAG 3판의 명성을 고스란히 유지하면서도 신약성서 원문 연구에 필요한 부분만을 간단명료하게 정리해놓은 큰 장점이 있는 사전이다. 그리스어의 한글 번역과 영어 원문 정의를 함께 배열해 단어의 뜻을 이해하는 데 큰 도움을 준다. 그뿐만 아니라 그리스어가 사용되는 신약성서의 구절들을 하나도 빼놓지 않고 제시해 "단어 연구"에도 매우 유용하다. 신약성서 그리스어 연구에 필요한 도구가 절대적으로 부족한 국내 신학생과 목회자들, 그리고 마땅히 추천할 그리스어 사전이 없어 원서만을 추천하던 교수의 입장에서 이 사전은 "밭에 감춰둔 보화"(마 13:44)와 같다.

김경식 | 웨스트민스터신학대학원대학교 신약학 교수

『신약성서 그리스어 사전』이 우리말로 번역되어 출간된다는 소식은 신학교에서 그리스어를 가르치는 선생으로서 매우 기쁜 일이 아닐 수 없다. 모든 외국어가 그러하듯이 언어의 기본은 어휘인데, 그 어휘의 의미를 알려주는 사전이야말로 참으로 우리에게 귀중한 선물이 아닐 수 없다. 더욱이 이 사전의 저자는 전 세계적으로 존경받는 신약 학자인데, 그의 책이 우리말로 번역된다는 것은 큰 경사임이 확실하다. 신약성서를 원어로 읽고자 하는 모든 이들에게 이 좋은 사전이 큰 사랑을 받을 수 있기를 바라며, 적극적으로 추천한다.

김경진 | 백석대학교 기독교전문대학원 신약학 교수

이 사전은 신약성서에 나오는 모든 그리스어 단어를 표제어로 선택해 핵심적인 뜻을 한 눈에 들어오게 간결히 설명해냈다. 신약성서를 원문으로 읽는 모든 신학생과 목회자 그리고 신학자가 책상 옆에 항상 놓고 참고해야 할 필수품이자 명품이다.

김동수 | 평택대학교 신약학 교수

신학을 하는 이들의 소망이자 동시에 반드시 달성해야 할 과제는 신약성서를 능숙하게 그리스어로 읽는 것이다. 그리스어 습득 과정 중에 느꼈던 지루함과 고단함은 번역이 미처 드러내지 못한 섬세하고 풍부한 본문의 뜻이 오롯이 현현할 때 충분히 보상받고도 남는다. 이 책은 난삽한 논의를 제거하고 필수적인 뜻만을 골라서 담은 효율성 높은 사전으로 신약성서 본문에 다가가고자 하는 이들에게 큰 도움을 줄 것이 분명하다. 어려울 때에 귀한 책이 나와 기쁘다.

김학철 | 연세대학교 학부대학 신약학 교수

이 사전의 편찬자인 프레드릭 댕커는 신약성서 독일어 사전 중 고전으로 알려진 발터 바우어의 『신약성서와 초기 기독교 문헌 그리스어-영어 사전』을 최신판으로 증보한 신학자다. 그는 신약성서를 그리스어로 읽으려는 모든 성서 연구자와 설교자 그리고 성서학자에게 결정적으로 중요한 도구를 제공했다. 한국어로 번역된 이 사전은 어원 정보, 용례, 다양한 성서 용례의 정보를 담고 있고, 특히 문맥에 따라 달라질 수 있는 그리스어 단어와 구문에 주목한다. 또한 그리스어 단어들에 대한 확장된 정의를 제공하면서 축약본 사전이 갖기 쉬운 결점을 보완하고 있다. 마지막으로 이 사전은 성서 외에 그리스 파피루스와 비명 등에 사용된 그리스어 용례까지 의식하며 그리스어 원어 성서 읽기를 폭넓게 도와준다. 게다가 사전치고는 휴대하기에도 그리 무겁지 않도록 편집되어 있어 신약성서 독자들의 학구적 관심을 능히 충족시키는 도우미가 될 것이다.

김회권 | 숭실대학교 기독교학과 교수

시카고 대학에서 공부하는 동안 BDAG의 출간을 보며 경험했던 흥분과 놀라움이 아직도 생생하다. BDAG는 고전의 권위와 최신 연구의 반영이 완벽하게 조화된 참고 문헌이다. 댕커 박사는 그리스-로마 문헌들뿐 아니라, 파피루스나 금석문 등 비문헌 자료와 관련된 최고 권위자 중 한 사람이다. 그는 성서 연구자들로 하여금 성서에 사용된 각각의 단어들이 일상생활에서 사용된 용례에 쉽게 접근할 수 있도록 편의를 제공했다. 이 사전은 축약본이지만 BDAG의 장점을 잘 보존하고 있다. 사전의 경우 활자와 편집의 가독성이 중요한데, 이 부분에서도 훌륭하다. 이 사전을 사라! 그리고 이제까지 한글로 나온 신약성서 그리스어 사전들은 다 버려도 좋다.

박영호 | 한일장신대학교 신약학 교수

BDAG 편집자로 잘 알려진 댕커가 2000년에 개정 출간한 『신약성서 그리스어 사전』은 BDAG와 더불어 신약성서를 원문으로 연구하려는 이들에게 필수 참고서로 자리매김하고 있다. BDAG는 상세하고 전문적이지만, 부피가 커서 참고하는 데 불편한 점이 없지 않다. 그런데 이 사전은 부피가 작으면서도, 어휘에 대한 의미 규정과 더불어 신약성서의 용례들과 관련된 간결한 설명을 제공함으로써 단편적인 의미만을 제시하는 다른 소사전들의 한계를 적절히 극복하고 있다. 설교나 성서 공부를 위해 신약성서 본문을 살피려는 목회자들과 신학생들에게 편리하고 유용한 동반자가 되리라고 확신한다.

양용의 | 에스라성경대학원대학교 신약학 교수

댕커는 신약성서 그리스어 분야의 대가로 이미 정평이 나 있다. 신학대학원에서 그리스어를 가르치면서 늘 신약성서의 원어를 간결하면서도 깊이 있게 안내하는 그리스어 사전이 있었으면 좋겠다는 아쉬움이 있었다. 새물결플러스에서 출간하는 이 사전은 이런 아쉬움을 충분히 달래줄 수 있는 조건을 갖추고 있다. 이 책은 신학생과 목회자뿐 아니라, 신약성서 그리스어에 관심이 있는 모든 이들에게 참으로 유용한 사전이 될 것이다.

왕인성 | 부산장신대학교 신약학 교수

댕커의 『신약성서 그리스어 사전』은 신약성서와 초기 기독교의 문헌 연구자들이 반드시 갖추어야 할 최고의 사전이다. 바우어의 선행 연구에 기초하여 파피루스와 비문 그리고 그리스-로마 시대의 문헌까지 아우르는 축적된 자료의 풍부함이 연구자들의 시선을 고정시킨다. 신약성서와 고대 문헌의 정확한 읽기를 기대하는 성서 연구자는 물론, 설교자와 신학도가 반드시 소장해야 할 이 사전의 출간은 한국 성서학 발전에 기여할 획기적인 사건이자 학문적 은총이다.

윤철원 | 서울신학대학교 신학전문대학원 신약학 교수

이 사전은 단순히 『신약성서와 초기 기독교 문헌 그리스어-영어 사전』을 간결하게 요약한 형태가 아니라 이를 넘어 참신한 방향으로 편집된 새로운 사전이다. 이 사전의 참신성은 크게 두 가지다. 첫째, 의미론적 범주 중심의 로우-나이다의 『의미론 영역에 기초한 신약 그리스어-영어 사전』과 신약의 유대 헬레니즘의 특정 관용구를 이집트에서 발견된 비문 문학 파피루스의 내용과 비교한 애보트-스미스의 『신약 그리스어 사전』의 연구를 상당히 참조하고 있다. 따라서 이 간결한 그리스어 사전은 단어의 어원뿐만 아니라 전통적 번역을 넘어선 의미론적 유사성을 띠는 용어까지를 아우른다. 이는 단어의 의미를 파악하는 현대적 방식과 고급 그리스어를 넘어 헬레니즘 그리스어 연구까지 강화한 특성을 보여주는 것이다. 둘째, 주제어와 본문비평 장치(Text-Critical Apparatus)를 초기 기독교 그리스 문헌들을 제외하고 주로 네슬레-알란트 27판에 한정하여 분량을 대폭 축소했다. 만일 누군가 신약성서를 연구하기 위해 간결한 그리스어 사전을 찾는다면 이 책을 강력하게 추천한다.

이민규 | 한국성서대학교 성서신학 교수

새롭다, 완벽하다, 얇다. 이 사전은 세 가지 면에서 찬사를 받을 것이다. 첫째, 현존하는 최고의 그리스어 사전인 BDAG의 두 번째 개정자인 프레드릭 댕커 교수가 새로운 형태로 만들었다. 각 항목의 내용에 있어서 단어의 어원과 대표적인 정의, 확장된 정의 그리고 신약의 용례를 새롭게 정리했다. 둘째, 신약성서 네슬레-알란트 27판에 나오는 모든 그리스어 단어를 담고 있는 완전한 사전을 만들었다. 셋째, 이 책은 상대적으로 얇다. 분량은 BDAG의 1/3에 해당하지만, 신약성서와 관련된 모든 것을 담았다. 신약성서 그리스어 사전으로는 이 책 한 권만으로도 충분할 것이다.

이상일 | 총신대학교 신약학 교수

신약성서를 깊이 이해하는 기초 중 하나는 신약성서 그리스어의 정확한 뜻을 가늠해내는 일이다. 그동안 우리말로 된 마땅한 그리스어 사전이 부족한 형국이어서 아쉬운 마음이 컸지만, 이 사전이 출간된다는 소식에 마음이 기쁘다. 신약성서를 찬찬히 읽으며 주석하는 일에 든든한 우군을 얻었다. 기초과학의 토대가 응용과학을 꽃피우는 것처럼 이 사전의 등장이 한국교회의 성서 연구와 성서 읽기에 의미 있는 밑거름이 되기를 바란다. 이제 강의실에서 당당하게 우리말 그리스어 사전을 추천할 수 있게 되었다.

이진섭 | 에스라성경대학원대학교 신약학 교수

사막의 오아시스란 이 사전을 두고 하는 말이다. 중국은 BDAG(2000)를 2009년에 번역 출간했다. 우리는 안트와 깅리치가 발터 바우어의 독일어 사전을 1957년에 영어로 번역한 것을, 박창환이 1965년에 영어에서 한글로 중역해 출간한 사전을 갖고 있었다. 그 후 50년이 넘도록 우리말로 된 사전(Lexicon)다운 사전이 출간되지 못했다. 그동안 『그리스어 사전』이라는 이름을 달고 나온 여러 책은 사실 단어장에 가까웠다. 영어권에서 가장 탁월한 사전학자(lexicographer)인 댕커는 지난 반세기 이상 바우어 렉시콘의 영어 번역과 증보 작업을 주도했다. 그의 최신작이자 그가 만든 렉시콘 중 가장 얇은 책이 바로 이 사전이다. BDAG를 갖고 있더라도 이 사전은 필요하다. 다른 무엇보다 휴대성이 좋고, 특히 이 사전의 어원 해설은 큰 사전보다 더 잘되어 있기 때문이다.

조재천 | 햇불트리니티신학대학원대학교 신약학 교수

The Concise Greek-English
Lexicon of the New Testament

Frederick William Danker

Copyright © 2009 by The University of Chicago.
Licensed by The University of Chicago Press, Chicago, Illinois, U.S.A.

Originally published in English under the title
The Concise Greek-English Lexicon of the New Testament,
1427 East 60th Street, Chicago, Illinois 60637, U. S. A.
All rights reserved.

Used and translated by the permission of The University of Chicago
through rMaeng2, Seoul, Republic of Korea.

This Korean Edition Copyright © 2017 by Holy Wave Plus Publishing Company, Seoul,
Republic of Korea.

이 한국어판의 저작권은 알맹2 에이전시를 통하여 The University of Chicago Press와 독점 계약한
새물결플러스에 있습니다. 신 저작권법에 의하여 한국 내에서 보호받는 저작물이므로 무단 전재와
무단 복제를 금합니다.

신약성서 그리스어 사전

프레드릭 윌리엄 댄커 지음 | 김한원 옮김

저자 서문

2000년에 출간된 『신약성서와 초기 기독교 문헌 그리스어-영어 사전』(*A Greek-English Lexicon of the New Testament and Other Early Christian Literature*, BDAG) 3판은 최근 수십 년간 사전학(lexicography)에서 발전되어 나타난 요구를 충족시키고자 노력했다. 이런 발전에서 중요한 것은 문헌에 대한 전통적인 번역이나 해설을 넘어서 원래 단어의 의미를 확장하는 데 대한 관심이었다. 오래된 방법론이 보다 간결하게 구성된 신약 그리스어 사전에도 수록되어 있기 때문에, 현재의 작업은 새로운 방향을 모색한다.

따라서 이 사전은 신약 그리스어에 대한 이전의 소규모 사전을 개정한 것이 아니며, BDAG의 요약판도 아니다. BDAG에 기록된 고대와 현대의 수많은 자료의 도움을 분명히 얻었음에도 불구하고 말이다. 더욱이 나는 F. W. 깅리치(Gingrich)와 내가 『신약 그리스어 소사전』(*Shorter Lexicon of the Greek New Testament*, 1983)에 포함시킨 자료들을 재배치하기를 주저하지 않았다. 거기에 더하여 이 사전은 프란시스 조렐(Francis Zorell)의 『신약 그리스어 사전』(*Lexicon Graecum Novi Testamenti*, 1904; 1930년 일부 개정; 1961년 부록을 포함하여 재간행), 애보트-스미스의 『신약 그리스어 해설 사전』(*A Manual Greek Lexicon of the New Testament*, 1921; 3판 1937; 재출간 1954), 로우-나이다의 『의미론 영역에 기초한 신약 그리스어-영어 사전』(*Greek-English Lexicon of the New Testament Based on Semantic Domains*, 1988)과 같은 기존에 출간된 안내서들에 특별한 빚을 지고 있다. 요컨대 사전 편찬자와 번역자들이 오랜 기간에 걸친 공헌을 남겼기 때문에 간단한 사전의 경우 다루는 내용이 크게 다를 수는 없지만, 독자들은 이 책에서 새로운 면을 바로 알아볼 수 있을 것이다.

각 낱말의 항목이나 표제어들은 네슬레-알란트 27판 본문에 나오는 어휘와 본문비평 자료에 나오는 일부 이문들에 한정되었다. 여러 본문 자료에 대한 더 상세한 정보는 BDAG에서 확인할 수 있다. 독자들이 동사, 형용사, 명사 등에서 낯선 변화형의 기본형을 아는 데 도움이 되도록 일부 변화형을 표제어로 인용했다(예를 들어, ἀγνίσθητι를 보라).

대부분의 표제어 다음에 나오는 어원 정보는 간략하게 제시했다(ἄγγελος). 특히 쉽게 이해할 수 없는 복잡한 역사나 기원을 가진 단어들에 대한 정보를 간략하게 제시했다. 독자들이 단어의 기원 가능성에 대한 다양한 평가와 관련해서 그것들의 의미를 이해하고 이론적 혼선을 벗어날 수 있도록 해준 것에 대해 고마워해주면 좋겠다. 대괄호 안에 있는 어원에 관한 내용은 일반적으로 신약 어휘를 벗어난 단어(ἀποτρέπω 안의 τρέπω)의 뜻이나 번역 등을 포함한다. 번역이 제공되지 않을 때에, 독자들은 표제어(γαμίζω)가 이 사전에서 또 다른 표제어로 등장하는 어근(γάμος)에서 유래했고 더 상세한 어원학적인 정보를 가지고 있다고 결론 내릴 수 있다. 세미콜론(;)은 어원학적 정보를 추론하고 비성서 자료에서 나온 의미론적인 배경을 제시한다(ἀναγινώσκω, ἀποφθέγγομαι). 이러한 후자의 과정은 특히 신약에서 비유나 확장된 의미로만 사용하는 용어와의 연관성을 보여준다(ἀβαρής). 또한 독자가 신약의 단어 사용에 대한 더 넓은 언어적 맥락을 인식하도록 돕는다.

표제어의 어원 정보를 소개하는 내용 다음에는 의미론적인 분류 항목이 나온다. 의미론적 분류 항목은 하나(ἄβυσσος)의 주요 의미나 더 많은 (ἀγαθοποιέω) 주요 의미를 포함하고 있고, 작은따옴표(")안에 명조체로 표시되어 있는 단어나 문장도 포함하고 있는데 그것은 그리스어의 의미를 소개한다. 이 특징을 "확장된 의미"(extended definition)라고 한다. 이 사전의 영어 원서 제목에 있는 "간결한 사전"(Concise Lexicon)이라는 표현은 표제어와 관련해 이처럼 많은 확장된 의미를 포함하고 있어서 제목 자체를 부정하는 것처럼 보인다. 하지만 아래에서 설명한 것처럼, 이런 중요한 특징은 독자들이 실제 정의와 관련한 공식적인 대응어나 번역어를 이해하도록 도와준다.

때로는 확장된 의미가 필요 없는 경우도 있으며, 처음에 나오는 번역어(강조체)가 (ἀγοράζω에 나오는 것처럼) 의미를 제공하기도 한다. 한 가지 주요 항목이나 뜻풀이보다 더 많은 것이 규정될 때는 각각 아라비아 숫자로 번호를 매겼다(ἀγάπη). 관련된 방식으로 이러한 주요 항목과 관련한 하위 항목은 영어 알파벳으로 표기했다(ἄγγελος). 만약 항목을 더 세부적으로 나누어야 할 경우에는 한글 자음으로 표시된다(ἀπόλλυμι). 공식적인 대응어들은 유기체처럼 생명력이 있어서 각각의 의미가 생성, 성장, 소멸이라는 변화 과정을 거치기 때문에, 확장된 의미는 표제어의 뜻에 더 정확한 개념을 제공하며 대응어나 번역어들이 이해될 수 있는 준거 기준을 약술한다. 그래서 이 사전은 영어 단어의 의미를 너무 많이 포함하는 것을 피하고자 노력했다. 더욱이 이 사전은 특정한 구절에 있는 그리스어 단어(ἀδικέω, αἷμα, αἴρω)와 구문에 초점을 맞춘 그리스어를 번역하기 위해서 구별되는 정보나 명조체 번역어 또는 이 두 가지를 제시한다. 이런 다양한 제시는 다른 의미를 보여주는 것이 아니라 다음과 같은 사실, 곧 영어는 맥락에 의존하는 특정한 의미를 가진 그리스어(βλέπω)를 번역하기 위해서 완곡한 표현과 관용적인 표현어를 포함해 수많은 표현 방법이 있다는 사실을 보여준다. 경우에 따라서, 하나의 항목에 포함된 단어는 또 다른 항목에 반복해서 등장할 수 있다. 그것은 단순히 영어의 유연성 때문이다(ἀδικία). 따라서 모호함을 제거하기 위해 확장된 의미가 중요하다.

성서 구절은 그리스어 본문(ἀνάγω)이 담고 있는 뉘앙스를 전달하기 위해 선택한 번역어들로 이어진다. 그리스어 본문에 있는 특정 구문은 명조체로 표시해서 번역했다(ἀγανακτέω, κολλάω). 자료의 특성에 따라 의미를 나타내는 다양한 방법들이 위에서 묘사한 과정에 유연하게 적용되었다. 아래 첨부된 그림은 위에서 설명했던 이야기의 주된 내용을 간략하게 설명한다.

❶ **ἄξιος,** α, ον ❷❸[비교 ἄγω 저울에서 '끌어 내린다'는 의미로 = '무게 나가다'; ἀναξίως를 보라] ① '가치나 값어치가 있는', ❹**가치 있는** ❺worthy, οὐκ ἄξια ❻πρός "~과 비교해 중요하지 않은" ❼롬 8:18. ② '가치에 대한 기대에 부합하는', 적절한, 걸맞는, 일치하는 appropriate, fitting, compatible (with) 마 3:8; 눅 3:8; 23:41; 행 26:20; 살후 1:3. 비인칭 ἄξιόν ἐστι 합당하다. 고전 16:4. ③ '칭찬받을 만한 가치나 장점이 있는', 가치 있는, 장점 있는, 자격 있❽는 worthy, meriting, deserving ⓐ 긍정적인 의미에서, 추천할 만한 장점❾을 가진 사람, 보상으로서 얻을 만한 가치가 있는, 속격이나 부정사를 동반하고 때로 부정어와 함께 사용되는 경우도 있다: 마 10:10; 눅 10:7 = 딤전 5:18; 눅 15:19, 21; 행 13:46; 딤전 6:1; 히 11:38; 계 4:11 등. 단독으로 마 10:11, 13; 22:8; 계 3:4. 다른 구문 형식: 눅 7:4; 행 13:25(비교 요1:27). 마 10:3 이하. 예수님을 공경하려고 애쓰기보다 친척을 더 아끼는 사람은 인정받지 못할 것임을 강조한다. ⓑ 경멸적인 의미에서, 행동이나 상황이 벌받을 만한: 맞을 만한 눅 12:48; 가장 빈번하게. 죽을 23:15 등. 사람과 관련해서 징계받을 만한 롬 1:32; 다른 내용이 언급되지 않지만, 선행한 이야기에 대한 구절에서, 계 16:6.

---

❶ 표제어
❷ 괄호 안에 있는 어원 또는 파생어
❸ 중요한 의미론적 분류를 표시하는 아라비아 숫자
❹ 단일 인용문에서 확장된 의미
❺ 강조체로 표시된 간단한 번역어
❻ 특정한 구절에 있는 그리스어를 번역하고자 제시된 명조체 번역어
❼ 참고 성서 구절
❽ 주요 분류에서 하위 항목을 소개하는 글자
❾ 참고 성서 구절이 이어지는 추가적인 단어의 뉘앙스나 추가된 세부 항목

나는 독자들에게 여기 나오는 많은 어휘와 구문 번역을 다르게 번역해 보라고 권장하고 싶다. 확장된 의미의 결정적 매개물이라는 것을 고려하면서 말이다. 이런 식으로 독자들은 어휘를 적극적으로 다루어보고, 받아들일 수 있는 번역에 도전할 수 있다.

이 사전은 원어가 영어의 문법이나 관용적인 표현 때문에 왜곡되지 말아야 한다는 원칙에 기초한다. 따라서 나는 단어의 의미나 정의를 분류할 때 최소한으로 접근했다. 영어를 사용하는 작가들은 고대의 그리스어를 사용하는 작가들보다, 자기들 마음대로 사용할 수 있는 훨씬 더 풍부한 어휘와 사전에 수록된 단어들을 가지고 있다. 그리스어 작가들은 명백한 언어적

빈곤함으로 인해 풍부한 복합어와 구문적 장치를 재치 있게 사용했다. 그러한 창조적인 활동은 구체적인 의미를 가진 매우 풍부한 영어 단어로 인해 재치를 발휘할 필요가 없는 영어 번역자들에게 당혹감을 불러일으킨다. 그리스어 작가들은 동일한 생각을 표현하기 위해 문맥과 문법을 교묘히 사용하는 방식에 의존한다. 따라서 이 사전의 독자들은 표준 영어 용법에서는 구체적인 형태가 없는 그리스어 표현의 의미에 사용된 신조어를 만나더라도 놀라지 말아야 한다. 기본 원칙은 이것이다. "그리스어는 번역자의 편의를 위해 존재하지 않는다. 오히려 그리스어는 그리스어를 배우는 이들이 왜곡을 피하도록 권유하는 특성이 있다." 나는 그런 권유를 받아들였음에도 불구하고 그런 오류를 피하는 일이 어렵다는 것을 고백하지 않을 수 없다. 그리고 누군가 그리스어처럼 아름다운 언어를 내가 모독했다며 내게 사과를 요구한다면, 나는 어떤 변명도 하지 않을 것이다. 하지만 나는 그리스어와 그 언어를 통해 선포된 위대한 말씀을 수종들기 위하여 그리스어 사전을 편찬하고자 하는 대의를 수행한 것에 대해서는 후회가 없다.

캐스린 크루그(Kathryn Krug)는 이 책이 지닌 가치와 내가 이 책을 준비하면서 누린 즐거움에 대해 말로 표현할 수 없을 정도로 많은 조언을 해주었다. 이 작업에 사려 깊은 관심을 쏟은 데이비드 워렌(David Warren) 교수에게도 신세를 졌다. 수정이 필요한 부분은 전적으로 내게 책임이 있다. 내가 작업을 끝까지 마무리할 수 있도록 격려해준 라이클 보저(Rykle Borger) 교수와 제임스 보울즈(James Voelz) 교수에게도 감사를 드린다. 학문 연구에서 쉽게 발견할 수 없는 언어적·사회문화적 관점을 의식하게 해준 그리스 사람인 아이린 추카키스(Irene Tsukakis) 씨에게도 감사의 말을 전한다. 시카고 대학교 출판부 직원들에게도 감사를 드린다. 특히 내가 작업할 수 있도록 컴퓨터를 늘 살펴주어 감사하다. 그리고 내 아내이자 동료로 60년 동안(2008년 8월 6일 하늘나라로 감) 함께한 로이스에게 고마움을 표현하려면 아마 시간과 자리가 부족할 것이다. 아내는 마음과 영혼의 문제들을 깊이 연결해주었고 이 사전의 초고가 완성되도록 길을 열어주었다.

미주리 세인트 루이스에서
프레드릭 윌리엄 댕커

역자 서문

이 사전을 번역하고 편집하는 과정에서 나는 독자들이 단어를 쉽게 찾고, 그 뜻을 신속하게 파악하도록 하기 위해 가장 많은 노력을 기울였다. 물론 원서에도 이를 위한 장치들이 마련되어 있으나, 그리스어와 영어 두 가지 언어만 제대로 다루면 되는 원서에 비해 이 번역본은 한국어의 특성상 조금 더 다양한 장치들이 필요했다. 독자들이 이러한 도구들을 충분히 활용한다면, 그리스어 연구에 이 사전을 더욱 편리하게 사용할 수 있을 것이다.

각 페이지 상단에는 해당 면에 수록하고 있는 어휘를 표시했다. 그리고 표제어는 조금 큰 서체를 사용하여 두드러지게 강조하였다. 그다음에 나오는 괄호[ ] 안의 내용은 어원이나 단어의 유래를 보여준다. 그리스어 단어들은 생각보다 훨씬 더 다양한 언어와 영향을 주고 받았기 때문에, 그 변천 과정을 이해하기 위해 필요한 부분이다. 그리고 작은따옴표 부분은 "확장된 의미"로서 원저자의 특별한 의도가 담겨 있다. 이 서술에서는 단순히 그리스어에 해당하는 한국어나 영어를 제시하는 것을 넘어서, 원어가 본래 가지고 있는 뜻이나 느낌을 폭넓게 설명한다. 만약 그리스어 단어나 숙어에 대해 일대일 대응의 한국어 표현만을 제시한다면, 그 자료는 진정한 의미의 사전이 아니라 단어장에 불과할 것이다. 그러므로 이 부분은 본 사전의 가치를 더해주는 매우 중요한 부분이다. 독자는 이 "확장된 의미"를 사용하여, 사전에 명시적으로 제시된 표현뿐만 아니라 본문에 맞는 의미를 창조적으로 해석할 수 있을 것이다.

원서에는 100종이 넘는 약어가 있으나, 이 책에서는 약어와 기호를 최소한으로 줄였다. 국내에서는 익숙하지 않은 약어가 대부분이며, 모두 약어로 바꿀 경우 가독성을 심각하게 떨어뜨릴 뿐이라고 판단했기 때문이다. 어원 설명에서 나오는 "IE"가 그리스어가 속한 "인도·유럽어족"을 나타낸다는 정도만 파악한다면 사전을 읽는 데 큰 어려움은 없을 것이다.

그리고 이 사전은 그리스어 성서 독자가 파악하기 어려운 변화형도 문법적인 분해와 함께 수록하고 있다. 문법 분해 방식과 순서는 원서를 그대로 따랐다. 대부분의 표현은 문법 용어를 줄이지 않고 그대로 사용했다.

저자는 영어를 모국어로 하는 이들을 대상으로 저술했다. 그래서 단지 영어를 충실히 옮길 경우 한국 독자들에게 그리스어 사전으로서의 역할을 제대로 하지 못할 수 있다는 점이 번역하면서 어려운 점 중 하나였다. 즉 저자가 구사하는 영어를 충실히 옮기는 것을 넘어서, 그리스어 고유의 의미를 함께 생각하지 않을 수 없었다. 그리스어를 설명하는 영어 속담이나 구어 등은 그에 해당하는 적절한 한국어 표현이 있다면 그리스어를 좀 더 잘 설명할 수 있는 한국어 표현으로 옮겼다. 그리고 저자는 그리스어 성서 본문을 어느 특정 영어 번역을 선택하지 않고 사전의 설명을 지지하는 방향으로 사역(私譯)하였는데, 이를 한국어로 옮길 때에도 개역개정이나 특정한 한글 성서 번역을 사용하지 않고 그리스어와 영어 모두를 고려하여 번역했다. 저자가 참고할 만한 특정 영역(英譯) 성서를 제시하는 경우에는, 그와 유사한 한글 번역 성서를 제시하려고 노력했다.

또한 인명이나 지명을 옮길 때에도 어려운 점이 있었다. 국립국어원은 그리스어 우리말 표기법과 관련해 확정된 표준안을 갖고 있지 않고, 학계에서도 다루는 분야에 따라 여러 가지 견해를 보인다. 따라서 한국 기독교계에서 널리 사용되는 표기법과 여러 성서의 표기법, 그리고 일반 학계에서 사용되는 표기법 등을 모두 고려하면서 원저자의 영어에는 한 단어로 표시되어 있지만 이 책에서는 여러 가지 표기를 제시한 경우도 있다. 본서는 말 그대로 단순한 서적이 아니라 그리스어의 의미를 알기 위한 "사전"이므로 이와 같은 방식이 더 유용하다고 생각했다.

그리고 단어 뜻의 경우, 그리스어 단어를 설명할 때 여러 가지 영어 단어가 제시되는 경우 그 단어 하나하나에 가장 가까운 동일한 개수의 한글을 나열하는 것이 아니라, 그리스어 개념을 더 잘 설명할 수 있다면 보다 많은 단어를 한국어로 제시하는 경우도 있다. 더불어 주요한 의미에 대해서는 영어와 한국어를 함께 제시하여 원어의 보다 더 정확한 의미를 알도록 시도했다.

그리스어는 신약을 다루는 신학과 성서 해석의 기초다. 그리고 그리스어 연구의 가장 기초가 되는 자료는 "사전"이다. 그렇지만 지금까지 이렇다 할 만한 한국어로 된 그리스어 사전이 거의 없었던 것도 현실이다. 본 사전은 한국 학자가 한국어로 연구한 결과가 아니라는 점에는 아쉬움이 있지만, 그리스어와 관련해 21세기의 가장 탁월한 학자 중 하나인 프레드릭 교수가 평생에 걸쳐 연구한 산물임을 생각하면 그 가치가 매우 크다. 번역자는 원저자의 정밀성을 훼손하지 않으면서도 한국 독자들에게 더 유용할 수 있도록 부족하나마 많은 고심을 하였다.

이 사전이 나오기까지는 번역의 과정 못지않게, 아니 그 이상으로 편집과 디자인의 과정에 많은 노고가 있었다. 이 사전의 출판을 결정하고 번역의 기회를 허락한 김요한 대표님을 비롯한 출판사 여러 직원들의 수고가 아니었다면 이 책은 결코 나올 수 없었을 것이다. 그중에서도 특히 그리스어, 영어, 한글, 한자 등 여러 언어들을 어떻게 조화시킬지에 대해 여러 차례에 걸쳐 대화를 나누고 장기간 수고한 디자인 팀에게 감사드리며, "그리스어 Voca" 과목을 통해 번역의 결과를 다듬을 수 있도록 해준 새물결아카데미 식구들에게도 감사드린다.

옮기는 과정에서 원서에 있었던 성서 구절과 사본에 관한 오류를 여러 개 수정하기는 하였지만, 번역한 결과물에 잘못이 있다면 전적으로 번역자의 부족함 때문임을 고백한다.

서울 당산동 새물결플러스 카페에서
김한원

차 례

저자서문　9
역자서문　15

A α	21
B β	118
Γ γ	132
Δ δ	144
E ε	176
Z ζ	260
H η	264
Θ θ	270
I ι	280
K κ	292
Λ λ	339
M μ	351
N ν	380
Ξ ξ	389
O ο	391
Π π	417
P ρ	491
Σ σ	496
T τ	542
Υ υ	561
Φ φ	575
X χ	591
Ψ ψ	602
Ω ω	605

Α, α, τό 그리스어 알파벳의 첫 번째 글자, **알파** α′는 수사로서 고린도 '전서'에 사용된 것처럼 첫 번째 책 또는 하나라는 의미로 사용한다. 또한 ἄλφα를 보라.

Ἀαρών, ὁ [히브리어] 격변화 없음. **아론** 미리암과 모세의 형제(출 4:14) 눅 1:5; 행 7:40; 히 5:4; 7:11; 9:4.

Ἀβαδδών, ὁ [히브리어 '파괴'] 격변화 없음. **아바돈** Abaddon 그리스어 Ἀπολλύων **파괴자, 음부(陰部)** 하데스에서 통치하는 천사 계 9:11.

ἀβαρής, ές, 속격 οῦς [ἀ- 부정(否定), βάρος; '무겁지 않은'] **짐이 되지 않는, 가벼운** unburdensome ἀβαρῆ ἐμαυτόν ἐτήρησα "나는 여러분에게 짐이 되지 않으려고 자제하였다" 고후 11:9.

ἀββά [아람어] 호격, 음사. abba = **아빠, 아버지** (O) father 보통 기도에서 '아빠 아버지여'(ὁ πατήρ)라고 하나님을 언급할 때 사용된다. 막 14:36; 롬 8:15; 갈 4:6.

Ἅβελ, ὁ [히브리어, 어원은 불분명] 격변화 없음. 일부 판본에는 Ἄβελ, **아벨** Abel 아담과 하와의 둘째 아들(창 4:2-10) 마 23:35; 눅 11:51; 히 11:4; 12:24.

Ἀβιά, ὁ [히브리어] 격변화 없음. **아비야** Abijah ① 르호보암의 아들로(대상 3:10), 예수의 족보에 나온다. 마 1:7. ② 사가랴가 속한 제사장 반열의 시조(대상 24:10) 눅 1:5.

Ἀβιαθάρ, ὁ [히브리어] 격변화 없음. **아비아달** Abiathar 놉 땅의 제사장으로 아히멜렉의 아들(삼상 22:20 이하) 막 2:26.

Ἀβιληνή, ῆς, ἡ [어원은 불분명] **아빌레네** Abilene 다마스커스 북서쪽, 다마스커스와 헬리오폴리스 사이에 있는 아빌라 시(市) 주변 지역 눅 3:1.

Ἀβιούδ, ὁ [히브리어] 격변화 없음. **아비훗** Abiud 예수의 조상 마 1:13.

* **Ἀβραάμ, ὁ** [히브리어 '많은 이들의 아버지', '자비의 아버지'] 격변화 없음. **아브라함** Abraham 사라의 남편이자 하갈의 동거인. 사라에게서 이삭을 낳았고, 하갈에게서 이스마엘을 낳았다. 그리고 여러 민족의 조상(이삭을 중심으로 한 족보, 창 16-17장)이고 신약에서는 예수 그리스도를 따르는 이들의 조상으로 의미가 확장되었다. 롬 4:1-25 외 다수.

ἄβυσσος, ου, ἡ [ἀ- 부정(否定), βυσσός = βυθός '깊이' 특히 바다에 관해; '헤아릴 수 없을 만큼 깊은 곳' '땅속 깊은 곳에 있는 초월적인 지역', **심연, 무저갱, 지하 세계** abyss, underworld 죽은 자들이 거하는 깊은 곳 롬 10:7; 귀신들이 거하는 곳 눅 8:31; 계시록의 짐승들이 거하는 곳 계 11:7.

Ἄγαβος, ου, ὁ / ἀγαθωσύνη, ης, ἡ

Ἄγαβος, ου, ὁ [히브리어] 아가보, 아가보스 Agabus 유대의 기독교 선지자 행 11:28; 21:10.

ἀγαγεῖν, ἀγάγετε, ἀγαγών ἄγω 제2부정과거 능동태 부정사 명령법 분사.

ἀγαθοεργέω [ἀγοθοεργός] 모음 축약 형태로 ἀγαθουργέω '다른 이에게 도움이 되도록 선을 행하다', **섬기다, 유익을 끼치다** render service, confer benefits 행 14:17; 딤전 6:18.

ἀγαθοεργός, όν [ἀγαθός, ἔργον] '다른 이에게 유익이 되도록 선을 행함', **유익을 끼침, 선을 행함**, 명사로 **유익을 끼치는 사람, 선을 행하는 사람** 실제로는 훌륭한 시민이 된다는 의미와 같다. 롬 13:3 이문.

ἀγαθοποιέω [ἀγαθοποιός] ① '도움이 되거나 좋은 일을 하다', **~에 좋은 일을 하다, ~에 유익을 끼치다** 눅 6:9(단독으로), 33(대격과 함께). ② '국가나 사회에 공헌하다', **옳은 일을 하다** 벧전 2:15, 20.

ἀγαθοποιΐα, ας, ἡ [ἀγαθοποιός] **좋은, 올바른, 도움이 되는 행동** 특히 집단의 일원으로 책임감을 언급하는 행동과 관련이 있다. 벧전 4:19.

ἀγαθοποιός, όν [ἀγαθός, ποιέω] 반의어. κακοποιός: **어떤 행위를 하는 자**라는 명사처럼 좋고, 올바르고, 도움이 되는 일을 행함과 관련이 있다. 공공을 위해서나 사회적으로 의식 있는 시민과 관련해서, **좋은/훌륭한** 벧전 2:14.

** **ἀγαθός, ή, όν** [어원은 불분명] '필요나 이익을 높은 수준까지 달성하는 것과 관련하여', **이로운, 유용한, 좋은, 선한** ⓐ 인격과 관련해서, 하나님은 선함의 궁극적인 표준이시다. 막 10:18b; 그리스도 10:18a. ⓑ 생물이나 무생물과 관련해서, 사물, 선물이 **유익한, 좋은** wholesome, good 마 7:11; 땅, 토지가 **비옥한** fertile 눅 8:8; 채소, 식물이 **건강에 좋은** healthy 마 7:17f; 가치 있는 행동, 훌륭한, 유익을 주는 행동 **가치 있는** 행동, 선행 worthwhile activity, good, beneficial works 행 9:36; 말이 **도움이 되는** helpful 엡 4:29; 날마다 생활이 **즐거운, 기쁨이 넘치는** enjoyable 벧전 3:10; 양심이 **깨끗한, 분명한** clear, clean 행 23:1 등. 믿음이 **강한, 확고한, 견고한** strong, resolute, steadfast 딛 2:10; 사람의 성품이 **친절한** kind 벧전 2:18; 예상, 소망에서 **유익에 대한 약속으로 품게 되는** loaded with promise of benefits 살후 2:16; 음식에 대한 수사적 표현과 관련해서, 마리아가 좋은 몫을 택하였다 = 더 유익을 얻는 부분에 대한 비유로 눅 10:42. 신약에서는 명사로 사용되었다. 시민 또는 사회적 의미에서 **선을 행하는** that which is good 롬 2:10; 비교 요 5:29; 가장 유익하도록 상황이 흘러감 롬 8:28; 복수, **재산(財産)** goods 눅 16:25.

ἀγαθουργέω ἀγαθοεργέω를 보라.

ἀγαθωσύνη, ης, ἡ [ἀγαθός] '타인의 행복/안녕에 관심을 가지는 특성, 자질', **선함** goodness 롬 15:14; 갈 5:22; 엡 5:9; 살후 1:11.

ἀγαλλίασις, εως, ἡ [ἀγαλλιάω; 성서에만 용례가 있음] '넘치는 기쁨', 환희 rejoicing 눅 1:44; 행 2:46; 축제에서 기름을 사용하는 이미지에서 ἔλαιον ἀγαλλιάσεως 기쁨, 축하의 기름 히 1:9.

ἀγαλλιάω [ἀγάλλομαι의 후기 형태로 의미는 같다] '열광적으로 크게 기뻐하다', 크게 기뻐하다, 기뻐서 어쩔 줄 모르다 rejoice, exult 능동태 눅 1:47; 계 19:7; 중간태 한정의 여격과 함께 벧전 1:8; 성령과 친밀한 교제에서 나오는 예수의 기쁨 눅 10:21; 전치사 수식어구로서 능동의 의미를 가진 수동태 ἠθελήσατε ἀγαλλιαθῆναι πρὸς ὥραν ἐν τῷ φωτὶ αὐτοῦ. "그리고 여러분은 잠시 그 빛 속에서 즐거워하고자 하였다." 요 5:35.

ἄγαμος, ου, ὁ/ἡ [ἀ- 부정(否定), γάμος] '배우자가 없는 것과 관련해서', 남녀 모두에 대해 **결혼하지 않은, 미혼인** unmarried 고전 7:8; 남자 7:32; 여자 7:11, 34.

ἀγανακτέω [어원은 불분명] ① 내면적으로 '자기 자신의 예절에 어긋나거나 적절하지 못한 행동으로 속상해하다' **분하다, 마음이 괴롭다, 골치 아프다** be vexed, be distressed, be annoyed 마 20:24; 21:15; 막 10:14; 눅 13:14. ② 말할 때에 '분노를 표현한다' 막 14:4 ἀ. πρὸς ἑαυτούς 서로 거칠게 화를 내며 이야기함.

ἀγανάκτησις, εως, ἡ [전술한 내용을 보라] '속상한 상태', **분함, 분노** indignation 일이 잘 되지 않아 일어난 분함 고후 7:11.

ἀγαπάω [어원은 불분명] ① 인격적 관계와 관련해서, '타인의 행복에 기여하려고 관심을 가지다', **~에 관심을 가지다, 소중히 여기다, 사랑하다 have concern for, hold in esteem, love 인간을 향한 하나님의 애정, 보살핌과 관련해서 요 3:16; 롬 8:37; 따라서 예수께서 그의 제자들에게 원수들에 관하여 말씀하셨다. 마 5:44; 예수께서 대화 상대방에 대한 배려와 관련해서 막 10:21; 남편들이 아내를 사랑하는 것과 예수 자신이 교회를 사랑하는 것의 모범으로 제시하며 엡 5:25. 바울이 고린도인들에 대한 관심과 관련해서 고후 12:15. 요 21:15 이하에서 ἀ.의 용례는 φιλία(우정)로 가지게 되는 친밀감보다 더 깊은 수준의 관심을 타인에게 가져야 됨을 암시한다. ② '기뻐하다, 즐기다', **소중히 여기다, 가치 있게 생각하다** value, esteem 타인을 의식하며 눅 11:43; 요 12:43.

ἀγάπη, ης, ἡ [ἀγαπάω] ① '타인의 행복에 대한 상대적으로 매우 높은 수준의 관심', **애정, 존경, 사랑 affection, esteem, love 하나님 자신에 대한 정의로 ἀ.를 사용함. 즉 하나님을 생각하면 ἀ.를 마음에 품게 됨 요일 4:8, 16; 하나님께서 성자를 통하여 백성에게 다가오심 롬 5:8; 성부 하나님과 성자 그리스도는 서로 사랑하심 요 15:10; 17:26; 사람이 하나님께 대해 5:42; 다른 사람에 대해 고후 8:7; 탁월한 품성으로서 롬 13:10; 고전 8:1; 13:1-3. ② '서로의 필요를 돌아보는 식사', 초기 기독교 공동체의 **애찬(愛餐)** love feast 유 12; 벧후 2:13 이문.

ἀγαπητός, ή, όν / ἀγέλη, ης, ἡ

* **ἀγαπητός, ή, όν** [ἀγαπάω] '사랑받는', **존경하는, 친애하는** esteemed, dear 하나님께서 백성을 롬 1:4; 11:28; 신자들의 관계에서 다양한 모습으로 고전 4:17; 요삼 2, 5, 11; 몬 16; 복수 고전 15:58; 약 1:16 등. 하나님께서 선택하신 예수에 대해 마 3:17.

Ἁγάρ, ἡ [히브리어] 격변화 없음. **하갈** Hagar 사라의 여종, 아브라함에게 첩으로 들임(창 16장), 이스마엘의 어머니, 모세 언약에 대한 비유에서 나타남 갈 4:24 이하.

ἀγγαρεύω [비교 ἄγγαρος 페르시아의 '기마전령'(騎馬傳令)] '어떤 일을 하도록 강요하다, 강제하다', 라틴어 angario와 관련한 군사적 의미의 뉘앙스를 나타낸다 = 병역 의무를 강요하다: '징발하다', '징집하다' commandeer, requisition 마 27:32; 막 15:21; 마 5:41도 같은 의미로 추정됨.

ἀγγεῖον, ου, τό [ἄγγος '용기'(容器)] '물건을 담는 그릇', 생활 풍습에 따라 다양한 형태를 가진다. **용기, 그릇,** 물고기를 담는 **통** vessel, container 마 13:48 이문; 기름 **병** flask 25:4.

ἀγγελία, ας, ἡ [ἄγγελος] '대중이 알도록 외부에서 전달된 소식, 메시지'(동사 ἐξαγγέλλω와 대조하라) '중요성'이라는 함축적 의미의 뉘앙스를 가지고 있으며, 복음에 대한 **알림, 선포** announcement 요일 1:5; 명령에 버금가는 선포로서 3:11.

ἀγγέλλω [ἄγγελος] '전령으로 일하다', **알리다, 보고하다** announce, report 요 20:18; 4:51 이문.

** **ἄγγελος, ου, ὁ** [산스크리트 연관어, 비교 ἀγγαρεύω] '사신(使臣), 전령으로 소식이나 전갈을 전해주는 사람', **사신, 특사, 수행원** messenger, envoy, attendant ⓐ 사람: 세례 요한 마 11:10; 세례 요한이 보낸 대리인 눅 7:24; ἀ. = **첩자, 정탐꾼** 약 2:25. ⓑ 전통적으로 천사(angel)는 초월적인 존재를 묘사할 때 사용되었다. 마 22:30; 롬 8:38; 고전 6:3. 특히 하나님을 섬기는 일을 맡는 존재와 관련해서, 마 24:36; 눅 12:8; 하나님의 사자(使者) 마 1:20; 하늘에서 내려온 조력자, 지킴이와 관련해서 행 12:15; 비교 마 18:10; 중개자와 관련해서 갈 3:19. 또한 사탄의 사자(使者)로 고후 12:7; 비교 보통 참소(讒訴)하는 자인 마귀의 수행원으로 언급될 때 마 25:41.

ἄγγος, ους, τό [비교 ἀγκών '팔로 끌어안다' bend of the arm, 그래서 이 단어는 분명히 수용하는 매개물에 대한 생각과 관련이 있다. 비교 영어에서 용기와 관련하여 사용하는 '수용하다' (hold)] '주로 젖거나, 물기 있는 물건을 담는 데 사용하는 용기', **용기,** 물고기를 담는 **그릇** vessel, container 마 13:48.

ἄγε. ἄγω의 현재 명령법. 하나 또는 다수의 사람에게 외치는 말 **오라!** 약 4:13; 5:1.

ἀγέλη, ης, ἡ [ἄγω; '떼' 또는 '무리'] 돼지 **떼** 마 8:30-32과 복음서의 병행구절에만 등장.

ἀγενεαλόγητος, ον / ἄγκυρα, ας, ἡ

ἀγενεαλόγητος, ον [ἀ- 부정(否定), γενεαλογέω] '족보의 기록이 없는', 족보 없는 without genealogy 히 7:3.

ἀγενής, ές, 속격 **οὖς** [ἀ- 부정(否定), γένος; '명문 출신이 아닌'] '이렇다 할 사회적 지위가 없는', 비천한, 천한, 보잘것없는 lowborn, insignificant, of no account 고전 1:28.

ἁγιάζω [ἅγιος] 문자적으로는 '성스러운 영역으로 구별하다'를 의미한다. 주로 하나님께 나가는 데 위험 요소들을 제거하는 것을 강조하는 의미다. 물건, **깨끗하게 하다, 정결하게 하다** purify 마 23:17, 19; 딤전 4:5; 사람, **깨끗하게 하다, 구별하다, 헌신하다** purify, set apart, dedicate 요 10:36; 고전 7:14; 히 9:13; 그리스도가 사람의 내면에 주는 우선순위와 관련해서 벧전 3:15; 하나님의 유산, 곧 기업을 물려받는 모든 자들과 관련해서 행 20:32; 하나님의 이름과 관련해서 **존경하다, 공경하다** revere 마 6:9; 눅 11:2.

ἁγιασμός, οῦ, ὁ [ἁγιάζω] '신(神)의 이익을 위해 헌신함', **신성함, 성별(聖別), 축성(祝聖)** holiness, consecration 롬 6:19, 22; 딤전 2:15; 특히 예수 그리스도를 통하여 신자들에게 이루시는 하나님의 성취 고전 1:30.

** ἅγιος, α, ον [산스크리트 연관어] '신(神)의 뜻과 기대에 부응하도록 구별하다', **거룩한** holy ⓐ 사물: **거룩한, 신성한, 성별한** sacred, consecrated 거룩한 성읍으로서 **예루살렘** 마 4:5; 하나님의 성전 τὸ ἅγιον 고전 3:17, 복수로도 사용 τὰ ἅγια 히 9:12; 하나님과 특별한 관계로서 믿음 유 20; 식물(植物) 롬 11:16; 중성 명사로: τὸ ἅγιον 성별된 물건 마 7:6. ⓑ 사람: **거룩한** 지극히 존경을 받으시기 합당한 하나님 요 17:11; 예수, 태어나지 않았을 때 눅 1:35, 명사로 ὁ ἅγιος τοῦ θεοῦ 막 1:24; 성령에 대한 묘사에서 매우 빈번하게 마 1:18 외 특히 사도행전. 하나님을 섬기는 데 드려진 초월적인 존재들 살전 3:13; 살후 1:10; 일반적인 신자들을 말할 때 자주 사용됨. οἱ ἅγιοι **하나님의 백성, 특별한 백성, 성도들** 롬 1:7; 고전 1:2; 골 1:26; 하나님께 자신을 드렸다는 것을 보여주는 특별한 표지(標識) 엡 1:4.

ἁγιότης, ητος, ἡ [ἅγιος] '인간 기준에서 매우 탁월한 덕성(virtue)의 수준', **성결함, 도덕적 순결** holiness, moral purity 하나님의 성품으로 히 12:10; 하나님의 기준으로 바울이 행함 고후 1:12 이문.

ἁγιωσύνη, ης, ἡ [ἅγιος] '덕성이 신적 기준에 부응하는 상태', **성결함** holiness 예수, 하나님의 성품을 완벽하게 소유하고 있음. 롬 1:4; 하나님의 백성 고후 7:1; 살전 3:13.

ἀγκάλη, ης, ἡ [비교 ἄγκος '굽은 것, 움푹 꺼진 것'] 팔 arm 눅 2:28.

ἄγκιστρον, ου, τό [ἄγκος '굽은 것'] '갈고리 형태로 구부러진 물건', 갈고리, **낚시 바늘** hook, fishhook (호메로스 이후) 마 17:27.

ἄγκυρα, ας, ἡ [ἄγκος '굽은 것'] '사물을 붙잡아 고정시키도록 구부러진 물건',

25

ἄγναφος, ον / ἀγνῶς

닻 anchor 행 27:29, 30, 40; 소망에 대한 비유와 관련해서 히 6:19.

ἄγναφος, ον [ἀ- 부정(否定), κνάπτω '양모(羊毛)를 빗다, 빗질하다'] '천을 바래고 다듬는 축융공(縮絨工) 과정을 거치지 않은', 마전장이가 다루지 않은 천과 관련해서(γναφεύς를 보라) **쪼그라들지 않은, 새로운** unshrunken, new 마 9:16; 막 2:21.

ἁγνεία, ας, ἡ [ἁγνός] 이 명사는 그리스 문학에서 의식(儀式)적인 정결과 거기에 참여하는 이들의 상태와 관련하여 자주 등장한다. **동정(童貞), 정절(貞節)** chastity 딤전 4:12; 5:2.

ἁγνίζω [ἁγνός] '정결하게 되도록 씻다', **정화(淨化)하다, 정결하게 하다** purify: 제의(祭儀)에 대한 준비에서 요 11:55; 행 21:24, 26; 24:18; 뜻이 확장되어 내면의 정화와 관련해서 약 4:8; 벧전 1:22; 요일 3:3.

ἁγνίσθητι ἁγνίζω 제1부정과거 수동태 명령법.

ἁγνισμός, οῦ, ὁ [ἁγνίζω] '의식적인 정화의 행위', **정화(淨化), 정결예식** purification 행 21:26.

ἀγνοέω [ἀ- 부정(否定), νοέω] '~에 대한 지식이 없다', **무식하다, 알지 못하다** be ignorant, be uninformed 롬 2:4; 히 5:2(잘못했다는 인식 없이 죄지음과 관련해서). 부정어와 함께: 고후 2:11; 다르게, 롬 1:13에서는 θέλω에 부정어가 붙었다. 막 9:3에서는 동사를 부정하여 '**이해하기 어렵다**'를 의미한다. 고전 14:38에서는 문맥상 고의적으로 '**무시한다**'는 뜻을 나타낸다. 그러므로 비난받을 만한 무지임을 암시한다.

ἀγνόημα, ατος, τό [ἀγνοέω] '의도하지 않게 제의적이거나 법적인 요구를 침해한 행위', **불의의 실수, 죄** inadvertent sin 히 9:7.

ἄγνοια, ας, ἡ [ἀγνοέω] '알지 못하는 상태', **무지, 무식** ignorance ⓐ 무지하기 때문에 용납이 되는(비교 ἀγνόημα 히 9:7) 행 3:17; 17:30. ⓑ 도덕적으로 적절한 일을 간과한 엡 4:18; 벧전 1:14; 벧후 2:13 이문.

ἁγνός, ή, όν [산스크리트 yajati '기도와 제물로 열납될 만한'] '신과 관계를 맺을 만한 특징이 있는', **정결한, 거룩한** pure, holy 본래 제의적 의미이나, 신약에서는 나중에 내적인 정결함과 도덕적 탁월성으로 의미가 확장되었다. 사람이 일을 행할 때와 관련해서 ὅσα ἅγνα 빌 4:8; ἀ. ἀναστροφή 벧전 3:2. 인격적 특성과 관련해서 딤전 5:22; 딛 2:5. 지혜와 관련해서 약 3:17. **무고한, 결백한** guiltless 고후 7:11.

ἁγνότης, ητος, ἡ [ἁγνός] '충성심을 보여주는 신실함', **신실, 정결** sincerity, purity 다른 이에 대한 때묻지 않은 관심과 관련해서 **정직성** 고후 6:6; 11:3.

ἁγνῶς [ἁγνός] '순수한 관심에서', **순수한 동기로, 진심으로** with pure/unmixed motive, sincerely οὐκ와 더불어 **불순하게** '숨은 의도'를 가지고 빌 1:17.

ἀγνωσία, ας, ἡ [ἀ- 부정(否定), γνῶσις] '어떤 것에 대해 아는 바가 없음', **무지(無知) ignorance** 하나님에 대해 겉으로 드러난 지식이나, 하나님의 기대에 부합하지 않는 행동이나 태도를 언급할 때 고전 15:34(비교 지혜서 13:1); 도덕적 인식이 부족함과 관련해서 벧전 2:15.

ἄγνωστος, ον [ἀ- 부정(否定), γνωστός] '인식이 없는', **미지의, 알지 못하는 unknown** 제도화된 종교 집단(cultic)의 규범 외부에 있는 어떤 신과 관계를 맛보려는 바울의 청중들의 바람에 중점을 두었다(다신론자들은 모든 내기를 포함해서 자신들의 운명에 영향력을 끼치는 초월적인 실재와 좋은 관계를 확보하길 원했다). 행 17:23.

ἀγορά, ᾶς, ἡ [ἀγείρω '함께 모이다'] '모이는 장소', 특히 일상 생활의 중심으로 **시장 marketplace**(비교 '서구의 마을 광장' town-square) 마 11:16 등. 막 7:4의 숙어 ἀπ' ἀγορᾶς라는 구문은 '시장에서'(돌아왔을 때).

ἀγοράζω [ἀγορά] 상거래에서 **사다, 구매하다 buy, purchase** 마 13:44 등; 고전 6:20에서는 비유적으로 의미가 확장되었다.

ἀγοραῖος, ον [ἀγορά] '시장과 관련하여', 신약에서는 항상 명사로 ⓐ **부랑자, 말썽꾼 loafers, troublemakers** οἱ ἀγοραῖοι 행 17:5. ⓑ **공판일, 개정일 court days** ἀγοραῖοι ἄγονται (비교 라틴어 *conventus agere*) 법정이 열려 있다, 개정되어 있다 행 19:38.

ἄγρα, ας, ἡ [ἄγω] '미끼로 잡다', 고기 **잡기 catch** 눅 5:4, 9.

ἀγράμματος, ον [ἀ- 부정(否定), γράφω] '학식이 없는 것과 관련하여', 특별히 읽고 쓰는 능력이 없음을 언급할 때 **글을 모르는, 문맹의 illiterate** 행 4:13.

ἀγραυλέω [ἀγρός, αὐλέω, 비교 αὐλή와 ἄγραυλος '들에서 사는'] **노지(露地)에서 지내다, 노숙(露宿)하다 live out in the open fields, be out of doors** 눅 2:8.

ἀγρεύω [ἄγρα를 보라] '덫이나 올가미를 놓아 잡다', 성서 문맥에서는 속이려는 계략이라는 중심 의미를 가진다. **걸려 들게 하다, 덫을 놓다, 책잡다 ensnare, entrap, catch** 막 12:13.

ἀγριέλαιος, ου, ἡ [ἄγριος, ἔλαιος] 반의어 καλλιέλαιος; 형용사 ἀγριέλαιος, ον, '야생 올리브의'에서 유래한 것이 분명하다. 그리스어에서 나무는 보통 문법적으로 여성이다. **야생 올리브 나무 wild olive tree** 롬 11:17, 24.

ἄγριος, α, ον [ἀγρός] '길들여지지 않은, 재배되지 않음과 관련하여' ⓐ 꿀과 관련해서 **야생의 of honey, wild** 마 3:4; 막 1:6. ⓑ 바다의 높은 파도와 관련해서 **거친, 격렬한 raging** 유 13.

Ἀγρίππας, α, ὁ [로마식 이름] **아그리파, 아그리파스 Agrippa** 헤롯 아그리파 1세(행 12장에서는 간단히 헤롯으로 나옴. Ἡρῴδης ③을 보라)의 아들이자, **버니게 Bernice**의 형제인 헤롯 아그리파 2세. 행 25장과 26장 등 여러 곳에.

ἀγρός, οῦ, ὁ / ἀγωνία, ας, ἡ

ἀγρός, οῦ, ὁ [산스크리트 = 라틴어 ager '밭, 전원, 평지'] '시골의 개활지나 주로 농사짓기 위한 땅', 들판, 밭 field 마 6:28; 행 4:37(서방 계열 본문 독법[讀法]은 χωρίον '터', '대지'[垈地]) 복수 막 10:29; 도시나 주거지 외곽의 농사짓는 지역 막 15:21; 복수 **전원**, 즉 **전답**이나 **촌락** 눅 9:12.

ἀγρυπνέω [ἄγρυπνος (ἀ- 결핍, ὕπνος); '잠이 달아나다', 즉 '잠 못 이루다, 깨어 있다'] '잠 깨다', 신약에서는 의미가 **경계하다, 주의하다, 정신 바짝 차리다** to be watchful/alert/vigilant로 옮겨졌다: 명령법 **깨어라, 주의하라!** stay awake/alert! 막 13:33; 눅 21:36; 분사 다른 사람의 필요에 깨어 있으라는 의미와 관련해서 엡 6:18; 비슷하게 지도자들이 구성원들에게 관심을 보인다는 의미와 관련해서 히 13:17.

ἀγρυπνία, ας, ἡ [ἀγρυπνέω] '잠들지 않은 상태', **잠 못 이룸, 불면** sleeplessness 잠들 수 없는 상황으로 인하여(불면증[insomnia]과 동일하지 않다) 고후 6:5; 11:27.

* **ἄγω** [비교 ἀγών; '인도하다, 이끌다'] ① '이끌어서 움직이도록 하다', **이끌다, 데려오다, 옮기다, 이동시키다** lead, bring, carry, take 사람과 관련해서 이끌어 오는 사람 마 21:7; 눅 10:34; 행 11:26; 법적인 사안과 관련해서 요 18:13; 행 6:12; 영적인 인도(引導)로 의미가 확장된 것과 관련해서 요 10:16. 하나님의 은혜를 비유적으로 설명하는 것과 관련해서 롬 2:4; '성령', 갈 5:18. ② '어떤 일에 대한 특정한 때를 초래하다', 예수와 관련해 **지나다** spend (아마도 예수의 이름이 주어로 고려된 것을 의미하는 듯하다) τρίτην ταύτην ἡμέραν ἄγει "이 일이 있은 지도 벌써 사흘째나 된다" 눅 24:21; 적당한 법정 기일을 **잡다** hold 행 19:38. ③ 자동사 **가다** to go 언제나 권고의 말로서 (가정법) **가자** let's go 마 26:46; 막 1:38; 요 11:7, 15 이하.

ἀγωγή, ῆς, ἡ [ἄγω] '특정한 방식으로 자기의 삶을 이끌어가는 행위', 딤후 3:10에서 τοῦ βίου에 확실히 연결된 독립된 문장으로 이해된다: '이끄는, 인도하는'이라는 문자적 의미가 비유적으로 확장되어 **행실(行實), 생활 양식** conduct, way of life 성서 문맥에서 확장된 의미로 '이끄는, 인도하는'(비교 영어의 수행하기, 행동하기[carrying oneself, carrying on]).

ἀγών, ἀγῶνος, ὁ [ἄγω; '모임', 특히 운동 경기에서 사용된다] 신약에서는 '경기'라 한정 지을 수 있는 문맥에서만 사용됨 **경주(競走)** race (모임의 성격을 정해주는 용어 τρέχω와 함께) 히 12:1; 어려움에 초점 맞추어 **시련, 분투(奮鬪)** trial, struggle 빌 1:30; 유사하게 특별히 관심 가진다는 의미로 골 2:1; ἐν πολλῷ ἀγῶνι 심히 분투하면서 살전 2:2.

ἀγωνία, ας, ἡ [ἀγών] 고통스러운 훈련에서 오는 중압감으로, 신약에서는 노력한다는 뜻에 강조점을 둔 '싸움'의 의미이다. **고통, 애씀** anguish, anxiety 눅

ἀγωνίζομαι / ἀδημονέω

22:44. 이런 뜻은 그리스 문학에서도 자주 나온다.

ἀγωνίζομαι [ἀγών] '싸움에 참가하다' ⓐ 특별히 체육 행사와 관련해서 **참가하다** be a contestant 고전 9:25. ⓑ 신약에서는 확장된 의미로 자주 사용된다: 생명을 위협하는 상황에서 **~를 위해 싸우다** to take up someone's cause, fight (for) 요 18:36; 애써 **노력하다, 분투하다, 씨름하다** exert oneself, strive, struggle 눅 13:24; 골 4:12; 딤전 4:10; 비교 6:12과 딤후 4:7.

Ἀδάμ, ὁ [히브리어] 격변화 없음. **아담** Adam 롬 5:14; 고전 15:22; 딤전 2:13; 유 14; 하나님의 아들로 불림 눅 3:38. 그리스도에 대한 의미로 변화되어 ὁ ἔσχατος (πρῶτος 첫째에 반대되는) Ἀδάμ 마지막 아담 고전 15:45.

ἀδάπανος, ον [ἀ- 부정(否定), δαπάνη] '누구에게 지불하는 비용 없이', **값없이, 대가 없이** without cost, free of charge 고전 9:18.

Ἀδδί, ὁ [히브리어] 격변화 없음. **앗디** Addi 예수의 조상 눅 3:28.

ἀδελφή, ῆς, ἡ [어원에 관하여는 다음 항목을 보라] **자매** sister ⓐ 문자적으로 마 13:56; 19:29; 눅 10:39; 행 23:16. ⓑ 종종 확장된 의미로: **여성 동료** 롬 16:1; 공통된 관심사를 가지고 있는 **여성** 마 12:50; 고전 7:15; **교회 신자들** 요이 13.

** **ἀδελφός, οῦ, ὁ** [ἀ- 하나의 집합이라는 것을 나타내는 접두어, δελφύς '자궁' = '한 배에서 난'] ① '**형제**' ⓐ 문자적으로 마 1:2; 요 1:41 등. ⓑ 동일한 관심과 행동의 친밀함을 나타내는 확장된 의미로 마 7:3; 막 3:35; 자주 동일한 민족적·사회적·제의적 집단에 속했음을 나타내며 **동포(同胞)** compatriot 이스라엘 민족의 동료로서 바울 롬 9:3; **이웃** neighbor 마 5:22-24. ② 복수는 때때로 집합적인 의미로 사용된다. **형제자매** brothers and sisters ⓐ 문자적으로 눅 21:16. ⓑ 공동체적 의미로 확장되어 롬 8:29; 엡 6:23.

ἀδελφότης, ητος, ἡ [ἀδελφός] '밀접하게 결합된 공동체', 관심과 신앙을 공유한다는 중심 의미로 **신앙 공동체, 형제단(團)** brotherhood 벧전 2:17; 5:9.

ἄδηλος, ον [ἀ- 부정(否定), δῆλος] '사람이 파악하기에 불분명한 것과 관련하여', 무덤이 도드라지지 않아 위험한 상태인. **알아볼 수 없는, 분간되지 않는** invisible 눅 11:44; 나팔 소리가 **불확실한, 불분명한** unclear, indistinct 고전 14:8.

ἀδηλότης, ητος, ἡ [ἄδηλος] '확실하지 않은 상태', 기대에 부응하지 않는 재물에 관하여 **신뢰할 수 없음, 믿을 수 없음** unreliability 딤전 6:17.

ἀδήλως [ἄδηλος] 부사 '명백히 알 수 없게', **불확실하게** uncertainly 바울이 경주자로서 임할 자세를 묘사하면서, οὐκ ἀδήλως 방향을 잃지 말고 = 목표를 직시하고 고전 9:26.

ἀδημονέω [어원은 불분명] '마음속에 강한 동요에 사로잡히다', **속을 태우다, 마음이 괴롭다, 걱정하다, 고통스럽다** be troubled/distressed/anxious 마 26:37 =

ᾅδης, ου, ὁ / ἀδικία, ας, ἡ

막 14:33; 빌 2:26.

ᾅδης, ου, ὁ [고유 명사; 호메로스 작품에서 Ἀΐδης '하데스는 지하 세계를 관장하는 신(神)으로 그가 머무르는 장소나 집을 나타내기도 한다'; 후기 그리스어에서 하데스는 장소적인 의미가 강해졌고, 이스라엘에서는 하데스를 히브리어 '스올' שׁאוֹל에 해당하는 그리스어로 이해하였다] '죽은 자들의 거주지', **사망지, 지하 세계, 지옥, 음부, 하데스** Deathplace, Netherworld, Hades 행 2:27, 31; 천국의 반대로 마 11:23; 고통과 축복이 구분되는 지역(그리스 문화의 일반적인 개념으로 보아) 눅 16:23; 계 6:8에서 음부는 움직이는 실재로 인식되었다. 비교 특별한 환상 중에 20:14.

ἀδιάκριτος, ον [ἀ- 부정(否定), διακρίνω] '각양각색의, 차별하지 않는', 인간 관계에 대하여 언급할 때, σοφία가 **분란을 일으키지 않는, 공평한** not divisive, impartial 약 3:17.

ἀδιάλειπτος, ον [ἀ- 부정(否定), διαλείπω] **그치지 않는, 영속적인** unceasing, constant 행동에 중단이 없음을 강조하여 롬 9:2; 딤후 1:3.

ἀδιαλείπτως [ἀδιάλειπτος] 부사 **멈추지 않고, 계속하여** unceasingly, constantly 기도하는 것에 관하여 롬 1:9; 살전 1:2; 2:13; 5:17.

ἀδιαφθορία, ας, ἡ [ἀδιάφθορος '부패하지 않은'] **온전함, 고결함** integrity 딛 2:7 이문.

ἀδικέω [ἄδικος δίκη에서] 일반적인 의미로 **그릇 행하다, 잘못하다** do wrong 골 3:25; 수동태 고전 6:7; 분사의 명사적 용법으로 **악행자, 불의를 행하는 자** 계 22:11. εἰ μὲν οὖν ἀδικέω = **그러나, 만일 내가 잘못했다면** 행 25:11. 문맥상 의미는 매우 다양하게 번역될 수 있다. **학대하다, 해치다** 7:26; 갈 4:12; 아마도 **속이다, 기만하다** 마 20:13(이 구절에서는 부당하게 대우했다는 혐의를 강조하여); 수동태 벧후 2:13(역설적으로, 불의를 행한 자들이 스스로 그들 불의에 대한 대가를 구한다); 비교 몬 18; **위험하다, 해치다** 누구에게 (신체적) 위해를 가한다는 의미로 눅 10:19; 계 2:11; 9:4, 10, 19.

ἀδίκημα, ατος, τό [ἀδικέω] '올바른 규칙을 어김', **악행, 비행, 범죄** wrongdoing, misdemeanor, crime 행 18:14; 24:20; 계 18:5.

ἀδικία, ας, ἡ [ἄδικος] ① '올바른 규칙을 위반하는 특성이나 성품', **그릇된 행동, 올바르지 못함** wrongdoing, unrighteousness 행 1:18; 롬 6:13; 고전 13:6; 딤후 2:19; 요일 5:17; 속격으로 형용사 역할을 하여 눅 16:8f. 법적인 의미로 **불공정함, 차별** unfairness, partiality 하층민을 대하는 태도에서 오는 판사의 행동 18:6; 하나님의 분명한 편애 롬 9:14; 유사하게 역설적 용법으로 고후 12:13(바울이 기부를 받을 때 고린도인들보다 다른 이들을 선호했다 하는 것은, 공정함을 강조하는 것으로 사실상 역설적인 표현이다). ② '올바른 규칙을 침해하는

30

행위', 그릇 행함, 불의 wrongdoing 히 8:12.

ἀδικοκρίτης, ου, ὁ [ἄδικος, κριτής] 불공정한 재판관 unfair judge 딤 1:9 이문.

ἄδικος, ον [ἀ- 부정(否定), δίκη] '올바르거나 허용된 것에 부합하지 않는' ⓐ 하나님: 죄를 부인하는 질문에서 **불의한, 부당한** unjust, unfair 롬 3:5; οὐ를 더하여 긍정적인 평가를 기대하는 히 6:10. ⓑ 사람: 사회에 골칫거리인 사람들 마 5:45(반의어 δίκαιος '올바른'); 벧전 3:18; **부정직한, 책임감 없는** 눅 16:10(두 번 반복); 이렇게 구태여 불의한 사람들에게 소송하려는 사람들에 관해 고전 6:1(반의어 ἅγιος). ⓒ 의미가 변하여, 돈에 관해 눅 16:11, 여기에서는 일반적으로 생각하기에 부당한 용도로 쓰는 것을 말한다.

ἀδίκως [ἄδικος] 부사 **부당하게, 자격 없이** unfairly/undeservedly 벧전 2:19; 2:23 이문.

Ἀδμίν, ὁ [히브리어] 격변화 없음. **아드민** Admin, 예수님의 족보에 나오는 아니의 아들 눅 3:33.

ἀδόκιμος, ον [ἀ- 부정(否定), δόκιμος] '기준에 부합하지 않는', **무자격, 시험에 떨어진** unqualified, failing the test 고후 13:5, 6; 역설적으로 7절; ~**에 부적합한, ~할 수 없는** unfit 딛 1:16; 운동경기 비유 **실격이 된** disqualified 고전 9:27; 언어유희로 **허가되지 않은** unapproved 롬 1:28. 생산력 없이 척박한 땅에 대한 농사 이미지에서, **쓸모없는** worthless 히 6:8.

ἄδολος, ον [ἀ- 부정(否定), δόλος] **오염되지 않은, 순수한** uncontaminated, pure 벧전 2:2.

Ἀδραμυττηνός, ή, όν [지명(地名) Ἀδραμύτιον에서] 소아시아 북서쪽 에게해, 미시아에 있는 항구 **아드라뭇데노/아드라뮈테노스의** of Adramyttium 행 27:2.

Ἀδρίας, ου, ὁ [어원은 불분명] **아드리아 해** the Adriatic Sea or Sea of Adria 크레타와 시칠리아 사이 해역을 포함하는 지중해의 일부분 행 27:27.

ἁδρότης, ητος, ἡ [ἁδρός '두터운, 상당한, 풍부한'] **충만함, 풍부함** fullness, abundance 고후 8:20.

ἀδυνατέω [ἀδύνατος] '~할 수 없는', 신약에서 비인칭 동사로만 사용되었다. **불가능하다** it is impossible 마 17:20; 눅 1:37.

ἀδύνατος, ον [ἀ- 부정(否定), δύναμαι] '능력이 부족한' ⓐ 사람: **무능력한, 장애 있는** incapacitated, disabled **절름발이의, 지체 부자유한** 행 14:8; 의미가 확장되어 명사로서 οἱ ἀδύνατοι **연약한 이들** the weak 롬 15:1. ⓑ 사물: **불가능한** impossible 마 19:26과 복음서 병행구절; 롬 8:3; 부정사 **불가능하다** 히 6:4 외 히브리서 여러 곳에서.

ᾄδω [ἀείδω의 아티카 형태] **노래하다** sing ⓐ 자동사: 하나님께 **찬양하다**, 여격과 함

께 엡 5:19; 골 3:16. ⓑ 타동사: ᾠδήν('노래')의 대격과 함께 계 5:9; 14:3; 15:3.

ἀεί [αἰεί의 후기 형태. IE. 비교 αἰών] 부사 규칙성을 강조하여, **관례상, 때때로, 언제나** customarily/from time to time/always **상습적으로** 성령을 거역한다. 행 7:51; **계속, 거침없이** 고후 4:11; 크레타인들은 언제나 거짓말한다. 딛 1:12; 벧후 1:12에서 기자(記者)가 놓치지 않도록 강조하면서.

ἀετός, οῦ, ὁ [복합적 어원, 비교 라틴어 *avis* '새'] '수리과(科)에 속하는 큰 새' ⓐ 위엄의 상징인 맹금류, **독수리** eagle 계 4:7; 8:13; 12:14. ⓑ 썩은 고기 먹음을 강조하여 **독수리, 콘도르** vulture 마 24:28; 눅 17:37. 이 두 구절에서는 ἀετός가 로마의 군기 상징과 연결되었지만 그 외에도 제자들에게 나타날 위험을 강조하는 용례들이 남아 있다.

ἄζυμος, ον [ἀ- 부정(否定), ζύμη] '발효하지 않은', 반죽이 **효모가 없는, 발효되지 않은** free from leaven, unleavened 고전 5:7; 명사로 '발효되지 않은 것'에 대한 이미지는 "신실함, 참됨"을 나타낸다. 8절 역시 명사로 유월절에는 τὰ ἄζυμα **무교병(無酵餅)**으로 잔치한다. 막 14:1; 눅 22:7; ἑορτή와 함께 1절.

Ἀζώρ, ὁ [히브리어] 격변화 없음. **아조르, 아소르** Azor 예수의 조상 마 1:13f; 눅 3:23-31 이문.

Ἄζωτος, ου, ἡ [히브리어] **아소도, 아조토스** Azotus 가사와 욥바 사이 중간에 있는 팔레스타인 도시 아스돗, 전도자 빌립이 에티오피아 환관에게 세례를 주고 나타난 곳 행 8:40.

ἀηδία, ας, ἡ [ἀ- 부정(否定), ἦδος '기쁨, 즐거움'] 문자적으로 '기쁨 없이', 두 정치가 사이의 나쁜 관계, **의견 불일치** disagreement 눅 23:12 이문.

ἀήρ, ἀέρος, ὁ [비교 ἄημι '(바람) 불다'] '머리 위 공간' 지상과 반대 개념으로, **공중** air 행 22:23; 고전 9:26; 14:9; 살전 4:17; 계 9:2; 16:17; 초월적 존재가 다스리는 하늘의 높은 지역 엡 2:2.

ἀθᾶ μαράνα θά를 보라.

ἀθανασία, ας, ἡ [ἀθάνατος (ἀ- 부정[否定], θάνατος) '죽지 않는', θνήσκω에서 유래] **영원한 존재, 불멸** unending existence, immortality (그리스-로마 세계에서는 일반적으로 신들이 가지는 특권으로 보았다) 고전 15:53f; 딤전 6:16.

ἀθάνατος, ον [ἀ- 부정(否定), θάνατος] **죽지 않는, 불멸의** immortal 딤전 1:17 이문.

ἀθέμιτος, ον [θέμις '관례, 올바름' 공공 예절의 상식적인 이해에 어긋난다는 뜻으로] '깊게 자리잡은 관습이나 정책에 반하는', 따라서 **금지된** forbidden 행 10:28; 일반적인 통념을 일부러 무시하는 행동을 보여주는 것 **불법의** illicit 벧전 4:3.

ἄθεος, ον [ἀ- 부정(否定), θεός] 신약에서 **하나님 없는** without deity, 유일신 관점에서 생각했고 이중적인 의미를 가진다. 엡 2:12: **신(神) 없는** without a god

(다신론적인 지중해 문화에서 신의 존재를 인정하지 않는 것은 일반적으로 생각하기 어려운 일이었다) 또한 (16절 θεός에 관사를 붙여서) **이스라엘의 하나님과 관계없는.**

ἄθεσμος, ον [ἀ- 부정(否定), θεσμός '법, 규정' τίθημι에서 유래] '사회 질서나 규범을 침해하는', **무법의** lawless, 복수 명사로 **파렴치한(破廉恥漢), 상습범** 벧후 2:7; 3:17.

ἀθετέω [ἀ- 부정(否定), τίθημι] 문자적으로 가치 없는 생각을 '물리치다', '접다' ⓐ 법적 의미와 관련해서 사물, 일: **무효화하다, 파기하다** invalidate, nullify 막 7:9; 갈 2:21; 3:15; 고전 1:19. ⓑ 사람: **무시하다, 경시하다** ignore, disregard 눅 10:16; 유 8; 약속을 되돌린다는 의미로 **거절하다, 신뢰를 깨뜨리다** refuse, break faith with 막 6:26; (생각을) **물리치다** 눅 7:30.

ἀθέτησις, εως, ἡ [ἀθετέω] '파기함', 법정 용어로 **폐지** annulment 히 7:18; **취소, 폐기, 제거** cancellation, abolition, removal 9:26.

Ἀθῆναι, ῶν, αἱ [아테네 시(市)의 수호신 Ἀθήνη와 연관, 복수 테베는 Θῆβαι로 사용하는 것처럼] **아테네** Athens 그리스 세계의 문화적 중심지 행 17:15f; 18:1; 살전 3:1.

Ἀθηναῖος, α, ον [Ἀθῆναι] '아테네와 관련된', 명사로 **아테네인** Athenian 행 17:21 이하.

ἀθλέω [ἄθλος '경기'(競技)] **경기에 참가하다** contend in the games 딤후 2:5.

ἄθλησις, εως, ἡ [ἀθλέω] 보통 '전투, 경연'의 뜻이나, 신약에서는 치열하게 노력한다는 의미를 강조하여 사용된다. **투쟁, 싸움** struggle 히 10:32.

ἀθροίζω [ἀθρόος '떼를 지어'] '다양한 곳에서 모으다', **수집하다, 모으다** collect, gather, 수동태 예수의 추종자들이 **모이다, 몰려들다** come/gather together 눅 24:33.

ἀθυμέω [ἀ- 부정(否定), θυμός '정신, 용기'] **낙심하다, 낙담하다** become dispirited, lose heart 골 3:21.

ἀθῷος, ον [ἀ- 부정(否定), θωή '처벌'] '벌받을 필요 없는', **결백한, 무고한** innocent, guiltless 마 27:4, 24.

αἴγειος, α, ον [αἴξ] δέρμα '가죽'과 함께 **염소의** of a goat 히 11:37.

αἰγιαλός, οῦ, ὁ [복합적인 어원] **해변, 물가** shore, beach 마 13:2, 48; 행 27:39 이하.

Αἰγύπτιος, α, ον [Αἴγυπτος] '이집트와 관련된', 명사로 **이집트인** Egyptian 행 7:22, 24, 28; 21:38; 히 11:29.

Αἴγυπτος, ου, ἡ [어원은 알려져 있지 않음] 문자적 의미 **이집트** Egypt 마 2:13-15; 행 7장에 여러 번; 비유적 의미 예루살렘 계 11:8.

ἀΐδιος, ον / αἴξ, αἰγός, ὁ

ἀΐδιος, ον [ἀεί] '기한이 끝이 없는', **영원한, 영속적인** everlasting, eternal 롬 1:20; 유 6.

αἰδώς, οῦς, ἡ ['숭배'를 의미하는 산스크리트 연관어] '기꺼이 삼가게 되는 특성', **경외함, 존경함, 공손함** respectful shyness, reserve, reticence 딤전 2:9; εὐλάβεια 와 동의어 **공손함** reverence 히 12:28 이문.

Αἰθίοψ, οπος, ὁ [αἴθω '(불)타다', ὤψ '얼굴'] '에티오피아 출신의 사람', **에티오피아인** Ethiopian 행 8:27.

* **αἷμα, ατος, τό** [어원은 확인되지 않았으나, '즙'(汁), '습기'를 의미하는 어근이 주목받고 있다] **피** blood 막 5:25; 요 19:34; 행 21:25; 계 14:20. 동물의 피는 제의적 목적으로 사용한다. 히 10:4; 십자가 상의 그리스도 골 1:20; 벧전 1:19. 살인 행위 때문에 흘린 피 = 살인 마 23:30; 26:28; 계 6:10; 유사하게 피 흘리는 행동 마 27:6. 신약에 나오는 σάρξ와 반대로 σάρξ καὶ αἷμα 살과 피는 히브리적 개념으로 인간 신체의 기본 구성 요소를 나타낸다. 히 2:14; 또한 이 표현은 집합 명사 '인간'을 나타낸다. 마 16:17; 갈 1:16; 이 두 단어의 조합은 요 1:13에서는 다르게 사용하여 αἷμα를 복수로, 육체적인 혈통을 표현하고 있다.

αἱματεκχυσία, ας, ἡ [αἷμα, ἐκ, χέω '흘러나오다'] **유혈, 쏟아져 나옴** shedding of blood 또는 pouring out 히 9:22.

αἱμορροέω [αἷμα, ῥέω] '비정상적으로 피를 흘리는 일을 경험하다' **피흘리다, 다량으로 출혈하다** lose blood, hemorrhage 제의적으로 부정(不淨)한 사람(레 15:33을 보라) 마 9:20.

Αἰνέας, ου, ὁ [그리스식 이름] **애니아, 아이네아스** Aeneas 룻다의 중풍병자 행 9:33f.

αἴνεσις, εως, ἡ [αἰνέω] **찬송, 찬미** praise 칭송하며 축하하는 행동 히 13:15.

αἰνέω [αἶνος] '탁월함을 인정하다', **찬양하다, 격찬하다** praise/extol 신약에서는 찬양의 대상은 하나님이며, 그분의 구원 사역을 가장 빈번히 찬양하고 있다. 대격 눅 2:13 등; 여격 계 19:5.

αἴνιγμα, ατος, τό [αἰνίσσομαι 수수께끼에서 어떤 것에 관해 '실마리를 주다'] '의사소통의 간접적인 방법', 거울에 비치는 **반영(反影)** reflection 따라서 바울의 거울 비유에서 ἐν αἰνίγματι는 인격적인 만남과 구별하여 '간접적으로', '비추어서'의 의미로 볼 수 있다. 고전 13:12.

αἶνος, ου, ὁ [비교 αἰνέω; '이야기, 설화', 이야기하는 영웅이나 신에게 돌리는 찬사, 칭송을 강조하여] **찬양** praise 마 21:16; 눅 18:43.

Αἰνών, ἡ [히브리어] 격변화 없음. **애논, 아이논** Aenon, 요단 강가, 요한이 세례 준 장소 요 3:23.

αἴξ, αἰγός, ὁ/ἡ [복합적 어원] **염소** goat 눅 15:29 이문.

αἱρέομαι / αἴσθησις, εως, ἡ

αἱρέομαι αἱρέω를 보라.

αἵρεσις, εως, ἡ [αἱρέω] '공통의 원칙이나 신앙을 가지는 유대 관계', 일반적으로 더 큰 규모의 그룹에서 특정한 면으로 신앙이나 견해를 달리하는 면이 있는 하위 집단을 의미한다. **분파(分派), 파벌** party, faction 행 5:17; 26:5; 상위 집단의 온전함을 깨뜨린다고 생각되었다. 24:5, 14; 28:22; 고전 11:19; 갈 5:20. 의미가 확장되어 분란을 일으키는 **분파적 의견, 관점** factional opinions/views 벧후 2:1. 후대 전문 용어인 '이단'(heresy)이라는 의미로는 신약에 나타나지 않는다.

αἱρετίζω [=αἱρέω] **고르다, 선택하다** choose, select 마 12:18.

αἱρετικός, ή, όν [αἱρέω] **분파적인, 자신만 내세우는** causing division, self-promoting 딛 3:10.

αἱρέω [어원은 불분명; '움켜쥐다, 붙잡다'] 신약에서는 중간태로만 αἱρέομαι '선호를 드러내어 택하다', **선호하다** prefer 빌 1:22; 히 11:25. 다음과 같은 표현은 의미론적으로는 모호하다. εἵλατο ὑμᾶς θεὸς ἀπαρχὴν εἰς σωτηρίαν "하나님께서 너희를 구원의 첫 열매를 맺으시고자 너희에게 특별대우를 수여하셨다."(즉, 사도들이 선교하는 데 있어서 데살로니가 교회에 우선권을 주었다는 말이다. 그러나 처음부터 ἀπ' ἀρχῆς라는 이문을 보라). 살후 2:13.

** **αἴρω** [아티카 형태는 ἀείρω, 어원은 불분명] ① '위로 움직이게 하다', **일으키다, 들어올리다** raise up, lift: 침상을 **들고 가다** take up 마 9:6; 십자가 16:24; 27:32; 돌을 **집어 들다** 요 8:59; 11:41. 제1부정과거 능동태 명령법 ἆρον 19:15, 사람들이 σταύρωσον (십자가에 못박으라)라고 외쳤을 때는, 다시 말해 십자가에 예수를 '끌어 올리라'는 말로 생각했을 것이다. 거룻배를 **들어 올리다, 끌어 올리다** Lift/draw up 행 27:17; 무거운 닻을 목적어로 가지는 절대형 문장으로 이해하여 13절. 확장된 의미로: 목소리를, ἦραν φωνήν (나병 환자) **목소리를 높였다** 눅 17:13. **긴장감을 높인다**는 의미로 요 10:24. ② '한 장소에서 다른 곳으로 들어서 옮기다', **치워버리다, 제거하다, 없애버리다** take away, remove, carry off 마 21:21; 24:39; 눅 6:29; 요 2:16; 19:31, 38; **쫓아버리다** expel 고전 5:2. 비교 6:15. 죄를 그리스도께서 없애신다는 의미로 요 1:29; 요일 3:5. 몇몇의 요한문헌 구절에서는 **상승, 제거, 쫓아냄** 등 여러 뜻을 내포하는 αἴρω를 가지고 언어유희의 일종일 가능성이 있다. 특히 이렇게 보이는 경우는 요 11:48; 15:2이다.

αἰσθάνομαι [어원은 불분명; 느끼거나 생각할 수 있는 범위 안으로] αἰσθάνομαι 감각적으로 듣거나, 느낀다는 의미는 신약에서 찾을 수 없다. 의미가 확장되어 정신적인 측면으로는 **인식하다, 알아차리다, 의미를 파악하다, 이해하다** perceive, discern, grasp the meaning of, understand (영어 표현 'Can't you see this?'를 참고하라) 눅 9:45.

αἴσθησις, εως, ἡ [αἰσθάνομαι] '어떤 관계에서 도움의 필요를 파악하는 재

αἰσθητήριον, ου, τό / αἰτέω

능', 안목, 지각, 통찰, 관심 discernment, perception, insight, awareness 빌 1:9.

αἰσθητήριον, ου, τό [αἰσθάνομαι] '파악하는 능력', **지각(知覺)** faculty 히 5:14.

αἴσθωμαι αἰσθάνομαι 제2부정과거 가정법.

αἰσχροκερδής, ες [αἰσχρός, κέρδος] 돈 욕심내는, (악착같이) 돈을 긁어 모으는 greedy for money, money-grubbing (자기 이익만을 추구하면 수치스럽게 된다는 인상을 준다 [αἰσχρός를 보라]) 딤전 3:3 이문, 8; 딛 1:7.

αἰσχροκερδῶς 부사 [αἰσχροκερδής] 탐욕스럽게 greedily 벧전 5:2.

αἰσχρολογία, ας, ἡ [αἰσχρός, λόγος] '교양 있는 사람은 쓰지 않는 수치스러운 너저분한 말이나, 욕설', **막말, 부적절한 언행** unseemly talk/language 골 3:8.

αἰσχρός, ά, όν [αἶσχος '부끄러운, 수치스러운'; 성서 이외의 저자들은 '추하다'는 의미로 자주 사용하였다] '혐오감을 불러일으키는 특징을 가진', **부끄러운, 저열한, 수치스러운** shameful, low-class, disgraceful 고전 11:6; 14:35; 언급하기도 부끄러운 행동 엡 5:12; κέρδος와 함께 **부끄러운 돈** dishonorable money 즉, 부끄러운 방법으로 돈 벌다. 딛 1:11.

αἰσχρότης, ητος, ἡ [다음 두 항목과 이어지는 αἰσχ- 항목들을 보라] **수치스러운 행동** shameful conduct 사회적 기준에서 파렴치하게 외설적인 것을 드러낸다는 의미 엡 5:4.

αἰσχύνη, ης, ἡ [αἶσχος '부끄러움/수치'] ① '굴욕이나 비난을 경험함', **부끄러움, 수치, 불명예** shame, disgrace, ignominy 눅 14:9; 히 12:2; 계 3:18. 구체적인 일을 추상화한 환유법으로 ② '역겨운 행위' 고후 4:2; 빌 3:19. 해안까지 쓸려온 더러운 거품으로 형상화되어 **수치스러운 행동** shameful deed 유 13. — '단정함'이나 '공손함'의 긍정적 의미로는 신약에 나타나지 않는다.

αἰσχύνω [이어지는 αἰσχ- 항목들을 보라; 신약에서 능동태로는 나오지 않음 = '볼썽사납게 하다, 욕되게 하다'] 신약에서는 항상 중간태와 수동태로 ① '부끄러움을 느끼다', **창피하다** be ashamed 눅 16:3; 벧전 3:16 이문; 4:16. ② '부끄러움을 경험하다', **창피 당하다, 굴욕 당하다** be put to shame, be disgraced 빌 1:20; 고후 10:8. 요일 2:28에서 전치사 ἀπό는 분리의 의미를 강조하는 것으로 보인다. "그 분으로부터 쫓겨나는 수치" shrink from... in shame (모펫 역).

* **αἰτέω** [복합적 어원] '응답을 기대하며 요청하다', **묻다, ~을 청하다, 요구하다** ask, ask for, request 단독으로 마 7:7; 눅 11:9; 약 1:6. 사람과 관련한 대격과 함께, 요구 사항을 가지고 다가가 누군가에게 요청하다, (뭔가를) 요구하다. 마 5:42; 행 13:28. 요청의 대상인 사람이나 일을 대격으로 요청하다. 마 27:20; 행 16:29; **(강하게) 요청하다** insist on 고전 1:22. 대격을 이중으로 수반하여, 다가가 ~에게 ~를 요청하다 마 7:9; 막 10:35; 요 16:23. 이 동사는 다양한 전치사구는 물론 하

나나 그 이상의 선행하는 구성 요소와 함께 사용된다.

αἴτημα, ατος, τό [αἰτέω] '요구한 것', **요청, 기원**(祈願) request, petition 빌 4:6; 요일 5:15. 눅 23:24 문맥은 **요구** demand에 대한 가장 적절한 설명을 보여 준다.

αἰτία, ας, ἡ [αἰτέω와 연관하여; '책임, 탓' 그리고 '원인'] '어떤 일의 기저(基底)', **이유, 원인, 상황** reason, cause, circumstance 마 19:3; 눅 8:47; 딤후 1:6; 히 2:11. 법정 용어로: **기소**(起訴) **이유, 소송**(訴訟) cause/case (고발이나 처벌을 위한) = **범죄** crime 마 27:37. 요 18:38 빌라도는 예수에 대하여 기소 원인이 없다고 선언하였다. 즉 피소되지 않았다는 말이며, 범죄 증거가 없다는 뜻이다. 유사하게 행 25:18; 법정적인 용법으로 전이된 것은 마 19:10에서도 볼 수 있다. '아내에 대한 남편의 처지가 그렇다면'(그런 것이 범죄라면).

αἰτίαμα, ατος, τό [비교 αἰτία] **고소, 고발** charge, complaint 행 25:7 이문.

αἰτιάομαι [비교 αἰτία] '반대하여 주장하다', **고발하다** charge 롬 3:9 이문.

αἴτιος, α, ον [비교 αἰτία] ① '어떤 일을 불러일으킨 원인에 관해', **이유** reason 중성명사 행 19:40; 유사하게 αἰ. θανάτου 사형을 부과할 이유 눅 23:22; 남성명사. '~에 대해 책임 있는 사람'이라는 의미로 히 5:9. ② 중성명사 **고소할 수 있는 일, 범죄**라는 의미로 something chargeable, crime 눅 23:4.

αἰτίωμα, ατος, τό [비교 αἰτία] '드러내어 반대하는 진술', **고발, 기소** accusation, charge 행 25:7.

αἰφνίδιος, ον [αἶψα '즉시', 비교 ἐξαίφνης] '예기치 못한 방식으로', 부사적으로 가장 잘 표현되어 **갑자기** suddenly 눅 21:34; 살전 5:3.

αἰχμαλωσία, ας, ἡ [αἰχμάλωτος] 대부분 군사적 용어로 **포로, 억류** 계 13:10; 포로 과정의 희생자를 나타내는 추상적인 용어로 = αἰχμάλωτοι 엡 4:8.

αἰχμαλωτεύω [αἰχμάλωτος; = 다음 항목] 군사적 비유로 **포로로 사로잡다** take captive 엡 4:8; 딤후 3:6 이문.

αἰχμαλωτίζω [αἰχμάλωτος] 주로 군사적인 의미로 **포로로 잡다, 억류하다** capture, make captive of 눅 21:24; 군사적 이미지로 롬 7:23; 고후 10:5; ~의 마음을 사로잡다 captivate 딤후 3:6.

αἰχμάλωτος, ώτου, ὁ [αἰχμή '창', ἁλίσκομαι '잡다, 취하다'] **사로잡힌 사람, 포로** captive 눅 4:18.

** αἰών, αἰῶνος, ὁ [αἰεί (= ἀεί); '장기간'] ① '오랜 기간' ⓐ 과거: **옛날 옛적에, (기억할 수 없는) 머나먼 옛날부터** from time immemorial 눅 1:70; οὐκ와 함께 **결코 그런 적이 없었음** never 요 9:32. ⓑ 미래: 명확한 끝이 없는 시간 **영원** eternity 자주 εἰς와 함께: 요 6:51, 58; 요일 2:17. 복수 눅 1:33; 롬 1:25; 표현을 반복하여, **영원무궁토록, 세세 무궁토록** forevermore 갈 1:5 등 자주. ② '장구한 시간의 단

αἰώνιος, α, ον / ἀκατακάλυπτος, ον

위' 세대, 시대 age 현재나 미래를 나타내는 지시어로 한정하여. 현재, 마 13:22; 삶의 방식과 관련하여 = **세상** the world 눅 16:8; 롬 12:2. 미래: 막 10:30; 눅 20:35; 히 6:5. ③ '공간적 실재로서 세상', **세상** world 딤전 1:17; 히 1:2. ④ '초월적인 힘을 가진, 인격적 실재로서 아이온', **아이온** Aeon 엡 2:2; 아마도. 골 1:26; 엡 3:9.

* **αἰώνιος, α, ον** [αἰών] ① '먼 과거로 이어지는 시간의 길이에 관하여', **오래전, 영세(永世) 전** long ages ago 롬 16:25. 딤후 1:9; 딛 1:2 전치사 πρό와 함께 **영원 전부터, 창조 이전부터**로 번역된다. ② '제한이 없고, 중단되지 않는 시간에 관하여', **영원한** eternal 롬 16:26; 히 9:14. ③ '끊임없이 지속되는 기간에 관하여', **영구한, 영속적인** permanent, lasting 눅 16:9; 고후 5:1; 히 5:9.

ἀκαθαρσία, ας, ἡ [ἀκάθαρτος] 기본 의미로 **쓰레기, 오물, 불순물** filth, dirt, impurity 마 23:27; 확장된 의미로 **부도덕, 도덕적 타락** immorality, moral depravity 롬 1:24; 갈 5:19; 엡 4:19.

ἀκάθαρτος, ον [ἀ- 부정(否定), καθαίρω] 제의적 관점에서 신에게 접할 수 없고 격리되어야 한다는 제의적 의미로 **불결한, 부정한** impure, unclean 행 10:14; 고후 6:17; 도덕적 의미로 엡 5:5; 계 17:4; 귀신들에 대해 막 1:23.

ἀκαιρέομαι [ἀ- 부정(否定), καιρός] 어떤 일을 할 **여유/기회가 없다** 빌 4:10.

ἀκαίρως [ἀ- 부정(否定), καιρός] 부사 **때가 적절하지 않아, 시기가 좋지 않아, 기회가 좋지 않아** inopportunely 화자에게 명백히 일이 이루어질 것 같아 보이지 않는 상황에 관하여 딤후 4:2.

ἄκακος, ον [ἀ- 부정(否定), κακός] '속에 숨긴 악의가 없는', **솔직한, 간계(奸計)가 없는, 결백한** guileless, innocent 히 7:26; 다음으로, 계략에 속아 넘어갈 성향이 있는 **단순한, 천진한, 순진한** unsophisticated, ingenuous, naive 롬 16:18.

ἄκανθα, ης, ἡ [비교 ἄκαινα '뾰족한 것'] **가시나무** 종류 thorn-plants 마 13:7; 그 식물의 일부분으로, **가시** thorns 27:29.

ἀκάνθινος, η, ον [ἄκανθα] '가시 돋힌', **가시가 있는** thorny 막 15:17; 요 19:5.

ἄκαρπος, ον [ἀ- 부정(否定), καρπός] 기본 의미는 '열매 맺지 못하는', 비생산적인 식물에 관해: **열매 없는, 쓸모없는, 척박한, 비생산적인** fruitless, useless, unproductive 유 12; 확장된 의미로 막 4:19(가시덤불에 뿌려진 말씀); 고전 14:14(바울의 마음); 엡 5:11(어둠에 속한 행동); 딛 3:14(선한 행실을 가지지 못하는 사람들).

ἀκατάγνωστος, ον [ἀ- 부정(否定), κατά, γνωστός] '나쁜 말할 것이 없는', **흠잡을 데 없는** beyond reproach 딛 2:8.

ἀκατακάλυπτος, ον [ἀ- 부정(否定), κατά, καλύπτω에서 καλυπτός '덮은, 감춰진'] **드러난, 노출된** uncovered 고전 11:5, 13(머리).

ἀκατάκριτος, ον [ἀ- 부정(否定), κατακρίνω에서 κατάκριτο '비난받은, 유죄 선고 받은'] '유죄라고 결정되지 않은', 유죄 판결 받지 않은, 적법한 절차 없이 uncondemned, without due process 행 16:37; 22:25.

ἀκατάλυτος, ον [ἀ- 부정(否定), καταλύω] '소멸되지 않는, 불멸의', 따라서 무한한, 다함이 없는 endless 히 7:16.

ἀκατάπαστος, ον [ἀ- 부정(否定), κατάπαστος (κατά, πάσσω '흩뿌리다') '뿌려진' 또는 (πατέομαι '먹다'에서 κατά, ἄπαστος '먹을 수 없는') '만족할 줄 모르는'] 어원에 따라 관례적으로 '뿌려지지 않은'이라는 의미로 보는 것은 벧후 2:14 이문에 맞지 않는다. 필사(筆寫)상의 실수가 아니라면, 대안으로 본문 비평에서 가끔 볼 수 있는 **'만족할 줄 모르는'** insatiable이라는 의미가 문맥에 들어맞는다.

ἀκατάπαυστος, ον [ἀ- 부정(否定), καταπαύω] 멈추지 않는, 쉴 새 없는 unceasing, restless, 속격과 함께 (눈이) 쉴새 없이 죄지을 기회를 엿보는, ἁμαρτία와 함께 죄에 중독된, 푹빠진 addicted to sin 벧후 2:14.

ἀκαταστασία, ας, ἡ [ἀκατάστατος] '공공의 안정을 위협하는 무질서나 불안정', 소요(騷擾), 소란 turmoil 눅 21:9; 폭동, 난동 disturbance 고후 6:5(아마도 군중들의 난동 중에 바울이 겪었던 폭행). 제한된 그룹의 논쟁 중에 있는 무질서 고전 14:33; 고후 12:20; 약 3:16.

ἀκατάστατος, ον [ἀ- 부정(否定), καθιστάνω] '안정감이 부족한 것으로 드러난', 성품이나 특징과 관련하여 예측할 수 없는, 변덕스러운 unpredictable, capricious 약 1:8; 3:8.

ἀκατάσχετος, ον [비교 κατέχω] 제어할 수 없는 uncontrollable 약 3:8 이문.

Ἀκελδαμάχ [아람어 = 피 밭; 마 27:8 설명을 보라] 아겔다마, 하켈다마하 Akeldama 행 1:19.

ἀκέραιος, ον [ἀ- 부정(否定), κεράννυμι] '섞이지 않은, 다른 어떤 것도 첨가되지 않은', 신약에서는 도덕적으로 온전함에 관해서만 비유적으로 나옴 순수한, 순결한 pure, innocent 마 10:16; 롬 16:19; 빌 2:15.

ἀκηδεμονέω [어원은 불분명] 막 14:33의 ἀδημονέω에 대한 이문에서만 나온다.

ἀκήκοα ἀκούω 완료 능동태 직설법 1인칭 단수.

ἀκλινής, ές [ἀ- 부정(否定), κλίνω] '옆으로 구부러지지 않는, 곁길로 새지 않는', 결심한 것을 떠나지 말자는 고백에서 흔들림 없는 without wavering 히 10:23.

ἀκμάζω [ἀκμή '지점', 다음 항목을 보라] '꽃피다' 무르익다 become ripe 계 14:18.

ἀκμήν [IE *ak, 비교 ἄκαινα '점'(點)] 부사 목적격 ἀκμή '점(點), 끝부분', '여기까지'(to this point) = 아직, 아직도 yet, still 마 15:16; 히 5:13 이문.

ἀκοή, ῆς, ἡ [ἀκούω] ① 청각(聽覺) hearing ⓐ 감각 기관 고전 12:17. ⓑ 행동 벧후 2:8; 비교 마 13:14. ⓒ 청각 기관 = 귀 ear 막 7:35; 행 17:20. ② '듣게 된 것' ⓐ

ἀκολουθέω / ἀκριβῶς

명성(名聲), 보고 fame, report 마 4:24; 14:1; 소문 rumor 24:6. ⓑ 메시지, 선포 message, proclamation 요 12:38; 롬 10:16f; 갈 3:2, 5; 살전 2:13; 히 4:2.

* **ἀκολουθέω** [ἀ- 하나의 집합에 속함을 나타내는 접두어, κέλευθος '길, 도로'] ① '누군가를 뒤에서 따라가는 행동에 있다' **따르다** follow 마 21:9 (προάγω의 상대어로서); 보다 일반적으로는 군중이 예수를 **좇아가다** 4:25; 눅 7:9; 요 6:2. ② '어떤 이와 밀접한 관계를 맺다', 특히 제자로서 마 9:9; 막 1:18; 눅 5:11. **연달아 일어나다** 막 16:17 이문.

ἀκουσθεῖσι ἀκούω 여성 복수 제1부정과거 수동태 분사.

ἀκουστός, ή, όν [ἀκούω] 이미 들은 정보에 대하여 언급할 때, 즉 **알려진** known 행 11:1 이문.

** **ἀκούω** [어원은 복합적] ① 기본 의미 **듣다** hear 마 13:9, 13; 무엇을 기꺼이 듣거나, 말한 내용에 귀 기울인다는 점을 강조하여 17:5; 행 28:28. ② '주의 깊게 듣다', **이해하다** understand 고전 14:2; 갈 4:21. ③ '들어서 정보를 습득하다', **듣다, ~에 관해 알다** hear, hear about 마 14:13; 롬 10:18; 수동태 **입에 오르내리다, 소문이 파다하다** be said/rumored 고전 5:1; 특별한 가르침을 받는다는 점을 강조하여 **배우다** learn 요일 1:5 등. ④ 법정 용어: **사건을 심리(審理)하다, 발언권을 주다** hear a case, grant a hearing 요 7:51; 행 25:22.

ἀκρασία, ας, ή [ἀκρατής] 주로, '능력의 부족', 따라서 **자기 절제의 부족, 의지박약** 고전 7:5; 도덕적으로 방종한다는 의미 마 23:25.

ἀκρατής, ές [ἀ- 부정(否定), κράτος] 행동을 조심하지 않는, 따라서 **자기 통제가 부족한, 의지박약의** 딤후 3:3.

ἄκρατος, ον [ἀ- 부정(否定), '섞는다'는 뜻을 가진 κεράννυμι, 항목을 보라, 형용사 주로 액체나 포도주에 관해 다른 것이 첨가되지 않았다는 뜻으로 사용된다] 술, 포도주가 **혼합되지 않은, 희석되지 않은 온전한 농도의** unmixed, undiluted 계 14:10.

ἀκρίβεια, ας, ή [ἀκριβής] '어긋남이 없는 특성', **정확함, 엄격함** exactness πεπαιδευμένος κατὰ ἀ. "엄격하게 교육받은" 행 22:3.

ἀκριβέστερον ἀκριβῶς를 보라.

ἀκριβής, ές [비교 ἄκρος '가장 높은' 그리고 κρίνω '세세한 부분에도 주의하는', **엄격한** strict 행 26:5.

ἀκριβόω [ἀκριβῶς] **상세히 조사하다** carefully determine 마 2:7, 16.

ἀκριβῶς [비교 ἀκριβής] 부사 **공들여, 주의깊게** diligently, carefully 마 2:8(헤롯이 동방박사들에게 그 때를 자세히 물어보았다), 눅 1:3; 행 18:25; βλέπετε οὖν ἀ. "그러므로 주의 깊게 살펴라" 엡 5:15; ἀ. οἴδατε "여러분은 잘 알고 있다" 살전 5:2. 비교급 ἀκριβέστερον **더 자세히** 행 18:26; 23:15; 24:22(펠릭스는 더 잘 알고 있었다).

ἀκρίς, ίδος, ἡ [형용사 ἄκρος '가장 높은'의 최상급; 그리스어로 메뚜기는 이런 관점에서 그 이름이 비롯되었다] '메뚜기가 움직이는 모양에서', **메뚜기, 방아깨비** locust 마 3:4; 막 1:6; 계 9:3, 7.

ἀκροατήριον, ου, τό [ἀκροατής] 접견실, **법정** hall, 다양한 설명이나, 사안을 들을 수 있는 장소 행 25:23.

ἀκροατής, οῦ, ὁ [ἀκροάομαι '듣다] '청중의 일원(一員)', **청취자, 듣는 자** hearer 롬 2:13; 약 1:22 이하, 25.

ἀκροβυστία, ας, ἡ [ἄκρος '뾰족한, 끝부분의', πόσθη '음경'(陰莖) ποσθία '포피'(包皮)를 달리 이르는 말] '음경의 꺼풀', **포피(包皮)** foreskin 행 11:3(포피가 있다는 말은 할례 받지 않은 사람으로 모세 가르침의 전통에서 벗어난 이방인이라는 의미이다); 유사하게 비유적 용법으로 롬 2:25, 26, 27. 또한 그리스도인이 되기 전 행동을 비유적으로 나타내어 골 2:13; 모세의 가르침에서 벗어난 **무할례자, 비유대인, 이방인** 롬 3:30 등 로마서에서 자주 등장; 구별이 없다는 측면으로 골 3:11.

ἀκρογωνιαῖος, α, ον [ἄκρος '가장 뾰족한 끝부분의', γωνία '각'(角)] 맨 끝부분의 **모서리, 모퉁이** at the extreme angle/corner, 예수 그리스도를 돌에 비유하여(기초석인지, 관석(冠石)인지는 확실하지 않다) 주로 하나님 백성의 공동체를 하나로 묶어주는 실재로서(비교 사 28:16) 엡 2:20; 벧전 2:6.

ἀκροθίνιον, ου, τό [ἄκρος '가장 높은', θίς '더미'; 쌓아 올린 전쟁 전리품] **(전쟁) 전리품(戰利品), 노획물** spoils/booty (of war) 히 7:4.

ἄκρον, ου, τό [ἄκρος '높은, 끝] '끝부분'(물건의 수직이나 수평적 부분에 적용하여), 특정 문맥에서 **지팡이 끝** top of a staff 히 11:21; **손가락 끝** tip of a finger 눅 16:24; 지리적으로: **맨 끝, 끝** extreme limit, end 마 24:31; 막 13:27.

Ἀκύλας, 대격 αν, ὁ [비교 라틴어 aquila '독수리'] **아굴라, 아퀼라스** Aquila 바울의 동료이자 브리스가(브리스길라)의 남편 행 18:2 등.

ἀκυρόω [ἀ- 부정(否定), κυρόω] '강제로 더 이상 존재하지 못하도록 하다', **폐지하다, 취소하다, 무효화하다** repeal, annul, invalidate 마 15:6; 막 7:13; 법적인 용어로 갈 3:17.

ἀκωλύτως [ἀ- 부정(否定), κωλύω] 부사 **거침없이** without being stopped 행 28:31.

ἄκων, ἄκουσα, ἄκον [ἀ- 부정(否定), ἑκών] **억지로 하는** unwilling 고전 9:17.

ἄλα ἄλας를 보라.

ἀλάβαστρος, ου, ὁ/ἡ, 또한 ἀλάβαστρον, ου, τό [어원은 불분명] **설화석고(雪花石膏)로 만든 용기, 옥합(玉盒)** alabaster container 마 26:7; 막 14:3; 눅 7:37.

41

ἀλαζονεία, ας, ἡ / Ἀλέξανδρος, ου, ὁ

ἀλαζονεία, ας, ἡ [ἀλαζών] 기본 의미: **거만, 자랑** arrogance, posturing 약 4:16; 허세 부리고 과시하는 생활방식 요일 2:16.

ἀλαζών, όνος, ὁ [어원은 불분명; '부랑자, 사기꾼'] **허풍선이, 떠버리** boaster, braggart 롬 1:30; 딤후 3:2.

ἀλαλάζω [ἀλαλά '외침'] '귀청을 찢을 듯한 소리를 내다', **통곡하다** wail 의식(儀式)적인 애곡(哀哭)에서 막 5:38; [금속 등이] (부딪혀) **쨍그랑하는 소리를 내다** clash, clang 고전 13:1.

ἀλάλητος, ον [ἀ- 부정(否定), λαλητός λαλέω에서 유래하여 '말에 있어서 타고난'] **이루 말할 수 없는** inexpressible, 탄식과 관련하여 **말로 표현할 수 없는 탄식(嘆息)** 이 나오는 롬 8:26.

ἄλαλος, ον [ἀ- 부정(否定), λαλέω] '말하지 못하는 것과 관련해서', **말하지 못하는, 표현하지 못하는** unable to speak/articulate 막 7:37; 9:17, 25.

ἅλας, ατος, τό [= ὁ ἅλς '소금'; ἁλιεύς를 보라] **소금** salt 마 5:13b; 눅 14:34; 재치있고 매력적인 말로 뜻이 확장되어 골 4:6; 또한 긍정적인 관심을 불러일으켜 사람들에게 호감을 주는 일에 적용하여 마 5:13a. 옛 형태인 ἅλα는 막 9:50 이문에 나타난다.

ἁλεεῖς, οἱ ἁλιεύς를 보라.

ἀλείφω [비교 λίπος '기름'] '어떤 물질을 바르거나 문지를 때 사용하다', 기름 막 6:13; 약 5:14; 향유 눅 7:38, 46; 향료(특히 시신과 관련해서)를 **바르다** anoint 막 16:1.

ἄλειψαι ἀλείφω 제1부정과거 중간태 명령법 2인칭 단수.

ἀλεκτοροφωνία, ας, ἡ [ἀλέκτωρ, φωνή] '닭 울음' = **닭이 우는 시간, 새벽** cockcrow, dawn, 로마식 계산으로 밤 제3시 또는 자정에서 세 시간 지난 시간 막 13:35.

ἀλέκτωρ, ορος, ὁ [ἀλέκω '물리치다'] **수탉** cock, rooster, 베드로에 대한 경고에서 마 26:34; 막 14:30; 눅 22:34; 요 13:38.

Ἀλεξανδρεύς, έως, ὁ [Ἀλεξάνδρεια 도시명] '알렉산드리아 출신 사람', **알렉산드리아인** an Alexandrian 행 6:9; 18:24.

Ἀλεξανδρῖνος, η, ον [Ἀλεξάνδρεια 도시명] '알렉산드리아에 관련된', **알렉산드리아의** Alexandrian, 배(ship) 행 27:6; 28:11.

Ἀλέξανδρος, ου, ὁ [ἀλέξω = ἀλέκω (ἀλέκτωρ를 보라), ἀνήρ] 그리스식 인명, 종교와 상관없이 사용되고 신약에는 적어도 네 사람의 **알렉산더, 알렉산드로스**가 나온다. Alexander ① 구레네 사람 시몬의 아들 막 15:21. ② 예루살렘 대제사장 집안의 한 사람 행 4:6. ③ (에베소)에페소스의 유대인 행 19:33. ④ 배교자 딤전 1:20; 아마도, 구리 세공사 딤후 4:14.

ἄλευρον, ου, τό / ἀληθῶς

ἄλευρον, ου, τό [ἀλέω '갈다, 빻다'] 밀가루 wheat flour 마 13:33; 눅 13:21.

** ἀλήθεια, ας, ἡ [ἀληθής] '실제로 그러한 것', **진실, 진리** truth: '속임수' ψεῦδος 와 반대되는 솔직한 의사소통 엡 4:25; εἶπεν αὐτῷ πᾶσαν τὴν ἀλήθειαν (그녀가) 그에게 전부 사실대로 말했다. 막 5:33. 겉모습이나 일반적인 경험을 초월하는 근본적인 진실 요 18:37 이하, 진실함이나 신의 덕목을 갖추어서 나타나는 신앙적이고 도덕적인 성품. **믿음직함, 올바름, 정직함** dependability, uprightness, truthfulness: 약속을 지키지 않는 롬 3:7; 약속을 수행하는 데 있어서, 진실함이나 신뢰를 보여주다. 롬 15:8; 하나님께서 보여주시는 진리의 정점(頂點)으로서 예수 요 1:17; 14:6; 바울이 숨은 의도를 감추지 않은 솔직한 사람으로 말로 속이지 않는다는 내용에서 고후 7:14; 반의어 πρόφασις **숨은 의도** 빌 1:18; 비교 요이 1:1. **진리** '자유롭게 하는' 요 8:32, 죄를 인정하지 않는 모습에 반대하여 요일 1:8. 전치사 동반: ἐν ἀ. 정말, 진심으로 마 22:16; 요 17:19; ἐπ' ἀ. 의심할 여지없이, 확실히 눅 22:59; κατὰ ἀ. 하나도 남김없이, 낱낱이 롬 2:2.

ἀληθεύω [ἀληθής] **진실을 말하다** tell the truth 갈 4:16 주변 사람들의 요구를 채워주거나 비위 맞추는 이들의 아첨에 반대되는 의미로; **솔직하다** be forthright 엡 4:15.

ἀληθής, ές [ἀ- 부정(否定), λανθάνω에서 λήθη] '숨김없는' 따라서 **참된, 사실인** true: 여러 미덕 중 하나 빌 4:8; 사실에 부합하는 요 4:18; 19:35; 행 14:19 이 문 속담이나, 잠언이 특정한 경우에 실제로 딱 들어맞을 때 벧후 2:22; 그러므로 환상을 보는 것과 반대되는 의미로 **실제의, 진짜의** 행 12:9. 아무런 대가를 바라지 않고 주시는 하나님의 은혜(χάρις)에 관해 벧전 5:12. 진실하고 신뢰할 만한 성품에 관하여 자주 사용된다. 요 3:33; **신뢰하거나 믿지** 못하도록 만드는 자기 증언 being trustworthy/reliable 5:31; 딛 1:13; **솔직한, 정직한** straightforward, honest 마 22:16; **믿음직한, 신뢰할 만한** truthful 고후 6:8.

ἀληθινός, ή, όν [ἀληθής; '숨겨지지 않은'] '진실에 부합하는', **사실인, 참인** true: 믿을 수 있는, 신뢰할 수 있는의 의미로 reliable, dependable 요 19:35; 계 3:7. 숨김없는 마음 **진실한** 히 10:22; 감추어 속이는 것이 없는 심판 요 8:16; 유사하게 **참된** 빛에 대해 1:9. 사실이나 정확한 상황에 걸맞은, **정확한** 4:37. 참되고 궁극적인 실체라는 점을 강조하여 히 8:2; 피상적이며 일시적이고, 겉모습에 불과한 것에 반대해서 눅 16:11; 요 4:23; 17:3; 신적인 실체가 없이, 제의(祭儀)적인 이미지에 반대되는 참된 하나님과 관련해서 살전 1:9.

ἀλήθω [예전 형태 ἀλέω] 방아나 맷돌을 사용해 **빻다, 갈다** grind 마 24:41; 눅 17:35.

ἀληθῶς [ἀληθής] 부사 '실제로 그러한 것에 걸맞은', **정말로, 진정으로, 실제로,** truly, really, actually 마 14:33; 막 14:70; 눅 9:27; 요 7:26; 8:31 이름만이 아

ἁλιεύς, έως, ὁ / ἀλληγορέω

넌 진정한 제자 행 12:11; 살전 2:13; 요일 2:5. 나다나엘: ἀληθῶς Ἰσραηλίτης ἐν ᾧ δόλος οὐκ ἔστιν "의심할 여지없이, 속임수가 없는 이스라엘 사람이구나" 요 1:47.

ἁλιεύς, έως, ὁ [ἡ ἅλς '바다' 그리고 ὁ ἅλς '소금', 동일한 어근에서: 비교 라틴어 sal '소금, 바다'] '소금 있는 바다와 관계된 사람', **어부** fisher 막 1:16. 언어유희로 **사람 낚는 어부** 마 4:19.

ἁλιεύω [ἁλιεύς] **낚시하다, 물고기 잡다** to fish 요 21:3.

ἁλίζω [ὁ ἅλς '소금'] '소금 치다', **양념하다** salt, season 마 5:13; 막 9:49.

ἀλισγέω [어원은 미상(未詳)] **더럽히다, 오염시키다** defile, pollute 막 9:49 이문.

ἀλίσγημα, ατος, τό [ἀλισγέω] '의식(儀式)적인 부정(不淨)', **오염** pollution 행 15:20.

*** **ἀλλά** [본래 ἄλλος의 중성 복수 ἄλλα에서 '그렇지 않다'는 의미를 반영하여 악센트가 변화되었다. δέ보다 강한 의미다] 역접의 의미를 가지는 불변화사. 부사적으로 사용하여, 다른 일이나 생각의 다양한 관점을 제시한다. 영어에서는 but, on the other hand, yet, nevertheless, indeed, certainly 등으로 손쉽게 비슷한 의미를 표현한다. 한글 성서에서는 ἀ.나 δέ를 번역할 때 '오직'이라는 표현이 자주 사용되었다는 점도 주목할 만하다. 부정어와 함께 대조적이라는 면을 강조할 때에는 **그러나, 반면에** but, on the contrary 마 5:17; 막 5:39; 고전 10:23, οὐ에 뒤이어; **~라기보다는/이 아니라 도리어** but (rather/instead) 막 9:37; 눅 1:60; 요 10:1; 12:44; 롬 3:27; **하지만** yet 막 14:29; **분명히** certainly 롬 6:5; 고전 9:2(γέ와 함께). 어떤 행동이나 상황에 일반적으로 기대되는 것과 반대되는 내용을 암시: **그러나** but 마 9:18; 막 9:22; 14:49; 요 1:8; 롬 5:14; 고전 6:6. 설명하며, **다만 ~외에는, ~을 제외하고는** 막 4:22; 고후 1:13. 외치듯이 강한 어조로 엡 5:24; 유사하게 요 16:2; 고후 7:11(6번 사용); **정말, 확실히** yes, indeed 고전 3:2.

ἀλλάσσω [ἄλλος] ① '어떤 것을 달라지도록 만들다', **고치다, 바꾸다** change 행 6:14; 갈 4:20; **변화하다** transform 고전 15:51 이하; 히 1:12. ② '어떤 것을 다른 것으로 바꾸다', **바꾸다, 교체하다** exchange 대격을 ἐν 이하의 단어(단순 속격 대신)로 바꾸다(비교 70인역 시 105:20; 이러한 구문은 일반적인 그리스어에서는 찾기 어렵다). 롬 1:23.

ἀλλαχόθεν [ἄλλος] 부사 '이상한 방향에서', **다른 길로, 다른 길을 거쳐** by some other way 요 10:1.

ἀλλαχοῦ [ἄλλος] 부사 '다른 곳으로', **(어딘가) 다른 곳으로** elsewhere 막 1:38.

ἀλληγορέω [ἄλλος, ἀγείρω '함께 모으다'(비교 ἀγορά)] '어떤 것을 나타내거나 상징하는 어떤 지시물을 일반적으로 이해하는 것과 달리, 다른 의미를 전달하다', **상징적으로 표현하다** express symbolically 갈 4:24(바울의 해석 방법은 엄

격한 의미로 우의적이지는 않으며, 역사적이고 문자적인 정체성을 이러한 표현을 통해 상징적으로 나타내고 있다).

ἀλληλουϊά '하나님을 찬양하라'는 히브리어 명령문을 신약에서 음역한 것이다. **할렐루야, 알렐루야** hallelujah, alleluia 계 19:1, 3 이하, 6.

ἀλλήλοις ἀλλήλων을 보라.

ἀλλήλους ἀλλήλων을 보라.

** **ἀλλήλων** [ἄλλος] (이 상호 대명사에는 주격이 없으며, 따라서 복수 속격을 표제어로 사용하였다) **서로서로, 각기** each other, one another: 속격 롬 2:15; 12:5; 갈 6:2; 엡 4:25; 약 4:11; 여격 ἀλλήλοις 행 19:38; 갈 5:17; 막 9:50(ἐν과 함께); 대격 ἀλλήλους 요 13:34; 롬 13:8; 요 13:22(εἰς와 함께).

ἀλλογενής, ές [ἄλλος, γένος] '다른 민족에 속한', 명사로 **외국인, 이방인** foreigner 눅 17:18.

ἀλλοιόω [ἄλλος, ἀλλοῖος '다른'] '달라지다', **변하다, 달라지다** change, alter 눅 9:29 이문.

ἄλλομαι [비교 라틴어 salio '뛰다, 뛰어오르다'] '위로 빠르게 움직이거나 튀어오르다', 사람, **뛰어오르다, 도약하다** leap, spring up 행 3:8; 14:10; 물과 관련해서 **차오르다, 솟구치다** bubble/well up 요 4:14.

** **ἄλλος, η, ον** [비교 라틴어 alius '다른'; 엄밀한 의미로 어떤 존재가 다른 존재와 구별됨에 관하여 언급할 때; 동의어로 ἕτερος가 있는데 이 단어는 하나나 둘 중 다른 하나를 말할 때 사용한다. 그리고 질적인 구별을 강조하여 자주 사용된다. 신약의 용례는 매우 다양하다] **다른** other 마 20:3; 막 6:15; 부가적인 존재에 대해 마 4:21; 25:20; 복수 또한 **나머지**라는 의미로 the rest 요 20:25; 고전 14:29. 양편 중 하나(= ἕτερος): **뺨** cheek 마 5:39; **손** hand 12:13; ἕτερος와 교대로 고후 11:4. 갈 1:7에서 ἄλλο는 6절의 ἕτερος에 이어 같은 내용을 표현하면서 나온 두 번째 어휘다. 이 말은 갈라디아인들이 바울이 선포한 것과 다른 '복음'의 유혹에 **빠졌다**는 말이다. 하지만 그런 복음은 본질상 복된 소식(ἕτερος를 보라)이라고도 할 수 없으며 참된 복음과 다른 특징을 가지고 있다. ἄ.는 경우에 따라 다양한 형태로 병치되어 나타난다: ἄλλος πρὸς ἄλλον **서로에게** = πρὸς ἄλλους **서로들** 행 2:12; ἄλλοι...ἄλλο τι κράζον "사람들은 저마다 다른 말을 외쳐댔다" 19:32; 유사하게, 21:34.

ἀλλοτριεπίσκοπος, ου, ὁ [ἀλλότριος, ἐπίσκοπος] 드물게 등장하는 희귀한 단어로 의미에 대한 합의가 이루어지지 않았으나, 4세기 무렵 많은 이들이 '남의 일에 참견하는 사람'이라는 뜻으로 이해하였다. **참견하는 사람, 오지랖이 넓은 사람** meddler, busybody 벧전 4:15. 다른 의견으로 **스파이, 정보원, 혁명가**.

ἀλλότριος, α, ον [ἄλλος] '다른 사람에게 속한 것을 언급할 때', **다른 사람의,**

ἀλλόφυλος, ον / ἀλυσιτελής, ές

타인 소유의 another's 롬 14:4 노예; 고후 10:15 수고; 딤전 5:22 죄; 행 7:6 남에게 속한 땅 그러므로 **외국, 이방 땅** foreign; 비슷하게 히 11:9; 비교 11:34. 명사로 남의 것 눅 16:12. ἀλλοτρίοις ἐπίσκοπος "다른 사람의 일에 참견하는 사람" 벧전 4:15 이문.

ἀλλόφυλος, ον [ἄλλος, φῦλον '종족'] **외국의** foreign, 신약에서는 명사로 이스라엘 민족에 반대되는 의미이다. 따라서 **국외자, 이방인** outsider, gentile 행 10:28; 13:19 이문.

ἄλλως 부사 [ἄλλος] **그렇지 않으면, 그 외에는** otherwise: τὰ ἄ. ἔχοντα "그렇지 않은 경우라도 = 그 반대도" 딤전 5:25.

ἀλοάω [비교 서사시에 나오는 명사인 ἀλωή와 고전 그리스어의 ἄλως 모두 '타작 마당'] **타작하다** thresh 고전 9:9 이하; 딤전 5:18.

ἄλογος, ον [ἀ- 부정(否定), λόγος] ① '이성적인 능력이 결여되어 있는', 특히 동물에 대해 **이성이 없는** without reason 벧후 2:12; 유 10. ② '이성에 반대되는 것을 언급할 때', **사리에 맞지 않는, 불합리한** unreasonable, absurd 행 25:27.

ἀλόη, ης, ἡ [산스크리트, 히브리어를 거쳐] '침향(沈香)'으로 알려진 식물에서 이름이 유래한 향초(香草), 구문적으로는 단수인 단어가 때때로 복수로 번역되기도 한다. **알로에** aloes 요 19:39.

ἀλυκός, ή, όν [ὁ ἅλς '소금'] 물과 관련해서 형용사로 사용되어 **짠, 짭잘한** salty 약 3:11 이문; 명사로 추측(본문에는 빠진 부분이 있는 것 같다) **짠 샘물** salt spring 12절.

ἄλυπος, ον [ἀ- 부정(否定), λύπη] '고통스러운 슬픔 없는', **슬픔, 염려, 고민이 없는** free from sorrow/grief/anxiety, 비교급 ἀλυπότερος **슬픔이 덜한** with less anxiety 빌 2:28.

ἀλυπότερος 이전 항목을 보라.

ἄλυσις, εως, ἡ [ἀ- 부정(否定). (ἀ- 기식[氣息]의 치환), λύω, 또는 기원이 불확실한 어휘에서] **사슬** chain 막 5:3; 행 28:20 (여기에서 사슬은 아마도 병사가 바울을 끌고 가기 위해 둘 사이를 묶은 수갑일 것이다 [16절을 보라]); 사슬에 매임으로 놓이게 된 상황과 형편을 강조하여 = 죄수가 됨 being a prisoner 딤후 1:16. ἐν ἁ. "사슬에 묶여 있다" 엡 6:20.

ἀλυσιτελής, ές [ἀ- 부정(否定), λυσιτελέω] (단일 동사 λυσιτελέω는 '요금, 비용을 지불한다'는 상업적인 의미를 가지고 있지만, 또한 자신의 삶을 대가로 지불한다는 확장된 의미로 무엇인가를 경험하고 견딘다는 의미도 있다) '최선의 이익에 반(反)하는', **적절치 않은, 유익하지 않은** unprofitable, disadvantageous 히 13:17. 기자(記者)는 에둘러 완곡하게 말하는 곡언법이나 절제된 표현을 사용하였지만, 속에는 위험한 행동에 대하여 꾸짖는 뜻이 담겨 있다.

ἄλφα, τό [히브리어 격변화 없음. '그리스어 알파벳의 첫 번째 글자', **알파** alpha 계 1:8; 21:6; 22:13.

Ἀλφαῖος, ου, ὁ [히브리어 또는 Ἀ. 이스라엘인의 이름: **알패오, 알파이오스** Alphaius ① 세금 징수원인 레위의 아버지 막 2:14; 눅 5:27 이문 ② 특별히 예수께서 택하신 12제자 중 한 명인 야고보의 아버지. 이 야고보를 세베대의 아들 야고보와 구별하여 '알패오의 아들'이라고 표현했다. 마 10:3; 막 3:18; 눅 6:15; 행 1:13.

ἅλων, ωνος, ἡ [= 고전 그리스어 ἅλως] 주로 **타작 마당** threshing floor, 그러나 탈곡된 곡식이 거기에 있다는 의미로 마 3:12; 눅 3:17.

ἀλώπηξ, εκος, ἡ [산스크리트 연관어] **여우** fox 마 8:20; 눅 9:58; 이 용어는 헤롯 안티파스를 지칭할 때 사용되었다. 13:32.

ἅλωσις, εως, ἡ [ἁλίσκομαι '정복되다, 잡히다'] 동물에 관해, **포획물, 생포** α capture, catching 벧후 2:12.

ἅμα [ἁ- 하나의 집합이라는 것을 나타내는 접두어 'together' = 산스크리트 sa-, 비교 εἰς와 기타 격변화 형태] 부사 주로 '즉시'라는 동시성을 의미한다; 시간적으로: 함께 일어나는 행동에 관해, **동시에(함께)** at the same time 행 24:26; 몬 22; 비교 살전 5:10(어떤 상황에 놓여 있다 할지라도 차이 없이 원하는 결과가 동시에 일어날 것이라는 점에서); 사람, 동시에 함께 행동하는 롬 3:12; 동시적인 결과, **함께, 더불어** 마 13:29; 살전 4:17. 시간을 나타내는 부사 πρωΐ와 함께, **아침 일찍이, 새벽녘에** early in the morning, at the crack of dawn 마 20:1.

ἀμαθής, ές [ἁ- 부정(否定), μανθάνω] **지식이 부족한, 무식한** lacking knowledge, ignorant 벧후 3:16.

ἀμαράντινος, η, ον [ἀμάραντος의 다른 형태] **(전설상의 시들지 않는 꽃) 아마란스의, 시들지 않는** of amaranth, unfading 벧전 5:4. '아마란스'로 알려진 식물의 시들지 않는 특징은 여기에서 **영원히 시들지 않는 영광의 화관(花冠)** amaranthine wreath of glory이라는 종말론적 의미로 확장되었다.

ἀμάραντος, ον [앞의 항목을 보라] **시들지 않는, 쇠하지 않는** unfading, 쇠하지 않는 종말론적인 이미지로 벧전 1:4(아마란스 식물의 꽃으로서의 측면은 벧전 5:4보다는 덜 중요하다. '화관'의 이미지에서 자연스럽게 ἀμαράντινος를 사용하였으며, 폭넓게 '유산', '기업'에 적용시키기에는 딱 들어맞지 않는다).

ἁμαρτάνω [어원은 불분명] '표적에 명중시키지 못하고 옆으로 빗나가다'라는 주된 의미에서, 인간이나 신에 대한 그릇된 행동의 의미로 발전되었다. 그래서 신약에서는 언제나 **잘못하다, 죄짓다** do wrong, sin라는 의미로 사용한다. 눅 17:3; 롬 3:23. εἰς와 함께 **~을 범하다, ~에 대하여 죄짓다** do wrong to, sin against: 사람 마 18:21; 눅 17:4; 자신의 몸 고전 6:18; 그리스도 8:12; 천국 = 하

ἁμάρτημα, τος, τό / ἄμεμπτος, ον

나님 눅 15:18, 21; 모세 율법 행 25:8. 고전 15:34에서 어휘의 일차 의미는 비틀거리며 길을 똑바로 가지 못하는 술 취한 사람의 이미지로 매우 정확하게 나타나고 있다. ἁ. ἁμαρτίαν 죽음에까지 이르지는 않는 **죄를 범하다** commit a sin. 요일 5:16b.

ἁμάρτημα, τος, τό [ἁμαρτάνω] '잘못을 저지름', **잘못, 죄** wrong, sin 막 3:28 이하; 롬 3:25; 고전 6:18.

** **ἁμαρτία, ας, ἡ** [ἁμαρτάνω; '흔적을 놓치다'] ① '저지른 사람이 책임을 져야 하는 잘못', **죄** sin: 마 9:2; 요 8:46; 약 5:15; 요일 5:16b 등. προσφορὰ περὶ ἁ. = **속죄제** 히 10:18. ② '죄에 물든 상황', **죄가 많음, 사악함** sinfulness 요 9:41; 19:11. ③ '급속히 퍼지는 악의 권세, 능력' 롬 5:12 등 자주; 비교 히 3:13.

ἀμάρτυρος, ον [ἀ- 부정(否定), μάρτυς] **결정적인 증거가 없는, 증인 없는** without conclusive evidence, without witness 행 14:17.

ἁμάρτω ἁμαρτάνω 제2부정과거, 가정법, 능동태.

ἁμαρτωλός, όν [ἁμαρτάνω] 신약에서 주된 의미: '종교적이거나 법적인 기대에 부응하는 데 실패한' **죄 있는** sinful 막 8:38; 롬 7:13. 명사로 ὁ ἁμαρτωλός **죄인** sinner: ⓐ 일반적으로: 딤전 1:9, 15; 히 7:26; 벧전 4:18; 신앙 공동체에 들어오지 않은 '외부인'이라는 점을 강조하여 (비교 마 5:47) 마 9:10f; 눅 6:32-34; 15:1. ⓑ 특정인에 대해 눅 7:37.

Ἀμασίας, ου, ὁ [히브리어] **아마샤, 아마시야스** Amaziah 눅 3:23 이하 이문.

ἄμαχος, ον [ἀ- 부정(否定), μάχη; 그리스어의 보다 오래된 형태에서 유래. 누구와도 다투지 않는 사람, 그래서 싸움에 참가하지 않는 사람] **공격적이지 않은, 비호전적인** not belligerent, not contentious 딤전 3:3; 딛 3:2.

ἀμάω [IE; 대부분 시어로 많이 사용됨] **수확하다, 곡식을 베다, 거둬 들이다** reap, cut grain, mow 약 5:4.

ἀμέθυστος, ου, ἡ [ἀ- 부정(否定), μεθύω; '술에 잘 취하지 않는', 그러므로 '자수정'은 포도주 빛이 환유적으로 연상시키는 바에 따라 의학적으로 사용되기도 하였다] '보라색의 보석', **자수정** amethyst 계 21:20.

ἀμείνων, ον ἀγαθός 비교급. 뜻은 언급된 어휘를 보라.

ἀμελέω [ἀ- 부정(否定), μέλω '보살피다', 3인칭 단수인 μέλει로 자주 등장] **돌보지 않다: 관심을 보이지 않다, 주의를 기울이지 않다, 무시하다, 경시하다** show no interest (in), pay no attention (to), ignore, disregard 마 22:5; 속격과 함께 딤전 4:14; 히 2:3; 8:9; 부정어와 함께 벧후 1:12 이문 이러한 구절 일부에서는 문맥에 따라 **무시하거나 간과한다**는 뜻을 가진다.

ἄμεμπτος, ον [ἀ- 부정(否定), μεμπτός μέμφομαι에서 '비난받을 만한'] '행동에 관해 비난하거나 질책할 필요 없는', **나무랄 데 없는, 흠잡을 데 없는** blameless, faultless 눅 1:6; 빌 2:15; 3:6; 살전 3:13; 히 8:7.

ἀμέμπτως [ἄμεμπτος; 공복(公僕)과 관련한 금석문(金石文)이나 파피루스에 자주 등장한다] 부사 **나무랄 데 없이** blamelessly 살전 2:10; 5:23.

ἀμέριμνος, ον [ἀ- 부정(否定), μέριμνα] **(지나치게) 염려하지 않는** free from (undue) concern 고전 7:32. ἀ. ποιεῖν τινα = "어떤 이가 염려하지 않도록 보살피다" 28:14.

ἀμετάθετος, ον [ἀ- 부정(否定), μετατίθημι μετάθετος '변한'; '변하는 것과 상관이 없는'] **불변의, 바꿀 수 없는, 변경되지 않는** unalterable, unchangeable, immutable 히 6:18; 명사로 **불변** unchangeableness 6:17.

ἀμετακίνητος, ον [ἀ- 부정(否定), μετακινέω에서 μετακινητός '불안한, 흔들리는'] **요동치 않는, 흔들리지 않는** immovable 고전 15:58.

ἀμεταμέλητος, ον [ἀ- 부정(否定), μεταμέλομαι에서 μεταμελητός '-을 뉘우치는, 후회하지 않는'; 문자적으로 '나중에 어떻게 될까 신경쓰지 않는(후회하지 않는)'] **후회할 필요 없는** not to be regretted 고후 7:10; 어떤 것에 대하여 돌이켜 **취소할 수 없는** irrevocable 롬 11:29.

ἀμετανόητος, ον [ἀ- 부정(否定), μετανοέω] '마음을 바꾸려 하지 않는', **뉘우치지 않는** unrepentant 롬 2:5.

ἄμετρος, ον [ἀ- 부정(否定), μέτρον] '한도가 없거나 초월한', **헤아릴 수 없는, 한도를 넘은** immeasurable εἰς τα ἄ. 정도를 넘어선 (자랑) 고후 10:13, 15.

** **ἀμήν** [히브리어] **아멘** amen, 예배나 경배 중에 하는 강한 확신의 표현 = **그렇게 될지어다** so let it be 롬 1:25; 고전 14:16; 고후 1:20; 갈 1:5; 6:18; 딤전 1:17; 벧전 4:11. ἀμήν + λέγω의 정형화된 문구로 예수께서 자주 사용함. 마 5:18 등. 요한복음에서는 종종 ἀμήν이 반복하여 등장한다. 계 3:14. 예수가 궁극적인 증언으로 언급되어: ὁ ἀμήν.

ἀμήτωρ, ορος [ἀ- 부정(否定), μήτηρ] '어머니에 대한 기록이 없는', **어머니 없는** without a mother 히 7:3.

ἀμίαντος, ον [ἀ- 부정(否定), μιαίνω] '오염되지 않는', 신약에서는 항상 비유적으로 **더럽혀지지 않은, 순결한** undefiled, pure 히 7:26; 13:4; 약 1:27; 벧전 1:4.

Ἀμιναδάβ, ὁ [히브리어] 격변화 없음. 예수의 조상 **암미나답, 아미나답** Amminadab 마 1:4; 눅 3:33.

ἄμμον, ου, τό [비교 서사시에 나타난 ἄμαθος 형태로부터 '모래'; 신약에서는 드물게 나타난다] **모래** sand 롬 4:18 이문.

ἄμμος, ου, ἡ [이전 형태의 그리스어에서는 ἄμμος로도 나타난다] **모래** sand: 해변의 계 12:18; 모래 성분의 하층토 마 7:26. 자주 헤아릴 수 없는 것에 대한 이미지로 롬 9:27; 히 11:12; 계 20:8.

49

ἀμνός, οῦ, ὁ / Ἀμφίπολις, εως, ἡ

ἀμνός, οῦ, ὁ [비교 라틴어 agnus] **어린 양** lamb, 오직 예수님에 대한 비유적 설명에서만 등장한다. 요 1:29, 36; 행 8:32; 벧전 1:19.

ἀμοιβή, ῆς, ἡ [ἀμείβω '맞바꾸다', 중간태 '갚다'] '이익의 대가로 뭔가를 되돌려 주는', **상환, 보상, 배상, 되돌려 줌** repayment, requital, recompense, return, 친절을 되갚는 것과 관련해서 딤전 5:4.

ἄμορφος, ον [ἀ- 부정(否定), 비교 전체적인 인상을 표현할 때 자주 사용되는 μορφή] **추한, 기형의** ugly, misshapen 고전 12:2 이문(무시한다는 의미를 의도하지 않았다면 이 이문에서는 아름다움을 나타내는 대상에 대한 숭배를 자랑스럽게 여기는 그리스 문화의 관점을 감안하여 진정성을 어느 정도 인정받을 수 있을 것이다).

ἄμπελος, ου, ἡ [어원은 불분명; 덩굴손처럼 기어오르는 식물: 덩굴] 신약에서는 특히 **포도 덩굴** grapevine 마 26:29; 약 3:12; 계 14:18f; 상징으로 요 15:1, 4 이하.

ἀμπελουργός, οῦ, ὁ [ἄμπελος, ἔργον] '포도원을 가꾸는 일꾼', **포도원 농부, 포도원 재배자, 정원사** vinetender, vinedresser, gardener (viticulturist '포도재배 기술자'는 지나치게 전문적이게 보이는 표현이다) 눅 13:7.

ἀμπελών, ῶνος, ὁ [ἄμπελος] **포도원** vineyard 막 12:1 이하 그리고 병행구절; 눅 13:6(이 구절은 '과수원'으로 보는 것이 더 낫다); 고전 9:7.

Ἀμπλιᾶτος, ου, ὁ [라틴어 amplio '크기를 키우다'; '장엄한'; 흔한 노예 이름이었음] **암플리아토스** Ampliatus, 로마에 있는 교회 공동체의 한 사람 롬 16:8. 다른 형태로 Ἀμπλιᾶς **암블리아** 8절 이문.

ἀμύνω [복합적인 어원; '피하다'] 신약에서는 중간태로, ἀμύνομαι '도움에 관여하다', 공격적인 대응을 통하여 **옹호하다** come to aid 행 7:24.

ἀμφιάζω [ἀμφιέννυμι의 후기 형태로서 다른 형태인 ἀμφιέζω와 함께 자주 등장한다] **~에게 옷을 입히다** clothe 눅 12:28 이문.

ἀμφιβάλλω [ἀμφί '양편에', βάλλω '던지다/두르다'] **던지다** to cast (= 그물을 펼쳐 던지다) 막 1:16.

ἀμφίβληστρον, ου, τό [ἀμφιβάλλω (ἀμφί와 βάλλω 부정과거 수동태 부정사 βληθῆναι에서)] '고기잡이에 쓰는 둥그런 투망', **투망** casting-net 마 4:18; 막 1:16 이문.

ἀμφιέζω [ἀμφιάζω의 다른 형태로 자주] '옷을 입히다', **옷 입히다, 입을 옷을 마련해 주다** dress, clothe 눅 12:28. ἀμφιάζω를 보라.

ἀμφιέννυμι [ἀμφί '양편에', ἕννυμι '옷을 걸치다'] **옷 입히다, 입을 옷을 마련해주다** dress, clothe 마 6:30; 11:8; 눅 7:25. ἀμφιάζω를 보라.

Ἀμφίπολις, εως, ἡ [ἀμφί '양편에', πόλις; 스트뤼몬 강에 의해 둘러싸인 암피폴리스 지역] **암비볼리, 암피폴리스** Amphipolis 남동 마케도니아 지역의 수도 행

17:1.

ἄμφοδον, ου, τό [ἀμφί '양편에 있는', ὁδός; '뭔가를 돌아가는 길', 예. 구역의 건물들] **거리** street 막 11:4; 행 19:28 이문.

ἀμφότεροι, αι, α [ἄμφω '양쪽'] ① 둘 중에서: **둘 다** both 눅 6:39; 엡 2:16. ② 둘 이상에서(후기 용법으로 집단 안에서 밀접한 관계를 맺고 있음을 강조하여): **모두** all 행 19:16; 23:8.

ἀμώμητος, ον [ἀ- 부정(否定), μωμάομαι; '탓할 만하지 않은'] 문어적인 어휘로 제의적인 뜻을 가지며, 특별히 이스라엘 민족적 배경에서 **흠 없는, 무결한**의 의미를 가진다. 벧후 3:14; 빌 2:15 이문.

ἄμωμον, ου, τό [민간 어원으로(ἀ- 부정(否定), μῶμος) 그리스어가 차용한 외래어로 보이며, '해롭지 않은'의 뜻으로 추측된다] 인도산 향신료 식물, **향료, 축사(縮砂), 사인(砂仁)** amomum 계 18:13.

ἄμωμος, ον [ἀ- 부정(否定), μῶμος] ① '잘못이 없는' (윤리적으로, 자주 ἅγιος와 함께) **나무랄 데 없는** blameless 엡 1:4; 5:27; 빌 2:15; 골 1:22; 유 24; 계 14:5. ② '결함이나 흠이 없는'(신체적으로, 제의적인 의미에서), **무결한** unblemished 히 9:14; 벧전 1:19.

Ἀμών, ὁ [히브리어] 격변화 없음. 예수의 족보에서 **아몬** Amon 마 1:10 이문 비교 대상 3:14.

Ἀμώς, ὁ [히브리어] 격변화 없음. 예수의 족보에서 **아모스** Amos ① 나훔의 아들이자, 맛다디아의 아버지 눅 3:25. ② 므낫세의 아들이자 요시아의 아버지 마 1:10; 눅 3:23 이하 이문.

** **ἄν** [어원은 불분명] 동사에 우연한 사건이나 일반화의 의미를 더하며, 그것이 일어난 근접 문맥의 의미에 영향을 미치는 다의적인 표시이다. 따라서 번역자들은 적절한 뜻을 나타내기 위해 본동사의 시상(時相)에 '~도 일 것이다', '~이게 된다'(would, ever, might)를 붙여서 표현한다. ⓐ 직설법: 미완료나 부정과거에서 ὅπου **어디서든지** wherever와 같은 일반화의 대명사나 부사로서 막 6:56a; ὅσοι **누구든지** whoever 6:56b; τις **어떤 사람** anyone 행 2:45; 4:35. 화자가 먼저 조건절에서 의문을 가지고(미완료나 부정과거) 보여준 조건적 제시가, 만약 사실이라면 문장의 귀결절(미완료, 부정과거, 과거완료)에서 보여주는 것처럼 자연스럽게 결론 내리게 된다는 것을 나타낼 때(ἄν의 의미는 영어에서는 would로 한글에서는 '**~도 일 것이다**'로 표현한다): εἰ πιστεύετε Μωϋσεῖ, ἐπιστεύετε ἂν ἐμοί "너희가 모세를 믿었다면, 나도 믿었으리라" 요 5:46; εἰ ἐγένοντο αἱ δυνάμεις… πάλαι ἂν μετενόησαν "그 기적을 행하였더라면, 그들이 진작에 회개하였으리라" 마 11:21. 부정과거가 조건절에 사용될 때에, 귀결절에 과거완료가 사용 요일 2:19. 경우에 따라 조건절의 내용을 청자가 알 수 있어 생략된 경우에도 ἄν을

ἀνά / ἀναβάλλω

귀결절에 사용한다. 마 25:27(ἐλθών이 조건절처럼 사용됨); 또한 ἐπεί 히 10:2. ⓑ 가정법에서 ㉠ 조건절이 관계사절일 경우 ἄν은 보편성을 나타내는 표시로, 미래 동사의 귀결절이 뒤따르게 된다. 고전 11:27. ㉡ 관계사절에 현재 시제의 동사가 있는 귀결절이 뒤따르는 경우 요 5:19; 행 2:39. ㉢ 시간을 나타내는 절에서, 일어날 수 있지만 실제 일어날지는 아직 확실히 결정되지 않은 사건을 말할 때. ἡνίκα ἄν ~할 때마다 고후 3:15; ὡς ἄν ~하면 바로, 곧 롬 15:24; ἕως ἄν ~ 때까지 눅 9:27; ἀφ' οὗ ἄν ~한 후에 13:25. ㉣ 목적을 나타내는 고전 그리스어의 표현 ὅπως ἄν 2:35; 행 3:20. ⓒ 주절에서 희구법과 함께(신약에서는 드문 경우) 행 26:29; 수사 의문문 8:31; 17:18; 간접 의문문 눅 1:62. ⓓ 후기 그리스어에서 드물게 ἐάν을 대신하는 ἄν, **만약** if 요 5:19a 이문; 13:20; 16:23; 20:23.

ἀνά [IE] 대격 지배 전치사, 분배나 각 개체들의 모임에 관련 있는 동작을 뜻할 때 ① ἀνὰ μέσον, 영향을 미치는 자리임을 나타낼 때: 속격과 함께. **사이에** among (곡식이 자라고 있는 사이에 씨뿌림) 마 13:25; **한가운데로** in the midst 막 7:31(지역 안으로 이동); **사이, 간(間)** between 고전 6:5(ἀνὰ μέσον ἀδελφοῦ: 형제가 둘이라고 예상할 수 있지만, 구어적인 표현으로 단수가 사용되었다. 일부 필사자는 이 본문에서 다른 '형제'를 생략하지 않고 더한 경우도 있다). ② ἀνὰ μέρος, **차례대로, 순서에 따라** in turn 고전 14:27. ③ 수사와 함께 분배를 나타내는 용법: ἀνὰ δηνάριον 한 데나리온씩 마 20:9, 10; ἀνὰ πεντήκοντα 오십씩 = '각 그룹마다 오십 명씩 짝지어' 눅 9:14; ἀνὰ δύο 둘씩 = '둘이 함께' 10:1; 구어적인 표현에서 부사적으로: ἀνὰ εἷς ἕκαστος = '**각각 하나씩(문이)**' 계 21:21. ④ 복합 동사에서 ἀνά를 사용하여 동작이 거듭 반복되어 전개됨을 나타낼 때가 있다. (예. ἀναγγέλλω, ἀναγεννάω, ἀναγινωσκω) = 거듭, 다.

ἀνάβα ἀναβαίνω 제2부정과거. 능동태 명령법 2인칭 단수.

ἀναβαθμός, οῦ, ὁ [ἀνά, βαθμός '걸음', 복합동사 ἀναβαίνω에서] '올라가는' 또는 '상승하는' **걸음**: 복수 **오르는 계단, 층계** flight of steps/stairs, 예루살렘 성전에서 안토니아 탑에 오르는 '계단'을 뜻함. 행 21:35, 40.

* **ἀναβαίνω** [ἀνά, βαίνω '걷다, 내디디다'] **오르다, 올라가다** go up ⓐ 사람, 길에서: 높은 지대에 있는 예루살렘으로 마 20:17 이하; 눅 18:10(성전이 높은 곳에 있음); 나무 위로 삭개오가 **기어오르다, 올라가다** climbs/mounts up 19:4; 예수가 하늘로 **오르다, 승천하다** goes up, ascends into heaven 행 2:34. 떠난다는 의미를 강조하여 **올라가다** come up: 예수가 요단 강에서부터 마 3:16. ⓑ 사물: 가시덤불 막 4:7; 기도 행 10:4; 공적인 보고 21:31. ⓒ 내면적인 경험이나 깨우침 (셈어적인 표현으로) 마음속에 **떠오르다** come up/arise in the heart 눅 24:38; ἐπὶ καρδίαν ἀ. "마음에 떠오르다 = 생각하다" enter the heart = mind 고전 2:9.

ἀναβάλλω [ἀνά, βάλλω] 신약에서 ἀ.는 한 번만 등장한다. 중간태 ἀναβάλλομαι(이

ἀναβέβηκα / ἀναγεννάω

중간태가 고대 그리스어에서는 더욱 널리 쓰인다): **미루다, 연기하다, 늦추다** defer, put off, postpone: 영향받는 사람을 대격으로 취하여 ἀνεβάλετο αὐτούς "그들을 연기하였다 = 그들에 관한 재판을 휴정하였다(법정 용어)" 행 24:22.

ἀναβέβηκα ἀναβαίνω 완료 능동태.

ἀναβήσομαι ἀναβαίνω 미래 중간태(미래에는 능동태 형태가 없음).

ἀναβιβάζω [ἀνά, βιβάζω '오르게 하도록 유발하다'] ἀναβαίνω의 원인, **그물을 당기다, 끌어올리다** bring up, pull up 마 13:48.

ἀναβλέπω [ἀνά, βλέπω] ① '시선을 위로 들어올리다', **쳐다보다** look up 막 8:24; εἰς와 함께 마 14:19; 막 7:34. ② '시력을 잃었다가 다시 보게 되다' **시력을 회복하다, 볼 수 있게 되다** receive sight, be able to see: 전에도 보지 못했었다는 특별한 암시 없이 마 11:5; 앞을 본 적이 없는 사람이 **보게 되다**. 요 9:11; 일시적으로 시력을 잃었다가, 다시 ἀνά 온전하게 회복되었다는 의미로 행 9:12, 17f. 22:13에서는 언어유희로, ἀναβλέπω를 이중적 의미로 매우 흥미롭게 사용하고 있다. 첫째는 단순히 **쳐다본다**는 의미로 이해할 수 있지만, 문맥상 이것은 명백하게 시력을 회복했다, **다시 본다**(행 9:12, 17이하처럼)는 의미를 함께 가진다. 두 번째 용례에서 사울은 아나니아를 '**쳐다보았다**'.

ἀνάβλεψις, εως, ἡ [ἀνά, βλέψις '보는 행위' 또한 '보는 것', 복합 동사 ἀναβλέπω 로부터] **시력을 얻음**, 또는 단순히 **시력** receipt of sight, sight 눅 4:18, 시력을 얻게 된 사람이 맹인이 되기 전에 정상적으로 시력을 가진 적이 있었는지 암시하는 바가 없이.

ἀναβοάω [ἀνά, βοάω] '큰 소리를 일으키다', **외치다, 부르짖다** cry out 마 27:46; 막 15:8 이문.

ἀναβολή, ῆς, ἡ [ἀναβάλλω] '뭔가를 나중으로 미뤄놓음', **연기, 지체** postponement, delay 행 25:17.

ἀνάγαιον, ου, τό [ἀνά, γῆ; '위층에 있는 방'] **이층 방, 다락방** upper room 막 14:15; 눅 22:12.

ἀναγγέλλω [ἀνά, ἄγγελος에서 ἀγγέλλω; 후기 그리스어에서 ἀναγγέλλω는 ἀπαγγέλλω로 대치되었다] **알리다** report ① ἀνά로 뜻이 강화되어 '이어 전하다' (ἀνά ④를 보라) 마 28:11 이문; 막 5:14 이문; 요 5:15(아래 ②를 보라); 행 14:27; 고후 7:7; 요일 1:5. ②①의 경우와 구별이 항상 분명하지는 않다. '정보를 주다' **알려주다** make known 요 5:15(①을 보라); 행 19:18; 중대한 소식을 **선언하다, 공포하다** proclaim 요 16:13; 벧전 1:12; 롬 15:21; 가르침을 선포함 **설교하다** preach 행 20:20.

ἀναγεννάω [ἀνά, γεννάω] '새롭게 태어나게 하다'(ἀνά ④를 보라) 초월적인 삶으로 **다시 낳다, 거듭나게 하다** beget again, give a new birth 벧전 1:3, 23.

ἀναγινώσκω / ἀνάγνωσις, εως, ἡ

ἀναγινώσκω [ἀνά, γινώσκω; 쓰인 문자들을 '다시 알다', 따라서 '깨닫다' 그리하여 '읽다'] **읽다** read 요 19:20; 행 8:30a. γινώσκω와 함께 언어유희로: ἆρά γε γινώσκεις ἃ ἀναγινώσκεις; "읽는 것을 정말로 '깨닫고' 있습니까?" 행 8:30b(고대인들은 일반적으로 크게 소리 내어 읽었기 때문에, 빌립은 환관이 읽는 것을 '들었다', 환관은 쓴 내용을 성대를 통해 재현하여 '다시 알게' 되는 것이었다. ἀνά ④를 보라); 조금 다른 방식으로 고후 3:2. 대중에게 (크게) **낭독하다** 눅 4:16; 골 4:16; 또한 아마도 마 24:15; 막 12:26; 계 1:3.

ἀναγκάζω [ἀνάγκη] '특정 방식으로 행동을 강제하다', **강요하다, 강제하다** compel, force 행 26:11; 갈 2:3, 14. 좀 더 약한 의미로, **~하게 만들다, 촉구하다, 압박하다** constrain, urge, press 마 14:22; 막 6:45; 반응이 없는 이들을 **이끌다** induce 눅 14:23. 부득이 **상소**하지 않을 수 없는 행 28:19.

ἀναγκαῖος, α, ον [ἀνάγκη] ① '필요한 것의 중요도를 강조하여' **필요한, 중요한** necessary, important: 중요한 역할을 하는 신체의 부분 고전 12:22; **절실한 필요에 응하는** pressing 딛 3:14. ἀναγκαῖόν ἐστιν 부정사 (그리고 대격을 취하여) **~이 필요한** 행 13:46; 고후 9:5; 빌 2:25. ② **친구가 가까운, 친밀한** close, intimate [= 라틴어 *necessarius*] 행 10:24.

ἀναγκαστῶς [ἀναγκάζω] 부사 **강요에 의해, 마지못해** under compulsion, reluctantly 벧전 5:2.

ἀνάγκη, ης, ἡ [IE; 그리스 사상의 주된 의미: 사람이 인생에서 필수적으로 겪게 되는 어쩔 수 없는 상황을 나타낸다] ① '강요하는/강제하는 영향력', **불가피함, 제약** necessity, constraint: ἐξ과 함께 **억지로** under pressure 고후 9:7(아이들이 '그거 꼭 해야 돼요?'라고 묻는 상황과 비교해보라); 또한 ἐξ과 함께, 논리적으로 당연하게 = **반드시** necessarily 히 7:12; κατά와 함께, 몬 14. —ἀ. ἐστίν과 함께 이해되어 = **~이 필수적이다**, 영어에서는 자주 조동사 must와 함께 번역된다. 마 18:7(ἐστίν과 함께 이문에서); 롬 13:5; 히 9:16, 23. ἀ. ἔχω + 부정사 **~해야 한다, 해야만 한다,** 의무적으로 **~이 필수적이라 여기다, ~할 의무를 갖다, 해야만 한다** consider it necessary, am obliged, one must 눅 14:18; 유 3. 자연스럽게 **~하게 되었다, ~에 이끌렸다**. ② **곤궁, 재난** distress, calamity 눅 21:23; 고전 7:26; 고후 6:4.

ἀναγνούς, ἀναγνῶναι, ἀναγνωσθῆναι ἀναγινώσκω 제2부정과거 능동태 분사 그리고 제2부정과거 능동태 부정사, 제1부정과거 수동태 부정사.

ἀναγνωρίζω [ἀνά, γνωρίζω] '다시 알도록 배우다' (ἀνά ④를 보라), 부정과거 수동태 ἀνεγνωρίσθη **인정되다** be recognized 행 7:13.

ἀνάγνωσις, εως, ἡ [ἀναγινώσκω] **읽기, 낭독** reading: 신약에서는 언제나 제의적 상황에서 공식적으로 낭독하는 경우만 나온다. 행 13:15; 고후 3:14; 딤전

4:13.

ἀνάγω [ἀνά, ἄγω] ① '낮은 곳에서 높은 곳으로 이끌다' **(위로) 인도하다, 이끌다** lead/bring up 마 4:1(해수면보다 저지대인 요르단으로부터); 눅 2:22; 4:5; 행 9:39; 롬 10:7; 히 13:20. 제물을 **바치다** 행 7:41. ② '재판 과정에 소환하다' (법률 용어) **소환하다, 끌어내다** bring before 행 12:4. ③ 항해 용어. 중간태나 수동태로, **출범하다, 출항하다** put to sea, set sail 눅 8:22; 행 13:13; 18:21; 20:3, 13; 27:21.

ἀναδείκνυμι [ἀνά, δείκνυμι; '전시하거나 드러내 보여주다'] **드러내다, 표시하다, 보여주다** indicate, designate, show 행 1:24(제비뽑기를 통해); **선택하다** choose 눅 10:1.

ἀνάδειξις, εως, ἡ [ἀνά, δεῖξις '보여줌', 복합동사 ἀναδείκνυμι에서] '공개적으로 보여주는 상태', **등장, 공표** disclosure 눅 1:80.

ἀναδέχομαι [ἀνά, δέχομαι; '차지하다'] ① 하나님의 특별한 약속으로 받은 상속자와 관련해서 수동태 의미로 **받다** receive 히 11:17. ② 극진한 호의와 관련해서 능동태 의미로 **환대한다, 환영한다** welcome 행 28:7.

ἀναδίδωμι [ἀνά, δίδωμι '공표하다, 보내다', 다양한 의미로 사용된다] (공문을) **전하다** deliver 행 23:33.

ἀναζάω [ἀνά, *ζάω] ἀνά로 의미가 강화되어 ἀνά ④를 보라. ① '죽은 이후에 생명을 되돌리다', **되살리다, 다시 살리다(그리스도를)** be alive again, return to life of Christ 롬 14:9 이문, 비유에서 눅 15:24, 32 이문 ② '휴면 상태에서 다시 깨어나다', 죄의 영향력이 다시 살아나다, **생명력을 얻다, 다시 살아나다** come to life, come alive 롬 7:9.

ἀναζητέω [ἀνά, ζητέω] '어디 있는지 알기 위해 노력을 기울이다', **찾다** search for, 요셉과 마리아가 예수를 찾다. 눅 2:44f; 바나바가 사울을 찾아내기 위해 다소로 가다. 행 11:25.

ἀναζώννυμι [ἀνά, ζώννυμι] 활동이 편하도록 옷을 정돈하는 비유에서: **준비를 갖추다, 동여매다** bind up, gird up 벧전 1:13.

ἀναζωπυρέω [ἀνά, ζωπυρέω '불붙이다'] '불붙이다', 비유 **다시 붙붙이다** rekindle 딤후 1:6.

ἀναζωσάμενος ἀναζώννυμι 제1부정과거 중간태 분사

ἀναθάλλω [ἀνά, θάλλω '번창하다'] ἀνά로 의미가 강화되어 ἀνά ④를 보라 — '다시 번영케 하다', **다시 살아나다** revive 빌 4:10.

ἀνάθεμα, ατος, τό [ἀνατίθημι] ἀνάθημα와 구별됨(해당 항목을 보라), 이스라엘 사람들은 신에게 봉헌하는 것은 축복받거나, 저주받는 원인이 될 수 있다고 생각했고, 후자의 가능성이 훨씬 높다고 생각했다. 수 6:17-18을 보라. 비교 신 7:26; 13:15-18. ① '봉헌의 의도로 드려지거나, 차려진 것', 성전에 드려

진 헌물(獻物) 봉헌물 votive gift 눅 21:5 이문 ② '저주받은 것', **저주, 파문(破門)** accursed thing, anathema 롬 9:3; 고전 12:3; 16:22; 갈 1:8f. ③ '저주의 실질적인 내용', 약속이 지켜지지 않으면 스스로 벌하리라는 맹세, **저주, 맹세** curse 행 23:14.

ἀναθεματίζω [ἀνάθεμα; '악한 일에 전념하다'] '자신이 말한 것이 사실이 아니라면, 어떤 결과를 초래한다' 비교 일상 표현에서 '~하면, 내 손에 장을 지진다' 목적어와 함께. **저주 맹세하다** invoke a curse 행 23:12, 14, 21; 자동사, ἤρξατο ἀναθεματίζειν καὶ ὀμνύναι 그가 저주하고 맹세했다. 아마도 이러한 표현은 무기력한 베드로의 모습을 강조하기 위해 고안되었을 것이다. 막 14:71.

ἀναθεωρέω [ἀνά, θεωρέω] '주의 깊게 살피다', **면밀히 관찰하다, 살피다** observe closely, look at 행 17:23; take note, consider 히 13:7.

ἀνάθημα, ατος, τό [비교 ἀνάθεμα] '바쳐진 것', **봉헌물** votive-offering 눅 21:5.

ἀναίδεια, ας, ἡ [ἀ- 부정(否定), αἰδώς] '관례를 존중하지 않는', **뻔뻔함, 몰염치, 무례함** brazenness, effrontery, impudence 눅 11:8(먹을 것을 주는 것이 그 소란을 없앨 것이다). 영어에서는 집요함(persistence)으로 번역되었으나, 개연성이 적다.

ἀναίρεσις, εως, ἡ [ἀναιρέω; 뭔가를 없애는 행동. 따라서, '제거하다, 파괴하다'] '생명을 빼앗다', **죽임** killing 행 8:1; 13:28 이문; 22:20 이문(이 본문들을 모두 '살인하다'로 보는 것은 지나친 번역이다. 왜냐하면 사울[바울]과 빌라도는 이러한 재판 과정에 연루되었기 때문이다).

ἀναιρέω [ἀνά, αἱρέω; 이 동사가 모순되는 양극단의 뜻이 있는 것은 '집어 올린다'는 기본 의미에서 비롯된다] ① 중간태 **데려가다, 얻다** take up (for oneself), claim 행 7:21. ② 능동태 '죽여 없애다', **죽이다** kill 행 7:28; 자살과 관련해서 16:27; 정권 유지에 대한 예방 조치로 마 2:16; 예수를 처형함과 관련해서 행 2:23, 스데반 22:20; 마지막 때에 무법자를 주께서 입김으로 불어 없애실 것임 살후 2:8. 수동태 행 26:10. ③ 능동태 '한쪽으로 제쳐놓다', **폐지하다, 취소하다** abrogate, annul 히 10:9.

ἀναίτιος, ον [ἀ- 부정(否定), αἴτιος] '법을 위반하지 않은', **무고한, 결백한** guiltless, innocent 마 12:5, 7; 행 16:37 이문.

ἀνακαθίζω [ἀνά, καθίζω; 타동사 '세우다, 차려놓다'] 자동사 **일어나 앉다, 자세를 갖추고 앉다** sit up 눅 7:15; 행 9:40.

ἀνακαινίζω [ἀνά, καινίζω '새롭게 하다'] ἀνά로 의미가 강화되어 ἀνά ④를 보라—'새롭게 하여 다시 활발하게 되다', **재개하다, 갱신하다, 회복하다** renew, restore 히 6:6.

ἀνακαινόω [ἀνά, καινόω '새롭게 하다'] ἀνά로 의미가 강화되어 ἀνά ④를 보라—'다시 새롭게 하다', 신약에서는 항상 수동태로 **새로워지다** be renewed 고후 4:16; 골 3:10.

ἀνακαίνωσις, εως, ἡ [ἀνακαινόω] 마음의 **새롭게 함, 갱신** renewal = **마음의 정돈, 단장** makeover of the mind 롬 12:2; 딛 3:5.

ἀνακαλύπτω [ἀνά, καλύτω] '덮은 것을 제거하다', **(너울을) 벗기다, 밝히다** unveil 그리스도와 관련된 하나님의 행동을 깨닫는 데 방해되는 것을 제거한다는 비유로 고후 3:14, 18.

ἀνακάμπτω [ἀνά, κάμπτω] ἀνά로 의미가 강화되어 ἀνά ④를 보라: **되돌아오다** return, 출발점으로 돌아오다. 마 2:12; 행 18:21; 히 11:15; **돌이키다, 되돌아가다** revert, turn back again 벧후 2:21 이문 비유로 눅 10:6.

ἀνάκειμαι [ἀνά, κεῖμαι] ① 좀 더 고대 그리스어에서, ἀνατίθημι의 기능적인 수동태로. '**드러눕게 되다/ 제물로 바쳐지다**'; 후기 = κεῖμαι, **'누워 있다** lie down', **눕다** lie 막 5:40 이문 ② 비스듬히 기대다 recline (식탁에서) = **식사하다** dine 마 9:10; 막 16:14; 특별한 자리에서 요 13:23; ὁ ἀνακείμενος **하객, 손님**: 결혼식 마 22:10; 야외 만찬 요 6:11.

ἀνακεφαλαιόω [ἀνά, κεφάλαιον 말이나 글의 요약 = '사건의 요지'] 신약에서는 항상 중간태와 수동태로 **간추리다, 요약하다** sum up, summarize 롬 13:9(여기에서는 한 문장의 요약이나 원문의 내용에 대한 인상을 이야기하는 데 사용하였다); ἀ. τὰ πάντα ἐν τῷ χριστῷ "모든 것을 그리스도 안에서 함께 모으다" 엡 1:10.

ἀνακλίνω [ἀνά, κλίνω] '기대게 하다' ⓐ 유아를 **눕히다** lay, lay down 눅 2:7; 식사 손님 **자리잡게 하다** make to recline 막 6:39; 눅 12:37. ⓑ (잔치에) **자리잡다** recline 능동 의미의 수동태 마 8:11; 14:19; 20:28 이문; 막 6:39 이문; 눅 7:36 이문.

ἀνακόπτω [ἀνα, κόπτω] **방해하다** obstruct 갈 5:7 ἐγκόπτω에 대한 이문(해당 항목을 보라).

ἀνακράζω [ἀνά, κράζω] '크게 목소리를 내다', **부르짖다, 외치다, 비명 지르다** cry out, shout, scream 막 1:23; 6:49; 눅 4:33; 8:28; 23:18.

ἀνακραυγάζω [ἀνάκραυγή '크게 외치다, 비명지르다'] '큰 소리를 내지르다' **비명 지르다** scream 눅 4:35 이문.

ἀνακρίνω [ἀνά, κρίνω] '면밀하게 알아보는 것에 관여하다' ⓐ 행동에 앞서서 다소 망설이는 문제와 관련해서 **상세히 연구하다, 조사하다** make a close study of, examine 행 17:11; **~에 대해 물어보다, 따지다** ask questions about, question 11:12 이문; 고전 10:25, 27. ⓑ 법정 문맥에서 사법 절차에 따라 다뤄지는 사람

ἀνάκρισις, εως, ἡ / ἄναλος, ον

과 관련해서 **조사하다, 사건 심리하다, 재판에 회부하다** hold an inquiry, hear a case, put on trial 눅 23:14; 행 4:9; 12:19; 24:8; 28:18. 보다 확장된 법정 문맥에서 **심문(審問)하다, 수사하다** examine, investigate 고전 4:3f; 9:3; 또한 신앙적인 일들과 영적인 분별에 대하여 2:14 이하; 14:24.

ἀνάκρισις, εως, ἡ [ἀνακρίνω] '법적인 예비 조사', **심문, 공판(公判)** hearing 행 25:26.

ἀνακυλίω [ἀνά, κυλίω '굴러가다'] '자리에서 움직여 치우다', **끌어내리다, 굴려 치워버리다** roll back/away 막 16:4 이문.

ἀνακύπτω [ἀνά, κύπτω] '스스로 들어올리다' ⓐ 신체적: '똑바르게 편 자세로 일어서다', **바로 서다, (자세를) 바로 하다** stand erect, straighten oneself 눅 13:11(병으로 인해 굽은 몸을); **일어서다, 일어나다** stand up, get up 요 8:7, 10 (반의어 κύπτω "구부리다, 웅크리다" bend over, stoop 6절). ⓑ 심령을 '일깨운다'는 비유로, **고무되다, 나아지다** be elated, look up 눅 21:28 (반의어 공포로 인해 '심약해지다', 26절).

ἀναλαμβάνω [ἀνά, λαμβάνω] ① '위쪽으로 움직이게 하다', 예수가 **올려지다** take up 막 16:19; 행 1:2 등.; 딤전 3:16; 그릇 행 10:16. ② '데리고 가기 위해 들어올리다', **옮겨 놓다, 데려가다** take up, take along 행 7:43; 군인에 대한 비유로 엡 6:13, 16. ③ '무엇인가를 취하다', **집어 들다, 잡다** pick up, get 행 23:31; 딤후 4:11; 배에 태우다, **승선시키다** take on board ship 행 20:13, 14.

ἀναλημφθείς ἀναλαμβάνω 제1부정과거 수동태 분사.

ἀνάλημψις, εως, ἡ [ἀνά, λῆμψις '잡아 올림' λαμβάνω의 미래에서, 복합동사 ἀναλαμβάνω에서] '들어 올려지거나 옮겨지는 경험', **떠남** departure 눅 9:51, **죽음과 승천**의 이중적 의미로 이해할 수 있다.

ἀναλίσκω ἀναλόω를 보라, 신약에는 이 단어의 능동태 부정사인 ἀναλῶσαι만 나온다.

ἀνάλλομαι [ἀνά, ἄλλομαι] **뛰어오르다** jump up 행 14:10 이문.

ἀναλογία, ας, ἡ [ἀνά, λόγος] **몫, 양** proportion, measure, 신앙에 따른 역할이나 영적 은사를 담당하기 위해 필요한 책무 롬 12:6.

ἀναλογίζομαι [ἀναλογία; '합하다, 합산하다'; 비교 λόγος는 상업적인 의미로 '계좌'] **생각하다, (높이) 평가하다** consider (비교 영어의 **계산하다, 세다** reckon, count에도 **평가하다** esteem라는 뜻이 있다) 히 12:3 (ἀντιλογία에 대한 언어유희로).

ἀναλοῖ ἀναλόω에서 유래한 ἀναλίσκω의 부정과거, 희구법, 3인칭 단수.

ἄναλος, ον [ἀ- 부정(否定), ἅλς] **싱거운, 맛이 나지 않는, 밍밍한** unsalted, tasteless, flat 막 9:50.

ἀναλόω [ἀναλίσκω의 다른 형태; '다 써버리다, 소진하다'] '~을 완전히 없애버리다', 불로 **다 태워버리다** consume 막 9:49 이문 그리고 눅 9:54(후자를 보면, 상징적으로 지옥 불길로 '태운다'는 의미를 가진다); **파괴하다** destroy 살후 2:8 이문; **망하다, 써버리다** expend 재정적인 비유로 생각된다. 갈 5:15.

ἀνάλυσις, εως, ἡ [ἀνά, λύω; '느슨히 하다, 풀어주다, 해산하다'] **떠남, 이별** departure, '죽음'에 대한 완곡어법 딤후 4:6.

ἀναλύω [ἀνά, λύω] **풀리다** undo, untie 행 16:26 이문 무엇인가가 느슨해져 분리된다는 생각은 어떤 장소로부터 떠난다는 뜻에 반영된다. **돌아가다, 떠나다** return, depart 눅 12:36. 사람들은 죽음의 상황을 맞이할 때 어느 정도 자신의 지배권을 발휘하고 싶어한다. ἀναλύω는 **죽는다**는 의미로 **떠난다** depart는 뜻을 가진다. 빌 1:23.

ἀναλώθητε ἀναλόω에서 유래한 ἀναλίσκω의 제1부정과거 수동태 2 복수.

ἀναλῶσαι, ἀναλώσει ἀναλόω에서 유래한 ἀναλίσκω의 제1부정과거 능동태 부정사, 그리고 미래 능동태 직설법 3인칭.

ἀναμάρτητος, ον [ἀ- 부정(否定), ἁμαρτάνω ἁμαρτεῖν 제2부정과거 형태에서; '실수하거나 잘못하지 않는'] 도덕적 의미로, **흠 없는, 죄 없는** without fault, without sin 요 8:7.

ἀναμένω [ἀνά, μένω] '오리라 예상되는 사람을 기다리다', **기다리다, 고대하다** wait for, await 살전 1:10.

ἀναμιμνῄσκω [ἀνά, μιμνῄσκω] ἀνά로 뜻이 강화 ἀνά ④를 보라: **상기하다, 일깨우다** remind 고전 4:17; 딤후 1:6. 능동태 의미를 가진 수동태 '생각나다'는 능동태로, **기억하다, 되새기다** remember, recall 막 11:21; 14:72; 행 16:35 이문; 고후 7:15; 히 10:32.

ἀνάμνησις, εως, ἡ [ἀναμιμνῄσκω] ἀνά로 뜻이 강화. ἀνά ④를 보라: 능동 의미, **기억, 되새김** reminder 히 10:3; 수동 의미, **기념, 기억** remembrance, memory 눅 22:19; 고전 11:24 이하.

ἀναμνήσω ἀναμιμνῄσκω 미래 능동태 직설법.

ἀνανεόομαι [ἀνά, νέος] ἀνά로 뜻이 강화. ἀνά ④를 보라: 신약에서는 항상 수동태로 **새롭게 되다** be renewed 엡 4:23.

ἀνανήφω [ἀνά, νήφω] ἀνά로 뜻이 강화. ἀνά ④를 보라: '정신이 들다', **정신차리다** sober up = 제정신으로 돌아오다, 함정에 빠져 제정신을 잊어버린 사람은 위험을 깨달아 피해야만 한다는 생생한 비유에서 딤후 2:26.

Ἀνανίας, ου, ὁ 또한 Ἀ- [히브리어] **아나니아, 아나니아스** Ananias ① 아내 삽비라와 공모하여 하나님께 드려진 돈을 유용하였던 예루살렘의 교인 행 5:1. ② 바울을 가르치고 세례준 다마스커스의 기독교인 행 9:10; 22:12. ③ 이스라엘

ἀναντίρρητος, ον / ἀναπηδάω

대제사장 네베데우스의 아들, 47-59년 재위(在位) 추정, 행 23:2; 24:1.

ἀναντίρρητος, ον [ἀ- 부정(否定), ἀντί, ῥητός '말한', 비교 ἀντίρρησις '논쟁'] '반대하여 말하지 않는', **논란의 여지 없는** indisputable 행 19:36.

ἀναντιρρήτως [ἀναντίρρητος] 부사 **이의 없이, 사양하지 않고** without objecting 행 10:29.

ἀνάξιος, ον [ἀ- 부정(否定), ἄξιος] **자격 없는, 무능한, 걸맞지 않은** unqualified, incompetent, unfit 고전 6:2.

ἀναξίως [ἀνάξιος] 부사 '명예롭지 못한 방법으로', 즉 사람이나 어떤 존재에 인정받지 못할 방법으로(어떤 것을 ἀξίως하게 행한다는 말은 그리스-로마 세계에서 주로 국가나 신에게 '가치 있는 방법'이라는 말이다 [비교 살전 2:12]) **수치스런 방법으로, 수치스럽게** in dishonoring manner 고전 11:27, 29 이문.

ἀναπαήσομαι ἀναπαύω 불규칙 미래 수동태 직설법

ἀνάπαυσις, εως, ἡ [ἀναπαύω] ① '행동이나 일로부터 쉼', **휴식, 일시적인 중단** rest, respite ⓐ 지속성을 강조하여: ἀ. οὐκ ἔχουσιν λέγοντες "그들은 결코 말하는 데 중단이 없었다 = 그들은 말하기를 멈추지 않았다" 계 4:8; οὐκ ἔχουσιν ἀ. "결코 휴식이 없을 것이다(이 구절의 앞부분에 나온 고통으로부터)" 14:11. ⓑ 쉼이 필요한 상황임을 강조하여 마 11:29. ② '싫증나는 행동에 쉼을 얻기 위한 장소', **휴식처** resting place 마 12:43; 눅 11:24.

ἀναπαύω [ἀνά, παύω] ① '휴식하여 재충전하다' ⓐ 목적어를 가진 능동태로. **생기를 되찾다, 활기를 되찾다** refresh, revive 마 11:28; 고전 16:18; 몬 20. ⓑ 수동태 고후 7:13; 몬 7. ② 중간태 '활동하지 않고 휴식하다', **쉬다** rest 마 26:45; 막 14:41; 계 14:13. ἀναπαύου **(일을) 쉬어라, 은퇴해라** take it easy, retire 눅 12:19. ③ 고통을 감해준다는 암시는 없이, 어떤 대상 위에 '**머무르다**', **머물러 있다** rest 벧전 4:14.

ἀναπείθω [ἀνά, πείθω] '설득으로 재촉하다', **설득하다** persuade 행 18:13 ἀ.에 이어서 설득의 타당성에 대한 표현이 이어지므로, 여기서는 **선동하다**의 의미로 볼 수 있다.

ἀνάπειρος, ον [ἀνάπηρος의 다른 형태(ἀνά, πηρός 'maimed')] **장애가 있는** maimed, 명사로 **장애인** the maimed 눅 14:13, 21.

ἀναπέμπω [ἀνά, πέμπω] ① **올려 보내다** send up, 인정할만한 특별한 권위를 가진 사람에게 눅 23:7; 행 25:21; 26:32 이문. ② **돌려 보내다** send back 눅 23:11, 15; 몬 12.

ἀνάπεσε, ἀναπεσεῖν ἀναπίπτω 제2부정과거, 능동태 명령법과 부정사.

ἀναπηδάω [ἀνά, πηδάω '뛰다, 도약하다'; 본래, '뛰어 오르다'의 의미였으나, 전치사에 의한 뜻을 나타내는 효력이 약화되어] **벌떡 일어나다** stand up 막 10:50.

ἀναπίπτω / ἀνάστασις, εως, ἡ

ἀναπίπτω [ἀνά, πέμπω; 본래 '기대다, 의지하다' 그래서 특별히 식사를 위해 '기대다'] 식사를 위해 **기대어 앉다** recline 막 6:40; 눅 11:37; 요 13:12. 13:25 영광스럽게 바로 옆에 자리한 사도는 예수께 품에 기대어 **의지하다** leans back(여기서 ἀναπίπτω의 기본 의미로 '**다가가 기대었다**').

ἀναπληρόω [ἀνά, πληρόω; '보충하거나 더하여 채우다'] **(가득) 채우다** fill (up): 죄의 분량 살전 2:16; 채워지길 기대하는 그리스도의 '법'에 대한 비유로, **모든 요구를 충족시키다** 갈 6:2. 아쉬움을 채운다는 비유로, **공급하다** supply 고전 16:17(교회에 함께하지 못하는 것을 대신하고 필요를 채우기 위해 고린도 교회로부터 두 사람을 보내어; 유사하게. 빌 2:30; **빈 자리를 채우다, 참석하다** fill an empty seat, take a place 고전 14:16. 수동태 예언을 온전히 깨닫는 것에 관해, **성취되다, 이루어지다** be fulfilled 마 13:14.

ἀναπολόγητος, ον [ἀ- 부정(否定), ἀπολογέω '변호하여 말하다'] 법률 용어로 **변명의 여지없는, 용서할 수 없는** without defense, inexcusable, 즉, 핑계댈 만한 여지가 없이 롬 1:20; 2:1.

ἀναπράσσω [ἀνά, πράσσω; 본래 상업용어] **요구하다, 요청하다** demand, call in, 지불을 요구하는 이에 대해 눅 19:23 이문.

ἀναπτύσσω [ἀνά, πτύσσω '접다, 말아 올리다'] '펼치거나 풀어서 무엇인가를 밝히다', 글이 쓰인 두루마리를 **펼치다** unroll 눅 4:17(또한, 이문에 나온 ἀνοίγω를 보라).

ἀνάπτω [ἀνά, ἅπτω] '불이 붙도록 하다', **불피우다, 타오르게 하다** enkindle, kindle 눅 12:49; 행 28:2 이문; 약 3:5.

ἀναρίθμητος, ον [ἀ- 부정(否定), ἀριθμέω] '사람이 헤아릴 수 있는 정도를 넘어선', 모래에 대한 비유로 **셀 수 없이 많은, 무수한** innumerable 히 11:12.

ἀνασείω [ἀνά, σείω] '매우 활발하게 무엇인가를 여기저기로 움직이다', **흔들다, 휘젓다** shake/stir up, 비유적으로 = **동요시키다, 선동하다** agitate, incite 막 15:11; 눅 23:5.

ἀνασκευάζω [ἀνά, σκευάζω '준비하다, 대비하다', 비교 σκεῦος; '어떤 것이 꾸려지도록 하다', 따라서 '분해하다, 파괴하다'] **파괴하다, 부수다** demolish, tear down, 비유로 = **뒤엎다, 전복시키다** 행 15:24(οἰκοδομέω의 반의어 행 9:31).

ἀνασπάω [ἀνά, σπάω; '더 가까이 가져오다, 끌다'] **가까이 이끌다, 바싹대다** draw up, pull up 눅 14:5(여기서는 끌어내다); 행 11:10.

ἀνάστα, ἀναστάς ἀνίστημι 제2부정과거 능동태 명령법과 분사.

ἀνάστασις, εως, ἡ [ἀνίστημι] ① '더 높은 위치로 이끌어 냄', **일으킴, 상승** raising up, rising (πτῶσις의 반의어) 눅 2:34. ② '죽은 상태로부터 일으켜짐', **부활** resurrection (ἐκ νεκρῶν과 더불어 자주 사용) ⓐ 현상 그 자체로서 마

ἀναστατόω / ἀναστροφή, ῆς, ἡ

22:23과 병행구절; 요 11:24; 고전 15:12 이하; 딤후 2:18; 히 11:35; 초월적 존재로 잘못 해석되어 행 17:18; 부활의 영광에 대해 눅 20:35; 비교 행 4:2 그리고 부활한 이들의 다양한 운명에 대해 요 5:29; 이른바 '첫번째' 부활에 대해 계 20:5f; 예수의 부활 행 1:22. ⓑ 부활의 원천으로서 예수 요 11:25; 비교 롬 6:5.

ἀναστατόω [ἀνίστημι의 보다 후기 형태인 ἀνίσταμαι로부터 ἀνάστατος '멸망한 상황에서'] '어떤 존재의 안정을 뒤흔들어 놓다', **동요시키다, 어지럽히다, 자극하다, 뒤흔들다** agitate, disturb, excite, unsettle 행 17:6; 21:38; 갈 5:12.

ἀνασταυρόω [ἀνά, σταυρόω; 일반 그리스어에서 ἀνά라는 단어는 '위'를 의미한다. '십자가 위에 올리다' = '십자가에 매달다'] '십자가에 못박다', 강력한 은유로 **십자가에 달다** crucify 히 6:6; 그러나 고대와 현대의 어떤 주석가들은 이 단어의 접두어를 '다시'의 의미로 보았다(ἀνά ④를 보라). '다시 십자가에 못박다'. 히브리서의 교양 있는 청중들은 히 6:6에 나오는 ἀνά를 통한 언어유희에 깊은 인상을 받았고 그래서 십자가형을 은유적으로 표현한 것이 분명히 '다시' 십자가에 못박는다는 암시를 의도한다고 분명히 생각했을 것이다. '다시'라는 내용이 서사 구조에 포함되어 있어 다시라는 부차적인 의미를 동사에 할당해서 '십자가에 다시/새롭게 못박다'라고 할 필요가 없다.

ἀναστενάζω [ἀνά, στενάζω] '속에서 신음소리를 내다', **신음소리를 내다, 탄식하다, 한숨 쉬다** groan, πνεῦμα와 더불어 깊은 내면에서 나오는 **한숨, 탄식** 막 8:12.

ἀνάστηθι, ἀναστῆναι, ἀναστήσας, ἀναστήσω ἀνίστημι 제2부정과거 능동태 명령법, 제2부정과거 능동태 부정사, 제1부정과거 능동태 분사, 미래 능동태 직설법.

ἀναστρέφω [ἀνά, στρέφω] ① '무질서하게 어지럽혀 총체적인 혼란을 불러일으키다', **뒤엎다, 뒤집다** upset, overturn 요 2:15 이문. ② '움직인 지점으로 다시 되짚어 가다', **돌아가다, 되돌아가다** go back, return 행 5:22; 15:16(70인역 암 9:11-12을 인용한 부분에 함께 나와서 ἀ.는 하나님께서 자비로 돌이키심이, 뒤로 미뤄지고 있음을 분명하게 나타낸다). ③ 능동 의미의 수동태로, '어떤 지역 내에서만 옮겨 다니다', **살다, 머무르다** stay, live 마 17:22 이문 ④ 능동 의미의 수동태로 **행동하다, 처신하다**, 적절하든 부적절하든 그 방식에는 상관없이(일반적으로 사람을 지칭할 때 사용하여), **처신하다, 살다** conduct oneself, live 고후 1:12; 엡 2:3; 딤전 3:15; 히 10:33; 13:18; 벧전 1:17; 벧후 2:18(여기에서는 '헤매고 다니며' 사람들을 '현혹하는 잘못'을 범하고 있는 교사들에 대한 비유로).

ἀναστροφή, ῆς, ἡ [ἀναστρέφω] '(사람들 사이에서) 이편에서 저편으로 움직임', 어떤 법칙이나 관점에 근거한 행동 그리고 전술한 항목처럼 사용하여(④를 보라), 보통 수식어와 더불어 사람을 지칭할 때, **행동, 처신, 생활 방식, 사는 모**

양 conduct, mode/way of life 갈 1:13; 엡 4:22; 벧전 1:18; 벧후 3:11.
ἀναστῶ ἀνίστημι 제2부정과거 능동태 가정법.
ἀνασῴζω [ἀνά, σῴζω] **구하다, 구원하다** rescue, save 히 10:14 이문.
ἀνατάσσω [ἀνά, τάσσω] 신약에서는 항상 중간태인 ἀνατάσσομαι로, 저술을 준비하는 일과 관련하여 **엮다, 편찬하다** compile 만들어낼 결과물이 어떤 것인지 나타내는 목적어와 더불어 눅 1:1.
ἀνατεθραμμένος ἀνατρέφω 완료 수동태 분사.
ἀνατείλας ἀνατέλλω 제1부정과거 능동태 분사.
ἀνατέλλω [ἀνά, τέλλω '나타나다', 비교 ἀνατολή; 종종 갑작스러움을 표현하는 요소와 더불어, 나타났음을 강조하여] ① 태양이 **떠오르다** cause to rise, 마 5:45. ② 타동사 '원래 지점에서 위로 움직이다', **오르다, 나오다** rise, come up ⓐ 하늘에서 볼 수 있는 현상과 관련해서: 비유로 φῶς가 비치다, [날이] 새다, 동이 트다 **새벽** dawn, 마 4:16; 태양이 13:6; 막 4:6; 16:2; 약 1:11; 구름이 [비추다] 눅 12:54; 그리스도에 대한 비유로, φωσφόρος 벧후 1:19. ⓑ **비롯되다, 후손이다** originate, be descended 히 7:14.
ἀνατέταλκα ἀνατέλλω 완료 능동태 직설법.
ἀνατίθημι [ἀνά, τίθημι; 일반 그리스어에서 다양한 의미로] 신약에서는 항상 중간태 ἀνατίθεμαι로 '생각하여 어떤 일을 꺼내놓다', **언급하다** refer 행 25:14; **진술하다, 제시하다** set forth, lay before 갈 2:2.
ἀνατολή, ῆς, ἡ [ἀνατέλλω; 대부분, 천체가 수평선 너머 떠오름] **떠오름** rising: 단수, 천체에 관한 천문학 용어, 마 2:2, 9. ㅡ태양, 지리적인 위치를 강조하여 = **동쪽, 동양** east, orient, 복수 마 2:1; 8:11; 24:27; 눅 13:29; 단수 계 21:13; ἥλιος와 더불어 같은 의미로, 단수 계 7:2; 16:12. ㅡ메시아에 관한 비유로 = **하늘의 여명** 눅 1:78.
ἀνατολικός, ά, όν [ἀνατολή] **동부, 동쪽에 위치한** eastern 행 19:1 이문.
ἀνατρέπω [ἀνά, τρέπω '돌리다'] '뒤엎어 버리다', **뒤엎다, 뒤집다** upset, overturn 요 2:15; 사람들을 망하게 한다는 비유로 **뒤집다, 파멸시키다, 망치다** upset, subvert, ruin 딤후 2:18; 딛 1:11.
ἀνατρέφω [ἀνά, τρέφω] 중간태 '보살피다', **기르다, 양육하다** bring up, rear 행 7:21; 수동태 **자라다** grow up 눅 4:16 이문; 행 22:3; **보살핌 받다** be cared for 7:20.
ἀναφαίνω [ἀνά, φαίνω] 수동태 '보이거나 관찰자에게 드러나다' (그리스 문화 관점: '어떤 것의 모습이 드러나다') **나타나다** appear 눅 19:11. 항해 용어: 모습을 시각적으로 느끼게 된다는 이 단어의 수동 의미를 능동 의미의 영어 숙어로 시야에 들어오다라고 번역하거나 단순히 발견하다라고 표현한다. 행 21:3.

ἀναφάναντες / ἀνέβην

ἀναφάναντες ἀναφαίνω 제1부정과거 능동태 분사.

ἀναφέρω [ἀνά, φέρω; '가져오다, 끄집어 올리다'] ① **이끌다, 데리고 올라가다** lead, take up, 여행의 안내자라고 추정되는 의미로 마 17:1 = 막 9:2; 수동태 낮은 곳에서 높은 곳으로 이동한다는 뜻으로 눅 24:51. ② **(기도나, 제물을) 올려 드리다** offer up, 전문적인 제의 용어로 제사를 드리는 올라간 위치에 관련하여 히 7:27; 13:15; 벧전 2:5; 약 2:21. ③ '짐을 지다', **죄짐을 지다, 감당하다** bear, sustain 히 9:28(사 53:12을 보라).

ἀναφωνέω [ἀνά, φωνέω] **외치다, 부르짖다** call out, cry out 눅 1:42.

ἀναχθείς ἀνάγω 제1부정과거 수동태 분사.

ἀνάχυσις, εως, ἡ [ἀναχέω '쏟아지다'] **엎지름, 홍수**, 비유로는 벧전 4:4.

ἀναχωρέω [ἀνά, χωρέω] '떨어져 나가다, 나오다', **물러나다, 떠나다/자리를 뜨다** withdraw, go away/off 마 2:12-14, 22; 4:12; 9:24; 12:15; 14:13; 15:21; 27:5; 막 3:7; 요 6:15; 행 23:19; 26:31.

ἀνάψας ἀνάπτω 제1부정과거 능동태 분사.

ἀνάψυξις, εως, ἡ [ἀνα, ψύχω '식다, 상쾌하게 하다'; 본래, '상쾌함' 특히 매우 덥다가 '시원함'으로서] **숨돌릴 틈, 휴식, 회복** breathing space, respite, recovery 행 3:20.

ἀναψύχω [ἀνά, ψύχω; '시원하게 하다'] **상쾌하게 하다, 격려하다** refresh, comfort 딤후 1:16; 타동사 회복하다 = **고치다** recover = **새롭게 되다** be refreshed 롬 15:32 이문.

ἀνδραποδιστής, οῦ, ὁ [ἀνδραποδίζω, 비교 ἀνδράποδον (ἀνήρ, πούς) '전쟁에서 잡힌 포로'] **노예 상인, 인신매매자, 유혹자** slave-dealer, kidnapper, enslaver 딤전 1:10.

Ἀνδρέας, ου, ὁ [ἀνήρ; 그리스식 이름] **안드레, 안드레아스** Andrew, 시몬 베드로의 형제 마 4:18 선발된 열두 사도 중 한 명. 10:2; 막 3:18. 요 1:40(비교 35절)에 따르면, 세례 요한을 따라 다녔다.

ἀνδρίζομαι [ἀνήρ] '사내답거나 용감하게 행동하다', **용기를 보이다, 용감하다** show courage, be valiant, 비난에도 불구하고 헌신에 대한 확고한 자세를 강조하여 고전 16:13.

Ἀνδρόνικος, ου, ὁ [ἀνήρ, νῖκος; 지중해 세계의 일반적인 이름] **안드로니고, 안드로니코스** Andronicus 롬 16:7.

ἀνδροφόνος, ου, ὁ [ἀνήρ, φόνος; '사람 죽이는 이'] **살인자** murderer 딤전 1:9.

ἀνεβαλόμην ἀναβάλλω 제2부정과거 중간태 직설법.

ἀνέβην ἀναβαίνω 제2부정과거 능동태 직설법.

ἀνεγκλησία, ας, ἡ / ἀνελεῖν, ἀνέλω, ἀνέλοι

ἀνεγκλησία, ας, ἡ [ἀ- 부정(否定), ἐγκαλέω '~에 대한 책임이 있다'] '처벌 받지 않아도 되는 상태', **결백함** blamelessness 빌 3:14 이문.

ἀνέγκλητος, ον [ἀ- 부정(否定), ἐγκαλέω '~에 대한 책임이 있다'] '비난 받을 만하지 않은', **흠잡을 데 없는, 결백한, 존경받을 만한** rreproachable, blameless, held in high respect 고전 1:8; 골 1:22; 딤전 3:10; 딛 1:6 이하.

ἀνέγνων ἀναγινώσκω 제2부정과거 능동태 직설법.

ἀνέδειξα ἀναδείκνυμι 제1부정과거 능동태 직설법.

ἀνεζωσάμην ἀναζώννυμι 제1부정과거 중간태 직설법.

ἀνέθαλον ἀναθάλλω 제2부정과거 능동태 직설법.

ἀνεθέμην ἀνατίθημι 제2부정과거 중간태 직설법.

ἀνέθην ἀνίημι 제1부정과거 수동태 직설법.

ἀνεθρεψάμην ἀνατρέφω 제1부정과거 중간태 직설법.

ἀνεῖλα, ἀνεῖλον ἀναιρέω 제2부정과거 능동태 직설법.

ἀνείς ἀνίημι 제2부정과거 능동태 분사.

ἀνειχόμην ἀνέχω 미완료 중간태.

ἀνεκδιήγητος, ον [ἀ- 부정(否定), ἐκ, διηγέομαι] '적절하게 표현할 수 있는 성질이 아닌', **말로 형용할 수 없는, 이루 다 말할 수 없는, 형언할 수 없는** indescribable, beyond words, too great for words 고후 9:15.

ἀνεκλάλητος, ον [ἀ- 부정(否定), ἐκλαλέω] '적절하게 표현할 수 있는 성질이 아닌', **표현할 길 없는, 형언할 수 없는** inexpressible, too intense for words 벧전 1:8.

ἀνέκλειπτος, ον [ἀ- 부정(否定), ἐκλείπω] '사라지지 않는', **결코 부족함이 없는, 바닥나지 않는, 다 써버릴 수 없는** never failing, never giving out, never used up, 천국의 보물에 대해. 눅 12:33.

ἀνεκρίθην ἀνακρίνω 제1부정과거 수동태 직설법.

ἀνεκτός, όν [ἀνέχομαι] '견딜 수 있는 정도', 이어지는 모든 성구에서 비교급 ἀνεκτότερος으로: **더 수월한, 더욱 견딜 만한, 더 참을 만한** easier, more endurable, more tolerable, 심판에 관해. 마 10:15; 11:22, 24; 막 6:11 이문; 눅 10:12, 14.

ἀνεκτότερος ἀνεκτός를 보라.

ἀνέλαβον ἀναλαμβάνω 제2부정과거 능동태 직설법.

ἀνελεήμων, ον [ἀ- 부정(否定)·, ἐλεήμων] **무자비한, 무정한** unmerciful, hardhearted 롬 1:31; 딛 1:9 이문.

ἀνελεῖν, ἀνέλω, ἀνέλοι ἀναιρέω 제2부정과거 능동태 부정사, 가정법 1인칭 단수, 희구법 3인칭 단수.

ἀνέλεος, ον / ἀνέρχομαι

ἀνέλεος, ον [ἀ- 부정(否定), ἔλεος] **무자비한, 긍휼 없는** unmerciful 약 2:13.

ἀνελήμφθην ἀναλαμβάνω 제1부정과거 수동태 직설법.

ἀνεμίζω [ἄνεμος] 수동태 **바람에 밀리다** be driven by the wind 약 1:6.

ἀνεμνήσθην ἀναμιμνῄσκω 제1부정과거 수동태 직설법.

ἄνεμος, ου, ὁ [IE; 그리스 문학에서 다양한 의미로] 중심 의미는 **바람** wind, 마 11:7; 막 4:37, 39, 41; 6:48, 51; 눅 7:24; 요 6:18; 행 27:7; 계 6:13; 7:1b; 복수 마 7:25; 눅 8:25; 행 27:4; 약 3:4; 유 12; 땅의 네 바람 계 7:1a = 하늘의 네 부분, 즉, 기본방위(동·서·남·북); 방향; 마 24:31; 막 13:27; 비유로, 단수 엡 4:14.

ἀνένδεκτος, ον [ἀ.- 부정(否定), ἔνδεκτος (ἐνδέχομαι로부터 어구 ἐνδεκτόν ἐστι로 사용하여, '가능한 영역에 있다')] '생각해 볼 여지가 없는', **가능하지 않은, 상상할 수도 없는** out of the question, unthinkable 눅 17:1.

ἀνενέγκαι, ἀνενεγκεῖν ἀναφέρω 제1부정과거 능동태 부정사, 제2부정과거 능동태 부정사.

ἀνέντες ἀνίημι 제2부정과거 능동태 분사.

ἀνεξεραύνητος, ον [ἀνεξερεύνητος의 후기 형태: ἀ- 부정(否定), ἐξεραυνάω '찾아내다, 조사하다'] '알아볼 수 있는 성질이 아닌', **헤아릴 수 없는, 불가해(不可解)한** inscrutable, beyond investigation 롬 11:33.

ἀνεξίκακος, ον [ἀνέχω의 미래형에서, κακός] '예상치 못할 정도의 일을 만났을 때 자제심을 발휘하는', **관용을 보이는, 인내하는** showing tolerance 딤후 2:24.

ἀνεξιχνίαστος, ον [ἀ- 부정(否定), ἐξιχνιάζω (ἐκ, ἴχνος) '자취를 따라가 찾아내다, 추적하다'] 중심 의미는 '추적할 수 없다'는 뜻으로 상징적 용법으로 **미루어 생각할 수 없는, 파악할 수 없는, 헤아릴 수 없는** without leaving tracks, beyond exploration, beyond appraisal 롬 11:33; 엡 3:8.

ἀνέξομαι ἀνέχω 미래 중간태 직설법.

ἀνεπαίσχυντος, ον [ἀ- 부정(否定), ἐπαισχύνομαι] **부끄러워할 것이 없는, 수치스럽지 않은** with nothing to be ashamed of 딤후 2:15.

ἀνέπεσα, ἀνέπεσον ἀναπίπτω 제1부정과거 능동태 직설법, 제2부정과거 능동태 직설법.

ἀνεπίλημπτος, ον [ἀ- 부정(否定), λαμβάνω의 미래 중간태 변화형인 λήμψομαι를 통하여 ἐπιλαμβάνω에서] '파악되지 않는' 또는 (나쁜 것을) '찾아낼 수 없는', **흠잡을 데 없는, 비난할 것 없는, 나무랄 것 없는** blameless, irreprehensible, irreproachable 딤전 3:2; 5:7; 6:14.

ἀνέπτυξα ἀναπτύσσω 제1부정과거 능동태 직설법.

ἀνέρχομαι [ἀνά, ἔρχομαι] **오르다, 올라가다** go up 요 6:3; 갈 1:17f.

ἀνέσεισα ἀνασείω 제1부정과거 능동태 직설법.

ἄνεσις, εως, ἡ [ἀνίημι; '느슨하게 하다, (긴장을) 풀어주다'] **해방, 안심** relief: 내면인인 격정이나 괴로움으로부터 고후 2:13; 7:5; 고민스러운 일에서 살후 1:7(나중 두 구절에서는 θλίβω의 반의어로); 부담스러운, 짐이 되는 고후 8:13; ἔχειν ἄ. 구금하는 중에 **어느 정도 관대함**을 보이다. 행 24:23.

ἀνέστην ἀνίστημι 제2부정과거 능동태 직설법.

ἀνεσχόμην ἀνέχω 제2부정과거 중간태 직설법.

ἀνέστησα ἀνίστημι 제1부정과거 능동태 직설법.

ἀνετάζω [ἀνά, ἐτάζω 'examine'] '재판 심리과정에서', **조사하다, 심문하다** examine 행 22:24(고문하며), 29절.

ἀνέτειλα ἀνατέλλω 제1부정과거 능동태 직설법.

ἄνευ [어원은 불분명. 신약성서에서는 χωρίς를 선호한다] 속격 지배 전치사로 **~없이** without, 막 13:2 이문; 벧전 3:1; 4:9; 사람, **허락 없이, 알지 못하고** without (awareness of) 마 10:29.

ἀνεύθετος, ον [ἀ- 부정(否定), εὔθετος] **곤란한 형편인, 적당하지 않은** poorly situated, unsuitable 행 27:12(겨울을 나기에 적합하지 않은 항구).

ἀνευρίσκω [ἀνά, εὑρίσκω] '이리 저리로 찾아 다니다', **(소재를) 찾다, 추적하다** locate, track down 눅 2:16; 행 21:4.

ἀνέχω [ἀνά, ἔχω] 신약에서는 중간태 ἀνέχομαι만 사용. '원하지 않거나, 귀찮고 어려운 일을 만나서', **참다** tolerate 마 17:17과 병행구절.; 고후 11:1, 4, 20; 엡 4:2; **견디다** endure 살후 1:4; 단독으로 고전 4:12. **참아주다, 들어주다** bear with, listen to 행 18:14; 히 13:22. **~으로 만족하다** be satisfied with 딤후 4:3. 비교. 영어 표현 싫증나다, 참을 만큼 참았다(I have had it).

ἀνεψιός, οῦ, ὁ [IE, 비교 라틴어 nepos] **사촌** cousin 골 4:10.

ἀνέῳγα, ἀνέῳγμαι, ἀνέῳξα, ἀνεῴχθην ἀνοίγω 제2완료 능동태 직설법, 2완료 수동태 직설법, 제1부정과거 능동태 직설법, 제1부정과거 수동태 직설법.

ἀνήγαγον ἀνάγω 제2부정과거 능동태 직설법.

ἀνήγγειλα, ἀνηγγέλην ἀναγγέλλω 제1부정과거 능동태 직설법, 제2부정과거 수동태 직설법.

ἄνηθον, ου, τό [분명히 외국어에서 유래함] *anethum graveolens*, ἄννησον 아니스(anise, 씨앗이 향신료로 쓰이는 미나리과 식물)과 구별하여, **딜** dill 마 23:23; 눅 11:42 이문. 한글성서에서는 '**회향**(茴香)' 등으로 번역.

ἀνῆκα ἀνίημι 제1부정과거 능동태 직설법.

ἀνήκω [ἀνά, ἥκω; (어떤 지점에) 다다랐다] 3인칭 미완료로 **걸맞다, 적절하다** suitable, be proper 엡 5:4; 골 3:18. τὸ ἀνῆκον, 훌륭한 행동으로 공공의 기대에

ἀνῆλθον / ἀνθομολογέομαι

부응함을 칭찬하는 문서에 자주 사용된다. 즉 훌륭한 시민으로서 걸맞는: **올바른 몬 8**. 비교 영어 예상한 것을 만들어내는 의미에서 내놓다(come up with).

ἀνῆλθον ἀνέρχομαι 제2부정과거 능동태 직설법.

ἀνηλώθην, ἀνήλωσα ἀναλίσκω 제1부정과거 수동태 직설법, 제1부정과거 능동태 직설법.

ἀνήμερος, ον [ἀ- 부정(否定), ἤμερος '길든'; '야생의, 길들여지지 않은'] **사나운, 난폭한** ferocious, vicious 딤후 3:3.

** **ἀνήρ, ἀνδρός, ὁ** [어원은 복합적임] 그리스 문화권에서 특별히 성인 남성으로서 조직화된 사회 구성원으로 책임을 가진 사람을 나타낸다. 일반적인 사람 ἄνθρωπος와 구별되어 **사람, (성인) 남성**(man)을 나타내며 여성과도 구별된다. 행 8:12; 딤전 2:12; **남편** husband 마 1:16; 막 10:2; 요 4:16; 롬 7:2; 고전 7:2-4; 딛 1:6; 계 21:2; 소년이나 유아와 구별하여 고전 13:11; 특별히 다른 단어와 병치되지 않고 단순한 언급에서 ἄνδρες = **사람들** men 행 27:10, 21, 25. 공식적인 직함이나 지역이나 민족을 나타내는 말과 자주 사용된다. 행 2:14; 17:22 등.; 비교 비공식적인 표현으로 ἀ. προφήτης는 아마도 '탁월한 예언자'(distinguished prophet)를 의미할 것이다. 눅 24:19 이에 비하여 자기 비하로 ἀ. ἁμαρτωλός = 죄인으로 잘 알려진이라는 표현은 시몬 베드로가 공식적인 종교 의식에 있어 자신의 지위를 외부자로 묘사하는 데 사용했다. 5:8. 8:41에서 ἀ.는 야이로의 특별한 상황을 잘 보여준다. 약 1:12 ἀ. (이문의 ἄνθρωπος와 비교하여)는 시련을 잘 견뎌내어 생명의 화관(花冠)을 누릴만한 사람을 예변법(豫辯法)적으로 표현하는 데 사용하였다. 경우에 따라 ἀ.는 단지 '남성성'을 표현하기 위해 사용되거나, 불특정한 '어떤 사람'이라는 τις의 의미로 사용될 때도 있다. 눅 5:18; 9:38; 11:31; 행 6:11; 롬 4:8.

ἀνῃρέθην ἀναιρέω 제1부정과거 수동태 직설법.

ἀνήφθην ἀνάπτω 제1부정과거 수동태 직설법.

ἀνήχθην ἀνάγω 제1부정과거 수동태 직설법.

ἀνθέξομαι ἀντέχω 미래 중간태 직설법.

ἀνθέστηκα . ἀνθίστημι 완료 능동태 직설법.

ἀνθίστημι [ἀντί, ἵστημι] 긍정적이거나 부정적인 면을 나타내는 문맥 모두에서 '반대하는 자리를 차지하다', 긍정적이거나 부정적인 측면을 나타내는 문맥에서: **저항하다, 고수하다, 항거하다, 반대하다, 견뎌내다** resist, hold one's own, take a stand against, oppose, withstand 마 5:39; 눅 21:15; 행 6:10; 13:8; 롬 9:19; 13:2; 갈 2:11; 엡 6:13; 딤후 3:8; 4:15; 약 4:7; 벧전 5:9.

ἀνθομολογέομαι [ἀντί, ὁμολογέω 중간태로] '차례로 긍정적인 반응을 하다', **감사를 돌리다, 감사하다, 찬양하다** return thanks, thank, praise 눅 2:38.

ἄνθος, ους, τό / ἄνθρωπος, ου, ὁ

ἄνθος, ους, τό [산스크리트 *andhah*· '성장, 약초'] 꽃 flower, 야생화의 꽃 ἀ. χόρτου 약 1:10f; 벧전 1:24. 그리스 문학에서는 비유적으로 자주 사용된다.

ἀνθρακιά, ᾶς, ἡ [ἄνθραξ] 숯불 charcoal fire 요 18:18; ἀ. κειμένη (장작, 숯이 타다 남은) 잉걸불, 화톳불 bed of embers/charcoal 21:9.

ἄνθραξ, ακος, ὁ [어원은 불분명] 숯 charcoal, '숯불'에 대한 이미지는 상대방에 대한 부끄러움을 강조하는 것으로 보인다. 롬 12:20(잠 25:22을 보라).

ἀνθρωπάρεσκος, ον [ἄνθρωπος, ἄρεσκος ἀρέσκω '흡족하다'에서] 성서에서는 명사로서, '순전히 다른 사람에게 인정받으려는 의도로만 어떤 일을 하는 사람'이라는 뜻으로 그리스어에서 사용된다. **다른 사람의 비위를 맞추는 자** people-pleaser 엡 6:6 반의어 어떤 일을 ἐκ ψυχῆς 전심으로(wholeheartedly) 하다; 골 3:22 반의어 ἐν ἁπλότητι καρδίας 성실한 마음으로.

ἀνθρώπινος, η, ον [ἄνθρωπος] '인간에 관한 것이거나, 그 특징을 가지고 있는', **인간** human ⓐ 다양한 명사와 함께: φύσις 약 3:7; κτίσις 벧전 2:13; ἡμέρα, 사람들의 법적 절차와 관련해서 고전 4:3(하나님의 심판의 날[ἡμέρα]과 비교하여 3:13); πειρασμός 10:13; σοφία, 지혜가 부족하다는 암시로, 즉 인간의 관점은 한계가 있음 2:13. πιστός에 대한 라틴어 이문들에서 딤전 1:15. 3:1에서 ἀ.는 널리 알려졌다는 뜻으로 추정된다. ⓑ ἀνθρώπινον λέγω "일반적인 사람의 방식으로 말한다" 즉 사람들의 필요에 맞게. 롬 6:19.

ἀνθρωποκτόνος, ου, ὁ [ἄνθρωπος, κτείνω '죽이다'; '인간 동료의 살해자'] **살인자** murderer 요 8:44; 요일 3:15.

*** **ἄνθρωπος, ου, ὁ** [어원은 불분명] '인간', 개인의 성별에 상관없이 사용함 ⓐ 포괄적이거나 특정하지 않고 표현하여, **인간, 사람, 어떤 이, 누군가** a human being, person, someone, somebody: 무관사. 요 4:29; 16:21; 롬 3:28; 고전 4:1; 갈 2:16; 관사와 함께. 마 4:4; 12:35; 막 2:27 등; 복수, 관사 또는 무관사로. **사람들** people 마 4:19; 5:13, 16; 12:36; 막 8:24; 요 4:28 등. 하나님과 구별하여 마 19:6; 요 10:33; 빌 2:7; 골 3:23; 인간의 연약함에 대한 시사와 더불어 자주: 고전 2:5; 벧전 4:2. κατά와 함께: 인간의 말로 롬 3:5; 단지 사람의 의견으로 고전 9:8; 비교 갈 1:11. τὶς와 함께: 어떤 사람 눅 10:30; 요 5:5; ἐὰν γένηταί τινι ἀ. ἑκατὸν πρόβατα "만일 어떤 이에게 양 일 백 마리가 있다면" 마 18:12. 마 10:35 이하; 19:5, 10; 고전 7:1 등 몇 구절에서는 뚜렷하게 문맥상 '사내', '남자'라는 남성의 의미로 번역해야 하지만, 이문들을 고려해볼 때 불특정의 '사람'이라는 의미도 배제할 수 없다. ⓑ 특정한 사람, 관사 또는 무관사로.: 마 12:13; 막 3:5; 지시대명사와 함께 자주. 마 12:45; 막 14:71; 눅 14:30; 한정해주는 명사와 함께 살후 2:3; 딤전 6:11; 딤후 3:17. ⓒ 다양한 수식어구와 더불어, 많은 경우 번역되지 않는다. ㉠ 출신 지역. 마 27:32(문자적으로는 '키레네인 어떤 사람'); 행 16:37(로

ἀνθύπατος, ου, ὁ / ἀνόητος, ον

마 국적의 사람들); 이 구절에서 ὑπάρχω 동사는 마 27:32과 다른 형식으로 사람을 표현한다); 비교 21:39. ⓒ 직업이나 행동 마 13:45, 52; 18:23; ἀ. φαγός 11:19. ⓓ 개인적인 호칭, 눅 5:20(우리말로 '친구여!' 정도가 여기에서 알맞을 것이다); 22:58, 60. ⓔ 인간을 초월적인 수준에서 보아 ὁ ἔσω ἀ.과 같이 표현하여 롬 7:22; 고후 4:16(이 구절에서는 육체적인 면과 대비); 엡 3:16; 유사하게 '옛' 또는 '새로운' 등의 표현을 사용하여: 롬 6:6; 엡 2:15; 4:22; 골 3:9; 영적인 행동과 대비 고전 3:4. ⓕ υἱός τοῦ ἀνθρώπου는 υἱός를 보라.

ἀνθύπατος, ου, ὁ [ἀντί, ὑπό 어근의 ὕπατος '지극히 높은', 제우스를 '지극히 높으신'으로 표현하거나, '집정관'을 나타내는 등 다양한 의미로] '집정관 자리에서 행하는 사람', 지방 원로원의 행정관, **총독** proconsul 행 13:7; 18:12.

ἀνιείς, ἀνιέντες ἀνίημι 현재 능동태 분사 남성 단수, 복수.

ἀνίημι [ἀνά, ἵημι; '올려보내다, 돌아나게 하다', 예를 들어, 대지가 씨앗이 싹트도록 할 때] '따로 떨어지게 하다', **풀다, 풀어놓다** loosen, let go ⓐ 능동 의미의 수동태로 끈이나 사슬로 묶인 것을 **느슨하게 하다** come loose 행 16:26; 배의 키를 27:40. ⓑ 사람, **버리다, 손놓다** let go 도움을 주지 않고 히 13:5. ⓒ 감정, **그만두다, 포기하다** forego, give up 행동을 강요하는 위협(ἀπειλή) 엡 6:9.

ἄνιπτος, ον [ἀ- 부정(否定), νίπτω] **씻지 않은** unwashed 마 15:20; 막 7:2, 5 이문.

** **ἀνίστημι** [ἀνά, ἵστημι] ① 타동사 '일어나게 하다' **일으켜 세우다** raise up ⓐ 누워 있는 사람을 일어나게 하다 행 9:41(비교 아래 두 용법). ⓑ 병에 걸린 사람을. 요 6:39; 행 2:24, 32; 13:34; 비교 소포클레스 '엘렉트라' 138행 이하에서는 그런 가능성을 부인한다. ⓒ 빈 자리를 채우기 위해 누구를 '세우다' 마 22:24; 행 3:22, 26. ② 자동사 중간태와 제2부정과거 능동태로. **일어나다, 깨어나다** rise (up), get up ⓐ 누워 있던 사람이 막 1:35; 눅 11:7. ⓑ 죽은 자가 마 17:23 이문; 막 8:31; ἐκ νεκρῶν과 더불어 마 17:9 이문; 살전 4:16. ⓒ 일어나는 자세를 취하다. 마 26:62. ⓓ 자리를 떠나려고 일어나다 마 9:9; 여기에서 문맥은 특별한 장소를 나타내고 있지만, 움직임을 나타내는 동사와 더불어 '일어난다'는 말은 보다 일반적으로 '일어나서 간다'는 의미를 가진다. 막 10:1; 눅 1:39; 행 8:26. ⓔ 모습을 나타내다 **일어나다, 나타나다** rise, appear 행 5:36; 롬 15:12.

Ἅννα, ας, ἡ [히브리어 인명 '한나'] **한나, 안나** Hannah/Anna, 선지자, 바누엘의 딸 눅 2:36.

Ἅννας, α, ὁ [히브리어 인명 '한나스'] **한나스, 안나스** Hannas/Annas, 기원후 6-15년의 대제사장, 가야바의 장인 눅 3:2; 요 18:13, 24; 행 4:6.

ἀνόητος, ον [ἀ- 부정(否定), νοητός 'νοῦς, 정신과 관련된' νοέω에서 유래; '생각이 없는, 이해하지 못한'] '지각(知覺)없음에 관련하여', 사람, **생각이 없는, 멍청한, 어리석은** mindless, dense, unintelligent 눅 24:25; 롬 1:14; 갈 3:1, 3; 딛 3:3; 욕구

ἄνοια, ας, ἡ / ἄνομος, ον

와 관련해서 해로운 딤전 6:9.

ἄνοια, ας, ἡ [ἀ- 부정(否定), νόος = 고전 그리스어 νοῦς] '상식이 결여된', **무분별함, 지각 없음** senselessness 딤후 3:9; 지각없이 반응하는 **어리석은 분노** stupid rage 눅 6:11.

* **ἀνοίγω** [ἀνά, οἴγω '열다' = οἴγνυμι의 나중 형태] ① 타동사 **열다** to open 문을: 행 5:19; 12:10 (ἠνοίγη 능동 의미의 수동태로, 아래 두 항목과 비교); 계 4:1; 단독으로 행 5:23; 또한 비유로 14:27; 고후 2:12; 골 4:3; 계 3:8, 20. 다른 목적어들을 취하여. 마 2:11; 17:27; 27:52; 눅 4:17 이문; 행 9:8; 롬 3:13; 계 5:9; 9:2; 특히 시력이 회복되는 면을 강조하여 눈에 대해. 마 9:30; 요 9:10; 10:21; 행 26:18(비유로); 귀가 회복되어 건강하게 됨 막 7:35. 숙어: ἀ. στόμα 말하기 시작하다 마 5:2; 13:35; 행 8:35; 18:14; 계 13:6. ② 자동사, 제2완료 ἀνέῳγα **열리다** to be open 하늘 요 1:51; 입, στόμα ἡμῶν ἀνέῳγεν '기탄없이 말한다'는 의미로 고후 6:11; 문과 관련된 비유에서 고전 16:9.

ἀνοικοδομέω [ἀνά, οἰκοδομέω] **다시 짓다, 재건하다, 회복하다** rebuild, restore 행 15:16; 유 20 이문.

ἄνοιξις, εως, ἡ [ἀνοίγω] **시작, 개시(開始)** opening, ἐν ἀνοίξει, "내가 말하기 시작할 때에" when I begin to speak (비교 고후 6:11 ἀνοίγω ②) 엡 6:19.

ἀνοίσω ἀναφέρω. 미래 능동태 직설법.

ἀνοιχθήσομαι ἀνοίγω 미래 수동태 직설법.

ἀνομία, ας, ἡ [ἄνομος] **무법, 불법, 범법** lawlessness, 반의어 δικαιοσύνη ① 상황이나 상태로서: 신약에서는 일반적으로 하나님의 목적과 계획에 반대됨을 암시한다. 마 23:28; 24:12; 롬 6:19a; 고후 6:14; 살후 2:3, 7; 히 1:9. ② 불법적인 행동이나, 사고방식으로서 마 7:23; 13:41; 롬 4:7; 6:19b; 딛 2:14; 히 8:12 이문; 10:17. -요일 3:4 기질과 행동의 구분은 모호하다.

ἄνομος, ον [ἀ- 부정(否定), νόμος] 지중해 세계에 있어서 사회적인 불법과 종교적인 불경건이 매우 밀접하다는 사실을 인식하고 다음의 내용을 살펴보아야 한다. ① '관습이나 질서에 저항하는', **불법적인, 악한** lawless, wicked ⓐ 포괄적인 명사로서 사람과 관련해서 딤전 1:9; 형용사로 행동에 대해 벧후 2:8. ⓑ 모세의 율법 준수를 인정받지 못했고 따라서 역설적인 의미를 가진 명사로 막 15:28 이문; 눅 22:37; 행 2:23. ② 종말론적 계획 가운데 나타날 특별한 존재와 관련된 명사, '불법의 화신'(化身), **불법한 자, 무법자** the lawless one (= ὁ ἄνθρ τῆς ἀνομίας 3절) 살후 2:8. ③ '모세의 율법 체계에서 벗어난', **율법을 따르지 않는** without law 고전 9:21ab 이어지는 언어유희적인 표현으로 볼 수 있다: μὴ ὢν ἄνομος θεοῦ ἀλλ' ἔννομος Χριστοῦ, "나는 하나님의 율법 밖에 있지 않고, 그리스도의 율법 안에 있지만" 9:21c.

ἀνόμως / ἀντεῖπον

ἀνόμως [ἀ- 부정(否定), νόμος] 부사 '율법의 권한 아래에 있지 않은 것에 관하여', **율법 없이** without law 롬 2:12(전 항목의 ④를 보라).

ἀνόνητος, ον [ἀ- 부정(否定), ὀνίνημι에서 유래한 ὀνητός '알맞은'] **쓸모없는** worthless 딤전 6:9 이문.

ἀνορθόω [ἀνά, ὀρθός에서 유래한 ὀρθόω '곧게 세우다'] '이전의 바르고 강한 상태가 되도록 하다' ⓐ 사물: 무너진 상황에서 **다시 세우다** σκηνὴ Δαυίδ 다윗의 장막 15:16. ⓑ 사람: 고통을 견디도록, **일으켜 세우다** straighten up, ἀνωρθώθη (능동태 의미를 가진 부정과거 수동태) 그녀는 똑바로 섰다. 눅 13:13; 연약한 손과 무릎의 이미지와 관련해서 **강하게 하다** 히 12:12.

ἀνόσιος, ον [ἀ- 부정(否定), ὅσιος] '성스럽지 못한', **불경스러운, 신성모독적인** irreverent, sacrilegious 딤전 1:9; 딤후 3:2.

ἀνοχή, ῆς, ἡ [ἀνέχω] '사람의 그릇된 행동을 참는 성품', **관용, 너그러움** forbearance, leniency 롬 2:4; 3:26.

ἀνταγωνίζομαι [ἀντί, ἀγωνίζομαι] '항거(抗拒)하다', **싸우다, 투쟁하다** struggle, 죄에 대하여 싸운다는 이미지와 관련해서 히 12:4.

ἀντάλλαγμα, ατος, τό [ἀλλάσσω로부터 ἀντί, ἄλλαγμα '교환해서 받은 것'] '어떤 것에 대한 보상으로 동등하게 받은 대가', 영혼을 한 번 팔아넘기고 되돌려 받은 **교환, 등가물** exchange, equivalent, 마 16:26; 막 8:37.

ἀνταναπληρόω [ἀντί, ἀναπληρόω] '차례대로 뭔가를 채우다', ~의 일부분을 **채우다, 보완하다** fill up one's part, supplement 골 1:24.

ἀνταποδίδωμι [ἀντί, ἀποδίδωμι] '동일하게 되돌려주다', **되돌려 주다, 보답하다, 갚아주다** give back, pay back, repay 긍정적 의미 눅 14:14(2회); 롬 11:35; 살전 3:9; 부정적 의미 롬 12:19; 살후 1:6; 히 10:30.

ἀνταποδοθήσομαι ἀνταποδίδωμι 미래 수동태 직설법.

ἀνταπόδομα, ατος, τό [ἀνταποδίδωμι] 보상 repayment, 긍정적 의미로, 사회적 관계에서 **되갚음** 눅 14:12; 부정적 의미로 복수(復讐) 롬 11:9.

ἀνταπόδοσις, εως, ἡ [비교 ἀνταπόδομα; '대가로 제공함'] 골 3:24 추상적 측면을 구체적으로 대신한 **상환, 보답, 보상** repayment, recompense, reward.

ἀνταποδοῦναι, ἀνταποδώσω ἀνταποδίδωμι 제2부정과거 능동태 부정사, 미래 능동태 직설법.

ἀνταποκρίνομαι [ἀντί, ἀποκρίνομαι] '자신을 표현하다', **대답하다, 대응하다, 답하다**, answer back, have an answer, reply 눅 14:6; ~**과 논쟁하다** argue with 롬 9:20.

ἀντεῖπον [ἀντί, εἴπον;이런 제2부정과거 형태는 주로 ἀντιλέγω의 부정과거로 쓰인다] '반박에 초점 맞추어 대답하는 방식으로 무엇인가를 표현하다', **반대하여 말**

하다, 반박하다, 논박하다 speak against, contradict, refute 눅 21:15; 행 4:14.

ἀντέχω [ἀντί, ἔχω] 신약에서는 중간태 자동사로만 나온다. '밀접한 관심 애착을 가지다' ⓐ **존경하다, 존중하다** respect, esteem 마 6:24; 눅 16:13. ⓑ **도움을 주다, 포용하다** extend help to, embrace 살전 5:14. ⓒ **지키다, 준수하다** hold to, adhere to 딛 1:9.

ἀντί [산스크리트 *anti* '~에 반하는', 라틴어 *ante* '~에 앞선'; 주로 위치의 의미로 '건너편, 앞] 속격 지배 전치사. ① 하나의 존재가 다른 이를 대신하여 계승하였음을 표시할 때, **대신에, 대신하여** instead of, in place of : 승계에 관하여 마 2:22(다른 사람을 잇는 왕); 요 1:16(은혜 위에 은혜); 다른 것으로 어떤 존재를 대체함 눅 11:11; 고전 11:15; 다른 것을 대체하는 하나의 절차 ἀντὶ τοῦ λέγειν ὑμᾶς "너희가 도리어 말하기를" 약 4:15; 교환의 값으로 지불한 히 12:16; 비유로 형상화하여 마 20:28; 막 10:45. ② 복수(復讐) 또는 상쇄의 의미로, 마 5:38; 롬 12:17; 살전 5:15; 벧전 3:9. ἀνθ᾽ ὧν **왜냐하면** because 눅 1:20; 살후 2:10; **그러므로** therefore 눅 12:3; 엡 5:31. ③ 관대한 행위로, **~에 대신하여, ~을 위하여** in behalf of, for 마 17:27.

ἀντιβάλλω [ἀντί, βάλλω; '반대편에 던지다'] 활발한 대화 분위기 가운데 λόγοι '말하기'를 **주고받다, 교환하다** throw in turn, exchange, 눅 24:17.

ἀντιδιατίθημι [ἀντί, διατίθημι] 중간태 '스스로 반대편에 위치하다', **반대하다** oppose 분사로는 **반대자들, 거역하는 이들** opponents 딤후 2:25.

ἀντίδικος, ου, ὁ [ἀντί, δίκη] 법정적 의미로 **상대편, 적, 고소자** adversary, opponent 법적인 맥락에서 마 5:25; 눅 12:58; 18:3; 비교 벧전 5:8(욥 1:7를 보라).

ἀντίθεσις, εως, ἡ [ἀντί, τίθημι에서 θέσις '위치'; '반대편'] **반박** contradiction 딤전 6:20.

ἀντικαθίστημι [ἀντί, καθίστημι; '완강히 저항하다'] 자동사 **저항하다, 결연히 맞서다** resist, stand firm against 히 12:4.

ἀντικαλέω [ἀντί, καλέω] 식사 자리에 초대받은 대가로 **다시 초대하다** invite in turn 눅 14:12.

ἀντίκειμαι [ἀντί, κεῖμαι; '반대편에 있다'] '~의 상대편에 있다', **반대하다, 저항하다** oppose, resist 눅 13:17; 21:15; 갈 5:17; 딤전 1:10. 분사에서 나온 명사로: ὁ ἀντικείμενος 상대편 고전 16:9; 빌 1:28; 살후 2:4; 딤전 5:14.

ἄντικρυς [ἀντί; 접미어 –κρυς는 κέρας, κάρα '머리'와 연관성 있는 어휘로 보인다; '직접 대면하여'] 부사 속격 지배 전치사로서 항해와 관련된 의미로, **바로 맞은 편, 앞으로** right opposite, off 행 20:15.

ἀντιλαμβάνω [ἀντί, λαμβάνω; '~맞은 편에 있는 것을 붙잡다'] 이런 이유로 '대신

ἀντιλέγω / Ἀντιπατρίς, ίδος, ἡ

받다, 차례로 받다'] 중간태 ① **돕다**, ~을 돕기 위해 **찾아오다** help, come to the aid of, assist 눅 1:54; 행 20:35. ② '무엇에 참여하다', 자선에 **참가하다** participate in: εὐεργεσία 딤전 6:2(노예가 주인과 서로 호의적인 관계를 맺다).

ἀντιλέγω [ἀντί, λέγω; '반대편에서 말하다/이야기하다'] ① '대립되는 방식으로 말하다', **반박하다, 논박하다**, ~에 반대하는 발언을 하다 contradict, argue against, speak against 눅 20:27; 행 13:45; 28:19, 22; 딛 1:9; 2:9. 확장된 의미로 ② '~의 상대편에 자리하다', **반대하다, 거절하다** oppose, refuse 눅 2:34; 요 19:12(스스로 왕으로 내세우는 것은 반역하는 말과 등등함); 롬 10:21.

ἀντίλημψις, εως, ἡ [ἀντί, λαμβάνω에서 λῆμψις] '~에 참여함, 손을 빌려줌', **도움이 되는, 구해주는 손길, 다른 사람을 도울 수 있는 능력** helpful/relief services, capacity to help/assist others 고전 12:28.

ἀντιλογία, ας, ἡ [ἀντιλέγω, 비교 λόγιον] ἀντιλέγω에 해당하는 의미와 유사한 정도로 ① '적대적인 발언', **논박, 논쟁** argument, dispute 히 6:16; 7:7. ② '적대적인 위치나 자리에서', **반역** opposition 12:3; **반란** insurgency 유 11.

ἀντιλοιδορέω [ἀντί, λοιδορέω] '되받아 악담하다 또는 저주하다', **매도하다, 폄하하다** revile, disparage 벧전 2:23.

ἀντίλυτρον, ου, τό [ἀντί, λύτρον를 통하여 λύω; 접두어는 사실 불필요하며, 교환의 의미는 λύτρον에도 명확하다] **몸값, 대속물** ransom 딤전 2:6.

ἀντιμετρέω [ἀντί, μετρέω] '동등한 방식으로 보상하다', **(재어서) 되갚는다** measure out in return 눅 6:38.

ἀντιμισθία, ας, ἡ [ἀντί, μισθός; '보답으로 주어진 것'] '마땅히 받을 만한 보답의 대가' ⓐ 긍정적 의미로 **보상, 대가** reward, recompense ἀντιμισθίαν πλατυνθῆτε καὶ ὑμεῖς "(너희 마음에) 우리가 차지한 자리 만큼 동일하게 보답하라" 고후 6:13. ⓑ 부정적 의미로 **보복, 처벌** requital, penalty 롬 1:27.

Ἀντιόχεια, ας, ἡ [셀레우코스 왕조에서 볼 수 있었던 Ἀντίοχος라는 이름에서 유래하여] 안디옥이라 이름하는 많은 도시들이 있으나, 신약에서는 두 곳만 나타낸다. ① **안디옥(시리아)** Antioch (Syrian) 오론테스 강 유역 행 11:19 등에서 자주; 갈 2:11. ② 갈라디아의 주(州) **안디옥(비시디아)** Antioch (Pisidian) 행 13:14; 딤후 3:11.

Ἀντιοχεύς, έως, ὁ [Ἀντιόχεια] 안디옥 사람 Antiochian 행 6:5.

ἀντιπαρέρχομαι [ἀντί, παρέρχομαι] '건너편으로 지나가다', **다른 쪽으로 피해 가다** go by on the other side 눅 10:31f.

Ἀντιπᾶς, ᾶ, ὁ [이 이름의 형태와 문헌상의 역사는 복잡하다] 버가모의 순교자 **안디바, 안티파스** Antipas, 계 2:13.

Ἀντιπατρίς, ίδος, ἡ [율리우사 카이사르 치하 유대 행정 장관이었던 안티파테

르에게 경의를 표하며 붙인 도시 이름] (루디아)리디아에서 (가이사랴)카이사레아로 가는 길에 있는 **안디바드리, 안티파트리스** Antipatris 행 23:31.

ἀντιπέρα [ἀντί, πέρα '넘어, 건너'] 속격 지배 부사로서 **건너편, 맞은편** opposite 눅 8:26.

ἀντιπίπτω [ἀντί, πίπτω; '맞서 쓰러뜨림/달려듦'] '맞서 싸우다', **거스르다, 도전하다, 맞서다** work against, defy, oppose 행 7:51.

ἀντιστῆναι ἀνθίστημι 제2부정과거 능동태 부정사.

ἀντιστρατεύομαι [ἀντί, στρατεύομαι] 환상 가운데 ~에 대하여 싸우다, **교전하다** campaign against, make war against 롬 7:23.

ἀντιτάσσω [ἀντί, τάσσω; '상대편에 자리하다, 맞써 싸우며 겨누다'] 중간태, 군사적 이미지로 확장하여, **결집하여 ~에 반대하다** line up against 행 18:6; **맞서다, 저항하다** oppose, resist 롬 13:2; 약 4:6 = 벧전 5:5; 약 5:6.

ἀντίτυπος, ον [ἀντί, 표시(τύπος)는 인장(印章)같이 찍는 도구에 의해 새겨진 것이고, '때리다(τυπέω)'에서 유래한 것이다; ἀντί는 '순서대로'라는 의미를 강조한다. 즉 인장은 원래의 사본의 복사본을 쳐서 만들어내는 것을 뜻한다] ① 형용사로 **알맞은, 부합하는** in corresponding manner, βάπτισμα로 정의되는 벧전 3:21. ② 중성 명사로 τὸ ἀντίτυπον, **표현, 본** representation, copy 히 9:24.

ἀντίχριστος, ου, ὁ [ἀντί, χριστός] 신약에서 '메시아에 대적하는 존재', 마지막 때에 예수 그리스도를 숭배하는 이들이라 주장하는 사람들과 연결된 마지막 때의 인물, **적그리스도** antichrist 요일 2:18a, 22(이 구절에서는 '예수께서 기름부음 받은 자임을 거부하는 사람'으로 나타난다; Χριστός를 보라); 4:3; 요이 1:7(비교 요일 2:22의 정의); 복수 전형적인 적그리스도의 생각을 공유하는 사람들 요일 2:18b.

ἀντλέω [ἄντλος 사람이 퍼내야하는 선창(船艙)에 차오르는 물] '제한된 구역에서 액체를 뽑아내다', **퍼내다, 뜨다** take out, draw 단독 요 2:8; 4:15; ὕδωρ와 함께 2:9; 4:7.

ἄντλημα, ατος, τό [ἀντλέω] '물긷는 통', **동이, 물통** bucket 요 4:11.

ἀντοφθαλμέω [ἀντί, ὀφθαλμός; '정면으로 보다, 똑바로 쳐다보다', 확장된 의미로 '맞서다, 극복하다'] 역풍을 만난다는 항해 용어로 **맞는다, 극복한다** face, withstand 행 27:15.

ἄνυδρος, ον [ἀ- 부정(否定), ὕδωρ] 다양한 자연 현상과 관련해서: **물 없는** waterless 마 12:43; 눅 11:24; 물이 없어서 실망한 사람이 샘이나 우물을 찾는 이미지와 관련해서 벧후 2:17; 유사하게 물을 떨어뜨리지 않는 구름과 관련해서 유 12.

ἀνυπόκριτος, ον [ἀ- 부정(否定), ὑποκρίνομαι] '배우처럼 꾸미지 않고', **꾸밈없**

ἀνυπότακτος, ον / ἄξιος, α, ον

이, 거짓 없는, 진정한, 진실한 without pretence, unfeigned, genuine, sincere 롬 12:9; 고후 6:6; 딤전 1:5; 딤후 1:5; 약 3:17; 벧전 1:22.

ἀνυπότακτος, ον [ἀ- 부정(否定), ὑποτάσσω] '복종하는 상태가 아닌' ⓐ 사물에 관해, **통제를 벗어난, 다루기 힘든** outside authority, unsubjected 히 2:8. ⓑ 사람과 관련해서, 권위를 따르려 하지 않는, **복종하지 않는, 반역적인, 제어하기 어려운** insubordinate, rebellious, unruly 딤전 1:9; 딛 1:6, 10.

ἄνω [비교 ἀνά, ἀνώτερος] 부사 **위로** above (반의어 κάτω) 요 8:23; 행 2:19; 갈 4:26; 골 3:1f; ἕως ἄνω **꼭대기/끝까지** 요 2:7; **위쪽으로** upward 요 11:41; 빌 3:14; 히 12:15.

ἀνῶ ἀνίημι 제2부정과거 가정법 능동태.

ἀνώγαιον/ἀνώγεον ἀνάγαιον의 다른 형태.

ἄνωθεν [ἄνω] 부사 ① **위로부터** from above(때로 ἀπό나 ἐκ로 강화된다): 직물(織物)의 끝에서부터 마 27:51; 막 15:38; 요 19:23; 하늘/하나님 요 3:31; 19:11; 약 1:17; 3:15, 17. ② **처음부터** from the beginning, 다루는 범위에 초점 맞추어 눅 1:3; **일찍부터** from the first 또는 **오래전부터** for a long time 알게 된 기간에 초점 맞추어 행 26:5; 갈 4:9. ③ **다시** again 요 3:3, 7, 3:4에서 δεύτερον를 통해 간접적으로 해석되었지만, πάλιν ἄνωθεν는 처음부터 다시(all over again)라는 뜻을 가진다.

ἀνωτερικός, ή, όν [ἀνώτερος] '낮은 곳에 비교하여 더 높은 곳에 위치한', 내륙 가운데 지리적인 위치가 **상부의, 내륙의** upper, interior 행 19:1.

ἀνώτερος, έρα, ον [ἄνω] 신약에서는 형용사. 중성 비교급 형태인 ἀνώτερον만 등장한다. ① '지금 있는 사람보다 상대적으로 더 높은 자리에 있는', 사회적인 지위가 **더 명망 있는** 눅 14:10. ② '어떤 일을 표현할 때 상대적으로 앞선', 기록된 문서에서 자리가 **앞선, 위쪽에 있는** earlier, above 히 10:8.

ἀνωφελής, ές [ἀ- 부정(否定), ὄφελος로부터 ὠφέλιμος] **쓸모없는, 알맞지 않은, 도움이 안되는** useless, unprofitable, unhelpful 딛 3:9; 중성 명사로 **무익한** ineffectiveness 히 7:18.

ἀξίνη, ης, ἡ [비교 라틴어 ascia '도끼'] **도끼** ax 마 3:10; 눅 3:9; φέρε τὴν ἀ. **도끼를 대다, 찍어내다** bring the ax 13:7 이문.

ἄξιος, α, ον [비교 ἄγω 저울에서 '끌어 내린다'는 의미로 = '무게 나가다'; ἀναξίως를 보라] ① '가치나 값어치가 있는', **가치 있는** worthy, οὐκ ἄξια πρός "~과 비교해 중요하지 않은" 롬 8:18. ② '가치에 대한 기대에 부합하는', **적절한, 걸맞는, 일치하는** appropriate, fitting, compatible (with) 마 3:8; 눅 3:8; 23:41; 행 26:20; 살후 1:3. 비인칭 ἄξιόν ἐστι 합당하다. 고전 16:4. ③ '칭찬받을 만한 가치나 장점이 있는', **가치 있는, 장점 있는, 자격 있는** worthy, meriting, deserving ⓐ 긍정적

인 의미에서, 추천할 만한 장점을 가진 사람, 보상으로서 얻을 만한 가치가 있는, 속격이나 부정사를 동반하고 때로 부정어와 함께 사용되는 경우도 있다: 마 10:10; 눅 10:7 = 딤전 5:18; 눅 15:19, 21; 행 13:46; 딤전 6:1; 히 11:38; 계 4:11 등. 단독으로 마 10:11, 13; 22:8; 계 3:4. 다른 구문 형식: 눅 7:4; 행 13:25(비교 요 1:27). 마 10:3 이하. 예수님을 공경하려고 애쓰기보다 친척을 더 아끼는 사람은 인정받지 못할 것임을 강조한다. ⓑ 경멸적인 의미에서, 행동이나 상황이 벌받을 만한: 맞을 만한 눅 12:48; 가장 빈번하게. 죽을 23:15 등. 사람과 관련해서 징계받을 만한 롬 1:32; 다른 내용이 언급되지 않지만, 선행한 이야기에 대한 구절에서, 계 16:6.

ἀξιόω [ἄξιος] ① '특별히 고려하거나 생각할 가치가 있다고 생각하다', **가치 있다고 여기다, 생각하다** consider, account/treat as worthy 눅 7:7; 살후 1:11; 딤전 5:17; 히 3:3; 10:29. ② '이점을 얻을 만한 행동을 계속 진행하기로 긍정적인 결정을 내리는 데 이르다', **적절히 생각하다, 합당하게 여기다** think fit, consider appropriate 행 15:38; 28:22 기대한 내용과 비슷한 맥락에서 13:42f. 이문.

ἀξίως [ἄξιος] 부사 '영예를 얻을 만한 방식으로', 문맥에서 언급한 행동으로 영예를 얻는 존재에 대한 속격으로 **가치 있게** worthily 롬 16:2; 엡 4:1; 빌 1:27; 살전 2:12; 요삼 6.

ἀόρατος, ον [ἀ- 부정(否定), ὁράω] '사람의 눈으로 보여지지 않는 대상', **보이지 않는, 볼 수 없는** unseen, invisible 롬 1:20; 골 1:15f; 딤전 1:17; τὸν γὰρ ἀόρατον ὡς ὁρῶν "보아도 보이지 않으시는 분" 히 11:27.

Ἀουλία Ἰουλία의 다른 형태, 해당 항목을 보라.

ἀπαγγέλλω [ἀπό, ἀγγέλλω] ① **보고하다** report back, 지시에 대한 응답으로 마 2:8; 11:4; 행 12:17. ② '개인의 경험이나, 관찰 또는 다른 정보 출처와 관련하다', ἀπό와 함께 한편에서 다른 쪽으로 이동하는 정보의 움직임을 나타낸다. **말하다, 보고하다, 포고(布告)하다** relate, report, declare 마 14:12; 28:10f; 막 6:30; 눅 14:21; 요 16:25; 행 4:23; 12:14; 23:16; 고전 14:25; 공적인 측면을 강조하여: **발표하다, 선포하다** announce, proclaim 마 12:18; 눅 8:47; 행 26:20; 히 2:12; 요일 1:2f.

ἀπαγγελῶ ἀπαγγέλλω 미래 능동태 직설법.

ἀπάγχω [ἀπό, ἄγχω '쥐어짜다, 목조르다'] 중간태 **목매달다** hang oneself 마 27:5.

ἀπάγω [ἀπό, ἄγω] ① '제거하다, 끌어내다' ⓐ **이끌어 내다** lead off: 짐승에게 물을 먹이려고 눅 13:15; 단독으로 붙잡는 사람들 손에서 끌어내진 행 24:6 [7] 이문; 재판 과정의 다양한 상황에 관한 용어로 마 26:57; 27:2, 31; 막 14:53; 15:16; 눅 21:12; 22:66; 23:26; 행 12:19. ⓑ **올바른 길에서 방향을 전환하다** divert from the correct way 고전 12:2. ② 자동사 길과 지리적인 방향과 관련한 비유에서:

ἀπαίδευτος, ον / ἀπαρασκεύαστος, ον

가다, 길을 가다 go/lead (off) 마 7:13f.

ἀπαίδευτος, ον [ἀ- 부정(否定), παιδεύω] '아무런 교육의 정도를 보여주지 못하는', **무식한, 어리석은** ignorant, foolish 딤후 2:23.

ἀπαίρω [ἀπό, αἴρω '올리다, 일으켜 세우다'; '들어 올리다', 여기에서 제거한다는 의미가 나옴] **치워버리다, 제거하다** take away, remove, 수동태 마 9:15; 막 2:20; 눅 5:35; 행 1:9 이문.

ἀπαιτέω [ἀπό, αἰτέω; '마땅히 되돌려 받을 것을 요구하다'] ① 상업 용어: **돌려 달라고 하다, 다시 요구하다** ask back, demand back 눅 6:30; 인생을 빚진 것에 비유하여 12:20. ② **요구하다** demand 벧전 3:15 이문.

ἀπαλγέω [ἀπό, ἀλγέω '아픔을 느끼다'; '아픔이 멈추다'] '행동이 미치는 영향에 대하여 모든 관심을 잃어버리다', **무감각해지다** become callous 엡 4:19.

ἀπαλλάσσω [ἀπό, ἀλλάσσω] **제거하다, 해방하다, 자유롭게 하다** remove, release, liberate 히 2:15; 수동태 질병과 관련해서 **낫다, 떠나다** go away, leave ἀπαλλάσεσθαι ἀπ᾽ αὐτῶν τοὺς νόσους "그들의 질병이 고침받았다" 행 19:12; 법률상 의미로 **종결되다, 벗어나다** be quit (of), be rid (of) δὸς ἐργάσιαν ἀπηλάχθαι ἀπ᾽ αὐτοῦ = "그와 분쟁을 해결하기 위해 힘쓰라" 눅 12:58.

ἀπαλλοτριόω [ἀπό ἀλλοτριόω에서, ἀλλότριος,; '멀리하다, 적대적으로 되다'] 신약에서는 수동태만. '함께하는 관계가 불가능한 상황이나 형편에 처해지다', **멀어지다, 소원해지다** be alienated/estranged 엡 2:12; 4:18; 골 1:21.

ἀπαλός, ή, όν [어원은 불분명, 비교 ὀπός '수액'; '만지기에 부드러운'] 딱딱하거나 거칠지 않고, 무화과 순처럼 돋아나는 것. **부드러운** tender 마 24:32; 막 13:28.

ἀπαντάω [ἀπό, ἀντί에서 ἀντάω; '건너편에 오다', 여기에서 '대면하여 만나다'] **만나다** meet 막 14:13; 눅 17:12; 행 16:16 이문.

ἀπάντησις, εως, ἡ [ἀπαντάω] '한정된 장소에서 이동하여 실제에 합쳐지는 행동', **만남** meeting 신약에서는 언제나 'εἰς'를 동반하여 만나는 대상을 나타낸다. 마 25:6; 27:32 이문; 행 28:15; 살전 4:17.

ἅπαξ [비교 ἅπας] 부사 **한 번** once ⓐ 수에 관한 용어로 고후 11:25; 히 9:26-28; 벧전 3:18, 아마도 단호함을 나타내는 요소와 함께, 비교 ⓑ다음과 같이; ἔτι ἅπαξ **한 번 더** 히 12:26f; ἅπαξ τοῦ ἐνιαυτοῦ **1년에 한 번** 9:7; καὶ ἅπαξ καὶ δίς **한 번과 두 번 모두** = **한 번뿐 아니라, 두 번도** 빌 4:16; 살전 2:18. ⓑ **독특하고 결정적인 경우 (모든 것 중) 단 한 번** once (for all) 히 6:4; 10:2; 유 3, 5. ἐφάπαξ도 보라.

ἀπαράβατος, ον [ἀ- 부정(否定), παραβαίνω] '쉽게 달리 바뀌지 않는', **계승자가 필요 없는, 영속적인** without successor(s), permanent 히 7:24.

ἀπαρασκεύαστος, ον [ἀ- 부정(否定), παρασκευάζω] '준비를 행하지 않은',

ἀπαρθῇ / ἀπαύγασμα, ατος, τό

준비되지 않은, 예비되지 않은 not ready, unprepared 고후 9:4.

ἀπαρθῇ ἀπαίρω 제1부정과거 수동태 가정법.

ἀπαρνέομαι [ἀ- 부정(否定), ἀρνέομαι] '깨닫거나 인정하기를 거절하다', **부인하다, 거절하다, 인정하지 않다, 거부하다** deny, reject, disown, repudiate ⓐ 눅 12:9; 수난 기사에서 빈번하게 마 26:34 등. ⓑ 숙어: ἀ. ἑαυτόν 자기를 부인하다 = 자신의 유익을 먼저 생각하지 않는다 마 16:24; 막 8:34; 눅 9:23 이문.

ἀπαρτισμός, οῦ, ὁ [ἀπαρτίζω '완성하다', 비교 ἄρτι, ἀραρίσκω '서로 잘 맞다'] 완성 completion 눅 14:28.

ἀπαρχή, ῆς, ἡ [ἀπάρχομαι (ἀπό, ἀρχή) '제사로 처음을 시작하다. 첫 열매로 무엇을 바치다] 신을 위해 첫 부분을 바친다는 제의적인 전문 용어로 **첫 열매** first fruits 롬 11:16(민 15:18-21을 보라); 확장된 의미, 사람과 관련해서 고전 15:20; 16:15(= 첫 회심자); 살후 2:13(그러나 ἀρχή를 보라); 약 1:18; 계 14:4; 성령에 관해 롬 8:23(여기에서 ἀπαρχή를 출생 증명이나, 신분 증명의 의미로 생각하지 않는다면).

ἅπας, ασα, αν [ἀ- (ἁ-) 하나의 집합이라는 것을 나타내는 접두어, πᾶς] ① 명사와 관사를 동반하여, 전체성에 관해 **전부** whole 눅 3:21; 8:37; 행 25:24.② 무관사로, 전체적으로 모든 항목과 사람에 관해 **모든, 모든 사람, 모든 것** all, everybody, everything 마 24:39; 막 16:15(세상의 모든 부분); 눅 5:26; 행 2:44; 갈 3:28 이문. 누가-행전에 일반적으로 사용되는 πᾶς와 일치.

ἀπασπάζομαι [ἀσπάζομαι를 보라] '작별 예식의 표현', **작별을 고하다, 작별 인사하다** say goodbye, say farewell, 대격 동반으로 행 21:6.

ἀπατάω [어원은 불분명, ἀπάτη와 동일 어근] **속이다, 현혹시키다** mislead, deceive 엡 5:6; 딤전 2:14. ἀ. καρδίαν αὐτοῦ = "자신을 속이다" 약 1:26.

ἀπάτη, ης, ἡ [어원은 불분명, ἀπατάω와 동일 어근] '특징이나 사례로서 속임수', **사기, 속임수, 기만, 가짜** deception, trick, fraud, sham 골 2:8; 엡 4:22('거짓 욕구' = 기만함으로 생긴); ἐν πάσῃ ἀπάτῃ 모든 종류의 사악한 속임수로 살후 2:10; 히 3:13. 마 13:22; 막 4:19 ἀ. 안정을 얻기 위해 소유에 대한 유혹을 충족하려는 거짓된 모습을 분명히 나타낸다. 벧후 2:13도 유사하게 이해할 수 있지만, 이 동사의 수동태는 방심한 참석자들에게 교제하는 동안 연회를 베푸는 자들이 저지르는 속임수를 보여주는 것으로 보인다.

ἀπάτωρ, 속격 **ορος** [ἀ- 부정(否定), πατήρ; 그리스 세계에서 초월적인 모습이라고 여기지는 경우가 자주 있다] '기록상의 아버지가 없는', **아버지가 없는** without father 히 7:3.

ἀπαύγασμα, ατος, τό [ἀπαυγάζω (ἀπό, αὐγή) '빛을 비추다, 반사하다'] '어떤 근원에서 나온 밝음, 능동태 의미로 **광휘(光輝), 밝음** radiance, brilliance 히 1:3;

ἀπαφρίζω / ἀπείραστος, ον

여기에서 어떤 학자들은 수동적인 의미로 **반사** reflection를 선호한다.

ἀπαφρίζω [ἀπό, ἀφρίζω] '거품을 부풀리다', 수면에 섞인 거품에 대한 비유로 **거품이 일어나다** foam up 유 13 이문.

ἀπαχθῆναι ἀπάγω 제1부정과거 수동태 부정사.

ἀπέβαλον ἀποβάλλω 제2부정과거 능동태 직설법.

ἀπέβην ἀποβαίνω 제2부정과거 능동태 직설법.

ἀπέδειξα ἀποδεικνυμι 제1부정과거 직설법 능동태.

ἀπέδετο ἀπέδοτο 형태로 ἀποδίδωμι의 제2부정과거 중간태 직설법 3인칭 단수.

ἀπεδίδουν ἀποδίδωμι 미완료 능동태 직설법.

ἀπεδόμην ἀποδίδωμι 제2부정과거 중간태 직설법.

ἀπέθανον ἀποθνήσκω 제2부정과거 능동태 직설법.

ἀπεθέμην ἀποτίθημι 제2부정과거 중간태 직설법.

ἀπεῖδον ἀφοράω 제2부정과거 능동태 직설법.

ἀπείθεια, ας, ἡ [ἀπειθής] **불순종, 저항** disobedience, resistance; 신약에서는 항상 하나님의 요구나 구원 계획에 반대하는 문맥에서: 롬 11:30, 32; 히 4:6, 11; 숙어 οἱ υἱοὶ τῆς ἀπειθείας 불순종하는 자 엡 2:2; 5:6; 골 3:6, υἱός를 보라.

ἀπειθέω [ἀπειθής] **불순종하다, 반역하다, 저항하다** disobey, be rebellious, resist 요 3:36; 행 14:2; 롬 2:8; 11:30; 15:31; 히 3:18; 벧전 3:20.

ἀπειθής, ές [ἀ- 부정(否定), πείθω] '설득되거나 지도받지 않으려는', **불순종하는, 반역적인, 거스르는** disobedient, rebellious, resistant 눅 1:17; 행 26:19; 롬 1:30; 딤후 3:2; 딛 1:16; 3:3.

ἀπειλέω [어원은 불분명] 신약에서는 나쁜 의미로만: '위협적으로 말하다', 보복의 뜻을 함의하여, **위협하다, 협박하다** threaten, warn 행 4:17; 벧전 2:23.

ἀπειλή, ῆς, ἡ [ἀπειλέω] **위협, 협박** threat 행 4:17 이문, 29; 9:1; 엡 6:9.

I. **ἄπειμι** [ἀπό, εἰμί] **사라지다, 떠나다, (자리에) 없다** be absent/away, not be present, not be there 고전 5:3; 고후 10:1, 11; 13:2, 10; 빌 1:27; 골 2:5.

II. **ἄπειμι** [ἀπό, εἰμί] ἀπέρχομαι(εἰμί를 보라)로 이용되어, **떠나다, 출발하다** depart, go away, εἰς를 통해 한 지역에서 다른 곳으로 움직임을 나타냄. παραγενόμενοι εἰς τὴν συναγωγὴν ἀπήεσαν "그들은 도착하자 회당으로 떠났다" 행 17:10; 이 동사는 단순히 '가다'로 이해할 수도 있다. 그들은 회당으로 갔다.

ἀπειπάμην ἀπεῖπον 제2부정과거 중간태.

ἀπεῖπον [ἀπό, εἶπον(용례 중에는 없음)] '관계 맺기를 거절하다' 또는 '~하지 않기로 굳게 다짐하다', **관계를 끊다, 거부하다** disown, reject 고후 4:2.

ἀπείραστος, ον [ἀ- 부정(否定), πειράζω] 하나님에 관해 **시험받을 수 없는** non-temptable ἀπείραστός ἐστιν κακῶν "악한 일에 유혹받으실 수 없다" 약 1:13.

ἄπειρος, ον / ἀπελπίζω

ἄπειρος, ον [ἀ- 부정(否定), πεῖρα] ~한 경험이 없는, 익숙하지 않은 without experience of, unacquainted with 히 5:13.

ἀπεκαλύφθην ἀποκαλύπτω 제1부정과거 수동태 직설법.

ἀπεκατεστάθην, ἀπεκατέστην ἀποκαθίστημι 제1부정과거 수동태 직설법 그리고 제1부정과거 능동태 직설법.

ἀπεκδέχομαι [ἀπό, ἐκδέχομαι] '기대하는 사건이 일어날 것을 기다리고 있는 상태에 있다', **기다리다, 대기하다** await, wait upon ⓐ 인내심을 보여주는 것과 관련해 벧전 3:20. ⓑ 열망하고 바라는 문맥상 의미와 함께, **열망하다, 고대하다** eagerly await, look forward to 롬 8:19, 23, 25; 고전 1:7; 갈 5:5; 빌 3:20; 히 9:28.

ἀπεκδύομαι [ἀπό, ἐκδύω] ① '몸에서 옷을 벗다', 옷을 **벗다** put off, 자신의 옛 자아를 벗어버림에 대한 표현으로 골 3:9. ② 능동태 의미로: 정사와 권세들을 **무력화하다** disarm, 골 2:15.

ἀπέκδυσις, εως, ἡ [ἀπό, ἔκδυσις '탈출, 대피'] 육신의 몸을 영적으로 고양된 몸으로 바꿔입는다는 비유로 **옷벗음, 제거** putting off, removal, 골 2:11.

ἀπεκρίθην ἀποκρίνω 제1부정과거 수동태 직설법.

ἀπεκτάνθην ἀποκτείνω 제1부정과거 수동태 직설법.

ἀπέλαβον ἀπολαμβάνω 제2부정과거 능동태 직설법.

ἀπελαύνω [ἀπό, ἐλαύνω] '자리를 떠나게 하다', 재판 과정에서 퇴장시키는 것과 관련해, 법정 밖으로 쫓아내는 것처럼, **몰아내다, 쫓아내다** drive away, send away 행 18:16.

ἀπελεγμός, οῦ, ὁ [ἀπό, ἐλέγχω '선고하다, 반박하다'] '의심스러운 행동, 행위에 대한 비판', **악평, 불신** disrepute, discredit 행 19:27.

ἀπελεύθερος, ου, ὁ [ἀπό, ἐλεύθερος] '해방된 노예', 주님으로 말미암아 악의 권세에서 구원받음을 경험한 사람에 대한 비유로 **자유민, 자유인** freedperson, freedman 고전 7:22.

ἀπελεύσομαι, ἀπεληλύθειν, ἀπελθών ἀπέρχομαι 미래 중간태 직설법, 과거완료 능동태 직설법, 제2부정과거 능동태 분사.

ἀπέλιπον ἀπολείπω 제2부정과거 능동태 직설법.

Ἀπελλῆς, οῦ, ὁ, 대격 **ἦν** [라틴어 기원; 그리스-로마 세계에서 다양한 그룹에서 일상적으로 사용된 이름] **아벨레, 아펠레스** Apelles, δόκιμος 믿을만하다고 인정받은 롬 16:10.

ἀπελπίζω [ἀπό, ἐλπίζω] 단독으로 '소망을 잃어버리는 경험을 하다', **낙심하다** despair 엡 4:19 이문. 눅 6:35에서 중성 μηδέν으로 읽으면, 청자(독자)는 **되돌려 받기를 기대할 수 없이 빌려주는 일에 대한 거부감에 주목하고 있다.** 35절 이문을

μηδένα로 읽으면, 가난함의 위험성 때문에 낙담하지 않아도 된다는 의미가 나타난다.

ἀπέναντι [ἀπό, ἔναντι] 속격과 함께 전치사처럼 기능하는 부사. '어떤 존재를 만나는 자리에서': 사물과 관련해 **상대편에** opposite 마 27:61; 막 12:41 이문; 사람과 관련해 **앞에** before 마 27:24; 행 3:16. οὐκ ἔστιν φόβος θεοῦ ἀπέναντι τῶν ὀφθαλμῶν αὐτῶν '그들의 눈 앞에 하나님을 두려워함이 없었다'는 표현은 하나님의 즉각적인 임재에도 불구하고 불경건한 자들이 두려워하지 않았다는 뜻이다. 롬 3:18. 적대감이나 반대에 대한 표시로 **반하여, 대적하여** against, contrary to 행 17:7.

ἀπενεγκεῖν, ἀπενεχθῆναι ἀποφέρω 제2부정과거 능동태 부정사, 제1부정과거 수동태 부정사.

ἀπέπεσα ἀποπίπτω 제2부정과거 능동태 직설법.

ἀπέπλευσα ἀποπλέω 제1부정과거 능동태 직설법.

ἀπεπνίγην ἀποπνίγω 제2부정과거 수동태 직설법 3인칭 단수.

ἀπέραντος, ον [ἀ- 부정(否定), περαίνω '끝에 이르다'; 비교 πέρας '경계'] **끝없는, 다함없는, 멈추지 않는** endless, interminable, pointless 딤전 1:4.

ἀπερισπάστως [ἀ- 부정(否定), περισπάω] 부사 '해야 할 일이나 목적에서 벗어나지 않고', **흐트러짐 없이, 딴 생각하지 않고** free from distraction 고전 7:35.

ἀπερίτμητος, ον [ἀ- 부정(否定), περιτέμνω] 마음과 귀에 비유하여 **할례받지 않은** uncircumcised = **완고한, 고집불통인** 행 7:51.

** **ἀπέρχομαι** [ἀπό, ἔρχομαι] 목적지에 대한 언급없이 '어떤 자리에서 이동하다' **가다, 떠나다, 떠나버리다, 출발하다** go, go away/off, depart, leave: 단독으로 마 16:4; 막 5:20; 행 10:7; 약 1:24; 나병. 막 1:42; 전에 어떤 자리에 있는 사물과 관련해서 사라지다 계 21:1, 4; 보조적인 용법으로 분사, 마 13:28 종종 전치사를 동반하여: ἀπό 행 16:39; 계 18:14; εἰς 마 8:33; 롬 15:28; 갈 1:17; 소문이 퍼지다 마 4:24; ἐπί 막 7:30; πρός 3:13; 계 10:9. ὀπίσω **뒤쫓다, 따르다** go after, follow 막 1:20; 요 12:19; 무엇인가를 얻는다는 의미로. 유 7. ὀπίσω를 수반한 특별한 용법: εἰς τὰ ὀπίσω "뒤쪽으로 물러서다" 요 18:6; 비교 드러난 모임에서 떠났다 6:66.

ἀπεστάλην, ἀπέσταλκα, ἀπέστειλα ἀποστέλλω 제2부정과거 수동태 직설법, 제1완료 능동태 직설법, 부정과거 능동태 직설법.

ἀπέστην, ἀπέστησα ἀφίστημι 제2부정과거 능동태 직설법, 제1부정과거 능동태 직설법.

ἀπεστράφην ἀποστρέφω 제2부정과거 수동태 직설법.

ἀπέχω [ἀπό, ἔχω] ① 상업적인 의미로 '받았음을 확인하다', **충분하다, 이미 받았다** have in full, have received 마 6:2; 막 14:41(유다를 주어로 한다면, 비인칭

ἀπηγγέλην, ἀπήγγειλα / ἁπλότης, ητος, ἡ

적 의미로 ④를 보라); 눅 6:24; 빌 4:18; 비교 돌려받다 have back 몬 15. ② 자동사 능동태 **떨어져 있다** be away from 마 14:24; 눅 7:6; 멀다 be distant 24:13. ③ 자동사 중간태 '~에 접촉하는 것을 피하기 위해 멀리하다', 속격 **삼가다** abstain from 행 15:20, 29; 살전 4:3; 딤전 4:3; 벧전 2:11. ④ **충분하다** it is enough로 옮길 수 있다. 막 14:41 강력한 도움에 대하여 기뻐하는 의미는 ①을 보라.

ἀπηγγέλην, ἀπήγγειλα ἀπαγγέλλω 제2부정과거 수동태 직설법, 제1부정과거 능동태 직설법.

ἀπήγαγον ἀπάγω 제2부정과거 능동태 직설법.

ἀπήγξατο ἀπάγχω 제1부정과거 중간태 직설법.

ἀπήεσαν ἄπειμι (εἶμι) 미과 능동태 직설법.

ἀπήλασα ἀπελαύνω 제1부정과거 능동태 직설법.

ἀπήλγηκα ἀπαλγέω 완료 능동태 직설법.

ἀπῆλθα, ἀπῆλθον ἀπέρχομαι 제2부정과거 능동태 직설법.

ἀπηλλάχθαι ἀπαλλάσσω 완료 수동태 부정사.

ἀπήνεγκα ἀποφέρω 제1부정과거 능동태 직설법.

ἀπήρθη ἀπαίρω 제1부정과거 수동태 직설법 3인칭 단수.

ἀπίδω ἀφοράω 제2부정과거 능동태 가정법.

ἀπιστέω [ἄπιστος] ① '진실로 받지 않다, 신뢰하지 않다', **믿지 않다, 믿기를 거절하다** not believe, refuse to believe 막 16:11, 16; 눅 24:11, 41; 행 28:24; 분사 명사처럼 불신자들 벧전 2:7. ② '의무나 약속의 생각이 결핍되어 있다', **신실하지 못하다** be unfaithful 롬 3:3; 딤후 2:13.

ἀπιστία, ας, ἡ [ἄπιστος] '신뢰하기를 거절함', **믿음 없음, 불신앙** lack of faith, unbelief, 신앙이나 약속을 촉구하는 말이나 행동에 기꺼이 긍정적인 반응을 보이지 않음 마 13:58; 막 6:6; 9:24; 16:14; 롬 3:3(여기에선 약속에 초점 맞추어); 4:20; 11:20, 23; 딤전 1:13; 히 3:19; καρδία πονηρὰ ἀπιστίας 기본적으로 믿지 않는 마음 12절.

ἄπιστος, ον [ἀ- 부정(否定), πιστός] ① 수동태 사물과 관련해서 '믿을 만하지 않은', **믿을 수 없는, 당치 않은** incredible, far-fetched 행 26:8. ② 능동태 사람과 관련해서, ⓐ '(~에) 신뢰를 주기를 거절하다', **믿음 없는, 신뢰하지 못하는, 불신하는** without faith/trust, unbelieving 눅 9:41; 요 20:27; 고전 6:6; 고후 6:14; 딤전 5:8. ⓑ **믿음 없는, 충실하지 못한, 변덕스러운** faithless, without fidelity/commitment, fickle 마 17:17; 딛 1:15; 계 21:8.

ἁπλότης, ητος, ἡ [ἁπλοῦς] '다른 의도가 숨어 있지 않는 특성이나 상태' 또는 '마음에 다른 조건 없이', **신실함, 진실함, 솔직함** sincerity, undivided heart, openheartedness 고후 1:12; 11:3 εἰς와 함께 **그리스도에 대한 신실한 헌신**; 엡 6:5;

골 3:22. 더 좁은 '관대함'이라는 의미가 '롬 12:8에 나타난다; 고후 8:2; 9:11, 13은 단지 ἁπλότης라는 하나의 상황에 대한 요소만 표현한다. 이 구절들은 주는 것에 기초하고 있는 **신실함**에 초점을 두고 있다. 주는 것은 자기 자신을 위해 해야만 하는 것이다.

ἁπλοῦς, ῆ, οῦν [ἁ- 하나의 집합이라는 것을 나타내는 접두어, διπλόος '이중적'이라는 뜻으로 사용될 때와 같이, πλόος(어원은 복합적, '한 번'이라는 의미를 가짐); '혼합되지 않은, 단 하나'] '드러나고 훤히 보이는', **순진한, 순결한, 명확한, 진솔한, 속임없는** artless, without guile 마 6:22; 눅 11:34; 최상급. ἁπλούστατος **지극히 순결한** 마 10:16 이문.

ἁπλῶς [ἁπλοῦς] 부사 '의도를 숨기지 않고', **성실하게, 너그럽게** sincerely, graciously 약 1:5(μὴ ὀνειδίζειν 표현과 부끄러움 없이).

*** **ἀπό** [비교 산스크리트 api '떨어뜨림, 멀리한다는 의미', 라틴어 ab] 속격 지배 전치사. (예외 ἀπὸ ὁ ὤν 계 1:4), 일반적으로 분리에 대한 표시로, **~에서, ~로부터** from ⓐ 출발점의 장소나 위치와 관련해서 막 8:11; 눅 24:47; 요 1:44; 히 13:24; 한 지점로부터 떨어진 거리 ὡς ἀ. σταδίων δεκαπέντε "약 15 스타디온 떨어진 거리"(스타디온은 170-190m) 요 11:18; ἀ. σταδίων χιλίων ἑξακοσίων "1,600스타디온을 (퍼졌다)" 계 14:20. ⓑ 사람과 관련해, 근원으로서 마 5:42; 12:38; 눅 12:20; 16:18; 고후 3:5. ⓒ 부분을 나타내는 의미를 표현하는 것에서 τίνα ἀ. τῶν δύο 둘 중 어느 편. 마 27:21, 재료를 나타내는 속격을 대체 3:4. ⓓ 시간을 나타내는 표시 마 11:12; 롬 1:20; ἀ. πέρυσι 지난 해 이후로 = 1년 전에 고후 8:10; ἀφ' ἧς/οὗ 시간을 나타내는 명사가 없는 정형화된 문구로 (명사가 있는 경우. 골 1:6, 9) **~이래로** since 눅 7:45; 13:25; 24:21. ⓔ 원인을 표시 마 7:16; 눅 19:3; 22:45; 행 22:11; 행위자나 방편에 초점 맞추어 πολλὰ παθεῖν ἀ. τῶν πρεσβυτέρων "장로들이 저지르는 많은 일을 견디고" 마 16:21; ἀ. θεοῦ 하나님께서 하신 확인, 보증 행 2:22; 어떤 요셉이라는 사람을 별명붙이며, ἐπικληθεὶς Βαρναβᾶς ἀ. τῶν ἀποστόλων "사도들이 바나바라고 부르는 = 사도들로부터 바나바라는 별명을 받은" 4:36; 비교 ἀπ' ἐμαυτοῦ 스스로 = 자발적으로, 내가 결정해서 요 7:28. ⓕ 연속되는 일의 시작 ἀρξάμενος ἀ. ~으로 시작하여 눅 24:27. ⓖ 기타 용례: ἀ. μέρους 부분적으로 롬 11:25; ἀ. μιᾶς "한 목소리로, 즉 뜻이 일치하여" 눅 14:18; ἀνάθεμα εἶναι ἀπὸ τοῦ Χριστοῦ "저주받아 그리스도에게서 끊어져도" 롬 9:3.

ἀποβαίνω [ἀπό, βαίνω 'to walk, step'] '한 곳에서 내리다', 배에서 **내리다, 하선하다** get out, disembark 눅 5:2; 요 21:9; 적절한 방향으로 '움직인다'는 이미지와 관련하여 **~에 기여하다, 결과적으로 ~이 되다** turn out, make for, result in 눅 21:13; 빌 1:19.

ἀποβάλλω / ἀπόδεκτος, ον

ἀποβάλλω [ἀπό, βάλλω; '벗어 던지다' 예. 옷] **벗어 던지다** throw off 막 10:50; 회복된 이후에 무엇인가를 벗어던진다고 표현하여 **내버리다, 팽개치다** lose, let go 히 10:35.

ἀποβήσομαι ἀποβαίνω 미래 중간태 직설법.

ἀποβλέπω [ἀπό, βλέπω] '여타 다른 모든 것을 바라보지 않고 하나만 바라보다', **골똘히 바라보다, 기대하다, 한눈팔지 않다** look unwaveringly, look intently, look forward 히 11:26.

ἀπόβλητος, ον [ἀποβάλλω] '제의적인 부정함을 던져버린', **거절된, 거부된** rejected 딤전 4:4.

ἀποβολή, ῆς, ἡ [ἀποβάλλω] '던져버림', **거절, 거부** rejection 롬 11:15; **손실, 손상** losing, loss, **바다의 위험** ἀ. ψυχῆς 생명의 손실 행 27:22.

ἀπογενόμενος ἀπογίνομαι 제2부정과거 중간태 분사.

ἀπογίνομαι [ἀπό, γίνομαι; '(~로부터) 떠나다'] 더 이상 죄가 존재하지 않는다는 이미지와 관련하여 **죽다** die 벧전 2:24.

ἀπογραφή, ῆς, ἡ [ἀπογράφω] '세금 부과 목적으로 하는 신고', **인구 조사, 가족 등록, 신고** census, enrollment, registration 눅 2:2; 행 5:37.

ἀπογράφω [ἀπό, γράφω; '~로부터 기록하다' 예 '복사하다, 기록하다'] '목록에 기재하다', **(호적) 등록하다, 기록하다** to register, record 중간태 **스스로 등록하다, 등록되다** get enrolled 눅 2:3, 5; 수동태 1절; 히 12:23.

ἀποδεδειγμένος ἀποδείκνυμι 완료 수동태 분사.

ἀποδείκνυμι [ἀπό, δείκνυμι; '시선을 돌리고' 나서 특정 대상에 '주의를 집중'하다] ① '공공연하게 보여주다', **구경거리로 만들다** put on exhibition 고전 4:9. ② '뽐내려고 내보이다', **과시하다** flaunt 살후 2:4. ③ '자격을 증명하다', **입증하다** endorse, attest 행 2:22. ④ '증거로 지지하다', **증명하다** prove 행 25:7.

ἀπόδειξις, εως, ἡ [ἀποδείκνυμι] '확증할 만한 증거', **증명** proof ἐν ἀ. πνευματος καὶ δύναμις "성령과 행동으로 지지되는" 고전 2:4.

ἀποδεκατεύω [= 다음 항목] '십분의 일을 내다', **십일조를 하다** tithe 눅 18:12 이문.

ἀποδεκατόω [ἀπό, δεκατόω] ① 대격으로, 사물과 관련해서, **십일조를 하다** tithe 마 23:23; 눅 11:42; 18:12. ② 대격으로, 사람과 관련해서, **십일조를 거두다** collect a tithe from 히 7:5.

ἀπόδεκτος, ον [ἀποδέχομαι; 악센트가 두 번째 음절에 있으면 '흡족하다'는 뜻이며, 마지막 음절에 악센트가 있으면 '승인받았다'는 뜻이다] **흡족할 만한, 기뻐 받을 만한** pleasing, welcome 딤전 2:3; 5:4; ἀποδεκτός 형태로 읽는다면 수동태로 **입증된, 공인된** approved 는 의미를 적용할 수 있다.

ἀποδέχομαι / ἀπόδος, ἀποδοῦναι, ἀποδούς

ἀποδέχομαι [ἀπό, δέχομαι] '호의적으로 맞아들이다', **환영하다, 영접하다** welcome, receive 눅 8:40; 9:11; 행 18:27; 21:17 ἀσμένως와 함께. 기쁘게 영접하다.; 28:30. 확장된 의미로 메시지의 수용과 관련해서 2:41; 정치적인 호혜의 수용과 관련해서 24:3.

ἀποδημέω [ἀπόδημος] '자신의 지역을 떠나거나 벗어나다', **여행하다, 여행떠나다, 여행하다** go on a trip, take a trip, leave 마 21:33; 25:14f; 막 12:1; 눅 15:13; 20:9. 확장된 의미와 언어유희로 사용되어 사도 바울이 자신에 대해 하나님을 떠나 잠시 육신을 입고 산다고 보았다. 즉, 하나님의 임재에 대한 향수(鄉愁)를 표현하였다. 고후 5:6 이문.

ἀπόδημος, ον [ἀπό, δῆμος] '자신의 지역을 떠나', **거주지를 떠나 여행중인** away on a trip 막 13:34.

ἀποδιδοῦν ἀποδίδωμι 현재 능동태 중성 분사.

ἀποδίδωμι [ἀπό, δίδωμι] 기본 의미: '상호 관계를 맺다', 자주 상업적인 요소를 가지고 ① 돈, 상품, 서비스와 관련된 거래에서 ⓐ 중간태: 교환의 대가로 건네주는 것과 관련해서 **팔다** sell 행 5:8; 7:9; **거래하다** trade 히 12:16. ⓑ 보상: 돈을 **갚다, 되돌려 주다, 상환하다** pay back, repay, give back 마 18:25f; 눅 19:8. 빗대어 말하여 마 6:4; 22:21 과 공관복음 병행구; 롬 2:6; 12:17; 계 22:12. ⓒ 의무를 수행하여 **지불하다** pay: 임금 지불과 관련해서 마 20:8; 부부 관계에서 고전 7:3; (맹세 등을) **지키다** make good on 마 5:33. 받은 유인에 대한 대가로 **보답하다** repay 딤전 5:4; 공로에 대한 그리스 문화권의 공적인 인정이 딤후 4:8 에 나온다. ⓓ 숙어: 회계 용어로서 ἀ. λόγον **결산하다, 청산하다** give account 눅 16:2; 확장된 의미로 마 12:36; 행 19:40; 히 13:17; 벧전 4:5. ② 생산에 관해, **열매 맺다, 산출하다** yield κατὰ μῆνα ἕκαστον ἀ. τὸν καρπὸν αὐτοῦ "달마다 그 열매를 맺었다" 계 22:2. ③ 대상을 옮긴다는 것에 초점 맞추어: **넘겨주다** give over 마 27:58; **넘겨주다, 되돌려 주다** give back, restore 눅 4:20; 사도들이 예수님의 부활의 메시지로 마땅히 할 바를 **증언하다** give out (비교 ①ⓒ) 행 4:33.

ἀποδιορίζω [διορίζω '경계를 긋다', 전치사 ἀπό 구분을 강조] '나누거나 구별지어 표시하다', 확장된 의미로 **나누다, 분리하다** divide, separate 사람에 관해. οἱ ἀποδιορίζοντες 분열시키는 자들 유 19.

ἀποδοθῆναι ἀποδίδωμι 제1부정과거 수동태 부정사.

ἀποδοκιμάζω [δοκιμάζω, ἀπό를 덧붙여 조사한 후에 폐기함을 나타낸다] '가치 없다고 생각하여 거부하다', **버리다, 폐기하다** discard, 돌과 관련해서 마 21:42 등; 사람과 관련해서, **거부하다** reject: 예수 막 8:31; 에서 히 12:17.

ἀπόδος, ἀποδοῦναι, ἀποδούς ἀποδίδωμι 제2부정과거 능동태 명령법, 부정사, 분사.

ἀποδοχή, ῆς, ἡ / ἀποκαθίστημι, ἀποκαθιστάνω

ἀποδοχή, ῆς, ἡ [ἀποδέχομαι] '승인하여 받아들이는 행동', πάσης ἀ. ἄξιος **수용, 받아들임** 딤전 1:15; 4:9.

ἀποδῷη, ἀποδῷς ἀποδίδωμι. 제2부정과거 능동태 희구법. 3인칭 단수, 제2부정과거 능동태 가정법 2인칭 단수.

ἀποθανεῖσθε, ἀποθάνῃ, ἀποθανεῖν ἀποθνῄσκω 미래 중간태 직설법 2인칭 복수, 제2부정과거 능동태 가정법 3인칭 단수, 제2부정과거 능동태 부정사.

ἀποθέμενος, ἀποθέσθαι, ἀπόθεσθε ἀποτίθημι 제2부정과거 중간태 분사, 중간태 부정사, 중간태 명령법 2인칭 복수.

ἀπόθεσις, εως, ἡ [ἀποτίθημι] '무엇인가를 없애는 행동', **제거, 치워버림, 벗어남** a ridding (of), a putting away, riddance 벧전 3:21; 벧후 1:14(죽는다는 의미로).

ἀποθήκη, ης, ἡ [ἀποτίθημι] '저장하는 장소', **창고** storehouse, 그래서 복수로 사용하여. 곡식(σῖτος)이나 좋은 물건(ἀγαθά)을 보관하기 위한 시설을 가지고 있는 다양한 저장고, 곳간. 눅 12:18; 특히 **곡창(穀倉)** granary 마 3:12; 13:30; 눅 3:17; 비교 마 6:26; 눅 12:24(ταμεῖον과 함께).

ἀποθησαυρίζω [ἀπό, θησαυρίζω] **쌓아놓다, 간직하다** store away/up, treasure up, 대격을 동반하여 θεμέλιον(기초), 장래를 위해 안전하게 집을 짓는다는 표현으로 딤전 6:19.

ἀποθλίβω [ἀπό, θλίβω] '압박하여 밀어넣다', (군중이 몰려들어) **비집고 들어가다, 압박하다** press against, crowd 눅 8:45.

****ἀποθνῄσκω** [ἀπό, θνῄσκω] **죽다** die ⓐ 육체적 죽음 마 8:32; 막 5:35; 눅 16:22; 요 6:49; 롬 5:8; 유 12; 계 8:11; 식물 요 12:24; 고전 15:36; 예상으로 **죽음을 맞이하다** face death 고전 15:31; 고후 6:9; 유사. ἀποθνῄσκοντες ἄνθρωποι 죽을 사람들 mortal people 히 7:8. 폭력적인 측면을 강조하여 ἀποκτείνω의 수동태로서 = "죽임 당하다, 살해 당하다" be killed 마 26:35; 요 12:33; 히 10:28. ⓑ 확장된 의미: 부정적인 표현으로 단지 육체적인 존재 이상으로서 생명의 상실 = 영적 죽음과 관련해서 요 6:50 등에서; 롬 7:10; 8:13; 계 3:2; 긍정적으로, 새로운 존재에 참여한다는 표현으로 ἀπεθάνομεν σὺν Χριστῷ "우리는 그리스도와 함께 죽었다" we have died with Christ 롬 6:8; 비교 골 2:20.

ἀποθῶμαι ποτίθημι 제2부정과거 중간태 가정법.

ἀποίσω ποφέρω 미래 능동태 직설법.

ἀποκαθίστημι/ἀποκαθιστάνω [ἀπό, καθίστημι, 비교 ἀποκατάστασις] '돌려놓아 상황을 개선하는 효과를 얻다', 건강한 상태로 다시 **회복하다** restore, 수동태 **치료되다** be cured 마 12:13; 눅 6:10; 자동사 제2부정과거 능동태 같은 의미로 막 8:25; 사회 정치적인 상황을 재건함 마 17:11; 막 9:12; 행 1:6; 어떤 모임

ἀποκαλύπτω / ἀπόκριμα, ατος, τό

에 돌아감 히 13:19.

ἀποκαλύπτω [ἀπό, καλύπτω] '전부 드러나 알려지다', **드러나다, 밝혀지다, 알려지다**, disclose, reveal, make known 마 10:26; 눅 2:35; 롬 1:17; 고전 14:30; 갈 1:16; 빌 3:15; 살후 2:6, 8; 벧전 1:5.

ἀποκάλυψις, εως, ἡ [ἀποκαλύπτω] '전부 드러나 알려짐', **밝히 드러남, 폭로, 계시** uncovering, disclosure, revelation, 신약에서는 모호했던 하나님의 계획이나 목적, 행동이 밝히 드러나는 경우에만 사용되었다. 롬 2:5; 8:19; 고전 14:6; 엡 1:17; 예수와 분명히 연관되어 롬 16:25 등; 수령인에게 초점 맞추어 φῶς εἰς ἀποκάλυψιν ἐθνῶν "이방인들에게 계시하는 빛" 눅 2:32. 책 제목의 일부로서 ἀ. Ἰωάννου 요한계시록.

ἀποκαραδοκία, ας, ἡ [ἀποκαραδοκέω (ἀπό, κάρα '머리', δοκέω) '열렬한 기대'] **간절한 기대/앙망** eager/keen expectation 롬 8:19; 빌 1:20.

ἀποκαταλλάσσω [ἀπό 완료적인 의미로, καταλλάσσω] '적대적인 위치에서 우호적인 생각으로 바뀌다', **화해하다, 화합하다** reconcile, bring together 엡 2:16; 골 1:20, 22.

ἀποκαταστάνω [ἀποκαθίστημι의 이형(異形)] **회복하다, 재건하다** restore, re-establish 막 9:12 이문.

ἀποκατάστασις, εως, ἡ [ἀποκαθίστημι] **회복** restoration 행 3:21.

ἀποκαταστήσω ἀποκαθίστημι 미래 능동태 직설법.

ἀποκατηλλάγην ἀποκαταλλάσσω. 제2부정과거 수동태 직설법.

ἀπόκειμαι [ἀπό '떨어뜨린다'는 의미로, κεῖμαι] **보관하다, 따로 두다** be laid away, 안전을 지키기 위해서임을 강조하여 눅 19:20; ἐλπίς에 대한 표현으로 골 1:5; 승리자를 위한 월계관이 **준비되다** be reserved 딤후 4:8. 비인칭동사로, 분명하고 변경되지 않을 일에 대해 ἀπόκειταί τινι "~에게 약속되었다/정해졌다" 히 9:27.

ἀποκεφαλίζω [ἀπό, κεφαλή에서 κεφαλίζω '목을 베다'] '목을 잘라내다', **목을 베다, 참수(斬首)하다** decapitate, behead 마 14:10; 막 6:16, 27; 눅 9:9.

ἀποκλείω [ἀπό '꽉 조이고, 단단하게'라는 뜻을 함의하여, κλείω '들어가지 못하도록 닫다', **문 닫다, 잠그다** lock 눅 13:25.

ἀποκόπτω [ἀπό, κόπτω] **잘라 내다** cut off 막 9:43, 45; 요 18:10, 26; 행 27:32; 중간태 특별한 의미로. **스스로 거세하다, 스스로 잘라 내다** castrate oneself, have oneself castrated 갈 5:12(비교 신 23:1).

ἀπόκριμα, ατος, τό [ἀποκρίνω; 황제의 반응이나 결정에 관한 공문서에서 자주] **사법 결정, 판결** a judicial decision, θάνατος와 함께 **사형 선고** death sentence 고후 1:9.

ἀποκρίνω / ἀπολείπω

ἀποκρίνω [ἀπό, κρίνω; '알아보고 거절한다'는 능동태 의미, 많은 가능성 가운데 (ἀπό) 판단 κρίσις 또는 '선택한다'는 뜻인 중간태 '대답한다'를 비롯하여 구별되는 다양한 의미를 포함한다] 신약에서는 항상 중간태와 수동태로(특히, ἀπεκρίθη) '특정 질문에 답하다', **대답하다, 답변하다, 대응하다, 응답하다** answer, reply, counter, rejoin ⓐ 직설법 특정 질문에 대한 답변 막 12:28f; 요 1:21; 비교 골 4:6; 말한다는 동사에 이어서 요 1:48; 3:5 등. ⓑ 자주 (특히 마태복음이나 요한복음) 말하거나 서술하는 사건 다음, 말하는 동사의 분사 구문 다음에 (히브리적인 70인역 문체이지만 비문(非文)은 아니다) 마 4:4; 11:4; 막 3:33; 눅 3:11 등. 일부 번역자들 중에는 중복이라는 이유로 이 구조에서 동사를 생략한다. 그러나, 그리스인들은 이렇게 단조롭게 표현하지 않으므로 대응하여 말하거나 대답했다는 정도의 의미가 말투나 구문에 더 적합해 보인다.

ἀπόκρισις, εως, ἡ [ἀποκρίνω] **대답, 답변** answer, reply 눅 2:47; 20:26; 요 1:22; 19:9.

ἀποκρύπτω [ἀπό, κρύπτω; '감춰 버리다'] 적절한 때에 나타내거나 작정한 때를 위하여 하나님의 섭리나 목적을 **숨기다, 감추다, 비밀로 하다** hide, conceal, keep secret, 눅 10:21; 고전 2:7; 엡 3:9; 골 1:26.

ἀπόκρυφος, ον [ἀποκρύπτω] **숨겨진, 감춰진** secret, hidden 막 4:22; 눅 8:17; 골 2:3.

* **ἀποκτείνω/ἀποκτέννω** [ἀπό, κτείνω '죽이다, 살해하다'; 강조하는 형태로 '죽여 버리다'] '어떤 사람이나 사물을 강제로 더 이상 존재하지 못하게 하다', **죽이다** kill ⓐ 육체적인 생명 마 14:5; 21:35; 눅 12:4; 행 3:15. ⓑ 육체를 초월한 영적 생명 마 10:28; 롬 7:11. ⓒ 추상적인 실체, 적개심 엡 2:16.

ἀποκυέω [ἀπό, κυέω/κύω '~을 잉태하다', 여기에서 ἀποκυέω는 임신과 밀접한 의미를 가진다] 탄생의 비유에서, **출산하다, 낳다** give birth to, deliver 약 1:15, 18.

ἀποκυλίω [ἀπό, κυλίω] **굴려 내다** roll away 마 28:2와 병행구.

ἀπολαλέω [ἀπό 완료적인 의미로, λαλέω] **자유롭게 말하다, 기탄없이 말하다** speak out (freely) 행 18:25 이문.

ἀπολαμβάνω [ἀπό, λαμβάνω] **받다, 얻다** receive 갈 4:5. 보답의 측면으로 눅 16:25; 18:30; 롬 1:27; 골 3:24; 요이 8. 회복하거나 되돌려 준다는 의미로 눅 6:34; 15:27. 환대하는 행위로 ὀφείλομεν ἀ. τούς τοιούτους "우리는 이런 사람들을 환영해야 한다" 요삼 8 이문 ἀπό의 본래 의미가 λαμβάνω에 강조되어서 ('~에서 떨어져 옮기다) **따로 데리고 가다** take aside 막 7:33.

ἀπόλαυσις, εως, ἡ [ἀπολαύω '~에 대하여 즐김'] **즐김, 향유** enjoyment 딤전 6:17; 히 11:25.

ἀπολείπω [ἀπό, λείπω] **두고 가다** leave: 사람이나 사물: (뒤에) **남겨두고 가다**

ἀπολεῖται, ἀπολέσαι, ἀπολέσῃ / ἀπολογέομαι

딤후 4:13, 20; 딛 1:5가 ἀπό가 버리고, 포기한다는 의미를 강조하여 유 6. 예비되었거나, 미래에 일어나든지 정해지도록 남겨두었다는 면을 강조하여 ἀπολείπεται 남아 있다, 잔존하다 be left, remain 히 4:6, 9; 10:26.

ἀπολεῖται, ἀπολέσαι, ἀπολέσῃ πόλλυμι 미래 중간태 직설법, 제1부정과거 능동태 부정사, 가정법.

ἀπολείχω [ἀπό, λείχω] 핥다, 깨끗이 핥다 lick, lick clean 눅 16:21 이문.

ἀπολήμψομαι πολαμβάνω 미래 중간태 직설법.

ἀπολιμπάνω [후대의 다른 형태 ἀπολείπω] (뒤에) 남겨두다 leave (behind) 벧전 2:21 ὑπολιμπάνω의 이문.

ἀπολιπών ἀπολείπω 제2부정과거 능동태 분사.

* **ἀπόλλυμι** [ἀπό, ὄλλυμι '파괴하다'] ① '심각한 손상을 주다' ⓐ 제 기능하지 못하거나 쓸모없게 만들다 **파괴하다** destroy 마 10:28; 막 1:24; 고전 1:19; **파멸시키다** ruin 롬 14:15. ⓑ 존재를 없애다, **죽이다, 멸망시키다** kill, destroy 마 2:13; 12:14; 27:20; 막 3:6; 9:22; 눅 20:16; 약 4:12; 유 5. ⓒ **잃게 하다** 요 18:9. ② '단절이나 분리를 경험하다' ⓐ **잃어버리다** lose, 가지거나 소유했던 것을 ㉠ 사람의 생명 마 10:39a(잘못된 선택을 경고하며), 39b(선택을 칭찬하며); 막 8:35; 눅 9:24. 또한 잃어버린 항목이 양일 경우. 15:4a; 사람, 그룹의 일원 요 6:39; 머리카락을 잃어버림, 중간태 눅 21:18; 동전 15:8f; 노력의 결과 요이 8; 기대하던 바 마 10:42; 막 9:41. τὸ ἀπολωλός 눅 15:4b. ㉡ 중간태는 자주 영생을 상실한다는 표현으로 사용되었다. 요 3:16 등; οἱ ἀπολλύμενοι. 반대로 οἱ σῳζόμενοι 고전 1:18; 상태에 따라, τὰ πρόβατα τὰ ἀ. οἴκου Ἰσραήλ "이스라엘 집의 잃어버린 양" 마 10:6; 15:24; τὸ ἀπολωλός 눅 19:10. ⓑ 존재가 사라짐을 초점 맞추어 **멸망하다** perish, 중간태 마 5:29f; 8:25; 요 6:12; 히 1:11.

Ἀπολλύων, ονος, ὁ [ἀπόλλυμι의 분사형에서 나온 고유명사] **아볼루온, 아폴뤼온** Apollyon = **파괴자** (Ἀβαδδών을 보라) 계 9:11.

Ἀπολλωνία, ας, ἡ [Ἀπόλλων, 그리스의 신(神)] **아볼로니아, 아폴로니아** Apollonia, **에그나티아 도로** the Egnatian Way에 있는 마케도니아의 도시 행 17:1.

Ἀπολλώνιος, ου, ὁ [다음 항목을 보라] **아폴로니오스** Apollonius 행 18:24 이문.

Ἀπολλῶς, ῶ, ὁ [아마도, Ἀπολλώνιος의 단축형] **아볼로, 아폴로스** Apollos 행 18:24 등.

ἀπολογέομαι [ἀπό, λόγος] '자신에 대해 변명하다', 종종 재판 과정의 거짓된 고소에 대한 문맥에서 사용되어, **자기를 변호하다** defend oneself 눅 21:14; 행 19:33; 26:1; 고후 12:19; ὅτι 이어져 행 25:8; τί 자기 변호에서 언급된 일과 관련하여 눅 12:11; 비교 24:10; 26:24; περί 고소한 내용과 관련하여 26:2. 비교 롬 2:15.

ἀπολογία, ας, ἡ [이전 항목을 보라] '불법 행위의 고소에 대한 대응', **변호, 방어** defense 자주 법정적인 문맥에서 ⓐ 변론하는 말에 초점 맞추어. 행 22:1(법정적 의미); 고전 9:3(일반적 의미). ⓑ 방어하는 행위: 법정에서 행 25:16; 딤후 4:16; 일반적인 의미로 고후 7:11; 빌 1:7, 16; 벧전 3:15.

ἀπολοῦμαι ἀπόλλυμι 미래 중간태 직설법.

ἀπολούω [ἀπό, λούω; 능동태 '씻는다'] 신약에서는 중간태로만 사용. ἀπολούομαι, '개인적인 오염을 제거하다' ⓐ 일반적인 용례 **씻다, 목욕하다** wash oneself 고전 6:11. ⓑ **죄**, ἀπό의 뜻을 강조하는 기능으로 **닦아 내다, 씻어 버리다** wash off, wash away 행 22:16.

ἀπολύτρωσις, εως, ἡ [ἀπολυτρόω (ἀπό, λύτρον '구하는 값) '몸값을 내고 풀려남'] '억압적인 상황으로부터 자유/구원', **구원, 구속(救贖)** release 눅 21:28; 히 11:35(고문에서). 몸값을 지불하여 예속에서 구원받기를 권하는 표현에서, **구원** deliverance에 초점을 두어: 롬 3:24; 8:23; 엡 1:7, 14; 4:30; 히 9:15; 그리스도 ἀ.을 의인화하여. 고전 1:30.

* **ἀπολύω** [ἀπό, λύω] ① '어떤 상태나 의무에서 자유롭게 하다', **풀어주다, 구(求)하다, 해방시키다** release, deliver, free, 가혹한 평결에서 마 18:27; 질병에서 눅 13:12. 법정 용어로, 구금(拘禁)에서 풀어주다 마 27:15, 공관복음 수난 기사에서 자주.; 요 19:10; 행 3:13; 히 13:23에 대해서는 아래 ④를 보라. 비유로: 죽도록 허락하심에 관해 눅 2:29; 용서에 관해. 6:37. ② '어떤 장소에서 떠나도록 함', **보내다, 해산시키다** send off, dismiss 막 8:3; 눅 9:12; 행 19:40. 비교 마 15:23. ③ '혼인관계를 해소하다', 이혼에 대한 남편의 권리에 관해 마 1:19 등.; 아내의 권리에 관해 막 10:12. ④ 중간태, 어떤 장소에서 떠나는 것에 관해 **자리를 뜨다, 떠나다** go off, leave 행 28:25. 히 13:23가 구금에서 풀려나 자발적으로 떠나는 것인지 아니면 다른 곳으로 배치되는지는 모호하다. 하지만 편지의 수신자들은 알았을 것이다.

ἀπολῶ, ἀπολωλός ἀπόλλυμι. 미래 직설법 능동태, 제2완료 능동태 중성 분사.

ἀπομάσσω [ἀπό, μάσσω 반죽하는 동작처럼 손으로 솜씨 있게 처리하다] 중간태 상징적 동작과 관련해서 **닦아 내다, 떨어내다, 닦아서 깨끗이 하다** wipe off, wipe oneself clean, 눅 10:11.

ἀπομένω [ἀπό, μένω; ὑπομένω의 오래된 형태로 거의 나오지 않는다] **뒤에 남다, 출발하지 않다** remain behind 눅 2:43 이문.

ἀπονέμω [ἀπό, νέμω '분배하다, 배포하다'] '다른 이에게 적절한 몫을 제공하다', 수여와 관련해서 **주다, 부여하다, 보이다** pay, accord, show τιμήν **존경하다** honor 벧전 3:7.

ἀπονίπτω [ἀπό, νίπτω; ἀπονίζω의 더 오래된 형태] 중간태 '스스로 닦아내어 깨

ἀποπέμπω / ἀποστασία, ας, ἡ

끊이 하다', 씻다 wash (off) τ. χεῖρας 마 27:24.

ἀποπέμπω [ἀπό, πέμπω] 보내다 send out 요 17:3 이문.

ἀποπίπτω [ἀπό, πίπτω] 떨어지다 fall off 행 9:18.

ἀποπλανάω [ἀπό, πλανάω] '길을 잘못가게 하다' **잘못 인도하다**, mislead, 비유로: 막 13:22; 능동 의미를 가진 수동태로 **빗나가다** go astray 딤전 6:10.

ἀποπλέω [ἀπό, πλέω] '출범하다, 배를 띄우다' 행 13:4; 14:26; 20:15; 27:1.

ἀποπλύνω [ἀπό, πλύνω] '물을 이용해 부스러기들을 깨끗이 하다', **닦아내다, 닦다** wash off/out 눅 5:2 이문.

ἀποπνίγω [ἀπό, πνίγω] '호흡을 멈추도록 하다', **숨 막히게 하다, 질식시키다** choke 마 13:7 이문; 눅 8:7; 능동 의미를 가진 수동태로 **물에 빠져 죽다, 익사하다** drown (비교 καταποντίζομαι 마 18:6) 8:33.

ἀπορέω [πόρος 어떤 일의 성취가 가능하도록 만들어주는 '수단, 방법': ἄπορος (ἀ- 는 부정)는 대책이나 방법이 없는 것을 의미한다; 방법이 없다] '어리둥절한 상태에 빠지다', 독립적으로 사용해서 **혼란스럽다, 어쩔 줄 모르다** be perplexed, be at a loss 막 6:20; 눅 24:4; 요 13:22; 행 25:20; ἀ. ἐν ὑμῖν "나는 여러분으로 인해 당혹해하고 있다" 갈 4:20. 언어유희로 ἀ. ἀλλ᾽ οὐκ ἐξαπορούμενοι "때로 혼란스러워도 정신을 잃지 않으며" 고후 4:8.

ἀπορία, ας, ἡ [이전 항목을 보라] '어려움을 타개할 방법을 알지 못하는 상태', **절망, 혼란** dismay, perplexity 눅 21:25.

ἀπο(ρ)ρίπτω [ἀπό, ῥίπτω] 타동사 **버리다, 내던지다** cast away, throw off 벧전 5:7 이문; 자동사 바다에 **뛰어내리다, 투신하다** cast oneself off, jump off 행 27:43.

ἀπορφανίζω [ἀπό, ὀρφανός; '~와 이별하게 되다, 여의다'] '부모님을 잃게 되다', **고아로 만들다** make an orphan of, 비유로, 수동태 **분리되다** be separated 살전 2:17.

ἀποσκίασμα, ατος, τό [ἀπό, σκιά로부터 σκιάζω '그림자를 드리우다'] **그림자** shadow 약 1:17.

ἀποσπάω [ἀπό, σπάω] '어떤 관점이나 위치로부터 움직이도록 하다', 칼을 칼집에서 **뽑다** draw 마 26:51; 확장된 의미, 능동 의미의 수동태와 함께, 자신의 신체를 (움직여) **피하다, 물러나다** withdraw 눅 22:41; 행 21:1; 개종시킨다는 표현으로 **끌어낸다, 끌어들이다** draw away, attract 20:30.

ἀποσταλῶ, ἀποσταλείς ἀποστέλλω 제2부정과거 수동태 가정법, 분사.

ἀποστάς ἀφίστημι 제2부정과거 능동태 분사.

ἀποστασία, ας, ἡ [ἀφίστημι; ἀπόστασις '반란'의 나중 형태] '이전의 충성을 포기함', **반역** rebellion, 신앙적인 일에 대한 헌신으로 의미가 확장되어: **배**

ἀποστάσιον, ου, τό / ἀπόστολος, ου, ὁ

교 apostasy 살후 2:3; ἀ. ἀπὸ Μωϋσέως "모세를 배반하여 = 모세를 배반함" 행 21:21.

ἀποστάσιον, ου, τό [ἀφίστημι '~에서 떨어져서 서다'] 전문 용어로서. βιβλίον ἀ. 이혼 증서의 교부 고지 notice/ certificate of divorce 마 19:7; 막 10:4; βιβλίον 없이 마 5:31.

ἀποστάτης, ου, ὁ [이전 항목들을 비교해 보라] **변절자, 배교자** defector, apostate 약 2:11 이문.

ἀποστεγάζω [ἀπό, στεγάζω '지붕을 덮다' 또는 '덮어씌우다'] '덮개를 제거해버리다', 지붕 씌운 부분을 **벗기다** unroof, 서 있을 수 있는 공간만 있다는 문맥에서 막 2:4.

ἀποστεῖλαι, ἀποστείλω, ἀπόστειλον ἀποστέλλω 제1부정과거 능동태 부정사, 가정법과 명령법.

****ἀποστέλλω** [ἀπό, στέλλω] 중심 의미. '한 자리에서 다른 곳으로 움직이게 하다', **보내다, 내보내다, 떠나보내다** send, send away/out/off ⓐ 사람, 막 8:26. 임무에 초첨 맞추어 12:2, 13; 요 3:28; 고전 1:17; 그리스도 마 10:40; 요 3:17; 열 두 제자 마 10:16; 막 3:14; 천사들 13:27; 눅 1:19, 26; 마 14:35에서 ἀ. 소식을 전했다는 말은 주민들에게 소식을 알려주도록 사자(使者)를 보냈다는 의미다. 명령을 전달하는 것과 관련해서 막 6:17; 행 5:21; 비교 요 11:3; 행 7:14. ⓑ 보내어진 것에 초점 맞추어: 사물, 나귀 마 21:3; ἐπαγγελία 눅 24:49; σωτηρία 행 28:28 등. 극적인 표현으로 ἀ. τὸ δρέπανον "낫을 보내다 = 곡식을 베도록 명하다" 막 4:29(ⓐ를 보라).

ἀποστελῶ ἀποστέλλω 미래 능동태 직설법.

ἀποστερέω [ἀπό, στερέω '빼앗다'] '다른 사람이 정당하게 소유한 것을 빼앗아 버리다', **훔치다, 빼앗다** steal, rob, defraud ⓐ 사물 막 10:19; 고전 6:8; 중간태 **손실을 견디다** 6:7; 수동태 역설적 표현으로 진리에 투자했으나 손실을 본 사람과 관련해서 딤전 6:5. ⓑ 사람과 관련해서 다른 사람에게서 물러나서 자기자신에게 집중한다는 의미 **거절한다, 물리친다** deprive, hold back from 고전 7:5.

ἀποστῇ, ἀποστῆναι, ἀποστήσομαι, ἀπόστητε ἀφίστημι 제2부정과거 능동태 가정법 3인칭 단수, 제2부정과거 능동태 부정사, 미래 중간태 직설법, 제2부정과거 명령법 2 복수.

ἀποστολή, ῆς, ἡ [ἀποστέλλω; 고대 그리스에서 '원정(遠征)' 같은 다양한 의미로 '떠나 보냄'] 신약에서는 특별히 복음 사역에서 선택된 사자(使者)들의 특별한 역할, **특사직, 사도직** ambassadorship, apostleship 행 1:25 등.

***ἀπόστολος, ου, ὁ** [이전 항목과 비교] '사명이나 임무를 주어 보낸 사람' ⓐ 일반 의미로, **사자(使者), 사절** messenger, delegate 눅 11:49; 고후 8:23; 빌 2:25.

ⓑ 특히, 복음 사역에 있어서 특별한 신분을 가진 사람에 대해, **대사, 사도, 특사** ambassador, apostle, envoy: 예수님의 열두 제자. 마 10:2 등. —바울 롬 1:1; 갈 1:1 등. —다른 사람: 바나바 행 14:14; 유니아 롬 16:7; 반대편 인물 고후 11:5, 13; 계 2:2.

ἀποστοματίζω [ἀπό, στόμα; '말로 가르치다'] 눅 11:53에서 ἀ. αὐτόν은 **그를 심문한다**는 뜻을 가져야 할 것으로 보이지만, **그에게 이야기했다**는 해석도 가능하다. 정황은 적대자들이 그를 괴롭히려고 했을 뿐 아니라, 꼬투리 잡을 불리한 말을 끌어내려고 애썼음을 보여준다.

ἀποστρέφω [ἀπό, στρέφω] ① **돌이키다, 거절하다** turn away ⓐ 무엇인가를 듣다가 돌이켜 귀기울이지 않다; 비유적으로, 사람들을 충성하던 상황으로부터 **잘못 인도하다, 비뚤어지게 하다** mislead, pervert 눅 23:14. ⓑ 방향을 돌린 결과에 초점 맞추어, 비유로 **제거하다** remove 롬 11:26; 딤후 4:4. ⓒ 제자리를 다시 찾는 것에 초점 맞추어, 검을 **다시 집어넣다, 되돌리다** put back, return a sword 마 26:52. ⓓ 학자들은 행 3:26의 용법이 자동사인지 타동사인지를 두고 의견이 나뉜다. 그러나 누가행전은 이전 상황을 하나님께서 더 선호하심을 강조하고 있다. ② **물리치다, 거절하다** turn away from, reject 중간태와 수동태(능동 의미로). 마 5:42; 딤후 1:15; 딛 1:14; 히 12:25.

ἀποστυγέω [ἀπό, στυγέω '싫어하다', 마음에 들지 않고, 우울하게 한다는 암시를 주며] '완전히 싫어하여 혐오하다', **몹시 싫어하다, 증오하다, 혐오하다** loathe, abhor 롬 12:9.

ἀποσυνάγωγος, ον [ἀπό, συναγωγή] 회당에서 **쫓겨난, 출교당한** expelled from the synagogue 요 9:22; 12:42; 16:2.

ἀποτάσσω [ἀπό, τάσσω; ἀποτάσσω '원하는 순서나 자리에 배열한다'는 뜻을 가진 τάσσω에 상대적인 의미를 나타내어, 분리 또는 그와 유사하게 '제외한다, 거리를 둔다'는 뜻을 강조한다. 현대 그리스어에서는 어떤 자리에서 '물러나게 한다'] 중간태 **작별하다, ~를 떠나다, 이별을 고하다** bid farewell, take leave of, say goodbye to 막 6:46; 눅 9:61; 행 18:18, 21; 고후 2:13; 소유를 포기한다는 표현으로 눅 14:33.

ἀποτελέω [ἀπό, τελέω; '완성에 이르다'] **수행하다, 완수하다** perform, accomplish 눅 13:32; 수동태 능동의 의미로 ἁμαρτία ἀποτελεσθεῖσα "죄의 때가 완전히 무르익을 시기(full term)가 온다"는 뜻으로 해석되어야 한다. 약 1:15.

ἀποτίθημι [ἀπό, τίθημι] 중심 의미. '떼어 놓다'; 신약에서 중간태로. ① **치워 놓다, 제쳐 놓다, 버리다** put away, lay aside, rid oneself of ⓐ 사물: 옷 행 7:58. ⓑ 나쁜 행동이나 성품 롬 13:12; 엡 4:22, 25; 골 3:8; 히 12:1; 약 1:21; 벧전 2:1. ② 특정 위치나 장소와 관련하여 **집어넣다, 두다** put away, put 사람. 마 14:3.

ἀποτινάσσω [ἀπό 의미를 강화, τινάσσω '흔들다'] **(흔들어) 털어 버리다** shake off

눅 9:5; 행 28:5.

ἀποτίνω [ἀπό, τίνω '(빚을) 갚다']; ἀπό 빚이나 의무를 전부 청산했음을 강조하여] 파피루스에 자주 **벌충하다, 보상하다** make compensation, pay damages 몬 19.

ἀποτολμάω [ἀπό, τόλμα(η)로부터 τολμάω '대담한 용기'] 단호한 표현을 쓰면서, **매우 대담하다, 담대하게 나오다** be very bold, come out boldly 롬 10:20.

ἀποτομία, ας, ἡ [ἀποτέμνω '잘라 내다'; 중심 의미: 갑작스러움] '관대함의 가능성을 가로막는 태도', **준엄함, 엄격함, 단호함** strictness, hardness, severity, 법정적인 의미로 대조하며: '누군가에게 엄격하심과 다른 이에게 자비하심' 롬 11:22.

ἀποτόμως [비교 ἀποτομία] 부사 강한 표현을 사용하여 즉 진지한 접근으로 **신랄하게, 엄격하게** sharply, 고후 13:10; 딛 1:13.

ἀποτρέπω [ἀπό, τρέπω 'turn'] 중간태 '자신을 어디로부터 멀리하다', **~을 피하다, 가까이하지 않다** avoid, steer clear of 딤후 3:5.

ἀπουσία, ας, ἡ [I. ἄπειμι] **부재(不在)** absence 빌 2:12.

ἀποφέρω [ἀπό, φέρω] **데려가다, 가져가다** take away, transport 사람, 눅 16:22; 계 17:3; 21:10; 사물, 행 19:12; 고전 16:3. 재판에 대한 뜻을 담아, **끌고 가다** lead away 막 15:1.

ἀποφεύγω [ἀπό, φεύγω] **~에서 도망하다, 탈출하다** flee from, escape 벧후 1:4; 2:18, 20.

ἀποφθέγγομαι [ἀπό, φθέγγομαι; 자주 격언적인 말이나 신탁을 언급하며] '주목을 끄는 방식으로 드러내어 말하다', **담대히 말하다, 크게 말하다** speak out, declare 행 2:4, 14; 신탁 형태의 의사 소통에 대한 암시를 보이며 26:25.

ἀποφορτίζομαι [ἀπό, φορτίζω] 짐을 **풀다, 내리다** unload cargo 행 21:3.

ἀπόχρησις, εως, ἡ [ἀπό, χρή로부터 χρῆσις, 비교 ἀποχράομαι '다 써버리다, 남용하다'] '써버리는 행동', **다 써버림, 소모** using up, consuming 골 2:22.

ἀποχωρέω [ἀπο, χωρέω] **떠나다, 버리고 가다, 물러가다** (take) leave, go away, depart 마 7:23; 눅 9:39; 20:20 이문; 행 13:13.

ἀποχωρίζω [ἀπό, χωρίζω] '구별하여 친밀한 관계를 중단하다', 사람과 관련해서 능동의 의미를 가진 수동태 **갈라지다, 헤어지다** separate 행 15:39, 이 부분은 능동의 뜻을 가진 부정과거(구어에서 사람이 '헤어지다' 긴밀한 유대 관계를 끝내는 것에 적용된다); 하늘에 대해, 수동태 **갈라지다** split 계 6:14.

ἀποψύχω [ἀπό, ψυχή] '호흡한다는 증거가 없는 상태다', **혼수상태가 되다, 기절하다** become comatose, faint 눅 21:26. 이 동사는 죽거나 기절한 상태를 나타낼 수 있다. 누가는 공포에 질린 상태를 실감나게 표현했다.

Ἀππίου Φόρον [= 라틴어 *Appii Forum*] 압피우스 클라디우스 카이쿠스가 세운

ἀπρόσιτος, ον / ἀρά, ᾶς, ἡ

압피우스 도로 변 라티움에 있는 마을 **압비오 광장, 아피우스 광장/시장** Forum/ Market of 행 28:15.

ἀπρόσιτος, ον [ἀ- 부정(否定), πρόσειμι '~로 다가가다'] 사람이 가까이 할 수 없을 정도로 너무 밝은 빛. **접근할 수 없는, 가까이할 수 없는** unapproachable 딤전 6:16.

ἀπρόσκοπος, ον [ἀ- 부정(否定), προσκόπτω] ① '실족하지 않는', **범죄 행위가 없는, 흠이 없는** without offence, blameless 빌 1:10; **깨끗한** clear 양심 행 24:16. ② '실수하도록 하지 않는', 비유로 "다른 사람을 죄짓도록 이끌지 않는" not leading others into sin 고전 10:32.

ἀπροσωπολήμπτως [ἀ- 부정(否定), προσωπολήμπτης] 부사 '사람의 명성이나 신분을 고려하지 않고', **공평하게, 공정하게** impartially 벧전 1:17.

ἄπταιστος, ον [ἀ- 부정(否定), πταίω] **넘어지지 않는, 실족하지 않는** without stumbling 유 24.

ἅπτω [비교 서사시 ἀφάω '다루다'; (~과) 접촉하다, 고정시키다'] ① '불을 갖다대어 불이 타게 하다', 램프의 기름에 불을 붙여 **불켜다, 불붙이다, 불피우다** kindle, light, 능동태 눅 8:16; 11:33; 15:8; 수동태 막 4:21 이문 단축된 묘사에서, 모닥불. 능동태 행 28:2. ② '접촉시키다', **만지다, 잡다, 쥐다** touch, take hold of, grasp 마 8:3, 15; μή μου ἅπτου "나를 붙잡지 마라" 요 20:17. 성적인 접촉 고전 7:1. 제의적 상황에서의 접촉, μή를 동반하여 금지를 표현하며 고후 6:17; 골 2:21. 적대적인 행동과 관련해서 요일 5:18.

Ἀπφία, ας, ἡ 압비아, 아피아 Apphia, 빌레몬의 아내로 추정. 몬 2.

ἀπωθέω [ἀπό (분리를 강조), ὠθέω '밀치다, 밀다', 종종 폭력을 함의한다] 신약에서 중간태로만, **밀어서 떼어내다** push away 행 7:27. 비유로 **거절하다, 제거하다** reject, discard 39절; 13:46; 롬 11:1f; 딤전 1:19.

ἀπώλεια, ας, ἡ [ἀπόλλυμι] 중심 의미 '파괴' ① 사치스러운 지출. **낭비, 손실** waste, loss 마 26:8; 막 14:4. ② 엄청난 손실을 경험하여, **몰락, 파멸** ruin, destruction, 종종 영원한 측면을 강조하여: 마 7:13; 요 17:12; 행 8:20; 롬 9:22; 빌 1:28; 3:19; 살후 2:3; 딤전 6:9; 히 10:39; 벧후 2:3; 3:7, 16; 계 17:8, 11. 분열하여 멸망하도록 만드는 가르침에 대해 벧후 2:1a 그리고 그 파괴적인 결과 1절b.

ἀπώλεσε, ἀπώλετο ἀπόλλυμι 제1부정과거 능동태, 제2부정과거 중간태 직설법.

ἀπωσάμην ἀπωθέω 제1부정과거 중간태 직설법.

ἄρ 요 13:7에 대한 이문. ἄρα를 보라.

Ἀρ Ἀρμαγεδδών을 보라.

ἀρά, ᾶς, ἡ [산스크리트 연관어, 비교 ἀράομαι '기도하다, 저주하다'; 호머로스 작품에서는 '기도' 와 '저주' 모두가 사용된다] 어떤 사람이 불행을 겪도록 기도한다는

의미에서 **저주** 롬 3:14.

ἄρα [IE] ἄρ 형태는 요 13:7 이문에 나온다. 항목 끝을 보라. 선행하는 일을 근거로 추론했다는 표시, γέ와 οὖν을 동반할 때도 있다: **그렇다면, 그래서** then, so: 의문사 다음의 강의어(強意語)로 τίς ἄ., τί ἄ. **그러면 대체 누가, 무엇이, 세상에서 누가, 무엇이** who/what then, who/what in the world 마 19:25; 막 4:41; 눅 1:66; 12:42; 22:23; 행 12:18; εἰ와 함께 **아마 어쩌면** = **~를 바라며** 막 11:13; 행 8:22; εἴπερ ἄ. 사실 만약에 고전 15:15; οὐκ ἄ. σὺ εἶ; "그러면 실은 네가 ~이 아니냐?" 행 21:38; μήτι ἄ. τῇ ἐλαφρίᾳ ἐχρησάμην; "나는 분명히 경솔히 말하지 않았다. 그런 것 같으냐?" 고후 1:17. 또한 뜻을 강화시키는 조합으로 ἄ. γε 따라서 명백하게, 따라서 물어볼 필요도 없이 마 7:20; 17:26; εἰ ἄ. γε 적어도 ~하기를 바라며 행 17:27; 자주. ἄ. οὖν 그러면, 그렇다면 따라서 롬 5:18 등. οὐκ οἶδας ἄρ "당신이 모르는 것처럼 보이지만, 나는 당신이 모르는 것을 이해한다" 요 13:7 이문.

ἆρα [비교 ἄρα] 부정적인 대답을 기대하는 의문문의 표시. 불안해하거나 조바심 내고 있음을 뜻하며 다양하게 해석할 수 있다. **전혀, 생각건대** at all, conceivably 눅 18:8; 갈 2:17. γέ 또는 οὖν과 ἆρά γε γινώσκεις ἃ ἀναγινώσκεις; "당신이 읽는 것을 전혀 알지 못한다는 말인가 = 당신이 읽는 것을 알기는 하는가?" 행 8:30; οὖν 롬 7:25.

Ἀραβία, ας, ἡ [셈어와 연관; 헤로도토스가 자주 언급] 메소포타미아 서부, 시리아와 팔레스틴의 동부와 남부를 아울러, 수에즈 지협에 이르는 넓은 지역을 일컫는 지리적 명칭. **아라비아** 갈 1:17; 좁은 의미로, **시나이 반도** 4:25.

Ἄραβοι 아랍인들 Arabs 행 2:11 이문에 등장하나 의심스러운 형태.

ἄραι, ἄρας, ἄρατε αἴρω 제1부정과거 능동태 부정사, 분사, 명령법.

Ἀράμ, ὁ [히브리어] 격변화 없음. **아람** Aram (히브리어. 영어와 한글 형태는 **람** Ram: 룻 4:19, 대상 2:9f) 예수님의 계보에서 마 1:3f; 눅 3:33 이문.

ἄραφος, ον, 또한 **ἄρραφος** [ἀ- 부정(否定), ῥάπτω '바느질하다', 비교 ῥαφίς] **솔기가 없는, 이음매 없는** without seam, seamless 요 19:23.

Ἄραψ, αβος, ὁ [비교 Ἀραβία] **아라비아 사람** Arab 행 2:11.

ἀργέω [ἀργός] **나태하다, 꾸물거리다** be idle, dawdle 벧후 2:3.

ἀργός, ή, όν [ἄεργος의 단축형(ἀ- 부정(否定), ἔργον) '일하지 않는'] **게으른, 아무 것도 하지 않는, 할 일 없는** idle, doing nothing, out of work 마 20:3, 6; **빈둥거리는** having nothing to do 딤전 5:13; 벧후 1:8. 확장된 의미로 ῥῆμα ἀργόν "쓸데없는 말 = 별다른 깨달음을 주지 않는 언사(言辭)", 관계를 깨뜨린다는 뜻을 암시한다. 마 12:36; 행함이 없는 믿음 약 2:20; γαστέρες ἀργαί "아무것도 안 하는 대식가"(비교 영어 'couch potatoes') 딛 1:12.

ἀργύρεος ἀργυροῦς의 단축형.

ἀργύριον, ου, τό / ἀρεστός, ή, όν

ἀργύριον, ου, τό [ἄργυρος] ⓐ 귀금속 은(銀) silver 고전 3:12 이문 ⓑ 교환의 매체로 은 ⓐ 교환 매체로서 귀금속임을 강조하여 행 3:6; 7:16; 20:33; 비교 벧전 1:18. ⓑ 특정 화폐 단위: 은 세겔 마 26:15; 아마도, 은 드라크마 silver drachma 행 19:19.ⓒ 보통은 돈 money 마 25:18, 27; 막 14:11; 눅 9:3; 19:15, 23; 22:5; 행 8:20.

ἀργυροκόπος, ου, ὁ [ἄργυρος, κόπτω] 은세공인, 은장색 silversmith 행 19:24.

ἄργυρος, ου, ὁ [ἀργός '빛나는', 동일 철자 ἀργός '게으른'과 혼동하지 마라] '백색으로 빛나는 금속' ⓐ 귀금속 물품으로 은(銀) silver 행 17:29; 고전 3:12; 약 5:3; 계 18:12. ⓑ 거래의 매체로 은전, 은화(銀貨) silver money 마 10:9.

ἀργυροῦς, ᾶ, οῦν [ἄργυρος] 다양한 생산품에서 은으로 만든 of silver 행 19:24; 딤후 2:20; 계 9:20.

ἀρεῖ αἴρω. 미래 능동태 직설법 3인칭 단수.

Ἄρειος πάγος, ὁ [Ἄρειος, 형용사 그리스의 전쟁신(로마의 마르스) '아레스에게 드려진', + πάγος (πήγνυμι) '굳어진 물체' (그러므로 '바위, 언덕')] 아레스의 언덕, 아레오바고, 아레오파고스 Hill of Ares = Areopagus, 더 이전에는 '마르스의 언덕으로', 아테네 아크로폴리스 근처에 있다. 행 17:19, 22에 나오는 용어는 거기서 만난 아테네 의원(議員)과 관련된 것으로 보인다.; 비교 16:19에서 ἐπί를 사용하여; 17:6 재판 진행 과정과 관련해서.

Ἀρεοπαγίτης, ου, ὁ [이전 항목을 보라] '아레오파고스 심의회, 혹은 법정의 일원(一員)', 아레오바고 판사, 의원 Areopagite 행 17:34.

ἀρέσαι, ἀρέσῃ ἀρέσκω 제1부정과거 능동태 부정사, 3인칭 단수 가정법.

ἀρεσκεία, ας, ἡ 드물게는 악센트가 **ἀρέσκεια** [ἀρέσκω; 나쁜 의미로 '아첨하며 경의를 표하다'는 뜻과 좋은 의미로 '기쁨이 되려는 태도'] 타인의 필요나 유익에 부합하려는 마음을 표현. 칭송하여 기념하는 문서(honorary documents)에 일반적으로 나타난다, 만족시키려 하는, 소망, 바람 desire to please 골 1:10.

ἀρέσκω [비교 ἀρετή 그리고 '부합한다, 만족시킨다'의 의미로 ἀραρίσκω] ⓐ '아첨하는 태도로 행동하다', 환심을 사다, 만족시키다 win favor, please 갈 1:10; 비교 아래 ③항 대격 ② '필요나 유익을 충족시켜 만족감이나, 기쁨을 주다' (비교 ἀρεσκεία), 흡족하게 하다, 기쁘게 하다 please, accommodate 막 6:22; 행 6:5; 롬 8:8; 15:2, 3; 고전 7:32-34; 10:33. ③ 살전 2:4에서 ἀρέσκω는 두 개의 여격에 연결되어 있다. 첫번째는 사람과, 환심을 사려는 숨은 의도에 연결되어 있으며 (비교 동의어 κολακεία 5절), 둘째는 기본적으로 예배를 받으시는 '하나님'께 이어진다.

ἀρεστός, ή, όν [ἀρέσκω] 기쁘게 하는, 흡족시키는 pleasing, gratifying 요

8:29; 행 6:2; 12:3; 요일 3:22.

Ἀρέτας, α, ὁ [여러 아라비아 왕의 이름] **아레다, 아레타스** Aretas 고후 11:32; 여기에 언급된 아라비아 왕은 아레타스 4세로 기원전 9년에서 기원후 40년까지 나바테아 왕국의 통치자였다.

ἀρετή, ῆς, ἡ [비교 ἀρέσκω; '비상한 탁월함이나 능력'] 고대 그리스 사회에서 칭송이나 인정받을 만한 사람의 특성이나 시민적 성취에서 보여준 가치와 관련이 있는 용어. 특히 호메로스 사회에서는 군사적 용맹함이나 더 넓은 범위와 관련해서는 사회에 유익을 끼친 개인적인 특성과도 관련이 있다. **탁월함, 덕** excellence, virtue 빌 4:8; 벧전 2:9; 벧후 1:3, 5. 벧전 2:9에서는 ἀρετή를 드러내 보이는 데 중점을 둔다. 다른 곳에서는 칭송할 만함이라는 추상적인 개념과 ἀ.를 구체적으로 드러냄이 어우러져 있다.

ἄρῃ αἴρω 제1부정과거 능동태 가정법.

ἀρήν, ἀρνός, ὁ [산스크리트 연관어] 주격 단수는 명문(銘文)에서만 발견된다; **양(羊)** lamb 눅 10:3.

ἀρθῆναι, ἀρθῇ, ἀρθήσομαι, ἄρθητι αἴρω 제1부정과거 수동태 부정사, 가정법, 미래 수동태 직설법, 제1부정과거 명령법.

ἀριθμέω [ἀριθμός] '셈하여 양을 정하다', **세다** count 마 10:30; 눅 12:7; 계 7:9.

ἀριθμός, οῦ, ὁ [복합적인 어원] **수, 합계** number, total ⓐ 계산한 총계 눅 22:3; 요 6:10; 행 4:4; 5:36; 계 13:18; 비교 17절. ⓑ 분명히 정해지지 않은 **수** 행 6:7; 11:21; 16:5; 롬 9:27; 계 5:11 계시록에서 자주.

Ἀριμαθαία, ας, ἡ [히브리어] 대체로 Ἁριμαθαία로 사본에서 나타난다, **아리마대, 아리마타이아** Arimathea, 요셉의 고향인 유대의 도시 마 27:57; 막 15:43; 눅 23:51; 요 19:38. Ἀριμαθία 형태는 막 15:43; 눅 23:51 이문에 나온다.

Ἀρίσταρχος, ου, ὁ [ἄριστος '최고의', ἀρχός '지도자'; '최상의 통치'] 데살로니카의 **아리스다고, 아리스타르코스** Aristarchus, 바울의 가까운 조력자 행 19:29; 20:4; 27:2; 골 4:10; 몬 24.

ἀριστάω [ἄριστον, 초기 그리스어에서 '조반을 먹다'] ① **아침 먹다** eat breakfast 요 21:12, 15. ② 일반적으로 **식사하다, 만찬을 들다** eat a meal, dine 눅 11:37.

ἀριστερός, ά, όν [반의어 δέξιος '오른쪽의'] **왼쪽의** left 마 6:3; ἐξ ἀ. 왼편에 막 10:37; 눅 23:33; ἀ. ὅπλα 왼손으로 사용하는 방어 무기 고후 6:7.

Ἀριστόβουλος, ου, ὁ [ἄριστος '최고의', βουλή; '조언을 잘 하는'] **아리스도불로, 아리스토불로스** Aristoboulus, 바울이 문안한 동료 성도 롬 16:10.

ἄριστον, ου, τό [비교 ἦρι '이른' 또 ἀριστάω를 보라] '먹는 일' ⓐ 이른 식사 (호메로스의 용법) **아침 식사** breakfast 눅 14:12. ⓑ **점심 식사** midday/noon meal 마 22:4. ⓒ 일반적인 의미로 **식사** meal 눅 11:38; 14:15 이문.

ἀρκετός, ή, όν / ἁρπαγμός, οῦ, ὁ

ἀρκετός, ή, όν [ἀρκέω] **충분한, 족한** sufficient, enough 마 6:34; 10:25; 벧전 4:3.

ἀρκέω [비교 라틴어 *arceo* '단속하다'] ① '필요를 충족시킬 정도로 충분하다', **충분하다** be enough, suffice 요 6:7; 고후 12:9. ② 수동태 '만족을 경험하다', **만족하다, 자족하다** be satisfied/content 눅 3:14; 딤전 6:8; 히 13:5; 요삼 10.

ἄρκος, ου, ὁ/ἡ [비교 라틴어 *ursus* '곰'] 곰 a bear 계 13:2.

ἅρμα, ατος, τό [비교 ἀραρίσκω '들어 맞다, 갖추다'] 여행을 위한 **수레, 마차, 전차** carriage, chariot 행 8:28f, 38; 군사적 용법으로 계 9:9.

Ἁρμαγεδ(δ)ών [히브리어] 격변화 없음. **아마겟돈, 아르마게돈** Armageddon, 신화적인 장소, 므깃도와 예루살렘으로 추정하기도 한다 계 16:16.

ἁρμόζω [ἁρμός '관절'; 중간태 사람을 이어준다는 말로, 보통 '약혼하다'는 뜻] 중간태 능동의 의미로 '결혼을 약속하다', **약혼하다** betroth 고후 11:2.

ἁρμός, οῦ, ὁ [ἀραρίσκω '들어 맞다, 갖추다'] 사람 신체의 **관절** joint 히 4:12.

ἄρνας ἀρήν 대격 복수.

ἀρνέομαι [어원은 불분명] ① '부정적으로 대답하다', **거절하다, 거부하다** say no, deny 마 26:70; 눅 8:45; 요 1:20; 요일 2:22. ② '인정하기를 거부하다' ⓐ 사람과 관련해서 **인정하지 않다, 부인하다** disown, deny 마 10:33; 행 3:14; 7:35; 딛 1:16; 유 4; 비교 요일 2:22; 언어유희로 딤후 2:13(비교 12절 그리고 ἀ. ἑαυτόν 어구를 아래 ③에서 대조해 보라). ⓑ 사물과 관련해서 **거부하다, 버리다** deny, disown 딤전 5:8; 딤후 3:5; 딛 2:12. ③ '관심 두기를 거절하다', **외면하다, 무시하다, 멸시하다** disregard, ignore, disdain ἀ. ἑαυτόν 자기 부인하다 = 자신의 관심만 채우기를 거절하다 눅 9:23; ἀ. λέγεσθαι υἱός 바로 딸의 아들로 불리기를 거절하다 히 11:24.

Ἀρνί, ὁ [셈어 기원] 격변화 없음. **아니, 아르니** Arni 예수의 조상 눅 3:33.

ἀρνίον, ου, τό [ἀρήν] ἀρήν의 지소사(指小辭), 그러나 나중에는 모든 시기의 양, 신약에서는 그리스도에 대한 비유로만 **양, 어린 양** lamb, sheep 그리스도의 계 5:6 등; 기독교 공동체의 일원 요 21:15.

ἀρνῶν ἀρήν 속격 복수.

ἆρον αἴρω 제1부정과거 능동태 명령법.

ἀροτριάω [ἄροτρον] **쟁기질하다** to plow 눅 17:7; 고전 9:10.

ἄροτρον, ου, τό [ἀρόω '쟁기질하다'] **쟁기** a plow 눅 9:62.

ἁρπαγείς ἁρπάζω 제2부정과거 수동태 분사.

ἁρπαγή, ῆς, ἡ [ἁρπάζω] ① '훔친 물건', **노략물, 탈취물** plunder 마 23:25; 비교 눅 11:39. ② '탈취하는 행위', **빼앗김, 몰수** seizure 히 10:34.

ἁρπαγμός, οῦ, ὁ [ἁρπάζω] 신약에서는 오직 빌 2:6 ① '탈취하는 행위', **강도**

ἁρπάζω / ἄρτι

robbery, 이 의미가 그리스 문학에서는 표준적인 용법이지만, 문맥상 불가능하므로 다음 뜻을 더 선호한다. ② 수동 의미 '탈취된 것'(일반적으로는 ἅρπαγμα에 해당하는 의미이다), 뜻밖의 행운의 결과로 얻으려고 하는 **횡재, 수지 맞음, 경품** windfall, prize, bonanza.

ἁρπάζω [복합적인 어원] '탈취하여 빼앗아 버리다', **끌고가다, 빼앗다** take away, seize ⓐ 살아 있는 존재. 요 6:15; 10:12, 28f; 행 8:39; 23:10; 고후 12:2, 4; 살전 4:17; 유 23; 계 12:5. ⓑ 사물과 관련해서 **빼앗다, 훔쳐가다** take, seize 마 12:29; 13:19.

ἅρπαξ, αγος [ἁρπάζω] 형용사 **탐욕스러운, 욕심 사나운** rapacious, ravenous 마 7:15; 눅 18:11; 명사로서: ὁ ἅρπαξ **사기꾼, 착취자** swindler, extortionist 고전 5:10f; 6:10.

ἀρραβών, ῶνος, ὁ [히브리어; 비교 현대 그리스어. ἀ. '약속(반지)'] '잔고를 맞추려는 분할 불입', **첫번째 불입금, 계약금, 보증금, 맹세** first installment, down payment, deposit, pledge 고후 1:22; 5:5; 엡 1:14.

ἄρραφος ἄραφος를 보라.

ἄρρην ἄρσην을 보라.

ἄρρητος, ον [ἀ- 부정(否定), εἴρω '말하다, 이야기하다'로부터 ῥητός '말한, 언급한'] **형언할 수 없는, 말로 표현할 수 없는** unutterable = 말하기에 너무 거룩한 고후 12:4(비교 고대 신비 종교의 숨은 비밀).

ἀρρωστέω [ἄρρωστος] **병들다, 아프다** be ill/sick 마 14:14 이문.

ἄρρωστος, ον [ἀ.- 부정(否定), ῥώννυμι, 비교 ἀρρωστέω] **아픈, 병든** ill, sick 마 14:14; 막 6:5, 13; 16:18; 고전 11:30.

ἀρσενοκοίτης, ου, ὁ [ἄρσην, κοίτη] '주도적인 위치로 동성 성관계하는 남자', **남색, 비역** pederasty, sodomite 고전 6:9; 딤전 1:10.

ἄρσην, εν, 속격 **ενος** [복합적인 어원] **남성** male 마 19:4; 막 10:6; 눅 2:23; 롬 1:27; 갈 3:28; 계 12:5, 13. 아타카 형인 ἄρρην이 행 7:19 이문에 쓰였다.

Ἀρτεμᾶς, ᾶ, ὁ [일반 이름] 바울의 친구 **아데마, 아르테마스** Artemas 딛 3:12.

Ἄρτεμις, ιδος, ἡ [비교 Ἀρτεμᾶς] **아데미, 아르테미스 신(神)** Artemis (로마식 이름은 디아나 Diana) 행 19:24, 27f, 34f.

ἀρτέμων, ωνος, ὁ [비교 ἀρτάω '결속하다'] **돛** sail, **앞 돛대의 큰**(foresail)으로 추정됨 행 27:40.

ἄρτι [복합적인 어원] 부사 현재라 볼 수 있는 때에 동시에 일어나는 사건을 묘사하여, 중심 의미는 적합한 상태 (비교 파생어 ἄρτιος) **(바로) 지금** ⓐ 즉각적인 **현재 (바로) 지금** (just) now **즉시, 곧장, 지금 당장, 지금으로서는** 마 3:15; 26:53; 요 9:19, 25; 고전 13:12; 16:7; 갈 1:9; 벧전 1:6, 8. 유사하게. ἀπ᾽ ἄρτι 요 13:19. 아래

ἀρτιγέννητος, ον / ἀρχή, ῆς, ἡ

ⓒ를 보라. ⓑ 과거의 사건이 사실상 현재와 동시에 일어남 **지금 막** just now 마 9:18; 요 16:24; 계 12:10. ⓒ 후기 그리스어에서. ἄρτι는 또한 일반적으로 현재를 말할 때 νῦν과 같은 역할로 사용하였다. ㉠ 형용사 의미로 고전 4:11. ㉡ 분사: ἀπ᾽ ἄρτι 이제부터 계 14:13; 미래 시제와 함께. 머지 않아, 장래에 마 26:64. ἕως ἄρτι **이제껏, 지금까지** 11:12; 요 2:10; 고전 4:13; 요일 2:9. ⓒ 어떤 해석자들은 다음 구절을 포함하여, 여기에서 별로 '즉시성'의 의미를 부여하지는 않는다(비교 ⓐ). 요 9:19, 25; 13:33, 37; 고전 13:12; 16:7; 갈 1:9.

ἀρτιγέννητος, ον [ἄρτι, γεννάω] **갓 태어난** newborn 벧전 2:2.

ἄρτιος, α, ον [ἄρτι; '적합한, 완성된'] **적합한, 매우 만족할 만한, 능숙한** fit, fully competent, proficient ἄρτιος...ἐξηρτισμένος 완전한 채비를 갖추다 딤후 3:17.

* **ἄρτος, ου, ὁ** [어원은 불분명] ① 곡물로 구워낸 제품과 관련해서 **빵, 빵 덩어리** bread, loaf (of bread) 마 4:3. 게다가 이 용어는 만나에 적용되며, 영생의 근원과 원천으로서 하나님의 선물인 예수 그리스도와 관계 있다. 요 6:32f, 35 등. ② 음식이나 일반적인 자양물과 관련해서, 특히 식사의 문맥과 관련해서 **빵, 음식** bread, food 막 3:20; 눅 14:1; 살후 3:8; τρώγειν τὸν ἄρτον "~의 손님이 되다" 요 13:18.

ἀρτύω [ἀρτύς '교분(交分)', 유대'; '배열하다, 준비하다', 또한 음식을 '준비한다'는 다양한 의미와 관련이 있다. 따라서 '맛을 내다'] 소금으로 간을 보아 **맛을 내다, 양념하다** season, 막 9:50; 눅 14:34; 소금으로 맛을 내는 것과 관련해서, **재치 있게 맛을 내다** 골 4:6.

Ἀρφαξάδ, ὁ [히브리어] 격변화 없음. **아박삿, 아르박삿** Arphaxad, 예수의 조상 눅 3:36.

ἀρχάγγελος, ου, ὁ [ἄρχω, ἄγγελος] **(하나님의) 천사장, 대천사** head messenger (of God), archangel 살전 4:16; 유 9.

ἀρχαῖος, α, ον [ἀρχή; 반의어. καινός] **고대의** ancient 눅 9:8, 19; 벧후 2:5; 계 12:9; οἱ ἀ. 고대의 사람들, 옛날 사람들 마 5:21, 33; ἀφ᾽ ἡμερῶν ἀ. 예로부터, 일찍이 행 15:7; **오래 전의, 본래의** original, early 21:16; 단순하게 **오래된** old 고후 5:17.

Ἀρχέλαος, ου, ὁ [형용사 ἀρχέλαος '사람을 이끄는'에서] **아켈라오, 아르켈라오스** Archelaus, 기원전 4년에서 기원후 6년까지 재위한 유대아, 이두매아, 사마리아의 행정장관 마 2:22.

* **ἀρχή, ῆς, ἡ** [ἄρχω; 우선함이라는 기본 뜻을 가진, 다변적인 의미를 가진 용어] ① '일어나거나 발생하는 순간, **처음, 시작** beginning, start 마 19:4; 24:8; 막 1:1; 눅 1:2; 요 1:1; 2:11; 빌 4:15; 살후 2:13 이문; 히 7:3; ἀ. λαμβανειν 시작하다 2:3; ἀ. τῆς ὑποστάσεως 원래 약속 3:14; τὰ στοιχεῖα τῆς ἀ. τῶν λογίων τοῦ θεοῦ "하

ἀρχηγός, οῦ, ὁ / ἄρχω

나님의 거룩한 말씀에 대한 기본 원리" 5:12; λόγος τῆς ἀρχῆς τοῦ Χριστοῦ "그리스도에 대한 주된 가르침" 6:1; 더 나아가, 관찰자에게 인식되는 어떤 물체의 귀퉁이와 관련해서 행 10:11; 11:5. 요 8:25 τὴν ἀρχήν = ὅλως **언제나, 전부** at all. 비유로: 그리스도 골 1:18; 비교 계 3:14; 21:6; 22:13. 더욱이 ② '탁월함을 가지고 있는 사람', 이 세상이나 초월적인, 종종 복수 **통치자, 권세자, 권위자** ruler, authority 눅 12:11; 롬 8:38; 고전 15:24; 엡 3:10; 6:12; 골 1:16.③ '행동에 할당된 지역이나 영역', **위치, 영역, 관할 구역** position, domain, jurisdiction 유 6; 비교 눅 20:20.

ἀρχηγός, οῦ, ὁ [ἀρχή, ἄγω; 형용사 ἀρχηγός, όν보다 명사로서 더욱 자주 등장함] ① '탁월한 위치를 점유하고 있는 사람', **지도자, 통치자** leader, ruler 행 5:31. ② '무엇인가를 시작했다고 알려진 사람', **창시자, 선구자** originator, founder 행 3:15(어떤 이들은 ①의 의미로 보기도 한다); 히 2:10; 12:2.

ἀρχιερατικός, όν [ἀρχιερεύς] **대제사장의, 대제사장에게 속한** highpriestly ἐκ γένους ἀ. 대제사장 가문에 속한 행 4:6.

** **ἀρχιερεύς, έως, ὁ** [ἀρχή, ἱερεύς] ① 이스라엘의 제의 생활에서 **대제사장, 제사장** high priest, chief priest 막 2:26 등; 그리스도. 히 2:17 등. ② 집합적으로, 제사장 가문에 속한 산헤드린 공의회의 일원 **제사장들** chief priests 마 2:4; 막 8:31; 눅 23:13; 요 7:45; 행 4:23 등.

ἀρχιποίμην, ενος, ὁ [ἀρχή, ποιμήν] **목자의 우두머리, 목자장** head/chief shepherd 벧전 5:4.

Ἄρχιππος, ου, ὁ [ἀρχή, ἵππος; 일반 이름] 골로새의 기독교인 **아킵보, 아르킵포스** Archippus, 골 4:17; 몬 2.

ἀρχισυνάγωγος, ου, ὁ [ἀρχή, συναγωγή] **회당의 우두머리, 회당장(長)** head of a synagogue 막 5:22 등.

ἀρχιτέκτων, ονος, ὁ [ἀρχή, τέκτων; 공적인 노동에 가지는 책임과 연관하여 다양한 의미로] **건축 감독, 도편수** master builder 고전 3:10.

ἀρχιτελώνης, ου, ὁ [ἀρχή, τελώνης; 다른 곳에서는 나오지 않음] **세관장, 세리장** head/chief tax collector 눅 19:2.

ἀρχιτρίκλινος, ου, ὁ [ἀρχή, κλίνω로부터 τρίκλινος (τρεῖς + κλίνη) '세 개의 침상을 가진'; '집사장'] **연회장, 연회 매니저, 잔치 시종드는 이들의 우두머리** head waiter/butler/steward. 건배 제의자, 잔치의 주관자로 해석하기도 한다. 요 2:8f.

* **ἄρχω** [비교 ἀρχός '지도자, 우두머리'] ① 능동태 **다스리다** rule 속격과 함께. 막 10:42; 롬 15:12. ② **시작하다** begin 자주 현재 부정사를 동반한다. 마 4:17 등. 강조하여 μή와 함께 ἄ. "시작도 하지마라" 눅 3:8은 셈어 특징을 보이는 문장에서 조동사로 역할하여 이어지는 부정사에 대하여 미완료의 정형 동사(finite verb)

103

ἄρχων, οντος, ὁ / ἄσημος, ον

기능을 한다. 막 1:45; 눅 4:21; 7:24.

ἄρχων, οντος, ὁ [공식적으로 ἄρχω의 현재 분사] ① '높은 통치력이 있는 사람', **통치자, 우두머리, 주(主)** ruler, head, lord 마 20:25; 행 4:26; 7:27, 35.—그리스도 계 1:5. 초월적인 존재로 사탄이나, 영적인 세계에서 반대편에 있는 다른 존재를 뜻한다. 마 9:34; 눅 11:15; 요 12:31; 엡 2:2; 고전 2:6, 8도 가능성 있지만 다음을 보라. ② '행정적인 권한을 가지고 있는 사람', 일반적으로 정부 권한으로 임명된 **관원, 관리** authority, official 행 16:19; 롬 13:3; 유대의 제의나 사회 생활의 지도자들 마 9:18; 눅 8:41; 14:1; 18:18; 24:20; 요 3:1; 행 3:17. 고전 2:6, 8을 여기에 해당한다고 보기도 한다.

ἄρωμα, ατος, τό [어원은 불분명; 특히 시신에 바르는 데 사용되는 향기가 는 풀, 기름, 연고, 향신료] 신약에서 복수로만: **향기나는 물질, 향신료** fragrant substances, spices 막 16:1; 눅 23:56; 24:1; 요 19:40.

Ἀσά 마 1:7f의 많은 사본에 나타나는 독법(讀法), Ἀσάφ를 보라.

ἀσάλευτος, ον [ἀ- 부정(否定), σαλεύω] 배의 이물이 든든히 묶여 **움직이지 않는** 행 27:41; 요동하지 않는 unshakable 히 12:28.

Ἀσάφ, ὁ [히브리어] 많은 사본에서 Ἀσά:, 비교 대상 3:10; 격변화 없음. 예수의 조상 **아삽** Asaph 마 1:7f.

ἄσβεστος, ον [ἀ- 부정(否定), σβέννυμι] **소멸하지 않는** inextinguishable, '꺼뜨릴 수 없는' 불 마 3:12; 막 9:43, 45 이문; 눅 3:17.

ἀσέβεια, ας, ἡ [ἀσεβής] '신성모독적인 말이나 행동에서 보이는 신에 대한 경외함이나 존경심이 부족함', **불경건, 불경(不敬), 불신앙** ungodliness, impiety 롬 1:18; 11:26; 딤후 2:16; 딛 2:12; 유 15, 18.

ἀσεβέω [ἀσεβής] **불경하다, 불경하게 행하다** be ungodly, act impiously 벧후 2:6; 유 15.

ἀσεβής, ές [ἀ- 부정(否定), σέβω 비교 ἀσεβέω 와 ἀσέβεια] **경건하지 못한, 불경스러운** ungodly, impious 벧후 3:7; 유 15. 대부분 명사로 **경건하지 못한 사람** impious person 롬 5:6; 딤전 1:9; 벧후 2:5; ὑπόδειγμα μελλόντων ἀσεβέσιν 경건하지 못한 이들에게 일어날 일의 본보기 2:6; 집합적인 단수 롬 4:5; 벧전 4:18.

ἀσέλγεια, ας, ἡ [어원은 불분명(여러 상반되는 이론들이 있다), 비교 ἀσελγής '음탕한'] '사회적·도덕적 기준에 대한 악의적인 무시', **방종, 부도덕함** self-abandonment, licentiousness 막 7:22; 롬 13:13 등.

ἄσημος, ον [ἀ- 부정(否定), σῆμα '표시, 기호'; '구분하는 표시 없이'] 보통 표시 없는 물체에 사용되지만, 확장된 의미로 **주목할 만하지 않은, 중요하지 않은, 하찮은** unremarkable, insignificant, unimportant, 곡언법(litotes)으로: οὐκ ἄ. πόλις 무명의 도시가 아닌 = **잘 알려진 도시** 행 21:39.

Ἀσήρ, ὁ / ἀσκέω

Ἀσήρ, ὁ [히브리어] 격변화 없음. **아셀, 아쉐르** Asher. 야곱의 자손으로 종족의 시조 눅 2:36; 계 7:6.

ἀσθένεια, ας, ἡ [ἀσθενής; 반의어 δύναμις] ① '병들어 유약한 상태', **아픔, 질병, 쇠약함** sickness, disease, disability 마 8:17; 눅 5:15; 13:11; 요 5:5; ἔχειν ἀ. 병걸리다 행 28:9; 갈 4:13. ② '어떤 제한이나 취약함 때문에 효과적으로 기능할 수 없음', **연약함, 부족함** weakness, deficiency 고전 15:43; 고후 11:30; 12:5; 13:4; 히 4:15; 5:2; 7:28; 11:34. 비교 롬 6:19; 8:26.

ἀσθενέω [ἀσθενής, 비교 ἀσθένεια] ① '연약함을 경험하다' 신체적으로 **아프다, 병에 걸리다** be sick 마 25:36, 39; 눅 4:40; 요 4:46 등 빈번하게; 행 9:37; 빌 2:26, 27; 딤후 4:20; 약 5:14. ② '어떤 일에 대한 능력이 부족하다' **연약하다, 부족하다** be weak, be deficient 롬 8:3; 14:2; 고후 12:10; 13:3. 확장된 의미로 롬 4:19; 14:1f; 소심함, 겁에 대해 고후 11:29. ③ '필수품이 부족하다', **궁핍하다, 어려움에 빠지다** be in need 행 20:35.

ἀσθένημα, ατος, τό [ἀσθενέω] **약함** weakness 롬 15:1.

ἀσθενής, ές [ἀ- 부정(否定), σθένος '힘'] ① '신체가 약한', **아픈, 허약한** sick, sickly 마 25:39 이문, 43f; 눅 9:2; 10:9; 행 4:9; 5:15f. ② '어떤 일에 대한 능력이', **약한** weak 마 26:41; 막 14:38; 롬 5:6; 고전 8:7, 9f; 9:22; 11:30; 벧전 3:7; 하나님. 고전 1:25; 바울의 풍모. = **볼품없는, 평범한, 불쌍해서 모자라 보이는**, 비교 영어 구어(口語) 'without clout' 영향력 없는 고후 10:10.

Ἀσία, ας, ἡ [어원은 불분명; 고대에 아시아 대륙을 포함하여 다양한 의미로 알려졌으며, 후대에는 특히 로마의 속주인 소아시아를 말한다] **아시아** Asia 소아시아에 기원전 133-130년경 형성된 로마 속주(屬州). 행 2:9 등에서.

Ἀσιανός, οῦ, ὁ [형용사 ἀσιανός에서 나온 명사, 비교 Ἀσία] **아시아 사람** Asian, 아시아 영토에서 온 사람, 행 20:4.

Ἀσιάρχης, ου, ὁ [Ἀσία, ἀρχή] 로마 속주에 있는 그리스 도시 연맹(코이논, Koinon)에 속한 관리를 부르는 이름, 황제 숭배에 대한 임무와 많이 관련되어 있으나, 정확한 공식적인 임무는 밝혀지지 않았다. **관리, 제관(祭官), 제사장** Asiarch 행 19:31.

ἀσιτία, ας, ἡ [ἀ- 부정(否定), σῖτος] '음식에 대해 관심이 없는 상태', **입맛이 없음, 식욕을 잃음** lack of appetite πολλῆς ἀσιτίας ὑπαρχούσης = 먹는 것에 거의 관심 없는 행 27:21.

ἄσιτος, ον [ἀ- 부정(否定), σῖτος] **먹지 못한, 굶은** without eating = going without meals 행 27:33.

ἀσκέω [어원은 불분명; 두 가지 주요 의미는, 원자재를 가지고 '일한다'는 것과 특히 육상 운동에 대한 '훈련'의 뜻이 있다] '마음을 다해 사업에 전념하다', **노력하다, 힘**

ἀσκός, οῦ, ὁ / ἆσσον

을 다 쏟다 endeavor, make every effort 행 24:16.

ἀσκός, οῦ, ὁ [ἀσκέω; 포도주를 위한 용기로서 종종 제작된 '병, 주머니'와 함께, 어떤 세심한 일에 사용되는 생산품 중 하나로서 '가죽, 가죽 부대'] **포도주 부대** wineskin 막 2:22.

ἀσμένως [이전 분사의 형태로부터 ἀσμένος '기쁜' 또한 ἥδομαι와 관련된다] 부사 **기쁘게** gladly 행 2:41 이문; 21:17.

ἄσοφος, ον [ἀ- 부정(否定), σοφός] **우둔한, 어리석은** unwise, foolish 엡 5:15.

* **ἀσπάζομαι** [복합적인 어원] ① '특별한 인정의 형태나 애정의 표현으로 말하다'(내용에 대한 예시는 비교 눅1:28). ⓐ 사람을 만나거나 작별할 때: **인사하다** greet 마 5:47; 막 9:15; 눅 1:40; 10:4; 행 21:19; 롬 16:16b; 고전 16:19-20a; 고후 13:12b; **작별하다, 고별인사하다** say good-bye to, say farewell 행 20:1; 21:7. ⓑ 서신을 통해 **문안하다** greet: 바울. 롬 16:3 이어서 같은 장에 여러 번; 테르티우스(더디오). 22절; 명령으로 ἀ. ἀλλήλους ἐν φιλήματι ἁγίῳ "거룩한 입맞춤으로 서로에게 문안하라" 롬 16:16a; 고전 16:20b; 고후 13:12a; 유사하게. 살전 5:26; 벧전 5:14. ② '(인사차) **방문하다** pay one's respects to' τήν ἐκκλησίαν 행 18:22; κατήντησαν ἀσπασάμενοι τόν Φῆστον "페스투스(베스도)에게 문안 방문하러 갔다" 25:13; 익살과 조롱으로 막 15:18.

ἀσπασμός, οῦ, ὁ [ἀσπάζομαι] **인사** greeting ⓐ 구두(口頭) 마 23:7; 막 12:38; 눅 1:29, 41, 44; 11:43; 20:46. ⓑ 문서 고전 16:21; 골 4:18; 살후 3:17.

ἄσπιλος, ον [ἀ- 부정(否定), σπίλος] **흠 없는, 상처 없는** spotless, unblemished: 결함 없는 상등품의 양(羊) 벧전 1:19; 도덕적인 면으로 확장된 의미. 딤전 6:14; 약 1:27; 벧후 3:14.

ἀσπίς, ίδος, ἡ [어원은 불분명; 이집트 코브라, 목을 등에 달린 모자처럼 평평하게 할 수 있어, ἀ.의 1차적 의미인 '방패'처럼 보인다] **독사** asp, 복수 특정 뱀이 아닌 독을 가진 일반 뱀과 관련하여. 롬 3:13.

ἄσπονδος, ον [ἀ- 부정(否定), σπονδή '신주(神酒)', 전제(奠祭). 휴전했을 때, 사람들이 마시기 전 신에게 엄숙히 부어드리는 술 제사; '싸움을 멈추지 않는, 휴전이 없는'] '합의에 이르려 하지 않는', **완강한, 화해할 수 없는** implacable, irreconcilable 딤후 3:3.

Ἀσσά Ἀσά 다른 형태.

ἀσσάριον, ου, τό [라틴어 차용어: '아싸리우스', 아스, 화폐 단위 = 대략 1/16 데나리온] **앗사리온, 아사리온** as, assarion 마 10:29; 눅 12:6; 상기 본문들에서 실제적 의미는 양에 대하여 = **잔돈, 하찮은 것** small change.

Ἀσσάρων Σαρων 다른 형태.

ἆσσον [ἄγχι '가까운'의 중성 비교급] 부사 **(해변) 가까이, 해안을 따라** closer, inshore

행 27:13.

Ἄσσος, ου, ἡ [어원은 불분명; 스트라보, 지리학(Strabo, Geography) 13, 1, 57을 보라] **앗소, 아쏘스** Assos, 레스보스로 향하는 드로아 남부 해변에 있는 소아시아의 도시 행 20:13f.

ἀστατέω [ἀ- 부정(否定), ἵστημι에서 나온 στατός '서 있는 자리'로부터 ἄστατος, '결코 가만 서 있지 않은, 고정되지 않은'] '정착할 수 없다', **정처 없이 다니다, 거할 집이 없다** be homeless 고전 4:11.

ἀστεῖος, α, ον [ἄστυ '도시'; '도시의, 세련된'] 모세와 관련해 **아름다운, 용모가 준수한** beautiful, handsome 히 11:23; 잘 생긴 행 7:20, ἀστεῖος τῷ θεῷ라는 표현은 "하나님 보시기에 잘 생겼다"는 의미(즉, 유목민 출신임에도 불구하고)이거나, 매우 기품 있게 생겼다는 표현으로, τῷ θεῷ가 최상급 같은 기능을 하고 있다고 볼 수 있다.

ἀστήρ, έρος, ὁ [비교 ἀστραπή; 라틴어 *stella* '별'] 일반적으로 태양이 아닌 빛을 내는 천체, **별** star 마 2:2; 고전 15:41; 계 6:13. 비유로: 1:16, 20; ἀ. ὁ πρώινος 샛별(금성) 2:28; 22:16; ἀστέρες πλανῆται (유성처럼) "움직이는, 궤도에서 벗어나는 천체" wandering/deviant heavenly bodies 유 13.

ἀστήρικτος, ον [ἀ- 부정(否定), στηρίζω에서 στηρικτός '견고한 기초를 가진'] '이런저런 방법으로 쉽게 설득되는', **경박한, 불안한, 약한**unstable, weak 벧후 2:14; 3:16.

ἄστοργος, ον [ἀ- 부정(否定), στοργή '강한 감정, 애정', 특히 자식과 부모] **어떤 감정이나 사랑 없는** without any feeling, loveless 롬 1:31; 딤후 3:3.

ἀστοχέω [ἀ- 부정(否定), στόχος '던지는 무기에 나타나는 어떤 특징의 역할과 관련하여'] **[겨냥한 것을] 놓치다, [목표를] 빗맞히다** miss: ἀστοχέω (진리에 관한) 표적을 놓치다 딤후 2:18; 유사하게 πίστις와 관련해 6:21; 속격과 함께, **벗어나다, 엇나가다** deviate 딤전 1:6.

ἀστραπή, ῆς, ἡ [비교 ἀστήρ 과 ἀστράπτω] '빛의 광선', **번개** lightning, 단수 마 24:27; 28:3; 눅 10:18; 17:24; 계시록에는 복수로만: 계 4:5 등. 램프, 등잔불의 **빛, 광선** ray, 단수 눅 11:36.

ἀστράπτω [ἀστήρ] **번쩍이다, 빛나다, 반짝이다** flash, gleam, shine 눅 17:24; 24:4.

ἄστρον, ου, τό [비교 ἀστήρ; 주로 복수로 '별들'] **별** star 눅 21:25; 히 11:12; 행 27:20에서 나타나는 복수형은 틀림없이 밤에 항해하는 이들에게 방향을 알려 주는 별자리와 연관된 것으로 보인다; 특정한 별 행 7:43.

Ἀσύγκριτος, ου, ὁ [ἀσύγκριτος (ἀ- 부정(否定), σύγκριτος '비교할 만한') '비교할 수 없이, 비할 데 없는'] **아순그리도, 아쉥크리토스** Asyncritus, 로마의 기독교인

ἀσύμφωνος, ον / ἀσώτως

이름 롬 16:14.

ἀσύμφωνος, ον [ἀ- 부정(否定), σύφωνος (σύν, φωνή) '화음을 울리는, 조화로운'; '같은 소리를 내지 않는'] '어울리지 못하는 것으로 드러나는', **어울리지 못하는, 다투는, 일치하지 않는** at disagreement, at odds, at variance 행 28:25.

ἀσύνετος, ον [ἀ- 부정(否定), συνίημι에서 συνετός] '이해력이 없는, 지각(知覺)이 부족한', **멍청한, 우둔한, 미련한** foolish, dense, thick 마 15:16; 막 7:18; 롬 1:21, 31; 10:19.

ἀσύνθετος, ον [ἀ- 부정(否定), συντίθημι에서 σύνθετος '함께 둔, 배치한'] '합의에 충실하지 못한', **신뢰할 만하지 못한, 믿을 수 없는** untrustworthy, faithless 롬 1:31.

Ἀσύνκριτος Ἀσύγκριτος를 보라.

ἀσφάλεια, ας, ἡ [ἀσφαλής; '넘어지거나, 고꾸라지지 않을 상태'] **확실함** certainty 눅 1:4; **든든함, 안전함** security 행 5:23; 살전 5:3.

ἀσφαλής, ές [ἀ- 부정(否定), σφάλλω '넘어뜨리다'] '실패에 이르지 않는', **확실한, 믿을 수 있는, 분명한** certain, reliable, definite, 사건, 상황, 일에 관련하여 행 21:34; 22:30; 25:26; **안전한** safe, 안전에 기여하는 무엇인가와 관련하여 빌 3:1; 히 6:19.

ἀσφαλίζω [ἀσφαλής] **굳게 하다, 공고히 하다** make secure, 문맥에 따른 의미와 관련해서 마 27:64-66; 행 16:24(여기서는 '채우다'는 의미다).

ἀσφαλῶς [ἀσφαλής] 부사 '확실한 방법으로' ⓐ 안전하게 막 14:44(ἀ. = 경계하여, 단단히 지켜서); 간수에게 강력한 보안 기준을 요구함에 관하여 행 16:23. ⓑ 전혀 의심할 필요 없이, 분명하게 beyond all doubt, for sure 행 2:36.

ἀσχημονέω [ἀσχήμων] '수치스러운 방법으로 행동하다', **상스럽게 행동하다, 무례하게 행동하다** behave improperly/dishonorably 고전 13:5; ἐπί와 7:36.

ἀσχημοσύνη, ης, ἡ [ἀσχήμων] **무례** indecency 롬 1:27; **수치** shame, 치부(恥部)에 대한 완곡어법 = 벌거벗음 계 16:15.

ἀσχήμων, ον [ἀ- 부정(否定), σχῆμα; '매력적이지 못한 모습, 추한, 기형인'] 형용사로서 **보기 흉한, 볼품없는** unseemly, 명사로서 τὰ ἀ. 볼품없는 부분, 생식기를 노출하는 것은 고상하지 못하고, 건전한 사회 질서에 반하는 것으로 여겨졌다. 고전 12:23.

ἀσωτία, ας, ἡ [ἀ- 부정(否定), σῴζω] **방탕** dissipation, 음주와 연관된 잠재적인 위험 엡 5:18. μὴ ἐν κατηγορίᾳ ἀσωτίας 방탕하다고 비난받지 않는 딛 1:6. 방탕한 사회에 대한 비난을 나타낼 때 τῆς ἀσωτίας ἀνάχυσις 방탕의 홍수, 지나친 방종 stream of dissipation 벧전 4:4, 방종한 삶의 의미를 가졌다.

ἀσώτως [ἀ- 부정(否定), σῴζω] 부사 '돈을 헤프게 쓰며', **무모하게, 허랑방탕하게**

recklessly, 높은 생활 수준에 관련하여 눅 15:13.

ἀτακτέω [ἄτακτος; 주로 훈련되지 않은 병사] **부적절하게 행동하다** behave inappropriately οὐκ ἀ. ἐν ὑμῖν "우리는 너희 가운데서 무질서하게 살지 않았다" 살후 3:7.

ἄτακτος, ον [ἀ- 부정(否定), τάσσω] **무질서한, 규율이 없는** disorderly, undisciplined 살전 5:14.

ἀτάκτως [ἄτακτος] 부사 **무질서하게** disorderly, 건전한 사회적 통념에 조화롭지 못한 행동과 관련해서 살후 3:6, 11.

ἄτεκνος, ον [ἀ- 부정(否定), τέκνον] **자식이 없는, 아이가 없는** childless 눅 20:28f.

ἀτενίζω [ἀτενής '의도, 진심어린'] **눈이 쏠리다, 주목하여 보다** look intently, gaze, 단순 여격(전치사가 없는)과 눅 4:20 등; 또는 전치사 εἰς와 행 1:10 등.

ἄτερ [비교 산스크리트 *sanutar* '~을 제외하고'] 속격 지배 전치사. **~없이, 제외하고** without, apart from 눅 22:6, 35.

ἀτιμάζω [ἄτιμος] '명예나 존엄을 빼앗다', **능욕하다, 창피주다, 수치스럽게 하다** dishonor, disgrace, shame 막 12:4; 눅 20:11; 요 8:49; 행 5:41; 롬 1:24; 2:23; 약 2:6.

ἀτιμάω [ἄτιμος] 의미는 이전 항목을 보라 막 12:4 이문.

ἀτιμία, ας, ἡ [ἄτιμος] '존중받지 못하는 경험', **수치, 불명예** dishonor, low esteem 고전 11:14; δόξα의 반의어. 15:43; 고후 6:8; πάθη ἀτιμίας 수치스럽게 하는 욕정 롬 1:26; 역설적으로 κατὰ ἀ. λέγω 부끄럽지만 고백하건대(우리는 ~하기에 너무 연약했다) 고후 11:21; 살림 도구의 매우 일상적인 사용에 관해 딤후 2:20; 비교 비유로 롬 9:21.

ἄτιμος, ον [ἀ- 부정(否定), τιμή] **불명예스러운, 대접받지 못하는, 비천한** without honor, held in low esteem 고전 4:10; 비교 12:23. 곡언법으로 οὐκ ἄ. εἰ μή = (고향에서만) **존경받지 못하는** 마 13:57; 막 6:4.

ἀτιμόω [ἄτιμος; '경멸하며 대하는'] **무례한, 함부로 대하는** disrespect, treat badly 막 12:4 이문.

ἀτμίς, ίδος, ἡ [복합적인 어원; 주된 의미는 뿌연 상태에 초점 맞춘 '수증기, 김'] **엷은 안개, 증기** mist, vapor 약 4:14; ἀ. καπνοῦ 연기 가닥(줄기) 행 2:19.

ἄτομος, ον [ἀ- 부정(否定), τέμνω '자르다'; '나눌 수 없는'] **나눌 수 없는, 불가분의** indivisible, 시간과 관련하여 ἐν ἀτόμῳ 한순간에 (비교 분할의 이미지가 대조적인 영어 표현 '별안간' in a split second) 고전 15:52.

ἄτοπος, ον [ἀ- 부정(否定), τόπος; '장소 밖으로'] **어긋난, 그릇된** deviant, wrong 눅 23:41; 행 25:5; 살후 3:2; **별다른, 놀라운** unusual, surprising 행 28:6.

Ἀττάλεια, ας, ἡ / αὐξάνω, αὔξω

Ἀττάλεια, ας, ἡ [버가모의 아탈로스 2세를 따라 붙인 이름] 밤빌리아 버가의 항구, 앗달리아, 아탈레이아 Attalia 행 14:25.

αὐγάζω [αὐγή] 보다 see 고후 4:4. 우리가 αὐ.를 환하게 비추다의 뜻으로 이해한다면 이문 αὐτοῖς를 넣어서 읽어야 할 것이다.

αὐγή, ῆς, ἡ [어원은 불분명] '빛 줄기', 햇빛, 일출, 일광(日光), 새벽 sunrise, daylight, dawn 행 20:11.

Αὔγουστος, ου, ὁ [비교 라틴어 augeo '늘어나다'] 초대 로마 황제인 옥타비아누스를 부르는 이름, 아구스도, 아우구스투스 Augustus, 눅 2:1.

αὐθάδης, ες [αὐτός, ἥδομαι '기쁘다'] 자기 만족대로 하는, 자기 잇속만 차리는, 교만한 self-pleasing, self-serving, arrogant 딛 1:7; 벧후 2:10.

αὐθαίρετος, ον [αὐτός, αἱρέω의 중간태에서 αἱρετός '선택받다; 자가 선택적인'] 스스로 자진하는, 스스로 결정하는 of one's own accord, having decided for oneself = 자발적으로 고후 8:3, 17.

αὐθεντέω [일반적으로 αὐθέντης = '어떤 일을 스스로 맡는 사람'] 속격과 함께 '명령하는 방식으로 기능하다', ~에 대하여 권력을 부리다, 권세를 휘두르다 exercise authority over, διδάσκω와 함께 쓰여 실제로는 어떤 사람이 해야 할 것을 가르친다는 의미로 쓰임 딤전 2:12.

αὐλέω [αὐλός] (피리, 풀루트를) 연주하다, 불다 마 11:17; 눅 7:32; 고전 14:7.

αὐλή, ῆς, ἡ [비교 호메로스 ἰαύω '휴식하다, 밤을 지내다'] ① '에워싸인 공터', 안뜰, 마당 courtyard 마 26:58, 69 및 병행구; (성전의) 뜰 court 계 11:2; (양의) 우리 fold 요 10:1, 16. ② '거주를 위한 복합 건물' (마당과 여러 부속 건물로 이루어진) 집, 농장 house/farm 눅 11:21; 궁전, 저택 palace 마 26:3.

αὐλητής, οῦ, ὁ [αὐλέω] 피리 부는 사람 flutist 마 9:23; 계 18:22.

αὐλίζομαι [αὐλή; 호메로스. '뜰에 눕다', 따라서 일반적으로 '어떤 위치에서 숙박하다, 살다'] 밤을 지내다 spend the night 마 21:17; 눅 21:37(여기에서는 '야영하다'가 상황을 정확히 보여준다).

αὐλός, οῦ, ὁ [비교 αὔω '외치다, 큰 소리로 부르다'] 피리 flute 고전 14:7.

αὐξάνω/αὔξω [산스크리트 연관어, 비교 라틴어 auxilium '도움, 원조'] ① 타동사 '양이나 정도에 있어 더 크게 하다', 자라게 하다 cause to grow 고후 9:10; 독립적으로 자라게 하다 increase 고전 3:6f. ② 자동사 '더 커지다', 자라다, 늘어나다 grow, increase ⓐ 능동 의미의 수동태로 고후 10:15; 골 1:6; ὅταν αὐξηθῇ 다 자라면 마 13:32. ⓑ 능동태, 수동태와 유사하게: 식물과 관련하여 마 6:28; 눅 12:27; 13:19; 유아와 관련하여 1:80; 2:40; 사람의 모임과 관련하여 행 7:17; 하나님의 말씀과 관련하여 6:7 등. 예수님과 관련하여 태양에 비유해 요 3:30. 다양한 전치사와 엡 2:21; 4:15; 골 2:19; 벧후 3:18.

αὔξησις, εως, ἡ [αὔξω] 성장, 증가 growth, increase 엡 4:16; 골 2:19.
αὐξήσω αὐξάνω 미래 능동태 직설법.
αὔξω αὐξάνω를 보라.
αὔριον [산스크리트 연관어, 비교 ἕως/ἠώς/αὔως '새벽'; '이튿날'에서 기원, 그래서 '오래지 않아, 금방'] 부사 ① **이튿날, 내일** next day, tomorrow 행 23:20; 약 4:13. 관사가 동반하며, 문장에서 제시되는 ἡμέρα와 함께 마 6:34; 눅 10:35. ② 밤으로 나뉘어지는 간격에 초점 맞추어 **곧, 머지않아** soon, in a short time 고전 15:32; σήμερον과 함께(비교 영어 'here today, gone tomorrow'): 마 6:30; 눅 12:28.

αὐστηρός, ά, όν [αὖος '마른, 건조한', 비교 αὔω '바싹 말리다'; 가혹함의 정도에서 엄격하고 엄정하다는 의미로] '감독이나 기대가 엄격한', **깐깐한, 요구가 많은, 엄격한** punctilious, demanding, stern 눅 19:21f.

αὐτάρκεια, ας, ἡ [αὐτάρκης] ① 객체적으로: '필요가 충분히 채워진 상태', **충분함, 넉넉함** sufficiency 고후 9:8. ② 주체적으로: '필요에 대하여 만족함', **만족함** contentment 딤전 6:6.

αὐτάρκης, ες [αὐτός, ἀρκέω] 만족한, **자족하는**, 다른 이들에게 경제적인 부담을 지우지 않으려는 뜻을 담은 표현과 함께 짝을 이뤄 **스스로 만족하는, 자족하는** satisfied/content, self-sufficient/independent 빌 4:11.

αὐτοκατάκριτος, ον [αὐτός, κατακρίνω] 죄를 저지르거나 범죄를 깨달은 사람이 **스스로 단죄한, 정죄한** self-condemned 딛 3:11.

αὐτόματος, η, ον [αὐτός + 독립적인 행동을 나타내는 어근; '자신의 의지대로 행동하는'] '외부적인 작용 없이', **자발적인, 독자적인** by/of itself 막 4:28; 행 12:10.

αὐτόπτης, ου, ὁ [비교 αὐτός, ὁράω로부터 αὐτοπτέω '자신의 눈으로 보다'] **목격자, 증인** eyewitness 눅 1:2.

*** αὐτός, αὐτή, αὐτό [αὖ '다시, 한번 더'] 재귀대명사 ① 강조 표시, 그것을 통해 강조하거나 비교하는 대상에 집중하여 **자신** self: 특히 이름하거나 지시하는 존재에 관해 αὐ. Δαυίδ 다윗 자신, 다윗 스스로 막 12:36f; αὐτὸς Ἰησοῦς 예수께서 친히 눅 24:15; αὐ. ὁ θεός 계 21:3; αὐτὸς ἐγώ 나 스스로 15:14. 강세적 대명사(emphatic pronoun), 이전 내용에서 언급했던 존재를 강조하여 눅 11:52; 예수마 8:24; 더 알아볼 필요 없이 잘 알려진 존재를 언급할 때, 하나님. 히 13:5. 절정의 의미로 **조차, 까지** even 롬 8:21; 고전 11:14; 히 11:11. 시시적인 의미로 **바로 그** very 요 5:36b; αὐτὸς ὁ Ἰωάννης 바로 그 요한 마 3:4; ἐν αὐτῷ τῷ καιρῷ 바로 그 때 눅 13:1; αὐτὸ τοῦτο 바로 이런 고후 7:11; τοῦτο αὐτό, 부사 대격 = 바로 이런 이유로 2:3; 비교 벧후 1:5과 여러 이문에서. 독자적으로 행동하는 사람 요

2:25; αὐτὸς ᾠκοδόμησεν 자신이 (비용을) 부담하여 지어주었다 눅 7:5; αὐτὸς ὁ πατὴρ φιλεῖ ὑμᾶς 아버지(聖父)께서 친히 (즉 중재자 없이) 너희를 사랑하신다 요 16:27; αὐτὸς ἐγώ 나 자신이, 나 스스로 롬 7:25. ② 대명사 단독으로 쓰여, 다양한 강조 용법으로 **그, 그녀, 그것** he, she, it ⓐ 주격으로 마 14:2; 눅 4:15. ⓑ 더욱 빈번히 사격(斜格)으로: 속격 특히 소유대명사로 마 1:21; 막 8:10; 눅 1:36; 21:1; 롬 16:5; 딤후 2:17; 히 2:10; 여격 마 1:20; 3:7; 5:31; 눅 1:30; 히 6:16; 계 2:7; 18:6; 대격 마 2:13 6:26; 막 16:8; 눅 2:7; 요 9:21; 행 2:40; 롬 1:24; 계 2:2. ―관계사 다음에 용어법(冗語法)적으로: οὗ τὸ πτύον ἐν τῇ χειρὶ αὐτοῦ 그분은 그의 손에 키를 들고 마 3:12; 또한 막 1:7; 7:25; 요 6:39; 행 15:17; 계 3:8. ③ 관사 뒤에 이어서 매우 밀접한 연속성을 나타내는 표시로: ὁ αὐτός, ἡ αὐτή, τὸ αὐτό **그 동일한 일, 똑같은 것** the same 마 5:46; 막 14:39; 눅 2:8; 6:33; 롬 2:1; 히 1:12; 약 3:10; 벧전 4:1; 벧후 3:7. 어구: τὸ αὐτὸ λέγειν 동일하게 말하다, 말하는 것에 일치하다(비교 영어 have a meeting of minds). 고전 1:10; τὸ αὐτό 부사 같은 방법으로 마 27:44; ἐπὶ τὸ αὐτό 같은 자리에서, 다 함께 마 22:34; 고전 11:20; προστιθέναι ἐπὶ τὸ αὐτό 전체에 더하여지다 행 2:47; κατὰ τὸ αὐτό (모임 구성원이 동시에 존재한다는 뜻에서) 다 함께 together 14:1, 하지만 복수로 쓰이면 κατὰ τὰ αὐτά "그와 같이, 그와 똑같은 방법으로" 눅 6:23, 26; 17:30.

αὐτοῦ [정확히는 αὐτός의 중성 속격] 부사 화자나 서술자의 관점에서 상대적으로 가깝거나 먼 위치를 말할 때: **여기** here 마 26:36; 눅 9:27; **거기** there 행 15:34 이문; 18:19; 21:4.

αὐτόφωρος, ον [αὐτός, φώρ '도둑'] **자신에게 죄를 씌우는** self-incriminating, 본래 이 복합형용사는 스스로 증거를 남긴 도둑을 가리킬 때 주로 사용되었으나, 그리스 문학에서 특히 ἐπ᾿ αὐτοφώρῳ의 형태로 사용되어 모든 종류의 범죄에서 현행범을 가리키는 의미로 확장되었다(비교 영어 현행범으로 붙잡힌[caught red handed]). 요 8:4.

αὐτόχειρ, ρος [αὐτός, χείρ] **자기 손으로 하는** with dispatch 행 27:19.

αὐχέω [αὐχή '자랑, 자부심'] **자랑하다** boast 약 3:5.

αὐχμηρός, ά, όν [αὐχμός '가뭄'; '마른, 몹시 건조한'] **흐린, 어두운** murky/gloomy, 가뭄과 연관되어 먼지 날리는 상황과 관련된 것으로 보인다 벧후 1:19.

ἀφαιρέω [ἀπό, αἱρέω '더 이상 거기에 있지 않도록 하다', **없애버리다, 제거하다** take away, remove ⓐ 긍정적으로 눅 1:25; 롬 11:27; 히 10:4. ⓑ 부정적으로 눅 10:42; 16:3; 계 22:19; **잘라버리다**의 의미로 마 26:51.

ἀφανής, ές [ἀ- 부정(否定), φαίνω '볼 수 있게 준비되지 않은', **보이지 않는, 감추인** unseen, hidden οὐκ κτίσις ἀ. ἐνώπιον αὐτοῦ 그에게서 숨을 수 있는 창조물은 없다 히 4:13.

ἀφανίζω / ἀφθαρσία, ας, ἡ

ἀφανίζω [ἀφανής] '겉으로 나타나지 않는 상태가 되게 하다' ⓐ (가면을 쓴 배우처럼) **보이지 않게 숨기다** hide from view 마 6:16. ⓑ 시야에서 감춘다는 개념에서 '파괴'한다거나 그와 관련된 개념으로 한 걸음 나가 **제거하다, 파괴하다** consume, ruin 마 6:19f; 능동 의미의 수동태로 **사라지다, 멸망하다** disappear, perish 행 13:41; 언어유희로, 어떤 사람이 나타났다가 곧 **사라지다, 없어지다** disappear, perish 약 4:14(비교 마 6:16).

ἀφανισμός, οῦ, ὁ [ἀφανίζω] **소멸** disappearance, ἐγγὺς ἀφανισμοῦ 이내 사라지다 히 8:13.

ἄφαντος, ον [ἀ- 부정(否定), φαίνομαι] '나타남 없이', **보이지 않는, 감추인** invisible 눅 24:31.

ἀφεδρών, ῶνος, ὁ [ἀπό, ἕζομαι '앉다'에서 파생된 ἕδρα '자리'] **하수구, 변소, 화장실** drain, toilet, sewer 마 15:17; 막 7:19.

ἀφέθην, ἀφεθήσομαι ἀφίημι 제1부정과거 수동태 직설법, 미래 수동태 직설법.

ἀφειδία, ας, ἡ [ἀφειδής '가차없는'; 이는 ἀ- 부정(否定), φείδομμαι로 구성] **엄격한, 혹독한 취급** harsh/severe treatment 골 2:23.

ἀφεῖλον, ἀφελεῖν ἀφαιρέω 제2부정과거 능동태 직설법, 부정사.

ἀφεῖναι, ἀφείς ἀφίημι 제2부정과거 능동태 부정사 그리고 분사.

ἀφελότης, ητος, ἡ [ἀ- 부정(否定), φελλεύς '돌바닥'; '바위로 된 표면이 아니라, 부드러운, 따라서 '소박한, 단순한'] '꾸밈없는 특징을 가진 상태', **단순, 소박** simplicity, ἀφελότης καρδίας 진심 어린 너그러움, 또는 **순수한 의도**, 즉 다른 부대조건이 없는 접근법 행 2:46.

ἀφελπίζω ἀπελπίζω를 보라.

ἀφελῶ, ἀφέλωμαι ἀφαιρέω 제2미래 능동태 직설법, 제2부정과거 중간태 가정법.

ἄφες ἀφίημι 제2부정과거 능동태 명령법.

ἄφεσις, εως, ἡ [ἀφίημι '풀어주다', 주로 책임이나 부채에 대해 처벌하기를 거부하는 것에 관해] ① **석방** release 죄수들에 관해 눅 4:18a, 탄압받은 자들에 관해 18절b. ② ἁμαρτιῶν의 속격과 더불어 사용될 때는 갇힌 데서 풀어주거나 책임을 면제시켜주는 이미지로 확장되어: **용서, 해방, 탕감** forgiveness (of), release (from) 마 26:28 등; 비교 엡 1:7; 히 9:22; 10:18.

ἀφέωνται ἀφίημι 완료 수동태 직설법.

ἀφή, ῆς, ἡ [ἅπτω '매다'; '접촉점'] (관절의) **인대, 관절** ligament, contact 엡 4:16; 골 2:19.

ἀφῆκα, ἀφήσω ἀφίημι 제1부정과거 능동태 직설법, 미래 능동태 직설법.

ἀφθαρσία, ας, ἡ [ἄφθαρτος] **썩지 않음, 불멸** incorruptibility, immortality 롬 2:7; 고전 15:42 등; ἐν ἀ. 변함없이, 끊임없이, 멈추지 않고 unfailingly/

ἄφθαρτος, ον / ἄφιξις, εως, ἡ

endlessly/unceasingly 엡 6:24.

ἄφθαρτος, ον [ἀ- 부정(否定), φθείρω에서 파생한 φθαρτός '사멸하기 쉬운, 썩기 쉬운'] **썩지 않는, 죽지 않는** imperishable, immortal: 하나님에 관해 롬 1:23; 딤전 1:17; 시체 고전 15:52; 분노 9:25; 유산 벧전 1:4; 씨 23절; ἐν ἀ. (ἀνθρώπῳ) 썩지 않을 인격으로 3:4; 복음 선포 막 16장(짧게 끝나는 사본에서).

ἀφθονία, ας, ἡ [ἀ- 부정(否定), φθόνος] **질투로부터의 자유** freedom from envy 딛 2:7 ἀφθορία에 대한 이문.

ἀφθορία, ας, ἡ [ἀ- 부정(否定), φθείρω] **부패로부터의 자유** freedom from corruption, 가르침이나 개인적인 행동과 관련하여 딛 2:7.

ἀφίδω ἀφοράω 제2부정과거 능동태 가정법.

ἀφιέναι ἀφίημι 현재 능동태 부정사.

** **ἀφίημι** [ἀπό, ἵημι '풀어주다, 놓아주다'] ① '있는 사람을 놓아주다', 무리를 떠나 **보내다** send away 마 13:36; 법적인 의미로 **이혼하다** divorce 고전 7:11-13; **포기하다** give up 마 27:50; 막 15:37. ② '의무에서 놓아주다', **취소하다, 용서하다, 탕감하다** cancel, forgive ⓐ 금전적 채무 마 18:27, 32. ⓑ 범죄 마 6:12 등 자주 ἁμαρτία와 함께; 비교 12:31f; 막 11:25; 눅 12:10; 행 8:22. ③ '뒤에 남겨두고', **떠나다** leave 마 4:11; 8:15; 26:44; 막 13:34; **뒤에 남겨두다** leave behind 마 26:56; 요 10:12; 비교 마 23:23 무시한다는 의미로 **포기하다, 버린다** give up, abandon 롬 1:27; 계 2:4.—어떤 이의 유익을 위하여 남겨둔다는 뜻으로 요 14:27; 비교 명령법 ἄφες αὐτῷ καὶ τὸ ἱμάτιον "그 사람이 당신의 외투를 가지게 하라" 마 5:40. ④ **버려두다, 놓아두다** leave standing/lying 마 4:20; 5:24; 막 13:2. ⑤ 허락한다는 의미, **허락하다, 용인하다, 내버려 두다, 관용하다** let, let go, allow, tolerate 마 13:30; 15:14; 막 5:19; 7:12; 행 5:38; 계 2:20; ἐὰν ἀφῶμεν αὐτόν 우리가 그를 (이렇게 계속 행동하도록) 내버려 두면 요 11:48. 비교 명령법 ἄφες 가정법과 더불어 마 7:4; 막 15:36; ἵνα 그리고 가정법과 더불어, ἄφες αὐτὴν ἵνα τηρήσῃ αὐτό 그대는 그녀가 그렇게 하도록 그녀를 내버려 둬라 요 12:7.

ἀφικνέομαι [ἀπό, ἱκνέομαι '이르다] '어떤 지점에 도착하다', 그러나 예전 용법처럼 물리적 공간에 이른다는 의미는 아니다. **도달하다, 이르다 = 알려지다** become known to 롬 16:19.

ἀφιλάγαθος, ον [ἀ- 부정(否定), φίλάγαθος; 신약 이전에는 발견되지 않음] **선함에 관심이 없는, 선한 이에게 적대하는** with no interest in goodness (책임 있는 시민에 관한 그리스적 관점에 대한 반의어) 딤후 3:3.

ἀφιλάργυρος, ον [ἀ- 부정(否定), φιλάργυρος] **돈을 사랑하지 않는, 탐욕스럽지 않은** not loving money, not greedy 딤전 3:3; 히 13:5.

ἄφιξις, εως, ἡ [ἀφικνέομαι 보통은 '도착하다'는 의미로] **출발, 떠남** departure,

어떤 이가 지나온 지점에 초점 맞추어 행 20:29.

ἀφίστημι [ἀπό, ἵστημι] ① '언급한 장소에서 옮기게 하다', 타동사, 충성심이 이동하는 것과 관련하여 **떼어놓다, 반역하게 하다** draw away, incite to rebellion 행 5:37. ② '어떤 사람이나 일에서 물러나다', 자동사(중간태 변화형 그리고 제2부정과거, 완료, 과거완료 능동태) ⓐ **떠나다, 거절하다** depart, stay away, withdraw 눅 2:37; 13:27; 행 5:38; 12:10; 19:9; 어떤 질병에 대해 고후 12:8. ⓑ 배교자에 대해 **버리고 떠나다** turn away from 눅 8:13; 딤전 4:1; 히 3:12.

ἄφνω [어원은 불분명, 비교 ἄφαρ '당장, 갑자기'] 부사 **갑자기, 예기치 않게** suddenly, unexpectedly 행 2:2; 16:26; **즉시, 바로** immediately, at once 행 28:6.

ἀφόβως [ἀ- 부정(否定), φόβος] 부사 **두려움 없이** without fear 눅 1:74; 빌 1:14; 고전 16:10, **겁먹지 않았다는** 뜻으로; 유 12, **책임 의식을 느끼지 못하고** 행동한다는 의미로.

ἀφομοιόω [ἀπό, ὁμοιόω] **~처럼 만들다, 유사하게 만들다** make like/similar 히 7:3.

ἀφοράω [ἀπό, ὁράω; '~로부터 눈길을 돌리다'] '무엇으로부터 눈길을 돌린다'는 중심 의미는 그 밖의 다른 곳에 관심을 집중시킨다는 의미를 만들어낸다. ~에 **주의하다, 주목하다** pay attention to, fix one's eyes on 히 12:2; **보다, 알아내다** see, determine, 기다리는 사건에 대하여 자세한 내용을 확보한다는 의미로 빌 2:23.

ἀφορίζω [ἀπό, ὁρίζω] ① '경계선을 표시하여 분리하다', **떼어놓다, 분리시키다** separate, take away 마 13:49; 25:32; 행 19:9; 갈 2:12; **쫓아내다, 추방하다** exclude, excommunicate 눅 6:22. 중간태 의미의 수동태로 **나뉘다, 떨어지다** be separate 고후 6:17. ② '어떤 목적을 위해 선택하다', **구별하다** set apart 갈 1:15; 행 13:2; 롬 1:1.

ἀφοριῶ ἀφορίζω 미래(아티카) 능동태 직설법.

ἀφορμή, ῆς, ἡ [ἀπό, ὁρμή '전진하는 빠른 동작'] '어떤 일을 시작하는 시작점이나 상황 설정', **기회, 경우, 핑계, 구실** occasion, opportunity, excuse/pretext 눅 11:53 이문; 롬 7:8, 11; 고후 5:12; 11:12; 갈 5:13; 딤전 5:14.

ἀφρίζω [ἀφρός] (입에 있는) **거품을 일으키다** foam 막 9:18, 20.

ἀφρός, οῦ, ὁ [산스크리트 abhrám '나쁜 날씨'] '거품 있는 덩어리', 간질 발작 과정에서 **거품** foam 눅 9:39.

ἀφροσύνη, ης, ἡ [ἄφρων] '훌륭한 감각이 없음', **지각없음, 어리석음** lack of sense, foolishness 막 7:22; 고후 11:1, 17, 21.

ἄφρων, ον, 속격 **ονος** [ἀ- 부정(否定), φρήν] '상식이나 정상적인 지성을 사용하지 않는', 결론을 이끌어 내거나 행동을 취하기 전에 다양한 측면을 헤아리

지 못하는 사람의 특징, **지각없는, 어리석은, 우매한** senseless, foolish 눅 11:40; 12:20; 롬 2:20; 엡 5:17; 벧전 2:15.

ἀφυπνόω [ἀπό, ὕπνος에서 ὑπνόω '잠을 자다'] **잠들다** fall asleep 눅 8:23.

ἀφυστερέω [ἀπό, ὑστερέω '늦다'] **주지 않다, 거리를 두다** withhold, keep back, 수동태 품삯이 지불되지 않는 사람들에 대해 약 5:4 이문.

ἀφῶμεν ἀφίημι 제2부정과거 능동태 가정법.

ἄφωνος, ον [ἀ- 부정(否定), φωνή] ① '성대를 사용하지 않는', 유순한 양이 소리 없는, **잠잠한** mute/silent 행 8:32. ② '어떤 발언도 할 능력이 없는', **말 못하는, 벙어리의** mute 고전 12:2. ③ '인간의 말을 할 수 없는', 발람의 나귀가 **말하지 못하는** speechless, 벧후 2:16. ④ '의미가 없는', **알아들을 수 없는, 의미 없는** unintelligible 고전 14:10.

Ἀχάζ [히브리어 '그가 붙잡으셨다'] **아하스, 아하즈** Ahaz 마 1:9. 이 왕에 대해서는 왕하 16-17장을 보라.

Ἀχαΐα, ας, ἡ [ἀχαῖοι, 히타이트와 이집트 문헌, 그리고 호메로스의 작품에서 그리스인들을 나타내는 용어] **아가야, 아카이아** Achaia, 지방 총독에 의해 기원전 27년에서 기원후 15년까지 통치된 로마 속주였으며, 잠시 황제 직할 속주(imperial province)가 되었다가, 다시 기원후 44년에는 지방 총독이 다스렸다. 여기에는 그리스의 가장 중요한 부분들이 포함되는데 보에티아, 아티카, 그리고 펠로폰네소스 등이 있다. 행 18:12; 고전 16:15; 살전 1:7f.

Ἀχαϊκός, οῦ, ὁ [Ἀχαῖα] **아가이고, 아카이코스** 바울의 동료 중 한 사람 고전 16:17.

ἀχάριστος, ον [ἀ- 부정(否定), χαρίζομαι] **은혜를 모르는, 고마운 줄 모르는** ungrateful 눅 6:35; 딤후 3:2.

Ἀχάς Ἀχάζ에 대한 이문.

Ἀχείμ Ἀχίμ을 보라.

ἀχειροποίητος, ον [ἀ- 부정(否定), χειροποίητος] **손으로 만들지 않은 = 인간이 만든 것이 아닌** 막 14:58; 고후 5:1; 할례에 대해 골 2:11.

Ἀχελδαμάχ Ἀκελδαμάχ을 보라.

ἀχθῆναι, ἀχθήσεσθαι ἄγω 제1부정과거 수동태 부정사, 제1미래 수동태 부정사.

Ἀχίμ, ὁ [명백하게 히브리어 기원] 격변화 없음, 예수의 조상 **아킴** Achim 마 1:14.

ἀχλύς, ύος, ἡ [어원은 확인되지 않았다. 호메로스 작품에서는 '안개' 또는 '깜깜함'이 죽어가는 사람의 눈에 갑자기 찾아오는 현상을 묘사할 때 종종 사용되었다] **안개 = 시력 감퇴** mist = dimness of sight 행 13:11.

ἀχρεῖος, ον [ἀ- 부정(否定), χρεῖος '유용한'] '필요에 부합하지 않는', **쓸모없는, 무익한, 쓸데없는** useless, unprofitable, good-for-nothing, 경제적 가치에 초점

맞추어 마 25:30; 종으로 자신을 낮춤에 대해 눅 17:10.

ἀχρειόω [ἀχρεῖος; '쓸모없는, 무익한'] 능동 의미의 수동태로, **쓸모없게 되다** become worthless, 즉 개인적인 타락 때문에 사회적으로 가치가 없어지다 롬 3:12.

ἄχρηστος, ον [ἀ- 부정(否定), χρή에서 χρηστός] **소용없는, 가치 없는** useless, worthless, 언어유희로 εὔχρηστος와 함께 몬 11.

ἄχρι, ἄχρις [비교 μέχρις; 시간이나 공간의 '어떤 지점까지'] 두 지점 사이의 연속성에 초점을 맞추어 지시하는 역할을 하는 단어 ⓐ 시간의 확장에 대해 '~을 향해 또는 까지', **~까지** until ⓐ 속격 지배 전치사로 마 24:38; 눅 1:20; 행 3:21; 롬 1:13; ἄ. τέλους 마지막 까지 히 6:11; ἄ. ἡμερῶν πέντε 5일 이내에 행 20:6; ἄ. θανάτου = 죽이기까지 (형벌로서) to the death 행 22:4. ⓑ 접속사로 관계사 ἄ. οὗ와 함께 **~할 때까지** until 행 7:18; 27:33; 부정과거 가정법을 동반하여 눅 21:24; 롬 11:25. 관계사 οὗ 없이 계 7:3 등 계시록에서 자주. ② '어떤 지점에 이르기까지', 속격과 더불어 **~하는 때까지** as far as 행 22:22; 히 4:12; ἦλθεν ἄ. ἐμοῦ "내가 있는 곳으로 왔다" 행 11:5.

ἄχυρον, ου, τό [어원은 불분명, 비교 ἄχωρ '비늘 같이 피부에 붙은 것, 비듬'] **겉껍질, 쭉정이** chaff 마 3:12; 눅 3:17.

ἅψας ἅπτω 제1부정과거 능동태 분사.

ἀψευδής, ές [ἀ- 부정(否定), ψευδής; '속이지 않는'] '거짓말을 하지 않는', **거짓 없는, 진실한** truthful 딛 1:2.

ἀψίνθιον, ου, τό/ἄψινθος, ου, ἡ [아마도 외래어] '향쑥'(Artemisia) 종류에 속하는 식물로서 쓴맛이 나는 것으로 널리 알려진 **쑥, 약쑥** wormwood, 비유로 쓴 물에 대해 계 8:11b 그리고 언어유희로, 어떤 별에 붙인 상상의 이름 쑥 Wormwood 계 8:11a.

ἄψυχος, ον [ἀ- 부정(否定), ψυχή] '생명 작용을 하는 유기체와 구별되는 무기물의 상태나 상황적 특징에 대해', **무생물의, 생명 없는** inanimate, lifeless 고전 14:7.

B

β ´ 숫자 표시 = **두 번째** second 고린도'후서'; 데살로니가'후서'; 디모데'후서'; 베드로'후서'; 요한'이서' 등의 표제에서처럼.

Βάαλ, ὁ [히브리어 '주'(主)] 격변화 없음. **바알** Baal 롬 11:4.

Βαβυλών, ῶνος, ἡ [히브리어; 바빌로니아의 수도를 나타내는 아시리아어 바빌리는 보통 '신들의 문'으로 번역된다] **바벨론, 바빌론** Babylon 황성(皇城) 마 1:11f, 17; 행 7:43. 종교적·경제적·정치적으로 억압적인 힘의 상징으로 계 14:8; 18:10, 21; 벧전 5:13에서는 아마도 로마에 대한 암호.

βαθέως βαθύς의 속격.

βαθμός, οῦ, ὁ [βαίνω '걸어가다, 내딛다'; '문턱', 눈금의 '단계'나 악보에서 '음계'] ① 계단의 한 **단(계)** step 행 12:10 이문 ② 사회적 인식으로 의미가 전환되어 (비교 '정도' degree의 용례) **계급, 지위** rank, standing 딤전 3:13.

βάθος, ους, τό [비교 βαθύς 반의어 ὕψος] **깊이** depth 마 13:5; 막 4:5; τὸ βάθος 깊은 물 눅 5:4. 비유로 가늠하기 어려운 것에 대해: 하나님의 심오한 생각이나 계획들 롬 11:33; 유사하게 고전 2:10; 가난에 대해 κατὰ β. 매우 깊은, 극심한, 끝이 없는 고후 8:2. 아마도 초월적인 존재에 대해 롬 8:39; 엡 3:18.

βαθύνω [βαθύς; '깊게 하다'] '거주하기 위해 단단한 기초를 준비하다', **깊게 하다, 구멍파다, 깊이 내려가다** go (down) deep 눅 6:48.

βαθύς, εῖα, ύ [어원은 미상] '꼭대기에서 상대적으로 멀리 떨어진 아래 지점에 이르는', **깊은** deep, 우물에 관해 요 4:11. 최대치에 근접한 요소는 쉽게 다른 현상으로 전환된다. **새벽** ὄρθρου βαθέως 이른 새벽에 눅 24:1; ὕπνος βαθύς 깊은 잠 행 20:9; τὰ βαθέα τοῦ σατανᾶ 사탄의 깊은 것들 계 2:24.

βαΐον/βάϊον, ου, τό [콥트어 차용] **종려 가지** palm branch 요 12:13.

Βαλαάκ Βαλάκ을 보라.

Βαλαάμ, ὁ [히브리어] 격변화 없음. **발람** Balaam 벧후 2:15; 유 11; 계 2:14. 민 22-24장을 보라.

Βαλάκ, ὁ [히브리어] 격변화 없음. **발락** Balak 모압 왕. 계 2:14. Βαλαάμ을 Βαλαάκ으로 표기한 곳 유 11 이문. 민 22-24장을 보라.

βαλλάντιον, ου, τό [어원은 불분명] **전대(錢臺), 지갑, 돈주머니** money-bag, purse 눅 10:4; 12:33; 22:35f.

**βάλλω [산스크리트 연어어; '던지고, 투척하고, 퍼붓는' 강력한 행동(특별히 던지

βαλῶ / βαπτιστής, οῦ, ὁ

는 발사체 무기에 대해), 또한 '두다, 놓다, 위치시키다'와 같이 더 광범위한 의미에서] ① '격렬한 행동으로 움직이게 하다', **던지다** throw 마 3:10; **(씨)뿌리다, 흩어 버리다** sow, scatter 막 4:26; 눅 23:34; **붓다** pour 마 9:17; 요 13:5; 비교 **토해내다, 뱉다** spew/spit 계 12:15; **떨어뜨리다** drop 계 6:13. ─특수 용법: 추첨에 대해 β. κλῆρον 제비뽑기하다 마 27:35; β. εἰς φυλακήν 감옥에 처넣다 계 2:10; β. εἰς κλίνην 병상에 눕히다 2:22. ἔξω β. 내던지다, 제거하다, 없애버리다, 삭제하다 throw out, discard, get rid of, eliminate 마 13:48; 비교 요일 4:18. ─수동태 질병 때문에 기대어 있는 상태 **눕다** lie 마 9:2; 비교 눅 16:20. ② '어떤 장소로 이끌다', **놓다, 두다** put 막 7:33; 12:41-44과 병행구. 어떤 사상이나 생각과 관련하여 β. ἵνα 요 13:2; 거름을 **주다** apply 눅 13:8; **내려놓다** lay 계 4:10; 비유로 계 2:14; (낫을) **휘두르다** swing 계 14:19; 재정적인 입출금에 대해 **저축하다** deposit 마 25:27. ─어떤 상황을 일으킴에 대해 β. εἰρήνην 평화를 가져오다 bring peace 10:34. ③ '힘차게 움직이다', 자동사 **도망치다, 돌진하다** break loose, rush κατά와 더불어 **휘몰아치다** 행 27:14.

βαλῶ βάλλω 미래 능동태 직설법.

* **βαπτίζω** [βάπτω; '담그다, 빠뜨리다, 물에 집어넣다'] 신약에서는 의식(儀式)에 관계되거나 종교 예식에 따른 씻음에 관해서만 ⓐ 이스라엘 민족의 전통에서 **씻다, 정결하게 하다** wash, purify 막 7:4; 눅 11:38. ⓑ 예수의 존재와 사역에 따라 소개되는 이스라엘 사람들의 삶의 새로운 상태와 관련하여 **잠그다, 빠뜨리다, 거꾸러뜨리다, 씻다, 세례 주다** immerse, dip, plunge, wash, baptize ㉠ 세례 요한의 사역과 연결되어 마 3:11a; 막 6:14; 눅 7:29. ㉡ 그리스도를 따르는 공동체의 시작됨에 대하여 막 16:16; 행 2:41; 고전 12:13; 갈 3:27. ㉢ 확장된 의미로 마 3:11b; 막 1:8; 10:38; 눅 12:50; 비교 모형론적인 용례 고전 10:2.

βάπτισμα, ατος, τό [βαπτίζω] '의식적인 씻음', **거꾸러뜨림, 빠뜨림, 씻는 예식, 세례(洗禮)** plunging, dipping, waterrite, baptism 마 3:7; 막 11:30; 롬 6:4; 엡 4:5; βαπτίζεσθαι βάπτισμα 세례를 받다 눅 7:29. 확장된 의미로 순교에 대하여 막 10:38f; 눅 12:50. 언어유희로 벧전 3:21.

βαπτισμός, οῦ, ὁ [βαπτίζω; 기독교 작가들에서만 발견됨] '의식적인 관점에서 씻음' ⓐ 다양한 정결 예식에 관하여 **씻음, 정결케 함** washing, cleansing 막 7:4, 8 이문; 히 9:10. ⓑ 특별한 의미로, 그리스도와 함께 장사된다는 의미로 기독교인이 물에서 하는 예식에 관하여 **(물에) 빠지는 의식, 세례** plunging experience, baptism 골 2:12. ⓒ 히 6:2 기독교 공동체에서 논의된 정결 예식에 관련된 사항을 말하는 것으로 반드시 ⓐ나 ⓑ에 제한된 것으로 볼 필요는 없다.

βαπτιστής, οῦ, ὁ [βαπτίζω] **세례 베푸는 사람, 세례자** Baptizer, Baptist, 예수보다 먼저 온 인물인 요한의 별명 마 3:1; 11:11f; 14:2 등.

βάπτω / βάρος, ους, τό

βάπτω [비교 βαφεύς '염색업자'] '어떤 것을 적시기 위해 액체에 담그다', **빠뜨리다, 담그다** dip, dip in 눅 16:24; 요 13:26. 계 19:13의 문맥에 나타나는 이미지에서는 **염색하다, 물들다** dye의 의미가 어울린다. 이는 사상자와 관련한 군사적인 서술에서 일반적인 표현이다.

βάρ [아람어 = '아들'] 격변화 없음, **아들** son, 다른 사람 이름과 합쳐져서, Βαριωνᾶ/Βαριωνᾶς를 보라.

Βαραββᾶς, ᾶ, ὁ [아람어 '아빠스의 아들'; 보통 이름] **바라바, 바라바스** Barabbas, 수난 기사에 나오는 범죄자 마 27:20f, 26과 병행구. 마 27:16f, 옛 전승에 따르면 그의 전체 이름은 Ἰησοῦς Βαραββᾶς 예수 바라바로 기록되어 있다.

Βαράκ, ὁ [히브리어] 격변화 없음. **바락** Barak 히 11:32. 삿 4장 이하를 보라.

Βαραχίας, ου, ὁ [마소라 본문] **바라야, 바라키아스** Barachiah, 살해된 스가랴의 아버지 마 23:35. 비교 대하 24:20f, 스가랴가 여호야다의 아들로 나온다. 이러한 혼동에 대해서는 주석들을 참조하라.

βάρβαρος, ον [의성어(擬聲語) = '그리스인의 관점에서 외국인', 유사하게 라틴어 barbarus; 영어의 'barbarian'처럼 경멸하는 의미를 담고 있지는 않다] ① 형용사로 '외부인이 알아들을 수 없는 소리를 내는', **외국어의, 외국어를 말하는** of foreign tongue, foreign speaking 고전 14:11. ② 명사로 ①과 연결되어 **비그리스인, 외국인** a non-Hellene, foreigner 행 28:2, 4; 롬 1:14; 골 3:11.

βαρέω [βαρύς] 신약에서 수동태로만 사용되는 말로 **침체시키다, 내리누르다, 짐을 지우다** depress, weigh down, burden ⓐ 눈에 영향을 주는 육체적 피로 마 26:43; 막 14:40 이문; 눅 9:32. ⓑ 다른 다양한 상태나 상황 눅 21:34; 고후 1:8; 5:4; 딤전 5:16.

βαρέως [βαρύς] 부사 **어렵게** with difficulty β. ἀκούειν 듣기가 어려운 마 13:15; 행 28:27; 두 구절 모두 70인역 사 6:9을 인용했다.

Βαρθολομαῖος, ου, ὁ [아람어 '톨마이의 아들'] **바돌로매, 바르톨로마이오스** 열 두 사도의 한 사람 마 10:3; 막 3:18; 눅 6:14; 행 1:13. 어떤 이들은 그를 나다나엘로 보기도 한다. Ναθαναήλ을 보라.

Βαριησοῦς, οῦ, ὁ [아람어 '여호수아의 아들'] **바예수, 바르이에수스** Bar-Jesus, 가짜 예언자 행 13:6.

Βαριωνᾶ/Βαριωνᾶς, ᾶ, ὁ [아람어 '요나의 아들'] **바요나** Bar-Jonah, 사도 시몬(베드로)의 별명 마 16:17.

Βαρναβᾶς, ᾶ, ὁ [어원은 불분명; 행 4:36에 나온 υἱὸς παρακλήσεως 번역은 민간 어원설을 반영하는 것으로 보인다] **바나바, 바르나바스** 사도이자 바울의 일시적인 동료 행 4:36 등.

βάρος, ους, τό [비교 βαρύς; '무게, 짐', 물질적이거나 비물질적인 것] 신약에

서는 비유로만 사용되는 말로 ① '사람에게 불편함을 야기시키는 어떤 것', **부담, 짐** burden, load 마 20:12; 갈 6:2; 특별한 의무에 대해 행 15:28; 계 2:24. —언어유희로 '가벼운 시련'에 상대적으로, 모순어법 효과로 αἰώνιον βάρος δόξης 영원한 영광의 무게 고후 4:17. ② 숙어: **중요성을 역설하다** make a claim of importance ἐν β. εἶναι (비교 영어 **권력을 휘두르다**, 'throw one's weight around') 살전 2:7.

Βαρσαββᾶς, ᾶ, ὁ [아람어, 아마도 = 바르-샤바 '안식일(sabbath)의 아들', 즉 안식일에 태어난] **바사바** 조상의 이름을 따서 ① 유스도라 별명하는 요셉, 사도로 뽑힐 수 있었던 후보자 중 한 명 행 1:23. ② 유다, 안디옥에 보내는 특사 행 15:22.

Βαρτιμαῖος, ου, ὁ [어원은 불분명] **바디매오, 바르티마이오스** 맹인의 이름 막 10:46.

βαρύνω [βαρύς, 비교 βάρος; = βαρέω, 후기 그리스어에서 더 선호됨] 확장된 의미에서 **내리누르다, 짐이 되다** weigh down, load 눅 21:34 이문; 행 3:14 이문; 28:27 이문; 고후 5:4 이문.

βαρύς, εῖα, ύ [산스크리트 기원, 비교 라틴어 *gravis* '무거운, 무게가 있는'] 신약에서는 항상 신체적으로 '무게가 나간다'는 중심 의미에서 전환된 뜻으로만 사용된다: **부담스러운, 힘든** burdensome 요일 5:3; **인상적인** impressive 고후 10:10; 사건이 **심각한** serious 행 25:7; 늑대와 관련된 비유에서 **탐욕스러운** rapacious 20:29. —비교 τὰ βαρύτερα τοῦ νόμου 율법의 더욱 중요한 측면들 마 23:23.

βαρύτιμος, ον [βαρύς, τιμή] **값나가는, 비싼** costly, expensive 마 26:7.

βασανίζω [βάσανος; 주로 '시금석을 문지르다', 그래서 '면밀히 조사하다', '고문하다'] '극심한 고통을 당하다', **심하게 괴롭히다, 고통을 안겨주다, 고문하다** afflict, torment, torture 마 8:6, 29; 막 5:7; 눅 8:28; 벧후 2:8; 계 9:5; 11:10; 12:2; 14:10; 20:10. 배나 선원이 안 좋은 기상 상황을 경험하는 것에 대해, 능동 의미의 수동태로 **어려움을 겪다, 시달리다** labor 마 14:24; 막 6:48.

βασανισμός, οῦ, ὁ [βασανίζω] 능동 의미로 고통을 가하는 것에 관련해 **고문** torture 계 9:5b; 수동 의미로 고문을 통하여 느끼는 **고통** torment 9:5a; 14:11; 18:7, 10, 15.

βασανιστής, οῦ, ὁ [βασανίζω] **간수** jailer 무자비한 태도나 행동의 요소를 암시하여 마 18:34.

βάσανος, ου, ἡ [이집트를 거친 동방 기원으로 추정; '시금석', 금의 순도를 검사하기 위해 사용된다. 처벌을 위한 조사를 포함하여 다양한 종류의 검사에 대해서도 사용되었으며, 다양한 원인에서 오는 고통이나 어려움으로 의미가 확장되었다] 형벌과 관련한 **심각한 고통** torment 눅 16:23, 28; 형벌이라는 측면에 초점 맞추지 않고 **괴로움** misery 마 4:24.

βασιλεία, ας, ἡ / βαστάζω

** βασιλεία, ας, ἡ [βασιλεύω] ① '다스리는 행위'의 총체로서, **왕위, 왕권, 통치권, 치세** kingship, royal power/rule/reign 눅 19:12; **왕의 통치 영역** royal jurisdiction 계 1:6. ㅡ이스라엘이 가진 소망의 대단한 성취로서 특별히 하나님의 **통치** reign 눅 1:33; 약 2:5; 비교 마 13:19; 눅 12:32; 22:29; 행 20:25; 고전 15:24. τῶν οὐρανῶν과 같이 자주 속격과 더불어 마 3:2; τοῦ θεοῦ 마 6:33; 눅 23:51; 요 3:3; τοῦ πατρός 마 26:29; τοῦ κυρίου 벧후 1:11. ② 환유적으로 '왕이 다스리는 지역', **왕국** kingdom 마 4:8; 막 3:24; 6:23; 눅 21:10.

βασίλειος, ον [βασιλεύς] **왕에게 속한, 왕실의** royal 벧전 2:9. 자주 복수로 τὰ β. **왕의 거주지, 왕실, 왕궁** kingly dwelling, royal residences/palaces 눅 7:25; 단수 β. 관사 없이, 아마도 베드로 서신의 의미는 이것으로 보인다.

** βασιλεύς, έως, ὁ [어원은 불분명] **왕, (최고의) 통치자** king, (chief) ruler 마 2:1; 막 6:14; 눅 14:31; 행 7:10; 고후 11:32; 히 7:1f; 복수 마 17:25; 행 4:26; 계 1:5. 로마 황제에 대해 벧전 2:13, 17; 아마도 로마 황제에 대해 계 17:9, 12; 비교 일반적인 용법 딤전 2:2. 메시아적인 왕이나, 예수에 대해 마 2:2; 막 15:2; 눅 23:2, 3; 요 1:49; 계 17:14. 하나님에 대해 마 5:35; 딤전 1:17; 6:15. 지하 세계의 왕 계 9:11.

βασιλεύω [βασιλεύς] **절대적 영향력을 지니다, 통치하다** be king, rule 딤전 6:15; 단순 속격으로, ~을, ~에 대해 over/of와 함께 마 2:22; 또한 ἐπί에 속격을 더하여 계 5:10, 또는 대격 눅 1:33. 비유로 롬 5:14; 5:21ab; 6:12. ㅡ부정과거로 β. = **왕이 되다** become king 고전 4:8; 계 11:17; 19:6.

βασιλικός, ή, όν [βασιλεύς] '왕에게 속하거나 관련되어', **왕의, 왕실의** royal 행 12:20f; νόμος β. 약 2:8. ㅡ명사로서 아마도, '왕을 섬기는 역할을 하는 사람', **왕실 관리, 조신(朝臣)** royal official, courtier 요 4:46, 49.

βασιλίσκος, οὐ, ὁ [βασιλεύς의 지소사] 명사로서 **왕실 관리** royal official 이 문 요 4:46, 49.

βασίλισσα, ης, ἡ [= 오래된 형태 βασιλίς/βασίλεια, βασιλεύς 여성형] **여왕** queen 마 12:42; 눅 11:31; 행 8:27; 계 18:7.

βάσις, εως, ἡ [βαίνω '걷다, 걸음하다'; '걷기, 걸음', 따라서 '발'을 디디는 것에 대하여] **발** foot 행 3:7.

βασκαίνω [비교 βάζω '말', βάξις '신탁의 말] 비유로 **호리다, 미혹하다** bewitch 악한 눈으로, 해로운 영향에 대해 갈 3:1.

βαστάζω [비교 βάσταγμα '부담되는 것, 짐이 되는 것'] ① '무엇을 어떤 장소에서 치워버리다', 손으로 **들어올리다** lift 요 10:31. ② '짐을 감당하다', **부담하다, 옮기다** bear, carry 마 3:11, 이 구절이 ③에 속한 것이 아니라면; 막 14:13; 눅 7:14; 11:27; 22:10; 요 12:6; 19:17. 비유로: 마 20:12; 요 16:12; 롬 11:18; 갈 6:2; β. κρίμα 자신의 심판을 감당하다, 벌을 받다. 갈 5:10; 어떤 일을 참고 받아들인다는 것

에 초점 맞추어 **견디다, 인내로 참아내다** endure, bear patiently 롬 15:1; 계 2:3. ③ '어떤 위치에서 제거하다' ⓐ **가져가 버리다, 제거하다, 치우다** carry away, remove, take 요 20:15 그리고 아마도 마 3:11; 의미가 전환되어, 질병에 대해 8:17. ⓑ **빼돌리다, 도둑질하다** pilfer, steal 요 12:6.

βάτος, ου, ὁ/ἡ [어원은 불분명] **가시덤불, 검은딸기나무** thornbush/bramble 눅 6:44; 행 7:30, 35; ἐπὶ τοῦ βάτου 막 2:26; 눅 20:37.

βάτος, ου, ὁ [히브리어] '히브리인들이 대략 34리터 정도의 액체를 재는 단위 (바트)', **물 항아리, 도량기** jug, measure 눅 16:6.

βάτραχος, ου, ὁ [어원은 불분명] **개구리** frog 계 16:13.

βατταλογέω [의성어 접두어, λογέω, 비교 βατταρίζω '말을 더듬다' 그리고 라틴 어 buttubatta 에이 시시하다'] '되풀이하는 방식으로 말하다', **횡설수설하다, 지껄이다** babble, prattle 마 6:7; 눅 11:2 이문.

βδέλυγμα, ατος, τό [βδελύσσομαι, 비교 βδελυρός '혐오하는, 매우 싫어하는'] 신약에서는 항상 하나님과 경건한 성도들에게 매우 불쾌한 어떤 것에 대하여 **혐오스러운 것, 가증스러운 것, 흉물스러운 것** detestable/abhorrent thing, abomination 눅 16:15; 계 17:4f, 21:27; τὸ β. τῆς ἐρημώσεως 황폐함을 불러오는 가증스러운 것, 멸망을 부르는 타락 마 24:15; 막 13:14.

βδελυκτός, ή, όν [βδελύσσομαι] **가증스러운, 혐오스러운, 흉물스러운** detestable, abhorrent, abominable 딛 1:16.

βδελύσσομαι [비교 βδέλυγμα] '매우 혐오스럽게 생각하다', **혐오하다, 몹시 싫어하다** abhor, detest 롬 2:22; 완료 수동태 분사 ἐβδελυγμένος **흉물스러운 짓을 하는 (사람)** 계 21:8.

βέβαιος, α, ον [βαίνω '걷다, 걸음하다'의 완료형에서 발전하여: βέβηκα '서 있는', 여기에서 '견고한, 흔들림 없는'] 신약에서는 항상 은유적으로 사용되어 영속적인 안정성에 초점 맞추어 ⓐ **안전한** secure 소망을 닻에 빗대어 히 6:19. ⓑ 단순한 은유로: **확고한 근거가 있는, 견고한** firmly based, firm 고후 1:7 붕괴의 위험이 없는 소망에 대해; 히 3:6 이문, 14; **신뢰할 만한** dependable 벧후 1:19; **유요한** valid 롬 4:16; 히 2:2; 9:17; 벧후 1:10.

βεβαιόω [βέβαιος] '의심의 여지가 없다', **확인하다, 확고히 하다, 입증하다** confirm, establish, validate 막 16:20; 롬 15:8; 고전 1:6, 8; 고후 1:21; 골 2:7; **보증하다** guarantee 법률 용어 히 2:3; 비교 13:9. 아마도 신약의 초기 청중과 독자들에게는 이 본문들이 상업적인 의미를 가진 구문으로 보였을 것이다.

βεβαίωσις, εως, ἡ [βεβαιόω; 자주 법률 용어로서] '확인하고 확고히 하는 과정', 비유로 법적인 보증에 대해 **증명, 보증** certification, guarantee 히 6:16. 변증적인 맥락에서 빌 1:7에 존재하는 법적인 비유는 **법률적인 증명** legal

βεβαμμένος / Βεώρ, ὁ

confirmation의 의미를 나타낸다.

βεβαμμένος βάπτω 완료 수동태 분사.

βέβηλος, ον [비교 βαίνω '걷다' 그리고 βῆλος '문지방'; 문지방을 넘는다는 개념에서 공개적인 영역, 특히 종교적인 사용 때문에 구별되지 않은 곳으로 의미가 전개되어 **'(누구나) 접근할 수 있는, 세속적인**'; 비교 라틴어 *profanus*] '거룩함의 개념과 일치되지 않는' 사람과 관련해서 **불경한, 세속적인, 신성모독적인** irreverent, worldly, profane 딤전 1:9; 히 12:16; 말로 하는 언사에 대해 **저속한, 세속적인** trivial, profane 딤전 4:7; 6:20; 딤후 2:16.

βεβηλόω [βέβηλος] '신성하지 않게 취급하다', **침해하다, 훼손하다** violate, desecrate 마 12:5; 행 24:6.

βέβληκα, βέβλημαι βάλλω 완료 능동태 직설법 그리고 완료 수동태 직설법.

βέβρωκα βιβρώσκω 완료 능동태 직설법.

Βεελζεβούλ, ὁ, 또한 **Βεελζεβούβ, Βεεζεβούλ** [히브리어 유래] 격변화 없음. 바알세불 Beelzebul, 악한 영들의 왕 마 10:25; 12:24, 27; 막 3:22; 눅 11:15, 18f.

Βελιάρ, ὁ [Βελιάλ 의 다른 형태로 관습적으로 '벨리알'이라는 의미를 가진다] 격변화 없음. 벨리알 Beliar, 마귀의 이름 고후 6:15.

βελόνη, ης, ἡ [βάλλω에서 βέλος '던지거나 쏘아 보내는 무기'] **바늘** needle 눅 18:25.

βέλος, ους, τό [βάλλω; 호메로스에서 다양한 형태의 쏘는 무기에 대해] **화살** arrow 엡 6:16.

βελτίων, ον [산스크리트 *balīyān* '더 강한'] 부사 역할을 하는 ἀγαθός의 중성 비교급, **꽤 준수하게, 충분히 훌륭하게** quite well, well enough 행 10:28 이문; 딤후 1:18.

Βενιαμ(ε)ίν, ὁ [히브리어] 격변화 없음. **베냐민, 베냐민 지파** Benjamin 이스라엘 지파의 조상의 이름을 딴 명칭 행 13:21; 롬 11:1; 빌 3:5; 계 7:8.

Βερνίκη, ης, ἡ [= 마케도니아어 Φερενίκη '승리를 쟁취하는'] Βερενίκη의 축약형 **버니게, 베르니케** Bernice, 헤롯 아그리파 2세의 자매이자 동료 행 25:13, 23; 26:30.

Βέροια, ας, ἡ [어원은 불분명] **베뢰아** 마케도니아의 도시로 네로 시대에 정치적으로 상당히 중요했다. 현대의 **베리아**(Verria) 행 17:10, 13.

Βεροιαῖος, α, ον [Βέροια] **베뢰아에서 온** from Berea, 명사로서 **베뢰아 사람** the Berean 행 20:4.

Βεωορσόρ, ὁ 격변화 없음. 벧후 2:15 Βοσόρ에 대한 이문.

Βεώρ, ὁ [히브리어] 격변화 없음. **브올** Beor 벧후 2:15 Βοσόρ에 대한 이문.

Βηθαβαρά, ᾶς, ἡ [히브리어 '교차하는 장소'] 베다바라 Bethabara 요 1:28 Βηθανία에 대한 이문.

Βηθανία, ας, ἡ [어원은 불분명] 베다니 Bethany ① 감람산(Mt. of Olives)에 있는 마을, 예루살렘에서 약 2.8km 떨어져 있다. 마 21:17 등. ② 요단 동편 요한이 세례를 베푼 장소 요 1:28(이전 항목을 보라).

Βηθαραβά Βηθαβαρά의 오기(誤記), 해당 항목을 보라.

Βηθεσδά, ἡ [아람어 '자비의 집'; 비교 다음 항목] 격변화 없음. 베테스다 Bethesda 요 5:2 Βηθζαθά에 대한 이문.

Βηθζαθά, ἡ [아람어 '올리브(기름)의 집'] 격변화 없음. 베데스다/베트자타 Bethzatha 예루살렘에 있는 못의 이름 요 5:2. 이전 항목과 비교.

Βηθλέεμ, ἡ [히브리어 '빵집'] 격변화 없음. 베들레헴 Bethlehem, 예루살렘 남쪽 약 7킬로미터 떨어진 마을 마 2:1 등.

Βηθσαϊδά(ν), ἡ [아람어, 아마도 '어부의 집'] 격변화 없음. 벳새다 Bethsaida, 게네사렛 호수 북동쪽 연안에 있는 마을 마 11:21 등. 요 5:2에 있는 Βηθζαθά와 Βηθεσδά에 대한 이문으로.

Βηθφαγή, ἡ [아람어 '설익은 무화과의 집'] 격변화 없음. 벳바게 Bethphage, 감람산(Mt. of Olives)에 있는 장소 마 21:1; 막 11:1; 눅 19:29.

βῆμα, ατος, τό [βαίνω '걷다'] ① '다른 것에 앞서 한 걸음 정도 차지하는 공간', **보폭, 걸음** pace, step οὐδὲ βῆμα ποδός 한 걸음의 땅조차 없이 행 7:5. ② '한 걸음 오르는 연단, 단상', 연설자와 관련해 **연단** platform 행 12:21, 23 이문; 법관용 의자나 재판소에 대해 judicial bench/tribunal 마 27:19 등.

Βηρεύς, εως, ὁ 베레우스 Bereus, Ἀουλία와 연결된 이름 롬 16:15 이문.

βήρυλλος, ου, ὁ/ἡ [드라비다어 기원] **녹주석** beryl, 대체로 바다 녹색의 빛을 띠는 준보석 계 21:20.

βία, ας, ἡ [비교 βίαιος] **위력, 폭력** force 행 5:26 οὐ β. = 폭력을 행사하지 않고; 대조 24:7 이문; 파도가 몰아치는 바다에 대해 27:41; **폭력** violence 21:35.

βιάζω [βία; 능동태 '강요하다', 중간태 '심하게 압박하다' 또는 '위력을 사용하다', 수동태 '쪼들리다'] 이 동사를 신약의 용례를 통해 정확히 번역하기란 어렵다. ⓐ 중간태 **밀고 나가다, 달려들다, 애쓰다** force one's way, rush 눅 16:16; 마 11:12도 이러한 방식으로 해석할 수 있지만, ⓑ항도 고려해볼 만하다. ⓑ 수동태 마 11:12 **폭력적으로 취급받다** be treated forcibly, 긍정적이거나 부정적으로.

βίαιος, α, ον [βία; '강제적인'] '위력을 행사하여', 바람에 관하여 **거센** strong 행 2:2.

βιαστής, οῦ, ὁ [βιάζω] **위력적인/폭력적인 사람** 긍정적으로도 부정적으로도 이해할 수 있다. 마 11:12.

βιβλαρίδιον, ου, τό [βίβλος의 지소사인 βιβλάριον의 지소사] **작은 두루마리** little scroll 계 10:2, 8 이문, 9f.

βιβλάριον, ου, τό [βίβλος의 지소사] **작은 두루마리** little scroll 계 10:2 이문, 10:8 이문, 10:10 이문.

βιβλιδάριον, ου, τό [βιβλαρίδιον] 계 10:2에서 βιβλαρίδιον에 대한 이문, 9f; 8절에서는 βιβλίον에 대하여.

βιβλίον, ου, τό [βίβλος의 지소사; 'βύβλος의 조각' (파피루스), 이런 이유로 '문서' 한 장에서 여러 장의 두루마리까지 아우르게 된다] ① **문서, 이혼 증서** document, declaration 막 10:4. ② 책을 구성하는 **두루마리** scroll, roll 눅 4:17 등, 특히 계시록에서 자주.

βίβλος, ου, ἡ [βύβλος의 다른 형태 '파피루스, 종이'] '기록된 장부, 기록' ⓐ 공식적인 목록 **등록, 등기** registry 빌 4:3; 계 3:5; 20:15. 아마도 마 1:1도 해당, 다음 의미에 연결되어 ⓑ 문학적인 생산물로서 **책** book (개별적으로나 집합적으로 알려져 있는) 막 12:26; 눅 3:4; 행 1:20; 7:42; 19:19.

βιβρώσκω [βρῶμα '먹는 것', 비교 βορά '음식'] **먹다** eat 요 6:13.

Βιθυνία, ας, ἡ [트라키아족이 부르던 이름을 따라 명명된] **비두니아, 비튀니아** Bithynia, 소아시아 북부의 로마 속주 행 16:7; 벧전 1:1.

βίος, ου, ὁ [비교 라틴어 *vivus*] '삶' ① '살아 있는 상태', **삶** life 눅 8:14; 딤전 2:2; 딤후 2:4; 벧전 4:3 이문 ② '삶과 그것을 유지하기 위한 행위와 관계된 상황들', **생계, 생활 (방식)** livelihood, (means of) living 막 12:44; 눅 8:43; 15:12, 30; 21:4; 비교 β. τοῦ κόσμου 세상적인 재물 worldly goods 요일 3:17; 재산의 자랑, 사치스러운 소비지상주의에 대해 ἀλαζονεία τοῦ β. 요일 2:16.

βιόω [βίος] '생을 보내다', **살다** live 벧전 4:2.

βίωσις, εως, ἡ [βιόω] 살아가는 **방식, 태도** way/manner of life 행 26:4.

βιωτικός, ή, όν [비교 βίωσις] '(일상)생활에 속한', **매일의, 일상의** everyday, ordinary 눅 21:34; 고전 6:3f.

βλαβερός, ά, όν [βλάβη '피해, 손상'] **위험한** harmful 딤전 6:9.

βλάπτω [비교 βλαβερός] **상처를 입다, 해를 입다** hurt/harm, injure 막 16:18; 눅 4:35.

βλαστάνω/βλαστάω [비교 βλαστός '싹, 순'] ① 타동사 '자라서 나오게 하다', **소출을 내다, 열매 맺다** produce 약 5:18. ② 자동사 '무엇이 자라서 나오다', **싹이 돋아나다** sprout 마 13:26; 막 4:27; 히 9:4.

Βλάστος, ου, ὁ [에게의 명문(銘文)에서 발견된 이름] **블라스도, 블라스토스** Blastus, 헤롯 아그리파 1세의 시종 행 12:20.

βλασφημέω [βλάσφημος] '거만한 말이나 행동으로 명성에 해를 끼치다', 모

βλασφημία, ας, ἡ / Βοανηργές

략하다, 매도하다, 비방하다, 비난하다, 헐뜯다 slander, revile, malign, vilify, defame ⓐ 사람에게 모욕적인 말을 하는 것에 대해 마 27:39; 막 3:28; 15:29; 눅 22:65; 23:39; 행 13:45; 18:6; 롬 3:8; 고전 10:30; 딛 3:2; 벧전 4:4. ⓑ 특별히 하나님이나 하나님과 관련된 존재들에게 직간접적으로 모욕적으로 표현된 말에 대해 마 9:3; 26:65; 막 2:7; 3:29; 눅 12:10; 요 10:36; 행 19:37; 26:11; 롬 2:24; 14:16; 딤전 1:20; 6:1; 딛 2:5; 약 2:7; 벧후 2:2, 10, 12; 유 8, 10; 계 13:6; 16:9, 1, 21.

βλασφημία, ας, ἡ [βλάσφημος] '모욕적인 말', **모략, 매도, 비방, 비난, 헐뜯음, 욕함** slander, reviling, maligning, vilification, defamation, bad-mouthing ⓐ 초월적인 존재가 아닌 다른 이를 향해서 마 15:19; 막 3:28; 7:22; 엡 4:31; 딤전 6:4. ⓑ 특히 초월적 존재들에 대한 모독 마 12:31; 26:65; 막 14:64; 눅 5:21; 요 10:33; 유 9; 계 2:9; 13:1, 5, 6; 17:3.

βλάσφημος, ον [βλας- (복잡한 유래) + φημ- (비교 φήμη '단어')] '말에 있어서 모욕적인', **매도하는, 헐뜯는, 중상하는** reviling, defaming, slanderous 행 6:11; 딤전 1:13; 벧후 2:11; 명사로서 **헐뜯는 자** slanderer 딤후 3:2.

βλέμμα, ατος, τό [βλέπω; '보다, 흘깃 보다'] 신약에서 '보는 행위', **봄** seeing βλέμματι 본 것으로 벧후 2:8.

** **βλέπω** [어원은 불분명, 비교 βλέφαρον '눈꺼풀'] ① '볼 능력을 가지고 있다', **볼 수 있다** be able to see 마 12:22; 눅 7:21; 요 9:7; 행 9:9; 롬 11:8. ② '대상을 파악하는 데 자신의 눈을 사용하다', **보다, 바라보다, 관찰하다** see, look at, observe 마 5:28; 7:3; 막 5:31; 8:23f (사실상 = [무엇을] 알아보다); 눅 7:44; 요 1:29; 20:1; 행 4:14; 롬 8:24f; **관찰하다, 주시하다** watch, look on 행 1:9; βλέπων βλέπω 눈을 뜨고 보다 마 13:14. ③ '내면적이고, 정신적인 시각을 갖다', **알다, 인식하다** see, perceive 마 14:30; 막 8:18; 롬 7:23; 11:8, 10; 히 3:19; **조심하다, (~에 대해) 경계하다, 주의하다** beware, be on guard (against), look out (for), heed 마 24:4; 막 13:5; 눅 21:8; 고전 1:26; 3:10; 8:9; 10:12; 빌 3:2; **조심하다, 살펴보다** see to it, take care 갈 5:15; β. εἰς πρόσωπον ἀνθρώπων = 사람들의 위치에 관심을 보이다, 편파성을 보이다 마 22:16. ②와 ③의 조합으로: βλέπων οὐ βλέπει 사람들이 보았음에도 불구하고 보지 못한다 눅 8:10. ④ ①과 ②의 비유적 확장으로: '어떤 방향으로 바라보다', 항구에 대해 ~로 **바라보다, 향하다** look/face toward 행 27:12.

βληθήσομαι βάλλω 미래 수동태 직설법.

βλητέος, α, ον βάλλω에서 파생된 동사적 형용사(동명사) **넣어야 한다** must be put 눅 5:38.

Βοανηργές [유래는 불확실; 음사(音寫). υἱοὶ βροντῆς는 민간 어원설을 반영하는

βοάω / βόσκω

것으로 보인다] 격변화 없음. **보아너게, 보아네르게스** Boanerges, 별칭, 사실상 별명, 예수께서 세배대의 아들들에게 주신 이름 막 3:17.

βοάω [βοή] '큰 소리로 음성을 사용하다', **부르짖다, 외치다** call/cry (out), shout 마 3:3; 막 15:34; 눅 18:7; 행 25:24; 갈 4:27.

Βόες, ὁ [히브리어] 격변화 없음. 예수님의 족보에 나온 이스라엘인 **보아스** Boaz 마 1:5. 룻 4:21을 보라.

βοή, ῆς, ἡ [복합적인 어원, 비교 βοάω; 라틴어 boō '고함치다'를 반영하여 βοή] **크게 소리지름, 외침** loud cry, shout 약 5:4.

βοήθεια, ας, ἡ [βοηθός] **지원, 도움** assistance, help 히 4:16; 복수 **도움들** helps 아마도 항해 전문 용어. **지지대** supports 행 27:17.

βοηθέω [βοηθός] '(~에 대해) 도움이 되다', **돕다, 조력하다** help, assist 단독으로 행 21:28. —여격과 더불어 마 15:25; 막 9:22, 24; 행 16:9; 고후 6:2; 히 2:18; 계 12:16.

βοηθός, όν [βοή, θέω '달리다'; 호메로스 '전쟁에서 소리지르며 달려오는 것', 따라서 '돕기'] '도움을 제공하는 어떤 사람의 역할에 대해', 명사로서 **돕는 분, 조력자** helper 히 13:6.

βοήσον βοάω 제1부정과거 능동태 명령법.

βόθρος, ου, ὁ [초기 그리스 문학에서는 βόθυνος보다 더 자주 쓰인다. '땅에 판 구덩이'] **구덩이** pit 마 15:14 이문.

βόθυνος, ου, ὁ [βόθρος의 토착어 형태] **구덩이** pit 마 12:11; 15:14; 눅 6:39.

βολή, ῆς, ἡ [βάλλω] '추진된 물체가 닿을 만한 거리', **던짐(으로 닿을 거리)** a throw λίθου β. 돌 던져 닿을 거리 눅 22:41.

βολίζω [βόλις '던지는 무기', 그래서 또한 항해 용어로는 '측심연'(測深鉛)이다. 왜냐하면 그 생김새가 쏘는 무기처럼 보이기 때문이다] **수심을 재다, 측심연을 던져 수심을 재다** take soundings, heave the lead 행 27:28.

βολίς, ίδος, ἡ [βάλλω, 비교 βολίζω; '쏘는 무기, 창'] **화살** arrow 히 12:20 이문.

Βοόζ, ὁ [= Βοές] 격변화 없음. **보아스** Boaz 마 1:5 이문; 눅 3:32 이문.

Βόος, ὁ [= Βοές] 격변화 없음. **보아스** Boaz 마 1:5 이문; 눅 3:32.

βόρβορος, ου, ὁ [어원은 불분명] **나쁜 냄새가 나고 끈적끈적한 것, 진흙** slime, mud 벧후 2:22.

βορρᾶς, ᾶ, ὁ [βορέας의 축약된 아티카 형태 '북풍', 아마도, 산스크리트 연관어] **북쪽** the north ἀπὸ β. 북쪽에서 계 21:13; 다르게는 ἀπὸ β. 북쪽에서부터 눅 13:29.

βόσκω [복합적인 어원, 아마도 βοῦς과 연결되어; 주로 목부(牧夫)의 일로 '먹이다'] ① '짐승들의 필요를 보살피다', (소, 양, 염소 등 짐승을) **치다, 돌보다** herd, tend 마 8:33; 막 5:14; 눅 8:34; 15:15. 비유로 요 21:15, 17. ② 수동태에서 ①의 의미로: 풀

을 뜯다, 방목하다, 먹이다 graze, feed 마 8:30; 막 5:11; 눅 8:32.

Βοσόρ, ὁ [Βεώρ를 보라] 격변화 없음. **브올, 보소르** Bosor 벧후 2:15.

βοτάνη, ης, ἡ [βόσκω] **초목, 식물** vegetation 히 6:7.

βότρυς, υος, ὁ [어원은 불분명] **포도송이/다발** cluster/bunch of grapes 계 14:18.

βουλευτής, οῦ, ὁ [βουλεύω; '공회의 구성원, 의원'] **의원** councilor, 산헤드린 공회원 막 15:43; 눅 23:50.

βουλεύω [βουλή] 중간태 신약에서 '자기 스스로 생각하다' ⓐ 인식 과정에 초점 맞추어 **신중히 생각하다, 숙고하다** deliberate, consider 눅 14:31. ⓑ 생각 뒤에 따르는 결정에 초점 맞추어 **다짐하다, 결심하다** resolve, decide 요 11:53; 12:10; 행 5:33 이문; 27:39; 고후 1:17a 이문.

βουλή, ῆς, ἡ [βούλομαι; 호메로스와 헤시오도스에서 특별히 신들에 대해] ⓐ '결정하기에 앞서 사고하는 과정', **숙고, 동기** deliberation, motive 고전 4:5. ⓑ '사고의 결과물', **결정, 다짐** decision, resolve 눅 23:51; **정책** policy 행 5:38; 하나님께 대하여 자주, **계획, 목적, 뜻** plan, purpose, will 눅 7:30; 행 2:23 등 사도행전에서 자주; 엡 1:11; 히 6:17.

βούλημα, ατος, τό [βούλομαι] **목적, 뜻** purpose, will 행 27:43; 롬 9:19; 벧전 4:3.

βούλομαι [어원은 불분명, 아마도 무엇을 노린다는 의미로 βάλλω와 연관되어] ① '마음을 두다', **바라다, 원하다, 소망하다** wish, want, desire 행 25:22; 딤전 6:9; 몬 13; 약 4:4. ② '심사숙고 끝에 결정에 이르다', **의도하다, 결정하다, 계획하다, 하려고 하다** intend, decide, plan, will 마 1:19; 11:27; 막 15:15; 행 5:28; 고후 1:15; 딤전 2:8; 요이 12; 유 5. 요 18:39에서는 깊이 생각하는 질문에서 βούλεσθε ἀπολύσω; "내가 풀어주어야 할까?" 예수에 대해 눅 10:22; 하나님 눅 22:42; 히 6:17; 약 1:18 βουληθείς 그의 뜻에 따라; 벧후 3:9; 성령 고전 12:11.

βουνός, οῦ, ὁ [헤로도토스 4, 199에 따르면, 키레네어(語)] **언덕** hill 눅 3:5; 23:30.

βοῦς, βοός, ὁ [비교 βόσκω] (육우[肉牛] 종류에 속하는) **소떼** head of cattle 눅 13:15; 요 2:14f; 고전 9:9; 딤전 5:18.

βραβεῖον, ου, τό [βραβεύς '중재자, 심판'] 경기에서 주는 **상** prize 특히 달리기 경주에서 고전 9:24; 비유로 빌 3:14.

βραβεύω [βραβεύς, 비교 βραβεῖον; '상을 수여하다, 심판하다'] '결정할 어떤 위치에 있다', 비유로 **다스리다, 제어하다** control, rule 골 3:15.

βραδύνω [βραδύς] **느리다** be slow 딤전 3:15 여기서는 **지연되다** 벧후 3:9에서 요점은 하나님께서 약속을 성취하는 데 지체하시지 않는다는 말이다.

βραδυπλοέω / βρύω

βραδυπλοέω [βραδύς, πλοῦς] **느리게 항해하다** sail slowly 행 27:7.
βραδύς, εῖα, ύ [비교 라틴어 *gurdus* '우둔한, 미련한'; 주로 움직임이 '느린', 여기에서 '생각이 둔한'] **느린** slow 반응을 보이는 시간에서 약 1:19; 내적 인식이 부족함에 대해 눅 24:25.
βραδύτης, ητος, ἡ [βραδύς] 행동을 취하는 데 있어서 **느림** slowness 벧후 3:9.
βραχίων, ονος, ὁ [어원 미상, 라틴어 *brachium*은 차용어] **팔** arm 은유적으로, 하나님의 능력에 대해 눅 1:51; 요 12:38; 행 13:17.
βραχύς, εῖα, ύ [비교 라틴어 *brevis* '짧은'] **짧은, 간단한, 적은** short, brief, little ⓐ 시간 행 5:34; 히 2:7, 9; μετὰ β. 잠시 뒤에 눅 22:58. ⓑ 거리 행 27:28. ⓒ 수량 요 6:7; διὰ β. 몇 마디 말로 히 13:22; 벧전 5:12 이문.
βρέφος, ους, τό [복합적인 어원; 'fetus' (호메로스), 여기로부터 '신생아'] ① '태어나지 않은 후손', **태아, 아기** fetus, baby 눅 1:41, 44. ② '신생아 또는 매우 어린 아기', **유아, 아기** infant, baby 눅 2:12, 16; 18:15; 행 7:19; 비유로 벧전 2:2. —ἀπὸ βρέφους 어려서부터 딤후 3:15.
βρέχω [라트비아어 *merguôt* '촉촉히 비가 내리다'와 관련된 어근에서, 비교 βροχή] '젖게 하다' ⓐ 향유에 대해 **적시다** wet 눅 7:38, 44. ⓑ 기상 현상에 대해 **비를 내려주다** send rain 마 5:45; **비오다** rain ἵνα μὴ ὑετὸς βρέχῃ 비가 내리지 못하도록 계 11:6; 비인칭 동사 βρέχει 비가 오다 약 5:17; 확장되어 β. πῦρ καὶ θεῖον 불과 유황이 비내린다 눅 17:29.
βριμάομαι [βρίμη '힘'; '화가 나 코웃음 치다'; 비교 ἐμβριμάομαι] **분개하다** be indignant 요 11:33 이문.
βροντή, ῆς, ἡ [비교 βρέμω '으르렁거리다' 그리고 라틴어 *fremo* 진동소리가 나다] **천둥** thunder 요 12:29; 계 4:5 등 계시록에서 자주. 별명으로 막 3:17, Βοανηργές를 보라.
βροχή, ῆς, ἡ [βρέχω] **비** rain 마 7:25, 27.
βρόχος, ου, ὁ [IE, 비교 βροχίς '거미줄'; '올가미'] **올가미, 고삐** noose, halter, 비유로 βρόχον ἐπιβάλλειν τινί "어떤 이에게 올가미를 놓다 = 제약을 가하다" 고전 7:35.
βρυγμός, οῦ, ὁ [βρύχω] **이 갈기, 악물기** grinding, gnashing 마 8:12 등; 눅 13:28.
βρύχω [리투아니아어 *graužti* '씹다, 조금씩 야금야금 먹다'와 관련된 어근에서, 아티카 형태: βρύκω; '물다, 욕심 사납게 먹다', 여기에서 자신의 이를 '갈다, 악물다'] **이갈다** gnash 행 7:54.
βρύω [어원은 불분명; '터질 정도로 가득 차다, ~으로 풍부하다'] '강한 줄기를 분출

βρῶμα, ατος, τό / βωμός, οῦ, ὁ

하다', **솟구치다** gush 관련된 단어의 대격을 동반하여 약 3:11.

βρῶμα, ατος, τό [비교 βιβρώσκω] **음식** food 마 14:15 등; 더욱이 영적인 공급에 대해 요 4:34; 고전 3:2. 10:3에서 βρῶμα는 물질적인 음식을 말하지만, πνευματικόν 표시가 βρῶμα의 참된 중요성을 더 고차원적으로 구분해준다.

βρώσιμος, ον [βρῶσις] **먹을 수 있는** eatable, τι β. 먹을거리 눅 24:41.

βρῶσις, εως, ἡ [비교 βιβρώσκω] ① '먹는 사람의 행동', **먹는 일** eating 롬 14:17; 고전 8:4; 골 2:16; 확장되어 먹는 과정처럼 보이는, **부식, 녹, 부패** corrosion, rust 마 6:19f. ② 수동태 '먹어서 소비되는 것', **음식** food 요 6:27a; 고후 9:10; ἀντὶ βρώσεως μιᾶς 한끼 식사를 위해 히 12:16; 비유로 요 4:32; 6:27b, 55.

βυθίζω [βυθός; 타동사 '잠기게 하다'] 타동사 **가라앉게 하다, 가라앉다** cause to sink, sink 수동태 눅 5:7; 비유로 딤전 6:9.

βυθός, οῦ, ὁ [= βάθος, 비교 βῆσσα '산골짜기, 협곡'; '바닥, 깊이'] **깊은 물, 바다, 대양** deep water, the deep 고후 11:25.

βυρσεύς, έως, ὁ [βύρσα '벗겨낸 피부, 가죽'; βυρσεδέψης에 대한 후대의 어휘 (δέψω '부드러워질 때까지 무엇인가를 작업하다')] **무두장이** tanner 행 9:43; 10:6, 32.

βύσσινος, η, ον [βύσσος; '아마'] 'βύσσος로 만들어진', 천이거나 완성된 의복이거나 **고운 아마포의, 모시의** 계 18:12, 16; 19:14. 계 19:8에 나타난 묵시적인 비유로.

βύσσος, ου, ἡ [이집트어를 배경으로 하는 히브리어 연관어] 고품질의 아마로 만들어진, **린넨, 아마포, 세마포** linen 눅 16:19.

βωμός, οῦ, ὁ [βαίνω '걷다, 걸음하다'; '올라간 단'] **제단** altar 행 17:23.

Γ / Γαλατία, ας, ἡ

Γ

γ´ 수량 표시 = 세 번째(τρίτη) 요한'삼서' 표제에서(ἐπιστολή를 보라).

Γαββαθά [아람어 의미가 불확실한 어휘] 격변화 없음. **가바다, 갑바타** Gabbatha, 예루살렘에 위치한 곳으로 돌로 포장된 곳. Λιθόστρωτον과 동일한 곳으로 언급되었다. 요 19:13.

Γαβριήλ, ὁ [히브리어 '하나님의 용맹한 자'] 격변화 없음. **가브리엘** Gabriel, 천사장 눅 1:19, 26.

γάγγραινα, ης, ἡ [주로 식물에 있는 γόγγρος '악성 혹'이 돋은, 그리고 γράω(γραίνω) '먹다'와 관련하여] **악성 종기, 암종, 궤양성 상처, 회저** ulcerous wound, gangrene 비유로 딤후 2:17.

Γάδ, ὁ [히브리어] 격변화 없음. **갓** Gad, 이스라엘 족속 계 7:5. 창 30:11을 보라.

Γαδαρηνός, ἡ, όν [Γαδαρά, 트랜스요르단에 있는 도시] **거라사에서 온, 거라사 사람** Gadarene, from Gadara 마 8:28; 막 5:1 이문; 눅 8:26 이문, 37 이문.

γάζα, ης, ἡ ['보물'이라는 뜻을 가진 페르시아 차용어] **국고, 보고, 보물** treasure, 간다게의 재산에 대한 행 8:27.

Γάζα, ης, ἡ [히브리어] **가사, 가자** Gaza, 구약에서 블레셋(Palestine)의 주요 다섯 도시 중 하나로 나온, 팔레스타인 남서부의 도시 행 8:26.

γαζοφυλακεῖον/γαζαφυλάκιον, ου, τό [γάζα, φυλακή] **보물, 금고, 성물궤** treasury, 예루살렘 성전에 있던 곳으로 추정 요 8:20, 봉헌자를 위한 봉헌함처럼 비공개적인 창고나, 금고 같은 곳을 포함한 것으로 보인다. 막 12:41, 43; 눅 21:1; 요 8:20.

Γάϊος/Γαῖος, ου, ὁ [그리스-로마 세계의 일반적인 이름] **가이오, 가이오스** Gaius, 여러 기독교인의 이름 ① 더베 출신 행 20:4. ② 마게도니아 출신 행 19:29. ③ 고린도 출신 고전 1:14; 비교 롬 16:23. ④ 요삼 1장에서 언급된 사람.

γάλα, γάλακτος, τό [호메로스 γλάγος '젖'; 비교 라틴어 *lac*] **우유, 젖** milk 고전 9:7. 비유로 3:2; 히 5:12f; 벧전 2:2.

Γαλάτης, ου, ὁ [= 더 오래된 형태 Κέλτης] **갈라디아 사람** a Galatian 갈 3:1.

Γαλατία, ας, ἡ [어원은 불분명] 켈트 사람 또는 골 사람(Κελτοί)들에게 점령된 소아시아 지역 기원, 따라서 이 지역이 포함된 로마 속주에 대해 **갈라디아** 고전 16:1; 갈 1:2; 딤후 4:10(여기에서는 **골** Gaul로 옮기는 전통이 있다. Γαλλία를 보라); 벧전 1:1.

Γαλατικός, ή, όν [Γαλατία] 갈라디아의 Galatian 행 16:6, 18:23.

γαλήνη, ης, ἡ [비교 γελάω '웃다', 편안한 상태를 나타내어; '물줄기가 고요함'] 잔잔함, 고요 a calm, (게네사렛) 호수의 마 8:26; 막 4:39; 눅 8:24.

* **Γαλιλαία, ας, ἡ** ['주위, 지역'과 관련된 히브리어 어휘] 갈릴리 Galilee, 팔레스타인 북부 3분의 1 지점, 복음서와 사도행전에서만 등장 마 4:15 등.

Γαλιλαῖος, α, ον [Γαλιλαία] 갈릴리 사람 Galilean, 갈릴리의 거주민, 복음서와 사도행전에서만 마 26:69 등.

Γαλλία, ας, ἡ [Γαλατία를 보라] 갈리아, 골 Gaul 딤후 4:10 Γαλατία에 대한 이문.

Γαλλίων, ωνος, ὁ [라틴어 기원] 갈리오 Gallio, 신약이 아닌 외부 문헌에 따르면 아가야의 지방 총독이었다(51/52). 행 18:12, 14, 17.

Γαμαλιήλ, ὁ [히브리어 '하나님은 나의 보상, 상급이시다'] 격변화 없음. 가말리엘 Gamaliel, 율법 스승으로 명성이 있었던 장로, 라반 가말리엘. 행 5:34; 22:3.

γαμέω [γάμος; 고대 그리스어에서, 남자가 결혼으로 아내를 취하는 것에 대하여] **결혼하다, 혼인하다** marry, 남녀 상관없이 마 5:32 등. 수동태 여자와 관련해 **결혼하다, 시집가다** get married, be married 막 10:12 이문; 고전 7:39.

γαμίζω [γάμος] (여자를) **시집보내다, 결혼을 허가하다** give (a woman) in marriage 능동태 마 24:38; 막 12:25 이문; 수동태 **시집보내다, 부부가 되다** be given in marriage, be married 마 22:30; 막 12:25; 눅 17:27; 20:35. ㅡ고전 7:38은 특별한 문제를 제기한다. 여기에서 γ.는 보통 결혼하다는 의미를 가지는 γαμέω와 같은 뜻을 가지고 있다.

γαμίσκω [= γαμίζω] **결혼시키다, 결혼하게 하다** give in marriage 마 24:38 이문; 수동태 **결혼을 보내다** be given in marriage 막 12:25 이문; 눅 20:34; 35 이문.

γάμος, ου, ὁ [비교 γαμβρός, 산스크리트 연관어, '사위', '처남, 매형'처럼 '결혼을 통해 맺어진 사람'] ① 잔치에 대해, 특히 혼인 관계에 들어가는 것과 관련한 연회를 포함하여: **결혼식, 혼인 잔치**, wedding celebration, marriage feast, wedding 단수 및 복수 마 22:2 등; ἔνδυμα γ. 결혼 예복 22:11; 시설에 초점 맞추어 **예식장** banquet hall 22:10. ② 혼인 관계 등에 대하여: **결혼** marriage 히 13:4.

*** **γάρ** [보통 γέ와 ἄρα의 축약으로 본다. 넓은 의미로 = '분명히 그에 따라서'] 여러가지 의미를 가진 표시, 선행하는 진술과 관련된 반응이나 관점, 또는 서술하는 문맥 가운데 명백히 드러나거나 암시되어 설정된 상황을 표현하는 느슨한 경계, 그러나 때로는 단지 서술을 연결해주는 역할을 하기도 한다. **왜냐하면** for ① 설명하며 마 4:18; 12:40; 막 5:42; 7:3; 행 15:28; 롬 7:1; 고전 16:5; 딤전 2:5; 히 2:8; 벧후 2:8. ㅡ이야기를 전환하며, **물론** of course 롬 2:25; 5:7; **이제** now 12:3; 고전 10:1; 고후 1:12; 갈 1:11. ② 놀라움이나 강조된 반응을 표현하여 눅 9:25; 그

γαστήρ, τρος, ἡ / Γεθσημανί

렇다면 ~란 말인가 what! 고전 11:22; πῶς γάρ 도대체 어떻게 how in the world 행 8:31; οὐ γάρ 그럴 수 없다! no way! 16:37. 의문문에서: τί γάρ; 어떤 것이? for what? 마 9:5; 27:23; 그렇다면 어쨌단 말인가? 무슨 차이인가? so what? 또는 what's the difference? 빌 1:18. ③ 인과관계 마 1:21; 막 1:22; 눅 1:15; 요 2:25; 행 2:25; 롬 1:9; 13:11; 고전 11:5; 계 1:3. —καὶ γάρ ~조차도, ~까지도 for even, for also 눅 6:32f; 요 4:45; 롬 11:1; 사실 고후 2:10; εἰς τοῦτο γὰρ καὶ ἔγραψα 내가 이것을 염두에 두고 기록했다 고후 2:9. ④ 추리의 결과, 그래서, 그러므로 so 히 12:3; 약 1:7; 벧전 4:15.

γαστήρ, τρος, ἡ [비교 γέντα = ἔντερα '소화기, 내장'; 주로 '복부', 위, 자궁이나 다른 기관들을 담고 있는 신체 내부 부분] ① 배, 복부 belly, 의인화한 비유로 = 대식가 glutton 딛 1:12. ② 자궁 womb 눅 1:31; ἐν γαστρὶ ἔχειν 임신하다 마 1:18; 막 13:17; 눅 21:23; 살전 5:3; 계 12:2.

Γαύδη Καῦδα (Κλαῦδα) 옛 형태.

γέ [고트어 -k와 동일하게] 매우 다양한 용도를 가진 강화 전접사로 선행하는 단어에 초점 맞춘다. 그렇게 함으로써 청자(혹은 독자)가 더 깊은 시각을 갖고 관찰하기 위해 멈추게 한다. 이 의미를 파악하기 위해서는 다양한 방법을 사용할 수 있다.: ⓐ 다른 불변화사 없이 그러나, 적어도, 어쨌든, 그럼에도 yet, at least, at any rate, though 눅 11:8; 18:5; 사실, 생각해보면 even, think about it 롬 8:32. ⓑ 다른 불변화사와 함께: εἴ γε 정말 ~라면 if indeed 롬 5:6 이문; 엡 3:2; 4:21; 골 1:23; εἰ δὲ μή γε 그렇지 않으면 otherwise 마 6:1; 9:17; 눅 10:6; 13:9; 비교 고후 11:16; καί γε 그리고 심지어 and even 행 2:18; 사실은 and yet 17:27; μενοῦνγε 바로잡는 것으로서, ~보다는 rather 눅 11:28 이문; 롬 10:18; 빌 3:8; μενοῦνγε σὺ τίς εἶ; 도대체 네가 누구라고 생각하는 것이냐? 롬 9:20; μήτι γε, ~은커녕, ~은 물론이고 let alone, not to mention 고전 6:3; ὄφελόν γε 정말로 ~이라면, ~하기만 한다면 would indeed that, if only 4:8.

γεγένημαι γίνομαι 완료 중간태 직설법.

γέγονα, γεγόνει γίνομαι 완료 능동태 직설법, 과거완료 능동태 직설법 3인칭 단수.

γέγραπται, γέγραφα γράφω 완료 수동태 직설법 3인칭 단수와 완료 능동태 직설법.

Γεδεών, ὁ [히브리어] 격변화 없음. 기드온 Gideon 히 11:32. 삿 6-8장을 보라.

γέεννα, ης, ἡ [히브리어] 힌놈의 골짜기, 게엔나, 지옥 Valley of Hinnom, Gehenna 신약에서는 사후 불심판에 대한 표현에서만 나옴 마 5:22, 29f; 23:15; 막 9:45, 47; 눅 12:5; 비교 약 3:6.

Γεθσημανί [히브리어; '기름틀'] 격변화 없음. 겟세마네 Gethsemane, 올리브 산 (감람산)에 있는 올리브 과수원 이름 마 26:36; 막 14:32.

γείτων, ονος, ὁ/ἡ [어원은 불분명] 이웃 neighbor 눅 14:12; 15:6, 9; 요 9:8.

γελάω [비교 γαληνός '너그러운'] 웃다 laugh, 반의어 κλαίω 눅 6:21, 25.

γέλως, ωτος, ὁ [γελάω] 웃음 laughter 약 4:9.

γεμίζω [γέμω; 초기 작가들은 상품 따위를 선박 등에 실을 때 사용했으나, 후기에는 '채운다'는 의미로 더 일반적으로 사용] 채우다 fill 막 4:37; 15:36; 눅 14:23; 15:16 이문; 요 2:7; 계 8:5.

γέμω [복합적인 어원] 가득 채우다 be full 일반적으로 속격을 단독으로 취하여. 마 23:27; 롬 3:14; 계 4:6; ἐκ + 속격 마 23:25; 대격 계 17:3.

γενεά, ᾶς, ἡ [γίνομαι; 주로 친족 관계 용어 '사람 (구성원), 종족, 가족'] ① '공통의 관심사를 가지고 있는 사람들', 친족 개념으로 확장되어 **사람들의 부류, 족속** kind of people 눅 16:8. ② '동시대로 연결된 사람들', **세대** generation 마 11:16; 막 13:30; 눅 7:31; 빌 2:15; 히 3:10 등. ③ '조금 폭 넓게, 같은 시대의', 자주 세대 계승에 대하여 마 1:17; 눅 1:48; 행 14:16; 15:21; 엡 3:21; 골 1:26. ④ '혈통', **후세, 후대** posterity, 선조에 초점 맞추어 행 8:33, 여기에서 요점은 가계를 시작하기 전에 죽게 되었다는 것(고대 애가[哀歌]의 전형적인 양식).

γενεαλογέω [γενεά, λόγος] 근원을 따지다, 족보를 추적하다, 혈통을 따지다 trace genealogy/descent, 수동태 히 7:6.

γενεαλογία, ας, ἡ [γενεά, λόγος] 족보, 계보 genealogy 딤전 1:4; 딛 3:9.

γενέσθαι γίνομαι 제2부정과거 중간태 부정사.

γενέσια, ίων, τά [비교 γένεσις] 생일, 생일 축하 birthday 마 14:6; 막 6:21.

γένεσις, εως, ἡ [γίνομαι] 출생, 탄생 birth 마 1:18; 눅 1:14. 확장된 의미로 βίβλος γ. = 혈통에 관한 책, 족보(예수 그리스도의) 마 1:1, 그 계보가 마 1:2-17에 소개된다, 비교 창 5:1 πρόσωπον γ. 본래의 얼굴 = 즉, 날 때부터 가진 얼굴 약 1:23. 살아가는 과정에 대해 τροχὸς τῆς γ. 인생의 수레바퀴, 전 인생 wheel of life, whole of life 약 3:6.

γενετή, ῆς, ἡ [γίνομαι] 탄생 birth 요 9:1.

γενηθήτω γίνομαι 제1부정과거 수동태 명령법 3인칭 단수.

γένημα, ατος, τό [γίνομαι; γέννημα와 구별] 결과물, 열매 product, fruit 마 26:29; 막 14:25; 눅 22:18. 집합적으로 복수 생산 produce 12:18 이문; 비유로 고후 9:10.

γενήσομαι γίνομαι 미래 중간태 직설법.

* **γεννάω** [γέννα, 시어(詩語)= γένος] '존재하도록 하다' ⓐ 부모 중 아버지에게 자주 사용되어 **낳다, 자식을 보다, 아비가 되다** to father, beget, procreate 마 1:1-16, 20; 요 8:41; 행 7:8, 29. 또한 신적인 기원에서, 성령 마 1:20; 요 1:13. 비교 딤후 2:23에서 비유로. ─부모의 역할을 수행하는 일과 관련된 확장된 의미로: 하

γέννημα, ατος, τό / γέρων, οντος, ὁ

나님 행 13:33; 요일 2:29; 4:7; 인간 고전 4:15; 몬 10. ⓑ 어머니가 **낳다** bear 눅 1:13, 35, 37; 20:34 이문; 23:29; 요 16:21; 행 2:8; 22:3, 28; 짐승이 **새끼 낳다** 벧후 2:12.

γέννημα, ατος, τό [γεννάω; γένημα와 구별; '생산하다'] **자식, 새끼** off spring, brood 언제나 그 행동에 주목하여 뱀에 비유할 때 사용됨 마 3:7; 12:34; 23:33; 눅 3:7.

Γεννησαρέτ, ἡ [히브리어; 또한 더욱 정확한 형태로 발견되는 Γενήσαρετ] 격변화 없음. **게네사렛** Gennesaret ⓐ 가버나움 남부 평지의 이름 마 14:34; 막 6:53. ⓑ 그 게네사렛 평지에 이웃한 호수. 눅 5:1(부정확한 표현으로 θάλασσα '바다' 마 4:18 그리고 막 1:16['갈릴리의']; 그리고 요 21:1['디베료의']).

γέννησις, εως, ἡ [γεννάω; '생산하는'] **탄생, 출생** birth 신약에서는 다음 구절의 이문에서만 나온다. 마 1:18; 눅 1:14; 요일 5:18.

γεννητός, ή, όν [γεννάω] **태어난, 탄생한** born, 히브리 시의 표현에서 γεννητοὶ γυναικῶν 여인에게서 태어난 = "인간(human beings)" 마 11:11; 눅 7:28.

γένοιτο γίνομαι 제2부정과거 중간태 희구법 3인칭 단수

γένος, ους, τό [γίνομαι; '혈통, 친족'] ① '계보, 선조의 역할에 초점 맞추어 (조상의) **가계보** stock 행 4:6; 13:26; 17:28f; 계 22:16. 관련된 맥락에서 벧전 2:9. ② '출생의 역할', 출생으로 지리적으로 구별되는 사람들의 구성원으로 참여하게 된다는 것에 초점 맞추어 τῷ γένει 태어나면서부터 막 7:26; 행 4:36; 18:2, 24. ③ '사람들의 무리' ⓐ 공통의 경험이나 관심사를 공유하는 상대적으로 큰 무리 **사람들, 백성들** people, 이스라엘 민족의 행 7:19; 갈 1:14; 빌 3:5. —고후 11:26의 ἐκ γένους 아마도 = "내 동포 이스라엘 사람들로부터" ⓑ 상대적으로 **작은 그룹, 가족, 친척** family, relatives 행 7:13. ④ '구별되는 특징을 가진 모임', **부류, 계층, 종류** kind, class, sort ⓐ 살아 있는 존재들을 포함하여: 악한 영들 막 9:29; 물고기 마 13:47. ⓑ 사물들을 포함하여: 특이한 발언, 표현('혀들') 고전 12:10, 28; 언어들 14:10.

Γερασηνός, ή, όν [셈어 기원] **거라사 출신의** from Gerasa 현대의 예라쉬 (Jerash), 게네사렛 호수 남동쪽 약 53km 떨어진 곳에 위치. ὁ Γερασηνός **거라사 사람** the Gerasene 마 8:28 이문(Γαδαρηνός를 보라); 막 5:1; 눅 8:26, 37.

Γεργεσηνός, ή, όν [셈어 기원] 게네사렛 호수 동쪽 연안에 위치한 **거라사 출신의** from Gergasa, ὁ Γεργεσηνός **거라사 사람** 마 8:28; 막 5:1; 눅 8:26, 37 이문에서만.

γερουσία, ας, ἡ [γέρων] **원로회의, 공의회** council of elders 특히 예루살렘 산헤드린 행 5:21.

γέρων, οντος, ὁ [비교 산스크리트 jaran '허약한, 늙은, 노인'] **나이 많은, 노인**

elderly/old man 요 3:4.

γεύομαι [산스크리트 연관어; 비교 라틴어 *gusto* '맛보다' 그리고 의미가 전환되어 '어떤 것을 경험하거나 그에 대한 지식을 갖다'] '입으로 무엇을 먹다', 액체이든 고체이든 **맛보다** taste 마 27:34; 눅 14:24; 요 2:9; 행 10:10 **먹다**; 20:11; 23:14; 골 2:21. ─ 의미가 확장되어 어떤 일(특히 죽음)을 알게되거나 경험한다는 확장된 의미로 마 16:28; 막 9:1; 눅 9:27; 요 8:52; 히 2:9; 6:4f; 벧전 2:3.

γεωργέω [γεωργός] '생산을 위해 땅에서 일하다', **경작하다, 밭 갈다** cultivate, till, 수동태 히 6:7.

γεώργιον, ου, τό [γεοργός] 경작지(耕作地), 밭 field under tillage/cultivation, 비유로 고전 3:9.

γεωργός, οῦ, ὁ [γῆ, ἔργον, 비교 ἔρδω '노동하다'] ① **농부** farmer 딤후 2:6; 약 5:7. ② **포도 재배자, 포도를 키우는 사람** vine-dresser, viticulturist 마 21:33-35와 병행구; 요 15:1.

** **γῆ, γῆς, ἡ** [어원은 불분명] ① 인간과 관련된 세상으로, **세상, 지구** earth, 눅 21:35; 행 1:8 등 사도행전에서 자주; 히 11:13; 계 3:10, 그리고 그 거주자와는 대부분 구별된다. 반의어 οὐρανός 마 5:18; 11:25; 막 13:27. ② 제유법으로, 지구의 거주민들에게 초점 맞추어 **인간, 인류** people, humanity 마 5:13; 눅 12:49; 요 17:4; 행 8:33; 22:22; 롬 9:28; 계 14:3. ③ '지구의 일부분 또는 일부 지역', **땅, 지역, 나라** land, country, region 마 2:6, 20f; 막 15:33; 눅 4:25; 요 3:22; 행 7:3f, 6, 36. ─ 바다에 반대되는 **마른 땅** 막 4:1; 눅 5:3; 요 6:21; 행 27:39, 43f. ─ 어떤 행동을 위한 제한된 지역: **땅, 마당** ground, 다양하게 마 10:29; 요 8:6; 행 9:4; 자주 농업의 용도로 눅 6:49, 보통 γῆ에 대하여 풀어 설명하여 **토지, 세상** soil, earth 등으로 사용한다. 마 13:5; 눅 6:49; 13:7; 요 12:24; 히 6:7.

γήμας, γήμω γαμέω 제1부정과거 능동태 분사와 가정법.

γῆρας, ως/ους, 여격 **γήρει/γήρᾳ, τό** [비교 γέρων] **늙음, 늙은 나이** old/advanced age 눅 1:36.

γηράσκω [γῆρας] **늙어가다, 낡아지다** grow old 요 21:18 여기서는 νεώτερος (νέος 를 보라)에 대한 반의어로; 히 8:13 여기에서는 παλαιόω의 동의어다.

γίγνομαι γίνομαι 초기 형태.

*** **γίνομαι** [이오니아 방언과 코이네 형태 = γίγνομαι, 비교 라틴어 *gigno*; 중심 의미는 '한 상황이나 상태에서 다른 상태로 옮겨가다'] 이 여러가지 의미를 가진 동사는 문맥에 따라 그 뜻이 결정되는 경향이 매우 크다. 이런 다양한 표현은 다양한 방식으로 표현될 수 있다; 이 단어의 개념은 어느 정도 구분될 수는 있지만, 유동성이 있음을 염두에 두어야 한다. ① '태어나거나 자연적인 과정으로 존재하게 되다', **태어나다, 생겨나다** be born, be produced 마 21:19; 요 8:58; 롬 1:3; 고

γινώσκω / γλεῦκος, ους, τό

전 15:37; 갈 4:4. ② '어떤 존재의 의지나 노력이 적용되어 존재하다', **이루어지다, 시행되다, 되다** be made, be performed, be done 마 11:21f; 눅 14:22; 요 1:3; 행 19:26; 고전 9:15; 엡 5:12. ③ '존재, 변화, 개발의 상태를 겪다' ⓐ **존재하게 되다, 되다, 발생하다, 일어나다, 발생하다, 생기다** come to be, become, take place, happen, occur, arise, be 마 1:22 등 복음서에서 자주; 행 1:16, 18 등 사도행전에서 자주; 눅 14:12 **닥치다**(befall). —ἐγένετο γνώμης "그 마음을 정하다, 작정하다" made up his mind 행 20:3. —**있다, 소유하다** belong (to), 친밀한 관계라는 의미로 마 18:12; 막 16:10; 눅 20:14; 롬 7:3f. —이야기가 전개되며, **이제** now 또는 다른 적절한 말로 번역하지만 실제 번역에서는 자주 생략된다. = 더 오래된 의미 **그것이 일어나게 되었다** it came to pass: καὶ ἐγένετο (히브리적 표현) 마 7:28; 막 1:9; 눅 1:23; ἐγένετο 1:8; 2:1; 요 10:22; ἐγίνετο δέ 행 2:43. —강력한 부정에서 μὴ γένοιτο **결코 ~이 아니다, 분명히 아니다, 상상도 할 수 없다!** by no means, certainly not, unthinkable! 눅 20:16; 롬 3:31 등 바울서신에서 자주. ⓑ **~으로 판명되다, 판가름이 나다, ~이다** turn out to be, prove to be, be 마 9:16; 10:25; 12:45; 막 10:43; 눅 11:30; 16:11; 롬 2:25; 11:5; 12:16; 고전 1:30; 고후 1:19; 5:21; 갈 3:24; 4:12; 엡 4:32; 골 1:18; 살전 1:5; 2:14; 3:5; 몬 6; 히 1:4; 11:24; 약 1:12; 벧전 2:7; 5:3; 벧후 1:4; 2:20; 요이 12; 요삼 8; 계 2:10. ⓒ 존재에 대해 드러나다, 나타나다 be there, appear 막 1:4; 요 1:6. ⓓ 이동과 관련해 **오다, 도착하다** come, arrive 행 27:7.

** γινώσκω [= 더 초기 형태 γιγνώσκω; 정보의 수령에 대해, 여기에서 과거 시제로 '알다'] ① '깨달음에 초점을 맞추어 정보를 받아들이다' ⓐ **알다** know 막 5:43; 눅 1:18; 16:4; 20:19; 요 7:27; 8:43, 52; 고전 1:21; 빌 4:5; 골 4:8; 살전 3:5; 벧후 1:20; 계 3:3. ⓑ **알아내다, 배우다** learn of, find out 마 9:30; 막 6:38; 15:45; 눅 24:18; 요 4:1; 행 17:20; 21:34. ② '판단을 내리다 또는 결론을 도출하다' ⓐ **여기다, 이해하다, 파악하다** think, understand, comprehend 마 13:11; 막 4:13; 눅 16:15; 18:34; 요 10:6; 12:16; 17:7; 행 8:30; 21:37; 롬 7:1; 고전 2:8, 14; 고후 8:9; 엡 3:19; 요일 3:1; 요이 1; 계 2:23. ⓑ **인식하다, 깨닫다, 알아채다** perceive, notice, realize 마 12:7; 막 5:29; 7:24; 눅 8:46; 요 6:15; 행 23:6. —명령법 의미로: **결론을 내리다, 판단을 내리다** conclude 마 24:33, 43; 눅 10:11; 요 15:18; 요일 2:29. ③ '다른 사람의 정체성이나 가치를 깨닫는 것과 관계되어 개인적인 관계를 맺다' ⓐ 어떤 사람을 **알게 되다, 사귀다** make acquaintance, 갈 4:9 언어유희로; 요일 2:3. ⓑ **깨닫다** recognize 마 7:23; 눅 24:35; 요 1:10; 고전 8:3. ④ '성적으로 친밀해지다', **성관계하다** have intercourse 마 1:25; 눅 1:34.

γλεῦκος, ους, τό [비교 γλυκύς 그리고 라틴어 *dulcis*] **달콤한 새 술** sweet new wine 행 2:13.

γλυκύς, εῖα, ύ / γνῶσις, εως, ἡ

γλυκύς, εῖα, ύ [어원은 불분명; 반의어 πικρός, ἁλυκός '불쾌한 맛'] **단맛** sweet 약 3:11f; 책에 관해 표현하며 계 10:9f.

*****γλῶσσα, ης, ἡ** [비교 γλωχίς '돌출 지점'] ① 혀 tongue ⓐ 발성기관으로 막 7:33, 35; 눅 16:24; 행 2:26; 고전 14:9; 빌 2:11; 약 1:26 등; 벧전 3:10; 요일 3:18; 계 16:10. ⓑ 예고 없는 징조로서 행 2:3. ② '변별적 특징을 가지는 언어 체계', **언어** tongue 행 2:4, 11; 계 5:9과 계시록에서 자주. ③ '황홀경에서 나오는 비상(非常)한 말', **방언** tongue 막 16:17; 행 10:46; 19:6; 고전 12:10 등 고린도전서에서 자주.

γλωσσόκομον, ου, τό [γλῶσσα, κομέω '보살피다, 돌보다'; '관악기의 리드를 보관하는 박스', 여기에서 돈 같은 다른 물건을 담는 용기에 대해] **돈주머니, 지갑** money-bag, purse 요 12:6; 13:29.

γναφεύς, έως, ὁ [κνάπτω '양털을 손질하다'; '의상 담당자'] **마전장이, 세탁공** refiner of cloth, 특히 표백하는 일을 하는 막 9:3.

γνήσιος, α, ον [γίνομαι에서 γένος; '조상의 혈통에 속한', 여기에서 '합법적인'] **참된, 합법적인** true 빌 4:3; 딤전 1:2; 딛 1:4. 명사로서 τὸ γνήσιον, 타고난 특징을 보여주는 **진실함, 우수함, 성실** genuineness, quality, sincerity 고후 8:8.

γνησίως [γνήσιος] γνήσιος의 부사. **진실하게, 진지하게, 성실하게** sincerely, genuinely, reliably 빌 2:20.

γνοῖ 헬레니즘 형태(hellenistic form): γινώσκω 제2부정과거 능동태 가정법.

γνούς, γνόντος γινώσκω 제2부정과거 능동태 분사.

γνόφος, ου, ὁ [비교 더 초기의 δνόφος] **어둠, 안개** darkness 히 12:18.

γνῶ γινώσκω 제2부정과거 능동태 가정법.

γνῶθι, γνῶναι γινώσκω 제2부정과거 능동태 명령법, 부정사.

γνώμη, ης, ἡ [γινώσκω] ① '사건에 대한 개인적인 견해', **판단, 의견** judgment, opinion 고전 7:25, 40; 고후 8:10; **승낙** input 몬 14. ② '어떤 일에 대한 결심', **목표, 다짐** purpose, resolve 행 20:3; 고전 1:10; 계 17:13, 17a; ποιεῖν μίαν γνώμην 공통의 목적을 수행하도록 carry out a common purpose 17:17b.

γνωρίζω [γινώσκω] ① '어떤 일에 대한 정보를 공유하다', **알리다, 정보를 주다** make known, inform about 눅 2:15, 17; 요 15:15; 행 2:28; 롬 9:22; 고전 12:3; 갈 1:11; 엡 1:9; 골 1:27; 벧후 1:16. ② '어떤 일에 대하여 결정하게 하다', **알다** know 빌 1:22.

γνωσθήσομαι γινώσκω 미래 수동태 직설법.

γνῶσις, εως, ἡ [γινώσκω] 특히 하나님과 영적인 개념에 관한 통찰력에 있어서 **지식, 이해** knowledge, understanding 눅 1:77; 11:52; 롬 2:20; 11:33; 고전 1:5; 8:1(비교 7절); 13:2; 고후 2:14; 10:5; 엡 3:19; 골 2:3; 딤전 6:20; 벧전 3:7; 벧후 1:5f; τὸ ὑπερέχον τῆς γ. 그리스도 예수를 아는 더 탁월한 가치 빌 3:8. —

γνώσομαι / γόνυ, ατος, τό

ἀντιθέσεις τῆς ψευδωνύμου γνώσεως 이른바 지식의 반론들 딤전 6:20.

γνώσομαι γινώσκω 미래 중간태.

γνώστης, ου, ὁ [γινώσκω] **아는 사람, 알 수 있거나 또는 충분한 정보를 가지고 있는 사람** one that knows, one who is knowledgeable/wellinformed 행 26:3.

γνωστός, ή, όν [γινώσκω; 오래된 γνωτός의 다른 형태 '인식된, 이해된', 또한 '알려진'] ① **알려진** known, 자주 여격과 함께 **~에 대해 알려진** known to ⓐ 인간 사이의 관계에 대해, 명사로서 = 아는 사람, 지인(知人) acquaintance, 단독으로 눅 2:44; 여격과 함께 23:49; 속격과 함께 요 18:16; 서술어로서 같은 의미의 여격과 더불어 15절 ⓑ 사물에 대해 행 1:19 등 사도행전에서 자주. ② '알려질 수 있는 것', τὸ γνωστὸν τοῦ θεοῦ 하나님에 대하여 알만한 것 롬 1:19.

γογγύζω [τονθορύζω에 대한 이오니아 방언과 후기 그리스어 표현 '불분명하게 말하다, 웅얼거리다, 중얼거리다'] ① '불평하며 중얼거리다', **불평하다, 투덜거리다, 수군거리다** grumble, murmur, complain 마 20:11; 눅 5:30; 요 6:41, 43, 61; 고전 10:10. ② 모임에서 부정적 요소 없이 수군거림에 대해, **속삭이다** whisper 요 7:32.

γογγυσμός, οῦ, ὁ [γογγύζω] ① '억제된 방식으로 입장을 주고받음', **밀담, 수군거림** discreet talk, whispering 요 7:12. ② '불만에 대한 표현', **불평, 불만, 구시렁거림** murmuring, grumbling, complaint 행 6:1; 빌 2:14; 벧전 4:9.

γογγυστής, οῦ, ὁ [γογγύζω] **불평자, 투덜대는 사람** grumbler, a discontent 유 16.

γόης, ητος, ὁ [비교 γόος '애곡' 또는 γοάω '통곡하거나 슬픔의 표시를 내보임'; 공식적인 애곡은 통곡하는 말들을 반복하기 때문에, 애곡하는 사람의 역할에서 조금 더 나아가 '주술사'라는 뜻을 가진다. 그의 장기는 말을 반복하여 하는 것이므로 결국 '사기꾼'이 된다] **사기꾼, 협잡꾼** swindler, imposter 딤후 3:13.

Γολγοθᾶ, ἡ [아람어 장소명] **골고다, 골고타** Golgotha, Κρανίου Τόπος, '**해골 장소**'로 번역됨 마 27:33; 요 19:17; 막 15:22(이 구절에서는 대격 Γολγοθᾶν).

Γόμορρα, ων, τά [히브리어] **고모라** Gomorrah 창 19장에 언급된 도시 중 하나의 이름: 마 10:15; 막 6:11 이문; 롬 9:29; 벧후 2:6; 유 7.

γόμος, ου, ὁ [γέμω '채우다, 짐 지우다'] **짐, 화물** cargo 행 21:3; 계 18:11f.

γονεύς, έως, ὁ [γίνομαι; '낳으신 분, 선조, 조상', 그러나 일반적으로는 복수로 γονεῖς '부모'] 신약에서는 항상 복수로 οἱ γονεῖς, έων **부모** parents 마 10:21 등.

γόνυ, ατος, τό [비교 라틴어 *genu*] **무릎** knee ⓐ 신체 부분으로 히 12:12. ⓑ κάμπτω, προσπίπτω, τίθημι 등과 같은 동사와 더불어 무릎을 꿇어 숙이는 동작으로: 간구나 기도를 위해 눅 5:8; 22:41; 행 7:60; 9:40; 20:36; 21:5; 엡 3:14; 야유로 막 15:19; 롬 11:4; 14:11; 빌 2:10. 다음과 같은 정형구로 τιθέναι γόνατα 비

γονυπετέω / γράφω

교 라틴어 *ponere genua* 무릎을 수그리다 = 무릎 꿇다.

γονυπετέω [γόνυ, πίπτω] (~앞에) **무릎 꿇다** kneel down (before), 탄원하여 마 17:14; 막 1:40; 존경하는 자세로서 막 10:17; 거짓으로 꾸민 존경의 표시로 마 27:29.

γράμμα, ατος, τό [자세한 내용은 γράφω를 보라; 고대 그리스어에서는 '기록된 문자와 글씨'처럼 '그림, 도안'] 신약에서는 하나의 문자로서 '글자'에 대해서만 또는 복수로 아래 ②에서 볼 수 있는 것처럼 문자의 다양한 조합으로 ① '쓰여진 것', 기록하는 데 사용되는 기본 단위로서 **글자, 문자(알파벳)** letter (of the alphabet) 눅 23:38 이문; 고후 3:7; 갈 6:11. 확장된 의미로 (그리고 ②ⓑ와 관련되어) 자질구레한 율법적인 자신감에 상대적인 πνεῦμα의 유익을 강조하는 문맥에서 롬 2:27, 29; 7:6; 고후 3:6. 가르침의 근거로서 요 7:15; 행 26:24. ② '문서를 이루는 문자나 글자의 집합' ⓐ 서신과 관련해 **편지** letter 행 28:21. ⓑ 상대적으로 긴 문서와 관련해 **저술, 책** writing, book, 구약과 관련하여 복수로 요 5:47; 딤후 3:15. ⓒ 상업 용어로 **계약** contract 눅 16:6f.

* **γραμματεύς, έως, ὁ** [γράμμα] ① 에베소의 고위 관료 **사무관, 서기** secretary (of state), clerk 행 19:35. ② 복음서에는 빈번하게 모세 율법에 관한 전문가로 **율법 학자, 율법 교사** legal scholar, teacher of the law 마 7:29; 막 1:22; 고전 1:20; 비교 마 13:52; 23:34. ἀρχιερεύς와 함께 마 2:4; 막 11:18; 눅 19:47 등. Φαρισαῖοι와 더불어 마 5:20; 눅 5:21 등.

γραπτός, ή, όν [γράφω; '그려진, 쓰인'] **기록된, 쓰인** inscribed, written 롬 2:15.

* **γραφή, ῆς, ἡ** [γράφω] 신약에서 이스라엘의 구약성서를 언급할 때만 사용되어 **성서, 문서** scripture ⓐ 각권에 대한 언급으로 막 12:10; 눅 4:21; 요 13:18; 행 1:16; 롬 11:2; 딤전 5:18; 딤후 3:16; 약 2:8. ⓑ 전체에 대하여 마 21:42; 막 12:24; 눅 24:27; 요 5:39; 행 17:2, 11; 롬 1:2; 15:4; 고전 15:3; 갈 3:8; 벧후 3:16.

** **γράφω** [비교 γράμμα] 이 동사의 역사를 살펴보면 '쓰다'라는 일반적인 의미와 더불어, 문서를 인식하도록 하는 다양한 기술로서 '긁다, 새기다, 기록하다, 쓰다'와 같은 의미를 보여준다. ㅡ기본적으로 신약에서는 **쓰다, 적다, 새기다**의 의미로 ⓐ 기록하거나 쓰는 신체적인 행위에 초점 맞추어 갈 6:11; 살후 3:17; 몬 19. ⓑ 엡, 골, 딤후를 제외한 신약의 모든 문서에서는 사상의 표현이란 측면에 집중해 사용한다. 구약성서와 관련하여 사용될 때는 대부분 완료형 γέγραπται 로 나타나며 변경하지 못하는 최종적인 것임을 나타낸다. 마 2:5; 4:4, 6f, 10 등. 유사하게 특별한 지시와 관련하여 막 10:4(βιβλίον과 더불어: 문서로 작성하다), 5; 요 19:19a, 22; 행 23:25; 요일 2:7; 요이 5, 12. 서신에 관해 고전 5:9, 11; 7:1; 빌 3:1; 벧후 3:1; 요일 1:4; 요삼 13. 어떤 것을 기록으로 남기는 측면에서 **적다, 기록하다** write down, record 요 20:30; 계 1:11, 19; 종종 βιβλίον τῆς ζωῆς에 기록

γραώδης, ες / γυναικεῖος, α, ον

된 이름들에 관해 13:8 등 —γεγραμμένον ἔσωθεν καὶ ὄπισθεν 안팎으로 기록한 계 5:1.

γραώδης, ες [γραύς '나이 든, 늙은 여인' + -ωδης; 비교 γέρων] **늙은 여인 같은 특징을 가진** characteristic of an old women, γρ. μῦθοι 헛된 이야기를 하는 **노파 (老婆)** 딤전 4:7. 이야기를 나누며 시간 보내는 노파처럼 공상적인 해석과 이야기와 관계된 사람을 풍자적으로 묘사하는 것과 관련해.

γρηγορέω [ἐγείρω] '완전히 각성되다' ⓐ 신체적인 측면과 각성에 대한 의무에 초점 맞추어 **조심하다, 지켜보다** be watchful, watch 마 26:38, 40; 막 13:34; 14:34, 37; 눅 12:37, 39 이문 — 확장된 은유로 살아 있으며, 그것이 계속됨을 본다는 의미에 대하여 **생존해 있다** be alive (καθεύδω 의 완곡어법 '죽은'에 대조해서) 살전 5:10. ⓑ 정신적인 측면에 초점 맞추어 ⓐ의 확장으로 **조심하다, 잘 살피다** be awake, be alert, be on the watch 마 24:42; 25:13; 26:41; 막 13:35, 37; 14:38; 행 20:31; 고전 16:13; 골 4:2; 살전 5:6; 벧전 5:8; 계 3:2, 3; 16:15.

γυμνάζω [γυμνός; '벌거벗고 훈련하다, 연습하다'] **훈련하다, 연단하다** train, discipline, 신약에서는 신체적인 측면에서 확장된 의미로만 딤전 4:7; 히 5:14; 12:11; 벧후 2:14.

γυμνασία, ας, ἡ [γυμνάζω] 연습, 훈련 exercise, training 딤전 4:8.

γυμνητεύω = γυμνιτεύω 고전 4:11 이문.

γυμνιτεύω 벌거벗다, 옷을 입고 있지 않다 be naked, be without clothes, 아마도 빈약하고 부족함을 나타내어 고전 4:11.

γυμνός, ή, όν [산스크리트 연관어] ① **벌거벗은, 가리지 않은** naked, bare 막 14:52; 행 19:16; γ. κόκκος 알맹이 bare seed 고전 15:37; ἐπὶ γυμνοῦ 벗은 몸, 알몸으로 over bare skin/body 막 14:51. 확장된 의미로: **아무것으로도 덮이지 않은** 고후 5:3; 계 3:17; 16:15; 17:16; 서술어로 = **까발려져** lie bare 히 4:13. ② **충분히 입지 못한, 헐벗은** inadequately dressed ⓐ 마 25:36, 38, 43f, 아마도 채무 때문에 일반적인 옷을 입지 못한 사람과 관련하여 **겉옷을 입지 않고** 공개적으로 나타나는 것에 대하여 요 21:7; 다음 항목과 비교. ⓑ 어떤 모임에서 **불쌍하게 옷을 입은** poorly dressed 약 2:15.

γυμνότης, ητος, ἡ [γυμνός] **벌거벗음** nakedness ⓐ 어떤 옷도 입지 않은 상태로서 계 3:18. ⓑ 부적절하게 옷입은 상태로 롬 8:35; 고후 11:27.

γυναικάριον, ου, τό [γυνή 의 지소사, 그 속격에서 유래하여; '조그만 여인', 경멸적인 어조로] **유약한/쉽게 영향을 받는/어리석은 여인** weak/impressionable woman 딤후 3:6.

γυναικεῖος, α, ον [γυνή 의 속격으로부터 유래; '여성에게 속한'] **여성의** feminine σκεῦος γ. = **아내, 부인** 벧전 3:7.

γυνή, αικός, ἡ / γωνία, ας, ἡ

** γυνή, αικός, ἡ [산스크리트 연관어; 호메로스에서 다양한 직업과 사회적 역할, 그리고 '배우자'로서의 '여인'] ① 모든 성인 여성에 대하여 **여인** woman 마 9:20; 눅 1:42; 요 4:7; 행 1:14; 5:14; 롬 7:2; 고전 11:3 그리고 해당 장에서 여러 번; 갈 4:4. 호격 γύναι 마 15:28; 눅 22:57; 요 2:4; 19:26; 20:13, 15의 경우에서는 때로 불필요해서 번역에서 생략한다. ② **아내, 부인** wife 마 1:20, 24; 5:28, 31, 32; 27:19; 눅 1:5; 3:19; 20:33; 고전 7:2 등 7, 11장에서 반복하여; 엡 5:22 그리고 해당 장에서 여러 번; 골 3:18f; 딤전 2:9-14; 벧전 3:1; 계 2:20. — 특별히 혼인 여부와 상관없이 고전 7:1. — 요 4장에서 γ.의 용법은 의도된 모호성을 드러낸다.

Γώγ, ὁ [히브리어] 격변화 없음. **곡** Gog. 묵시적인 악한 세력에 관한 암호명(참고. Μαγώγ) 계 20:8. 겔 38장 이하를 보라.

γωνία, ας, ἡ [비교 γόνυ] 거리의 **모퉁이** corner, 마 6:5과 병행구. **건물 모서리** 21:42; 막 12:10; 행 4:11; 벧전 2:7; 지구의 기준점에 대하여 계 7:1; 20:8. — ἐν γωνίᾳ 어떤 모퉁이에서 이루어진 것에 대하여, 즉 '외딴 지점'에서 = **몰래, 은밀하게** 행 26:26.

Δ / δαμάζω

Δαβιδ Δαυίδ를 보라.

δαιμονίζομαι [δαίμων] '악령이 내면을 지배하는 경험을 하다', **귀신 들리다, 귀신에 씌다** be demonically possessed 복음서에서만 나옴, 현재 직설법으로 한 번 마 15:22; 그 이외의 분사 4:24.

*__δαιμόνιον, ου, τό__ [형용사에서 유래한 중성 명사 δαιμόνιος, '신성한'; '신성한 것', 따라서 '종속적인 위치의 신적 존재'] ① 부정적 함의 없이 **신, 신적 존재, 정령** deity, divine being, daemon 행 17:18. ② 신약에서 대부분 부정적 뜻으로 **악령, 귀신**, hostile/evil spirit, demon 마 7:22; 고전 10:20f; 딤전 4:1; 약 2:19; 계 9:20.

δαιμονιώδης, ες [δαιμόνιον, -ωδης '~같은'; 'δαίμων과 같은'] **악마적인, 귀신의, 귀신에게 속한** devilish, demonic 약 3:15.

δαίμων, ονος, ὁ [그리스 문학에서 보다 덜 초월적인 존재로서, 긍정적으로 묘사되는 경우가 적지 않다] 신약에서는 초월적인 의미로만 악령, **마귀, 귀신** hostile/evil spirit, demon 마 8:31 = 막 5:12 이문; δαιμόνιον에 대한 이문 눅 8:29; 계 16:14; 18:2.

δάκνω [비교 δάκος '무는 것이 위험한 짐승'] **물다, 깨물다** bite 생생한 비유로 갈 5:15.

δάκρυον, ου, τό [비교 시적인 형태 δάκρυ와 코이네 형태인 δάκρυμα, 또한 비교 라틴어 dacrima(lacrima/lacruma의 더 오래된 형태)] **눈물** tear 막 9:24 이문; 눅 7:38, 44; 행 20:19, 31; 고후 2:4; 딤후 1:4; 히 5:7; 12:17; 계 7:17.

δακρύω [이전 항목을 보라] **울다, 눈물 흘리다** weep, shed tears 요 11:35.

δακτύλιος, ου, ὁ [δάκτυλος] 손가락에 끼는 **반지** ring 눅 15:22.

δάκτυλος, ου, ὁ [복합적인 어원, 이전 항목과 비교] **손가락** finger 마 23:4 등 복음서에서 자주; δ.θεοῦ 하나님의 손가락 = 하나님의 권능 눅 11:20.

Δαλμανουθά, ἡ [어원은 불분명] **달마누다, 달마누타** Dalmanutha 격변화 없음.; 게네사렛 호수 가까운 확인되지 않은 장소 막 8:10.

Δαλματία, ας, ἡ [또한 Δελ- 성서 외 몇몇 사본에서] **달마디아, 달마티아** Dalmatia, 아드리아 동쪽 해안의 나라 딤후 4:10.

δαμάζω [산스크리트 dámyati '길들여진', 비교 다음 항목] **길들이다, 제어하다** tame, control 막 5:4; 약 3:7f.

δάμαλις, εως, ἡ [이전 항목을 보라; 어간과 관련하여: 가축화, 길들임] **송아지, 암송아지** young cow, heifer 히 9:13.

Δάμαρις, ιδος, ἡ [아마도 이전 항목과 관련하여, 이화(異化)작용이나 자음의 변화로] **다마리, 다마리스** Damaris, 아테네의 초기 개종자 행 17:34.

Δαμασκηνός, ή, όν [다음을 보라] **다메섹의** of Damascus, οἱ Δ. 다메섹 사람 고후 11:32.

Δαμασκός, οῦ, ἡ [비교 이전 항목의 대격] **다메섹** Damascus, 코엘로시리아의 수도 행 9:2 등.; 고후 11:32; 갈 1:17.

Δάν, ὁ [히브리어] 격변화 없음. **단** Dan, 이스라엘 지파인 Γὰδ에 대한 계 7:5 이문에서. 창 30:6을 보라.

δαν(ε)ίζω [δανίζω δανείζω의 후기형, δάνος 선물, 예물 또한 대출에서] ⓐ 능동태 **빌려주다** lend 눅 6:34ab, 35. ⓑ 중간태, 자신을 위해 빌린다는 의미로 **빚지다** borrow 마 5:42.

δάν(ε)ιον, ου, τό [δάνιον δάνειον의 후기형, 이전 항목과 비교] **대부, 빚** loan 마 18:27.

δαν(ε)ιστής, οῦ, ὁ [δανιστής δανειστής의 후기형, 비교 δαν(ε)ίζω] **대금업자, 채권자** money lender, creditor 눅 7:41.

Δανιήλ, ὁ [히브리어; '하나님은 나의 재판관이시라'] 격변화 없음. **다니엘** Daniel, 이스라엘의 예언자, 마 24:15.

δάνιον δάν(ε)ιον을 보라.

δανιστής δαν(ε)ιστής를 보라.

δαπανάω [다음 항목과 비교] 돈을 **소비하다** spend 막 5:26; 눅 15:14; 행 21:24; 약 4:3. — 언어유희로 고후 12:15.

δαπάνη, ης, ἡ [이전 항목을 보라. 비교 δάπτω '집어삼키다'] **비용, 대가** cost, expense 눅 14:28.

δαρήσομαι δέρω 제2미래 수동태.

*   **Δαυίδ, ὁ** [Δαυείδ, Δαβίδ 등도 여러 사본에 나옴] 격변화 없음. **다윗** David, 이스라엘의 왕, 마 1:1 등.

***   **δέ** [어원은 불분명] 여러 의미를 가진 어휘로서 일반적으로는 상대적으로 가벼운 대조를 표시하거나 이야기 서술 및 특정 주제에 대한 진술에서 전환을 나타내는 역할을 한다. 다음의 예시들은 δέ의 놀라운 유연성을 설명해준다. **다음에는, 차례로** in turn 마 1:2; 눅 1:64; **이제** now 마 1:18; 2:1; 5:31; 8:1; 막 1:14; 4:15; 눅 1:6; 요 1:44; 행 2:5; 롬 2:2; 고전 8:1; 엡 3:20; 빌 1:12; 살전 5:1; 딤전 4:1; 히 2:27; **그래서** so 마 2:8; 5:37; 롬 2:17; 고전 1:10a; 살후 3:6; 딤후 2:22; **그리고 나서** then 마 18:16; **그리고** and 여기에 따르는 충분한 예시들로 눅 2:17; 행 2:37;

δέδεκται / δεῖγμα, ατος, τό

고전 1:10b; 갈 2:11; 약 1:4; 벧후 1:5-7; 계 1:14; 19:12 (이 경우와 유사한 구절들을 옮길 때 어떤 번역가들은 뜻을 옮기지 않기도 한다). 그러나 우리는 δέ가 때때로 드러나지 않게 어떤 그림을 완성하는 역할을 한다는 점에 주목해야 한다); 그러나 but 대비가 눈에 띄게 두드러지는 경우에 더 선호되어 마 5:32, 39; 막 2:6; 눅 8:38; 요 1:12; 행 2:14; 롬 3:21; 엡 4:20; 살후 2:13; 딤전 2:12; 3:15; 딛 3:4; 약 1:25; 벧전 2:9; 요일 2:5. 또한 Δέ는 이야기에서 등장인물이 보여주는 내용으로 전환하는 역할을 한다. 행 3:4; 히 11:35f; 요삼 12; 유 17; 관사 뒤에 자주 쓰여, 대조적인 행동을 강조 마 28: 9; 눅 3:19; 5:33; 빌 1:17 또는 특별히 대화 중에 응답하는 사람을 나타내기 위해 마 2:5; 3:14f; 막 5:36; 눅 3:12; 18:21; 요 1:38; 행 7:2. —νῦν 다음에 나와 상황들의 대비를 눈에 띄게 해주며 엡 2:13; 골 1:22; 히 9:26. μέν 절(節) 다음에(해당 항목을 보라) 히 1:8; 10:33; 11:16; 벧전 1:20. καί 와 더불어, δέ는 보통의 역할을 하지만 καί는 어떤 존재나 행위, 경험에 대해 주목하게 한다. δέ…καί 마 18:17; 눅 16:22; 요 2:2; ἐγὼ δὲ καὶ γεγέννημαι 나로서도 그것(시민권)을 나면서부터 가지고 있었다 행 22:28; εὑρισκόμεθα δὲ καί 그뿐 아니라 우리는 또한 ~으로 판명되었다 고전 15:15. 유사하게 καὶ δέ 마 10:18; 요 6:51; 딤전 3:10.

δέδεκται δέχομαι 완료 중간태 직설법 3인칭 단수.

δέδεμαι, δεδεκώς δέω 완료 수동태 직설법과 완료 능동태 분사.

δέδομαι, δεδώκει δίδωμι 완료 수동태 직설법, 과거완료 능동태 직설법 3인칭 단수.

δέῃ δεῖ 현재 능동태 가정법 3인칭 단수.

δεηθείς, δεήθητι δέομαι 제1부정과거 수동태 분사, 명령법.

δέησις, εως, ἡ [δέομαι] 신약에서는 항상 하나님께 어떤 필요가 있어서 요청함에 관하여, **기도, 간구, 간청** prayer, petition, entreaty 눅 1:13 등.

δεθῆναι δέω 제1부정과거 수동태 부정사.

** **δεῖ** [δέω에서 나온 비인칭 동사 '부족하다, ~을 필요로 하다'] 기본 개념은 겉으로 표현되는 여부에 상관없이 결과, 사건 또는 성과에 대한 기대를 걸거나 결정하는 상태나 상황들이다: '~이 필요하다', **~해야 한다** one must 마 16:21; 행 1:16; 딛 1:11; 계 1:1; **할 필요가 있다, 필요에 따라** one needs, as need requires 롬 8:26; 적절함에 초점 맞추어 **~해야 한다** one ought 마 18:33; 롬 12:3; 살전 4:1; 벧후 3:11. —δέον(중성 분사) ἐστίν: **~이 적절하다** 행 19:36; εἰ와 더불어, **~할 수밖에 없게 되었다면 = 상황이 그러하다면** 벧전 1:6. 과거와 관련하여 ἔδει: **~해야만 했다** 눅 15:32; **~해야 할 것이다** should have 행 24:19; 고후 2:3.

δεῖγμα, ατος, τό [δείκνυμι] 훈계하여 가르치기 위한 **모범, 표본** example, sample 유 7.

δειγματίζω [이전 항목을 보라] **폭로하다, 수치를 주다** expose, disgrace 마 1:19; 골 2:15.

δείκνυμι/δεικνύω [비교 δεῖξις '보여줌, 전시' 그리고 δεῖγμα] **보이다** show ⓐ 다른 사람이 볼 수 있도록 **지적하다, 알려주다** point out, make known 마 4:8; 막 1:44; 눅 20:24; 요 2:18; 행 7:3; 딤전 6:15; 히 8:5; 계 1:1. ⓑ 다른 사람이 이해할 수 있도록 **설명하다, 입증하다** explain, demonstrate 마 16:21; 행 10:28; 약 2:18.

δειλία, ας, ἡ [δειλός] **용기 없음, 비겁, 겁** loss of courage, cowardice, timidity 딤후 1:7.

δειλιάω [δειλία] **낙담하다, 겁이 많다, 설설 기다** lose courage, be cowardly, be timid 요 14:27.

δειλινός, ή, όν [δείλη '오후'] **오후에** in the afternoon, τὸ δειλινόν 저녁이 되어 갈 때 행 3:1 이문.

δειλός, ή, όν [비교 δείδω '두려워하다', δέος] **겁이 많은, 무서워하는, 소심한** cowardly, fearful, timid 마 8:26; 막 4:40; 계 21:8.

δεῖνα, ὁ/ἡ/τό [*τάδε ἕνα '이것과 저것'에서 발전하여 형성, 그리고 τὰ δεῖνα에 있는 존재, 이런 이유로 속격 τοῦ δεῖνα와 관련된 어미 변화] **'이름이 없는, 특정되지 않은 존재', 아무개** so-and-so 마 26:18.

δεινός, ή, όν [비교 δείδω '깜짝 놀라다, 불안해하다, 무서워하다', δέος] **무서운, 두려운** fearful, terrible, 명사로서 ἄλλα δεῖνα 다른 재앙들, 공포들 막 16:14 이문 (더 자유로운 사본에서).

δεινῶς [δεινός] 부사 **무섭게, 지독하게** terribly 마 8:6; δ. ἐνέχειν 지독하게 악랄한 (비교 'have it really in' for someone) 눅 11:53.

δεῖξον, δείξω δείκνυμι 제1부정과거 능동태 명령법, 미래 능동태 직설법.

δειπνέω [δεῖπνον] **식사하다** dine 마 20:28 이문; 눅 17:8; 22:20; 고전 11:25; 비유로 계 3:20.

δειπνοκλήτωρ, ορος, ὁ [δεῖπνον, κλήτωρ καλέω에서 '초대자, 주인'] 만찬에서 손님 목록에 대한 책임을 맞고 있는 관리인 **주최자** host 마 20:28 이문.

δεῖπνον, ου, τό [그리스 문학에서 δ.에 대한 시간이 하루 중 언제인지는 다양하게 나타나지만, 결국 δ.은 주로 '저녁 만찬'을 언급한다] 하루 중 주된 식사, 그것은 보통 저녁 가까이에 차려진다. 신약에서는 주로 공식적인 식사에 관해 **연회(宴會), 정찬(正餐)** feast, banquet 마 23:6; 막 6:21; 눅 14:16; 요 12:2; 계 19:9, 17; 제의적 문맥에서 요 13:2, 4; 21:20; 고전 11:20f.

δεῖπνος, ου, ὁ [δεῖπνον의 후기형] **연회, 정찬** feast, banquet, 눅 14:16 이문; 계 19:9, 17 이문.

δείρας / δεξιοβόλος

δείρας δέρω 제1부정과거 능동태 분사.
δεισιδαιμονία, ας, ἡ [δεισιδαίμων] '신(神)과 그 관계된 것들을 다루는 방식', 신앙 체계, 종교 belief system, religion 행 25:19.
δεισιδαίμων, ον, 속격 **ονος** [비교 δείδω, δεῖλος, δαίμων] 신앙적인, 미신적인 religious, δεισιδαμονεστέρους (비교급 = 최상급) ὑμᾶς θεωρῶ 내가 보니 여러분은 신앙심이 매우 깊습니다 행 17:22.
δειχθείς δείκνυμι 제1부정과거 수동태 분사.
δέκα [비교 라틴어 *decem*] 격변화 없음. 10, **열** ten 마 20:24; 25:1, 28 등.
δεκαδύο [δέκα, δύο] 격변화 없음. 12, **열둘** twelve 행 19:7 이문; 24:11 이문.
δεκαέξ/δέκα ἕξ [= ἕκκαιδεκα] 격변화 없음. 16, **열여섯** sixteen 계 13:18 이문.
δεκαοκτώ [δέκα, ὀκτώ] 격변화 없음. 18, **열여덟** eighteen 눅 13:4, 11.
δεκαπέντε [δέκα, πέντε] 격변화 없음. 15, **열다섯** fifteen 요 11:18; 행 27:5 이문, 28; ἡμέρας δ. = 두 주, 보름 갈 1:18.
Δεκάπολις, εως, ἡ [δέκα, πόλις; 문자적으로 '열 고을'] 데카볼리, 데가폴리스 Decapolis, 몇 개의 도시를 묶어서 부르는 이름(그 정확한 숫자는 유동적으로 나타난다), 요단 강과 게네사렛 호수 동편 마 4:25; 막 5:20; 7:31.
δεκατέσσαρες, ων [= 이전 형태 τεσσερακαίδεκα] 14, **열넷** fourteen 마 1:17; 고후 12:2; 갈 2:1.
δεκάτη, ἡ δέκατος의 ②ⓑ를 보라.
δέκατος, η, ον [δέκα] **열 번째** tenth ① 어떤 연속에서, 시간적으로 요 1:39; 행 19:9 이문 ② ⓐ부분을 나타내어: τὸ δέκατον τῆς πόλεως 그 도시의 10분의 1 계 11:13. ⓑ 특히 히브리어 명사로서 제의적 문맥에서 ἡ δεκάτη (μέρις로 이해할 수 있음) = 예물로 드리는 어떤 것의 부분, **십일조** tithe 단수 히 7:2, 4; 복수 7:8f.
δεκατόω [이전 항목 ②ⓑ의 동사형으로서] 능동태 십일조를 지불할 의무를 부여하다 **십일조를 모으다, 받다** collect/receive tithes 히 7:6; 수동태 그러한 의무를 지다, 따라서 능동의 의미로 **십일조를 내다** pay tithes 히 7:9.
δεκτός, ή, όν [δέχομαι] 능동태로서 **받을 만한** acceptable, 수락이 이루어지는 시간에 대해 눅 4:19; 고후 6:2; 수동태로서 **수용된, 환영받는** accepted 눅 4:24; 행 10:35; 빌 4:18.
δελεάζω [δέλεαρ '미끼'; '미끼를 이용해 유인하다'] **유인하다, 꾀다** lure, entice 약 1:14; 벧후 2:14, 18.
δένδρον, ου, τό [호메로스 작품에서 δένδρεον] 다양한 종류와 모양의 **나무** 마 3:10 등.
δεξιοβόλος [δέξιος, βάλλω] 행 23:23의 δεξιολάβος(다음 항목을 보라)에 대한 이문에서만 나타남.

δεξιολάβος, ου, ὁ [δέξιος, λαμβάνω; 불가타 lancearius] 매우 드물게 사용되는 불확실한 의미의 단어. 음역: 'dexiolabos'(어떤 군사적인 능력으로). 다양한 용어 풀이가 제공되었다. **궁수, 투석기 사용자** archer, slinger, 또는 어떤 병기를 언급하지는 않고 **경호인** bodyguard 행 23:23.

* **δεξιός, ά, όν** [비교 라틴어 dexter] **오른쪽, 우편** right 신체 부분에 관하여 자주 표현, 눈, 손, 귀, 발이나 신체 전반에: 마 5:29f; 막 15:27; 눅 6:6; 요 18:10; 행 2:25; 3:7; 계 10:2; δ. 우정의 표시로 (즉 χείρ) διδόναι 오른손을 내밀다 갈 2:9. 반대말로 ἀρίστερος와 함께: 마 6:3; 눅 23:33. 어떤 구조물 안에 있는 위치에 대해 막 16:5(무덤). 비유로: 능력이나 특별한 권한을 가진 위치에 대해 오른편 right side, 단수 행 2:33; ἐν과 더불어 롬 8:34; 엡 1:20; 골 3:1; 히 1:3; 벧전 3:22; 복수는 보통 ἐκ이나 ἐν과 더불어, 중요한 존재에 근접해 있다는 사실을 나타내며 마 20:23; 막 10:40; 눅 22:69; 행 2:34; 7:55f; 비교 마 20:21 = 막 10:37. 비유로 무기류에 대해, (검과 같은) 공격 무기 ὅπλα δ. 우편에 있는 의의 무기 고후 6:7.

δέομαι [δέω의 중간태 '결핍된, ~이 부족한 상태인', δέω '묶다'는 아니다] '요청을 제출하다', 도움을 호소하는 것에 초점 맞추어, 그 성격에 대해서는 문맥에 따라 뜻을 알 수 있다. **요구하다, 간구하다, 기도하다, 애원하다** ask, petition, pray, plead ⓐ 사람에게 말할 때 눅 9:40; 행 8:34; 21:39; 26:3; 고후 5:20; 8:4; 갈 4:12; 예수께 눅 5:12; 8:28; 9:38. ⓑ 하나님께, 암시되어 눅 21:36; 22:32; 행 4:31; 롬 1:10; 살전 3:10; 분명하게 마 9:38(= 눅 10:2); 행 8:22; 10:2.

δέον δεῖ 중성 분사, 참조.

δέος, ους, τό [δείδω '두려워하다, 깜짝 놀라다'] **두려움, 경외** awe 히 12:28.

Δερβαῖος, α, ον [Δέρβη] **더베에서 온** from derbe 행 20:4.

Δέρβη, ης, ἡ [어원은 불분명] 소아시아 남부 루가오니아(Lycaonia)의 도시 **더베** Derbe 행 14:6, 20; 16:1.

δέρμα, ατος, τό [δέρω] 짐승을 껍질 벗겨 만든 가죽으로 **피부, 가죽** skin, hide 히 11:37.

δερμάτινος, η, ον [δέρμα] **가죽으로 만든** (made) of hide, ζώνη δ. 가죽 허리띠 leather belt 마 3:4 = 막 1:6.

δέρρις, εως, ἡ [δέρω; = δέρμα] **피부, 가죽** skin, hide 막 1:6 이문.

δέρω [비교 δέρμα; '가죽, 껍질, 피부를 벗겨내다'] 신약에서는 오직 변화된 뜻으로 **폭력적인 방법으로 학대하다, 벌주다** mistreat/punish in a violent manner, 문맥에 따라 파생된 다양한 용어로 옮길 수 있다. **두들겨 패다** beat (up) 마 21:35; 막 12:3, 5; 13:9; 눅 20:10f; **채찍질하다, 매질하다** whip, lash, flog 행 5:40; 16:37; 22:19; 눅 12:47 δαρήσεται πολλάς "그는 많은 매질을 받을 것이다" 반대

δεσμεύω / δευτερόπρωτος, ον

로 δ. ολίγας 48절; **때리다, 치다** hit, strike 22:63; 요 18:23; 허공 고전 9:26; 고후 11:20.

δεσμεύω [δεσμός] **묶다, 매다** bind 통제력을 미치는 것에 관하여 눅 8:29; 행 22:4; 비유로 이동을 위해 꾸러미를 함께 묶는 것에 관하여 (주로 나귀에) 마 23:4.

δεσμέω δεσμεύω의 이문 참조.

δέσμη, ης, ἡ [δέω] **묶음** bundle 마 13:30.

δέσμιος, ον [δεσμός; 마법처럼 '묶인'] 신약에서는 오직 명사로서 수동태 의미로만, 다음 항목을 보라.

δέσμιος, ου, ὁ [이전 항목을 보라] 붙잡혀 포박된 사람 **죄수** prisoner 마 27:15 등.

δεσμός, οῦ, ὁ [δέω; 중성 복수 τὰ δεσμά는 경우에 따라 사용된다] 포박하는 도구에 대해 **올가미, 차꼬, 속박** bond, fetter ⓐ 일반적으로 기능하지 못하도록 하는 질병에 대해 막 7:35(장애); 눅 13:16. ⓑ 복수, 묶어놓는 도구에 대해: 정신적으로 문제가 있는 사람을 제어하는 데 사용하는 눅 8:29(τὰ δεσμά). 대부분 범죄자들이나, 혐의자 등의 사람들을 구금하기 위해 행 26:29; 히 11:36; 유 6; τὰ δεσμά 행 16:26; 20:23; 빌 1:13. ─족쇄의 사용과 관련한 경험에 초점 맞추어 빌 1:7; 골 4:18; ἐν τοῖς δ. τοῦ εὐαγγελίου 복음 때문에 감옥에 갇혀 몬 13.

δεσμοφύλαξ, ακος, ὁ [δεσμός, φύλαξ] **간수** jailer 행 16:23, 27, 36.

δεσμωτήριον, ου, τό [비교 δέσμωμα '결박, 차꼬'] **감옥** prison, jail 마 11:2; 행 5:21, 23; 16:26.

δεσμώτης, ου, ὁ [δεσμός] **죄수** prisoner 행 27:1, 42.

δεσπότης, ου, ὁ [비교 δεσπόζω '다스리다, 주인이 되다'] **주인** master ⓐ 일반적인 δοῦλος의 반대되는 뜻으로 딤전 6:1f; 딛 2:9; 벧전 2:18. ⓑ 특별히 탁월함이 드러나 다른 사람에게 알려진 존재: 하나님에 대해 눅 2:29 그리고 행 4:24(이 두 본문에서는 δοῦλος가 상호관계적으로); 계 6:10; 그리스도에 대해 벧후 2:1; 유 4. ─소유자로서 딤후 2:21.

δεῦρο [복합적인 어원] 부사 기본 개념은 화자(話者)가 있는 위치에서 신속성에 초점 맞춘 것이다. 여기서 즉각적이고 단호한 어감이 생성된다. **오라** come! 마 19:21; 요 11:43; 행 7:3, 34; 계 17:1. 시간에 대해 관사 동반하여 ἄχρι τοῦ δ. 지금까지 롬 1:13.

δεῦτε 부사, δεῦρο의 복수로 기능: **자, 오너라! 오라!** come on! come! 마 4:19; 11:28; 막 6:31; 요 4:29; 21:12; 계 19:17.

δευτεραῖος, α, ον [δεύτερος] 일반적으로 동사의 가정법, 그리고 형용사와 호응하여 부사적인 뜻을 가진다. **둘째 날에** on the second day 행 28:13.

δευτερόπρωτος, ον [δεύτερος, πρῶτος] 이 단어의 의미는 명확하지 않다.

문자적으로는 **둘째 첫 번째**(secondfirst) 눅 6:1 이문.

δεύτερος, α, ον [비교 호메로스 δεύομαι '(이) 부족하다'] **두 번째, 2차** second ⓐ 마 21:30 ἕτερος에 대한 이문; 22:26; 막 12:31; 눅 12:38; 요 4:54; 행 12:10; 고전 15:47; 딛 3:10; 히 10:9; 벧후 3:1; 계 2:11. ⓑ 중성 관사가 있는지에 상관없이 시간의 부사로 사용되어 **두 번, 거듭** 요 3:4; 21:16(πάλιν으로 의미 강화); 고전 12:28(두 번째로); 고후 13:2; 유 5; ἐκ δευτέρου 마 26:42; 막 14:72; 요 9:24; 행 11:9; 히 9:28.

* **δέχομαι** [비교 δοχή] **받다, 영접하다** receive 열렬히 받아들이다는 표현으로 자주 사용 ⓐ 사물을 목적어로 마 11:14(교훈); 막 10:15; 눅 8:13; 16:6(취하다, 가지다); 22:17; 행 7:59; 고전 2:14; 고후 6:1; 살전 2:13; 약 1:21. ⓑ 사람을 목적어로, 보통 '환영한다'는 뜻에서 마 10:14; 18:5; 눅 2:28; 행 3:21; 고후 11:16; 갈 4:14; 히 11:31.

δέω ['**결핍되다, ~을 필요로 하다**'라는 뜻을 가진 동일 철자의 δέω나, 비인칭동사 δεῖ와 관련된 단어로 혼동하지 말아야 한다] **매다, 묶다** bind ① 신체적인 제한 마 12:29 등. 확장된 의미로 눅 13:16; 행 20:22; 롬 7:2; 고전 7:27; 딤후 2:9. ② 법률 용어로 **금하다** 마 16:19(반의어 λύω, 비교 눅 13:15f).

δή [비교 ἤ-δη, ἐπει-δή, δῆτα (δή + -τα, εἶτα처럼) '정말'] 어떤 이의 태도가 근접한 것에 옮겨갔음을 강조하는 표시 **참으로, 그러므로, 그러니 이제,** well then, right now 눅 2:15; 행 6:3 이문; 13:2; 15:36; 고전 6:20; ὅς δή "어떤 사람인지 유의하라!" 또는 "바로 이런 사람" 마 13:23; οὐ γὰρ δήπου "결코 ~이 아니다" 히 2:16.

δηλαυγῶς [δῆλος, αὐγή; ἄγαν φανερῶς = '확연히 드러나게', 기원후 5세기 문법 학자 헤시키우스가 언급] **매우 명백하게** very clearly 막 8:25 τηλαυγῶς에 대한 이문.

δῆλος, η, ον [서사시 δέελος '보이는, 뚜렷한'] 마음에 **확실한, 분명한** evident, clear 고전 15:27; 갈 3:11. ἡ λαλιά σου δῆλόν σε ποιεῖ 너의 말하는 투가 너를 나타내준다. 너를 드러낸다(베드로가 갈릴리 사람처럼 말하는 상황과 관련하여) 마 26:73.

δηλόω [δῆλος] **드러내다, 분명하게 하다** disclose, make plain 고전 1:11; 3:13; 벧후 1:14; 히 9:8; 12:27(설명하다, 보여주다); 벧전 1:11(나타낸다).

Δημᾶς, ᾶ, ὁ [Δημήτριος의 단축형으로 추정] 바울의 동료 중 한 명, **데마, 데마스** Demas 골 4:14; 딤후 4:10; 몬 24.

δημηγορέω [δῆμος, ἀγορεύω; '공적으로 말하다'] **열변을 토하다, 장광설을 늘어놓다** harangue 행 12:21.

Δημήτριος, ου, ὁ [흔히 쓰이던 이름으로, 대지의 여신 데메테르에게 헌신하는 사람이란 뜻으로 추정됨] ① 요한 공동체에서 매우 존경받던 인물, **데메드리오, 데메트리오스** Demetrius 요삼 12. ② 에베소의 은장색 행 19:24, 38.

δημιουργός, οῦ, ὁ / διαβεβαιόομαι

δημιουργός, οῦ, ὁ [δῆμος, ἔργον; '사람들을 위해 일하는 사람, 숙련공', 그리하여, 율법을 만든 '제작자, 창조자, 생산자'] **창시자, 지은이** builder, maker 히 11:10.

δῆμος, ου, ὁ [복합적인 어원; '지역, 구역, 땅', 또는 상류층과 구별된 의미로서 '대중, 민중'] 정치적인 용어로 **군중, 대중** popular assembly 행 12:22; 17:5; 19:30, 33.

δημόσιος, α, ον [δῆμος] 공적인, 공개적인 public, ἐν τηρήσει δημοσίᾳ 공적으로 구금되어 행 5:18; δημοσίᾳ라는 형태는 부사로 기능하여. **공개적으로** publicly 16:37; 18:28; 20:20.

δηνάριον, ου, τό [라틴어 *denarius*, 약 4.55그램 정도되는 로마의 은전(銀錢)에서 기원, 노동자의 평균 하루 품삯] **데나리온** denarius 마 18:28; 22:19; 눅 10:35; 요 12:5; 계 6:6. —ἀνὰ δ. 각 한 데나리온씩 마 20:9f.

δήποτε [또한 δή ποτε '때때로, 언젠가'] 부정(不定) 부사 **언제든지** at any time, ᾧ (οἵῳ) δ. = 무엇이든지 whatever 요 5:4 이문.

δήπου [또한 δή που] **의심의 여지 없이, 분명히, 물론** doubtless, surely, of course 히 2:16.

*** **διά** [기본 의미 '통하여'] **통하여** through ① 속격 동반. ⓐ장소 막 9:30; 눅 6:1; 고전 10:1; 사물 마 7:13; 막 10:25; 집단 고후 8:18. ⓑ 시간에 대한 용법, 지속성에 관해 막 5:5; 행 16:9; ~**하는 동안** during 눅 9:37 이문; 행 5:19. διὰ παντὸς τοῦ ζῆν 일평생동안 히 2:15. ⓒ 도구를 나타내어 ㉠사물 행 5:12; 갈 1:15; 엡 1:7; 어떤 일이 일어나는 일반적인 상황 롬 2:23; 3:24; 10:17; 고후 1:11; 빌 1:20; 원인 고전 1:21. ㉡ 수행자 마 1:22; 11:2; 눅 17:1; 요 1:3; 행 1:2; 롬 1:2; ~**에 지지를 받는** 딤후 2:2. ② 대격을 동반하여. ⓐ공간적으로 **가로질러** 눅 17:11. ⓑ 원인상으로 ~**때문에, ~을 목적으로,** 마 6:25; 막 2:4; 행 10:21; 부러움, 공포, 사랑, 감정적인 상태에 **관하여** ~**으로 인한, ~때문에** from, out of 마 27:18; 요 7:13; 엡 2:4. —διὰ τί; **무엇 때문에?** = 왜? 요 7:45; 고전 6:7; διὰ τοῦτο **그러므로** 롬 1:26; 살후 2:11.

Δία, Διός 제우스 Ζεύς 대격, 속격.

διαβαίνω [διά, βαίνω '성큼성큼 걷다. διαβαίνω의 기본 개념은 움직일 때 벌어지는 다리. 일반적으로 이 전치사는 공간적으로 '가로질러 가다'라는 뜻] **통과하다, 건너가다** cross over 눅 16:26; 히 11:29. —διαβὰς εἰς "~로 건너가다" 행 16:9.

διαβάλλω [διά, βάλλω '던지다', '~너머로 던지다'는 뜻에서, 어떤 인물에 관해 '공격하다'는 뜻이 도출되었다] **고소하다** accuse 눅 16:1.

διαβάς διαβαίνω 제2부정과거 능동태 분사.

διαβεβαιόομαι [전치사는 '자신 있게 확신한다'는 뜻을 강조하는 기능을 한다] περί를 더하여: ~**에 대해 주장하다, 강조하다** be insistent/emphatic (about) 딤전

1:7; 딛 3:8.

διαβλέπω [διά, βλέπω; '눈을 크게 떠 응시하다'] **눈여겨보다, 똑똑히 보다** look intently ⓐ 작은 티를 **분명히 보다, 확실히 보다** 마 7:5; 눅 6:42. ⓑ 부정과거 διέβλεψεν "이리저리 보게 되었다"는 것이 드러나기 시작했다 막 8:25.

διάβολος, ον [δια, βάλλω, διαβάλλω를 보라] ⓐ 형용사 **중상하는, 비방하는** slanderous 딤전 3:11; 딤후 3:3; 딛 2:3. ⓑ 명사로, **중상자, 원수** slanderer, adversary, 요 6:70을 제외하고는 언제나 악의 초월적인 전형인 **마귀**(the Devil)를 일컫는 이름이다. 마 4:1 등.; 친족 관계에 대한 비유 요 8:44; 행 13:10; 요일 3:8, 10. —의미가 바뀌어, 유다에 대해 요 6:70.

διαγγέλλω [διά, ἀγγέλλω; '널리 공표하다'] **~에 관한 소식이 널리 퍼지다, 선포하다** 눅 9:60; 롬 9:17. —누군가가 무엇에 대해 **알리다, 말하다** tell, inform 막 5:19 이문; 행 21:26.

διαγγελῶ διαγγέλλω 제2부정과거 수동태 가정법.

διαγίνομαι [διά, γίνομαι] 시간에 대한 용법 **지나간다, 경과한다** pass, elapse 막 16:1; 행 25:13; 27:9.

διαγινώσκω [διά, γινώσκω; '다른 것에서 어떤 것을 알아내다, 구별하다, 결정하다'; 참고 διάγνωσις] 법정적인 의미로 소송건을 **판결하다** determine 행 23:15; 소송을 **처리하다** decide 24:22.

διαγνωρίζω [διά, γνωρίζω; 드묾: 필론, 『최악이 더 좋은 것을 공격한다』(Quod deterius potiori insidari soleat) 97 '명백히 하다'] **상세히 알리다** inform in detail 눅 2:17 이문.

διάγνωσις, εως, ἡ [διαγιγνώσκω; 라틴어 cognitio] 법정적 의미로 **결정, 판결** decision 행 25:21.

διαγογγύζω [의성어(擬聲語)] 모임에서('자신들 사이에') **수군거리다, 불평하다** mutter, complain 눅 15:2; 19:7.

διαγρηγορέω [γρηγορέω의 강조형] **완전히 깨어 있다** be really awake 눅 9:32.

διάγω [διά, ἄγω; '이어지다, 건네주다'] 일시적으로 시간을 보내거나 생활하다 **살다, 지내다, 생애를 보내다** live, lead/spend life 눅 7:25 이문; 딤전 2:2; 딛 3:3.

διαδέχομαι [διά, δέχομαι; '다른 이로부터 어떤 것을 받다. 무엇을 다른 사람에게 물려주다'] **이어받다, 계승하다** receive in turn, succeed to 행 7:45.

διάδημα, ατος, τό [διά, δέω: διαδέω '묶다'; '끈, 머리띠'] 왕권의 상징, 왕관 crown 계 12:3; 13:1; 19:12.

διαδίδωμι [διά, δίδωμι; '넘겨주다, 이양하다'] **나눠주다, 주다** distribute, give 눅 11:22; 18:22; 요 6:11; 행 4:35.

διάδος διαδίδωμι 제2부정과거 능동태 명령법.

διάδοχος, ου, ὁ / διακονία, ας, ἡ

διάδοχος, ου, ὁ [διαδέχομαι; 비교 οἱ Διάδοχοι 알렉산더 대왕의 '계승자들'] 공식 법정의 **후임자**, successor 행 24:27.

διαζώννυμι [διά, ζώννυμι, 비교 ζώνη; '둘레에 모든 것을 고정시키다'] **둘러매다** tie around 요 13:4, 5; 축약 문장에서 옷을 입고나서 여매는 것에 대해 21:7.

διαθήκη, ης, ἡ [διά, τίθημι; 일반적으로 어떤 사안에 대한 연속성을 확인하는 방식으로 나열된 공식적인 합의나 협의] **언약** covenant ⓐ 유서나 유언장처럼 '유언'이라는 측면에서 갈 3:15; 히 9:16f. ⓑ 하나님께서 일방적으로 특별한 은총을 주시는 책임을 지신다는 구약의 관점을 중심으로 마 26:28; 눅 1:72; 행 7:8; 롬 9:4(복수); 고후 3:6; 엡 2:12(복수); 히 7:22 등; 계 11:19.

διαθήσομαι διατίθημι 미래 중간태 직설법.

διαίρεσις, εως, ἡ [διαιρέω] **다양성, 구분, 차이** diversity, distinction, difference 고전 12:4, 5, 6. 아마도 11절에 기초한 **분배, 할당** distribution, apportionment으로 여겨진다.

διαιρέω [διά, αἱρέω] **나누다, 분배하다** divide, distribute 눅 15:12; 고전 12:11.

διακαθαίρω [διά, καθαίρω; '완전히 제거하다'] **말끔히 하다, 싹 치우다** clear thoroughly, clean out 눅 3:17.

διακαθαριεῖ διακαθαρίζω 미래 능동태 직설법 3인칭 단수.

διακαθαρίζω [= διακαθαίρω] **전부 깨끗이 하다, 말끔히 하다** clear thoroughly, clean out 마 3:12; 눅 3:17 이문.

διακατελέγχομαι [διά, κατά, ἐλέγχω] **철저히 논박하다, 말문을 닫게 하다** demolish in argument, confute 행 18:28.

διακελεύω [κελεύω의 강조형] **명령하다, 지시하다** command, direct 요 8:5 이문.

διακονέω [비교 διάκονια, διάκονος; κονέω: '먼지 일으키다', 그래서 '서두르다'; '섬기다'] ① 개인적인 필요에 대하여 **섬기다, 돌보다** serve, ⓐ 가사일에 관한 문맥에서 막 1:31; 눅 4:39; 10:40; 22:26f; 요 12:2. ⓑ 특별한 신체적 요구에 초점 맞추어 마 25:44; 롬 15:25; 아마도 행 6:2(그러나 3절 이하를 보라). ② 도움이 되는 인격적인 돌봄의 의미로 **섬기다, 수종 들다, 돕다** be at service, attend upon, assist 마 4:11; 20:28; 요 12:26; 행 19:22; 딤후 1:18; 몬 13; 히 6:10. ③ 직무 행위에 관해 **섬기다** serve 딤전 3:10, 13; 비교 벧전 1:12; 4:10f. —행 6:2 회계 업무에 관한 것으로 추정되어(그러나 ①ⓑ를 보라). ④ 어떤 헌신에 관해 **전하다, 보내다** deliver, transmit 고후 8:19f; 전달하도록 위탁받은 편지의 비유로 고후 3:3.

διακονία, ας, ἡ [διάκονος; '봉사, 돌보기'] ① 개인적인 필요에 대한 **섬김, 봉사** service ⓐ 가사에 대한 문맥에서 눅 10:40. ⓑ 특별한 신체적 요구에 초점 맞추어 행 6:1; 고후 8:4. ② **섬김** service, 다른 이들의 일반적인 생활 유지에 대한 것으로 고전 16:15; 엡 4:12; 히 1:14; 계 2:19 ③ **섬김, 직무** service 특히 하나님께 대

διάκονος, ου, ὁ / διαλείπω

한 임무에 관하여, 헌신하는 특별한 행위 행 1:17, 25; 롬 11:13; 고후 5:18; 11:8; 골 4:17; 딤전 1:12; 딤후 4:5; 비교 고후 3:7-9. ④ 복수 δ. 고전 12:5에서의 복수로 일 반화하여 = 공동체 문맥에서 여러 의미의 봉사.

διάκονος, ου, ὁ/ἡ [비교 διακονία; 상태보다는 기능을 나타내는 용어다] ① 식사, 가사(家事) 문맥에서 **하인, 봉사자, 도와주는 사람** servant, helper 요 2:5, 9. ② 다른 사람의 일상의 필요에 관련한 사람으로, **섬기는 자, 봉사자** servant 마 20:26; 23:11; 막 9:35; 10:43. ③ 세상의 통치자를 섬기는 일을 맡은 **종, 하인** servant 마 22:13; 그리고 특히 하나님, 그리스도, 기독교인 공동체나 복음에 대해 요 12:26; 롬 13:4; 16:1; 고전 3:5; 고후 3:6; 엡 3:7; 빌 1:1; 골 1:7; 살전 3:2 이문 ―제의적 상황에서 임무 **보조자, 수종자** ministerial helper, attendant 딤전 3:8, 12.

διακόσιοι, αι, α [διά + 예를 들어, ἕκατον과 같은 어간과 함께 형성되어] **이백, 200** two hundred 막 6:37; 요 6:7; 21:8; 행 23:23; 또한 큰 수를 표현하는 일부분으로서 행 27:37; 계 11:3; 12:6.

διακούω [διά는 강조 의미로 사용; '철저히 듣다' = 누군가 스스로 말하게 하다] 법적인 용어로 **심문하다, 청취하다** hear out 행 23:35.

διακρίνω [διά, κρίνω] ① 민족이나 계층등을 **구별하다** distinguish 행 11:12; 15:9; 고전 4:7 너희끼리 서로 차별하는 것이 아니냐?; 약 2:4. ② 결정을 내리는 것에 관해 ⓐ **검토하다, 알아보다**(주의 깊게 분별한다는 의미로) evaluate, read 마 16:3; 고전 11:29, 31. ⓑ **판단하다, 판결하다** judge 고전 14:29 판결내리다. ―전문 법률 용어 고전 6:5 **결론에 이르다** reach a decision. ③ **논쟁하다, 다투다** dispute, contend (with) 행 11:2; 유 9. ④ 특히 신앙 체계 안에서, 믿음이 흔들리거나 주저하여 지적으로 가늠해보는 것과 관련해서 **의심하다** doubt 마 21:21; 막 11:23; 행 10:20; 롬 4:20; 14:23; 약 1:6; 유 22.

διάκρισις, εως, ἡ [διά, κρίσις, διακρίνω를 보라] ① **구별, 분별** distinction, discrimination 고전 12:10; 히 5:14. ② **논쟁** dispute 행 4:32 이문; εἰς διακρίσεις διαλογισμῶν 의견을 비판하도록 롬 14:1.

διακωλύω [διά, κωλύω] **막다, 저지하다** hinder, hold back 마 3:14.

διαλαλέω [διά, λαλέω; '말을 주거니 받거니 하다'] **~에 대해 이야기하다** talk about 눅 1:65; **논의하다** talkover 눅 6:11.

διαλέγομαι [διά, λέγω] ⓐ 말을 주고받으며 **토론하다, 논쟁하다, 토의하다** dispute, argue, debate 막 9:34; 행 24:12; 유 9. ⓑ 생각하는 입장을 공적으로 나타내어 **연설하다, 발언하다, 설교하다** make a speech, speak, address 행 17:2, 17; 18:4, 19; 19:8f; 20:7, 9; 24:25; 히 12:5.

διαλείπω [διά, λείπω: διά는 강조하는 기능을 한다; '간격을 두다'] **중단하다, 멈추다**

leave off, stop 눅 7:45.

διάλεκτος, ου, ἡ [διαλέγομαι; '말, 담화', 또한 발화(發話) 체계나 '언어'] 특정 지역이나 그룹에서 사용하는 **언어, 방언, 사투리** language/dialect 행 1:19; 2:6; 21:40.

διαλιμπάνω [διαλείπω의 다른 형태] **중단하다, 멈추다** leave off, stop 행 8:24 이문.

διαλλάγηθι διαλλάσσομαι 제2부정과거 수동태 명령법.

διαλλάσσομαι ['바꾸다, 교환하다'] 적의를 호의로 바꾸어 일상적인 관계로 회복하여, **화해하다** become reconciled 마 5:24.

διαλογίζομαι [διά, λέγω에서 λογίζομαι, 비교 λόγος] '생각을 주고받는 사고 과정에 참여하다' 생각을 교환하는 따위의 행동으로, 특히 신약에서는 누군가의 행동이나 말에 대하여 의구심을 가지는 것에 관하여 ⓐ 일정한 그룹에서 다양한 생각을 공공연하게 표현과 관련해 **논의하다, 대화하다, 신중히 생각하다** argue, discuss, deliberate 막 8:16f; 9:33; 눅 20:14. ⓑ 내면적 과정을 강조하여 **생각하다, 숙고하다** reason, think, consider 마 16:7 등; 막 2:6; 눅 1:29; 3:15; 12:17.

διαλογισμός, οῦ, ὁ [διαλογίζομαι] ① '생각의 충돌로 인한 언어의 교환', **논쟁, 논의** dispute 눅 9:46; γογγυσμός/ὀργή를 동반하여: **언쟁, 논쟁** bickering, wrangling 빌 2:14; 딤전 2:8. ② '맞닥뜨린 사건이나 문제에 대한 대응으로 생각을 바꾸어나가는 과정' **생각, 의견, 추론** reasoning, thought, idea 롬 1:21; 고전 3:20. 내면적 갈등에 초점 맞추어 **의심** doubt 24:38. —κριταὶ δ. πονηρῶν 혐오스러운 편견으로 잘못 판단하는 자들 약 2:4.

διαλύω [διά, λύω; διά는 분리된다는 뜻을 함의한다] '분리되게 하다' ⓐ 모여 있는 한 그룹을 **흩어버리다, 헤어지게 하다** disperse, scatter 행 5:36. ⓑ 배가 **난파(難破)하다** break apart 행 27:41 이문.

διαμαρτύρομαι [διά, μαρτυρέω; 특히 더 큰 설득력을 가진 목격자를 언급하여, '정식으로 증언을 요청하다'; 이 용어를 사용하면 강조의 측면이 두드러진다] '엄중하게 확언하다' ⓐ 말하는 바의 중요함을 입증하려는 단호한 선포와 관련해 **증언하다, 증거하다** bear witness (to); attest 행 8:25 등 사도행전에서; 딤후 4:1; 히 2:6. ⓑ 위험한 일에 대해 긍정적인 대응의 중요함이나, 긴급성을 강조하여 **촉구하다, 경고하다** urge, warn 눅 16:28; 행 2:40; 살전 4:6. —비교 딤전 5:21 **엄히 명령하다** solemnly charge.

διαμάχομαι [διά, μάχομαι; '싸우다, 겨루다' = φιλονικέω '승리에 전념하다'] '내부적인 싸움에 관여하다' **심하게 다투다** contend heatedly 행 23:9.

διαμένω [διά, μένω; '계속하다, 유지하다'] 지속의 측면을 강조하여 **머무르다, 남아 있다** remain, stay ⓐ 시간적 영속성 눅 1:22; 갈 2:5; 히 1:11 반의어 ἀπόλλυμι;

벧후 3:4. ⓑ 밀접한 관계의 지속성, δ. μετά "~와 머무르다, 곁에 함께 있다" stay with, stick with 눅 22:28.

διαμερίζω [διά, μέρος에서 μερίζω] '각 부분으로 떨어지게 하다' ⓐ **나누다** divide 눅 11:17f; 12:52f; 행 2:3(불꽃이 이리저리 움직이는 모양을 언급한 것으로 추정). ⓑ **분배하다, 분할하다** distribute, apportion 마 27:35; 막 15:24; 눅 22:17; 23:34; 요 19:24; 행 2:45. —행 2:3에 대해서는 ⓐ를 보라.

διαμερισμός, οῦ, ὁ [διαμερίζω] 어떤 논란에서 취하는 형편에 대하여 **불화, 분열** dissension 눅 12:51.

διανέμω [διά, νέμω '분량대로 나누다'; '분배하다, 할당대로 나누다'] '여기저기에 분배하다', 수동태 소식이 **두루 퍼지다** be spread ἵνα μὴ ἐπὶ πλεῖον διανεμηθῇ (그 이야기가) 아버지에게조차 알려지지 않게 하기 위해서 행 4:17.

διανεύω [διά, νεύω] 말할 수 없을 때 몸짓으로 **신호를 주다** make a sign, 눅 1:22.

διανόημα, ατος, τό [διά, νοέω에서 νόημα] **생각** thought 눅 3:16 이문; 11:17.

διάνοια, ας, ἡ [διά, νοῦς] '행동의 선택과 관련된 정신 작용', 의도나 목적을 강조하여 **깨달음, 이해, 생각, 사고방식, 성향** mind-set, mind, disposition, understanding (정신 작용이 선한지 나쁜지 결정하는 문맥에서) 막 12:30; 눅 1:51; 10:27; 엡 4:18; 히 8:10; 10:16; 벧전 1:13; 벧후 3:1; **충동** impulse 엡 2:3; **인식, 통찰력** perception, insight 요일 5:20; ἐχθροὶ τῇ διανοίᾳ 성향이 적대적인 자들 골 1:21.

διανοίγω [διά, ἀνοίγω] **열다, 열어 젖히다** open (up) ⓐ 자궁 눅 2:23; 하늘 행 7:56. ⓑ 비유로, 귀 막 7:34, 35 이문; 눈 눅 24:31; 생각 45절; 마음 행 16:14. —행 17:3에서는 눅 24:3에서처럼 δ.가 성서를 설명해주는 것을 암시한다고 여겨진다.

διανυκτερεύω [διά, νυκτερεύω νύξ에서 '밤을 지내다'] **온 밤을 지새다** spend the entire night 눅 6:12.

διανύω [διά, ἀνύω '달성하다, 성취하다'] **마치다** complete 행 21:7; 이 구절에서는 지속한다는 뜻이 다소 포함되어 있다.

διαπαντός [어떤 편집에서는 = διὰ παντός '항상, 언제나, 계속하여'] διά를 보라.

διαπαρατριβή, ῆς, ἡ [διά, παρατριβή τρίβω '비비다, 타작하다'에서 '서로 간의 마찰, 알력'] 소란스러운 **충돌, 알력** rowdy wrangling 딤전 6:5.

διαπεράω [διά, περάω 'traverse', 비교 πέραν] '한 곳에서 다른 곳으로 가로질러 움직이다', 지리적으로 구별된 지역을 **건너다, 건너가다** cross over, 떨어져 있는 지리적인 장소를, 일반적으로 배를 타고 마 9:1; 14:34; 막 5:21; 6:53; 행 21:2. —건널 수 없는 틈에 관해 눅 16:26.

διαπλέω [διά, πλέω] 배 타고 건너다, **도항(渡航)하다** sail across 행 27:5.

διαπονέομαι / διάστημα, ατος, τό

διαπονέομαι [διά, πονέομαι πόνος; '심하게 노동하다'에서 '일하다, 힘들게 수고하다'] 몹시 괴로워하다, 격분하다 be annoyed 막 14:4 이문; 행 4:2; 16:18.

διαπορεύομαι [διά, πορεύομαι, πορεύω를 보라] '길을 가로지르다', 통과하다, 가로질러 가다 pass through 막 2:23 이문; 눅 6:1; 13:22; 18:36; 행 16:4; 롬 15:24.

διαπορέω [διά, ἀπορέω; '아무런 도움 없이 행하다'] '어려움을 겪다', 정보를 다룰 때에 눅 9:7; 행 5:24; 10:17.

διαπραγματεύομαι [διά, πρᾶγμα에서 πραγματεύομαι] '거래로 이익을 얻다', 돈 벌다 earn 눅 19:15.

διαπρίω [διά, πρίω '톱질하다'; '톱으로 자르다'] 성서에서는 정서적인 측면과 관련해서 문자적인 의미로 사용된다. 수동태 깊은 상처를 입다, 격분하다 be cut to the quick, be infuriated 행 5:33; 7:54.

διαρπάζω [διά, ἁρπάζω] 탈취하다, 털어가다 plunder, make off with 마 12:29; 막 3:27.

δια(ρ)ρήγνυμι/διαρήσσω [διά, ῥήγνυμι] 억지로 조각으로 나누다. 옷을 찢다 tear 마 26:65; 막 14:63; 행 14:14; 그물 눅 5:6; 결박을 끊다, 깨뜨리다 break 8:29.

διασαφέω [διά, σαφής '명확한'] '명확한 정보를 주다', 설명하다 explain 마 13:36; 보고하다, 알리다 report, inform 18:31; 행 10:25 이문.

διασείω [διά, σείω; '마구 흔들다'] 강제로 갈취하다, 강탈하다 shake down 눅 3:14.

διασκορπίζω [διά, σκορπίζω] 뿌리다, 흩어지게 하다, 헤어지게 하다 scatter, disperse 마 25:24, 26; 26:31; 막 14:27; 눅 1:51; 요 11:52; 행 5:37; 확장된 의미로 낭비하다 squander 눅 15:13; 16:1.

διασπαρείς διασπείρω 제2부정과거 수동태 분사.

διασπάω [διά, σπάω] '격렬한 행동으로 분리되게 하다', 찢어 조각내다, 끊어놓다 pull/snap apart, pull to pieces 막 5:4; 행 23:10.

διασπείρω [διά, σπείρω] 흩뿌리다 scatter 행 8:1, 4; 11:19.

διασπορά, ᾶς, ἡ [διασπείρω] 집단적으로 경험한 흩어짐, 흩어짐, 분산 scattering, dispersion 요 7:35; 약 1:1; 벧전 1:1.

διαστάς διΐστημι 제2부정과거 능동태 분사.

διαστέλλω [διά, στέλλω '준비하다, 갖추다'; '분리하다, 나누다', 그래서 '구별하다' 엄밀히 정의하다, 지시하다/명령하다] 대부분 중간태 지시하다, 명령하다 instruct, order 마 16:20; 막 5:43; 행 15:24. 수동태 분사 τὸ διαστελλόμενον 명령 히 12:20.

διάστημα, ατος, τό [διά, διΐστημι (비교 부정과거 부정사 διαστῆναι)] 시간의

διαστήσας / διατηρέω

간격 interval 행 5:7.

διαστήσας διΐστημι 제1부정과거 능동태 분사.

διαστολή, ῆς, ἡ [διαστέλλω; '떨어짐, 차이'] 민족 혹은 인종 차별에 있어서 **차이, 차별** difference, distinction 롬 3:22; 10:12; 음의 구별 고전 14:7.

διαστρέφω [διά, στρέφω; '구부리다, 뒤틀다'] '적절한 행동에서 벗어나다', **왜곡하다, 오도하다** pervert, mislead 눅 23:2; 행 13:8. ─수동태 사람, 마 17:17; 눅 9:41; 빌 2:15; 가르친 내용. 행 20:30. ─δ. τὰς ὁδοὺς "길을 구부러지게 만들다" 13:10.

διασῴζω [διά, σῴζω; '위험에서 안전하게 구하다'] '위험으로부터 보호하다', **구하다** save: 질병에서 마 14:36(수동태 치료받다); 눅 7:3; 위험에서 행 27:43; 벧전 3:20; **무사히 데려가다** 행 23:24; **구조하다** 44절; 28:1, 4.

διαταγείς διατάσσω 제2부정과거 수동태 분사.

διαταγή, ῆς, ἡ [δια, τάσσω에서 ταγή ('전선(戰線)'처럼 '질서정연한 특징이나 배치', 따라서 대상을 정돈시키는 권위 있는 선포: '명령' = διατάξις)] **명령, 훈령, 지시** directive, ordinance 롬 13:2. ─εἰς διαταγὰς ἀγγέλων 천사가 전해준 명령으로서 행 7:53.

διάταγμα, ατος, τό [διά, τάγμα, 비교 διαταγή; '명령, 칙령'] **명령, 포고령** order, edict 히 11:23.

διαταράσσω [διά, ταράσσω; '혼란에 빠지게 하다'] **혼란스럽게 하다, 방해하다** confuse, disturb 수동태 διεταράχθη ἐπὶ τῷ λόγῳ 그녀는 그 소식에 몹시 당황스러웠다 눅 1:29.

διατάσσω [διά, τάσσω, 비교 διαταγή와 διάταγμα] δ.의 사용하여 대상을 안전하도록 적절히 배치하는 핵심 의미를 표현한다 ⓐ **처리하다, 정하다** arrange, take care of 행 20:13; 고전 11:34. ⓑ **지시하다, 명령하다** instruct, order, direct 마 11:1 등.

διαταχθείς διατάσσω 제1부정과거 수동태 분사.

διατελέω [διά, τελέω; '끝까지 계속 진행하다' = '성취하다', 그러므로 또한 처음부터 끝까지 계속되는 것에 관하여] **계속하다** continue, ἄσιτοι δ. 너희가 먹지 못하고 기다렸다 행 27:33.

διατέταγμαι, διατεταχέναι διατάσσω 완료 수동태 직설법과 완료 능동태 부정사.

διατηρέω [διά, τηρέω '지키다, 간수하다'] **소중히 간직하다** guard carefully δ. πάντα τὰ ῥήματα ταῦτα ἐν τῇ καρδίᾳ αὐτῆς "그녀의 마음에 이 모든 일을 귀하게 간직했다" 눅 2:51; ἐξ ὧν διατηροῦντες ἑαυτούς 이것에서 자기 자신을 지키면 행 15:29.

διατί / διαφθείρω

διατί = διὰ τί; διά를 보라.

διατίθημι [διά, τίθημι; 능동태 '배열하다', 중간태 '뜻을 하나로 모으다, 유증(遺贈)하다' 유언에 관한 특징으로서] 신약에서는 맺으신 언약을 유지함에 관하여 중간태 διατίθεμαι만 나온다. 어떤 종류의 약속을 주셨는지 밝히는 문맥에서 **맡기다, 언약을 맺다** arrange, contract ⓐ 하나님께서 주관하시고 일방적으로 맺으신 언약에 대한 이스라엘 민족의 이해에서 행 3:25; 동족 목적어 διαθήκην와 함께 법령적인 측면을 지시하여 히 8:10; 10:16; 비교 눅 22:29 예수님과 성부 하나님. ⓑ 유언적인 성격에 대한 비유로 히 9:16f ὁ διαθέμενος 유언한 사람 = '유언자'.

διατρίβω [διά, τρίβω, 비교 τρίβος; '문지르다', 따라서 '닳아 없어지다', 시간에 관하여 '보내다'] 신약에서는 시간에 관해서만, **보내다** spend 요 3:22; 11:54 이문 등 사도행전에서 자주.

διατροφή, ῆς, ἡ [διά, τρέφω에서 τροφή '부양, 영양분', 비교 διατρέφω '(생명을) 유지하다'] '영양 공급의 필요를 충족시키는 것', **자양물, 음식** sustenance, food 복수 **식량** provisions 딤전 6:8.

διαυγάζω [διά, αὐγάζω, 비교 αὐγή] **빛나다, 빛을 발하다** shine through 고후 4:4 이문; 의미를 확장하여 어둠의 경계를 뚫고 낮이 오는 것과 관련해 **동이 트다** dawn 벧후 1:19.

διαυγής, ές [διά, αὐγή] 유리나 수정같이 **투명한** transparent 계 21:21.

διαφανής, ές [διαφαίνω '빛나다'] **반투명한, 투명한** translucent, transparent 계 21:21 이문.

διαφέρω [διά, φέρω, 비교 διάφορος] ① '한 지점에서 다른 장소로 옮기다', **나르다, 가져가다** carry ⓐ 나를 때 지나가는 장소를 강조하여 **가지고 지나가다** carry through 막 11:16; 행 13:49. ⓑ 나르고 옮기는 품목을 강조하여, 수동태 **표류하다** 행 27:27. ② '같지 않다', **다르다** differ ⓐ 인격적인 차이에 관하여 갈 4:1; 천체들의 위세에 관하여 고전 15:41; 비인칭 οὐδέν μοι διαφέρει "내게 아무런 상관이 없다" 갈 2:6. ⓑ 가치나 중요성의 차이와 관련해서 **더 가치가 있다** 마 6:26; 10:31; 비교 12:12; 눅 12:7, 24. —τὰ διαφέροντα 더 중요한 가치를 지닌 것 롬 2:18; 빌 1:10.

διαφεύγω [διά, φεύγω] **도망하다, 빠져 달아나다** escape 행 27:42.

διαφημίζω [διά, φήμη에서 φημίζω] **널리 퍼뜨리다, 유포되다** spread abroad, circulate 마 28:15; 막 1:45. —δ. αὐτόν "그에 관한 소식이 알려졌다/퍼졌다" 마 9:31.

διαφθείρω [διά, φθείρω, 다음을 보라] '파괴되도록 하다', **망치다** ruin 눅 12:33; **낡다** wear out 고후 4:16; 배가 **난파하다** wreck 계 8:9. —확장된 의미로, 도덕적인 파멸과 관련해 **타락하다** corrupt 딤전 6:5. —언어유희로 δ. τοὺς

διαφθορά, ᾶς, ἡ / διδάσκω

διαφθείροντας τὴν γῆν "땅을 망하게 하는(타락시키는) 자들(즉 그 땅의 거주민)을 멸망시키다(파괴하다)" 계 11:18.

διαφθορά, ᾶς, ἡ [διαφθείρω] 죽음으로 인한 신체적인 소멸 **부패, 썩음** decay 행 2:27 등.

διάφορος, ον [διαφέρω] '같지 않은' ⓐ **다른** differing 롬 12:6; **다양한** various 다른 것과 구별된다는 의미로 히 9:10. ⓑ 값어치나 중요함의 차이와 관련해 **더 나은, 탁월한** better, excellent 히 1:4; 8:6.

διαφυλάσσω [διά, φυλάσσω; '소중히 지키다'] **보호하다** protect 눅 4:10.

διαχειρίζω [διά, χειρίζω '다루다, 처리하다', 비교 χείρ; '손보다, 손대다', 중간태 '살인하다'] 신약에서 항상 중간태로 '폭력을 휘두르다', **죽이다,** kill 행 5:30; 26:21.

διαχλευάζω [διά, χλευάζω] '놀리다', **조롱하다, 야유하다** deride, jeer 행 2:13.

διαχωρίζω [διά, χωρίζω, χωρίς에서 분리의 뜻으로, 비교 호메로스. *χῆτος (여격으로만) '~이 부족하다, 결핍되다', χώρα와 더불어 χήρα를 보라] '분리되게 하다', 중간태와 수동태에서. **가버리다, 떠나다, 헤어지다** go away, part, leave 눅 9:33.

διγαμία, ας, ἡ [비교 δύο, δίς와 γαμέω를 보라] **재혼** second marriage 딛 1:9 이문.

δίγαμος, ον [이전 항목을 보라] **재혼하는** marrying a second time 딛 1:9 이문.

διδακτικός, ή, όν [διδακτός] **가르치기에 능숙한** competent to teach 딤전 3:2; 딤후 2:24.

διδακτός, ή, όν [διδάσκω] ① '지도를 받음에 관하여', **가르침 받은, 교육받은** taught, instructed, 사람, 요 6:45. ② '가르침처럼 전한', **가르친** taught, ; 주제에 관해 고전 2:13.

διδασκαλία, ας, ἡ [διδάσκαλος] ① '정보나 가르침을 전하는 행위', **교훈, 가르침** instruction, teaching 롬 12:7; 딤전 4:13; 딛 2:7. ② '전해진 정보', **가르침, 지시** instruction 마 15:9; 막 7:7; 엡 4:14; 골 2:22; 딤전 6:1.

* **διδάσκαλος, ου, ὁ** [διδάσκω] **선생, 교사** teacher, instructor ⓐ 이스라엘 백성 가운데 신분을 나타내는 용어로: 예수 마 8:19 등 마태복음에서 자주; 세례 요한 눅 3:12. —요 1:38(= ῥαββί); 20:16(= ῥαββουνί). ⓑ 가르침을 주는 사람을 강조하여 행 13:1; 롬 2:20; 고전 12:28; 약 3:1; 반의어 μαθητής 마 10:24; 눅 6:40.

* **διδάσκω** [비교 라틴어 disco '배우다, 가르침 받다'] **가르치다, 지도하다** teach, instruct ⓐ 능동태 마 4:23, 복음서에서 예수님에 대하여 자주; 비교 행 1:1. 사도나 다른 이들: 4:2; 5:21; 롬 2:21; 고전 4:17; 골 3:16. 비인격적인 존재 고전 11:14. 이중 목적어를 수반하여 ἐδίδασκεν αὐτοὺς πολλά "그는 그들에게 많은 것을 가르쳤다" 막 4:2; 히 5:12. ⓑ 수동태 갈 1:12; 엡 4:21; 골 2:7; 살후 2:15. —상급자에

διδαχή, ῆς, ἡ / διεγερθείς

게 받은 명령에 관한 언어유희로 마 28:15.

διδαχή, ῆς, ἡ [διδάσκω] 행위에 대한 가르침과 내용은 함축적으로 포함된 **가르침, 교훈** teaching, instruction 마 7:28; 16:12; 요 7:16f; 행 2:42; 롬 6:17; 딤후 4:2; 계 2:14. —ἐπι τ. δ. τοῦ κυρίου 주님의 가르치심에 대해 행 13:12(유사하게 마 22:33; 막 1:22; 눅 4:32). 그렇지 않으면 δ.는 방해하는 마술사에게 가르쳤던 "교훈"으로 이해해야 한다.

διδόασιν, διδόναι, δίδου, διδους δίδωμι 현재 능동태 직설법 3인칭 복수, 현재 능동태 부정사, 현재 능동태 명령법 2인칭 단수, 현재 능동태 분사.

δίδραχμον, ου, τό [δίς, δραχμή] **2드라크마**, double drachma, 총 2드라크마의 값어치를 지니는 돈, 즉 2드라크마짜리 동전. 하지만 신약시대에는 더 이상 유통되지 않으며 노동자의 이틀 품삯의 값어치를 지녔다. 관습적으로 δ.은 각종 동전의 합을 말하기도 하는데 이스라엘 남자가 성전에 해마다 드리는 세금 비용이기도 하다. 마 17:24.

Δίδυμος, ου, ὁ [δίς, δίδυμος 'double, twin'] 사도 도마의 이름 또는 명칭. **디두모, 디뒤모스** 요 11:16; 20:24; 21:2.

διδῶ δίδωμι의 부차 형태.

** **δίδωμι** [산스크리트 dadāmi, 비교 δῶρον] 일반적인 의미인 **주다** give는 증여/기부가 일어나는 다양한 경우에서 그 역할을 한다. 주는 행위의 초점이 관대함인지 다른 이유인지는 상황이 결정한다. 예를 들어, 마 4:9(만국을 예수가 다스리도록 드림에 대해); 5:31(이혼 통보); 10:19(말할 내용); 막 12:9(포도원을 다른 이에게 넘겨줌에 관해); 눅 7:45(환대하는 입맞춤을 드림에 관해); 요 1:12(특권을 인정); 14:16(지지를 보냄); 행 2:27(무슨 일이 일어나도록 허락함); 11:18(기회를 인정); 롬 4:20(하나님의 자비로우심에 대해 영광을 돌림); 특별히 계시록에 나타난 δ.의 다양하고 빈번한 용례에 대하여 살펴보라—행 19:31 바울이 자진해서 잠재적인 위험 상황에 들어가지 말라는 뜻으로—특별한 의미를 나타내는 어구: ἔδωκαν κλήρους 제비뽑다 행 1:26; δ. ἐργασίαν(비교 라틴어 da operam) 노력하다 눅 12:58; δ. λόγον "보고하다" 롬 14:12; δ. δεξιὰς κοινωνίας "오른손을 내밀어 친교의 악수를 하다" 갈 2:9. —부정사와 함께. δ. φαγεῖν/πεῖν 마 14:16; 25:35; 요 4:10.

διέβην διαβαίνω 제2부정과거 능동태 직설법.

διεγείρω [διά, ἐγείρω] **잠 깨우다, 일으키다** wake up, rouse ⓐ 신체적 의미 막 4:38 이문; 수동태 **깨우다** awaken 막 4:39; 눅 8:24. ⓑ 비유로: 기억에 관한 관점으로 **생각나게 하다, 각성시키다** stir up 벧후 1:13; 3:1; 호수, **일렁이다** become rough 요 6:18.

διεγερθείς διεγείρω 제1부정과거 수동태 분사.

διεδίδετο, διέδωκα / διερωτάω

διεδίδετο, διέδωκα διαδίδωμι 미과 수동태 3인칭 단수, 제1부정과거 수동태 직설법.

διέζωσα, διεζωσάμην, διεζωσμένος διαζώννυμι 제1부정과거 능동태 직설법, 제1부정과거 중간태 직설법, 완료 수동태 분사.

διεῖλον διαιρέω 제2부정과거 능동태 직설법.

διεκρίθην διακρίνω 제1부정과거 수동태 직설법.

διελεύσομαι, διεληλυθώς, διελθεῖν διέρχομαι 미래 중간태 직설법, 완료 능동태 분사, 제2부정과거 능동태 부정사.

διελέχθην διαλέγομαι 제1부정과거 수동태 직설법.

διέλιπον διαλείπω 제2부정과거 능동태 직설법.

διενέγκω διαφέρω 부정과거 능동태 가정법.

διενεμήθην διανέμω 제1부정과거 수동태 직설법.

διενθυμέομαι [비교 ἐνθυμέομαι; διά 정신 작용의 분포를 표현] **곰곰이 생각하다, 숙고하다** think about, ponder 행 10:19.

διεξέρχομαι [διά, ἐξ, ἔρχομαι; διά 통과하는 움직임을 강조] **(가로질러) 나가다** come out 행 28:3 이문.

διέξοδος, ου, ἡ [διά, ἔξοδος] **출구, 빠져나가는 곳** outlet, 명백히 마을의 주요부에서 나오는 통로를 뜻하지만 **교차로, 골목길** crossroad 로 해석하기도 한다. 마 22:9.

διέπλευσα διαπλέω 제1부정과거 능동태 직설법.

διερμηνεία, ας, ἡ [διερμηνεύω] '일반적이지 않은 말을 이해할 수 있는 형태로 만드는 것', **설명, 해석** explanation, interpretation 고전 12:10 이문(비교 14:27의 동사).

διερμηνευτής, οῦ, ὁ [διερμηνεύω] **해석자, 통역자** interpreter, translator 고전 14:28.

διερμηνεύω [διά, ἑρμηνεύω] '무언가를 명백하게 하거나 이해할 수 있게 하다', **번역하다** translate 행 9:36, **통역하다, 설명하다** interpret, explain 눅 24:27; 고전 12:30; 14:5, 13, 27.

διέ(ρ)ρηξα δια(ρ)ρήγνυμι 제1부정과거 능동태 직설법.

διέρχομαι [διά, ἔρχομαι] '어떤 영역 안에서 이동 또는 한 영역에서 다른 여역으로 이동', διά는 (가로질러) **가다, 오다** go (through), come를 확장시켜주는 표시의 역할을 자주 한다: 도착 지점을 강조하여 ⓐ 사람: 마 12:43; 막 4:35; 눅 2:15; 행 8:4; 13:14; 고후 1:16; 히 4:14. **오라** Come 요 4:15; 행 9:38. ⓑ 사물: 검 sword 눅 2:35; 보고 report 5:15; 낙타 camel 마 19:24. **들어오다** Come 롬 5:12.

διερωτάω [διά, ἐρωτάω] **질문하다** make inquiry 행 10:17, 부정과거를 사용할

διεσπάρην / διΐστημι

때는 **확인하다**는 의미를 이끌어낸다.

διεσπάρην διασπείρω 제2부정과거 수동태 직설법.
διεστείλατο διαστέλλω 제1부정과거 중간태 직설법.
διέστη διΐστημι 제2부정과거 능동태 직설법.
διεστραμμένος διαστρέφω 완료 수동태 분사.
διεσώθην διασῴζω 제1부정과거 수동태 직설법.
διεταράχθην διαταράσσω 제1부정과거 수동태 직설법.
διετής, ές [δίς, ἔτος; '두 해가 지난'] **두 살난** two years old 마 2:16.
διετία, ας, ἡ [διετής] **2년의 기간, 2년 기한** two-year span/period 마 2:16 이문; 행 24:27; 28:30. 사도행전에서 이 단어는 전문적이고 행적적인 것 또는 법적인 것과 연관된 의미를 가질 수 있다.
διεφθάρη, διέφθαρμαι διαφθείρω 제2부정과거 수동태 직설법, 완료 수동태 직설법.
διήγειρα διεγείρω 제1부정과거 능동태 직설법.
διηγέομαι [διά, ἡγέομαι; '상세히 드러내다, 묘사하다'] '사건이나 상황의 내용을 자세히 알리다', **언급하다, 말하다, 이야기한다, 진술한다** recount, relate, tell 막 5:16; 9:9; 눅 8:39; 9:10; 행 8:33; 9:27; 12:17; 히 11:32ff.
διήγησις, εως, ἡ [이전 항목과 비교] **기록** record 문헌에 대한 눅 1:1.
διηγοῦ διηγέομαι 현재 중간태 명령법.
διῆλθον διέρχομαι 제2부정과거 능동태 직설법.
διηνεκής, ές [διήνεγκα(διαφέρω의 부정과거)] **지속적인, 계속되는** continuous, 부사적으로 εἰς τὸ δ. **언제까지나, 영속적으로** for all time, in perpetuity 히 7:3; 10:12, 14; 주기적인 반복의 의미로 **거듭하여, 반복하여** continually, constantly 10:1.
διηνοίχθην διανοίγω 제1부정과거 수동태 직설법.
διθάλασσος, ον [δίς, θάλασσα; '바다 두 편에'] 의미론적 단위 τόπος δ. 행 27:41은 보통 **양쪽에 바다가 있는 장소**(location with sea on either side)로 간주된다. 예를 들어, 지점, 암초, 모래톱. 어떤 이들은 이를 지리적으로 보지 않고, 항해 중에 만나는 위험한 **역류의 한 지점** patch of crosscurrents으로 보기도 한다. 명확한 의미는 논란의 여지가 있다.
διϊκνέομαι [διά, ἱκνέομαι '오다'; '통과하다'] **깊이 들어가다, 꿰뚫다, 관통하다,** penetrate 히 4:12; 비교 지혜서 7:23.
διΐστημι [διά, ἵστημι; '떨어뜨리다, 분리하다': 기본 의미는 두 지점 사이의 간격이나 거리를 뜻한다] ① '공간적으로 분리시키다', 타동사 떨어진 거리를 **나가다, 항해하다** go on 행 27:28. ② '~에서 떠나가다', 자동사 사람이 **떠나다, 가버리다** take

leave, part 눅 24:51. ③ '사건들 사이에 개입하다', 자동사 시간이 **지나다** pass 눅 22:59.

διϊστορέω [διά, ἱστορέω] **신중하게 조사하다** examine studiously 행 17:23 이문.

διϊσχυρίζομαι [διά, ἰσχυρός를 통해 ἰσχυρίζομαι '강해지다'] **분명히 주장하다, 주장하다** assert positively, insist 눅 22:59; 행 12:15; 15:2 이문.

δικάζω [δίκη; '판단하는 자리에 앉다'] **저주하다** condemn 눅 6:37 이문.

δικαιοκρισία, ας, ἡ [δίκαιος, κρίσις] **의로운/공평한 심판**, just/equitable verdict 롬 2:5; 살후 1:5 이문(δικαία κρίσις에 대해; 비교 요 7:24).

* **δίκαιος, α, ον** [δίκη] '용인할 수 있거나 기대되는 행동 기준에 부합하는', **올바른, 의로운** upright, just ⓐ 보통, 용인할 수 있고 기대되는 행동의 기준을 따르는 일에 관해 마 1:19; 막 2:17; 눅 1:6; 23:47; 행 3:14; 10:22; 롬 3:10, 26; 히 11:4; 요일 1:9. ⓑ **공정한, 공평한** fair, equitable 상태를 강조하여 마 20:4; 요 5:30; 골 4:1; 또는 어떤 것의 특성과 관련해 그것이 **의무적**이거나 **올바른** 것이다 obligatory or right 눅 12:57; 행 4:19; 엡 6:1; 골 4:1; 빌 1:7; 4:8; 살후 1:6; δίκαιον ἡγοῦμαι "나는 그것이 옳다고 생각한다" 벧후 1:13.

* **δικαιοσύνη, ης, ἡ** [δίκαιος] '용인할 수 있거나 기대되는 행동 기준에 부합하는 상태', **올바름, 의로움, 정의** uprightness, righteousness, justice ⓐ 사법적 관점 ㉠ 사람: 롬 10:3b. ㉡ 신적 공정성: 행 17:31; δικαιοσύνη θεοῦ 특별히 인간에게 올바름을 실현하시는 하나님 고유의 공정하신 방법을 언급할 때 (비교 아래 ⓒ) 롬 1:17; 3:5, 21(비교 25절); 10:3ac. ⓒ 한정되지 않고 마 5:6. ⓑ 사회-도덕적인 관점에서 마 5:10, 20; 눅 1:75; 요 16:10; 행 10:35; 24:25; 빌 3:6; 벧전 2:24; 계 22:11. —πληρῶσαι πᾶσαν δ. "모든(내) 의무를 수행하다" 마 3:15. ⓒ 하나님께서 역사하신 상태나 상황으로 롬 4:6; 6:16, 18; 8:10; 고전 1:30; 고후 3:9; 5:21. 비교 aβ. πίστις와 직접 연결되어 롬 4:9, 11, 13. —하나님의 의롭게 하시는 행위의 완성으로 갈 5:5.

δικαιόω [δίκαιος] ① '올바르다는 사실을 입증하다', **의롭다, 정당화하다** justify 마 11:19; 12:37; 눅 7:29; 10:29; 18:14; 롬 2:13; 3:4, 20; 4:2; 고전 4:4; 갈 5:4; 딤전 3:16; 약 2:21, 24f. ② '정직한 상태나 상황으로 만들다', **옳다고 하다, 바로 세우다** justify, set right 행 13:38f(예수님을 통하여 중재된 죄의 용서와 연관되어); 롬 3:24, 26, 28, 30; 4:5; 5:1, 9; 8:30; 고전 6:11; 갈 2:16f; 3:8; 딛 3:7.

δικαίωμα, ατος, τό [δικαιόω] '구속력을 가지는 선언' ⓐ 인간의 의무에 관한 법령. **요구 조건, 계율** precept, requirement 눅 1:6; 롬 2:26; 8:4; 히 9:1, 10. ⓑ **주권 선언, 법령** decree 롬 1:32; 5:16, 18; 계 15:4; 19:8.

δικαίως [δίκαιος] 부사 **올바르게** uprightly 고전 15:34; 살전 2:10; 딛 2:12; 공평함을 강조하여 **공정하게, 의롭게** fairly, justly 눅 23:41; 벧전 2:23.

δικαίωσις, εως, ἡ [δικαιόω] 변호, 무죄선언 vindication 롬 4:25; 5:18.

δικαστής, οῦ, ὁ [δικάζω '판단하다'] 재판에서 판결하는 사람 재판관 judge 행 7:27, 35.

δίκη, ης, ἡ [비교 δείκνυμι; '관습, 올바른', 따라서 관습을 어기는 것에 대한 징계] ① 경우에 따라 그리스 문학에서 의인화된 정의(Justice)의 여신 행 28:4. ② 바르지 못한 행동을 벌하기 위해 사법적으로 심문한 결과에 부합하는 정의(δ.) **정의, 형벌** justice, punishment 살후 1:9; 유 7.

δίκτυον, ου, τό [비교 δικεῖν(부정과거 형태 ἔδικον의 부정사) '던지다, 내던지다'] 그물 net 마 4:20 등.

δίλογος, ον [δίς, λόγος; 비교 라틴어 *bilinguis* '두 개의 혀를 가진'] **진실하지 못한** insincere 딤전 3:8.

*διό [= δι' ὅ] 논리 접속사. **그러므로, 이러한 이유로** therefore, for this reason 마 27:8 등에서.

διοδεύω [διά, ὁδεύω, 비교 δίοδος '통로'] **지나가다, 경유하다** travel (go) through ⓐ δ. κατὰ πόλιν καὶ κώμην '두루 여러 도시와 마을로', 장소에 잠시만 머무름을 나타내어 눅 8:1. ⓑ 한 지점에서 다른 곳으로 간 것을 강조하여 행 17:1.

Διονύσιος, ου, ὁ [비교 축제에 해당하는 신의 이름: Διόνυσος] **디오누시오, 디오뉘시오스** Dionysius, 아테네 출신이자 '아레오바고' 사람인 한 사내 행 17:34.

διόπερ [διό가 πέρ로 의미 강화 되어 '바로 그러한'] 추론에 의해 접속사 '바로 그렇게', **그래서, 바로 이런 이유로** so, for this very reason 고전 8:13; 10:14.

διοπετής, ές [δῖος '신적인, 믿기 어려운', πίπτω; '제우스에게서 내려온' (Διός를 보라)] **하늘에서 떨어진** heaven fallen 일반적으로 아르테미스 여신과 관련된 기념물(운석?)과 관련해서 사용된다. 따라서 τὸ διοπετές 하늘에서 내려온 형상 행 19:35.

διόρθωμα, ατος, τό [διορθόω '바르게 하다', 비교 ὀρθός; '바르게 만드는, 옳게 하는', 따라서 '교정'에 영향을 미침] 유권자/지지자들에게 이익을 주는 정치적인 결정 **개혁** reform 행 24:2.

διόρθωσις, εως, ἡ [비교 이전 항목; '바르게 함, 회복'] **개정, 교정, 개혁** revision, correction, 법적인 측면으로 히 9:10.

διορύσσω [διά, ὀρύσσω] **파다, 파나가다** dig through, 절도범의 행동 마 6:19f; 24:33; 눅 12:39.

Διός [비교 라틴어 *dius* '주광(晝光)', 또한 '신(神), 신적인'] Δίς(= Ζεύς, 항목을 보라)의 속격.

Διόσκουροι, ων, οἱ [Διόσκουρος의 후기 형태: Διός, κόρος '아들'] **디오스쿠로, 디오스쿠로이** the Dioscuri, 제우스와 레다의 쌍둥이 아들인 카스토르와 폴룩

스의 별칭, 선원들에게 중요하다 행 28:11.

διότι [= διὰ τοῦτο ὅτι] 이 접속사는 앞선 내용을 확인시켜주는 이유나 근거를 제시한다. 대부분의 문장에서 δ.는 다음과 같이 이해할 수 있다. **왜냐하면, 그러므로, ~라는 사실로 보아** in view of the fact that, because 눅 1:13; 2:7; 21:28; 행 18:10ab; 22:18; 롬 1:19, 21; 8:7, 21 이문; 고전 15:9; 빌 2:26; 살전 2:8, 18; 4:6; 히 11:5, 23; 약 4:3; 벧전 1:16, 24; 2:6. ─관련된 맥락에서 추론할 때 사용. **그러므로, 여기에서** therefore, hence 행 13:35; 20:26; 앞선 사실에 대한 타당한 결론과 유사 **그렇다면, 따라서** it follows then, so 롬 3:20; 8:7.

Διοτρέφης, ους, ὁ [Διός, τρέφω; 제우스가 키운] **디오드레베, 디오트레페스** Diotrephes, 모임의 지도자 요삼 9.

διπλοῦς, ῆ, οῦν [διπλόος의 축약형; 비교 라틴어 *duplus*] **두 배, 두 배의 양으로** double, twice as much, 특별한 정도를 강조하여 딤전 5:17; 계 18:6b; διπλώσατε τὰ διπλᾶ "갑절로 갚다" repay doubly 계 18:6a. 비교급: διπλότερον ὑμῶν 너희보다 갑절이나 안좋게 마 23:15.

διπλόω [διπλοῦς] '양을 두 배로 하다', **갑절로, 두 배로 하다** double δ. τὰ διπλᾶ 갑절로 갚아주다 계 18:6a.

δίς [산스크리트 연관어, 비교 라틴어 '*duis*' ('*bis*')] 부사 **두 번, 거듭** twice 막 14:30, 72; 눅 18:12; 유 12. ἅπαξ καὶ δ. **한 번 그리고 다시** = '한 번 이상' 또는 '한 번만이 아니라' 빌 4:16; 살전 2:18.

δισμυριάς, άδος, ἡ [δίς, μυριάς] **이만(二萬)** double myriad, 집합적인 수 = 20,000 예외적으로 큰 수라는 함축적인 의미 계 9:16.

διστάζω [*δίστος '의심스러운, 애매한', 비교 δίζω '의심하다'; 동사에 δίς가 붙어서 이중적이라는 개념이 표현되었다] '생각이 흔들리다', **의심하다, 마음을 바꾸다** doubt, have second thoughts 마 14:31; 28:17.

δίστομος, ον [δίσ, στόμα; '두개의 입구를 가진'; δ.의 의미 확장으로 양날을 가진 무기를 묘사하며 모두 삼킨다는 의미를 시사한다] 검의 **양날의** double-edged 히 4:12; 계 1:16; 2:12; 19:15 이문.

δισχίλιοι, αι, α [δίς, χίλιοι] **이천(二千)** two thousand 막 5:13.

διϋλίζω [διά, ὑλίζω '거르다, 걸러내다'] '추출 과정으로 액체에서 제거하다', 날파리를 **걸러내다, 여과하다** strain out, filter out 마 23:24.

διχάζω [δίς, χάζω '~로부터 빼내도록 하다'] '두 부분이 되게 하다', **나누다** divide, 가족 간의 불일치를 비유하여 διχάσαι ἄνθρωπον κατὰ τ. πατρὸς αὐτοῦ "한 사람이 그 아버지와 불화했다" 마 10:35.

διχοστασία, ας, ἡ [δία, στάσις, 비교 διχοστατέω '따로 서다'] '집단의 통일성을 위협하는 불일치', **분열, 불화** dissension 롬 16:17; 갈 5:20; 고전 3:3 이문.

διχοτομέω / δοκέω

διχοτομέω [δίχα, τέμνω '자르는'에서 τομή, 비교 διχοτόμος '둘로 자르다'] 혹독한 형벌을 겪는 노예를 **둘로 쪼개다**, ~의 팔다리를 잘라버리다 cut in two, dismember 마 24:51; 눅 12:46.

διψάω [δίψα '목마른', 비교 δίψος] **목마르다** be thirsty ⓐ 신체적 의미로 마 25:35; 요 4:13; 롬 12:20; 고전 4:11. ⓑ 비유적으로 뜻이 확장되어, **무엇인가를 갈망하다**: 생수 요 4:14; 6:35; 7:37; 계 21:6; 22:17; **의로움** righteousness 마 5:6.

δίψος, ους, τό [이전 항목을 보라] **목마름, 갈증** thirst 고후 11:27.

δίψυχος, ον [δίς, ψυχή] **우유부단한, 주저하는** indecisive, wavering 약 1:8; 4:8.

διωγμός, οῦ, ὁ [διώκω] 특히 신앙의 차이나 표현 때문에 비롯된 '조직적인 괴롭힘의 과정', **박해** persecution 마 13:21; 막 10:30; 행 8:1; 롬 8:35; 고후 12:10; 살후 1:4.

διώκτης, ου, ὁ [διώκω] **박해자** persecutor 딤전 1:13.

διώκω [비교 δίω '달아나게 하다' 그리고 호메로스. δίεμαι '뒤쫓다, 추종하다'] 기본 의미는 추격이나 추종에 관련되지만, 그 이유는 문맥에 따라 결정된다. ⓐ 나쁜 의미로 **박해하다** persecute 마 5:10; 눅 11:49; 요 5:16; 행 9:4; 22:4; 고전 4:12; 고후 4:9; 갈 1:23; 빌 3:6; 계 12:13; 움직임을 강조하여 **추적하다, 뒤쫓다** chase, go after 마 23:34; 행 26:11. ⓑ 긍정적 의미로, 뭔가 중요한 것을 얻으려는 열망으로, **추구하다** pursue 롬 9:30; 12:13; 고전 14:1; 살전 5:15; 벧전 3:11; **뒤따르는 중이다** be on the chase 빌 3:12; **따라가다/추종하다** chase/run after 눅 17:23.

δόγμα, ατος, τό [δοκέω] 강제하는 뜻으로 발표하거나 선포한 황제의 명령, **칙령(勅令)** decree 눅 2:1; 행 17:7; 법적 세부조항, 복수 **세목(細目)** particulars 골 2:14; 비교 엡 2:15; 행정적인 **판단, 결정** resolution 행 16:4.

δογματίζω [δόγμα] '규정이나 규칙을 적용하다', 신약에서는 항상 수동태로. **규칙에 따르다** submit to rules 골 2:20.

δοθείς, δοθήσομαι, δοῖ δίδωμι 제1부정과거 수동태 분사, 미래 수동태 직설법, 제2부정과거 능동태 가정법 3인칭 단수.

* **δοκέω** [비교 δόγμα, δέκομαι (= δέχομαι); 이해력과 관련된 기본 개념, 따라서 지성의 이목을 끄는 개념이 이 단어 용례 전체에 나타난다] ① '특정 결론을 내리도록 제시하는 근거에 따라 어떤 생각이나 의견을 견지하다', **생각하다, 의견을 밝히다** think, opine 마 3:9; 막 6:49; 눅 8:18; 요 5:39; 행 12:9; 고전 3:18; 고후 11:16; 갈 6:3; 약 1:26; **여기다/깨닫다** regard/recognize 막 10:42; **기대하다** expect 마 24:44; 눅 12:40; 공식적인 업무 같은 뜻을 내포하여 **결정하다, 다짐하다** decide, resolve 눅 1:3; 행 15:22, 25, 28; 비교 고전 11:16. ② 어떤 의견을 갖도록 한다는 것을 강조하여 **(좋게) 보인다** seem (good) ⓐ 의문문에서 여격 동반. 사람, τί/τίς δοκεῖ σοι/ὑμῖν = "네/너희들 생각은 어떠하냐, 네/너희들 생각에는 누구냐"

δοκιμάζω / δόμα, ατος, τό

마 17:25; 눅 10:36; 22:24; 요 11:56; 분사, 어떤 인상을 주고 관심을 끄는 사람과 관련해서 막 10:42; 갈 2:2, 6, 9. ⓑ 특정 어구들: κατὰ τὸ δοκοῦν αὐτοῖς 자신의 생각대로 히 12:10; ἔδοξα ἐμαυτῷ 나는 그게 최선이라 생각했다 (비교 라틴어 *videbar mihi*) 행 26:9.

δοκιμάζω [δόκιμος] '가치나 중요함을 평가하다' ⓐ 과정으로 **평가하다, 분별하다, 감정하다, 조사하다, 면밀히 살피다** evaluate, discern, appraise, inspect, examine 눅 12:56; 14:19; 고전 11:28; 고후 8:8; 13:5; 갈 6:4; 엡 5:10; 살전 2:4b; 5:21; 딤전 3:10; 벧전 1:7(불로 '면밀히 조사함'); 요일 4:1. ⓑ 확장된 의미로, 평가하려는 노력의 성과를 강조하여: **평가하다, 결정하다** evaluate, determine (비교 δοκεῖ '괜찮아 보이다'는 의미로) 롬 1:28(~라 여기다); 2:18, 빌 1:10(**분별하다**); 롬 12:2(1:28에 대한 긍정적인 대구로); 14:22(**바르게 생각하다**); 고전 3:13(특성을 **검증하다**); 16:3(**인정하다**); 고후 8:22(**확인하다**); 살전 2:4a.

δοκιμασία, ας, ἡ [δοκιμάζω; '조사'] '기대에 부합하는지 결정하려는 평가의 과정', **시험** testing πειράζειν ἐν δ. 검증과 관련된 **시험을 통과하다** = **시험하여 떠보다** 히 3:9.

δοκιμή, ῆς, ἡ, [δόκιμος; δοκιμάζω처럼 δ.는 과정이나 결과를 모두 나타낼 수 있다] ⓐ 과정으로 **시험** testing 고후 8:2. ⓑ 검증의 과정을 거쳐 성취한 **평판, 특성** 롬 5:4; 고후 2:9; 9:13; 빌 2:22; **증명, 검증** proof, verification 고후 13:3.

δοκίμιον, ου, τό [δοκιμή] ⓐ 과정으로 **시련** testing 약 1:3. ⓑ 시험을 거친 결과로서 **순수함, 진실함** genuineness 벧전 1:7.

δόκιμος, ον [비교 δοκέω 그리고, 이전 항목 δοκ- 와 같은 계열 단어] '특별한 가치나 특성을 나타내는 것으로 보이는', **인정받은** approved 롬 14:18; 16:10; 고전 11:19('참된 가치를 가진 사람'); 고후 10:18; 13:7; 딤후 2:15; 약 1:12.

δοκός, οῦ, ἡ [δέχομαι] (집의 구조물이나 안전을 위해 사용되는) 나무로 된 **들보** beam 마 7:3-5; 눅 6:41f.

δόλιος, α, ον [δολιόω] **기만하는, 속이는** deceitful 고후 11:13.

δολιόω [δόλος] **기만하다, 속이다** deceive 롬 3:13.

δόλος, ου, ὁ [어원은 불분명, 비교 라틴어 *dolus*('믿을 수 없는 행동'에 대하여 자주 사용되며, 그리스어에서 차용된 단어로 추정된다)] '더 좋은 효과를 얻으려고 기만을 저지르는 잔꾀', **교활함, 속임수** craftiness, deceit 마 26:4; 막 7:22; 14:1; 요 1:47; 행 13:10; 롬 1:29; 고후 12:16; 살전 2:3; 벧전 2:1, 22(유사하게 추상적이고 구체적인 뜻이 혼합되어 3:10).

δολόω [δόλος] '드러나지 않은 방식으로 바꾸다', **위조하다, 불순물을 섞다** falsify, adulterate 고후 4:2; 비유로 고전 5:6 이문.

δόμα, ατος, τό [δίδωμι] **선물** gift 마 7:11; 눅 11:13; 엡 4:8; 빌 4:17.

δόξα, ης, ἡ / Δουβέριος, α, ον
—
δόξα, ης, ἡ [비교 δοκέω와 다른 δοκ- 어간으로 구성된 단어들; 이 단어의 근본적인 개념은 '모습'과 관련이 있고, 그래서 생산물로서 '존중'을 받은 것으로, 좋거나 인상적인 것으로 보이는 것에 기초하고 '의견'과 관련이 있다] **영광, 영예** glory, honor ⓐ 누군가에게 가능하거나 적절하다고 여겨지는 평가로서 눅 2:14, 32; 요 5:41, 44; 7:18a δόξαν ἰδίαν ζητεῖν "스스로 영예를 추구하다"; 행 12:23; 롬 8:18; 9:4; 고후 6:8(반의어 ἀτιμία '오명'); 빌 1:11; 살전 2:6; 계 4:11. —비교 빌 2:11. ⓑ 칭찬에 걸맞는 고유한 품성 요 1:14; 17:5, 22; 롬 2:7; 3:23; 고전 10:31; 11:7(남자가 담고 있거나 하나님에 대한 존경을 반영하는); 빌 3:19(풍자적으로); 골 1:11(= 능력으로 역사함에 대한 '명성'); 유사하게 계 1:6; 비교 엡 1:6; 살전 2:12; 벧전 1:7; 벧후 1:3; 2:10(복수 **영광스런 존재들**; 환유로, 천사같은 초월적인 존재에 대해, 비교 유 8). ⓒ 탁월함에 대한 강한 현시(顯示)로서, 일반적인 그리스어에서는 잘 나타나지 않는 셈어적인 용법으로 70인역에는 자주 나타난다(반대로, '의견'이라는 뜻으로서 δ.는 신약에서 찾아볼 수 없다); 이스라엘인이 아니어도 탁월한 상태로부터 '광휘(光輝)'의 개념이 비롯되었음을 바로 이해할 것이다: **영광/훌륭함** glory/splendor 마 4:8; 6:29; 24:30; 눅 2:9; 4:6; 9:31; 요 11:40; 행 7:55; 22:11('빛남'); 롬 1:23; 8:18, 21; 9:23; 고전 15:40f; 빌 3:21; 딛 2:13; 벧전 1:24; 계 21:23f, 26. —비교 고후 3:18; 4:4, 6; 엡 1:6, 12, 17; 3:16; 딤후 2:10; 약 2:1.

* **δοξάζω** [δόξα] (칭찬하는) 말이나 행동을 통하여 '평가나 명성을 높이다', **찬양하다, 영광돌리다** glorify 마 5:16; 막 2:12; 눅 2:20; 17:15; 요 7:39; 15:8; 17:4; 행 3:13; 13:48, 살후 3:1(감사의 반응으로); 롬 8:30(높은 수준에 대한 인정); 15:9(참고 행 13:48); 고전 6:20; 갈 1:24; 히 5:5; 벧전 2:12; 계 18:7. —ἀγαλλιᾶσθε χαρᾷ ἀνεκλαλήτῳ δεδοξασμένῃ = "형언할 수 없는 영광스런 즐거움으로 기뻐한다" 벧전 1:8.

Δορκάς, άδος, ἡ [비교 δορκάς, 맑은 눈을 가진 '가젤' 같은 사슴 종류의 짐승을 어원으로 한다고 일반적으로 알려져 있다(비교 δέρκομαι '또렷하게 보다')] '다비다'를 나타내는 이름으로 **도르가, 도르카스** 행 9:36, 39.

δός δίδωμι 제2부정과거 능동태 명령법.

δόσις, εως, ἡ [비교 δώσω, δίδωμι의 미래, 또한 δότης를 보라] ⓐ 행동: **줌** giving 빌 4:15 δ. καὶ λήμψις, 상업적인 용어로, '대차'(debit and credit)라는 표현을 비교해볼 수 있지만, 상호 호혜를 베푸는 그리스 문화적 의미를 염두에 두어야 한다. ⓑ 물건: **선물** gift 약 1:17.

δότης, ου, ὁ [δοτήρ의 후기 형태, 이전 항목 비교] **주는 사람, 내는 자** giver 고후 9:7.

Δουβέριος, α, ον 마케도니아에 있는 **더베/두베리오스** 출신의 행 20:4 이문

Δερβαῖος를 보라.

δουλαγωγέω [δουλαγωγός (δοῦλος, ἄγω) '노예로 만듦'; '종속 시키다'] 비유로 **예속시키다, 통제하에 두다** subjugate 고전 9:27.

δουλεία, ας, ἡ [δουλεύω; 소유한 자에게 종속된 '노예' 상태, 또 확장된 의미로] **노예** slavery, 신약에서는 비유로만 롬 8:15, 21; 갈 4:24; 5:1; 히 12:15.

δουλεύω [δοῦλος] '주인에게 전적으로 순종하여 행동하다', **노예가 되다, ~을 위해 뼈 빠지게 일하다** be a slave, slave for (대부분 여격을 동반하여) ⓐ 소유자의 명령에 전적으로 예속된 상태(비교 마 6:24 보편적으로 생각하는 체계에 관하여) 요 8:33; 행 7:7; 롬 9:12; 갈 4:25. 주인을 바꾸는 비유로 롬 7:6. ⓑ (사람 혹은 사물) 섬김의 의무를 감당할 수 있는 능력에 초점 맞추어 마 6:24b; 눅 15:29; 롬 12:11; 갈 4:8; 엡 6:7; 빌 2:22; 딤전 6:2(단독으로); 딛 3:3.

δούλη, ης, ἡ [δοῦλος에 대한 여성 명사] **종, 여종** slave 눅 1:38, 48(이 구절에서 마리아의 신분이 '여종'이라는 의미인지 분명하지 않다); 행 2:18 (이 구절에서는 '남종'의 대응이기 때문에 여종이라는 의미로 보아야 한다).

δοῦλος, η, ον [비교 δοῦλος; '맹종하는, 굽실거리는'] '굽실거리는 상태에 있는', 여격 동반. **~의 노예가 된, ~에 감금되어** enslaved to, in bondage to 롬 6:19.

** **δοῦλος, ου, ὁ** [소아시아 지역에서 온 차용어로 추정; 비교 δουλεύω] **종, 노예** slave(여성이 여자를 포함된 것으로 볼 수 있는 복수 형태가 나온 본문을 제외하고는 남자) ⓐ 주인의 명령에 대해 무조건적이고 전적으로 따르는 소유물로 마 8:9; 24:48; 막 14:47; 눅 17:7-9(노예에 대한 세상의 실제 관점에 대한 요약); 요 15:15; 고전 7:21; 갈 3:28; 4:7; 엡 6:5; 골 3:11; 딤전 6:1; 딛 2:9; 몬 16; 계 6:15; 19:18. ⓑ 다른 사람, 특히 더 우월한 위치에 있는 사람에 대해 가지는 의무 중 소유주가 바라는 봉사를 제공하는 것에 초점 맞추어 사용된다. 이런 방식은 고위 관리에게 존경심을 표현하는 동양적 방식을 반영한다. 마 18:23; 눅 2:29; 요 8:34; 행 4:29; 롬 1:1; 6:16; 고후 4:5; 엡 6:6; 빌 1:1; 딤후 2:24; 벧후 2:19; 유 1; 계 1:1과 계시록에서 자주 등장함.

δουλόω [δοῦλος] **노예로 만들다, 예속시키다** enslave ⓐ 중심 의미 행 7:6; 벧후 2:19(군사적인 패배에 따르는 일반적인 결과). ⓑ 확장된 의미 롬 6:18, 22; 고전 7:15; 9:19; 갈 4:3; 딛 2:3(주독[酒毒]에 빠짐, 알코올 중독).

δοῦναι, δούς δίδωμι 제2부정과거 능동태 부정사, 분사.

δοχή, ῆς, ἡ [δέχομαι; '그릇, 용기'] **환영회, (환영) 잔치** reception, banquet 눅 5:29; 14:13.

δράκων, οντος, ὁ [δέρκομαι '똑똑히 보다'의 부정과거 부정사 δρακεῖν에서; ὄφις와 같은 뜻을 가지는 경우가 많다] '뱀에 대한 신화적으로 과장된 묘사', **뱀, 용** serpent, dragon 계 12:3f, 7, 9; 20:2.

δραμεῖν, δραμών / δύναμις, εως, ἡ

δραμεῖν, δραμών τρέχω 제2부정과거 능동태 부정사, 분사.

δράσσομαι [IE, 비교 δραχμή; '손으로 움켜쥐다, (예. 쓰러져 죽어가는 용사가 흙을 움켜쥠), 손으로 잡다'] **붙잡다, 붙들다** catch, seize 자신의 꾀로 피할 수 있으리라 여기는 사람을 붙잡는다는 비유로 고전 3:19.

δραχμή, ῆς, ἡ [δράσσομαι와 유사함; '손으로 움켜쥘 수 있을 만큼', 무게, 또는 화폐 단위로 사용되는 금속에 대한 유비로, 오볼화(貨) 한 움큼, 여섯 개의 가치를 지닌 단위] 한 데나리온이나 노동자 하루 품삯과 동일한 가치를 지니는 은화(銀貨) **드라크마** drachma 눅 15:8f.

δρέπανον, ου, τό [δρέπω '잡아 뜯다, 따다'] '곡식이나 포도를 수확하기 위한 날카로운 도구', **낫, 곡식 수확에 쓰는 칼** reaping knife, sickle 막 4:29; 계 14:14 등 계시록에서 빈번하게.

δρόμος, ου, ὁ [비교 τρέχω의 부정과거 부정사. δραμεῖν; 주로 행동에 관하여, '달리기, 경주', 따라서 달리는 장소, '코스', '진로'] 부여된 임무를 성취하기 위해 정해진 거리를 움직인다는 뜻으로 **길, 행로** course 행 13:25; 20:24; 경기에 대한 독특한 비유로 τὸν δ. τετέλεκα "나는 경주를 마쳤다" 딤후 4:7.

Δρούσιλλα, ης, ἡ [라틴어 기원. 비교 남성 두루수스; 로마 여성에게 흔했던 이름] 헤롯 아그리파 1세의 딸이자 행정 장관 벨릭스의 아내 **드루실라** Drusilla 행 24:24, 27 이문

δυναίμην δύναμαι 현재 중간태 희구법.

** **δύναμαι** [어원은 불분명] '실력이 있거나 성취할 능력이 있다', **~할 수 있다** be able 마 3:9 등. —τίς δύναται αὐτὸν ἀκούειν; "누가 귀 기울여 들을 수 있을까?" 요 6:60. 대부분 부정사를 동반하지만, 경우에 따라 중성 목적어를 취한다. ποιεῖν 이 나오는 경우에는, **할 수 있다** be able to do 눅 12:26(지극히 작은 일); 고후 13:8(아무 일도). —막 9:22 εἴ τι δύνῃ는 아마도 "하실 수 있는 게 있거든"이라고 공손하게 말하는 것으로 추정된다.

** **δύναμις, εως, ἡ** [δύναμαι; '능력을 가진 상태나 특징'] ① '효과적으로 작용할 수 있는 능력', **권능, 힘** power, might 마 22:29; 26:64; 막 5:30 (능력); 눅 1:17, 35; 5:17; 행 1:8; 3:12; 롬 1:4; 고후 1:8; 12:9; 엡 1:19; 빌 3:10; 딤후 1:7; 히 1:3; 벧후 1:16; 계 3:8. —εὐαγγέλιον에 관해: δ. θεοῦ ἐστιν εἰς σωτηρίαν 하나님께서 효과적으로 구원하시는 방법 롬 1:16(비교 고전 1:18). 언어에 관하여 담고 있는 가능한 의미에 대해 고전 14:11. ② 한 가지 능력을 보여주는 것으로서 ①의 의미가 확장하여, **강력하고 놀라운 행동, 기적** powerful/wondrous deed, miracle 마 7:22; 막 6:2; 눅 10:13; 행 2:22; 19:11; 고전 12:10; 고후 12:12; 살후 2:9; 히 2:4. 놀라운 역사(役事)의 결과로서 은사에 초점 맞추어(바울이 ①과 ②가 혼합된 의미로) 고전 12:28f. ③ δ. 의인화, '강력한 존재나 구조' **능력** power 마 24:29; 행

8:10; 롬 8:38; 고전 15:24; 엡 1:21; 벧전 3:22.

δυναμόω [δύναμις] '능력을 갖도록 하다', **강화하다, 할 수 있게 하다** strengthen, enable 엡 6:10 이문; 골 1:11; 히 11:34.

δυνάστης, ου, ὁ [δύναμαι] '명령할 권한을 가진 자' ⓐ 하나님에 대하여, 특별한 권세를 가진 **주권자** sovereign 딤전 6:15; 인간에 대하여, **통치자** ruler 눅 1:52. ⓑ 통치자를 대리하여, **궁정 관리,** court official 행 8:27.

δυνατέω [δυνατός] '능력, 권세가 있다' ⓐ **강하다, 힘을 미치다** be effective 고후 13:3. ⓑ **힘이 있다, 할 수 있다** have power, be able 롬 14:4; 고후 9:8.

δυνατός, ή, όν [δύναμαι] ① '힘, 능력이 있는', 주로 사람, **능력 있는, 할 수 있는, 강력한** competent, able, powerful 행 7:22; 롬 4:21; 고전 1:26; 고후 12:10; 딤후 1:12; 딛 1:9; 히 11:19; 약 3:2; 사물, 고후 10:4. — 하나님에 대해 τὸ δ. **능력, 권세, 권능** competence, power, ability 롬 9:22. ② '실현 가능성이 있는', **가능한, 이루어질 수 있는** possible, realizable 마 19:26; 막 9:23; 눅 18:27; 행 2:24. — εἰ δ. **가능하다면** 마 24:24; 막 14:35; 눅 14:31; 롬 12:18.

δύνῃ δύναμαι 현재 중간태 직설법 2인칭 단수.

δύνω [비교 호메로스 δύω '들어가다'] **떨어지다, 해가 지다** go down, set 막 1:32; 눅 4:40.

** δύο [산스크리트 연관어] **둘** two 종종 단순 형용사 마 4:18 등. 숙어로 δύο δύο **둘씩** 막 6:7; ἀνὰ δ. **두 벌씩** 눅 9:3; 요 2:6; ἀνὰ δύο δύο **두 명씩** 눅 10:1; εἰς δύο **둘로** 막 15:38; κατὰ δ. **둘 이하로** 고전 14:27.

δυς- '어려움'을 나타내는 접두어.

δυσβάστακτος, ον [δυσ-, βαστάζω] 무게 때문에 **옮기기 어려운, 곤란한** difficult/hard to carry 마 23:4; 눅 11:46.

δυσεντέριον, ου, τό [δυσ-, ἔντερον '내장(內臟)', 비교 ἐντός] **장 질환, 이질** intestinal disorder, dysentery 행 28:8.

δυσερμήνευτος, ον [δυσ-, ἑρμηνεύω] **설명하기 어려운, 설명하기 곤란한** difficult/hard to explain 히 5:11.

δυσί δύο 여격.

δύσις, εως, ἡ [δύω(δύνω를 보라), 비교 δυσμή] 해가 지는 방향으로서 **서쪽** west 짧게 끝나는 마가복음 사본에서.

δύσκολος, ον [δυσ-, κόλον '음식'; '음식으로 만족하기 어려움', 따라서 '곤란한'] **어려운** difficult 막 10:24.

δυσκόλως [δύσκολος] 부사 **어렵게, 힘들게** with difficulty, hardly 마 19:23; πῶς와 함께 비애감을 더하여 막 10:23; 눅 18:24.

δυσμή, ῆς, ἡ [δύω (δύνω를 보라), 비교 δύσις] 신약에서는 항상 복수, 해가 '지

δυσνόητος, ον / δῶρον, ου, τό

는' 방향 **서쪽** west, ἀπό와 더불어 움직임을 나타내는 동사와 함께 **서쪽으로부터** from the west 마 8:11; 눅 13:29; ἀπό와 더불어 보는 지점을 시사하며 **서쪽에** on the west side 계 21:13; ἐπί와 더불어 지역을 나타내며 **서쪽 편에서** in the west 눅 12:54; ἕως와 더불어 그곳까지의 거리를 나타내며 **서쪽까지** to the west 마 24:27.

δυσνόητος, ον [δυσ-, νοέω에서 νοητός] **이해하기 어려운** hard to understand 벧후 3:16.

δυσφημέω [δυσφημία (δύσ-, φημί) 비교 δύσφημος '모함하는'] **거짓말하다, 중상하다, 모함하다** tell lies about, slander, defame 고전 4:13.

δυσφημία, ας, ἡ [이전 항목을 보라] **중상, 명예 훼손** slander, defamation 고후 6:8.

δύω δύνω 제2부정과거 능동태 가정법.

δῷ δίδωμι 제2부정과거 능동태 가정법 3인칭 단수.

* **δώδεκα** [δύω/δύο (= 2), δέκα] 격변화 없음. **열둘** twelve, 대부분 복수: 예수님의 열 두 제자에 관하여 마 10:1 등; 사물에 관해 마 14:20; 19:28; 26:53; 막 6:43; 요 6:13; 계 12:1; 21:14, 21; 이스라엘 지파에 관해 눅 22:30; 약 1:1; 비교 행 7:8과 계시록에서 자주; 시간에 관해 눅 8:43; 요 11:9; 행 24:11; 거리에 관해 계 21:16.

δωδέκατος, η, ον [δώδεκα] **열두 번째의** 계 21:20.

δωδεκάφυλον, ου, τό [δώδεκα, φυλή] 집합 명사. **열두 지파** the twelve tribes 행 26:7.

δῴη δίδωμι 제2부정과거 능동태 희구법 3인칭 단수.

δώῃ δίδωμι 제2부정과거 능동태 가정법 3인칭 단수.

δῶμα, ατος, τό [비교 δέμω '건축하다', δόμος '집'] 집 위에 있는 평평한 표면, **지붕** roof 마 10:27; 막 13:15; 눅 17:31; 행 10:9.

δωρεά, ᾶς, ἡ [δῶρον의 아티카 형태, 비교 δίδωμι, 라틴어 donum] **선물** gift 자발성을 강조하여 요 4:10; 행 8:20; 롬 5:15; 고후 9:15; 엡 4:7; 히 6:4.

δωρεάν [부사 δωρεά의 대격] 부사 ① '책임 없이/자발적으로 주어진', **거저** freely = 긍정적인 면으로 **공짜로, 부담 없이** for nothing 마 10:8; 롬 3:24; 고후 11:7; 살후 3:8; 계 21:6; 22:17. ② '목적 없음', **무익하게** in vain = 부정적인 뜻으로 **헛되이, 허무하게** for nothing 갈 2:21. ③ '부당하게', **까닭 없이** without cause 요 15:25.

δωρέομαι [δίδωμι에서 δῶρον] **주다** give 막 15:45; 아마도 격식을 갖춘 표현으로 **선사하다, 부여하다** present, bestow 벧후 1:3, 4.

δώρημα, ατος, τό [δωρέομαι] **선물** gift 롬 5:16; 약 1:17.

δῶρον, ου, τό [δίδωμι] **선물, 예물** gift ⓐ 일반적 의미로 마 2:11; 계 11:10 (예물

δωροφορία, ας, ἡ / δώσω

을 교환함에 관해). ⓑ 제의적 봉헌, 제물 마 5:23; 8:4; 막 7:11; 눅 21:4(다른 이들이 앞서 드린 예물함 안에 과부가 그 예물 τὰ δῶρα를 드림); 히 5:1. ⓒ 하나님의 선물 엡 2:8.

δωροφορία, ας, ἡ [δῶρον, φέρω에서 φορέω ; '선물을 가져오는'] **선물 증정** gift-bringing 롬 15:31 이문.

δώσῃ δίδωμι 제1부정과거 능동태 가정법 3인칭 단수.

δώσω δίδωμι 미래 능동태 직설법.

E / ἑαυτοῦ, ῆς, οῦ

E

ε' 숫자 표시= **다섯** (πέντε) 또는 **다섯 번째** fifth 행 19:9 이문.
ἔα [비교 라틴어 *sine*] 놀라움이나 슬픔을 나타내어 주위를 환기시키는 감탄사, **오! 아! Ho! Aha!** 막 1:24 이문; 눅 4:34. 상기 본문에서는 ἐάω의 명령법 ἔα와 다소 연관성이 보이며, 이 형태는 '그만!'이라는 뜻을 가진 것으로 보인다.
****ἐάν** [εἰ, ἄν; 대부분의 용례는 가정법을 동반한다. 이 조건을 나타내는 이 불변화사는 상황이 일어나면 잇달아 연쇄적으로 결정되는 상황을 소개하여 잠정적인 측면을 만들어낸다: x가 일어나면, y가 뒤따를 것이다] **만약** if ⓐ 가정법과 함께:(귀결절이나 주절에서 현재 또는 미래 시제를 동반하여) 마 4:9; 8:2; 17:20; 막 13:21; 눅 10:6; 요 13:17; 행 5:38(39절에 나오는 상황과 대조적으로); 롬 2:25; 고전 7:36; 고후 5:1; 갈 6:1; 골 3:13; 히 4:7(귀결절에서 명령법을 동반하여); 약 2:2(일련의 가상의 상황을 제시하며; 비교 딤후 2:5); 벧전 3:13; 요일 1:6 등.; 요삼 10; 계 3:20; 22:18, 19. ─결과를 강조하여 ἐὰν δὲ καί **그러나 만약 ~의 경우에는** but if even 마 18:17; **마침내 ~라면** but in the event 고전 7:11; **게다가 ~라면** moreover if 딤후 2:5. ─μή와 함께 **그렇지 않다면 [그것이 아니라면]** if not 마 10:13; **~하지 않는다면** unless 마 26:42; 막 3:27; 요 4:48; 롬 10:15. ─모호한 국면이 일반적인 시간의 표현으로 변할 때가 있다. = ὅταν 요 12:32; 요일 2:28. ─막 5:28 κἄν과 더불어, '내가 만지기만 하여도'라고 생각하고 ─관계대명사 등의 관계사(οὗ나 ὅπου같은)를 자주 동반하여 추론된 의미로 마 5:19; 11:27; 18:18; 26:13; 막 6:10; 눅 9:57; 10:22; 고전 16:6. ⓑ 직설법과 함께: 눅 19:40; 행 8:31; 살전 3:8; 요일 5:15(οἴδαμεν).

ἐάνπερ [이전 항목과 비교] **만약 정말 ~라면** if indeed 히 3:6, 14; 신앙 때문에 전제를 포기한다는 의미로 6:3.
ἐάσω, ἐᾶτε ἐῶ(ἐάω) 미래 능동태 직설법 1인칭 단수, 현재 능동태 명령법 2인칭 복수.
****ἑαυτοῦ, ῆς, οῦ** [비교 호메로스. ἕο αὐτοῦ] 복수 ἑαυτῶν. ① 관계대명사, 어떤 인칭에서든 모두 사용 (영어의 our-, your-, his-/her-/it-/them-) 그리고 자주 전치사를 동반한다, 특히 ἐν이 함께 나와 **자신, 자신들: 우리 자신들** self/selves: our-selves 고전 11:31, 고린도후서에서 자주; 살후 3:9; 요일 1:8; 당신들 스스로 마 3:9; 약 1:22; 1 요 5:21; 요이 8; **그녀 자신** herself 마 9:21; **그 자신** himself 고전 3:18; 갈 1:4; 히 5:5; 약 1:24; 요일 3:15 이문; **그 자체** itself 약 2:17; **그들 자신** themselves 마 9:3; 고후 10:12b(1인칭과 함께 12a); 벧전 3:5; 계 6:15. ─ἐν

ἑαυτῷ γίνεσθαι 행 12:11(유사하게. εἰς ἑαυτὸν ἔρχεσθαι 눅 15:17). ② 상호대명사 (ἀλλήλων, -οις, -ους의 뜻으로) **각자, 서로** each other, one another 마 16:8(비교 막 8:16); 마 21:38; 막 16:3; 행 28:29 이문; 고전 6:7; 엡 4:32; 5:19; 골 3:16; 살전 5:13; 히 3:13; 벧전 4:8, 10. ③ 소유대명사 **그의** his 막 8:35 이문(특정 성별을 나타내지 않고); **그녀의** her 눅 13:34; **그들의** their 마 8:22; 21:8; 눅 2:39 등.

ἐάω [어원은 불분명; 주된 의미는 원하는 행동이 일어나는 것을 가로막는 장애를 제거한다는 뜻] '어떤 일이 일어나게 하다, 벌어지게 하다', **허락하다, 허가하다, ~ 하게 한다** permit, allow, let 마 24:43; 행 14:16; 23:32(기병(騎兵)으로 적절한 호위를 분명히 제공한 뒤에); 28:4; 고전 10:13; 장애를 제거하여 거룻배가 물속으로 들어가도록 하는 것에 관해 행 27:32; 비교 40절 닻에 관해 εἴων εἰς τὴν θάλασσαν "물에 달아 내리다" — ἐᾶτε ἕως τούτου = 여기까지만! 눅 22:51.

ἔβαλον βάλλω 제2부정과거 능동태 직설법.

ἑβδομήκοντα, οἱ, αἱ, τά [ἑπτά] 격변화 없음. **칠십, 70** seventy 눅 10:1, 17(두 구절 모두 δύο와 함께 = 일흔둘, 72); 행 7:14(πέντε와 함께 = 75); 23:23; 27:37(ἕξ와 함께 = 76).

ἑβδομηκοντάκις [ἑπτά] 부사 **일흔 번** seventy times 마 18:22(ἑπτά과 함께 = 일흔일곱 번 seventy-seven times, '일흔 번씩 일곱 번'보다 77번의 뜻일 가능성이 높다; 비교 창 4:24).

ἕβδομος, η, ον [ἑπτά] **일곱 번째의** seventh 요 4:52 등.

ἐβέβλητο βάλλω 과거완료 직설법 수동태 3인칭 단수.

Ἔβερ, ὁ [히브리어 인명] 격변화 없음. **에벨, 헤버** Eber 눅 3:35.

ἐβλήθην βάλλω 제1부정과거 수동태 직설법.

Ἑβραϊκός, ή, όν [Ἑβραῖος] '히브리 민족과 관련된', **히브리의** Hebrew 눅 23:38 이문.

Ἑβραῖος, ου, ὁ [다음 항목을 보라] ① 민족 정체성을 강조하여, **히브리 사람** a Hebrew 고후 11:22; 빌 3:5. ② 구사하는 언어(아람어)를 강조하여, **히브리말을 하는 이스라엘 사람** Hebrew-speaking Israelite 행 6:1.

Ἑβραΐς, ΐδος, ἡ [Ἑβραῖος] '히브리 언어', **히브리어** Hebrew 행 21:40; 22:2; 26:14.

Ἑβραϊστί 부사 **히브리어로, 아람어로** in Hebrew/Aramaic 요 5:2 등.

ἐγγέγραμμαι ἐγγράφω 완료 수동태 직설법.

ἐγγίζω [ἐγγύς] 신약에서는 자동사로만. **가까이 오다, 다가오다, 접근하다** come/draw near, approach ⓐ 공간적으로 마 21:1;26:46; 눅 7:12; 행 9:3; 히 7:19; 약 4:8. ⓑ 시간적으로 마 3:2(공관복음 기자들이 하나님 나라에 관하여 자주 사용); 21:34; 26:45; 눅 21:8; 22:1; 행 7:17; 롬 13:12; 빌 2:30 (μέχρι θανάτου ἐ. "죽

ἐγγράφω / ἐγενήθην, ἐγενόμην

을 뻔하다, 죽음에 이르다"); 약 5:8; 벧전 4:7.

ἐγγράφω [ἐν, γράφω; γράφω를 보라; ἐν은 기록하는 매체를 제시한다] ① '읽을 수 있도록 표시하다', **새기다, 쓰다** engrave, inscribe 고후 3:2, 3(모두 비유적으로). ② '목록에 기입하다', **명부에 올리다, 등록하다** enroll, 공문서에 대한 비유로 눅 10:20.

ἔγγυος, ον [ἐν, γυῖον '지체, 사지(四肢) (팔, 다리, 손)', 비교 ἐγγύη '손으로 표현되는 맹세'; 형용사는 '충분한 보호 아래 있음'을 의미한다] 신약에서는 항상 명사로 ὁ ἔγγυος 그리고 법률적인 상징으로 '보증을 제공해주는 사람', **보증인, 보증** guarantor, surety 히 7:22.

ἐγγύς [어원은 불분명] **가까이, 근접하여** near, close (to) ⓐ 공간적으로. 막 6:36(최상급); 눅 19:11; 요 3:23 등 요한복음의 지리적인 장소에 관해 자주; 행 1:12. 비유적으로 롬 10:8; 엡 2:13, 17(οἱ ἐγγύς); 히 6:8; 8:13; 시간을 나타내는 요소와 함께 마 24:33; 막 13:29. ⓑ 시간적으로. 마 24:32; 26:18; 눅 21:31; 요 6:4; 롬 13:11(비교급); 빌 4:5; 계 1:3.

ἐγγύτερον ἐγγύς를 보라.

ἐγεγόνει γίνομαι 과거완료 능동태 직설법.

ἐγείρω [IE] 이 단어의 기본적인 개념은 움직일 수 없는 상황이나 위치에서 움직이는 것이다; 보통 **일어나다, 일으키다 rise, raise로 옮길 수 있지만, 화자(話者)의 상황에 따른 의미를 반영하는 다양한 용어로 옮길 수 있다: ⓐ 밑에 있던 위치에서 위로 움직임에 관해: 자동사 **일어나다** get up 마 9:5, 6, 7; 17:7; 25:7; 26:46; 막 5:41; 10:49; 눅 6:8; 8:54; 11:8; 요 13:4; 행 9:8; 타동사 **일으키다** raise(= '[누군가를] 일으켜세우다') 막 1:31; 행 3:7; 비교 요 2:19; 행 10:26; 약 5:15; 들어올린다, 끌어올린다는 의미로 마 12:11; 과감한 비유로 **만들다** raise up 3:9. ─확장된 의미로 빌 1:17(타동사 **문제를 일으키다** cause trouble); 도움에 관해 눅 1:69. ⓑ 문맥이 잠이나 죽음을 나타낸다면(고대 세계에서는 죽음을 수면 상태에 비유하는 경우가 흔함), **깨우다, 일어나게 하다**, awaken, rouse, raise 마 8:25; 10:8; 막 4:38; 행 3:15; 10:40; 롬 4:24; 고전 15:15; 히 11:19; 능동 의미의 수동태로 **일어나다** rise 마 1:24; 막 4:27(두 구절 모두 수면 상태에서; 비유적으로 롬 13:11; 비교 엡 5:14의 능동태); 마 8:15, 26; 14:2; 막 16:6; 눅 24:34; 롬 13:11; 고후 5:15. ─마 2:13, 14, 20, 21에서 분사 ἐγερθείς는 주동사를 보조하여 '주저없이' 단호한 움직인다는 뜻을 나타내는 기능을 한다. ⓒ 기타 용법: 장면에 등장함에 대해, **드러나다, 나타나다** rise, appear, 마 11:11; 막 13:22; 눅 7:16; 요 7:52; 비교 막 3:3(중심 위치를 강조하여); 히브리적 표현으로 **가다** go 계 11:1; 법적인 지위를 지닌 입장에 관해 마 12:42; 적대적인 움직임에 관해 막 13:8.

ἐγενήθην, ἐγενόμην γίνομαι 제1부정과거 수동태 직설법과 제2부정과거 중간

태 직설법.

ἐγερθήσομαι ἐγείρω 미래 수동태 직설법.

ἔγερσις, εως, ἡ [ἐγείρω] (죽음에서) **깨어남, 부활** awaking, resurrection 마 27:53.

ἐγερῶ, ἐγήγερμαι ἐγείρω 미래 능동태 직설법, 완료 수동태 직설법.

ἔγημα γαμέω 제1부정과거 능동태 직설법.

ἐγκάθετος, ον [ἐγκαθίημι '낮추다 let down', 그래서 은밀하게 행동하도록 '파견하다', 비교 현대 구어체에서 '심어진'; '잠복한, 매수한'] 명사로서 **정탐, 밀정(密偵)** agent, spy 눅 20:20.

ἐγκαίνια, ίων, τά [ἐν, καινός] **수전절** festival of rededication, 안티오코스 에피파네스에 의해 예루살렘이 훼파된 후 성전을 정결하게 한 일을 기념하는 절기이다. 또한 하누카 곧 빛의 축제로도 알려져 있으며 기슬르/키슬레브(Kislev)월 25일(대략 12월 중순)에 시작한다. 요 10:22.

ἐγκαινίζω [비교 이전 항. 대격; '갱신하다'] **시작을 알리다** inaugurate 히 9:18; 새로운 방식의 개시를 강조하여 10:20.

ἐγκακέω [ἐν, κακός; 즉 책임감 없이 위축된 κακός '겁이 많은' 전사] **상심하다, 낙담하다** lose heart, grow weary 눅 18:1; 고후 4:1, 16; 갈 6:9; 엡 3:13; 살후 3:13.

ἐγκαλέω [ἐν, καλέω; '부르다, 요구하다' 예를 들어, 빚 독촉과 법적인 고소와 관련해] **고소하다, 기소하다** accuse, charge 행 19:38, 40; 23:28, 29; 26:2, 7; 롬 8:33.

ἐγκαταλείπω [ἐκ, καταλείπω] ⓘ **남겨두다** leave, 어떤 상실이 있고나서 뭔가를 허락한다는 뜻으로 롬 9:29. ② **버리다, 저버리다** abandon, forsake 위험에 대한 암시와 함께 마 27:46; 막 15:34; 행 2:27, 31; 고후 4:9; 딤후 4:16(비교 10절); 히 13:5. ―비교 히 10:25, 단순히 출석하는 이상으로 참여하라는 것으로 보인다.

ἐγκατέλειπες, ἐγκατέλιπες ἐγκαταλείπω 부정과거 직설법 2인칭 단수의 이전 형태.

ἐγκατέλιπον ἐγκαταλείρω 제2부정과거 능동태 직설법.

ἐγκατοικέω [ἐν, κατοικέω] (~가운데) **살다, 거주하다** live/dwell(among) 벧후 2:8.

ἐγκαυχάομαι [ἐν, καυχάομαι; '자부심을 가지다'] '~에 대해 자부심을 가지고 말하다', **자랑하다, 자랑하여 떠벌이다** boast, brag 살후 1:4.

ἐγκεντρίζω [ἐν, κέντρον에서 κεντρίζω '접붙이다'] (~에) **접붙이다, 접목하다** graft (in) 롬 11:17, 19, 23, 24.

ἔγκλημα, ατος, τό [ἐγκαλέω] '부적절한 상황에 대한 기소' ⓐ 법적인 과정에서 다루어 짐으로서 **고소** charge, 법률 용어, 행 23:29; 25:16 ⓑ 용인할 수 없

ἐγκομβόομαι / ἐγώ

는 행동에 관한 비판으로 고소 accusation 23:25 이문.

ἐγκομβόομαι [κόμβος '매듭, 띠', 따라서 ἐγκόμβωμα, 보통 겉옷(tunic)이 일하는 동안 더럽혀지지 않도록 겉에 묶거나 걸쳐서 입는 옷] 비유로 **~으로 옷입다, 걸치다** clothe oneself with, put on 벧전 5:5.

ἐγκοπή, ῆς, ἡ [다음 항목을 보라] '과정을 막거나 방해하는 것', **방해물, 장애** hindrance, obstacle 고전 9:12.

ἐγκόπτω [ἐν, κόπτω '자르다'; '끼어들다(cut in)', 따라서 '차단하다, 방해하다, 가로막 다'(비교 현대에 '끼어들다'는 표현을 자동차 차선이나, 춤추는 에티켓에서 사용한다)] '방해나, 장애를 불러 일으키는', **지체하다** delay 롬 15:22; ~로부터 막다 갈 5:7; 살전 2:18(사탄이 바울의 길을 방해함); **방해하다** hinder 벧전 3:7(비교 'put on hold'). —**지체하게 하다, 주제넘게 나서다** Detain, impose on 행 24:4(실제적으로는 '시간을 지나치게 허비하다').

ἐγκράτεια, ας, ἡ [ἐγκρατής] **자제력** self-control 행 24:25; 갈 5:23; 벧후 1:6.

ἐγκρατεύομαι [ἐγκράτεια] 일반적인 의미로는 운동선수가 훈련 중에 **스스로 절제하다, 삼가다** control oneself, 고전 9:25; 성적 욕구에 대해 고전 7:9.

ἐγκρατής, ές [ἐν, κράτος] '자기 절제할 수 있는', **자제력 있는, 절제하는** self-controlled 딛 1:8.

ἐγκρίνω [ἐν, κρίνω] '어떤 집단이나 부류에 포함하다', **분류하다, 견주다** class 고후 10:12.

ἐγκρύπτω [ἐν, κρύπτω] '무엇인가를 다른 것에 집어넣어서 시야에서 사라지다', **(무엇인가를) 집어넣다, 숨기다** put in, hide in 마 13:33; 눅 13:21.

ἔγκυος, ον [ἐν, κύω '임신하다'] **임신하다, 잉태하다** pregnant 눅 2:5.

ἔγνωκα, ἔγνων, ἐγνώσθην, ἔγνωσμαι γινώσκω 완료 능동태, 제2부정과거 능동태, 제1부정과거 수동태 직설법, 그리고 완료 중간태와 수동태 직설법.

ἐγχρίω [ἐν, χρίω 사용된 용품의 종류를 나타내는 문맥에서 '문지르는 동작으로 표면을 만지다'; 올리브유나 연고처럼 유용한 제품을 사용하여 '문지르다, 바르다', 또는 '기름 바르다'] **바르다, 기름 바르다** apply, anoint 계 3:18.

*** **ἐγώ** [비교 산스크리트 *aham*, 사격(斜格)들에서 비교 산스크리트 *mā*] 1인칭 대명사: 속격 ἐμοῦ(μου), 여격 ἐμοί(μοι), 대격 ἐμέ(με); 복수 ἡμεῖς, ἡμῶν, ἡμῖν, ἡμᾶς. 때로 ἐγώ 등 인칭 대명사가 붙는 보다 긴 표현은 강조의 뜻을 가진다. 마 3:11; 5:22; 12:27; 막 9:25; 눅 4:6; 그러나 이와 반대로 마 25:40; 눅 15:29; 롬 1:12; 다른 경우에는 강조의 의미가 있다고 구별하기 어렵다. 특히 1인칭을 반복하는 셈어적인 용례에 있어서 그렇다. 마 11:10; 막 12:26; 요 10:34. 마 21:30(개역개정에서는 29절) ἐγώ, κύριε = "예, 주여" 문자적으로는 복수이지만 단수를 표시하는 용례. 고전 1:23; 고후 1:6; 갈 1:8; 살전 2:18. —질문 τί ἐμοὶ καὶ σοί; 다양한 의미를

가질 수 다. "내게 뭘 하기를 원하는가?", "날 좀 내버려둬!", "당신이 상관할 바 아니야!" 재치 있는 방법으로는 "참견하지 마세요" 막 5:7; 눅 8:28; 요 2:4; 유사하게 마 8:29; 막 1:24; 눅 4:34.

ἐδάρην δέρω 제2부정과거 수동태 직설법.

ἐδαφίζω [ἔδαφος; '바닥 수준으로 축소하다'] **파괴하다** raze 눅 19:44.

ἔδαφος, ους, τό [비교 ἕδος '자리, 기초'; '밑바닥, 따라서 '지표면'] **땅, 지면**(地面) ground 행 22:7.

ἐδεδώκειν, ἐδίδοσαν, ἐδίδου δίδωμι 과거완료 능동태 직설법, 미완료 능동태 3인칭 복수, 미완료 능동태 3인칭 단수.

ἐδεήθην δέομαι 제1부정과거 수동태 직설법.

ἔδειξα δείκνυμι 제1부정과거 능동태 직설법.

ἔδειρα δέρω 제1부정과거 능동태 직설법.

ἔδησα δέω 제1부정과거 능동태 직설법.

ἐδιδάχθην διδάσκω 제1부정과거 수동태 직설법.

ἐδόθην δίδωμι 제1부정과거 수동태 직설법.

ἐδολιοῦσαν δολιόω 미완료 3인칭 복수.

ἔδοξα δοκέω 제1부정과거 능동태 직설법.

ἑδραῖος, (α), ον [ἕδρα '자리'; '앉는 위치', 따라서 사람의 한결같음에 관하여] **굳건한, 변함없는, 안정적인** firm, steadfast, settled 고전 7:37(결심한 사람에 대해); 15:58(비교 'hold one's ground' 자신의 입장을 고수하다); 골 1:23('쉽게 동요되지 않는').

ἑδραίωμα, ατος, τό [ἑδραιόω '안정되게 하다'; 접미사 -μα는 어떤 행동의 결과를 표시한다. 기독교 문헌에서만 용례가 있다] '힘을 보충해주는 것', **터, 기초, 지지물** support 하나님의 고백하는 실제로서 ἐκκλησία에 대한 비유로 딤전 3:15.

ἔδραμον τςἔχω 제2부정과거 능동태 직설법.

ἔδυν δύνω 제2부정과거 능동태 직설법.

ἐδυνάμην δύναμαι 미완료 중간태.

ἔδωκα δίδωμι 제1부정과거 능동태 직설법.

Ἐζεκίας, ου, ὁ [E.로도 사용; 히브리어 '하나님은 나의 힘이시다'] **히스기야, 헤제키아스** Hezekiah 마 1:9f; 눅 3:23 이문.

ἔζην ζάω 미완료 능동태. 이 형태는 B사본에서 롬 7:9에 대한 수정으로 나타난다.

ἔζων ζάω 미완료 능동태.

ἐθελοθρησκία, ας, ἡ [ἐθέλω, 신약에서는 용례가 없는 오래된 형태, 그리고 θρησκεία는 아마도 기독교인 그룹에서 형성된 단어로 보인다] 문맥은 금욕주의적인 요소를 가지고 자기 중심으로 종교에 헌신한다는 뜻을 보여준다. **스스로 택**

한 숭배 self-imposed worship 골 2:23.

ἐθέμην, ἔθηκα τίθημι 제2부정과거 중간태 직설법, 제1부정과거 능동태 직설법.

ἐθίζω [ἔτος; '관습이나 전통에 따르는'] **관례를 따르다, 규정을 지키다** accustom τὸ εἰθισμένον τοῦ νόμου 모세 율법의 관례에 따름 눅 2:27.

ἐθνάρχης, ου, ὁ [ἔθνος, ἄρχω; '부족이나 나라의 통치자', 따라서 왕이 임명한 소수 민족의 수장(首長)에 대한 전문 용어] **(한 지방, 부족의) 지배자, 통치자** deputy, ethnarch 고후 11:32.

ἐθνικός, ή, όν [ἔθνος; '민족적인', 따라서 '외국인, 이방인이라는 것에 관련한'] 신약에서는 이스라엘 민족이나 그 종교적인 자기 정체성에 반대 의미로서, '열방들의', '이방인들의' 오직 명사로 **이방인, 비유대인** gentile(s) ὁ ἐ. 마 18:17; οἱ ἐθνικοί 마 5:47; 6:7; 요삼 7; 그리고 실제적으로는 = '다신교 숭배자(들)'.

ἐθνικῶς [이전 항목을 보라] 부사 **이방인처럼, 유대인 같지 않게, 유대교가 아닌 것처럼** like a gentile/non-Judean/non-Jew, 즉, '모세 율법에 순종하지 않는' 갈 2:14.

** ἔθνος, ους, τό [비교 ἔθος; '사람이나 짐승으로 형성된 일련의 집단', 따라서 엄밀한 의미로는 '민족 집단'으로서 사람들] ① '하나의 실체로 볼 수 있는 사람들의 어떤 집단', **사람들(집단)** people(group) ⓐ 일반적으로 마 24:7, 14; 행 17:26; 롬 1:5. ⓑ 특별히: 지리적으로 구분된 사람들 τὸ ἔθνος τῆς Σαμαρείας 사마리아 사람들 the Samaritan people 행 8:9; 관습이나 전통에 따라 구분된 사람들 τὸ ἔθνος τῶν Ἰουδαίων 유대 사람들 the Judean people 10:22. ② 복수 τὰ ἔθνη는 이스라엘 전통을 벗어난 사람들에 대해 자주 사용한다. **이스라엘인이 아닌 사람들, 이방인들** non-Israelite persons, gentiles ⓐ 이스라엘 민족이 아닌 이들에 대해서는 일반적으로 '다신교 숭배자'(polytheist)라는 실제적인 뜻이 있다. 마 6:32; 눅 12:30; 행 14:5; 롬 3:29. ⓑ 기독교 신자들 가운데 이스라엘 민족이 아닌 사람들 롬 16:4; 갈 2:12; 엡 3:1.

ἔθος, ους, τό [εἴωθα에서 유래하여 ἔθω '~에 익숙해지다'; 비교 ἐθίζω] '절차가 반복되어 나타나는 어떤 행동 양식', **관습, 습관** custom, practice ⓐ 전통이나 법적인 규정에 따라 세워진 관례에 대해 눅 1:9; 2:42; 요 19:40; 행 6:14; 15:1; 21:21; 25:16; 26:3. ⓑ 개인적 습관에 관해 눅 22:39; 히 10:25.

ἔθου τίθημι 제2부정과거 중간태 직설법 2인칭 단수.

ἔθρεψα τρέφω 제1부정과거 능동태 직설법.

ἔθω εἴωθα를 보라.

*** εἰ 우연성을 나타내는 표시 ① 다양한 시제와 법(mood)을 통하여 우연히 일어난다는 의미를 가지는 사건이나 일련의 행동에 대한 생각의 근거를 마련하는 데 사용한다. 따라서 서두에 나오는 εἰ는 **만약**(if)의 뜻을 가진다. ⓐ 직설법으로.('a

이면 b이다'라는 공식에서), 특정 상황을 나타내는 조건절을 소개한다(영어 'if' 절). 즉 ㉠㉡문맥에 따라 논증에 타당하거나 당연하다고 여겨지는: 마 4:3; 요 15:18; 고전 3:15; 고후 2:5; 갈 2:18; 요일 4:11; 또는 그렇게 생각하는 것이 당연한(= '때문에'): 마 22:45; 요 8:46. 단어가 생략된 구조 마 24:24(ἐστι가 생략); 요 18:23b(ἐλάλησα가 생략). 귀결절이 표현되지 않고서 눅 19:42; 표적을 주는 것에 관한 강한 부정을 나타내는 히브리적 표현으로 막 8:12; 히 3:11. 다른 불변화사를 동반하여: εἰ δὲ μή ~이 아니라면(즉 선행하는 문장과 관련하여) 요 14:2; 계 2:16; 유사하게, εἰ δὲ μή γε 마 9:17; 눅 10:6; εἰ μή = 을 제외하고는, 밖에는 마 5:13; 요 10:10; 롬 7:7; 갈 1:19; 비교 마 12:4과 갈 1:7 εἰ μή = 다만 예외적이라는 느낌으로; 또한 다음을 보라 요 19:15; 눅 5:21; 행 11:19; 고전 7:17; 14:5; εἰ καί ~라 할지라도 막 14:29; 눅 18:4; 벧전 3:14; εἴ πως ~하려는 기대에서 행 27:12; 롬 1:10; 빌 3:11; εἰ와 περ가 함께 나오면, 관습적으로 한 단어 εἴπερ로 읽는다. **만약 정말로 ~라면, 만약 ~임이 확인된다면, ~라고 볼 수 있다면**(화자가 언급한 바를 확신함을 정중하게 나타내보인다) 롬 3:30; 8:9, 17; 살후 1:6. —조건절에서 선행하는 형용사나 동사가 조건절 내용에 대한 관점을 표현하여: 형용사 마 26:24; 고후 11:15(οὐ μέγα εἰ "그래서 ~는 놀라운 일이 아니다"); 동사. 막 15:44a(빌라도가 소식을 믿기 어려웠음); 눅 12:49; 요일 3:13. ㉡ 근거없다고 생각함: 갈 4:15, 자주 귀결절에서 ἄν을 동반하여: 눅 7:39; 요 15:19; 요일 2:19. ⓑ 가정법과 함께. 계 11:5b. ⓒ 희구법과 함께. 행 24:19; 벧전 3:17; εἰ τύχοι ~일 것이다, 아마 ~이다, 예를들면 고전 15:37; 비교 14:10. ② 의문문으로 사용되어 ⓐ 간접적인 질문 ~**인지, ~이든** if, whether 마 26:63; 막 10:2(비교 병행구 마 19:3의 직접적인 질문); 희구법과 함께 행 17:11, 27; 25:20. ⓑ 직접적인 질문 εἰ는 의문문을 나타내는 역할을 하며, 인쇄상의 부호로만 번역된다. 마 19:3; 눅 13:23; 행 7:1.

εἰ μήν [더욱 정확하게는 εἶ μήν, 여기서 εἶ = 확신을 나타내는 ἦ] 부사 강한 확신을 나타내어, **분명히, 틀림없이** surely, assuredly 히 6:14.

εἴα, εἴασα ἐάω 미완료 능동태 3인칭 단수, 제1부정과거 능동태 직설법 1인칭 단수.

εἰδέα, ας, ἡ 이 형태는 NA27, 28판이 마 28:3에서 주요 사본에 따라 수정한 것으로 볼 수 있으며, 의미는 ἰδέα이다.

εἰδέναι οἶδα 완료 능동태 부정사.

εἰδήσω οἶδα 미래 능동태 직설법. 히 8:11.

εἶδον [ὁράω의 제2부정과거를 대신해 사용된다. 그 다음에 그것은 *εἴδω의 현재시제로 사용된다.; 후기 형태인 εἶδα등이 신약의 용례에 자주 등장한다] ① 시각적인 측면을 강조하여 **보다** see: 물건 요 1:39; 고전 2:9; 환상. 행 11:5; 생명 있는 존재: 인간 막 9:8; 눅 8:20; 롬 1:11; 요삼 14; 천사 계 10:1. 히브리적으로 ἰδὼν εἶδον

εἶδος, ους, τό / εἰκῇ

"내가 분명히 보았다" 행 7:34. ② 시각적인 측면이 확장된 의미로 **보다** see ⓐ 감각적인 인식에 관하여, 별 마 2:2; 지진 마 27:54; 하나님의 나라 막 9:1. ⓑ 내적인 주의 집중, 다양한 문맥적 의미로 표현될 수 있다: **주목하다, 깨닫다** notice, note 마 2:16; 9:2; 13:14; 막 12:28; 눅 9:47 이문; 요 12:41; 행 14:9; 15:6(논의하다, 주목하다); 롬 11:22(또한 ἴδε 항목을 보라); 갈 2:7; 약 5:11; 요일 3:1. ⓒ 개인적으로 어떤 일을 겪다 눅 2:26; 행 13:35; 벧전 3:10; 계 18:7. ③ 사교적으로 누구와 함께 시간을 보낸다는 면을 강조하여 **만나 보다** see 눅 8:20; 9:9; 행 16:40; 롬 1:11; 비교 고전 16:7.

εἶδος, ους, τό [비교 ἰδέα] '시각적인 인상을 이루는 것' ⓐ **외양(外樣), 양상, 겉모습** external form, aspect, appearance 눅 3:22(비둘기처럼 보이는 무엇인가에 관하여); 9:29(얼굴의 외모); 요 5:37(볼 수 없는 하나님과 같은 것). ⓑ **겉모습** appearance, 행동에 관하여 살전 5:22('좋아보이지 않는 행동 하기를 삼가다'). ⓒ **시각, 시야** sight, 상황에 관해 고후 5:7('우리는 보이는 것에 근거해 살아가지 않는다').

εἰδυῖα, εἰδῶ οἶδα 완료 분사 여성. 완료 능동태 가정법.

εἰδωλεῖον, ου, τό [εἴδωλον] 이스라엘의 하나님에 대한 섬김과 배치되는 신의 형상이 있는 **성소(聖所), 우상의 신전** idol's temple 고전 8:10.

εἰδωλόθυτος, ον [εἴδωλον, θύω] 오직 명사의 용례만 있으며, 경멸하는 의미로(우상숭배자들을 ἱερόθυτος라 말했다), 제물로 드려진 고기 **우상에 제물로 바쳐진 봉헌물**; 관사 없이 행 15:29 등; 관사 동반 행 21:25 등.

εἰδωλολάτρης, ου, ὁ [εἴδωλον, λατρεία] 앞선 두 항목처럼 경멸의 의미로, **우상숭배자, 형상을 섬기는 자** image-worshiper/idolater 고전 5:10f 등.

εἰδωλολατρία, ας, ἡ [이전 항목을 보라] **우상을 섬기는 행위, 예배** practice of image-worshipping/idolatry 고전 10:14 등.

εἴδωλον, ου, τό [εἶδος] ① '숭배받는 존재에 대한 대체물이나 상징', **제의적 형상, 우상** cultic image, idol 행 7:41; 계 9:20. ② 환유적으로 '초월적 존재로 보이는 어떤 것이나 물질적인 대체물로 초월적 존재를 대신해 나타내는 것', **형상화된 신, 우상** imaged deity, idol 행 15:20; 롬 2:22; 고전 10:19; 살전 1:9; 요일 5:21.

εἰδώς, υῖα, ός οἶδα 완료 능동태 분사.

εἰθισμένος ἐθίζω 완료 수동태 분사.

εἰκῇ [비교 εἴκω '항복하다, 양보하다'; 비교 εἰκαῖος '목표나 목적 없이'; '임의대로'라는 뜻을 강조하여] **'충분한 까닭이나 이유 없이'**, without cause, to no purpose 마 5:22 이문; 롬 13:4; 고전 15:2; 갈 3:4; 4:11; 골 2:18('임의대로'라는 기본 의미는 표면적으로 나타나고, 사람들의 머릿속이 헛된 생각으로 가득찼다는 뜻이 있

는 것으로 보인다).

εἴκοσι [비교 도리아 ϝίκακι, 그리고 라틴어 *viginti*] 격변화 없음. **스물** twenty 눅 14:31 등(자주 다른 수사와 합쳐짐).

εἴκω [비교 εἰκῇ; 자주 여격 동반으로. '~에게 길을 비켜주다, 양보하다'] '~에게 복종한다는 뜻으로' **양보하다** yield 갈 2:5.

εἰκών, όνος, ἡ [기본적인 의미는 다른 존재와 유사함을 뜻한다; 비교 호메로스 그리스어에서 εἴκω의 완료형: ἔοικα] '다른 것과 유사함을 가지고 있는 어떤 존재', **형상, 화상(畵像)** image, likeness ⓐ 만들어진 개체. 마 22:20와 병행구.; 롬 1:23; 계 13:14f 등 계시록에서 자주. ⓑ 확장된 의미로 만들어진 존재가 아닌 경우에도 고전 11:7; 15:49; 고후 3:18; 4:4; 골 1:15. 특성을 본받아야 할 모범 롬 8:29.

εἵλατο αἱρέω 제2부정과거 중간태 직설법 3인칭 단수.

εἴληφα, εἴληπται λαμβάνω 완료 능동태, 수동태 직설법 3인칭 단수.

εἰλικρίνεια, ας, ἡ [εἴλη '태양의 열'이라는 단어가 합쳐진 것인지는 불분명하다] '전혀 이중적이지 않은 특성이나 상태', **신실함, 동기의 순수성** sincerity, purity of motive 고전 5:8; 고후 1:12; 2:17. ―비교 'no cover-up'.

εἰλικρινής, ές, οὓς [이전 항목을 보라] '전혀 이중적이지 않은', **순수한, 신실한** pure, sincere 빌 1:10; 벧후 3:1.

εἷλκον, εἵλκυσα ἕλκω 미완료, 제1부정과거 능동태 직설법.

εἱλκωμένος ἑλκόω 완료 수동태 분사.

*** **εἰμί** 분사 ὤν, οὖσα, ὄν; 부정사 εἶναι; 다양한 의미를 가지는 기능어(function word) **~이다**, 영어 문장 구조에 나타나는 be동사, am, are, is, was, were, will be; 문장에서 다양한 의미의 등가 구조를 나타낼 수 있다. ⓐ 주어와 서술어를 연결함 마 11:29; 23:30b; 막 3:11; 눅 1:19; 요 8:12; 속격과 함께 인격적인 관계 고전 1:12(= '~에 속한 사람, 따르는 사람'); 여격과 함께. 눅 1:7('그들은 아이가 없었다'); εἰς의 히브리적 용법으로 막 10:8; 행 8:23; 고전 14:22('어떤 징조를 만들어'); 고후 6:18; 약 5:3('~으로 판명되다'); 자주 어구 ἐγώ ἐ.에서 상황에 숨은 의미를 설명하며 마 14:27; 요 4:26. 어떤 일을 부정하고 가능성을 배재하여 고전 11:20. ⓑ 사람이나 사물을 장소나 어떤 시점(時點)과 연결하여 마 2:13(ἴσθι ἐκεῖ = '거기 머무르다'); 마 24:3. ⓒ 묘사하는 장면에서, 어떤 개체의 위치를 나타내며 막 8:1; 눅 16:1; 요 3:1; 행 13:1; ἐκ 또는 ἐξ와 함께 어떤 집단 안에서 눅 22:3; 골 4:9; 어떤 장면 가운데 있다는 일반적인 의미로("죽느냐 사느냐" to be or not to be처럼 철학적인 의미가 아니라, '거기 있음') 마 23:30a; 롬 4:17; 히 11:6; 마찬가지로 ὁ ὤν 그리고 ὁ ἦν의 명사적인 형태로 계 1:4. ⓓ 설명이나 질문에서, 보통 **~을 뜻한다** mean(s)는 의미를 가진다 마 13:38(또한 비유와 관련하여 자주); 26:26; 27:46; 막 7:2; 눅 20:17; 행 19:4(= '즉, 다시 말해');

εἰμι / εἰρηνικός, ή, όν

가치 또는 중요성과 관련하여 고전 3:7; 10:19. ⓔ 조동사로(70인역의 영향이 많지만, 그리스 문학 다른 작품에서도 찾아볼 수 있다): 분사와 함께 ~**하고 있다** (is, was, will be) 막 4:38; 눅 1:20; 5:17; 23:19; 계 1:18; 비인칭 동사와 함께 히 9:5; δέον ἐστίν "~이 필요하다" 행 19:36; πρέπον ἐστίν "~이 합당하다" 마 3:15.

εἶμι [비교 라틴어 *eo* 'go'; 미래 ibo] 아티카 방언에서 ἔρχομαι의 미래로, **나는 갈 것이다** I shall go 요 7:34 이문.

εἵνεκεν [ἕνεκα의 이오니아 형을 참조] 속격 지배 전치사로 앞선 문장에 대한 근거를 제시한다. ~**때문에** because of 눅 4:18; 고후 3:10; ~**으로 말미암아**, ~**을 위해** in the interest of 행 28:20.

εἶξα εἴκω 제1부정과거 능동태 직설법.

εἶπα 제1부정과거 어미를 가진 εἶπον의 예전 형태.

εἴπερ εἰ ①ⓐ㉠항을 보라.

εἶπον [λέγω의 제2부정과거로 사용됨] ① '구두로 표현하다' ⓐ **말하다** say 마 2:5; 15:34; 눅 7:7; 고전 1:15; 계 22:17; 과거의 언급을 상기하며 마 28:6; 요 14:28; 자주 정형화된 문구 ἀποκριθείς εἶπεν 등의 표현으로 대답하여 "이르되", 또는 단순히 "대답했다, 말했다" 마 3:15; 눅 1:19; 요 2:19; 행 8:24; **이야기하다, 말하다** speak 막 12:12; 눅 8:4; 요 1:30. 롬 10:6의 극적인 용법은 이례적이다. —숙어: ὡς ἔπος εἰπεῖν 이를테면 so to say 히 7:9. ⓑ **이르다, 말하다** tell, 직접적인 면을 강조하여 마 4:3; 막 5:43; 8:7; 눅 4:3; 행 8:29. ② 누군가에게 '특정한 이름이나 말을 쓰다', **부르다** call 요 10:35; 15:15a, 그리고 하반절의 이문. —미래시제 등의 변화형에 대해서는 ἐρῶ 항목을 보라.

εἴπως εἰ ①ⓐ㉠항을 보라.

εἰργασάμην, εἰργασμένος ἐργάζομαι 제1부정과거 중간태 직설법, 완료 중간태, 수동태 분사.

εἴρηκα, εἴρημαι ἐρῶ 완료 능동태 그리고 수동태 직설법.

εἰρηνεύω [εἰρήνη] **평화롭게 살다, 평안을 누리다, 사이좋게 살다** live at/in peace, keep the peace, be on good terms 막 9:50; 롬 12:18; 고후 13:11; 살전 5:13.

* **εἰρήνη, ης, ἡ** [어원은 불분명] 중심 의미. '평화' ① '조화로운 상태', **평화** peace ⓐ 싸움을 멈춘 결과로서: 정치적 집합체(political entities) 눅 14:32; 행 12:20; 개인. 7:26. ⓑ 특히 공동 목표에 있어 다른 사람을 용인하는 것과 관련한 개인 간의 관계에 초점 맞춘 평화로운 상황. 마 10:34; 롬 3:17; 갈 5:22; 엡 4:3; 히 12:14. ② '행복한 상태', **평안** peace ⓐ 히브리적인 문안 인사 표현으로서 마 10:13; 막 5:34; 눅 24:36; 요이 3; 계 1:4. ⓑ 메시아 시대의 특징과 하나님의 은총으로서 눅 1:79; 2:14; 요 16:33; 행 10:36; 롬 2:10; 골 3:15.

εἰρηνικός, ή, όν [εἰρήνη] '조화롭고 유익한 관계가 되도록 하는', **평화로운**, 평

화를 사랑하는 peaceable, peace-loving 히 12:11; 약 3:17.

εἰρηνοποιέω [εἰρήνη, ποιέω] '조화로운 관계를 불러오다', **평화를 이루다, 화목하게 하다** make peace 골 1:20.

εἰρηνοποιός, όν [이전 항목을 보라] '평화를 이루고, 화해시키는 것에 관계된', 명사로서 ὁ εἰ. **중재자, 화평을 이루는 자** the peacemaker 마 5:9.

εἴρω [IE; 이 동사의 현재형은 λέγω를 쓰지 않고 φημί를 사용한다.; 부정과거 능동태형이 없으며. εἶπον처럼 그 변화형 자체로 시상을 표현한다] 신약에서 이 동사의 변화형은 다음과 같다. 미래 ἐρῶ; 부정과거. 수동태(직설법에서는 다음 형태로만 ἐρρέθη; 분사 ὁ ῥηθείς 마 3:3, τὸ ῥηθέν 마태에게 독특한 표현); 완료 εἴρηκα와 εἴρημαι: '말을 통해 알리다', **말하다, 이야기하다, 전하다** say, speak, tell 마 7:4; 21:3; 눅 4:23; 14:10; 요 4:18; 행 17:28; 롬 9:12; 고전 14:16; 고후 12:9; 갈 3:16; 빌 4:4; 히 1:13; 약 2:18; 계 6:11; 17:7. 권위를 가진 말씀이라는 뜻으로 성서 말씀에 대하여 자주 사용 눅 4:12; 롬 9:12; τὸ ῥηθέν 마 1:22; τὸ εἰρημένον 눅 2:24; 행 2:16; 롬 4:18. τί οὖν ἐροῦμεν "그러므로 우리가 무엇을 말해야 하는가, 어떻게 결론 내려야 하는가?" 롬 4:1 등 로마서에 자주 나오는 표현. ὑμᾶς δὲ εἴρηκα φίλους "내가 너희를 친구라 불렀다/일컬었다" 요 15:15.

*** **εἰς** [본래 ἐνς; 대격 지배 전치사.: 중심 의미로는 들어감에 초점이 있다. '~안으로(into)', 따라서 방향이나 범위를 나타내어 '까지(to), 안에서'] ① ⓐ 어떤 범위나, 집단, 존재를 제한하거나 아우르는 역할을 하는 대상 속에 도달한다는 일반적인 의미로 **~속으로** into 마 9:7(집); 막 1:45(마을); 눅 5:4a(수심(水深)); 요 20:19(εἰς τὸ μέσον 모여 있는 사람들 한가운데에 in the midst of gathered people). ⓑ 예상한 상황이나 상태에 관해 **속으로, 가운데** into/to, toward, for 마 6:13; 요 18:37c; 롬 1:26; 고후 11:13f; 빌 2:16a(성도들의 믿음에 헌신하는 바울의 수고는 분명히 자랑스러운 것이 될 것이다). 의도를 강조하여 **~할 목적으로, ~하기 위하여** for/with a view to 마 6:34; 20:19; 막 14:55; 눅 2:32; 5:4b; 9:13; 행 9:21b; 고후 10:16b; 계 22:2. εἰς τοῦτο "이 때문에" for this 즉. '이런 목적을 가지고' 요 18:37ab; 유사하게. εἰς τὸ εἶναι, 목적어는 결과, "~하려고, ~하기 위하여" so that 롬 1:20; 살후 2:10f; 행 10:4(εἰς μνημόσυνον 기억하게 되어); "~에 반(反)하여", against 눅 15:18; **~에 관하여, 관련하여** about, in reference to 행 2:25; 벧전 1:11. ⓒ 예상되는 수혜자(受惠者)에 관하여, **~에 대한, ~을 향한** toward 롬 5:8; 고전 16:1. ⓓ 행동에 대한 반응에 관하여 **~로, ~으로** at 마 12:41; ~에 대한 in 누군가를 향한 직접적인 신앙에 관하여 πιστεύειν εἰς **~를 믿다** believe in 18:6. ⓔ 발달, 전개에 관해, **~으로 (되다, 자라다)** into ἐγένετο εἰς δένδρον "나무로 자랐다" 눅 13:19b. ⓕ 방법이나 도구에 관해 ㉠ **~을 통하여** via οἵτινες ἐλάβετε τὸν νόμον εἰς διαταγὰς ἀγγέλων "너희는 모두 천사들을 통해 반포한

εἷς, μία, ἕν, ἑνός, μιᾶς, ἑνός / εἰσακούω

율법을 받았다" 행 7:53. ⓛ ~으로 by, 맹세하는 문맥에서 마 5:35. ⑨ 행동이 일어난 위치를 나타내는 표시로 ~에서 in(그리스적 용법= ἐν) 행 9:21a; 23:11; 고후 10:16a; ~까지 up to 이것은 행 9:21a에 대하여 선택할 수 있는 의미로서, 멸하려는 행동이 예루살렘에 이르는 전 영역에 걸쳐 있음을 나타낸다. ⓗ 무엇을 향한 직접적인 행동에 관하여.: ~(표면)을 on 마 5:39; 막 11:8; 눅 15:22; '본다'는 의미의 동사와 함께 ~을, ~향하여 toward 막 6:41; 눅 6:20; 부정적인 면으로 εἰς κένον 헛되이, 허무하게 for nothing, in vain 빌 2:16cd. 말로하는 의사소통에 관하여 ~에게, ~안에 to, in 막 13:10; 요 8:26. ② 시간의 범위 표시 ⓐ 한계가 언급된 특정 시간에 관하여 ~까지 to, until 마 10:22; 빌 1:10b; 딤후 1:12. ⓑ 특정 사건이 일어나는 시간을 표시하며 행 13:42; 빌 2:16b.

εἷς, μία, ἕν, 속격 ἑνός, μιᾶς, ἑνός [수를 나타내는 용어; '하나'] **하나** one ① ⓐ 하나임에 초점 맞추어 마 5:41; 6:27; 25:24; 막 8:14; 14:37; 행 21:7; 롬 3:10(οὐδέ로 부정하여); 5:12; 12:5; 딤전 3:2(μιᾶς γυναικός ἀνήρ, 한 아내의 남편 = '오직 한 번만 결혼한'; 비교 5:9). ―단호하게 **오직 하나, 단 한 번** just one, (a) single 마 23:15; 언어유희로: ἕν σε ὑστερεῖ 너는 단 한가지가 부족하다 막 10:21. ―막 2:7에서 εἰ μή는 εἷς **홀로 한 분** alone이라는 뜻을 강조한다. ⓑ 연속적으로: **하나, 한 번** one '둘'이라는 표현과 함께한 경고에서, 비교 아래 ⓓ. 딛 3:10; 연속되는 것 중 마지막 ἔτι ἕνα εἶχεν υἱὸν ἀγαπητόν (보낼 수 있는 이 중) 하나 남은 사랑하는 아들까지 막 12:6. ⓒ 정체성이 **다르지 않고 똑같은** one and the same 눅 12:52; 롬 3:30; 고전 12:11. ⓓ **첫째** first 마 28:1; 고전 16:2; 딛 3:10. ⓔ 형식에 따라서, 다양한 항목을 구별하여 **하나는… 다른 것은** (the) one… (the) other 마 20:21; 요 20:12; 갈 4:22. ―다른 표현들: καθ᾽ ἕνα 하나하나씩 고전 14:31; εἷς κατὰ εἷς **하나씩 번갈아** one after the other (두번 째 εἷς는 격변화하지 않았다) 막 14:19; 요 8:9; εἷς τὸν ἕνα 서로 서로 one another 살전 5:11. ② 동일성이나 독자성에 대한 강조 없이, 특정하지 않은 τίς **누군가** someone 마 18:24; 눅 24:18; 정해진 범위 내에서 특정되지 않고 εἷς δέτις 막 14:47; 비교 요 11:49, 이에 대한 사본상의 증거들은 간단하지 않다. 부정 관사처럼, **어떤** a 마 8:19; 막 12:42; 계 8:13; 9:13 등.

εἰσάγω [εἰς, ἄγω] '어떤 지역 안으로 들어가게 하다', **~안으로 데려가다, 인도하다** bring/lead in (into) 눅 2:27; 14:21; 22:54; 요 18:16; 행 7:45; 9:8; 21:28, 29, 37; 22:24; 히 1:6.

εἰσακούω [εἰς, ἀκούω] '말로 표현되는 것에 주의를 기울이다', **듣다, 귀기울이다** hear, listen to ⓐ 직접적인 반응에 관하여 **주의를 기울이다, 순종하다** heed, obey 고전 14:21. ⓑ 간구에 대한 (하나님의) 응답에 관해 마 6:7; 눅 1:13; 행 10:31; 히 5:7.

εἰσδέχομαι / εἰσπορεύω

εἰσδέχομαι [εἰς, δέχομαι] '호의적인 반응을 보이다', **허락하다, 맞아들이다** admit, receive 고후 6:17.

εἰσδραμοῦσα εἰστρέχω의 제2부정과거 능동태 분사 여성

εἴσειμι [εἰς, εἶμι] '어떤 지역으로 진입하다', **들어가다** go in/into 행 3:3; 21:18, 26; 히 9:6.

εἰσελεύσομαι, εἰσελήλυθα εἰσέρχομαι 미래 중간태 직설법과 완료 능동태 직설법.

εἰσενεγκεῖν εἰσφέρω 제2부정과거 능동태 부정사.

** **εἰσέρχομαι** [호메로스 이래로 다양한 의미를 가진 동사] **들어가다, 진입하다** go/ enter in/into ⓐ 어떤 지역으로 들어감에 관해, 지리적인 위치에 가장 많이 마 2:21 등; 돼지 속으로 막 5:12f; 인공적인 구조물 속으로 눅 6:6 등(마 19:24에 서는 통로에 초점 맞추어); 장소는 드러나지 않고 막 15:43, 또한 유사하게. 눅 17:7 **들어오다, 돌아오다** come in(ἐκ '~로부터' 전치사와 함께); 히 6:19에서 닻 을 형상화하여 **(속에) 이른다, 들어간다** reach (into); 따라서 어떤 장소 안에 있 다고 생각하는 사람들과 연결하여 행 1:21; 17:2; 계 11:11; 귀에 들어가다 약 5:4. ─귀신 들림에 관하여 눅 22:3. ─도달함에 대한 간단한 진술 롬 11:25. ⓑ 뜻이 확장되어, 특히 셈어적으로 ἡ βασιλεία(τῶν οὐρανῶν/τοῦ θεοῦ)처럼 하나님의 은혜를 누린다는 개념을 반영하여, 마 5:20; 18:3; 눅 18:17(지시대명사); 요 3:5; 하나님의 안식(κατάπαυσις) 히 4:1 등 히브리서에서 자주; χαρὰ τοῦ κυρίου 마 25:21, 23; ζωή 마 18:8(= βασ. τοῦ θεοῦ 3절); δόξα 눅 24:26. ─유혹에 노출되 는 것에 관해 마 26:41; 눅 22:40.

εἰσήγαγον εἰσάγω 제2부정과거 능동태 직설법.

εἰσῄει εἴσειμι 미완료 능동태 3인칭 단수.

εἰσήνεγκον εἰσφέρω 제2부정과거 능동태 직설법.

εἰσίασι εἴσειμι 현재 능동태 직설법 3인칭 복수.

εἰσκαλέω [εἰς, καλέω] 중간태 손님으로 **초대하다** invite in 행 10:23.

εἴσοδος, ου, ἡ [εἰς, ὁδός; '들어가는 장소'라는 의미는 신약에 사용되지 않았다] 행동으로서, '들어감', **들어감, 입장** entry/entrance 히 10:19; 현장에 이르는 행 동 행 13:24; 누가 도착함을 환영함에 초점 맞추어 **환영, 대접** reception 살전 1:9; 2:1; 벧후 1:11(동사 ἐπιχορηγέω 적절하게 들어감이 조정되리라는 것을 보여 준다).

εἰσπηδάω [εἰς, πηδάω '도약하다, 뛰어오르다'] **뛰어들어가다** rush in 행 16:29.

εἰσπορεύω [εἰς, πορεύω; '안으로 이끌다'] 중간태 (안으로) **들어가다, 입장하다** go into/in, enter, come (in) 대부분 εἰς와 함께 마 15:17; 막 1:21; 눅 18:24; 행 3:2; εἰς없이 마 4:19; 5:40; 눅 8:16 =11:33; 19:30; 행 8:3; 28:30.

εἱστήκει / ἐκ, ἐξ

εἱστήκει ἵστημι 과거완료 능동태 직설법 3인칭 단수.

εἰστρέχω [εἰς, τρέχω] '급하게 어떤 장소로 들어가다', **뛰어 들어가다** run in 행 12:14.

εἰσφέρω [εἰς, φέρω] '어떤 장소나 상황 속으로 옮겨지도록 하다', (**속으로**) **인도하다, 가져오다** lead (in), bring (in) 마 6:13/눅 11:4(μὴ εἰσενέγκῃς ἡμᾶς εἰς πειρασμόν = "우리를 시험에 들게 하지 마소서"); 눅 5:18f; 12:11; 행 17:20(ξενίζοντα γάρ τινα εἰσφέρεις εἰς τὰς ἀκοὰς ἡμῶν = "당신은 우리 귀에 생소한 일들을 소개하고 있다/소개한다"); 딤전 6:7; 히 13:11.

εἶτα 부사 이어지는 다음을 소개하며 **따라서, 다음으로** then, next 막 4:17; 눅 8:12; 요 13:5; 고전 15:5; 딤전 2:13; 약 1:15. ㅡ논쟁에서 어떤 국면을 표시하여 **게다가, 더욱이** besides, furthermore 히 12:9.

* **εἴτε** [εἰ + τε] 대개 다음처럼 결합하여 εἴτε... εἴτε **만약 ~라면 또는 ~라면, ~이든 또는 ~이든** if... (or) if, whether... or 롬 12:6-8; 고전 3:22; 고후 1:6; 골 1:16; 살전 5:10. ㅡ단독으로 쓰인 경우 고전 14:27.

εἶτεν [εἶτα의 후기 형태] **그리고 나서, 다음은** then, next 막 4:28 이문.

εἶχαν, εἶχον, εἴχοσαν ἔχω 미완료 능동태 3인칭 복수 변화형들.

εἴωθα [사용하지 않는 현재 ἔθω의 완료형으로 '~하는 관례를 가진다'는 뜻이며 현재 시제의 뜻을 가진다] **관례적으로 ~을 한다, ~하는 관습이 있다** be accustomed 마 27:15; 막 10:1. ㅡ동사적 형용사 τὸ εἰωθός **관습** custom 눅 4:16; 행 17:2.

εἴων ἐάω 미완료 능동태 3인칭 복수.

*** **ἐκ,** 모음 앞에서는 **ἐξ** 속격 지배 전치사, 분리와 유래에 관한 다양한 뜻을 나타내 준다(반의어 εἰς, 목표를 나타내는) ⓐ 일반적으로 기원에 관하여; 영어에서도 많은 어휘의 뜻을 강조하는 역할을 한다. ㉠ 장소나 사물에 관하여, **~에서, ~로부터** from, out of (움직임이나, 제거에 초점 맞추는 경우가 더 많다) 마 2:6, 15; 3:9; 7:4; 8:28(분명히 εἰς의 반의어로); 17:5; 26:27(잔에서 마시다); 관련된 방식으로 고전 9:13(ἐκ τοῦ ἱεροῦ ἐσθίειν = "성전에서 나온 것을 먹다"); 물질의 출처 마 27:29(가시나무 조각으로 만든 화관(花冠)); 계 18:12. 시작점에 관하여 막 11:20(뿌리로부터 말라죽기 시작함). ㉡ 사람에 관해: 조상으로서 **~로부터** from 마 1:3; 21:25f(반대로 장소를 언급하며); 무엇에 대한 공여(供輿)자. 15:5(누군가에게서 '나온' 것을 얻음: ἐκ는 여기서 준 사람을 나타내는 뜻을 가진다). ㉢ 상황에 관해: 어떤 일에 대한 기초와 관련하여. 마 12:37; 고후 8:11, 13; 유사하게 명백한 시간적 용법으로 시작 지점을 표시한다. **~때로부터** from x on 마 19:12(ἐκ κοιλίας 태중에서부터); 막 10:20(ἐκ νεότητός μου 내가 어려서부터); 비교 눅 23:8(ἐξ ἱκανῶν χρόνων 예전부터); 벧후 2:8(ἡμέραν ἐξ ἡμέρας 날마다); 어떤 일에 대한 까닭(원인을 나타내는 용법). ἐκ τούτου, 이런

이유 때문에 요 6:66. ⓑ 분할하여 ~**중에서** of 마 10:29; 18:12; 25:2; 질문하며 τίς ἐξ 마 6:27; 12:11. ―가상의 주어로서 ἐκ τῶν μαθητῶν 제자들 중에 어떤 이가 요 16:17. ⓒ 어떤 숙어에서 ἐκ는 ~**에** at라는 뜻으로 표현된다: 물리적인 위치와 관련한 사회적 신분에 관해 마 22:44; 27:38; 행 2:25; 상업적인 거래에서 마 20:2; 일시적으로 반복되는 행동. ~**번째로** for 마 26:42; 유사하게. 막 14:72; 요 9:24; 행 11:9; 히 9:28.

* **ἕκαστος, η, ον** [비교 ἑκάς '~로부터 떨어진, ~에서 멀리 떨어진'] 각각의 사람이나 사물에 관하여, **각자의, 각각의** each, every 요 19:23; 히 3:13; 비교 눅 6:44. 명사로서, **각 사람, 모든 이들** each one, every one 마 16:27; 눅 13:15; 요 6:7; 롬 2:6; 히 11:21; 수사와 함께 고조된 분위기로 εἰς ἕκαστος 각자, 일일이 마 26:22; 눅 4:40; 행 2:3; 엡 4:7; 유사하게 계 21:21(ἀνά가 부사적으로 사용되며).

ἑκάστοτε [비교 ἕκαστος] 부사 **언제든지, 항상** at any time, always 벧후 1:15.

ἑκατόν [인도-게르만어 기원 = 라틴어 centum] 격변화 없음. **백** one hundred 마 13:8 등.

ἑκατονταετής, ές [ἑκατον, ἔτης '해(年)'] **백 살 먹은** a hundred years old 롬 4:19.

ἑκατονταπλασίων, ον [비교 διπλασίων '두 배, 갑절'] **백배만큼의, 여러 배의** a hundred times as much 마 19:29; 막 10:30; 눅 8:8; 18:30 이문

ἑκατοντάρχης, ου / ἑκατόνταρχος, ου, ὁ [ἑκατον, ἄρχω] 호민관 아래 계급의 로마 군인 (라틴어 centurio) 대략 백 명을 다스린다. **백부장, 백인대장, 중대장** centurion, captain; -ης 마 8:13; 눅 7:6; 23:47; 행 10:1 등 사도행전에서 자주; -ος 마 8:5, 8; 행 22:25; 28:16 이문.

ἐκβαίνω [ἐκ, βαίνω('걷다, 걸음하다'); '걸어 나가다', 따라서 '~에서 나가다, 떠나다'] **나오다, 떠나다** go out of 히 11:15(ἀπό와 함께 ~로부터 나오다).

* **ἐκβάλλω** [ἐκ, βάλλω] 기본 개념: '어떤 위치, 상황, 또는 상태에서 밖으로 움직이게 하다'. 영어와 우리말에도 이런 개념을 가진 표현들이 많다. 그리스어에서는 상황에 대한 암시에 따라 그것에 관한 다양한 정도를 나타낸다: 사람에 관해 **쫓아내다** put out 마 21:39; 22:13; **몰아내다** drive out 요 2:15(짐승을 포함하여); **내쫓다** expel 갈 4:30; 요삼 10; 사람에 대해 간접적으로 **거절하다** reject 눅 6:22(이름); 자주 악한 영에 관하여, 그런 경우에는 관습적인 표현으로 **쫓아내다, 몰아내다** cast out 마 7:22 등; (작은 조각, 티끌을) **뽑아내다** take out 마 7:4. 다소 강제성을 뛰며: **내보내다** put out 마 9:25; 행 9:40; **내보내다, 풀어주다** release 16:37; (일할 곳으로) **보내다** send out 마 9:38; **이끌어 내다** bring out 요 10:4; 신체 배설물을 **배설하다, 누다** pass, 능동 의미의 수동태로 마 15:17. 의미 확장하여: ~을 ~으로 **바꾸다** turn ~ into ~ 마 12:20; **꺼내다** bring out, 창고에

ἔκβασις, εως, ἡ / ἐκδίκησις, εως, ἡ

서 꺼냄에 관해 마 12:35. —ἔκβαλε ἔξωθεν 그걸 빼라(언어유희로, 즉 '그걸 [측량에] 포함시키지 마라') 계 11:2. —성령에 대한 저자의 특별한 관심 때문에 막 1:12에서 ἐ.는 의도적인 모호한 표현으로 **파견한다** dispatch라는 뜻을 가지도록 표현한 것으로 보인다.

ἔκβασις, εως, ἡ [ἐκβαίνω] ① **피할 길, 탈출구** a way out 고전 10:13. ② **결말, 마무리** outcome 히 13:7.

ἐκβεβλήκει ἐκβάλλω 과거완료 능동태 직설법 3인칭 단수.

ἐκβλαστάνω [ἐκ, βλαστάνω '싹이 나다, 자라다'] **돋아나다** sprout up 막 4:5 이문

ἐκβολή, ῆς, ἡ [ἐκβάλλω; '내던짐'] 짐을 포기, **폐기** jettisoning 행 27:18.

ἐκγαμίζω [ἐκ, γαμίζω; 신약 외에서는 용례가 드묾] **사위(며느리)로 주다** give in marriage 마 24:38 이문; 고전 7:38 이문; 수동태 마 22:30; 눅 17:27.

ἔκγονος, ον [ἐκγίγνομαι '~로부터 태어난'; 자녀 혹은 자손으로 태어남] '~혈통인', 명사로서 ὁ 또는 ἡ ἔκγονος, 특별히 **손주** grandchild 딤전 5:4.

ἐκδαπανάω [ἐκ- 강조, δαπανάω '써버리다'] '전부 다 쓰다', **쓰다, 소비하다** expend δαπηνήσω καὶ ἐκδαπανηθήσομαι "나는 내 모든 것을 내놓을 것이며, 내 자신을 희생할 것이다" 고후 12:15.

ἐκδέχομαι [ἐκ, δέχομαι; 오래된 그리스어에서는 보통 '~에서 받다, 취하다'] **기다리다** wait (for) 요 5:3 이문; 행 17:16; 고전 11:33; 16:11(어떤 이가 오기를 기다리다); 히 11:10; 약 5:7; ἕως ~함께, ~까지 기다리다 히 10:13.

ἔκδηλος, ον [ἐκ- 강조, δῆλος] **매우 명백한, 분명한** quite clear, obvious 딤후 3:9.

ἐκδημέω [ἔκδημος (ἐκ, δῆμος '사람이 그 안에서 사는 장소') '집에서 벗어난', 익순한 환경이라는 사회적 측면에 초점 맞추어; '고향을 떠나 있다'] '늘 있던 장소로부터 벗어나 있는', 확장된 의미로 **따로 있다, 떠나 산다** be away (from), be absent 고후 5:6, 8f.

ἐκδίδωμι [ἐκ, δίδωμι; 유래 (부당하게 취득한) '어떤 것을 포기하다', 다양한 관계에 있어서] '대가를 얻으려는 생각으로 재산을 빌려주다', 부재중인 토지 소유자에 관해 **대여하다, 빌려주다, 임대하다** lease, rent (out), let (out), 마 21:33, 41; 막 12:1; 눅 20:9.

ἐκδιηγέομαι [ἐκ, διηγέομαι] '자세히 말하다', **일러주다** recount 행 13:41(이 본문에서는 실질적으로 = '상세히 설명하다'); 15:3.

ἐκδικέω [ἔκδικος] '그릇된 행동에 대한 보응', (~를 대신하여) **정의를 실현하다** carry out justice 눅 18:3, 5; 롬 12:19; 정의로운 형벌의 모습을 강조하여 **벌하다, 징계하다** punish 고후 10:6; **복수하다** avenge 계 6:10; 19:2.

ἐκδίκησις, εως, ἡ [ἐκδικέω] '그릇된 행동에 대한 정확한 보응', **정의의 실현,**

ἔκδικος, ον / ἐκεῖνος, η, ον

잘못을 바로잡음 carrying out of justice, righting of wrong 눅 18:7, 8; 행 7:24; 고후 7:11; 징계하는 모습에 초점 맞추어 **형벌의 요구, 징계** exaction of penalty, punishment 눅 21:22; 살후 1:8; 벧전 2:14; 앙갚음으로서 **복수** vengeance 롬 12:19; 히 10:30.

ἔκδικος, ον [ἐκ, δίκη] '~에 대해 형벌을 엄격하게 적용하는' (신약에서 타인의 권리를 옹호하는 것과 관련하여) 명사로서 **복수자** avenger, 롬 13:4; 살전 4:6.

ἐκδιώκω [ἐκ- 강조, διώκω; '쫓아내다'] **쫓아내다, 박해하다** chase out 살전 2:15; 눅 11:49 이문.

ἔκδοτος, ον [ἐκδίδωμι] **내어준, 넘겨준** handed over, delivered up 행 2:23.

ἐκδοχή, ῆς, ἡ [ἐκδέχομαι] **예상, 기다림** expectation 히 10:27.

ἐκδύω [ἐκ, δύω '가라앉다', 또한 '잠기다, 들어가다'] '떠나다 ', 옷을 **벗다, 탈의하다** divest, strip, 마 27:28, 31; 막 15:20; 눅 10:30; 신체적인 벌거벗음에 대한 비유로 고후 5:3f.

** **ἐκεῖ** [복합적인 어원] 부사 ① '저곳에서', 여기나 다른 장소에 반하여, **거기에, 저기에** there 마 2:13 등 복음서와 사도행전에서 자주.; 롬 9:26; 15:24; 딛 3:12; 약 2:3; 4:13; 계 2:14; 12:6, 14; 21:25; οἱ ἐκεῖ 거기 있는 이들 마 26:71. 어떤 일의 장소를 물어보는 질문에 대한 대답으로 약 3:16. 다른 것과 대조되는 경우를 설명하면서 ὧδε... ἐκεῖ 어떤 경우에는…다른 경우에는 히 7:8. ② **저 곳으로** to/toward that place', 그(저) **곳으로, 거기에** thither 마 2:22; 막 6:33; 눅 12:18; 21:2; 요 11:8; 롬 15:24.

ἐκεῖθεν [ἐκεῖ + -θεν 출처를 나타내는 것으로서] 부사 '그 장소에서', **그곳에서, 거기에서** from there, thence 마 4:21; 막 6:1; 눅 9:4; 요 4:43; 행 13:4; 계 22:2. οἱ ἐκεῖθεν 거기에서 온 사람들 those from there 눅 16:26 이문.

ἐκείνης ἐκεῖνος 끝부분을 보라.

** **ἐκεῖνος, η, ον** [비교 ἐκεῖ; '저기 있는 사람 또는 사물', '저 사람, 저것'] 지시대명사적 형용사. 보통 '여기 이쪽에 있는' οὗτος/αὕτη/τοῦτο와 상대적으로 더 멀리 '저쪽에 있는 것'을 나타내어, **저 (사람/사물)** that (person/thing) ⓐ 대명사로, 대조적으로, 반대로 마 13:11; 막 4:11; 히 12:25; 약 4:15; 명백한 강조로 마 17:27(그것을 잡아서); 눅 18:14. 그, 그녀, 그것에 대한 약화된 의미로 막 언급한 존재와 관련하여 막 16:10f; 눅 8:32; 요 5:37; 롬 14:14; 경멸적으로 = 그 자식 요 7:11; 9:28. ⓑ 형용사로, 다양한 정도의 한정성을 가지고 마 7:25; 8:13; 12:1; 막 1:9; 눅 17:31; 요 1:39; 행 19:23; 살후 1:10; 계 11:5. —눅 19:4에서 ὁδός는 장소를 강조하는 역할을 하는 접두어 ἐκείνης로 쉽게 알 수 있다: ἐκείνης ἤμελλεν διέρχεσθαι = "그는 그 길을 건너오려 했다" 또는 "그는 저기로 가려 했다" 여기에서 단어는 부사적 역할을 한다.

ἐκεῖσε / ἐκκλείω

ἐκεῖσε 부사 그 장소에서, 거기에서 at that place, there 행 21:3; τοὺς ἐκεῖσε ὄντας 거기에 있는 이들 (예수님을 따르는 이들) 22:5.

ἐκέκραξα κράζω 제1부정과거 능동태 직설법.

ἐκέρασα κεράννυμι 제1부정과거 능동태 직설법.

ἐκέρδησα κερδαίνω 제1부정과거 능동태 직설법.

ἐκζητέω [ἐκ- 강조, ζητέω] '샅샅이 찾는 것에 관여하다', **찾아내다** seek out, 관계를 맺는 것에 중점을 둔 것과 관련해 행 15:17; 롬 3:11; 히 11:6; 12:17; 벧전 1:10; 법정적인 의미로 확장되어 피할 수 없다는 면을 강조하여 **요구하다, 청구하다** demand, exact 눅 11:50f.

ἐκζήτησις, εως, ἡ [ἐκ- 강조, ζητέω] **어림짐작, 궤변** speculation 딤전 1:4.

ἐκθαμβέω [ἔκθαμβος] '감정적으로 압도당하다', 신약에서 능동의 뜻을 가진 수동태로만, **매우 흥분하다, 놀라다** be very excited 막 9:15; **매우 격앙되다** be very agitated 14:33; **혼란스러워하다, 당황하다, 고통스러워하다** be bewildered/stunned/distressed 16:5f.

ἔκθαμβος, ον [ἐκ- 강조, θάμβος] **몹시 놀란** very excited 행 3:11.

ἐκθαυμάζω [ἐκ- 강조, θαῦμα] '어떤 일 때문에, 보통 이상으로 몹시 놀라다', **매우 놀라워하다** be quite amazed 막 12:17.

ἔκθετος, ον [ἐκτίθημι; '집 밖으로 내보내진'] 내버려진 아이에 관해, **내버려진, 내다 버린, 유기된** put/placed outside, exposed 행 7:19.

ἐκκαθαίρω [καθαρός를 보라] '정결에 대한 관심으로 없애다', 내면적으로 정결함에 관해: **치우다, 말끔하게 하다** clear out 고전 5:7; 엄밀히 대화의 주제는 아니지만 가재 도구에 대한 복합적인 비유로 부끄러운 행동에 대해 앞선 내용 (딤후 2:14-19)을 소급하여, **깨끗이 하다, 말끔히 하다** remove 딤후 2:21.

ἐκκαθάρατε ἐκκαθαίρω 제1부정과거 능동태 명령법.

ἐκκαίω [ἐκ, καίω; '태워버리다', 따라서 '불지르다'] 신약에서 오직 수동태로 나와 확장된 의미로 사람의 감정에만 적용된다, **매우 흥분하다, 불붙다**. become very inflamed (= 격정적인 욕망으로 불타다) 롬 1:27.

ἐκκακέω [ἐκ, κακός] 다음 구절에서 ἐγκακέω에 대한 이문으로: 고후 4:1, 16; 엡 3:13; 살후 3:13.

ἐκκεντέω [비교 κέντρον] **찌르다** pierce 요 19:37; 계 1:7.

ἐκκέχυται ἐκχέω 완료 수동태 직설법.

ἐκκλάω [ἐκ, κλάω, 비교 κλάσμα] **부러지다, 잘려 나가다** break off 롬 11:17, 19f.

ἐκκλείω [ἐκ, κλείω, 비교 κλῆσις] ① ~에서 **분리하다, 떼어놓다** shut off 갈 4:17('그들은 당신을 내게서 떼어놓기를 원한다'). ② ①의 비유적인 확장으로, **배제하다, 거부하다** exclude 롬 3:27.

** **ἐκκλησία, ας, ἡ** [ἐκ, καλέω] ⓵ '공통의 관심사로 모인 사람들의 모임', **집회, 회합** assembly ⓐ 그리스 사회에서 이 단어는 ἔννομος와 함께 법으로 정한 모임 시간을 강조한다. 행 19:39. 비교 비정규적인 모임 32, 40. ⓑ 초기 메시아 공동체에서, 사람과 관련해서는 만나는 장소에서의 모임 롬 16:5; 고전 16:19; 골 4:15; 몬 2; 신중함을 강조하여 마 18:17; 행 15:22; 고전 6:4; 14:35; 제의적 모임을 강조하여 11:18; 14:4f, 28; 요삼 6. ⓑ의 용례는 하나님께서 선택하신 공동체로서 이스라엘과 적법한 연속성을 가진 그리스도를 따르는 이들과 메시아 신앙을 가진 이들에게 밀접하게 연결된다. 이런 이유로 ⓶ '공동체로서 하나님의 백성', **회중, 총회** assembly, congregation ⓐ 특별하게 구약 이스라엘과 관련하여 행 7:38; 히 2:12. ⓑ ⓵-ⓑ에 있는 특별한 한 모임 장소와 관계되지 않은 어떤 지역에 있는 그리스도를 따르는 성도들에 초점 맞추어 ㉠ 일반적으로 행 5:11; 8:3(이 본문에서는 가정 모임을 암시하는 일반적인 용어와 함께); 고전 4:17; 빌 4:15. ㉡ 지역으로 이름한 그리스도를 따르는 이들에 관해: 마게도니아 고후 8:1; 데살로니가 살전 1:1; 그리고 다른 지역들; 그리스도를 따르는 이들의 세계적 공동체 마 16:18; 고전 12:28; 엡 1:22 등; 골 1:18, 24; 빌 3:6. ἐ. τοῦ θεοῦ 하나님의 총회/교회 God's assembly/church 고전 10:32 등.; ἐ. τοῦ χριστοῦ 그리스도의 총회, 교회 Christ's assembly/church 롬 16:16. ('교회'라는 어휘가 ἐ.의 의미로 사용되는 경우는 자주 있으나, 70인역의 용례와 연결된 결과로서, 이스라엘을 나타내는 의미는 사라졌다).

ἐκκλίνω [ἐκ, κλίνω; 타동사 '정규적인 길에서 벗어나게 하다', 자동사 '피하다, 거절하다'] 신약에서 자동사로만 '~로부터 벗어나다', 바른 길에서 **벗어나다** turn aside 롬 3:12; 사람에 대한 경우에는. **거절하다, 피하다** turn away (from), avoid (비교 구어. '그 세계를 떠나다') 16:17; 벧전 3:11.

ἐκκολυμβάω [ἐκ, κόλυμβος(= κολυμβίς), '논병아리', 잠수하는 새] 난파하여 취하는 행동으로, **자맥질하여 헤엄쳐 도망하다** plunge and swim away, 행 27:42.

ἐκκομίζω [ἐκ, κομέω '돌보다', 서사시 표현] **메고 나오다, 운구해 나오다** carry out 눅 7:12.

ἐκκοπή, ῆς, ἡ [ἐκ, κόπτω] ἐγκοπή에 대한 고전 9:12 이문을 보라.

ἐκκοπήσῃ ἐκκόπτω 미래 수동태 직설법 2인칭 단수.

ἐκκόπτω [ἐκ, κόπτω, 비교 ἐκκοπή와 κοπή] '잘라서 제거하다', **잘라내다** cut out, 나무를 **찍어 내다** chop down 마 3:10, 또한 이렇게 모든 복음서 본문에서; 가지 롬 11:22, 24; 앞선 문맥과 더불어 비유적으로 어떤 구실을 **잘라내다, 없애다** cut off, do away with 고후 11:12.

ἐκκρεμάννυμι [ἐκ, κρεμάννυμι, 비교 κρημνός; '~에 매달다 hang from/upon'] 중간태 ἐκκρέμαμαι, 어떤 사람의 말에 긴장감을 가지고 사로잡혀 있다는 것에

ἐκλαλέω / ἐκλύω

대한 비유로 **귀기울이다** hang on 눅 19:48.

ἐκλαλέω [λαλέω를 보라] '충동적으로 무엇을 표현하다', **불쑥 내뱉다, (주책없이) 말하다** blurt out, blab 행 23:22.

ἐκλάμπω [ἐκ, λάμπω, 비교 λαμπ-로 조어된 어휘들] **비추다, 빛나다** shine, 의인이 햇빛처럼 빛나리라는 비유로 마 13:43.

ἐκλανθάνω [ἐκ, λανθάνω와 비교 λήθη; '완전히 의식하지 못하게 됨'] 성서에서는 중간태 **(완전히) 잊어버리다** 히 12:5.

ἔκλαυσα κλαίω 제1부정과거 능동태 직설법.

ἐκλέγω [ἐκ, λέγω, 비교 ἐκλεκτός 그리고 λόγος를 보라; '선발하다'] 성서에서는 중간태로만 ⓐ '자신을 위해 골라내다', **선택하다, 고르다** choose, select 막 13:20; 눅 10:42; 14:7; 요 6:70; 15:16; 행 1:2; 고전 1:27; 약 2:5; 사람을 택하는 결정과 관련하여 행 15:7. ⓑ 눅 6:44 이문, ἐ. (συλλέγω에 대한) 선택된 것들을 거둬들인다는데 초점 맞추어 ~**에서 골라내다** pick from.

ἐκλείπω [ἐκ, λείπω, 비교 λοιπός; 타동사 '빼다, 배제시키다', 자동사 '실패하다'] 신약에서는 자동사 용례만, **실패하다, 다 떨어지다, 사라지다** fail, give out, 돈 눅 16:9; 신앙 눅 22:32; 23:45(일반적으로 어떤 보이지 않게 되는 것과 관련하여); 히 1:12.

ἐκλεκτός, ή, όν [ἐκλέγω] '선택된 신분의 혜택을 받은', **선택받은** chosen ⓐ 특정에 대한 언급 없이 하나님께서 선택하신 대상에 초점 맞추어 마 20:16; 24:22; 막 13:20; 눅 18:7; 롬 8:33; 골 3:12; 딤후 2:10; 딛 1:1; 벧전 1:1; 2:9; 계 17:14. ⓑ 존재의 차별성을 강조하여, 하나님의 매우 특별한 선택자로서 예수에 관해 조롱하며 말하였다 눅 23:35; 선택된 천사들 딤전 5:21; 건축에 쓰이는 좋은 돌에 관한 비유로 벧전 2:4, 6. 롬 16:13에서 ὁ ἐ. ἐν κυρίῳ는 '주님께 헌신하기로 구별된'의 뜻으로 보인다.

ἐκλελεγμένος ἐκλέγω 완료 수동태 분사.

ἐκλέλησμαι ἐκλανθάνομαι 완료 수동태 직설법.

ἐκλήθην καλέω 제1부정과거 수동태 직설법.

ἐκλογή, ῆς, ἡ [ἐκλέγω] ⓐ '선택하거나 고르는 행위', 성서에서는 하나님의 유일하시고 독자적인 **선택, 택하심** choice 롬 9:11; 11:5, 28; 살전 1:4; 벧후 1:10. σκεῦος ἐκλογῆς 택하신 도구/ 대리인 행 9:15. ⓑ 환유법을 사용하여 수동태로 의미는: '선택을 받은 자', **택하신, 택함 받은** chosen (= οἱ ἐκλεκτοί 하나님의 택함 받은 이들) 롬 11:7.

ἐκλύω [ἐκ, λύω; '풀어주다, 느슨하게 하다'] 성서에서는 능동의 의미를 가진 수동태로만 나온다. '지칠대로 지친', **힘이 빠지다, 지치다** give out, collapse 마 15:32; 막 8:3; **포기하다, 낙심하다** give up/out 갈 6:9; 히 12:3, 5.

ἐκμάσσω / ἐκπληρόω

ἐκμάσσω [ἐκ, μάσσω '주무르다'] '닦아내어 마르게 하다', 닦아내는 동작을 강조하여 **닦아내다** wipe 눅 7:38, 44; 요 11:2; 12:3; 13:5.

ἐκμυκτηρίζω [ἐκ, μυκτήρ '콧구멍'] 비유로 확장되어, ἐ.에서 코를 움직이는 몸짓과 관련된 뜻을 암시한다. **코웃음 치다, 비웃다** sneer at, ridicule 눅 16:14; 23:35.

ἐκνεύω [ἐκ, νεύω '어떤 자리에서 벗어나다, 기울이다', 즉, 고개를 끄덕여 신호하다; '일반적인 위치 바깥으로 머리를 움직이다', 따라서 '~에서 벗어나다'] **시야에서 사라지다** move out of sight, **피하다** 요 5:13.

ἐκνήφω [ἐκ, νήφω '깨다'; '술취한 상태에서 회복하다'] 의미가 잘 균형잡힌 사고(思考)라는 뜻으로 옮겨져 **술에서 깨어나다, 정신이 들다** sober up, 고전 15:34.

ἑκούσιος, α, ον [ἑκών] **자발적인** voluntary, κατὰ ἑκούσιον 법이나 다른 강요에 비해 상대적으로 자유 의사에 따라, 몬 14.

ἑκουσίως [이전 항목을 보라] 부사 **자발적으로, 기꺼이** voluntarily, willingly 벧전 5:2; 히 10:26.

ἔκπαλαι [ἐκ, πάλαι 그리고 비교 παλαιός] 부사 **예전부터, 오래전부터** long ago 벧후 2:3 (처음 선포된 이후 효력을 가지는 심판에 관해); 3:5 (현재(νῦν) 하늘의 상태와 상대적으로 오래전 홍수 중에 있는 하늘에 관해, 7절).

ἐκπειράζω [ἐκ, πειράζω, 더 오래된 형태 ἐκπειράομαι '시험하다, 자극하다'] '시험들게 하다', **유혹하다** tempt 마 4:7; 눅 4:12; 10:25; 고전 10:9.

ἐκπέμπω [ἐκ, πέμπω] **보내다, 파견하다** send out (off), dispatch 행 13:4; 17:10.

ἐκπέπτωκα ἐκπίπτω 완료 능동태 직설법.

ἐκπερισσῶς [ἐκ, περισσῶς] 부사 '일반적인 한계를 초월하여', **힘차게, 강조하여** emphatically 막 14:31.

ἐκπεσεῖν ἐκπίπτω 제2부정과거 능동태 부정사.

ἐκπετάννυμι [ἐκ, πετάννυμι '뻗치다', 비교 πέτομαι] 손을 **내밀다, 벌리다** hold out, of hands 롬 10:21.

ἐκπηδάω [ἐκ, πηδάω '뛰다'] '일어나면서 빠르게 움직이다', **뛰어 들어가다** rush out 행 14:14; **재빨리 일어나다** get up quickly 10:25 이문.

ἐκπίπτω [ἐκ, πίπτω] ① **떨어지다, 지다** fall off 행 12:7; 꽃, 약 1:11; 벧전 1:24; ἀγάπη에 대한 비유로 고전 13:8 이문(= 순간적으로 달라질 수 있는). ② **떨어져 나가다** drift off 행 27:17, 26, 29, 32. ③ 회계 용어로 추정. **오류이다** be in error 롬 9:6. ④ **잃다, 지키지 못하다** lose 속격과 함께. 갈 5:4; 벧후 3:17.

ἐκπλεῦσαι ἐκπλέω 제1부정과거 능동태 부정사.

ἐκπλέω [ἐκ, πλέω] **출항하다, 배타고 떠나다** sail away 행 15:39; 18:18; 20:6.

ἐκπληρόω [ἐκ, πίμπλημι에서 πληρόω] **이루다, 성취하다** fulfill 행 13:33.

ἐκπλήρωσις, εως, ἡ / ἐκταράσσω

ἐκπλήρωσις, εως, ἡ [비교 ἐκπληρόω; '다 채움'] 성취 completion 행 21:26.
ἐκπλήσσω [ἐκ, πλήσσω, 비교 πλήκτης '공격자, 말다툼 하는 사람'; '~에서 이끌어 내다', 또한 '충격, 놀라게 하여 생각을 이끌어 내다'] 신약에서는 능동 의미의 수동 태로만, 깜짝 놀라다, 경악하다 be amazed/astounded 마 19:25; 22:33; 막 6:2; 눅 2:48; 행 13:12.
ἐκπνέω [ἐκ, πνέω, 비교 πνεῦμα] '숨을 내쉬다', 완곡한 뜻으로 숨을 거두다, 숨지다 breathe one's last, expire 막 15:37, 39; 눅 23:46.
ἐκπορεύομαι [ἐκ, πορεύομαι] 크세노폰 이후, 일반적으로 중간태를 사용하여. '한 장소에서 다른 곳으로 이동하다' ⓐ 사람: 나가다, 나오다 go (out), come (out) 마 3:5; 막 1:5; 요 5:29; 행 25:4(떠나다). ⓑ 사물: 거절하다 막 7:19; 번개 계 4:5; 불 9:17; 물의 흐름 22:1(흘러 나오다); 말씀 마 4:4; 15:11; 막 7:15; 눅 4:22; 엡 4:29.
ἐκπορνεύω [ἐκ, πορνεύω, 비교 πορν-로 이루어진 어휘] 성적인 죄를 범하다, 음란한 짓을 하다 indulge in sexual sin 유 7.
ἐκπτύω [ἐκ, πτύω '뱉다'] 경멸하거나, 악한 권세를 막으려는 표현으로 (침을) 내뱉다 spit out, 갈 4:14.
ἐκπυρόω [ἐκ- 강조, πυρόω] 불사르다, 불태우다 burn up, εὑρεθήσεται에 대한 추측 벧후 3:10.
ἐκριζόω [ἐκ, ῥίζα] '뿌리째 뽑아내다', 뿌리뽑다, 제거하다 uproot 마 13:29; 15:13; 눅 17:6; 유 12.
ἐκρίθην κρίνω 제1부정과거 수동태 직설법.
ἐκρύβην κρύπτω 제2부정과거 수동태 직설법.
ἔκστασις, εως, ἡ [ἐξίστημι에서 ἐκ, στάσις 중요의미 '굳건한 상태로 서 있음'; '일반적인 상황에서 물러남', 따라서 '정서적인 면에서 주의가 산만함'] ① '사람이 일반적으로 생각 가능한 상태를 넘어 깜짝 놀란 상태', 완전히 깜짝 놀람, 경악 utter amazement, astonishment 막 5:42; 막 16:8; 눅 5:26; 행 3:10. ② '의식을 놓은 상태', 황홀경, 무아지경 trance 행 10:10; 11:5; 22:17.
ἐκστρέφω [ἐκ, στρέφω; '쫓아내다', 조건의 변화를 가져오는 것에서 '벗어나다'] '~에서 딴 방향으로 돌리다', 벗어나다, 완전히 바꾸다 turn aside, change entirely, 비유적으로 수동태를 사용하여. ἐξέστραπται ὁ τοιοῦτος καὶ ἁμαρτάνει 그런 사람은 길을 벗어나, 잘못을 저지르는 것이다 딛 3:11.
ἐκσῴζω [ἐκ, σῴζω; '위험으로부터 안전하게 벗어나게 하다'] 보전하다 preserve, 변화형 ἐκσῶσαι(부정과거 능동태 부정사 ἐξῶσαι를 대신하여, ἐξωθέω, 제1부정과거 부정사 참조) 행 27:39 이문.
ἐκταράσσω [ἐκ, ταράσσω] '세워진 질서에 매우 커다란 장애를 가져오다', 방

해하다, 망쳐놓다 disturb, upset 행 16:20.

ἐκτεθείς ἐκτίθημι 제2부정과거 수동태 분사.

ἐκτείνω [ἐκ, τείνω '뻗다'] '대상을 공간적으로 확장되도록 하다', 가장 흔하게 다양한 손동작에 관하여 **뻗다, 내밀다** stretch out 마 8:3 등.; 닻을 **펼치다, 풀어 던지다** put out, lay out = **내리다** letdown 행 27:30.

ἐκτελέω [ἐκ, τελέω, 비교 τέλος] '완성에 이르게 하다', 건축에 관해, **마무리하다, 완성하다** finish, complete 눅 14:29, 30.

ἐκτένεια, ας, ἡ [ἐκτενής] 일반적인 정도를 넘어서는 인내와 헌신에 관해, **열심, 진심** earnestness, ἐν ἐκτενείᾳ **열성적으로, 간절히** earnestly 행 26:7; 12:5 이문.

ἐκτενής, ές [비교 이전항 대격] 지속성을 강조하여 **성실한, 진심어린, 변함없는** earnest, steadfast 행 12:5 이문; 벧전 4:8.

ἐκτενῶ ἐκτείνω 미래 능동태 직설법.

ἐκτενῶς [ἐκτενής] 부사 **변함없이, 간절히** steadfastly 행 12:5; 벧전 1:22; 비교급 ἐκτενέστερον, 그만두지 않으려는 연속성에 관하여, **더욱 간절히** 눅 22:44.

ἐκτίθημι [ἐκ, τίθημι; 남의 눈에 드러난 것에 중점을 두고 '밖에 두다'] '공공연하게 내보내다', 유아에 관해, **내버리다, 유기하다** expose 행 7:21; 확장된 의미로, 교훈. **제시하다, 펼쳐 놓다** set forth, lay out = **자세히 설명하다, 알려주다** expound, explain 행 11:4; 18:26; 28:23.

ἐκτινάσσω [ἐκ, τινάσσω '흔들라'] 먼지를. (흔들어) **떨어버리다** shake off, 마 10:14; 막 6:11; 행 13:51; 옷을 **털다** shake out, 18:6.

ἕκτος, η, ον [ἕξ을 보라] **여섯 번째의** sixth 마 20:5; 막 15:33; 눅 1:26; 요 4:6; 행 10:9; 계 6:12.

ἐκτός [어미 -τος는 출처를 뜻한다] 부사 기본적으로 단절됨이라는 의미로 ① 장소가 안쪽과 상대적인 위치로서, **겉, 외부** outside 마 23:26(여기에서는 명사로서 τὸ ἐκτός); 고전 6:18; 고후 12:2. ② 어떤 제외에 관한 표시로서 **~하지 않으면, ~을 제외하고는** unless, except 고전 14:5; 15:2; 딤전 5:19. 속격과 함께. **~에서 분리되다, 떨어지다, 제외하고** apart/aside from, except 행 26:22; 고전 15:27.

ἐκτρέπω [ἐκ, τρέπω] '일반적인 과정이나 위치에서 벗어나다', **피하다, 벗어나다** veer off 딤전 6:20; turn away 1:6; 5:15; 딤후 4:4; 아마도 전보다 더 빼딱하게 보이는 저는 다리에 대한 비유로, 능동태 의미의 수동태로, **탈구시키다, 삐게 하다** dislocate (실제로는 = '탈구되다, 삐다') 히 12:13.

ἐκτρέφω [ἐκ, τρέφω] '어떤 일이 일어나도록 성장하거나 발전시키다', **자양분을 주다, 조장하다** nourish 엡 5:29; 확장된 의미로 어린이를 기르며 **양육하다** bring up 6:4.

ἔκτρομος, ον [ἐκ, τρέμω '흔들다, 떨다'] (두려워) **떠는** terrified 히 12:21 이문

ἔκτρωμα, ατος, τό / ἔλαιον, ου, τό

(ἔντρομος에 대한).

ἔκτρωμα, ατος, τό [ἐκτιτρώσκω '유산하다'] **미숙한 출생** untimely birth, 미숙아 또는 발육 부진의 태아, 자신의 책무에 관한 바울의 비유에서 고전 15:8.

ἐκφέρω [ἐκ, φέρω] '어떤 위치에서 움직이거나 나오다', **나오다, 가지고 나오다** bring/carry out 눅 15:22; 행 5:6, 9f, 15; **가져가다** take out 딤전 6:7; **(밖으로) 인도하다, 데려가다** conduct 막 8:23; 확장된 의미로 **내다, 생산하다** produce 히 6:8.

ἐκφεύγω [ἐκ, φεύγω] ① '위협적인 상황이나 위험을 피하다', **피하다, 모면하다** escape 눅 21:36; 롬 2:3; 고후 11:33; 살전 5:3; 히 2:3; 12:25. ② '~에서 도망하다', **도망하다, 탈출하다** escape, flee 행 16:27; 19:16.

ἐκφοβέω [다음 항목을 보라] **놀라게 하다, 겁을 주다** frighten, terrify 고후 10:9.

ἔκφοβος, ον [ἐκ, φόβος] **무서워하는, 두려워하는** terrified 막 9:6; 히 12:21.

ἐκφυγεῖν ἐκφεύγω 제2부정과거 능동태 부정사.

ἐκφύω [ἐκ, φύω] '생겨나다', 식물에서 잎이 싹나다, **돋아나다** sprout 마 24:32; 막 13:28.

ἐκχέαι ἐκχέω 제1부정과거 능동태 부정사.

ἐκχέω/ἐκχύν(ν)ω [ἐκ, χέω '쏟아지다'] '어떤 물줄기에서 넘치게 하다', 액체에 관해 **쏟아 붓다, 흘리다** pour out 마 23:35; 계 16:1-4 등 16장에서 여러 번; 내장(內臟). 행 1:18; 동전. 요 2:15; 성령에 대한 비유로 행 2:17f, 33; 10:45; 딛 3:6; 하나님의 사랑에 대한 비유로. 롬 5:5; 자기파괴적인 집착을 강조하는 비유로, **빠지다, 탐닉하다** abandon oneself 유 11. **피를 흘리다** Shed blood 마 26:28; 눅 11:50; 롬 3:15; 계 16:6; **넘쳐 흐르다, 쏟아져 나오다** spill out 마 9:17; 요 2:15.

ἐκχωρέω [ἐκ, χωρέω] **떠나다, 빠져나가다** depart, leave 눅 21:21.

ἐκψύχω [ἐκ, ψύχω, 비교 ἐκπνέω] **숨지다, 숨을 거두다** die 행 5:5, 10; 12:23. 부정과거. ἐξέψυξεν 이러한 본문에서 바로 그 때 숨을 거뒀다는 점을 시사한다.

ἑκών, οῦσα, όν [분사, '원한다, 바란다'는 동사의미는 상실] '강요나 압박을 느끼지 않는', **기꺼운, 기쁜** willing(ly), glad(ly) 롬 8:20; 고전 9:17.

ἔλαθον λανθάνω 제2부정과거 능동태 직설법.

ἐλαία, ας, ἡ [아티카 ἐλάα, 어원 미상] ① **올리브나무, 감람나무** olive tree 롬 11:17, 24; 계 11:4; 등 복음서에서 τὸ ὄρος (τὸ καλούμενον) τῶν ἐλαιῶν '감람산(the Mount of Olives)', '올리브 산'이라는 표현이 자주 나온다. 마 21:21 등. ② 환유적으로, **올리브** olive 열매 약 3:12.

ἔλαιον, ου, τό [이전 항목을 보라] ① **(올리브) 기름** oil 마 25:3f; 막 6:13; 눅 7:46; 약 5:14; 계 18:13; 비유적으로 ἔ. ἀγαλλιάσεως **즐거움의 기름** oil of gladness 히 1:9. ② 환유적인 효과로 다음과 같은 뜻이 된다. τὸ ἔ. **올리브 과수원**

olive orchard 계 6:6.

ἐλαιών, ῶνος, ὁ [ἐλαία] **올리브 숲** olive grove 눅 19:29; 21:37; 행 1:12.

ἐλάκησα λακάω 제1부정과거 능동태 직설법.

Ἐλαμίτης, ου, ὁ [= Ἀιλαμίτης 사 11:11; 21:2; 22:6] 페르시아만 북쪽, 바빌론의 동쪽 소아시아 지역에서 온, **엘람족, 엘람 사람** an Elamite, 행 2:9.

ἐλάσσων/ἔλασσον [아티카 ἐλάττων; '더 작은, 적은'] μικρός의 비교급 역할을 하여(해당 항목을 보라) 축소나 감소의 뜻을 나타내준다(아티카 형은 딤전 5:9; 히 7:7에서 사용): **열등한** inferior 요 2:10; 히 7:7; **더 어린** younger 롬 9:12. 부사로 μὴ ἔλαττον ἐτῶν ἑξήκοντα 60세보다 젊지 않은 딤전 5:9.

ἐλαττονέω [ἐλάττων 중성 ἔλαττον을 통해서] **~을 덜 가지고 있다, 더 부족하게 가지다** have less, have too little, 반의어 πλεονάζω 고후 8:15.

ἐλαττόω [ἐλάττων] **대수롭지 않게 여기다** treat with less importance, 상태나 지위에 대해 히 2:7, 9; 비교 고후 12:13 이문; 자동사 의미의 수동태로 **덜 중요하게 되다** become less important 요 3:30.

ἐλάττων ἐλάσσων을 보라.

ἐλαύνω [명사 *ἐλαυνός '인도하다'로부터; '움직이게 하다, 이끌다'] '나가도록 힘을 쓰다', **몰아내다, 이끌다** drive, 악한 영에 사로잡힌 사람에게서 눅 8:29; 대기 현상으로 인한 움직임 약 3:4; 벧후 2:17; 배를 전진시키려고 **노를 젓다** row 막 6:48; 요 6:19.

ἐλαφρία, ας, ἡ [비교 다음 항목; '가벼움, 경솔함'] '적절한 태도가 결핍됨', **경솔, 경박** levity, 타인 배려하기를 하찮게 여기는 사람 고후 1:17.

ἐλαφρός, ά, όν [비교 ἐλαχύς '작은'] 참고 견디기가 쉽다는 의미로 **가벼운, 수월한** light, 마 11:30. 명사로서 τὸ ἐλαφρόν 경함, 가벼움 고후 4:17.

ἔλαχε λαγχάνω 제2부정과거 능동태 직설법 3인칭 단수.

ἐλάχιστος, η, ον [ἐλαχύς '작은'] μικρός의 최상급으로 사용된다. '지극히 작은, 가장 작은', 따라서 '가장 낮은 수준에서, 지극히 작은 정도로' ⓐ 상태: **가장 작은, 거의 중요하지 않은** least, most insignificant 마 2:6; 5:19b; 25:40, 45; 고전 15:9; 엡 3:8. 비교급. ἐλαχιστότερος 전혀 상관없는 less than least 고전 4:3. ⓑ 가치의 정도: 매우 낮은, **가장 작은, 매우 하찮은** least, trivial 마 5:19a; 눅 12:26; 16:10; 19:17. ⓒ 크기: 아주 작은 very small 약 3:4.

Ἐλεάζαρ, ὁ [히브리어 '하나님께서 도우셨다'] 격변화 없음. **엘르아살, 엘레아자르** Eleazar 마 1:15.

ἐλεάω [ἐλεέω의 다른 형태] **자비를 베풀다, 불쌍히 여기다** have mercy on 롬 9:16; 유 22f.

ἐλεγμός, οῦ, ὁ [ἐλέγχω] '그릇된 행동을 드러냄', **꾸짖음, 책망** reproving 딤후

201

3:16.

ἔλεγξις, εως, ἡ [ἐλέγχω] 책망, 질책 reprimand 벧후 2:16.
ἔλεγχος, ου, ὁ [ἐλέγχω] ① '어떤 사건의 실체를 얻어내는 방법', **증거, 근거** proving, πίστις에 대한 설명에서 히 11:1. ② '잘못된 행동을 드러냄', **책망, 꾸짖음** reproving 딤후 3:16 이문.
ἐλέγχω [어원을 파악하기는 어렵다] 이 어휘는 부적절한 행동에 대한 평가나 반응과 관련한 문맥에서 다양한 의미로 사용된다. ① '잘못을 드러내다', **밝혀내다, 폭로하다** bring to light, expose 요 3:20; 엡 5:11, 13. ② '잘못을 비난하다', **책망하다, 잘못을 지적하다** reprove, show fault 마 18:15; 눅 3:19; 딤전 5:20; 딛 2:15; 히 12:5; 계 3:19. ③ '잘못에 대한 확실한 증거를 주다', **잘못을 밝히다, 반박하다** refute 딛 1:9, 13; **유죄선고하다, 정죄하다** convict 약 2:9; 유 15; περί와 함께. **~관련하여 또는 ~에 대해서 죄를 책망하다, 고소하다, 맞서다** charge/accuse/confront in connection with 또는 in the matter of 요 8:46; 16:8.
ἐλεεινός, ή, όν [ἐλεέω] 가련한, **불쌍한** pitiable, pathetic 고전 15:19; 계 3:17.
ἐλεέω [ἔλεος을 보라] '나쁜 상황이나 상태에 처한 사람에 대해 보여주다', **불쌍히 여기다, 공감하다, 연민을 느끼다** have compassion, show mercy, pity 마 5:7; 막 5:19; 눅 16:24; 롬 9:15; 빌 2:27; 벧전 2:10; 유 22f 이문 一고전 7:25; 고후 4:1; 딤전 1:13, 16 다행히 바울이 하나님을 섬길 수 있는 부가적인 기회를 받음과 관련하여. 一자비로우신 행동에 초점 맞추어 롬 12:8.
ἐλεημοσύνη, ης, ἡ [ἔλεος, 비교 ἐλεήμων] '자비로운 생각', 또는 '사람의 필요에 대한 배려', 신약에서 제유법으로 그것이 나타남에 초점 맞추어: **자선, 자비, 선의** benevolence, kindness, charity 복수 행 10:2, 4, 31; 이런 사도행전 본문들은 마 6:2-4; 행 3:2f; 24:17에 확실히 나오는 것처럼 **돈**이나 **구제**의 의미와 관련이 있다. 비교 눅 11:41; 12:33.
ἐλεήμων, ον, 속격 **ονος** [ἔλεος, 비교 ἐλεημοσύνη] **자비로운, 연민어린** merciful, compassionate 마 5:7; 히 2:17.
ἐλέησον ἐλεέω 제1부정과거 능동태 명령법.
ἔλεος, ους, τό [어원은 알려져 있지 않음] '어떤 사람의 필요에 대해 표현되는 친절함', **자비, 연민, 동정** compassion, mercy, pity 마 9:13 등.
ἐλευθερία, ας, ἡ [다음 항목을 보라] '개인적인 선택이나 행동과 관련하여 제약이 없음', **자유, 해방** freedom, liberty ⓐ 모세 율법의 제약으로부터 해방 갈 2:4; 5:1, 13; 관계된 방식으로 고전 10:29; 고후 3:17; 약 1:25; 2:12. ⓑ 일반적으로 하나님의 백성이 누리는 자유 벧전 2:16. ⓒ 자유의 허락에 대한 불법적인 이해 벧후 2:19.
ἐλεύθερος, α, ον [라틴어 liber '자유로운'과 같은 어원에서 비롯되었다고 추정]

'억압에서 자유를 누리는', **자유로운, 독립적인** free, independent ⓐ 일반적으로 고전 9:1. ⓑ 노예가 아닌 상태. 요 8:33, 36; 고전 9:19; 12:13; 갈 3:28; 4:22f, 30; 엡 6:8; 골 3:11; 벧전 2:16; 계 6:15; 13:16; 19:18. 은유적으로. 롬 6:20; 갈 4:26. 명사로서 ὁ ἐ. 자유민 freedman, 자유롭게 되었으나, 그 후에도 주인에게 예속 평민이 된 노예에게 적용하는 단어, 비유적으로 고전 7:22. ⓒ 결혼의 제약에 관해. 롬 7:3; 고전 7:39. ⓓ 세금 징수에서 제외됨 마 17:26.

ἐλευθερόω [ἐλεύθερος을 보라] **자유롭게 하다, 해방시키다** liberate, set free 요 8:32 등.

ἐλεύκανα λευκαίνω 제1부정과거 능동태 직설법.

ἔλευσις, εως, ἡ [후기 형태, 비교 ἐλεύσομαι] **오심, 도래(到來)** coming, arrival 눅 21:7 이문; 23:42 이문; 행 7:52.

ἐλεύσομαι ἔρχομαι 미래 중간태 직설법.

ἐλεφάντινος, η, ον [ἐλέφας의 속격 ἐλέφαντος (코끼리)를 통하여] **상아로 만든** made of ivory 계 18:12.

ἐλήλακα ἐλαύνω 완료 능동태 직설법.

ἐλήλυθα ἔρχομαι 완료 능동태 직설법.

ἐλθεῖν ἔρχομαι 제2부정과거 능동태 부정사.

Ἐλιακίμ/Ἐλιακείμ, ὁ [히브리어 '하나님께서 일으키신다'] 격변화 없음. 예수의 조상 **엘리아김, 엘리아킴** Eliakim 마 1:13; 눅 3:23ff 이문, 30절.

ἔλιγμα, ατος, τό [ἑλίσσω] '말아올린 덩어리', **두루마리, 꾸러미** roll, package 요 19:39 이문(μίγμα에 대한).

Ἐλιέζερ, ὁ [히브리어 '내 하나님은 나의 도움이시라'] 격변화 없음. **엘리에서, 엘리에제르** Eliezer, 예수의 조상 눅 3:29.

Ἐλιούδ, ὁ [히브리어 '내 찬송되신 하나님'] 격변화 없음. **엘리웃**, 예수의 조상 마 1:14f; 눅 3:23ff 이문.

Ἐλισάβετ, ἡ [어원은 불분명] 격변화 없음. **엘리사벳** Elizabeth 눅 1:5 등 1장에 여러 번.

Ἐλισαῖος, ου, ὁ [히브리어 '나의 하나님이 구원하신다'] **엘리사** Elisha 눅 4:27.

ἑλίσσω [비교 ἕλιξ '나선 모양을 한, 소용돌이 꼴의'] **말아 올리다, 말아 치우다** roll up 히 1:12; 계 6:14.

ἕλκος, ους, τό [비교 다음 항목] **상처, 헌데, 종기** sore, 피부의 고통이 정확하게 무엇인지에 대해서는 특정할 수 없다 눅 16:21; 계 16:2, 11.

ἑλκόω [ἕλκος] '상처입히다', 신약에서는 항상 완료 수동태 분사로 **헌데 투성이인, 종기 투성이인** covered with sores 눅 16:20.

ἑλκύω/ἕλκω [이 형태들의 형태론적으로 서로 어떻게 영향을 미쳤는지는 복잡

하다] '어떤 방향으로 이동하게 하다', 당기는 동작으로 **빼다, 뽑다** draw 요 18:10(칼집에서 검을); **(그물)을 끌다** haul 21:6, 11; **끌고 가다** drag 행 16:19(바울과 실라); 21:30(ἕλκω); 약 2:6(ἕλκω). 비유로 **이끌다** attract (= 라틴어 *attraho*, '이끌어 오다') 요 6:44; 12:32.

Ἑλλάς, άδος, ἡ [다음 항목을 보라] **그리스, 헬라스** Greece, Hellas, 마케도니아 맞은 편 아카야 지역에 한정시켜 행 20:2.

Ἕλλην, ηνος, ὁ [동명(同名)의 조상 Ἕλλην '헬렌'과 연결된 역사는 복잡하다] **그리스 사람, 헬라인** a Greek, Hellene 신약에서는 그리스라는 특정 나라나 민족에게 한정된 용어가 아니다 ⓐ 사람. 그리스어를 구사하는 사람, 반의어 βάρβαρος (그리스어를 말하지 않는 사람) 롬 1:14. ⓑ 이스라엘 문화와 반대되는 그리스 문화에 속한 사람, 그러므로 실제적으로는 이방인, 즉, 토라 언약 안에 있지 않는 사람을 나타내는 경우가 매우 많다. 요 7:35; 행 11:20 이문(수정된 읽기인 Ἑλληνιστής에 대해서는 해당 항목을 보라); 14:1; 16:3; 19:10; 롬 1:16; 2:10; 고전 1:22, 24; 갈 2:3; 3:28. ⓒ 이스라엘 전통에 관심이 있는 비 이스라엘 민족 요 12:20(비교 οἱ σεβόμενοι 행 17:4과 οἱ φοβούμενοι 13:16, 둘은 모두 하나님을 경외하는 자를 나타낸다).

Ἑλληνικός, ή, όν [Ἕλλην] '그리스와 관계된', **그리스적인** Greek, 글쓰기에 그리스 문자를 사용하는 것에 관해 눅 23:38 이문; ἐν τῇ Ἑλληνικῇ (즉 γλώσσῃ) 그리스어로 계 9:11.

Ἑλληνίς, ίδος, ἡ [= Ἑλλήνιος의 여성 '그리스의'] 형용사로서 **그리스인 (여자)** Grecian/Greek (woman) 행 17:12; 명사로서, 외부인이라는 점을 강조하여 막 7:26.

Ἑλληνιστής, οῦ, ὁ [Ἑλληνίζω '그리스화하다'] '그리스 관습을 받아들이는 사람', 그리스어를 구사하는 이스라엘 사람과 관련해서, **헬라파** Hellenist 행 6:1(반의어. 히브리어를 구사하는 사람); 9:29; 11:20.

Ἑλληνιστί [이전 항목을 보라] 부사 '그리스 방식으로', **그리스어로** in Greek 요 19:20; Ἑλληνιστὶ γινώσκειν "그리스어를 이해하다" 행 21:37.

ἐλλογέω/ἐλλογάω [λόγος; ἐλλογέω가 올바른 형태이다] '(외상으로) 달아놓다', 상업용어로서 **외상으로 하다, ~앞으로 달아놓다, 빚지다** charge 몬 18(ἐλλογέω 이문); 죄에 관한 비유로 롬 5:13(ἐλλογάω 이문).

Ἐλμαδάμ, ὁ [히브리어와 어느 정도 관계되지만, 어원은 불분명하다] 격변화 없음. **엘마담** Elmadam, 예수의 조상 눅 3:28.

ἑλόμενος αἱρέω 제2부정과거 중간태 분사.

ἐλπίζω [ἐλπίς를 통하여 ἔλπω '소망을 가지다'] '기대하다' ⓐ **소망하다** hope 마 12:21; 요 5:45; 행 26:7; 롬 8:24; 15:12; 고전 13:7; 15:19; 히 11:1; 벧전 3:5. 상당한

본문에서 상대적으로 성취될 가능성이 높음을 보여주는 문맥 가운데 나온다. 따라서 ⓑ **예상하다, 기대하다** expect 눅 6:34; 23:8; 24:21; 행 24:26; 롬 15:24; 고전 16:7; 고후 8:5; 빌 2:19, 23; 딤전 3:14; 몬 22; 벧전 1:13; 요이 12; 요삼 14(ἐ.는 단지 바라기만 한다는 개념을 표현할 때는 사용하지 않는다).

* **ἐλπίς, ίδος, ἡ** [이전 항목을 보라] ① '바라는 무엇인가를 기대하고 있는 상태', **소망, 기대** hope, expectation 행 2:26; 16:19; 롬 4:18; 8:20; 고전 9:10; 고후 1:7. 특별히 성도들에 대한 소망과 관련하여 행 26:6; 롬 5:4f; 고전 13:13; 갈 1:23; 히 3:6; 벧전 1:3. ② '굳건한 기대에 대한 근거', **희망** hope 골 1:27; 살전 2:19; 딤전 1:1. ③ '무엇인가 바라는 바', **소망** hope 롬 8:24; 히 6:18.

Ἐλύμας, α, ὁ [어원은 불분명] (구브로)키프로스의 마술사 **엘루마, 엘뤼마스** Elymas 행 13:8.

ελωι [아람어] **나의 하나님** my God 마 27:46 이문(ηλι에 대한); 막 15:34.

ἔμαθον μανθάνω 제2부정과거 능동태 직설법.

ἐμαυτοῦ, ῆς [ἐμοῦ, αὐτοῦ] 1인칭 재귀대명사, 속격, 여격, 대격 단수로만 사용. **나스스로** myself ⓐ 소유를 나타내는 속격으로 고전 10:33; ἀπ᾿/ἐξ ἐμαυτοῦ 나의 권위로, 내 의지로 요 5:30; 7:17; 8:42; 12:49. ⓑ 여격으로. 행 20:24; 롬 11:4; ἔδοξα ἐμαυτῷ 나는 확신했다. 행 26:9; σύνοιδά τι ἐμαυτῷ 나 스스로 자책하다 고전 4:4. ⓒ 대격만으로, 동사와 함께. 눅 7:7; ὑπ᾿ ἐμαυτόν 내 휘하(麾下)에도, 내 권세 아래에도 마 8:9.

ἐμβαίνω [ἐν, βαίνω '걷다, 걸음하다'; '들어가다, 걸어 들어가다'] '걸어 들어가다' ⓐ **들어가다,** get in (to) 신약에서는 고기잡이 배에 오른다는 뜻이 지배적이며, 대부분 εἰς와 함께 사용된다. 마 8:23; 막 4:1; 떠나려고 배에 들어가는 것에 관해 **승선하다, 탑승하다** go on board, board, embark 행 21:6 이문. ⓑ 못으로 들어 감에 관해, **들어가다** get in 요 5:3 [4] 이문.

ἐμβάλλω [ἐν, βάλλω] **던져 넣다.** throw into 눅 12:5.

ἐμβάπτω [ἐν, βάπτω] **(속에) 담그다** dip (in) 마 26:23; 막 14:20.

ἐμβάς ἐμβαίνω 제2부정과거 능동태 분사.

ἐμβατεύω [ἐν, βατεύω(βαίνω '걷다, 걸음하다'와 관련된 용례가 거의 없는 단어)] 이 동사는 신약에서는 단 한 번만 나오며, 그 해석은 논란의 여지가 많다. 그러나 신비적 제의와 관련한 문맥에 나온 단어의 성서 이외의 용례에서 해석의 실마리를 얻을 수 있다. 그리고 어구 ἃ ἑόρακεν은 그가 본 것에 대한 구체적인 내용에 빠진다는 의미를 가진다. 골 2:18. 어떤 경우에도 잘난체하거나 가식적이라는 뜻을 문맥 가운데 암시하고 있다.

ἐμβῆναι ἐμβαίνω 제2부정과거 능동태 부정사.

ἐμβιβάζω [ἐν, βιβάζω '가도록 하다'; '시작하다, 착수하다'] (ἐμβαίνω의 원인) 신약

ἐμβλέπω / ἐμπαιγμός, οῦ, ὁ

에서는 배에 관한 표현으로만 나온다. **승선시키다, 선적하다** cause to embark, put on board 행 27:6.

ἐμβλέπω [ἐν, βλέπω] 다소 강렬하다는 의미로 무엇을 **쳐다보다** look at 마 19:26; 막 8:25; 10:21; 눅 22:61; 요 1:36; οὐκ ἐνέβλεπεν 어떤 것도 알아볼 수 없다 행 22:11; ἐ. εἰς ~을 바라보다, 눈여겨 보다 마 6:26.

ἐμβριμάομαι [ἐν, βριμάομαι '(~에) 분개하다'] '흥분해서 (무엇을) 말하다', **격렬하게 말하다** address vehemently 마 9:30; 막 1:43; **나무라다, 꾸짖다** scold 14:5; **신음하다, 북받쳐 오르다** groan ἐν τῷ πνεύματι 요 11:33 = ἐν ἑαυτῷ 38절.

ἐμέ ἐγώ 대격 단수.

ἔμεινα μένω 제1부정과거 능동태 직설법.

ἐμέω [비교 산스크리트 *vámiti* 'vomit'] **구토하다, 게우다** vomit, throw up, 생생한 이미지로 계 3:16.

ἔμιξα μίγνυμι 제1부정과거 능동태 직설법.

ἐμμαίνομαι [ἐν, μαίνομαι] **분개하다, 격분하다** be enraged 행 26:11.

Ἐμμανουήλ, ὁ [히브리어] 격변화 없음. **임마누엘, 엠마누엘** Emmanuel, 하나님이 우리와 함께 계신다는 뜻이다. 마 1:23.

Ἐμμαοῦς, ἡ [히브리어 '따뜻한 우물'] **엠마오, 엠마우스** Emmaus, 예루살렘에서 대략 11.5km 떨어진 마을 눅 24:13.

ἐμμένω [ἐν, μένω] '정해진 장소에 자리하다', **~에 머무르다, 거주하다, 살다** remain in, stay in, live in 행 28:30. 정해진 지역에 위치한다는 개념은 어디에 지속적으로 머무른다는 확장된 의미로 전개된다. **지키다, 머물러 있다** abide in/by, remain true 행 14:22; 갈 3:10; 히 8:9.

Ἐμμώρ, ὁ [어원적으로는 히브리어 '숫나귀, 당나귀'에서 나온 철자. 철자는 Ἐμμώρ가 더 낫다] 격변화 없음. **하몰, 에모르** Hamor, 아브라함이 매장지를 그의 아들들에게서 샀다. 행 7:16.

ἐμνήσθην μιμνήσκω 제1부정과거 수동태 직설법.

ἐμοί ἐγώ 단수 여격.

* **ἐμός, ή, όν** [ἐμέ를 통하여] ⓐ 1인칭 소유대명사. **나의, 내 것의** my, mine 마 18:20; 막 8:38; 요 3:29 등 요한복음에서; 롬 3:7 등 바울 서신에서; 벧후 1:15; 요삼 4; 계 2:20. —강조로서 τῇ ἐμῇ χειρί 내가 가진 손으로 고전 16:21 등. —목적어적 소유격의 위치에서. εἰς τὴν ἐμὴν ἀνάμνησιν 나에 대한 기억으로 눅 22:19. ⓑ 명사로서 τὸ ἐμόν 내 재산 마 25:27(이 구절에서는 τὸ ἐ. = 내 돈); τὰ ἐμά 내게 속한 것 마 20:15; 눅 15:31; 요 17:10.

ἐμπαιγμονή, ῆς, ἡ [ἐμπαίζω] **비웃음, 조롱** scoffing, mockery 벧후 3:3.

ἐμπαιγμός, οῦ, ὁ [ἐμπαίζω] **조소, 조롱** mockery, taunt 히 11:36.

ἐμπαίζω / ἔμπροσθεν

ἐμπαίζω [ἐν, παίξω] '비웃음의 대상으로 삼다', 비웃다, 조롱하다, 웃음거리로 삼다 ridicule, mock, make a laughing stock 마 2:16 등.

ἐμπαίκτης, ου, ὁ [ἐμπαίζω] 비웃는 사람, 냉소자 scoffer 벧후 3:3; 유 18.

ἐμπέμπω [ἐν, πέμπω] (내)보내다 send (in) 눅 19:14 이문.

ἐμπεπλησμένος ἐμπίμπλημι의 완료 수동태 분사

ἐμπεριπατέω [ἐν, περιπατέω] 걸어다니다, 이동하다 walk about, move 고후 6:16.

ἐμπί(μ)πλημι/ἐμπι(μ)πλάω [-πλάω의 오래된 형태로 분사로만] 신약에서는 완전히 충족시키도록 무엇을 제공하는 것에 관해서만, 채우다, 배부르게 하다 fill: 좋은 것들 눅 1:53; 식량 6:25; 요 6:12. 롬 15:24에서 ἐ.는 친구들과 함께하여 누리는 온전한 즐거움을 표현한다. 행 14:1는 음식이 가져다주는 만족과 내적으로 기뻐하는 것이 혼합되어 있다.

ἐμπί(μ)πρημι [ἐν, πίμπρημι] 불사르다, 불태우다 set on fire, burn 마 22:7. 뱀이 물어 생긴 염증에 대한 비유로 행 28:6 이문(πίμπρημι를 보라).

ἐμπίπτω [ἐν, πίπτω] 빠지다, 떨어지다 fall (in, into), 신약에서는 항상 위험에 처한 상황 가운데, εἰς와 더불어: 도랑 마 12:11; 눅 6:39; 악마가 받을 심판 딤전 3:6; 수치 7절; 유혹, 시험 6:9; 하나님의 손 히 10:31. — ἐ. εἰς τοὺς λῃστάς "강도 만나다" 눅 10:36.

ἐμπλακείς ἐμπλέκω 제2부정과거 수동태 분사.

ἐμπλέκω [ἐν, πλέκω] '땋다, 꼬다'] '밀접하게 연결하다', 수동태 얽매이다, 얽히다 be involved/entangled in 딤후 2:4; 벧후 2:20.

ἐμπλησθῶ ἐμπί(μ)πλημι 제1부정과거 수동태 가정법.

ἐμπλοκή, ῆς, ἡ [ἐμπλέκω] 정성들여 치장한 머리 모양, 머리장식 braiding, 벧전 3:3.

ἐμπνέω [ἐν, πνέω] '숨을 내뱉다', 숨쉬다 breathe, 비유로 속격과 함께. 행 9:1.

ἐμπορεύομαι [ἔμπορος; 중간태로만] 장사하다, 사업에 종사하다 engage in business 약 4:13; 비윤리적인 상황에 대한 암시와 동시에 비유적으로 이득을 취하다, 영리를 취하다 exploit 벧후 2:3.

ἐμπορία, ας, ἡ [ἔμπορος] 사업, 장사 business, trade 마 22:5.

ἐμπόριον, ου, τό [ἔμπορος] 시장, 가게 market, οἶκος ἐ. 장터, 장사하는 시설 요 2:16.

ἔμπορος, ου, ὁ [ἐν, πόρος 'journey'] 상인, 수입업자 merchant, importer 마 13:45; 계 18:3 등.

ἔμπροσθεν [ἐν, πρός + -θεν, 전치사와 부사로서. '~에 앞서'] 앞서 있거나 먼저 있는 것을 나타내는 표시 ⓐ 부사: 앞에 in front, 반의어. ὄπισθεν 계 4:6. 명사적

ἐμπτύω / ἐν

인 용법의 반의어로. τὰ μὲν ὀπίσω 빌 3:13; εἰς τὸ ἔ. 먼저 눅 19:4. ⓑ 속격 지배 전치사로 사용되어. 장소, 사람, 다른 존재에 앞서는 행동이나 동작과 관련하여 **먼저, 앞에** before, in front of: 마 5:24; 7:6; 23:13(마주하여); 막 2:12; 눅 5:19; 요 12:37; 행 10:4(기도의 상달); 18:17; 갈 2:14; 계 19:10. 마 6:2 트럼펫 연주자가 행렬을 이끔. 어떤 일에 대해 하나님께서 가지시는 관심에 대한 간접적인 표현으로 마 11:26; 18:14. ⓒ 신분상 위에 있음에 관한 속격 지배 전치사로, 또한 시간적 측면에 관한 언어유희로 ἔ. μου γέγονεν "나보다 높으시다" 요 1:15, 30.

ἐμπτύω [ἐν, πτύω] **침뱉다** spit on/at 마 26:67 등.

ἐμφανής, ές [ἐμφαίνω '보여주다'(ἐν, φαίνω); '쉽게 인식할 수 있는'] ① **뚜렷한** visible 행 10:40. ② **잘 알려진, 나타난** well known, manifest 롬 10:20.

ἐμφανίζω [φαίνω; '쉽게 인식할 수 있게 하다'] ① **드러내다, 나타내 보이다** make visible 요 14:22; 능동의미의 수동태로 **나타나다** appear 마 27:53; 히 9:24. ② '정보를 주다' ⓐ **알리다** inform 행 23:15, 22; 히 11:14(분명히 하다); 선택한 이들에 대한 자기 계시에 관해, **나타내다** make known 요 14:21. ⓑ 적대적인 문맥에서 **알리다** inform 행 24:1; 25:15.

ἔμφοβος, ον [ἐν, φόβος] '공포 속에서', **무서워하는, 두려워하는** frightened/terrified 눅 24:5, 37; 행 10:4; 22:9 이문; 24:25; 계 11:13.

ἐμφυσάω [φυσάω '불다'] **숨을 내쉬다, 불어 넣다** blow upon, breathe on 요 20:22.

ἔμφυτος, ον [ἐμφύω '심다'] **심어진** implanted 약 1:21.

ἐμώρανα μωραίνω 제1부정과거 능동태 직설법.

*** **ἐν** [비교 라틴어 *in*] 여격 지배 전치사로 일반적으로는 내부적인 위치를 표시하는 역할을 하지만, 수단이나, 행위자, 원인, 그리고 관련된 여러 측면 등 많은 다른 범주들을 통제하는 기능을 하기도 한다. '~안에(in)'라는 뜻을 가질 때가 많기는 하지만, ἐν의 의미는 ~에, ~위에, ~사이에, ~가까이에, ~함께, ~곁에(at, on, among, near, with, by) 등 맥락에 따라 달리 이해할 수 있다: ① 지리적인 것과 그 밖에 특정 장소를 표시하는데 사용한다, ~에, ~안에 in ⓐ 마 3:1b(광야); 막 1:19(배); 눅 1:22(성전); 우리말로는 ~에서 on 요 4:20f; 비교 ἐν τῇ ὁδῷ 길에서(on the road) 마 5:25; ~에 at 눅 13:4; 엡 1:20b; ἐν τοῖς ὠσὶν ὑμῶν 너희 귀에 = 여러분이 듣는 가운데 눅 4:21; 속에서 진행하는 것과 유사하게 막 2:8b(마음); ἐν ἑαυτῷ/-οῖς 그, 그들 **스스로** 마 3:9; 막 2:8a; 눅 7:49; 요 6:61; 11:38; 행 10:17. 눅 9:46과 계 11:11에는 사실상 = εἴς ~안으로. – 한 무리로 보이는 사람들과 연관하여 사용한다, ~에서 in 막 8:38(요즘 세대); **~사이에서, 가운데** among 눅 2:14b; 갈 1:14; 히 13:21b. 일반적으로 관련 문맥에서 영적인 관계나 비상한(supra-mundane) 존재나 상황을 표시한다: 요 6:56(예수 안에 머

무릎); 롬 7:17f(사람 가운데 거하는 죄); 골 2:9(하나님의 충만함); 상호적인 관계에서 요 10:38; 14:20bcd; 예수 그리스도와 밀접히 관련된 경우가 많으며, ἐν이 쓰여서 뒤의 내용과 연관되어 다음과 동일한 뜻을 가진다. ~의 관리하에, ~관할 아래에 또는 ~과 관련하여 마 22:43; 롬 6:11; 고전 1:4; 15:22; 갈 5:10; 빌 1:1a, 13; 요일 5:19. 적대적인 존재(악령). 막 1:23b. 맹세에서 ~으로 by 마 5:34-36; 계 10:6a. ⓑ 인용이나, 글의 출처에 대한 표시로서: 모세 율법. 눅 24:44; 고전 14:21a; 고후 3:3(ἐνπλάξιν 판 위에); 선지자들의 저술. 행 13:40. ② 상태나 상황에 대한 표시로 사용하여 ⓐ 감싸거나, 두르는 특징을 나타내는 매개체를 지시하는 명사와 함께, ~을 입고, ~하게 in 마 11:8a(화려한 옷); 막 12:38b(기다란 예복); 요 20:12(ἐνλευκοῖς 하얗게, 흰 옷 입은); 엡 6:20a(ἐν ἁλύσει 사슬에 묶였음에도); 딤전 3:16abc; 요일 4:2b; 요이 7; 유사하게, 눅 16:23b(고통); 행 11:5b(황홀한 중에, 무아경에); 롬 5:10(생명); 고전 15:42a(부패, 썩을 것); 빌 4:19(영광); 딤전 2:15(믿음, 사랑, 거룩함); 상태에 대해. ἐν ἀκροβυστίᾳ 할례받지 않았을 때 롬 4:12. ⓑ 벌어지는 어떤 일의 상태에 대한 진술과 함께, ἐθαύμαζον ἐν τῷ χρονίζειν "그가 지체하여 이상하게 여겼다" 눅 1:21; 비교 막 6:48; 행 4:30; 히 2:8; ἐν ᾧ의 표현으로 자주 롬 2:1(~을 고려해서); 14:21(~에 관해서); 벧전 2:12b(~인 까닭에). ③ 수단이나 행위자에 대한 표시로 사용되어, ~으로 with 마 26:52; 막 9:50; 눅 1:51; 롬 5:9; 고전 14:21bc; 벧전 1:2; 계 2:27; 목표 달성을 위해 동반되는 것에 초점 맞추어 ~을 데리고, ~을 가지고 along with 눅 14:31; 고전 4:21; 비교 히 9:25; 도움을 강조하여, ~의 도움으로, ~을 통하여 with the help of, through 막 9:34; 행 17:31c. ④ 사람과 사건을 연결시키는 표시로 사용하여 롬 1:19(그들의 경우에는); 고전 4:2(누구의 경우에는); 14:11(ἐν ἐμοί = 내가 생각하기에는); 갈 1:24(내 경우에는). ⑤ 무엇에 대한 원인이나 이유를 표시하는데 사용한다. ~때문에, ~하여서 because of, on account of 마 6:7; 요 16:30; 롬 1:24a; 격을 변화시켜 ἐν ᾧ ~한 이유로 인해 = 때문에 롬 8:3a; 히 2:18; 6:17. ⑥ 시간에 대한 표시로, ~할 때, ~하는 동안 in, while, when ⓐ 어떤 사건이 그 안에 발생하는 시간의 체계를 지시한다 마 2:1b(ἐν ἡμέραις ~의 때에, ~시절에); 요 2:19f; ἐν τῷ μεταξύ 그 사이에, 그러는 동안에 요 4:31. 비교 마 13:4, 25; 막 2:19; 12:38(ἐν τῇ διδαχῇ αὐτοῦ 그의 가르침 가운데, 그가 가르치실 때에); 15:7(ἐν τῇ στάσει 민란 중에, 반란 중에). 비교 롬 4:12 ②ⓐ에서. ⓑ 시간의 특별한 순간을 나타냄 마 11:22; 막 12:23(ἐν ἀναστάσει = 부활이 일어날 때에); 행 7:13; 고전 15:52; 벧전 1:7. ⑦ 완곡어법에서 부사에 대하여 보조적으로 사용하여 ⓐ ἐν은 대체로 영어 전치사의 -ly가 구문적 요소로 붙는 것을 대신한다: ἐν δυνάμει **강력하게, 권능을 떨치며** powerfully 막 9:1; ἐν δικαιοσύνῃ **공의로, 올바르게** 행 17:31b; ἐν ἐκτενείᾳ **간절히, 열성적으로** 26:7; ἐν χάριτι **은혜로, 은혜롭**

ἐναγκαλίζομαι / ἐνδείκνυμι

게 갈 1:6; 살후 2:16; ἐν τάχει **지체 없이, 속히** 눅 18:8; 롬 16:20; 계 1:1. ⓑ 관련 어구들 ἐν παρρησίᾳ **자유롭게, 공공연하게** 요 7:4; ἐν πάσῃ ἀσφαλείᾳ **아주 단단하게** 행 5:23. 기준에 대해 ἐν μέτρῳ ἑνὸς ἑκάστου μέρους **각부분이 맡은 행동에 따라서** 엡 4:16a. ⑧ 구성 요소의 표시로 사용하여 πλούσιος ἐν ἐλέει **긍휼이 풍성한** 엡 2:4; ἐν δόγμασιν **법조문으로 구성된** 엡 2:15a.

ἐναγκαλίζομαι [ἐν, ἀγκάλη; '팔로 끌어안다'] **포옹하다** hug 막 9:36; 10:16.

ἐνάλιος, ον [ἐν, ἅλς '바다'] **바다의** of the sea 약 3:7.

ἐνάλλομαι [ἐν, ἄλλομαι] **뛰어오르다** leap upon 행 19:16 이문.

ἐνανθρωπέω [ἐν, ἄνθρωπος] **인간의 모습을 취하다** take on human form 요일 4:17 이문.

ἔναντι [후기 형태: ἐν, ἀντί] 다른 존재와 관계된 위치와 관련하여 부사적 기능을 하는 속격 지배 전치사로서 **앞에서, ~가 있는 데서** before, in the presence of 눅 1:8. 대면하여 이루어지는 인상을 강조하여 **앞에서, ~가 보기에는** before, in the sight of 행 7:10 이문; 8:21.

ἐναντιόομαι [ἀντίος '반대하는'] **반대하다** oppose 행 13:45 이문.

ἐναντίον [ἐναντίος의 중성] ① 관사와 함께 부사 역할을 하여 τοὐναντίον (τὸ ἐναντίον) **그와 반대로** on the contrary 고후 2:7; 갈 2:7; 벧전 3:9. ② 전치사 역할로 ⓐ **~앞에, ~전에** in front of, before 막 2:12 이문; 눅 20:26; 행 8:32. ⓑ 의미가 확장되어, 철저한 조사의 대상이라는 것에 관련하여 **~가 보기에는, ~판단하기로는** in the sight of 1:6; 24:19; 행 7:10.

ἐναντίος, α, ον [ἀντίος를 통해 ἀντί '반대하는'] ① **'맞서는 위치에서', 마주하는, 거스르는** facing: 바람. 마 14:24; 막 6:48; 행 27:4; 사람. ἐξ ἐναντίας 막 15:39. ② **'반대하여'**, 살전 2:15 (적대적인); ἐναντῖα πράσσειν πρός **~에 대항하는 일에 참여하다** 행 26:9; ἐναντίον τῷ λαῷ **사람들의 관습을 거스르다** 28:17; ὁ ἐξ ἐ. **반대자, 상대편** 딛 2:8.

ἐναργής, ές [ἐν, ἀργής '밝은', '빛나는'] **명백한, 확실한** clear 즉, 이해할 수 있을 만한 히 4:12 이문.

ἐνάρχομαι [ἐν, ἄρχομαι] **시작하다, 출발하다** start/begin 갈 3:3; 빌 1:6.

ἔνατος, η, ον [비교 ἐννέα] **아홉 번째** ninth 계 21:20 (연속하는 가운데). ἐ. ὥρα **제 9시 = 오후 3시**. 마 20:5; 행 10:3, 30.

ἐναφίημι [ἐν, ἀφίημι; '빠지게 하다'] **~허락하다, ~하게 하다** permit/let 막 7:12 이문.

ἐνγ- ἐγγ-을 보라.

ἐνδεής, ές [ἐνδέω '부족한'] **가난한, 빈궁한** in want, in need 행 4:34.

ἔνδειγμα, ατος, τό [ἐνδείκνυμι] **조짐, 증거** indication/evidence 살후 1:5.

ἐνδείκνυμι [ἐν, δείκνυμι] **나타내다, 보이다** demonstrate/show 롬 2:15; 9:22; 고

후 8:24; 엡 2:7; 딤전 1:16; 딤후 4:14; 딛 2:10; 히 6:10f.

ἔνδειξις, εως, ἡ [ἐνδείκνυμι] 드러냄, 나타냄 demonstration/display 고후 8:24.

ἕνδεκα [ἕν (εἷς의 중성), δέκα] 격변화 없음. **열하나** eleven 마 28:16 (οἱ ἕ. μαθηταί); 행 1:26 (ἀποστολοί). οἱ ἕ. 막 16:14; 눅 24:9, 33; 행 1:26; 2:14.

ἑνδέκατος, η, ον [ἕνδεκα + -τος] **열한 번째** eleventh, 하루 시간 중에. 마 20:6, 9; 보석. 계 21:20.

ἐνδέχομαι [ἐν, δέχομαι; '맞아들이다', 예를 들어, 응하다, 따라서 가능성의 영역에 남아 있는 존재를 '받아들이다', ~에 신빙성을 부여하다', '허락하다, 용인하다'] 신약에서는 항상 비인칭 동사로 **~은 가능하다** be possible, οὐκ ἐνδέχεται (비교 ἀνένδεκτος) "~하는 것은 불가능하다" 눅 13:33.

ἐνδημέω [ἔνδημος '집에 (ἐν, δῆμος)] (어떤 장소에) **거주하다, 머무르다, 집에 있다** stay/remain in (a place), be at home, 익숙한 거주지로서 신체라는 비유로 고후 5:6, 8f.

ἐνδιδύσκω [그리스 문학의 형태는 ἐνδύω] **(옷을) 입다, 옷차림하다** put on (clothes), dress, 이중 대격 막 15:17; 중간태 대격과 함께 **옷입다** dress oneself 대격 의복. 눅 8:27 이문; 16:19.

ἔνδικος, ον [ἐν, δίκη; '올바른 것에 기초한'] **올바른, 마땅한** just/deserved 롬 3:8; 히 2:2.

ἐνδοξάζω [ἔνδοξος를 통해서 δόξα] 수동태 **영광을 받다, 찬양을 받다, 높임을 받다** be honored/praised/extolled 살후 1:10, 12.

ἔνδοξος, ον [ἐν, δόξα] '높이 평가받는', 의복과 관련하여. **고운, 부드러운** fine 눅 7:25; 행동. **칭찬할 만한** laudable 13:17; **영예로운, 존귀한** highly esteemed 고전 4:10; 엡 5:27.

ἔνδυμα, ατος, τό [ἐνδύω] **의류, 의복, 옷** apparel/garment/clothing 마 3:4; 6:25; 22:11f; 28:3; 눅 12:23. 숙어: ἐν ἐνδύμασιν προβάτων 양가죽을 입고 = 변장한 늑대, 즉 포식자로서 마 7:15.

ἐνδυναμόω [ἐν, δυναμόω] **권한을 주다, 가능하게 하다, 강화하다** empower/enable/strengthen: 물리적으로, 수동태 히 11:34 이문. 의미를 확장하여, 내적인 힘 또는 능력 행 9:22; 롬 4:20; 엡 6:10; 빌 4:13; 딤전 1:12; 딤후 2:1; 4:17.

ἐνδύνω [ἐνδύω에 비해 오래된 형태; '들어가다'] 신약에서는 기만적이라는 뜻으로, **잠입하다, 기어들어가다** creep in, ἕ. εἰς τὰς οἰκίας = 집에 잠입하다 (가정 모임이나 교회) 딤후 3:6.

ἔνδυσις, εως, ἡ [다음 항목을 보라] 장식품으로 **걸치장** putting on 벧전 3:3.

ἐνδύω [ἐν, δύω] '피복을 제공하다', **걸치다, 입다** put on, clothe ⓐ능동태 이중

ἐνδώμησις, εως, ἡ / ἐνέργεια, ας, ἡ

대격으로. 마 27:28, 31; 막 15:20; 눅 15:22. ⓑ 중간태 **옷입다, 걸치다, 착용하다** clothe oneself in, put on, wear 마 6:25; 22:11; 막 1:6; 6:9; 눅 8:27; 12:22; 행 12:21; 계 1:13; 15:6; 19:14; 도덕적이고 영적인 영역으로 뜻이 확장되어 사람이나 특성에 관하여 눅 24:49; 롬 13:14; 고전 15:53f; 고후 5:3; 군사 무기에 관련한 비유- 롬 13:12; 엡 6:11, 14; 살전 5:8.

ἐνδώμησις, εως, ἡ [δωμάω '세우다'] **건축자재** structural material 계 21:18.

ἐνέβην ἐμβαίνω 제2부정과거 능동태 직설법.

ἐνεγκ- φέρω 부정과거형의 어간(語幹).

ἐνεδειξάμην ἐνδείκνυμι 제1부정과거 중간태 직설법.

ἐνέδρα, ας, ἡ [ἐν, ἕδρα '자리'; '에 자리잡음'] '기다리고 있는', **매복, 잠복** ambush 행 23:16; ἐ. ποιεῖν " 매복시키려 계획하다" 25:3.

ἐνεδρεύω [ἐνέδρα] 기본 개념은 음모에 가담하는 것이다. **~를 숨어 기다리다** lie in wait (for) 사람을 대격으로 하고 대화 가운데 있는 함정에 초점을 맞추는 눅 11:54; 사람을 대격으로 하고 매복시키는 복병을 강조하는 행 23:21.

ἐνειλέω [ἐν, εἰλέω = εἵλω '감다' 감아올리는 방식으로] **말아서 감싸다** wrap (up) in 막 15:46.

ἔνειμι [ἐν, εἰμί; '안에 있다'] **안에 있다, 내부에 있다** be in/inside 분사 τὰ ἐνόντα 내부에 있는 것, 내용물 눅 11:41.

ἕνεκα, ἕνεκεν, 그리고 **εἵνεκεν** 항목을 보라[복합적인 어원, 비교 ἑκών] 속격 지배 전치사로 원인이나 이유를 표현하는 역할을 한다. **~때문에, ~을 위해** because of, on account of, for the sake of 마 5:10f; 10:39; 19:5(ἕ. τούτου 이러한 이유로 for this reason) 등 복음서에서 자주; 행 19:32(τίνος ἕ; 왜?); 롬 14:20; 고후 3:10; ἕ. τοῦ 부정사 = 에 대한 관심을 가지고 고후 7:12c.

ἐνεκεντρίσθην ἐγκεντρίζω 제1부정과거 수동태 직설법.

ἐνέκοψα ἐγκόπτω 제1부정과거 능동태 직설법.

ἐνέκρυψα ἐγκρύπτω 제1부정과거 능동태 직설법.

ἐνέμεινα ἐμμένω 제1부정과거 능동태 직설법.

ἐνενήκοντα [비교 ἐννέα '아홉'] 격변화 없음. **구십** ninety 마 18:12f; 눅 15:4, 7.

ἐνεός, ά, όν [어원 미상; '말할 능력이 결핍된, 말못하는'] '말로 표현하지 않는', **말이 없는** speechless 행 9:7.

ἐνέπαιξα, ἐνεπαίχθην ἐμπαίζω 제1부정과거 능동태, 수동태 직설법.

ἐνέπεσον ἐμπίπτω 제2부정과거 능동태 직설법.

ἐνέπλησα, ἐνεπλήσθην ἐμπί(μ)πλημι 제1부정과거 능동태와 수동태 직설법.

ἐνέπρησε ἐμπί(μ)πρημι 제1부정과거 능동태 직설법.

ἐνέργεια, ας, ἡ [ἐνεργής (ἐν, ἔργον)] '생산적인 행동', **활동, 행동, 역사(役事)**

working, operation, action, 내부적인 자원이 외부적으로 나타냄을 강조하여 엡 1:19; 3:7; 4:16; 빌 3:21; 골 1:29; 2:12; 살후 2:9. ἐ. πλάνης 진리의 길에서 벗어나 헤매도록 하는 (내부적인) 이끔, 미혹의 역사 11절.

ἐνεργέω [ἐν, ἔργον] ① 자동사 '목표를 추구하는 데 열정적이다', **활동적이다, 노력하다, 작용하다** be active, work, operate 마 14:2; 막 6:14; 롬 7:5; 고후 1:6; 4:12; 갈 2:8; 5:6; 엡 3:20; 빌 2:13b; 골 1:29; 살전 2:13; 살후 2:7; 효과적인 기도 약 5:16. ② 타동사 '초래하다', **만들다, 생산하다, 이루다** work, produce, effect 고전 12:6, 11; 갈 3:5; 엡 1:11, 20; 2:2; 빌 2:13a(목적어로서 τὸ ἐνεργεῖν과 함께).

ἐνέργημα, ατος, τό [ἐνεργέω] '능력이나 재능을 나타냄', **활동, 역사, 결과** production 고전 12:6, 10.

ἐνεργής, ές [ἐν, ἔργον] **유효한, 생산적인** effective, productive 고전 16:9; 몬 6; 히 4:12.

ἐνεστηκώς, ἐνεστώς ἐνίστημι 제1완료 능동태 분사와 제2완료 능동태 분사.
ἐνετειλάμην ἐντέλλω 제1부정과거 중간태 직설법.
ἐνετράπην ἐντρέπω 제2부정과거 수동태 직설법.
ἐνέτυχον ἐντυγχάνω 제2부정과거 능동태 직설법.

ἐνευλογέω [ἐν, εὐλογέω] **축복하다, 강복하다** bless, 신약에서는 항상 제1미래 수동태로, ἐνευλογηθήσομαι 행 3:25; 갈 3:8.

ἐνεχθ- φέρω 제1부정과거 수동태 분사 어간.

ἐνέχω [ἐν, ἔχω] ① '제약을 경험하다', 여격을 동반하는 수동태 구조에서 (~의)지배를 받다, 억눌리다 be subject (to), be loaded down (with) 갈 5:1; 살후 1:4 이문. ② 내면화한 적개심에 관해 ~라고 여기다, 악의를 품다 hold in, bear ill-will, 여격 동반으로. ἐνείχετο αὐτῷ = χόλον ἐ. ἀ. "그에 대해 원한을 품다" 막 6:19; 단독으로 δεινῶς ἐ. = "몹시 앙심을 품다" 눅 11:53.

ἐνθάδε [ἔνθα '거기', δέ] 부사 상대적으로 화자 가까이에 있는 위치를 표시함 **여기** here ⓐ 움직임을 표현하는 동사와 함께 요 4:15f(= 이곳으로); 행 25:17(= 이곳에). ⓑ 움직임을 나타내는 동사 없이 **이곳에** in this place 눅 24:41; 행 10:18 등 사도행전에서 자주.

ἔνθεν [비교 이전 항목] 부사 **여기에서, 여기로부터** from here 마 17:20; 눅 16:26.

ἐνθυμέομαι [ἐν, θυμός] '~에 진지하게 주목하다', **숙고하다, 깊이 생각하다** ponder, dwell on 마 1:20; 9:4.

ἐνθύμησις, εως, ἡ [ἐν, θυμός] **생각, 심사숙고** thought, reflection 마 9:4; 12:25; 행 17:29(상상했다는 뜻을 함축하여); 히 4:12(ἔννοια와 함께).

ἔνι [ἔνειμι의 3인칭 단수 ἔνεστι와 동일, '~에 있다, 존재한다'] **있다, 존재한다** there is 고전 6:5; 갈 3:28; 골 3:11; 약 1:17.

ἐνιαυτός, οῦ, ὁ / ἐνοχλέω

ἐνιαυτός, οῦ, ὁ [어원은 확실하지 않음] **해, 년(年)** year (= ἔτος) 요 11:49; 행 11:26; 갈 4:10; 히 9:7(ἅπαξ τοῦ ἐνιαυτοῦ 해마다 한 번씩); 약 5:17; 계 9:15. 의미가 확장되어 시간의 특별한 기간 눅 4:19(그리고 갈 4:10은 이러한 의미로 이해할 수 있다).

ἐνίοτε [비교 ἔνιοι '어떤'] 부사 **때때로, 때로는** sometimes 마 17:15 이문.

ἐνίστημι [ἐν, ἵστημι] **있다, 다다르다** be present, be here 살후 2:2; 딤후 3:1(알고 있는 장래에 관해); 유사하게 분사 ἐνεστηκώς와 ἐνεστώς, **현재** present 롬 8:38; 고전 3:22; 7:26; 갈 1:4; 히 9:9.

ἐνισχύω [ἐν, ἰσχύω] ① 타동사 **힘을 북돋다** strengthen 눅 22:43. ② 자동사 **힘을 얻다, 기운 차리다** gain strength 행 9:19; 19:20 이문.

ἐνκ- ἐγκ을 보라.

ἐννέα, οἱ/αἱ/τά [호메로스 이전 형태에서 비롯하여] 격변화 없음. **아홉** nine 마 18:12f; 눅 15:4, 7; 17:17.

ἐννεός ἐνεός를 보라.

ἐννεύω [ἐν, νεύω] **끄덕이다, 신호하다** nod (to), make sign (to) 눅 1:62.

ἔννοια, ας, ἡ [ἐν, νοῦς] '사고(思考) 처리 행위', 내용을 강조하여 **사고방식, 태도** mind-set, attitude 히 4:12; 벧전 4:1.

ἔννομος, ον [ἐν, νόμος] '법적인 테두리 안에서', **합법적인, 법적으로 타당한** legal, lawful, 정식으로 열린 집회 행 19:39; 언어유희로 μὴ ὢν ἄνομος θεοῦ ἀλλ' ἔννομος Χριστοῦ "하나님의 율법을 벗어나지 않고, 도리어 그리스도의 율법 아래 있는" 고전 9:21.

ἐννόμως [이전 항목과 비교] 부사 ἐν νόμῳ에 대해, **법률 체계에 따라** subject to a legal system, 롬 2:12 이문 바울은 모세의 율법 체계를 분명히 염두에 두고 있었다.

ἔννυχος, ον [ἐν, νύξ] **밤에** at night, 중성 복수 부사로서. πρωῒ ἔννυχα λίαν 아직 어두울 때에, 날이 밝아오려면 아직 멀었을 때 막 1:35.

ἐνοικέω [ἐν, οἰκέω] **~에 살다, 거주하다** live/dwell in, 신약에서는 항상 ἐν과 함께 눅 13:4 이문; 롬 7:17 이문; 8:11; 고후 6:16; 골 3:16; 딤후 1:5, 14.

ἐνορκίζω [ἐν, ὁρκίζω] '맹세하도록 하다', **맹세시키다, 엄명하다** put under oath, adjure 살전 5:27.

ἑνότης, ητος, ἡ [εἷς] '조화와 일치를 이루는 상태', **하나됨, 통일** oneness, unity 엡 4:3, 13.

ἐνοχλέω [ἐν, ὄχλος '방해'라는 의미로] '불편을 초래하여 귀찮게 하다', **괴롭히다, 성가시게 하다** trouble, annoy 눅 6:18; 단독으로 **혼란을 일으키다, 분란을 일으키다** cause trouble/disturbance 히 12:15.

ἔνοχος, ον / ἐντολή, ῆς, ἡ

ἔνοχος, ον [ἐν, ἔχω; = ἐνεχόμενος] ① '억눌린 또는 강요당한', ~에 얽매인 subject to 히 2:15. ②로 의미 전환은 쉽게 이루어진다 ② '해명할 것이 요구되는', 법적인 과정에 초점 맞추어 **책임 있는**, ~이 요구되는 (held) liable, (held) accountable (for) 마 5:21, 22ab; 막 3:29. ἔ. τοῦ σώματος καὶ τοῦ αἵματος 몸과 피(에 대해 짓는 죄)에 대하여 책임 있는 고전 11:27; γέγονεν πάντων ἔ. 모든 (범한) 것에 대해 책임 있는 약 2:10. ἔ. εἰς τ. γέενναν 지옥(형)을 면할 수 없는 마 5:22c; ~에 **해당하는** deserving (of) 26:66; 막 14:64; αἰωνίου κρίσεως 영원한 형벌 3:29 이문.

ἐνπ- ἐμπ-를 보라.

ἐνστήσομαι ἐνίστημι 미래 중간태 직설법.

ἔνταλμα, ατος, τό [ἐντέλλω(완료 중간태 ἐντέταλμαι에서 -ταλ이 비롯되어)] '엄중한 요구로 주어진 지시', **명령, 규정, 지시**, command, rule, order 마 15:9; 막 7:7; 골 2:22.

ἐνταφιάζω [ἐν, θάπτω에서 τάφος] **장례를 준비하다** prepare for burial 마 26:12; 요 19:40.

ἐνταφιασμός, οῦ, ὁ [ἐνταφιάζω] **장례 준비** preparation for burial, 또는 단순히 **장례** burial 막 14:8; 요 12:7.

ἐντειλάμενος, ἐντελεῖται ἐντέλλω 부정과거. 중간태 분사 그리고 미래 중간태 직설법.

ἐντέλλω [ἐν, τέλλω '성취하다'] 신약에서 중간태로만, '엄중한 요구로 지시하다', **지시하다, 명령하다** instruct, command, order 마 4:6; 17:9; 막 10:3; 13:34; 요 14:31; 행 13:47; 히 11:22; 언약적 의무에 관해. ἔ. πρός 맺은, 책임 있는 히 9:20.

ἐντέταλμαι ἐντέλλω 완료 중간태 직설법.

ἐντεῦθεν [ἔνθεν] **여기에서, 여기로부터, 여기에서 멀리** from here, out of here, away from here 눅 4:9; 13:31; 요 2:16; 7:3; 14:31; 18:36; 약 4:1(바로 여기). — ἐ. καὶ ἐ. 양쪽에 요 19:18; 같은 의미로 ἐ. καὶ ἐκεῖθεν 계 22:2.

ἔντευξις, εως, ἡ [ἐντυγχάνω] **기도, 도고** prayer 딤전 2:1; 4:5.

ἐντίθημι [ἐν, τίθημι] **끼워넣다** put in, 즉, 설명으로서 행 18:4 이문.

ἔντιμος, ον [ἐν, τιμή] ① 등급이 **귀한, 중요한** distinguished, important 눅 14:8. ἔ. ἔχειντινά "어떤 이를 매우 존경하다" 빌 2:29. ② 가치, **값진, 소중한** valuable, precious 눅 7:2; 벧전 2:4, 6.

* **ἐντολή, ῆς, ἡ** [ἐντέλλω] '행동에 대한 지시', **계명, 명령, 지시** commandment, order, instruction ⓐ 모세 율법 규정에 대해 자주 마 5:19; 22:36; 막 7:8; 눅 1:6; 롬 7:8. ⓑ 특별한 임무: 아버지께서 예수께 이르신 것에 관해 요 10:18; 예수께서 사람에게 이르신 것에 관해 요 13:34; 14:15; 고전 14:37; 요일 2:3; 종교

ἐντόπιος, α, ον / ἐνώπιον

적인 권위로 사람들에게 요 11:57; 딛 1:14; 벧후 3:2; 특별한 상황에 대하여 사람들에게. 행 17:15; 골 4:10. ⓓ 다른 종류의 지시. 딤전 6:14; 벧후 2:21; 계 12:17; 14:12.

ἐντόπιος, α, ον [ἐν, τόπος] 현지의, 그 곳에 있는 local, οἱ ἐ. 그 지역 사람들, 주민들 행 21:12.

ἐντός [ἐν] 부사 안으로 제한된 장소에 관해, **안에, 내부에** inside, within, ἐντὸς ὑμῶν 너희 가운데, 너희 중심에 눅 17:21; τὸ ἐντός 안쪽, 속 마 23:26.

ἐντραπῇ, ἐντραπήσομαι ἐντρέπω 제2부정과거 수동태 가정법 3인칭 단수 그리고 제2미래 수동태 직설법.

ἐντρέπω [ἐν, τρέπω 위치나 상황을 전환시키는 것과 관련하여 '돌리다'; '방향을 바꾸다'] 신약에서는 '방향을 바꾼다'는 의미가 확장되어 ① **부끄럽게 하다**, **수치스럽게 하다** shame 고전 4:14; 살후 3:14; 딛 2:8. ② '~에 주의를 기울이다', **존중하다** respect 마 21:37; 막 12:6; 눅 18:2, 4(이 두 구절에서는 ἄνθρωπος와 더불어 사람을 존중하는 사람); 20:13; 히 12:9.

ἐντρέφω [ἐν, τρέφω; '기르다, 양육하다'] **키우다, 양육하다** nurture 딤전 4:6.

ἔντρομος, ον [ἐν, τρόμος] '떨리는 상태로', **덜덜 떠는, 전율하는** atremble, trembling 눅 8:47 이문; 행 7:32; 16:29; 히 12:21.

ἐντροπή, ῆς, ἡ [ἐντρέπω] **부끄러움** shame (태도를 바꾸어야 한다고 설득하기 위한 개념) 고전 6:5; 15:34.

ἐντρυφάω [ἐν, τρυφάω] **흥청거리며 놀다, 진탕 놀다** revel, carouse 벧후 2:13.

ἐντυγχάνω [ἐν, τυγχάνω] 신약에서 문맥이 나타내는 대로 마음에 어떤 요구나 간청을 가지고 권위 있는 이에게 다가감과 관련해서, **다가가다, 요청하다, 간구하다** approach, appeal 행 25:24; 롬 8:27, 34; 11:2; 히 7:25.

ἐντυλίσσω [ἐν, τυλίσσω '감아 올리다'] **싸다, 둘둘 말다** wrap (up) 마 27:59; 눅 23:53; 요 20:7.

ἐντυπόω [ἐν, τύπος] **새기다, 깎다** carve, chisel 고후 3:7.

ἐνυβρίζω [ἐν, ὕβρις] '욕을 퍼붓다', **모욕하다** insult 히 10:29.

ἐνυπνιάζομαι [ἐνύπνιον] **꿈꾸다** to dream 행 2:17; 유 8.

ἐνύπνιον, ου, τό [ἐν, ὕπνος] **꿈** dream 행 2:17.

ἐνφ- ἐμφ-를 보라.

*__ἐνώπιον__ [ἐν, ὤψ '눈, 얼굴'] 사실은 ἐνώπιος('마주하는')의 중성으로 속격 지배 전치사 역할을 한다. 기본 개념은 '시야에 들어옴'을 뜻하며, 보통 ~**앞** before이라는 뜻이다. 문맥이 위치나 관계에 대한 세부적인 의미를 결정해주며, 또한 의미가 중첩되는 것도 가능하다. ⓐ **먼저, 앞에** ahead 눅 1:17; 1:76. ⓑ **앞에서, 면전에서** in presence (of) 눅 13:26; 14:10; 23:14; 요 20:30; 요삼 6; 딤전 6:12; 계

3:5. ⓒ 앞에 in front (of) 눅 4:7; 5:18, 25; 8:47; 행 10:30; 19:19; 27:35; 딤전 5:20; 계 3:8; 7:15; 13:13. ⓓ 앞에, 확인하기에, 보기에, before, under scrutiny, in sight (of) 어떤 존재(특별히 하나님)에 대해 드러난 일에 대한 인식이나 행함에 대한 평가를 강조하여 눅 1:75; 12:6; 15:18; 24:11; 행 6:5; 롬 3:20; 12:17; 고전 1:29; 고후 4:2; 8:21; 딤전 2:3; 5:21; 6:13; 딤후 2:14; 히 4:13; 약 4:10; 벧전 3:4;1 요 3:22; 계 3:2; 13:12, 14(계시록의 짐승에 관해); 16:19. ⓔ 섬길 준비가 되어 있다는 동사와 함께 **앞에서** before 눅 1:19; 계 1:4 등 계시록에서 자주.

Ἐνώς, ὁ [히브리어 '인간, 인류'] 격변화 없음. **에노스** Enos, 예수의 조상, 셋의 아들 눅 3:38.

ἐνωτίζομαι [ἐν, οὖς] '~에 대해 매우 집중하다', **귀기울이다, 귀담아 듣다** give ear to, listen to 행 2:14.

Ἐνώχ, ὁ [히브리어 '시작된'] 격변화 없음. **에녹** 눅 3:37에 나온 예수의 조상 ; 히 11:5; 유 14; 추청. 벧전 3:19에서.

ἐξ 전치사 ἐκ를 보라.

ἕξ [IE] 격변화 없음. **여섯** six 마 17:1; 눅 4:25; 요 2:6; 12:1; 행 11:12; 약 5:17; 계 13:18.

ἐξαγγέλλω [ἐξ, ἀγγέλλω] **선포하다** proclaim 짧게 끝나는 마가복음 사본에서; 벧전 2:9.

ἐξαγοράζω [ἐξ, ἀγορά; '모으다'] ⓐ **속량(贖良)하다** buy out, redeem 갈 3:13; 4:5. ⓑ 상업적 의미로 확장되어, 중간태 **이득을 보다** take advantage ἐξαγοράζειν τ. καιρόν "기회를 얻다" 언제가 얻기에 알맞은 때인지 알아야 한다는 비유에서 엡 5:16; 골 4:5.

ἐξάγω [ἐξ, ἄγω] **데리고 나가다, 끌고 나가다** lead/take out 막 15:20; 눅 24:50; 요 10:3; 행 5:19 등 사도행전에서; 히 8:9.

ἐξαιρέω [ἐξ, αἱρέω] ① '어떤 장소에서 치우다', 신체기관, 능동태 **추출하다, 뽑아내다** take out, extract 마 5:29; 18:9. ② 위험을 제거하는 확장된 의미로, 중간태 **구하다, 건져내다** deliver, rescue 행 7:10, 34; 12:11; 23:27; 26:17(비교 21절 이하에 나온 특별한 위험); 갈 1:4.

ἐξαίρω [ἐξ, αἴρω] **제거하다, 내쫓다** remove, put out 고전 5:2 이문, 13절.

ἐξαιτέω [ἐξ, αἰτέω] **청하다, 요구하다** ask for, demand(권리로서; 비교 욥 1-2) 눅 22:31.

ἐξαίφνης [ἐξ, αἶψα '빠르게'] 부사 **갑자기, 즉시** suddenly, at once 막 13:36; 눅 2:13; 9:39; 행 9:3; 22:6.

ἐξακολουθέω [ἐξ, ἀκολουθέω] 이끄는 지침을 **따르다** follow 벧후 1:16; 2:2; 관계된 의미로 ἐξακολουθεῖν τῇ ὁδῷ "길을 따르다" 15절.

ἑξακόσιοι, αι, α [ἑξ + -κοσιοι, αι, α; 어미의 유래는 복잡한 역사를 가지고 있다] 육백 six hundred 계 13:18; 14:20.

ἐξαλείφω [ἐξ, ἀλείφω] ① 문질러서 **얼룩을 닦아내다** blot out 행 3:19; 계 3:5; 7:17; 21:4. ② 확장되어 사법적인 의미로 **취소하다** cancel 골 2:14.

ἐξάλλομαι [ἐξ, ἄλλομαι] **뛰어 오르다** leap up 행 3:8; 14:10 이문.

ἐξανάστασις, εως, ἡ [ἐξ, ἀνάστασις] **부활** resurrection, 생명력에 참여함을 강조하여 빌 3:11.

ἐξαναστήσῃ ἐξανίστημι 제1부정과거 능동태 가정법 3인칭 단수.

ἐξανατέλλω [ἐξ, ἀνατέλλω] **돋아나다** spring up 마 13:5; 막 4:5.

ἐξανέστησα ἐξανίστημι 제1부정과거 능동태 직설법.

ἐξανέτειλα ἐξανατέλλω 제1부정과거 능동태 직설법.

ἐξανίστημι [ἐξ, ἀνίστημι] ① 타동사 후손이 **일어나다** raise up 막 12:19; 눅 20:28. ② 자동사 **일어나다** stand up 행 15:5.

ἐξανοίγω [ἐξ, ἀνοίγω] 문을 **활짝 열다** open all the way, 행 12:16 이문.

ἐξαπατάω [ἐξ, ἀπατάω] 정신적이거나 영적으로 기만함이라는 의미로 **유혹하다** seduce, 롬 7:11; 16:18; 고전 3:18; 고후 11:3; 살후 2:3; 딤전 2:14.

ἐξαπεστάλην, ἐξαπέστειλα ἐξαποστέλλω 제1부정과거 수동태 그리고 제1부정과거 능동태 직설법.

ἐξάπινα [ἐξαπίνης의 후기형 = ἐξαίφνης] 부사 **즉시, 당장, 곧바로** immediately, forthwith, right away 예수만 즉시 홀로 계심과 관련하여 막 9:8.

ἐξαπορέω [ἐξ, ἀπορέω] **낙심하다, 어찌할 줄 몰라하다** be without a way out, be at a loss 고후 4:8; τοῦ ζῆν 생명이 끊어질 것 같은 낙심 고후 1:8.

ἐξαποστέλλω [ἐξ, ἀποστέλλω] ① 어떤 존재가 한 장소에서 다른 곳으로 움직임을 강조하여 **파견하다, 보내다** send out/away ⓐ 말씀, 전갈 눅 24:49 이문; 행 13:26. ⓑ 사람. 행 7:12; 9:30; 11:22; 12:11; 17:14; 22:21; 갈 4:4, 6. ② 물러가게 함을 강조하여 **돌려보내다** send away 눅 1:53; 20:10f.

ἐξάρατε, ἐξαρθῇ ἐξαίρω 제1부정과거 능동태 명령법과 제1부정과거 수동태 가정법 3인칭 단수.

ἐξαρτίζω [ἐξ, ἀρτίζω '준비하다' 비교 ἄρτιος] ① **완료하다, 마치다** complete ἡμᾶς ἐξαρτίσαι τ. ἡμέρας 우리가 지내기를 마치고 행 21:5. ② 작업에 대한 준비로 **갖추다, 채비하다** fit out, equip, 딤후 3:17.

ἐξαστράπτω [ἐξ, ἀστράπτω] '빛나는 것처럼 번쩍이다', **반짝거리다, 번쩍번쩍하다** gleam, glitter 눅 9:29.

ἐξαυτῆς [= ἐξ αὐτῆς τ. ὥρας] 부사 **즉시, 즉각, 지체 없이** at once, immediately, without delay 막 6:25; 행 10:33; 11:11 (바로 그때); 21:32; 23:30; 빌 2:23.

ἐξέβαλον, ἐξεβλήθην ἐκβάλλω 제2부정과거 능동태 직설법과 제1부정과거 수동태 직설법.

ἐξέβην ἐκβαίνω 제2부정과거 능동태 직설법.

ἐξεγείρω [ἐξ, ἐγείρω] '깨어나다'라는 중심 의미는 다음과 같이 의미가 확대된다 ① 죽은 자 가운데서 **일으키다** raise (up) 고전 6:14. ② '권위 있는 자리에 오르다', **세우다** raise up 롬 9:17.

ἐξεγερῶ ἐξεγείρω 미래 능동태 직설법.

ἐξέδετο ἐκδίδωμι 제2부정과거 중간태 직설법.

ἐξείλατο ἐξαιρέω 제2부정과거 중간태 직설법.

ἔξειμι [ἐξ, εἰμί] ἔξεστι를 보라.

ἐξεκαύθην ἐκκαίω 제1부정과거 수동태 직설법.

ἐξεκλάσθην ἐκκλάω 제1부정과거 수동태 직설법.

ἐξεκόπην ἐκκόπτω 제2부정과거 수동태 직설법.

ἐξεκρέμετο ἐκκρεμάννυμι 미완료 중간태 직설법 3인칭 단수.

ἔξελε, ἐξελέσθαι ἐξαιρέω 제2부정과거 능동태 명령법과 중간태 부정사.

ἐξελέξω ἐκλέγω 제1부정과거 중간태 2인칭 단수.

ἐξελεύσομαι, ἐξελήλυθα ἐξέρχομαι 미래 중간태 그리고 완료 능동태 직설법.

ἐξέλκω [ἐξ, ἕλκω '당기다, 끌다, 오게하다'] **이끌다** drag off 욕망의 유혹하는 힘에 대한 비유로 약 1:14.

ἐξέμαξα ἐκμάσσω 제1부정과거 능동태 직설법.

ἐξένεγ- ἐκφέρω 부정과거 어간.

ἐξέπεσα ἐκπίπτω 제1부정과거 능동태 직설법.

ἐξεπέτασα ἐκπετάννυμι 제1부정과거 능동태 직설법.

ἐξεπλάγην ἐκπλήσσω 제2부정과거 수동태 직설법.

ἐξέπλει ἐκπλέω 미완료 능동태 직설법.

ἐξέπλευσα ἐκπλέω 제1부정과거 능동태 직설법.

ἐξέπνευσα ἐκπνέω 제1부정과거 능동태 직설법.

ἐξέραμα, ατος, τό [ἐξ, ἀράω '토하다'; '세게 쏟아내다, 게우다'] '위에 있던 것의 토사물', **토사물, 토한 것** vomit 벧후 2:22.

ἐξεραυνόω [ἐξερευνάω에 대한 그리스 형태(ἐξ, ἐρευνάω '구하다, ~을 찾다')] **찾아내다, 찾아보다** search out, try to find out 벧전 1:10.

** **ἐξέρχομαι** [ἐξ, ἔρχομαι] '어떤 장소나 위치에서 떠나다', **나가다, 떠나다, 가버리다** go/come out/away 마 5:26; 8:12 이문; 막 1:25; 8:11(떠나는 위치와 상관없이: 나오라, 나타나라); 눅 12:59(οὐ μὴ ἐξέλθῃς 나가지 않을 것이다); 요 1:43; 8:42(예수께서 하나님께로부터 오심, 요한복음에서 다양하게 표현하는 선

ἐξεστακέναι, ἐξέστην, ἐξέστησα / ἐξήκοντα

호 주제. 다음을 보라. 13:3; 16:27f,30; 17:8); 10:39(도망하다 = '따돌리다'); 행 1:21; 롬 10:18; 고후 2:13; 살전 1:8; 히 11:8; 요일 2:19; 요이 7; 요삼 7; 계 14:20; 19:5, 21. ἐξέλθατε ἐκ μέσου αὐτῶν "그들과 어울리기를 멈추라" 고후 6:17. —τ. κόσμου ἐ. 세상을 완전히 떠나다, 죽는 것에 대한 완곡어법으로. 고전 5:10. ἐ. ἐκ τῆς ὀσφύος Ἀ. 아브라함의 허리에서 나오다 = 아브라함의 자손이다 히 7:5. — ἐξῆλθεν ἡ ἐλπὶς τ. ἐργασίας αὐτῶν "자신들의 사라진 이득을 바라다" 행 16:19.

ἐξεστακέναι, ἐξέστην, ἐξέστησα ἐξίστημι의 완료 능동태 부정사, 제2부정과거 능동태 직설법, 그리고 제1부정과거 능동태 직설법.

ἔξεστι [사용하지 않은 비인칭동사 ἔξειμι의 3인칭 단수, 비교 ἐξουσία] 문자적으로는 '나오다, 열리다', 따라서 ~는 **허락되다, 용인되다, 바르다** it is allowable/permitted/right 마 12:2; 14:4; 22:17; 요 5:10; 행 8:37 이문; 16:21; 21:37; 고전 6:12. ἐστίν을 동반하거나 단독으로 등장하는 분사 ἐξόν = ἔξεστι 마 12:4; 행 2:29; 고후 12:4.

ἐξέστραπται ἐκστρέφω 완료 수동태 직설법.

ἐξετάζω [ἐξ, ἐτάζω '조사하다, 시험하다'] '정보를 구하다', **조사하다, 알아보다** inquire 마 2:8; 10:11; **의문을 갖다** question 요 21:12.

ἐξετέθην ἐκτίθημι 제1부정과거 수동태 직설법.

ἐξέτεινα ἐκτείνω 제1부정과거 능동태 직설법.

ἐξετράπην ἐκτρέπω 제2부정과거 수동태 직설법.

ἐξέφνης ἐξαίφνης의 헬레니즘식 철자, 해당 단어를 보라.

ἐξέφυγον ἐκφεύγω 제2부정과거 능동태 직설법.

ἐξέχεα, ἐξεχύθην ἐκχέω 제1부정과거 능동태 그리고 제1부정과거 수동태 직설법.

ἐξέχω [ἐξ, ἔχω; '두드러지다, 돌출하다'] **두드러지다, 현저하다** be prominent 마 20:28 이문.

ἐξέψυξα ἐκψύχω 제1부정과거 능동태 직설법.

ἐξέωσαι ἐξωθέω 제1부정과거 능동태 부정사.

ἐξήγαγον ἐξάγω 제2부정과거 능동태 직설법.

ἐξήγγειλα ἐξαγγέλλω 제1부정과거 능동태 직설법.

ἐξήγειρε ἐξεγείρω 제1부정과거 능동태 직설법 3인칭 단수.

ἐξηγέομαι [ἐξ, ἡγέομαι] ~에 대해 **말하다, 설명하다, 묘사하다** talk about, explain, describe 눅 24:35; 행 10:8; 15:12, 14; 21:19. —단독으로 ἐκεῖνος ἐξηγήσατο "그가 알려주셨다" 요 1:18.

ἐξῄειν, ἐξῄεσαν ἔξειμι 능동태 직설법 1인칭 단수 그리고 3인칭 복수.

ἐξήκοντα [ἐξ + -κοντα, 복합적인 어원] 격변화 없음. **육십** sixty 마 13:8; 눅 24:13; 딤전 5:9; 더 큰 수의 부분으로서 계 11:3; 12:6; 13:18.

ἐξῆλθον ἐξέρχομαι 제2부정과거 능동태 직설법.

ἐξήρανε, ἐξηράνθη, ἐξήρανται ξηραίνω 제1부정과거 능동태, 제1부정과거 수동태, 그리고 완료 수동태 직설법.

ἑξῆς [형용사 *ἕξος의 속격에서 또는 연속적인 관계와 관련된 그 명사적 형태 *ἕξα에서; 비교 ἔχεσθαί τινος '무엇을 가지다'] 부사 **다음에** next 눅 9:37; 행 21:1; 25:17, 27:18. ἐν τῷ ἑ. **다음에, 후에** next, later 눅 7:11.

ἐξητήσατο ἐξαιτέω 제1부정과거 중간태 직설법 3인칭 단수.

ἐξηχέω [ἐξ, ἠχέω] 타동사 수동태 '울려퍼지게 되다', 능동 의미로 **울려 퍼지다, 크게 울리다, 널리 퍼지다** resound, ring out, spread abroad 살전 1:8.

ἐξιέναι ἔξειμι 현재 능동태 부정사.

ἕξις, εως, ἡ [ἔχω, 미래형. ἕξω를 통하여] **성숙한 상태, 성숙함** mature state, maturity 히 5:14.

ἐξίστημι, 또한 ἐξιστάνω/ἐξιστάω [ἵστημι를 보라] 일반적으로 ἐ.는 일반적인 예상과는 다른 태도나 행동을 보여주는 심리적인 변화를 일으키거나 겪는다는 생각을 표현한다. ① 타동사 '깜짝 놀라 감정의 동요를 크게 느끼게 하다', **놀라게 하다** amaze 눅 24:22; 행 8:9, 11. ② 자동사 (제2부정과거 그리고 완료 능동태, 중간태에서 비롯한 모든 형태) ⓐ **정신 나가다, 미치다** be out of one's mind 막 3:21; 고후 5:13. ⓑ **놀라다, 어쩔 줄 모른다** be amazed, be overwhelmed 마 12:23; 막 2:12; 눅 8:56; 행 2:7, 12; 8:13.

ἐξιστῶν ἐξίστημι(ἐξιστάω) 현재 능동태 분사.

ἐξισχύω [ἐξ, ἰσχύω; '충분한 힘을 가지다'] **넉넉히 할 수 있다, 가능하다** be thoroughly able, be in a position, 자질을 갖추도록 대처하는 능력에 대한 비유로 엡 3:18.

ἔξοδος, ου, ἡ [ἐξ, ὁδός; '나감, 떠남' 반의어 εἴσοδος] 지리적으로 어떤 장소를 **벗어남** departure: 이스라엘 민족의 출애굽 히 11:22; 더욱이 죽음의 경험과 관련해서(여행의 은유는 개인적인 문제를 제어하는 것을 시사한다), 눅 9:31; 벧후 1:15.

ἐξοίσουσι ἐκφέρω 미래 능동태 직설법 3인칭 복수.

ἐξολεθρεύω [ἐξ, ὀλεθρεύω '파괴하다'; '완전히 파괴하다'] **뿌리 뽑다, 제거하다** eradicate, eliminate 행 3:23.

ἐξομολογέω [ἐξ, ὁμολογέω] ① '공적으로 발언하거나, 동의나 인정함을 나타내는 반응을 보이다', 중간태 ⓐ 그릇된 행동이나 죄를 **인정하다, 자백하다** admit, confess (그릇된 행동이 간과되지 않았음을 인식하면서) 마 3:6; 막 1:5; 행 19:18; 약 5:16. ⓑ 어떤 존재가 알아야 할 권한이 있음을 인식하면서 **자인하다, 인정하다** acknowledge, admit 마 11:25; 롬 14:11; 15:9; 빌 2:11. ② 능동태

ἐξόν / ἐξουσία, ας, ἡ

ἐξομολογέω는 표준적인 중간태에서 발전하였고, '승인'이라는 일반적인 생각에서 자연스럽게 유래한 것이다: '제의를 받아들이다', **동의하다, 협상을 매듭짓다** agree, accept/close a deal, 능동태 단독으로 눅 22:6.

ἐξόν ἔξεστι를 보라.

ἐξορκίζω [ἐξ, ὁρκίζω] ① **맹세하다** put under oath (말한 바가 진실임을 보증하다) 마 26:63. ② '초월적인 힘을 불러와 강제하다', **근엄하게 명령하다, 귀신을 몰아내다** solemnly command, exorcise 행 19:13 이문, 14절 이문.

ἐξορκιστής, οῦ, ὁ [비교 이전 항목] **축귀 사역자** exorcist 행 19:13.

ἐξορύσσω [ἐξ, ὁρύσσω] '강제로 뜯어내어 제거하다', **파내다** dig out, 눈을 빼냄에 관하여 갈 4:15; 지붕에 있는 덮개를 제거 막 2:4.

ἐξουδενέω/ἐξουδενόω [ἐξ, οὐδέν] '아무 것도 없거나, 존재하지 않는 것처럼 대하다', **멸시하다, 업신여기다** utterly despise, disdain 막 9:12.

ἐξουθενέω/ἐξουθενόω [이전 항목을 보라] 일반적으로 '가치 없는 것으로 여기다', 사람과 관련하여 '보잘 것 없는 사람으로 여기다': **업신여기다, 의심하다** treat with contempt, discredit 막 9:12; 눅 23:11; ~을 낮춰 보다(얕보다) look down on (비교 콧방귀 뀌다) 18:9; 롬 14:3, 10; 고전 1:28; 6:4(사람과 관련하여. 교회에서 경멸하는 사람들); 16:11(무례하게 하다); 갈 4:14; 살전 5:20; reject 행 4:11. —어구 λόγος ἐξουθενημένος에서 수동태 분사는 바울의 인상적이지 않은 연설을 형용사로서 '경멸할 가치조차 없는'(들을 가치가 없는) 것으로 묘사하는 기능을 한다. 고후 10:10.

ἐξουσία, ας, ἡ [εἰμί, 비교 ἔξεστι, ἐξόν] ① 기본 개념: 허락을 구하거나 기다리지 않고도 행동하거나 말할 수 있는 권한을 가지다: **권위, 권리, 관할권 authority, right, jurisdiction 마 7:29; 막 1:27; 2:10; 눅 12:5; 20:20; 요 5:27; 19:10; 행 1:7; 5:4; 롬 9:21; 고전 7:37; 8:9 등 고린도전서에서 자주; 살후 3:9; 히 13:10; 계 22:14. 더 우월한 이에게 위임받거나 인정받은 행사자 마 8:9(ἐγὼ ἄνθρωπός εἰμι ὑπὸ ἐξουσίαν "나도 권력 아래 있는 사람이다 = 나도 권력이 무엇인지 안다"); 9:8; 21:23b; 28:18; 막 6:7; 눅 10:19; 요 19:11(비교 10절에서 말한 주장); 행 8:19; 9:14; 26:10; 롬 13:1; 고후 10:8; 계 2:26과 계시록에서 자주, δίδωμι와 함께. 그리고 받는 사람의 여격과 함께 = 권한을 부여하다. —요 1:12에서 ἐ.는 아마 특권으로 번역할 수 있다. ② 의미가 변하여, 무생물 또는 생물에 관하여 **권한** authority ⓐ 추상적인 것의 구체화: 권력을 발휘하는 영역이나 범위 눅 4:6; 22:53; 23:7; 엡 2:2; 골 1:13. ⓑ 권력을 가지고 있는 존재들 눅 12:11; 롬 13:1-3; 딛 3:1. ⓒ 우주적인 힘 고전 15:24; 엡 1:21; 3:10; 골 2:15; 벧전 3:22. ③ 고전 11:10에 있는 ἐ.의 정확한 의미를 결정하기는 어렵다: 아마도 ὀφείλει ἡ γυνὴ ἐξουσίαν ἔχειν ἐπὶ τῆς κεφαλῆς는 "여자는 권위에 대한 인정을 그 머리에 보여

야 한다"는 의미일 것이다.

ἐξουσιάζω [이전 항목을 보라] **권세를 행사하다** exercise authority 눅 22:25; 고전 7:4. —언어유희로 ἔξεστι과 함께: πάντα μοι ἔξεστιν ἀλλ' οὐκ ἐγὼ ἐξουσιασθήσομαι ὑπό τινος 모든 것이 내게 허용되지만 도리어 나는 어떤 것에도 '제한(권한이 발휘됨)'받지는 않을 것이다. 즉 "어떤 통제하에도 있지 않을 것이다" 6:12.

ἐξοχή, ῆς, ἡ [ἐξέχω '투영하다'] 중심 의미 '어떤 표면으로부터의 돌출'에서 **유명, 저명** prominence이라는 뜻이 나온다, ἄνδρες κατ' ἐξοχὴν τῆς πόλεως 그 성에서 매우 유명한 사람들 행 25:23.

ἐξυπνίζω [ἔξυπνος] 언어유희로 κοιμάω('죽었다'는 완곡한 표현)와 함께, **깨우다** wake up 요 11:11.

ἔξυπνος, ον [ἐξ, ὕπνος] **깬** awake, ἐ. γενόμενος **깨어나게 된** (= 잠에서 깬) 행 16:27.

*** ἔξω** [ἐξ] 부사 장소에 대해, **바깥쪽** outside ⓐ 제한이나 한계를 벗어난 위치에 대해: 마 26:69; 막 1:45; 눅 1:10; 계 22:15; 어떤 위치로부터 이동함을 강조하여 **바깥(쪽)으로** out(side) 마 26:75; 막 14:68; 요 18:29; 행 9:40; 계 3:12; δεῦρο ἔξω **바깥으로 나오라!** 요 11:43. —형용사로서. 행 26:11(= 외국, 외지); 고후 4:16. —속격 지배 전치사로서. 동사를 수반하거나 동사 없이 눅 13:33; 행 28:16 이문; 히 13:11-13; **밖으로** out (of/from) 마 10:14; 막 11:19; 눅 4:29; 20:15; 행 4:15. ⓑ 관사와 함께. 신약에서 복수만 나온다. 그리고 신자 공동체의 일원이 아니라는 것과 관련하여 οἱ ἔξω **바깥 사람들, 외부인** those outside, outsiders 막 4:11; 고전 5:12f; 골 4:5; 살전 4:12.

ἔξωθεν [ἔξω] 부사 장소와 관련하여, **바깥쪽, 바깥쪽에** outside, on the outside 마 23:27f; 고후 7:5; 계 11:2b(throw/leave out); 명사로서 마 23:25; 막 4:11; 7:18; 눅 11:39f; 딤전 3:7; 벧전 3:3; 속격 지배 전치사로. 막 7:15(외부에서); 계 11:2a; 14:20(밖에).

ἐξωθέω [ἐξ, ὠθέω '밀다'] ① **쫓아내다, 축출하다** drive out, expel 행 7:45. ② [배가] **해변에 얹히다, 좌초하다** beach, run ashore, 선원들의 전문 용어 행 27:39.

ἐξῶσαι ἐξωθέω 제1부정과거 능동태 부정사.

ἐξώτερος, α, ον [ἔξω] 비교급이 최상급 의미로 사용되어. **가장 멀리 있는, 극도의** farthest (out), extreme 마 8:12; 22:13; 25:30.

ἔοικα [εἴκω 오래된 완료형] **~과 같다, 닮다** be like, resemble 여격과 함께. 약 1:6, 23.

ἑόρακα ὁράω 완료 능동태 직설법.

ἑορτάζω [ἑορτή] **축제를 열다, 절기를 지키다, 축제를 지내다** celebrate/keep/

observe a festival 고전 5:8.

ἑορτή, ῆς, ἡ [복잡한 어원에서; 비교 호메로스. ἧρα φέρειν '만족스러운 예식을 하다'] 일반적인 의미로 **축제** festival, 골 2:16; 명시적으로나 문맥적으로 볼 때 가장 빈번하게는 **유월절**(Passover) **축제**. 마 26:5; 막 14:2; 눅 2:41f; 요 2:23; 6:4; 13:29; 행 18:21; **장막절**(the Feast of Tabernacle) 요 7:2, 8, 10f, 14, 37. ─어떤 축제인지 요 5:1과 행 18:21 이문은 불분명하다.

ἐπαγαγεῖν ἐπάγω 제2부정과거 능동태 부정사.

* **ἐπαγγελία, ας, ἡ** [ἐπαγγέλλω] **약속** promise, 특별히 하나님과 관련해서는 암시적으로나 드러내어 행 2:39; 롬 4:13f, 20; 고후 1:20 등; προσδεχόμενοι τὴν ἀπὸ σοῦ ἐ. 당신의 약속을 고대함 = 당신이 언질하기를 기다림 행 23:21. ─ἐ.의 내용을 강조하여: 눅 24:49; 행 1:4; 2:33; 갈 3:14; 히 10:36.

ἐπαγγέλλω [ἐπί, ἀγγέλλω] 신약에서는 항상 중간태로만 나온다. **약속하다** to promise 막 14:11 등. 갈 3:19에서 ᾧ ἐπήγγελται는 아마도 '그에게 약속의 효력이 발휘된다'는 뜻으로 보인다. ─ἐ.에 있는 약속이라는 주된 요소는 분명하다. 딤전 2:10; 6:21, 여기에서는 ~라 주장할 수 있다(lay claim to), 또는 **~라 공언하다**(profess)는 등의 의미가 요구된다.

ἐπάγγελμα, ατος, τό [ἐπαγγέλλω] **약속** promise 벧후 1:4; 내용에 초점 맞추는 3:13.

ἐπάγω [ἐπί, ἄγω] **야기하다, 초래하다** bring on/upon, 뭔가 안 좋은 일을 강조하는 행 5:28; 벧후 2:1, 5. ─**불러일으키다** stir up, 어떤 무리가 다른 이들에게 문제를 일으키다 행 14:2 이문.

ἐπαγωνίζομαι [ἐπί, ἀγωνίζομαι] **싸우다, 경쟁하다** contend, 운동경기에 관한 비유로 유 3.

ἔπαθον πάσχω 제2부정과거 능동태 직설법.

ἐπαθροίζω [ἐπί, ἀθροίζω] 능동 의미의 수동태로. 무리의 규모가 점점 더 **늘어나다** increase 눅 11:29.

Ἐπαίνετος, ου, ὁ [ἐπαινέω; '칭송받을 만한'] **에배네도, 에파이네토스** 바울에게 특별한 칭찬을 받은 사람 롬 16:5.

ἐπαινέω [ἔπαινος] '높이 인정함을 표현하다', **칭송하다, 찬사를 보내다, 칭찬하다** praise, compliment, commend 눅 16:8; 롬 15:11; 고전 11:2, 17, 22.

ἔπαινος, ου, ὁ [ἐπί, αἶνος] '높이 인정하는 표현', **찬양, 칭찬** praise, commendation, 능동 의미로 롬 2:29 등. ─수동 의미로 **칭송받을 만한 것** praiseworthy thing 빌 4:8.

ἐπαίρω [ἐπί, αἴρω] '일으켜 세우다' ⓐ 신체 동작에 관하여 **들어올리다** lift up: 손. 눅 24:50; 딤전 2:8; 돛. 행 27:40; 눈(눈을 들어 살피다는 의미로) 마 17:8;

눅 16:23; 요 4:35; 6:5; 17:1; 목소리(들리도록 목소리를 **키우다**는 뜻으로) 눅 11:27; 발꿈치, 부숴뜨린다는 동작으로 요 13:18; 예수님의 승천에 관해 행 1:9. ⓑ 사람의 태도에 관해, 교만함을 묘사하며 **대적하다, 거스르다** be in opposition 고후 10:5; 비교 **뽐내다** put on airs 11:20.

ἐπαισχύνομαι [ἐπί, αἰσχύνω; ἐπί는 '~을', '~에 대해'라는 의미를 가진다] (~을) **부끄러워하다, 수치스럽게 여기다** be ashamed (of) 막 8:38 등.

ἐπαιτέω [ἐπί, αἰτέω] **구걸하다, 베풀어 주기를 청하다** ask for alms, beg 눅 16:3; 18:35.

ἐπακολουθέω [ἐπί, ἀκολουθέω] '앞서 나가는 것과 밀접하게 연관되다', **뒤따르다** follow, 신약에서는 비유적으로만: ⓐ 은밀하게 추구하는 죄와 관련해서 딤전 5:24. ⓑ 선포된 말씀에 이어서 뒤따르는 표적에 관하여 막 16:20. ⓒ 본보기로서 모범적인 삶에 관해. 벧전 2:21. ⓓ 실증으로 뒤따르는 선행에 관하여. παντὶ ἔργῳ ἀγαθῷ ἐ. 모든 선행에 헌신적인/참여하는 딤전 5:10.

ἐπακούω [ἐπί, ἀκούω] 주의를 집중한다는 뜻을 함축하여 **듣다, 귀기울이다** hear, listen 고후 6:2.

ἐπακροάομαι [비교 ἀκροατήριον 그리고 ἀκροατής] 속격 지배로 ~**을 듣는다** listen to, 우연히 듣는다는 뜻으로 행 16:25.

ἐπάν [ἐπεί, ἄν] 가정법과 함께 사용되는 시간을 나타내는 접속사 가정법 **~할 때, ~하는 동안** when 마 2:8; 눅 11:22, 34.

ἐπαναγαγεῖν ἐπανάγω 제2부정과거 능동태 부정사.

ἐπάναγκες [ἐπί, ἀνάγκη; 이 변화형은 ἐπανάγκης의 중성으로, 중성으로만 사용하여 '필수적'이라는 뜻을 나타낸다] 신약에서 오직 부사로 사용된다. **어쩔 수 없이, 필연적으로** necessarily: τὰ ἐ. "그 일들이 필연적이다(옳다)", 즉 "세워진 관습에 부합한다" 행 15:28.

ἐπανάγω [ἐπί, ἀνάγω; '이끌다, 끌어올리다'] 신약에서는 오직 자동사로, '목적지로 나아가다' ⓐ 어떤 위치에서 이동함을 강조하여, **나가다, 떼다** go out, ἀπὸ τῆς γῆς ἐ. ὀλίγον 뭍에서 조금 떨어뜨리다 눅 5:3. ⓑ 어떤 장소로 복귀함을 강조하여, **되돌아가다** return 마 21:18.

ἐπαναμιμνήσκω [ἐπί, ἀναμιμνήσκω] **기억을 새롭게 하다, 다시 생각나게 하다** refresh memory 롬 15:15.

ἐπαναπαήσομαι ἐπαναπαύω 미래 수동태 직설법.

ἐπαναπαύω [ἐπί, ἀναπαύω] 신약에서 항상 중간태로, '어떤 지점에 이르러 멈추다', **머무르다** rest, 여격과 함께 ~**에 머물러 있다** rest upon 눅 10:6; 벧전 4:14 이문; 안전함을 강조하여, **믿다, 의지하다** 롬 2:17.

ἐπαναπέπαυται ἐπαναπαύω 완료 중간태 3인칭 단수.

ἐπανέρχομαι / ἐπέγνωκα, ἐπέγνων, ἐπεγνώσθην

ἐπανέρχομαι [ἐπί, ἀνέρχομαι] 돌아오다, 되돌아오다 come back, return 눅 10:35; 19:15.

ἐπανίστημι [ἐπί, ἀνίστημι] 들고 일어나다, (~에 대해) 대적하다 rise up/rebel (against) 마 10:21; 막 13:12.

ἐπανόρθωσις, εως, ἡ [ἐπί, ἀνορθόω] 교정, 향상 correction, improvement 딤후 3:16.

ἐπάνω [ἐπί, ἄνω] 부사 우월함이라는 기본 개념으로 ⓐ 장소. ~위에, ~너머, ~에 above, over, on 마 2:9; 5:14; 21:7; 23:18; 27:37; 눅 4:39; 10:19; 계 6:8; 20:3. ⓑ 수량. ~이상, ~보다 많이 over, more than 막 14:5; 고전 15:6. ⓒ 행정상 지위. ~을 다스리는 over 눅 19:17, 19; 요 3:31.

ἐπάξας ἐπάγω 제1부정과거 능동태 분사.

ἐπᾶραι, ἐπάρας, ἐπάρατε ἐπαίρω 제1부정과거 능동태 부정사, 분사, 명령법.

ἐπάρατος, ον [ἐπί, ἀράομαι '기원하다'에서 ἄρατος '저주받은', 그리고 따라서 ἐπί 에 의해 더욱 의미가 강해져서 ἐπαράομαι에서는 '악담하다, 심하게 욕하다'] '저주를 통해 하나님의 심판 아래에 두어', 저주받은 accursed 요 7:49.

ἐπαρκέω [ἐπί, ἀρκέω] 돕다, 후원하다, 구제하다 help, support, relieve, 여격과 함께 딤전 5:10, 16.

ἐπαρχεία [ἔπαρχος (ἐπί, ἀρχή) '통치자, 감독'] 지방, 주(州) province 행 23:34; 25:1.

ἐπάρχειος, ον [이전 항목을 보라] '지방과 관련된', 명사로서 ἡ ἐπάρχειος (χώρα = ἐπαρχεία, 네슬레 27판에 있는 형태) 주(州), 임지 the province 행 25:1 이문.

ἔπαυλις, εως, ἡ [ἐπί, αὖλις '쉬는 장소, 야영지'] 거처(居處) residence 행 1:20.

ἐπαύριον [ἐπί, αὔριον] 부사 다음 날에 on the morrow; εἰς τήν ἐ. 행 4:3 이문을 제외하고 신약에서는 항상 τῇ ἐ. 마 27:62 등.

Ἐπαφρᾶς, ᾶ, ὁ [ἐπαφρόδιτος, Ἐπαφρόδιτος를 보라] 에바브라, 에파프라스 골 1:7; 4:12; 몬 23.

ἐπαφρίζω [ἐπί, ἀφρός] 거품이 일다, 거품을 뿜다 foam up/out 유 13.

Ἐπαφρόδιτος, ου, ὁ [ἐπαφρόδιτος (Ἀφροδίτη, 로마에서는 비너스로도 알려진 신) '잘생긴, 아름다운'] 에바브로디도, 에파프로디토스 빌 2:25; 4:18.

ἐπέβαλον ἐπιβάλλω 제2부정과거 능동태 직설법.

ἐπέβην ἐπιβαίνω 제2부정과거 능동태 직설법.

ἐπεγείρω [ἐπί, ἐγείρω; 깨우다, 불러 일으키다] 신약에서는 반대하여 일어난다는 의미로 뜻이 전개되어, 선동하다, 자극하다 stir up 행 13:50; 14:2.

ἐπέγνωκα, ἐπέγνων, ἐπεγνώσθην ἐπιγινώσκω 완료 능동태 직설법, 제2부정과거 능동태 직설법, 그리고 제1부정과거 수동태 직설법.

ἐπεδίδου, ἐπεδόθην, ἐπέδωκα / ἐπελαθόμην

ἐπεδίδου, ἐπεδόθην, ἐπέδωκα ἐπιδίδωμι 미완료 능동태 3인칭 단수, 제1부정과거 수동태 직설법, 제1부정과거 능동태 직설법.

ἐπεθέμην, ἐπέθηκα ἐπιτίθημι 제2부정과거 중간태 그리고 제1부정과거 능동태 직설법.

ἐπεί [ἐπί, εἰ] 접속사. ① 시간. ~할 때, ~하고 나서 when, after 눅 7:1 이문 ② 인과 관계, ~이후로, ~하였음을 고려하면, ~때문에 since, inasmuch as, for 마 18:32 등; 그렇지 않으면 otherwise 롬 3:6; 11:6; 고전 14:16; 15:29; 히 10:2.

ἐπειδή [ἐπεί, δή] 접속사. ① 시간. ~할 때, ~후에 when, after 눅 7:1. ② 인과 관계, ~이후로, ~하였음을 고려하면, ~때문에 since, inasmuchas, for 눅 11:6; 행 13:46 등.

ἐπειδήπερ [ἐπειδή, περ '~을 고려하면, ~이기는 하지만'] 접속사. 공식적인 분위기로 ~반면, ~하였음을 고려하면, ~이후로, whereas, inasmuch as, since 눅 1:1.

ἐπεῖδον [ἐφοράω의 제2부정과거 '응시하다, 바라보다'] ~을 돌아보다, ~에 신경쓰다 give attention (to), concern oneself 눅 1:25; 행 4:29.

ἔπειμι [ἐπί, εἶμι; '다가오다'] 신약에서는 대부분 여성 분사로 ἐπιοῦσα 다음날, 이튿날 next, 다음 날과 관련하여, ἡμέρα가 나오는 여부에 상관없이 행 7:26; 16:11; 20:15; 21:18; νύξ 23:11.

ἐπείπερ [ἐπεί, ρες '~을 고려하여, ~일지라도'] 접속사. 참으로 ~하였으므로 since indeed 롬 3:30 이문.

ἐπειράσθην πειράζω 제1부정과거 수동태 직설법.

ἔπεισα πείθω 제1부정과거 능동태 직설법.

ἐπεισαγωγή, ῆς, ἡ [ἐπί, εἰσαγωγή(εἰς, ἄγω) '들여옴'] '대체하여 들여옴', 소개, 도입 introduction 히 7:19.

ἐπεισέρχομαι [ἐπί, εἰσέρχομαι] '강력하게 달려오다', 들이닥치다, 엄습하다 come in (upon), overtake 눅 21:35.

ἔπειτα [ἐπί, εἶτα] 구성 요소를 더한다는 개념을 가진 부사, 그러자 곧, 따라서 thereupon, then 눅 16:7; 요 11:7; 고전 12:28; 15:5-7, 23, 46; 갈 1:18; 살전 4:17; 히 7:2, 27; 약 3:17; 4:14.

ἐπέκειλαν ἐπικέλλω 제1부정과거 능동태 직설법 3인칭 복수.

ἐπέκεινα [= ἐπ᾽ ἐκεῖνα; '~에서 더 멀리'] 부사 저편 너머로 beyond 행 7:43.

ἐπεκέκλητο ἐπικαλέω 과거완료 수동태 직설법 3인칭 단수.

ἐπεκλήθην ἐπικαλέω 제1부정과거 수동태 직설법.

ἐπεκτείνομαι [ἐπί, ἐκτείνω] 내밀다, 내뻗치다 reach out toward, stretch forward to 빌 3:13.

ἐπελαβόμην ἐπιλαμβάνομαι 제2부정과거 중간태 직설법.

ἐπελαθόμην ἐπιλανθάνομαι 제2부정과거 중간태 직설법.

ἐπέλθοι, ἐπελθών / ἐπηγγειλάμην, ἐπήγγελμαι

ἐπέλθοι, ἐπελθών ἐπέρχομαι 제2부정과거 능동태 희구법 3인칭 단수, 제2부정과거 능동태 분사.

ἐπέμεινα ἐπιμένω 제1부정과거 능동태 직설법.

ἐπενδύομαι [ἐπί, ἐνδύω] 덧입다 put on (over) 고후 5:2, 4.

ἐπενδύτης, ου, ὁ [ἐπί, ἐνδύω] 외투, 코트 outer garment, coat 요 21:7.

ἐπενεγκεῖν ἐπιφέρω 제2부정과거 능동태 부정사.

ἐπέπεσον ἐπιπίπτω 제2부정과거 능동태 직설법.

ἐπεποίθει πείθω 과거완료 능동태 직설법 3인칭 단수.

ἐπέρχομαι [ἐπί, ἔρχομαι] (위에) **임하다, 내리다** come (on/upon) ⓐ 어떤 공간을 넘어 이동함에 대해 눅 1:35; 행 1:8(두 구절은 모두 성령께서 초월적인 영역으로부터 오시는 것으로 보인다); 14:19. ⓑ 어떤 사건이나 상황이 나타나는 것에 관하여 엡 2:7; 위험이 다가오는 것을 강조하여 눅 11:22; 21:26; 행 8:24; 13:40; 약 5:1.

*__ἐπερωτάω__ [ἐπί, ἐρωτάω] ① '~에 질문을 던지다', **묻다** ask 마 12:10; 막 5:9; 8:23; 11:29; 눅 22:64; 요 9:23; 고전 14:35; 비교 행 23:34; 공식적인 질문. 마 27:11; 막 15:2; 행 5:27. 이중 대격 ἐ. αὐτὸν τ. παραβολήν "그들은 그에게 비유에 대하여 물었다" 막 7:17. ② '요청하다', **구하다** ask for 마 16:1.

ἐπερώτημα, ατος, τό [이전 항목을 보라] 드물게 나오는 어휘로 '약속' pledge의 의미로 보는 것이 가장 좋을 것이다. 벧전 3:21.

ἔπεσα, ἔπεσον πίπτω 제1부정과거 능동태 직설법 그리고 제2부정과거 능동태 직설법.

ἐπέστειλα ἐπιστέλλω 제1부정과거 능동태 직설법.

ἐπέστην ἐφίστημι 제2부정과거 능동태 직설법.

ἐπεστράφην ἐπιστρέφω 제2부정과거 수동태 직설법.

ἐπέσχον ἐπέχω 제2부정과거 능동태 직설법.

ἐπετίθεσαν ἐπιτίθημι 미완료 능동태 직설법 3인칭 복수.

ἐπετράπην ἐπιτρέπω 제2부정과거 수동태 직설법.

ἐπέτυχε ἐπιτυγχάνω 제2부정과거 능동태 직설법 3인칭 단수.

ἐπεφάνην ἐπιφαίνω 제2부정과거 수동태 직설법.

ἐπέχω [ἐπί, ἔχω] ① '계속 붙들고 있다', **굳게 지키다** hold on to 빌 2:16. ② '골똘히 살피다', **관찰하다** observe 눅 14:7; ~에 주의를 집중하다, **주목하다** pay close attention to, focus on 여격과 함께 행 3:5; 딤전 4:16. ③ '어떤 장소에 계속 있다', **계속 남아 있다, 머무르다** stay on, remain 행 19:22.

ἐπηγγειλάμην, ἐπήγγελμαι ἐπαγγέλλω 제1부정과거 중간태 그리고 완료 중간태.

ἐπήγειρα ἐπεγείρω 제1부정과거 능동태 직설법.
ἐπῆλθον ἐπέρχομαι 제2부정과거 능동태 직설법.
ἐπῄνεσα ἐπαινέω 제1부정과거 능동태 직설법.
ἔπηξα ἐπάγω 제1부정과거 능동태 직설법.
ἐπῆρα, ἐπήρθην ἐπαίρω 제1부정과거 능동태 그리고 수동태 직설법.
ἐπηρεάζω [ἐπήρεια '모욕적인 대우, 욕설', 비교 호메로스. ἀρειή '매도(罵倒), 협박'] '무례하고 악의적인 방식으로 대우하다', **폄하하다, 모욕하다, 학대하다** disparage, insult, mistreat 마 5:44 이문; 눅 6:28; 벧전 3:16.

*** ἐπί 전치사. '위에 떠 있음'(hovering)에 대한 개념을 표현함. 소유격, 여격, 대격을 취하며. ⓐ 지역, 사람, 사물 무엇이든 자리나 위치에 관한 표시로서 ⓐ 속격과 함께. ~에, ~위에 on, over 마 4:6; 6:10; 24:30; 막 4:1; 눅 4:11; 22:30b; 요 19:13; 행 5:30; 롬 9:28; 고전 11:10; 엡 6:3; 히 8:10; 약 5:17; 계 4:9; 7:15a. 확장되어, 권한이나 통제가 무엇 '위에(over)' 있다는 것으로 이해된다.: 마 24:45; 25:21b, 23b; 행 6:3; 롬 9:5; 계 2:26. 근접성을 강조하여 ~에 at 마 21:19a; 눅 22:30a; 행 5:23; 비교 막 12:26과 눅 20:37(이야기 내용에 대한 성서 본문 위치와 관련하여); ~앞에, 면전에 before, in the presence of 마 28:14; 막 13:9; 행 23:30; 고전 6:1; 딤전 6:13. 결론을 이끌어내는 근거에 초점 맞추어 ~에 근거하여 on the basis of 딤전 5:19; 히 7:11; ἐπ' ἀληθείας 진실로, 참으로 truly 막 12:14, 32; 눅 4:25a; 행 4:27. ⓑ 여격과 함께. ~(위)에 on 마 16:18; 막 6:25, 39; 행 27:44a; 엡 2:20; 히 11:38; 계 19:14; 반응에 대한 이유를 강조하여 ~으로 인해, ~에, ~때문에 over, at, because of 마 7:28; 막 1:22; 눅 1:29; 행 3:10b; 20:38; 롬 16:19; 고후 7:13b; 몬 7; 약 5:1; 계 12:17; 18:20; ~위에, ~에 더하여, ~에 on top of, in addition to, to 눅 3:20; 고전 14:16; 고후 7:13a; 골 3:14. 수익을 관리하는 것에 관해 ~에게 over 마 24:47; 눅 12:44. 밀접한 관계에서 ~에 근거하여, ~으로 on the basis of, on 4:4; 5:5; 행 3:16; 롬 8:20; 히 8:6; 11:4; ἐφ' ᾧ ~그런 상황에 따라 (상업 용어?) 롬 5:12; 그래서 또한 빌 3:12. 근접성을 강조하여 ~에, ~가까이에 at, near 막 13:29; 요 4:6; 행 3:10a; 계 9:14. 언급 대상에 대한 표시로서 ~에 관련해서 in regard to 요 12:16; ~에 대하여 about 행 5:35; 계 10:11; 22:16; ~과 마찬가지로 along the lines of 롬 5:14b. 목적에 대한 표시로서, ~을 위하여 for 갈 5:13; 엡 2:10; 살전 4:7; 딤후 2:14b. 반대에 관한 진술에서 ~에 대하여, 반하여 against 눅 12:52, 53ab; 행 11:19. 이름을 부여할 때, ~을 따라 after 눅 1:59. ⓒ 대격과 함께. ~위에, ~에 over, upon, on 동작에 대한 표현되거나 암시되었는지에 상관없이: 마 3:16; 4:5; 5:45; 14:28f; 막 4:20; 눅 4:25c; 6:29; 요 6:19 이문; 롬 12:20; 고전 3:12; 약 2:21; 계 11:11b; πίπτω와 함께 마 13:5, 7; 눅 23:30(비교 καταβαίνω 22:44); 서거나, 앉는 것, 자리하는 것에 관련한 동사와 함께 마

ἐπιβαίνω / ἐπιβάλλω

13:2; 막 11:7; 눅 11:33; 요 12:15; 행 2:3; 고후 3:13, 15; 계 4:4a; 6:2; 기타 다양한 현상이나 경험과 관련하여 마 12:28; 27:25; 막 4:38; 눅 3:2b; 10:6; 요 1:32f; 행 2:17, 18ab; 13:11a; 롬 2:2, 9; 벧전 5:7. 수익을 관리하는 것에 관해 마 25:21a, 23a; 눅 1:33; 행 7:10; 롬 5:14a; 살후 2:4; 계 6:8; 부사적인 측면으로 ~을 대적하여 against 마 10:21; 막 13:8; 눅 11:17f; 12:53cdef; 행 13:50. 근처, 주변을 강조하여 ~까지, ~로, ~에 up to, to, at 마 3:13; 21:19b; 막 5:21; 요 19:33; 21:20; 행 10:17, 25; 벧후 2:22; ἐπὶ τὸ αὐτό 같은 장소에서, 함께 눅 17:35; 행 1:15; ἐπὶ τὸ αὐτό 동작에 관한 동사와 함께 마 22:34; 고전 11:20; 14:23; προσετίθει ἐπὶ τὸ αὐτό "그들 모임에 더했다" 행 2:47; ~을 향하여 toward 동작을 나타내는 동사와 함께 마 12:49; ~에게, ~를 at 요 8:7. πορεύω ἐπί ~로 가다, ~을 가다 go to/on 마 22:9; πορεύω... ἐπὶ τὴν ὁδόν 길을 따라 ~를(으로) 가다 행 8:26. ~에 더하여, ~에 In addition to, to 마 6:27; 눅 12:25; 빌 2:27. 대상을 표현하여 ~에 대한 for 딤후 2:14a. ② 시간을 한정짓는 표시로 ⓐ 속격과 함께 ~하는 때에, ~하는 가운데 in/at the time of 마 1:11; 막 2:26; 눅 3:2a; 4:27; 행 11:28b. ─~때에, ~의 과정 중에 in the course of, at 히 1:2; 벧전 1:20; 벧후 3:3. ─ἐπὶ τῶν προσευχῶν μου (ἡμῶν) 내 기도 중에 또는 내가 기도하고 있을 때에 롬 1:10; 비교 엡 1:16; 몬 4. ⓑ 여격과 함께. ~할 때에, ~때 at the time of, at 빌 1:3; 고전 14:16; 고후 3:14; 엡 4:26; 히 9:15. ─Ἐπὶ τούτῳ 이때 요 4:27. ⓒ 대격과 함께. '언제?'라는 질문에 대한 대답으로 ~에 on, at 눅 10:35; 행 3:1; 4:5. '얼마나 오래?'에 대한 대답으로 ~동안, ~기간 이상 over a period of, for 눅 4:25b; 행 13:31; 28:6; 롬 7:1; 갈 4:1; 히 11:30. ἐφ' ὅσον ~하는 한 마 9:15; 벧후 1:13. ③ 권위를 나타내는 숙어, 어떤 일에 대한 근거를 제공해준다는 것이 기본 개념이다. 여격과 함께. ~으로 in ἐ. τῷ ὀνόματι ~의 이름으로 마 18:5; 24:5; 막 9:37; 13:6; 눅 9:48; 24:47. ④ 다른 숙어들: πίπτω ἐ. πρόσωπον 깊은 신앙심에 대한 표현으로, "얼굴을 땅에 대다, 엎드리다" 고전 14:25; 계 7:11; στῆναι ἐ. τοὺς πόδας 제 발로 일어서다. 계 11:11a.

ἐπιβαίνω [ἐπί, βαίνω '가다'] ① '어디에 오르려고 움직이다', **오르다** get on ⓐ **올라타다**(짐승) 마 21:5. ⓑ **승선하다** (배) 행 21:1 이문, 2; 27:2. ② '어떤 지역에 있거나 이르기 위해 움직이다', **들어서다, 상륙하다** set foot in 행 20:18; 21:4; 25:1 (①ⓐ에 해당하는 것으로 보는 이들도 있다).

ἐπιβάλλω [ἐπί, βάλλω] ① '무엇을 어딘가에 두려고 움직이다'. 타동사 **두다, 놓다** put on, lay on 마 9:16; 막 11:7; 눅 9:62; 계 18:19 이문 χείρ와 더불어 폭력에 관한 의미로 자주 마 26:50; 막 14:46; 눅 20:19; 요 7:30; 행 4:3; 비교 고전 7:35. ② '~에 맞서 강하게 움직이다', 자동사 **부딪치다** dash against 막 4:37. 애통해하며 다소 거친 행동을 했음이 함축된다. 14:72(ἐπιβαλὼν ἔκλαιεν 그는 울음을 터뜨렸다). ③ '사건의 이치에 알맞다', ~에게 **주어지다**, ~에게 **속하다** fall to, belong to 눅 15:12.

ἐπιβαλῶ ἐπιβάλλω 미래 능동태 직설법.

ἐπιβαρέω [ἐπί, βάρος] '~에게 부담스럽다', **폐를 끼치다, 짐 지우다** burden, weigh down 살전 2:9; 살후 3:8. 고후 2:5에서 ἵνα μὴ ἐπιβαρῶ는 숙어로 "부드럽게 말해서, 과장하지 않고 말해서" 등의 뜻이다.

ἐπιβάς, ἐπιβέβηκα ἐπιβαίνω 제2부정과거 능동태 분사 그리고 완료 능동태 직설법.

ἐπιβιβάζω [ἐπιβαίνω의 사역형; βιβάζω '태우다'] '오르게 하다', 짐승에 타게 하려고 위에 올리다, **태우다, 앉히다** put on, seat 눅 10:34; 19:35; 행 23:24.

ἐπιβλέπω [ἐπί, βλέπω] '특별한 관심을 두다' ⓐ **눈여겨 보다, 돌보다** look at, care about 눅 1:48; 9:38. ⓑ **눈여겨 보다, 인상을 받다** look at, be impressed by 약 2:3.

ἐπίβλημα, ατος, τό [ἐπί, βάλλω; '어떤 것을 걸치다, 덮다'] '덮개로 사용하는 천 조각', (덧대는) 헝겊 조각 **헝겊 조각** patch 마 9:16; 막 2:21; 눅 5:36.

ἐπιβοάω [ἐπί, βοάω] **크게 울부짖다, 소리치다** cry out loudly, shout 행 25:24 이문.

ἐπιβουλή, ῆς, ἡ [ἐπί, βουλή] **계획, 음모** plot 행 9:24; 20:3, 19; 23:30.

ἐπιγαμβρεύω [ἐπί, γαμβρός '결혼으로 연결된 사람'] '결혼으로 친족이 되다', 일반적으로 죽은 사람의 형제가 그 미망인과 결혼하는 관습에서 그 형제를 일컫는다. **근친과 결혼하다** marry as next of kin 그래서 "미망인의 남편이 되다" 마 22:24.

ἐπίγειος, ον [ἐπί, γή] '땅의', '하늘의'에 대한 상대어로 **땅의** earthly 요 3:12(τὰ ἐπίγεια 땅의 일들); 고전 15:40; 고후 5:1; 빌 2:10; 약 3:15. 개인적 만족에 대한 관심을 강조하여 빌 3:19(τὰ ἐπίγεια 세상 것들, 세상 일들).

ἐπιγίνομαι [ἐπί, γίνομαι] '어떤 현상이 일어나다', 바람이 **일어나다** come up, 행 28:13; 밤이 **다가오다** come on, 27:27 이문.

ἐπιγινώσκω [ἐπί, γινώσκω] '안다'는 뜻은 모든 구절에 해당하지만, 문맥에 따라 다양한 뜻으로 옮길 수 있다. ① 어떤 것과 친밀함에 대해 또는 관찰이나 경험으로 정보를 얻었다는 것에 관하여 **안다** know 마 7:16; 막 6:54; 행 27:39; 딤전 4:3. ② 이전 지식에 근거한 의식이나 인식함에 관하여 **알다, 깨닫다** know, recognize 눅 24:16, 31; 행 3:10; 4:13; 12:14; 고후 1:13f. ③ ἐπι-가 함께 나와 강조하는 역할을 하여 **잘 알다, 낱낱이 알다** really know, know well 마 11:27; 눅 1:4; 롬 1:32; 고전 13:12; 고후 6:9; 골 1:6; 딤전 4:3; 비교 고전 16:18(특별한 인식을 부여하다, 알아주다). ④ 지식을 습득함에 초점 맞추어 **찾아내다** find out 막 5:30; 6:33; 눅 7:37; 행 9:30; 22:29; 28:1; **익숙해지다, 알게 되다** make acquaintance of, learn to know 벧후 2:21.

ἐπιγνούς, ἐπιγνῶ / ἐπιείκεια, ας, ἡ

ἐπιγνούς, ἐπιγνῶ ἐπιγινώσκω 제2부정과거 능동태 분사 그리고 가정법.
ἐπίγνωσις, εως, ἡ [ἐπί, γινώσκω] 사람의 앎이나 이해, 인식을 함축하고 있는 **지식** knowledge, 롬 1:28(θεὸν ἔχειν ἐν ἐ. 하나님을 끊임없이 아는 것); 3:20; 엡 1:17; 빌 1:9; 골 1:9f; 딤전 2:4; 딤후 2:25; 딛 1:1; 몬 6; 히 10:26; 벧후 1:2.
ἐπιγνώσομαι ἐπιγινώσκω 미래 중간태 직설법.
ἐπιγραφή, ῆς, ἡ [ἐπί, γραφή; 어떤 표면에 '무엇을 기록하다'] **명문(銘文), 기록** inscription ⓐ 새긴 자구(字句), (화폐 따위의) 명각(銘刻) 마 22:20; 막 12:16; 눅 20:24. ⓑ 기록 문서, 명패 막 15:26; 눅 23:38.
ἐπιγράφω [비교 이전 항목] **기록하다, 쓰다, 새기다** inscribe 막 15:26; 행 17:23; 계 21:12; 비유로 히 8:10; 10:16.
ἔπιδε ἐπεῖδον 제2부정과거 능동태 명령법, ἐφοράω의 제2부정과거로 사용한다.
ἐπιδείκνυμι [ἐπί, δείκνυμι] ① '시각적으로 드러내어 나타내다', **보이다** show 마 16:1; 22:19; 24:1; 눅 17:14; 행 9:39. ② '어떤 결론에 대한 증거를 제공하다', **가리켜 보이다, 입증하다, 증명하다** point out, demonstrate, prove 행 18:28; 히 6:17.
ἐπιδείξατε ἐπιδείκνυμι 제1부정과거 능동태 명령법 2인칭 복수.
ἐπιδέχομαι [ἐπί, δέχομαι] '호의적/적대적 방식으로 맞이하다', **맞아들이다, 환영하다** receive, welcome 요삼 9f. (어떤 이의 '권위를 깨닫다'는 의미는 문헌학적으로 지지되지 않는다)
ἐπιδημέω [ἐπί, δῆμος에서 δημέω] '지나가다가 한 지역에 머무르다', **방문하다, 잠시 머무르다, 마을에 들르다** visit, stay for awhile, be in town 행 2:10; 17:21; 18:27 이문.
ἐπιδιατάσσομαι [ἐπί, διατάσσω; 중간태 : '유언적인 성격으로 표현하다'] **유언에 유언 보증서를 추가하다** add a codicil 갈 3:15.
ἐπιδίδωμι [ἐπί, δίδωμι] ① '~으로 옮기다', **주다, 제공하다** give, offer 마 7:9; 눅 4:17; 나눠주다 distribute 24:30; 편지를 **넘겨주다, 전달하다** hand over, deliver 행 15:30. ② '통제를 포기하다', **포기하다, 항복하다** give up/way 행 27:15.
ἐπιδιορθόω [ἐπί, διορθόω(διά, ὀρθός) '정돈하다, 바르게 하다'] **정리하다, 바로잡다** put in order, straighten out 딛 1:5.
ἐπιδούς ἐπιδίδωμι 제2부정과거 능동태 분사.
ἐπιδύω [ἐπί, δύω '가라앉다'] 원인이 나오지 않는 용법 '가라앉다', 태양에 대한 비유로 **지다** set (on) 엡 4:26.
ἐπιδῶ, ἐπιδώσω ἐπιδίδωμι 제2부정과거 능동태 가정법 3인칭 단수 그리고 미래 능동태 직설법 1인칭 단수.
ἐπιείκεια, ας, ἡ [ἐπιεικής] '자신의 권리나 엄격한 법적 기준에 따르지 않고, 어떤 사람을 적절하게 다루는 특성', **관대함, 관용, 너그러움** graciousness,

clemency, tolerance 행 24:4; 고후 10:1.

ἐπιεικής, ές [ἐπί, 그리고 -εικης에서 비교 ἔοικα 그리고 εἰκών] '절제를 훈련함', 관대한, 양보하는, 아량 있는, 공손한, 친절한 gentle, yielding, tolerant, courteous, kind 딤전 3:3; 딛 3:2; 약 3:17; 벧전 2:18; τὸ ἐπιεικές = ἡ ἐπιείκεια 빌 4:5.

ἐπιεικία ἐπιείκεια의 다른 철자.

ἐπιζητέω [ἐπί, ζητέω] ① 어떤 것을 '찾으려 하다', 찾다, 구하다 look for, search for 마 6:32; 눅 4:42; 행 12:19. ② '지대한 관심을 보이다', 추구하다, 원하다 seek, want 마 12:39; 눅 12:30; 행 13:7; 19:39(ἐ. = 알려고 하다); 롬 11:7; 빌 4:17; 히 11:14; 13:14.

ἐπιθανάτιος, ον [ἐπί, θάνατος] 죽음에 이르는 저주받은, 사형 선고받은 condemned to death, sentenced to die 고전 4:9.

ἐπιθεῖναι, ἐπιθείς, ἐπίθες ἐπιτίθημι 제2부정과거 능동태 부정사, 분사, 그리고 명령법.

ἐπίθεσις, εως, ἡ [θέσις '놓음'을 가진 ἐπιτίθημι 의식 절차에서 얹음 laying on, 행 8:18; 딤전 4:14; 딤후 1:6; 히 6:2.

ἐπιθήσω ἐπιτίθημι 미래 능동태 직설법.

ἐπιθυμέω [ἐπί, θυμός에서 θυμέω] ① '강한 욕구를 가지다', 바라다, 열망하다, 탐하다 desire, long for 마 13:17; 눅 15:16; 16:21; 행 20:33; 롬 7:7; 고전 10:6; 갈 5:17; 딤전 3:1; 히 6:11; 약 4:2; 벧전 1:12; 계 9:6. ἐπιθυμίᾳ ἐ. 간절히 바라다 눅 22:15. ② '과도한 욕망', (불법적으로) 손에 넣으려는 의도를 암시한다, 음욕을 품다 lust for 마 5:28.

ἐπιθυμητής, οῦ, ὁ [ἐπιθυμέω] 욕심내는 사람, 욕망을 품는 사람 one who longs for 고전 10:6.

ἐπιθυμία, ας, ἡ [ἐπιθυμέω] ① '강한 감정, 관심', 열망 desire 막 4:19; 눅 22:15; 빌 1:23; 살전 2:17; 계 18:14. ② '과도하고 부적절한 욕망', 갈망, 욕망 craving 요 8:44; 롬 1:24; 7:7f; 갈 5:16; 딤후 2:22; 딛 2:12; 벧전 1:14; 요일 2:16; 유 16. ἐν ἐπιθυμίᾳ μιασμοῦ = 더러운 욕정으로 벧후 2:10.

ἐπιθύω [ἐπί, θύω] 제사 지내다 offer a sacrifice 행 14:13 이문.

ἐπιθῶ ἐπιτίθημι 제2부정과거 능동태 가정법.

ἐπικαθίζω [ἐπί, καθίζω] 앉다, 타다 sit, sit down (on) 마 21:7.

ἐπικαλέω [ἐπί, καλέω] ① '이름(별명)을 부여하다', 부르다, 이름하다, 이름을 붙이다, 별명 붙이다 call, name, give a name/surname, 능동태와 수동태 마 10:25; 행 1:23; 4:36; 10:5; 히 11:16; 약 2:7. 소유권을 강조하여, 행 15:17. ② '도움이나, 원조, 간청으로 인하여 부르다', 호소하다, 간구하다 invoke, 중간태 행 2:21; 롬 10:12-14; 고전 1:2; 딤후 2:22; 벧전 1:17. 법률 용어로 의미가 확장되어, 상소(上

ἐπικάλυμμα, ατος, τό / ἐπιλαμβάνω

訴)하다 appeal 행 25:11 등; 비교 증인으로 부르다 call on as witness 고후 1:23.

ἐπικάλυμμα, ατος, τό [ἐπικαλύπτω] 덮개, (진실을 가리는) 장막 covering, veil 벧전 2:16.

ἐπικαλύπτω [ἐπί, καλύπτω] 덮다, 가리다 cover up 롬 4:7.

ἐπικατάρατος, ον [κατάρα κατάρατος를 통하여 '저주받은'] '하나님께서 책망 하시는', 저주받은 cursed 갈 3:10, 13; 눅 6:4 이문.

ἐπίκειμαι [ἐπί, κεῖμαι] ① '겹치는 위치에 두다', 겹쳐 있다, 막아놓다 lie over 요 11:38; 21:9. 폭풍우가 몰아치는 날씨에 대한 비유로 그대로 있다, 맴돌다 hover 행 27:20; 제의 전통의 의무에 관하여 부과하다 impose 히 9:10. ② '압력을 주다', 군중이 밀려오다, 압박하다 press 눅 5:1; 대중의 격렬한 반응에 관해 23:23; 상황에 관해 고전 9:16.

ἐπικέκλημαι ἐπικαλέω 완료 수동태 직설법.

ἐπικέλλω [ἐπί, κέλλω, 미래와 부정과거만. '배를 좌초(坐礁)시키다'] 좌초하다 run aground 행 27:41.

ἐπικερδαίνω [ἐπί, κερδαίνω] 추가로 얻다, 이득을 보다 gain in addition, make a profit 마 25:20 이문, 22 이문.

ἐπικεφάλαιον, ου, τό [ἐπί, κεφάλαιον] 인두세(人頭稅) poll tax 막 12:14(κῆνσος에 대한) 이문.

ἐπικληθείς ἐπικαλέω 제1부정과거 수동태 분사.

Ἐπικούρειος, ου, ὁ [Ἐπίκουρος '에피쿠로스'] 로마 철학자 에피쿠로스를 따르는 이, 에피쿠로스 추종자 행 17:18.

ἐπικουρία, ας, ἡ [ἐπικουρέω(ἐπί + *κουρος [*κορσος '서둘러'에서 파생]) '원조를 제공하다'; 비교 ἐπίκουρος '협력자'] 도움 help 행 26:22.

ἐπικράνθη πικραίνω 제1부정과거 수동태 직설법.

ἐπικράζω [ἐπί, κράζω] 크게 위협하다 shout threats 행 16:39 이문.

ἐπικρίνω [ἐπί, κρίνω] '결정 내리다', 언도(言渡)하다, 판단내리다, 결정하다 rule upon, adjudge, decide 눅 23:24.

ἐπιλαθέσθαι ἐπιλανθάνομαι 제2부정과거 중간태 부정사.

ἐπιλαμβάνω [ἐπί, λαμβάνω; '취하다, 받다'] 신약에서는 오직 중간태로. ① 붙잡다 take/lay hold of ⓐ 도우려는 의도로 마 14:31; 막 8:23; 눅 9:47; 히 8:9. 비교 히 2:16(15절에서 죽음에 대한 공포 때문에, 아브라함의 씨는 도움이 필요함). ⓑ 특별한 목적으로 사용하려는 의도로 눅 23:26; 행 9:27; 17:19; 23:19. ⓒ 자신의 것으로 삼으려는 의도로: 영생에 관한 비유로 딤전 6:12; 유사하게 19절. ② '강하게 붙잡다', 트집 잡다 catch 눅 20:20, 26; 잡아가다 seize 행 16:19; 21:30; 체포하다 arrest 21:33.

ἐπιλάμπω / ἐπιμένω

ἐπιλάμπω [ἐπί, λάμπω] ~위에 비추다 shine upon 행 12:7 이문.

ἐπιλανθάνομαι [ἐπί, λανθάνω] ① '어떤 일에 대한 기억이 없다' **잊다** forget 마 16:5; 막 8:14; 빌 3:13; 약 1:24. ② '의도적으로 간과하다', **무시하다, 주의를 기울이지 않다, 못 본 체하다** ignore, pay no attentionto, overlook 눅 12:6; 히 6:10; 13:2, 16.

ἐπιλέγω [ἐπί, λέγω] ① **부르다, 이름하다** call, name 수동태 요 5:2. ② **선택하다, 고르다** choose, select 중간태 행 15:40.

ἐπιλείπω [ἐπί, λείπω] '~에 충분하지 않다', 충분히 설명하기에 적절한 시간이 부족하다 **(시간이) 부족하다, 모자라다** fail 히 11:32.

ἐπιλείχω [ἐπί, λείχω] ~을 핥다 lick 눅 16:21.

ἐπιλελησμένος ἐπιλανθάνομαι 완료 중간태와 수동태 분사.

ἐπιλησμονή, ῆς, ἡ [ἐπί, λανθάνω/λήθω] 잊음, **망각(妄覺)** forgetfulness ἀκροατὴς ἐπιλησμονῆς 듣고 잊어버리는 사람 약 1:25.

ἐπίλοιπος, ον [ἐπί, λοιπός] 시간에 관해, **남아 있는** remaining, 즉 '남은' 벧전 4:2.

ἐπίλυσις, εως, ἡ [ἐπιλύω] **설명, 해석** explanation, interpretation 벧후 1:20.

ἐπιλύω [ἐπί, λύω] 문제를 풀거나 해결한다는 개념으로 확장된 '풀다' ① '무엇이 의미하는 바를 알리다', **설명하다, 해석하다** explain, interpret 막 4:34. ② '논쟁이 있는 사건에 대해 처리하다', **해결하다, 합의보다** resolve, settle 행 19:39.

ἐπιμαρτυρέω [ἐπί, μαρτυρέω] '추가로 증거를 제공하다', **확증하다, 입증하다** corroborate, attest 벧전 5:12.

ἐπιμεῖναι ἐπιμένω 제1부정과거 능동태 부정사.

ἐπιμέλεια, ας, ἡ [ἐπιμελέομαι] '필요나 요구에 대한 배려', **보살핌, 배려** care, attention 행 27:3.

ἐπιμελέομαι [ἐπί, μέλω는 '~보살핌의 대상이 되다'라는 의미로 사용된다. 비교 3인칭 단수 μέλει] '필요나 요구를 충족시키다', **보살피다, 돌보다** care for, take care of 눅 10:34, 35; 딤전 3:5.

ἐπιμελῶς [비교 ἐπιμελέομαι] 부사 **주의깊게, 부지런히** carefully, diligently 눅 15:8.

ἐπιμένω [ἐπί, μένω] ① '어떤 지역적인 장소에 계속 있다', **머무르다, 거주하다** remain, stay ⓐ 어떤 장소에서 숙박하다 행 15:33[34] 이문; 시간이 표시된 본문에서 자주, 행 10:48; 21:4, 10;28:12, 14; 고전 16:7; 갈 1:18. ⓑ 어떤 지점에 자리 잡거나 계속 있다는 뜻을 함축하여 행 12:16. 이 본문은 다음과 같은 용이한 전환을 보여준다. ② '상황이나 행동을 지속하다', **계속하다, 거듭 ~하다** continue, persist 요 8:7; 롬 6:1; 11:22f; 빌 1:24; 골 1:23; 딤전 4:16.

ἐπινεύω / ἐπισιτισμός, οῦ, ὁ

ἐπινεύω [ἐπί, νεύω] '끄덕여 허가를 표시하다', **동의하다** agree οὐκ ἐπένευσεν = "그는 동의하지 않았다." 행 18:20.

ἐπίνοια, ας, ἡ [비교 ἐπινοέω(ἐπί, νοῦς) '~에 대해 생각하다'] **생각, 사고** thinking, 마음이 움직이는 방향에 대하여 행 8:22.

ἔπιον πίνω 제2부정과거 능동태 직설법.

ἐπιορκέω [ἐπίορκος] '의무를 행하지 않고 맹세하다', **맹세를 깨뜨리다** break an oath 마 5:33.

ἐπίορκος, ον [ἐπί, ὅρκος] '맹세함에 있어서 거짓된', 명사로는 **위증자** perjuror 딤전 1:10.

ἐπιοῦσα, ης, ἡ [ἐπί, εἶμι] **이튿날** the next day ἔπειμι를 보라.

ἐπιούσιος, ον [유래 불분명] 이 단어의 정확한 의미는 불분명하지만, 지금까지 주창된 번역 용어들은 한정된 공급에 만족한다는 주요 개념으로 수렴된다. **필요한** needed 마 6:11; 눅 11:3.

ἐπιπέπτωκα ἐπιπίπτω 완료 능동태 직설법.

ἐπιπίπτω [ἐπί, πίπτω] '갑작스럽게 공격하다(덤벼들다)', **달려들다** fall upon ⓐ 특별한 관심이나 염려를 보여주며 막 3:10(군중이 밀어닥침); 행 20:10; ἐ. ἐπὶ τ. τράχηλον αὐτοῦ 자신의 팔로 그의 목을 끌어안고 눅 15:20. 비교 사랑하는 제자의 몸짓 요 13:25 이문. ⓑ 비상한 사건, 상황, 상태에 관한 비유로 행 8:16; 10:44; 19:17; 23:7 이문(ἐπέπεσεν στάσις 논란이 벌어졌다); 롬 15:3; 계 11:11.

ἐπιπλήσσω [ἐπί, πλήσσω; '때리다'] '신체적으로 때리다'는 의미는 말로 혼내준다는 뜻으로 확장되어서, **질책하다** reprimand 마 12:15f 이문; 딤전 5:1.

ἐπιποθέω [ἐπί, ποθέω '고대하다'] '강한 욕구를 가지다', **~을 고대하다, 간절히 원하다** long for, strongly desire 롬 1:11; 고후 5:2; 딤후 1:4; 약 4:5; 벧전 2:2.

ἐπιπόθησις, ἡ [ἐπιποθέω] **~에 대한 열망, 열정** longing/desire 고후 7:7, 11.

ἐπιπόθητος, ον [ἐπί, ποθή = πόθος, 모두 '열망'이라는 의미] **그리운, 사모하는** longed for 빌 4:1.

ἐπιποθία, ας, ἡ [ἐπιποθέω] **간절한 바람, 갈망** longing, desire 롬 15:23.

ἐπιπορεύομαι [ἐπί, πορεύω/πορεύομαι] '~향한 길을 가다', **다가오다, 나가다** go (to) 눅 8:4.

ἐπι(ρ)ράπτω [ἐπί, ῥάπτω '함께 꿰매다'] **(덧대어) 꿰매다** sew (on) 막 2:21.

ἐπι(ρ)ρίπτω [ἐπί, ῥίπτω] **얹다, 걸치다** throw (on) 눅 19:35. 비유로 벧전 5:7.

ἐπισείω [ἐπί, σείω] **응원하다, 선동하다** urge on, incite 행 14:19 이문.

ἐπίσημος, ον [ἐπί, σῆμα '표시'] '사회적으로 주목받는', 좋은 의미로 **저명한** illustrious 롬 16:7; 경멸하는 양상으로 **악명높은** notorious 마 27:16.

ἐπισιτισμός, οῦ, ὁ [ἐπί, σῖτος] '배고픔을 채우는 무엇', **식량** provisions 눅

9:12.

ἐπισκέπτομαι [ἐπί, σκέπτομαι '주의깊게 둘러보다'] '~에 주목하다' ⓐ **관심을 두다** take an interest in 히 2:6. ⓑ 어떤 대상을 알아냄을 강조하여 **택하다, 찾다, 뽑다** look for, find 행 6:3. ⓒ 도움이 되려는 수고를 강조하여 **방문하다, 돌아보다**, look in on, visit 마 25:36, 43; 행 7:23; 15:36; 약 1:27. 특히 하나님의 역사하심에 관해 눅 1:68, 78; 7:16; 비교 행 15:14.

ἐπισκευάζω [ἐπί, σκευάζω '준비하다'; '채비하다'] 신약에서 중간태로만, **짐을 꾸리다** pack up 행 21:15.

ἐπισκηνόω [ἐπί, σκηνή; 군사용어로 '진을 치다', 여격 지배로 또한 ἐπί를 더하여] 하나님이 역사하심에 대한 비유로 **진을 치다, 머무르다** take up quarters, lodge 고후 12:9.

ἐπισκιάζω [ἐπί, σκιάζω '어두워지다, 그늘을 드리우다' 비교 σκιά] ① **뒤덮다, 둘러싸다** envelope, surround 마 17:5; 막 9:7; 눅 9:34. 하나님의 능력에 대한 비유로 눅 1:35(비교 출 40:34f). ② 그림자가 **드리우다, 덮이다** fall on, 행 5:15(문자적으로는. '~에게 그늘이 그늘지다').

ἐπισκοπέω [ἐπί, σκοπέω] ① '경계하다', **주의하다** take care 히 12:15. 세심히 주의를 기울인다는 개념은 다음의 표현으로 전개된다 ② '감독으로 종사하다', **감독관으로 일하다** serve as overseer (비교 ἐπίσκοπος) 벧전 5:2.

ἐπισκοπή, ῆς, ἡ [ἐπισκέπτομαι] ① 하나님의 임재로 알게되는 **감찰, 방문** inspection, visitation, of God's presence made known 눅 19:44; 벧전 2:12. ② **감독** oversight 행 1:20; 딤전 3:1.

ἐπίσκοπος, ου, ὁ [σκοπός, 비교 ἐπισκέπτομαι] '감독하는 일에 연관된 사람', **감독, 관리자** overseer, supervisor, 돌보는 방식의 후견인 역할을 강조하여 ⓐ 사람 행 20:28; 빌 1:1; 딤전 3:2; 딛 1:7. ⓑ 하나님 벧전 2:25.

ἐπισπάομαι [ἐπί, σπάω '끌다, 당기다'] 할례받은 상태를 감추려는 노력으로 포피를 끌어당기다 pull over the foreskin 고전 7:18.

ἐπισπείρω [ἐπί, σπείρω] **씨를 덧뿌리다** sow (afterward) 마 13:25.

ἐπίσταμαι [ἐπί, ἵσταμαι ἵστημι의 수동태; '어떤 일에 요구되는 위치를 차지하다'] ① '정신적으로 파악하다', **이해하다** understand 막 14:68; 딤전 6:4. ② '어떤 일에 대한 정보를 얻다', **알다** know 행 10:28 등; 히 11:8; 약 4:14; 유 10.

ἐπιστάς ἐφίστημι 제2부정과거 능동태 분사.

ἐπίστασις, εως, ἡ [ἐφίστημι] ① '멈추려는 상태', **소동, 마비시킴, 멈추게 함** stopping ἐ. ποιεῖν ὄχλου 군중의 행동을 마비시키다 = '대중의 소동을 야기시키다'(공공 질서에 관한 염려의 근원) 행 24:12. ② '어떤 일을 행하도록 압박을 느끼다.', **긴급한 요구** urgent claim ἡ ἐ. μοι ἡ καθ' ἡμέραν 날마다 나를 절박하게

ἐπιστάτης, ου, ὁ / ἐπισυναγωγή, ῆς, ἡ

압박하는 것 고후 11:28.

ἐπιστάτης, ου, ὁ [ἐφίστημι] '권위를 가진 이로서 인식되는 사람', 누가복음에서 호격으로만, **선생님, 스승님** sir, teacher(= 일반적으로 영어의 guru에 해당) 눅 5:5; 8:24, 45; 9:33, 49; 17:13.

ἐπιστεῖλαι ἐπιστέλλω 제1부정과거 능동태 부정사.

ἐπιστέλλω [ἐπί, στέλλω] '편지로 정보를 주다, 지시하다', **(편지) 쓰다** write 행 15:20; 21:25; 히 13:22.

ἐπιστῇ, ἐπίστηθι ἐφίστημι 제2부정과거 가정법 3인칭 단수와 능동태 명령법 2인칭 단수.

ἐπιστήμη, ης, ἡ [ἐπίσταμαι] **이해** understanding 빌 4:8 이문.

ἐπιστήμων, ον, 속격 **ονος** [ἐπίσταμαι] **이해력 있는, 총명한** having understanding, intelligent 약 3:13.

ἐπιστηρίζω [ἐπί, στηρίζω] '지원을 더하다', **용기를 북돋아주다, 격려하다** firm up, encourage 행 11:2 이문; 14:22; 15:32, 41; 18:23.

ἐπιστολή, ῆς, ἡ [ἐπιστέλλω] 다양한 형식과 주제를 가진 **편지, 서신** letter, 행 9:2; 15:30; 롬 16:22; 고전 5:9; 고후 3:1; 7:8; 골 4:16; 살전 5:27; 벧후 3:1. 비유로 고후 3:2.

ἐπιστομίζω [ἐπί, στόμα; '입 위에 무엇을 두다' 그리고 재갈, 굴레 등으로 그렇게 제어하다] **입을 막다, 숨막히게 하다** shut up, stifle 딛 1:11.

ἐπιστραφείς ἐπιστρέφω 제2부정과거 수동태 분사.

ἐπιστρέφω [ἐπί, στρέφω] ① '어떤 지점으로 돌아가다', **돌아가다, 돌아오다, 되돌아가다** go/come back, return 마 12:44; 24:18; 막 13:16; 눅 2:39; 8:55; 17:4, 31; 행 15:36; 벧후 2:22. 비유로 마 10:13; 갈 4:9; 벧전 2:25(비교 아래 ③). ② '한 공간에서 방향을 바꾸다', **돌이키다, 돌아서다** turn about, turn 막 5:30; 8:33; 요 21:20; 행 9:40; 16:18; 계 1:12. ③ '사상이나 신앙의 방식을 바꾸다', **돌이키다, 돌아오다** turn about/around 마 13:15; 막 4:12; 눅 22:32; 요 12:40 이문; 행 3:19(유사하게. 26:20); 9:35; 11:21; 14:15; 15:19; 26:18; 고후 3:16; 살전 1:9. 사역동사 **돌아오게 하다, 돌아서게 하다** redirect, turn 눅 1:16f; 약 5:19f.

ἐπιστροφή, ῆς, ἡ [ἐπιστρέφω, 비교 στροφή '돌아섬'] '신앙의 전환', **돌이킴, 개종** turning, conversion 행 15:3.

ἐπιστώθη πιστόω 제1부정과거 수동태 직설법 3인칭 단수.

ἐπισυναγαγεῖν ἐπισυνάγω 제2부정과거 능동태 부정사.

ἐπισυνάγω [ἐπί, συνάγω] '한 무리로 함께 데려오다', **(함께) 모으다** gather (together) 마 23:37; 24:31; 막 1:33; 눅 17:37.

ἐπισυναγωγή, ῆς, ἡ [ἐπίσυνάγω] **모임** gathering, 함께 모여 살후 2:1; 특정

목적을 가진 모임 히 10:25.

ἐπισυνάξαι ἐπισυνάγω 제1부정과거 능동태 부정사.

ἐπισυντρέχω [ἐπί, συντρέχω] 사람들이 여러 지점으로부터 함께 달려옴에 대하여 **함께 달려오다** run together, 막 9:25.

ἐπισύστασις, εως, ἡ [ἐπί, συνίστημι] ① '변덕스러운 흥분으로 나타나는 상태', **반란, 소동, 폭동** uprising, disturbance 행 24:12 이문 ② 고후 11:28의 ἐπίστασις에 대한 이문 ἐπίστασις ②를 보라.

ἐπισφαλής, ές [ἐπί, σφάλλω] **불안한, 위험한** unsafe, dangerous 행 27:9.

ἐπισχύω [ἐπί, ἰσχύω] **고집하다** insist 눅 23:5.

ἐπισωρεύω [ἐπί, σωρεύω; '쌓아 올리다'] **모아들이다** accumulate 한 선생에서 다른 이에게로 가는 것에 대한 생생한 비유로 딤후 4:3.

ἐπιταγή, ῆς, ἡ [ἐπιτάσσω, 비교 τάσσω의 부정과거. 수동태: ἐτάγην] ① '권위 있는 지시', **명령, 훈령** command, order 고전 7:25; κατ᾽ ἐπιταγήν 롬 16:26; 딤전 1:1; 딛 1:3; κατ᾽ ἐπιταγήν 명령으로 고전 7:6; 고후 8:8. ② '명령하는 존재', **권위** authority 딛 2:15.

ἐπιτάσσω [ἐπί, τάσσω] **명령하다, 지시하다** command, order, 여격을 동반하거나 동반하지 않고 막 1:27; 6:27; 눅 4:36; 14:22; 행 23:2; 몬 8.

ἐπιτελέω [ἐπί, τελέω] ① '시작한 것을 마치다' 고후 8:11; 갈 3:3(끝마치다). ② '목표나 임무를 완수하다', 롬 15:28; 고후 8:6, 빌 1:6; 히 9:6; 벧전 5:9. ἐ. τὴν σκηνήν "장막을 세우다" 히 8:5.

ἐπιτήδειος, α, ον [비교 ἐπιτηδεύω '~으로 분주하다'; '어떤 일에 적합한, 걸맞은'이라는 의미에서] ① **~에 알맞은, 적합한** suitable, adapted to 행 24:25 이문 이러한 의미에서 조금 더 나아가 ② '어떤 일에 유용한, 필요한', 명사로서 τὰ ἐ. 필수품들 또는 필요한 것 약 2:16.

ἐπιτιθέασιν, ἐπιτίθει ἐπιτίθημι 현재 능동태 직설법 3인칭 복수 그리고 명령법 2인칭 단수.

ἐπιτίθημι [ἐπί, τίθημι] ① '~에 무엇을 위치시키다 또는 옮기다', **얹다, 지우다** lay/put on 마 21:7; 23:4; 눅 23:26; 행 28:3; 특히 손에 대해 마 9:18 등; ἐ. ἐπάνω 위에 붙이다 27:37; 누구에게 별명을 **주다** give 막 3:16f; 두들겨 **눕혀 놓다** lay on blows 눅 10:30; 행 16:23; **더하다** add to 계 22:18a. 확장된 비유로 짐을 **지우다** impose 행 15:28; **더하다, 가하다** add to/inflict 계 22:18b(언어유희로). ② '폭력적으로 대하는 것과 관련하여', **공격하다, 습격하다** attack, assault οὐδεὶς ἐπιθήσεταί σοι τοῦ κακῶσαί σε "아무도 당신을 공격하여 해치지 못할 것이다" 행 18:10.

ἐπιτιμάω [ἐπί, τιμάω] '준수하도록 긴급하게 표현하다', **엄히 명하다** strictly charge 마 12:16; 16:20; 17:18; **경고하다** warn 20:31; 눅 23:40; **질책하다** reprimand 마 8:26; 막 1:25; 눅 4:39; 유 9; **나무라다, 꾸짖다** reprove, rebuke 마 16:22; 19:13; 막 8:33; 눅 17:3; 19:39; 딤후 4:2.

ἐπιτιμία, ας, ἡ [ἐπί, τιμή 그릇된 행동에 벌로 값을 치른다는 의미로, 비교 ἐπιτιμάω] **처벌** punishment 고후 2:6.

ἐπιτρέπω [ἐπί, τρέπω '돌리다'] '어떤 행동할 수 있는 기회를 주다', **허락하다, 용인하다** permit, allow 마 8:21; 막 5:13; 눅 8:32; 요 19:38; 행 21:39; 고전 14:34; 딤전 2:12; 히 6:3.

ἐπιτροπεύω [ἐπίτροπος] **행정 장관이 되다** be a procurator 눅 3:1 이문(더 정확한 어휘로 ἡγεμονεύω가 사용된 장소에서).

ἐπιτροπή, ῆς, ἡ [ἐπιτρέπω] '공적으로 행동할 권리', **권한, 전권, 위임** empowerment, full power, commission 행 26:12.

ἐπίτροπος, ου, ὁ [ἐπιτρέπω] ① **관리인** administrator 마 20:8; 눅 8:3. ② **관리자, 감시자** guardian 갈 4:2.

ἐπιτυγχάνω [ἐπί, τυγχάνω] 무엇을 '얻는 데 성공하다', 소유격과 함께 **얻다, 획득하다** obtain, secure 히 6:15; 11:33; 대격과 함께 롬 11:7; 독립적으로 행 13:29 이문; 약 4:2.

ἐπιτυχεῖν ἐπιτυγχάνω 제2부정과거 능동태 부정사.

ἐπιφαίνω [ἐπί, φαίνω] '등장하다', 하늘에 있는 발광체들이 **빛나다, 비추다** shine, give light 눅 1:79; 행 27:20(별들도 보이지 않는 지점). 능동 의미의 수동태로 **나타나다** appear, 하나님의 은혜에 대한 비유로 딛 2:11; 3:4.

ἐπιφᾶναι ἐπιφαίνω 제1부정과거 능동태 부정사.

ἐπιφάνεια, ας, ἡ [ἐπιφαίνω] '이례적으로 보이기 시작함', **나타남, 출현** appearing, appearance, 아마도 두드러지게(혹은 화려하게) 나타난다는 의미 살후 2:8; 딤전 6:14; 딤후 1:10; 4:1, 8; 딛 2:13.

ἐπιφανής, ές [ἐπιφαίνω] **화려한, 영광스러운** splendid, glorious 행 2:20.

ἐπιφαύσκω [ἐπί, -φαυσκω에 대해서는 φαῦσις '빛, 조명' 비교] **일어나다, 비추다** arise, shine 엡 5:14.

ἐπιφαύσω ἐπιφαύσκω 미래 능동태 직설법.

ἐπιφέρω [ἐπί, φέρω] ① **내리다, 부과하다** bring on, inflict 롬 3:5. ② **덧붙이다, 더하다** attach, add 빌 1:16f 이문 ③ 법적 의미로 **선고하다** pronounce 행 25:18 이문; 유 9.

ἐπιφωνέω [ἐπί, φωνέω] **크게 부르다, 소리지르다** call out, shout 눅 23:21; 행 12:22; 21:34; 여격과 함께 ~에게 **소리지르다** shout out (against) 22:24.

ἐπιφώσκω [ἐπί, φώσκω '밝아오다'] '햇빛이 밝아오다', **날이 새다, 밝아지다** dawn

마 28:1; 눅 23:54.

ἐπιχειρέω [ἐπί, χείρ] '손을 대다', **애쓰다, 진행하다** endeavor, proceed 눅 1:1; 행 9:29; 19:13.

ἐπιχείρησις, εως, ἡ [ἐπιχειρέω] '행동의 과정', **절차** procedure 행 12:3 이문.

ἐπιχέω [ἐπί, χέω] 치료 용품을 **붓다, 쓰다** pour on, apply, 눅 10:34.

ἐπιχορηγέω [ἐπί, χορηγέω] '할 수 있음'이라는 기본 개념을 생성한다 ① **주다, 마련하다** give, grant 고후 9:10; 갈 3:5; 벧후 1:11. ② **제공하다, 공급하다** furnish, supply 벧후 1:5. ③ **지원하다, 부양하다** support 골 2:19.

ἐπιχορηγία, ας, ἡ [ἐπιχορηγέω] **돕다, 조력하다** assistance, help 엡 4:16; 빌 1:19.

ἐπιχρίω [ἐπί, χρίω] 흙과 타액의 혼합물에 대해, (~에) **바르다** smear (on), 요 9:6, 11.

ἐπιψαύω [ἐπί, ψαύω '만지다'] 절정에 오르는 순간으로 '만지려고 뻗다', **만지다** touch, 엡 5:14 이문.

ἐπλάσθην πλάσσω 제1부정과거 수동태 직설법.

ἐπλήγην πλήσσω 제2부정과거 수동태 직설법.

ἔπλησα, ἐπλήσθην πίμπλημι 제1부정과거 능동태와 수동태 직설법.

ἔπνευσα πνέω 제1부정과거 능동태 직설법.

ἐποικοδομέω [ἐπί, οἰκοδομέω] 다양한 정도의 비유로 (~위에) **세우다, 집짓다** build (on), 고전 3:10, 12, 14; 엡 2:20; 골 2:7; 벧전 2:5; 유 20.

ἐποκέλλω [ἐπί, ὀκέλλω '(배가) 좌초하다'] **좌초(坐礁)하다** run aground 행 27:41 이문(ἐπικέλλω의 부정과거 ἐπέκειλαν 대신 ἐπώκειλαν).

ἐπονομάζω [ἐπί, ὀνομάζω] '별명을 부여하다', **부르다, 이름하다** call, name 롬 2:17.

ἐποπτεύω [ἐπί, ὀπτεύω '보다'] ~을 주목하다, **보다, 관찰하다** watch, observe 벧전 2:12; 3:2.

ἐπόπτης, ου, ὁ [비교 호메로스 완료 ὄπωπα와 비교하고 ὀπτάνομαι를 보라] **증인, 목격자** eyewitness 벧후 1:16.

ἔπος, ους, τό [비교 *ὄψ '목소리'의 대격 ὄπα와 비교하고 εἶπον을 보라] **말** word ὡς ἔπος εἰπεῖν 누가 말했듯이 이를테면 히 7:9.

ἐπουράνιος, ον [ἐπί, οὐρανός] **하늘에 속한, 천상적인** heavenly, celestial 요 3:12; 고전 15:40, 48f; 딤후 4:18; 히 3:1; 8:5. ἐν τ. ἐπουρανίοις 하늘에 속한 엡 1:3 등은 구원 역사가 초월적으로 지시하며, 그리스도께서 온갖 권세를 물리치셔서, 성도들이 승리를 확신할 수 있는 초월적인 장소로서, 지상 왕국을 말하는 것으로 보인다; 비교 빌 2:10.

ἐπράθην πιπράσκω 제1부정과거 수동태 직설법.

ἐπρίσθην / ἔργον, ου, τό

ἐπρίσθην πρίζω 제1부정과거 수동태 직설법.
* **ἑπτά** [산스크리트에서] 격변화 없음. **일곱** seven 마 12:45 등 자주.
ἑπτάκις [ἑπτά] 부사 **일곱 번** seven times 마 18:21f; 눅 17:4.
ἑπτακισχίλιοι, αι, α [ἑπτάκις, χίλιοι] **칠천** seven thousand 롬 11:4.
ἑπταπλασίων, ον, 속격 **ονος** [복합적인 어원] **일곱 배의** sevenfold 눅 18:30 이문.
ἐπύθετο πυνθάνομαι 제2부정과거 중간태 직설법 3인칭 단수.
Ἔραστος, ου, ὁ [성서 외 일반 명문(銘文)에서도 알려진 이름; '사랑하는'] **에라스도, 에라스토스** Erastus ① 고린도의 시(市) 재정관 롬 16:23. ② 바울의 조력자 중 한 사람 행 19:22; 딤후 4:20.
ἐραυνάω [ἐρέω '묻다, 질문하다'; ἐρευνάω의 나중 형태] **찾다, 조사하다, 살피다** search, probe 요 5:39; 7:52; 롬 8:27; 고전 2:10; 벧전 1:11; 계 2:23.
ἐργάζομαι [ἔργον] ① 행동하는 과정에서 노력에 초점 맞추어 (자동사) **일하다, 수고하다** be at work, be active 마 21:28; 눅 13:14; 요 5:17; 롬 4:4f; 고전 4:12; 살전 2:9; 살후 3:8. ─마 25:16(ἐ. ἐν ~으로 장사하다). ② 노력의 결과에 초점을 맞추어 (타동사), **행하다, 초래하다, 수행하다** do, effect, carry out 마 7:23; 26:10; 행 13:41; 롬 2:10; 13:10; 고후 7:10; 골 3:23; 히 11:33; 약 1:20. ─ἐ. τὴν βρῶσιν "음식을 얻으려고 애쓰다" 요 6:27; ἐ. τὰ ἱερά "성전 일에 종사하다" 고전 9:13; ἐ. τὴν θάλασσαν "바다에서 살다, 생활을 영위하다" 계 18:17.
ἐργασία, ας, ἡ [ἔργον] ① '생산 활동과 관련한 업무', **영업, 사업, 무역** business, trade 행 19:25; 도덕 영역으로 확장하여 엡 4:19. ② '일에서 얻은 수익', **이익** gain, profit 행 16:16, 19, 24. ③ '분투에 대한 표현', **노력** effort δὸς ἐ. 노력하라, 애써라, 힘써라 눅 12:58.
ἐργάτης, ου, ὁ [ἔργον] ① '노동에 관계된 사람', **일꾼, 노동자** worker, laborer ⓐ 육체 노동에 관련하여 마 9:37; 10:10; 비교 행 19:25. ⓑ 확장하여, 영적인 지도자. 고후 11:13; 빌 3:2; 딤후 2:15. ② '노동을 통하여 어떤 것을 만들어 내는 사람', **행하는 자** doer, 풍자적으로 τῆς ἀδικίας ἐ. 악을 행하는 데 전문가 눅 13:27.
** **ἔργον, ου, τό** [비교 ἔρδω '행하다'] ① **과제, 임무** task, assignment 막 13:34; 요 4:34; 17:4; 행 13:2; 14:26; 15:38; 고전 15:58; 딤후 4:5; 계 2:5. ─딤전 3:1도 여기 속하는 것으로 보이지만, ④도 살펴보라. ② **행동, 행위** deed, action 마 5:16 등. ─서술을 나타내는 속격(descriptive genitive)과 더불어 나타남, 실질적 표출이라는 뜻을 함의한다. 2:15; 엡 4:12; 살전 1:3; 살후 1:11; 약 1:4. ─λόγος와 연결되어 눅 24:19; 행 7:22; 골 3:17; 살후 2:17; 약 2:14. ③ ἐ.의 수동태적인 측면으로 **업적, 생산품** a work, product 행 7:41; 고전 3:13-15; 히 1:10; 벧후 3:10; 요일 3:8. ④ **일, 소행** thing, matter 행 5:38; 딤전 3:1을 ①이 아니라, 이 항목으로 볼

수도 있다.

ἐρεθίζω [= 호메로스. ἐρέθω '유발하다, 문제일으키다'] '저항하여 일어나다', 더 일반적으로 부정적인 의미로서 **성가시게 하다, 괴롭히다** vex, harass 골 3:21; 수사학적으로 긍정적인 의미로 뜻이 확장되어 **도전하다, 자극하다** challenge 고후 9:2.

ἐρείδω [비교 라틴어 ridica '포도나무를 지지하는 나무 막대'] **(끼어서) 움직이지 않게 되다** jam/stick fast 행 27:41.

ἐρεύγομαι [비교 라틴어 erugo '쏟아내다'] **외치다, 내뿜다** bellow, belch out, 강하게 발언하는 것에 대한 비유로 마 13:35.

ἐρευνάω ἐραυνάω에 대해 고전과 공인본문(Textus Receptus)에서 선호하는 형태로서(해당 항목을 보라).

ἐρημία, ας, ἡ [ἔρημος] **사막, 광야** desert, 즉 인적이 드물고 사람이 살지 않는 지역 마 15:33; 막 8:4; 고후 11:26; 히 11:38.

ἔρημος, ον [아티카 형태 ἀραιός '드문, 희박한'과 관련하여] ① 형용사로서. ⓐ **사람이 살지 않는, 인적이 드문** unpopulated, lonely 마 14:13, 15; 막 1:35, 45; 눅 9:12(혼자 있는 상태를 강조하여); 행 1:20. ⓑ **사람이 없는** deserted 행 8:26(여기서는 기온이 뜨거워 정오에 사람이 없는 도로에 관하여). ⓒ 고독한 상태에 있는, **외로운** desolate 갈 4:27. ② 명사로서 ἡ ἔρημος **사람이 없는 지역, 광야, 인적이 드문 장소** unpopulated region, desert, lonely place 마 3:1; 막 1:12; 눅 1:80(복수 한적한 장소들); 7:24; 15:4; 요 6:31; 행 7:38; 고전 10:5; 계 12:6.

ἐρημόω [ἔρημος] '외로운 상태가 되게 하다', **황폐해지다** make desolate 마 12:25; 눅 11:17; 계 17:16; 도시가 (인구가 줄어) **황폐하게 되다** depopulate 18:19; 부(富)에 대한 뜻으로 확장되어 **망하다, 잿더미가 되다** ruin, devastate 17절.

ἐρήμωσις, εως, ἡ [ἔρημος] '사람이 거주할 수 없게 된 상태', **황폐, 멸망, 파괴** depopulation, desolation, devastation 마 24:15; 막 13:14; 눅 21:20.

ἐρίζω [ἔρις] '쓸데없는 논쟁에 관여하다', **말다툼하다, 다투다, 언쟁하다** be contentious, quarrel, wrangle 마 12:19.

ἐριθεία, ας, ἡ [ἐρέθω '화나게 하다'] 다른 사람을 개의치 않고 '이득을 취하려고 하는', **이기적인 야망, 이기심** selfish ambition, selfishness 롬 2:8; 고후 12:20; 갈 5:20; 빌 1:17; 2:3; 약 3:14, 16.

ἐριμμένος ῥίπτω 완료 중간태와 수동태 분사.

ἔριον, ου, τό [비교 호메로스 εἶρος '양털'] **양털, 양모(羊毛)** wool 히 9:19; 계 1:14.

ἔρις, ιδος, ἡ [어원은 불분명] **싸움, 분쟁** strife, contention 롬 1:29; 13:13; 고전 3:3; 고후 12:20; 갈 5:20; 빌 1:15; 딤전 6:4; 딛 3:9 이문; 복수 **다툼들** quarrels 롬 13:13 이문; 고전 1:11; 딛 3:9.

ἐρίφιον, ου, τό [ἔριφος의 지소사 ; 보통 '아이'를 뜻하지만, '염소'를 의미하기도 한다] 염소 goat 마 25:33(상대적인 연령에 대해서는 상관없이); 아마도 어린 염소에 관해 새끼 kid 눅 15:29 이문(ἔριφος의 이문, 살찐 μόσχος에 대조적임을 표시하여).

ἔριφος, ου, ὁ [비교 라틴어 aries] 염소 goat 마 25:32; 눅 15:29.

Ἑρμᾶς, ᾶ, ὁ [유래는 알려져있지 않음] 바울의 지인(知人) 중 한 명 허마, 헤르마스 Hermas 롬 16:14.

ἑρμηνεία, ας, ἡ [어원은 불분명] 능력과 관련한 번역, 해석 translation, 고전 12:10; 통역 능력의 산물 14:26.

ἑρμηνευτής, οῦ, ὁ [이전 항목을 보라] 통역자, 해석해주는 사람 translator 고전 14:28 이문.

ἑρμηνεύω [이전 두 항목을 보라] ① 설명하다, 해석하다 explain, interpret 눅 24:27 이문. ② 통역하다 translate 요 1:38 이문, 42; 9:7; 히 7:2.

Ἑρμῆς, οῦ, ὁ [어원은 불분명] 허메, 헤르메스 Hermes ① 그리스의 신, 특별히 제우스의 사자(使者)의 역할과 관계된다. 행 14:12. ② 바울의 지인(知人) 중 한 사람 롬 16:14.

Ἑρμογένης, ους, ὁ [Ἑρμῆς, γένος] 아시아에서 온 성도. 허모게네, 헤르모게네스 Hermogenes, 딤후 1:15.

ἑρπετόν, οῦ, τό [ἕρπω '천천히 움직이다'] 파충류 reptile 행 10:12; 11:6; 롬 1:23; 약 3:7.

ἐρραμμένον ῥαίνω 완료 수동태 분사.

ἐρρέθην εἶπον 제1부정과거 수동태 직설법.

ἔ(ρ)ρηξα ῥήγνυμι 제1부정과거 능동태 직설법.

ἐρρίζωμαι ῥίζοω 완료 수동태 직설법.

ἐριμμένος ῥίπτω 완료 중간태와 수동태 분사.

ἐρρυσάμην, ἐρρύσθην ῥύομαι 제1부정과거 중간태와 수동태 직설법.

ἔρρωσο ῥώννυμι 완료 수동태 명령법 2인칭 단수.

ἐρυθρός, ά, όν [비교 ἐρεύθω '붉게 하다'] 붉은 red 행 7:36; 히 11:29. ἐ. θάλασσα. 홍해(紅海).

*** ἔρχομαι [인도어에 기원을 가진 것으로 추정] ① 오다, 도착하다 come, arrive, 어떤 행동이나 움직임이 일어난 장소를 암시하는 의미로 ⓐ 사람에 대해: 마 2:2, 9; 8:9; 10:23; 11:3; 17:10; 24:5; 25:10; 26:64; 막 1:45; 5:22; 11:13b; 13:26; 14:32; 눅 4:16; 9:23; 10:33; 12:45; 15:6; 16:21; 19:13; 요 3:2; 4:7, 45; 6:17; 21:22; 행 8:40; 13:13; 19:6; 28:15; 롬 1:10; 고전 4:5; 고후 2:3; 갈 2:11; 3:19; 엡 2:17; 딤전 1:15; 딛 3:12; 히 6:7; 벧후 3:3; 요일 5:6; 요이 7; 요삼 3; 유 14; 계 22:7. ⓑ 시간에

대해: 마 9:15; 요 8:20; 행 3:19; 살전 5:2; 계 1:8; 14:7. ⓒ 사건에 대해: 마 6:10; 눅 11:2; 요 4:35; 고전 13:10; 살후 2:3. ② **가다** go, 움직이는 목표를 강조하여 마 16:24; 21:19; 막 8:34 이문; 11:13a; 눅 5:32; 14:27; 15:20; 요 1:7; 19:39; 21:3.

ἐρῶ εἶπον 미래 능동태 직설법.

* **ἐρωτάω** [비교 서서시에 나오는 동사 ἐρέω '묻다, 구하다'] ① **묻다** ask, 정보를 알려고 질문함을 강조하여 마 15:23; 16:13; 막 4:10; 눅 22:68; 요 1:19; 4:47; 5:12; 16:5; 행 1:6. ② **요청하다** ask, 요구한다는 의미로(단호하게 들릴 수 있는 내용을 부드러운 어조로 청한다는 뜻을 함축하는 경우가 빈번하다) 막 7:26; 눅 5:3; 8:37; 요 16:26; 행 10:48; 18:20; 빌 4:3; 살전 4:1; 5:12; 요일 5:16; 요이 5.

ἔσβεσα σβέννυμι 제1부정과거 능동태 직설법.

ἐσθής, ῆτος, ἡ [비교 ἕννυμι 어떤 이를 '옷 입히다'] **옷, 의복** clothing, vesture 눅 23:11; 24:4; 행 1:10 (이문에서 단수 ἔσθητι로); 10:30; 12:21; 약 2:2. 여격 복수 ἐσθήσεσι 눅 24:4 이문; 행 1:10 여격 복수로만 나타나는 ἔσθησις에서 유래되었다기보다는, σφι(σφεῖς '그들, 그들을'에서처럼) 외에 σφί-σιν의 패턴을 따르는 것으로 추정된다.

ἐσθίω/ἔσθω [명령법 ἔσθι '먹어!'에 근거하여] ① '음식을 섭취하다', **먹다** eat 마 6:25; 11:18f; 막 1:6; 눅 5:30; 7:33f; 요 4:31; 행 10:13; 롬 14:2b; 고전 8:7; 9:7(우유를 먹는 것을 강조하여 9:7b); 11:26; 살후 3:8. 의미가 확장되어 대단히 인상적인 비유로 요 6:53; 계 2:7. ② 파괴적이고 무너뜨리는 '삼킴'으로 비유가 확장되어 **먹다, 삼키다, 파괴하다** eat, devour, consume 히 10:27(불타는 열심); 약 5:3(녹, 부식).

ἐσήμανα σημαίνω 제1부정과거 능동태 직설법.

ἐσκυλμένος σκύλλω 완료 수동태 분사.

Ἐσλί, ὁ [히브리어] 격변화 없음. 예수님의 계보에서 **에슬리** Esli, 눅 3:25.

ἐσόμενος εἰμί 미래 분사.

ἔσοπτρον, ου, τό [εἰς, ὄψομαι] **거울** mirror 고전 13:12; 약 1:23.

ἐσπαρμένος σπείρω 완료 수동태 분사.

ἑσπέρα, ας, ἡ [ἕσπερος '저녁의, 저녁때'의 형식상 여성형, 비교 라틴어 *vesper*] **저녁** evening 눅 24:29; 행 4:3; 20:15 이문; 28:23.

ἑσπερινός, ή, όν [이전 항목을 보라] **저녁의** of evening 눅 12:38 이문.

Ἑσρώμ, ὁ [히브리어] 격변화 없음. 예수님의 계보에서 **헤스론** Hezron 마 1:3; 눅 3:33.

ἐσσόομαι [ἡσσάομαι에 대한 이오니아 방언, 비교 '패배하다'라는 의미의 수동태로 사용되는 ἥσσων] **소홀히 대접받다** be treated worse 고후 12:13.

ἐστάθην, ἑστάναι, ἕστηκα, ἑστηκώς, ἔστην, ἔστησα,

ἑστώς ἵστημι 제1부정과거 수동태 직설법, 완료 능동태 부정사, 완료 능동태 직설법, 완료 능동태 분사, 제2부정과거 능동태 직설법, 제1부정과거 능동태 직설법, 완료 능동태 분사.

ἐστράφην στρέφω 제2부정과거 수동태 직설법.

ἐστρωμένος, ἔστρωσα στρώννυμι 완료 수동태 분사, 제1부정과거 능동태 직설법.

ἔστω, ἔστωσαν εἰμί 현재 명령법, 3인칭 단수, 3인칭 복수.

ἐσφάγην, ἐσφαγμένος, ἔσφαξα σφάζω 제2부정과거 수동태 직설법, 완료 수동태 분사, 제1부정과거 능동태 직설법.

* **ἔσχατος, η, ον** [어원은 불분명] '마지막이나 다른 모든 것의 다음에 오는', **마지막, 최후의** last라는 의미가 대부분 편리하게 적용될 수 있지만, 문맥이 보여주는 여러 가지 세부적인 의미는 '궁극적'이라는 뜻과 연관되어 있다. ⓐ 장소 눅 14:9f (그 줄의 끝자리); τὸ ἔσχατον (땅) 끝 the end 행 1:8; 13:47. ⓑ 시간에 관한 본문에서 다른 사람과 비교한 위치나 상황에 관해 마 12:45; 20:12, 14; 막 12:6, 22; 눅 11:26; 고전 15:45; 벧후 2:20. ⓒ 다른 시간에 관해 상대적인 시간에 관해 히 1:2; 벧전 1:5, 20; 요일 2:18; 특히 본문 가운데 다음 어구의 조합을 사용하여 (ἡ) ἐσχάτη ἡμέρα (단수 또는 복수) 요 6:39; 딤후 3:1; 약 5:3; 벧후 3:3. ⓓ 지위나 상태에 관여 **가장 작은, 낮은, 하찮은** least, most insignificant이라는 의미로 마 19:30; 막 9:35.

ἐσχάτως [이전 항목을 보라] 부사 **궁극적으로, 결국** at the extremity, finally ἐ. ἔχειν 죽게 되었다. 막 5:23.

ἔσχηκα, ἔσχον ἔχω 완료 능동태, 제2부정과거 능동태 직설법.

ἔσω [εἰς] ① '어떤 공간 안에 위치한' **~안에, 내부에** within, inside 마 26:58; 막 14:54; 15:16; 요 20:26; 행 5:23. 뜻이 확장되어, 영적인 상태에 관하여 **내면의** inner 롬 7:22; 고후 4:16; 엡 3:16. ② ἔξω에 반대말 ἐ.로, '밀접히 연결된' inside: οἱ ἔσω 안에 있는 사람들, 내부자들, 주로 모임의 일원이라는 것에 대해 고전 5:12.

ἔσωθεν [ἔσω] 부사 ① 안으로부터 유래했음을 강조하여 **안으로부터, 내부에서** from inside/within 막 7:21, 23; 눅 11:7. ② 내부적인 위치를 강조하여 **내부, 안쪽** inside 마 7:15; 23:25, 27f; 눅 11:40; 고후 7:5; 계 4:8; 5:1. τὸ ἔσωθεν ὑμῶν 너희 안쪽에 있는 = 너희의 내적 자아 눅 11:39.

ἐσώτερος, α, ον [ἔσω의 비교급 형태] **깊숙한** inner 행 16:24. τὸ ἐσώτερον 속격 지배 전치사 기능을 한다. 속에 있는 것 히 6:19.

ἑταῖρος, ου, ὁ [비교 호메로스 ἔτης '혼인으로 맺어진 사람'] **동료, 친구** comrade, companion 마 11:16 이문; 20:13; 22:12; 26:50.

ἐταράχθην / ἑτοιμάζω

ἐταράχθην ταράσσω 제1부정과거 수동태 직설법.

ἐτάφην θάπτω 제2부정과거 수동태 직설법.

ἐτέθην τίθημι 제1부정과거 수동태 직설법.

ἔτεκον τίκτω 제2부정과거 능동태 직설법.

ἑτερόγλωσσος, ον [ἕτερος, γλῶσσα] '다른 (= 낯선/이방인의) 혀', **다른 언어, 외국어를 말하는** speaking an alien/foreign language 고전 14:21.

ἑτεροδιδασκαλέω [ἕτερος, διδάσκω] **다른 교훈을 가르치다** present divergent instruction 딤전 1:3; 6:3.

ἑτεροζυγέω [ἕτερος, ζεύγνυμι에서 ζυγός] **고르지 않게 멍에를 메다** be unevenly yoked, 적절하지 않은 협력 관계에 대한 비유로 고후 6:14.

*   **ἕτερος, α, ον** [IE '둘 중 하나'] 분배대명사 ① 한 항목을 다른 것으로부터 구별하는 숫자적인 표시로서 **다른, 또다른** other, another: 둘 중에서 마 6:24; 눅 5:7; 9:56; 18:10; 행 23:6; 고전 4:6; 둘 이상에서 마 8:21; 11:3; 눅 6:6; 22:58 (ἕ. = 다른 누군가: 어떤 사람); 요 19:37; 롬 8:39; 13:9; 고전 3:4; 12:9f; 딤전 1:10 — 복수의 용례와 비교 눅 3:18; 10:1; 11:26; 엡 3:5; 빌 2:4; 딤후 2:2. ② 다른 항목과 관련하여 한 품목의 특징이나 기타 포괄적인 불일치성을 나타내는 표시로서 **다른, 구별되는** other, another, different 막 16:12; 눅 9:29; 행 2:4; 롬 7:3f; 갈 1:6 (비교 ἑτεροδιδασκαλέω); 고전 15:40; 약 2:25; 유 7.

ἑτέρως [ἕτερος를 보라] 부사 **그렇지 않으면, 다르게** otherwise, divergently 빌 3:15.

ἐτέχθην τίκτω 제1부정과거 수동태 직설법.

*   **ἔτι** [= 산스크리트 ati '넘어'] 부사 ① 상태나 동작의 지속성을 표현하는 단어의 역할로 ⓐ **아직, 지금까지** yet, still 마 12:46; 막 5:35; 눅 14:32; 15:20; 요 4:35; ἔ. προσμείνας ἡμέρας ἱκανάς 제법 오래 머무르고서 행 18:18; 롬 3:7; 9:19; 고전 12:31; 고후 1:10 (연속적으로 보이는 행동); 갈 1:10; 히 7:10; 계 9:12; 22:11. ⓑ 부정어와 함께. **더 이상, 이제는** anymore, any longer 몬 16; 히 10:17; 계 3:12; 21:1; εἰς οὐδὲν ἰσχύει ἔ. "더 이상 아무런 쓸데없다" 마 5:13. ⓒ 미래에 관해 **벌써, 바로** already/right 눅 1:15. ② 부가함을 나타내는 기능을 하는 **게다가, 더하여** yet, still 마 18:16; 행 2:26; 빌 1:9; 히 7:15. ἔ. πολλά 아직 (남아 있는) 것이 많은 요 16:12; τίς ἔ. χρεία "아직 필요가 더 있는가?" 히 7:11. ἅπαξ와 함께 **한 번 더** once more 히 12:26f.

ἐτίθει, ἐτίθεσαν, ἐτίθουν τίθημι 미완료 능동태 3인칭 단수와 미완료 능동태 3인칭 복수의 두 가지 변화형.

ἑτοιμάζω [ἕτοιμος] '준비된 상황에 이르다', **준비하다, 예비하다** make ready, prepare, 사물 또는 사람에 관해. 마 3:3; 25:41; 26:19; 막 10:40; 눅 1:17;

247

Ἔτοιμας, α, ὁ / εὐαγγελίζω

9:52(준비를 하다); 요 14:2f; 행 23:23; 고전 2:9; 딤후 2:21; 몬 22; 히 11:16; 계 9:15; 12:6; 19:7.

Ἔτοιμας, α, ὁ Ἔλυμας에 대한 이문 행 13:8.

ἑτοιμασία, ας, ἡ [ἑτοιμάζω] '그 자체로서 일을 다룰 수 있는 능력', **준비, 예비** readiness, preparation 엡 6:15, 하나님의 말씀을 품을 수 있는 목적에 대한 것으로 생각된다(비교 롬 10:15). 어느 정도 **준비물, 채비** equipment라는 뜻을 가진다.

ἕτοιμος, η, ον [ἑτοίμος의 나중 형태; 어원은 불분명] 사람과 사물, **예비된, 준비된** ready, prepared 마 22:4, 8; 25:10; 막 14:15; 눅 12:40; 요 7:6; 행 23:15; 딛 3:1; 벧전 1:5; 3:15. —ἐν ἑτοίμῳ ἔχειν = 준비되다 고후 10:6; τὰ ἕτοιμα = 이미 이루어 놓은 일들 16절.

ἑτοίμως [ἕτοιμος] 부사 **기꺼이** readily 신약에서는 **준비되다, 마련되다**라는 뜻을 이루는 ἑ. ἔχειν으로만 나온다. 행 21:13; 고후 12:14; 13:1 이문; 벧전 4:5.

ἔτος, ους, τό [비교 라틴어 vetus '오래된'] **해, 년(年)** year 마 9:20; 눅 2:36; 요 2:20; 행 4:22; 19:10; 갈 1:18; 딤전 5:9; 히 1:12; 벧후 3:8; 계 20:2-7. —κατ' ἔτος 해마다, 매해 눅 2:41. ἔτη ἔχειν 수사와 더불어: 병에 걸린 기간과 관련하여 요 5:5; 나이와 관련하여 8:57. ἀπὸ πολλῶν ἐτῶν 여러 해 동안 롬 15:23. πρὸ ἐτῶν δεκατεσσάρων 14년 전에 고후 12:2.

ἐτύθην θύω 제1부정과거 수동태 직설법.

εὖ [비교 호메로스. ἐῢς/ἐΰς 쓸만하다는 뜻을 함축하는 '좋은'] 부사 '쓸만한, 도움이 되는 방식으로', **잘, 적절하게** well εὖ ποιεῖν 잘 해주다, 친절히 대하다 막 14:7; εὖ πράσσειν 적절하게 행동하다. 잘 하다 행 15:29; ἵνα εὖ σοι γένηται 네가 잘 되도록 엡 6:3. 탁월하게 처리했음을 칭찬하는 감탄사로서 **잘했어! 대단해!** well done! superb! 마 25:21, 23; 눅 19:17.

Εὕα, ας, ἡ [히브리어 이름] **하와** 고후 11:3; 딤전 2:13.

* **εὐαγγελίζω** [εὐ, ἀγγελίζω '알리다'; 군사적인 승리와 같은 '좋은 소식을 가져오다, 알리다'] ① '수령자에게 좋은 소식을 알리는 소식을 전하다', **기쁜 소식을 전하다, 알리다** bring/announce good news 눅 1:19; 2:10; 살전 3:6; 계 10:7; 14:6. 다음으로 의미 전환은 쉽게 이루어진다 ② '하나님의 축복에 관한 좋은 소식을 퍼뜨리다' ⓐ **좋은 소식, 복음(福音)을 공포하다** publish good news/tidings, 세례 요한의 선포 눅 3:18; 예수님의 선포 4:18, 43; 7:22; 8:1; 9:6; 20:1; 특정되지 않은 무리들 16:16. ⓑ 특별히 하나님의 구원 역사와 관련한 선포에서, 예수님이 분명히 드러나거나 드러나지 않고서: **기쁜 소식을 전파하다, 복음을 전파하다** publish the good news, publish the gospel 행 8:4(εὐ. τὸν λόγον), 12, 35; 10:36; 11:20; 13:32; 롬 1:15; 고후 11:7; 갈 1:8; 엡 3:8; 벧전 1:12; 독립적으로 눅

9:6; 행 14:7; 롬 15:20; 고전 1:17; 9:16, 18.

* **εὐαγγέλιον, ου, τό** [εὖ, ἀγγέλλω; '좋은 소식에 대한 보상'] 신약에서는 '하나님이 인간들에게 주시는 기쁜 소식'이라는 특별한 의미로만, **복음, 기쁜 소식** good news ⓐ 예수께서 선포하신 내용으로서 마 4:23; 9:35; 막 1:14f. ⓑ 예수와 관련된 하나님의 사역을 강조하는, 사도들의 선포에 담긴 내용으로서 막 8:35; 10:29; 13:10; 14:9(비교 마 24:14; 26:13); 행 15:7; 20:24; 롬 1:1 등 바울 서신에서 자주; 벧전 4:17; 계 14:6.

εὐαγγελιστής, οῦ, ὁ [εὐαγγελίζω] '하나님의 복음을 널리 전하고 선포하는 사람', **전도자, 복음 전파자** evangelist 행 21:8; 엡 4:11; 딤후 4:5.

εὐαρεστέω [εὐάρεστος] ① '기쁨을 주다', 여격과 함께 **~을 기쁘게 하다, ~에게 기쁨을 주다** be pleasing to, please someone 히 11:5f. ② '기쁨을 느끼다', 여격을 동반하는 수동태: **즐거워하다, 기뻐하다** take delight in, be pleased with 13:16.

εὐάρεστος, ον [εὖ, ἀρέσκω] **기뻐하는, 흡족히 여기는** pleasing, acceptable 롬 12:1f; 14:18; 고후 5:9; 엡 5:10; 빌 4:18; 골 3:20; 딛 2:9; 히 13:21.

εὐαρέστως [εὐάρεστος] 부사 **기쁘게, 흡족히 여기도록** in an acceptable manner 히 12:28.

Εὔβουλος, ου, ὁ [형용사에서 유래한 그리스식 이름. εὔβουλος '신중한'; '신중함'] 로마에 있는 교회의 일원, **으불로, 유불로스** Eubulus 딤후 4:21.

εὖγε [εὖ, γέ] 부사 특별한 섬김을 칭찬하는 감탄사로서 **잘했어! 훌륭해!** welldone! superb! 눅 19:17.

εὐγενής, ές, 속격 **οὖς** [εὖ, γένος '잘 태어난'] ① 사회적인 지위와 관련하여 **귀한 신분의, 집안이 좋은** of noblebirth, of the best families 고전 1:26; ἄνθρωπος εὐ. 귀족 눅 19:12. ② 사람의 성품과 관련하여, 너그러움을 보여주는 특징으로, **올바른 예의범절을 보여주며** displaying good breeding, 행 17:11.

εὐγλωττία, ας, ἡ [εὖ, γλῶττα(γλόσσα의 아티카형)] **부드러운 대화** smooth talk 롬 16:18 이문.

εὐδία, ας, ἡ [εὔδιος(εὖ 그리고 Δία, Ζεῦς를 보라) '평온한'] **좋은 날씨** good/nice weather 마 16:2.

εὐδοκέω [εὖ, δοκέω; '매우 기쁘다'] ① '유익하다고 생각해서 선택할 가치가 있다', **선택하다, 결정하다** decide, resolve 눅 12:32; 롬 15:26f; 고전 1:21; 고후 5:8; 갈 1:15; 골 1:19; 살전 2:8; 3:1. ② ~을(사물 또는 사람) '기뻐하다', **기뻐하다, 매우 좋아하다** be delighted, be well pleased 마 3:17; 고후 12:10; 살후 2:12; 벧후 1:17.

εὐδοκία, ας, ἡ [이전 항목을 보라] '유익하다고 생각해서 선택할 가치가 있는 것', **결심, 의도, 호의(好意)** decision, intention, good will ⓐ 하나님께서 보

여주시는 마 11:26; 눅 10:21; 엡 1:5, 9; ἐν ἀνθρώποις εὐδοκίας (하나님의) 호의를 받는 이들 가운데 눅 2:14. ⓑ 사람들이 보여주는 롬 10:1; 빌 1:15; 살후 1:11. τὸ θέλειν καὶ τὸ ἐνεργεῖν ὑπὲρ τῆς εὐδοκίας 바라는 대로 실천하려는 의지를 가지고 행동하다 빌 2:13.

εὐεργεσία, ας, ἡ [εὐεργέτης] ① '유익한 도움을 가져오는', **선행, 자선** beneficence, kindness 딤전 6:2. ② '유익한 도움', **선행, 유익** good deed, benefit 행 4:9.

εὐεργετέω [εὐεργέτης] **선한 일을 하다, 선행하다** confer benefit(s) 행 10:38.

εὐεργέτης, ου, ὁ [εὖ, ἔργον] **선정을 베푸는 자, 은인** benefactor 눅 22:25.

εὔθετος, ον [εὖ, τίθημι] '쓸 준비가 된', **합당한, 걸맞은** suited, fit 눅 9:62; 14:35; 히 6:7.

εὐθέως [εὐθύς] 부사 **즉시, 곧, 당장** immediately, forthwith, right away 마 4:20 등.

εὐθυδρομέω [εὐθύς, δρόμος에서 나온 δραμεῖν(τρέχω의 제2부정과거)] 항해 용어 **직행하다, 바로 나가다** make a straight run, head straight (for) 행 16:11; 21:1.

εὐθυμέω [εὔθυμος] 자동사 신약에서 **즐겁다, 힘내다** be cheerful, take heart 약 5:13; παραινῶ ὑμᾶς εὐθυμεῖν 나는 여러분에게 염려하지 말라고 강권한다 행 27:22.

εὔθυμος, ον [εὖ, θυμός] **용기를 얻은, 안심한** heartened, in good spirits 행 27:36.

εὐθύμως [εὔθυμος] 부사 **자신 있게** with confidence 행 24:10.

εὐθύνω [εὐθύς] ① 선박을 운행하며, **조종하다, 키를 잡다** steer, 약 3:4. ② 비유로 **바르게 하다, 곧게 하다** make straight 요 1:23.

εὐθύς, εῖα, ύ, 속격 **έως** [어원은 불분명] 신약에서는 항상 길을 지시하는 용어로 나타난다. ① 거리의 이름으로 **바른** straight, ἡ ῥύμη καλουμένη Εὐθεῖα '바름'(直)이라 이름하는 거리 행 9:11. 높은 사람을 위해 길을 다지는 것에 관한 비유로 마 3:3과 병행구; 비교 행 13:10. ② 도덕적인 방정함에 관해 **올바름** straight, 즉 빗나감이 없는 따라서 **바른** right 벧후 2:15.

* **εὐθύς** [비교 이전 항목; = εὐθέως] 부사 **즉각, 즉시** immediately, at once 마 3:16; 13:20f; 14:27; 21:3; 막 1:10 등. 마가복음에서는 명백히 이야기에 활력을 주려는 의도를 가지고 자주 사용된다. 예를 들어 1:21, 23, 29(이 중에 어떤 것은, **그 다음에, 그리고 나서** 등으로 조금 약하게 표현할 수도 있다); 눅 6:49; 요 13:30, 32; 19:34; 행 10:16.

εὐθύτης, ητος, ἡ [εὐθύς, 똑바름이 우선한다는 개념으로] '빗나감이 없는 특성', 비유로 **올바름, 똑바름, 정의** righteousness, uprightness 히 1:8.

εὐκαιρέω [καιρός에서 나온 후기 형태] '시의적절한 순간을 갖다', **휴식을 취**

하다, 시간을 갖다 have leisure/time 막 6:31; 행 17:21; **기회를 가지다** have opportunity 고전 16:12.

εὐκαιρία, ας, ἡ [εὔκαιρος] **시의적절한 순간, 좋은 기회** timely moment, good/favorable opportunity 마 26:16; 눅 22:6.

εὔκαιρος, ον [εὖ, καιρός] **적절한 때, 알맞은** well-timed, suitable 막 6:21; εὖ. βοηθεία 시의 적절한(때 제공하는) 도움 히 4:16.

εὐκαίρως [이전 항목을 보라] 부사 **시의 적절하게** at an opportune time 막 14:11; ἐπίστηθι εὐκαίρως ἀκαίρως 편하든지 불편하든지 준비되다 딤후 4:2.

εὔκοπος, ον [εὖ, κόπτω] **쉬운** easy, 신약에서는 비교급으로 다음 어구로만 나온다. εὐκοπώτερόν ἐστιν ~이 더 쉽다. 마 9:5 등.

εὐλάβεια, ας, ἡ [εὐλαβής] **'적절한 태도', 경건한 복종, 따름** reverent submissiveness/compliance 히 5:7; 12:28.

εὐλαβέομαι [εὐλαβής] **경건하게 복종하다** be reverently submissive/compliant 히 11:7.

εὐλαβής, ές [εὖ, λαμβάνω 제2부정과거 λαβεῖν에서] **경건한, 독실한** reverent, devout 눅 2:25; 행 2:5; 8:2; 22:12.

εὐλογέω [εὖ, λόγος] ① 어떤 일에 대한 '(하나님의) 은혜를 구하다'. **축복하다, 강복하다** bless, 사물. 막 8:7(마 14:19; 26:26; 막 6:41; 14:22 등의 구절은 이러한 의미로 이해할 수 있을 것이다); 눅 24:30; 고전 10:16; 눅 2:34; 6:28; 롬 12:14; 히 11:20f; 벧전 3:9. ② '높은 찬사를 표현하다', 은혜에 대해 감사한다는 뜻을 포함하여, 하나님 또는 예수님과 관련하여 **축복하다, 찬양하다** bless, praise 마 14:19; 눅 1:64; 24:53; 고전 14:16; 약 3:9; 환호성으로 마 21:9과 병행구. ③ '은혜를 구하다', **축복하다** bless 엡 1:3; 히 6:14; 수동태 마 25:34; 눅 1:42; 갈 3:9.

εὐλογητός, ή, όν [εὐλογέω] **축복받은, 찬양받는** blessed, praised 마 14:61; 눅 1:68; 롬 1:25; 9:5; 고후 1:3; 11:31; 엡 1:3; 벧전 1:3.

εὐλογία, ας, ἡ [εὐλογέω] ① '높이 칭송하는 표현', **찬송, 찬양** praise 약 3:10(비교 9절); 계 5:12f; 7:12. 경멸하는 의미로 **아첨** flattery 롬 16:18. ② '호의를 베풂', **복, 선물** blessing, gift 롬 15:29; 엡 1:3; 히 6:7; 12:17; 벧전 3:9; τὸ ποτήριον τῆς εὐλογίας 축복으로 가득한 잔 고전 10:16.

εὐμετάδοτος, ον [εὖ, μεταδίδωμι] **관대한, 너그러운** generous 딤전 6:18.

Εὐνίκη, ης, ἡ [그리스식 이름(εὖ, νική)] 디모데의 어머니, **유니게, 유니케** Eunice 딤후 1:5.

εὐνοέω [εὔνοος '친절하게, 호의적으로'에서 εὖ, νοῦς] ~와 '화해할 준비가 되어 있다', **화해하다, 좋은 관계가 되다** be well-disposed 마 5:25.

εὔνοια, ας, ἡ [비교 이전 항목] **좋은 마음, 훌륭한 태도, 호의** goodwill, fine attitude 고전 7:3 이문; 엡 6:7.

εὐνουχίζω [εὐνοῦχος] '고자(鼓子)가 되게 하다', **거세하다, 중성화시키다** castrate, emasculate: 사람이 개입하여 마 19:12a; 확장된 의미로 12절b.

εὐνοῦχος, ου, ὁ [εὐνή '침대, 침상', ἔχω] '거세된 남성', **고자(鼓子), 환관** eunuch: 유전적 상태로 마 19:12a; 사람이 개입하여 12절b; 확장된 의미로 12절 c; 왕의 신하 행 8:27, 34, 36, 38f.

εὐξαίμην εὔχομαι 제1부정과거 중간태 희구법.

Εὐοδία, ας, ἡ [εὐοδία (εὖ, ὁδός) '좋은 여행', '번영'에 상응하는 그리스식 이름] 빌립보 교회의 성도 **유오디아** Euodia 빌 4:2.

εὐοδόω [εὖ, ὁδός] 신약에서 오직 수동태로만, '일을 좋게 바꾸다', **성공하다** succeed 롬 1:10; **번창하다** prosper 고전 16:2; **잘 되다** go well 요삼 2.

εὐπάρεδρος, ον [εὖ, πάρεδρος '곁에 앉는'(παρά, ἕδρα '자리'에서 파생)] **지속적으로 ~곁에 있는, 섬기는** in constant attendance (upon) 고전 7:35.

εὐπειθής, ές, 속격 **οῦς** [εὖ, πείθομαι] **설득할 수 있는, 말 잘듣는** persuadable, ready to listen 약 3:17.

εὐπερίσπαστος, ον [εὖ, περισπάω '벗기다'; '떼어놓기 쉬운'] **쉽게 산만하게 하는** easily distracting 히 12:1 이문.

εὐπερίστατος, ον [εὖ, περιΐστημι] **옭아매기 쉬운, 둘러싸려 하는** readily encompassing 따라서 나가는 진행을 방해하는(그러나 이 단어의 의미를 정확히 정의하기는 어렵다) 히 12:1.

εὐποιΐα, ας, ἡ [εὖ, ποιέω] 사회적으로 칭찬받을 만한 행동 **선행** beneficence 히 13:16.

εὐπορέω [εὔπορος '풍부한, 유복한'] 중간태 **번영/번창하다, 재산이 있다** prosper 행 11:29.

εὐπορία, ας, ἡ [εὐπορέω(εὖ, πόρος '통로')] **번영, 재산, 부(富)** prosperity ἐκ ταύτης τῆς ἐργασίας ἡ εὐ. ἡμῖν ἐστιν "이 사업에서 우리가 풍요로운 생활을 누린다" 행 19:25.

εὐπρέπεια, ας, ἡ [εὐπρεπής(εὖ, πρέπω) '외모가 매력적인'] **인상적인 아름다움** impressive beauty 약 1:11.

εὐπρόσδεκτος, ον [εὖ, προσδέχομαι] '좋아할 만한 가치가 있는', **받아들여질 만한** acceptable 롬 15:16, 31; 고후 6:2; 8:12; 벧전 2:5.

εὐπροσωπέω [εὐπρόσωπος(εὖ, πρόσωπον) '준수한 얼굴을 가진'] **신수가 훤하다** make a fine appearance 갈 6:12(비교 우리말 '잘난체하는').

εὐρακύλων, ωνος, ὁ [다른 언어가 섞여, (ὁ) εὖρος '동풍' + 라틴어 Aquilo(이런 이유로 불가타 역(譯)에서는 'euroaquilo'로 번역한다)] 'εὐ.라 부르는 북동쪽에서

부는 바람', **북동풍** northeaster 행 27:14.

εὑρέθην, εὕρηκα, εὑρήσω εὑρίσκω 제1부정과거 수동태, 완료 능동태, 그리고 미래 능동태 직설법.

** **εὑρίσκω** [IE, 복합적인 어원] 어떤 식으로든 감추어져 있거나 시야에 들어오지 않던 사람이나 사물이 드러난다는 개념이 εὑρίσκω의 대부분의 용례에서 강조되어 나타난다. ① '우연히 나타나다' ⓐ 탐색하여: **찾다, 찾아내다** find, locate 마 2:8; 막 1:37; 눅 2:12; 11:9; 15:4; 요 7:34; 히 11:5; 계 20:15; 아마도 눅 2:46; 요 1:41a; 행 27:6. ⓑ 어떤 일이 발생하여: **찾다, 우연히 찾아내다, 발견하다** find, come across, discover 마 1:18; 8:10; 눅 7:9; 8:35; 요 1:41b; 행 13:6; 롬 7: 21; 고후 12:20. 비교 행 8:40(빌립이 결국 아소도에 가게 되었다). **~하는 것으로 되다, 밝혀지다** Turn out to be 롬 7:10. **얻다, 받다** obtain 눅 1:30; 딤후 1:18; 히 4:16; 9:12. ② '조사에 따라 어떤 결론에 이르다', 주로 법적으로 **찾아내다** find ⓐ 능동태 막 14:55; 눅 6:7; 23:22; 행 4:21; 요이 4. ⓑ 수동태 벧전 1:7; 벤후 3:10, 14.

εὕροιεν, εὗρον εὑρίσκω 제2부정과거 능동태 희구법 3인칭 복수, 제2부정과거 능동태 직설법.

εὐροκλύδων, ωνος, ὁ [εὖρος '동풍', κλύδων '파도, 거친 물결'] εὐ,라 부르는 남동쪽에서 부는 바람, **남동풍** southeaster 행 27:14 이문. 또한 동일한 본문의 이문으로서 εὐρυκλύδων. 더 선호되는 읽기는 εὐρακύλων이다. 해당 항목을 보라.

εὐρυκλύδων [εὐρύς '넓은'] 이전 항목을 보라.

εὐρύχωρος, ον [εὐρύς '넓은', χώρα] 크고 넓은 길에 관해 **넓은, 널찍한** wide, 마 7:13.

εὐσέβεια, ας, ἡ [εὐσεβής] 신약에서는 '하나님이나 종교적인 전통에 대한 대단한 존경심이나 헌신'에 제한된다. 지중해 세계에서는 종종 δικαιοσύνη와 더불어 사용되어 매우 높이 평가받는 성품이다. **독실함, 경건함** devoutness, piety 3:12; 딤전 2:2 등; 딤후 3:5; 딛 1:1; 벤후 1:3, 6f. —복수 **경건함의 표현들** expressions of piety 3:11.

εὐσεβέω [εὐσεβής] 신약에서는 지중해 세계의 일반적인 용법을 따라서 이 동사는 신이나 사람, 가까운 혈족에 대해 특별히 존경심을 가지는 태도를 나타낸다. **(~에게) 경건함(독실함)을 보이다** show piety (to/toward): 신과 관련하여 행 17:23(제의적 의미로 '예배'를 뜻한다고 생각할 필요는 없다; 알려지지 않은 신을 '경건하게 깨달은 것'이다); 부모나 나이 많은 친족과 같은 한 집안의 일원에게 딤전 5:4.

εὐσεβής, ές [εὖ, σέβω] **경건한, 독실한** devout, godly 행 10:2, 7; 벤후 2:9.

εὐσεβῶς [εὐσεβής] 부사 **경건하게, 경건한 방식으로** devoutly, in a godly manner 딤후 3:12; δικαίως와 함께 딛 2:12. 문화적인 측면에 대해서는 εὐσεβέω

εὔσημος, ον / εὐφροσύνη, ης, ἡ
를 보라.

εὔσημος, ον [εὖ, σῆμα '표시'] 의미 있는, 알아들을 수 있는 meaningful, intelligible 고전 14:9.

εὔσπλαγχνος, ον [εὖ, σπλάγχνον] 마음씨 고운, 자비로운, 배려심 깊은 tenderhearted, compassionate, caring 엡 4:32; 벧전 3:8.

εὐσχημονέω [εὐσχήμων] 이 동사는 보통 긍정적으로 사용되지만, 비유에 사용되면 문맥이 실제적으로 부정적인 의미를 요구한다. 가식적으로 행동하다, 뽐내다 posture, put on airs 고전 13:5 이문.

εὐσχημόνως [εὐσχήμων] 부사 '적절한 행위에 대한 기대에 부응하여', 품위 있게, 예의 바르게 decorously, with propriety 롬 13:13; 고전 14:40; 살전 4:12.

εὐσχημοσύνη, ης, ἡ [εὐσχήμων] 특별한 존중 special respect 고전 12:23.

εὐσχήμων, ον, 속격 ονος [εὖ, σχῆμα] 이 형용사는 보는 사람이 느끼기에 적절함에 초점 맞춘다: 사람의 행동. 점잖은, 예의바른 decorous 막 15:43; 행 13:50; 17:12; 고전 7:35; 신체 일부분을 가리키는 명사로서 τὸ εὐ. 볼품 있는 (것들) (those that are) presentable 12:24.

εὐτόνως [εὖ, τείνω '뻗다'] 부사 '풍부하게 표현되는', 격렬하게 vehemently 눅 23:10; 열정적으로 vigorously 행 18:28.

εὐτραπελία, ας, ἡ [εὖ, τρέπω '돌다'] 외설적인말, 상스런 말 suggestive/risque talk 엡 5:4.

Εὔτυχος, ου, ὁ [그리스식 이름(εὖ, τυχή '행운')] 에우티코스, 유두고 Eutychus, 드로아의 젊은 그리스도인 행 20:9.

εὐφημία, ας, ἡ [εὔφημος] 호평을 나타내는 찬사, 칭찬 commendation 고후 6:8.

εὔφημος, ον [εὖ, φήμη] 칭찬받을 만한, 찬사받을 만한 praiseworthy, commendable 빌 4:8.

εὐφορέω [εὖ, φέρω] '생산성이 매우 높다', 수확이 잘 생긴다 yield well 눅 12:16.

εὐφραίνω [εὔφρων '발랄한, 쾌활한'] ① 능동태 기쁘게 하다, 행복하게 하다 make glad/happy 고후 2:2. ② 수동태 기뻐하다, 즐기다 be glad, enjoy oneself 눅 12:19; 행 2:26; 롬 15:10; 갈 4:27; 계 11:10; 12:12. 축하하다, 잔치 벌이다 Celebrate, hold a party는 뜻이 다음 구절들에는 적당할 것이다 눅 15:23f, 29, 32; 행 7:41.

εὐφρανθῆναι εὐφραίνω 제1부정과거 수동태 부정.

Εὐφράτης, ου, ὁ [아시리아와 페르시아 기원을 따라서] 유브라데, 유프라테스강 the Euphrates river 계 9:14; 16:12.

εὐφροσύνη, ης, ἡ [εὔφρων '쾌활한'] 즐거운 기분, 기뻐함 good cheer,

rejoicing 행 2:28; 14:17.

εὐχαριστέω [εὐχάριστος] **감사드리다** give thanks, 롬 16:4과 눅 17:16을 제외하고(그러나 비교 18절), 감사의 대상으로 하나님이 분명히 드러나거나 암시되어 있다 마 15:36; 26:27; 눅 18:11; 요 11:41; 롬 1:8; 고전 1:14; 엡 1:16; 살전 5:18; 살후 1:3; 몬 4; 계 11:17.

εὐχαριστία, ας, ἡ [εὐχάριστος] ① 은혜를 베푼 이에게 보여주는 적절한 태도의 특징으로 **고마움, 감사** gratitude 행 24:3. ② 내용으로, **고마움의 표현** expression of thankfulness, thanksgiving 고전 14:16(εὐ. = 감사의 기도); 고후 9:11f; 엡 5:4; 빌 4:6; 골 2:7; 살전 3:9; 딤전 2:1; 4:3f; 계 4:9. ③ 주의 만찬에서 축하 예식의 표시로서, **감사 예식, 성만찬** the Thanksgiving Rite, the Eucharist 고전 10:16 이문.

εὐχάριστος, ον [εὐ, χαρίζομαι] **감사하는, 고마움을 아는** grateful, thankful 골 3:15.

εὐχή, ῆς, ἡ [εὔχομαι] ① **기도** prayer, ἡ εὐ. τῆς πίστεως 믿음으로 드리는 기도 약 5:15. 지중해 세계에서 청원하는 이들은 신에게 적절하게 보답하는 일이 얼마나 중요한지 알고 있었기에 εὐ.를 그러한 의미로 사용하는 것은 어렵지 않았다. ② **맹세하다, 서약하다** oath, vow 행 18:18; 21:23.

εὔχομαι [산스크리트 연관어] ① (~을) **기도하다** pray (for), 하나님께 드리는 간구에 관해 행 26:29; 롬 9:3(εὐ.의 더 일반적인 의미에 대해서는 ②를 보라); 고후 13:7, 9; 약 5:16. ② 종교적인 의미가 줄어들어 (~을) **원하다, 고대하다** wish (for), long (for) 행 27:29; 요삼 2; 어떤 이들은 롬 9:3을 여기에 포함한다.

εὔχρηστος, ον [εὐ, χράομαι] **쓸모 있는, 유익한** useful, helpful 딤후 2:21; 4:11; 몬 11.

εὐψυχέω [εὔψυχος (εὐ, ψυχή) '용감한'] **용기를 얻다, 위로를 받다** be heartened, be cheered 빌 2:19.

εὐωδία, ας, ἡ [εὐώδης (εὐ, ὄζω) '향기를 발하는'] **향수, 향기** aroma, fragrance 고후 2:15; 엡 5:2; 빌 4:18.

εὐώνυμος, ον [εὐ, ὄνομα; '상서러운 이름을 가진', 왼쪽으로부터 나쁜 징조가 온다고 생각했기 때문에 '왼쪽'에 대해 완곡하게 표현하는 용어다] **왼쪽의, 좌측의** left, '오른쪽'과 구별하여(비교 ἀρίστερος) 마 20:21; 25:33; 27:38; 막 10:40; 행 21:3; 계 10:2.

εὐωχία, ας, ἡ [εὐωχέω '크게 대접하다'] **연회, 잔치** banquet, feasting 유 12 이문.

ἔφαγον ἐσθίω 제2부정과거 능동태 직설법.

ἐφάλλομαι [ἐπί, ἅλλομαι] (~에) **뛰어오르다** leap (on) 행 19:16.

ἐφαλόμην ἐφάλλομαι 제2부정과거 중간태 직설법.

ἐφάνην / ἐχθρός, ά, όν

ἐφάνην φαίνω 제2부정과거 수동태 직설법.
ἐφάπαξ [ἐπί, ἅπαξ] 부사 ① **한 번** once, πολλάκις '여러 번 반복하여'의 반대로 롬 6:10; 히 7:27; 9:12; 10:10. ② **한 때, 동시에** at one time, simultaneously 고전 15:6.
Ἐφέσιος, α, ον [Ἔφεσος] **에베소 사람** Ephesian 행 19:28; 34f; 21:29.
Ἔφεσος, ου, ἡ [어원은 불분명] **에베소, 에페소스**, 소아시아 서쪽의 항구, 아르테미스 신전으로 유명하다: 행 18:19 등; 고전 15:32; 16:8; 딤전 1:3; 딤후 1:18; 계 1:11.
ἐφευρετής, οῦ, ὁ ['찾다, 발견하다' ἐφευρίσκω ἐπί, εὑρίσκω로부터 나옴] **고안자, 창안자** deviser, inventor 롬 1:30.
ἔφη φημί 미완료 3인칭 단수 또는 제2부정과거 능동태 3인칭 단수.
ἐφημερία, ας, ἡ [ἐφήμερος] 제사장 복무 기간에 따라 부여받은 제사장들의 **반열, 조** division 눅 1:5, 8.
ἐφήμερος, ον [ἐπί, ἡμέρα] **그날의, 매일** for the day, daily 약 2:15.
ἔφθασα φθάνω 제1부정과거 능동태 직설법.
ἐφικέσθαι ἐφικνέομαι 제2부정과거 중간태 부정사.
ἐφικνέομαι [ἐπί, ἱκνέομαι '오다'] **도달하다, 이르다** come (to), reach 고후 10:13f.
ἐφίστημι [ἐπί, ἵστημι] ① 놀라게 하지 않는 분위기로: **다가가다, 가까이 서다** come/stand near 눅 2:38; 4:39; 10:40; 20:1; 행 4:1; 10:17; 11:11; 22:13, 20; 23:11, 27; 딤후 4:6; 갑작스럽다는 의미를 함축하여 눅 2:9; 24:4; 행 6:12; 12:7. ─사용 가능함에 초점 맞추어: **준비되다** be ready 딤후 4:2. ② 당황스럽게 하거나 놀라게 한다는 분위기로 ⓐ '마지막 날'이 **갑자기 이르다, 닥치다**, come upon, overtake 눅 21:34; 살전 5:3. ⓑ 비가 **시작하다, 내리다** come on, start of rain 행 28:2. ⓒ 무뢰배가 **습격하다** attack 행 17:5.
Ἐφραίμ, ὁ [어원은 불분명] 격변화 없음. 도시, **에브라임, 에프라임** 요 11:54.
ἔφυγον φεύγω 제2부정과거 능동태 직설법.
εφφαθα [아람어] διανοίχθητι으로 번역된다. **열리다** 막 7:34.
ἐχάρην χαίρω 제2부정과거 수동태 직설법.
ἐχθές [χθές의 길어진 형태] 부사 ① '오늘의 전날', **어제** yesterday 요 4:52; 행 7:28; 16:35 이문 ② '지금과 구별되는 과거의 때', **어제, 예전** yesterday 히 13:8.
ἔχθρα, ας, ἡ [ἐχθρός] **원수** enmity 눅 23:12; 롬 8:7(비교 ἐ. τοῦ θεοῦ 하나님의 원수 약 4:4); 갈 5:20; 엡 2:14, 16.
ἐχθρός, ά, όν (비교 (τὸ) ἔχθος '증오하다': 어원은 불분명) ① 형용사로서 ⓐ 능동의 의미로 **적대적인, 적의를 품은** inimical, hostile 마 13:28 (그러나 ②를 보라). ⓑ 수동태 의미로, 당신들로 인하여 원수로 간주되었다 롬 11:28(그러나 ②

ἔχιδνα, ης, ἡ / ἔχω

를 보라). ② 명사로, 관사 여부에 상관없이, '적대적인 사람', **적** enemy 마 5:43f; 22:44; 눅 1:71; 행 13:10; 롬 5:10; 12:20; 고전 15:26; 갈 4:16; 빌 3:18; 골 1:21; 살후 3:15; 약 4:4; 계 11:5, 12. —ἐ. ἄνθρωπος는 "어떤 적"이라는 뜻으로 보인다. 마 13:28(비교 ①). 롬 11:28에서 ἐχθροὶ δι᾽ ὑμᾶς는 "여러분 때문에 (하나님 또는 그리스도의) 원수된 자"라는 뜻으로 보인다.

ἔχιδνα, ης, ἡ [어원은 불분명; 보통 독을 가진 뱀과 관련하여 사용된다] **독사(毒蛇)** viper ⓐ 행 28:3. ⓑ 비유로 마 3:7; 12:34; 23:33; 눅 3:7.

ἔχρησα κίχρημι 제1부정과거 능동태 직설법.

*** **ἔχω** [비교 산스크리트 sahati '제어하다'] ① 자신의 통제 아래 있는 대상을 가지고 있거나 관리하에 두고 있음을 뜻한다. **(가지고) 있다, 소유한다** have, 사람 그리고 사람이 아닌 존재들에 대해. ⓐ 얻거나 획득한 무엇, 고전 4:7; 신체 부분들 마 18:8f; 눅 24:39; 롬 12:4; 빵 마 14:17; κτήματα πολλά 19:22; ἔ. ἅπαντα κοινά 모든 것을 통용하다 행 2:44; 양 눅 15:4; 동전 15:8; 물 요 4:11; 별들 계 1:16; 선박 18:19; 유산 엡 5:5; 생명 요 5:26; 저주 고후 1:9. ἐν ἐμοὶ οὐκ ἔχειοὐδέν "그는 나와 어떤 관계도 없다 = 그는 나에 대해 전혀 권한이 없다" 요 14:30; 비교 언어유희 마 25:29; 눅 19:26. 보전하려는 생각으로 장기간 품고 있는 것에 관해 19:20; 딤전 3:9. 어떤 장소에 가지고 있음: (명시되지 않은) 아이를 자궁 속에 마 1:18; 막 13:17. —숙어 τὸ νῦν ἔχον 문자적으로, 지금(이 순간)을 우선으로 = 당분간 행 24:25. ⓑ 개인적인 관계에서 요구되는 사람들: 배우자 고전 5:1; 7:2; 아들 마 21:28; 친구 눅 11:5; 친지(親知) 빌 2:20; 모임의 구성원 1:7; 변호자 요일 2:1; 하나님 요 8:41. ② '~의 것으로 지니다(관사와 함께)', **(옷) 입다, 달다** have (on), wear 의복 마 3:4; 검(劍) 요 18:10; 무장(武裝) 계 9:9, 17. —κατὰ κεφαλῆς ἔ. 머리에 (무엇을) 쓰다 고전 11:4. ③ '무엇을 할 수 있는 위치에 자리하다', **할 수 있다, (필요한 수단, 기술 등이) 있다**. have wherewithal, be able 행 25:26b; 엡 4:28a; 벧후 1:15. 소유의 결핍이 무능력함과 동등하게 되어 부정어와 함께. ~할 수 없다, ~하지 못한다: 마 18:25a; 비교 눅 12:4; 행 4:14; 히 6:13. ④ '독특한 방법으로 어떤 것을 보다', **~생각한다, ~여기다, ~라고 보다** consider, hold (to be), view: 생각은 무엇을 통제 아래 두는 것으로 이해된다 마 14:5; 21:46; 막 11:32; 눅 14:18f; ἔ. ἐν ἐπιγνώσει 인정하다 롬 1:28; 빌 2:29. ⑤ '어떤 상황이나 상태를 겪다', **~이다, ~였다** have/be ⓐ 물리적이거나 심리적인 상태 목적어와 함께. 마 11:18; 눅 19:31; 요 5:42; 행 28:9; 롬 10:2; 고전 13:1; 엡 4:28b; 히 10:2. 부사와 함께. κακῶς ἔχειν 아프다, 병에 걸리다 마 4:24; ἔχειν ἐσχάτως 죽게 되다 막 5:23; καλῶς ἔχειν 건강하다 16:18; οὕτως ἔχειν 이와 같은가(사실인가) 행 7:1; 12:15; πῶς ἔχουσιν 그들이 어떻게 지내는지 15:36; ἑτοίμως ἔχειν 준비하다, 마음먹다 고후 12:14. 지속성 πολὺν χρόνον ἔ. 오랜 시간 동안 요 5:6;

ἐψεύσω / ἕως

πεντήκοντα ἔτη ἔ. 쉰 살 먹은 8:57; ἡλικίαν ἔ. 나이가 있다, 장성했다 9:21, 23. —κατὰ πρόσωπον ἔ. 대면하여 행 25:16. ⓑ 결과 히 10:35; 약 1:4; 2:17; 요일 4:18. 어렵다고 판명된 어떤 일에 관해 딤전 5:25. ⓒ 의무. 고후 4:1; 요이 12; βάπτισμα ἔχω βαπτισθῆναι = "나는 세례를 받아야 한다" 눅 12:50; ἔχω ἀνάγκην ἐξελθὼν ἰδεῖν αὐτόν 나는 나가서 그것을 보아야 한다 14:18; ἔ. ἀνάγκην 강요로 하다, 억지로 하다 고전 7:37. ⓓ 근접성에 관해 ㉠ 공간이나 시간의 범위: 능동태 **위치하다, 자리하다** be located 행 1:12. 중간태 **가깝다** be near 어떤 장소 막 1:38('이웃한' 도시); 시간적으로 **다음이다** be next τῇ ἐχομένῃ 다음(날), 이튿날 눅 13:33; 행 20:15; 비교 21:26 ἡμέρα와 함께. ㉡ 어떤 생각과 관계 **~와 관계 있다, 관련되다** have to do with, relate to 구원 히 6:9.

ἐψεύσω ψεύδομαι 제1부정과거 중간태 직설법 2인칭 단수.

ἐῶν ἐάω 현재 능동태 분사.

ἑώρακα, ἑώρων ὁράω 완료 능동태 직설법과 미완료 능동태 3인칭 복수.

** ἕως [어원은 복잡함] 제한을 나타내는 표시 ① 시간적인 표시 ⓐ 접속사 용법으로 **~까지, ~에 이르도록** till, until 마 2:9, 13; 12:20; 16:28; 24:39; 막 6:10; 눅 9:27; 17:8; 요 21:22; 행 2:35; 고전 4:5; 살후 2:7; 딤전 4:13; 히 1:13; 10:13; 약 5:7. ⓑ **~하는 동안, ~할 때에** as long as, while 막 6:45; 요 9:4; 요 12:35 이문 ② 종결 표지(terminal marker), 아리스토텔레스 이래로 발전된 용법(자주 속격지배 전치사의 역할을 한다): ⓐ 위치나 장소에 관해, **~까지** 마 11:23; 눅 2:15; 4:29; 24:50(with πρός); 행 1:8; 11:19, 22; 고후 12:2. ἕως ἔσω 안쪽까지 막 14:54; ἕως ἄνω 위쪽까지, 그득히 요 2:7; ἕως εἰς 아주 가까이 눅 24:50 이문; ἕως κάτω 바닥까지 마 27:51. 크기를 나타내는 의미로 확장되어: ἀπὸ μικροῦ ἕως μεγάλου 작은 사람으로부터 큰 사람까지 히 8:11; ἕως ἑπτάκις 일곱 번 정도로 많이 마 18:21f; ἕως ἡμίσους 절반까지라도 막 6:23; οὐκ ἔστιν ἕως ἑνός 하나조차도 없다. 롬 3:12; ἐᾶτε ἕως τούτου 이것으로 충분하다 눅 22:51. ⓑ 시간 또는 연중 특별한 순간 **까지** until 마 27:64; 막 14:25; 눅 1:80; 23:44; 행 1:22; 19:9 이문; 고전 1:8; 고후 1:13; ἕως οὗ ~까지 마 18:34; 눅 13:21; 22:18; 행 21:26; 25:21. 시간적으로 인식한 종결점에 대해 ἕως θερισμοῦ 마 13:30; ἕως θανάτου 26:38; 막 14:34. 부사 어구 ἕως ἄρτι 지금까지, 이제껏 마 11:12; 요 2:10; ἕως τοῦ νῦν 지금까지 마 24:21; ἕως πότε 언제까지, 얼마나 오래 17:17; 요 10:24; 계 6:10; ἕως σήμερον 바로 오늘까지, 이날까지 고후 3:15. —대명사와 함께. 사람이나 고유명사. **~까지, ~이르도록** (up) to, until 마 1:17; 11:13; 눅 4:42.

ς

ς 스티그마 또는 **바우**(후기 그리스어에서는 거의 사용되지 않는 오래된 문자)는 숫자 **여섯**으로 사용된다. 여섯 six(ςʹ) 계 13:18 이문(χξςʹ를 보라).

Z / ζέω

Z

ζ´ 숫자 표시 = **일곱** (ἑπτά) 행 12:10 이문

Ζαβουλών, ὁ [히브리어, 창 30:20의 언어유희를 보라] 격변화 없음. **스불론, 자불론** 야곱의 아들, 신약에서는 **이스라엘 지파**나, **지역**을 나타내는 이름으로 마 4:13, 15; 눅 4:31 이문; 계 7:8.

Ζακχαῖος, ου, ὁ [히브리어 '순전한, 의로운'] 여리고의 세리장, **삭개오, 자카이오스** Zacchaeus, 눅 19:2, 5, 8.

Ζάρα, ὁ [히브리식 이름, 의미는 불확실] 어떤 편집에서는 Ζαρά (NA27, 28 아파라투스에서는 Ζάρε도 또한 언급한다) 격변화 없음. **세라, 자라** Zerah, 예수의 조상 마 1:3.

ζαφθάνι, 아람어(σαβαχθανι로 나타남)에 대한 D사본의 히브리어에 근거한 독법. 마 27:46; 막 15:34.

Ζαχαρίας, ου, ὁ [구약에 흔히 등장하는 이름; '야웨는 기억하신다'] **사가랴, 자카리아스** Zacharias/Zechariah ① 제사장이자, 세례 요한의 아버지 눅 1:5 등; 3:2. ② 살해당한 사람의 이름 눅 11:51 마 23:35에서 바라갸의 아들로 나온다 (Βαραχίας를 보라); 눅 11:51.

** **[ζάω]** [이 형태는 문법학자들이 고안한 것이다] ζῶ를 보라.

ζβέννυμι σβέννυμι의 이문.

Ζεβεδαῖος, ου, ὁ [히브리어 '야웨가 주셨다'] **세베대, 제베다이오스** Zebedee, 사도 요한과 야고보의 아버지 마 4:21; 막 10:35; 눅 5:10; 요 21:2.

ζεστός, ή, όν [ζέω] **뜨거운** hot 계 3:15f.

ζεῦγος, ους, τό [ζεύγνυμι '멍에 씌우다'] ① **멍에, 굴레** yoke, 굴레 아래 한 조를 이루어 끌며 일하도록 길들여진 두 짐승에 관하여 눅 14:19. ② ①의 의미가 확장되어: **쌍** pair 눅 2:24.

ζευκτηρία, ας, ἡ [ζεύγνυμι '멍에 씌우다'] '(키 등) 기구를 묶다, 동여매다', 항해 용어(비교 영어 'pendant', 돛대 꼭대기에서 드리운 짧은 밧줄) **끈** band 행 27:40.

Ζεύς, Διός, ὁ [산스크리트에서 유사하게, 비교 라틴어. Ju(piter)] **제우스** Zeus 그리스의 여러 신들 중 주신(主神). 행 14:12(여기에서는 대격으로. Δία), 13절.

ζέω [비교 ζεστός] **부글거리다, 끓다** bubble, boil, 영이 생기 있고, 활기가 있고 ζέων τῷ πνεύματι 행 18:25; 유사하게 복수 분사로 **롬** 12:11.

ζῇ / ζητέω

ζῇ 현재 능동태 직설법 3인칭 단수, ζώω(ζῶ)의 2차적인 형태.

ζηλεύω [ζηλόω의 후기 형태] **열심을 내다, 열성을 다하다** be earnest/eager 계 3:19.

ζῆλος, ου, ὁ / ζῆλος, ους, τό [다음을 보라] ① 긍정적 의미로 어떤 사람이나 사물에 대한 '열렬한 관심', '강렬한 감정', **열심, 열정** zeal, fervor 요 2:17; 롬 10:2; 고후 7:7; 빌 3:6; ζηλῶ ὑμᾶς θεοῦ ζήλῳ "내가 여러분을 위해 하나님의 열심으로 열심을 낸다" 고후 11:2. —비유적인 어구로 πυρὸς ζῆλος **불타는 열심**은 하나님께서 진노하심과 관련된 것이다. 히 10:27. ② 부정적 의미로, 경쟁에서 직면한 상황에서 자신의 이익에 대해 가지는 열심 따라서 **질투심** jealousy 행 5:17; 13:45; 갈 5:20. 롬13:13; 고전 3:3; 고후 12:20; 갈 5:20 등에서는 정치적 용어로 **경쟁, 정파 지향** rivalry, party allegiance이라는 의미를 가진다.

ζηλόω [ζῆλος] ① 어떤 일에 대해 '열정적인 관심을 갖다', ~**에 열성적이다, 간절히 사모하다** be zealous (for) 고전 12:31; 14:39. —ζ.의 두 가지 용법에 열의를 보이다 show zeal (for) 갈 4:17a(ζ.의 긍정적 의미로 부정어가 뒤따라온다)과 18b절 (바울이 아니라 자신들에게 충성하게 하려는 반대자들의 노력)은 ζῆλος의 중의적인 의미로 복합적인 개념을 정교하게 구성해서 표현한다. ② **부러워하다, 질투하다** to envy, be jealous 행 7:9; 17:5; 고전 13:4; 약 4:2.

ζηλωτής, οῦ, ὁ [ζηλόω] '열성적으로 헌신하는 사람', **열성분자, 열심당** enthusiast ⓐ 속격과 더불어, 열성적으로 전념하는 사람: 모세 율법을 지키기 위해 행 21:20 하나님에 대한 관심으로 22:3; 고결한 일을 수행하는데 딛 2:14 그리고 일반적으로 선하다고 여겨지는 일 벧전 3:13; 영적 은사를 소유하려고 고전 14:12. ⓑ 명칭으로: ὁ ζηλώτης **열성분자, 열심당원** 열두 제자의 한 사람인 시몬의 별명으로, 이런 표현으로 시몬 베드로와 구별된다. 아마도 모세의 율법에 대한 열정이나 이스라엘에 대한 애국심에 초점 맞춘 것으로 보인다. 눅 6:15; 행 1:13.

ζημία, ας, ἡ [어원은 불명] **손실, 손해** loss 행 27:10, 21; 재정적인 비유 빌 3:7, 8.

ζημιόω [ζημία] **손해보다, 잃다** lose; 다음 구절들은 재정적인 비유가 확실하며: 마 16:26; 막 8:36; 눅 9:25; 고전 3:15; 빌 3:8; 고후 7:9은 가능성이 높다. 수동태는 어떤 일에 대한 경험을 지시할 때 사용된다.

ζῆν ζώω(ζῶ) 현재 능동태 부정사.

Ζηνᾶς, ᾶ, ὁ, 대격 **ᾶν** [일반적인 그리스식 이름, Ζεύς의 대격 형태에서 부분적으로 따왔다: Ζῆνα] **세나, 제나스** Zenas, 성도이자 법률 전문가 딛 3:13.

Ζήνων, ωνος, ὁ [일반적인 그리스식 이름] **제논** Zeno 딤후 4:19 이문(아퀼라 아들의 확실하지 않은 호칭).

****ζητέω** [비교 δίζημαι '찾다'] ① '찾고 있다', 어떤 사람이나 물건을 찾는다는 의미

ζήτημα, ατος, τό / ζῶ

로. 어디 있는지 알아내는 데 어려움을 겪으며, **찾다, 구하다** seek, look for 마 2:13; 13:45; 26:16; 막 16:6; 눅 2:48; 11:24; 13:6f; 15:8; 요 6:24; 20:15; 행 13:11; 딤후 1:17. ② '어떤 이익을 만족시킬 만한 방법을 찾다' 또는 '해결책을 구하다', **신중히 생각하다, 토의하다** deliberate, discuss 요 16:19; πῶς와 함께. 막 11:18. ③ '관심을 두다', **바라다, 구하다** desire, seek 마 6:33; 12:46; 눅 6:19; 12:29; 19:47; 요 5:30; 8:50; 롬 3:11; 고전 1:22; 10:24; 고후 12:14; 갈 1:10; 빌 2:21; 벧전 3:11; 계 9:6. ④ '~을 강요하다', **기대하다, 요구하다** expect, demand 막 8:11f; 눅 12:48. 수동태 ζητεῖται ἐν τοῖς οἰκονόμοις "그것은 관리인들 가운데 요구된다 = 그것을 관리인들에게 요구한다" 고전 4:2.

ζήτημα, ατος, τό [ζητέω] '논쟁의 주제', **논란이 많은 문제 또는 주제, 논점** controversial matter/subject, finepoint 행 15:2; 18:15; 23:29; 25:19; 26:3.

ζήτησις, εως, ἡ [ζητέω] '어떤 주제나 쟁점으로 파고드는 행위', **논쟁** dispute 요 3:25; 행 15:2, 7; 25:20; 딤전 6:4; 딤후 2:23; 딛 3:9.

ζιζάνιον, ου, τό [어원 미상이며, 외래어로 추정된다] '특별히 곡식의 성장을 가로막는 성가신 풀', **잡초, 독보리, 가라지** cheat, darnel, 신약에서는 오직 마 13장 (25-40절에 나오는 비유를 보라).

Ζμύρνα Σμύρνα에 대한 이문.

Ζοροβαβέλ, ὁ [아카드어 기원을 가진 히브리식 이름; '바빌론의 씨, 계승자'] 어떤 편집에서는 Ζοροβάβελ, 격변화 없음. **스룹바벨, 조로바벨** (스 2:2; 3:8 등) 예수의 조상 마 1:12f; 눅 3:27.

ζόφος, ου, ὁ [γνόφος '어둠, 암흑'과 연관되어, 같은 의미를 가지는 δνόφος의 후기 형태] **어둠** gloom ⓐ 일반적으로 히 12:18. ⓑ 특별히 지옥의 어둠 벧후 2:4, 17; 유 6, 13.

ζυγός, οῦ, ὁ [중성 ζυγόν '멍에, 굴레'의 병행하는 남성형] ① 두 마리의 끄는 짐승을 연결시키는 데 사용하는 도구에 대한 다양한 비유에서, **멍에** yoke 마 11:29f; 행 15:10; 갈 5:1; 딤전 6:1에서는 멍에 안에 있는 존재의 거친 본성을 강조하고 있다. ② 무게를 다는 데 사용하는 막대, **저울, 천칭(天秤)** weighing device, pair of scales 계 6:5.

ζύμη, ης, ἡ [비교 라틴어 ius '죽, 소스'] **발효된 반죽, 효모** fermented dough, leaven ('이스트'와는 다르다) 마 13:33; 16:12; 눅 13:21; 고전 5:6; 갈 5:9. 부정적으로 영향받을 가능성 있는 것에 대한 비유로 마 16:6; 고전 5:6-8.

ζυμόω [ζύμη] 이전 항목과 비교 **발효시키다, 숙성시키다** to ferment/leaven 마 13:33; 눅 13:21; 고전 5:6; 갈 5:9.

ζῶ [서사시 형태인 ζώω가 아티카형 ζῶ를 거친 지소사이다. 그리고 ζη-의 형태는 부차적이다] ① '살아 있는 상태에 있다', **살아 있다** live 마 27:63; 눅 24:5, 23; 행

ζωγρέω / ζῶσαι, ζώσω

17:28; 20:12; 롬 7:1-3; 고전 7:39; 고후 4:11; 빌 1:22; 살전 4:15; 딤후 4:1; 히 9:17; 약 4:15; 계 1:18; 2:8; 20:5. —하나님께 대해 자주. 마 16:16; 요 6:57; 행 14:15; 롬 9:26; 계 15:7. —확장된 의미로 생명이 없는 사물이나 ③에 표현된 개념들과 밀접하게 연결되어: ὕδωρ ζῶν 생수 요 4:10f; 7:38(말씀); 벧전 1:3(소망); 히 10:20(길). —여러 표현들: τὸ ζῆν 생명 고후 1:8; 법적으로 ζῶ ἐγώ 내 생명과 관련해서, 확실하게 나는 살아 있다. 롬 14:11. ② '삶을 보내다', **살다, 생활하다** live 눅 2:36; 15:13; 요 4:50f; 행 1:3; 10:42; 25:19; 26:5; 롬 6:2;14:7; 고후 5:15; 갈 2:14; 골 2:20; 3:7; 딤후 3:12; 딛 2:12; 벧전 2:24. ③ ①과 ②의 의미가 확장되어 '단순한 육체적 존재를 초월하는 방식으로 살아 있다', **살다** live 마 4:4; 눅 10:28; 롬 1:17; 6:2; 고후 13:4 등.

ζωγρέω [ζωός '살아 있는', ἀγρεύω] **생포하다, 포획하다** catch alive, capture 비유로 눅 5:10(긍정적 의미); 딤후 2:26(부정적 의미, 비도덕적인 목적 때문에).

** ζωή, ῆς, ἡ [ζάω(ζῶ를 보라)] **생명** life ⓐ 보통의 신체적인 의미 눅 16:25(= **생전에**); 행 17:25; 롬 8:38; 히 7:3; 약 4:14. ⓑ 보통의 신체적 의미를 초월한 상태나 경험 마 7:14; 18:8; 막 10:30(마태복음과 마가복음에서 자주 ἔρχομαι를 동반하여 나온다); 요 1:4; 3:15f(요한복음에서 자주 αἰώνιον과 더불어); 6:35; 행 2:28; 5:20; 11:18; 롬 5:17; 8:6; 고전 3:22; 고후 4:10; 엡 4:18; 빌 4:3; 딤전 4:8; 히 7:16; 약 1:12; 요일 1:1; 계 2:7; 3:5; 22:17.

ζώνη, ης, ἡ [ζώννυμι] **허리띠** belt 마 3:4 등.

ζώννυμι/ζωννύω [IE; 비교 ζώνη] **허리띠를 매다, 동이다** put a belt on, gird 요 21:18; 행 12:8.

ζωογονέω [ζωός '살아 있는', γενέσθαι를 통하여 γίνομαι] **목숨을 보전하다, 생명을 유지하다** keep/preserve alive 눅 17:33; 행 7:19; 딤전 6:13('생명을 준다'는 여러 의미가 있지만, 문맥은 어려움을 만났을 때 격려한다는 의미가 나타나고 있다).

ζῷον, ου, τό [ζωός '살아 있는'] **짐승, 동물** animal ⓐ 일반적으로 이해되어 히 13:11; 벧후 2:12; 유 10. ⓑ 상상의 동물로서 계 4:6과 계시록에서 자주.

ζωοποιέω [ζωός '살아 있는', ποιέω] '살아나게 하다', **살리다, 생명을 주다** make alive, give life to, 보통 단순히 신체적인 것을 초월한 존재임을 강조한다. 요 5:21; 6:63; 롬 4:17; 8:11; 고전 15:22, 36, 45; 고후 3:6; 갈 3:21; 딤전 6:13 이문; 벧전 3:18.

ζῶσαι, ζώσω ζώννυμι 제1부정과거 중간태 명령. 그리고 미래 능동태 직설법.

Η

ἤ 선택과 연관된 불변화사 ① 선택 가능한 것에 대한 표시(이접적 불변화사) **또는** or, 개별 단어들 사이에서 마 5:17; 막 3:4; 눅 2:24; 요 2:6; 롬 1:21; 갈 3:15. 선언적 장면에서 ἤ...ἤ **~또는 ~** either...or 마 6:24; 눅 16:13; 고전 14:6. 또한 의문문으로 (직접 또는 간접적인) 막 13:35(ἤ ... ἤ ... ἤ ... ἤ 다음 중에 어떤 것…또는…또는…); 마 26:53; 롬 3:29; 의문을 나타내는 어휘와 함께(대부분 τίς 또는 τί) 마 7:9; 눅 14:31; 요 9:21; 롬 3:1; 고전 7:16. ② 비교를 지시하는 표시(비교급이 이어질 수도, 그렇지 않을 수도 있다) **보다, ~보다는** than, rather than 마 10:15; 막 10:25; 눅 9:13; 행 4:19; 17:21; 고전 9:15 θέλω로 이끌어지는 숫자적인 대조 14:19. —πρὶν ἤ **~전에** before 마 1:18; 막 14:30; 눅 2:26; 행 25:16.

ἦ [더 선호하는 강세표시] 부사 **반드시, 진실로** truly 히 6:14 이문(μήν과 함께).

ἤγαγον ἄγω 제2부정과거 능동태 직설법.

ἤγγειλα ἀγγέλλω 제1부정과거 능동태 직설법.

ἤγειρα ἐγείρω 제1부정과거 능동태 직설법.

ἡγεμονεύω [ἡγεμών; '지도자가 되다, 다스리다'] **통치하다** govern, 신약에서는 속주를 다스리는 로마 행정 장관에 대해서만 눅 2:2; 3:1.

ἡγεμονία, ας, ἡ [ἡγεμών; '주요 명령, 다스림'] **황제의 통치, 치세** imperial reign(= 라틴어 *imperium*) 눅 3:1.

ἡγεμών, όνος, ὁ [ἡγέομαι] ① **지도자, 영도자** leader 마 2:6. ② '로마 속주의 수장(首長)' **통치자** governor ⓐ 일반적으로 마 10:18; 막 13:9; 눅 21:12; 벧전 2:14. ⓑ 특별한 총독 또는 행정 장관 마 27:2 등.

ἡγέομαι [비교 라틴어 *duco*] ① '지도력의 기능을 발휘하다', **다스리다, 지도하다** lead 눅 22:26; 행 15:22; 히 13:7. 주된 연사(演士)로서 바울에 관해 행 14:12. ② '~라고 여기다'라는 뜻으로 매우 빈번하게, **생각하다, 여기다, 추론하다** think, consider, deduce 행 26:2; 고후 9:5; 빌 2:3, 6; 살전 5:13; 살후 3:15; 딤전 1:12; 히 10:29; 약 1:2; 벧후 1:13.

ἠγέρθην ἐγείρω 제1부정과거 수동태 직설법.

ἡγνικώς, ἡγνισμένος ἁγνίζω 완료 능동태 분사와 완료 수동태 분사.

ᾔδειν οἶδα 과거완료 능동태 직설법.

ἡδέως [ἡδύς '달콤한'] 부사 **기꺼이, 기쁘게** gladly, with delight 고후 11:19; ἡ. ἀκούειν **기꺼이 귀담아 듣는** 막 6:20; 12:37. 최상급. ἥδιστα **매우 기쁘게** most ἤδη / ἡλικία, ας, ἡ

gladly 고후 12:9, 15.

*ἤδη [ἤ, δή] 부사, 시간적인 정점에 초점 맞추어 **지금, 이제, 이미** now, already 마 3:10; 14:15; 막 4:37; 눅 11:7; 요 11:39; 행 4:3; 고전 4:8; 빌 3:12; 살후 2:7; 딤후 2:18; 벧후 3:1; 요일2:8. —ἤδη καί 지금까지도 눅 3:9; ἤδη ποτέ 지금은 그래도 롬 1:10. —이전에 있었던 측면을 강조하여 **이미** already 마 5:28; 요 3:18; 고전 6:7.

ἥδιστα ἡδέως을 보라.

ἡδονή, ῆς, ἡ [비교 ἥδομαι '스스로 즐기다'] **즐김, 쾌락** pleasure 벧후 2:13; 감각적인 만족에 초점 맞추어 눅 8:14; 딛 3:3; 약 4:1, 3.

ἠδυνάσθην, ἠδυνήθην δύναμαι 제1부정과거 수동태 직설법 형태들.

ἡδύοσμον, ου, τό [ἡδύς '달콤한', ὀσμή; 형용사에서 유래한 명사로서 ἡδύοσμος '달콤한 향기나는'] 정원 식물 **민트, 박하** mint 마 23:23; 눅 11:42.

ἤθελον θέλω 미완료 능동태.

ἦθος, ους, τό [비교 ἔθος] '한 집단이나 개인을 구별짓거나 특징짓는 행동 양식', **관습, 습관, 행실, 행동양식** custom, way, manner, habit 고전 15:33.

ἠκαιρεῖσθε ἀκαιρέομαι 미완료 2인칭 복수.

ἥκω [비교 ἵκω '오다'] 이 동사는 완료 의미를 담고 있다. **왔다, 도착했다, 자리에 있다** have come, have arrived, be present 마 8:11; 막 8:3; 눅 15:27; 요 2:4; 8:42; 히 10:7, 37; 요일 5:20; 계 2:25; 18:8.

ἡλάμην ἅλλομαι 제1부정과거 중간태 직설법.

ἠλέγχθην ἐλέγχω 제1부정과거 수동태 직설법.

ἠλεήθην, ἠλεημένος ἐλεέω 제1부정과거 수동태 직설법 그리고 완료 수동태 분사.

ἦλθα, ἦλθον ἔρχομαι 부정과거 혼합형(어간이 변했으나 제1부정과거의 어미—역주) 능동태, 직설법, 제2부정과거 능동태 직설법.

ηλι [히브리어] **나의 하나님** my God 마 27:46.

Ἡλί [히브리어, 의미는 불확실] 격변화 없음. **엘리** 예수의 조상 눅 3:23.

Ἡλίας, ου, ὁ [히브리어 '나의 하나님은 야웨시다'] **엘리야, 엘리아스** Elijah 마 11:14 등. ἐν Ἡλίᾳ 엘리야에 관한 이야기에서 롬 11:2.

ἡλικία, ας, ἡ [ἧλιξ '동년배'] '나이에 따른 단계' ① 질적인 측면에 초점 맞춘 시간적 의미로 **성숙함** maturity 눅 2:52(당연히 아이는 나이에 따라 키가 크지만, 표현의 요점은 예수님께서 나이에 걸맞는 성숙함을 보이셨다는 말이다); 엡 4:13; 히 11:11(일반적인 나이와 관련하여). ἡλικίαν ἔχειν 나이가 있다, 장성하다 be of age(즉 스스로 이야기할만큼 성숙했다) 요 9:21. ② 신체적 의미로, **키, 신장** stature 눅 19:3. 아마도 마 6:27; 눅 12:25. 예수님께서 말씀하신 전형적인 유

ἡλίκος, η, ον / ἡμιθανής, ές

머(생명을 연장한다는 생각은 단지 터무니없는 것으로 여겨지지만, 누구의 키를 늘인다는 개념은 여러 가지 우스꽝스러운 요소들을 암시한다).

ἡλίκος, η, ον [ὅς과 관련되어; '~만큼 커다란'] 간접 의문문. **얼마나 큰, 어떤 크기의** what size: 문맥에서 **얼마나 큰지** how great 또는 **얼마나 작은지** how small의 개념을 보여준다. 갈 6:11 이문; 골 2:1; 약 3:5(이 본문에서는 언어유희로 작은 양의 불쏘시개가 큰 화재로 바뀐 것을 보여준다).

ἥλιος, ου, ὁ [비교 라틴어 sol] **태양** the sun(관사와 더불어 또는 무관사로) 마 13:6 등.

ἧλος, ου, ὁ [비교 라틴어 vallus] **못** nail 요 20:25.

ἤλπικα, ἤλπισα ἐλπίζω 완료 그리고 제1부정과거 능동태 직설법.

ἡμάρτησα, ἥμαρτον ἁμαρτάνω 제1부정과거 그리고 제2부정과거 능동태 직설법.

ἡμεῖς ἐγώ 주격 복수.

****ἡμέρα, ας, ἡ** [비교 호메로스. ἦμαρ '날'] ① 일광이 있는 기간 **낮, 날** day 마 4:2; 12:40; 마 4:27; 눅 4:42; 9:12; 요 1:39; 11:9; 고전 10:8; ἡμέρας ὁδός 하룻길 눅 2:44; ἡμέρας μέσης 한낮에 행 26:13. 비유로 υἱοὶ ἡμέρας 낮의 사람들, 즉 흥청거리는 것처럼 밤과 연관된 일을 하는 이들과 상대적으로 숨길 만한 일들을 하지 않는 사람들 살전 5:5; 마음이 밝아오는 날에 대해 벧후 1:19. ② 어떤 일이 그를 안에서 일어나는 시간에 관하여(개별적인 날이든지, 시간의 기간이든지), **날(들)** day(s) ⓐ 이야기에서 표시하는 확장된 시간에 관하여 **때, 시절** day, time 마 2:1; 13:1; 28:15; 막 2:1; 행 1:2; 5:36; 13:31; 히 5:7. ⓑ 여러 사건과 행동, 일이 벌어지는 밤을 포함한 국가적이고 법적인 시간, 마 6:34; 9:15; 막 2:20; 눅 1:23; 11:3; 14:5; 17:4; 요 7:37; 롬 8:36; 살전 2:9; 히 3:13; 계 1:10; 9:15. ἡμέραι τῶν ἀζύμων 무교절 기간 행 12:3. — 대화를 위해 약속한 시간에 관하여 행 28:23. ⓒ 사법 절차가 이뤄지는 시간대; 인간 법정 고전 4:3; 하나님의 행동이나 역사 속 개입 마 10:15; 11:22; 눅 17:24, 30; 21:22; 요 6:40; 고전 1:8; 5:5; 고후 6:2; 엡 4:30; 살후 2:2; 딤후 1:12; 3:1; 히 8:9; 10:25.

ἡμέτερος, α, ον [비교 ἡμεῖς] **우리의** our 행 2:11; 롬 15:4; 딤후 4:15; 요일 1:3; 2:2. οἱ ἡμέτεροι 우리 사람들, 교우들 딛 3:14. τὸ ἡμ. 우리에게 속한 것 눅 16:12 이문.

ἤμην ἦ를 보라.

ἤμην εἰμί 미완료 능동태.

ἡμιθανής, ές [ἡμι- (비교 라틴어 semi-) '절반'을 지시하는 비분리 전치사, θνήσκω의 제2부정과거 ἔθανον에 있는 어간 θαν-을 통하여] **거의 죽게 된, 반쯤 죽은** half dead 눅 10:30.

ἥμισυς, εια, υ / Ἡρῴδης, ου, ὁ

ἥμισυς, εια, υ [ἡμι- (이전 항목을 보라)] 신약에서는 명사로만 τὸ ἥμισυ **절반, 2분의 1** the half, one half 막 6:23; 계 11:9, 11; 12:14. —τὰ ἡμίσια 절반 half 눅 19:8.

ἡμιώριον, ου, τό [ἡμι-, ὥρα] **반시간** a half hour 계 8:1.

ἠμφιεσμένος ἀμφιέννυμι 완료 수동태 분사.

ἦν εἰμί의 미완료.

ἤνεγκα, ἠνέχθην φέρω 제1부정과거 능동태 그리고 수동태 직설법.

ἠνεῳγμένος, ἠνέῳξα, ἠνεῴχθην ἀνοίγω 완료 중간태 분사, 제1부정과거 능동태 그리고 제1부정과거 수동태 직설법.

ἡνίκα [복잡한 발달 과정] 시간적 관계부사.: ἄν+현재 가정법이 더해져. **언제든지, 할 때마다** when-ever 고후 3:15; ἄν+부정과거. 가정법 ~할 때 when 16절.

ἠνοίγην, ἠνοίχθην ἀνοίγω 제2부정과거 수동태 직설법 그리고 제1부정과거 수동태 직설법.

ἠντληκώς ἀντλέω 완료 능동태 분사.

ἤπερ ἤ의 강화형 **~보다** than 요 12:43.

ἤπιος, α, ον [어원 미상] '부드러운 방식의', **관대한** gentle 살전 2:7 이문; **친절한, 온유한** kind 딤후 2:24.

ἠπίστησα, ἠπίστουν ἀπιστέω 제1부정과거 능동태 직설법 그리고 미완료 능동태.

Ἤρ, ὁ [히브리식 이름] 격변화 없음. **에르** Er 예수의 조상 눅 3:28.

ἤρα, ἤρθην αἴρω 제1부정과거 능동태 그리고 수동태 직설법.

ἠργασάμην ἐργάζομαι 제1부정과거 직설법.

ἤρεμος, ον [부사 ἠρέμα '다정하게, 부드럽게'에서 온 후대의 형용사] '소란이 없는', **조용한, 평온한** quiet, tranquil 딤전 2:2.

ἤρεσε ἀρέσκω 제1부정과거 능동태 직설법 3인칭 단수.

ἤρθην, ἦρκα, ἦρμαι αἴρω의 제1부정과거 수동태, 완료 능동태, 그리고 완료 수동태 직설법.

ἡρπάγην ἁρπάζω 제2부정과거 수동태 직설법.

ἠρχόμην ἔρχομαι 미완료.

Ἡρῴδης, ου, ὁ [ἥρως '영웅', -ειδης (유사함을 나타내는 접미사)] **헤롯** Herod, 팔레스타인을 다스리던 이두매 출신 통치자 ① **헤롯1세(헤롯 대왕)** (기원전 73년 출생; 41년경 로마 원로원에 의해 임명 받음; 재위기간 기원전 37-4년) 마 2:1-22; 눅1:5; 행 23:35. ② **헤롯 안티파스** Herod Antipas, 헤롯1세의 아들(기원전 20년경 출생; **분봉왕** tetrarch [왕이라 부름] 기원전 4년-기원후 39년 재위) 마 14:1-6; 막 6:14-22; 8:15; 눅 3:1, 19; 8:3; 9:7-9; 13:31; 23:7-15; 행 4:27;13:1. ③ **헤롯 아그리파1세** Herod Agrippa I (기원전 10년 출생; 기원후 37-44년 재

Ἡρῳδιανοί, ῶν, οἱ / ἥττημα, ατος, τό

위) = 마르쿠스 율리우스 아그리파 (M. Julius Agrippa), 헤롯1세의 손자, 행12:1 등 헤롯이라 이름하여 해당 장에 여러 번 등장.

Ἡρῳδιανοί, ῶν, οἱ [비교 이전 항목] **헤롯파, 헤롯당** the Herodians, 헤롯 1세와 일가에 대한 열렬한 지지자들 마 22:16; 막 3:6; 8:15 이문; 12:13.

Ἡρῳδιάς, άδος, ἡ [비교 Ἡρῴδης] **헤로디아** ① 헤롯 안티파스의 아내 마 14:3,6; 막 6:17, 22 이문; 눅 3:19. ② 막 6:22에서 헤롯 안티파스의 딸을 부르는 이름, 그러나 또한 ①을 보라.

Ἡρῳδίων, ωνος, ὁ [비교 Ἡρῴδης] 유대계 그리스인 **헤로디온** Herodion 롬 16:11.

Ἡσαΐας, ου, ὁ [히브리식 이름; '야웨는 구원이시다'] 선지자 **이사야** Isaiah 마 3:3 등.; 이사야서에 초점 맞추어 막 1:2; 행 8:28, 30.

Ἠσαῦ, ὁ [히브리어] 격변화 없음. 이삭의 아들 **에서, 에사우** Esau (창 27-28) 롬 9:13; 히 11:20; 12:16.

ἦσθα εἰμί 미완료 2인칭 단수.

ἡσσώθην ἑσσόομαι 제1부정과거 수동태 직설법.

ἥσσων/ἥττων, ον, 속격 **ονος** [ἥκα '온화한, 수고하지 않고'] 비교급. 긍정적 의미 없이 '가치 평가가 떨어지다', **덜한, 열등한, 더 약한** lesser, inferior, weaker 마 20:28 이문 εἰςτὸ ἧσσον **더 나쁘게** 고전 11:17. 중성이 부사로서. **덜** less 고후 12:15.

ἡσυχάζω [ἥσυχος '조용한'] ① '수고나 노동을 하지 않다', **쉬다, 조용히 지내다** rest 눅 23:56. ② '어수선한 행동을 삼가다', **평온하다, 정연하다** be peaceable/orderly 살전 4:11. ③ '평온함을 유지하다', **잠잠하다** be silent 눅 14:4; 행 11:18; 21:14.

ἡσυχία, ας, ἡ [ἥσυχος] ① '소란이 없는 상태', **조용함, 차분함** quietness, 자신 본연의 임무에 신경쓰는 것에 관해 살후 3:12. ② '평온함을 지키는 상태', **조용해진** being silent 행 22:2; 딤전 2:11f.

ἡσύχιος, ον [ἥσυχος] '흐트러지거나 소란스럽지 않은', **조용한, 정돈된** quiet, well-ordered 딤전 2:2; 벧전 3:4.

ἤτοι [ἤ의 강조 형태] ἤ과 더불어 연속적인 표현에서 사용되는 이접적인 불변화사, **~과, 또는, ~거나** either-and mark it well- ... or 등으로 잘 옮길 수 있다. 롬 6:16.

ἡττάομαι [이오니아 ἑσσόομαι, 비교 호메로스. ἥσσων과 다음 항목을 비교하라] '**패배를 겪다**', **~에 무너지다, 굴복하다** give way to, succumb 벧후 2:19f.

ἥττημα, ατος, τό [이전 항목을 보라] '악화된 상황, 상태', **손실, 차질** loss, setback 롬 11:12; 고전 6:7.

ἥττων ἥσσων을 보라.
ἥτω εἰμί 명령법 3인칭 단수.
ηὐξήθην, ηὔξησα αὐξάνω 제1부정과거 수동태 그리고 능동태 직설법.
ηὐφράνθην εὐφραίνω 제1부정과거 수동태 직설법.
ἥφιε ἀφίημι 미완료 3인칭 단수.
ἠχέω [ἠχή '소리, 소음'] '원점을 넘어 소리를 퍼뜨리다', 그 음원의 상황에 따른 소리의 특성, **(크게) 울리다** reverberate χαλκὸς ἠχῶν "시끄러운 (놋으로 된) 징" noisy (brass) gong 고전 13:1; **울부짖다, 으르렁거리다** roar, thunder 눅 21:25 이문.
ἤχθην ἄγω 제1부정과거 수동태 직설법.
ἦχος, ου, ὁ [비교 ἠχέω] ① 퍼져나가 충격을 주는 어떤 소리에 대하여, **돌풍** gust 행 2:2; **폭발, 요란한 소리** blast, blare 히 12:19. ② 정보가 이곳 저곳으로 알려짐, **소식, 뉴스** news 눅 4:37.
ἦχος, ους, τό [이전 항목 중성형의 나중 형태] 폭풍이 몰아치는 바다에서 나는 소음, **(크게) 울리다** roar 눅 21:25.
ἡψάμην ἅπτω 제1부정과거 중간태 직설법.

Θ / θάνατος, ου, ὁ

θά [아람어 어휘] μαράνα θά를 보라.
θάβιτα ῥαβιθα을 보라.
Θαδδαῖος, ου, ὁ [어원은 불확실한 히브리식 이름] **다대오, 타다이오스** Thaddaeus, 열두 사도의 목록 가운데 마 10:3; 막 3:18.
* **θάλασσα, ης, ἡ** [어원 미상] ① **바다** sea 마 18:6; 23:15; 막 9:42; 눅 17:2, 6; 행 4:24; 롬 9:27; 고후 11:26; 약 1:6; 유 13; 홍해 바다에 대해 행 7:36; 히 11:29; 비교 고전 10:1f; 지중해에 대해 행 10:6 등. ② 내륙에 있는 물에 대해 **호수** lake: θ. τῆς Γαλιλαίας 갈릴리 호수(바다) 마 4:18; 15:29; 막 1:16; 7:31; θ. τῆς Τιβεριάδος 디베랴 호수 요 21:1 (비교 6:1); 두 구절 모두 = "게네사렛 호수"(눅 5:1을 보라, 저자는 여기에서 정확하게 λίμνη라는 어휘를 사용한다). 경우에 따라 특별히 나타내는 표시없이 갈릴리 호수와 관련하여 마 8:24; 13:1; 14:24 이문, 25f; 막 2:13; 3:7 등.
θάλπω [θάλλω '자라다, 꽃피다'와 관계는 불분명하다] '친절하게 보살피다', **소중히 보살피다** pamper 엡 5:29; 살전 2:7.
Θαμάρ, ἡ [히브리식 이름] 격변화 없음. **다말, 타마르** Tamar, 예수의 조상 마 1:3.
θαμβέω [비교 θάμβος] 어떤 사건에 대한 강렬한 감정적 경험과 관련해 ⓐ 자동사 **깜짝 놀라다** be astounded, 본래 의미 행 9:6 이문(공인본문으로 알려진 본문에서 에라스무스가 제안한 독법). ⓑ 타동사 수동태로서 원인을 나타내는 의미로 **깜짝 놀라다, 경악하다** be astounded/amazed 막 1:27; 10:24, 32; 행 3:11 이문.
θάμβος, ους, τό / θαμβος, ου, ὁ [이전 항목을 보라] **경악, 경외** amazement, awe, 문법적 성이 결정되지 않고 눅 4:36; 5:9; 중성 행 3:10.
θανάσιμος, ον [θάνατος] **치명적인** deadly 막 16:18.
θανατηφόρος, ον [θάνατος, φέρω] '죽음을 부르는', **치명적인, 치사의** lethal, deadly 약 3:8.
** **θάνατος, ου, ὁ** [비교 θανατόω, θνῄσκω] **죽음** death ⓐ 자연적이고 신체적인 의미로 마 10:21; 막 7:10; 눅 2:26; 요 11:4, 13 등; 특별한 원인으로 인한 계 2:23; 6:8b; 18:8. ⓑ 확장된 의미로, 하나님과의 관계에서 벗어난 것으로 보이는 존재에 대해 마 4:16; 요 8:51; 롬 7:24; 고후 3:7; 약 1:15 등 자주 = 영원한 죽음 롬 1:32; 7:5; 고후 7:10 등.

θανατόω [θάνατος] ~를 죽게 하다, 처형하다 put to death 마 10:21; 26:59; 27:1; 눅 21:16; 고후 6:9; 벧전 3:18. 죽음에 노출된 존재에 관해 롬 8:36. —하나님과 적대적인 관계에 놓인 무엇이 끝난다는 것에 대한 비유로 8:13; 수동태 7:4.

θάπτω [비교 ταφή, τάφος] 매장하다, 장사하다 bury 마 8:21; 눅 9:60; 행 2:29; 5:6; 고전 15:4.

Θάρα, ὁ [히브리식 이름] 격변화 없음. 데라, 타라 아브라함의 아버지 눅 3:34.

θαρρέω [θαρσέω의 후기형태] 자신감 있다는 의미를 함축하여, **훌륭한 용기를 가지다, 힘을 얻다, 담대하다** be of good courage, be encouraged 고후 5:6, 8; 7:16; 히 13:6; **대담하다, 과감하다** be bold 고후 10:1f.

θαρσέω [θάρσος] 신약에서는 항상 명령법으로 **용기 내다** have/take courage 마 9:2, 22; 14:27; 막 6:50; 10:49; 요 16:33; 행 23:11.

θάρσος, ους, τό [산스크리트 관련, 호메로스에서 자주] **용기** courage 행 28:15.

θαῦμα, ατος, τό [θέα의 어근('보는 행위' 그리고 '보이는 어떤 것, 광경')과 관련이 있고 그리고 이 단어에서 θεάομαι가 나왔다. 다음을 보라] **이상한 일, 놀라움** a wonder/marvel 고후 11:14; ἐθαύμασα θ. μέγα "나는 몹시 놀랐다" 계 17:6.

θαυμάζω [비교 이전 항목] '이례적으로 크게 인상받다' ⓐ 자동사. **놀라다, 이상하게 여기다, 깜짝놀라다, 감동받다, 경악하다** to wonder, be amazed/astonished/impressed/surprised 마 8:10; 막 15:5; 눅 1:21; 8:25; 11:38; 요 4:27; 7:15; 행 3:12; 갈 1:6; 요일 3:13; 계 17:6f; 기적에 대한 반응으로 마 9:33; 21:20; 눅 9:43; 요 7:21. ⓑ 타동사 **~에 대해 감탄하다, 놀라다, 신기하게 여기다** admire, wonder at, be surprised about 눅 7:9; 24:12; 요 5:28; 행 7:31; 살후 1:10; θαυμάζειν πρόσωπον "큰소리치다, 허풍떨다" 유 16. 능동의미의 수동태로 **경이롭게 여기다, 놀라다** wonder, be amazed 계 17:8; 13:3.

θαυμάσιος, α, ον [θαῦμα] **놀랄 만한, 경이로운, 주목할 만한** amazing, wonderful, remarkable 마 21:15.

θαυμαστός, ή, όν [θαῦμα] **신기한, 주목할 만한, 경이로운** marvelous, remarkable, wonderful 마 21:42; 막 12:11; 요 9:30; 벧전 2:9; 계 15:1, 3.

θεά, ᾶς, ἡ [θεός의 여성형] '여성 신(神)', **신, 여신** god/goddess 행 19:27.

θεάομαι [θαῦμα] ① '특별한 관심을 가지고 바라보다', **보다, 바라보다, 주목하다, 주의하다** see, look at, behold, take notice of 마 11:7; 22:11; 막 16:11; 눅 5:27; 7:24 ; 요 1:38; 4:35; 11:45; 행 1:11; 요일 1:1; 수동태 **보이다, 나타내다** be noticed 마 6:1. 특별한 인식에 대해 요 1:14, 32; 요일 4:14. ② '들러보다', **보다, 한 번 보다** see, look in on 롬 15:24; 비교 마 22:11.

θεατρίζω [θέατρον을 통해 θέα('보는 행위' 그리고 '보이는 무엇, 광경')] '공적

θέατρον, ου, τό / θέλω

인 모습으로 나타내다', 공개적으로 드러내다/창피를 당하다 expose/humiliate publicly 히 10:33.

θέατρον, ου, τό [비교 θεατρίζω] ① **극장** theater 행 19:29, 31. ② 극장이나 원형 경기장에서 볼 수 있는 공연물에 대한 비유로 **연극, 구경거리** play, spectacle 고전 4:9.

θεῖον, ου, τό [어원의 역사는 복잡하다] **유황** sulfur 눅 17:29; 계 9:17 등 계시록에서 자주.

θεῖος, α, ον [θεός] '신과 관련된' ⓐ 형용사로. **신적인, 신령한** divine 벧후 1:3f. ⓑ 명사로 τὸ θεῖον '신적인 존재, 신': νομίζειν χρυσῷ ... τὸ θεῖον εἶναι ὅμοιον c "신령한 것을 금 따위와 비슷한 것으로 여기다" 행 17:29; λειτουργεῖν τὸ θεῖον "신과 관련된 일을 수행하다" 딛 1:9 이문.

θειότης, ητος, ἡ [θεός] 행위에서 드러나는 것으로서 **신성함, 거룩함** divineness, divinity 롬 1:20.

θείς τίθημι 제2부정과거 능동태 분사.

θειώδης, ες [θεῖον + -ώδης] **유황의** sulfurous 계 9:17.

Θέκλα, ης, ἡ [어원은 불분명] **테클라** Thecla, 전승에 따르면 바울의 친구, 딤후 3:11의 주석(필사자에 의한).

* **θέλημα, ατος, τό** [θέλω] ① '소원이나 목적에 따라 수행되는 바', **뜻, 의지** will 마 6:10; 눅 12:47; 요 6:38-40; 행 21:14; 롬 2:18; 12:2; 엡 1:9; 딤후 2:26; 히 10:10. ② '자발적인 행위' **의지, 욕구** will, desire 눅 23:25; 요 1:13; 롬 15:32; 고전 7:37; 갈 1:4; 벧전 3:17; 벧후 1:21; 요일 5:14. τὰ θελήματα τῆς σαρκός 옛 자아가 바라는 것들 엡 2:3.

θέλησις, εως, ἡ [θέλω] 행위로서 **뜻** will, 히 2:4.

θέλω [비교 ἐθέλω '원하다'] ① 어떤 일에 '욕구를 가지다'(대상적인 측면) **가지기를 바라다, 열망하다, 원하다** wish to have, desire, want 마 20:21; 막 9:35; 14:36; 눅 5:39; 요 12:21; 행 16:3; 롬 1:13;7:15; 고전 10:1; 고후 1:8; 갈 6:13; 살전 4:13; 약 2:20. τί θέλω 내가 무엇을 원할까 눅 12:49. 두 맹인에 대한 언급에서: τί θέλετε ποιήσω ὑμῖν; "당신들은 내가 여러분에게 어떤 것을 해주기를 원하십니까?" 마 20:32. ② 어떤 일에 관련하여 '목적을 가지거나 결심하다'(주어적 측면) **바라다, 마음에 품다, 원하다, 준비하다** wish, have in mind, want, be ready 마 11:14; 20:14; 막 6:48; 눅 13:31; 요 7:1; 행 7:39; 롬 9:16; 고전 4:19; 갈 4:9; 빌 2:13; 살후 3:10; 벧전 3:17; 계 11:5. 명사로서 τὸ θέλειν 결심 고후 8:10f. οὐ θέλω "나는 하지 않을 것이다" 마 21:30 이문 ― 욕망의 주제가 다음 어구에서 확장되어 나타난다. τί θέλει τοῦτο εἶναι; "문자적으로는 이것이 무엇이기를 원하는가? = 이것은 어떤 의미인가?" 눅 15:26 이문; 행 2:12; 비교 17:20. ― 또한 어떤 의견

θέμα, ατος, τό / θεός, ου, ὁ

을 가진다는 확장된 의미 **주장하다** maintain 벧후 3:5. ③ '즐거움을 느끼다, 선호하다', **좋아하다** like 마 27:43; 눅 20:46; 골 2:18.

θέμα, ατος, τό [τίθημι] **상** prize, θέμα λίαν 몹시 훌륭한 상 딤전 6:19 추정.

θεμέλιον, ου, τό [τίθημι] **기초, 터** foundation, 신약에서는 항상 복수로 행 16:26.

θεμέλιος, ου, ὁ [이전 항목과 비교] 어떤 일에 대해 '견고한 기반의 역할을 하는 어떤 구조', **기반, 토대** foundation ⓐ 물리적 기반 눅 6:48f; 14:29; 히 11:10. 비교 θεμέλιοι δώδεκα 열두 기초석 계 21:14, 19. ⓑ 비유로 롬 15:20; 고전 3:10; 엡 2:20; 딤전 6:19(미래의 안전에 대해); 딤후 2:19; 히 6:1.

θεμελιόω [θεμέλιος] 어떤 일에 '견고한 기초를 세우다', **~의 기초를 쌓다** found ⓐ 물리적 구조에 대해 마 7:25; 눅 6:48 이문; 히 1:10. ⓑ 비유로 엡 3:17; 골 1:23; 벧전 5:10.

θεοδίδακτος, ον [θεός, διδάσκω] **하나님께서 가르치신, 하나님께 배운** God-taught, taught by God 살전 4:9.

θεολόγος, ου, ὁ [θεός, λόγος] '하나님의 일에 관한 전문가', **하나님의 선포자** God's proclaimer 계시록 표제. 이문.

θεομαχέω [θεός, μάχομαι] **하나님을 상대하여 다투다, 하나님께 반대하다** fight against God, oppose God 행 23:9 이문.

θεομάχος, ον [이전 항목과 비교] **하나님께 대하여 싸우는** fighting against God 행 5:39.

θεόπνευστος, ον [θεός, πνέω] **하나님께 영감받은** inspired by God 딤후 3:16.

*** **θεός, ου, ὁ/ἡ** [IE] (θεός 용어에 대한 정의는 사회문화적 배경에 따라 복잡하다. 그러나 대부분의 용례를 관통하는 기본 개념은 죽음을 초월하여 유익을 가져오거나 다양한 방법으로 능력을 발휘하는 불멸의 존재라는 뜻이다. 영어 성서에서 대문자 형태인 'God'의 사용은 유일신적인 상으로 잘못 생각할 수 있다. 두 다신론자 작가 호메로스와 플라톤이 θ.를 사용했다는 사실을 고려하지 않는다면 말이다. 이 두 사람의 글에 나오는 신이라는 단어도 대문자로 번역되었고, 그것은 일반적으로 신적인 능력을 의미한다. 지금 사용된 대문자 형태는 성서 전통이나 그밖의 경우를 막론하고 특정 신과 관련이 있다; 소문자의 경우에는 θ.용어의 특정되지 않은 일반 용례를 위해 남겨둘 것이다) **하나님, 신** God, god ① 다양한 관점의 신에 관해 ⓐ 다신교 영역에서 행 28:6(**어떤 신**); 고전 8:5(**이른바 신들…많은 신들**); 갈 4:8b(**신이 아닌 것들**); 살후 2:4a(**신이라 부르는 것**). 특정 신들 행 7:43(**레판 신**); ἡ θεός ἡμῶν **우리 신** our God (아르테미스, 19:26에 나오는 연설에 대한 대응으로) 19:37; 사람들이 인식하기에 은혜를 내리는 12:22(헤롯); 사물. ὧν ὁ θεὸς ἡ κοιλία "그들의 신은 배요" 빌 3:19. ⓑ

θεοσέβεια, ας, ἡ / θερίζω

이스라엘의 유일하고 한 분뿐이신 신(神): 관사를 동반하거나 무관사로 마 1:23 등, 롬 9:5을 포함하여(그러나 아래 ⓒ를 보라); 호격으로: ὁ θεός 오 하나님! 눅 18:11. 창조주로 막 13:19. 예수 그리스도를 보내신 분으로 요 17:3. 관계에서: 아브라함, 이삭, 야곱에게 나타나신 분 눅 20:37; 예수님의 어버이 마 4:3; 8:29; 14:33; 27:54; 막 1:1; 눅 1:35; 요 1:34; 행 9:20; 롬 1:4; 15:6; 고전 1:9; 고후 1:19; 갈 1:15; 엡 4:13; 히 4:14; 벧후 1:17; 성도들의 어버이 롬 1:7; 비교 **하나님의 자녀** 요일 4:4; 갈 4:8b처럼 잘못 일컬어진 신들에 대조적으로. ⓒ 이스라엘의 하나님과 유일한 관계를 가지신 분으로서 예수 그리스도에 관하여: 어떤 본문들은 구문적인 문제나 사본상의 이문들이 있으며, 둘 다인 경우도 있다. 요 1:18b; 롬 9:5; 딛 2:13; 벧후 1:1; 유 5 이문 반론의 여지없는 정의를 위해 이스라엘 쉐마를 침해하지 않고: 요 1:1b; 20:28; 요일 5:20b; 히 1:8(이 네 가지 본문들과 연관성에 대해서는 아래 ②에서 예수님의 가르침을 보라). ⓓ ὁ θεὸς τοῦ αἰῶνος τούτου 이 세대의 신, 마귀 고후 4:4. ② 특별한 상태와 평가를 누리는 사람들에 대해 요 10:34, 35a.

θεοσέβεια, ας, ἡ [θεός, σέβομαι] **하나님에 대한 경외, 경건함** reverence for God, godliness 딤전 2:10.

θεοσεβής, ές [이전 항목과 비교] **경건한** devout 요 9:31.

θεοστυγής, ές [θεός, στυγέω] **하나님을 미워하는** god-hating (아마도 εὐσεβής의 반의어로 이해되어야 할 것이다. 다소간 **하나님께 버림받은**이라는 의미도 있다) 롬 1:30.

θεότης, ἡ [θεός; 특별한 언급 없이 신들에 대해 이야기할 때 사용하는 용어] **신성(神性)** divinity 골 2:9.

Θεόφιλος, ου, ὁ [θεός, φίλος] **데오빌로, 테오필로스** Theophilus 눅 1:3; 행 1:1.

θεραπεία, ας, ἡ [θεράπων; 기본적인 개념은 안녕(wellbeing)을 보장하기 위해 유용한 행동 중 하나] ① '건강 또는 안녕의 회복', **병고침** healing 눅 9:11; **치료** cure 계 22:2. 환유적으로 ② '복무 요원', 토지 이익을 증진시키기 위해 배정된 자들에 관해 ἡ θ. = οἱ θεράποντες 집을 돌보는 직원들, 하인들 household staff, servants 눅 12:42.

θεραπεύω [이전 항목과 비교] ① '유익한 도움을 제공하다', **도와주다, 시중들다** help out, serve 행 17:25. ② 따라서 특정 의미로 **치료하다** heal 마 4:23; 막 3:2; 눅 4:23; 14:3; 요 5:10; 행 4:14; 계 13:3.

θεράπων, οντος, ὁ [비교 θρησκεία] '제의적 상황에서 섬김을 제공하는 사람', **시종, 수행원** attendant, aide 히 3:5.

θερίζω [θέρος] '수확으로 거두다', **거두다, 추수하다** reap, harvest 마 6:26 등. 비유로 마 25:24, 26; 눅 19:21f; 요 4:37; 고전 9:11; 고후 9:6; 갈 6:7-9.

θερισμός, οῦ, ὁ [θερίζω] '수확을 거두어 모음' 시기를 강조하거나 강조하지 않고 **추수** harvest 마 13:30, 39; 막 4:29; 요 4:35a. 비유로 마 9:37f; 눅 10:2; 요 4:35b; 계 14:15.

θεριστής, οῦ, ὁ [θερίζω] **수확자, 추수자** reaper, harvester 마 13:30, 39.

θερμαίνω [θέρμη를 거쳐 θερμός '뜨거운', '따뜻하게 하다, 덥히다'] 신약에서 항상 중간태로, **(스스로) 덥히다, (불)쬐다** warm oneself 막 14:54, 67; 요 18:18, 25; 명령법 θερμαίνεσθε "몸을 따뜻하게 하라!" 또는 "따뜻하게 입어라!" 약 2:16.

θέρμη, ης, ἡ [비교 θερμός, ή, όν '뜨거운'] **열기, 뜨거움** heat 행 28:3.

θέρος, ους, τό [θέρω '뜨겁게 하다'] **여름** summer 마 24:32; 막 13:28; 눅 21:30.

θέσθε τίθημι 제2부정과거 중간태 명령법 2인칭 복수.

Θεσσαλία, ας, ἡ **테살리아** Thessaly, 그리스 북동쪽의 한 지역 행 17:15 이문

Θεσσαλονικεύς, έως, ὁ [Θεσσαλονίκη] **데살로니가 사람** Thessalonian, 데살로니가의 주민 행 20:4; 27:2; 살전 1:1, 제목; 살후 1:1, 제목.

Θεσσαλονίκη, ης, ἡ [Θεσσαλός '데살로니가 사람', νίκη] **데살로니가, 테살로니케** Thessalonica, 마케도니아 테르마이코스 만에 있는 도시 행 17:1, 11, 13; 빌 4:16; 딤후 4:10.

Θευδᾶς, ᾶ, ὁ [어원은 불분명하지만 θεός가 구성 요소로 나타난다] **드다, 튜다스** Theudas, 반란군 지도자 행 5:36.

*__θεωρέω__ [비교 θεωρός '구경꾼'] ① '주목하다', **응시하다, 관찰하다, 보다, 주시하다** look at, observe, watch, behold 마 27:55; 막 12:41; 눅 14:29; 21:6; 요 20:6, 12; 행 7:56; 9:7; 17:16. **알아보다, 알아채다** 막 3:11. 명백한 언어유희로 요 12:45a (45절b에 대해서는 아래 ②를 보라). ② '개인적인 경험에 근거해서 결론내리다', **추론하다, 보다** infer, see 요 4:19; 12:19, 45b(위 ①을 보라); 16:19; 행 4:13; 17:22; 히 7:4. ③ '깊이 인식하다' **인식하다** perceive 요 14:17; 17:24; **겪다** experience 8:51.

θεωρία, ας, ἡ [이전 항목과 비교; '보는 행위'] **광경, 모습** spectacle, sight 눅 23:48.

θήκη, ης, ἡ [τίθημι; '용기, 통'] **칼집** sheath 요 18:11.

θηλάζω [θηλή '유두(乳頭), 가슴'] ① 어머니가 젖먹이려고 가슴을 내주는 것과 관련해 **젖먹이다** to nurse 마 24:19; 막 13:17; 눅 21:23; 23:29 이문 ② 가슴에 있는 유아에 관해 **젖빨리다, 젖먹이다** suck, nurse 눅 11:27; 명사적 분사로서 **젖먹이들** nursing babies 마 21:16.

θῆλυς, εια, υ [이전 항목과 비교] 형용사가 명사로 사용되어, **여성, 여자** a female, a woman 마 19:4; 막 10:6; 롬 1:26f; 갈 3:28.

θήρα, ας, ἡ / θνητός, ή, όν

θήρα, ας, ἡ [θηρίον으로부터 θήρ '육식 동물'; '사냥, 추격'] '사냥이나 폴이에 사용하는 도구', **그물, 덫** net, trap 롬 11:9.

θηρεύω [θήρα] 비유로 덫에 **걸리게 하다, 사로잡다** ensnare, catch 눅 11:54.

θηριομαχέω [θηρίον, μάχομαι] 아마도 적들과 싸우는 것에 대해, 생생한 비유로, **야수들과 싸우다** fight with wild animals 고전 15:32.

θηρίον, ου, τό [θήρ '육식 동물'의 지소사] **짐승**, (사람이 길들이지 않은) **야수** beast, (wild) animal 막 1:13; 행 11:6; 28:4f(파충류); 히 12:20; 약 3:7; 계 6:8. 만들어 낸 기괴한 동물에 관해 13:1과 계시록에서 자주. ─신랄한 비유로, 문명화된 사회의 경계를 벗어난 것으로 보이는 사람들에 대하여 딛 1:12.

θησαυρίζω [θησαυρός] '장래의 자원으로 따로 두다', 보물을 **저장하다, 저축하다** store, deposit 마 6:19; 눅 12:21. 비유로, **저장해놓다** store up 마 6:20(하늘의 보물); 롬 2:5(분노).

θησαυρός, οῦ, ὁ [어원은 불분명하지만 명백하게 원시 사회에서 유래했다] ① '안전한 보관을 위한 장소', **보관사, 저장고** container, chest 마 2:11; **창고** 13:52. 비유로, 12:35; 눅 6:45. ② '안전한 장소에 쌓아둔 것', **보물** treasure, 물질이거나 세상을 초월한 것들 마 6:19f; 13:44; 19:21; 고후 4:7; 골 2:3; 히 11:26.

θήσω τίθημι 미래 능동태 직설법.

θιγγάνω [복합적인 어원] **만지다, 닿다** touch 골 2:21; 히 12:20; 상처 입히기 위해 11:28.

θίγῃ θιγγάνω 제2부정과거 능동태 가정법 3인칭 단수.

θλίβω [어원은 불분명; 기본 개념은 '쥐어짜다, 비벼대다'와 같은 압착과 관련된 것이다] ① **바싹 누르다, 바싹 붙어서다** press close, crowd 막 3:9(밀집한 군중에 대해). ② **비좁다, 좁아지다** make narrow 마 7:14(길). ③ 은유적으로, **쥐어짜다, 압박하다, 괴롭히다** squeeze, oppress, afflict 살후 1:6; 주로 수동태 고후 1:6; 4:8; 7:5; 살전 3:4; 살후 1:7; 딤전 5:10; 히 11:37. 언어유희로: ἐν παντὶ θλιβόμενοι ἀλλ'οὐ στενοχωρούμενοι "끊임없이 괴롭힘 당해도 곤경에 빠지지 않다" 고후 4:8.

θλῖψις, εως, ἡ [θλίβω; '누름, 압박'] 신약에서 은유적인 의미로 '외부적인 상황에서 비롯되는 괴로움', **괴로움, 고난** distress, suffering 마 24:9(잔혹한 육체적 학대로 인한 고통), 21절; 행 11:19; 롬 12:12; 고후 4:17; 골 1:24; 살후 1:6; 히 10:33; 계 2:9, 22; 7:14. 내면적인 괴로움을 강조하여, **고통, 번민** trouble, distress 고후 2:4; 빌 1:17.

θνήσκω [비교 θάνατος] **죽다** die ⓐ 육체적으로 마 2:20; 막 15:44; 눅 8:49; 요 19:33; 행 14:19; 25:19. 분사에서 유래한 명사로서 눅 7:12; 요 11:44; 12:1 이문. ⓑ 하나님과 관계가 깨어진 것을 모순 어법으로 표현했다. 딤전 5:6.

θνητός, ή, όν [θνήσκω] '죽게 된', **죽을, 필멸의** mortal 롬 6:12; 8:11; 고전

15:53f; 고후 4:11; 5:4.

θορυβάζω [θόρυβος; = τυρβάζω '곤란하게 하다'] 수동태 **불안하다, 염려하다** be in a turmoil, be agitated 눅 10:41.

θορυβέω [θόρυβος] ① '혼란에 빠지다', **소란스럽게 하다, 소동을 일으키다** throw/put into an uproar 행 17:5. ② 자동사의 수동태 의미로 **괴로워하다** be distressed 마 9:23; 막 5:39; 행 20:10.

θόρυβος, ου, ὁ [비교 θρέομαι '울부짖다, 소리지르다'] '소란스럽고 파괴적인 행동', **소란, 소동, 소요** uproar, clamor, tumult ⓐ 흥분한 집단이나 군중이 유발하여 정치적 압박을 일으키는 것으로서 행 20:1; 21:34; 24:18; 폭동 수준으로 마 26:5; 27:24; 막 14:2. ⓑ 전통적인 애도 의식에 참여한 무리나 집단에 의해 발생하는 것으로서 막 5:38.

θραυματίζω [θραῦμα '파편'; = θραύω] **깨뜨리다** break 눅 4:18 이문.

θραύω [원시어(primitive word), 비교 라틴어 *frustum* '조각, 파편'] 연고 항아리를 **깨뜨리다** break 막 14:3 이문— 확장된 의미로 탄압받거나 억압받는 사람에 대한 비유에서, 수동태 분사 τεθραυσμένος 깨진, 산산히 부서진 broken/shattered (비교 영어 '실패를 겪다' suffer a breakdown) 눅 4:18.

θρέμμα, ατος, τό [τρέφω] 양이나 염소같은 (길들여진) **짐승, 가축** animal, 요 4:12.

θρηνέω [θρῆνος] ① '깊은 슬픔을 표현하다' ⓐ 애도 의식의 일부로서 **장송곡을 부르다** sing a dirge 마 11:17; 눅 7:32; 23:27. ⓑ 의식적인 측면을 강조하지 않고, **슬퍼하다, 애통하다** mourn, lament, 요 16:20.

θρῆνος, ου, ὁ [θρέομαι '울부짖다, 소리지르다'] **의식적인 애곡** ritual lamentation 마 2:18 이문.

θρησκεία, ας, ἡ [θρησκεύω '제의적인 예배를 수행하다', 다음 항목을 보라] 초월적인 존재에 대한 격식 있는 헌신의 표현으로서 **종교** religion, 행 26:5; 골 2:18; 약 1:26f.

θρησκός ὀν [θρησκεύω, 비교 θρᾶνος '의자, 발판'(특히 굴복을 표현하는 장소로서); 또한 강조하여 θρῆσκος] **종교적인, 경건한** religious, 이전 항목을 보라. 약 1:26.

θριαμβεύω [θρίαμβος '종교적인 행렬' 그 다음에 '개선 축하'] **개선 행진을 이끌다** lead in a triumphal procession 골 2:15. 고후 2:14에 동일한 비유가 나오지만, 정확히 세부적인 내용은 결정할 수 없다. 어떤 경우에도 초점은 복음의 승리를 보장하는 데 맞춰 있다.

θρίξ, τριχός, ἡ [뻣뻣한 털을 묘사하는 아일랜드어와 유사하다] **털, 머리카락** hair 마 3:4, 5:36; 막 1:6; 눅 12:7; 21:18; 요 11:2; 행 27:34; 벧전 3:3; 계 9:8.

θροέω / θυμός, οῦ, ὁ

θροέω [θρέομαι '크게 소리지르다'] 신약에서는 수동태로만 사용되어, 외부적인 상황에서 온 내부적인 혼란을 묘사한다. **놀라다, 겁먹다, 무서워하다** be alarmed/terrified/scared 마 24:6; 막 13:7; 눅 24:37 이문; 살후 2:2.

θρόμβος, ου, ὁ [비교 '걸쭉해지다, 응고되다'는 주된 의미를 가진 τρέφω] **떨어지다** drop 눅 22:44.

****θρόνος, ου, ὁ** [θρᾶνος '긴 의자'; '의자, 자리'와 유사] **보좌, 왕좌** throne (그 자리에 앉는 이의 지위를 반영하는 관습적인 수식) ⓐ 인간 권력자의 자리 눅 1:32, 52; 행 2:30. ⓑ 권세를 가진 하나님의 자리 히 1:8; 12:2; 계 1:4; 7:15. 하나님의 보좌로서 하늘에 관하여 마 5:34; 23:22; 행 7:49. ⓒ 복수가 환유적으로 사용되어, 집합적으로 **권좌들, 왕권들** the enthroned 골 1:16.

θρύπτω [비교 τρύφερος '섬세한'] **조각으로 깨뜨리다** break in pieces 고전 11:24 이문.

Θυάτειρα, ων, τά [어원은 불분명] 소아시아 리디아에 있는 도시로, 자주색 옷감을 생산하여 유명하다. **두아디라, 튀아테이라** Thyatira, 행 16:14; 계 1:11; 2:18, 24.

θυγάτηρ, τρος, ἡ [복합적인 어원] **딸** daughter 마10:35; 눅 2:36 등; 부모 딸 관계가 아니라 다른 여성들을 나타내는 확장된 의미로 마 9:22; 눅1:5; 8:48; 13:16; 23:28; 고후 6:18. 여성으로 의인화하여 시온(예루살렘)과 그 주민들 마 21:5; 요 12:15.

θυγάτριον, ου, τό [θυγάτηρ] **(어린) 딸** daughter 막 5:23 (τὸ θυγάτριόν μου는 여기에서 "내 조그만 딸내미"처럼 애정을 담은 표현으로 보인다); 7:25.

θύελλα, ης, ἡ [비교 θύω] **폭풍** stormy wind 히 12:18.

θύϊνος, η, ον [θύον '시트론 나무'] **향기나는 (나무)** aromatic (wood) 계 18:12 (형용사 사실은 향기나는 특정 나무에서 비롯되었지만 이 본문에서는 그 향기 때문에 가치 있는 일반적인 나무를 묘사할 때 사용되었다).

θυμίαμα, ατος, τό [θυμιάω] **향(香)** incense 계 5:8; 8:3f; 18:13. 제의적 사용과 관련하여, **향태움, 분향(焚香)** incense burning, incense offering 눅 1:10f.

θυμιατήριον, ου, τό [θυμιάω] **향피우는 도구** incense implement, **향로(香爐)** 인지, **분향** 제단인지 증거가 충돌하기 때문에 정확히 정의내리기는 어렵다. 히 9:4.

θυμιάω [비교 θύω] **분향하다, 향 제사드리다** burn/offer incense 눅 1:9.

θυμομαχέω [θυμός, μάχομαι] **분개하다, 싸우려고 하다** be eager to fight, be ready for a fight 행 12:20.

θυμός, οῦ, ὁ [θύω] '마음의 정열적인 상태', 정확한 성격은 문맥에 따라 결정된다 ⓐ **강한 욕구, 열정** intense desire, passion 계 14:8 그리고 18:3, 다음과 개

념이 중복되는 것으로 보인다 ⓑ **분노, 진노** wrath, anger 행 19:28; 롬 2:8; 고후 12:20; 엡 4:31; 히 11:27; 계 12:12; 14:10 등 계시록에서 자주 하나님에 대해 ὀργή.

θυμόω [θυμός; '화내다'] 수동태 단독으로 **몹시 분노하다** become enraged 마 2:16.

θύρα, ας, ἡ [비교 라틴어 foras '외부'] ① '입구를 여닫는 도구', **문** door ⓐ 거주 가능한 구역에 대해 마 6:6; 25:10; 막 1:33; 눅 11:7; 행 5:9. ⓑ 비유로 마 24:33; 막 13:29; 눅 13:24; 행 14:27; 고전 16:9; 골 4:3; 약 5:9; 계 3:8, 20. ② '어떤 장소에 접근할 수 있도록 하는 통로', **입구, 출입구, 관문** entrance, doorway, gateway, 무덤에 이르는 마 27:60; 천국에 이르는 계 4:1.

θυρεός, οῦ, ὁ [θύρα; '문처럼 생긴 긴 장방형 방패'] 비유로 **방패** shield 엡 6:16.

θυρίς, ίδος, ἡ [θύρα] **창문** window 행 20:9; 고후 11:33.

θυρωρός, οῦ, ὁ/ἡ [θύρα, οὖρος '감시인, 관리인'] **문지기** doorkeeper 막 13:34; 요 18:16f; 문지기 **역할 하는 사람** gatekeeper 10:3.

θυσία, ας, ἡ [θύω] **희생, 제사** sacrifice, offering 마 9:13; 막 12:33; 눅 2:24; 13:1; 행 7:41f; 고전 10:18; 엡 5:2; 히 5:1. 비유로 롬 12:1; 빌 2:17; 4:18; 히 13:15f; 벧전 2:5.

θυσιαστήριον, ου, τό [θυσιάζω '희생드리다'를 통하여 θύω] **제단** altar 마 5:23f; 눅 1:11; 롬 11:3; 고전 9:13; 히 7:13; 약 2:21; 계 6:9; 비유로 히 13:10.

θύω [비교 θυσία] ① **희생드리다** to sacrifice 행 14:13, 18; 고전 10:20. ② **잡다, 도살하다** to slaughter 마 22:4; 눅 15:23; 요 10:10; 행 10:13. 제의적 의미로 θ. τὸ πάσχα "유월절 어린 양을 잡다" 막 14:12; 눅 22:7; 비교 고전 5:7.

θῶ τίθημι 제2부정과거 능동태 가정법.

Θωμᾶς, ᾶ, ὁ [아람어 이름 '쌍둥이'] **도마, 토마스** Thomas 마 10:3 등.

θώραξ, ακος, ὁ [어원 역사는 불분명] ① **흉패, 호심경** breastplate 계 9:9b. 비유로, 엡 6:14; 살전 5:8. ② **가슴, 흉부** chest 계 9:9a (그러나 ①을 보라).

Ι / Ἰάσων, ονος, ὁ

Ι

Ἰάϊρος, ου, ὁ [히브리어 '그가 비추시리라'] 회당의 관원 **야이로, 야이로스** Jairus, 막 5:22; 눅 8:41.

Ἰακώβ, ὁ [히브리어, 정확한 의미는 불확실] 격변화 없음. **야곱** Jacob ① **이삭의 아들** 마 1:2 등. ② 예수님의 족보에서 요셉의 아버지 마 1:15f; 눅 3:23 이문.

Ἰάκωβος, ου, ὁ [이전 항목의 그리스화된 형태] **야고보, 야코보스** James ① **세베대의 아들**, 어부, 요한의 형제 열 두 제자의 한 사람 마 4:21; 막 3:17; 눅 6:14; 9:28, 54; 행 1:13a; 12:2. ② 알패오의 아들, 열 두 제자의 일원 마 10:3; 막 2:14 이문; 3:18; 눅 6:15; 행 1:13b. ③ 마리아의 아들 마 27:56; 막 15:40(ἡ Ἰακώβου τοῦ μικροῦ "더 어린 야고보의 어머니"); 16:1; 눅 24:10. ④ 주님의 형제 마 13:55; 막 6:3; 행 12:17; 15:13; 21:18; 고전 15:7; 갈 1:19; 2:9, 12; 약 1:1; 또한 아마도 유 1. ⑤ 유다라 부르는 사도의 아버지 눅 6:16a; 행 1:13c. ⑥ 세리 막 2:14 이문(레위에 대하여, 비교 위의 ②).

ἴαμα, ατος, τό [ἰάομαι] 하나님께서 주신 병고치는 은사로서 **치유** healing. 고전 12:9, 28, 30.

Ἰαμβρῆς, ὁ [어원은 불분명] 이집트의 마법사 **얌브레, 얌브레스** Jambres, 딤후 3:8.

Ἰανναί, ὁ [어원은 불분명] 격변화 없음. **얀나, 얀나이** Jannai, 예수의 조상 눅 3:24.

Ἰάννης, ὁ [어원은 불분명] 어떤 편집에는 Ἰαννῆς, 이집트의 마법사 **얀네, 얀네스** Jannes, 딤후 3:8.

ἰάομαι [비교 ἰαίνω '기쁘게 하다, 붇돋우다'; ἴαμα, ἰατρός을 보라] **치료하다, 낫게 하다** heal 마 8:8; 막 5:29; 눅 5:17;8:47; 17:15; 요 4:47; 행 9:34; 28:8. 비유적으로 의미가 확장되어 마 13:15; 요 12:40; 히 12:13; 벧전 2:24.

Ἰάρετ, ὁ [어원은 불분명] 격변화 없음. **야렛** Jared, 예수의 조상 눅 3:37.

ἴασις, εως, ἡ [ἰάομαι] **고침, 치료** a cure/healing 눅 13:32; 행 4:22, 30; 요 5:7 이문.

ἴασπις, ιδος, ἡ [복합적인 어원] **벽옥** jasper, 현대의 광물 이름은 아님: 반투명하다는 것 이상으로 광물학적 분류를 하기는 불가능하다 계 4:3; 21:11, 18f.

Ἰάσων, ονος, ὁ [어원은 불분명. 그러나 ἰάομαι와 관련된 것으로 추정] **야손** Jason ① 바울과 실라가 데살로니가에서 머무른 집 주인 행 17:5-9. ② 바울의 지인 롬 16:21. ③ 키프러스 사람 행 21:16 이문.

ἰατρός, οῦ, ὁ [ἰάομαι] 의사 physician 마 9:12; 막 2:17; 5:26; 눅 4:23; 5:31; 8:43; 골 4:14(누가에 대한 묘사).

Ἰαχίν, ὁ [어원은 불분명] 격변화 없음. **야긴, 야킨** Jachin, 예수의 조상 눅 3:23ff 이문.

ιβ′ 숫자 12 행 1:26 이문.

ἴδε εἶδον의 명령법 2인칭 단수 그러나 일반적으로는 청중의 수에 상관없이 주위를 집중시키는 역할을 한다. **보라!** (you) see! 문맥에 따라 본래의 미묘한 의미에 근접하게 덧붙이는 말로서 ⓐ 신호로서 **자! 보라!** look! see! 마 25:20; 막 2:24; 13:1; 요 11:36. ⓑ 어떤 중요한 일에 대한 경고로, **주목하시오!** note (well)! 요 3:26; 7:26; 11:3; 12:19; 갈 5:2. 또는 강조의 의미는 줄어들어, 단순하게 **보세요!** see! 청중들에게 적절한 결론을 제시하며 마 26:65; 막 15:4, 35. 비교 ἴδε ἔχεις τὸ σόν = 보십시오, 여기 당신에게 속한 것이 있습니다, 또는 보십시오, 당신 돈이 안전하게 있습니다. 마 25:25. ⓒ 장소나 사람을 나타내는 표시로 **여기 있다** here is (are) 막 13:21; 16:6; 요 1:29, 36, 47.

ἰδέα, ας, ἡ [εἰδέα 형태는 후대 그리스어에서 자주 나온다] **겉모습, 외양** outward appearance, appearance 마 28:3 이문; 눅 9:29 이문.

ἴδετε εἶδον 명령법 2인칭 복수.

** **ἴδιος, α, ον** [반의어 호메로스. δήμιος '공적인'] ① '자신에게 속한', **자기 자신의** (one's) own, 어떤 경우에는 실제적으로 인칭대명사와 같다 ⓐ 소유권을 강조하여 행 4:32. ⓑ 구별됨, 독특함, 적절함에 초점 맞추어 마 22:5; 25:15; 눅 6:41; 요 1:42; 8:44; 10:3f; 15:19; 행 1:25; 2:8; 롬 10:3; 고전 15:23, 38; 딛 1:3; 2:5, 9; 벧후 2:22. 명사로서: οἱ ἴδιοι 속한 사람들 own (people) 요 13:1(제자들); 행 4:23; 24:23; 딤전 5:8(kin); τὰ ἴδια 집 home 눅 18:28; 행 21:6; πράσσειν τὰ ἴδια 자기 할일을 하다 살전 4:11. ② 특별한 구성으로 ἰδίᾳ **개인적으로, 제각기** individually, respectively 고전 12:11; κατ' ἰδίαν 따로, 은밀히 apart, privately 마 14:13,23; 20:17; 막 4:34; 6:31f; 9:2; 눅 10:23; 행 23:19; 갈 2:2.

ἰδιώτης, ου, ὁ [ἴδιος] '내부자로서 교양이나 자격이 부족한 사람' ⓐ **비전문가** lay person 행 4:13; 수사적으로 **아마추어** amateur 고후 11:6. ⓑ **초보자** newcomer, 지식이 없는 사람 고전 14:16, 23f.

** **ἰδού** εἶδον의 부정과거 중간태 명령법 지시 불변화사로서 이어지는 본문 전체를 가리키는 기능을 할 때 애큐트 악센트를 가진다. 구두로 의사소통을 하는 관습을 가진 공동체에서 ἰδού는 글쓰기를 줄여주는 역할을 하였을 것이다. 특히 이야기에 있어서 특별한 순간을 강조하는 역할을 한다. 번역가들과 인쇄공들은 이 불변화사의 풍부한 특징을 파악하기 위해 별도로 다양한 장치를 사용한다. 예를 들어 ἰδοὺ δέκα καὶ ὀκτὼ ἔτη는 '무려 18년 동안이나!'라는 의미인 것으로 보인다. —주의를 환기시키기 위해 사용하는 불변화사 ⓐ 동사와 더불어 ⓐ 저자의

Ἰδουμαία, ας, ἡ / ἱερόν, οῦ, τό

이야기로 **보라, 주목해보라, 자** behold, look, see 마 1:20; 2:9; 3:17; 9:2; 막 1:2; 14:41; 눅 7:34; 행 8:27; 고전 15:51; 고후 6:2, 9; 12:14; 약 3:4f; 계 12:3. ⓒ 이야기 내의 화자(話者) 마 13:3; 눅 1:20; 22:10; 요 19:5; 행 2:7; 개인적인 말에서 마 20:18; 계 16:15. ⓑ 한정된 동사가 없는 경우, 이야기를 이끌어가는 이가 장광설에 빠져 의미가 상실되는 것을 막기 위해 강조하는 말로 사용한다: **자, 보라,** see, look, ἰδοὺ ἄνθρωπος φάγος "보아라! 먹보로구나" 마 11:19; ἰδοὺ τοσαῦτα ἔτη "얼마나 여러 해 동안이었는지 보십시오!" 눅 15:29. ἴδε를 대신하는 막 15:35 이문.

Ἰδουμαία, ας, ἡ [구약의 에돔] 유대 남부 지역, **이두매, 이두마이아** Idumea, 막 3:8.

ἱδρώς, ῶτος, ὁ [비교 호메로스. ἰδίω '땀흘리다'] **땀, 발한(發汗)** sweat, perspiration 눅 22:44.

ἰδών εἶδον 제2부정과거 능동태 분사.

ἰδώς 오래된 형태 οἶδα의 능동태 분사.

Ἰεζάβελ, ἡ [히브리어이며 복잡한 발전 과정이 있다] 격변화 없음. **이세벨, 예자벨** 상징적 이름(왕상 16장에서 왕하 9장을 보라) 두아디라 교회에 있는 악명높은 교사에 대해 계 2:20.

Ἱεράπολις, εως, ἡ [ἱερός, πόλις] **히에라폴리스** Hierapolis, 소아시아 리쿠스 강가 프리지아에 있는 도시 골 4:13.

ἱερατεία, ας, ἡ [ἱερατεύω] **제사장의 직분, 관례** priestly office/service 눅 1:9; 히 7:5.

ἱεράτευμα, ατος, τό [ἱερατεύω] **제사장직** priesthood 벧전 2:5, 9.

ἱερατεύω [= ἱεράομαι '제사장의 역할로 섬기다'] **제사장으로 섬기다** serve as priest 눅 1:8.

Ἱερεμίας, ου, ὁ [히브리어, 의미는 불확실] **예레미야** Jeremiah, 구약 선지자 마 2:17; 16:14; 27:9.

ἱερεύς, έως, ὁ [ἱερός] **제사장, 사제** priest ⓐ 다신교 사회에서 제우스의 사제, 행 14:13. ⓑ 이스라엘에서 마 8:4; 막 2:26; 눅 10:31; 요 1:19; 행 4:1; 히 7:1. ⓒ 그리스도에 관해 히 5:6 등. ⓓ 일반적으로 그리스도를 따르는 이들에 관해 계 20:6.

Ἱεριχώ, ἡ [히브리어, 의미는 불확실] 격변화 없음. **여리고, 예리코** Jericho, 유대의 도시 마 20:29 등.

ἱερόθυτος, ον [ἱερός, θύω] **희생으로 바쳐진, 제물** offered in sacrifice 고전 10:28.

* **ἱερόν, οῦ, τό** [ἱερός를 보라] 형용사 ἱερός의 중성형, 명사로 사용되어 **성소, 성전**

ἱεροπρεπής, ές / Ἰησοῦς

sanctuary, temple: 일반적 의미로 고전 9:13; 아데미/아르테미스의 행 19:27; 예루살렘 성전 마 12:6 등에서.

ἱεροπρεπής, ές [ἱερός, πρέπει] '거룩한 일에 관계된 사람에게 기대하는 특징과 관련해서', **경건한** reverent 딛 2:3.

ἱερός, ά, όν [복합적인 어원; '신, 거룩한 것을 위해 구별된'] ① **거룩한** sacred τὸ ἱερὸν κήρυγμα "거룩한 복음 선포" 막 16:8 짧게 끝나는 사본에서; τὰ ἱερά 성서들, 딤후 3:15. ② 성전에 속한 것 τὰ ἱερὰ ἐργάζειν "성전 임무를 수행하다" 고전 9:13.

*Ἱεροσόλυμα, τά/ἡ, Ἰερουσαλήμ, ἡ** [어원은 불분명; 의미는 '평화의 도시'로 의심의 여지가 없다] **예루살렘** Jerusalem ⓐ 도시, 지상의 도시거나, 새로운, 천상의: 마 2:1; 막 3:8; 눅 2:22; 요 1:19; 행 1:4; 갈 1:17 등.; Ἰερουσαλήμ 눅 2:25; 행 1:8; 롬 15:19; 히 12:22; 계 3:12; 21:2, 10. ⓑ 도시와 그 거주민이 혼합된 표현에서: 마 2:3; 3:5; Ἰερουσαλήμ 23:37; 눅 2:38; 13:34; 행 21:31; 고전 16:3; 갈 4:25f.

Ἱεροσολυμίτης, ου, ὁ [Ἱεροσόλυμα] **예루살렘 거주민** inhabitant of Jerusalem 막 1:5; 요 7:25.

ἱεροσυλέω [ἱερόσυλος] **신전을 노략질하다** rob temples, 다양한 형태의 신성모독을 통해 이득을 취하는 일에 대한 극적인 용어 롬 2:22.

ἱερόσυλος, ον [ἱερόν, συλάω] **신전을 약탈하는, 신성모독을 자행하는** temple-plundering, committing sacrilege, 명사로 ὁ ἱερόσυλος 신전 약탈자 temple plunderer, 신성모독한 인물에 대한 극적인 용어 행 19:37.

ἱερουργέω [ἱερουργός '거룩한 의식의 수행자'] **거룩한 임무를 담당하다** be in charge of sacred administration, ἱ. τὸ εὐαγγέλιον "복음에 제사장처럼 섬기다" 롬 15:16.

*Ἰερουσαλήμ Ἱεροσόλυμα를 보라.

ἱερωσύνη, ης, ἡ [ἱερός] **제사장직, 제사직분** priestly office, priesthood 히 7:11f, 24.

Ἰεσσαί, ὁ [히브리어] 격변화 없음. **이세, 예사이** Jesse, 예수님의 족보에서 마 1:5f; 눅 3:32; 다윗의 아버지 행 13:22; 비교 롬 15:12.

Ἰεφθάε, ὁ [히브리어 '하나님이 여신다' 또는 '하나님이 자유롭게 하신다'] 격변화 없음. **입다** Jephthah, 길르앗의 아들로 이스라엘의 사사 (삿 11장 이하) 히 11:32.

Ἰεχονίας, ου, ὁ [히브리어 '하나님이 붙드시리라'] **여고냐, 예코니아스** Jechonia, 예수의 조상 마 1:11f; 눅 3:23ff 이문.

***Ἰησοῦς, 속격 οῦ, 여격 οῦ, 대격 οῦν, 호격 οῦ, ὁ 예수, 예수스** 히브리식 이름 여호수아, 예슈아의 그리스식 형태('하나님은 구원이시다'/'하나님께서 구원하

ἱκανός, ή, όν / ἵλεως, ων

신다') ① **여호수아** Joshua, 모세의 후계자 행 7:45; 히 4:8. ② **예수** Jesus, 엘리에셀의 아들, 예수의 조상 눅 3:29. ③ **예수 그리스도** Jesus Christ 마 1:1 등. ④ **예수스, 바라바스** Jesus Barabbas 마 27:16f. ⑤ 유스도라 이름하는 **예수** Jesus, 골 4:11.

ἱκανός, ή, όν [ἵκω/ἱκάνω '이르다, 다다르다'] '특징이나 범위가 상당히 넉넉하다' ⓐ 개인이 타당성을 가진다는 의미로 **자격 있는, 충분한, 가치 있는** qualified, good enough, worthy 마 3:11; 눅 7:6; 요 1:27 이문; 고전 15:9; 고후 2:16; 3:5. ⓑ 사건, 사물: 군중이 **상당히 많다** crowd rather large 눅 7:12; 행 11:24; 시간 (χρόνος 또는 ἡμέρα), 단수와 복수, **꽤 길게, 한동안** rather long, some 눅 8:27; 행 8:11; 20:11(ἐφ' ἱκανόν **오랜 시간 동안**); 롬 15:23 이문; 말을 **다소 길게** 눅 23:9; **충분한** 처벌 고후 2:6; 돈(ἀργύρια ἱκανά 많은 양의 돈) 마 28:12; **매우 밝은** 빛 행 22:6. ⓒ 주요 어구들: ἱκανόν ἐστιν ~은 **충분하다** 눅 22:38; τὸ ἱκανὸν ποιεῖν **만족시키다** 막 15:15.

ἱκανότης, ητος, ἡ [ἱκανός] **자격, 적합함** qualification, fitness 고후 3:5.

ἱκανόω [ἱκανός] **자격을 주다, 적합하게 하다** qualify, make fit 고후 3:6; 골 1:12.

ἱκετηρία, ας, ἡ [ἱκέτης '간청하는'] **간청, 애원** supplication, entreaty 히 5:7.

ἰκμάς, άδος, ἡ [IE] **습기** moisture 눅 8:6.

Ἰκόνιον, ου, τό [어원은 불분명] **이고니온, 이코니온** Iconium, 소아시아 남쪽 중부에 위치한 도시 행 13:51; 14:1, 19, 21; 16:2; 딤후 3:11.

ἱλαρός, ά, όν [비교 호메로스. 명령법 ἵληθι '즐겁게 하라!'] **기분 좋은, 기꺼운** cheerful, 하나님께 드릴 때 기뻐하는 사람에 관하여 고후 9:7.

ἱλαρότης, ητος, ἡ [ἱλαρός] **기쁨, 성실함** gladness, wholeheartedness 롬 12:8.

ἱλάσκομαι [*ἵλημι '호의적으로 생각하다'] ① '친절을 베풀다', 축약된 호격. 수동태 구조로 ἱλάσθητί μοι τῷ ἁμαρτωλῷ "저를 주님의 자비가 (간절히) 필요한 자로 여겨주소서, 저는 죄인입니다" 눅 18:13. ② '하나님과 바람직한 관계 이루는 일에 방해를 제거하다', **속죄하다** expiate 히 2:17.

ἱλασμός, οῦ, ὁ [이전 항목과 비교] **속죄** expiation, 하나님과 죄인 사이의 깨어진 관계를 극복하려는 하나님의 뜻을 따라 섬기신 예수님에 관해 요일 2:2; 4:10.

ἱλαστήριον, ου, τό [ἱλάσκομαι을 보라] ① **속죄의 수단, 속죄 제물** means of expiation, 하나님과 죄인의 관계를 가로막고 방해하는 죄를 제거하시는 예수님에 관해 롬 3:25. ② **속죄 장소** place of expiation, 히 9:5에서 깨끗하게 한다는 문맥으로.

ἵλεως, 중성(아티카 2변화) **ων** [ἱλάσκομαι를 보라] **너그러운, 자비로운** gracious, merciful 히 8:12. ἱλεώς σοι "하나님께서 당신을 너그러이 여기실 겁니다" 경고

를 암시하여 "그렇게 말씀하시면 안 됩니다" 마 16:22.

Ἰλλυρικόν, οῦ, τό [어원은 불분명] **일루리곤, 일뤼리콘** 아드리아 해에 인접한 발칸 반도에 있는 한 지역 롬 15:19.

ἱμάς, άντος, ὁ [ἱμαίνω '묶다'] **가죽 끈, 샌들 끈** thong, strap 막 1:7; 눅 3:16; 요 1:27; 복수 **채찍** whips 행 22:25.

ἱματίζω [ἱμάτιον] **옷입히다, 입을 옷을 마련해주다** dress, clothe 막 5:15; 눅 8:35.

***ἱμάτιον, ου, τό** [비교 εἷμα '의복', ἕννυμι '덮다'] '신체를 덮는 것' ⓐ 일반적으로, **의복, 의류** clothing, apparel 마 9:16; 히 1:11f; 복수 마 17:2; 27:35; 막 5:30; 눅 7:25; 23:34; 요 19:23; 행 18:6; 벧전 3:3; 계 3:4; 16:15. ⓑ 바깥에서 입는 옷에 관해, **외투, 코트** cloak, coat χιτών(속옷) 위에 입는 마 9:20f; 막 6:56; 13:16; 눅 6:29; 8:27; 22:36; 요 19:2; 행 12:8; 계 19:13, 16; 복수 τὰ ἱμάτια 마 21:7f; 행 7:58; 22:23처럼 주인들의 집단과 연관하여 자주; 약 5:2(이례적인 고급 외투와 관련된 것으로 보인다).

ἱματισμός, οῦ, ὁ [ἱματίζω] **의복, 의류** clothing, apparel 눅 7:25; 9:29; 요 19:24; 행 20:33; 딤전 2:9.

ἱμείρομαι [비교 ἵμερος '갈망'] **~을 갈망하다** long for 살전 2:8 이문.

*****ἵνα** [복합적인 어원; 부사로. '거기', 접속사로. '~하기 위하여'] 접속사. 일반적으로 선행하는 문장에 명시되거나 숨어 있는 의도를 완성하는 개념을 추가하기 위해서. ① 목적, 목표, 의도의 표시 **~하기 위하여** in order that 마 14:15; 막 1:38; 5:23b; 눅 1:4; 9:45(비교 24:16; 그러나 이 구절을 ③의 뜻으로 보는 경우도 있다); 요 3:17; 행 5:15; 롬 1:11; 11:31; 16:2; 고전 1:28; 11:19; 고후 2:4; 4:7; 갈 2:4; 6:13; 엡 2:15; 6:20; 빌 2:2; 딤후 4:17; 딛 3:7; 몬 15; 약 4:3; 벧전 3:16; 벧후 1:4; 계 2:10; 3:9. ② 목적어 역할을 나타내는 표시 ⓐ 부정사처럼 **~하는 바** that 막 6:8; 눅 16:24; 17:2; 요 1:7, 27; 11:11; 살후 3:9; 딤전 5:21; 요일 3:11; 요이 5; 요삼 4. ⓑ 명령법 처럼. 마 20:33; 막 6:25; 10:51; 행 19:4; 고전 7:29; 고후 8:7; 갈 2:10; 엡 5:33 ἵνα와 함께 수사학적으로 부가적인 표현을 이끌며; 골 4:16 **확실하게 한다**는 의미로 make sure that. —ἵνα ἐλθὼν ἐπιθῇς τὰς χεῖρας αὐτῇ "오셔서 그 아이에게 손 얹어주시기를 애원하나이다" 막 5:23a. ③ 결과의 표시로 마 1:22; 요 12:7; 롬 11:11; 살전 5:4; 계 9:20; 14:13(②ⓐ나 ⓑ의 뜻으로 보기도 한다).

ἱνατί [ἵνα, τί] **왜?, 어떤 이유로?** why? for what reason? 마 9:4 등.

Ἰόππη, ης, ἡ [히브리어 '아름다운'] **욥바, 요페** 현대지명으로는 **야포** Jaffa, 예루살렘 북서쪽의 항구 행 9:36 등. 행 9-11에 여러 번 나온다.

Ἰορδάνης, ου, ὁ [히브리어 '저지대로 지나가는 것'] **요르단, 요단 강** the Jordan, 팔레스타인의 대표적인 강 마 3:5 등 복음서에서 자주.

ἰός, οῦ, ὁ [산스크리트어와 어떤 관계인지는 알기 어렵다. 일부 사전에서는 ἰός가 세

Ἰουδαία, ας, ἡ / Ἰούδας, α, ὁ

항목으로 나타난다. (1) 활; (2) 독(毒); (3) 녹. (2)와 (3)이 뜻과 일치하는지는 의문이다. 만약 이 나중 두 개가 일치한다면, 오염이라는 뜻으로 볼 수 있겠지만, 이것 역시 추측일뿐이다. 비교 라틴어 *virus* 위 (2)] ① **독, 독약** poison, venom 롬 3:13; 약 3:8. ② **녹(綠)** rust 약 5:3.

Ἰουδαία, ας, ἡ [Ἰούδας를 보라] **유대, 유대아** Judea ⓐ 팔레스타인의 사마리아 남쪽 부분 마 2:1 등. ⓑ 넓은 의미로는 유대인(유대민족)들이 점유하는 지역으로서 팔레스타인 마 19:1; 눅 1:5; 행 10:37; 26:20; 살전 2:14.

ἰουδαΐζω [Ἰουδαῖος] '모세의 규례와 실천을 따르다', **유대인, 유대교 방식으로 살다** live in Judean/Jewish manner 갈 2:14.

Ἰουδαϊκός, ή, όν [Ἰουδαῖος] **유대인의, 유대식의** Judean/Jewish 딛 1:14.

Ἰουδαϊκῶς [Ἰουδαῖος] **유대인/유대 방식대로** in Judean/Jewish manner 갈 2:14.

Ἰουδαῖος, α, ον [Ἰούδας] 모세 또는 이스라엘 전통에 있는 메시아주의자(기독교인)들이 많기 때문에 엄격하게 분류하기는 복잡하다. ⓐ 형용사로서. **유대인의, 유대적인 Judean/Jewish, 이스라엘 전통과 관련한 규칙과 관습을 따름에 초점 맞추어 막 1:5; 행 10:28; 21:39 그리고 22:3(바울의 자기 묘사). ⓑ 명사로서, **유대인** a Judean, 그러나 지리적인 지역에 한정되지는 않는다. ㉠ 출생, 조상 또는 의식적인 관점에서 요 18:35; 롬 1:16; 갈 2:14; 골 3:11; 복수 마2:2; 27:11, 29; 막 7:3; 요 2:13; 행 14:4; 21:21. ㉡ 이스라엘, 유대적인 전통을 강조하여 특히 예루살렘과 그 영향과 연결된 것으로서 요 1:19; 2:18; 3:25; 4:9(단수와 복수가 한번씩); 10:24; 18:20; 갈 2:13. ㉢ 구체적으로 이스라엘 전통 안에 있는 메시아주의자들에 대해 요 8:31; 11:45; 그리고 요한복음에서 자주.

Ἰουδαϊσμός, οῦ, ὁ [ἰουδαΐζω] '이스라엘의 의식과 전통을 준수', **유대교** Judeanism/Judaism 갈 1:13f.

Ἰούδας, α, ὁ [히브리어 '높임받은'의 그리스화 형태] 영어에서는 전통적으로 철자를 ①과 ②에 대해서는 Judah로 그리고 ③-⑧번에 대해서는 Judas로 표기한다. 우리말에서는 구분하지 않는다. ① **유다** Judah, 족장 야곱의 아들 마 1:2f; 또한 유다 지파에 관해 히 7:14; 계 5:5; 7:5 그리고 그 이름과 연관하여 지파의 지역 눅 1:39. ② **유다** Judah, 예수의 조상 눅 3:30. ③ **가말라의 유다**(가말라는 게네사렛 호수, 갈릴리 바다의 서쪽 도시), **반란자** 행 5:37. ④ 다메섹의 **유다** Judas of Damascus, 바울을 접대한 주인 행 9:11. ⑤ **유다** Judas, 야고보와 관계된 사도 눅 6:16a; 행 1:13; 비교 요 14:22. ⑥ **유다** Judas, 예수님을 배반한 사도 마 10:4; 26:14, 25, 47; 27:3; 막 3:19; 14:10, 43; 눅 6:16b; 22:3, 47f; 요 12:4; 13:29; 18:2f, 5; 행 1:16, 25. 유다의 아버지는 시몬이었으며, 이스카리옷이라 불렀다. 요 6:71; 13:2, 26. ⑦ 바사바라 부르는 **유다** Judas, 실라와 연관된 예언자 행 15:22, 27, 32, 33 이문(= 34절은 대부분의 번역본에서 빠져 있다). ⑧ 예수님의 형제 **유다**

Juda 마 13:55; 막 6:3. 유 1장의 유다로 보인다.

Ἰουλία, ας, ἡ [로마식 이름] **율리아** Julia ① 바울이 문안한 로마의 성도 롬 16:15. ② 이 이름은 또한 롬 16:7 몇 가지 사본에서 Ιουνιαν 자리에 나타난다.

Ἰούλιος, ου, ὁ [로마식 이름] 백부장 **율리오, 율리오스** 행 27:1, 3.

Ἰουνία, ας, ἡ [로마식 이름] **유니아** Junia ① 바울의 친척으로 나온 둘 중 한 사람의 이름, 사도들 사이에서 구별되어 안드로니고와 함께 기술되었다. 롬 16:7. ② 바울의 문안받은 사람 롬 16:15 이문.

Ἰουνιᾶς, ᾶ, ὁ 이렇게 남성형처럼 악센트가 이루어져, 롬 16:7에 언급된 사람에 대해 많은 그리스어 신약 성서 편집에서 **유니아** Junias로 나온다. 그러나 사본 증거는 NA28에 나온대로 여성일 가능성에 더 무게를 둔다('Ἰουνία ①을 보라).

Ἰοῦστος, ου, ὁ [라틴어 *justus* '의로운'] **유스도, 유스토스** 다음 인물들에 대한 별명 ① **요셉 바사바**, 사도직 후보자 행 1:23. ② **디디오, 티티오스** Titius, 이전 다신교 숭배자로 이스라엘의 하나님을 경외하는 자 행 18:7. ③ **예수** Jesus, 이스라엘인이며 바울의 동역자 중 한 사람, 골 4:11.

ἱππεύς, έως, ὁ [ἵππος] **기수**(騎手), **기병**(騎兵) horseman, cavalryman 행 23:23, 32.

ἱππικός, ή, όν [ἵππος] '말타는 사람과 관련하여', 명사로서 τὸ ἱππικόν **기병**(騎兵) the cavalry 계 9:16.

ἵππος, ου, ὁ [산스크리트, 비교 라틴어 *equus*] 약 3:3에서는 비군사적으로 보인다. 그러므로 **말** horse; 계시록에서는 강한 군사적인 분위기로 동의어인 '준마'(駿馬)라는 단어를 이끌어낼 수 있다. 계 6:2 등 계시록에서 자주.

ἶρις, ιδος, ἡ [비교 Ἶρις, 신들의 사자(使者)] **무지개** rainbow 계 4:3; 10:1.

Ἰσαάκ, ὁ [히브리어 웃거나 호의를 보여준다는 핵심 의미로] 격변화 없음. **이삭** Isaac, 아브라함의 아들 마 8:11 등.

ἰσάγγελος, ον [ἴσος, ἄγγελος] **천사 같은** like an angel 눅 20:36.

ἴσασι οἶδα 완료 능동태 직설법 3복수.

ἴσθι εἰμί 명령법 2인칭 단수.

Ἰσκαριώθ 격변화 없음. 그리고 Ἰσκαριώτης, ου, ὁ [어원은 불분명] **가룟, 이스카룟** Iscariot, 믿고자 유다의 별명이자, 그 아버지의 별명(Ἰούδας ⑥을 보라) ⓐ -ώθ: 막 3:19; 14:10; 눅 6:16; 22:47 이문 ⓑ -ώτης 마 10:4와 다른 본문.

ἴσος, η, ον [εἶδος와 관련하여] 수량, 크기, 또는 상태가 **동일한** equal 마 20:12; 요 5:18; 계 21:16; τὰ ἴσα 동일한 양 눅 6:34; ἡ ἴσα δωρεά 같은 **선물** 행 11:17; 부사의 역할을 하는 중성 복수 다음 어구에서 ἴσα εἶναι **~과 동일하다** be equal to 빌 2:6. 증거에 관해 막 14:56, 59, 두 구절 모두 부정어와 함께: 그들의 증언은 "앞뒤가 맞

** ἰσότης, ητος, ἡ / ἵστημι, ἱστάνω

지 않았고", 일관성이 없었다.

ἰσότης, ητος, ἡ [ἴσος] ① **형평, 균등** equality 고후 8:14; ἐξ ἰ. 균등하게 하려는 어떤 계획으로 13절. ② ①이 확장되어: **공평** fairness 골 4:1.

ἰσότιμος, ον [ἴσος, τιμή; '가치와 권리에 있어 동등한'] **동일한 혜택을 받는** of equal privilege 벧후 1:1.

ἰσόψυχος, ον [ἴσος, ψυχή; '영혼이나 마음 같은 것에 관한'] **성향이나 관심사 같은 것에 대하여** of like disposition/interests 빌 2:20.

***Ἰσραήλ, ὁ** [히브리어, 어원과 의미는 불확실] 격변화 없음. **이스라엘** Israel ① 족장 야곱 마 10:6; 눅 1:16; 행 2:36; 롬 9:27b; 고후 3:7; 빌 3:5; 히 8:10; 계 2:14; 7:4; 21:12. ② 이스라엘 백성 마 2:6; 막 12:29(복음서 가운데, 마가복음은 Ἰσραήλ 용어의 한가지 용법으로만 독특하게 사용했다) 눅 1:54; 요 1:31, 49; 행 1:6; 4:10; 롬 9:6a(금언적인 문장으로), 27a; 고전 10:18; 엡 2:12. ③ 하나님의 언약 체계 안의 진정한 이스라엘 사람으로서 신자들 롬 9:6b; 갈 6:16.

Ἰσραηλίτης, ου, ὁ [이전 항목과 비교] **이스라엘 사람** an Israelite 요 1:47; 롬 9:4; 11:1; 고후 11:22; 비공식적인 언급 ἄνδρες Ἰ. 행 2:22 등 사도행전에서 자주.

Ἰσσαχάρ, ὁ [어원과 의미는 불확실] 격변화 없음. **잇사갈, 이싸카르** Issachar, 야곱의 열 두 아들 중 한 사람이며, 그의 지파 이름 계 7:7.

ἱστάνω ἵστημι를 보라.

ἴστε οἶδα 완료 능동태 직설법 2인칭 복수.

** **ἵστημι/ἱστάνω** [산스크리트 연관어] 매우 여러 의미를 가진 단어 ① 타동사 '어떤 자리나 위치에 있게 하다' ⓐ **두다, 위치시키다** set, place 마 18:2; 눅 4:9; 요 8:3; 유 24; ἔστησαν αὐτοὺς ἐν τῷ συνεδρίῳ "그들을 (예루살렘) 최고 회의 앞에 세웠다" 행 5:27. ⓑ 확장된 의미로: 어떤 이를 견고하고 굳게 **서게 하다** make stand 롬 14:4; 드러낼 시간, 알맞은 시간을 **정하다** set 행 17:31; 돈의 양을 결정함에 관하여 **달아주다** weigh out(슥 11:12의 표현으로), **지불하다, 내어주다,** pay/set out 마 26:15; 무엇을 억지로 내세우다, 특히 법적인 의미로 **입증하다** establish 롬 10:3(자신이 가진 의로움) 그리고 히 10:9(제2의 희생 체계); 여격과 더불어. 사람. **책임을 돌리다** hold against 행 7:60. ⓒ **(앞에) 내세우다, 제시하다** put (before), propose 행 1:23; 앞세우다, 만들어내다 bring forward, produce 6:13. ② 자동사 '곧은 자세로 있다'는 기본 개념 ⓐ **서다** stand, 신체적인 자세에 관해 마 27:47; 눅 23:10; 요 7:37; 행 5:25. ⓑ 어떤 위치에 있다는 것을 초점 맞추어 **(거기) 서 있다, (거기) 있다, (우두커니) 서 있다** stand (there), be (there), stand (around) 마 26:73; 요 1:35; 행 9:7; 자주 부사와 더불어 마 12:46f; 막 11:5; 눅 9:27; 계 18:10; 전치사와 함께 마 13:2; 눅 1:11; 요 6:22; 행 4:14; 계 7:11. 의미가 확장되어 비신체적인 측면으로 요 8:44; 롬 5:2; 고전 15:1. ⓒ 정지하는 위

치에서 **멈춰 서다** stop 마 2:9; 눅 6:17; 8:44; 행 8:38. ⓓ **서다** stand, 보통 전치사나 부사로 시사하여 나타나는 의미로 다양한 상황에서: 누군가 앞에서 눅 21:36; 행 10:30; 소송 절차에 따라 **출두하다** appear 마 10:18 이문; 막 13:9; 결단이 요구되는 상황에서, **의연히 서다, 입장을 고수하다** stand firm, hold one's ground 엡 6:13f; πρός와 관사 있는 부정사를 동반하여 **대적하다** resist 11절. ⓔ **서 있다** stand, 천사들이 역할을 감당하거나 명령을 기다리는 것에 관하여 계 8:2.

ἱστίον, τό [비교 ἱστός '똑바로 서 있는 무엇', 배의 '돛대' 또는 옛날 베틀의 수직 '막대'; ἱστίον은 돛대에 연결되어 있거나 또는 베틀로 생산해낸 것에 대해 타당한 표현이다] **돛** a sail 행 27:15 이문, 17절 이문.

ἱστορέω [ἵστωρ '아는 사람' 특히 옳고 그른 일에 대하여] '알게 되다', **만나다** meet 갈 1:18.

ἱστός, οῦ, ὁ [ἵστημι; '똑바로 서 있는 어떤 것'] **돛대** mast 행 27:38 추정.

ἰσχυρός, ά, όν [ἰσχύω] ① 살아 있는 존재가 '특별한 노력이나 행동에 대해 상당한 능력이 있는': **강한, 강력한** strong, powerful 마 3:11; 12:29; 막 3:27; 눅 11:21; 히 11:34; 계 5:2; 18:21. 또한 중성 고전 1:27. ② '영향력이나 힘이 미치는 범위가 큰', 사물: **거센** strong 마 14:30; **심각한** severe 눅 15:14; **힘찬** impressive 고후 10:10; **큰** loud 히 5:7; 계 18:2; 19:6; **강한, 난공불락** mighty, impregnable 18:10; **육중한** ponderous 21절 이문 i. παράκλησις **큰, 대단한 위로** strong/great encouragement 히 6:18.

ἰσχύς, ύος, ἡ [비교 ἔχω] 효과적으로 행동하는 내적인 능력에 관하여 **힘, 능력** strength 막 12:30; 엡 1:19; 살후 1:9; 벧전 4:11; 벧후 2:11; 계 7:12.

ἰσχύω [ἰσχύς] '성취할 수 있는 능력이 있다', **능력 있다, 할 수 있다** have power/ strength, be able ⓐ 대처하는 능력에 관하여 마 8:28; 9:12; 막 14:37; 행 6:10; 19:16; 빌 4:13('나는 어떤 일도 극복할 수 있다'). ⓑ 어떤 목적을 성취할 수 있는 능력에 관하여 마 5:13(소금과 그 특성); 눅 6:48; 13:24; 요 21:6; 행 15:10; 계 12:8. πολύ ἰσχύει **큰 영향력을 가지고 있다** 약 5:16. 법적인 뜻을 가지고 **효력이 있다** 히 9:17; 비교 τι ἰσχύει **중요성을 가지다** 갈 5:6.

ἴσως [ἴσος] 부사 **아마도** perhaps 눅 20:13.

Ἰταλία, ας, ἡ [어원은 확실하지 않음] **이달리야, 이탈리아** Italy 행 18:2; 27:1, 6; 히 13:24.

Ἰταλικός, ή, όν [Ἰταλία] **이달리야/이탈리아의** Italian, 고넬료가 속한 집단의 특성을 묘사하며 행 10:1.

Ἰτουραῖος, α, ον [불확실한 의미를 가진 히브리식 이름 여둘 관련하여, 창 25:15; 대상 1:31] ἡ Ἰτουραία χώρα = **이두래, 이투라이오스** Iturea, 갈릴리 북북쪽 지역의 공국(公國) 눅 3:1.

ἰχθύδιον, ου, τό / Ἰωνᾶς, ᾶ, ὁ

ἰχθύδιον, ου, τό [ἰχθύς의 지소사] **작은 물고기** small fish 마 15:34; 막 8:7.
ἰχθύς, ύος, ὁ [물고기에 관한 발트어 연관어] **물고기** fish 마 7:10; 15:36; 17:27; 막 6:38,41, 43; 눅 5:6, 9; 요 21:6, 8, 11; 고전 15:39.
ἴχνος, ους, τό [어원은 불분명] **발걸음, 자** footstep, track, 비유로 롬 4:12; 고후 12:18; 벧전 2:21.
Ἰωαθάμ, ὁ [히브리어 '주님은 완전하시다'] 격변화 없음. **요담** Jotham, 예수의 조상 마 1:9; 눅 3:23ff 이문(Ἰωαθάν).
Ἰωακίμ, ὁ [히브리어 '주께서 세우시리라'] 격변화 없음. **여호야킴, 요아킴** Joachim/Jehoiakim, 예수의 조상 마 1:11 이문; 눅 3:23ff 이문.
Ἰωανάν, ὁ [히브리어 '주는 은혜로우시도다(은혜로우셨도다)'] 격변화 없음. **요아난** Joanan, 예수의 조상 눅 3:27.
Ἰωάν(ν)α, ας, ἡ [이전 항목과 비교] **요안나** Joanna, 예수님의 후원자 눅 8:3; 24:10.
Ἰωάν(ν)ης, ου, ὁ [히브리 이름의 그리스화된 형태(Ἰωανάν을 보라)] **요한 John ① 세례자, 세례 마 3:1; 막 2:18; 6:14-25; 눅 16:16; 요 1:6; 행 1:5. ② 세배대의 아들, 어부, 야고보의 형제, 12제자의 한 사람 마 4:21; 막 3:17; 눅 6:14; 9:28, 54; 행 1:13; 12:2; 갈 2:9. ③ 계시록의 목격자, ②에 나온 요한이라고 보는 전통도 있다: 계 1:1, 4, 9; 22:8. ④ 베드로의 아버지 요 1:42; 21:15-17. ⑤ 대제사장 가문의 한 사람 행 4:6. ⑥ 마가라는 별명을 가진, 마리아라 부르는 여인의 아들 행 12:12, 25; 13:5, 13; 15:37.
Ἰωάς, ὁ [히브리어 '주께서 주셨다'] 격변화 없음. **요아스** Joash, 유다의 왕(왕하 14:1) 예수의 조상 마 1:8 이문; 눅 3:23ff 이문.
Ἰώβ, ὁ [어원과 의미는 불확실] 격변화 없음. **욥** Job, 욥기의 주인공 약 5:11.
Ἰωβήδ, ὁ [히브리어 '예배자'] 격변화 없음. **오벳** Obed, 예수의 조상 마 1:5; 눅 3:32.
Ἰωδά, ὁ [히브리어, 비교 호다위야 대상 3:24] 격변화 없음. **요다** Joda, 예수의 조상 (에스드라 1서 5:58) 눅 3:26.
Ἰωήλ, ὁ [히브리어 '주는 하나님이시다'] 격변화 없음. 구약 선지자 **요엘** Joel, 행 2:16.
Ἰωνάθας, ου, ὁ **요나타스** Jonathas 행 4:6 이문 (Ἰωάννης에 대하여, Ἰωάννης ⑤를 보라).
Ἰωνάμ, ὁ [이 이름의 기원은 논란의 여지가 있다] 격변화 없음. **요남** Jonam, 예수의 조상 눅 3:30.
Ἰωνᾶς, ᾶ, ὁ [히브리어 '비둘기'] **요나** Jonah ① 구약 예언서의 주인공 마 12:39-41; 16:4; 눅 11:29f, 32. ② 시몬 베드로와 안드레의 아버지 마 16:17 이문; 요 1:42

이문; 21:15-17 이문.

Ἰωράμ, ὁ [히브리어 '주님은 높임 받으신다'] 격변화 없음. **요람** Joram/Jehoram, 유다의 왕, 예수의 조상(왕하 8:16ff) 마 1:8; 눅 3:28 이문.

Ἰωρίμ, ὁ [히브리어, 이전 항목과 비교] 격변화 없음. **요림** Jorim, 예수의 조상 눅 3:29.

Ἰωσαφάτ, ὁ [히브리어, 복잡한 유래에서] 격변화 없음. **여호사밧, 요사바트** Josaphat/Jehoshaphat, 유다의 왕, 예수의 조상(왕하 22, 41ff; 대하 17-20) 마 1:8; = Ἰωσαφάδ 눅 3:28 이문.

Ἰωσῆς, ῆ/ῆτος, ὁ [비교 다음 항목] **요세, 요세스** Joses ① 예수님의 형제 마 13:55 이문; 막 6:3; Ἰωσήφ ⑤를 보라. ② 마리아의 아들이며 야고보의 동생 마 27:56 이문; 막 15:40, 47. ③ 바나바로 더 잘 알려진 초대 기독교 공동체의 일원 행 4:36 이문.

Ἰωσήφ, ὁ [히브리어, '주께서 더하시리라'는 의미로 보인다] 격변화 없음. **요셉** Joseph ① 구약 족장, 야곱의 아들 요 4:5; 행 7:9, 13f, 18; 히 11:21f; 계 7:8(여기에서는 에브라임 반지파). ② 마다디아의 아들, 예수의 조상 눅 3:24. ③ 요남의 아들, 예수의 조상 눅 3:30. ④ 예수님의 어머니 마리아의 남편 마 1:16 등 복음서에서 빈번하게. ⑤ 예수님의 형제 마 13:55(Ἰωσῆς를 보라). ⑥ 아리마대 (Arimathea) 출신 산헤드린 공회원, 마 27:57, 59; 막 15:43, 45; 눅 23:50; 요 19:38. ⑦ 바나바라는 별명을 가진 바울의 초기 동역자 행 4:36 (Βαρναβᾶς와 Ἰωσῆς ③을 보라). ⑧ 바사바라 별명 붙은 사도직 후보자 행 1:23. ⑨ 마리아라 이름하는 이의 아들 마 27:56. ⑩ 요다의 아들 눅 3:26 이문(Ἰωσήχ을 보라). ⑪ 예수님의 족보에 나오는 유다라 이름하는 이의 아버지 눅 3:30.

Ἰωσήχ, ὁ 격변화 없음. **요섹** Josech, 예수님의 족보에 나오는 요다의 아들 눅 3:26 이문.

Ἰωσίας, ου, ὁ [히브리어 '주님께서 지원하신다'] **요시야** Josiah, **유다의 왕**(왕하 22장 이하) 예수의 조상 마 1:10f; 눅 3:26 이문(속격 Ἰωσία).

ἰῶτα, τό 불변화사. **이오타** iota, 분명히 히브리어 알파벳에서 가장 작은 글자인 י (요드)와 동일한 것으로 보인다. 마 5:18.

Κ

κάβος, ου, ὁ [히브리어 차용어] '대략 2리터와 동일한 단위', **갑** cab 눅 16:6 이문(κάδος를 보라).

κἀγώ, 여격 **κἀμοί**, 대격 **κἀμέ** [καί + ἐγώ에서 모음축합으로 형성] 앞의 진술에 추가하거나 확인하는 방법으로 개인적 주장을 병행하거나 대조하여 연결한다. **그리고 나는** and I 마 11:28; 눅 2:48; 요 1:31, 33f; 12:32; 고후 12:20; 갈 6:14. **(그리고) 나도, 나 역시, 차례대로** I too / also / in turn 마 2:8; 10:32f; 21:24; 26:15; 눅 22:29; 요 6:56; 행 8:19; 롬 3:7; 고전 7:8; ἔδοξεν κἀμοί "나 역시 결심했다" 눅 1:3; κἀγὼ ὑμῖν λέγω "그래서 나는 여러분에게 말한다" 11:9; 유사하게 κἀμοί **나에게도** 고전 15:8; ἐὰν δὲ ἄξιον ᾖ τοῦ κἀμὲ πορεύεσθαι "그리고 나도 가는데 어떤 도움이라도 있다면(합당하다면)" 16:4; 같은 맥락에서 고후 2:10; 11:22 (**나 역시 그렇다, 세 번 반복**); 갈 4:12; 빌 2:28; 계 22:8. 내 입장에서는 고전 10:33; 엡 1:15. "나에게 보여준 것처럼 나역시" 약 2:18a; 관련된 맥락에서 κἀμοὶ ὁ θεὸς ἔδειξεν "한편으로는 하나님께서 내게도 보여셨다" 행 10:28; μιμηταί μου γίνεσθε καθὼς κἀγὼ χριστοῦ "내가 그리스도를 본받는 자인 것처럼 여러분도 나를 본받는 자가 되라" 고전 11:1.

κάδος, ου, ὁ [히브리어 차용어] '액체를 담는 용기', **단지, 그릇** jar, vessel 눅 16:6 이문(κάβος를 보라).

καθά [= καθ' ἅ] 부사 또는 접속사 **꼭 ~처럼** (just) as 마 27:10.

καθαίρεσις, εως, ἡ [καθαιρέω] '무너뜨리는 행위', 방어 시설을 완전히 **파괴함, 때려 부숨** razing, demolition 비유로 고후 10:4; 건축 사업으로서 οἰκοδομή의 반의어, 사람을 파괴적으로 취급하는 비유에서 **무너뜨리는** tearing down 10:8; 13:10.

καθαιρέω [κατά, αἱρέω] ① '어떤 위치에서 내리다', **내려주다** take down 막 15:36, 46; 눅 1:52; 23:53; 행 13:29. ② '무너뜨려 파괴하다', 구조물을 **헐어버리다** tear down 눅 12:18; 나라들에 대하여 확장된 의미로 **멸망하다** destroy 행 13:19; 비유로, 수동태 **어떤 일에 손실을 입게 되다** suffer loss. 19:27; **무너뜨리다** demolish 고후 10:4(καθαίρεσις를 보라).

καθαίρω [καθαρός; '깨끗하게 하다'] '원하지 않게 자란 것을 잘라 내다', 포도를 **가지치다, 손질하다** prune, trim 요 15:2.

καθάπερ [= καθ' ἅπερ] 접속사 또는 부사 병행되는 면을 초점 맞추어 **~처럼, 바로**

καθάπτω / καθεῖλον, καθελεῖν, καθελῶ, καθελών

~처럼, ~이라 할지라도 as, just as, even as 롬 3:4 이문; 4:6; 12:4; 고전 10:10; 12:12; 고후 3:13; καθάπερ ἀπὸ κυρίου πνεύματος "주님의 영에서 기대할 수 있는 바와 같이 또는 주님의 영에 따라서" 고후 3:18. καί와 더불어 **까지도** (even) as also 롬 4:6; 살전 3:6, 12.

καθάπτω [κατά, ἅπτω; '매다'] 중간태 의미의 능동태로 '든든히 잡다', **붙잡다** fasten: ἔχιδνα καθῆψεν τῆς χειρὸς αὐτοῦ "뱀이 그의 손을 감고 있었다" 행 28:3.

καθαριεῖ καθαρίζω의 아티카 형 미래 3인칭 단수.

καθαρίζω [καθαρός] '의식(儀式)적으로 정결하게 하다', **깨끗하게 하다, 씻어주다** clean, cleanse ⓐ 일용품들을 실제로 깨끗하게 하는 것과 연관하여 마 23:25f; 막 7:19; 눅 11:39. ⓑ 동물의 제의적 분류를 다루는 하나님의 접근법과 관련하여 행 10:15; 11:9. ⓒ 성서적 담화에서 어떤 질병들은 제의적 관점과 밀접하게 연관이 되어있으므로 특히 나병같은 질병의 제거는 사실상 정결 의식으로 여겨진다. 마 8:2; 10:8; 막 1:42; 눅 4:27; 17:14, 17. ⓓ 확장된 의미로 내적 정결과 특별히 관련되어 **깨끗하게 하다, 씻어주다** clean, cleanse 고후 7:1; 엡 5:26; 딛 2:14; 히 9:14; 약 4:8; 1, 요 1:7, 9.

καθαρισμός, οῦ, ὁ [καθαρίζω에서 καθαρός] **깨끗하게 함, 정화**(淨化) cleansing ⓐ 의식적인 뜻으로 막 1:44; 눅 2:22; 5:14; 요 2:6; 3:25. ⓑ 죄의 제거로 의미가 확장되어 히 1:3; 벧후 1:9.

κάθαρμα, ατος, τό [καθαρός] '닦아서 나온 결과인 찌꺼기', **오물, 찌꺼기** scouring(s), refuse 고전 4:13 이문 (περικάθαρμα를 보라).

καθαρός, ά, όν [어원은 논란의 여지가 있음 (주의: κατά와는 관련성이 없다)] ① '오염되지 않은', **깨끗한, 닦인** clean, cleansed 마 23:26; 27:59; 요 13:10a; 히 10:22; 계 15:6; 21:18. 원하지 않게 자란 가지를 가지치기하거나 다듬는다는 내용에서 언어유희로 요 15:3(καθαίρω를 보라). 물질적인 것에 대한 의식적인 고려 사항에 초점을 두어, πάντα καθαρά "모든 것이 정결하다" 즉 그 사용에 관한 제의적 규정이 없다. 눅 11:41; 롬 14:20; 딛 1:15ab. ② '죄 없는, 비판받을 만한 일이나 도덕적으로 부정함이 없는', **깨끗한, 정결한, 무고한** clean, clear, innocent 요 13:10b, 11; 행 18:6; 20:26; 딤전 1:5; 3:9; 딛 1:15c; 약 1:27.

καθαρότης, ητος, ἡ [καθαρός] 의식 절차상 **정결함** ritual purity 히 9:13.

καθέδρα, ας, ἡ [κατά, ἕδρα '앉는 자리'] **의자, 자리** chair, seat 마 21:12; 23:2; 막 11:15.

καθέζομαι [κατά, ἕζομαι '스스로 자리하다'] **앉다** sit 마 26:55; 눅 2:46; 요 6:3 이문; 11:20; 20:12; 행 6:15; 20:9. ἐκαθέζετο οὕτως "다른 행동 없이 그대로 앉아 있었다" 요 4:6.

καθεῖλον, καθελεῖν, καθελῶ, καθελών καθαιρέω 제2부정과거 능동

καθεξῆς / καθίημι

태 직설법, 제2부정과거 능동태 부정사, 제2미래 능동태 직설법, 그리고 제2부정과거 능동태 분사.

καθεξῆς [κατά, ἑξῆς] **다음으로는** in sequence, 이야기 순서. 눅 1:3; 시간적으로. 행 3:24; 11:4; 지리적으로. 18:23. ἐγένετο ἐν τῷ καθεξῆς 그 후에 눅 8:1.

καθερίζω καθαρίζω의 이문.

καθεύδω [κατά, εὕδω '자다'] ① **잠자다** sleep 마 13:25; 25:5; 26:40, 43, 45; 막 4:27, 38; 13:36; 눅 22:46; 살전 5:7. 마 9:24; 막 5:39; 눅 8:52 등의 구절에서 나온 용례는 예수께서 생명을 회복시키는 일이 잠에서 깨우는 것만큼 쉽다는 점에서 2번 뜻에 속한다고 보는 게 더 좋을 것 같다. ② ①에 대한 비유로: **죽음**에 대한 완곡어법으로 살전 5:10. 마 9:24; 막 5:39; 눅 8:52 등은 ①을 보라. ③ ①에 대한 비유로: 도덕적이거나 영적인 차이에 있어서 엡 5:14; 살전 5:6.

κάθῃ κάθημαι의 현재 직설법 2인칭 단수.

καθηγητής, οῦ, ὁ [κατά, ἡγέομαι에서 καθηγέομαι '길을 인도하다' 그러므로 또한 '지도하다, 가르치다'] **교사** teacher 마 23:10.

καθήκω [κατά, ἥκω; '결국 ~이 되다, 이르다'] **알맞다, 적합하다** be proper/fitting, 현재 의미의 미완료: οὐ καθῆκεν αὐτὸν ζῆν "그를 계속 살려두는 것은 알맞지 않다" 행 22:22; ποιεῖντα μὴ καθήκοντα "부적절한 일을 행하다" 롬 1:28.

* **κάθημαι** [κατά, ἧμαι '앉다'] '허리를 붙이고 쉬다' **앉다, 자리 잡다** sit (down), take a seat 마 4:16; 13:1f; 26:58; 27:19; 막 3:32; 눅 20:42; 요 9:8; 행 23:3; 고전 14:30; 골 3:1; 약 2:3; 계 4:2; 17:3; 19:19. 계 14:6(κ. = 거주하다, 살다 dwell/live)에서는 쉬거나 여가를 보낸다는 요소가 지배적이고 눅 1:79도 그런 것으로 보인다.

καθημερινός, ή, όν [καθ' ἡμέραν(κατά + ἡμέρα)에서 형성된] **매일의** daily 행 6:1.

καθῆψα καθάπτω의 제1부정과거 능동태 직설법.

καθιέμενος καθίημι의 현재 수동태 분사.

καθίζω [비교 καθέζομαι] ① '앉게 하다', **앉히다, 위치하게 하다** seat, set 행 2:30; 엡 1:20; 요 19:13도 동일한 뜻으로 보이지만, ②를 보라. —권위 있는 어떤 위치에 앉힌다는 뜻으로 확장되어 **임명하다, 지위를 부여하다** install, give status to 고전 6:4. ② '앉을 자리를 잡다', **(자리잡고) 앉다** sit down 자동사 마 5:1; 막 10:37; 눅 4:20; 14:28; 요 19:13 (비교 κάθημαι 마 27:19); 행 2:3 (곁에 앉다); 8:31; 고전 10:7; 살후 2:4; 히 1:3; 계 3:21. —상대적으로 긴 시간 동안 어떤 장소에 머무른다는 의미로 확장되어(비교 κάθημαι 계 14:6) **머무르다, 살다, 거주하다** stay, live, dwell 눅 24:49; 행 18:11.

καθίημι [κατά, ἵημι '풀어주다, 놓아주다'] **내려보내다, (달아) 내리다** let down, lower 눅 5:19; 행 9:25; 10:11; 11:5.

καθιστάνω καθίστημι를 보라.

καθίστημι/καθιστάνω [κατά, ἵστημι; '설립하다, 세우다'] ① '어떤 장소로 데리고 내려가다', **인도하다** conduct 행 17:15. ② '책임 있는 어떤 자리로 두다', **임명하다** appoint 마 24:45; 눅 12:14; 행 6:3; 딛 1:5; 히 5:1; 7:28; 8:3. ③ '되도록 하다', **만들다** make 롬 5:19; 벧후 1:8. 비교 약 3:6; 4:4.

καθό [= καθ' ὅ] ① **어떤 방법으로, 어떻게** in what manner, how 롬 8:26. ② **~한 정도로** to the degree that 고후 8:12; 벧전 4:13.

καθολικός, ή, όν [καθόλου] '전체 집단을 아우르는', **일반적인**, 약, 벧전, 벧후, 요일, 요이, 요삼, 유다서 등의 표제에 대한 이문으로.

καθόλου [κατά, ὅλος] 부사로 광범위함을 표현하는 기능으로, **일반적으로, 전체적으로, 전혀** in general, on the whole, at all τὸ καθόλου μὴ φθέγγεσθαι "어떤 경우에도 말할 수 없는" 행 4:18.

καθοπλίζω [κατά, ὁπλίζω '무장하다, 갖추다'] **무장을 갖추다** equip with armor, 수동태 ὁ ἰσχυρὸς καθωπλισμένος "강한 자가 완전 무장하고서" 눅 11:21.

καθοράω [κατά, ὁράω] **보이다, 인식하다** perceive 롬 1:20.

καθότι [= καθ' ὅ τι] ① **~하는 한에 있어서는, ~에 따르면** insofar as, according to 행 2:45; 4:35. ② **~인 한에는, ~이기 때문에** inasmuch as, because 눅 1:7; 19:9; 행 2:24; 17:31.

κάθου κάθημαι 현재 명령법 2인칭 단수.

** **καθώς** [κατά, ὡς] 유사성, 일치성, 균형 또는 방법을 강조하는 표시 ⓐ **~처럼, 바로 ~처럼** as, just as 마 21:6; 막 1:2; 눅 17:26; 요 12:50; 행 2:4; 15:8; 롬 1:13; 15:7; 고전 4:17; 고후 8:6; 갈 3:6; 엡 5:29; 빌 1:7; 골 3:13; 살전 2:4; 살후 3:1; 딤전 1:3; 히 11:12; 요일 3:12(여기에서는 유사성을 부정하여); 요이 4; 요삼 2f. ─ 행 7:17(시간적인 측면, '~할 때'라는 표현이 추론될 수 있지만, 약속한대로 성장했음에 강조점이 있다). ─ 15:14 (κ.는 여기에서 **어떻게** how라는 의미를 가진 것으로 보이지만, 하나님의 역사하심과 해석의 일치성에 요점이 있다). ⓑ **~할 정도로, ~할 만큼** to the extent/degree that 막 4:33; 행 11:29; 벧전 4:10. ⓒ **~한 대로, 때문에** inasmuch as, since 요 17:2; 롬 1:28; 고전 1:6; 5:7; 엡 1:4; 4:32.

καθώσπερ [κατά, ὡς, περ (뜻을 강조하는 전접 불변화사)] 부사 **바로 ~처럼, ~이라 할지라도** just as, even as 고후 3:18 이문; 히 5:4.

*** **καί** [복합적인 어원] 연결이나 부가를 나타내는 기능어로 사용된다. ① 연결성을 가지고 (연결사) **그리고** and (κ.는 문맥에 따라 예를 들어, 할 때, 그러나, ~한 바, 즉, ~처럼, ~포함하여, 그리고 또한, 실은, 하지만, 따라서, 사실은 등 매우 광범위한 어휘로 옮길 수 있을 만큼 상당한 유연한 의미를 가진다. 그러나 단어의 중요한

Καϊάφας, α, ὁ / καινότης, ητος, ἡ

기능은 연결해주는 역할이다) ⓐ 하나의 어휘를 이어서 마 13:55; 눅 6:14-16; 14:21; 행 1:13; 롬 7:12; 히 1:1; 계 7:12 등. 수사를 이어서 눅 13:16; 요 2:20; 행 13:20. ⓑ 절이나 문장을 이어서 마 1:23; 3:12; 5:15b(~며 그리고); 막 1:5; 5:4; 눅 2:48; 요 1:1; 히 3:19(그래서) 등. 번갈아 나오는 고려사항을 소개하며: 마 3:14(σύ가 놀라움의 표현을 강화하여); 눅 12:24 그리고 요 3:19(~**지만 그러나**); 4:11(**게다가**); 롬 1:13 그리고 빌 1:22 (**그러나**). 감탄사로 마 26:69 (거절에 관해 **어째서** why) 비교 막 10:26(긴장감을 나타내며 **그렇다면**, well!). 일어난 시간을 나타낸 표시로 마 26:45; 막 15:25; 눅 19:43; 요 2:13; 히 8:8. 해설에서(보충적인) 요 1:16(즉, 다시 말하자면); 비교 행 23:6; πολλὰ καὶ βαρέα αἰτιώματα "여러 가지, 실로 심각한 죄목들" 25:7(여기에 나타난 κ.와 πολύς과 함께 형성된 어구는 단지 넘치도록 많다는 뜻을 나타내는 것으로 보인다. 비견한 예로 요 20:30을 보라). —καὶ ἐγένετο... "그리고 그 일이 …하게 일어났다" 마 7:28; 9:10; 11:1; 막 2:23; 눅 5:12, 17; 7:11; 8:1; 9:18 등. ⓒ 포괄성을 강조하여, καί...καί …과 … **모두**, …**뿐 아니라** …**도**(또한 아래 표제어 τέ를 보라) 마 10:28; 막 4:41; 7:37; 눅 2:46bc; 22:33; 요 7:28; 행 26:29; 롬 11:33; 14:9; 고전 4:5; 빌 1:7; 살후 3:4; 딤전 4:10 이문; 딛 1:9; 몬 16; 벧후 3:18; 요이 9; 유 25; 계 13:15f. 히브리서 기자는 τέ... καί 표현을 더 선호한다. ⓓ 이야기 전환의 표시 마 4:23; 막 5:1, 21; 요 1:19; 행 1:15; 2:1; 15:1; 계 5:1 등. ⓔ 결론, 귀결절에 대한 표시 눅 2:21; 7:12; 행 1:10. ② 형용사로서, 예를 들어 이미 언급한 내용에 무엇을 덧붙여 소개하며, **또한** also 마 5:39f; 8:9; 요 14:7a; 행 13:9(ὁ καί = 알려진 바와 같이); 롬 1:13; 고후 8:11; 갈 6:1b; 히 8:6. 뜻을 강화하여 **조차** even 막 5:46f; 행 10:45; 갈 6:1a.

Καϊάφας, α, ὁ [셈어 기원] **가야바, 카이아파스** Caiaphas, 기원후 18-36년의 대제사장 마 26:3 등.

Κάϊν, ὁ [히브리식 이름. 뜻은 불명확함] 격변화 없음. **가인, 카인** Cain, 아담과 하와의 아들(창 4:1ff) 히 11:4; 요일 3:12; 유 11.

Καϊνάμ, ὁ [히브리식 이름] 격변화 없음. **가이난, 카이난** Cainan ① 에노스의 아들(창 5:9-14) 눅 3:37. ② 아르박삿의 아들 (70인역 창 10:24; 11:12; 대상 1:18) 눅 3:36.

καινός, ή, όν [산스크리트 연관어] ① '최근에 생긴', **새로운** new 마 9:17; 막 2:21; 눅 5:38; 요 19:41. ② '오래된 무언가에 비해 상대적으로 다르고 우월한 특징을 가진', **새로운** new 마 26:28 이문; 눅 22:20; 엡 2:15; 벧후 3:13; 요일 2:7f; 계 21:2, 5. ③ '보이는 반응이 다른', **낯선, 생소한** unfamiliar/strange 막 1:27; 행 17:19; 계 2:17.

καινότης, ητος, ἡ [καινός] '새로운 존재의 특징', **새로운 상태** new condition καινότης ζωῆς = "새 생명" 롬 6:4; κ. πνεύματος = "새로운 영" 7:6.

καινοφωνία κενοφωνία를 보라.

καίπερ [καί, περ(강화하는 역할을 하는 후접사)] 접속사 **비록 ~라 하여도, 하기야** (even) though 빌 3:4; 히 5:8; 7:5; 12:17; 벧후 1:12.

* **καιρός, οῦ, ὁ** [산스크리트 연관어] ① '시기를 정하다, 맞추다', **시기, 때** time 마 8:29; 막 1:15; 눅 1:20; 요 7:6; 행 13:11; 롬 5:6; 고전 4:5; 고후 6:2; 딤전 2:6; 딛 1:3; 히 11:15; 벧전 5:6. 특히 마무리되는 시간과 관련한 특정 시간임을 강조하여 행 1:7; 롬 11:5; 엡 2:12; 딤전 4:1; 딤후 3:1; 히 9:9; 벧전 1:5; 4:17; 계 1:3; 11:18; 12:12. ② '사건이 발생하는 데 적합하거나 적절한 시기' **때, 적기(適期)** a time, period 마 21:34; 갈 4:10; 엡 2:12; 계 12:14; 이야기에서 어떤 배경을 드러내며 마 11:25; 12:1; 눅 13:1; 행 19:23.

Καῖσαρ, ος, ὁ [비교 라틴어 caesar] 로마 제국의 수장에 대한 칭호로서 사용함. **임금, 황제, 카이사르** emperor, Caesar 마 22:17 등.

Καισάρεια, ας, ἡ [Καῖσαρ] **가이사랴** Caesarea, 여러 황제를 기리는 도시들의 이름 ① **가이사랴 빌립보** Caesarea Philippi, 티베리우스 황제에 경의를 표하며 분봉왕 빌립이 이름한 레바논, 헐몬산 기슭의 도시 마 16:13; 막 8:27. ② 팔레스틴의 **가이사랴** 갈멜산 가까이에 있는 아우구스투스 황제를 기리며 이름한 곳 행 8:40 등 사도행전에서 자주.

καίτοι [어느 정도 '유의하라'는 의미를 가진 강화 후접사, = καί τοι] 양보를 나타내는 불변화사 **~이기는 하지만, ~에도 불구하고** although 행 14:17; 히 4:3.

καίτοιγε [καίτοι의 강화형] **~에도 불구하고, 하지만** although, yet 요 4:2.

καίω [어원은 불분명] '불붙도록 하다' ⓐ 빛을 제공하는 면을 초점 맞추어 **불켜다, 불붙이다** light, kindle 마 5:15; 계 4:5; 비유로 눅 12:35; 요 5:35; 계 8:10. ⓑ 불타거나 소실되는 면을 강조하여 요 15:6; 고전 13:3; 히 12:18; 계 8:8; 19:20; 21:8. ⓒ 감정인 느낌에 관한 확장된 의미로 눅 24:32.

κἀκεῖ [= καί ἐκεῖ] 부사 ① ἐκεῖ καί와 더불어 단순한 연결하는 역할로, **그리고 거기에** and there 마 5:23; 막 1:35 등. ② ἐκεῖ καί와 더불어 부수적인 역할로 **또한 거기에도** there also 행 17:13.

κἀκεῖθεν [= καὶ ἐκεῖθεν] 부사 어떤 곳에서 특별한 장소나 시간으로 움직임을 나타내는 표시 ⓐ 장소에 관해 **그리고 거기서부터** and from there 막 9:30 등. ⓑ 시간에 관해 **그리고 나서** (and) then 행 13:21.

κἀκεῖνος, η, ο [= καὶ ἐκεῖνος] 이야기에서 앞서 언급한 사람이나 사물에 관하여 ⓐ **사람, 또한 그 사람이, 또한 그가, 그녀가** and/also that one or and/also he, she 막 12:4f; 눅 11:7; 20:11; 22:12; 요 6:57; 7:29 (그리고 그는 ~한 사람이다); 14:12; 17:24; 행 5:37; 15:11; 18:19; 롬 11:23; 고전 10:6; 딤후 2:12; 히 4:2. ⓑ 짐승이나 사물에 관해 **그리고 그것도 (역시)** and it (too) 요 10:16 (비유로: 양

κακία, ας, ἡ / κακῶς

(羊)); and it/that κἀκεῖνα κοινοῖ "그리고 그것은 정말로 더럽게 하는 것이다" 마 15:18; κἀκεῖνα μὴ ἀφιέναι "그러나 다른 것(일들)을 무시하지 말아야 한다" 마 23:23.

κακία, ας, ἡ [κακός] ① '도덕적인 것을 거스름' ⓐ 성향으로서 **사악함, 비열함** wickedness, baseness 행 8:22; 고전 14:20; 약 1:21; 벧전 2:16. ⓑ 다른 사람들에 대한 악한 태도 **악의, 적의** malice, 롬 1:29; 고전 5:8; 엡 4:31; 골 3:8; 딛 3:3; 벧전 2:1. ② '곤란한 상황', **괴로움, 고생** trouble 마 6:34.

κακοήθεια, ας, ἡ [κακός, ἦθος] **사악한 성향** malicious disposition 롬 1:29.

κακολογέω [κακολόγος '중상(中傷)'] **악담하다, 욕하다** to badmouth 마 15:4; 막 7:10; 9:39; 행 19:9.

κακοπάθεια/κακοπαθία, ας, ἡ [κακοπαθής '비참한'] '고통을 견딤', **인내** perseverance 약 5:10.

κακοπαθέω [κακός, πάθος] ① **어려움을 견디다** suffer hardship 딤후 2:9; 약 5:13. ② **인내하다** persevere 딤후 4:5.

κακοπαθία κακοπάθεια을 보라.

κακοποιέω [κακοποιός] '다른 이들에게 최선의 유익을 주지 않는 일을 행하다', **해를 끼치다, 안 좋은 일을 행하다** do harm, do what is bad 막 3:4; 눅 6:9; 벧전 3:17; 요삼 11.

κακοποιός, όν [κακός, ποιέω] 형용사. 명사로 '사회에 위협적인 사람', **악인, 나쁜 짓을 하는 사람** evildoer 벧전 2:12, 14; 4:15.

* **κακός, ή, όν** [어원은 불분명] ① '도덕적·사회적으로 부끄러운', **나쁜** bad 마 21:41; 롬 13:3; 14:20; 고전 15:33; 골 3:5; 약 1:13; 계 2:2; 명사로서 **잘못, 못된 짓** bad, a wrong 마 27:23; 막 15:14; 요 18:23; 행 23:9; 롬 1:30; 2:9; 7:19, 21; 고전 13:5; 고후 13:7; 딤전 6:10; 히 5:14; 요삼 11. ὅσα κακά **끔찍한 짓** 행 9:13. ─ 맞대응하는 원칙이 여기에 속한 것으로 보인다. 롬 12:17; 살전 5:15; 벧전 3:9. ② '위험을 불러 일으킴', 개인적이고 신체적인 상처에 초점 맞추어 **해로운, 위험한** harmful 행 16:28; 28:5; 딛 1:12; 약 3:8; 계 16:2; 불행에 관해 **나쁜** bad 눅 16:25.

κακοῦργος, ον [호메로스 κακοεργός의 축약형] 명사로서 **죄수, 행악자** evildoer 눅 23:32f, 39; 딤후 2:9.

κακουχέω [κακόν, ἔχω] **학대하다, 고문하다** abuse, torment 히 11:37; 13:3.

κακόω [κακός] ① **학대하다, 혹사시키다** abuse, mistreat 행 7:6, 19; 12:1; 18:10; 벧전 3:13. ② '나빠지게 하다', **부패하게 하다, 타락하게 하다** corrupt ἐκάκωσαν τὰς ψυχάς "그들이 마음에 나쁜 영향을 받았다" 행 14:2.

κακῶς [κακός] 부사 **나쁘게, 안좋게** badly, ill ⓐ 다음 어구로 매우 자주 나온다.

κάκωσις, εως, ἡ / καλός, ἡ, όν

κ. ἔχειν **병들다, 아프다** 마 4:24; 9:12; 막 1:34; 눅 5:31 등. κακῶς δαιμονίζεται "호되게 귀신들리다" 마 15:22; σεληνιάζεται καὶ κακῶς πάσχει "정신 나가고 심하게 고생하다" 17:15. 그리고 뜻이 확장되어 ⓑ 도덕적인 영역에서 **나쁜 방식으로, 그릇되게** in a bad way, wrongly 요 18:23; 행 23:5.

κάκωσις, εως, ἡ [κακόω] **학대받음** miserable treatment 행 7:34.

καλάμη, ης, ἡ [비교 κάλαμος] **짚** straw 고전 3:12.

κάλαμος, οῦ, ὁ [IE, 비교 라틴어 *calamus* '갈대, 지팡이'] '키 큰 풀의 줄기', **갈대, 지팡이** reed, cane ⓐ **자라는 식물** 마 11:7; 12:20; 눅 7:24. ⓑ **잘라낸 줄기** cut stem 마 27:30, 48; 막 15:19, 36; 홀(忽)에 대한 비유로 마 27:29; 필기 도구로서 **갈대(펜)** reed (pen) 요삼 13; 측량하는 도구로서 **갈대(자)** reed (measure) 계 11:1; 21:15f.

** **καλέω** [복합적인 어원] ① '무엇을 크게 표현하다' ⓐ **말하다, 부르다** say, call 히 3:13; 비교 눅 6:46. ⓑ **요청하다, 부르다** call (for), summon, 직간접적으로 마 2:7, 15; 20:8; 22:3a; 25:14; 막 3:31; 눅 19:13; 요 10:3 이문; 행 4:18; 24:2; 히 11:8. 다음의 용례 마 4:21; 막 1:20 다가가 말하다 ②ⓑ. ② '참가를 간청하다', **부르다, 초청하다** call, invite ⓐ 사회적 행사와 관련하여 마 22:3b; 눅 7:39; 14:9, 13, 16; 고전 10:27; 계 19:9. ⓑ 하나님의 환대하심과 참석자의 책임에 대해 의미가 확장하여 마 9:13; 롬 8:30; 9:24; 고전 1:9; 7:17, 20-22, 24; 갈 1:6; 5:8; 골 3:15; 살전 2:12; 살후 2:14; 딤후 1:9; 히 5:4; 11:18; 벧후 1:3. ③ '이름으로 구분하다' 또는 '~이라 칭하다', **부르다** call 마 1:21, 23, 25; 5:9; 22:43; 눅 1:13; 8:2; 15:19; 19:29; 22:3; 행 1:12; 3:11; 9:11; 10:1; 14:12; 롬 4:17; 고전 15:9; 히 2:11; 요일 3:1; 계 1:9; 11:8; 19:13.

καλλιέλαιος, ου, ἡ [κάλλιον, ἐλαία] **자생한 또는 재배한 올리브 나무** domesticated/cultivated olive tree 롬 11:24.

κάλλιον καλῶς를 보라.

καλοκἀγαθία, ας, ἡ [καλός, καί, ἀγαθός] '시민으로서 그리고 도덕적으로 탁월함', **고결한 품성** nobility of character 약 5:10 이문

καλοποιέω [καλός, ποιέω] **높이 존경받는 일을 행하다** do what is held in high respect 살후 3:13.

** **καλός, ἡ, όν** [산스크리트 연관어] '높은 기준에 부합하는', **좋은, 훌륭한** fine, good (비교 속어로 '쿨한') ⓐ 높은 특성을 가지고 있어 이례적으로 만족함을 주는 것에 관하여 마 3:10; 13:45, 48(반의어 σαπρός '형편없는, 저급한'); 막 9:50; 눅 14:34; 21:5; 요 2:10; 딤전 3:1; 딤후 1:14; 히 6:5; 약 2:7. ⓑ 도덕적인 측면이나 개인적인 재능에 초점맞추어 마 5:16; 15:26; 17:4; 26:10; 막 14:6, 21; 눅 8:15; 요 10:11; 롬 7:16; 고전 5:6; 갈 4:18; 딤전 4:6; 딤후 2:3; 약 2:7; 벧전 2:12;

κάλυμμα, ατος, τό / κἄν

4:10. —καλόν (ἐστιν) **마땅하다** 막 7:27; 고전 7:1; 히 13:9. ⓒ 어구들: καλόν ἐστιν **좋다, 유익하다** 막 9:5; 유사하게. 고전 7:26. 셈어적 분위기의 긍정을 나타내는 비교급으로. καλόν ἐστιν αὐτῷ "그에게 더 좋다" 막 9:42; καλὸν ἦν αὐτῷ "그것이 그에게 더 좋았을 것이다" 마 26:24.

κάλυμμα, ατος, τό [καλύπτω] (머리에) 쓸 것, **베일** veil 고후 3:13; 비유로 3:14-16.

καλύπτω [비교 καλιά '오두막'] **덮다, 감추다** cover, conceal 시야에서 숨겨진다는 물리적 의미로 마 8:24(시야에서 사라진 보트); 눅 8:16; 23:30. 비유로 마 10:26; 베일로 쌓인 눅 24:32 이문; 고후 4:3; 약 5:20; 벧전 4:8.

καλῶς [καλός] '효과적인 방법으로', 기대에 부합한다는 것에 초점 맞추어 **잘, 효과적으로** well, effectively 마 15:7; 막 7:37; 12:28; 눅 6:48; 20:39; 갈 5:7; 딤전 3:4; **만족스럽게** approvingly 눅 6:26; **정확하게, 바르게, 적합하게** accurately, correctly, appropriately 요 4:17; 8:48; 13:13; 18:23; 행 10:33; 28:25; 고전 7:37f; 14:17; 갈 4:17; 빌 4:14; 히 13:18; 약 2:19; 벧후 1:19; 요삼 6. κ. ποιεῖν "좋은 일하다" do good 마 12:12; 눅 6:27. 역설적으로 막 7:9(너희는 딴짓을 잘한다); 고후 11:4. 생색을 내면서, σὺ κάθου ὧδε καλῶς **여기 당신에게 좋은 자리가 있습니다.** 약 2:3. 단독으로 감탄하며, **옳습니다!** 막 12:32; 롬 11:20. καλῶς ἕξουσιν "나을 것이다" 막 16:18. 비교급 κάλλιον **더 잘, 매우 잘** quite/rather well 행 25:10.

κἀμέ [= καὶ ἐμέ] κἀγώ을 보라.

κάμηλος, ου, ὁ/ἡ [셈어 차용] **낙타** camel 마 3:4; 19:24; 23:24; 막 1:6; 10:25; 눅 18:25.

κάμητε κάμνω 제2부정과거 능동태 가정법 2인칭 복수.

κάμιλος, ου, ὁ [어원은 논란의 여지가 있다] **밧줄, 배에서 쓰는 굵은 밧줄** 마 19:24에 나온 κάμηλος 에 대한 이문으로; 막 10:25; 눅 18:25.

κάμινος, ου, ἡ [비교 καμάρα '어떤 것이라도 아치형 덮개를 한'; '오븐'] **용광로, 가마** furnace 마 13:42, 50; 계 1:15; 9:2.

καμμύω [κατά, μύω (비교 서사시 형태 καταμύω); '눈을 감다'] **눈감다** close 마 13:15; 행 28:27.

κάμνω [산스크리트 연관어] ① **피곤하다** be weary 직면하고 있는 상황의 어려움에 초점 맞추어 히 12:3. ② **아프다** be ill 약 5:15.

κἀμοί [= καὶ ἐμοί] κἀγώ을 보라.

κάμπτω [복합적인 어원] **구푸리다** bend, 신약에서는 항상 제의적인 동작으로 무릎꿇는 것에 관해 롬 11:4; 14:11; 엡 3:14; 빌 2:10.

κἄν [= καὶ ἐάν] 추가적인 가능성을 고려한 상황을 설정하는 만일의 사태와 관련된 불변화사 ⓐ **그리고 만약, 그리고 ~ 라면, 그리고 ~라 가정한다면, 그리고 ~이 일**

어난다면 and if, and should, and suppose, and in the event 마 10:23 이문; 26:35; 막 16:18; 눅 12:38; 요 8:55; 고전 13:3; 약 5:15; 좋은 결과를 암시하여 눅 13:9. ⓑ ~하기만 했다면, 단지 ~했다면, 적어도 if only, just, at least 마 5:28; 6:56; 행 5:15; 고후 11:16;~에도 불구하고 even if 마 21:21; 요 8:14; 11:25; 히 12:20.

Κανά, ἡ [히브리어] 격변화 없음. **가나, 카나** 갈릴리의 한 도시 Cana, 요 2:1, 11; 4:46; 21:2.

Καναναῖος, ου, ὁ [아람어. '열심당, 반란군'] **가나안 사람** Cananean, 사도들의 목록에 나오는(베드로 아닌) 시몬의 별명 마 10:4; 막 3:18.

Κανανίτης, ου, ὁ [Κανά] **가나안 사람** man of Cana 마 10:4 이문; 막 3:18 이 문 올바른 Καναναῖος 에 대해 실수로 대치하였다. 그 단어는 Κανανίτης 와 구문적으로 아무런 관계가 없다.

Κανδάκη, ης, ἡ [외래어] **간다게, 칸다케** (the) Candace, 에티오피아 여왕의 칭호 행 8:27.

κανών, όνος, ὁ [κάννα/κάννη '갈대', 셈어 기원; '갈대, 곧은 막대', 따라서 '측량하는 자'] ① 측량하는 자에 대한 비유로: '품질을 결정하기 위한 수단이나 기준', **척도, 기준** rule, standard 갈 6:16; 빌 3:16 이문 ② 측량한다는 개념이 확장되어 **한계** a limit, 지리적인 관할 구역에 관해 고후 10:13, 15f.

Καπερναούμ Καφαρναούμ 을 보라.

καπηλεύω [κάπηλος '행상인', 아마도 지중해 연안에서 온] **소(小)무역에 참여하다, 행상하다, (물건을) 팔러다니다,** peddle, hawk (wares), 불순품을 섞어 놓았다는 것을 나타내는 문맥에서 고후 2:17.

καπνός, οῦ, ὁ [복합적인 어원] **연기** smoke 행 2:19; 계 8:4과 계시록에서 자주.

Καππαδοκία, ας, ἡ [외래어] **갑바도기아, 카파도키아** Cappadocia, 소아시아의 한 주 행 2:9; 벧전 1:1.

καραδοκία, ας, ἡ [κάρα '머리' 그리고 δοκέω '예상하다, 상상하다'가 함께 구성되어서 καραδοκέω '결과를 기다리다'] **강한 기대** eager expectation 빌 1:20 이문.

** **καρδία, ας, ἡ** [비교 호메로스의 κῆρ는 여러가지 면에서 인간의 활력에 대한 표현으로 사용되었다] ① **심장, 중심, 마음** heart ⓐ 사람의 신체적 부분이나 필요에 대한 표현으로서 행 14:17; 약 5:5. ⓑ 인간됨, 인격, 인식, 감정, 그리고 의지의 중심이라는 의미로 자아에 대해 표현할 때 마 18:35; 막 7:6; 눅 16:15; 행 7:23; 롬 8:27; 고전 14:25; 고후 5:12; 살전 2:4; 벧전 1:22; 3:4. 인지적인 측면에 초점 맞추어 막 2:6, 8; 6:52; 8:17; 눅 24:25; 롬 1:21; 비교 요일 3:20; 정서적인 측면 요 16:6, 22; 행 2:26; 롬 9:2; 약 3:14; 의지적인 측면 눅 21:14; 요 13:2; 고전 4:5; 고후 9:7; 벧후 2:14; 도덕적인 측면 마 5:8, 28; 6:21; 15:19; 살전 3:13; 약 4:8.

καρδιογνώστης, ου, ὁ / κατά

② 비유로, 중심적인 위치를 강조하여 **중심, 내부, 중앙** heart, interior, center 마 12:40.

καρδιογνώστης, ου, ὁ [καρδία, γνώστης] **마음을 아는 자** knower of hearts 행 1:24; 15:8.

Κάρπος, ου, ὁ [일반적인 그리스식 이름] **가보, 카르포스** Carpus 드로아에 있는 바울의 친구 딤후 4:13.

* **καρπός, ου, ὁ** [산스크리트 관련. 농업 생산물과 관련하여 가장 많이 사용된다] ① '살아 있는 존재의 생산물', **열매** fruit ⓐ 식물에서 마 3:10; 7:17-19; 13:8, 26; 21:19, 34, 41; 막 4:7; 눅 6:44; 요 12:24; 딤후 2:6; 약 5:7, 18; 계 22:2. ⓑ 사람에게서 눅 1:42; 행 2:30. ② 도덕적·영적인 생산성에 관한 비유에서: ⓘ의미의 확장으로 ⓐ **열매, 결과물** fruit, produce 마 3:8; 7:20; 요 4:36 등 요한복음에서 자주; 롬 6:21f; 히 12:11; 신약 서신서에서 자주. ⓑ **산출하고 얻는다**(yield/gain) 는 것에 초점 맞추어 요 4:36; 롬 1:13; 빌 1:22; 4:17.

καρποφορέω [καρποφόρος] ① '성장 과정의 산물을 생산해내는데 활동적이다', **열매 맺다** bear fruit 곡식이 자라는 여러 상황의 땅에 대해. 막 4:28. ② 도덕적이고 영적인 영역과 관련하여 식물의 생산성을 비유하여 **열매 맺다** bear fruit 마 13:23; 막 4:20; 눅 8:15; 롬 7:4f; 골 1:10.

καρποφόρος, ον [κάρπος, φέρω] **열매 맺는, 결실하는** fruit-bearing, fruitful 요 15:2 이문; 행 14:17.

καρτερέω [κράτος] **인내하다** persevere 히 11:27.

[ἀπὸ] Καρυώτου [Ἰσκαριώθ을 보라] **가롯/카뤼오트에서 온** (from) Kerioth 요 6:71에 있는 이문으로; 12:4; 13:2, 26;14:22.

κάρφος, ους, τό [κάρφω '말라버리다, 매마르다'] **조각, 가시, 티** sliver, splinter, δοκός '기둥, 들보'에 상대적인 관점으로 나무의 작은 조각을 의미한다. 마 7:3-5; 눅 6:41f.

** **κατά** [복합적인 어원] 속격과 대격 지배 전치사(주로 대격과 함께), 일반적으로 치수나 방법, 방향, 참조, 위치 등을 나타내는 단어들과 관련되거나 잇따르는 개념을 표시하여 ① 공간이나 시간, 위치 등의 범위에 초점맞추어 ⓐ **두루, 온 지방** throughout, 속격 지배 눅 4:14; 23:5; 행 9:31; 대격 지배 눅 8:39; 행 8:1; 11:1; 비교 21:21(among). ⓑ (~에, 따라서) **아래로** down(from/along), 속격 지배 마 8:32; 고전 11:4; 비교 고후 8:2 (깊은 데까지 이르는 가난, 밑바닥 가난). ⓒ ~ **을 따라** along, 대격 행 25:3; 27:5. ⓓ **향하여** toward, 대격 빌 3:14(보이는 목표를 좇는 것에 대하여). ⓔ **~까지, ~에 이르도록** to, as far as, 대격 눅 10:32; 행 16:7. ⓕ **잇달아** serially, 대격: 장소 κατὰ τόπους **이곳저곳으로, 다양한 장소에서** 마 24:7; κατὰ τὰς συναγωγάς **회당에서 회당으로** 행 22:19 시간 καθ' ἡμέραν **매**

κατά / κατά

일, 날마다 마 26:55; κατ' ἔτος **해마다** 눅 2:41; κατὰ μῆνα ἕκαστον **매달마다** 계 22:2. 연속적인 것과 관련한 다른 조합들 κ. ὄνομα **이름마다 각각, 이름 불러** 요 10:3; 요삼 15; κατὰ μέρος 히 9:5(**부분 부분 = 자세히**); καθ' ἕνα προφητεύειν "**하나씩 예언하다 = 차례로 예언하다**. 고전 14:31. 비교 κατὰ πρόσωπον **얼굴을 마주 보고, 대면하여** 갈 2:11. ② 맹세를 함에 있어서, 속격 ~**으로** (맹세하다) 히 6:13, 16; ἐξορκίζω와 함께. 마 26:63. ③ 반대하여, 속격 ~**에 반대하여** 마 5:11; 10:35; 12:25; 막 3:6; 눅 11:23; 요 19:11; 행 6:13; 14:2; 25:3; 27:14; 롬 8:31; 고후 10:5; 갈 3:21; 5:17; 골 2:14; 딤전 5:19; 약 3:14; 벧전 2:11; 유 15; 계 2:4. ④ 표시로서, 대격, 인식의 기준이나 양상에 관하여, 부사적인 의미로도 드물지 않게 ⓐ 기준에 관하여, ~**에 일치하게, ~에 따라서, ~에 맞추어서**: 마 2:16; 16:27; 눅 1:18; 히 11:7; 계 20:13; κατὰ τ. καθαρισμόν = "**정결 규례에 따라서**" 요 2:6; κατὰ λόγον **합리적으로, 즉 좋은 이유로** 행 18:14. 관계된 표현들 롬 9:11; 12:6; 고전 1:26; 3:10; 고후 8:8; 엡 1:5. κατὰ ἀτιμίαν λέγω, ὡς ὅτι ἡμεῖς ἠσθενήκαμεν = "**나는 우리가 얼마나 나약했는지 인정하는 것이 부끄럽다**(너희를 잘못 다루었다는 점에서)" 고후 11:21. κατὰ πάντα **모든 점에서** 골 3:20, 22. καθ' ὅσον ~**라는 점을 고려해보면** 히 3:3. 합치한다는 면에 초점 맞추어: κατὰ τὴν πρᾶξιν **그의 행동에 따라** 마 16:27; κατὰ τὰ ἔργα αὐτῶν **그들의 행위에 따라** 23:3; κατὰ τὰ αὐτά **같은 방식으로** 눅 6:23, 26; καθ' ὃν τρόπον **동일한 방법으로, 마찬가지로** 행 15:11; 27:25; κατὰ Ἰσαάκ **이삭이 경험한 것과 같은 방식으로** 갈 4:28. 특수성에 초점 맞추어 καθ' ὑμᾶς **당신이 소유한** 행 17:28; τὰ κατ' ἐμέ **나에게 벌어진 일들, 또는 나의 상황들** 빌 1:12; τὸ κατ' ἐμέ πρόθυμον **나의 열망** 롬 1:15. ⓑ 상황이나 상태. 바울의 저작에서 자주 나오는 κατὰ σάρκα의 용례로 어떤 상황이나 특징에 따르거나 어떤 것으로부터 구별되는 관점에 관하여. 그러므로 엡 6:5에서 노예들은 표준적 문화 관점의 용어로 보인다. 영어로 옮기는 많은 경우에는 접미사 -wise(~의 면에서는)가 잘 어울린다: 혈통적으로 롬 1:3(**육체 면에서는 = flesh-wise = 자연적 가계(家系)에 따라서는**); 9:5; 고전 10:18; 고후 5:16; 갈 4:23; 또한 σάρξ나 πνεῦμα가 나오는 본문에서는 사람의 내적 특징에 롬 8:4(περιπατεῖν κατὰ σάρκα와 π. κατὰ πνεῦμα "**육체를 따라 행동하다, 영을 따라 행동하다**"); 12절; 어떤 상황에 관련된 맥락에서 κατὰ φύσιν **자연적인** 11:21. 다음과 같은 상황에서 정황적인 측면을 인식할 수 있다. κατὰ συγκυρίαν **우연히** 눅 10:31; κατὰ ἄγνοιαν **알지 못하는** 행 3:17. ⓒ 도구에 대해 κατ' ὄναρ **꿈처럼 또는 꿈을 통해** 마 1:20. ⓓ 제한된 범위에 대해 κατ' ἰδίαν **개인적으로, 따로** 마 14:23; κατὰ μόνας **혼자, 홀로** 막 4:10; 눅 9:18; καθ' ἑαυτόν **그 혼자** 행 28:16; καθ'ἑαυτήν "**그 자체로**" 2:17. 비교 κατὰ σεαυτὸν ἔχε "**스스로 (그것을) 지키라**" 롬 14:22. ⑤ 비율에 대한 표시로, 대격 마 16:27; 25:15. ⑥ 우연성에 대한 표시, 대격 ~**로든지** 마

καταβα / καταγαγεῖν

19:3; ~의 결과로서 갈 2:2. ⑦ 복음서 표제에 나타난 표시로서, 대격, 예수 그리스도에 관한 이야기를 특정 복음서 기자가 다룸에 관해: ~에 따라서. ⑧ 다른 조합들: κατὰ μεσημβρίαν **남쪽으로** 또는 **정오**에 행 8:26(후자가 더 가능성이 더 높다. 이례적인 만남은 하루 시간 중 더 불편한 때에 환관이 여행하는 장면으로 더 고조되기 때문이다); κατὰ κράτος "**힘차게**" mightily 행 19:20.

καταβα καταβαίνω 제2부정과거 능동태 명령법 2인칭 단수.

***καταβαίνω** [κατά, βαίνω '걷다, 걸음하다'] '내려가는 방향으로 진행하다', **내려오다, 내려가다** come/go down ⓐ 사람, 마 3:16; 8:1; 14:29 (**나간다**는 의미로); 27:40; 막 1:10; 9:9; 눅 2:51; 10:30; 19:5; 요 6:38; 행 7:15; 14:11; 20:10; 롬 10:7; 엡 4:10; 살전 4:16; 약 1:17; 계 10:1; 12:12. ⓑ 사물. 마 7:25 (비내림); 눅 8:23; 9:54; 22:44; 계 13:13; 16:21; 20:9; 21:2, 10. 요 6:33-58에서 빵이라는 주제는 예수님 인격 그리고 사역과 긴밀하게 연결된다. κ.의 용례에서는 겸손의 요소가 분명히 들어 있다 마 11:23.

καταβάλλω [βάλλω을 보라] ① **맞아 쓰러지다** strike down 고후 4:9. ② 기초를 포기하다, **내버리다** lay down, ①에 대한 의미가 확장되어, 히 6:1.

καταβαρέω [βαρέω을 보라, βαρύνω의 나중형태] **짐지우다** burden, 은유적으로 다른 사람에게 짐지운다는 뜻으로 고후 12:16.

καταβαρύνω [βαρύνω을 보라] **무거워 내려워다, 내려 감기다** weigh down, 피곤해서 눈이 감기거나 '무거운' 것에 대하여 막 14:40.

καταβάς καταβαίνω 제2부정과거 능동태 분사.

κατάβασις, εως, ἡ [καταβαίνω] 하강을 요구하는 지리적인 위치, **비탈, 경사** slope 눅 19:37.

καταβάτω καταβαίνω의 제2부정과거 능동태 명령법 3인칭 단수

καταβέβηκα, καταβῇ, κατάβηθι, καταβῆναι, καταβήσομαι καταβαίνω 완료 능동태 직설법, 제2부정과거 능동태 가정법 3인칭 단수, 제2부정과거 능동태 명령법 2인칭 단수, 제2부정과거 능동태 부정사 그리고 미래 직설법.

καταβιβάζω [καταβαίνω의 원인] '내려가도록 하다', **가지고 내려오다**, 신약에서는 이문으로만 마 11:23; 눅 10:15; 행 19:33

καταβοάω [βοάω를 보라] **항의하여 소리치다** cry out in protest 행 18:13 이문

καταβολή, ῆς, ἡ [καταβάλλω] **기초, 설립** foundation, establishment, κόσμος와 더불어 (마 13:35 등) 임신과 관련한 씨뿌리는 비유가 있는 히 11:11는 제외

καταβραβεύω [βραβεύς '심판', βραβεῖον를 보라] **자격을 박탈하다** disqualify, 중재에 대한 비유로 골 2:18.

καταγαγεῖν κατάγω 제2부정과거 능동태 부정사.

καταγγελεύς, έως, ὁ / καταθεματίζω

καταγγελεύς, έως, ὁ [καταγγέλλω] 선전하는 사람, 선포자 proclaimer 행 17:18.

καταγγέλλω [κατά, ἀγγέλλω] 선포하다 proclaim, 널리 퍼뜨린다는 것을 함축하여 행 3:24 등 사도행전에서 자주; 롬 1:8; 고전 2:1; 9:14; 11:26; 빌 1:17f; 골 1:28.

καταγελάω [κατά 뜻을 강화하여 γελάω; '웃다'] 조롱하여 **비웃다** laugh at 마 9:24; 막 5:40; 눅 8:53.

καταγινώσκω [κατά, γινώσκω] '탓할 만한 일이 드러나다', **저주하다** condemn 막 7:2 이문; 요일 3:20f. κατεγνωσμένος ἦν "그는 비난받을만 했다" 갈 2:11.

κατάγνυμι [κατά, ἄγνυμι '깨뜨리다, 떨다'] **꺾다, 부러뜨리다** break 마 12:20; 요 19:31-33.

καταγράφω [κατά, γράφω] **쓰다** write 요 8:6, 8 이문.

κατάγω [κατά, ἄγω] 데리고 내려가다 bring down ⓐ 행 9:30; 22:30; 23:15, 20, 28; 롬 10:6. ⓑ 항해 용어로, '먼 바다(high seas)'에서 내려온다는 개념, 배. 눅 5:11; 능동 의미의 수동태로 **대다, 상륙하다** put in, land 행 21:3 이문; 27:3; 28:12.

καταγωνίζομαι [κατά, ἀγωνίζομαι] 싸워서 이득을 얻음에 관하여 **극복하다, 물리치다** overcome, defeat 히 11:33.

καταδέω [κατά, δέω; '묶다'] **싸매다** to bandage 눅 10:34.

κατάδηλος, ον [κατά, δῆλος] **명백한, 확실한** apparent, obvious περισσότερον ἔτι κ. "한층 더 명백하다" 히 7:15.

καταδικάζω [κατά, δικάζω; '죄를 찾아내다'] **단죄하다, 정죄하다** condemn 마 12:7, 37; 눅 6:37; 약 5:6.

καταδίκη, ης, ἡ [κατά, δίκη] **유죄 선고, 단죄** condemnation 선고를 내려 이끌어진, 유죄 판결에 대해 행 25:15.

καταδιώκω [κατά, διώκω] **뒤좇다, 찾아나서다** hunt down, search for 우호적인 뜻으로 막 1:36.

καταδουλόω [κατά, δουλόω] **종으로 삼다, 종살이 시키다** enslave, 자신에게 충성을 요구한다는 뜻으로 의미 확장되어 고후 11:20; 갈 2:4.

καταδυναστεύω [κατά, δυνάστης에서 δυναστεύω] **억압하다** oppress 행 10:38; 약 2:6.

κατάθεμα, ατος, τό [비교 τίθημι, θέμα '내려놓은 것', 그리고 θέμις '세워져 관례가 된 것'] **저주, 악담** a curse, 저주받은 존재가 멸망하게 되는 개념과 관련하여(옳은 것이 승리한다는 암시로) 계 22:3.

καταθεματίζω [κατάθεμα] **저주하다** curse, 자신에게 위험을 부르는 악담을 한다는 뜻으로 마 26:74.

κατάθεσθαι / κατακολουθέω

κατάθεσθαι κατατίθημι 제2부정과거 중간태 부정사.

καταισχύνω [κατά, αἰσχύνω '추해지다, 창피주다'] **불명예스럽게 되다, 수치가 드러나다** put to shame, expose to disgrace 눅 13:17; 롬 5:5(기대가 성취되지 못한 것이 드러나면 지중해 세계에서는 수치스러운 일이었다. 특별히 그 '바람'이 널리 알려졌다면 더욱 그렇다. 문화적인 근거로는 보통 현대의 '실망'을 암시하지는 않는다); 9:33; 고후 9:4; 벧전 3:16. 그 머리 모양이 사회적인 기준을 침해할 때의 사람 머리에 대해 고전 11:4f.

κατακαήσομαι κατακαίω 제2미래 수동태 직설법.

κατακαίω [κατά, καίω] **다 태우다, 불사르다** burn up (down) 마 3:12; 행 19:19; 히 13:11; 벧후 3:10 이문; 계 8:7; 17:16. 비유로, 고전 3:15.

κατακαλύπτω [κατά, καλύπτω] 중간태 베일로 **자신을 덮다** cover oneself 고전 11:6f.

κατακαυθήσομαι, κατακαῦσαι, κατακαύσει κατακαίω 1미래 수동태, 제1부정과거 능동태 부정사, 그리고 미래 능동태 직설법 3인칭 단수.

κατακαυχάομαι [κατά, καυχάομαι] **자랑하다** boast, 장점이나 우월감을 가진다는 뜻으로 롬 11:18a(속격과 더불어 휘소리치다, boast over), 18b; 약 2:13(자비가 심판을 이김에 관하여); 3:14; 4:16 이문.

κατακαυχῶ κατακαυχάομαι 현재 명령법 2인칭 단수.

κατάκειμαι [κατά, κεῖμαι] '기댄 자세로 있다', 상태를 알려주는 문맥에서 ⓐ 병든 사람이 **침대에 있다. (아파) 누워 있다.** as an ill person be abed, lie (sick) 막 1:30; 2:4; 요 5:6; 행 9:33; 28:8. ⓑ 만찬에서(식사 시간의 일반적인 자세로 기대에 앉는 것) **기대다** recline = **식사하다** dine 막 2:15; 14:3; 눅 5:29; 7:37; 고전 8:10.

κατακλάω [κατά, κλάω] **조각으로 떼다** break in pieces 막 6:41; 눅 9:16.

κατακλείω [κατά, κλείω] **문단속 하다, 가두다** lock up 눅 3:20; 행 26:10.

κατακληρονομέω [κατά 할당, 분배의 뜻으로, κληρονομέω] **소유로 할당하다** allot 행 13:19.

κατακλίνω [κατά, κλίνω] (비교 위의 κατάκειμαι) 식사를 위해 **(기대어) 앉게 하다** cause to recline for dining 눅 9:14f; 능동 의미의 수동태로 식사를 위해 **앉다** recline 7:36; 14:8; 24:30.

κατακλύζω [κατά, κλύζω; '씻다, 물뿌리다'] **물이 쏟아지다, 침수시키다** to deluge, inundate 벧후 3:6.

κατακλυσμός, οῦ, ὁ [κατακλύζω] **홍수(洪水)** deluge, 완전한 홍수 마 24:38f; 눅 17:27; 벧후 2:5.

κατακολουθέω [κατά, ἀκολουθέω] **뒤따르다, 함께 따르다** follow along 눅

23:55; 여격과 더불어. 행 16:17.

κατακόπτω [κατά, κόπτω] **상처내다, 짓찧다** cut up 막 5:5.

κατακρημνίζω [κατά, κρημνός] **(벼랑에서) 밀쳐 떨어뜨리다** throw down (from) a precipice 눅 4:29.

κατάκριμα, ατος, τό [κατακρίνω] **비난, 정죄, 단죄** condemnation 롬 5:16, 18; 8:1.

κατακρίνω [κατά, κρίνω] '징계받아야 함을 선포하다', **평결을 내리다, 형을 선고하다** pronounce a verdict, condemn 마 12:41f; 27:3; 막 10:33; 눅 11:31f; 요 8:10f; 롬 2:1; 8:3; 14:23; 고전 11:32; 히 11:7; 벧후 2:6.

κατάκρισις, εως, ἡ [κατά, κρίσις] **단죄, 정죄** condemnation 고후 3:9; 7:3.

κατακύπτω [κατά, κύπτω] **(몸을) 굽히다** bend down 요 8:8.

κατακυριεύω [κατά, κυριεύω] '주체로서 다른 이들을 다루다', **지배하다, 군림하다** dominate, control, 행정력을 가지고 마 20:25; 막 10:42 (이 구절과 전 구절은 '종'과 상대적인 기능을 한다); 벧전 5:3. 다른 이를 제압하는 것에 관하여 행 19:16.

καταλαλέω [κατάλαλος] **말로 공격하다, 비방하다, 헐뜯다** attack verbally, disparage 약 4:11; 벧전 2:12; 3:16.

καταλαλιά, ᾶς, ἡ [κατάλαλος] **비방, 헐뜯음** verbal attack, disparagement 고후 12:20; 벧전 2:1.

κατάλαλος, ον [κατά, λαλέω] '헐뜯는 것과 관련된', 명사로서 **비방자, 중상자** slanderer 롬 1:30.

καταλαμβάνω [κατά, λαμβάνω] ⓐ '빼앗다', **잡다** grasp ⓐ 적대적인 의미로 **사로잡다** seize 막 9:18. 적대적이지 않은 의미로 **확보하다, 얻다** secure 롬 9:30; 고전 9:24; 빌 3:12f (언어유희로 διώκω의 결과로서 λαμβάνω와 함께). ⓑ 정신적인 파악에 대해(비교 영어 'catch on', 이해하다), **인식하다, 이해하다** perceive, comprehend 행 4:13; 10:34; 25:25; 엡 3:18. ⓒ 놀라움의 요소를 가진 뜻으로 확장되어 **잡다**, (우연히) **~을 만나다** catch, come upon 요 8:3f; 비유로 살전 5:4. ② 요 1:5에서는 앞서 말한 ①ⓐⓑ의 개념이 섞여서 '잡다, 얻다, 이해하다'라는 뜻이 복합적으로 포함되어 있다.

καταλέγω [κατά, λέγω] 명부에 **등록하다** enroll in a list 딤전 5:9.

κατάλειμμα, ατος, τό [καταλείπω] **남은 자** remnant 롬 9:27 이문

καταλείπω [κατά, λείπω] ① (뒤에) **남겨두다** leave (behind) ⓐ 거절을 통해 사람이나 사물을 장소에 남겨두다 마 16:4; 19:5; 21:17; 막 10:7; 14:52; 눅 5:28; 15:4; 행 18:19; 24:27; 25:14; 엡 5:31; 살전 3:1. —어떤 장소 마 4:13; 행 21:3; 히 11:27. ⓑ 죽음을 통하여 막 12:19, 21; 눅 20:31. ② '남아 있도록 하다', **계속 유지**

καταλελειμμένος / κατανοέω

시키다 retain 롬 11:4; 강제로 남겨지다 히 4:1.
καταλελειμμένος καταλείπω 완료 수동태 분사.
καταλιθάζω [κατά, λιθάζω] (죽이려고) 돌던지다 stone (to death) 눅 20:6.
καταλιπών καταλείπω 제2부정과거 능동태 분사.
καταλλαγείς καταλλάσσω 제2부정과거 수동태 분사.
καταλλαγή, ῆς, ἡ [καταλλάσσω] '우호적인 관계로 바뀜', **화해** reconciliation 롬 5:11; 11:15; 고후 5:18f.
καταλλάσσω [κατά, ἀλλάσσω] '원수에서 벗어나 친구가 되다', **화해하다** reconcile 롬 5:10; 행 12:22 이문; 고전 7:11; 고후 5:18-20.
κατάλοιπος, ον [κατά, λοιπός] 남겨진, 남아 있는 left, remaining, 명사로서 οἱ κατάλοιποι "남은 자들" the rest 행 15:17.
κατάλυμα, ατος, τό [다음 항목을 보라] 연회장, 객실 reception area, guest room 막 14:14; 눅 2:7; 22:11. 눅 10:34은 πανδοχεῖον이라는 어휘를 사용한다. 관례적으로 '여관'을 나타내는 말이다.
καταλύω [λύω를 보라] ① 무너뜨리다, 파괴하다 tear down, destroy 타동사 ⓐ 물리적인 뜻으로, 구조나 구조를 이루는 요소 마 24:2; 26:61; 27:40; 막 14:58; 행 6:14. 장막(tent)에 대한 비유로 고후 5:1. ⓑ 비물리적이고 어떤 것의 결말을 가져온다는 의미로. 또한 그래서 그것을 파괴하거나 쓸모없도록 만드는 것. 마 5:17; 행 5:38f; 롬 14:20; 갈 2:18. ② 숙소를 확보하다 secure lodging 자동사(짐 나르는 짐승을 '풀어주다, 멍에를 벗기다'는 의미): 눅 9:12; 19:7.
καταμάθετε καταμανθάνω 제2부정과거 능동태 명령법 2인칭 복수.
καταμανθάνω [κατά, μανθάνω] 집중하여 연구하다 study closely, 어떤 일에 주의 깊게 집중함을 강조하여 마 6:28.
καταμαρτυρέω [κατά, μαρτυρέω] '반대하여 증거를 보이다', 불리하게 증거하다, 반대하여 증언하다 testify against 마 26:62; 27:13; 막 14:60.
καταμένω [κατά, μένω] '어떤 장소에서 숙박하다', 머무르다, 살다 stay, live 행 1:13; 고전 16:6 이문.
καταμόνας κατὰ μόνας에 대한 공인 본문의 독법; μόνος를 보라.
καταναλίσκω [κατά, ἀναλίσκω] 태워버리다, 살라버리다 consume 히 12:29.
καταναρκάω [κατά, ναρκάω '마비되다'] 짐이 되다, 부담이 되다 to burden (아마도 빌붙는 것에 대하여) 고후 11:9; 12:13f.
κατανεύω [κατά, νεύω] 신호하다 to signal (기본적으로 나타나는 의미보다 몸 동작으로서, 고개 따위를 끄덕여 신호를 준다는 의미가 더 두드러진다) 눅 5:7.
κατανοέω [κατά, νοέω] 이 동사는 시각적이고 정신적인 측면을 함께 결합시킨다. '(~에 대해) 주의를 집중하다' ⓐ 시각적인 측면에 초점 맞추어, **면밀히 살**

피다 take close look at 행 7:31f; 약 1:23; **주의하다** notice 행 27:39. ⓑ 숙고(熟考)함에 초점 맞추어 ~에 대해 생각하다, **심사숙고하다** think about, consider 마 7:3; 눅 6:41; 12:24, 27; 롬 4:19; 히 3:1; **꿰뚫어 보다** see through 눅 20:23.

καταντάω [κατά, ἀντάω '만나다'] ① 도착지에 이르는 것에 관해 ⓐ 사람. 여정에 있는 어떤 장소에 다다르다 (~에) **이르다, 도착하다** come (to), arrive (at) 행 16:1; 18:24; 25:13; 28:13; **다다르다** reach 여행에서 위험을 만나는 여정 가운데 27:12. ⓑ 확장된 의미로, 생명이 없는 무엇인가에 대해: τὰ τέλη τῶν αἰώνων κατήντηκεν "세상의 종말이 오다, 종말을 만나다" 고전 10:11; 하나님의 말씀 14:36. ② ①의 의미가 더욱 확장되어, 어떤 상태나 상황과 관련해서 **~에 다다르다** attain to 행 26:7; 엡 4:13; 빌 3:11.

κατάνυξις, εως, ἡ [κατανύσσω] **혼미함** stupor 하나님의 임하심에 대한 무감각 롬 11:8.

κατανύσσω [κατά, νύσσω; '찌르다, 박다'] **뚫다, 찌르다** pierce, stab 수동태, 깊은 내면적인 느낌에 대한 비유로 행 2:37.

καταξιόω [κατά, ἀξιόω] **자격 있다고 여겨지다, 합당하다고 판단하다** consider worthy, 수동태 눅 20:35; 21:36 이문; 행 5:41; 살후 1:5.

καταπατέω [κατά, πατέω] **(발로) 짓밟다** trample (under foot) 마 5:13; 7:6; 눅 8:5; 12:1; 경멸을 표현하는 이미지로 히 10:29.

κατάπαυσις, εως, ἡ [καταπαύω] 상태 또는 상황으로서, **쉴 곳** rest 행 7:49; 초월적인 장소로서 **안식처** place of rest 영적이고, 천상의 영역, 히 3:11, 18; 4:1 등.

καταπαύω [κατά, παύω] ① 어떤 일 '하는 것을 멈추게 하다', 타동사 **~을 말리다** stop 행 14:18; **안식을 주다** give rest to 히 4:8. ② '행위를 멈추다', 자동사 **쉬다** rest 히 4:4, 10.

καταπεσών καταπίπτω 제2부정과거 능동태 분사.

καταπέτασμα, ατος, τό [καταπετάννυμι '퍼지다'] **휘장(揮帳)** curtain 마 27:51 등.

καταπιεῖν, καταπίῃ καταπίνω 제2부정과거 능동태 부정사 그리고 가정법 3인칭 단수.

καταπίμπρημι [κατά, πίμπρημι '타다, 타버리다'] **잿더미로 만들다** reduce to ashes 벧후 2:6 이문.

καταπίνω [κατά, πίνω] **꿀꺽 삼키다, 삼키다** gulp (down), swallow (up) ⓐ 땅이 물을 삼키는 것에 대한 비유로 계 12:16. ⓑ 액체가 아닌 것과 관련된 비유로 마 23:24; 파괴적인 면을 강조하여 고전 15:54; 고후 2:7; 5:4; 벧전 5:8; 히 11:29 (= '물에 빠져 죽다').

καταπίπτω [κατά, πίπτω] **(아래로) 떨어지다** fall (down) 눅 8:6; 행 26:14; 28:6.

καταπλέω / κατασείω

καταπλέω [κατά, πλέω] '먼 바다'에서 육지에 이르다, (배로) 다다르다 sail down 눅 8:26.

καταποθῇ καταπίνω 제1부정과거 수동태 가정법 3인칭 단수.

καταπονέω [κατά, πόνος를 거쳐 πονέω] 누군가에게 '불행을 초래하다', 학대하다 maltreat 행 7:24; 괴롭히다 vex 벧후 2:7.

καταποντίζω [κατά, ποντίζω (πόντος '바다'에서); '바다에 고꾸라지다'] '바다 속으로 던지다' 그리고 그렇게 익사시키다, 가라앉다, 빠져죽다 sink, drown 수동태 빠뜨려지다, 익사 당하다 be sunk, be drowned 마 18:6. 14:30에서 단독으로 사용되어 깊은 물에 빠진 사람의 위험에 대해 언급하며: 가라앉다, 빠져죽게 생기다 sink, drown.

κατάρα, ας, ἡ [κατά, ἀρά] 저주, 욕설 imprecation, curse 갈 3:10, 13; 히 6:8; 약 3:10; 벧후 2:14.

καταράομαι [κατάρα] 누군가에게 저주를 내리다 call down curses on 마 25:41; 막 11:21; 눅 6:28; 롬 12:14; 약 3:9.

καταργέω [κατά, ἀργέω; '게으르게 하다'] '효력이 없고 작동하지 않는 원인이 되다', 다양한 측면에서 ⓐ 비생산적으로 만들다 make unproductive 눅 13:7. ⓑ 무효화하다, 폐하다, 끝장내다 make ineffective, nullify, terminate 롬 3:3, 31; 4:14; 6:6; 고전 1:28; 2:6(요점은 사실상 우두머리들이 통치를 못하게 된다는 것이다. 유사하게 15:24); 갈 3:17; 엡 2:15; 살후 2:8; 딤후 1:10; 히 2:14; ἀπό와 더불어 롬 7:2, 6; 갈 5:4. ⓒ 폐지하다, 없애다 abolish, eliminate 고전 6:13; 13:8, 10f; 15:26; 고후 3:7.

καταριθμέω [κατά, ἀριθμέω] 수동태 계산에 넣어지다, 포함되다 count in, include κατηριθμημένος ἦν ἐν ὑμῖν "그는 우리 수(모임)에 한 사람으로 참여했다" 행 1:17.

καταρτίζω [κατά, ἄρτιος를 통해서 ἀρτίζω] ① '정비하여 어떤 것이 제 역할을 하도록 하다', (어떤 상태가 되도록) 만들다 render ἄρτιος ⓐ 손질하다 fix (up) 마 4:21; 막 1:19. 사람에게 적용되는 의미로 확장되어 회복시키다 restore 갈 6:1. 수동태 καταρτίζεσθε 네 방식을 바로 잡으라 고후 13:11 (비교 우리말 '자세를 가다듬다'). ⓑ 준비를 갖추다 equip 눅 6:40; 고전 1:10; 11:3; 13:21; 벧전 5:10. ⓒ 보충하다, 완성하다 supply, complete 살전 3:10. ⓓ 준비하다 prepare 히 10:5. ② '어떤 존재를 고안하다, 만들다', 만들어내다 produce 마 21:16; 롬 9:22; 11:3.

κατάρτισις, εως, ἡ [καταρτίζω] '효과적인 맞춤', 온전한 조화 complete harmony 고후 13:9.

καταρτισμός, οῦ, ὁ [이전 항목과 비교] 온전히 준비시킴 equipping 엡 4:12.

κατασείω [κατά, σείω] 신약에서는 항상 손짓과 관련하여(주목시키려고 짧고

빠르게 흔드는 손동작으로 보인다) **(손을) 흔들다** shake ⓐ 확실히 듣기 위해, χείρ의 여격과 더불어 **손짓하다** hand 행 12:17; 21:40; χείρ의 대격과 더불어 19:33. ⓑ 아마도 수사학적인 강조의 일환으로서 보이게 흔드는 동작에 초점 맞추어, 여격과 더불어. 행 13:16.

κατασκάπτω [κατά, σκάπτω] **완전히 헐어버리다, 무너뜨리다** raze to the ground, demolish 행 15:16; 롬 11:3.

κατασκευάζω [κατά, σκευάζω '준비하다, 채비하다'] ① '적합한 상황으로 정돈하다', **준비하다** prepare 마 11:10; 막 1:2; 눅 1:17. 사람: 내적으로 준비되다. 눅 7:27. ② '구조를 세우다', **짓다** build 히 3:3f; 11:7; 벧전 3:20. 다양한 목적의 구조물에 초점 맞추어, **세우다, 건설하다** construct 히 9:2, 6.

κατασκηνόω [κατά, σκηνόω] '숙소를 차지하다, 쓰다' ⓐ 새들: **보금자리 틀다, 살다** roost, live 마 13:32; 막 4:32; 눅 13:19. ⓑ 은유적으로, 사람: 희망으로 안정을 찾아 **살다, 생활하다** reside, live 행 2:26.

κατασκήνωσις, εως, ἡ [이전 항목을 보라] **보금자리** roost 마 8:20; 눅 9:58.

κατασκιάζω [κατά, σκιά를 통하여 σκιάζω; '그늘 드리우다, 어둡게 하다'] **내리덮다** overshadow 히 9:5.

κατασκοπέω [κατάσκοπος] '체제 전복적인 의도로 면밀히 조사하다', **엿보다, 정보를 캐내다** spy out 갈 2:4.

κατάσκοπος, ου, ὁ [κατά, σκόπος] **정탐꾼** a spy 히 11:31; 약 2:25 이문.

κατασοφίζομαι [κατά, σοφίζομαι σοφίζω의 중간태 '영리하게 처신하다', '어떤 이득을 얻으려고 영리하게 행동한다'는 의미로] **간계를 부리다** beguile 행 7:19.

κατασταθήσομαι καθίστημι 미래 수동태

καταστείλας καταστέλλω 제1부정과거 능동태 분사.

καταστέλλω [κατά, στέλλω; '정돈하다, 다듬다' 또한 '억누르다, 제지하다'] '제어하게 되다', **자제시키다, 진정시키다** restrain, quiet 행 19:35f.

κατάστημα, ατος, τό [καθίστημι] **행실, 처신** deportment, demeanor 딛 2:3.

καταστήσω καθίστημι 미래 능동태 직설법.

καταστολή, ῆς, ἡ [κατά, στολή, καταστέλλω을 보라] **옷차림** apparel 딤전 2:9.

καταστρέφω [κατά, στρέφω] **둘러엎다, 뒤집다** overturn 마 21:12; 막 11:15; 요 2:15 이문; 주된 구조와 관련하여 **무너뜨리다** ruin 행 15:16 이문

καταστρηνιάω [κατά, στρηνιάω] (다른 배우자를 들이려는) **강한 욕망을 가지다** have strong desire that displaces 목적어로 속격과 더불어. 딤전 5:11.

καταστροφή, ῆς, ἡ [κατά, στρέφω] **폐허, 파괴** ruin, destruction 벧후 2:6; 확장된 의미로, 쓸모없는 논쟁으로 위험을 불러 일으키는 것에 관하여 딤후

καταστρώννυμι / καταφρονέω

2:14.

καταστρώννυμι [κατά, στρωννύω] 쓰러뜨리다, 죽이다 strike down, lay low 고전 10:5.

κατασύρω [κατά, σύρω] (강제로) 끌어가다 drag off 눅 12:58.

κατασφάζω/κατασφάττω [κατά, σφάζω '살육하다'] 죽이다, 처형하다 execute 눅 19:27.

κατασφραγίζω [κατά, σφραγίς] '도장을 찍다', **봉인하다** seal (up) 계 5:1.

κατάσχεσις, εως, ἡ [κατέχω] ① 물건을 재빨리 자신의 소유로 삼는 것에 관해 **소유** possession 행 7:5, 45; 13:33 이문 ② 뒤로 물러섬에 대하여, 억제하는 = 연기하다 20:16 이문.

κατάσχωμεν κατέχω 제2부정과거 능동태 가정법 1인칭 복수.

κατατίθημι [κατά, τίθημι] ① '어떤 장소에 두다', **내려놓다** lay down 막 15:46. ② '(누구를) 방치해 놔두다', **내버려두다** deposit, χάρις와 더불어 환심을 사려고, 정치적인 이득을 얻으려는 맥락에서 행 24:27; 25:9.

κατατομή, ῆς, ἡ [κατά, τέμνω '자르다' 비교 τόμος 자르거나 얇게 베어낸 어떤 것] **절단** mutilation, 할례 지지자를 환유적으로 표현한 생생한 언어유희 빌 3:2.

κατατοξεύω [κατά, τοξεύω '활로 쏘다'] **쏘아 쓰러뜨리다** shoot down 히 12:20 이문.

κατατρέχω [κατά, τρέχω] **달려 내려가다** run down 행 21:32.

καταυγάζω [κατά, αὐγάζω; '내리 비치다'] **비추다** illuminate 고후 4:4 이문.

καταφαγεῖν, καταφάγομαι κατεσθίω 제2부정과거 능동태 부정사 그리고 미래 직설법.

καταφέρω [κατά, φέρω] ① **패배시키다** bear down 수동태 눈꺼풀이 처지는 것에 대한 암시와 연결하여 짐의 무게를 느끼는 복합적인 비유로, 여격 단독으로 καταφερόμενος ὕπνῳ βαθεῖ "서서히 깊은 잠을 못 이기다(잠에 들다)" 행 20:9a; 부정과거분사는 ἀπὸ τοῦ ὕπνου과 더불어 잠에 빠져 쓰러지게 되었음을 나타낸다. 9b절. ② **고소하다** bring against 유죄 판결을 받는 것에 관하여 행 25:7; 반대 투표하는 것 καταφέρειν ψῆφον "반대표를 던지다" 26:10.

καταφεύγω [κστά, φεύγω] **피하다** flee 행 14:6; 비유로 피신한다는 면을 강조하여 히 6:18.

καταφθείρω [κατά, φθείρω] **멸망하다** destroy 벧후 2:12 이문; 도덕적 부패로 의미가 확장되어 부패하다 딤후 3:8.

καταφιλέω [κατά, φιλέω] **입맞추다** kiss 마 26:49; 눅 7:38, 45; 15:20; 행 20:37.

καταφρονέω [κατά, φρονέω] '얕보다', **경멸하다, 업신여기다, 깔보다** despise, καταφρονητής, οῦ, ὁ / κατέλαβον

disdain, scorn 마 6:24; 18:10; 고전 11:22; 딤전 4:12; 벧후 2:10; 딛 2:15 이문; **신경쓰지 않다, 무시하다** pay no attention to, disregard 눅 16:13; **소홀히 하다** think less of 딤전 6:2; 관대함에 대해 불손한 반응을 보이다 **업신여기다** make light of 롬 2:4. 개인적인 위험을 소홀히 여기는 것으로 뜻이 확장되어 **개의치 않다** take no account of 히 12:2.

καταφρονητής, οῦ, ὁ [καταφρονέω] '(어떤 것에) 주의를 기울여야 한다고 생각하지 않는 사람', **비웃는 사람, 냉소자** scorner, scoffer 행 13:41.

καταφυγών καταφεύγω 제2부정과거 능동태 분사.

καταφωνέω [κατά, φωνέω] **(크게) 외치다** cry out (loudly) 행 22:24 이문(동일한 뜻을 가진 ἐπιφωνέω에 대하여).

καταχέω [κατά, χέω '붓다'] **(위에) 쏟아 붓다** pour out/down (over), ἐπί에 속격을 동반하여, 부어진 대상을 나타낸다 마 26:7; 속격 단독으로, 막 14:3.

καταχθείς κατάγω 제1부정과거 수동태 분사.

καταχθόνιος, ον [κατά, χθών 표면으로서 '땅'] **'지하 세계에 속한', 땅 아래 있는** under the earth 빌 2:10.

καταχράομαι [κατά, χράομαι] **최대한 활용하다**, 부정어와 함께 **적게 쓰다** use sparingly 고전 7:31; 9:18.

καταψηφίζομαι [κατά, ψηφίζω '계산하는 데 ψῆφος (조약돌)을 사용하다'; (~에) '따라서 계산되다'] **등록하다, 기재되다** be enrolled 행 1:26 이문.

καταψύχω [κατά, ψύχω] **식히다, 서늘하게 하다** cool off/down 눅 16:24.

κατεάγην, κατεαγῶσιν, κατέαξα, κατεάξω κατάγνυμι 제2부정과거 수동태 직설법, 제2부정과거 수동태 가정법 3인칭 복수, 제1부정과거 능동태 직설법, 그리고 미래 능동태 직설법.

κατέβην καταβαίνω 제2부정과거 능동태 직설법.

κατεγέλων καταγελάω 미완료 능동태.

κατέγνωσμαι καταγινώσκω 완료 수동태 직설법.

κατέδραμον κατατρέχω 제2부정과거 능동태 직설법.

κατέθηκα κατατίθημι 제1부정과거 능동태 직설법.

κατείδωλος, ον [κατά, εἴδωλον] **우상으로 가득한** full of (cult) images 행 17:16.

κατειλημμένος, κατείληφα καταλαμβάνω 완료 중간태/수동태 분사, 완료 능동태 직설법.

κατεκάην κατακαίω 제2부정과거 수동태 직설법.

κατεκρίθην κατακρίνω 제1부정과거 수동태 직설법.

κατέλαβον καταλαμβάνω 제2부정과거 능동태 직설법.

κατέλειψα / κατέρχομαι

κατέλειψα καταλείπω 제1부정과거 능동태 직설법.
κατελήμφθην καταλαμβάνω 제1부정과거 수동태 직설법.
κατελθεῖν κατέρχομαι 제2부정과거 능동태 부정사.
κατέλιπον καταλείπω 제2부정과거 능동태 직설법.
κατέναντι [κατά, ἔναντι] 부사, 어떤 존재가 상대편이나 앞에 있음을 공간적 요소와 함께 다양하게 나타내는 표시로, 속격 지배 전치사로 기능(눅 19:30는 예외)하며 일반적인 의미는 '앞에(before)'이다. ⓐ 사물. 어떤 사람의 상대편에 **바로 앞에** straight ahead of 마 21:2; 막 11:2; 눅 19:30. ⓑ 사람. **앞에** in front of 막 12:41; **마주하여** facing 13:3. ⓒ 사람. 사람을 마주하여 **보는 앞에서** in the sight of 마 27:24 이문; 롬 4:17; 고후 2:17; 12:19.
κατενεχθείς καταφέρω 제1부정과거 수동태 분사
κατενύγην κατανύσσομαι 제2부정과거 수동태 직설법.
κατενώπιον [κατά, ἐνώπιον] 부사, 속격 지배 전치사로 기능. '앞에 있는 위치에서', **~앞에서** before 유 24; 확장된 의미로 엡 1:4; 골 1:22.
κατεξουσιάζω [κατά, ἐξουσιάζω] '~에 대해 의심할 여지가 없는 권위를 행사하다', 속격 **지배하다, 주관하다** dominate 마 20:25; 막 10:42.
κατέπεσον καταπίπτω 제2부정과거 능동태 직설법.
κατέπιον καταπίνω 제2부정과거 능동태 직설법.
κατεπέστησαν κατεφίστημι 제2부정과거 능동태 직설법 3인칭 복수.
κατέπλευσα καταπλέω 제1부정과거 능동태 직설법.
κατεπόθην καταπίνω 제1부정과거 수동태 직설법.
κατέπρησα 제1부정과거 능동태 직설법 πρήθω '불타다'에 기초하여 + κατά, καταπίμπρημι를 보라.
κατεργάζομαι [κατά, ἐργάζομαι] ① '결과를 초래하다' ⓐ 과실 등을 저지르는 것에 초점 맞추어 **행하다, 범하다** do, commit 롬 1:27; 2:9; 7:15, 17f, 20; 15:18; 고전 5:3; 벧전 4:3. ⓑ 결과를 강조하여 **초래하다, (결과를) 가져오다, 만들어내다, 성취하다** bring about, effect, produce, accomplish 롬 4:15; 7:8, 13; 고후 4:17; 7:10f; 9:11; 약 1:3. τὴν ἑαυτῶν σωτηρίαν κατεργάζεσθε "당신의 구원을 나타내시오" 빌 2:12. ② '유효하도록 준비하다', **준비히다** make ready 고후 5:5; **돌보다** take care of 엡 6:13; 빌 2:12.
κατέρχομαι [κατά, ἔρχομαι] ① **내려오다, 내려가다** come/go down 상승이나, 하강에 대한 의미를 함축하지 않고도 어떤 지리적인 맥락에서 움직임에 관해 표현한다. 그것은 문맥에 따라 드러날 수도 있다. 눅 4:31; 9:37; 행 8:5 그리고 사도행전에서 자주; 약 3:15. ② 항해 전문 용어로 **도착하다, 상륙하다** arrive, put in 행 21:3; 27:5.

κατεσθίω/κατέσθω [κατά, ἐσθίω/ἔσθω] 먹어 치우다, 집어 삼키다 eat up, devour ⓐ 마 13:4와 병행구; 계 10:9f; 12:4. ⓑ 비유적으로 뜻이 확장되어 마 23:13; 막 12:40; 눅 15:30; 요 2:17; 고후 11:20; 갈 5:15; 계 11:5; 20:9.

κατεστάθην καθίστημι 제1부정과거 수동태 직설법.

κατέσταλμαι καταστέλλω 완료 수동태 직설법.

κατέστησα καθίστημι 제1부정과거 능동태 직설법.

κατεστρώθην καταστρώννυμι 제1부정과거 수동태 직설법.

κατευθύναι, κατευθῦναι κατευθύνω 제1부정과거 능동태 희구법 3인칭 단수 그리고 부정사.

κατευθύνω [κατά, εὐθύνω] 지도하다 direct, 알맞은 행동이나 적절한 선택에 대한 조언과 관련해 눅 1:79; 살전 3:11; 살후 3:5.

κατευλογέω [κατά, εὐλογέω] '특별한 호의를 보장하다', 축복하다 bless 막 10:16 (전치사는 분배적으로 이해할 수 있는 것으로 보인다).

κατέφαγον κατεσθίω 제2부정과거 능동태 직설법.

κατεφθαρμένος καταφθείρω 완료 수동태 분사.

κατεφίσταμαι [κατά, ἐφίστημι] (대적하여) 들고 일어나다 take a stand against 행 18:12.

κατέφυγον καταφεύγω 제2부정과거 능동태 직설법.

κατεφώνουν καταφωνέω 미완료 능동태.

κατέχεεν καταχέω 제1부정과거 능동태 직설법 3인칭 단수.

κατέχω [κατά, ἔχω] ① '행동을 막다', 제지하다, 억누르다 hold back, restrain 눅 4:42; 살후 2:6f; 짓누르다 suppress 롬 1:18; 제어하다 control 요 5:4 이문; 롬 7:6. ② 어떤 일에 '큰 관심을 갖거나, 권리를 가지다' ⓐ 지키다, 간직하다 hold fast 눅 8:15; 고전 11:2 (유지하다); 15:2; 살전 5:21; 몬 13 (곁에 두다, 머물러 있게 하다); 히 3:6, 14; 10:23. ⓑ 소유하다, 가지다 possess, own 고전 7:30; 고후 6:10. 뜻이 확장되어, 점유하다, 앉다 occupy 눅 14:9. ③ 향해 나아가다 head for, 자동사 항해 전문 용어 행 27:40.

κατήγαγον κατάγω 제2부정과거 능동태 직설법.

κατήγγειλα, κατηγγέλην καταγγέλλω 제1부정과거 능동태 그리고 제2부정과거 수동태 직설법.

κατηγορείτωσαν κατηγορέω 현재 능동태 명령법 3인칭 복수.

κατηγορέω [κατά, ἀγορεύω '말하다'] '죄를 덧씌우다', 고소하다, 고발하다 accuse ⓐ 주로 법률 용어로 마 12:10 등. ⓑ 비전문적 롬 2:15.

κατηγορία, ας, ἡ [κατήγορος] 고소, 고발 accusation 눅 6:7 이문; 요 18:29; 딤전 5:19; 딛 1:6.

κατήγορος, ου, ὁ / κατοπτρίζω

κατήγορος, ου, ὁ [κατηγορέω] 고소인, 고발자 accuser 요 8:10 이문; 행 23:30, 35; 24:8 이문; 25:16, 18; 계 12:10 이문

κατήγωρ, ορος, ὁ [이전 항목의 변형] 고소인, 고발자 accuser 계 12:10

κατῆλθον κατέρχομαι 제2부정과거 능동태 직설법.

κατηλλάγην καταλλάσσω 제2부정과거 수동태 직설법.

κατήνεγκα καταφέρω 제1부정과거 능동태 직설법.

κατηραμένος καταράομαι 완료 수동태 분사

κατηράσω καταρόαμαι 제1부정과거 중간태 직설법 2인칭 단수.

κατήργηκα καταργέω 완료 능동태 직설법.

κατήφεια, ας, ἡ [κατηφής (κατά, φάος/φῶς) '풀이 죽은'] '풀이 죽은 모습', 기가 꺾임에 대하여 **우울, 낙담** dejection, gloom 약 4:9.

κατηχέω [κατά, ἠχέω] '정보를 전달하다' ⓐ **알리다** inform 눅 1:4; 행 18:25; 21:21, 24. ⓑ 조직화된 정보임을 강조하여 **가르치다, 교훈하다** instruct 롬 2:18; 고전 14:19; 갈 6:6.

κατηχθημεν κατάγω 제1부정과거 수동태 직설법 1인칭 복수.

κατ᾽ ἰδίαν ἴδιος를 보라.

κατιόω [κατά (뜻을 강화), ἰός; '녹슬어 버리다'] 자동사 의미를 가진 수동태 '악화될 수 있다', 다양한 금속에 해당되어 **녹이 슬다, 변색되다, 부식되다** become rusty, tarnished, corroded 약 5:3.

κατισχύω [κατά, ἰσχύω] '극복한 재원이 있다', **이기다** prevail ⓐ 강제로 제압한 다는 의미로 마 16:18. ⓑ 문제를 다루는 능력에 대하여 눅 21:36. ⓒ 이익을 얻는 것에 관하여 23:23.

κατίωται κατιόω 완료 수동태 직설법 3인칭 단수.

κατοικέω [κατά, οἰκέω] '거주자로 살다, 머무르다' ⓐ 일반적 의미 **거주하다, (~에) 살다** inhabit, live (in/on), 실질적으로 = **거주자** inhabitant(s) 눅 13:4; 행 1:19; 9:35; 22:12; 계 3:10 등 계시록에 자주. ⓑ 거주 지역이나 현장에 초점 맞추어 **살다, 거주하다, (자신의) 집으로 삼다** dwell, reside, make (one's) home 마 2:23; 눅 11:26; 행 1:20; 11:29; 히 11:9; 계 2:13. ⓒ 확장된 의미로 엡 3:17; 골 1:19; 약 4:5; 벧후 3:13.

κατοίκησις, εως, ἡ [κατοικέω] **거처, 주거** place to live, dwelling 막 5:3.

κατοικητήριον, ου, τό [κατοικέω] '거주지로 이용할 만한 무엇', **주거, 집, 소굴** dwelling, abode 엡 2:22; 계 18:2.

κατοικία, ας, ἡ [κατοικέω] **거주, 살 지역** dwelling 행 17:26.

κατοικίζω [κατοικία] '거하도록 하다', **정착시키다, 살게 하다** settle 약 4:5.

κατοπτρίζω [κάτοπτρον '거울'] 중간태 **비춰보다** see reflected, 가지고 있던 용

모가 아니라 자신을 거울에 비춰보거나 얼굴을 무엇인가에 비춰보는 것에 대한 비유로, 다시 말해 δόξα κυρίου 고후 3:18.

κατόρθωμα, ατος, τό [κατά, ὀρθός에서 ὀρθόω '정확히 전하다'] **정당한 조치** rightful measure, 관할 구역 문제에 대한 사법적인 관심 행 24:2 이문.

κάτω [κατά] 부사 위치상 상대적으로 더 아래 있거나 그렇게 인식되는 어떤 장소에 대한 표시 ⓐ **아래, 아래쪽으로** down, downward 마 4:6; 눅 4:9; 요 8:6, 8; 행 20:9. ⓑ 밑 below 막 14:66; 행 2:19. ⓒ 어구들: τὰ κάτω **아래 있는 것들** = 땅 반의어. τὰ ἄνω 요 8:23. ἀπ᾽ ἄνωθεν ἕως κάτω 위에서 아래까지 마 27:51; 막 15:38. 또한 κατώτερος와 κατωτέρω를 보라.

κατῴκισα κατοικίζω 제1부정과거 능동태 직설법.

κατώτερος, α, ον [κάτω] κάτω의 비교급 **더 아래** lower 엡 4:9.

κατωτέρω [이전 항목을 보라] 부사 κάτω의 비교급 **더 아래로, 밑에서** lower, under 마 2:16.

Καῦδα [또한 Κλαῦδα] **가우다, 카우다** Cauda, 크레테 남쪽 약 9km 떨어진 작은 섬 행 27:16.

καυθήσομαι καίω 미래 수동태 직설법.

καυθήσωμαι καίω 잘못된 가정법 형태 고전 13:3 이문.

καῦμα, ατος, τό [καίω] **뜨거운 열, 타는 듯한 뜨거움** scorching heat 계 7:16; 16:9.

καυματίζω [καῦμα] '매우 뜨거운 열기에 지배를 받다', **그슬리다, 타다** scorch, burn 마 13:6; 막 4:6; 계 16:8f.

καυματόω [καῦμα] **타다** scorch 마 13:6 이문.

καῦσις, εως, ἡ [καίω] **불사름, 태움** burning 히 6:8.

καυσόω [καῦσος '타는 열기, 열병'] **열을 내다** cause heat, 수동태 στοιχεῖα καυσόμενα 원소들이 불살라짐 벧후 3:10, 12.

καυστηριάζω [비교 καυτήρ '화덕'] **낙인(烙印)을 표시하다** mark with a brand, 비유로 범죄 행위로 낙인찍힌 사람에 대하여 딤전 4:2.

καύσων, ωνος, ὁ [καίω] **찌는 듯한 더위, 무더위** scorching heat 마 20:12; 약 1:11. καύσων ἔσται "타는 듯하거나 매우 더운 날이 되리라" 눅 12:55.

καυτηριάζω 딤전 4:2 이문(= καυστηριάζω, 항목을 보라).

καυχάομαι [비교 καύχη '자랑'] '친밀하게 연관되거나 관련한 어떤 사람, 사물, 상황 등에 대하여 자부심을 가지거나 표현하다', ἐν과 더불어 **자랑하다** boast 롬 2:17, 23; 5:2f; 고전 1:31 등 바울 서신. 자랑하는 이유나 근거는 문맥에 암시되는 경우가 많다. 고전 1:29; 4:7; 고후 10:8; 11:16, 18; 12:1; 엡 2:9.

καύχημα, ατος, τό [καυχάομαι] **자랑** a boast ⓐ 자부심의 표현 고후 9:3. ⓑ

καύχησις, εως, ἡ / κέκμηκα

자부심의 이유나 근거 롬 4:2; 고전 5:6; 9:15f; 고후 1:14; 5:12; 갈 6:4; 빌 1:26; 2:16; 히 3:6.

καύχησις, εως, ἡ [καυχάομαι] 긍지, 자랑거리 boasting, boast ⓐ 행동으로. 롬 3:27; 15:17; 고전 15:31; 고후 7:4, 14; 8:24; 11:10, 17; 살전 2:19; 약 4:16. ⓑ 자부심을 나타내는 것으로서 고후 1:12.

Καφαρναούμ, ἡ [히브리어 '나훔의 마을'] 격변화 없음. 가버나움, 카파르나움 Capernaum, 게네사렛 호수가의 도시, 정확한 위치는 미상 마 4:13 등 복음서에서 자주.

Κεγχρεαί, ῶν, αἱ [비교 κέγχρος '수수'] 어떤 판본에서는 Κενχρεαί, 겐그레아, 켕그레아이 Cenchreae 고린도의 항구 행 18:18; 롬 16:1; 부기(附記).

κέδρος, ου, ἡ [향나무(juniper)에 대한 리투아니아어와 유사] 삼나무, 게다르 나무 cedar tree 요 18:1 이문.

Κεδρών, ὁ [히브리어, 삼하 15:23를 보라] 격변화 없음. 기드론, 케드론 Kidron 예루살렘에 인접한 와디(건천(乾川), 우기를 제외하고는 말라 있다) 요 18:1.

κεῖμαι [산스크리트 연관어] '정해진 장소에 있다', 눕다, 두다 lie ⓐ 사람. 기대 누운 자세로 마 28:6; 눅 2:12; 23:53; 요 20:12. ⓑ 표면이나 어떤 부분에 기대놓는 대상에 관해 마 5:14; 눅 3:9; 12:19(겉으로 창고가 있음이 암시되어); 요 2:6; 19:29; 20:5-7; 21:9; 고전 3:11; 계 4:2; 21:16. 비유로 고후 3:15. ⓒ 다양한 의미 확장으로: 어떤 것에 대해 정해지거나 예정되다. 빌 1:16; 살전 3:3; 어떤 것에 대해 제한하여 규정하는 것에 대해 νόμος κεῖται 율법이 (~에 대해) 정해진다, 적용된다. 딤전 1:9; 어떤 상태에 고정된 것에 대해 ἐν τῷ πονηρῷ κεῖται "악한 자의 영향 아래에 놓이다" 요일 5:19.

κειμήλιον, ου, τό [어원은 분명하지 않으나, κεῖμαι와 유사한 것으로 보인다. '무엇인가 저장해 놓은 것'] 보물 treasure 딤전 6:19 추정.

κειρία, ας, ἡ [어원은 잘 알려져 있지 않다. 비교 καῖρος '실오라기'(베틀에 있는 실의 끝부분과 관련하여)] 천으로 만든 끈, 시신을 감싼 천에 대해서는 요 11:44.

κείρω [비교 κέρμα] (양의) 털을 깎다, shear 양모에 대해 행 8:32; 여인의 머리카락에 대해 18:18; 고전 11:6.

κεκαθαρμένος καθαίρω 완료 수동태 분사.
κεκάθικα καθίζω 완료 능동태 직설법.
κεκαυμένος καίω 완료 수동태 분사.
κεκερασμένος κεράννυμι 완료 수동태 분사
κέκληκα καλέω 완료 능동태 직설법.
κέκλικα κλίνω 완료 능동태 직설법.
κέκμηκα κάμνω 완료 능동태 직설법.

κεκορεσμένος κορέννυμι 완료 수동태 분사.
κέκραγα κράζω 완료 능동태 직설법.
κέκρικα κρίνω 완료 능동태 직설법.
κέκρυμμαι κρύπτω 완료 수동태 직설법.
κέλευσμα, ατος, τό [κελεύω; '크게 지시하는', 전투에서 갑판장이 노젓는 이들이나, 나팔수에게 공표하는 것과 같은 신호로] **명령하여 부르다, 외치다** commanding call/cry 살전 4:16.
κελεύω [κέλλω '~로 몰다'와 유사, 예를 들어 (배를) 해안으로 대다, 상륙시키다] '**give an authoritative order**', command, order 마 8:18; 14:9, 28; 27:58; 눅 18:40; 행 4:15; 16:22; 21:33; 22:30; 25:6; 27:43.
κενοδοξία, ας, ἡ [κενόδοξος] '근거없는 자부심', **자만심, 허영심, 자기과시** conceit, vanity, vainglory 빌 2:3.
κενόδοξος, ον [κενός, δόξα] '근거없이 허세부리는', **자만심 갖는, 허영심이 많은** conceited, vain 갈 5:26.
κενός, ή, όν [IE 관련하여; '빈'] '내용이 전혀 없는', 신약에서 은유적으로 사람 또는 사물과 관련하여 **아무 것도 없는, 빈손의** without anything, empty-handed 막 12:3; 눅 1:53; 20:10f; **성과 없는, 헛된, 까닭 없는** without result, in vain, for nothing 행 4:25; 고전 15:10; 고후 6:1; 갈 2:2; 빌 2:16; 살전 2:1(효력없다는 의미로); 3:5; **실체가 없는** without substance 엡 5:6; 골 2:8; 오만한 무지에 빠져 있는 사람에 대해 약 2:20.
κενοφωνία, ας, ἡ [κενός, φωνέω] **계속 지껄이다, 떠벌이다** blather, prattle 딤전 6:20; 딤후 2:16.
κενόω [κενός] **비우다** make empty 자신이 가지고 있는 것들을 비운다는 개념에서 확장된 은유로 ⓐ 특권이나 지위를 빼앗다. 빌 2:7. ⓑ 중요성을 빼앗다. 롬 4:14; 고전 1:17; 9:15; 고후 9:3.
κέντρον, ου, τό [κεντέω '찌르다'] '뭔가 날카로운 지점으로' ⓐ **찌르기** sting 짐승에 대해 계 9:10; 비유로, 죽음에 적용하여 고전 15:55f. ⓑ 짐승을 몰 때 사용하는 **막대기** goad, 행 9:4 이문; 26:14.
κεντυρίων, ωνος, ὁ [라틴어 차용어] '백인대(century)를 담당하는 로마군 장교', 명목상 백명이지만, 실제 정확한 숫자는 다를 수 있다. **로마 장교, 백인대장, 백부장** Rom. officer, centurion 막 15:39, 44f.
Κενχρεαί Κεγχρεαί를 보라.
κενῶς [κενός] 부사 **헛되이, 공연히** with nothing in mind 약 4:5.
κεραία, ας, ἡ [κέρας] 히브리 문자에서 글자를 마칠 때 사용하는 작은 갈고리나 돌출부(비교 ־와 구별되는 ־) **세리프** serif 마 5:18; 눅 16:17.

κεραμεύς, έως, ὁ / κεφαλή, ῆς, ἡ

κεραμεύς, έως, ὁ [κέραμος] 옹기장이 potter 마 27:7, 10; 롬 9:21.
κεραμικός, ή, όν [κέραμος] 진흙으로 빚은 made of clay 계 2:27.
κεράμιον, ου, τό [κέραμος] 기원전자, 항아리 jug 막 4:13; 눅 22:10.
κέραμος, ου, ὁ [그리스어 이전의 차용어] (진흙) 기와 a (clay) roof tile 눅 5:19.
κεράννυμι [복합적인 어원] 혼합하다, 섞다 mix 물로 희석한 포도주에 대하여 계 18:6. 극적인 모순어법: πινεῖν ἐκ οἴνου κεκερασμένου ἀκράτου "섞은 것 없이 부은 포도주를 마시다" = 최고의 도수로 제공된 포도주(ἄκρατος를 보라) 14:10.
κέρας, ατος, τό [복합적인 어원] 뿔 horn ⓐ 짐승의 머리에 뼈처럼 돌출된 것 계 5:6; 12:3; 13:1과 계시록에서 자주. ⓑ 제단 가장자리에 마치 뿔처럼 생긴 돌출부 9:13. ⓒ 권위의 상징, 뿔가진 짐승 모양으로 만들어진 눅 1:69.
κεράτιον, ου, τό [κέρας의 지소사; '작은 뿔'] 카롭 열매 꼬투리, 쥐엄 열매(개역개정) carob pod 눅 15:16.
κερδαίνω [κέρδος] 얻는다, 벌어들인다 gain ⓐ 적합한 투자에 대한 상업 용어 마 16:26; 25:16f; 약 4:13. ⓑⓐ에 대한 의미 확장으로: 마 18:15; 고전 9:19-22; 빌 3:8; 벧전 3:1. ⓒ 역설법 행 27:21.
κερδάνω κερδαίνω 부정과거 가정법 능동태.
κερδῆσαι, κερδήσω κερδαίνω 제1부정과거 능동태 부정사 그리고 미래 능동태 직설법
κέρδος, ους, τό [비교 κερδαίνω] 이익, 이득 a gain, 상업적 이미지 빌 1:21; 3:7; 딛 1:11.
κερέα κεραία의 다른 철자.
κέρμα, ατος, τό [κείρω과 유사한; '조각으로 깎거나 잘라낸 무엇', 예를 들어, 작은 동전] 집합적인 단수 = 돈 요 2:15.
κερματιστής, οῦ, ὁ [κερματίζω '작게 자르다', 특별히 화폐에 대해] 환전꾼, 환전상 money changer 요 2:14.
κεφάλαιον, ου, τό [형용사에서 이끌어낸 명사 κεφάλαιος '머리에 속한'] ① 금융자본에 대해, 돈의 액수 sum of money 행 22:28. ② 수사학적인 설명에서 주요 주제에 대한 초점, 요점 main point 히 8:1.
κεφαλαιόω κεφαλιόω를 보라.
*__κεφαλή, ῆς, ἡ__ [IE 관련하여] 머리 head ⓐ 해부학 용어로서 마 5:36; 10:30; 27:39; 막 6:24f, 27f; 눅 7:38; 요 13:9; 행 21:24; 롬 12:20; 고전 11:4f; 12:21; 계 1:14 등 계시록에서 자주 ⓑⓐ의 뜻이 전환되어, 건축물의 맨끝으로 마 21:42와 병행구. ⓒⓐ의 뜻이 전환되어, 어떤 우선 순위 체계에서 지시하는 행위자 고전 11:3; 엡 1:22; 5:23; 골 1:18. ⓓ 정치적인 중요성과 관련하여 행 16:12 이문.

κεφαλιόω / κιβωτός, οῦ, ἡ

κεφαλιόω [κεφαλή] 머리를 후려치다는 정도의 의미로 막 12:4을 볼 수 있다.

κεφαλίς, ίδος, ἡ [κεφαλή '두루마리가 주변에 말려 있는 막대에 있는 돌출부'] 환유적으로, **책의 두루마리** 히 10:7.

κέχρημαι χράομαι 완료 중간태 그리고 수동태 직설법.

κηδεύω [κήδω '괴로움을 야기시키다'; '담당하다'] '매장에 필요한 것을 행하다', 시신을 **매장하다** 막 6:29 이문.

κημόω [κημός '재갈을 물리다'] **부리망을 씌우다, 입마개를 씌우다** to muzzle 고전 9:9.

κῆνσος, ου, ὁ [라틴어 census] '인구 조사로 결정된 세금 또는 인두세', **인두세** headtax 마 17:25; 22:17, 19; 막 12:14.

κῆπος, ου, ὁ [비교 고대 독일어 huoba '감추다'(토지 면적에 대해)] **정원, 동산** garden 눅 13:19; 요 18:1, 26; 19:41.

κηπουρός, οῦ, ὁ [κῆπος, οὖρος '감시인, 관리인'] **정원지기, 동산지기** gardener 요 20:15.

κηρίον, ου, τό [κηρός '밀랍'] **벌집** honeycomb 눅 24:42 이문.

κήρυγμα, ατος, τό [κῆρυξ] '중요한 공적인 발표', **선포** proclamation ⓐ 요나의 니느웨를 향한 예언자적인 공표 마 12:41; 눅 11:32. ⓑ 사도들이 예수 그리스도를 통한 하나님의 구원 사역을 전하는 것에 대해 롬 16:25; 고전 1:21; 2:4; 15:14; 딤후 4:17; 딛 1:3.

κῆρυξ, υκος, ὁ [비교 καρκαίρω '크게 소리 내다', 또한 다음 항목을 보라] **선포자, 전도자** proclaimer 딤전 2:7; 딤후 1:11; 벧후 2:5.

* **κηρύσσω** [κῆρυξ, 또한 κήρυξ] '공적으로 발언하다', 전령관, 사자(使者)의 방식으로 **선포하다, 전도하다** proclaim ⓐ 주로 하나님의 통치와 그 관련된 주제에 관해, 회개, 믿음, 예수(그리스도)와 그 사역의 중요성을 포함하여 마 3:1; 4:17; 24:14; 막 1:4, 38, 45; 6:12; 눅 3:3; 4:18f; 8:1; 12:3; 행 10:37; 20:25; 롬 10:8, 14f; 고전 1:23; 15:11f; 고후 1:19; 11:4; 갈 2:2; 빌 1:15; 골 1:23; 살전 2:9; 딤전 3:16; 딤후 4:2. ⓑ 모세와 내용으로 구별되는 그 메시지 행 15:21; 비교 롬 2:21. ⓒ 임무를 담당하도록 하는 하늘의 부르심 계 5:2. ⓓ 갇힌 영들에 대한 예수님의 선포 벧전 3:19.

κῆτος, ους, τό [어원은 불분명] **바다 괴물** sea-monster 마 12:40.

Κηφᾶς, ᾶ, ὁ [아람어 별명] **게바, 케파스** Cephas 고전 1:12; 3:22; 9:5; 15:5; 갈 1:18; 2:9, 11, 14. 요 1:42에서는 시몬의 별명, Πέτρος로 번역된다.

κιβωτός, οῦ, ἡ [어원은 확실하지 않지만 명백히 그리스어에서 유래한 것은 아니다; '상자, 궤'] 신약에서 주된 의미인 '상자'는 다음을 포함하는 의미로 확장된다 ① '항해하는 선박', 노아의 **방주** ark 마 24:38; 눅 17:27; 히 11:7; 벧전 3:20. ②

κιθάρα, ας, ἡ '제의적 기물들을 위한 궤', **언약궤** ark 히 9:4; 계 11:19.

κιθάρα, ας, ἡ [그리스어 용어는 아님] '현악기', **키타라, 수금** kithara/lyre (하프로 종종 번역한다) 고전 14:7; 계 5:8; 14:2; 15:2.

κιθαρίζω [κίθαρις = κιθάρα] **키타라/수금을 연주하다** play a kithara/lyre 고전 14:7; 계 14:2.

κιθαρῳδός, οῦ, ὁ [κιθάρα, ἀείδω '노래하다' (비교 ᾠδός '가수' 그리고 ᾄδω을 보라)] '스스로 키타라를 연주하며 노래하는 사람', **수금 타는 자들** lyre singer 계 14:2; 18:22 (비교 중세 음유시인의 역할).

Κιλικία, ας, ἡ [어원은 잘 알려져 있지 않다] **길리기아, 킬리키아** Cilicia, 소아시아 남동부의 한 지방으로 다소(Tarsus)가 수도다. 행 6:9 등 사도행전에서 자주; 갈 1:21.

Κίλιξ, ικος, ὁ [이전 항목을 보라] **길리기아 사람** 행 23:34 이문.

κινδυνεύω [κίνδυνος] '위험에 노출되다', ⓐ **위험에 빠지다, 위태롭게 되다** be in peril 눅 8:23; 고전 15:30. ⓑ 부정사와 더불어. **위험에 처하다** be at risk 행 19:27, 40.

κίνδυνος, ου, ὁ [어원은 불분명] **위험, 장해물(障害物)** danger, hazard 롬 8:35; 고후 11:26.

κινέω [비교 κίω '가다'] ① '위치에 변화를 주다', **움직이다** move 마 23:4. ἐκ와 더불어 **제거한다** remove는 의미로 계 2:5; 6:14. ② '움직임이 있게 하다', **흔들다** shake, 우스꽝스런 몸짓으로 마 27:39; **야기시키다, 초래하다** incite, 공적인 소란에 대해 행 24:5; 유사하게 21:30 (ἐκινήθη ἡ πόλις ὅλη "온 성읍이 소요에 빠졌다"). ③ '움직임이 있다', **움직이다, 이리저리 다니다** move, move around 수동태 행 17:28.

κίνησις, εως, ἡ [κινέω] **움직임** motion 요 5:3 이문.

κιννάμωμον, ου, τό [셈어 차용어] **시나몬, 계피** cinnamon 계 18:13.

Κίς, ὁ [히브리식 이름, 어원과 의미는 불확실] 격변화 없음. **기스, 키스** Kish, 사울의 아버지 (삼상 9:1) 행 13:21.

κίχρημι [비교 χρή] **빌리다** lend 눅 11:5.

κλάδος, ου, ὁ [κλάω] **branch** 마 13:32 등.

κλαίω [알바니아어 연관어] '크게 슬픔이나 애통을 표현하다' (조용히 눈물 떨구거나 우는 것은 아니다. 그런 경우는 보통 δακρύω로 나타낸다). ⓐ 자동사 **울다, 흐느끼다** cry, sob 마 26:75; 막 5:38; 14:72 (ἐπιβαλὼν ἔκλαιεν "그는 몹시 흐느꼈다"); 눅 7:13, 32; 8:52; 19:41; 요 11:31; 20:13; 행 9:39; 롬 12:15; 고전 7:30; 약 5:1; 계 5:4; 18:9. ⓑ 타동사 (~에 대해) **울부짖다** cry (over/for) 마 2:18; 계 18:9 이문.

κλάσις, εως, ἡ [κλάω] 찢음, 부숨, 부러짐 breaking ⓐ 빵. 눅 24:35; 행 2:42. ⓑ 다리. 빌레몬 부기(附記).

κλάσμα, ατος, τό [κλάω] '떼어낸 무엇', 부숴진 조각, 파편 broken piece, fragment 마 14:20 등, 먹이는 기사(記事) 모두에서.

Κλαῦδα [어원은 불분명] Καῦδα를 보라.

Κλαυδία, ας, ἡ [비교 다음 항목] 글라우디아, 클라우디아 Claudia, 안부를 전한 사람 딤후 4:21.

Κλαύδιος, ου, ὁ [로마 gens Claudia 종족과 연관되는 남자 이름] 글라우디오, 클라우디오스 Claudius ① 로마 황제 티베리우스 클라우디우스(Tiberius Claudius, 기원후 41-54) 행 11:28; 18:2. ② 군사 호민관 클라우디우스 뤼시아스 Claudius Lysias 행 23:26.

κλαυθμός, οῦ, ὁ [κλαίω] 울음, 울부짖음 crying 마 2:18; 8:12 (여러 번 반복하여); 행 20:37.

κλαύσω κλαίω 미래 능동태 직설법.

κλάω [복합적인 어원, 비교 라틴어 clava '나무 곤봉, 막대'] 신약에서는 빵 덩어리에서 조각을 떼어낸다 의미로만 뜯다, 떼어내다 break 마 14:19 등.

κλείς, κλειδός, ἡ [복합적인 어원, 비교 라틴어 clavis '열쇠'] 열쇠 key 마 16:19; 눅 11:52; 계 1:18; 3:7; 9:1; 20:1.

κλείω [비교 κλείς] '들어감을 막는 것과 밀접한', 잠그다, 닫다 lock, shut ⓐ 마 6:6; 25:10; 눅 11:7; 요 20:19, 26; 행 5:23; 21:30; 계 20:3; 21:25. ⓑ 비유로 마 23:14; 눅 4:25; 계 3:7f; 11:6. κλεῖν τὰ σπλάγχνα ἀπό τινος = 사람에 대한 마음을 닫아버리다. 요일 3:17.

κλέμμα, ατος, τό [κλέπτω] '훔치는 행위', 도둑질, 절도 thievery, theft 막 7:22 이문; 계 9:21.

Κλεοπᾶς, ᾶ, ὁ [Κλεόπατρος '저명하신 아버지'의 단축형] 글로바, 클레오파스 Cleopas, 예수님의 추종자 눅 24:18.

κλέος, ους, τό [산스크리트 연관어] 가치, 훌륭함 merit 벧전 2:20 (ποῖον κλέον = 어떤 종류의 찬사가 있겠는가).

κλέπτης, ου, ὁ [κλέπτω] 도둑 thief 마 6:19 등.

κλέπτω [복합적인 어원, 비교 라틴어 clepo '훔치다'] 훔치다 steal 마 6:19 등.

κληθήσομαι καλέω 제1미래 수동태 직설법.

κλῆμα, ατος, τό [κλάω] 가지 branch, 특히 포도나무 요 15:2, 4-6.

Κλήμης, εντος, ὁ [라틴어 clemens '온화한, 자비로운'] 글레멘드, 클레메스 Clement, 빌립보 교회의 성도 빌 4:3.

κληρονομέω [κληρονόμος] ① '상속자가 되다', 법적인 의미로 상속하다

κληρονομία, ας, ἡ / κλίβανος, ου, ὁ

inherit 갈 4:30. ② '어떤 몫을 받는 사람이 되다', 하나님께서 약속한 은혜를 주심을 경험함에 초점 맞추어, 신약의 지배적인 의미는 **얻다, 획득하다, 상속하다** acquire, obtain, inherit 마 5:5; 19:29; 막 10:17; 고전 6:9f; 히 1:4; 12:17; 계 21:7.

κληρονομία, ας, ἡ [κληρονόμος] ① '유언자에 의해 남겨진 몫', **유산, 상속물** inheritance, 법적인 의미로 마 21:38; 막 12:7; 눅 12:13; 20:14. ② '어떤 몫에 참여함', **유산, 유업** inheritance 약속한 복을 주심에 초점 맞추어 행 20:32; 갈 3:18; 엡 1:14, 18; 5:5; 골 3:24; 히 9:15; 벧전 1:4. ③ 구약 사상의 ①과 ②의 구성 요소가 조합을 이룬 것도 다음 본문들에서 관찰할 수 있다. 행 7:5; 13:33 이문; 히 11:8 이 구절들에서 의미는 **소유** possession 이다.

κληρονόμος, ου, ὁ [κλῆρος, νόμος (할당받은 것이라는 의미로, 비교. νέμω, νέμομαι '몫으로 보유하다')] ① 법적인 의미로 상속자', **상속인** heir 마 21:38; 막 12:7; 눅 20:14; 갈 4:1. ② '어떤 몫에 참여하는 사람', **상속자** heir, 하나님께서 약속하신 복에 초점 맞추어 롬 4:13f; 8:17; 갈 3:29; 4:7; 딛 3:7; 히 1:2; 6:17; 11:7; 약 2:5.

κλῆρος, ου, ὁ [비교 κλάω] ① '작은 돌, 막대, 또는 다른 물건 등 추첨이나 결정을 내릴 때 사용하는 어떤 물건', **제비** lot 마 27:35; 막 15:24; 눅 23:34; 요 19:24; 행 1:26. ② '특별히 할당된 부분', 하나님께서 내리시는 복에 초점 맞추어(앞선 두 항목의 ②를 보라) **몫, 분깃** share 행 1:17, 25 이문; 8:21; 26:18; 골 1:12; 벧전 5:3(여기에서는 하나님의 '(양)무리' 중 또는 교회로서 사람들 중 **일부분**을 의미한다).

κληρόω [κλῆρος] **제비로 얻다** obtain by lot (이전 항목 ②를 보라) ἐν ᾧ ἐκληρώθημεν "우리가 얻은 몫(상속물)과 연결하여" 엡 1:11.

κλῆσις, εως, ἡ [καλέω] ① '특권을 얻는 곳으로 초청', **부름, 소명** call, 하나님의 역사(役事)로 롬 11:29; 고전 1:26; 엡 1:18; 4:1, 4; 빌 3:14; 살후 1:11; 딤후 1:9; 히 3:1; 벧후 1:10. ② '어떤 사건과 관련된 상황', **상태, 형편, 처지** state, condition 고전 7:20.

κλητός, ή, όν [καλέω] **초청을 받은, 부름을 받은** invited, called 신약에서는 하나님 나라의 특권에 초점 맞추어 ⓐ 식사 초대에 대한 비유로 마 22:14; 비교 20:16 이문 ⓑ 식사 비유가 아닌 경우: 사도로서 바울의 특별한 위치에 대해 롬 1:1; 고전 1:1; 하나님의 축복 받는 특권을 가진 이에 대해, 특별히 예수 그리스도와 관련하여 롬 1:6f; 8:28; 고전 1:2, 24; 유 1; 계 17:14.

κλίβανος, ου, ὁ [복합적인 어원, 그리스어에서 기원한 것 같지는 않다] '진흙으로 만든 빵을 굽는 기구', **화덕, 오븐** oven, 가열하는 과정에 초점 맞추어 마 6:30; 눅 12:28.

κλίμα, ατος, τό [κλίνω] '지리적으로 한정된 영역의 일부', **지역** region 롬 15:23; 고후 11:10; 갈 1:21.

κλινάριον, ου, τό [κλίνω; κλίνη의 지소사(영어의 '어린 눈' bedlet에 비할수 있다)] **간이 침대** cot 행 5:15.

κλίνη, ης, ἡ [κλίνω] 드러눕는 데 사용하는 어떤 구조물로, 형태상 특징으로는 들것에서부터 더 고정된 표면을 가지는 것 모두를 가리키며, 뜻은 문맥에서 결정된다. ⓐ **들것** stretcher 마 9:2, 6; 눅 5:18. ⓑ **침대** bed 막 4:21; 7:30; 8:16; 눅 17:34. 히브리 숙어를 기원으로 βάλλειν εἰς κ. "병상에 던져 넣다" throw into a sickbed 계 2:22 ⓒ **만찬에 사용하는 긴 의자** dining couch 막 7:4.

κλινίδιον, ου, τό [κλίνω; κλίνη의 지소사, 비교 κλινάριον; '작은 침대'] **침상, 들것** pallet, stretcher (κλίνη ⓐ를 보라) 눅 5:19, 24.

κλίνω [복합적인 어원] ① '위에 있는 어떤 장소에서 더 밑에 있는 것으로 움직이게 하다' ⓐ **놓다, 두다** lay 마 8:20; 눅 9:58. ⓑ **구부리다, 숙이다** bend, bow 눅 24:5; 요 19:30. ② '쫓아 버리다', **궤멸시키다** rout 히 11:34. ③ 자동사 **기울다, 저물다** decline 날이, 해가 떨어지는 나타남에 대해 환유적으로 눅 9:12; 24:29.

κλισία, ας, ἡ [κλίνω] **식사를 위해 둘러 앉은 모임** group reclining for dinner 눅 9:14.

κλοπή, ῆς, ἡ [κλέπτω] **도둑질, 절도** thievery, stealing 마 15:19; 막 7:22.

κλύδων, ωνος, ὁ [κλύζω (바닷물이) '덮치다, 밀려오다'] '**요동치는 물결**', κλύδων ὕδατος/θαλάσσης **거친 파도** rough surf 눅 8:24; 약 1:6.

κλυδωνίζομαι [이전 항목을 보라] **파도에 휩쓸리다** be tossed about by waves, 비유로 엡 4:14.

Κλωπᾶς, ᾶ, ὁ [히브리식 이름] **글로바, 클로파스** Clopas, 예수님의 십자가 곁에 섰던 여인의 남편 요 19:25.

κνήθω [비교 κνάω '긁다'의 초기형] 수동태 **가려워하다** itch, 가려움을 느낀다는 의미로 딤후 4:3.

Κνίδος, ου, ἡ [어원은 불분명] **크니도스, 니도** Cnidus, 소아시아 남서쪽 카리아 해안가의 그리스 항구 행 27:7.

κοδράντης, ου, ὁ [라틴어 차용어 'quadrans'] **코드란테스**, quadrans, 가장 작은 로마 동전('아스'의 1/4 또는 '데나리오스'의 1/64), 보통 '한 푼', '한 닢' 1센트 penny의 의미를 가진다. 마 5:26; 막 12:42; 눅 12:59 이문

κοιλία, ας, ἡ [κοῖλος '신체의 빈 부분'] ① **배, 위(胃)** belly, stomach 마 12:40; 15:17; 눅 15:16이문; 롬 16:18; 고전 6:13; 빌 3:19; 계 10:9f. 비유로 내적인 생명을 표현하려 ἐκ τῆς κοιλίας αὐτοῦ, = "애둘러 말하는 식으로 하여", 그 내면 속 깊은 곳에서 from deep within him 요 7:38. ② **자궁** womb 눅 1:41f, 44; 2:21; 11:27;

κοιμάω / κοίτη, ης, ἡ

23:29; 요 3:4. 숙어들: ἐκ κοιλίας μητρὸς = 날 때부터 from birth 마 19:12; 눅 1:15; 행 3:2; 14:8; 갈 1:15.

κοιμάω [κεῖμαι] 신약에서는 항상 능동 의미의 수동태로 ① **자다** sleep 그 중심 의미로 마 28:13; 눅 22:45; 요 11:12; 행 12:6. ② **잠들다** sleep, ①이 확장된 의미로 죽는다의 잠들다. 문맥에 따라 알 수 있다. 마 27:52; 요 11:11; 행 7:60; 고전 7:39; 15:6 등; 살전 4:13-15; 벧후 3:4.

κοίμησις, εως, ἡ [κοιμάω를 보라] **잠, 수면** sleep 보통 의미로는 속격 ὕπνου으로 한정되어 정의된다. 요 11:13.

κοινός, ή, όν ['함께'와 관련 있는 라틴어 어근 *cum*으로부터] ① '집단적으로 공유된', **공동의, 공유하는** in common, shared 행 2:44; 딛 1:4; 유 3. ② '매일 있는 것에 속하는' ⓐ **평범한, 일상적인** ordinary 히 10:29. ⓑ **상스러운** = 특별한 제의적 실천이나 관점에 반대되는 막 7:2, 5; 행 10:14; 롬 14:14; 계 21:27.

κοινόω [κοινός] ① '속되게 하다', 제의적으로 부정(不淨)하도록 한다는 의미로 **더럽히다** defile 마 15:11; 막 7:15; 행 21:28; 히 9:13. ② '속된 상태에 빠뜨리다', **의식(儀式)적으로 속되다고 부르다** call ritually impure 행 10:15.

κοινωνέω [κοινωνός] ① '~에 관여하다' ⓐ **나누어 가지다** share 롬 15:27; 빌 4:15; 히 2:14; 벧전 4:13. ⓑ **함께 공유하여 나누다** make common cause with 롬 12:13. ⓒ **동조하다** participate (in) 딤전 5:22; 요이 11. ② '나누어 주다', 함께 나누다. share 갈 6:6. ③ '속된 것이 되게 하다', **의식(儀式)적으로 더럽히다, 부정하게 하다** make ritually defiled/unclean 마 15:11 이문.

κοινωνία, ας, ἡ [κοινωνός] ① '공유하는 관심사에 있어 긴밀한 유대' 또는 '공유한 공동체 생활', **친교, 유대감** fellowship 행 2:42; 고전 1:9; 고후 13:13; 갈 2:9; 빌 1:5; 2:1;1 요 1:3, 6f. ② '나눔을 통한 친교의 실천적인 표현', **동료애적인 관심, 연보(捐補)** fellowshipping concern 롬 15:26; 고후 8:4; 9:13; 몬 6; 히 13:16. ③ '(~과) 긴밀한 연결', 거룩한 일에 초점 맞추어 고전 10:16; 고후 6:14; 빌 3:10.

κοινωνικός, ή, όν [κοινωνία] **나누어주는** given to sharing 딤전 6:18.

κοινωνός, οῦ, ὁ/ἡ [κοινός] 신약에서는 남성으로만 '밀접한 유대가 있는 사람', **동업자** partner 눅 5:10; 고전 10:20; 고후 8:23; 몬 17; **참여자, 함께 나누는 자** participant, sharer 고전 10:18; 고후 1:7; 히 10:33; 벧전 5:1; 벧후 1:4. κ. ἐν τῷ αἵματι τῶν προφητῶν "선지자 살해의 공범들" 마 23:30.

κοινῶς [κοινός] 부사 **일상적인 말로, 방언으로** in the common language/dialect 막 3:17 이문.

κοίτη, ης, ἡ [κεῖμαι] ① '보통 수면에 사용하는 도구', **침대** bed ⓐ 단지 수면을 위한 숙박 시설로서 **침대** bed 눅 11:7. ⓑ 혼인한 사람들이 성행위를 하는 장소

임에 초점 맞추어 **부부의 잠자리** marriage bed 히 13:4. ⓶ 성관계, 환유적인 완곡어법으로 ⓵의 뜻이 확장되어 ⓐ **임신** conception 결혼 관계에서 롬 9:10. ⓑ 복수 **절제 없이 마구잡이로 벌이는 성행위** casual sexual activities 13:13.

κοιτών, ῶνος, ὁ [κοίτη] **침실, 침소** bedroom/bedchamber, 직함의 일부분으로 ἐπὶ τοῦ κοιτῶνος **(왕실) 침소 맡은 사람** = '시종' 행 12:20.

κόκκινος, η, ον [κόκκος] '붉은 빛을 띤', **진홍색의** scarlet ⓐ 형용사로 마 27:28; 히 9:19; 계 17:3; 18:12, 16. ⓑ 관사없는 명사로 계 17:4; 18:16.

κόκκος, ου, ὁ [어원 미상] **씨, 곡식** seed, grain 마 13:31; 17:20; 막 4:31; 눅 13:19; 17:6; 요 12:24; 고전 15:37.

κολάζω [κόλος '일부분으로 떨어져 나간'] **벌주다, 벌하다** punish 행 4:21; 벧전 2:20 이문; 벧후 2:9.

κολακεία, ας, ἡ [κολακεύω '아첨하다'에서 κόλαξ '아첨꾼'] **아첨, 알랑거림** flattery 살전 2:5.

κόλασις, εως, ἡ [κολάζω] **벌, 형벌** punishment 마 25:46; 요일 4:18.

Κολασσαεύς, έως, ὁ [다음 항목을 보라] **골로새인** a Colossian, 골로새서 표제의 이문으로만.

Κολασσαί [Κολοσσαί를 보라] Κολοσσαί에 대한 골 1:2 이문.

κολαφίζω [κόλαφος '때림' 손이나 주먹으로] '(반복적인) 폭력으로 공격하다', **때리다, 치다** slap, buffet ⓐ 마 26:67; 막 14:65; 고전 4:11; 벧전 2:20. ⓑ 비유로 고후 12:7.

κολλάω [κόλλα '풀'] '들러붙다', 수동태 그리고 대부분은 능동의 의미로, 여격 ⓐ 사물. **붙어 있다, 묻다** stick to, cling to 눅 10:11. 확장된 의미로 어떤 사물과 관계된 사람에 대해 롬 12:9; κολλήθητι τῷ ἅρματι τούτῳ "이 마차에 가까이 다 가서라" 행 8:29. 하늘에 쌓아놓은 것으로 보이는 죄악들에 대하여 계 18:5. ⓑ 사람. 다른 사람과 관련하여 **~과 합하다** stick to 마 19:5; **빌붙다, 더부살이하다** attach to 눅 15:15; **끼어들다, 상종하다** engage with, be involved with 행 5:13; 10:28; 고전 6:16f; **어울리다** join 행 9:26.

κολλούριον, ου, τό [κολλύρα '거친 빵, 두루마리'와 유사한 지소사 (비교 κόλλιξ 같은 의미로), 어원 미상] '눈에 문제가 있어 치료 목적으로 바르는 것'(물질, 모양, 형태는 정해지지 않고) **안약** eye remedy 계 3:18.

κολλυβιστής, οῦ, ὁ [κόλλυβος '작은 동전', 또는 '환전하여 이득을 얻다', 그리스어 이전 유래] **환전상** money changer 마 21:12; 막 11:15; 눅 19:45 이문; 요 2:15.

κολλύριον κολλούριον의 다른 형태.

κολοβόω [κολοβός '훼손된, 합쳐진', 비교 위에 있는 κολάζω] **줄이다, 감하다** curtail, 중심 의미 '훼손하다'가 뜻이 확장되어, 수를 감소시킨다는 의미로 마

Κολοσσαεύς, έως, ὁ / κοπάζω

24:22; 막 13:20.

Κολοσσαεύς, έως, ὁ [다음 항목을 보라] **골로새인** a Colossian, 골로새서의 표제에서.

Κολοσσαί, ῶν, αἱ [비교 κολοσσός '거대한 조각상'] **골로새, 콜로사이** Colossai 소아시아 프리지아 지역에 있는 한 도시 골 1:2; 몬 부기(附記) 이문.

κόλπος, ου, ὁ [복합적인 어원] ① '(사람의) 가슴 앞', **가슴, 품, 젖가슴** chest, bosom, breast 신약에서는 항상 개인적인 접촉을 통한 특별한 사회적 인식이나 상태와 관련하여 눅 16:22f; 요 1:18; 13:23. ② 가슴 부분에서 시작하여 주머니 같은 것을 이루는 의복의 움푹 들어간 부분, **품, 자락** fold, lap 눅 6:38. ③ 해안선을 따라 있는 많은 물의 일부 **만(灣)** bay 행 27:39.

κολυμβάω [κόλυμβος '잠수부', 비교 라틴어 *columbus* '수비둘기'] **수영하다** swim 행 27:43.

κολυμβήθρα, ας, ἡ [κολυμβάω] '목욕하기에 알맞은 물이 비교적 작은 지역', **못, 연못** pool, 요 5:2, 3 [4] 이문, 7; 9:7.

κολωνία, ας, ἡ [라틴어 *colonia* '정착지'] '로마 정착 도시', **식민지** colony 행 16:12.

κομάω [κόμη] **머리가 길다 또는 머리를 길게 늘어뜨리다** have long hair or wear hair long 고전 11:14f.

κόμη, ης, ἡ [라틴어 *coma* '털(머리의)'의 차용어로서] **머리카락** hair 고전 11:15.

κομιεῖται κομίζω 미래 중간태 직설법 3인칭 단수

κομίζω [κομέω '보살피다'] ① '어떤 장소에서 운반하다' 그래서 **가져오다** bring 눅 7:37. ② 대부분 중간태 '~을 수령하다, 받다' ⓐ 무엇을 받아서 그것을 멀리 가져간다는 관점에서, **받다** receive 고후 5:10; 엡 6:8; 골 3:25(유사하게 벧후 2:13); 히 10:36; 11:39; 벧전 1:9; 5:4. ⓑ 되돌려 받다. get back 마 25:27; 히 11:19.

κομιοῦμαι, κομίσομαι κομίζω 미래 중간태 직설법 형태들.

κομψότερον [κομψός '좋은, 훌륭한'] 부사 κομψός의 비교급에서, **더 낫게, 더 좋게** better κ. ἔσχεν "그는 (건강이) 더 나아졌다" 요 4:52(어떤 경우는 시작한다는 의미로 **그는 더 나아지기 시작했다**로 보기도 한다. 그러나 52절b를 보라. 그 구절은 동시성을 증명해주는 것으로 보인다).

κονιάω [κονία '먼지', 또는 '회(灰)', 비교 κόνις '먼지, 가루'] **회칠하다,** (불쾌한 사실을) **눈가림하려 하다** to whitewash 마 23:27; 행 23:3.

κονιορτός, οῦ, ὁ [κόνις/κονία (이전 항목을 보라), ὄρνυμι '일으키다'] **먼지** dust 마 10:14; 눅 9:5; 10:11; 행 13:51; 22:23.

κοπάζω [κόπος] **약해지다, 완화하다** abate, 바람이 약해지거나 그치는 것에 대해

마 14:32; 막 4:39; 6:51.

κοπετός, οῦ, ὁ [κόπτω (아래 κόπτω ②를 보라)] 정성들여 슬픔을 표현하는 것에 관하여, **통곡** lamentation 행 8:2.

κοπή, ῆς, ἡ [κόπτω] 치명적인 군사적 행동, **잔인한 살인, 학살** slaughter 히 7:1.

κοπιάω [κόπος] ① '애쓴 결과로 피로를 느끼다', **지치다, 피곤하다** become weary/tired 요 4:6. 비유: 부담스러운 요구에 시달림에 대해 마 11:28; 박해의 중압감을 꿋꿋이 견뎌내는 것에 대해 계 2:3. 이 마지막 두 구절은 다음 의미와 중첩되는 요소를 보여준다. ② '피로한 행동과 연루되다', **수고하다, 애써서 일하다** work hard, toil 마 6:28; 눅 12:27; 요 4:38; 행 20:35; 롬 16:6; 고전 4:12; 갈 4:11; 엡 4:28; 빌 2:16; 살전 5:12; 딤전 4:10; 5:17; 딤후 2:6.

κόπος, ου, ὁ [κόπτω] ① '곤란한 경험', **골칫거리, 괴로움** trouble, harassment 마 26:10; 막 14:6; 눅 11:7; 18:5; 고후 11:23; 갈 6:17. ② '피곤한 활동에 참여함', **노동, 고된 일** labor, hard work 요 4:38('생산'으로 의미가 전환되어); 고전 3:8; 15:58; 고후 10:15; 11:27 (유사하게 살후 3:8); 살전 1:3; 3:5; 계 2:2; 14:13.

κοπρία, ας, ἡ [κόπρος '배설물, 거름', 산스크리트 연관어] **거름 더미, 퇴비** manure pile 눅 14:35.

κόπριον, ου, τό [κόπρος '배설물, 거름'] **거름** manure 눅 13:8.

κόπτω [비교 라틴어 capo (거세한 어린 수탉) '거세 수탉 capon'] ① **잘라내다** cut (off) 마 21:8; 막 11:8. ② '슬픔으로 가슴을 치다', 중간태 **(가슴을) 치다, 애통하다, 비통해하다** beat (the breast), lament, bewail ⓐ 단독으로 마 11:17; 24:30; 눅 8:52. ⓑ 대격 눅 23:27; ἐπί τινα 계 1:7; 18:9.

κόραξ, ακος, ὁ [비교 라틴어 cornix '까마귀'] **까마귀** crow 눅 12:24.

κοράσιον, ου, τό [κόρη '소녀'의 지소사] **소녀** girl 마 9:24f 등.

κορβᾶν [히브리어 차용어] 격변화 없음. **고르반, 코르반** corban, 본문에서 δῶρον으로 정의된다 = '예물(하나님께 구별해 드리는)' 막 7:11.

κορβανᾶς, ᾶ, ὁ [이전 항목과 비교] '하나님께 드리는 예물을 위한 부분', **성전 금고** sacred treasury 마 27:6.

Κόρε, ὁ [또한 Κορέ; 히브리어 '대머리'] 격변화 없음. **고라, 코레** Korah, 반란한 무리의 지도자(민 16) 유 11.

κορέννυμι [κόρος '포만'] '가득 채우다', **물릴 정도로 주다, 채우다** satiate, fill, 수동태 **배부르다** have enough 행 27:38; 고전 4:8.

κορεσθείς κορέννυμι 제1부정과거 수동태 분사

Κορίνθιος, ου, ὁ [Κόρινθος] **고린도인, 코린트인** a Corinthian 행 18:8, 27 이문; 고후 6:11; 고린도전후서의 표제에서; 로마서 부기(附記).

Κόρινθος, ου, ἡ [전설에 따르면, 제우스의 아들인 Κόρινθος가 코린트 시를 건설

Κορνήλιος, ου, ὁ / κουμ

했다] **고린도, 코린토스** Corinth 그리스의 주요 도시로 같은 이름의 지협(地峽)에 있다. 행 18:1 등 로마서와 데살로니가전서 부기(附記)를 포함하여.

Κορνήλιος, ου, ὁ [라틴어 이름] **고넬료, 코르넬리오스** 백인대장 행 10:1 등 같은 장에서.

κόρος, ου, ὁ [히브리어 단어] 가루, 곡식을 세는 단위로 약 150리터 정도: '**섬**', cor, 자주 **꽤 많은 양** measure 눅 16:7.

κοσμέω [κόσμος] ① '정돈하다', **깔끔하다, 정리하다** tidy 마 12:44; 눅 11:25; **손질하다** trim 등을 준비하도록 마 25:7. ② '보기좋은 모습을 가져오다', **매력적으로 꾸미다, 장식하다** make attractive, adorn 마 23:29; 눅 21:5; 딤전 2:9; 딛 2:10; 벧전 3:5; 계 21:2, 19.

κοσμικός, ή, όν [κόσμος] '세상에 제한적인' ⓐ 물리적인 면을 강조하여 **세상에 속한** earthly 히 9:1. ⓑ 비물리적인 면을 강조하여, 고차원적인 관심과 상관없는 욕망에 대해 **세속적인** worldly 딛 2:12.

κόσμιος, (α), ον [κόσμος] '체면에 대한 기준에 부합하는', **훌륭한, 꽤 괜찮은** respectable ⓐ 의복에 대해 딤전 2:9. ⓑ 성품에 대해 3:2.

κοσμίως [κόσμος] 부사 **멋지게, 근사하게** respectably 딤전 2:9 이문

κοσμοκράτωρ, ορος, ὁ [κόσμος, κρατέω] **세상 통치자** world-ruler 엡 6:12.

** **κόσμος, ου, ὁ** [어원은 불분명] (훌륭한 질서에 대한 요소들이 κόσμος의 모든 용례에서 확인되지만, 그것은 '우주적' 무질서, 특히 도덕적 영역의 무질서와 대조되어 극적으로 나타난다) ① '만족스러운 겉모습을 주는 어떤 것', **치장, 장식품** adornment 벧전 3:3. ② '지구를 포함한 온 우주적 질서', **우주, 세상** universe, world 마 25:34; 요 17:5, 24; 행 17:24; 롬 1:20; 고전 8:4; 엡 1:4; 2:2; 벧전 1:20; 계 13:8; 17:8. 총체적인 악에 대한 비유로 약 3:6. ③ '소우주로서 지구', **세상** world 마 4:8; 막 14:9; 16:15; 눅 12:30; 요 3:17a; 롬 1:8; 고전 7:31; οὗτος로 한정되어 요 11:9; 고전 5:10; 엡 2:2; 요일 4:17. 그 가치를 인식하는 것에 대한 용어로 마 16:26와 병행구; 고전 7:31, 33f; 갈 6:14; 약 4:4; 벧후 2:20. ④ '세상에 사는 사람들', **세상, 세상 사람들** world ⓐ 일반적인 사람들 마 5:14; 13:38; 18:7; 요 1:29; 3:16, 17bc; 4:42; 롬 3:6, 19; 5:12f; 고전 1:27; 고후 5:19; 히 11:7; 약 2:5; 요일 2:2; 벧후 2:5. ⓑ 흔히 특정 부류가 아닌 외부인으로 생각되는 집단 요 7:4, 7; 12:31; 14:22; 15:18f; 18:20; 롬 11:12; 고전 2:12; 3:19; 11:32; 약 1:27; 벧전 5:9; 요일 5:19 (ὁ κόσμος ὅλος = 세상의 나머지).

Κούαρτος, ου, ὁ [라틴어 '네번 째'] **구아도, 쿠아르토스** Quartus 문안 인사에 언급된 이름 롬 16:23.

κουμ [아람어] **일어나라!** stand up! 막 5:41.

κουμι / κράτος, ους, τό

κουμι κουμ의 오래된 형태.

κουστωδία, ας, ἡ [라틴어 차용어] '초병 임무에 파견된 군사집단', **경비대** guard 마 27:65f; 28:11.

κουφίζω [κοῦφος 무게가 '가벼운'] '무게를 덜다', **가볍게 하다** lighten 행 27:38.

κόφινος, ου, ὁ [어원은 불분명] '비교적 크고 단단한 용기'(다양한 크기로 만들어진 것으로 보인다) **바구니** basket 마 14:20와 병행구; 눅 13:8 이문.

κράβαττος, ου, ὁ [라틴어 차용어 grabatus '간이 침대'] '자거나 쉬기 위한 초라한 요', **깔개** mat, 아픈 사람들이 자주 사용하는 막 2:4 등.

* **κράζω** [비교 κραυγή] ① '크게 소리지르며 말하다', **소리지르다, 울부짖다** scream, cry out 막 5:5; 9:26; 15:39 이문; 눅 9:39; 계 12:2. ② '어떤 것을 격렬한 목소리로 표현하다', **크게 외쳐 부르다** call out 마 15:23; 행 7:60; 자주 더욱 강조되어 (ἐν) φωνῇ μεγάλῃ 큰 목소리로 마 27:50; 행 7:57; 계 6:10 등. 확장된 의미로: 내면적인 표현에 대해 롬 8:15; 갈 4:6; 진술의 기초를 이루는 깊은 예언적 감흥에 대해 롬 9:27; 강력한 메시지를 전달하는 사물, 돌들 눅 19:40; 노동자들의 품삯 약 5:4.

κραιπάλη, ης, ἡ [라틴어 차용어 crapula '과음,만취'] '술취해 흥청거림에 관계함', **방탕, 폭식** dissipation, binging 눅 21:34.

κρανίον, ου, τό [κάρα '머리'] **해골** skull, 장소명의 일부로서: Κρανίου Τόπος **해골의 장소** Skull Place 마 27:33; 막 15:22; 요 19:17; 이 단어의 변형 눅 23:33.

κράσπεδον, ου, τό [*κρασ-, πέδον '땅,토지'] 이 용어는 의식에 쓰이도록 고안된 옷의 가장자리(단, 경계)나 의식에 쓰는 **술** tassel 따위도 나타낼 수 있다. 마 9:20; 14:36; 막 6:56; 눅 8:44; 그러나 **술** tassel의 의미로는 마 23:5에서 명확하다.

κραταιός, ά, όν [κράτος] **능력 있는, 권능의** mighty 벧전 5:6.

κραταιόω [κράτος에서 나온 κρατύνω의 후기형] 신약에서는 수동태로만, **강해지다** become strong 눅 1:80; 2:40; 고전 16:13; 엡 3:16.

κρατέω [κράτος] ① '~지배력을 얻다', **고정시키다** secure 행 27:13; **억제하다** restrain 계 7:1; **붙잡다** seize 마 18:28; 21:46; 막 14:1; 행 2:24; 계 20:2; **체포하다** arrest 마 14:3; 막 6:17. 구금에 대한 비유로 요 20:23. ② '굳게 붙잡다', **붙잡다** take hold of 마 9:25; 12:11; 막 3:21; 5:41; 계 2:1. 확장된 의미로 **굳게 유지되다, 간직하다** hold fast, hold to 골 2:19; 살후 2:15; 히 4:14;6:18; 계 2:13-15, 25; 3:11.

κράτιστος, η, ον [κράτος의 최상급] '명예로운 인식'과 관련해서, **매우 훌륭한** most excellent 행 23:26; 호격 형태 눅 1:3; 행 24:3; 26:25.

κράτος, ους, τό [IE 관련하여] '강한 것의 특징', **힘, 완력** strength, might ⓐ

κραυγάζω / κρίμα, ατος, τό

κ.의 잠재적인 면에 초점을 맞추어 행 19:20; 엡 1:19; 골 1:11; 딤전 6:16; 히 2:14; 벧전 4:11; 5:11; 유 25; 계 1:6; 5:13. ⓑ κ.가 나타남에 초점 맞추어 눅 1:51.

κραυγάζω [κραυγή] '큰 소리로 말하다', **외치다, 소리치다** cry (out), shout 마 12:19; 눅 4:41; 요 11:43; 12:13; 19:15; 행 22:23.

κραυγή, ῆς, ἡ [복합적인 어원] **외침, 부르짖음** outcry, shout 마 25:6; 눅 1:42; 행 23:9; 엡 4:31; 히 5:7; 계 21:4(울부짖음).

κρέας, κρέως/κρέατος, τό [산스크리트 연관어] **고기** meat 롬 14:21; 고전 8:13.

κρείττων/κρείσσων, ον, 속격 ονος [산스크리트 연관어] ἀγαθός의 비교급 역할을 한다 '어느 정도의 유익을 얻다' ⓐ 상태나 지위에 있어서 (~보다) **더 나은, 우월한** better, superior (to) 사람. 히 1:4; 사물. 고전 12:31 이문; 히 7:19 등 히브리서에서 자주. ⓑ 가치. **더 좋은, 더 유익을 주는** better, more advantageous 고전 7:9; 11:17; 빌 1:23; 히 6:9; 벧전 3:17; 벧후 2:21. 중성 대격 단수는 부사로 사용된다. 고전 7:38; 히 12:24.

κρέμαμαι κρεμάννυμι을 보라.

κρεμάννυμι [복합적인 어원] ① 타동사 **달다** hang (up) 마 18:6; 눅 23:39; 행 5:30; 10:39. ② 자동사 중간태 **매달리다** hang (on) 행 28:4; 갈 3:13. 비유로 ~에 달려 있다 depend 마 22:40.

κρεμάσας, κρεμάσθεις κρεμάννυμι의 제1부정과거 능동태 그리고 수동태 분사.

κρεπάλη κραιπάλη에 대한 다양한 철자로.

κρημνός, οῦ, ὁ [κρεμάννυμι] **급경사, 비탈** steep slope/bank 마 8:32; 막 5:13; 눅 8:33.

Κρής, ητός, ὁ, 복수 Κρῆτες [Κρήτη] **그레데인, 크레테인** a Cretan 행 2:11; 딛 1:12; 부기(附記).

Κρήσκης, εντος, ὁ [비교 라틴어 *cresco* '증가하다, 자라다'] **그레스게, 크레스케스** Crescens, 바울의 동료 딤후 4:10.

Κρήτη, ης, ἡ [어원은 불분명] **그레데, 크레테** Crete, 그 많은 도시들과 유적으로 유명한 리비아 북쪽의 섬 행 27:7, 12f, 21; 딛 1:5.

κριθή, ῆς, ἡ [복합적인 어원] **보리** barley 계 6:6.

κριθήσομαι κρίνω의 미래 수동태 직설법

κρίθινος, η, ον [κριθή] **보리 가루로 만든** made of barley flour 요 6:9, 13.

κρίμα, ατος, τό [κρίνω] ① '행동을 살피는 것', 전후 사정이나, 결과를 제시하는 문맥에서 ⓐ 평가 과정에 초점 맞추어 **정밀조사, 심판** scrutiny, judgment 마 7:2; 요 9:39; 행 24:25; 갈 5:10; 롬 2:1 이문; 히 6:2; 벧전 4:17. ⓑ 평가 결

κρίνον, ου, τό / Κρίσπος, ου, ὁ

과에 초점 맞추어 **심판, 판단** judgment, decree 롬 11:33; **법적인 판결, 유죄 선고** judicial verdict, condemnation 마 23:13 [14] 이문; 눅 23:40; 롬 2:2f; 3:8; 5:16; 고전 11:29; 딤전 3:6; 유 4; 계 17:1; 18:20. 확장된 의미로 판결을 내릴 수 있는 권위에 대해 계 20:4. ② '소송을 법정으로 가져가다', **소송, 고소** lawsuit 고전 6:7.

κρίνον, ου, τό [어원 미상의 외래어] 고대 작가들은 κ.을 다양한 '백합'을 지시하는 데 사용하였지만, 분명히 신약에서는 다채롭게 자란 야생화에 대하여 사용되었다. **꽃** flower 마 6:28; 눅 12:27.

** **κρίνω** [복합적인 어원] ① '선택을 내리다', 언어유희로 롬 14:5a(하루를 다른 날보다 **선호하다, 더 좋아하다** prefer), 5b(모든 날에 **찬성하다** favor = 모두 똑같이 대하다). 이러한 기본적인 의미에서 다음 의미들이 나온다. ② '행동 분석 및 평가의 대상이 되다', **판단하다** judge, 전후 사정이나 결과를 나타내는 문맥에서 ⓐ 본질적인 평가에 초점 맞추어 **심판하다** judge 마 19:28; 눅 22:30; 행 17:31; 25:9; 26:6; 롬 2:12, 16; 3:4; 고전 5:12f; 딤후 4:1; 약 2:12; 계 20:12f. ⓑ 소송 절차, 그리고 주로 경멸적인 측면을 강조하여 대부분 법적인 의미로 **판단하다, 판결내리다, 비판하다** judge, pass judgment on, condemn 마 7:1; 눅 19:22; 요 3:17f; 5:22, 30; 7:24, 51; 8:15f; 12:47; 16:11; 18:31; 행 7:7; 13:27; 23:3; 롬 2:1; 3:7; 14:13, 22; 고전 10:29; 11:31(형벌로 이해되어); 골 2:16; 히 13:4; 약 4:11; 5:9; 계 6:10; 18:8; 19:2. **법정으로 가다, 고발하다** go to court (with), press charges 마 5:40; 고전 6:1. ③ '결론을 이끌어내다', 사고 과정에 초점 맞추어, **판단하다, 결론에 이르다, 결정하다, 숙고하다** judge, come to a decision, decide, consider 눅 7:43; 12:57; 행 3:13; 4:19; 13:46; 15:19; 16:4, 15; 20:16; 21:25; 26:8; 27:1; 고전 2:2; 4:5; 7:37; 11:13; 고후 5:14; 딛 3:12; 벧전 1:17. 인간의 견해가 역할을 담당하는 벧전 4:6 본문도 여기에 속하는 것으로 보인다.

κρίσις, εως, ἡ [κρίνω] ① '행위에 대한 면밀한 조사' ⓐ 본질적인 평가에 초점 맞추어 **심판** judgment 마 10:15; 눅 10:14; 11:32; 요 5:22, 27; 12:31; 16:11; 히 9:27; 1요 4:17; 유 6; 계 14:7. ⓑ 소송 절차, 그리고 주로 경멸적인 측면을 강조하여 대부분 법적인 의미로 **판결, 형벌** judgment 마 23:33; 요 5:24, 29; 살후 1:5; 딤전 5:24; 히 10:27; 약 2:13; 5:12; 벧후 2:4; 유 15; 계 16:7; 18:10; 19:2. ② 환유적으로, 사법 행정을 책임지는 지역 법정(특히 이스라엘 전통에서) **재판소, 법원** tribunal 마 5:21f. ③ 구원을 이루는 도움에 관해, **심판** judgment 마 12:18. 관련된 맥락에서 ④ 책임 있는 올바른 결정에 대해 **정의, 판단** judgment 눅 11:42; 행 8:33.

Κρίσπος, ου, ὁ [로마식 명칭; 비교 라틴어 *crispus* '곱슬머리를 가진'] **그리스보, 크리스포스** Crispus, 고린도의 회당장 행 18:8; 고전 1:14.

333

κριτήριον, ου, τό / κρυφῇ

κριτήριον, ου, τό [κριτής] ① '법적인 토론회' **법원, 재판소** court, tribunal 약 2:6. ② '법적인 암시를 가진 논쟁', **사건, 소송** matter, case 고전 6:2, 4.

κριτής, οῦ, ὁ [κρίνω] ① **재판관** judge, 공식적인 사법상의 역할을 강조하여 마 5:25; 눅 12:14, 58; 18:2; 행 10:42; 18:15; 24:10; 딤후 4:8; 히 12:23; 약 4:12; 5:9. 확장된 의미로 마 12:27; 약 2:4; 4:11. ② 이스라엘 초기 역사에서 사무엘 같은 지도자를 가리키는 특별한 의미로 **사사, 판관** judge 행 13:20.

κριτικός, ή, όν [κρίνω] 평가/판단하기에 충분한 competent to evaluate/judge 히 4:12.

κρούω [리투아니아어 연관어] 두드리다, 노크하다 knock 신약에서는 항상 문두드림에 대해서 마 7:7 등.

κρυβῆναι κρύπτω 제2부정과거 수동태 부정사

κρύπτη, ης, ἡ [κρύπτω; '물건을 숨긴 어떤 장소', 지하실이나 저장고 같이 어둡다는 암시를 가진] **지하실, 밀실** cellar 눅 11:33.

κρυπτός, ή, όν [κρύπτω] '대중에게 드러나지 않거나 인식할 수 없는' ⓐ **감춰진, 비밀스런, 사적인** hidden, secret, private 마 10:26. ἐν τῷ κ. **비밀로** in secret, 언어유희로 마 6:4a, 6a(= '공개적인 노출 없이'); 4b, 6b(드러나지 않고 하나님만 보시는); 유사하게 ἐν κρυπτῷ 요 7:4, 10; 18:20. ⓑ 도덕적인 측면이 내포되어 롬 2:16; 고전 4:5; 14:25; ὁ κρυπτὸς τ. καρδίας ἄνθρωπος 겉으로 꾸밈을 강조하는 것과 상대적으로 속에 있는 것으로 규정되는 사람 벧전 3:4; τὰ κ. τῆς αἰσχύνης 창피해서 숨겨두어야 할 일 hidden shameful stuff 고후 4:2. 관계된 방식으로: ὁ ἐν τῷ κρυπτῷ Ἰουδαῖος 내적으로 유대인인 사람 롬 2:29.

κρύπτω [복합적인 어원] '시야에 들어오지 않다', **감추다, 숨기다** hide ⓐ 사물. 마 5:14; 25:18, 25; 눅 13:21. 은유적으로 마 11:25; 13:35; 눅 11:52 이문; 18:34; 19:42; 골 3:3; 딤전 5:25; 계 2:17. ⓑ 사람. 히 11:23; 계 6:15f; 공개적으로 보여지기를 거부함에 관하여 요 8:59; 12:36; 확장된 의미로 비밀스러운 헌신으로 추정하는 것에 관하여 κεκρυμμένος 비밀로, 드러내지 않고 in secret 요 19:38.

κρυσταλλίζω [κρύσταλλος] κ.로 암시되는 벽옥(碧玉)의 독특한 성질 계 21:11. 그러나 보통은 불투명한 이 돌의 투명도나 밝음이 어떻게 드러나는지에 대해서는 단정내릴 수 없다. 어느 정도 비슷한 어구는 ὡς λίθῳ ἰάσπιδι κρυσταλλίζοντι인데 "빛나는 순수한 벽옥 같다"고 옮길 수 있다.

κρύσταλλος, ου, ὁ [κρύος '서리'] **수정(水晶)** rock crystal 계 4:6; 22:1.

κρυφαῖος, α, ον [κρύπτω, 비교 완료형. κέκρυφα] '드러나게 보이거나 알려지지 않은', **감춰진, 숨겨진** hidden ἐν τῷ κ. **은밀하게, 비밀스럽게** in secret, 숨겨진 것을 살피시는 하나님의 능력에 관하여 마 6:18.

κρυφῇ [κρύπτω] 부사 **은밀히, 숨어서** in secret 엡 5:12.

κτάομαι [산스크리트 연관어] '~을 소유로 얻다' ⓐ **획득하다, 얻다** acquire, get 눅 18:12; 행 1:18; 8:20; 22:28; 살전 4:4. ⓑ **안전을 확보하다, 쟁취하다** make secure, win 눅 21:19. ⓒ **지니다, 가지고 다니다** provide oneself with 마 10:9.

κτῆμα, ατος, τό [κτάομαι] '얻어낸 무엇', **소유, 재산** possession, property ⓐ 복수 자신이 가지고 있거나 임차한 **소작지, 재산** holdings이라는 의미로 보인다. 마 19:22; 막 10:22; 행 2:45. ⓑ 단수 실제 재산의 일부 행 5:1.

κτῆνος, ους, τό [이전 항목과 비교] (길들여진) **짐승** (domesticated) animal ⓐ **짐승, 동물** animal 일반적인 의미로, 길들여진 네 발 짐승으로 보임 고전 15:39. ⓑ **소** cattle 계 18:13. ⓒ **태우다** mount 눅 10:34(나귀); 행 23:24(말).

κτήτωρ, ορος, ὁ [κτάομαι] **소유한 사람** owner 행 4:34.

κτίζω [산스크리트 연관어] **만들다, 창조하다** create, 신약에서는 항상 하나님의 역사(役事)와 관련하여 마 19:4; 막 13:19; 롬 1:25; 고전 11:9; 엡 2:10; 골 1:16; 3:10; 딤전 4:3; 계 4:11; 10:6.

κτίσις, εως, ἡ [κτίζω] ① '존재하도록 만드는 행위', **창조** creation 롬 1:20. ② '창조행위의 산물' **창조물** creation 막 10:6; 13:19; 16:15; 롬 1:25; 8:19; 고후 5:17; 갈 6:15; 골 1:15, 23; 히 4:13; 9:11; 벧후 3:4; 계 3:14. ─ 인간이 세운 정돈된 체계나 질서라는 특별한 의미로 ἀνθρωπίνη κτίσις 인간의 제도, 권위 human institution 벧전 2:13.

κτίσμα, ατος, τό [κτίζω] '창조된 존재', 신약에서는 항상 하나님의 역사에 의한 산물 ⓐ 일반적으로 생물, 무생물의 제한 없이 **창조물** creation, 약 1:18. ⓑ 생명이 있는 존재에 관해 **생물, 피조물** creature, 하늘에 있는 계 5:13; 바다에 있는 8:9. ⓒ **지으신 것, 창조된 것** created thing, 제의적인 문맥에서 딤전 4:4.

κτίστης, ου, ὁ [κτίζω] **창조자, 창조주** creator, 하나님과 관련하여 벧전 4:19.

κυβεία, ας, ἡ [κύβος '정육면체, 정육면체 주사위'] **야바위, 속임수** skulduggery, trickery 엡 4:14.

κυβέρνησις, εως, ἡ [κυβερνάω '인도하다'] **지도력** ability to guide, 복수 다양한 형태의 지도하는 능력에 대해 고전 12:28.

κυβερνήτης, ου, ὁ [이전 항목과 비교] '배의 책임을 맡은 사람', **선장(船長)** shipmaster, captain 행 27:11; 계 18:17.

κυβία κυβεία를 보라.

κυκλεύω [κύκλος] **둘러싸다, 에워싸다** encircle, surround 요 10:24; 계 20:9.

κυκλόθεν [κύκλος] 부사 **주변에** around 계 4:3f; **도처에** all around 8절.

κύκλος κύκλῳ를 보라.

κυκλόω [κύκλος] **둘러싸다, 포위하다** surround, encircle ⓐ 둘러싸인 어떤 위치의 채택과 관련해서 눅 21:20; 요 10:24; 행 14:20. ⓑ 주위를 도는 움직임과 관

κύκλῳ / κυριακός, ή, όν

련해서 히 11:30.

κύκλῳ [κύκλος '원(circle)'] 장소의 여격 ⓐ 고정된 지점의 **주위에, 둘레에** in a circle, around 막 3:34; 계 4:6; 5:11; 7:11. ⓑ 어떤 지역 안에서 접촉한 지점의 **주변, 부근** round about 막 6:36; 눅 9:12; **두루** in a circuit 롬 15:19.

κύλισμα, ματος, τό κυλισμός에 대한 이문.

κυλισμός, οῦ, ὁ [κυλίω] **구르기, 뒹굴기** rolling, wallowing 벧후 2:22.

κυλίω [비교 κυλίνδω '구르다'] **나뒹굴다** roll 눅 23:53 이문; 능동 의미의 수동태로, 몸부림치는 방식의 움직임에 대해 막 9:20.

κυλλός, ή, όν [비교 κῶλον] 손이, **장애를 가진, 불구인** maimed κόπτω에서 표현한 것과 일치하여 마 18:8; 막 9:43. 명사로서 특별한 신체 부분을 나타내지 않았으나 손이나 발에 해당되어 마 15:30f.

κῦμα, ατος, τό [비교 라틴어 *cumulus* '수북이 쌓인 많은 양', 예를 들어 '물'] **물결, 파도** wave 마 8:24; 14:24; 막 4:37; 행 27:41. 비유로 유 13.

κύμβαλον, ου, τό [κύμβη '잔'] **심벌즈, 꽹과리** cymbal 고전 13:1.

κύμινον, ου, τό [셈어 차용] **쿠민, 애기회향** cumin 향신료로 사용하는 cuminum cyminum 식물의 열매 또는 씨 마 23:23.

κυνάριον, ου, τό [κύων의 지소사] **개, 강아지** dog 지소사(diminutive)로 표현되어 상대적인 크기와 상관없이 집안에서 키울 수 있는 개를 나타낸다. 마 15:26f; 막 7:27f.

Κύπριος, ου, ὁ [Κύπρος] **구브로 사람, 키프로스 사람** a Cyprian 구브로에 사는 사람 행 4:36; 11:20; 21:16.

Κύπρος, ου, ἡ [어원은 불분명] **구브로, 키프로스** 안디옥 남서쪽, 크레테 동쪽의 섬 행 11:19 등.

κύπτω [κυφός '앞으로 구부린, 구부정한'] **(허리나 몸을) 구부리다** bend (over/ down) 막 1:7; 요 8:6, 8 이문.

Κυρεῖνος Κυρήνιος를 보라.

Κυρηναῖος, ου, ὁ [다음 항목을 보라] **구레네 사람, 키레네 사람** a Cyrenian 마 27:32; 막 15:21; 눅 23:26; 행 6:9; 11:20; 13:1.

Κυρήνη, ης, ἡ [어원은 불분명] **구레네, 키레네** Cyrene, 퀴레나이카 원로원 선출 주(州)의 수도 행 2:10.

Κυρήνιος/Κυρίνιος, ου, ὁ [라틴어 *Quirinus*, 로마 부족 중 하나의 이름] **구레뇨, 퀴레니오스** Quirinius, 시리아 지역의 로마 통치자 눅 2:2.

κυρία, ας, ἡ [비교 κύριος] **여주인, 귀부인** mistress 요이 1, 5(κ.가 어떤 개인을 언급하는지 지역 교회에 대해 비유인지를 분명하게 결정할 수는 없다).

κυριακός, ή, όν [κύριος] **주님에 관한** = **주님의** of the Lord = the Lord's 고전

11:20; 계 1:10.

κυριεύω [κύριος] '특별한 통치 권한을 행사하다', 통치자와 통치받는 대상 사이의 거리감에 초점 맞추어, 속격 ~을 **지배하다** be lord (over) 눅 22:25; 롬 6:9, 14; 7:1; 14:9; 고후 1:24; 단독으로 딤전 6:15.

*** **κύριος, ου, ὁ** [κῦρος '최고의 권력'] ① '소유를 통해 다스리는 사람' ⓐ 사물의 **임자, 주인** owner 마 20:8; 눅 19:33; **주인** lord, master 마 9:38; 갈 4:1. ⓑ 노예, 종의 **주인** master 마 6:24; 10:24; 24:48; 눅 12:47; 14:21; 요 13:16; 행 16:16; 롬 14:4. ② '권력이나 높은 지위로 존중받는 사람', **주, 주인님** lord, master (개인적인 언급에서는 영어의 sir와 같은 의미를 가지는 것으로 보인다) ⓐ 사람들의 사회 체계 안에서 특별한 권한을 가졌다고 인식되는 사람: **족장** 벧전 3:6; **아버지** a father 마 21:30; **정부 관리** 27:63; **로마 황제** 행 25:26 또는 비슷한 유형의 **통치자** 계 17:14b; **천상 회의의 장로들** 7:14. ⓑ **신격화된 어떤 사람** 고전 8:5; 비교 바울과 실라에 대한 언급에서 행 16:30. ⓒ **천상의 사자(使者), 천사(天使)** 행 10:4. ⓓ 이스라엘의 하나님 대부분 관사 없이, 그리고 특히 칠십 인경에 대한 인용에서(비교 신성 사문자 the Tetragrammaton를 다룰 때) 마 1:20 등; 관사 동반 마 5:33; 막 5:19; 눅 1:6; 행 4:26; 7:33; 고전 11:23a; 히 8:2; 약 1:7; 4:15 ⓔ **예수, 예수 그리스도, 메시아, 인자** Jesus/Jesus Christ/Messiah/Son of Man 등 다양하게 마 12:8; 20:31; 22:43; 막 2:28; 16:19; 눅 1:43; 2:11; 7:13 등 누가복음에서 자주; 요 20:18; 행 2:36; 10:36; 18:25; 롬 1:4; 10:12; 12:11; 16:12; 고전 4:17; 6:13f; 11:23b; 골 1:10; 몬 3; 히 1:10; 2:3; 7:14; 벧전 1:3; 벧후 1:11, 14; 계 17:14a; 명백한 언어유희로 막 11:3; 사람에 관해, 예수께 말하며 마 8:2, 25; 눅 18:41; 요 5:7. ⓕ 하나님인지 그리스도인지 특정하지 않음 고전 4:19; 7:17; 살전 4:6; 살후 3:16.

κυριότης, ητος, ἡ [κύριος] **주권, 지배** lordship/dominion, 특별한 권세의 소유자들에게 의미가 옮겨져서 엡 1:21; 골 1:16; 벧후 2:10; 유 8.

κυρόω [κῦρος '권위', 또한 '확인, 타당성'] '확신을 주다, 보증하다', **입증하다, 실증하다** validate, ratify, 법률 용어로서 as legal term 갈 3:15; **단언하다, 확인해주다** affirm, confirm 고후 2:8.

κυσί κύων 여격 복수.

κύων, κυνός, ὁ [산스크리트 연관어] **개** dog 눅 16:21; 벧후 2:22; 비유로, **사람. 그들이 받은 메시지에 대해 관심이 없거나 적대적인 사람** 마 7:6; 빌 3:2; 계 22:15.

κῶλον, ου, τό [비교 κόλος '떼어낸 일부'] 복수 **시체** corpse 히 3:17 (민 14:33).

κωλύω [κόλος '떨어져 나간 일부분'] ① '(누가) (어떤 일) 하는 것을 멈추다', **금하다, 가로막다** prevent 마 19:14; 막 9:38f; 눅 11:52; 행 8:36; 16:6; 롬 1:13; 고전

κώμη, ης, ἡ / κωφός, ή, όν

14:39; 살전 2:16; 딤전 4:3; 히 7:23; 요삼 10. 비교 벧후 2:16. 관계된 의미로 ② **거절하다** withhold 눅 6:29(어떤 대상이 금지되었다는 의미로 전환되어); 유사하게 행 10:47.

κώμη, ης, ἡ [κεῖμαι] 마을 village. πόλις보다 더 작고 유명하지 않은 마 9:35; 막 6:36, 56; 눅 5:17; 9:52; 13:22; 요 7:42; 11:1; 환유적으로, **마을 사람들** 행 8:25.

κωμόπολις, εως, ἡ [κώμη, πόλις] 행정상 마을의 지위를 가지고 있는 성읍. 다음의 의미와 가깝다: **작은 성읍, 시골 읍** small town or country town 막 1:38.

κῶμος, ου, ὁ [복합적인 어원] **난잡한 유흥, 잔치 벌임** unseemly reveling/partying 롬 13:13; 갈 5:21; 벧전 4:3.

κώνωψ, ωπος, ὁ [어원은 불분명] 어떤 종류인지 결정하기 어려운 작은 날벌레, **각다귀, 날파리** gnat 등으로 보인다. 마 23:24.

Κώς, Κῶ, ἡ. 대격 **Κῶ** [어원은 불분명] **고스, 코스** Cos, 밧모 섬과 로도스 섬 사이에 있는 애게해의 섬 행 21:1.

Κωσάμ, ὁ [히브리어 '점쟁이'] 격변화 없음. **고삼, 코삼** Cosam, 예수의 조상 눅 3:28.

κωφός, ή, όν [비교 κηφήν '수벌'] ① '말을 분명히 표현할 수 없는', **말 못하는, 벙어리의** mute, 마 9:32f; 12:22; 15:30f; 눅 1:22; 11:14. ② '청력이 결핍된', **청각장애의, 귀머거리의** deaf 마 11:5; 막 7:37; 9:25; 눅 7:22.

Λ / λαλιά, ᾶς, ἡ

λʹ 숫자표시 = 30 눅 3:23 이문.

λάβε, λαβεῖν, λάβοι, λαβών λαμβάνω 제2부정과거 능동태 명령법, 부정사, 희구법 3인칭 단수, 그리고 분사.

λαγχάνω [어원은 불분명] ① (제비 뽑은) 추첨의 결과에 대해, **제비뽑아 얻다, 뽑아내다** obtain by lot, draw, 성서 내용 가운데서는 사건에 대한 하나님의 통제하심에 초점 맞추어, ἔλαχε τοῦ θυμιᾶσαι "제사드려야 하는 의무, 권리를 뽑다" 눅 1:9; ἔλαχεν κλῆρον **한 몫을 얻다** 행 1:17; 믿음 받는 것에 적용시켜 벧후 1:1. ② 추첨의 과정에 대해, **제비뽑다, 제비로 결정하다** have a drawing, determine by lot 요 19:24.

Λάζαρος, ου, ὁ [히브리어 '하나님께서 도우셨도다'로 추정] **나사로, 라자로스** Lazarus ① 마리아와 마르다의 형제 요 11:1f, 5, 11, 14, 43; 12:1f, 9f, 17. ② 예수께서 말씀하신 이야기에 나오는 걸인의 이름 눅 16:20, 23-25.

λαθεῖν λανθάνω 제2부정과거 능동태 부정사.

λάθρᾳ [λανθάνω] 부사 '공개적으로 노출되지 않고', **은밀하게, 비밀스럽게** secretly 마 1:19; 2:7; 막 5:33 이문; 요 11:28(아마도 '속삭이며'로 보임); 행 16:37.

λαῖλαψ, απος, ἡ [어원은 의문의 여지가 있음. 어느 정도 λαπίζω '으스대다, 자랑하다'와 연관되어] **맹렬한 폭풍우** furious storm 벧후 2:17; ἄνεμος과 더불어 **거센 폭풍우** violent windstorm 막 4:37, 눅 8:23.

λακάω [비교 λάσκω] **터지다** burst open 행 1:18.

λακτίζω [λάξ 부사 '발꿈치로, 발로'] **차다, 뻗다** kick 행 26:14.

λαλέω [산스크리트 연관어] ① '소리 내다', **소리나다 to sound, 나팔을 부는 것에 대한 비유로 계 4:1; 천둥에 관해 10:4; 피에 대해 히 11:4; 12:24. ② '진술하다' ⓐ (~에 대해) **말하다, 이야기하다** speak (about), talk (about) 마 10:20; 12:34a 그리고 신약 전반에 걸쳐. 말하거나 정확히 발음하는 능력이 회복되는 것에 관하여 마 9:33; 막 7:35, 37; 눅 1:64. 명사로서 행 13:45; 16:14. ⓑ **말하다** tell 마 9:18; 13:3; 막 2:2; 눅 2:20; 요 8:25, 40; 14:25; 16:1; 행 9:6; 27:25. 명사로서 눅 1:45. ⓒ **이야기하다, 발언하다** say, utter 마 10:19; 12:34b, 36; 요 18:20; 19:10; 롬 3:19; 고전 15:34; 고후 4:13; 7:14.

λαλιά, ᾶς, ἡ [이전 항목과 비교] **말, 말씨** speech, 무엇을 말하는 특정 방식에 초점 맞추어: 지역적인 발음에 관해 마 26:73; 비상한 이야기에 관해 요 4:42; 제

λαμά / λανθάνω

시하는 방식에 관하여 요 8:43 (λόγος '말씀, 메시지'와 대조해서).

λαμά [히브리어] **어째서, 어떤 이유로?** why? 마 27:46 이문; 막 15:34 이문.

λαμβάνω [부정과거 형태 ἔλαβον으로부터 발전되어] 일반적으로 이 동사는 어떤 사람이나 사물이 어떤 위치나 실체에서 행위자인 다른 행위자로 옮겨짐을 표시한다. 또한 다른 행위자는 수신자일 수도 있으며, 이런 이유로 수동태와 능동태 측면에서 '취하다, 받다'에 해당한다. ① 능동적 양상 ⓐ **취하다 take 다양한 사물이나, 사람을 취한 것에 대해 마 5:40; 13:20, 31, 33; 14:19; 15:26, 36; 16:7, 8 이문, 9 ('얻다'); 17:25, 27; 25:1; 26:26; 27:6, 9, 48, 59; 막 12:19-21; 요 12:3; 19:30; 빌 2:7; 3:12; 히 5:1(택한 사람에 대해); 11:29('시험하다'), 36('~을 생생히 겪다'); 약 5:10; 계 5:8f. —압도되는 상황이나 상태에 관해 눅 5:26; 9:39; 고전 10:13. ⓑ 강압적인 행동에 관해 **잡다, 붙잡다** take, seize 마 21:35, 39. ⓒ 너그러운 행동에 관해 마 8:17. ⓓ 숙어: συμβούλιον λαβεῖν **상담하다, 협의하다**(= 라틴어 *consilium carpere*) 마 12:14; 27:1,7; 28:12; λαμβάνειν πρόσωπον **편애하다** 눅 20:21; 갈 2:6. ② 수동적 양상 ⓐ 일반적으로 **받다** receive 마 10:8; 행 20:35. ⓑ 받는 다양한 물건을 **받다, 취하다, 얻다** receive, take, get 마 19:29; 20:9f; 막 10:30; 눅 20:47; 요 6:7; 13:30; 행 1:20; 2:33; 8:15; 롬 5:11; 고전 3:8; 9:24; 11:24 이문; 고후 11:24; 갈 3:2; 딤전 4:4; 딤후 1:5; 히 2:2; 4:16; 9:15; 11:35; 약 1:12; 벧전 4:10; 요일 2:27; 계 14:9; 22:17. ⓒ 요청 및 응답 받음에 대해 **받다** receive 마 7:8; 눅 11:10; 요 16:24; 약 4:3. ⓓ 짐을 짊어짐에 관하여 (짊어) **지다** take (up) 마 10:38. ⓔ 환대에서 오는 유익에 관해 **받다** receive 마 10:41.

Λάμεχ, ὁ [히브리어] 격변화하지 않음. **라멕** Lamech, 예수의 조상 눅 6:36.

λαμπάς, άδος, ἡ [λάμπω] '불밝히는 도구' ⓐ **횃불** torch, 의식(儀式)이나 축제 행진에서 사용하는 종류 요 18:3; 계 4:5; 8:10. 마 25:1, 3f, 7f 이 구절들은 여기에 속하는지 ⓑ항에 속하는지에 대해서는 논란의 여지가 있다. ⓑ **등불** lamp, 가정에서 사용하는 작은 종류로 질그릇 안에 심지가 있는 형태 행 20:8.

λαμπρός, ά, όν [λάμπω] '밝음이 있는' ⓐ 옷에 관해 **우아한, 품격 있는** elegant 눅 23:11; 행 10:30; 약 2:2f; 계 15:6; 19:8. ⓑ 물에 관해 **반짝거리는** sparkling 계 22:1. ⓒ 샛별(금성)에 관해 **밝은, 빛나는** bright 계 22:16. ⓓ 집합적으로 의미가 확장되어 **호화로운** luxurious πάντα τὰ λιπαρὰ καὶ τὰ λαμπρά "너의 호화롭고 찬란한 모든 것들이 사라졌도다" 계 18:14.

λαμπρότης, ητος, ἡ [λαμπρός] **빛, 밝음** brightness 행 26:13.

λαμπρῶς [λαμπρός] 부사 **호화롭게** elegantly 눅 16:19.

λάμπω [복합적인 어원] '빛의 광선을 발하다' ⓐ **비추다** shine 마 5:15; 17:2; 눅 17:24 (번쩍이다); 행 12:7; 고후 4:6a. ⓑ 비유로 마 5:16; 고후 4:6b.

λανθάνω [비교 λήθη 그리고 ἀλήθεια (= '감춰지지 않은 것')] (알아차리지 못하도

록) **숨어 있다, 피하다** escape notice (of) 막 7:24; 눅 8:47; 행 26:26; 히 13:2 (무엇을 행함에 관해, 알아차리지 못하고 또는 부지 중에); 벧후 3:5, 8.

λαξευτός, ή, όν [λᾶας '돌', ξέω '자르다, 손질하다(예를 들어, 긁어내거나, 문질러서)'] '암석 구조물 내에서 세공하고 모양을 만드는', **바위를 쪼아 만든, 바위를 세공한** rock-hewn, cut out of rock 눅 23:53.

Λαοδίκεια, ας, ἡ [λαός, δίκη] **라오디게아, 라오디케이아** Laodicea, 에베소 동쪽 소아시아에 있는 도시 골 2:1; 4:13, 15f; 계 1:11; 3:14.

Λαοδικεύς, έως, ὁ [이전 항목을 보라] **라오디게아 사람** a Laodicean 골 4:16.

** λαός, οῦ, ὁ [어원은 불분명] '사람들의 어떤 집단', **사람들, 무리들, 백성들** people ⓐ 사람에 대해, 어떤 위치나 장소에 모여 있는 눅 1:10; 3:15; 6:17; 행 3:9; 4:1; 10:2; 21:40; 고전 10:7. ⓑ 지리적으로나 민족적으로 이해되는 집단에 대해 계 5:9. ⓒ 하나님과 연관되는 백성의 무리, 특별히 전통적인 이스라엘을 포함하여 마 1:21; 눅 2:10; 요 11:50; 행 3:23; 10:2; 롬 11:1; 고후 6:16; 딛 2:14; 히 2:17과 히브리서에서 자주; 벧전 2:9; 벧후 2:1; 유 5; 계 18:4; 21:3.

λάρυγξ, γγος, ὁ [어원은 불분명] **목구멍** throat 롬 3:13.

Λασαία/Λασέα, ας, ἡ [어원은 불분명] **라새아** Lasea, 크레테 남부 해안에 있는 도시 행 27:8.

λάσκω [복합적인 어원] 고대 작가들이 갑자기 귀에 강하게 들리는 다양한 소리와 관련하여 사용한 이 동사는, ἐλάκησεν 행 1:18 형태의 원형으로 잘못 주장되었다. 그 형태는 λακάω의 제1부정과거 능동태 직설법이다. 해당 단어의 항목을 보라.

λατομέω [λάτομος '석수(石手)'] '바위를 떼어내어 구멍을 만들다', **돌을 뜨다, 바위를 자르다** cut in a rock 마 27:60; 막 15:46; 눅 23:53 이문.

λατρεία, ας, ἡ [λατρεύω] **제의적 헌신** cultic devotion 요 16:2; 롬 9:4; 12:1; 히 9:1, 6.

λατρεύω [λάτρις '고용된 하인', 또한 자주 하나님께 드리는 예배와 관련하여] ① '제례적인 행위를 수행하다', 엄격하게 종교적인 측면으로 **섬기다, 봉사하다** minister, serve 눅 2:37; 행 7:7, 42; 롬 1:25; 히 8:5; 9:9; 13:10; 계 7:15; 22:3. ② 제례적인 행동의 범위를 넘어서 '경의를 표하고, 헌신을 바치다', **섬기다** serve 마 4:10; 눅 1:74; 4:8; 행 24:14; 27:23; 롬 1:9; 빌 3:3; 딤후 1:3.

λάχανον, ου, τό [λαχαίνω '파다'] '식용으로 사용되는 식물', **푸성귀, 채소** garden herb, vegetable 마 13:32; 막 4:32; 눅 11:42; 롬 14:2.

λαχοῦσιν λαγχάνω 여격 복수 제2부정과거 능동태 분사

λάχωμεν, λαχῶσιν λαγχάνω 제2부정과거 능동태 가정법 1인칭 복수 그리고 분사.

Λεββαῖος, ου, ὁ [히브리어] **레바이오스** Lebbaeus, 사도 중 한 사람으로 이름

λεγιών, ῶνος, ἡ / λειτουργία, ας, ἡ

올린 마 10:3 이문; 막 3:18 Θαδδαῖος에 대한 이문, 해당 항목을 보라.

λεγιών, ῶνος, ἡ [라틴어 차용어: legio 'legion'] '가장 큰 로마군의 부대 단위', 아우구스투스 시대에는 보조 병력을 제외하고 대략 6,000명 정도의 병사가 모인 단위였다. **군단(軍團)**, 레기온 legion, 의미가 확장되어 수량적인 측면을 강조한다. 마 26:53; 막 5:9, 15; 눅 8:30.

*** **λέγω** [비교 라틴어 lego '뽑다, 읽다'] '발언하다, 언설하다', 구두(口頭)나 기록 형태 어느것으로든지 ⓐ **말하다** say, 단순한 언급이나 강한 주장에 이르기까지 다양한 문맥상의 의미 가운데(이 의미는 매우 폭넓게 표현할 수 있다. 말하다, 선포하다, 명령하다, 명하다, 확인하다, 권하다, 보고하다 등) 마 1:20; 3:2; 4:10 (사실상 = 대답하다); 9:14 (사실상 = **묻다**); 21:45; 막 1:15;3:3; 눅 5:36; 13:6; 요 2:3; 18:34; 행 1:3; 23:8, 30; 롬 2:22; 9:1; 10:16; 고전 1:10; 14:16; 고후 8:8; 갈 3:17; 엡 4:8, 5:32; 빌 3:18; 골 2:4; 살전 4:15; 딤후 2:7; 딛 2:8; 몬 19; 히 5:11 (표현하기 어려운 무엇인가에 대해); 약 2:14; 벧후 3:4; 1 요 2:4; 5:16; 요이 10; 유 14; 계 1:8. ⓑ **언급하다, (~에 대해) 이야기하다** refer to, talk (about) 막 14:71; 눅 21:5; 고전 10:29; 갈 5:16; **언급하다, 거론하다** mention 막 7:36; 엡 5:12. ⓒ **부르다, 이름하다** call, name, 사람이나 어떤 존재들에 대해. 마 1:16; 10:2; 26:14; 27:17; 막 10:18; 12:37; 눅 18:19; 20:37; 요 5:18; 9:11; 15:15; 20:24; 고전 8:5; 엡 2:11; 골 4:11; 계 2:9, 20; 3:9; 장소나 마을에 대해 마 2:23; 26:36a; 27:33a; 요 4:5; 19:17a. —음사(音寫). 또는 특징을 나타내는 별명으로 ~**을 뜻한다, 의미한다** mean(s) 마 27:33b; 요 4:25; 19:17b; 11:16; 20:16c; 21:2.

λεῖμμα, ατος, τό [λείπω] '더 큰 집단의 남아 있는 부분', **남은 자** remnant 롬 11:5.

λεῖος, α, ον [IE, 비교 라틴어 levis '부드러운'] '울퉁불퉁하지 않은', 길에 대해 **부드러운, 평평한** smooth, level 눅 3:5.

λείπω [산스크리트 연관어] ①타동사 '어떤 일에 대해 부족하게 하다', 수동태 **부족하다, 불충분하다** lack: 인간성의 측면에서 약 1:4f; 물질적인 공급원에 관해 2:15. ②자동사 '불충분함 때문에 일이 주의를 요하는 상태에 있다', **부족하다, 다 하지 못하다** lack 딛 1:5; 3:13; 언어유희로 상업적인 문맥에서 ἕν σοι λείπει " 한 가지 일이 너에게 부족하다 = 한 가지 일이 너를 지체시킨다" 눅 18:22.

λειτουργέω [λειτουργός; 보통 지중해 세계에서 자신의 다양한 능력을 희생하여 '국가에 봉사하다'는 의미로 사용한다. 여기에는 제례적인 일들도 포함이 된다] '(공적인) 봉사를 하다', **봉사하다, 복무하다** serve ⓐ 제례적인 것과 관련 일들에 대해 행 13:2; 히 10:11. ⓑ 물질적인 일들에 대해 롬 15:27.

λειτουργία, ας, ἡ [λειτουργέω] **직무, 예배** service, 이전 항목을 보라 ⓐ 제례적인 일들에서 눅 1:23; 히 8:6; 9:21; 확장된 의미로 빌 2:17. ⓑ 물질적인 일에

서 **도움을 행하다** 고후 9:12; 빌 2:30.

λειτουργικός, ή, όν [λειτουργός] **특별한 직무에 관계된** 히 1:14.

λειτουργός, οῦ, ὁ [λαός, ἔργον] '특별한 직무에 관계된 사람', 제의나 다른 일 롬 13:6; 15:16; 빌 2:25; 히 1:7; 8:2.

Λέκτρα, ας, ἡ [이름의 유래는 불분명하다] **렉트라** Lectra, 아퀼라의 아내 딤후 4:19 이문.

λεμά [아람어] **왜, 어째서? why?** 마 27:46; 막 15:34.

λέντιον, ου, τό [라틴어 차용어: linteum '린넨 천'] **수건** towel, 린넨이나 유사한 직물로 만든 요 13:4f.

λεπίς, ίδος, ἡ [λέπω '벗겨내다, 벗기다 strip off, peel'] '작은 껍질, 막으로 이루어진 구조', **비늘** scale, 직유법으로 행 9:18.

λέπρα, ας, ἡ [λεπίς를 보라] λ.라는 단어는 수많은 피부 질환에 사용되었고, 그리고 성서에 나오는 모든 사례가 한센병에 적합하지 않기에 보통 문둥병으로 알려진 λ.는 제의적으로나 사회적으로 배척당하는 피부병 종류로 옮기는 것이 좋다. 마 8:3; 막 1:42; 눅 5:12f.

λεπρός, ά, όν [λεπίς를 보라] **피부병으로 고통을 받는** afflicted with a skin disorder 눅 17:12. 명사로서 ὁ λεπρός "피부 질환을 앓는 사람" 마 8:2; 10:8; 막 1:40; 눅 4:27; 베다니의 시몬이라는 이름을 가진 이의 별명 마 26:6; 막 14:3. 이전 항목을 보라.

λεπτός, ή, όν [λέπω '벗겨 내다, 벗기다'; '얇은, 미세한'] 명사로, 매우 작고 값어치가 별로 나가지 않는 동전에 관련되어 **렙돈** lepton, 복수 lepta 막 12:42; 눅 12:59; 21:2.

Λευί, ὁ [히브리어, 어원은 불분명] 격변화하지 않음. 그리고 Λευίς, 속격 Λευί, 대격 Λευίν **레위** Levi ① 야곱의 아들 히 7:5, 9; 계 7:7. ② 시므온의 아들이자 예수의 조상 눅 3:29. ③ 멜기의 아들이자 예수의 조상 눅 3:24. ④ 세금 징수원 눅 5:27, 29; 알패오의 아들로서 막 2:14. 마 9:9에 대해서는 Μαθθαῖος를 보라.

Λευίτης, ου, ὁ [Λευί] 제사 직무를 담당하는 레위 족속의 일원, **레위인** a Levite 눅 10:32; 요 1:19; 행 4:36.

Λευιτικός, ή, όν [Λευίτης] 이전 항목을 보라. **레위 계통의** Levitical 히 7:11.

λευκαίνω [λευκός] **하얗게 하다** make white 막 9:3; 역설적인 은유로 계 7:14.

λευκᾶναι λευκαίνω 제1부정과거 능동태 부정사.

λευκοβύσσινος [λευκός, βύσσινος] 계 19:14 βύσσινον λευκόν에 대한 이문. 다음 항목을 보라.

λευκός, ή, όν [비교 λύγδος '흰색 구슬'에서 축소된 형태 *luq] ① 형용사 '매우 빛나는' 특징을 가진, **환한, 빛나는, 반짝이는** bright, gleaming, shining 마 17:2.

343

λέων, οντος, ὁ / Λιβύη, ης, ἡ

앞에 나온 구절들처럼 많은 성서 구절에서 빛난다는 측면은 보통 의복과 연관된다. 그 경우에는 보통 **하얀** white이라고 번역한다. 28:3; 막 9:3; 16:5; 눅 9:29; 요 20:12; 행 1:10; 계 19:14. 비유로, 추수해야 하는 익은 포도밭에 관해 요 4:35; 의복에 관해 계 3:18. ② 형용사 흰색에서 회색에 이르는 범위의 색상에 초점 맞추어, **흰의** white 마 5:36; 계 1:14; 2:17; 14:14; 19:11; 20:11 (그러나 여기에서 밝음의 개념은 제외되지 않는다).

λέων, οντος, ὁ [어원은 확정되지 않음] **사자** lion 히 11:33; 벧전 5:8; 계 4:7; 9:8, 17; 10:3; 13:2; 비유로 딤후 4:17; 계 5:5.

λήθη, ης, ἡ [λανθάνω] **망각, 잊어버림** forgetfulness λήθην λαμβάνειν = 잊어버리다 벧후 1:9.

λῆμψις, εως, ἡ [λείπω] **수령, 받음** receiving, 상업적인 비유로 λόγος δόσεως καὶ λήμψεως = "수입과 지출의 기록, 대차대조" 빌 4:15.

λήμψομαι λαμβάνω 미래 중간태 직설법.

ληνός, οῦ, ἡ [어원은 불분명] **포도 짜는 기구, 포도즙 틀** winepress 마 21:33; 계 14:19f; 19:5.

λῆρος, ου, ὁ [IE, 비교 λάλος '말 많은, 수다스러운'] **단순한 환상, 헛소리** sheer fantasy 눅 24:11.

λῃστής, οῦ, ὁ [λῄζομαι '약탈하다', 비교 λεία '약탈물'] ① '재산을 강제적이고 불법적으로 강탈하는 것에 연루된 사람', **강도, 도적** robber, bandit 마 21:13; 27:38; 막 11:17; 눅 10:30; 요 10:1, 8; 고후 11:26. 이런 의미에서 유래하여 ② '사회적인 질서에 반하는 폭력적인 행동에 연루된 사람', **혁명가, 폭도** revolutionary, insurrectionist 요 18:40 (비교 막 15:7).

λῆψις λῆμψις 후기 형태.

λίαν [어원은 불분명] 강화 부사 '대단한 정도로' to a high degree, **매우 (많이), 대단히** very (much), extremely 마 2:16; 4:8; 27:14; 막 1:35; 9:3; 눅 23:8; 요이 4; **공격적으로** aggressively 딤후 4:15.

λίβα λίψ의 대격 단수.

λίβανος, ου, ὁ [셈어 기원] **유향**(乳香) frankincense, 향기롭고 끈적이는 수지 마 2:11; 계 18:13.

λιβανωτός, οῦ, ὁ [λίβανος] '향을 태우는 항아리', **향로**(香爐) censer 계 8:3, 5.

λιβερτῖνος, ου, ὁ [라틴어 차용어] **자유민** freedperson, 복수에서. συναγωγὴ λιβερτίνων 이스라엘의 해방 역사로 지정되어 이루어진 예루살렘에 있는 "자유민의 회당"(the Synagogue of the Freedpersons) 행 6:9.

Λιβύη, ης, ἡ [ὁ λίψ 비를 불러오는 '남서풍'에서 λείβω '(쏟아)붇다'] **리비아** Lybia, 이집트 서쪽 북부 아프리카의 땅 행 2:10.

Λιβυστῖνος, ου, ὁ / λιπαρός, ά, όν

Λιβυστῖνος, ου, ὁ [Λιβύη] 리비아인 Lybian 행 6:9 추정. Λιβερτῖνος에 대한 베자의 이문.

λιθάζω [λιθάς 집합적으로 '돌들이 쏟아짐'] '돌던져 위험을 가하거나 형벌을 주다', **돌던지다, 돌로 치다** stone 요 10:31-33; 11:8; 행 5:26; 14:19; 고후 11:25; 히 11:37.

λίθινος, η, ον [λίθος] 돌(로 만든) (made of) stone 요 2:6; 고후 3:3; 계 9:20.

λιθοβολέω [λίθος, βάλλω] 어떤 이에게 '돌 던지다', **돌던지다, 돌로 치다** stone ⓐ 매우 심한 불만을 표현하는 분위기로서 마 21:35; 막 12:4 이문; 행 14:5. ⓑ 죽이려는 분위기로 마 23:37; 눅 13:34; 행 7:58f; 히 12:20.

* **λίθος, ου, ὁ** [어원은 불분명] 매우 다양한 유형의 **돌** stone, 마 3:9; 막 5:5; 눅 4:3; 17:2; 19:40, 44; 22:41; 24:2; 요 8:59; 20:1; 행 17:29; 고전 3:12; 고후 3:7; 계 4:3; 17:4; 18:21; 21:11, 19. 비유로 눅 20:17; 행 4:11; 롬 9:32f; 벧전 2:4-8.

λιθόστρωτος, ον [λίθος, στρώννυμι; '돌로 포장된', 특히 장식하려는 의도와 관련하여] 이 형용사는 **돌로 포장 되었다** stone pavement 는 뜻을 가진 장소의 이름 Λιθόστρωτος으로만 사용되었다. 요 19:13.

λικμάω [λικμός = λίκνον '키질하는 풍구'] '폭력으로 완전히 파괴하다', **박살내다, 부숴뜨리다** smash, crush 마 21:44; 눅 20:18.

λιμήν, ένος, ὁ [λειμών '촉촉한 풀로 덮인 장소', 그리고 나서 의미가 전환되어 '잔잔한 물' 그래서 '항구'] **항구** harbor 행 27:12. 장소명 Καλοὶ λιμένες 좋은 항구, 미항(Good Harbors/Fine Havens)'의 요소로서 8절, Καλοὶ λιμένες 항목을 보라.

λίμμα λεῖμμα을 보라.

λίμνη, ης, ἡ [λειμών, 비교 λιμήν] **호수** lake 눅 5:1 그리고 누가복음에서는 언제나 게네사렛 호수를 언급할 때; 종말론적 호수로 계 19:20 등.

λιμός, οῦ, ὁ/ἡ [복합적인 어원, 비교 λοιμός] '음식이 부족해서 겪는 고통스러운 상황', 음식을 갈망함에 초점 맞추어 **굶주림** hunger 눅 15:17; 롬 8:35; 고후 11:27; 넓은 지역에 걸쳐 굶주림이 야기되는 심각한 음식 부족 **기근, 기아** famine 막 13:8; 눅 4:25; 15:14; 행 7:11; 계 6:8.

λίνον, ου, τό [라틴어 linum '아마'와 동일하게 공유하는 어원에서 파생] 신약에서는 특별한 양상을 보여주는 린넨으로 만들어진 물품에 대해 언급하며 ⓐ **등불 심지** lampwick 마 12:20. ⓑ **린넨 (옷)** linen (garment) 계 15:6. ⓒ **물고기 잡는 그물** fishing net 막 1:18 이문.

Λίνος, ου, ὁ 리노, 리노스 Linus, 바울이 언급한 몇 명의 기독교인 중 하나 딤후 4:21.

λιπαρός, ά, όν [λίπος '동물성 지방' 또는 '식물성 기름'; '기름진', 거기에서 확장되어 '부유한'] **번들거리는** glistening, 화려한 품목을 가리키는 명사로서 τὰ λιπαρά

λίτρα, ας, ἡ / λογομαχέω

호화 사치품 계 18:14.

λίτρα, ας, ἡ [라틴어 차용어: *libra*] **로마식 파운드** a (Roman) pound (327.45그램 = 12온스) 요 12:3; 19:39.

λίψ, λιβός, ὁ [λείβω '붓다'; 비와 연관된 '남서풍'] **남서(풍)** the southwest(wind) (천문기상학 용어로서) 행 27:12.

λογεία, ας, ἡ [λογεύω '모으다' (예를 들어, 세금)를 통해서 λόγος] 돈을 **모음** collection, 헌금 고전 16:1f.

λογίζομαι [λογεύω '모으다'] 수를 헤아리는 것에 대한 관심이 거의 모든 λ.의 용례에서 구체적인 표현이나 암시적인 표현으로 나타난다. 그 결과 λ.에 대한 번역으로 **셈하다, 계산하다** (reckon, calculate) 등의 어휘를 일반적인 번역어로 선택할 수 있다. 계산한다는 중심 의미와 마찬가지로 전환된 의미에서도 마찬가지다. ⓐ 계산 과정에 초점 맞추어 **셈하다, 계산하다** reckon, calculate 요 11:50; 고전 13:5 (꾀하다, 계산하다); 고후 5:19; **인정하다, 여기다** credit 롬 4:3 등 해당 장에서 여러 번; 고후 12:6; 약 2:23. ⓑ 계산 결과에 초점 맞추어 **여기다, 생각하다, 취급하다** reckon, count, class 막 15:27 [28] 이문; 눅 22:37; 행 19:27; 롬 2:26; 9:8; 고후 11:5; 딤후 4:16. 따라서 더 유동적인 계산의 이미지로, 지적인 행동에 초점 맞추어 ⓒ **헤아리다, (~에 대해) 생각하다** reckon, think (about) 롬 2:3; 6:11; 8:18; 고전 4:1; 13:11; 고후 10:2; 빌 4:8; 히 11:19; 벧전 5:12.

λογικός, ή, όν [λόγος] ① '이야기로 구성된', **이야기로 가득 찬** story-filled, 예수 그리스도에 대한 말씀과 관련하여 벧전 2:2 (자주 이 구절은 은유적인 의미로 '영적, 신령한'으로 옮기지만, 복음서 이야기를 듣는 이들이 그러한 번역처럼 생각했을 가능성은 거의 없다. 비교 3절). ② '신중한 생각의 특징을 가진', **사려깊은**, thoughtful 롬 12:1.

λόγιον, ου, τό [다음 항목의 중성형] **(특별한) 말씀** a (special) saying, 복수 하나님의 신탁(주시는 말씀)에 관하여 행 7:38; 롬 3:2; 히 5:12; 벧전 4:11.

λόγιος, α, ον [λόγος] '학식을 가지고 있는', **박식한, 교양 있는** learned, cultured 행 18:24. 고대 작가들에게 볼 수 있는 또 다른 의미로 **'말하는 데 능숙한'** eloquent이라는 뜻이 있다. 그러나 문맥에 따르면 저자가 28절에서는 문명에 대한 일반적인 찬사로부터 수사학적인 능력에 구체적인 언급으로 전이한 것으로 보인다.

λογισμός, οῦ, ὁ [λογίζομαι] '사고 과정의 결과', **생각** thought 롬 2:15; **논쟁, 추론** argument, reasoning 고후 10:4.

λογομαχέω [λόγος, μάχομαι] **말다툼하다, 논쟁하다** to fight over words and terms 딤후 2:14.

λογομαχία, ας, ἡ / λοιδορία, ας, ἡ

λογομαχία, ας, ἡ [λογομαχέω] '말로 하는 언쟁', **말싸움, 언쟁** wordbattle, logomachy 딤후 2:14.

λόγος, ου, ὁ [λέγω] ① '생각을 소리내어 표현함', 광범위한 내용이나 형식의 의사소통 ⓐ 개인적인 표현으로 **말 word 고전 14:19. ⓑ 권위 있는 발언이라는 것이 함축되어, 간결한 음성 발화(發話) 행위로, **말** word 마 5:37; 8:8; 눅 7:7; 히 12:19. ⓒ 지시, 권고, 선포, 선언, 탄원으로, **말, 진술, 메시지, 연설** word, statement, message, speech 마 15:12; 막 4:14; 7:13 ; 9:10; 12:13; 요 2:22; 고전 2:4; 14:9; 고후 1:18; 엡 1:13; 살전 1:5; 딤전 1:15; 딤후 1:13; 딛 3:8; 약 1:22; 벧전 2:8; 벧후 1:19; 계 17:17; 22:7, 10, 19. αὐτὸν λόγον εἰπών 똑같은 말을 하여, 또는 전처럼 똑같이 말하여 마 26:44; 막 14:39. λόγος θεοῦ 형태에서 "하나님의 말씀" word of God 눅 5:1; 11:28; 행 12:24; 히 4:12; 계 1:2; 복수 17:17; λόγος τοῦ κυρίου "주님의 말씀" word of the Lord 행 19:10; 복수로 예수(그리스도)와 관련하여 비교 20:35; 딤전 6:3. λόγον ποιεῖσθαι **발언하다** make a speech 행 11:2 이문; ὁ ἡγούμενος τοῦ λόγου "말의 주도권을 가진 사람" 14:12. ⓓ **이야기** story 마 28:15; 막 1:45; 눅 1:2; 요 21:23 (소문); 행 11:22; 19:10; 골 2:23 (권리를 주장하다 lay a claim to); 계 1:9. ⓔ 구두(口頭)로 말하는 것에서 고안되어 확장된 문학적인 단위로서 **이야기, 책** story, book 행 1:1. ⓕ 조사에 대한 내용으로서 마 21:24. ⓖ 부적절한 발언으로서, 복수로, 욕설이라는 뜻을 암시하여 유 15 이문; λόγος σαπρός **불쾌한 말, 나쁜 말** putrid talk 엡 4:29. ⓗ 논의되는 무내용으로 **문제, 주장** matter, claim 행 15:6. ⓘ 법적인 책임에 대한 표현으로 **소송, 기소** charge, case 마 5:32; 행 19:38. ⓙ 상업적인 의미로, **계좌** account 문자적으로 재정적인 거래 내역을 보여주는 마 18:23; 25:19; 눅 16:2. 확장된 의미로 마 12:36; 행 8:21; 19:40; 히 4:13; 13:17; 원장 항목과 관련된 언어유희로 보인다. 행 6:2, 4; 롬 9:6; 13:9; 갈 5:14; 빌 4:15, 17; 벧전 3:15; 4:5. ② '비음성(音聲)'적인 의사소통, **말씀** word ⓐ 환유적으로 "하나님의 뜻"(ὁ λόγος)은 예수 그리스도의 인격에 한정된 표현으로 이해된다. 요 1:1, 14; 요일 1:1; 계 19:13. ⓑ 의사소통이나 실천을 통해 드러나는 인간의 생각이나 **설명** reason 행 10:29; κατὰ λόγον = 합리적으로 reasonably 18:14; ἔχειν λόγον ~**라고 주장하다** lay a claim (to) 골 2:23.

λόγχη, ης, ἡ [어원은 불분명] 자루에 뾰족한 금속 촉이 달려 있거나, 본문에서 어떤 촉이 달려 있는지 명확하지 않아도 청중이 바로 알아차릴 수 있는 군인의 무기와 관련한 제유법으로 **창**(槍) lance 마 27:49 이문; 요 19:34.

λοιδορέω [λοίδορος] '경멸하거나 조롱하는 방식으로 욕하다', **모욕하다, 욕설을 퍼붓다** insult, revile 요 9:28; 행 23:4; 고전 4:12; 벧전 2:23.

λοιδορία, ας, ἡ [λοιδορέω] **비방, 욕설** verbal abuse 딤전 5:14; 벧전 3:9.

λοίδορος, ου, ὁ / Λυκαονία, ας, ἡ

λοίδορος, ου, ὁ [라틴어 *ludus* '놀이, 경기'와 동일한 어원에서] **무례한 사람** insolent person 고전 5:11; 6:10.

λοιμός, οῦ, ὁ [복합적인 어원] **전염병, 역병** pestilence 마 24:7 이문; 눅 21:11. 후대에 발전한 형용사 형태 λοιμός, ή, όν '치명적인 병에 걸린', **전염병과 같은, 해로운**, pestilential, 비유로 명사처럼 사용되어 역병과 같은 사람, **전염병 = 사회의 골칫거리** 행 24:5.

***λοιπός, ή, όν** [λείπω] ① **남아 있는** remaining, 아직 불지 않은 나팔에 대하여 계 8:13. 명사로서 οἱ λοιποί the rest, 어떤 무리에서 "남아 있는 생존자들" 9:20; 11:13. ② '방금 언급된 존재에 더해지는 어떤 부류의 일부', **다른, 나머지의** other, rest (of) ⓐ 마 25:11(αἱ λοιπαὶ παρθένοι 다른 젊은 여성들, 신부 들러리들); 행 2:37; 고후 12:13; 벧후 3:16(αἱ λοιπαὶ γραφαί 성서의 나머지 부분). ⓑ 명사로서 마 22:6; 27:49; 막 16:13; 눅 8:10; 12:26; 행 17:9; 롬 11:7; 고전 7:12; 엡 2:3; 빌 1:13; 살전 4:13; 딤전 5:20; 계 3:2; 19:21. ③ 부가적인 측면은 부사 용법에서도 관찰된다 ⓐ τὸ λοιπόν, 시간적으로 **지금으로부터, 이후로** from now on, henceforth 행 27:20; 고전 7:29; 갈 6:17; 히 10:13; **마침내** at last 행 27:20. καθεύδετε τὸ λοιπόν; "너희들은 아직도 자느냐?" 마 26:45; 막 14:41. ⓑ τοῦ λοιποῦ 시간적으로 **지금으로부터, 장래에** from now on, in the future 갈 6:17. ⓒ τὸ λοιπόν의 비시간적인 용법: **그렇지 않으면** otherwise 고전 1:16; **더욱이** furthermore 고전 4:2; **결국** finally 빌 3:1; 4:8; 고후 13:11; 살후 3:1; λοιπὸνοῦν **결국 드디어** finally then 살전 4:1.

Λουκᾶς, ᾶ, ὁ [어원은 불분명] **누가** 바울의 친구이자 동역자 골 4:14; 딤후 4:11; 몬 24. 어떤 이문에 따르면 누가복음 그리고 또한 사도행전의 표제.

Λούκιος, ου, ὁ [라틴어 차용어] **루기오, 루키오스** Lucius ① 구레네 출신의 안디옥의 교사이자 예언자 행 13:1. ② 그밖에 알려지지 않은 기독교인 롬 16:21.

λουτρόν, οῦ, τό [λούω] **목욕, 세례의 씻음** bath, washing, 선포하시는 말씀과 연결된 물에 초점 맞추어 엡 5:26; 결과를 강조하여 딛 3:5.

λούω [비교 라틴어 *lavo* '세척하다, 씻다'] '물로 씻다', 보통 몸 전체에 대해 **목욕하다, 씻다** bathe, wash ⓐ 능동태 행 9:37; 16:33; 비유로 계 1:5 이문 ⓑ 중간태 **목욕하다, (자신을) 씻다** bathe/wash oneself 요 13:10; 벧후 2:22; 비유로 (아마도 세례에 관한) 히 10:22.

Λύδδα, ας/ης, ἡ, 대격 **Λύδδα** (또는 이문으로 Λύδδαν) [히브리어] **룻다** 욥바에서 예루살렘 방향으로 남서쪽에 있는 행 9:32, 35, 38.

Λυδία, ας, ἡ [라틴어에 있는 보통 이름. 'Lydia'] **루디아** 자주 옷감 장수 행 16:14, 40.

Λυκαονία, ας, ἡ [Λυκία] **루가오니아, 뤼카오니아** Lycaonia, 사도 바울이 주

요 도시들을 방문하였던, 소아시아 내륙의 주(州) 행 14:6.

Λυκαονιστί [Λυκαονία] 부사 루가오니아 어(語)로, 루카오니아 방식의 in (the) Lycaonian (language), 루가오니아에서 사용하는 방언 행 14:11.

Λυκία, ας, ἡ [어원은 불분명] 루기아, 뤼키아 Lycia, 소아시아 남부 해안에 있는 산지로, 주요 도시로는 '무라'가 있다. 행 27:5.

λύκος, ου, ὁ [산스크리트 연관어, 비교 라틴어 *lupus* '이리'] 이리, 늑대 wolf 마 10:16; 눅 10:3; 요 10:12; 비유로 마 7:15; 행 20:29.

λυμαίνομαι [λύμη '격분'] (쉴 새 없이) 괴롭히다 harass 행 8:3.

λυπέω [λύπη] '슬픔에 잠기다' ⓐ 능동태 비통하게 하다, 슬프게 하다 cause grief/sorrow 고후 2:2, 5; 7:8; 엡 4:30. ⓑ 수동태 괴로움을 느끼다 experience distress 마 14:9; 18:31; 막 10:22; 14:19; 요 16:20; 21:17; 롬 14:15; 고후 2:4; 벧전 1:6. 내면적인 양상에 초점 맞추어, 슬퍼하다, 괴로워하다, 비통하다. to sorrow, be distressed, be in grief 마 19:22; 26:22, 37; 막 10:22; 고후 6:10; 살전 4:13.

λύπη, ης, ἡ [산스크리트 연관어] '내면적인 괴로움' ⓐ 정신적이거나 영적인 측면에 초점 맞추어 비통, 슬픔 grief, sorrow 눅 22:45; 요 16:6, 20, 22; 롬 9:2; 고후 2:1, 3, 7; 7:10; 9:7; 빌 2:27; 히 12:11. ⓑ 신체적인 면을 강조하여, 태어날 때의 고통 pain 요 16:21; 박해로 벧전 2:19.

Λυσανίας, ου, ὁ [접두어 Λυσ-는 흔하다] 루사니아, 뤼사니아스 Lysanias, 아빌레네의 분봉왕 눅 3:1.

Λυσίας, ου, ὁ [흔한 이름] 글라우디오 루시아, 클라우디우스 뤼시아스 (Claudius) Lysias, 군대 사령관 military tribune (χιλίαρχος를 보라) 행 23:26; 24:7, 22.

λύσις, εως, ἡ [산스크리트 연관어; '해방, 분리'] 이혼(離婚) divorce 고전 7:27.

λυσιτελέω [λυσιτελής '유용한'] 낫다, 유익하다 be advantageous, 비인칭 용법 λυσιτελεῖ αὐτῷ =그에게 더 낫다 눅 17:2.

Λύστρα, 여격 **Λύστροις**, 대격 **Λύστραν, ἡ/τά** [어원은 불분명] 루스드라, 뤼스트라 Lystra, 소아시아 루가오니아에 있는 도시 행 14:6; 딤후 3:11.

λύτρον, ου, τό [λύω] 구해주는 값, 몸값 redemptive price/ransom 은유적으로. 수령인에 대한 언급 없이 마 20:28; 막 10:45.

λυτρόω [λύτρον] 대가를 지불하다, 상환하다, 속량하다 to redeem/ransom, 상업적인 의미로 벧전 1:18, 그렇지 않으면 억압받거나 파괴적인 상황에서 구원한다는 뜻으로 신약에서 의미가 전환되어 중간태와 수동태로만 눅 24:21; 행 28:19 이문; 딛 2:14.

λύτρωσις, εως, ἡ [λυτρόω] '억압되거나 속박된 상태로 부터의 자유', 구원, 속량(贖良), 해방 deliverance, redemption 눅 1:68; 2:38; 히 9:12.

λυτρωτής, οῦ, ὁ [λυτρόω] 해방자, 속량하는 자 redeemer, 모세에 관해, 이스

λυχνία, ας, ἡ / Λώτ, ὁ

라엘 백성을 속박에서 꺼낸 사람으로 행 7:35.

λυχνία, ας, ἡ [λευκός, 비교 λυχνῖτις 식물, genus Verbascum, 그 말린 잎이 등잔 심지로 사용된다] **등잔대, 등경(燈檠)** lampstand 마 5:15; 이스라엘 전통에 있어 **메노라** menorah(여러 갈래로 나뉜 큰 촛대) 히 9:2; 계 1:12 등 계시록에서 자주.

λύχνος, ου, ὁ [산스크리트 연관어, 비교 λευκός 그리고 라틴어 *luna* '달'] **등잔** lamp 마 5:15; 막 4:21; 눅 8:16; 11:33, 36; 12:35; 15:8; 요 5:35; 벧후 1:19; 계 18:23; 22:5; 은유적으로. 마 6:22; 눅 11:34; 계 21:23.

λύω [산스크리트 연관어] ① '장애를 제거하다', **풀어주다, 해방시키다** loose, release 마 21:2; 막 1:7; 눅 13:15; 행 22:30. 비유로 막 7:35; 눅 13:16; 행 2:24 (탄생의 비유로: λύσας τοῦ θανάτου ὠδῖνας "죽음의 고통에서 풀어주셔서"); 고전 7:27; 계 1:5; **허락하다** allow 마 16:19; 18:18. ② '그만두다', **폐지하다** abolish 마 5:19; 엡 2:14. ③ '전통이 계속되지 못하게 하다', **깨뜨리다** break 율법을 침해함 legal violation 요 5:18; 7:23; 온전함을 상실함 10:35. ④ '구조에 극심한 위험을 야기시키다', **파괴하다, 멸망시키다** demolish, destroy 요 2:19; 행 27:41; 벧후 3:10-12; 요일 3:8.

Λωΐς, ΐδος, ἡ [어원은 불분명] **로이스** Lois 디모데의 할머니 딤후 1:5.

Λώτ, ὁ [히브리어] 격변화 없음. **롯** Lot 아브라함의 조카 눅 17:28f, 32; 벧후 2:7.

Μ

μʹ 숫자 표시 = 40 행 10:41 이문.
Μάαθ, ὁ [어원은 불분명] 격변화 없음. **마앗** Maath, 예수의 조상 눅 3:26.
Μαγαδάν, ἡ [어원은 불분명] 격변화 없음. **마가단** Magadan, 게네사렛 호수와 연관된 어떤 지역, 정확한 위치는 분명하지 않다. 마 15:39; 막 8:10 이문.
Μαγδαληνή, ῆς, ἡ [Μαγδαλά, 게네사렛 호수 서편 호숫가의 마을] 지리적으로 이끌어낸 어떤 마리아의 별명 **막달레네** Magdalene = **막달라의 여인** 마 27:56 등.
Μαγεδών Ἁρμαγεδ(δ)ών을 보라.
μαγεία, ας, ἡ [μαγεύω] **마법** magic 복수 **마술** magic arts 행 8:11.
μαγεύω [μάγος] **마술을 행하다** practice magic 행 8:9.
μαγία μαγεία의 다른 형태.
μάγος, ου, ὁ [외래 차용어] ① '동방에서 학식이 있고, 점성술에 전문적인 부류의 사람', **박사, 점성술사** a Magus 마 2:1, 7, 16. ②①의 좁은 의미로, **마술사** magician 행 13:6, 8.
Μαγώγ, ὁ [히브리어] 격변화 없음. **마곡** Magog 묵시문학에서 반복되는 이름(비교 겔 38장 이하) 계 20:8.
Μαδιάμ, ὁ [히브리어] 격변화 없음. **미디안** Midian 아라비아의 지역 7:29.
μαζός, οῦ, ὁ [비교 μαδάω '촉촉하다'] **유두**(乳頭) nipple 남자의 젖꼭지에 대해 계 1:13 이문.
μαθεῖν μανθάνω 제2부정과거 능동태 부정사.
μαθητεύω [μαθητής] ①자동사 **학생이/제자가 되다** become a pupil/disciple 마 27:57 이문 ②타동사 **제자 삼다** make a disciple 마 28:19; 행 14:21; 수동태 마 13:52; 27:57(사실상 이 두 구절은 ①의 의미에도 적당하다).
** **μαθητής, οῦ, ὁ** [μανθάνω] '교사 밑에서 지도를 받아 배우는 사람' ⓐ **학생** pupil 마 10:24f; 눅 6:40. ⓑ 교사에 대한 헌신적인 애착에 초점 맞추어 **추종자, 제자** adherent, disciple 많은 이들 가운데 선택한 소수라는 의미로 마 5:1 등. 사도행전에서는 항상 예수 그리스도의 가르침을 받은 추종자와 관련하여: 행 6:1f, 7; 9:1; 11:26; 14:22, 28; 18:23; 21:16.
μαθήτρια, ας, ἡ [= μαθητίς, μαθητής의 여성형] **제자** disciple 욥바에 있는 다비다에 대해 행 9:36.

Μαθθάθ / μακρόθεν

Μαθθάθ Μαθθάτ에 대한 다른 형태.

Μαθθαῖος, ου, ὁ [히브리어] 마태, 마타이오스 Matthew 마 9:9; 10:3; 막 3:18; 눅 6:15; 행 1:13; 첫번째 복음서의 표제에서.

Μαθθάτ, ὁ [히브리어] 격변화 없음. 맛닷, 마타트 Matthat ① 예수의 조상, 엘리의 아버지 눅 3:24. ② 예수의 조상, 요림의 아버지 눅 3:29.

Μαθθίας, οῦ, ὁ [히브리어] 맛디아, 마티아스 Matthias 제비 뽑아 사도의 범주에 들어가게 된 인물 행 1:23, 26.

Μαθουσαλά, ὁ [히브리어] 격변화 없음. 므두셀라, 마투살라 Methuselah 예수의 조상 눅 3:37.

Μαϊνάν Μεννά의 다른 형태.

μαίνομαι [산스크리트 연관어] '정신 착란을 암시하는 방식으로 말하다', 미친 듯이 악쓰다, 헛소리하다 rave, be delirious 요 10:20; 행 12:15; 26:24f; 고전 14:23.

μακαρίζω [μακάριος] '혜택을 강구하다', 축복하다, 강복하다, 행운을 빌다 bless, pronounce fortunate 눅 1:48; 약 5:11.

* **μακάριος, α, ον** [μάκαρ '복된'] '특별한 이익을 누리는', 복받은, 특권을 가진, 행운의, 행복한 blessed, privileged, fortunate, happy (특별한 상태에 있다거나 거기서 행복을 느낀다는 의미로) ⓐ 정치적인 문맥에서 행 26:2. ⓑ 특별히 하나님께 복을 받는다는 것에 초점 맞추어 마 5:3-11; 13:16; 16:17; 눅 1:45; 7:23; 23:29(모순어법, 보통 사람이 임신하였을 때 복 받았다고 여겨짐에 대하여); 요 13:17; 20:29; 행 20:35; 롬 4:7; 고전 7:40; 약 1:12; 벧전 3:14; 계 1:3. 환유적으로, 축복이 가득한 소망에 대해 딛 2:13. ⓒ 복에 대한 최고의 원천이시자, 궁극적인 복의 수여자이신 하나님에 대하여 묘사하면서 딤전 6:15.

μακαρισμός, οῦ, ὁ [μακαρίζω] '특권을 누리는 상태에 대한 공표', 찬양 praise 롬 4:6, 9; 갈 4:15.

Μακεδονία, ας, ἡ [Μακεδών] 마게도니아, 마케도니아 Macedonia 그리스 북쪽 발칸 반도의 주(州) 행 16:9f, 12 등.

Μακεδών, όνος, ὁ [복합적인 어원] 마게도니아인, 마케도니아인 a Macedonian 행 16:9; 19:29; 27:2; 고후 9:2, 4.

μάκελλον, ου, τό [라틴어 기원은 아니지만, 비교 라틴어 *macellum* (결국 셈어 기원으로 추정된다) '시장'] 시장 market 다양한 상품을 제공하여 판매하는 곳 고전 10:25.

μακράν [μακρός의 여성 대격] (멀리) 떨어진, 멀리 있는 far (off/away) 마 8:30; 눅 15:20; 요 21:8; 행 2:39; 17:27; 22:21. 확장된 의미로 막 12:34; 반의어 ἐγγύς 엡 2:13, 17. 속격 지배 전치사 역할 눅 7:6 이문.

μακρόθεν [μακρός] 부사 '다른 곳으로부터 상대적으로 떨어진 어떤 위치에',

μακροθυμέω / μᾶλλον

자주 ἀπό와 더불어 **멀찍이 (떨어져)** at a distance 마 26:58; 27:55; 막 5:6; 11:13; 14:54; 15:40; 눅 16:23; 18:13; 22:54; 23:49; 계 18:10, 15, 17; **멀리서** far away 막 8:3.

μακροθυμέω [μακρόθυμος '성질부리지 않는'] **인내하다** be patient 마 18:26, 29; 고전 13:4; 살전 5:14; 히 6:15; 약 5:7, 8; 벧후 3:9. μακροθυμεῖ ἐπ᾽ αὐτοῖς; (하나님께서) 그들의 경우에 인내심을 보이셨는가? = "(하나님께서) 그들을 대신하여 문제를 해결하시는 데 지체하시는가?" 어려움이 생긴 이들을 향한 하나님의 태도와 관련하여 눅 18:7.

μακροθυμία, ας, ἡ [μακροθυμέω] '자극을 만났을 때 억제하는 능력' ⓐ 매우 불쾌한 행동이나 태도에 대한 반응으로 **인내, 자제** patience, forbearance ㉠ 사람 사이의 관계에 대한 수준에 있어 고후 6:6; 갈 5:22; 엡 4:2; 골 3:12; 딤후 3:10; 4:2. ㉡ 하나님 또는 그리스도와 인간 사이의 인격적인 관계 정도에 있어서 롬 2:4; 9:22; 딤전 1:16; 벧전 3:20; 벧후 3:15. ⓑ 불편함이나 어려움에 대한 반응으로 **인내** patience 골 1:11; 히 6:12; 약 5:10.

μακροθύμως [μακρός, θυμός] 부사 **끈기 있게, 끝까지** patiently 행 26:3.

μακρός, ά, όν [복합적인 어원, 비교 라틴어 macer '얇은, 품질이 형편없는'] ① **긴** long, 부사적으로 사용하여 μακρὰ προσεύχεσθαι "계속 끊임없이 기도하다" 또는 "길게 기도 드리다" 마 23:13 [14] 이문; 막 12:40; 눅 20:47. ② **먼** distant 눅 15:13; 19:12.

μακροχρόνιος, ον [μακρός, χρόνος] **오래 지속되는** having a long duration = **장수하는, 오래사는** long-lived 엡 6:3.

μαλακία, ας, ἡ [μαλακός] **허약함, 질환** infirmity 마 4:23; 9:35; 10:1.

μαλακός, ή, όν [복합적인 어원] ① **섬세한** delicate 고운 질감의 옷에 대해 마 11:8; 눅 7:25. ② **순종적인, 고분고분한** submissive 명사로서, 동성애 관계에서 수동적인 사람 고전 6:9.

Μαλελεήλ, ὁ [히브리어] 격변화 없음. **마할랄렐** Maleleel 예수의 조상 눅 3:37.

μάλιστα [부사 μάλα '극도로, 대단히'의 최상급] **특히** especially 행 20:38 등.

* **μᾶλλον** [부사 μάλα '극도로, 대단히'의 비교급] 부사 표시 ① 행동, 상태, 상황의 어떤 양상이 증가하거나 부가적임에 대하여 πολλῷ 또는 πόσῳ와 더불어 **(더욱) 더,** 마 6:26, 30; 7:11; 눅 12:24; 요 3:19; 롬 11:12; 고전 14:18; μᾶλλον καὶ μᾶλλον **점점 더** more and more 빌 1:9; **한층 더, 더욱더** all the more, still more 막 10:48; 눅 5:15; 12:28; 행 5:14; 고전 7:21; 12:22; 고후 7:7, 13; 빌 2:12; 딤전 6:2; 히 12:9, 25. ② 대안을 포함한 절차와 상황의 변화에 대해 ⓐ 생각을 더 해봄에 초점 맞추어 **오히려, 차라리** rather 마 10:6; 25:9; 27:24; 막 15:11; 롬 8:34; 14:13; 고전 7:21; 고후 12:9; 엡 5:4. ⓑ 대체물이라는 측면에 초점 맞추어 **대신에**

Μάλχος, ου, ὁ / Μαρία, ας, ἡ

instead 요 3:19; 행 4:19; 고전 5:2; 엡 4:28; 몬 9; 히 11:25; 12:13.

Μάλχος, ου, ὁ [히브리어] **말고, 말코스** Malchus 대제사장의 종 요 18:10.

μάμμη, ης, ἡ [μάμμα라는 아기들 말에서] **할머니, 조모(祖母)** grandmother 딤후 1:5.

μαμωνᾶς, ᾶ, ὁ [아람어 차용어] '다양한 종류의 부(富)' ⓐ **부, 재물** riches, mammon 눅 16:9, 11. ⓑ 신적인 존재로 보아 **맘몬** Mammon 마 6:24; 눅 16:13.

Μαναήν, ὁ [어원은 불분명] 격변화 없음. **마나엔** Manaen, 안디옥 교회의 중요한 인물 행 13:1.

Μανασσῆς, ῆ, ὁ, 대격 ῆ [히브리어] **므낫세** ① 이스라엘 족속의 이름 계 7:6. ② 예수의 조상 마 1:10; 눅 3:27 이문.

μανθάνω [현재시제는 부정과거 ἔμαθον으로부터 나왔다] '지식을 얻다', **배우다** learn ⓐ 지도를 통하거나 정보를 받아서 마 9:13; 24:32; 요 6:45; 7:15; 행 23:27; 롬 16:17; 고전 14:31, 35; 갈 3:2; 엡 4:20; 빌 4:9; 골 1:7; 딤전 2:11; 딤후 3:7, 14; 계 14:3(그러나 이 구절에서는 '이해한다'는 개념이 지배적이다). ⓑ 모범이나 경험을 통하여 마 11:29; 고전 4:6; 빌 4:11; 딤전 5:4, 13; 딛 3:14; 히 5:8.

μανία, ας, ἡ [μαίνομαι] **망상, 미침, 정신 나감** delirium, madness 행 26:24.

μάννα, τό [히브리어] 격변화 없음. '이스라엘의 광야 경험과 관련된 특별한 음식', **만나** manna 요 6:31, 49; 히 9:4; 확장된 의미로 계 2:17.

μαντεύομαι [비교 μάντις '예언자, 점쟁이'] '초월적인 접촉을 통해 지식을 의사소통하다', **예언하다, 예측하다** prophesy, divine 행 16:16.

μαραίνω [IE] '활기를 잃게 만들다', 능동 의미의 수동태로. 성장이 마르는 것에 대한 비유로, **사라지다, 마르다** fade away, wither 약 1:11.

μαράνα θά [아람어 표현] **(우리) 주님, 오시옵소서!** (our) Lord, come! 고전 16:22.

μαρανθήσομαι μαραίνω 제1미래 수동태 직설법

μαργαρίτης, ου, ὁ [어느 정도 산스크리트 연관어] **진주** pearl 마 7:6 등.

Μάρθα, ας, ἡ [아람. '집안의 여성 어른(head)'] **마르다** Martha 눅 10:38, 40, 41; 그리고 요 11:1과 해당 장에서 여러 번; 12:2.

Μαρία, ας, ἡ 그리고 **Μαριάμ** 격변화 없음. [히브리어] **마리아, 미리암** Mary/Miriam, 문맥에 따라 쉽게 구별된다. ① 예수 그리스도의 어머니이자 요셉의 아내 마 1:16, 18, 20;2:11; 13:55; 막 6:3; 눅 1:27 등 해당 장에서 자주; 2:5, 16, 19, 34; 행 1:14. ② **막달라 마리아**(Μαγδαληνή을 보라) 마 27:56; 막 15:40, 47; 눅 8:2; 24:10; 요 19:25; 20:1, 11. 예전 형태 Μαριάμ은 마 27:61; 28:1; 그리고 27:56 이문; 막 15:40a; 요 19:25; 20:1, 11, 16(여기에서는 호격으로). ③ 마리아는 여러 사람으로 구별된다: '다른 마리아' 마 27:61; 28:1; 친족 관계와 관련하여 27:56;

막 15:40, 47; 16:1; 눅 24:10는 다음의 마리아로 보임. ④ **글로바의 아내** 요 19:25. ⑤ **마르다와 나사로의 자매** 눅 10:39, 42; 요 11:1 등 해당 장에서 여러 번; 12:3. ⑥ **마가 요한의 어머니** 행 12:12. ⑦ 안부 인사에서 언급된 이름. 롬 16:6.

Μᾶρκος, ου, ὁ [일반적인 로마식 첫 번째 이름(praenomen), 약어 M.으로 쓰곤 한다] **마르코스, 마가** Mark 요한이라 이름하는 사람의 별명(Μαρία ⑥을 보라) 행 12:12, 25; 15:37, 39; 골 4:10; 딤후 4:11; 몬 24; 벧전 5:13; 두 번째 복음서의 표제에서.

μάρμαρος, ου, ὁ [μαρμαίρω '반짝이다'] **대리석** marble 계 18:12.

* **μαρτυρέω** [μάρτυς] '사실이나 진실을 증명하다, 증언하다', **증언하다, 증명하다** testify, attest ⓐ 확인이나 입증에 초점 맞추어, 능동태 마 23:31; 요 1:7, 34; 3:11; 4:39; 5:39; 10:25; 18:23; 21:24; 행 15:8; 22:5; 23:11; 롬 10:2; 고전 15:15; 갈 4:15; 골 4:13; 딤전 6:13; 요일 1:2; 5:10; 요삼 3; 계 1:2; 22:16, 20; 수동태 롬 3:21; 히 7:8. ⓑ 승인이라는 의미에 초점 맞추어, 능동태 눅 4:22; 행 16:2; 히 11:4b; 요삼 12b; 수동태 행 6:3; 10:22; 22:12; 히 11:4a, 39; 비인칭 요삼 12a.

μαρτυρία, ας, ἡ [μαρτυρέω] '사실이나 진실에 대한 증언', **증거, 증언, 목격자** testimony, witness ⓐ 법적인 측면을 강조하여 막 14:55f, 59; 눅 22:71; 요 8:17. ⓑ 일반적으로 평가나 인정한다는 의미의 증언으로 1:7, 19 등 요한복음에서 자주; 행 22:18; 딤전 3:7; 딛 1:13; 요일 5:9-11; 요삼 12; 계 1:2 등.

μαρτύριον, ου, τό [μάρτυρ μάρτυς의 아이올리스 방언] '확증, 증언에 기여하는 것', **증언, 목격** testimony, witness 마 8:4; 막 6:11; 눅 21:13; 행 4:33; 고전 1:6; 고후 1:12; 살후 1:10; 딤전 2:6; 딤후 1:8; 히 3:5; 약 5:3. 특별한 용법 σκηνὴ τοῦμαρτυρίου 증거의 장막, 하나님께서 임재하신다는 표시로서 행 7:44; 계 15:5.

μαρτύρομαι [μάρτυρος, μάρτυς를 보라] '어떤 것의 중요성에 대해 강하게 증언하다' ⓐ 사실이나 진리에 대한 증언을 강조하여 **증언하다, 선포하다** testify, declare 행 20:26; 26:22; 갈 5:3. ⓑ 규정을 준수하는 것을 강조하여 **주장하다, 간청하다** insist, implore 엡 4:17; 살전 2:12.

μάρτυς, μάρτυρος, ὁ [산스크리트 연관어, 비교 μεριμνάω '돌보다'] '어떤 것의 사실이나 진실에 대하여 증언하는 사람', **목격자, 증인** witness ⓐ 법적인 맥락에서 마 18:16; 26:65; 행 6:13;7:58; 고후 13:1; 딤전 5:19; 히 10:28. ⓑ 어떤 이든지 증명하거나 확증하는 사람에 대한 의미로 전환되어 눅 11:48; 24:48; 행 1:8; 롬 1:9; 고후 1:23; 빌 1:8; 살전 2:10; 딤전 6:12; 딤후 2:2; 히 12:1; 벧전 5:1; 자주 목숨을 대가로 내어주는, **순교자** martyr라는 뜻으로, 그러나 신약에서는 증인이라는 역할에만 초점 맞춘다. 행 22:20; 계 1:5; 2:13; 3:14; 17:6.

μασάομαι [IE, 비교 μάσσω '주무르다', μάσταξ '입, 턱'] **깨물다** bite 계 16:10.

μασθός / μάχαιρα, ης, ἡ

μασθός μαστός의 다른 형태.

μαστιγόω [μάστιξ] '심한 채찍질을 집행하다' ⓐ **매질하다, 태형(장형)을 내리다** scourge, flog 마 10:17; 20:19; 23:34; 막 10:34; 눅 18:33; 요 19:1. ⓑ 고난을 만나 교훈을 얻음에 적용한 비유로 **매질하다 = 꾸짖다** 히 12:6.

μαστίζω [μάστιξ] **매질하다, 채찍질하다** scourge 행 22:25.

μάστιξ, ιγος, ἡ [비교 μαίομαι '추구하다 (예를들어 파괴를 추구하다), 추적하다'] '매질에 쓰이는 도구' ⓐ 형벌에서 사용하는 것 **채찍, 매** lash, scourge 행 22:24; 히 11:36. ⓑ 심한 고통을 야기시키는 질병에 대한 비유로 **매 = 심각한 질병** 막 3:10; 5:29, 34; 눅 7:21.

μαστός, οῦ, ὁ [μαδάω '촉촉한'] **젖가슴** breast ⓐ 여성의 유선(乳腺)에 관해 눅 11:27; 23:29. ⓑ 남자 가슴의 젖꼭지 중 하나, 복수 계 1:13.

ματαιολογία, ας, ἡ [ματαιολόγος] '실체와 목적이 부족한 말에 대해', **헛된 말, 쓸데없는 이야기** empty talk 딤전 1:6.

ματαιολόγος, ον [μάταιος, λέγω] '말하는 자체만을 위한 말하기', **의미없이 말하기, 수다떨기** talking meaninglessly, 명사로서 **허튼소리 하는 사람** blatherer 딛 1:10.

μάταιος, α, ον [μάτην] '목적 없이', **헛된** futile 행 14:15; 고전 3:20; 15:17; 딛 3:9; 약 1:26; 벧전 1:18.

ματαιότης, ητος, ἡ [μάταιος] **허무, 목적 없음** purposelessness 롬 8:20; 엡 4:17; 벧후 2:18.

ματαιόω [μάταιος] '목적을 달성하지 못하다', 신약에서는 수동태로만, **허망해지다, 허무해지다** lack purpose 롬 1:21.

μάτην [IE, μάτη '어리석은'의 대격] 부사 **헛되이, 목적 없이** to no purpose 마 15:9; 막 7:7.

Ματθαῖος Μαθθαῖος의 다른 형태.

Ματθάν, ὁ [히브리어] 격변화 없음. **맛단, 마탄** Matthan 예수의 조상 마 1:15; 눅 3:24 이문(Μαθθάν).

Ματθάτ Μαθθάτ의 다른 형태.

Ματταθά, ὁ [히브리어] 격변화 없음. **맛다다, 마타다** Mattatha 예수의 조상 눅 3:31.

Ματταθίας, ου, ὁ [히브리어] **맛다디아, 마타티아** Mattathias ① 예수의 조상 눅 3:25. ② 예수의 조상 3:26.

μάχαιρα, ης, ἡ [μάχομαι] '날카로운 날을 가진 상대적으로 짧은 무기'(상대적으로 큰 무기 ῥομφαία와 구별된다), **검(劍), 단검** sword, dagger 마 26:47, 52; 눅 21:24; 22:38; 요 18:10f; 행 12:2; 16:27; 히 4:12; 계 6:4. 비유로 마 10:34;

롬 8:35(생명을 위협하는 경험에 관하여); 13:4(사법적인 권력에 관하여); 엡 6:17.

μάχη, ης, ἡ [μάχομαι] **싸움, 다툼** fight 다투거나 격렬한 논쟁이라는 의미로 고후 7:5; 딤후 2:23; 딛 3:9; 약 4:1.

μάχομαι [어원은 논쟁적] **싸우다, 다투다** to fight 다투거나 격렬하게 논쟁한다는 의미로 요 6:52; 행 7:26; 딤후 2:24; 약 4:2.

μέ ἐγώ의 대격.

μεγαλαυχέω [μέγας, αὐχεω] **대단하게 떠벌이다** make huge brags 약 3:5 이문.

μεγαλεῖος, α, ον [μέγας] **대단히 인상적인, 위대한** magnificently impressive 신약에서는 항상 명사로 τὰ μεγαλεῖα **굉장한 일들, 역사**(役事) mighty things/deeds 눅 1:49 이문; 행 2:11.

μεγαλειότης, ητος, ἡ [μεγαλεῖος] **위대하심, 대단히 인상적임**, impressive magnificence 눅 9:43; 행 19:27; 벧후 1:16.

μεγαλοπρεπής, ές [μέγας, πρέπω] **장엄한** appropriately great 벧후 1:17.

μεγαλύνω [μέγας] ① **키우다, 확대하다** enlarge 마 23:5(크기와 관련하여); 눅 1:58(총량과 관련하여). ② '인정을 받게 하다', **과장하다, 기리다, 영광 돌리다** aggrandize, celebrate, glorify 눅 1:46; 행 5:13(높이 칭송하다); 10:46; 19:17; 빌 1:20. 아마 고후 10:15도 여기에 속할 것이다(바울은 복음을 전하는 일을 어떻게 적절하게 전개할지에 대해 더욱 잘 깨닫기를 구한다). 하지만 ①에 해당한다고 보는 경우가 많다.

μεγάλως [μέγας] 부사 **대단히, 매우** greatly, ἐχάρην μεγάλως "나는 매우 기쁘다" I was very glad 빌 4:10.

μεγαλωσύνη, ης, ἡ [μέγας] **엄위함, 위대하심** majesty 유 25; 하나님의 위대함에 대한 표현으로 히 1:3; 8:1.

** μέγας, μεγάλη, μέγα [산스크리트 연관어] 다중적인 역할을 하는 형용사: '기준을 넘어서고 그러므로 인상적인', **위대한** great ⓐ 계량에 초점 맞추어 ㉠ **크기 커다란, 큰** large, big 마 27:60; 막 4:32b; 13:2; 14:15; 16:4; 요 21:11; 행 10:11; 고전 16:9; 딤후 2:20; 계 6:4; 11:8; 12:9; 20:1; 21:12. 비교급 μείζων 막 4:32a; 눅 12:18. ㉡ 특성 (**규모가**) **큰** big 막 5:11; 눅 5:29(많은 손님); 히 10:35. ⓑ 정도나 강도에 초점 맞추어 마 2:10; 4:16; 7:27; 8:24, 26; 15:28; 24:21; 27:46; 막 4:41; 눅 4:38; 24:52; 요 6:18; 행 4:33; 7:11; 23:9; 롬 9:2; 고전 9:11(유사하게 고후 11:15); 엡 5:32; 딤전 3:16; 계 6:12; 12:12. φωνή와 더불어 (소리가) **큰** loud 요 11:43; 행 26:24; 계 1:10 등. 명사로서, 복수 거만한 말에 대하여, '큰소리 치는' 사람에 대하여 계 13:5. —비교급 μείζων 약 3:1; 벧후 2:11; 부사 **더 큰 소리로** all the louder 마 20:31. 또한 μειζότερος, μείζων의 비교급, 그러나 부가적인 증가

μέγεθος, ους, τό / μεθύω

나 강렬함 없이 심히, **더욱** greater 요삼 4. ⓒ 지위, 상태, 중요성에 초점 맞추어 ㉠ 사람. 마 5:19, 35; 22:36; 막 10:43; 눅 1:15; 행 8:9f; 19:27f; 26:22; 딛 2:13; 히 4:14; 13:20; 명사로서 마 20:25; 계 11:18. —비교급 μείζων **더 위대한** greater 마 11:11; 12:6; 23:17; 눅 22:24, 26; 요 4:12; 13:16; 14:28; 고전 14:5; 히 6:13; 요일 3:20; 최상급으로 = **가장 큰, 위대한** greatest 마 18:1, 4; 막 9:34. 명사로서 ὁ μείζων = **더 나이든** the older 롬 9:12. ㉡ 사물 요 7:37; 19:31; 행 2:20. 비교급 요 1:50; 고전 12:31. 최상급 μέγιστος **매우 이례적인, 가장 훌륭한** very exceptional, outstanding 벧후 1:4.

μέγεθος, ους, τό [μέγας] **위대함, 지극히 크심** greatness 엡 1:19.

μεγιστάν, ᾶνος, ὁ [μέγας μέγιστος에서] '매우 중요한 사람', **상당히 높은 지위의 사람, 매우 위대한 인물** highly ranked person, very great one 신약에서는 항상 복수 ⓐ 왕실과 관련하여 막 6:21. ⓑ 일반적으로 영향력 있는 인물들에 대해 계 6:15; 18:23.

μέγιστος, η, ον 이 최상급 형태는 μέγας ⓒ㉡을 보라 .

μεθερμηνεύω [μετά, ἑρμηνεύω] **번역한다, 의미한다** translate, render 한 언어를 다른 언어로 옮기는 것에 대한 용어, 수동태 마 1:23; 막 5:41; 15:22, 34; 요 1:38, 41; 행 4:36; 13:8.

μέθη, ης, ἡ [μέθυ '포도주', 비교 μεθύω] **술취함, 취기** drunkenness 눅 21:34; 롬 13:13; 갈 5:21.

μεθίστημι/μεθιστάνω [μετά, ἵστημι] ① '~에서 움직이게 하다' ⓐ 어떤 장소 고전 13:2. ⓑ 책임 있는 위치, **축출하다, 제거하다** dismiss, remove 눅 16:4; 행 13:22. ⓒ 상태, 새로운 상황으로 옮겨진다는 맥락으로 **옮기다** transfer 골 1:13. ② '사고방식을 다른 방향으로 돌리게 하다', 경멸적인 분위기를 나타내는 문맥에서 **오도하다, (잘못) 권유하다** mislead 행 19:26.

μεθοδεία, ας, ἡ [μετά와 ὁδός에서 μεθοδευω '절차에 따른 행동'] **술책, 책략** maneuver μ. τῆς πλάνης **영리한 술책** clever maneuver 엡 4:14; 복수 6:11.

μεθόριον, ου, τό [μετά, ὅριον] **경계선** boundary 복수 경계선으로 둘러싸인 지역에 관해, 그러므로 **지역** region 막 7:24 이문.

μεθύσκω [μέθυ '술'] '취기가 돌다', 신약에서는 항상 수동태로, μεθύσκομαι 능동 의미로 **술에 취하다** get drunk 눅 12:45; 요 2:10; 엡 5:18; 살전 5:7; 계 17:2.

μέθυσος, η, ον [μέθυ '술'] '취하게 하는 음료에 중독된', 신약에서 명사로서 ὁ μέθυσος **술고래, 술꾼** drunkard 고전 5:11; 6:10.

μεθύω [μέθυ '술'] **술에 취하다** be drunk (포도주처럼 취하게 하는 음료를 과도하게 마신 결과로) 마 24:49; 행 2:15; 고전 11:21; 살전 5:7. 의미가 전환되어 계 17:6.

μείγνυμι/μειγνύω μίγνυμι/μιγνύω 다른 형태.
μειζότερος, α, ον [μέγας] μείζων 비교급, μέγας ⓑ를 보라.
μείζων, ον μέγας를 보라.
μεῖναι, μεῖνον μένω 제1부정과거 능동태 부정사 그리고 명령법
μέλαν, τό μέλας를 보라.
μέλας, μέλαινα, μέλαν, 속격 **ανος, αίνης, ανος** [산스크리트 관련하여] ① 형용사 검은 black 마 5:36; 계 6:5, 12. ② 명사로서 τὸ μέλαν 먹, 잉크 ink 고후 3:3; 요이 12; 요삼 13.
Μελεά, ὁ [어원은 불분명] 격변화 없음. **멜레아** Melea, 예수의 조상 눅 3:31.
μέλει [μέλω '주의하거나 고려해야 할 대상이다'] 이 3인칭 단수 형태는 신약에서는 여격을 동반하는 경우만 나오며, 보통 다음을 뜻한다. ~**에 관심을 두다, 우려하다** be of interest to, be of concern to 마 22:16; 막 4:38; 12:14; 눅 10:40; 요 10:13; 12:6; 행 18:17; 고전 9:9; 벧전 5:7. 단독으로 μή σοι μελέτω "그것에 대해 염려하지 마라" 고전 7:21.
μελετάω [μέλω, 비교 μελέτη '주의'] 어떤 일에 '주의 깊게 생각하다' ⓐ **처리하다, 돌보다** attend to 딤전 4:15. ⓑ **꾸미다, 계획하다** plot 행 4:25.
μέλι, ιτος, τό [복합적인 어원, 비교 라틴어 mel '꿀'] **꿀** honey 마 3:4; 막 1:6; 계 10:9f.
μελίσσιος, ον [μέλι에서 μελίσσα '벌'] **벌들에게서 나온** derived from bees 눅 24:42 이문; 명사로서 τὸ μελίσσιον **벌집** 42절 이문.
Μελίτη, ης, ἡ [어원은 불분명] **몰타, 멜리테** Malta, 시칠리아 남쪽 섬 행 28:1.
Μελιτήνη Μελίτη의 다른 형태.
μέλλω [복합적인 어원, 그러나 비교 μέλω(μέλει를 보라)] 미결된 양상을 가지는 미래 지향적 동사 ⓐ 드러남으로서 미래에 초점 맞추어, **머지 않아 ~한다, ~하려고 한다, 할 것이다. be in the offing, be about (to), be going (to) 가깝거나 상대적으로 먼 미래에, 보통 부정사와 더불어 마 11:14; 막 13:4; 눅 7:2; 19:11; 22:23; 요 4:47 (거의 죽어가는); 12:4; 18:32; 행 3:3; 12:6; 13:34; 24:15; 26:2; 롬 8:18; 고전 3:22; 엡 1:21; 벧전 5:1; 계 3:2; 10:7; 12:4; 17:8. 계획이나 틀림없는 결과를 함축하여 ~**할 운명이다** be destined 마 17:22; 롬 8:13; 갈 3:23; 살전 3:4; 히 1:14. 관련 맥락에서 주된 용법은 단순하게 나타내어, 형용사적으로 **장래(에), 앞으로** (in the) future, to come 마 3:7; 12:32; 행 24:25; 롬 5:14; 히 2:5; 명사로서 눅 13:9; 롬 8:38; 고전 3:22; 골 2:17; 딤전 6:19; μελλόντων ἀσεβέσιν "불경건한 자들에게 다가올 일들" 벧후 2:6. ⓑ 일어날 행동에 관한 정신적인 측면에 초점 맞추어 ~**을 뜻한다, 의도한다, 계획한다** have in mind, intend, plan (on) 마 2:13; 눅 10:1; 요 6:15, 71; 7:35; 행 17:31; 20:7; 26:2; 약 2:12(~을 확신하는); 벧후 1:12; 계 10:4.

생각된 의도가 이루어지지 않았을 경우에 μ.는 **미루다** to delay는 뜻을 나타낸다. 행 22:16.

μέλος, ους, τό [산스크리트 연관어] ① '신체구조의 일부분', 몸의 일부로서 **지체** member 마 5:29; 롬 6:13 등 로마서에서 자주; 고전 12:12 등 해당 장에서 여러 번; 약 3:5f; 4:1. ② 비유로, 사람 사이의 관계, **구성원** member 롬 12:5; 고전 6:15; 12:27; 엡 4:16 이문, 25; 5:30.

Μελχί, ὁ [히브리어 '나의 왕'] 격변화 없음. **멜기, 멜키** Melchi ① 예수의 조상 눅 3:24. ② 예수의 조상 눅 3:28.

Μελχισέδεκ, ὁ [히브리 단어의 조합은 '왕'과 '의로움'을 뜻한다.] 격변화 없음. **멜기세덱, 멜키세덱** Melchizedek 살렘 왕(창 14:18) 히 5:6 등.

μέλω μέλει를 보라.

μεμάθηκα μανθάνω 완료 능동태 직설법.

μεμβράνα, ης, ἡ [= 라틴어 membrana '양피지'] 딤후 4:13에서는 바울의 서재에 있는 **특별한 종류의 책이나 필기하는 재료**(양피지나 아니면 파피루스)를 나타내는 표시다. 그러나 일반적으로는 차용어 '양피지'가 이 단어의 뜻을 나타내는 데 사용할 수 있을 것이다.

μεμενήκεισαν μένω 과거완료 능동태 3인칭 복수.

μεμίαμμαι μιαίνω 완료 수동태 직설법.

μέμιγμαι μίγνυμι 완료 수동태 직설법.

μέμνημαι μιμνήσκω 완료 중간태 그리고 수동태 직설법.

μέμφομαι [비교 μομφή, ἄμεμπτος] 의심스러운 행동을 한 누군가의 '결점을 찾다', **비평하다, 비난하다** criticize, reproach 막 7:2 이문; 롬 9:19; 히 8:8.

μεμψίμοιρος, ον [μέμφομαι, μοῖρα '운명', 비교 다음 항목] 인생에 있어서 자신의 몫에 대해 불평하는 사람에 대한 풍자로, **불만을 품은 사람, 반항자** malcontent 유 16.

μέμψις, εως, ἡ [μέμφομαι] **불평할 근거, 이유** ground for complaint 골 3:13 이문.

** **μέν** [단정의 불변화사, 비교 μήν 그리고 산스크리트 sma, 강화의 불변화사] 강조하는 표시 ⓐ 문장에서 δέ나 다른 표시와 함께 대조, 선택, 의견을 수정하는 의미를 나타내는 데 매우 자주 사용한다. 이렇게 합쳐진 문장들은 서로 상대적인 의미를 나타내는 경우가 많다. μέν...δέ, 이 구조에서 μέν은 동반되는 주제가 두 번째 구성 요소에서 뒤집히는 것에 주의를 집중하는 경우가 많으며, 다양하게 해석할 수 있다. 예를 들어 **~한 반면에, 사실은, ~이기는 하지만** on the one hand/indeed/now...but: μέν... δέ 마 3:11; 9:37; 17:11; 20:23; 22:8; 25:33; 26:41; 막 14:21; 눅 11:48(μέν = ~이 사실이기는 하다); 23:41, 56; 요 10:41;

Μεννά, ὁ / μέντοι

19:32; 20:30; 행 1:5; 9:7; 11:19(δέ는 20절에서 나타난다; 비교 행 17:12과 17:13 은, 태도에 있어 대조를 이룬다); 롬 2:25; 7:25; 고전 1:12(ἐγὼ μέν = **나로서는**); 15:39f; 고후 12:1; 갈 4:8; 엡 4:11; 빌 3:1, 13; 딤후 2:20; 히 1:7(8절에서 δέ); 7:20(21절에서 δέ); 벧전 1:20; 4:6; 유 10. 눅 13:9에서 이어지는 δέ 구조는 예상되는 추론에서 전환됨을 표시한다. 고전 11:7에서 이어지는 δέ 구조는 여인의 머리카락을 다루는 것에 대한 숨겨진 추론을 대치한다. 행 8:4에서 μέν은 5절에서 언급하는 전도자들 중 한 사람에게로 서술적 변화를 기대하게 한다. 후속에서 δέ가 아닌 다른 표시가 나오면 대비가 더욱 강조된다. μέν...ἀλλά 막 9:12f; 롬 14:20; 고전 14:17; μέν...πλήν 눅 22:22; μέν...ἔπειτα 요 11:6f; 약 3:17. μέν...δέ의 여러 구조에서 대비를 강조하지 않고 이어지는 항목과 관련하여 정관사, 관계대명사, 부정(不定)대명사 등이 나온다. ὅ/ὅς μέν... ὅ/ὅς δέ **하나는... 다른 이는** 마 13:8, 23; 21:35; 눅 23:33; 롬 14:5; 고전 7:7 (ὁ μὲν οὕτως... ὁ δὲ οὕτως **어떤 이는 이와 같이, 다른 이는...**); 갈 4:23; 복수 οἱ μὲν...οἱ δέ **어떤 사람은... 다른 사람은** 행 14:4; 17:32; 27:44; 롬 2:7f; 엡 4:11; 빌 1:15f; 3:13; 유 22f. 관련된 방식으로 τοῦτο μέν...τοῦτο δέ **~하기도 했고, 다른 경우에는 ~했다** 히 10:33. ⓑ δέ나 관련된 다른 표시 없이 μέν은 대조를 표현한다. **이제는** now: 행 1:1에서 μέν이 δέ를 동반하지 않지만(독자들이 본문 전달의 문제를 인정하지 않는다면) 작가의 글을 읽는 독자들은 두 번째 내용이 전개되고 있음을 πρῶτος 로부터 추론할 수 있다. 롬 1:8에서 μέν은 바울이 제시할 많은 항목이 있었지만, 먼저 감사에 즉각적인 초점을 맞추고 있음을 보여준다. 7:12에서는 11절에서 논의된 죄의 역사하는 힘에 대한 대비가 암시되어 있다. 고전 6:7에서 δέ는 직접적인 의문사로 대치되었다. διὰ τί; 고후 12:12에서는 교회 일부 구성원들의 저항이 반대되는 내용이 암시되어 있다. 비교 고전 11:18; 골 2:23에서 수사학적으로 강한 οὐκ가 δέ를 대신하고 있다. 왜냐하면 μὲν οὖν이 내용 가운데 대비가 암시된 어떤 상태를 나타내고 있기 때문이다. **그리하여, 더 정확히 말하자면** so then, rather 행 9:31; 비교 μενοῦν/μενοῦνγε.

Μεννά, ὁ [어원은 불분명] 격변화 없음. **멘나** Menna 예수의 조상 눅 3:31.

μενοῦν/μενοῦνγε (또한 μενοῦν γε) [μέν, οὖν, γέ] 강한 느낌의 반응을 표현하는 불변화사 **참으로!** indeed!: μενοῦν μακάριοι **더욱 복되도다!** 눅 11:28. μενοῦνγε: **분명히, 물어볼 필요도 없이** certainly/no question about it 롬 10:18; μενοῦνγε σὺ τίς εἶ ὁ ἀνταποκρινόμενος τῷ θεῷ; "세상에 그 누구가 하나님과 더불어 논쟁하겠는가?" 롬 9:20; ἀλλὰ μενοῦνγε καί – **실로 그러하다** yes indeed 빌 3:8.

μέντοι [μέν, τοί 강화 불변화사 '진실로'] 앞에 나온 상세한 이야기에 대한 반응에 초점 맞춘 불변화사 **그러나, 그럼에도 불구하고** yet, nevertheless 요 4:27; 7:13; 12:42; 20:5; 21:4; 딤후 2:19; 유 8; **다른 한편으로는** on the other hand 약 2:8.

μένω [산스크리트 연관어] ① '일정한 길이의 시간 동안 어떤 상태에 있다', **남다, 머무르다** remain, stay 자동사 ⓐ 지리적인 장소나, 거주지 또는 사람이든, 사물이든 어떤 장소에 있는 것에 관하여 마 10:11; 막 14:34; 눅 8:27; 요 7:9; 8:31; 12:46. ⓑ 어떤 상태나 상황이 계속되는 것에 관해 ㉠ 동일함에 초점 맞추어 요 12:24; 행 27:41; 고전 7:20. ㉡ 존재에 초점 맞추어 요 12:34; 고전 15:6; 빌 1:25; 히 7:24; 요일 2:17; 계 17:10. ② 어떤 이가 '존재하거나 도착한 장소에 머무르다', **기다리다, 대기하다** await, wait for 타동사 행 20:5, 23.

μερίζω [μέρος] ① '부분 또는 조각들이 되게 하다', **나누다** divide ⓐ 공유 절차를 통하여 재산을 나누는 것에 관하여(중간태) 눅 12:13. ⓑ 분열과 파벌 싸움에 관련된 비유로 마 12:25f; 막 3:24-26. 단독으로, 내적인 불화에 관하여 고전 7:34. ② '할당하여 나누다', **분배하다, 배치하다** distribute, assign 막 6:41; 롬 12:3; 고전 7:17; 고후 10:13; 히 7:2.

μέριμνα, ης, ἡ [μεριμνάω] '마음이나 영혼의 어려움' ⓐ **심란함, 염려** distraction, anxiety 마 13:22; 막 4:19; 눅 8:14; 21:34; 벧전 5:7. ⓑ **배려, (~에 대한) 관심, (~에 대한) 돌봄** solicitude, concern (for), care (of) 고후 11:28.

μεριμνάω [비교 이전 항목의 역성어 μέριμνα] '마음이나 영혼이 불편하다' ⓐ 자신의 필요에 대하여 염려함에 초점 맞추어 (~에 대해) **염려하다, 우려하다** be anxious/concerned (about) 마 6:25, 27f, 31, 34; 10:19; 눅 10: 41; 12:11, 22, 25, 26; 빌 4:6. ⓑ 다른 이의 필요나 이익에 초점 맞추어 **~에 대해 세심히 배려하다, 보살피다** be solicitous (about/for), look out for 고전 7:32-34; 12:25; 빌 2:20.

μερίς, ίδος, ἡ [μείρομαι '부분으로 받다', 비교 상응하는 중성 μέρος] ① '나누어진 존재의 일부분', **구역** district 행 16:12. ② '할당된 부분', **몫, 부분** share, part 눅 10:42; 행 8:21; τίς μερὶς πιστῷ μετὰ ἀπίστου; "믿는 자와 믿지 않는 자가 무엇을 나눌 수 있겠는가?" 고후 6:15.

μερισμός, οῦ, ὁ [μερίζω] ① **나눔, 분리** separation, 나누는 과정의 결과로서 히 4:12. ② **분배, 할당** distribution, apportionment 히 2:4.

μεριστής, οῦ, ὁ [μερίζω] **중재인, 조정자** arbitrator, 몫이나 할당을 분배하는 사람의 역할에서 눅 12:14.

μέρος, ους, τό [μέρις를 보라] ① '전체의 조각이나 부분' ⓐ 일반적으로, **부분** part 눅 11:36; 15:12; 요 19:23; 행 5:2; 계 16:19. ⓑ 보통 지리적인 지역에 관해서는 항상 복수 τὰ μέρη **부분, 구역** the parts (비교 '이 지역에서는' in these parts) 마 2:22; 15:21; 16:13; 막 8:10; 행 2:10; 19:1; 20:2; 엡 4:9. βάλετε εἰς τὰ δεξιὰ μέρη τοῦ πλοίου τὸ δίκτυον **배의 오른쪽 편으로 (그물을) 던져라** = '배 오른쪽으로 (그물을) 던져라' 요 21:6. ⓒ 특별한 견해나 관심으로 연결된 더 큰 집단 안

μεσάζω / μέσος, η, ον

의 어떤 무리에 관해, **일파** party 행 23:6, 9. ⓓ 신체에 관해 비유로, **부분** part 엡 4:16. ⓔ 식사 항목에 관해, **토막** piece 눅 24:42. ⓕ 부문이나 범주에 관해, **직업, 사업** occupation, business 행 19:27; **문제** matter 고후 3:10; 9:3; 골 2:16; 벧전 4:16 이문 ⓖ 주요 어구들, 부사적 구문으로: μέρος τι πιστεύω "얼마 만큼은, 어느 정도는 내가 그것을 믿는다" 고전 11:18; ἀπὸ μέρους **부분적으로** 롬 11:25; 15:24; 고후 1:14; 2:5; 몇 가지 점에 있어서는 롬 15:15; ἐκ μέρους **개인적으로** 고전 12:27; **단편적인** 13:9, 12(비교 τὸ ἐκ μέρους **단편적인 방법으로** 10절); κατὰ μέρος **상세하게, 하나하나씩** 히 9:5. ② '다른 사람의 형편에 참여하거나 공유하는 행위', **할당, 운명, 몫** share, destiny, lot 마 24:51; 눅 12:46; 요 13:8; 계 20:6; 21:8; 22:19.

μεσάζω [μέσος] **중간 지점에 있다** be at mid-point 요 7:14 이문.

μεσημβρία, ας, ἡ [μέσος, ἡμέρα] ① **정오, 한낮** noon 행 8:26(정오가 되면 길이 텅 빌 것이라는 점을 예상하는 장소와 관련한 해석은 ②를 보라); κατὰ μ. **정오쯤** about noon 22:6. ② **남쪽** the south 행 8:26.

μεσιτεύω [μεσίτης] '문제를 해결하는 데 중재자로서 역할을 하다', **개입하다, 중재하다, 조정하다** intervene, mediate, arbitrate μ. ὅρκῳ "맹세로서 결의를 다짐하다" 히 6:17.

μεσίτης, ου, ὁ [μέσος] **중재자, 조정자** mediator, arbitrator 갈 3:19f; 딤전 2:5; 히 8:6; 9:15; 12:24.

μεσονύκτιον, ου, τό [μέσος, νύξ] **한밤중, 오밤중** midnight 막 13:35; 눅 11:5; 행 16:25; 20:7.

Μεσοποταμία, ας, ἡ [μέσος, ποταμός] **메소보다미아, 메소포타미아** Mesopotamia 두 강 사이에 있는 땅에 관하여, 주로 티그리스강과 유프라테스강 행 2:9; 7:2.

* **μέσος, η, ον** [산스크리트 연관어, 비교 라틴어 medius '중앙의'] '한 가운데나 그 주변에' ⓐ 형용사로: 공간적으로 **가운데의** middle 눅 22:55a; 23:45; 행 1:18; 시간적으로 **중간의** middle 마 25:6; 행 26:13; 집단 중에, **한가운데의, 사이의** in the midst (of), among 눅 22:55b; 요 1:26; 19:18. ⓑ 중성 명사로 (τὸ) μέσον **중간** the middle 전치사를 동반하여: ἀνὰ μέσον **공간적으로** 마 13:25; 막 7:31('내부에'); 계 7:17; 집단 중에 ἀνὰ μέσον τοῦ ἀδελφοῦ αὐτοῦ = '한 교회 구성원과 다른 이들 사이에' 고전 6:5. διὰ μέσου **도중에** 눅 4:30. εἰς τὸ μέσον (공간적으로) **한가운데, 중앙에** 막 3:3; 14:60. ἐν (τῷ) μέσῳ (공간적으로) **가운데서** in the middle 마 14:6(다시 말해 모두가 볼 수 있는 자리에서); 막 6:47; 눅 21:21('내부에'); 22:55b; 행 17:22; 27:21; 계 2:1; 4:6; 6:6; 22:2; 집단 중에 **한가운데로, 사이에** in (the) midst (of), among 마 10:16; 18:2, 20; 눅 2:46; 22:27; 24:36; 요 8:3, 9; 행 1:15; 4:7; 살전 2:7; 히 2:12; 계 5:6. ἐκ (τοῦ) μέσου: 집단 중에 **사이에서, 중에서** from among 마 13:49; 행 17:33; 고전 5:2; 고후 6:17; 골 2:14(실제

μεσότοιχον, ου, τό / μετά

적으로 = '보이지 않도록'). κατὰ μέσον **중간 즈음에** about (the) middle 시간적으로 행 27:27. 부사로 속격 지배 전치사 역할을 해서, 공간적으로 **한가운데** in the middle 마 14:24 이문; 집단 중에, **가운데는, 사이에는** in the midst (of), in among 빌 2:15.

μεσότοιχον, ου, τό [μέσος, τοῖχος] '존재들을 울타리 쳐서 서로 떼어놓도록 고안된 중간 벽', **장벽, 막힌 담** dividing wall 엡 2:14.

μεσουράνημα, ατος, τό [μεσουρανέω '하늘 한가운데 있는'] 관찰자의 시점에서 '하늘 저편에 있는', **하늘 한가운데** midheaven 계 8:13; 14:6; 19:17.

μεσόω [μέσος] **중간 지점에 있다** be at midpoint 요 7:14 (= '반쯤 지난').

Μεσσίας, ου, ὁ [히브리어] **메시아, 메시아스** the Messiah (= ὁ Χριστός, '기름부음 받은 자') 요 1:41; 4:25.

μεστός, ή, όν [어원은 불분명] **~으로 가득찬** full (of), 신약에서는 항상 속격 ⓐ 어떤 물리적 실체로 가득차 있는 대상에 대해 요 19:29; 21:11. ⓑ 긍정적이든, 부정적이든 어떤 특성이나 생각, 태도, 완전히 채워진 실체에 대한 이미지와 관련해서 마 23:28; 롬 1:29; 15:14; 약 3:8, 17; 벧후 2:14.

μεστόω [μεστός] **채우다, 가득차게 하다** fill, 수동태 속격과 더불어, **~으로 가득차다** be full (of) 행 2:13.

****μετά** [복합적인 어원] 전치사 ① 유대, 동반, 다양한 연결을 나타내는 표시로 항상 속격 지배. ⓐ 친밀함의 정도는 나타내지 않고 살아 있는 존재와 연결함에 관하여 **함께, 가운데, 사이에** with, amid, among 마 15:30; 막 1:13; 14:7; 15:28 이문; 눅 12:46; 22:37; 24:5; 요 18:5; 계 1:7. ⓑ 어떤 존재와 상대적으로 친밀한 관계에 대하여: 사람, **함께, ~과 더불어** with, in the company of 마 2:11; 5:25; 9:11; 24:49; 막 5:18; 눅 2:36; 5:34; 요 12:17; 갈 2:1; 빌 4:3; 살전 3:13; 살후 1:7; 히 12:14; 요일 2:19; 계 3:20; 12:9; 14:4. 사물 **~을 섞은** with 마 27:34; 눅 13:1. ⓒ 상호적인 행동에 대해 마 17:3; 막 3:6; 눅 12:13; 요 13:8; 딤후 2:22; 계 1:12 (환유적으로 φωνή = 말하는 사람); 17:2. 대립적이거나 적대적인 관계에서 요 3:25; 16:19; 고전 6:6f; 계 2:16 등 계시록에서 자주. ⓓ 지원하려는 관심에 대해 마 1:23; 28:20; 눅 1:28,58; 22:33; 요 3:2; 8:29; 행 14:27; 롬 15:33; 고후 13:11. ⓔ 공유한다는 관점에서, **~와 함께, ~과 마찬가지로** along with 마 2:3; 12:30; 롬 12:15; 15:10. ⓕ 수반되는 상황에 관해 마 13:20; 14:7; 24:30; 27:66; 막 3:5; 4:16; 눅 1:28; 8:13; 9:39; 행 27:10; 고후 6:15; 엡 4:2; 빌 1:4; 딤전 3:4; 6:6; 히 4:16; 벧전 3:15. 물질적인 것들과 연결 계 25:4; 26:55; 막 4:36; 14:43; 눅 22:52; 요 18:3; 19:40; 히 9:19. ② 연속적이거나 위치를 나타내는 표시로, 항상 대격 동반 **후에, 뒤에** after, behind ⓐ 시간적으로: 어떤 사건 후에 마 1:12; 24:29; 26:32; 막 1:14; 16:19; 눅 12:5; 17:8; 22:20; 요 13:7; 행 1:3; 7:4; 13:15;

μετάβα / μετακινέω

20:29; 고전 11:25; 딛 3:10; 히 7:28; 10:26; 벧후 1:15; 계 9:12. 어떤 정해진 기간 다음에: 시간을 특정하여 마 17:1; 막 8:31; 눅 2:46; 요 20:26; 행 24:1; 28:11; 갈 1:18; 3:17; 특정하지 않고 마 25:19; 26:73; 눅 15:13; 22:58; 히 4:7. ⓑ 위치적으로, 뒤에 behind 히 9:3.

μετάβα μεταβαίνω 제2부정과거 능동태 명령법 2인칭 단수.

μεταβαίνω [μετά, βαίνω '걷다, 걸음 하다'] '한 장소에서 다른 곳으로 옮겨 가다', **가다** go 사람 또는 사물: 마 8:34; 11:1; 17:20; 요 7:3; 13:1; 행 18:7; **이동하다** move 눅 10:7. — 비유로, 한 상태에서 다른 상태로 전환하는 것에 관하여 요 5:24; 요일 3:14.

μεταβάλλω [μετά, βάλλω] 신약에서 중간태로만.

μεταβάλλομαι, '방향을 돌려 바꾸다', **바꾸다** change 은유적으로. **자신의 마음을 바꾸다** change one's mind 행 28:6.

μεταβαλόμενος μεταβάλλω 제2부정과거 중간태 분사.

μεταβάς, μεταβέβηκα, μεταβήσομαι μεταβαίνω 제2부정과거 능동태 분사, 완료 능동태 직설법, 그리고 미래 직설법.

μετάβηθι μεταβαίνω 제2부정과거 능동태 명령법 2인칭 단수.

μετάγω [μετά, ἄγω] ① '이동하여 나르다', **가져가다, 가지고 돌아오다, 취하다** bring (away), take 행 7:16 이문 ② '방향의 변화를 겪도록 하다', **짐승을 몰다, 이끌다** direct 약 3:3; **배를 조종하다** steer 4절.

μεταδιδόναι, μεταδιδούς μεταδίδωμι 현재 능동태 부정사 그리고 분사.

μεταδίδωμι [μετά, δίδωμι] '자원을 꺼내어 제공하다', **나누다, 공유하다** share 눅 3:11; 살전 2:8; impart 롬 1:11; **베풀다, 나눠주다** contribute, distribute 12:8; 엡 4:28.

μεταδότω, μεταδοῦναι, μεταδῶ μεταδίδωμι 제2부정과거 능동태 명령법 3인칭 단수, 부정사 그리고 가정법

μετάθεσις, εως, ἡ [μετατίθημι] ① '자리나 위치의 변화', **제거** removal 히 11:5; 12:27. ② '직책의 변경', **변경** change 7:12.

μεταίρω [μετά, αἴρω] 신약에서는 자동사로만 **출발하다, 떠나다** depart, leave 마 13:53; 19:1.

μετακαλέω [μετά, καλέω; '한 장소에서 다른 장소로 부르다'] 신약에서 중간태로만 '자신에게 오도록 기별을 주다', **부르다, 청하다** call for, send for 행 7:14; 10:32; 20:17; 24:25.

μετακινέω [μετά, κινέω] 신약에서 중간태로만 '스스로를 없애다', 비유로, ἀπό 와 더불어 (~에서) **이동하다, 떠나다, 단념하다** shift (from), move away (from), abandon 골 1:23.

μεταλαβεῖν / μετάπεμψαι

μεταλαβεῖν μεταλαμβάνω 제2부정과거 능동태 부정사.

μεταλαμβάνω [μετά, λαμβάνω] **몫을 받다, 참여하다** have/get a share, partake 속격 행 2:46; 27:33f; 딤후 2:6; 히 6:7; 12:10. 확장된 의미로 **선택하다** select 대격 καῖρον μεταβάλλειν '기회를 잡다, 찾다' 행 24:25(펠릭스 총독이 자신의 계획을 세우다).

μετάλημψις, εως, ἡ [μεταλαμβάνω] '일부를 차지함', **받아들임** reception 딤전 4:3.

μεταλλάσσω [μετά, ἀλλάσσω] '반전의 정도를 변경하다', **변경하다, 바꾸다** change 대체물이 언급되었을 때는 '교환하다 exchange'와 같은 뜻이다. 롬 1:25f.

μεταμέλομαι [μετά, μέλω '관심 둘 대상이다, 돌보다'] '사람의 행동이나 태도에 큰 관심을 두다', **뉘우치다, 후회하다** regret 마 21:29, 32; 27:3; 고후 7:8; 히 7:21. 뜻이 약화되어, **마음을 돌이키다** change one's mind가 마 21:29, 32의 문맥에 나타난다; 히 7:21. 그러나 그 의미가 언어학적으로 결정적인 것은 아니다.

μεταμορφόω [μετά, μορφόω] 신약에서는 수동태로만 '완전한 전환을 겪다', **바뀌다** be changed ⓐ 특징이나 사람됨에 초점 맞추어 ('탈바꿈한') 롬 12:2; 고후 3:18. ⓑ ('변모한') 외모의 변화를 강조하여 마 17:2; 막 9:2.

μετανοέω [μετά, νοέω] '전에 가지고 있었던 관점이나 행동 양식에 대한 생각과 마음이 심하게 변하다', 특별히 이례적으로 새로운 국면을 맞이하여, **회개하다, 뉘우치다** repent 마 3:2; 11:20; 12:41; 막 1:15; 눅 10:13; 11:32; 13:3, 5; 16:30; 행 2:38; 8:22; 17:30; 고후 12:21; 계 2:5과 계시록에서 자주.

μετάνοια, ας, ἡ [μετανοέω] '이전 관점이나 행동 양식에 대한 생각과 마음이 심하게 변함', **회개, 뉘우침** repentance 마 3:8, 11; 막 1:4; 눅 5:32; 15:7;행 5:31; 11:18; 26:20; 롬 2:4; 고후 7:9f; 딤후 2:25; 히 6:1; 12:17; 벧후 3:9.

μεταξύ [μετά, ξύν(σύν)] **사이에** between 한 독립체와 다른 것이 나눠지는 지점을 나타내는 표시로 ⓐ 시간적으로: 부사로 ἐν τῷ μεταξύ = **그 동안에** meanwhile 즉, 시간의 두 기간 사이에 요 4:31; μ. = **이어지는, 다음** following/next 다른 안식일에도 참여함을 표시하여 행 13:42. ⓑ 공간적으로: 전치사로 마 23:35; 눅 11:51; 16:26; 행 12:6. ⓒ 사회적으로: 전치사로 마 18:15; 행 15:9; 서로 반목하는 존재들에 대해 롬 2:15(여기에서 μ.는 또한 **사이에** among라는 뜻을 가진 것으로 보인다).

μεταπέμπω [μετά, πέμπω] 신약에서는 주로 오래된 그리스어로, 중간태 그리고 수동태 어떤 사람을 공식적으로 파견시킴에 대해, **요청하다, 소환하다** send for, summon 행 10:5, 22, 29; 11:13; 20:1; 24:24, 26; 25:3.

μετάπεμψαι μεταπέμπω 제1부정과거 중간태 명령법 2인칭 단수.

μεταστρέφω [μετά, στρέφω] '변하게 하다', 수동태 **바뀌다, 변하다** turn 행 2:20; 약 4:9 이문; 능동태, 더 나쁘게 변화시킴에 초점 맞추어 **왜곡시키다** pervert 갈 1:7.

μετασχηματίζω [μετά, σχηματίζω '자세를 취하다'] ① '외관을 변경하다', **변화시키다** change 빌 3:21. ② '자신을 ~처럼 보이게 하다', **가장하다, 변형시키다** transform 고후 11:13-15. ③ '차례로 본을 보이다', εἰς를 동반하여 다음에 적용된다. ταῦτα μετεσχημάτισα εἰς ἐμαυτόν "이러한 것(생각, 처세)을 나 자신의 경우에도 사용했다" 고전 4:6.

μετατίθημι [μετά, τίθημι] ① '자리에 변화를 가져오다' ⓐ 공간적인 이동에 관해 **옮기다, 떠나가다** transfer, take away 행 7:16; 히 11:5. ⓑ 확장된 의미, 중간태, 비난을 나타내며, **스스로 멀어지다, 저버리다** distance oneself, desert 갈 1:6. ② '달라지게 하다' ⓐ **바꾸다** change 히 7:12. ⓑ **왜곡시키다** pervert 유 4.

μετατρέπω [μετά, τρέπω '돌리다'] **돌리다** turn 대체하거나 대비되는 상황을 겪는다는 의미로 약 4:9.

μεταφυτεύω [μετά, φυτεύω] **옮겨 심다** transplant, 수동태 눅 17:6 이문.

μετέβη μεταβαίνω 제2부정과거 능동태 직설법 3인칭 단수.

μετέπειτα [μετά, ἔπειτα] 부사 **후에, 나중에** afterward 히 12:17.

μετέχω [μετά, ἔχω] '어떤 일에 참여하다' ⓐ 노동의 물질적 대가로 한 몫을 누림에 대해, **한 몫을 받다** have share in 고전 9:10, 12. ⓑ 공동체적인 나눔에 대하여 **~을 함께 하다** partake of: 음식에 초점 맞추어 고전 10:17, 21, 30; 은유적으로 히 5:13; 사람의 경험에 초점 맞추어 2:14; 지파 구성원으로 참여하게 됨에 초점 맞추어 7:13.

μετεωρίζομαι [μετέωρος '허공에 있는'] '불확실성으로 긴장이 많은 상태에 있다', **불안해하다, 염려하다** be anxious, worry, 비교 우리말 '허공에 붕 떠 있다' 눅 12:29.

μετήλλαξα μεταλλάσσω 제1부정과거 능동태 직설법.

μετῆρα μεταίρω 제1부정과거 능동태 부정사.

μετοικεσία, ας, ἡ [μετοικέω '거주지를 바꾸다'] **재배치, 재정착** relocation, resettlement, 바빌론 '포로 생활'(captivity) 마 1:11, 12, 17.

μετοικίζω [μέτοικος '이주민'] '움직이게 하다', **이동시키다, 옮기다, 재배치하다** relocate, resettle 행 7:4, 43.

μετοικιῶ μετοικίζω 미래 능동태 직설법.

μετοχή, ῆς, ἡ [μετέχω] '다른 사람과 무엇을 공유하는 상태', **참여, 공유, 연루** participation, sharing, involvement 고후 6:14.

μέτοχος, ον [μετέχω] 어떤 일에 '관여하고 있는'. ⓐ **~을 공유하는, 참여하는**

sharing in, 속격과 더불어 히 3:1, 14; 6:4; 12:8. ⓑ 명사로서 **동료**, 사업상 **동업자** associate, partner 눅 5:7; **친구** companion 히 1:9.

μετρέω [μέτρον] '어떤 표준에 부합하는 정도를 결정하다', **재다, 측정하다** measure ⓐ 확인하는 치수에 초점 맞추어 계 11:1f; 21:15-17. ⓑ 비유로 마 7:2과 병행구; 고후 10:12(여기에서는 '평가하다').

μετρητής, οῦ, ὁ [μετρέω] '액체 40리터 정도를 담을 수 있는 도구', **메트레테스**(히브리식으로는 바트 bath, 39리터 정도를 담는다), **통** 이런 이유로 요 2:6에서, 내용물을 담는 단위로 내용을 환유적으로 나타냈다. 각 물 항아리는 두세 메트레테스 즉 80-120리터 정도까지 담을 수 있었다.

μετριοπαθέω [μετριοπαθής '감정적 표현에서 온건함을 가지고 있는'] **너그럽게 대하다** conduct oneself with moderation 히 5:2.

μετρίως [μέτριος '알맞은'] 부사 '마땅한 기준을 수행하는', **적당히, 알맞게** moderately, 완서법으로 οὐ μ. **한없이, 헤아릴 수 없을 정도로** immeasurably 행 20:12.

μέτρον, ου, τό [IE이나 산스크리트 연관어] **헤아림, 저울질** a measure(비교 μετρέω) ⓐ 기준에 따라 양이나 치수를 결정하는 데 사용하는 도구에 초점 맞추어 마 7:2와 병행구; 계 21:15, 17. 비유로, 죄에 대한 측량에 대하여 마 23:32; (한량없이) 성령을 베풀어 주심 요 3:34; 하나님의 뜻에 대한 헌신이나 충성심을 측정하는 도구로서 사용되는 개인적인 성품이나 재능에 대해 롬 12:3; 비교 엡 4:7. ⓑ 측정된 크기나 양에 대한 의미로 전환되어 고후 10:13; 엡 4:16.

μετῴκισα μετοικίζω 제1부정과거 능동태 직설법.

μέτωπον, ου, τό [μετά, ὤψ '얼굴, 용모'] **이마** forehead 눅 23:48 이문; 계 7:3 등.

μέχρι/μέχρις [복합적인 어원] 제한에 대한 표시 속격 ⓐ 시간적으로, 속격 지배 전치사로 **~까지** until 마 11:23; 13:30 이문; 28:15; 눅 16:16; 행 10:30; 20:7; 롬 5:14; 히 3:6 이문; 속격 지배 접속사로 **~할 때 까지** until 막 13:30; 갈 4:19; 엡 4:13(속격 없이). ⓑ 공간적으로, 속격 지배 전치사로 **~에 까지** as far as 행 20:4 이문; 롬 15:19. ⓒ 특이한 상황에 대하여, 속격 지배 전치사로 **~할 정도로** to the point of 딤후 2:9; 히 12:4; 빌 2:8, 30.

*** **μή** [= 산스크리트 ma] 진술의 신중한 분위기를 나타내는 부정(negation) 표시, 이런 이유로 가정법에서 자주 사용되며, 잠정적인 특징을 가지는 의문이나 선언 또는 견해 차이를 표시한다. **~아닌** not ⓐ 부정어로서 다양한 뜻을 담은 의미로 마 1:20; 5:20a; 6:16; 7:19; 18:25; 24:17f; 26:5; 막 3:9;12:14; 13:15; 눅 9:50; 16:26; 20:7, 27; 요 2:16; 3:7, 18; 20:17, 29; 행 7:19; 10:15; 13:11; 20:16; 롬 1:28; 2:22; 4:17; 7:3; 13:3; 고전 1:7, 29; 4:7; 7:1; 9:20; 고후 2:13; 5:21; 갈 5:7, 26; 6:9; 엡 3:13; 4:26; 골 2:21; 살전 2:9; 4:6; 살후 2:12; 3:8; 딤후 4:16; 딛 1:11; 히 3:8; 약 2:1; 4:2; 벧전 3:7; 벧후 1:9; 2:21; 요일 4:3. 이러한 부사적인 용법 외에

μή는 접속사 역할을 할 수도 있다: **~하지 않도록, ~할까봐** that…(not), lest 마 18:10; 막 13:5; 눅 11:35; 21:8; 행 13:40; 23:10; 고전 10:12; 고후 8:20; 갈 5:15; 골 2:8; 살전 5:15; 계 19:10; 22:9; **~하기 위하여 ~않도록** so that…not 막 13:36; 행 27:42; 고후 8:20; 12:6. ⓑ 의문문에서 μή는 보통 부정적인 대답을 기대한다. οὐ/οὐκ: 마 7:9f; 막 2:19; 눅 5:34; 22:35; 요 3:4; 7:41; 행 7:28; 롬 3:3; 고전 1:13; 9:4; 11:22. μή οὐ(κ) 구조에서, μή는 οὐκ의 요소를 무효화하며 동의하는 대답을 예측한다. 롬 10:18f; 고전 9:4f; 11:22; οὐ μή로 이루어지는 수사학적인 질문에서도 유사하게 동의하는 대답을 기대한다. 눅 18:7; 요 18:11; 계 15:4. ⓒ 강하게 부정하는 단어 οὐ μή의 구조로 **~않는, 결코 ~않는** not, not ever 마 5:18, 20b;16:22; 막 13:2; 눅 13:35; 21:33; 요 13:8; 갈 4:30; 고전 8:13; 히 10:17.

μήγε μή와 γέ를 보라.

μηδαμῶς [비교 οὐδαμῶς] 강화 부사 **결코 아니다, 분명히 아니다, 절대로 아니다** by no means, certainly not, no way 행 10:14; 11:8.

* **μηδέ** [μή, δέ] 부정을 상승시키는 데 사용하는 부정 불변화사 ⓐ 부정의 연속에서, **~도 아니다, ~도 또한 아니다** and not, nor 마 6:25; 22:29; 막 12:24; 눅 14:12; 고전 5:8; 요일 2:15. ⓑ 가능성의 절정을 함축한 부정에서 **절대로 ~하지 않는** don't even 막 2:2; 3:20; 8:26; 고전 5:11; 엡 5:3; 살후 3:10.

* **μηδείς, μηδεμία, μηδέν** (μηθέν 행 27:33) [비교 οὐδείς와 관련한 형태들] ① 형용사로서, **~이 하나도 없는** no 행 13:28; 25:17; 딤전 5:14; 딛 2:8; 히 10:2; 다른 부정어 뒤에 **어떤** any 고전 1:7; 고후 6:3; 13:7; 살후 2:3; 벧전 3:6. ② 명사로서 ⓐ 남성 **어느 누구도, 아무도** nobody 마 8:4; 막 5:43; 롬 12:17; 엡 5:6; 살전 3:3; 딤전 5:21; 요일 3:7; 계 3:11; 부정어 다음에, **아무에게도** anyone 행 4:17. ⓑ 중성 **아무것도** nothing 마 27:19; 눅 3:13; 9:3; 행 8:24; 갈 6:3; 골 2:4; 약 1:4; 요삼 7; 계 2:10; 부정어 다음에 **어떤 것도** anything 막 1:44; 롬 13:8; 빌 1:28; 살전 4:12. 때때로 μηδέν은 내부적인 객체로서 역할을 하며, 다음의 뜻을 가질 수 있다. **결코 ~하지 않다, 조금도 ~하지 않다** not…at all, in no way 고후 11:5; 빌 4:6; 분사와 더불어, **전혀 ~하지 않고** without…at all 예를 들어, 막 5:26('아무런 효험도 없이'); 그래서 또한 눅 4:35; 행 4:21; 10:20; 약 1:6.

μηδέποτε [μηδέ, ποτέ] 부사 **결단코 ~없다** never 딤후 3:7.

μηδέπω [μηδέ, πω '지금에 이르도록'] 부사 **아직 ~않는** not yet 히 11:7.

Μῆδος, ου, ὁ [중동 기원] 메대인 a Mede 메디아의 거주민 행 2:9.

μηθαμῶς μηδαμῶς의 다른 형태.

μηθέν μηδείς를 보라.

μηκέτι [μή, ἔτι (οὐκέτι처럼 형성되어)] 부사 **더 이상은, 이제는 ~않고** no longer, not from now on 마 21:19; 막 1:45; 요 5:14; 행 4:17; 13:34; 롬 6:6; 고후 5:15;

μῆκος, ους, τό / μήτε

엡 4:14; 살전 3:1; 딤전 5:23; 벧전 4:2; 부정어 다음에, **더 이상** any longer 막 11:14; 행 25:24.

μῆκος, ους, τό [μακρός] **길이** length 엡 3:18; 계 21:16.

μηκύνω [μῆκος; '길게 하다'] 중간태 **길게 되다, 자라다** become long, grow 자라는 곡식에 대해 막 4:27.

μηλωτή, ῆς, ἡ [μῆλον '양, 염소'] **양가죽** sheepskin 선지자들이 입는 옷 히 11:37.

μήν [비교 μέν] εἰ μήν (더 정확히 εἶ μήν) 어구에서 **물론, 어떻게 해서라도** of course, by all means 히 6:14.

μήν, μηνός, ὁ [복합적인 어원] **달(月), 개월** month 눅 1:24; 행 7:20; 약 5:17; 계 9:5 등 계시록에서 자주; 특별한 축제를 기념하는 달에 관해 갈 4:10.

μηνύω [어원은 불분명] '일반적으로 알려지지 않은 정보를 제공하다', **알리다, 드러내다** inform, disclose 눅 20:37; 요 11:57; 행 23:30; 고전 10:28.

μὴ οὐ μή ⓑ를 보라.

μήποτε [= μή ποτε] 가능성을 신중하게 나타내는 표시 ⓐ 접속사: 일반적으로 바람직하지 않은 결과에 대응하기 위해 고안된 상황이나 태도를 나타내는 맥락에서 μήποτε를 통하여 내용이 전개된다. **~하지 않도록 ~하기 위하여, ~할까봐** so that...not, lest 마 4:6; 막 4:12; 14:2; 눅 14:29; 21:34; 행 5:39; 히 2:1; 3:12; 4:1. ⓑ 의문사: 간접 의문문에서 사고 과정을 나타내는 표현 다음에 **(아마도) ~인지 ~아닌지**, whether (perhaps) 눅 3:15; 딤후 2:25. 직접 의문문에서 μήποτε ἀληθῶς **사실 그가 일 수 있는가?** 요 7:26. ⓒ 특정 어구들: μήποτε ἰσχύει **물론 효력이 없다** does not, of course, go into effect 히 9:17; 거절이 암시된 문장 다음에 μήποτε οὐ μὴ ἀρκέσῃ ἡμῖν καὶ ὑμῖν 그것은 우리와 너희가 쓰기에 충분할까 의심스럽다. 마 25:9.

μή που (어떤 편집에서는 μήπου) 접속사 **~에서 무엇하지 않도록** lest/that somewhere/anywhere 행 27:29.

μήπω [μή, πω '지금에 이르기 까지'] 부사 **아직 아니** not yet 롬 9:11; 히 9:8.

μή πως (어떤 편집에서는 μήπως) 접속사, 결과에 대한 불안감의 표현으로서, **~하지 않도록 염려하여, 어떻게는 ~하지 않도록** taking care that...not, lest somehow 고전 8:9; 9:27; 고후 2:7; 9:4; 11:3; 12:20a; **~인지 염려하여** in concern whether 12:20b; 갈 2:2; 4:11; 살전 3:5; 관련된 맥락과 간단한 귀결절로 μή πως οὐδὲ (ὁ θεός) σοῦ φείσεται "(하나님께서는) 굳이 여러분도 아끼지 않으실 것이다" 롬 11:21.

μηρός, οῦ, ὁ [복합적인 어원] **허벅지, 넓적다리** thigh 계 19:16.

μήτε [μή, τέ; '그리고 아니'] 선행하는 부정어 다음에 연속적으로 나와 표현된 선택

μήτηρ, τρός, ἡ / μίγμα, ατος, τό

의 가능성을 배제하는 부정 표시로 다음과 같은 의미를 가진다. ~도 아니고, ~도 아니다, 도 역시 neither, nor, either, or, 정확한 번역은 사용 요건에 따라 달라진다. 예를 들어, μή…μήτε ~이 아니고, ~도 아니다 not…nor 눅 7:33; 그리고 특별히 다음과 같이 연속적으로 μήτε…μήτε (μήτε의 수량은 다양하다.) ~도 아니고 ~도 아니며 neither/either…nor/or, 등. 마 11:18; 눅 9:3; 행 23:8; 살후 2:2; 딤전 1:7; 히 7:3; 약 5:12; 계 7:1, 3.

* **μήτηρ, τρός, ἡ** [IE] 어머니 mother, 중심 의미로 마 1:18 등. 의미가 전환되어 12:49f; 요 19:27; 갈 4:26; 계 17:5. 롬 16:13에서 μ.는 의미론적으로 이중적인 역할을 한다.

μήτι [μή, τίς 중성에서] 부정적이지 않은 다른 대답을 강하게 고려하도록 하는 질문에 자주 사용하는 표시. 영어에서는 다양하게 표현할 수 있다. 이 불변화사의 섬세한 의미는 문맥을 따른다. 예를 들어 μήτι συλλέγουσιν ἀπὸ ἀκανθῶν; "사람들은 분명히 엉겅퀴에서 포도를 따지는 않는다. 그렇지 않은가?" 마 7:16; μήτι ἐγώ εἰμι; "저는 아니지요, 그렇죠 주님?" 26:22. μήτι γε 고전 6:3, 여기서 생각은 다음과 같다: '말할 필요도 없다' = ~은커녕, ~은 말할 나위 도 없다 not to mention, let alone. —비의문문: 조건을 나타내는 어구 εἰ μήτι ~하지 않으면 unless 눅 9:13; 고전 7:5; 고후 13:5.

μήτρα, ας, ἡ [μήτηρ] 자궁 womb 눅 2:23; 롬 4:19.

μητραλῴας/μητρολῴας, ου, ὁ [μήτηρ, ἀλοή (ἄλων/ἄλως의 서사시 형태) 비교 ἀλοάω '타작하다'] 자신의 어머니를 살해하는 사람에 대하여, **모친 살해범** a matricide 딤전 1:9.

μητρόπολις, εως, ἡ [μήτηρ, πόλις] **수도(首都)** capital city 딤전 부기(附記).

μία εἷς를 보라.

μιαίνω [복합적인 어원] 그리스어 역사에서 μ.는 예술적이든 아니든 간에, 광범위한 물리적인 실체에 "변색, 퇴색"의 의미로 적용된다. 또한 경멸적인 분위기를 담는 경우에는 비물리적인 상태에 대해서도 의미가 확장된다. **얼룩을 입히다, 더럽히다, 오염시키다, 불결하게 하다** stain, contaminate, pollute, defile ⓐ 제의적인 오염에 대해 요 18:28. ⓑ 도덕적인 오염에 대해 딛 1:15; 히 12:15; 유 8.

μιανθῶ μιαίνω 제1부정과거 수동태 가정법

μίασμα, ατος, τό [μιαίνω] '사회적으로나 영적으로 파괴한 정도까지 오염시킨 것' **오염시키는 행위, 수치스러운 행동, 비행(非行), 범죄** polluting deed, shameful deed, misdeed, crime 벧후 2:20.

μιασμός, οῦ, ὁ [μιαίνω] '더럽히는 행동', **오염, 더럽힘** pollution, defilement 벧후 2:10.

μίγμα, ατος, τό [μίγνυμι] **혼합물** mixture 요 19:39.

371

μίγνυμι / μιμητής, οῦ, ὁ

μίγνυμι/μιγνύω [복합적인 어원] '서로 다른 항목들을 합쳐지도록 만들다', **혼합하다, 섞다**. mix, mingle 마 27:34; 눅 13:1; 계 8:7; 15:2.

μικρός, ά, όν [IE, 비교 σμικρός '작은'] '상대적으로 규모가 제한된', 크기, 치수, 수량, 등급 무엇이든 **작은, 짧은, 조그만** small, short, little ⓐ 사람: 물리적·사회적·문화적 측면을 혼합시키는 게 익숙한 셈족의 관점은 크기, 나이, 사회적인 지위를 항상 명확하게 구분하지 않는다. 이런 이유로 주요 의미와 전환된 의미가 사람과 관계된 본문에서 중첩될 가능성이 있다. ㉠ 크기에 대해 눅 19:3(여격으로 한정되어, ἡλικία는 나이나 지위가 아니라 신장에 초점 맞춘 것이다). 명사로서 οἱ μικροί **작은 자들** little ones 마 18:6, 10, 14; 일반적인 집단에서 대조되는 부분으로서 μικρός...μεγάλος **작은 자...큰 자** small...great 그리고 그것의 다양한 부류: 행 8:10; 26:22; 히 8:11; 계 11:18; 13:16; 19:5, 18; 20:12. ㉡ 어떤 구절에서는 하층민이나 영향력 없는 사람이라는 의미를 선택하는 것이 더 나아 보인다. **겸손한, 하찮은** humble, lowly 마 10:42; 막 9:42; 눅 17:2; 비교급 μικρότερος 최상급 의미로 **가장 하찮은** least important 마 11:11; 눅 7:28; 9:48. -막 15:40에서 작은 자(야고보)가 뜻하는 바가 야고보가 나이가 어려서 작다는 것인지, 키가 작다는 것인지는 결정할 수 없다: ⓑ 사물: ㉠ 크기가 **작은** small 약 3:5; 비교급 μικρότερος 최상급 **지극히 작은** smallest 마 13:32; 막 4:31. ㉡ 수량이 **적은** little 눅 12:32; 고전 5:6; 갈 5:9; 중성 (τὸ) μικρόν 부사적으로 사용되어 μικρόν τι **약간, 조금** a little bit 고후 11:1, 16; μ. δύναμις **미약한 힘** little power 계 3:8. ㉢ 거리, 중성, 부사적으로 사용되어 **조금 더** short distance 마 26:39; 막 14:35. ㉣ 시간 얼마 동안, **잠시** short, brief 요 7:33; 12:35; 계 6:11; 20:3; 중성, 부사적으로 사용되어 **잠시, 조금만** a short time, a littlewhile 요 13:33; 14:19; 히 10:37; μετὰ μ. **잠시 뒤에, 조금 뒤에** soon afterwards, a bit later 마 26:73; 막 14:70; (ἔτι) μικρὸν καί **곧** soon 요 16:16-19.

Μίλητος, ου, ἡ [어원은 불분명] **밀레도, 밀레토스** Miletus 항구와 유명한 시민들의 전통으로 알려진 에베소 남부 60km 떨어진 도시, 행 20:15, 17; 딤후 4:20.

μίλιον, ου, τό [라틴어 차용어: *mille* '천(千)', 거리를 재는 단위로 1,000파수스 (*passus*)나 '보폭' = 8스타디온(1스타디온 = 192m), 또는 1.5km정도로 현대의 1마일보다 조금 짧은 거리다] **(로마식) 마일** a (Roman) mile 마 5:41.

μιμέομαι [μῖμος, '흉내쟁이, 배우'] '모범적인 행동이나 태도를 본 따르다', **모방하다, 따라가다** imitate, emulate 살후 3:7, 9; 히 13:7; 요삼 11.

μιμητής, οῦ, ὁ [μιμέομαι] '어떤 모범이나 본보기를 따르는 사람', 신약에서는 항상 좋은 의미로 적절한 행동이나 신실함에 초점 맞추어, **본받는 자** imitator 고전 4:16; 11:1; 엡 5:1; 살전 1:6; 2:14; 히 6:12; 벧전 3:13 이문.

μιμνῄσκω [비교 호메로스. μέμονα '마음에 담다', 또한 '~에 주의하다'는 의미를 가진 μνάομαι; '상기하다'] 중간태 μιμνῄσκομαι '특별히 언급하거나 과거에 생각했던 것을 마음에 불러오다' ⓐ **상기하다, 기억하다** recollect, remember 마 5:23; 27:63; 눅 16:25; 24:6; 자주 속격을 동반하여 마 26:75; 눅 24:8; 요 2:22; 행 11:16; 고전 11:2; 딤후 1:4; 히 13:3; 벧후 3:2. ⓑ 이야기 속의 주인공이 잊어버린 것처럼 보일 때는 μ.가 다음의 의미를 뜻한다. **~을 생각하다, 유념하다**, think of, be mindful of 눅 1:72; 23:42; 히 2:6; 8:12. 동일한 의미가 수동태로 표현된다. 행 10:31; 계 16:9.

μισέω [어원 미상] ① '강하게 싫어하다' 어떤 사람 또는 사물을 **미워하다** hate 마 5:43; 10:22; 막 13:13; 눅 1:71; 6:27; 19:14; 요 3:20; 7:7; 15:23; 롬 7:15; 엡 5:29; 딛 3:3; 히 1:9; 요일 2:9; 유 23; 계 2:6; 17:16; 18:2. ② '특별한 관심이나 주의를 기울일 가치가 없다고 생각하다', **무시하다** disdain 마 6:24; 요 12:25. 눅 14:2; 롬 9:13 이스라엘 민족의 언약적 선택의 관점에서는 그 자체로 μ.의 용법에 다소간 '뒷자리로 물러나게 되다'는 의미를 끼워 넣는다. 반의어 ἀγαπάω는 따라서 '~을 더 좋아함을 드러내다'는 의미를 가진다.

μισθαποδοσία, ας, ἡ [비교 μισθαποδότης] '행동에 보상하는 표현', **보상** recompense 문맥에 나타나는 종류의 행동과 더불어 ⓐ 긍정적 의미로, 보상에 관해 히 10:35; 11:26. ⓑ 부정적 의미로, 역설적으로 징벌이나 응징에 관해 히 2:2.

μισθαποδότης, ου, ὁ [μισθός, ἀποδίδωμι] '행동에 보답하는 사람', 긍정적인 의미로 **보답하는 이, 상주시는 이** recompenser, rewarder 히 11:6.

μίσθιος, α, ον [μισθός; '고용된'] 명사로서 ὁ μίσθιος '보수를 위해 일하는 사람', **일꾼, 날품팔이꾼** daylaborer, hired hand 눅 15:17, 19, 21 이문.

μισθός, οῦ, ὁ [산스크리트 연관어] '행동에 대한 보답' ⓐ 노동에 대한 대가로서 **급료, 보수** pay, wages 마 20:8; 눅 10:7; 요 4:36; 행 1:18; 롬 4:4; 딤전 5:18; 약 5:4(μ. 의인화되어); 벧후 2:13, 15; μισθοῦ **보상을 위해** for pay 유 11. ⓑ 앞에 나온 μ.의 측면은 다른 유형의 행동에 대한 개념을 덧입힌다. 주로 긍정적으로 '급료', reward 마 6:2; 막 9:41; 고전 3:8; 9:17f; 요이 8; 계 11:18; 양면적으로 22:12.

μισθόω [μισθός] 중간태 '보수로 근무에 종사하다', **고용하다** to hire 마 20:1, 7.

μίσθωμα, ατος, τό [μισθόω] 어떤 종류의 임대 절차(정확한 상황에 대한 우리의 지식은 제한적이다)가 이 단어를 통해서 제시된다. (누군가가 제공한 '넓은 지역'이 아닌) **임대 공간** rented space 행 28:30.

μισθωτός, οῦ, ὁ [μισθόω] **일꾼** hired hand 막 1:20; 요 10:12f.

Μιτυλήνη, ης, ἡ [어원은 불분명] **미둘레네, 미튈레네** Mitylene, 소아시아 해

Μιχαήλ, ὁ / μνηστεύω

안 북서쪽으로 떨어져 있는 레스보스 섬의 주요 도시 행 20:14.

Μιχαήλ, ὁ [히브리어 '하나님을 좋아하는 자'라는 의미로 보인다] 격변화 없음. **미카엘, 미가엘** Michael, 천사장(archangel) 유 9; 계 12:7.

μνᾶ, μνᾶς, ἡ [셈어 차용] 그리스 화폐 단위 = 100드라크마, 시대의 변천에 따라 소 20마리에서 100마리를 살 수 있는 화폐 가치, **므나** mina 눅 19:13 등.

μνάομαι [복합적인 어원; '~에 주의를 기울이다', 또한 '구애하다'] '신부를 얻으려고 하다', 완료 분사 μεμνησμένη **약혼한, 혼인 약속한** betrothed, engaged 눅 1:27 이문.

Μνάσων, ωνος, ὁ [어원은 불분명] **나손, 므나손** Mnason, 구부로의 성도 행 21:16.

μνεία, ας, ἡ [μιμνήσκω] '마음에 떠오름' 또는 '과거 경험이나 연관성을 상기함', 신약에서는 항상 중요한 사람의 회상으로서 ⓐ 개인의 회상 과정에 초점 맞추어, **기억** memory 롬 12:13 이문; ἔχω와 더불어 살전 3:6; 딤후 1:3. ⓑ 기억에 대한 표현이나 언급함을 통해 불러오게 되는 다른 관심에 초점 맞추어 **언급, 거론** mention 빌 1: 3; ποιεῖςθαι와 더불어 롬 1:9; 엡 1:16; 살전 1:2; 몬 4.

μνῆμα, ατος, τό [μνάομαι '염두에 두다'] '고인이 된 사람의 유해를 보관하여 기억하는 장소', 신약에서는 기념하는 기구나 구조물에 대해 상당히 넓은 범위로 적용된다 **무덤, 묘소** grave, tomb (아마도 전혀 치장하지 않은 가난한 이들을 위한 곳) 막 5:3, 5; 15:46; 16:2 이문; 눅 8:27; 23:53; 24:1; 행 2:29; 7:16; 계 11:9.

μνημεῖον, ου, τό [μνήμη] '고인이 된 사람의 유해를 보관하여 기억하는 장소' ⓐ 저명한 고인(故人)을 기념하는 뚜렷한 기능에 초점 맞추어, **기념물, 추모 공간** monument, memorial 눅 11:47. 그렇지 않으면 신약에서 ⓑ 일반적으로 **매장지, 무덤, 묘소** burial place, grave, tomb 마 8:28; 23:29; 27:52f 등. 식별할 수 없는 산소 눅 11:44.

μνήμη, ης, ἡ [μνάομαι] **기억, 상기** recollection 벧후 1:15.

μνημονεύω [μνήμων '~을 유념하는'] **기억하다, 되새기다** recall, 자주 깊이 생각해 보는 되새김에 초점 맞추어 막 16:9 등.

μνημόσυνον, ου, τό [μνημονεύω] '기억을 하면서 관심을 불러일으키는 무엇', **기억, 기념** memorial 마 26:13; 막 14:9; 비유로 예배드림에 대해 행 10:4.

μνησθήσομαι, μνήσθητι μιμνήσκομαι(μιμνήσκ를 보라) 제1미래 직설법 그리고 제1부정과거 명령법 2인칭 단수

μνηστεύω [비교 μνάομαι '구애'한다는 의미로] '결혼을 결정하다', **약혼시키다** betroth, 이스라엘 사회에서는 결혼과 그와 관련된 법률 그리고 그에 따르는 계약적인 의무를 준수하는 것이 동일하다. 신약에서는 항상 수동태로 **약혼하다, 결혼 약속하다** be betrothed, be engaged 마 1:16 이문, 18; 눅 1:27; 2:5.

μογγιλάλος, ον [μογγός '쉰, 공허한 소리로', λαλέω에서 λάλος '수다스러운'] 쉰/힘 없는 목소리의 with a hoarse/hollow voice 명사로서 막 7:35 이문

μογιλάλος, ον [μόγις, λάλος '수다스러운'] '알아들을 수 있는 소리로 말하는데 부족한', 언어 능력이 손상된, 말더듬는, 반벙어리의 speech-impaired 막 7:32(비교 35절). 다른 경우에는 알아듣도록 말할 능력이 없다고 번역한다. **청각장애인, 벙어리** mute.

μόγις [μόγος '노역, 고역'] 부사 **거의 ~않다, 겨우, 결코 ~이 아닌** scarcely, hardly. 희생자로부터 떠나기를 주저하는 악한 영에 대해 눅 9:39.

μόδιος, ου, ὁ [라틴어 *modius* '건량(乾量)'(곡식이나 견과류 등의 마른 물품을 재는 단위 —역주)] '약 8.75L 정도의 건량', **계량 바구니, 말, 됫박**(우리말 성서에서는 말, 됫박 등으로 표현했으나, 용기나 그릇이라는 점만 일치할 뿐 실제 분량은 다르다) peck measure, measuring basket 마 5:15; 막 4:21; 눅 11:33.

μοί ἐγώ 여격.

μοιχαλίς, ίδος, ἡ [μοιχός] **간음한 여인, 음녀**(淫女) adulteress 롬 7:3; 벧후 2:14. 비유로, 사람에 대해, 남성과 여성 모두 간음한 자들로 묘사된 이들은 이스라엘 전통에서 하나님께 신실하지 못함을 나타낸다. 약 4:4; 유사하게 μ. 형용사 역할을 하여, **음란한, 절개 없는** adulterous 마 12:39; 16:4; 막 8:38.

μοιχάω [μοιχός] 신약에서는 수동태로만, '음란한 상태나 상황에 들어가다' ⓐ 여인에 대해, 능동의 의미로 **간음을 범하다** commit adultery 막 10:12. ⓑ 남자에 대해, 능동의 의미로 **간음을 범하다** commit adultery 마 5:32; 19:9 그리고 동일한 구절 이문 어디에 있든지; 막 10:11.

μοιχεία, ας, ἡ [μοιχεύω] **음행, 음란** adultery 마 15:19; 막 7:22; 요 8:3; 갈 5:19 이문.

μοιχεύω [μοιχός] **간통하다, 간음하다** commit adultery 마 5:32; 5:27f; 막 10:19; 요 8:4; 롬 2:22; 약 2:11; 계 2:22.

μοιχός, οῦ, ὁ [비교 ὀμείχω '소변 보다'] **간음하는 자** adulterer (복수에서는 여성도 포함되는 것으로 보인다) 눅 18:11; 고전 6:9; 히 13:4. 비유로 하나님께 신실하지 못한 자에 대하여(비교 μοιχαλίς) 약 4:4 이문.

μόλις [비교 μόγις] 부사 거의 일어나지 않는 사건임을 암시하여, **어렵게, 드물게** with difficulty, scarcely 눅 9:39 이문; 행 14:18; 27:7, 8, 16; 희귀성에 초점 맞추어 롬 5:7; 벧전 4:18.

Μόλοχ, ὁ [히브리어] 격변화 없음. **몰록** Moloch, 행 7:43에서는 신(神)으로 해석 되었다(그 단어 자체는 많은 논란을 야기시킨다).

μολύνω [비교 μέλας] '더 이상 깨끗한 상태에 있지 못하도록 하다', **더럽히다, 훼손하다, 부정하게 하다** make dirty, sully, defile 신약에서는 항상 도덕적이거나

μολυσμός, οῦ, ὁ / μορφόω

제의적인 부정함을 표현한다. ⓐ 옷에 대해, 비유로 도덕적이거나 영적인 상태에 대해 계 3:4. ⓑ 양심에 대해, 제의적인 위반에 대해 인식하여 고전 8:7. ⓒ 성적인 행동에 대해 계 14:4. ⓓ 보통, 잘못된 결정을 내림에 대해 행 5:38 이문.

μολυσμός, οῦ, ὁ [μολύνω] **더러움, 오염** pollution 고후 7:1.

μομφή, ῆς, ἡ [μέμφομαι] '질책의 원인이나 근거', **불평, 불만** blame 골 3:13.

μονή, ῆς, ἡ [μένω] ① '어떤 장소에 머무르는 상태', μονὴν ποιεῖσθαι 거처를 ~ 와 함께함 요 14:23. ② '머무르거나 살 장소', **방** room 요 14:2.

μονογενής, ές [μόνος, γένος 비교 γίνομαι] '유일한 종류의 사람' ⓐ 문맥에서 자주 강한 개인적인 애착의 의미로 **단 하나의, 유일한** sole, only 눅 7:12; 8:42; 9:38; 요 1:14; 3:16; 히 11:17. ⓑ 특수성에 초점 맞추어, **유일무이한, 독특한** unique 요 1:18(ὁ μονογενὴς υἱός '유일무이한 아들'이라는 독법이 인정된다면); 3:18; 요일 4:9.

μόνον μόνος의 ⓑ를 보라.

** μόνος, η, ον [μανός '드문'] ⓐ 형용사 다른 존재를 배제함을 나타내어, **혼자의, 유일한** alone, only 마 4:4; 막 9:2; 눅 9:36; 요 5:44; 8:29(버려둔 사람이라는 의미로; 비교 16:32); 17:3; 행 15:33 [34] 이문; 롬 3:29; 고전 9:6; 갈 6:4; 빌 4:15; 골 4:11;살전 3:1; 딤전 6:16; 딤후 4:11; 히 9:7; 요일 2:2; 요이 1; 유 4; 계 15:4. κατὰ μόνας(χώρας로 보기도 한다) **홀로** alone = '그 혼자 남겨진' 막 4:10; 눅 9:18. 형용사적 용법은 부사적 용법으로 이어진다(다음 같은 구절에서 볼 수 있는 바와 같이, εἰ μὴ τοῖς ἱερεῦσιν μόνοις **오직 제사장들만, 제사장들 밖에는** but only/ just the priests 마 12:4; 비교 요일 5:6 이문). ⓑ 중성 μόνον 부사로 좁은 제한을 표시하여 **한낱, 단지, 오직** merely, just, only 마 8:8; 9:21; 막 5:36; 눅 8:50; 요 5:18; 행 18:25; 19:26; 롬 1:32; 4:16; 고전 7:39; 15:19; 갈 1:23(정보의 원천에 대한 제한에 대하여); 엡 1:21; 빌 1:27('무엇보다'); 2:12; 살전 1:5; 2:8; 딤전 5:13; 딤후 4:8; 히 9:10; 약 2:24('~따로 만은'); 벧전 2:18; 요일 2:2.

μονόφθαλμος, ον [μόνος, ὀφθαλμός] **한 눈을 가진, 외눈의** one-eyed 마 18:9; 막 9:47.

μονόω [μόνος] '홀로 있는 상태에 있게 하다', 수동태 **외톨이가 되다** be left alone 딤전 5:5.

μορφή, ῆς, ἡ [어원은 불분명] '존재 안에 있는 인식할 수 있는 상태', **양상, 모습** aspect, appearance 막 16:12; 구별되는 특징에 초점 맞추어 μορφὴ θεοῦ는 하나님의 **모습, 태도** divine air/demeanor 를 나타낸다. 빌 2:6, 7의 μορφὴ δουλοῦ **종의 태도** slavish demeanor 와 상대적으로.

μορφόω [μορφή] '존재 안에 있는 인식할 수 있는 상태를 이루다', **형성되다, 이루다** to shape/form, 수동태 구별되는 특징에 초점 맞추어 μέχρις οὗ μορφωθῇ

μόρφωσις, εως, ἡ / μύλος, ου, ὁ

Χριστὸς ἐν ὑμῖν "그리스도께서 여러분 안에 모양을 이루시기까지" 갈 4:19.

μόρφωσις, εως, ἡ [μορφόω] '외부적인 면', **모양, 형태** shape, form, 롬 2:20; 딤후 3:5.

μοσχοποιέω [μόσχος, ποιέω] '송아지 형상을 만드는 데 참여하다', **송아지 (형상) 만들다** make a calf (image) 행 7:41.

μόσχος, ου, ὁ [복합적인 어원; μ.는 식물의 '싹'과 동물의 '새끼'를 이중적으로 포괄한다] 소의 어린 새끼 **어린 수소, 송아지** young bull, calf 눅 15:23, 27, 30; 히 9:12, 19; 계 4:7.

μοῦ ἐγώ 속격.

μουσικός, ή, όν [μοῦσα '뮤즈'] '음악적인 것과 관련한', 명사로서 ὁ μ. **노래를 스스로 연주하는 사람** 계 18:22.

μόχθος, ου, ὁ [비교 μόγος '고역'] **고역** toil, 중언법으로 κόπος καὶ μόχθος 수고와 고역 = 고단한 수고 고후 11:27; 살전 2:9; 살후 3:8.

μυελός, οῦ, ὁ [비교 μυών '근육의 다발'] **골수** marrow 히 4:12.

μυέω [μύω '닫다' (예를 들어, 입을 닫다); '(신비로운 일에) 입문시키다'] 일반적으로 신약 외에서는 어떤 사람이 신비 종교 예식에 들어오는 것을 허락할 때 사용하며, 따라서 유비적으로 어떤 특별한 기술이나 이해를 전한다는 의미다. **(비법을) 전수받다, 지도받다** initiate 수동태 삶에서 만나는 어떤 일이라도 대처하는 비결을 배움에 관하여 빌 4:12.

μῦθος, ου, ὁ [비교 μυθέομαι '말하다, 이야기하다'] **이야기, 꾸민 말** tale, story 딤전 4:7; 상상의 산물이나 특이한 면에 초점 맞추어 딤전 1:4; 딤후 4:4; 딛 1:14; 벧후 1:16.

μυκάομαι [비교 μύζω '소리를 내다 μὺ μῦ' = '중얼거리다, 신음소리내다'] **으르렁거리다, 함성지르다** roar 계 10:3.

μυκτηρίζω [μυκτήρ '콧구멍'에서 μύξα '콧물' 비교 μυχτίζω '콧방귀 뀌다, 경멸하다'] 주된 의미는 '코를 움직여 경멸을 보이다', **경멸하다, 코웃음치다** turn up the nose at, sneer 확장된 의미로 사용되어 극적인 의미를 갈 6:7에서 나타낸다: θεὸς οὐ μυκτηρίζεται '하나님은 조롱받는 분이 아니시다' 즉, 하나님을 하찮게 대하는 것은 엄청난 위험을 초래한다.

μυλικός, ή, όν [μύλη '맷돌, 방아'] **방아에 사용하는, 빻는 데 사용하는** belonging to a mill 눅 17:2.

μύλινος, η, ον [이전 항목과 비교] **방아에 사용하는, 빻는 데 사용하는** belonging to a mill 계 18:21.

μύλος, ου, ὁ [μύλη '방아'는 좀 더 초기형태, 복합적인 어원] ① **방아, 제분기** mill 마 24:41; 계 18:22. ② **(연자) 맷돌** millstone, 나귀의 힘으로 움직이는 마 18:6; 막

9:42; 계 18:21 이문.

μυλών, ῶνος, ὁ [이전 항목과 비교] **방앗간** mill-house 마 24:41 이문.

Μύρα, ων, τά [어원은 불분명] **무라, 뮈라** Myra 소아시아 리키아 남부 해안의 도시 행 21:1 이문; 27:5.

μυριάς, άδος, ἡ [μύριοι '만 명의 무리', **무수히 많은, 1만(萬)** myriad 복수 눅 12:1. 확장된 뜻으로, 불특정의 매우 큰 수 행 19:19; 21:20; 히 12:22; 유 14; 계 5:11; 9:16.

μυρίζω [μύρον] **기름 바르다** anoint 막 14:8.

μύριοι, αι, α [어원은 불분명] 과장법으로 **만(萬)** ten thousand 마 18:24.

μυρίος, α, ον [이전 항목과 비교] '측량할 수 없는', **헤아릴 수 없이 많은, 무수한** countless, innumerable 고전 4:15; 14:19.

μύρον, ου, τό [비교 σμύρις '연마제', 보석의 광택을 내는 도구로 사용하는] **향유(香油)** fragrant ointment 마 26:7; 막 14:3-5 등.

Μύρρα Μύρα의 다른 형태.

Μυσία, ας, ἡ [어원은 불분명] **무시아** 소아시아 북서부의 한 지역 행 16:7f.

μυστήριον, ου, τό [μύω '닫다', 비교 μυέω] '밝혀지거나, 해석되기를 기다리는 것', **신비, 비밀** mystery, secret ⓐ 계시되고 해석되기를 기다리는 하나님의 말씀과 계획들에 관해 마 13:11; 롬 11:25; 16:25; 고전 2:1, 7; 4:1; 13:2; 15:51; 엡 1:9; 3:3f, 9; 6:19; 골 1:27; 계 10:7. ⓑ 이미 해석되거나 그럴 필요가 있는 특별한 진리에 관해 고전 14:2; 엡 5:32; 딤전 3:16; 계 1:20; 17:5, 7. ⓒ 그 본질이 드러나게 되는 현상과 관련하여 살후 2:7. ⓓ 신앙의 절정으로서 딤전 3:9.

μυωπάζω [μύωψ (μύω '닫다', ὤψ '얼굴') '근시'] **시야가 좁다** be near-sighted 벧후 1:9.

μώλωψ, ωπος, ὁ [어원은 불분명, 비교 μέλας] '때려서 피부에 남은 자국', **상처, 멍, 부은 자국** bruise, welt 벧전 2:24.

μωμάομαι [μῶμος] '부적절한 행동에 대해 비난하다', **탓하다, 비난하다** blame, criticize 고후 8:20; 수동태 ἵνα μὴ μωμηθῇ ἡ διακονία "우리 사역이 비난받지 않도록" 6:3.

μῶμος, ου, ὁ [어원은 불분명, 비교 ἀμώμων '떳떳한, 비난거리가 없는'] 부적절한 행동에 대해 질책하거나 비난한다는 주된 의미가 환유적으로 전개되어, 책망의 이유가 무엇인지에 강조점이 있다: **흠, 오점** blemish 벧후 2:13.

μωραίνω [μωρός] ① **어리석게 만들다, 어리석어 보이다** 고전 1:20; 능동 의미의 수동태로 **어리석게 되다** become foolish 롬 1:22. 조금 더 나아가 ② **맛을 잃다** make tasteless 능동 의미의 수동태로 **풍미가 없어지다, 맛이 없어지다** become insipid/tasteless (즉, 식별할 수 있는 맛이 없다: 소금이라 말할 수가 없다) 마

5:13; 눅 14:34.

μωρανθῶ μωραίνω 제1부정과거 수동태 가정법.

μωρία, ας, ἡ [μωρός] **어리석음** foolishness 고전 1:18, 21, 23; 2:14; 3:19.

μωρολογία, ας, ἡ [μωρός, λέγω(비교 λόγιος)] '의미 없는 말', **어리석은/멍청한 이야기** foolish/silly talk 엡 5:4.

μωρός, ά, όν [산스크리트 연관어] '의미가 별로 없는', **어리석은, 바보 같은** foolish, stupid 마 7:26; 23:17; 25:2; 고전 1:25; 4:10; 딤후 2:23; 딛 3:9. 감탄사 같은 분위기로 μωρέ 마 5:22는 문맥 속에 삽입된 경멸하는 분위기와 정확하게 구별할 수는 없다. 다소 강한 의미로 **멍청이, 얼간이, 천치** imbecile 같은 뜻이 단조로운 '바보'라는 표현보다 더 알맞다.

Μωσῆς Μωϋσῆς의 다른 형태.

* **Μωϋσῆς, έως, ὁ** [히브리어] **모세** Moses 마 8:4 등 자주. '모세의 책'이라는 이름을 그에게 돌렸다. 고후 3:15.

N

Ναασσών, ὁ [히브리어] 격변화 없음. **나손** 예수의 조상 마 1:4; 눅 3:32.
Ναγγαί, ὁ [어원은 불분명] 격변화 없음. **낙개** 예수의 조상 눅 3:25.
Ναζαρά/Ναζαρέθ/Ναζαρέτ, ἡ [어원은 불분명] 격변화 없음. **나사렛** 예수 부모의 고향 마 2:23 그리고 복음서에서 자주; 행 10:38.
Ναζαρηνός, ή, όν [Ναζαρά] **나사렛 출신의** from Nazareth 명사로서 막 1:24; 16:6; 눅 4:34; 24:19; 요 18:5 이문.
Ναζωραῖος, ου, ὁ [Ναζαρά] **나사렛 사람** Nazorean/Nazarene 마 2:23에 따르면 Ναζαρέτ이름과 관련하여; 26:71; 눅 18:37; 요 18:5, 7; 19:19; 행 2:22 등 사도행전에서 자주.
Ναθάμ, ὁ [히브리어 '선물'] **나단** Nathan 격변화 없음. 예수의 조상 눅 3:31.
Ναθαναήλ, ὁ [히브리어 '하나님이 주셨다'] 격변화 없음. **나다나엘** 예수의 제자 요 1:45-49; 21:2.
ναί [IE] 확인, 동의, 강한 단언에 대한 표시, **그렇다, 사실, 분명히** yes, indeed, certainly 마 5:37; 15:27; 막 7:28 이문; 눅 7:26; 요 11:27; 행 5:8; 롬 3:29; 고후 1:17-20; 빌 4:3; 몬 20; 약 5:12; 계 1:7; 14:13; 16:7; 22:20.
Ναιμάν, ὁ [히브리어] 격변화 없음. **나아만** Naaman (왕하 5:1ff) 눅 4:27.
Ναΐν, ἡ [어원은 불분명] 격변화 없음. **나인** Nain, **갈릴리의 마을** a town in Galilee 눅 7:11.
ναός, οῦ, ὁ [ναίω '거주하다'] **성전**(聖殿) temple 마 23:16; 막 14:58; 요 2:20; 행 17:24; 살후 2:4. 계시록에서는 성전을 지시하는 범위가 다음과 같다. 일반적으로 계 21:22; 예루살렘 성전 11:1f; 하나님께서 이루시는 마지막 때의 구원에 대한 은유로서, 하늘의 성소 3:12; 7:15; 11:19; 15:5; 16:1, 17. 비유로 요 2:19(이야기의 참여자들이 예루살렘 성전으로 이해하는 시각); 고전 3:16f; 6:19; 엡 2:21.
Ναούμ, ὁ [히브리어 '위로'] 격변화 없음. **나훔** Nahum, 예수의 조상 눅 3:25.
νάρδος, ου, ἡ [산스크리트 차용어] '나드, 감송(甘松) 식물에서 추출한 향유', **나드 향유** nard oil 막 14:3; 요 12:3.
Νάρκισσος, ου, ὁ [비교 꽃 이름 ναρκίσσος] **나깃수, 나르키소스** 로마 교회 어떤 종들의 주인 롬 16:11.
ναυαγέω [ναῦς, ἄγνυμι '깨지다'에서 ναυαγός '파선된'] **파선**(破船)**하다** suffer shipwreck 고후 11:25; 비유로 딤전 1:19.

ναύκληρος, ου, ὁ / νεομηνία, ας, ἡ

ναύκληρος, ου, ὁ [ναῦς, κλῆρος] '배의 책임을 맡은 사람': 행 27:11에서 v.는 선장 captain의 역할을 하는 선주를 언급하는 것일 수 있다.

ναῦς, 대격 **ναῦν, ἡ** [산스크리트 연관어] 배 ship 행 27:41.

ναύτης, ου, ὁ [ναῦς] 선원 sailor 행 27:27, 30; 계 18:17.

Ναχώρ, ὁ [히브리어] 격변화 없음. 나홀 Nahor 예수의 조상 눅 3:34.

νεανίας, ου, ὁ [νεάν = νέος] 청년, 젊은이 young man 행 7:58; 20:9; 23:17, 18 이문.

νεανίσκος, ου, ὁ [νεανίας의 지소사] 청년, 젊은이 young man 마 19:20; 막 14:51; 눅 7:14; 행 2:17; 요일 2:13f.

Νεάπολις νέος를 보라.

Νεεμάν Ναιμάν을 보라.

νεῖκος 고전 15:54f 이문에 나오는 경우는 '다툼'이라는 단어가 아니며, νῖκος의 i 를 ei로 읽은 것(itacistic)이다. 해당 항목을 보라.

** **νεκρός, ά, όν** [νέκυς '시체'; 핀다로스(Pindar)에 처음 나타나는 다음 항목 단어의 동족어] '생명 없는', **죽은** dead ⓐ 신체적 의미로 마 28:4; 막 9:26; 눅 15:24(또는 하반절); 행 20:9; 28:6; 약 2:26a; 계 1:17f. 확장된 의미로. ⓑ 영적·도덕적 의미로, 사람이나 사물에 상관없이 눅 15:24(또는 상반절); 롬 6:13; 엡 2:1; 골 2:13; 약 2:17, 26b; 계 3:1.

** **νεκρός, ου, ὁ** [νέκυς '시체'; 호메로스에게 처음 등장하는 이전 항목의 동족어] '생명이 끊어진 사람', **죽은 사람, 시체** dead one, corpse ⓐ 신체적 의미로 마 10:8; 22:32; 막 9:9f; 눅 7:15; 행 10:42; 살전 4:16; 히 9:17; 계 16:3; 20:5; 자주 ἐκ (τῶν) νεκρῶν 어구로 마 17:9; 막 6:14; 12:25; 요 2:22; 행 3:15; 롬 4:24; 고전 15:20; 갈 1:1; 엡 1:20; 빌 3:11; 골 1:18; 2:12; 히 13:20; 계 1:5과 계시록에서 자주. 확장된 의미로. ⓑ 영적·도덕적 의미로 마 8:22; 눅 9:60; 엡 5:14.

νεκρόω [νεκρός] 중심 의미는 **죽게 하다** put to death 신약에서는 확장된 의미로만 ⓐ 수동태 신체적인 의미로, 쇠약해진 몸에 대해 거의 죽은, 매우 노쇠한 practically dead/worn out 롬 4:19; 히 11:12. ⓑ 신체 일부분을 이용하는 영적·도덕적 의미로 골 3:5.

νέκρωσις, εως, ἡ [νεκρόω] ① '죽음에 이르도록 하는 과정', 예수 처형의 다양한 단계에서 **죽음** death 롬 4:19. 확장된 의미로 ② '쇠약해지는 상황', 신체적인 의미로 **죽음, 고행** deadness, mortification, 아이 낳지 못하는 자궁 고후 4:10; 영적·도덕적 의미로 막 3:5 이문.

νενικήκατε νικάω 완료 능동태 직설법 2인칭 복수

νενομοθέτητο νομοθετέω 접두 모음이 붙지 않은 과거완료 수동태 3인칭 단수

νεομηνία, ας, ἡ [νέος, μήν; νουμηνία에 대한 시대에 맞지 않는 비축약형으로 네

νέος, α, ον / νεώτερος

스틀레 본문에 나온다] **초승달** new moon, 달 초하루에 이스라엘 민족이 지키는 제의와 관련하여 골 2:16.

νέος, α, ον [산스크리트 연관어] ① '상대적으로 짧은 시간동안 존재함' ⓐ 최근에 만들어 진 것에 관하여, **새로운** new 포도주, 반의어 παλαιός/καινός 마 9:17 와 병행구. 효모 고전 5:7; 언약 히 12:24. 확장된 의미로, 이전과는 달라진 어떤 것에 대하여 ὁ νέος (ἄνθρωπος) **새사람** new person 골 3:10. ⓑ 사람, 상대적으로 생애의 초반부, **어린** young 비교급 νεώτερος **더 어린** younger: 요 21:18; ὁ νεώτερος υἱός 눅 15:12f; νεώτεραι χῆραι 딤전 5:11. 명사로, 긍정적인 뜻으로 αἱ νέαι **젊은 여인** the young women 딛 2:4. 명사로서, 비교급으로, ὁ/ἡ νεώτερος/νεωτέρα 그러나 선명한 비교의 의미는 없이 관사 또는 무관사로, 행 5:6; 딤전 5:1f; 딛 2:6; 벧전 5:5. 비교급으로 사회적 계층에 초점 맞춘 명사 역할로, 눅 22:26. ② 도시 이름의 일부분으로서 Νεάπολις **네압볼리**, 네아폴리스 Neapolis 마게도니아에 있는 빌립보 항구도시 행 16:11.

νεοσσός νοσσός의 다른 형태.

νεότης, ητος, ἡ [νέος] '젊은 인생의 시기', **소년 시절, 젊은 시절** youth 막 10:20; 눅 18:21; 행 26:4; 딤전 4:12.

νεόφυτος, ον [νέος, φύω] 비유로 '새로 심은' 것에 대하여, **최근에 회심한** recently converted 딤전 3:6.

Νέρων, ωνος, ὁ [라틴어] **네로, 네론** Nero, 로마 황제(재위 주후 54-68년) 딤후 부기(附記).

Νευής [비교 Νινευής] 눅 16:19 이문에 나오는 부자 이름.

νεύω [IE] '몸짓하여 신호하다', **눈짓하다, 끄덕이다** nod 요 13:24; 행 24:10.

νεφέλη, ης, ἡ [νέφος] **구름** cloud 마 17:5 등.

Νεφθαλίμ, ὁ [히브리어] 격변화 없음. **납달리** Naphtali 납달리 이름을 따라 지은 지파의 이름, 야곱의 아들 마 4:13, 15; 눅 4:31 이문; 계 7:6(여기서는 조상으로서 납달리에 초점 맞추어).

νέφος, ους, τό [산스크리트 연관어] **구름** cloud 비유로 몰려든 사람들에 대해 히 12:1.

νεφρός, οῦ, ὁ [IE] 복수 **콩팥, 신장**(腎腸) kidneys, καρδία와 더불어, 인간의 내적 자아와 사고방식을 나타내는 셈어의 복합적인 비유이다 **마음과 생각** mind and heart 계 2:23.

νεωκόρος, ου, ὁ [ναός, κορέω '닦아 내다'] **신전지기, 신전 수호자** temple keeper 아르테미스 신전의 영예로운 지킴이로서 에베소 행 19:35.

νεωτερικός, ή, όν [νέος에서 νεώτερος] **청춘의, 젊음의** youthful 딤후 2:22.

νεώτερος νέος를 보라.

νή [비교 ναί] 강한 확신의 표시, ~을 두고, ~으로 by 대격과 더불어, 그것으로 맹세하는 사물에 대하여 고전 15:31.

νήθω [비교 νέω '물레질하다'] 길쌈하다, 옷을 짜다, (실을) 잣다 spin 마 6:28; 눅 12:27.

νηπιάζω [νήπιος] 유아(乳兒)/젖먹이가 되다 be an infant 비유로 고전 14:20.

νήπιος, α, ον [복합적인 어원] '인생의 어린 시기인 아이' ⓐ 젖먹이 infant 마 21:16; 어린아이 child 고전 13:11; 법적인 의미로 미성년자 minor 갈 4:1, 3; 어른이 엄격함을 보이는 것과 상대적으로 따뜻한 보살핌을 통해 길러진 아이에 대한 간결한 비유에서 살전 2:7. ⓑ 비유로, 교훈을 받고 이해할 수 있는 사람에 대해 마 11:25; 눅 10:21; 그러나 또한 이해에 있어 미성숙한 사람에 대해 롬 2:20; 고전 3:1; 엡 4:14; 히 5:13.

Νηρεύς, έως, ὁ [어원은 불분명] 네레오 Nereus 바울의 안부 인사 목록에서 롬 16:15.

Νηρί, ὁ [히브리어] 격변화 없음. 네리 Neri 예수의 조상 눅 3:27.

νησίον, ου, τό [νῆσος의 지소사] 작은 섬 little island 행 27:16.

νῆσος, ου, ἡ [비교 νήχω '헤엄치다'] 섬 island 행 13:6 등.

νηστεία, ας, ἡ [νηστεύω] ① '충분한 영양 공급이 부족한 상태', 배고픔 hunger 고후 6:5; 11:27. ② '제의적, 종교적인 의식, 공적이나 사적으로, 음식을 절제함에 대하여', 금식(禁食) fasting 마 17:21; 막 9:29 이문; 눅 2:37; 행 14:23; 27:9; 고전 7:5 이문.

νηστεύω [νῆστις] 금식하다 to fast 제의적·종교적 의식으로서, 마 4:2; 6:16;9:15; 막 2:18-20; 눅 5:33-35; 18:12; 행 13:2f.

νῆστις, ὁ, ἡ, 속격 ιος/ιδος [부정 νη- 그리고 ἔδω '먹다'] '먹지 않는 사람' 또는 '금식하는 사람', 대격 복수 νήστεις 주린 사람들 hungry people 또는 단순히 배고픈 hungry 마 15:32; 막 8:3.

νηφαλέος, α, ον νηφάλιος의 다른 형태.

νηφάλιος, α, ον [νήφω] ① '알콜 음료를 적당히 사용하는', 음주에 중독되지 않은 not addicted to drink 딤전 3:2, 11; 딛 2:2. 이것은 그 시대의 문화적 자료에 따른 의미로 볼 수 있지만, 어떤 본문은 그 보다 확장된 의미로 보는 것이 낫다. ② '자기 절제를 실천하는', 온화한 temperate. 비교 다음 항목.

νήφω [복합적인 어원; '술을 전혀 마시지 않거나 아주 조금만 마시다', 따라서 은유적으로 '냉철하다'] 신약에서는 확장된 의미로만 사용되었고, 전반적으로는 마음이 잘 균형 잡힌 상태를 나타낸다. 냉정하다, 자제심 있다 be sober/self-controlled 살전 5:6, 8; 딤후 4:5; 벧전 1:13; 4:7; 5:8.

νήψατε νήφω 제1부정과거 능동태 명령법 2인칭 복수.

Νίγερ, ὁ / νοέω

Νίγερ, ὁ [비교 라틴어 *niger* '피부나 안색이 짙은'] **니게르** Niger 시므온의 별명 행 13:1.

Νικάνωρ, ορος, ὁ [비교 νικάω] **니가노르, 니카노르** Nicanor 구제 사역의 조력자 중 한 사람 행 6:5.

νικάω [νίκη] '(~에 대해) 승리를 거두다' ⓐ 대격 동반으로, 타동사 **이기다, 물리치다** overcome, defeat 눅 11:22; 요 16:33; 요일 2:13; 계 11:7; 12:11; 13:7; μὴ νικῶ ὑπὸ τοῦ κακοῦ, ἀλλὰ νίκα ἐν τῷ ἀγαθῷ τὸ κακόν "악에게 패배당하지 말고(악에게 굴복하지 말고), 선으로 악을 이겨라" 롬 12:21. ⓑ 단독으로, 자동사 **이기다** overcome 롬 3:4(법적 소송에서 이기다); 계 2:7과 계시록에서 자주.

νίκη, ης, ἡ [복합적인 어원, 비교 νεῖκος '다툼'] '전투에서 성공적인 결과', **승리** victory 요일 5:4.

Νικόδημος, ου, ὁ [νῖκος, δῆμος] **니고데모, 니코데모스** Nicodemus 산헤드린 공회원 요 3:1 등.

Νικολαΐτης, ου, ὁ [Νικόλαος] **니골라 당, 니골라 파** Nicolaitan 니콜라오스 분파의 추종자, 그렇지 않다면 정확히 알 수 없다. 계 2:6, 15.

Νικόλαος, ου, ὁ [νῖκος, λαός] **니골라, 니콜라오스** Nicolaus 안디옥 사람으로 예루살렘 교회의 조력자 행 6:5.

Νικόπολις, εως, ἡ [νῖκος, πόλις] **니고볼리, 니코폴리스** Nicopolis 에피루스(Epirus)에 있는 도시 이름으로 보인다. 딛 3:12; 디모데전서 부기(附記)와 디도서 부기.

νῖκος, ους, τό [νίκη의 나중 형태] **승리** victory 마 12:20; 고전 15:54f, 57.

Νινευίτης, ου, ὁ [Νινευή] '니느웨 거주자', **니느웨 사람** Ninevite 마 12:41; 눅 11:30, 32.

νιπτήρ, ῆρος, ὁ [νίπτω] '씻는 데 사용하는 물담는 그릇', **대야** basin 요 13:5.

νίπτω [산스크리트 연관어, 비교 νίζω '씻다' 몸의 일부를] '물로 씻다' ⓐ 대격과 더불어, 능동태 **씻다** wash 요 13:5f, 8ab(여기서는 상징적인 측면에 초점 맞추어), 12, 14a; 딤전 5:10, 또는 중간태 (스스로) **씻다, 목욕하다** wash oneself/for oneself 마 6:17; 15:2; 막 7:3; 요 13:10. ⓑ 직접 목적어 없이, 중간태 **씻다** wash oneself 요 9:7, 11, 15.

νίψαι νίπτω 제1부정과거 중간태 명령법 2인칭 단수.

νοέω [νοῦς] ① '마음/지성으로 파악하다', **이해하다** understand 마 15:17; 16:9, 11; 막 7:18; 8:17; 요 12:40; 롬 1:20; 엡 3:4; 딤전 1:7; 히 11:3. ② '~을 생각해내다', (~에 대해) **생각하다, 곰곰히 생각하다** think (about), ponder 딤후 2:7; **~을 생각하다** think of 엡 3:20. (공개적인) 독자들에 대한 특별한 경고 마 24:15; 막 13:14.

νόημα, ατος, τό [νοέω] ① '사유 과정의 행위', **생각, 마음, 사고** thought, mind 고후 3:14; 4:4; 11:3. ② '생각의 결과물', **사상, 지각**(知覺) thought 고후 10:5; 빌 4:7; **계획, 의도** design, intention 고후 2:11(계책).

νόθος, η, ον [어원은 불분명] '의심스러운 기원 때문에 지위나 권리 없이', **사생아로 태어난, 불법의** illegitimate, bastard 히 12:8.

νομή, ῆς, ἡ [νέμω '나누다, 배분하다'] ① '목초지의 산물', **꼴(사료), 목초, 풀** fodder, pasturage 비유로 요 10:9. ② '사료를 확보하는 행위', **방목**(放牧) spreading (양을 들판에 풀어놓는 것으로서), 비유로 종양이 신체 부분으로 퍼져 나감 딤후 2:17.

νομίζω [νόμος] ① '관례적인 것을 실천하다' (νόμος를 보라), **공동으로 사용하다** hold in common use 수동태 οὗ ἐνομίζετο προσευχὴ εἶναι "관례에 따라 기도 장소라고 여겨지던 곳이다" 행 16:13 이문 ② '일반적인 추론에 근거해 결정하다', **생각하다, 결론내리다, 추정하다, ~라고 믿다** think, conclude, suppose, be of the opinion (that) 마 5:17 등.

νομικός, ή, όν [νόμος] '법률과 관련된', 형용사로 **율법에 대한**, about law 딛 3:9; 명사로 ὁ νομικός **법률 전문가, 변호사, 모세 율법의 전문가** legal expert, lawyer, of experts in Mosaic law 마 22:35; 눅 7:30 등. '세나'라 이름하는 사람이 어떤 법률의 전문가였는지는 특정할 수 없다. 딛 3:13.

** **νομίμως** [νόμιμος '관례적인'] 부사 '인정된 행동 양식에 부합하도록', **정당하게** lawfully 딤전 1:8; 딤후 2:5.

νόμισμα, ατος, τό [νομίζω] **동전** coin 마 22:19.

νομοδιδάσκαλος, ου, ὁ [νόμος, διδάσκολος] **율법 교사** teacher of law 이스라엘 민족의 전통 안에서 눅 5:17; 행 5:34; 딤전 1:7.

νομοθεσία, ας, ἡ [νομοθέτης] '법률 제정 행위', 결과에 초점 맞추어, **제정 법률, 율법** legislation, law 롬 9:4.

νομοθετέω [νομοθέτης] '법률을 제정하다', 수동태 **율법을 받다** be given legislation 히 7:11; **법적 지위를 부여받다, 제정되다** receive legal status, be enacted 8:6.

νομοθέτης, ου, ὁ [νόμος, τίθημι] **입법자** lawgiver 약 4:12.

νόμος, ου, ὁ [νέμω '분배하다'; '보통 관례로 인식되는 것'] ① '행동과 관련한 법칙, 기준', **관습, 규범, 규칙** custom, norm, principle 롬 3:27b; 7:21, 23; 8:2; 갈 6:2; 약 1:25; 2:8, 12. ② '성문화된 제정법', **율법, 법률** law ⓐ 일반적으로 롬 3:27; 4:15b; 5:13b; 7:1f; 10:4. ⓑ 모세를 통해 제정된 율법 마 22:36; 눅2:22; 16:17; 요 7:19, 23; 18:31; 행 13:38; 15:5; 롬 2:26; 7:2b; 8:7; 고전 15:56; 갈 3:12f; 엡 2:15; 빌 3:9; 딤전 1:8; 히 10:28; 약 2:9. 모인 집성(集成)으로 마 5:17; 12:5; 요

νοσέω / Νύμφα, ας, ἡ

8:5; 행13:15; 롬3:21b; 고전 9:8f; 갈 3:10b. 확장된 의미로, 일반적으로 권위 있다고 받아들여지는 이스라엘 민족의 성서(구약)에 대해 요 10:34; 12:34; 15:25; 롬3:19; 고전 14:21.

νοσέω [νόσος] '아프다', 비유로 νοσεῖν περί τι ~에 중독되다 딤전 6:4.

νόσημα, ατος, τό [νοσέω] 질병 disease 요 5:3 [4] 이문.

νόσος, ου, ἡ [어원은 불분명] 일반적인 의미로 신체적인 만성병에 대해 **질병, 질환** disease, illness 마 4:23 그리고 복음서에서 자주; 행 9:12. 비유로 마 8:17.

νοσσιά, ᾶς, ἡ [νεοσσός '병아리'] 새끼들, 자식들 brood 눅 13:34.

νοσσίον, ου, τό [νοσσός의 지소사] '새의 새끼', **병아리** chick 마 23:37.

νοσσός, οῦ, ὁ [νεοσσίον에 대한 코이네 그리스어 '어린 새'] '새의 새끼', **병아리** chick δύο νοσσοὺς περιστερῶν = 두 마리 새끼 비둘기 눅 2:24.

νοσφίζω [νόσφι '떨어져, 비켜서'] 신약에서 중간태로만, '자신을 위해 따로 남겨두다', **비밀로 하다, 남겨두다** hold/keep back 행 5:2f(비교 레위기 27:28f); **빼돌리다, 좀도둑질하다** pilfer 딛 2:10.

νότος, ου, ὁ [비교 νοτία '습기'] ① 남풍 또는 남서풍 눅 12:55; 행 27:13; 28:13. ② '방향적으로 북쪽의 상대편', **남쪽** south ⓐ 방위(方位)로서 눅 13:29; 계 21:13. ⓑ 남쪽에 있는 지역 표시 마 12:42; 눅 11:31.

νουθεσία, ας, ἡ [νουθετέω] '다른 사람의 개인적인 발전에 관심을 가지고 주는 충고', **조언, 지도** counsel, instruction 고전 10:11; 엡 6:4; **경고** admonition 딛 3:10.

νουθετέω [νοῦς, τίθημι] 부적절한 행동을 피하거나 멈추도록, '조언이나 지도를 제공하다' **안내하다, 가르치다, 충고하다** conduct, instruct, admonish, 자주 세심하게 배려한다는 맥락에서, 행 20:31; 롬 15:14; 고전 4:14; 골 1:28; 3:16; 살전 5:12, 14; 살후 3:15.

νουμηνία νεομηνία를 보라.

νουνεχῶς [νοῦς의 대격, ἔχω] 부사 '지성을 보이며', **생각이 깊게, 지혜롭게** thoughtfully, wisely 막 12:34.

νοῦς, 속격 **νοός**, 여격 **νοΐ**, 대격 **νοῦν, ὁ** [어원 미상] ① '이해하거나 분간할 수 있는 능력', **이해력** understanding 눅 24:45; 롬 7:23, 25; 고전 14:14f, 19; 빌 4:7; 살후 2:2; 딤전 6:5; 딤후 3:8; 딛 1:15; 계 13:18; 17:9. ② '정보나 가르침을 처리하는 매개체로', **마음** mind 롬 1:28; 12:2; 고전 1:10; 엡 4:17, 23; 골 2:18. ③ '사고 과정의 결과', **마음, 생각** mind, thought 롬 11:34; 14:5; 고전 2:16.

Νύμφα, ας, ἡ [비교 다음 항목] **눔바, 뉨파** Nympha 골 4:15. 대격 Νυμφαν(여러 사본들에서 찾을 수 있는) 이 또한 이름의 남성형에서 유래할 수 있으므로, Νυμφᾶς, ᾶ, 여성 이름으로 해석할 수 있는 것은 대명사 αὐτῆς의 독법에 의존한

다. 네스틀레 아파라투스를 보라.

Νυμφᾶς, ᾶ, ὁ [아마도 = Νυμφόδωρος, Ἐπαφρᾶς처럼 친밀감 있는 호칭; 이전 항목을 보라] **뉨파스** Nymphas 골 4:15 이문(대격 Νυμφᾶν).

νύμφη, ης, ἡ [비교 라틴어 *nubo* '결혼하다'(여성에 대해)] ① **신부** bride 마 25:1 이문; 요 3:29; 계 18:23; 21:2; 어린 양의 신부로서 하나님의 백성에 대해 9절; 22:17. ② **며느리** daughter-in-law 마 10:35; 눅 12:53.

νυμφίος, ου, ὁ [νύμφη] **신랑** bridegroom 마 9:15와 병행구; 25:1; 요 2:9; 3:29; 계 18:23.

νυμφών, ῶνος, ὁ [νύμφη] ① '결혼 축하에 사용되는 방', **결혼 잔치 자리** wedding room 마 22:10 이문 ② **신방(新房)** nuptial chamber 오직 셈어적 숙어에서 환유적으로 참석자들에게 초점 맞추어 οἱ υἱοὶ τοῦ νυμφῶνος **신랑의 친구들** 마 9:15; 막 2:19; 눅 5:34.

** **νῦν** [산스크리트 연관어] ① 현재를 나타내는 시간 표시, **지금, 이제** now 마 27:42f; 막 10:30; 요 2:8; 12:27; 롬 5:9; 강조하여 **바로 지금** just now 요 11:8; 행 7:52; 빌 1:20. 형용사로 롬 3:26; 11:5. 명사로서 τὸ νῦν 마 24:21; 눅 1:48; 5:10; 행 18:6; 롬 8:22; 빌 1:5. 부사로 τὰ νῦν 행 4:29; 17:30; 27:22; 비교 τὸ νῦν ἔχον **이제는, 당장은** 24:25. ② 시간적인 강조보다는 상대적으로 현재 사건을 고려한 함축적인 정신 상태에 더욱 초점 맞추어 **지금 입장에서는, 현재로서는** as the matter now stands, now 요 18:36; 행 15:10; 살전 3:8. 대조적인 문장에서 νῦν δέ **그러나 이제는, 그러나 현 상황에서는, 사실상** but now, but as it is, as a matter of fact 눅 19:42; 요 8:40; 18:36; 고전 5:11; 12:20; 히 11:16; 약 4:16.

νυνί [νῦν 지시적인 접미사 -ι 로 강화해서] ① 현재를 나타내는 시간 표시, **지금, 이제** now 롬 3:21; 6:22; 15:23, 25; 고전 5:11 이문; 고후 8:11; 엡 2:13; 골 1:22; 몬 9, 11. 명사와 더불어 행 22:1. ② 시간적 강조보다는 도출된 결론에 초점 맞추어 **이제, 현 상황에서는** now, as it is 롬 7:17; 고전 13:13; 히 8:6; 9:26.

* **νύξ, νυκτός, ἡ** [산스크리트 연관어, 비교 라틴어 *nox* '밤'] **밤** night ⓐ 시간적으로, **일몰에서 일출까지** sunset to sunrise 마 4:2 등. ⓑ 비유로 요 9:4; 롬 13:12; 살전 5:5.

νύσσω [비교 νεύω] ① **뚫다** pierce 날카로운 것으로 피부를 뚫어버리는 것에 대하여 마 27:49 이문; 요 19:34. ② **쿡 찌르다** nudge 찔러서 누군가의 주목을 끄는 것에 대하여 행 12:7 이문.

νυστάζω [νεύω] '졸린/나른한 상태다', 아마도 꾸벅인다는 의미를 함축하여, **끄덕이다, 졸다** nod, doze 마 25:5; 비유로 벧후 2:3.

νυχθήμερον, ου, τό [νύξ, ἡμέρα] '24시간 동안의 기간', **밤낮으로** a night and a day 고후 11:25.

Νῶε, ὁ / νῶτος, ου, ὁ

Νῶε, ὁ [히브리어] 격변화 없음. **노아** Noah 마 24:37f; 눅 3:36; 17:26f; 히 11:7; 벧전 3:20; 벧후 2:5.

νωθρός, ά, όν [= νωθής '부진한'] 어떤 일에 '더딘', 또는 어떤 일을 '감당하지 못하는', **둔한, 부진한** sluggish 어리석어 보일 정도로 히 5:11; **뒤쳐지는, 열의가 없는** lagging behind, lacking zest 6:12.

νῶτος, ου, ὁ [어원은 불분명] **등** back 신체 부분 롬 11:10.

ξαίνω [IE] '긁거나 빗질하여 양모를 다듬다', **빗질하다** to card 마 6:28 이문.

ξενία, ας, ἡ [ξένος; '접대, 환대'] 행 28:23에서 ξ.는 바울이 그 방문객들에게 대하는 일에 관련하여 단어의 일반적인 의미인 '환대'를 나타내는 것으로 보인다. 바울이 환대를 기대하고 있다는 점을 제외하면 동일한 의미가 몬 22에도 ξ.의 두 가지 경우에서 환유적으로 **응접실, 사랑방** guest room이나 단순히 **숙소** lodging로 이해할 수 있는지는 분명하게 결정할 수는 없다.

ξενίζω [ξένος] ① '~에 환대하는', **접대하다** entertain 행 10:23; 28:7; 히 13:2; 수동태 **대접받다, 숙소를 받다, 손님으로 머무르다** receive hospitality, lodge, stay 행 10:6, 18, 32; 21:16; 고전 16:19 이문 ② '어떤 것에 대한 이질감으로 놀라다', **경악하게 하다, 놀라게 하다** amaze, surprise 행 17:20; 수동태 **깜짝 놀라다** be surprised 벧전 4:4, 12.

ξενοδοχέω [ξένος, δέχομαι] **환대를 베풀다, 잘 대접하다** show hospitality 딤전 5:10.

ξένος, η, ον [복합적인 어원] '일상의 직접적인 경험 이외의 것과 관련한' ⓐ **이상한, 이례적인** strange, unusual 행 17:18 (아마도 '외국인의'); 히 13:9; 벧전 4:12; 엡 2:12 (ξ. τῶν διαθηκῶν, 언약을 벗어난). ⓑ 명사로서 ὁ ξένος **이방인, 나그네** stranger 마 25:35; 27:7; 행 17:21; 엡 2:19; 히 11:13; 요삼 5. 환대를 베푸는 이에게 초점 맞추어 **주인** host, ὁ ξένος의 의미는 주인과 손님이 상대적으로 서로 '낯선' 관계에 있다는 사실에서 분명한 의미 전환이 가능해진다. 롬 16:23.

ξέστης, ου, ὁ [어원은 불분명] '무엇을 담아 따르는 가정 용기', **주전자, 단지** pitcher, jug 막 7:4, 8 이문.

ξηραίνω [ξηρός] '제 역할을 하지 못하고 메마르게 하다' ⓐ **마르게 하다, 시들게 하다** wither 약 1:11; 자주 능동 의미를 가진 수동태로, 식물 생장 마 13:6; 요 15:6; 환유적으로, 익은 곡식에 대해 계 14:15; 액체가 흐르는 것이 멈춤 막 5:29; 계 16:12. ⓑ 비유로 또한 능동의미를 가진 수동태로, **말라 버리다** become dried-up, 사용할 수 없게 되거나 마비된 신체나 신체 부분에 대하여 막 3:1; 귀신들려 탈진한 사람에 대해 9:18.

ξηρός, ά, όν [산스크리트 연관어] '습기가 부족한 상태인', **메마른** dry, 나무에 대해 눅 23:31; 땅에 대해, 일반적으로 마 23:15; 히 11:29. 비유로, 제 역할을 하지 못하는 신체 부분에 대해 **메마른, 마비된** withered, paralyzed 마 12:10와 병

ξύλινος, η, ον / ξυράω

행구; 요 5:3.

ξύλινος, η, ον [ξύλον] 나무로 만든 wooden 딤후 2:20; 계 9:20.

ξύλον, ου, τό [IE] ① '섬유질 조직을 가진 식물', **나무** wood ⓐ 보통, 물질로 고전 3:12; 계 18:12. ⓑ 확장되어 나무로 만든 사물에 대해 **막대기, 곤봉** club/cudgel 마 26:47; **차꼬** stocks 행 16:24; **십자가** cross 5:30; 10:39; 갈 3:13; 벧전 2:24. ② '견고한 섬유질 식물과 같은 종류', **나무** tree 눅 23:31; 계 2:7; 22:2, 14, 19.

ξυν- συν-의 옛 형태.

ξυράω/ξυρέω/ξύρω [ξύρον '면도하다'] 능동태 '면도하다, 털을 깎다' 신약에는 나타나지 않는다: 중간태 **스스로 깎다** have oneself shaved 행 21:24; 고전 11:6; 그리고 또한 수동태로 5절.

O

*** **ὁ, ἡ, τό;** 복수 **οἱ, αἱ, τά** [3인칭, 인칭대명사 역할을 하는 지시대명사에서 유래했다. 그런데 단계적으로 약화되어 정관사(the)가 되었다.] 보통, ὁ 등은 어떤 존재에 대한 다목적 지시사로 보인다 ① 지시사로서 **이것, 저것** 등 this one, that one ⓐ 단독으로 사용되어 행 17:28 (τοῦ = 그의 his). ⓑ δέ와 더불어 이야기가 계속되는 가운데 특징에 변화가 있음을 나타낸다. ὁ/ἡ δέ 마 2:14, 21; 막 14:61; 눅 22:70; 23:22; 행 12:15b; οἱ δέ 마 2:5; 16:14a; 눅 23:21; 행 12:15ac; ὁ μὲν ... ὁ δέ 고전 7:7; 갈 4:23; οἱ μέν ... οἱ δέ 행 14:4; 17:32; οἱ μὲν ... ὁ δέ 히 7:20f, 23f. 마 26:67; 28:17에는 특별한 문제가 있다. 대비를 나타내는 대신에, 이 첫 번째 사례에서 οἱ δέ는 예언의 요구를 소개하는 표시로 보인다. 두번째 지점에서는 사실 제자들이 정신이 혼란스러웠을 뿐만 아니라 주저했던 것 같다. (비교 διστάζω와 함께 주저함과 관련하여 14:31). ② 규정하는 표시로 '그', 인명과 지명에 대한 번역에서는 자주 생략한다. 관사의 유무는 다양한 용례가 방대하게 있다(그리스어에는 부정 관사가 없으며, τίς가 영어의 a, an 대신에 사용되는 경우가 많다). 여기에 약간의 관찰만 덧붙일 수 있을 것 같다. ⓐ 잘 알려진 존재에 대한 표시로서, 보통 ἡ Ἀσία; ἡ Γαλιλαῖα, ἡ ἥλιος, ὁ θεός, ὁ Παῦλος, ὁ Ἰησοῦς, ὁ σατάν (σατανᾶς). 또한 베드로의 천사에 대해 특별하게 행 12:15d. ⓑ 전에 언급한 존재에 대한 표시로 마 1:24(20절의 요셉); 14:3(1절의 헤롯); 막 16:1(15:40의 야고보, 그렇지 않으면, 40절의 마리아에 초점 맞추어); 장소 행 9:38 그리고 10:8(욥바). 개요를 나타내는 관사 용법과 제한된 의미를 나타내는 구문의 무관사 용법은 다음 절에서 설명된다. ῥίζα γὰρ πάντων τῶν κακῶν ἐστιν ἡ φιλαργυρία "돈에 대한 사랑이 모든 악한 일의 뿌리다" 딤전 6:10. ⓒ 형용사를 명사로 전환시키키는 도구 οἱ πτωχοί 마 5:3; ὁ πονηρός 5:37; τὸ μέσον 막 3:3; τὸ γνήσιον 고후 8:8; 부정사를 명사로 τὸ ἐρωτῆσαι 행 23:20; τὸ θέλειν 롬 7:18; 또한 목적의 부정사, τοῦ σπείρειν 씨뿌리려고 마 13:3; 결과의 부정사 롬 7:3. ⓓ 생략 구조에서 οἱ Ἀριστοβούλου A. 집안 사람들 롬 16:10; ὁ τὸ πολὺ οὐκ ἐπλεόνασεν, καὶο τὸ ὀλίγον οὐκ ἠλαττόνησεν "많이 모은 자도 쓰기에 너무 많지 않았고, 적게 모은 자도 쓰기에 너무 적지 않았다" 고후 8:15.

ὀγδοήκοντα [ὄγδοος] 격변화 없음. 80, **여든** eighty 눅 2:37; 16:7.
ὄγδοος, η, ον [ὀκτώ] **여덟 번째의** eighth 눅 1:59; 행 7:8; 벧후 2:5; 계 17:11; 21:20.

ὄγκος, ου, ὁ / ὀδυρμός, οῦ, ὁ

ὄγκος, ου, ὁ [비교 부정과거 ἐνεγκεῖν; '부피가 큰 무엇'] 운동에 관한 비유에서 (운동선수들은 몸에 있는 장식물 때문에 방해되지 않도록 한다) **장애물, 방해물** impediment, obstruction 히 12:1.

ὅδε, ἥδε, τόδε [ὁ, ἡ, τό, δέ의 조합] 눅 10:39; 행 21:11; 계 2:1 등 계시록에서 자주. εἰς τήνδε τὴν πόλιν **어떤 도시나 그런 곳** (= '우리가 생각하고 있는 도시') 약 4:13.

ὁδεύω [ὁδός] '여행 중이다', **여행하다** travel 눅 10:33.

ὁδηγέω [ὁδηγός] '어떤 목적지에 이르도록 돕다' ⓐ **이끌다, 인도하다** lead, guide 마 15:14; 눅 6:39; 계 7:17. ⓑ 비유로 도덕적이거나 영적인 지도와 관련하여, **인도하다, 지도하다** guide, instruct 요 16:13; 행 8:31.

ὁδηγός, οῦ, ὁ [ὁδός, ἡγέομαι] '어떤 목적지에 이르도록 돕는 사람', **안내자, 인도자** guide ⓐ 수색대를 안내함에 관해 행 1:16. ⓑ 비유로 도덕적이거나 영적인 지도와 관련하여 마 15:14; 23:16, 24; 롬 2:19.

ὁδοιπορέω [ὁδός 그리고 πορεύομαι ὁδοιπόρος '여행자' (보통 도보로)] '목적지로 나아가다', **길가다, 여행하다** be on the way, travel 행 10:9 (아마도 도보로).

ὁδοιπορία, ας, ἡ [이전 항목과 비교] '목적지를 향하여 길을 가는 행위', **걸음** walking 요 4:6; **여행** journey 고후 11:26.

ὁδοποιέω [ὁδός, ποιέω] **길을 내다** make a path 막 2:23 이문.

** ὁδός οῦ, ἡ [복잡한 어원으로, 간다는 개념에 초점 맞추어, 이런 이유로 속격 '길, 여정'] ① '여행을 위한 길', **길, 노선, 대로** way, road, highway 마 2:12; 3:3; 8:28; 21:8; 막 10:46; 눅 3:5; 행 8:26, 36; 계 16:12; 들에 있는 **길** path 마 13:4; 막 4:4; 눅 8:5. 어떤 존재로 이르는 경로에 대하여 마 10:5; 히 9:8. —ὁδός 속격과 더불어 마 4:15. 비유로 **길** way 7:13f; 21:32; 눅 1:79; 요 14:6; 행 2:28; 16:17; 롬 3:17; 벧후 2:2. ② '여행하는 행위' ⓐ **노정, 긴 여행, 여행** way, journey, trip 마 5:25; 10:10; 막 8:3; 눅 11:6; 12:58; 24:32, 35; 행 8:39; 9:27. 측량 단위로 σαββάτου ὁδός **안식일에 갈 만한 거리** 1:12. ⓑ 행동에 초점 맞추어: 삶의 방식이나 절차, 또는 두가지 모두 눅 20:21; 롬 11:33; 고전 4:17; 히 3:10; 약 1:8; 5:20; 벧후 2:2, 21; 유 11; 계 15:3. —신앙 체계와 행동 방식으로 예수의 활동을 구별하여, **길 the Way** 행 9:2; 19:9, 23; 22:4; 24:14, 22.

ὀδούς, ὀδόντος, ὁ [ἔδω '먹다'와 관련하여] **이, 치아** tooth 마 5:38 등.

ὀδυνάω [ὀδύνη] 성서에서는 수동태로만 **아파하다** be in pain ⓐ 신체적으로 눅 2:48; 16:24f. ⓑ 감정적으로 행 20:38 (ὀδ. μάλιστα 깊은 슬픔에 빠져).

ὀδύνη, ης, ἡ [ἔδω과 어근을 공유하여, '먹다'] **고통** pain 롬 9:2; 딤전 6:10.

ὀδυρμός, οῦ, ὁ [ὀδύρομαι '애통하다'] **애통, 애도** lamentation, mourning 마 2:18; 고후 7:7.

Ὀζίας, ου, ὁ / οἰκέτης, ου, ὁ

Ὀζίας, ου, ὁ [히브리어] 웃시야 예수의 조상 마 1:8f; 눅 3:27 이문

ὄζω [비교 ὀδμή, ὀσμή '냄새'의 옛형태] '냄새나다, 발하다', 향기롭거나 나쁜 냄새를 나타내는 문맥에서: 시체에서 **악취가 나다, 냄새나다** stink, smell 요 11:39.

ὅθεν [대명사 ὅ와 출처를 나타내는 접미사 -θεν에서] 부사, 유래를 나타내는 표시, **~한 곳에서** whence ⓐ 공간적으로, **~로부터, ~에서** from where, whence 마 12:44; 25:24; 눅 11:24; 행 28:13. ⓑ 결과에 대해, **그 결과로, 결과적으로** as result of which, consequently 마 14:7; 행 14:26; 26:19; 히 2:17 등 히브리서에서 자주; 요일 2:18 (어떤 추론에 대해).

ὀθόνη, ης, ἡ [어원에 대해서는 논란의 여지가 있음; '고운 아마포', 후에 확장된 의미로] **아마로 만든 직물, 아마포** linen cloth, 천으로 보아야 하는지 돛으로 보아야하지는 결정할 수 없다. 행 10:11; 11:5.

ὀθόνιον, ου, τό [ὀθόνη의 지소사] **(린넨, 아마) 천** cloth, 신약에서는 시체를 싸는 눅 24:12; 요 19:40; 20:5-7.

** **οἶδα** [어근에 대해서는 εἶδον을 보라] 현재 의미의 완료, 여러 가지 뜻을 가진 용례가 유동적이기 때문에 정확한 분류는 불가능하다. 그러나 몇 가지 차이를 찾아볼 수 있다: ① 목적어의 의미를 가지고, 다양한 문법적인 구조로, '~에 대한 정보를 얻다', **알다** know ⓐ 사람 마 22:16; 행 3:16; 고전 16:15; 고후 12:2. 다른 것에 대한 관심과 밀접한 관계에 초점 맞추어 마 25:12; 26:72; 고후 5:16; 갈 4:8; 살후 1:8. ⓑ 사물 마 6:8; 24:36; 25:13; 28:5; 막 13:32; 롬 8:27; 고전 13:2; 벧후 1:12. 사람이나 사물과 관련된 사실에 관해 마 15:12; 20:25; 눅 4:41; 요 4:25; 9:25; 골 4:1; 딤전 1:8; 회상에 관한 의미로 고전 1:16. 어떤 일에 대한 전문성에 관하여, **방법을 알다** know-how 마 7:11; 27:65; 눅 11:13; 빌 4:12; 골 4:6; 살전 4:4; 딤전 3:5; 약 4:17; 벧후 2:9. ② '~에 대해 분별을 가지다', **인식하다, 이해하다, 깨닫다** perceive, understand, be aware ⓐ 사람, 특별한 인식에 대한 의미로 막 1:24; 살전 5:12. ⓑ 사물 마 12:25; οὐκ οἶδα τί λέγεις "나는 네가 무슨 말하는지 모르겠다" 26:70; 막 4:13; 눅 6:8; 요 16:18; 고전 2:11; 엡 1:18.

οἰέσθω οἴομαι 현재 명령법 3인칭 단수.

οἰκεῖος, (α), ον [οἶκος] '집에 속해 있는', 신약에서 복수로만, 명사 οἰκεῖοι, **식구들, 식솔들** household members ⓐ 일상적인 가정의 맥락에서 딤전 5:8. ⓑ 신앙과 헌신을 함께하는 것과 관련된 맥락에서 갈 6:10; 엡 2:19.

οἰκετεία, ας, ἡ [οἰκέτης에서 라틴어로는 *familia* '가내 노예들의 전수(全數)'] 집에 있는 **식솔들, 노예들** body of slaves in a household 마 24:45.

οἰκέτης, ου, ὁ [οἰκέω] '집 주인에게 속한 노예', **집안 노예, 사노**(私奴) (house) slave 눅 16:13; 행 10:7; 롬 14:4; 벧전 2:18 (여기서는 분명히 집에 속했다는 면을 강조하고 있다).

393

οἰκέω / οἰκονομία, ας, ἡ

οἰκέω [οἶκος] '주거와 관련된' (그리스적 관점) ⓐ자동사 **살다** dwell (ἐν과 더불어 롬 7:18, 20; 8:9, 11; 고전 3:16; 7:12f. ⓑ타동사 **거주하다** inhabit, 거주자가 거주하는 곳에 가득 찬 빛과 관련한 이미지와 관련해서 딤전 6:16. οἰκουμένη을 보라.

οἴκημα, ατος, τό [οἰκέω] '복잡한 건축물 내부에 있는 어떤 장소', 문맥상으로 처벌을 위해 정해진 **감방** cell 행 12:7.

οἰκητήριον, ου, τό [οἰκητήρ (οἰκητώρ) '거주자' οἰκέω에서] **집, 주거, 거주지** dwelling, abode 유 6; 비유로 고후 5:2.

* **οἰκία, ας, ἡ** [οἰκέω] ① 구조물로서 **집** house 마 2:11 등. 비문자적 의미 요 14:2; 고후 5:1. 마 10:12에서 οἱ.와 섞여 ② 환유적으로, 한 집안에 있는 구성원을 **식솔(食率), 가족, 가정** household, family 마 12:25; 막 3:25; 요 4:53; 고전 16:15. 용역을 공급하는 존재들에 초점 맞추어 빌 4:22.

οἰκιακός, οῦ, ὁ [οἰκία] 가정의 **구성원** member of a household 자녀나 노예에 상관없이 οἰκοδεσπότης ~에게 속한 이들로 마 10:25, 36(여기에서는 확대된 가족으로서).

οἰκοδεσποτέω [οἰκοδεσπότης] '집안을 다스리는 자가 되다', **집안을 관리하다** manage one's household 딤전 5:14.

οἰκοδεσπότης, ου, ὁ [οἶκος, δεσπότης] 집안을 다스리는 자 master of a house (집주인인지, 관리인인지에 상관없이) 마 10:25 등.

οἰκοδομέω [οἰκοδόμος; '건물'] ① '구조물을 세우다' ⓐ**세우다, 건설하다** build, 다양한 유형의 구조물에 대해 마 7:24, 26; 23:29; 막 12:1; 눅 6:48; 12:18; 벧전 2:7. ─확장되어, 초월적인 존재에 대해, 그리스도의 ἐκκλησία와 같이 마 16:18; 유사하게 벧전 2:5. ⓑ 구조들의 회복에 초점 맞추어 **다시 세우다** build up 마 27:40; 막 15:29. ② 비유로 과정이나 결과로 나타나는 세워짐에 대해, **세우다, 터전을 잡다** build up 행 9:31; 20:32; 고전 8:1, 10 (역설적으로); 10:23; 14:4, 17; 살전 5:11.

οἰκοδομή, ῆς, ἡ [οἰκοδόμος] ① '구조가 있는 것', **건물, 구조물** building, structure ⓐ 중심 의미로 마 24:1; 막 13:1f. ⓑ 비유로 고전 3:9; 고후 5:1; 엡 2:21. ② '어떤 구조의 강화로서', **(덕을) 세움** building up, 내적인 성장에 관한 비유로 롬 14:19; 15:2; 고전 14:3, 12, 26; 고후 10:8; 12:19; 13:10; 엡 4:12, 16.

οἰκοδομία, ας, ἡ [οἰκοδόμος] **건축물** building, 과정이나 결과로, 비유로 내적인 성장에 관하여 **(덕을) 세움** building up 딤전 1:4 이문.

οἰκοδόμος, ου, ὁ [οἶκος, δέμω] **건축자, 집짓는 이** builder 행 4:11.

οἰκονομέω [οἰκονόμος] '집사로 집을 관리하다', **청지기가 되다, 관리자가 되다** be manager/administrator 눅 16:2.

οἰκονομία, ας, ἡ [οἰκονομέω] '(사업상) 일을 돌보다', **관리직, 청지기직**

οἰκονόμος, ου, ὁ / οἰκτίρμων, ον

administration, 재산과 회계 관리와 연관된 일에 초점 맞추어 눅 16:2-4. 그리고 확장된 의미로 다양한 종류의 책임, 특히 신약에서는 하나님께서 후하게 베푸시려는 하나님의 의도와 목적에 관련하여 고전 9:17; 엡 3:2; 골 1:25. 처리 방식이나 과정에 초점 맞추어 엡 1:10; 3:9; 딤전 1:4.

οἰκονόμος, ου, ὁ [οἶκος, νέμω '관리하다'] '(사업상) 일을 돌보는 사람', 특별히 큰 집의 회계와 연관되어 ⓐ 재산이나 그 재정 구조를 책임 맡은 사람, **관리자, 청지기** manager 눅 12:42; 16:1, 3, 8; 고전 4:2; 갈 4:2. ⓑ 확장된 의미로 ㉠ 집안 일처럼 보이는 도시의 재정을 관리 책임 맡은 자에 대해, **관리인, 재무관** manager,treasurer 롬 16:23. ㉡ 하나님께서 임명하신 사람으로 바울에 대해 **관리자** manager 고전 4:1; 딛 1:7; 벧전 4:10.

** **οἶκος, ου, ὁ** [비교 라틴어 vicus '집이 모인, 촌락, 부락'] ① '거주를 위한 구조물', **집, 가정** house, home ⓐ 마 9:6; 막 7:30; 눅 7:36; 행 2:2; 롬 16:5; 고전 11:34; 몬 2; 히 3:3f; ἐν οἴκῳ **집에** at home 막 2:1; κατ᾽ οἶκον **집에서 집으로, 집집마다** (그리스도인들의 가정집) 행 2:46; 5:42, a 또한 복수 8:3; 20:20. 예루살렘 성전에 대하여 눅 19:46; 요 2:16. ⓑ 거주 장소로 집이라는 관점에 초점 맞추어 **거처**(居處) dwelling 마 12:44; 눅 11:24. ② '사람이 거주하는 집', **집, 가정, 가족** house, household, family 눅 10:5; 12:52; 행 16:31; 고전 1:16; 딤전 3:4f; 딤후 1:16; 딛 1:11. 확장되어 집과 재산으로서 파라오의 왕국 행 7:10; 조상으로 연결되는 가계(家系)에 대하여 마 10:6; 눅 1:27; 2:4; 행 2:36; 히 8:8. 비유로, 하나님의 백성에 관하여 3:5; 벧전 2:5; 성도들의 교회 딤전 3:15 (하나님의 '가정 교회'로 인식되는); 벧전 4:17.

οἰκουμένη, ης, ἡ [οἰκέω의 여성 현재 수동태 분사, 다시말해, γῆ] ① '거주하는 지역으로서 세계', 마 24:14; 눅 4:5; 21:26; 롬 10:18; 히 1:6; 계 3:10; 16:14. 그 거주자에 초점 맞추어 행 17:31; 계 12:9. ② '로마 사법 체계 아래의 세계', **(로마) 제국** empire 눅 2:1; 행 11:28; 24:5. 그 거주자에 초점 맞추어 17:6; 19:27. ③ μέλλω과 더불어 초월적으로 οἰκ. ἡ μέλλουσα ἔρχεσθαι 다가올 세상 히 2:5.

οἰκουργός, όν [οἶκος, ἔργον] 집안 일을 부지런히 하는 busy at homemaking 딛 2:5.

οἰκουρός, όν [οἶκος, οὖρος '관리자, 감시인'] 집안을 돌보는 caring for the home 딛 2:5 이문.

οἰκτείρω οἰκτίρω의 다른 철자.

οἰκτιρμός, οῦ, ὁ [οἰκτείρω/οἰκτίρω] '애쓰거나 곤란한 상황에 있는 이에 대해 배려하다', **동정심, 연민** compassion, mercy 롬 12:1; 고후 1:3; 빌 2:1; 골 3:12; 히 10:28.

οἰκτίρμων, ον [οἰκτείρω/οἰκτίρω] 동정하는, 자비롭게 여기는, 연민어린

οἰκτίρω / ὀλιγοπιστία, ας, ἡ

compassionate, merciful 눅 6:36; 약 5:11.

οἰκτίρω [οἶκτος '동정, 연민'] ~에 대해 동정심을 갖다, ~을 불쌍히 여기다 have compassion on/show compassion to 롬 9:15.

οἴμαι οἴομαι를 보라.

οἰνοπότης, ου, ὁ [οἶνος, πότης '(지나칠 정도로) 마시는 사람'; '술꾼'] '지나칠 정도로 술 마시는 사람', 술고래, 술꾼, 술주정뱅이 wine toper, boozer, drunkard 마 11:19; 눅 7:34.

οἶνος, ου, ὁ [어원은 불분명] ① 포도주, 술 wine 마 9:17 등. 비유로 계 14:8 등 계시록에 자주 ② 포도원 vineyard 계 6:6.

οἰνοφλυγία, ας, ἡ [οἶνος, φλύω '콸콸 솟다, 넘쳐흐르다'] '술을 과도하게 마심', 술 취함 boozing 벧전 4:3.

οἴομαι가 축약되어서 **οἴμαι** [복합적인 어원] '어떤 생각을 품다', '생각하다'는 일반적인 의미로, 생각한다, 추정한다 suppose 요 21:25; 생각을 품다, 염두에 두다 have in mind 빌 1:17; 상상하다, 원하다 imagine, fancy 약 1:7.

οἷος, α, ον [비교 ὅς] 특징에 대한 묘사나 설명을 소개하는 관계대명사, 그와 같은, ~처럼 such as, as 마 24:21; 막 9:3; 13:19; 고후 12:20; 빌 1:30; 어떤 종류인지에 대해 살전 1:5. οἷος ... τοιοῦτος ...인 것처럼, 그렇게 또한... 고전 15:48; 유사하게 고후 10:11. οὐχ οἷον ὅτι ~이지 않은 것 같다 롬 9:6. οἵῳ δηποτοῦν κατείχετο νοσήματι 어떤 질병에 걸리더라도 요 5:4 이문 οἱοσδηποτοῦν s. οἷος.

οἴσω φέρω 미래 능동태 직설법.

ὀκνέω [ὄκνος '움츠러듦, 주저함'] 주저하다, 망설이다 hesitate 급박한 요구에 μὴ ὀκνήσῃς διελθεῖν ἡμῶν "우리에게 속히 오라" 행 9:38.

ὀκνηρός, ά, όν [ὀκνέω] ① '무엇을 행하기에 망설이는', 지체하는, 느릿느릿 움직이는 sluggish (비교 우리말 '질질 끌다') 마 25:26; 롬 12:11. ② 잠재적으로 꺼려지게 할 수 있는 것에 대한 묘사로, 성가신, 귀찮은 bothersome, irksome 빌 3:1.

ὀκταήμερος, ον [ὀκτώ, ἡμέρα] 여덟 번째 날의 on the eighth day 빌 3:5.

ὀκτώ [비교 ὄγδοος] 8, 여덟 eight 눅 2:21 등.

ὀλεθρευτής, ὀλεθρεύω ὀλοθρευτής, ὀλοθρεύω의 다른 철자.

ὀλέθριος, ον [비교 다음 항목] '파멸을 가져오는', 파괴적인, 치명적인 destructive, deadly 살후 1:9

ὄλεθρος, ου, ὁ [ὄλλυμι '파괴하다'] '재난에 빠진 상황', 파괴, 폐허 destruction, ruin 고전 5:5; 살전 5:3 (재난); 살후 1:9; 딤전 6:9.

ὀλιγοπιστία, ας, ἡ [ὀλίγος, πίστις] '자신감이나 신뢰가 별로 없는 상태', 작은 믿음 little faith 마 17:20.

ὀλιγόπιστος, ον / ὅλος, η, ον

ὀλιγόπιστος, ον [ὀλίγος, πίστις] '자신감이나 신뢰가 별로 없는', 믿음이 작은 of little faith 마 6:30; 8:26; 14:31; 16:8; 눅 12:28.

ὀλίγος, η, ον [병이나 허약함과 관련한 리투아니아와 알바니아 연관어] ① 정도와 관련하여, 작은, 별로 없는 little 계 12:12 (시간); οὐκ과 함께 완서법으로 행 12:18; 14:28; 15:2; 19:23f; 27:20; 부사 ὀλίγον 조금, 어느 정도 little, a bit 단독으로 ὀλίγον 공간적으로 막 1:19 (조금 더); 눅 5:3; 시간적으로 잠시, 잠깐 동안 a little while, a bit 막 6:31; 벧전 1:6; 5:10; 계 17:10; 전치사와 더불어 πρὸς ὀλίγον 잠시동안 약 4:14. ② 수량과 관계하여 ⓐ 사람, 거의 없는 few 마 7:14; 9:37; 22:14; 막 6:5; 눅 10:2; 13:23; 행 17:4, 12; 벧전 3:20. ⓑ 사물, 별로 없는 few 마 15:34; 25:21; 막 8:7; 눅 10:42 이문; 12:48; 계 2:14; 3:4; δι' ὀλίγων 몇 마디 (말)로 하자면 = 간단히 벧전 5:12; 적게 little 눅 7:47; 딤전 5:23; τὸ ὀλίγον 고후 8:15. 상용 어구: ἐν ὀλίγῳ 간단히 엡 3:3; πρὸς ὀλίγον 어느 정도 (반의어 πάντα) 딤전 4:8; πρὸς ὀλίγας ἡμέρας 잠시 동안 for a while 히 12:10.

ὀλιγόψυχος, ον [ὀλίγος, ψυχή] 소심한, 낙심한 discouraged 살전 5:14.

ὀλιγωρέω [ὀλίγος, ὤρα '돌봄'] 가볍게 대하다, 경하게 여기다 treat lightly 히 12:5.

ὀλίγως [ὀλίγος] 부사 '선행하는 짧은 시간 내에', 겨우, 가까스로 just, barely 벧후 2:18.

ὀλοθρευτής, οῦ, ὁ [다음 항목을 보라] 파괴자 destroyer, 하나님께서 형벌을 가져오는 역할을 부여한 천사에 대해 고전 10:10.

ὀλοθρεύω [ὄλεθρος '파괴'] 파괴하다 destroy 히 11:28.

ὁλοκαύτωμα, ατος, τό [ὅλος, καίω] '희생을 불로 사르다', 태워드리는 제사, 번제(燔祭), burnt offering, holocaust 막 12:33; 히 10:6, 8.

ὁλοκληρία, ας, ἡ [ὁλόκληρος] 완전한 치료, 완쾌 a complete cure 행 3:16.

ὁλόκληρος, ον [ὅλος, κλῆρος '할당'] '모든 면에서 온전한', 온전히 거룩한, 흠 잡을 데 없이 완전한 noted for integrity 살전 5:23; 약 1:4.

ὀλολύζω [산스크리트 연관어; '크게 울다', 대부분 크게 기뻐하여] 신약에서는 애절한 상황에서 크게 울부짖다, 울부짖다, 애곡하다 howl, lament 약 5:1.

**ὅλος, η, ον [IE 기원] 각 개별적인 부분을 보여줄 필요 없이 사람이나 사물은 총체적으로 이해하도록 하는 표현으로 다음처럼 다양하게 번역되어 표현할 수 있다. 모든, 전체, 온전한, 전(全) all (of), whole, entire 마 1:22 (복잡한 이야기 가운데 있는 모든 것에 대하여); 4:23 (모든); 5:30 (전체, 부분과 상대적으로); 13:33 (온 동네); 16:26 (전체); ὅλος ὁ νόμος 모든, 전체 율법 22:40; ἐν ὅλῃ τῇ οἰκουμένῃ 온 세상 24:14; ὅλη ἡ πόλις 온 도시 (각각 나눌 필요없이, 모든 거주민) 막 1:33; 12:33, 44; 15:1; 눅 5:5; 9:25; 요 4:53; 7:23 (그 사람이 이제 모든 기능에서 건강하게 되었다는 점 = 그의 온전함); 9:34; 행 2:2; ἐνιαυτὸν ὅλον

ὁλοτελής, ές / ὁμοιάζω

일년 내내, 일년을 꽉 채워 11:26 ; 21:31 (모든); διετίαν ὅλην **2년간, 2년 내내** two whole years / biennium 28:30; ὅλην τ. ἡμέραν **온종일** all day long 롬 8:36; 고전 5:6; 12:17; 갈 5:3, 9; 살전 4:10; 딛 1:11 (온통); 히 3:5; 약 2:10 (전체); ὁ κόσμος ὅλος ἐν τ. πονηρῷ κεῖται = "세상은 온전히 악한 자의 지배 아래 있다" 요일 5:19; 계 3:10; 6:12. δι' ὅλου **통으로** throughout 요 19:23.

ὁλοτελής, ές [ὅλος, τέλος] '완전함의 높은 기준에 부합하는', **모든 면에서 온전한** perfect in every way 살전 5:23.

Ὀλυμπᾶς, ᾶ, ὁ [Ὀλυμπ-표현의 형식이 뜻하는 바는 불확실하다] **올름바, 올림파스** Olympas, 바울의 문안 인사를 받은 사람 롬 16:15.

ὄλυνθος, ου, ὁ [어원은 불분명] **설익은 무화과** unripe fig 계 6:13.

ὅλως [ὅλος] 부사, 총체성과 관련하여 ⓐ 부정어와 함께 **전혀** at all 마 5:34; 고전 15:29. ⓑ **어디든지, 전적으로** everywhere 고전 5:1; 6:7.

ὄμβρος, ου, ὁ [비교 라틴어 *imber* '폭풍우'] **폭풍, 궂은 날씨** storm, bad weather 눅 12:54.

ὁμείρομαι [어원은 불분명] **사모하다, 고대하다** long for 살전 2:8.

ὁμιλέω [ὅμιλος] 누구와 시간을 보내다, 이야기를 나눔에 초점 맞추어, **말하다, 대화하다** talk, converse 눅 24:14f; 행 20:11; 24:26.

ὁμιλία, ας, ἡ [ὅμιλος] 사회적인 유대에 대해, **동료, 친구, 교제** company 고전 15:33.

ὁμίχλη, ης, ἡ [ο에 대한 기식(氣息) 표시는 편집에 따라 다양하며, 호메로스에서는 부드러운 숨소리로 발음한다.] '하늘이 짙은 날씨 상태', **안개, 박무(薄霧)** fog, mist 벧후 2:17.

ὄμμα, ατος, τό [ὄπωπα와 관련된, ὁράω 제2완료] **눈** eye 마 20:34; 막 8:23.

ὀμνύναι ὄμνυμι (ὀμνύω을 보라) 현재 능동태 부정사

ὄμνυμι ὀμνύω의 다른 형태.

ὀμνύω [산스크리트 연관어] '말한 것의 진실성을 확인하여 맹세하다', **맹세하다** swear 마 5:34; 막 6:23; 14:71 (단지 욕만 하지 않고); 행 2:30; 히 3:11; 관련 단어의 대격 ὅρκον 눅 1:73. 진실된 것에 대한 보증이 대격으로 표현되어 약 5:12 그리고 다양한 전치사구로: ἐν과 더불어 마 5:36 등 마태복음에서 자주; 계 10:6; κατά와 더불어 히 6:13, 16.

ὁμοθυμαδόν [ὁμός '다르지 않고 똑같은, 공통의', θυμός] 부사 '자발적인 마음의 일치', **한 마음의, 하나로 일치된** of one mind, of one accord 행 1:14 등 사도행전에서 자주. 15:25 (= 만장일치로); 롬 15:6.

ὁμοιάζω [ὅμοιος] **~과 같다** be like 마 23:27 이문; 단독으로 26:73 이문 그리고 막 14:70 이문, τῇ λαλιᾷ τῶν Γαλιλαίων과 더불어 이해된다.

ὁμοιοπαθής, ές [ὅμοιος, πάσχω] '느낌이나 상황을 공유하는', ~과 본질상 같은, ~과 같은 with the same nature as, like 여격과 더불어 행 14:15; 약 5:17.

ὅμοιος, α, ον [ὁμός와 유사하게 '다르지 않고 똑같은, 공통의'] (~과) 유사한, ~같은 similar (to), like 대부분 비교의 근거로 사용하는 존재의 여격과 더불어 마 11:16 등. 속격 요 8:55 이문 계 1:13 과 14:14에 있는 대격은 부사적인 것으로 보인다. ὅμοιον υἱὸν ἀνθρώπου "인간 존재(사람의 아들)와 같은 모양으로" 비교가 되는 어떤 대상의 모양에 초점 맞추어 마 22:39 그리고 막 12:31 이문 (중요성의 수준); 계 13:4 (본질적 가치); 18:18 (명망).

ὁμοιότης, ητος, ἡ [ὅμοιος] '~과 같은 상태', 유사성 likeness καθ' ὁμοιότητα 같은 방식으로, 마찬가지로 히 4:15; κατὰ τ. ὁμοιότητα Μελχισέδεκ M. 의 방식으로 7:15.

ὁμοιόω [ὅμοιος] ① '똑같이 되게 하다', 수동태 자동사 의미로 ~과 같다, 같이 되다 be like, become like 마 6:8; 7:24, 26; 행 14:11; 롬 9:29; 히 2:17. ② '비교해보다', 비교하다 compare 마 7:24 이문; 11:16; 막 4:30; 눅 13:18, 20.

ὁμοίωμα, ατος, τό [ὁμοιόω] '똑같은 어떤 상태', 유사성, 닮음 likeness 롬 1:23; 6:5; 8:3; 빌 2:7; 계 9:7; 방식 ἐπὶ τ. ὁμοιώματι 방식으로 롬 5:14.

ὁμοίως [ὅμοιος] 부사 비슷하게, 유사한 방식으로, 유사하게 likewise, in similar manner, similarly 마 22:26; 26:35; 막 15:31; 눅 3:11; 6:31; 10:37; 16:25 (그런 것을 받았던 경험에 초점 맞추어); 요 5:19; 6:11; 21:13; 롬 1:27; 고전 7:22; 히 9:21; 약 2:25; 벧전 3:1, 7 (여기에서는 아내의 행동에 대한 상호 반응에 초점 맞추어); 유 8; 계 2:15; 8:12.

ὁμοίωσις, εως, ἡ [ὁμοιόω] 유사함, 모상(模像) likeness 약 3:9.

ὁμολογέω [ὁμόλογος '한 마음으로'] ① '어떤 문제에 대해 숨기지 않고 단호하게 표현하다', 말의 사회적 측면에 초점 맞추어 ⓐ 솔직하고 담백한 말하는 태도에 대하여, 어떤 이가 알게 하다, 알리다 let someone know, inform 마 7:23. ⓑ 엄숙한 진술에 대해 선언하다, 단언하다 declare, affirm 마 14:7; 행 7:17; 24:14; 딤전 6:12; 히 11:13. ⓒ 관계에 대해 인정하다, 공언하다 acknowledge, profess 마 10:32; 눅 12:8; 요 9:22; 12:42; 롬 10:9f; 딛 1:16; 히 13:15; 요일 2:23; 4:2, 15; 요이 7; 계 3:5. ⓓ 범죄에 대해, 인정하다 admit 요 1:20; 요일 1:9. 다음과 같은 것과도 밀접하게 연관되어 있다. ② '관점을 견지하다', 주장하다 maintain 행 23:8.

ὁμολογία, ας, ἡ [ὁμολογέω] '신앙이나 신념과 관련하여 공적인 선포를 하는 행위', 천명, 고백 profession, confession 딤전 6:12f; 히 3:1; 4:14; 10:23. ἡ ὑποταγὴ τῆς ὁμολογίας ὑμῶν 여러분의 천명, 고백과 어울리는 순종 고후 9:13.

ὁμολογουμένως [ὁμολογέω] 부사 논란의 여지 없이, 인정하건대 beyond

ὀμόσαι / Ὀνησίφορος, ου, ὁ

dispute, admittedly 딤전 3:16.

ὀμόσαι ὀμνύω 제1부정과거 능동태 부정사.

ὁμόσε [ὁμός는 '다르지 않고 똑같은, 공통의'를 의미하고 -σε는 어디로 향하는지에 대한 장소를 의미] 부사 **함께** together 행 20:18 이문.

ὁμότεχνος, ον [ὁμός '다르지 않고 똑같은, 공통의', τέχνη] **같은 직업의** of the same trade 행 18:3.

ὁμοῦ [ὁμός '다르지 않고 똑같은, 공통의'] 부사, '경험을 공유하는', **함께** together ⓐ 동시에 만족함에 관하여 요 4:36; 20:4. ⓑ 동시에 같은 장소에 있는 요 21:2; 행 2:1.

ὁμόφρων, ον [ὁμός '다르지 않고 똑같은, 공통의', φρήν] '사고방식이 조화를 이루는' 또는 '공동의 목적에 연결되는', **생각이 비슷한** like-minded 벧전 3:8.

ὅμως [ὁμός '다르지 않고 똑같은, 공통의'] 부사 '다른 양상을 고려하여', **동시에, 모두 동일하게, ~까지도** at the same time, all the same, yet 요 12:42; 관계된 방식으로 in related fashion 고전 14:7; 갈 3:15.

ὀναίμην ὀνίνημι 제2부정과거 중간태 희구법.

ὄναρ, τό [어원은 불분명; 오직 주격과 대격으로] **꿈** dream, 오직 다음의 어구로 κατ᾽ ὄναρ **꿈에서** in a dream 마 1:20; 2:12f, 19, 22; 27:19.

ὀνάριον, ου, τό [ὄνος의 지소사] **나귀** donkey, 지소사이 작은 크기나 어리다는 점을 지시하는 지는 분명하지 않다. 요 12:14.

ὀνειδίζω [ὄνειδος] '모욕적인 방식으로 결점을 찾아내다' ⓐ 남에게 창피를 주는 것처럼 그렇게 언어폭력을 하는 것으로, **욕을 퍼붓다, 매도하다** heap insults on, revile 마 5:11; 27:44; 눅 6:22; 롬 15:3; 딤전 4:10; 벧전 4:14. ⓑ 심하게 질책하여 창피를 주는 것에 대하여, **질책하다, 비난하다** reprimand, reproach 마 11:20; 막 16:14. εἰς τί ὠνείδισάς με; "어찌하여 당신은 나를 비난하십니까?" 막 15:34 이문.

ὀνειδισμός, οῦ, ὁ [ὀνειδίζω] '결점 찾기' ⓐ 사동의 의미로 롬 15:3; 딤전 3:7; 히 10:33. ⓑ 수동의 의미로 **치욕** disgrace, 가정법 속격과 더불어 히 13:13; 속격 목적어와 더불어, 연합을 통하여 다른 이들도 그리스도의 수치를 경험하는 일에 관하여 11:26.

ὄνειδος, ους, τό ['저주하다'는 것에 대한 산스크리트 단어와 연결] **수치스러운, 불명예스러운** disgrace, 모욕하는 말의 결과로 눅 1:25.

Ὀνήσιμος, ου, ὁ [일반적인 그리스식 이름; '유익한 사람'] **오네시모** Onesimus = '유용한, 쓸모 있는', 빌레몬의 노예 골 4:9과 부기(附記). 몬 10과 부기(附記).

Ὀνησίφορος, ου, ὁ [일반적인 그리스식 이름; '유익을 가져오는'] **오네시보로, 오네시포로스** Onesiphorus, 바울의 후원자 딤후 1:16; 4:19.

ὀνικός, ή, όν [ὄνος] 나귀와 관련하여, μύλος ὀν. **나귀의 힘으로 끄는 맷돌** 마 18:6; 막 9:42; 눅 17:2 이문.

ὀνίνημι [어원은 불분명] 제2부정과거 중간태 희구법 **ὀναίμην** 오네시모 이름에 대한 언어유희로, **내가 유익을 얻고자 한다** 몬 20.

** ὄνομα, ατος, τό [복합적인 어원. 비교 라틴어 *nomen* '이름'] ① **이름** name ⓐ 그 중심 의미에서 ὄν.는 신원을 확인하는 데 사용한다 마 1:21, 23; 7:22; 10:2; 27:57; 막 3:16; 5:9; 9:38; 14:32; 눅 1:13, 26; 2:21; 6:22; 8:30; 10:20; 요 1:6; 10:3; 18:10; 행 9:36; 13:6; 빌 2:10; 딤후 2:19; 약 2:7; 벧전 4:14; 요삼 15; 계 2:17과 계시록에서 자주. ὀνόματι 이름으로 마 27:32; 막 5:22; 눅 1:5; 행 5:1, 34. κατ' ὄνομα 이름을 따라 하나하나 요 10:3. ⓑ 셈어 문학에서 발견되는 확장된 의미로, 존재의 특징, 능력, 속성, 또는 명성(긍정적이든 부정적이든)에 초점 맞추어 ㉠ 하나님과 예수 그리스도에 대하여 마 6:9; 10:22; 막 9:37; 13:6; 눅 1:49; 10:17; 요 2:23; 3:18; 5:43b (스스로 칭함에 대하여); 10:25; 12:28; 15:16; 17:6; 행 4:12; 5:41; 9:27; 19:5; 롬 2:24; 9:17; 고전 1:13, 15; 6:11; 빌 2:9; 살후 1:12; 히 1:4; 2:12; 요일 2:12; 요삼 7; 계 2:13; 11:18. ἐν ὀνόματι Χριστοῦ 그리스도와 연결되었기 때문에 벧전 4:14; 다르게, ἐν ὀνόματι κυρίου 주님의 권세로 (권위로) 마 21:9; 비교 요 5:43a. ἐν τῷ ὀνόματι 이름으로 막 9:38; 비교 행 3:6; 유사하게 ἐν ποίῳ ὀν. 행 4:7. ἐν ὀνόματι ὅτι Χριστοῦ ἐστε "여러분이 그리스도를 따르는 이들이라는 근거에 따라 (기초해서)" 막 9:41. ἐπὶ τῷ ὀνόματι 그 이름에 근거해서 (속격 어떤 이의 이름이 어떤 행동을 가져오는 것에 사용되어; 신약에서는 항상 예수와 관련하여) 마 24:5; 막 9:37, 39; 눅 24:47; 행 4:17f. ㉡ 다른 존재들에 대해: 선지자, εἰς ὄνομα προφήτου 그의 선지자의 역할을 깨달아 마 10:41a; 유사하게 의로운 사람들에 대해 41b. πρὸς τὸ ὄν. 이름을 대적하여 행 26:9. ㉢ 이름을 인식함에 대하여 = 평판, 명성 막 6:14; 계 3:1. ② **사람** 행 1:15; 계 3:4; 11:13. 행 18:15에서, ὄν.은 모세 율법에 따른 논쟁에 나오는 사람들의 이름과 관련하여 사용했다.

ὀνομάζω [ὄνομα] '특별한 단어를 사용하여 신원을 규정하다' ⓐ 사람의 '이름'으로 이해되는 단어를 적용하여 **부르다, 이름하다** call, name 눅 6:14. ⓑ 단어를 일이나, 책임, 범주를 규정하는 데 적용하여 **부르다, 이름하다** call, name 막 3:14 (사도); 고전 5:11 (형제); 엡 3:15 (가족). ⓒ 어떤 사람이나 어떤 것에 주목하도록 공개적으로 부르다. **언급하다, 알리다, 이름 부르다** mention, publicize, name 롬 15:20 (그리스도); 엡 1:21 (어떤 이름); 5:3 (음행); 딤후 2:19 (주님). ⓓ **이름을 들먹이다** 관계된 단어의 대격 행 19:13.

ὄνος, ου, ὁ/ἡ [아시아적인 어원을 가지고 있으며, 셈어가 기원은 아니다] **당나귀, 나귀** ass, donkey 여성 마 21:2, 7; J12:15; 남성 눅 13:15; 쉽게 규정할 수 없는. 마

21:5; 눅 14:5 이문.

ὄντως [εἰμί의 분사 ὤν] 부사 '그 단어의 모든 의미에서', **의심할 바 없이, 진실로** unquestionably, really 막 11:32; 눅 23:47; 24:34; 요 8:36; 고전 14:25; 갈 3:21; **실제로** actually 벧후 2:18 이문 형용사적인 역할을 하여 **진정한** real: 어려움에 처한 과부들에 대해 딤전 5:3, 5, 16; 가장 높은 의미의 삶에 대해 6:19; 이 구절에서는, ὄν.이 관사와 명사 사이에 사용되어, '진정으로 과부인 여인', '참된 생명인 것'을 뜻하다고 보인다.

ὄξος, ους, τό [ὀξύς 연관어] '물과 섞은 포도주 식초', **포도주 식초, 싸고 신 포도주** wine vinegar, cheap sour wine 마 27:48; 막 15:36; 눅 23:36; 요 19:29f.

ὀξύς, εῖα, ύ [비교 ὄξος] ① '예리한 부분을 가지고 있는', **날카로운** sharp, 검(劍) 계 1:16; 2:12; 19:15; 낫 14:14 등. ② **날쌘, 재빠른** swift, 발에 대해 롬 3:15.

ὀπή, ῆς, ἡ [IE 기원] **구멍, 틈** opening, 물이 거기에서 나오는 구멍에 관해, 약 3:11; 땅에 있는 은신처, **동굴, 토굴** opening, hole 히 11:38.

ὄπισθεν [*ὀπ- (ὀψέ, ὄπωρα에서 처럼)에서, 가까이 가거나 향한다는 의미를 가져온다. -θε(ν)를 더하여 근원을 나타낸다] 부사 **뒤에서부터** from behind 마 9:20; 막 5:27; 눅 8:44; **뒤에** behind 계 4:6; 두루마리에 쓰는 것에 관하여, **뒷면에** on the back 5:1; 속격지배 전치사로, **뒤에** behind 마 15:23; 눅 23:26; 계 1:10 이문.

ὀπίσω [이전 항목과 비교] 부사, 자주 속격지배 전치사 역할을 하여, '이어지는 상태, 상황, 경우에 대해' ⓐ 공간적으로: **뒤에** behind 눅 7:38; 19:14; 계 1:10; 12:15; 과거에 남겨둔 것으로 보이는 사물에 대해 빌 3:13; 조금 앞선 지점과 관련하여 **뒤로** back 요 6:66; 18:6; βλέπειν εἰς τὰ ὀπ. 뒤를 돌아보다 눅 9:62; ἐπιστρέφειν ὀπ. 뒤돌이키다 마 24:18= ε. τὰ ὀπ. 막 13:16; 눅 17:31. στρέφειν εἰς τὰ ὀπ. **뒤돌아서다** 요 20:14. ⓑ 시간적으로, **다음에, 후에** after 마 3:11; 요 1:15. ⓒ 확장된 의미로 어떤 존재에 대한 특별한 깨달음이나, 모두 속격지배 전치사 역할을 하는 ὀπ.과 더불어. ㉠ 사람, 예수와 관련하여, **~(뒤를) 따라서** after 마 4:19; 16:24; 막 1:20; 8:34; 눅 14:27; 요 12:19; 행 5:37; 언어유희로, 복종에 초점 맞추어 (그러나 공간인 면도 중첩되어) **뒤로** behind 마 16:23; 막 8:33. ㉡ 예수와 다른 존재들에 대해 **뒤따라** after 눅 21:8; 딤전 5:15.

ὁπλίζω [ὅπλον; '무기를 갖추다', 이후 일반적으로 '장비'가 덧붙여져) 군사적인 이미지로, 중간태. **무장하다** arm oneself 벧전 4:1.

ὅπλον, ου, τό [ἕπω '~으로 분주하다'] (군사) **무기** weapon 요 18:3; 그렇지 않으면 비유로 롬 6:13 (비교 이어지는 구절들); 13:12; 고후 6:7; 10:4.

ὁποῖος, α, ον [중성 관계대명사 ὅ와 ποῖος] 상관관계대명사 **어떤 종류의** of what sort 고전 3:13; 갈 2:6; 살전 1:9; 약 1:24; **~과 같이** as 행 26:29.

ὁπότε [ὅ, πότε] **언제** when 눅 6:3 이문.

* **ὅπου** [ὅ, ποῦ] 부사 ① 장소에 대해 ~**한 곳에는** where 마 6:19 등. 또한 고전 3:3 (바울이 고린도에 있는 모든 가정 교회들의 순결함에 대해 의문을 제기하지 않는 가능성의 관점에서). 가정법 구조와 더불어 **어디서나, ~거기에는** wherever 마 8:19; 26:13; 눅 9:57; 계 14:4. 골 3:11에서 초점은 10절에서 언급한 덕목의 장소로서 회심한 사람들에게 향하고 있는 것으로 보인다. ② 상황에 대해, ~**에 반하여, ~인데도** whereas 벧후 2:11.

ὀπτάνομαι [비교 ὁράω의 제2완료 ὄπωπα] **나타나다** appear, 보인다는 의미로 행 1:3.

ὀπτασία, ας, ἡ [ὀπτάνομαι와 관련된 형태에서] '모든 일반적인 경험을 넘어서 초월한 것으로 보이는 무엇', **환상** vision 눅 1:22; 24:23; 행 26:19; 고후 12:1.

ὀπτός, ή, όν [어원은 불분명, 비교 ὀπτάω '요리하다'] 구운 broiled 눅 24:42.

ὀπώρα, ας, ἡ [*ὀπ- (비교 ὄπιθεν) 그리고 *ὀ[σ]αρα (비교 고트어 asans '추수하다')에서] '일 년 중 여름 다음에 오는 시기', 확장된 의미로 추수된 수확물, **(익은) 열매** (ripe) fruit, 비유로 계 18:14.

* **ὅπως** [중성 관계대명사 ὅ, πῶς] ① 부사로서 상세한 내용을 소개하여 ~**하여, 하는 방법으로** how, that 눅 24:20. ② 목적어를 표현하는 접속사로서 ⓐ 목적, 목적어, 또는 최종목적, 계략 ~**하기 위하여, ~하려고** (in order) that 마 2:8; 5:45; 막 3:6; 눅 2:35; 요 11:57; 행 3:20; 9:17; 롬 3:4; 고전 1:29; 고후 8:14; 갈 1:4; 살후 1:12; 히 2:9; 벧전 2:9; 다음 공식으로 사건과 성서가 관련되어 드러난 하나님의 의도와 관련하여 ὅπ. πληρωθῇ ~**을 성취하여** 마 2:23; 8:17; 12:17 이문 (= ἵνα); 13:35. ⓑ 간구와 요청을 소개하여 마 8:34; 9:38; 눅 7:3; 11:37; 행 23:20; 25:3; 약 5:16. ⓒ 과정을 제시하며, ~**이 어떻게 되었는지에 관하여** as to how 마 12:14; 22:15. 비교 몬 6.

ὅραμα, ατος, τό [ὁράω] '초월적인 존재의 능력이나 계시적인 경험을 보여주는 어떤 일', **환상, 현시**(顯示) vision 마 17:9; 행 7:31; 9:10; 10:3, 17; 11:5; 16:9; 18:9.

ὅρασις, εως, ἡ [ὁράω] ① '어떤 것으로 만들어지는 외부적인 인상', **외모, 외양** appearance 계 4:3. ② '초월적이고 계시적인 나타남', **환상** vision 행 2:17; 계 9:17.

ὁρατός, ή, όν [ὁράω] **가시적인, 보이는** visible 골 1:16.

** **ὁράω** [비교 라틴어 vereor '경외하다, 두려워하다'] ① ⓐ 눈으로 지각한다는 중심 의미로, **보다** see, 타동사 마 24:30; 28:10; 막 16:7; 눅 9:36; 13:28; 요 1:18; 16:16; 행 20:25; 22:15; 고전 9:1; 골 2:1; 히 12:14; 벧전 1:8; 요일 1:1; 계 1:7; 22:4; 능동 의미의 수동태로 **나타나다** appear 눅 1:11; 행 2:3; 7:2; 16:9; 고전 15:5-8; 딤전 3:16; 계 11:19. ⓑ 집중하여 보며 시간을 보내는 것에 관하여, 타동사 요

16:16f, 19; **방문하다** visit 는 의미로 히 13:23. ⓒ 눈으로 주시하는 것에 관하여, **보이다** look, 자동사 ὄψονται εἰς ὃν ἐξεκέντησαν "그들이 자신들이 찌른 자를 보리라" 요 19:37. ② 확장된 의미로 ⓐ 어떤 일을 경험하는 것에 대하여, 타동사 (~을) **보다** see 눅 3:6; 17:22; 요 1:50; 3:36; 11:40. ⓑ 놀라운 정신적인 지각이나 내적인 지각과 관련해서, 타동사 **보다, 깨닫다** see, perceive 행 8:23; 롬 15:21; 히 2:8; 약 2:24; 요일 3:6; 요삼 11. ⓒ 충고하거나 지시하는 진술, 자동사 **보다, 반드시 ~하도록 하다, 조심하다** see, see to it that, take care 마 8:4; 16:6; 막 8:15; 눅 12:15; 살전 5:15; 히 8:5; 계 19:10; (그것을) **처리하다, 돌보다, 상관하다** see to (it), tend to (it) 마 27:4, 24; 행 18:15.

ὀργή, ῆς, ἡ [산스크리트 형태와 유사하게] '다른 사람의 행동으로 불쾌함이 매우 강한 상태' ⓐ 내면이나 명백한 태도에 초점 맞추어 **분노, 분개** anger, indignation 막 3:5; 롬 12:19; 엡 4:31; 딤전 2:8; 히 3:11; 약 1:19f. ⓑ 모욕적인 행동에 대해 잠재적인 처벌이나 실현된 처벌과 관련해서 환유적으로 **노여움, 분노** wrath, anger 마 3:7; 눅 21:23; 요 3:36; 롬 1:18; 3:5; 4:15; 엡 2:3; 골 3:6; 살전 1:10; 5:9; 계 6:16 등 계시록에서 자주.

ὀργίζω [ὀργή] 신약에서는 수동태로만, ὀργίζομαι **분노가 치밀어 오르다, 화나다** be provoked to anger, be angry 마 5:22; 18:34; 막 1:41 이문; 눅 14:21; 엡 4:26; 계 12:17.

ὀργίλος, η, ον [ὀργή] **화를 잘 내는, 성급한** quick-tempered, hotheaded 딛 1:7.

ὀργυιά (ὄργυια), ᾶς, ἡ [비교 ὀρέγω '이르다, (내)뻗다'; ὀργυιά 형태는 후대이다] 양팔을 뻗었을 때 대략 1.8m 정도 되는 길이를 나타내는 수심을 재는 항해 용어, **패덤, (한) 길** fathom 행 27:28.

ὀρέγω [비교 라틴어 rego '규칙을 지키다, 지도하다'] 중간태 '~에 손을 뻗다', 문맥에 따라 결정되어: 긍정적 측면에서 **~을 갈망하다** aspire to 딤전 3:1; 히 11:16; 부정적 측면에서 **~만 간절히 바라다, 애타게 바라다, ~욕심내다,** be eager for, long for, have a craving for 딤전 6:10.

ὀρεινός, ή, όν [ὄρος] **산골의, (야트막한) 산이 많은** hilly 눅 1:39, 65.

ὄρεξις, εως, ἡ [ὀρέγω] '~에 대한 강한 욕구', **갈망, 욕구** longing, desire 롬 1:27.

ὀρθοποδέω [ὀρθός, ὀρθόπους '똑바로 가는' πούς] '똑바로 걷다', 비유로 **바르다, 정직하다** be straightforward 갈 2:14.

ὀρθός, ή, όν [산스크리트 형태와 유사하게] **곧은, 똑바른** straight, 자세가 꼿꼿함에 대하여 행 14:10; 비유로, 정도를 벗어나지 않는 행동에 관하여 히 12:13.

ὀρθοτομέω [ὀρθός, τέμνω] 비유로 엇나가지 않고 직선으로 자름에 대해, **능숙**

하게 다루다, 처리하다 treat/handle with finesse 딤후 2:15.

ὀρθρίζω [ὄρθρος] 아침에 일찍 일어나다 be/get up early in the morning 눅 21:38.

ὀρθρινός, ή, όν [ὄρθρος] 이른 아침의 early in the morning 눅 24:22.

ὄρθρος, ου, ὁ [복합적인 어원] 이른 새벽 dawn 눅 24:1; 요 8:2; 행 5:21.

ὀρθῶς [ὀρθός] 부사 '어떤 기준에 부합하여 일치함으로', 적절한 대응에 대하여 올바르게 rightly 눅 7:43; 10:28; 20:21; 뚜렷하게 말함에 대해, 일반적으로, 분명하게, normally, plainly 막 7:35.

ὁρίζω [ὅρος] 어떤 사건이나 행동, 일에 대하여 '신중한 결정을 통해 경계와 체계를 세우다' 결정하다 determine 눅 22:22; 행 2:23; 11:29; 임명하다, 정하다 appoint, ordain 10:42; 17:31; 롬 1:4; 설정하다, 준비하다 set, fix 행 17:26; 히 4:7.

ὅριον, ου, τό [ὅρος; '한계, 경계'] 신약에서는 항상 복수, '규정된 지리적 장소', 지역, 구역, 부분 region, district, part 마 2:16; 15:22; 막 5:17; 행 13:50.

ὁρκίζω [ὅρκος] '맹세하여 청하다, 명령하다', 명하다, 요구하다 adjure 막 5:7; 행 19:13.

ὅρκος, ου, ὁ [ἕρκος와 같은 어원으로 '제한/제약'] 맹세, 서약 oath 마 5:33 등.

ὁρκωμοσία, ας, ἡ [ὅρκος, ὄμνυμι] 서약, 맹세, 맹세를 통한 저주 oath-taking, swearing of an oath 히 7:20, 21, 28.

ὁρμάω [ὁρμή] '충동적이고 훈련되지 않은 방식으로 빠르게 움직이다', 우르르 몰리다, 내리닫다 stampede 마 8:32; 막 5:13; 눅 8:33; 달려들다 rush 행 7:57; 19:29.

ὁρμή, ῆς, ἡ [아마도 '흐름'과 관련된 산스크리트 단어] 충동, 자극 impulse 적대적인 존재로부터 오는 잠재적인 충동과 관련해서 행 14:5; 사공이 위험에 재빠르게 반응하는 것에 대해 약 3:4.

ὅρμημα, ατος, τό [ὁρμάω] 강렬함 intensity 계 18:21.

ὄρνεον, ου, τό [= ὄρνις] 새 bird 계 18:2; 19:17, 21.

ὄρνιξ [ὄρνις의 오래된 형태] ὄρνις에 대한 눅 13:34 이문.

ὄρνις, ιθος, ὁ/ἡ [복합적인 어원] 신약에서 여성형으로만 사용된다 암탉 hen 마 23:37; 눅 13:34.

ὁροθεσία, ας, ἡ [ὅρος, τίθημι (θέσις '배경, 설정')] 정해진 경계 fixed boundary 행 17:26.

* **ὄρος, ους, τό** [복합적인 어원] '지리적으로 높은 곳', 언덕, 구릉, 산 hill, mount, mountain (renderings such as '언덕', '구릉', '산'이라는 의미는 주변과 분명하게 구분되거나, 사회문화적으로 정해져서 ὄρος라는 단어 표시로 구별된다. 지표면과 상대적으로 고도가 높음을 나타낸다 [나병환자에 대한 어떤 지역, 막

ὄρος, ου, ὁ / ὅς, ἥ, ὅ

5:5], 그 단어는 보통 상대적으로 낮은 βουνός보다는 지리적 고도가 높은 곳을 나타낸다.) 마 4:8; 5:1, 14; 21:1; 28:16; 막 5:5; 11:23; 눅 3:5; 8:32; 요 4:20f; 행 7:30; 고전 13:2; 갈 4:24f; 히 11:38; 2Pt 1:18; 계 6:14f; 17:9.

ὄρος, ου, ὁ [비교 라틴어 *uruo* '경계를 표시하다'] **경계, 한계** boundary, limit, 시간에 관하여 ὁ ὅρος τῶν ἐτῶν 막 16:14 이문.

ὀρύσσω [복합적인 어원] '땅을 파내는 것에 관여하다', 특정 물품을 놓기 위해 무언가를 치워 여분의 공간을 만드는 것과 관련해서 ⓐ **파내다** dig up γῆν, 돈을 저장하기 위해 마 25:18. ⓑ **출토하다, 파다** excavate, 다음을 준비하기 위하여: 포도주 틀(a winepress) 마 21:33; 통(a vat) 막 12:1.

ὀρφανός, ή, όν [비교 라틴어 *orbus*] '부모님을 여읜', 자신의 힘에 의존한다는 의미가 함축되어 **고아가 된** orphaned 막 12:40; 약 1:27; 확장된 비유로 요 14:18.

ὀρχέομαι ['떨다, 흔들다'에 해당하는 산스크리트 단어] **춤추다** dance 마 11:17; 14:6; 막 6:22; 눅 7:32.

*** **ὅς, ἥ, ὅ** [복합적인 어원] 관계대명사, 앞선 자료의 신분, 기능, 중요성 등을 통하여 설명을 소개하는 것으로서, **~한 사람, ~한 것, ~한 바,** who, which, what, that ⓐ 사람, 사물, 또는 서술 단위: 마 2:9; 12:4; 눅 6:17; 9:9; 요 6:9; 행 2:32; 3:15; 13:6; 15:17; 17:3; 롬 2:29; 갈 2:10; 엡 1:14; 빌 2:15; 골 1:29; 살후 2:11; 딤전 1:6; 3:16; 몬 10; 히 5:11; 벧전 2:8; 3:21; 벧후 3:1; 요일 2:8; 계 13:14; 20:12; 유사하게 선행하는 자료에 있는 명사와 견인(가까이 있는 말에 끌려, 수와 격이 변하는 것 — 역주)이나 동화되는 경우 마 18:19; 막 7:13; 눅 3:19; 5:9; 요 4:14; 15:20; 행 1:1; 2:22; 고전 6:19; 고후 1:4, 6. 특별한 개념들이나 전문적인 용어, 또는 외국어 표현들을 나타내어 마 1:23; 27:33; 막 3:17; 5:41; 7:34; 12:42; 15:16, 22, 34, 42; 요 1:38, 41f; 9:7; 19:17; 20:16; 행 4:36; 갈 3:16; 골 1:24, 27; 살후 3:17; 히 7:2; 계 4:5; 20:2; 21:8, 17. ⓑ 전치사 구조들: ἀνθ' ὧν ~라는 관점에서 in view of what = **왜냐하면** because 눅 1:20; 19:44; 행 12:23; 살후 2:10; εἰς ὅ ~**것과 관련해서** in regard to which = **그 목적을 이루기 위해서** to that end 살후 1:11; εἰς ὅν **그 안에서** in whom 요 6:29; ἐφ' ᾧ **어떤 기준에 의해서** on what basis = **어떤 조건으로** on what terms 롬 5:12 (다른 이들은 '왜냐하면'을 제시한다); 고후 5:4; 빌 3:12; ἐφ' ᾧ ~**에 대하여** about which = for 4:10; παρ' ὅ ~**한 것 이상** than what = ~**보다** than 롬 12:3; 갈 1:8. πρὸς ἅ ~**한 바에 의하면** according to what 고후 5:10; ὑπὲρ ὅ (ἅ) ~**한 정도를 넘어서** above what 고전 10:13; 고후 12:6; 몬 21; οὗ χάριν ~**한 것 때문에** on account of which = **그러므로** therefore 눅 7:47. —περ과와 결합되어 = ὅσπερ ~**한 단 한 사람** 막 15:6 이문 ⓒ 지시사의 의미: δέ를 더하여 대비되거나 균형잡힌 사고를 나타낸다. ὃς δέ **차례로** who in turn = **하지만 그는**

but he 막 15:23; 요 5:11 이문 μέν … δέ 구조에서, '~한 사람이 있다'는 것이나 중성으로 '~한 이들이 있었다': ὅς μὲν … ὃς δέ 한 사람은…다른 이는 the one …the other 마 22:5; 행 27:44; 롬 14:5; 고전 11:21; 고후 2:16; 유 22f; ὃ μὲν … ὃ δέ 이것은…저것은 this …that 롬 9:21; ἃ μὲν … ἃ δέ 어떤 이는 …다른 이들은 some …others 딤후 2:20.

ὁσάκις [ὅσος] 부사 ~할 때마다 as often as 고전 11:25f; 계 11:6.

ὅσγε = ὅς γε.

ὅσιος, α, ον [어원은 불분명] '하나님께 나아가거나 관계를 저해하는 것으로부터 자유로운', **거룩한, 경건한** holy, devout 행 2:27; 13:35; 딤전 2:8; 딛 1:8; 히 7:26. τὰ ὅσια Δαυὶδ τὰ πιστά "다윗에게 이루어진 하나님의 보증들" 행 13:34. – 거룩함의 화신(化身)으로 자신을 정의하시는 하나님에 대하여 계 15:4; 16:5.

ὁσιότης, τητος, ἡ [ὅσιος] **거룩함, 성결함** devoutness 눅 1:75; 엡 4:24.

ὁσίως [ὅσιος] **경건한 방식으로** in devout manner 살전 2:10.

ὀσμή, ῆς, ἡ [ὄζω] **향기** fragrance 요 12:3; 비유로 고후 2:14, 16; 엡 5:2; 빌 4:18.

****ὅσος, η, ον** [ὅς이 복제되어] πόσος, τοσοῦτος과 상관관계 있는 곳으로 ① 주어진 자료와 공간과 시간적으로 동등한 관계에 있음을 나타내는 표시. 공간 **~만큼, ~같은** as much as 계 21:16; ὅσος ὅσος **조금만 더** just a little farther 눅 5:3 이문; 시간 **~하는 동안** as long as 마 9:15; 막 2:19; 롬 7:1; 고전 7:39; 갈 4:1; 벧후 1:13; μικρόν ὅσον ὅσον **잠시 후에** just a little longer 히 10:37. ② 사건이나 상황에 비하여 최대한 포함됨을 나타내는 표시 **가능한 한 많이** = **~한 자는 모두** as many (much) as = all who 마 14:36; 막 3:10; 6:56; 요 1:12; 6:11; 행 4:6; 9:13; 10:45; 롬 2:12; 8:14; 갈 6:12; 같은 의미로 πάντες/ἅπαντες과 더불어, 눅 4:40; 요 10:8; 행 3:24; **~하는 것은 무엇이든지, ~하는 것은 모두** whatever/everyth. that 마 17:12; 요 11:22; 막 3:8; 5:19f; 눅 8:39; 행 14:27; 딤후 1:18; 같은 의미로 πάντα과 더불어 마 13:44, 46; 18:25; 막 6:30; 11:24; 눅 18:12. ③ 사건이나 상황들에 대조되는 등급이나 정도의 표시로서: **~한 정도로, ~한 크기로** to the degree/extent that 롬 11:13; ὅσα … τοσοῦτον **~한 정도로 그만큼** as much as … so much 계 18:7; **~할수록 그것보다 많이** as much as … so much more ὅσον … μᾶλλον περισσότερον 막 7:36; τοσούτῳ … ὅσῳ (by) as much … as 히 1:4; πλείονος … καθ' ὅσον **~한 정도보다 더** more … to the degree that more (집 지은 자가 더 가진다) 3:3. 9:27 καθ' ὅσον의 용법은 유사하지만, 더 복잡하다.

ὅσπερ 이 강화된 형태에 관해서는 ὅς를 보라.

ὀστέον, ου, 축약형 **ὀστοῦν, οῦ, τό** [비교 라틴어 os '뼈'] **뼈** bone 마 23:27; 눅 24:39; 요 19:36; 엡 5:30 이문; 히 11:22.

****ὅστις, ἥτις, ὅ τι** [ὅς 그리고 부정(不定)을 나타내는 τις; ὅ τι는 또한 ὅ, τι와 ὅτι로

ὀστράκινος, η, ον / ὅτι

쓰인다] ⓛ 어떤 동사의 주어나 목적어와 관련한 일반화로서, **~한 사람은 누구나, ~누구든지, ~무엇이든지** anyone who, whoever, whatever 마 5:39, 41; 10:32; 눅 10:35; 14:27; 요 2:5; 고전 16:2; 갈 5:10; 약 2:10. ② 이야기에서 바로 앞에 선행하는 존재와 특별히 관련하여 ⓐ 명백하게 앞선 존재에 대한 단순한 참조로서 = ὅς, ἥ, ὅν **~한 사람, ~한 것** 막 15:7; 눅 2:4; 9:30; 행 17:10; 23:14; 28:18; 엡 1:23. ⓑ 어떤 특징에 대한 함축으로, **다시 말해 ~한 사람** 마 7:15, 26; 19:12 ('~과 같은'); 눅 2:10; 행 10:41, 47; 롬 9:4 (οἵτινές εἰσιν **그들이 ~인 만큼**); 고후 8:10; 9:11; 엡 4:19; 빌 4:3; 히 8:5; 벧전 2:11; 계 2:24. ⓒ 사격(斜格)에 있어서 ὅ.의 유일한 표현: ἕως ὅτου **~하는 동안** 마 5:25, 그러나 **~할 때까지** until 눅 15:8 이문.

ὀστράκινος, η, ον [ὄστρακον '질그릇, 질그릇 조각'] '구운 진흙에 대해', **흙으로 된, 토기의** earthen 딤후 2:20; ἐν ὀστρ. σκεύεσιν **질그릇 안에,** 비유로 고후 4:7.

ὄσφρησις, εως, ἡ [ὀσφραίνομαι '냄새맡다'] '후각(嗅覺)', **냄새 맡는 곳** smelling 고전 12:17.

ὀσφύς, ύος, ἡ [유래는 불확실] '음부(陰部)' ⓐ **허리, 허리 부분** waist, loins 마 3:4; 막 1:6; 비유로 눅 12:35; 엡 6:14; 벧전 1:13. ⓑ 특별히 생식기관에 대해, **허리** loins 행 2:30; 히 7:5, 10.

** **ὅταν** [ὅτ᾿ ἄν = ὅτε ἄν] 시간 표시 ⓐ 속격 의미, **~할 때(마다)** when(ever) 마 5:11; 6:2; 막 4:15; 눅 11:34; 요 2:10; 9:5 ('~하는 동안은'); 고후 12:10; 약 1:2; 요일 5:2. ⓑ 특별히 사건이 일어나리라고 예상되는 시간에 대해, **~할 때** when 마 9:15; 막 8:38; 눅 5:35; 요 4:25; 행 23:35; 롬 11:27; 고전 13:10; 계 4:9.

** **ὅτε** [ὅ, τε] 다른 사건과 연결되는 어떤 사건을 나타내는 시간 표시, **~할 때** when ⓐ 시간적인 동시 발생에 대해 마 7:28; 막 1:32; 눅 2:21, 42; 행 12:6; 고전 13:11b; 예측 불가능함에 초점 맞추어 눅 17:22; 요 4:21; 9:4; 계 2:16; 딤후 4:3. ⓑ 시간적으로 동일 시간에 걸침에 대해, **~할 때** when = **~하는 동안** as long as, while 요 21:18; 롬 7:5; 고전 13:11a; 히 9:17.

*** **ὅτι** [어원은 관계대명사의 중성 ὅστις] 자료의 두 설정 사이를 묶는 역할을 한다. ⓛ 지시대명사로 정의되어, **(다시 말해) ~한 바** (namely) that 요 3:19; 롬 9:6; 요일 3:16; 4:10, 13b; 계 2:4. ② 종속절이나 선행 동사의 보어적 목적어 역할을 하는 간접문을 소개하여, 예를 들어 ἀκούω, γράφω, διδάσκω, εὐχαριστέω, θαυμάζω, κρίνω, λέγω, μαρτυρέω, πιστεύω, φημί 등. 마 2:22; 3:9; 11:25; 26:54; 막 3:28; 11:23; 눅 2:49; 11:38; 요 2:22; 6:5; 행 4:13; 20:26; 21:31; 롬 1:13; 고전 1:15; 갈 5:3; 빌 4:15; 약 2:24; 요일 1:5. ③ 직접 인용을 소개하여, 구두점 표시의 현대적 용법으로 번역할 수 있다. 마 7:23; 막 1:15; 4:21; 11:23; 눅 1:25; 요 1:20; 10:36; 행 5:23; 롬 8:36; 고전 14:21; 살후 3:10. ④ 인과관계를 나타내어 **왜냐하면** because 마 2:18; 9:36; 11:29; 13:16; 20:7; 눅 8:30; 요 6:26; 12:6; 20:29; 고

전 12:15f; 요일 5:10; 유 11; 계 3:10. 어떤 본문에서는 추론하는 양상을 보이며 등장한다. 그것은 ~때문에 for라는 의미를 불러오게 된다. 마 7:13; 막 3:30; 5:9; 9:38; 눅 6:24f; 7:47; 9:12; 요 1:16f, 30; 2:25; 고전 1:25; 4:9; 고후 4:6; 7:8, 14; 또는 ~한 바, ~인 점을 고려하면 that, inasmuch as 마 8:27; 요 14:22; 롬 9:7. 막 9:28에서 인과 관계의 제시는 ὅτι의 **어째서? 어떤 이유로? why?** 라는 의미의 근거가 된다.

ὅτου ὅστις 속격 단수 남성 그리고 중성.

οὗ [ὅς의 속격], 부사와 장소에 대한 질문으로 ⓐ 어떤 장소, 상황, 문서와 관련한 정보와 행동을 소개함으로 **~에, ~한 곳에** where 마 2:9; 18:20; 눅 4:16f; 23:53; 행 1:13; 2:2; 7:29; 12:12; 16:13; 20:6 이문, 8; 25:10; 28:14; 롬 4:15; 5:20; 9:26; 고후 3:17. ⓑ 방향에 초점 맞추어, **어느 곳으로, 어디에, 어디로,** to which, where, whither, 마 28:16; 눅 10:1; 24:28; ἐάν과 더불어 고전 16:6.

*** **οὐ/οὐκ/οὐχ** [유래는 알려지지 않음] 거절이나 부정에 사용하는 불변화사 ⓐ 부정적인 반응으로, **아니, 안돼** no: οὐκ 요 7:12 이문; οὐ γάρ 행 16:37 ('결코 아니다!'); 강세가 있는 형태 οὔ 마 5:37; 13:29; 막 12:14; 요 1:21b; 7:12; 21:5; 고후 1:17-19; 약 5:12. ⓑ 어떤 진술, 동사 형태, 또는 다른 표현에 대한 부정으로, **~이 아닌, 않은** not 마 1:25; 10:26, 38; 22:11; 막 3:25; 9:37; 눅 1:7; 요 1:5; 8:29; 행 26:29; 롬 1:16; 고전 1:16; 고후 1:8; 갈 4:8; 엡 1:16; 빌 3:3; 살전 2:1; 히 11:1; 벧전 2:10; 벧후 1:8; 유 9; 계 22:3. 비교 절정의 οὔ 롬 7:18. 완서법으로, οὐκ ὀλίγοι 행 12:18; 17:12; οὐκ ἄσημος 행 21:39. —다른 부정어를 부가함으로 뜻을 강화하여, οὐδείς, οὐδέ 마 22:16a; 눅 23:53; 요 6:63; 행 7:5; 8:39; 롬 3:10; οὐ μή 강한 부정이나, 금지로 마 15:6; 16:22; 요 6:35; 히 10:17; οὐ μηκέτι 마 21:19 이문 ⓒ 분명한 대답을 예상하는 질문에서, **~하지 않는가?** not 마 6:26b; 27:13; 막 6:3; 7:18a; 눅 11:40; 요 6:70; 롬 9:21; 고전 9:1; 살후 2:5; 약 2:4; μὴ οὐκ 롬 10:18f; 고전 9:4f; 11:22a.

οὐά [비교 라틴어 vah, 다양한 감정을 나타내는 감탄사] 감탄사, **아! ah!** 경멸적인 분위기의 놀라움으로 막 15:29.

οὐαί [비교 라틴어 vae, 고통스러운 울부짖음으로] ① 깊은 슬픔의 의미를 나타내는 감탄사로서, 특히 곧 들이닥칠 재난을 맞이하는 상황에서 **화로다! 아! 슬프도다!** woe, alas! 마 11:21; 18:7; 막 14:21; 눅 6:24-26; 17:1; 21:23; 유 11; 계 12:12 등. ② 명사로서 분명한 재난에 대한 확실성에 초점 맞추어, **재난이 있으리라! 화가 미치리라!** woe 고전 9:16; 계 9:12; 11:14.

οὐδαμῶς [οὐδαμός '조금도 아닌'] 총체적인 부정을 표현하는 부사, **조금도 ~하지 않다, 결코 ~하지 않다** in no way 마 2:6.

** **οὐδέ** [οὐ, δέ] 부정 표시 ⓐ 부정적인 요소로서 선행하는 부정문과 연결하여, ~

οὐδείς / οὐθείς, οὐθέν

도 또한 아니다. nor 마 5:15; 6:28; 16:9; 24:21; 막 4:22; 8:17; 16:13; 눅 6:43f; 12:33; 18:4; 요 1:13; 6:24; 롬 2:28; 8:7; 고전 2:6; 15:16; 고후 7:12; 갈 1:1; 빌 2:16; 살전 2:3; 살후 3:8; 딤전 6:16; 히 9:25; 13:5; 벧전 2:22; 벧후 1:8; 요일 3:6; 계 5:3. ⓑ 선행하는 부정문에 결과를 나타내는 표현으로 부정문을 연결시켜서, **~도 아니고, ~도 아니다** neither, nor 마 6:15; 21:27; 요 8:11; 롬 4:15. ⓒ 선행하는 문장에 설명하는 표현으로 부정문을 연결시켜 **~조차 아닌, ~아닌** not even, not καὶ οὐδέ **그리고 ~조차 아닌** 막 6:31; οὐδὲ γάρ **~하지 않는 이유로** for not 요 5:22; 8:42. ⓓ 선행하는 부정에 있는 사고방식을 강화하여 **~조차 아닌** not even 마 6:29; 27:14; 막 5:3; 눅 16:31; 23:15; 요 1:3; 7:5; 15:4; 롬 3:10; 고전 3:2; 15:13, 16. ⓔ 놀라움의 표현으로 **~조차 아닌** not even 막 12:10; 눅 12:26 ⓕ 확인하는 관점에서 강한 부정으로 **~조차 아닌** not even 행 4:32; 19:2; 고전 4:3; 갈 2:3.

** **οὐδείς/οὐθενός, οὐδεμία, οὐδέν/οὐθέν** [οὐδέ 그리고 εἷς의 변화형들; '하나도 아닌'] 사람이나 사물이 주어진 장소나 순간에 실제로 존재함을 부정하는 표시 ⓐ 형용사로서, **없다** no 눅 4:24, 26; 16:13; 23:14; 요 10:41; 15:24; 16:29; 18:38; 19:11; 행 25:18; 27:22; 롬 8:1; 고전 8:4a; 빌 4:15. —이중 부정. οὐκ ἐδύνατο ἐκεῖ ποιῆσαι οὐδεμίαν δύναμιν "그는 거기에서 어떤 놀라운 이적도 행할 수 없었다" 막 6:5. ⓑ 명사로서, οὐδείς/οὐθενός **아무도, 어느 누구도, 전혀** no one, nobody, nothing 마 6:24; 막 7:24; 눅 1:61; 5:36f, 39; 22:35; 요 1:18; 13:28; 16:5; 행 5:13; 18:10; 롬 14:7; 고후 11:9. 이중 부정. οὐ δύναται οὐδείς **아무도 할 수 없는** 막 3:27; οὐκέτι οὐδένα **더 이상 아무도** 막 9:8; οὐδέν/οὐθέν **아무 것도** 마 5:13; 17:20; 막 7:15; 14:60f; 눅 9:36; 18:34; 요 3:27 이문; 행 18:17; 고전 9:15a. 내부적인 목적어로 동사와 긴밀히 연결되어, **아무 것도, 어느 것도 ~않는** nothing, not a thing 마 27:24 ('아무런 성과도 없이'); 눅 22:35 (이해된 동사); 유사하게 고전 13:3; **조금도 ~않는** 행 15:9 (οὐθὲν διέκρινεν "그는 조금도 차별을 두지 않으셨다"); 고후 12:11a; 갈 4:1 등. 이중 부정 οὐκ ἀποκρίνῃ οὐδέν; "당신은 말할 것이(대답할 것이) 아무것도 없는가?" 막 15:4 οὐκ ἔφαγεν οὐδέν "그는 아무것도 먹지 않았다" 눅 4:2. —확장된 의미로 οὐδεν, εἰμι의 변화형과 더불어 = **일고(一考)의 가치도 없다, 아무것도 아니다.** 마 23:16; 요 8:54; 고전 7:19; 13:2; 고후 12:11b.

οὐδέποτε [οὐδέ, ποτέ; '결단코'] 부정(否定) 부사. 언급한 행동이 발생하는 어떤 경우도 배제하여 **결코 ~않는** never 마 7:23 등.

οὐδέπω [οὐδέ, 전접어 πω] 부정(否定) 부사. 어떤 행위가 서술하는 순간까지 끝나지 않았음에 대하여 **아직 아니** not yet 눅 23:53 이문; 요 7:39; 20:9; 뜻을 강화시키: 이중부정 οὐδέπω οὐδείς **아무도 결코** 요 19:41; 비교 행 8:16.

οὐθείς, οὐθέν [οὐδείς의 후기형, οὐδέν] 신약에서는 οὐθέν과 οὐθενός 형태만

사용된다, οὐδείς를 보라.

οὐκ οὐ를 보라.

οὐκέτι [οὐκ, ἔτι] 부정(否定) 부사 행동이나 상태의 종결에 대해 ⓐ 시간적 측면에 초점 맞추어. **더 이상 ~않다, 그 이상 ~않다** no longer, no more 마 19:6; 막 5:3; 눅 15:19; 요 4:42; 행 8:39; 롬 6:9; 11:6a; 갈 2:20; 엡 2:19; 몬 16; 히 10:18; 계 10:6. ⓑ 시간적 측면보다는 논리적 측면으로 **그리고는 ~하지 않았다. ~않았다** then not, not 롬 7:17, 20; 11:6b; 14:15; 갈 3:18; φειδόμενος ὑμῶν οὐκέτι ἦλθον "너희를 아끼기 때문에 내가 계획한대로 가지 않았다" 고후 1:23.

οὐκοῦν [οὐκ, οὖν] 어떤 질문에 대해 확실한 대답을 기대하는 부정을 나타내는 불변화사, οὐκοῦν βασιλεὺς εἶ σύ; "그래서 네가 왕이라는 말이냐?" 요 18:37.

Οὐλαμμαούς 눅 24:13에서 Ἐμμαοῦς에 대한 이문으로, 비교 70인역 창 28:19에서 벧엘의 예전 이름이라고 주장하는 Ουλαμλους.

οὐ μή μή ⓑ와 ⓒ를 보라.

** **οὖν** [어원은 불분명] 어떤 추론이나 연속적인 것을 나타내는 표시 (문장 처음에는 결코 나오지 않는다) ⓐ 바로 앞에 선행하는 자료와 연결되는 결론을 나타내는 표시로서; 어떻게 옮길지는 몇 가지 선택 사항이 있다. **그래서, 그렇다면, 그런 이유로** so, then, hence 마 1:17; 3:10; 5:19; 막 10:9; 11:31; 눅 8:18; 12:26; 요 6:30b; 행 11:17; 롬 9:18; 히 2:14; 약 4:7, 17; 벧전 2:1; 4:1; 벧후 3:11 이문; 요삼 8; 계 1:19. τί οὖν **그렇다면 무엇이냐?** 고전 3:5. 관련된 맥락에서 ⓑ 바로 앞서 말한 것을 고려하여 나타내는 표시 또는 그것을 포함하는 암시에 대한 표시로서 **그렇다면,** then 요 1:21; 약 5:16; **그런데** now 요 20:30; 롬 2:21; 10:14; 11:1; **그래서, 결국** so, in turn 눅 19:12; 요 6:30a, 52; σὺ οὖν μὴ πεισθῇς αὐτοῖς "그러니, 그들이 당신을 설득하도록 내버려두지 마시오" 행 23:21. ὁ μὲν οὖν Φῆστος 그러나 결국 베스도는 25:4; 비교 28:5; 의견을 나타내는 삽입구 다음에 다시 이어지는 대화 방식에 대하여 요 4:9, 48; 7:6, 33; 8:21 등. ⓒ 이야기 속의 어떤 상태를 나타내는 표시 **그래서, 그 때** so, then 눅 13:18; 요 6:5; 행 1:6; 8:25; 12:5; 고전 8:4; 약 5:7.

οὔπω [οὐ, 전접사 πω] 정해지지 않았거나 보류된 행동, 상태, 상황을 나타내는 부정 불변화사, **아직 ~않은** not yet 마 16:9; 24:6; 막 4:40; 요 2:4 등 요한복음에서 자주; 고전 3:2; 빌 3:13 이문; 히 2:8; 요일 3:2; 계 17:10. 이중 부정, οὐδεὶς οὔπω **아무도 아직 ~하지 않은** no one ever 막 11:2; 눅 23:53.

οὐρά, ᾶς, ἡ [어원은 불분명, 비교 ὄρρος '미골, 꼬리뼈'] **꼬리** tail 계 9:10; 9:19; 12:4.

οὐράνιος, ον [οὐρανός] '초월적인 영역과 관련하여', **하늘의, 천국의** heavenly: 아버지로서 하나님에 대해 마 5:48 그리고 마태복음에서 항상; 천사에 대하여 눅 2:13; 천상(天上)적인 환상에 대해 행 26:19.

οὐρανόθεν / οὗτος, αὕτη, τοῦτο

οὐρανόθεν [οὐρανός] 부사 어떤 것의 원천으로서 하늘을 표시하여 **하늘로부터** from heaven 행 14:17; 26:13.

** οὐρανός, οῦ, ὁ [복합적인 어원] ① '보통 하늘과 별 그리고 관련된 현상으로 알려진 것을 아우르는 땅 위에 있는 영역' (자주 복수) **천국, 하늘** heaven, sky 마 6:26; 14:19; 16:2f; 24:29f; 26:64; 막 4:32; 13:31; 눅 4:25; 10:18; 17:29; 21:33; 행 1:10; 2:19; 고전 8:5; 엡 1:10; 골 1:23; 히 4:14; 7:26; 11:12; 약 5:18; 벧후 3:5; 계 6:13; 16:21. 비유로 마 11:23. ② '초월적인 장소' (자주 복수), 독특하게 하나님, 그리스도, 천사들 또는 죽은 의인들과 관련하여, **천국** heaven 마 5:34; 24:36; 막 12:25; 16:19; 행 3:21; 갈 1:8; 롬 1:18; 10:6; 빌 3:20; 골 1:5. 환유적으로, 천국에 거주하는 이들에 대하여 계 18:20; 유사하게 12:12. ③ 2번이 확장되어, 셈어적 용법에 부합하게 하나님께 초점 맞추지만 간접적으로, 그리고 οὐρ. = **하나님** 눅 15:18, 21; 유사하게 마 21:25; 막 11:30f; 눅 20:4f. 또한 이런 이유로 다음과 같은 표현은 βασιλεία τῶν οὐρανῶν (= βασιλεία τοῦ θεοῦ), **하늘나라**, 메시아 시대로 인도하는 승리하신 하나님의 사역에 대한 상징으로 마 3:2 등 마태복음에서 자주.

Οὐρβανός, οῦ, ὁ [라틴어 *Urbanus*] **우르바노, 우르바노스** Urban, 바울의 안부 목록에서 롬 16:9.

Οὐρίας, ου, ὁ [히브리어] **우리야, 우리아스** Uriah, 밧세바의 남편 마 1:6.

οὖς, ὠτός, τό [비교 라틴어 *auris* '귀'] ① '듣는 것을 위한 기관', **귀** ear 마 10:27; 13:16; 막 7:33; 눅 1:44; 4:21; 12:3; 22:50; 행 7:57; 고전 2:9; 12:16; 약 5:4; 벧전 3:12. 전환된 의미로 ② '이해하거나 깨닫는 능력', 신약에서 하나님과 의사소통하는 것과 관련하여, **귀** ear 마 11:15; 13:15f; 막 7:16; 눅 9:44; 14:35; 행 7:51; 28:27; 롬 11:8; 계 2:7과 계시록에서 자주; 예언자적 진단으로: τοῖς ὠσὶν βαρέως ἀκούειν 둔한 귀로 듣다. 마 13:15.

οὐσία, ας, ἡ [εἰμί의 οὖσα, 현재 여성 분사에서] **유산, 재산** estate 눅 15:12f.

* οὔτε [사실 οὐ, τέ 두 단어로 되어있으므로 이와 같이 강세가 있다] 부정을 나타내는 불변화사로 뒤따르는 행동이나 사물을 제외시켜버리며, 대부분 비슷한 기능을 하는 다른 οὔτε와 짝을 이루는 형식으로 다음 뜻을 나타낸다. **~도 아니고 ~도 아니다** neither ... nor 마 6:20; 12:32; 22:30; 막 14:68; 눅 12:24; 요 4:21; 행 2:31; 24:12; 롬 8:38f; 고전 6:9f; 11:11; 갈 1:12; 살전 2:5f; 계 3:15f; 9:20. 비교 οὐδείς ... οὔτε **어느 누구도 ~않고, ~도 않는다** no one ... or 5:4; οὐ ... οὔτε **~아니고 ~도 아니다** not ... nor 9:21. — 경우에 따라, 어떤 질문이나 절이 하나의 οὔτε 앞에 선행하여 οὔτε로 도입된 것처럼 역할을 한다. 요 4:11; 약 3:12; 요삼 10.

** οὗτος, αὕτη, τοῦτο [복합적인 어원] 지시대명사 ⓐ 명사로서, 이야기 가운데 그 용례에 앞서거나 뒤따르는 어떤 사람이나 다양한 문장 구조로 사물을 명백

οὕτω / οὐχί

히 나타내서, **이것, 이 사람** this 자주 단순하게 = 그, 그녀, 그것/그들, 이것들 he, she, it/they, these 마 1:22; 3:3; 5:19; 26:12, 26, 28; 막 1:27; 3:35; 눅 2:2; 11:29; 13:8; 요 1:2, 19; 9:2; 행 4:9; 8:10; 22:26; 롬 2:3; 7:10; 고전 1:12; 7:12, 13; 고후 1:12; 갈 3:2; 엡 3:8; 빌 2:5; 골 3:20; 살전 4:3; 살후 3:10; 딤전 1:9; 딤후 1:15; 딛 1:13; 몬 18; 히 8:3, 10; 약 1:23; 벧전 2:7; 벧후 1:17; 요일 2:22; 요이 6, 9; 유 4; 계 20:5, 14. 정체성에 초점 맞추어, οὗτός ἐστιν **그것이 그다, 그가 그 사람이다** 마 11:10; 요 9:9; 요일 5:6. 경멸하는 뜻으로 **이 친구** this fellow 마 13:55f; 눅 7:39, 49; 15:30; 22:59; 요 6:42, 52. 특별한 어구들: τοῦτο μέν … τ. δέ **때로는... 때로는** 히 10:33; καὶ τοῦτο **더욱이, 특별히** 롬 13:11; 엡 2:8; 요삼 5; καὶ ταῦτα **~이기는 하지만, 그밖의 모든 것** 히 11:12; τοῦτο δέ **간단히 말해서, 이른바** 고후 9:6; καὶ τοῦτον **다시 말해 그분만** 고전 2:2; 외국어에 대한 번역어로 τοῦτ᾽ ἐστιν = **즉, 뜻은** 마 27:46; 행 1:19; 또는 이야기의 세부적인 내용에 대한 설명 **즉, 다시 말해** that is, namely 막 7:2; 행 19:4; 롬 1:12; 10:6-8; 몬 12; 히 2:14; 벧전 3:20. ⓑ 형용사로서, **이, 이런** this: 명사 앞에 그 관사와 더불어 마 12:32; 막 9:29; 눅 7:44; 요 4:15; 12:34; 행 1:11; 히 7:1; 계 19:9; 비교 롬 11:24; 명사 뒤에 그 관사와 더불어 마 3:9; 7:28; 9:26; 24:34; 막 12:16; 14:58; 눅 2:17; 11:31; 요 2:19; 4:13; 행 6:13f; 롬 15:28; 고전 1:20 이문; 11:26a, b 이문; 계 2:24; 관사 없이 명사와 더불어 눅 24:21; 요 2:11; 4:54; οὗτος μὴν ἕκτος ἐστιν αὐτῇ "이달이 그녀에게 여섯번째 달이다" 눅 1:36; αὕτη ἀπογραφὴ πρώτη ἐγένετο "이 인구 조사는 첫 번째로 실시된 것이었다" 2:2; τρίτον τοῦτο 이것이 세 번째다 고후 13:1.

** **οὕτω/οὕτως** [οὗτος] 불변화사 어떤 일이 이루어지거나 나타난 방법이나 수단을 소개하는 역할을 한다. **이렇게, 이런 방법으로, 이런 방식으로** in this manner/way/fashion: 그것에 선행하는 이야기에서 마 5:12, 16; 6:30; 11:26; 17:12; 18:35; 막 10:43; 14:59; 눅 1:25; 2:48; 15:7; 요 3:8; 18:22; 롬 11:5; 고전 7:26; 8:12; 9:24; 그것을 뒤따르는 이야기에서 마 1:18; 2:5 (또한 이렇게 구약에 대한 인용에서 행 7:6; 13:34; 롬 10:6; 고전 15:45; 히 4:4); 마 12:40 (어떤 비교에서, 유사하게 눅 11:30; 롬 5:15; 12:5); 막 4:26; 눅 19:31; 요 21:1; 행 7:1; 롬 4:18; 9:20; 히 6:9; 벧전 2:15. ὁ μὲν οὕτ...ὁ δὲ οὕτ. **하나는 이렇게, 다른 것은 저렇게** 고전 7:7. 행동의 최종적인 요약으로 행 20:11; 27:17; 유사하게 οὕτ. = **그 처럼 (피곤했던)** 요 4:6. 강도를 표현하여 갈 1:6; 히 12:21; 계 16:18.

οὐχ οὐ를 보라.

* **οὐχί** [강조된 οὐ] ⓐ 부정문의 전접어로, **~이 아닌** not 요 13:10f; 14:22; 고전 5:2; 6:1; 10:29; 특별한 의미로, **안 된다, 그렇지 않다**. no 눅 1:60; 12:51; 16:30; 요 9:9 ('있을 수 없다, 하나도 없다'); 롬 3:27. ⓑ 자주 의문문에서 분명히 망설이지 않고 긍정적인 답변을 요구하는 분위기를 나타내며, **~않는가** not 마 5:46f; 6:25;

413

ὀφειλέτης, ου, ὁ / ὄφις, εως, ὁ

12:11; 눅 17:8 (ἀλλά과 더불어 **차라리 ~않는** not rather), 17; 24:26; 요 7:42 이문; 행 5:4; 7:50; 롬 8:32; 고전 3:3; 10:16; 살전 2:19; 히 1:14.

ὀφειλέτης, ου, ὁ [ὀφείλω] ⓵ '재정적으로 다른 이에게 책임을 가지고 있는 사람', **채무자, 빚진 자** debtor 마 18:24. ⓶⓵이 확장되어, '인격적인 관계에서 책임을 가지고 있는 사람, 하나님이나 사람들에 대한 책임에 대해', **빚진 자** debtor 마 6:12; 눅 13:4; 롬 1:14; 8:12; 15:27; 갈 5:3.

ὀφειλή, ῆς, ἡ [ὀφείλω] 이전 항목을 보라 ⓵ '재정적인 책임', **빚, 채무** debt 마 18:32. ⓶⓵에 대한 비유로, '의무로서 인격적인 관계에서의 책임', **빚** debt 롬 13:7; 고전 7:3.

ὀφείλημα, ατος, τό [ὀφείλω] ⓵ '재정적인 의무', **빚, 보수** debt 롬 4:4. ⓶⓵에 대한 비유로, '다른 사람과의 관계에서 도덕적인 실패', **빚, 죄** debt 마 6:12.

ὀφείλω [비교 ὀφλισκάνω의 미래 ὀφλήσω '채무자가 되다'] ⓵ '규정된 의무를 지다', **빚지다, 채무를 지다** owe 마 18:28; 눅 7:41; 16:5; 몬 18; **자신의 책임을 행하다** do one's duty, 노예에게 기대되는 눅 17:10; 법적 체계 아래에 있는 결과에 대해 요 19:7. 마 23:18에서 언어유희로; 롬 13:8는 다음으로 이어지게 된다 ⓶ '사람 사이에 책임을 가지고 있는', **빚지다** owe 눅 11:4; 롬 15:1; **~해야 한다, ~하는 것이 옳다** one ought 요 13:14; 행 17:29; **~해야 한다** be obliged 고전 5:10; 고후 12:14; 엡 5:28; 살후 1:3; 히 2:17; 요일 2:6; 요삼 8.

ὄφελον [ὀφείλω에서 유래한 고정된 형태로 소망을 강조하여 소개하는 역할로] **오, 아, 원컨대** o that, would that 고전 4:8; 고후 11:1; 갈 5:12; 계 3:15.

ὄφελος, ους, τό [ὀφέλλω '늘어나다, 증가하다'] '행동이나 상황과 관련된 증가, 이득', **유익, 이득, 얻은 것** profit, benefit, gain 고전 15:32; 약 2:14, 16.

ὀφθαλμοδουλία, ας, ἡ [ὀφθαλμός, δοῦλος] '주인이 눈으로 보는 가운데 이뤄지는 복종', **눈가림, 표리부동한 근무 태도** eye-service, 아마도 다음과 같이 특징을 보여주는 문구가 이어져서, 눈가림으로만 비위를 맞추고 아첨한다는 뜻으로 엡 6:6; 골 3:22.

** ὀφθαλμός, οῦ, ὁ [비교 ὄπωπα (ὁράω의 2 완료) 그리고 ὄσσε(쌍수 변화형) '두 눈'] **눈** eye ⓐ 감각 기관으로서 마 5:29, 38; 6:22f; 눅 2:30; 11:34; 요 9:6; 행 1:9; 고전 2:9; 12:16f; 갈 4:15; 히 4:13; 벧후 2:14; 요일 1:1; 계 1:7. ὀφθαλμὸς πονηρός **시기심으로 가득찬 눈** (아마도 술수를 쓰려고 함을 나타내는 것으로 보인다) 막 7:22. ⓑ 비유로, 도덕적이거나 영적인 이해 또는 인식에 대해 마 13:15f; 막 8:18; 눅 19:42; 롬 11:8; 갈 3:1; 엡 1:18.

ὀφθείς, ὀφθήσομαι ὁράω 제1부정과거 수동태 분사 그리고 미래 수동태 직설법.

ὄφις, εως, ὁ [IE 기원] **뱀** snake 마 7:10; 10:16; 막 16:18; 눅 10:19; 11:11; 요 3:14; 고전 10:9; 계 9:19; 사람이나 다른 존재와 관련한 뱀의 습성이나 특징에 초점

맞추어, 특히 악마적인 체계에 대하여 마 23:33; 고후 11:3; 계 12:9, 14f; 20:2.

ὀφρῦς, ύος, ἡ [눈썹에 대한 산스크리트 연관어] '눈썹'처럼 돌출된 특징을 가진 부분은 고대 그리스어에서 언덕이나 벼랑의 **꼭대기/등성이**로 쉽게 표현된다. 눅 4:29.

ὀχετός, οῦ, ὁ [비교 ὄχος '마차'] '노폐물을 배출하는 일에 필요한 장치', **배수관, 하수관** drain/sewer 막 7:19 이문.

ὀχλέω [비교 ὄχλος] 신약에서는 항상 수동태로 **괴롭히다** harass 행 5:16.

ὀχλοποιέω [ὄχλος, ποιέω] **무리를 이루다** form a mob 행 17:5.

** ὄχλος, ου, ὁ [어원은 불분명] '사람들의 집합체', 종류, 관심, 관계된 수를 나타내는 문맥에서, **군중, 무리** crowd ⓐ 일반적인 사람들의 무리로서 (마태복음에서 대부분 복수; 마가복음과 누가행전, 요한복음과 계시록에서는 대부분 단수로) 마 4:25; 5:1; 8:18; 막 2:4; 10:1; 눅 3:7; 7:11; 요 5:13; 행 8:6; 17:8; 24:12; 계 7:9; 17:15. ⓑ 권력이 있거나 공동체에서 구별되는 사람들과 상대적으로 하층 계급으로 구성된 사람들에 대해 마 14:5; 15:10; 21:26; 막 12:12; 요 7:49 ('천민'); 행 21:35 ('군중'). ⓒ 수적인 측면에 초점 맞추어 눅 5:29; 6:17; 행 1:15; 6:7; 11:24, 26; 계 7:9; 17:15; 19:1, 6.

Ὀχοζίας, ου, ὁ [히브리어 '하나님이 붙잡으셨다'] **아하시야** Ahaziah, 유다의 왕 (왕하 8-9), 예수의 조상 마 1:8 이문; 눅 3:28 이문.

ὀχύρωμα, ατος, τό [ὀχυρόω '요새화하다'] **요새화한 장소, 성, 요새** fortified place/fortress, 비유로 고후 10:4.

ὀψάριον, ου, τό [ὄψον의 지소사 '먹기 위해 준비한 요리' (자주 생선);'물고기를 담은 작은 접시', 여기에서 확장되어 '물고기'] **물고기, 생선** fish 요 6:9, 11; 21:9f, 13.

ὀψέ [비교 ὄπισθεν에서 ὀπι-, 해당 항목을 보라.] 시간을 나타내는 부사, '다른 기간이 지나고 어떤 기간에' ⓐ 보통 낮시간과 관련된 활동의 종료 시간과 관련하여 사용되며 그러므로 상대적으로 늦음을 나타내게 된다. **늦은** late 막 11:11 이문. (ὀψὲ ἤδη οὔσης τῆς ὥρας 시간이 꽤 늦었다[예수께서 모든 것을 둘러보셨다. 11절 a]); 밤, 저녁(에) (at) eventide, evening 19절; 13:35. ⓑ 이어지는 양상에 초점 맞추어, **후에, 지나고** after, 문맥으로 강하게 지시되어 마 28:1.

ὀψία, ας, ἡ ὄψιος ②번을 보라.

ὄψιμος, ον [ὀψέ] 추수 전에 오는 봄비와 그 후 건기 다음에 오는 가을비에 대해, **늦은 비, 봄비** late/spring rain 약 5:7 (ὑετός의 말줄임표와 함께, 이문에 부가되어).

ὄψιος, α, ον [ὀψέ] ① 형용사로 **늦은** late 막 11:11. ② 명사로서 ἡ ὀψία, 밝은 낮과 어둠 사이의 시간, **저녁** evening 마 8:16; 막 1:32; 15:42; 요 20:19.

ὄψις, εως, ἡ [비교 ὄψομαι, ὁράω를 보라] **얼굴** face 요 7:24; 11:44; 계 1:16 (ὥς

ὄψομαι / ὀψώνιον, ου, τό

이 나오는 구조로 얼굴의 생김새를 정의한다).

ὄψομαι ὁράω 미래 중간태 직설법.

ὀψώνιον, ου, τό [ὄψον (ὀψάριον을 보라), ὠνέομαι] '보답으로 공급해주는 것', **봉급, 급료, 삯** pay, wage 눅 3:14; 비유로 롬 6:23; **비용, 공급, 지원** provision, support 고전 9:7 (군인이 자기 비용으로 병역을 복무하는 것에 대하여); 고후 11:8.

Π

παγιδεύω [παγίς] 누군가를 상대로 소송을 제기하는 것처럼 그렇게 말로 [남을] ~하도록 속이다. [어떤 상태에] **빠트리다** 마 22:15.
παγίς, ίδος, ἡ [πήγνυμι] 올가미, 덫 trap, snare ⓐ 문자적으로 포획하는 도구 눅 21:35. ⓑ 확장된 의미로 롬 11:9; 딤전 3:7; 6:9; 딤후 2:26.
πάγος Ἄρειος πάγος를 보라.
παθεῖν, παθών πάσχω 제2부정과거 부정사 그리고 분사.
πάθημα, ατος, τό [πάσχω; 기본 개념: 평온한 상태나 분위기로부터 변화를 겪다] ① '고통이나 괴로움에 대한 경험', **고통** suffering 롬 8:18; 고후 1:6; 빌 3:10; 딤후 3:11; 히 2:9; 벧전 5:9. ② '강한 느낌이나 관심', **정욕, 욕망** passion 롬 7:5; 갈 5:24.
παθητός, ή, όν [πάσχω] 고난 겪을 운명인 destined to suffer 행 26:23.
πάθος, ους, τό [πάσχω] 규율이 잡히지 않은 욕망에 대해 **욕망, 욕정** passion 롬 1:26; 골 3:5; 살전 4:5.
παθοῦσα, παθών πάσχω 제2부정과거 능동태 분사 여성 그리고 남성.
παιδαγωγός, οῦ, ὁ [παῖς, ἄγω; 그리스-로마 사회에서 남자 아이를 감독하고 돌보는 일을 맡은 어떤 사람(자주 노예)] '아직 어린 사람에 대한 감독자', **수호자, 안내자** guardian, guide 고전 4:15; 갈 3:24f.
παιδάριον, ου, τό [παῖς의 지소사] '상대적으로 어린 아이', 성별은 문맥이 결정한다. **어린아이** lad 요 6:9.
παιδεία, ας, ἡ [παιδεύω; 그리스-로마 세계에서는 '문화 적응'에 초점 맞추어] **교육 훈련, 훈계** instructive discipline 엡 6:4; 딤후 3:16; 히 12:5, 7, 8, 11.
παιδευτής, οῦ, ὁ [παιδεύω] '교육 훈련을 하는 사람' ⓐ 후견에 초점 맞추어, **교육자** instructor 롬 2:20. ⓑ 교정하는 측면에 초점 맞추어, **훈육자** discipliner 히 12:9.
παιδεύω [παῖς] '유익한 훈련을 시키다' ⓐ 교육에 초점 맞추어, **교육하다, 가르치다** instruct 행 7:22; 22:3; **지도하다** offer guidance 딤후 2:25; 딛 2:12. ⓑ 교정한다는 측면에 초점 맞추어, **훈계하다** discipline 고전 11:32; 고후 6:9; 딤전 1:20; 히 12:6f, 10; 계 3:19. 눅 23:16, 22에서 π.는 '교육'의 일환으로 채찍질하거나 매질한다는 뜻을 함축한다.
παιδιόθεν [παιδίον] 부사 **어린 시절부터** from childhood 막 9:21.

παιδίον, ου, τό / παλαιόω

*παιδίον, ου, τό [παῖς의 지소사; 신생아부터 청소년기에 이르는 나이] **어린이** child ⓐ 해당 나이의 범위가 넓지만, 보통 사춘기 이전 막 5:39-41 (12살의 소녀); 9:24, 36f; 10:15; 눅 11:7; 요 4:49; 요일 2:14; 성숙함에 초점 맞추어 눅 2:40; 복수 마 11:16; 14:21; 18:2, 4f; 19:14; 막 10:13f. 비유로 마 18:3; 고전 14:20; 히 2:13f. ⓑ 특별히 아기에 대해 마 2:8과 해당 장에서 여러 번; 눅 1:59, 66; 2:17, 27; 요 16:21; 히 11:23. ⓒ 성인에게 애정을 담은 말로 요 21:5; 요일 2:18; 3:7 이문.

παιδίσκη, ης, ἡ [παῖς의 지소사] **여자 노예, 계집종** female slave, 집안에서 일하거나 여러 책임을 갖는 것에 초점 맞추어, 마 26:69; 눅 12:45; 요 18:17; 행 12:13; 16:16. 자유민에 대한 명백한 상대어로 갈 4:22f, 30; 비유로 31절.

παίζω [παῖς] **흥청대다** revel 고전 10:7.

παῖς, παιδός, ὁ/ἡ [산스크리트 연관어] 기본 개념: 독립적인 능력을 가진 한 사람, **어린이** child ① **남자 유아** male infant 마 2:16. ② 유아기 이후의 자녀 ⓐ 일반적으로, 복수 **어린이들, 자녀들** children 마 21:15. ⓑ 특정한 아이, ὁ παῖς **소년** boy 마 8:6; 17:18; 눅 2:43; 9:42; 요 4:51; 행 20:12; ἡ παῖς **소녀** girl 눅 8:51, 54. ③ 아이라는 개념과 연결된 순종의 요소가 π.에 대해 의미가 확장되어 진하게 나타난다. ⓐ 노예 역할을 하는 사람, **노예, 종** slave 눅 7:7; 12:45; 15:26. ⓑ 더 우월한 이에게 대한 특별한 봉사에 연루된 사람 ㉠ 왕의 수행원 **조신**(朝臣) courtier 마 14:2. ㉡ 하나님을 수행하는 **종** servant: 집합적으로 이스라엘 눅 1:54; 다윗 69절; 행 4:25; 유일한 종으로서 그리스도 마 12:18; 행 3:13, 26; 4:27, 30.

παίω [비교 라틴어 pavio '두드리다, 다져서 굳게 하다'] '상대적으로 강한 타격으로 공격하다', **때리다, 치다** strike 마 26:68; 막 14:47; 눅 22:64; 요 18:10; 계 9:5.

Πακατιανός, ή, όν [어원은 불분명] **파카티아의, 파카티아 사람** Pacatian, 4세기 후반 프리지아의 특정 지역에 있는 딤전 부기(附記).

πάλαι [복합적인 어원] 부사 과거 시간과 관련하여 다양한 세부적인 의미를 가지고 ⓐ 현재 시간보다 더 이전의 **오래전에** long ago 마 11:21; 히 1:1; 유 4; **과거(의), 예전(에)** (in the) past 벧후 1:9. ⓑ 상대적으로 현재 시간에 가까운, **잠깐 동안은, 얼마 동안은** for a while 막 6:47 이문; **이미, 벌써** already 15:44; **이때까지, 지금까지** all this time/while 고후 12:19.

παλαιός, ά, όν [πάλαι] **낡은, 오래된** old 마 9:16 등.

παλαιότης, ητος, ἡ [παλαιός] '못쓰게 되고, 낡은 상태', **오래 됨** oldness 롬 7:6.

παλαιόω [παλαιός] '낡은 것이 되게 하다' ⓐ 능동태 **낡게 하다, ~을 한물 가게 하다** antiquate 히 8:13. ⓑ 능동의 의미의 수동태로, **낡은 것이 되다** become antiquated 히 1:11; **낡아지다** become old, 쓸모없다는 암시로 눅 12:33.

πάλη, ης, ἡ [πάλλω '앞 뒤로 움직이다'] **싸움, 씨름** wrestling, 비유로 엡 6:12.

παλιγγενεσία, ας, ἡ [πάλιν, γένεσις] '관점에 있어 완전히 새로운 특징으로 크게 변화하는 것과 관련된 상황이나 상태', **갱신, 회복** renewal/restoration 마 19:28; **중생, 재생** rebirth 딛 3:5.

** **πάλιν** [복합적인 어원] 부사 기본 역할은 서술 구조 안에 있는 어떤 자료와 명시적이거나 함축적으로 연결시키는 것이다. 그것은 과거, 현재와 모두 관련 있는 반복이나 순차적인 양상에 초점 맞추고 있다. ⓐ 부가적인 발생이나 덧붙여지는 자료에 대한 표시 ㉠ **다시, 한번 더** again, once more 마 13:45; 22:4; 26:42; 막 2:13; 눅 13:20; 23:20(ⓑ를 보라); 요 1:35; 4:13, 54; 9:15; 11:38; 12:28; 18:27, 38; 행 10:15; 17:32(다른 때에); 고후 2:1; 3:1; 갈 1:9; 2:18; 빌 2:28; 히 5:12; 약 5:18; 벧후 2:20; 요일 2:8; 계 10:8, 11. εἰς τὸ πάλιν = π. 고후 13:2. 성서에 대한 인용에서 마 4:7; 요 12:39; 19:37; 롬 15:10-12; 고전 3:20; 히 1:5; 2:13; 4:5; 10:30. ㉡ **한편, 결국, 또한** on the other hand, in turn 마 4:7; 눅 6:43; 고전 12:21; 고후 10:7. ㉢ **게다가, 더욱이** what's more, moreover 마 5:33; 19:24. 다음 구절에서 밀접한 언어적 연관성으로 ⓑ **복귀**의 표시 **되돌아** back 막 5:21; 요 10:18; 11:7; 롬 11:23; 고전 7:5; 고후 1:16; 갈 1:17; 2:1; 4:9; 빌 1:26. πάλιν εἰς φόβον = 다시 공포로 돌아가는, 다시 무서워하는 to go back to fear 롬 8:15. 동사를 만나 주고받는 양상이 만들어지기 때문에, 동사와 함께 나온 π.은 아마도 **그들이 맞받아 소리쳤다**는 뜻을 표현한 것으로 보인다(그러한 생각은 저자가 말을 한 번 이상 맞받아 쳤다고 추정하는 것인지 여부가 동일하게 남아 있다). 막 15:13; 요 18:40; 비교 눅 23:20 (ⓐ㉠를 보라).

παλιγγενεσία παλιγγενεσία를 보라.

παμπληθεί [πᾶς, πλῆθος] 부사 **모두 다 함께** all together 눅 23:18.

πάμπολυς, παμπόλλη, πάμπολυ [πᾶς, πολύς] **매우 커다란** very large 막 8:1 이문.

Παμφυλία, ας, ἡ [πᾶς, φυλή] **밤빌리아, 팜필리아** Pamphylia, 지중해 연안 비시디아(Pisidia) 남부의 지역 행 2:10 등 사도행전에서.

πανδοκεῖον πανδοχεῖον을 보라.

πανδοκεύς πανδοχεύς를 보라.

πανδοχεῖον, ου, τό [πανδοχεύς] **여관** inn 눅 10:34.

πανδοχεύς, έως, ὁ [πᾶς, δέχομαι; '모두를 영접하는, 환영하는 사람'] **여관 주인** innkeeper 눅 10:35.

πανήγυρις, εως, ἡ [πᾶς, ἀγορά] **축제 모임** festive gathering 히 12:22.

πανοικεί/πανοικί [πᾶς, οἶκος] 부사 **온 집안이 모두** with all the household

행 16:34.

πανοπλία, ας, ἡ [πᾶς, ὅπλον] 완전 무장 full armor, 군인이 장비를 모두 갖춘 것과 관련하여 눅 11:22; 비유로 엡 6:11, 13.

πανουργία, ας, ἡ [πανοῦργος] 간계, 속임수 cunning, skulduggery 눅 20:23; 고전 3:19; 고후 4:2; 11:3; 엡 4:14.

πανοῦργος, ον [πᾶς, ἔργον] 교활한, 간교한 cunning, crafty 고후 12:16.

πανπληθεί παμπληθεί을 보라.

πανταχῇ [πᾶς] 부사 어디에서나 everywhere 행 21:28.

πανταχοῦ [πᾶς] 부사 '어느 방향이든, 모든 방향으로', **모든 곳으로, 사방으로** everywhere 막 1:28; 16:20; 눅 9:6; 행 17:30; 24:3; 28:22; 고전 4:17.

παντελής, ές [πᾶς, τέλος] '완전히 충분할 정도로', **완전히, 전혀** fully 눅 13:11; **중단없이** without interruption 히 7:25 ('완전히'로 해석하기도 한다).

πάντῃ [πᾶς] 부사 **언제 어디서나, 기회 있을 때마다** at every opportunity 행 24:3.

πάντοθεν [πᾶς] 부사 **모든 곳에서, 사방에서** from all directions 막 1:45; 눅 19:43; **온통, 완전히** all around, entirely 히 9:4.

παντοκράτωρ, ορος, ὁ [πᾶς, κράτος] **모두를 다스리는 권능의 통치자, 만유의 주재자** mighty ruler of all, 신약에서는 하나님에 대해서만 =**전능자** 고후 6:18; 계 1:8과 계시록에서 자주.

πάντοτε [πᾶς, ὅτε; 훌륭한 저자는 사용하지 않는] 부사 **항상, 언제나** always, at all times 마 26:11; 눅 15:31; 요 6:34; 롬 1:10 등 바울서신에서 자주.

πάντως [πᾶς] 부사 결정적인 반응이나 문맥에 따라 다양한 의미를 가지는 사건에 대한 관점을 표현하여 **의심의 여지없이** undoubtedly 눅 4:23; **하여튼, 좌우간** at all events 행 18:21 이문; **어쨌든, 어떤 일이 있어도** in any case 21:22; **논란의 여지없이! 진실로!** no argument! 28:4; **전혀** at all 고전 9:10; in fact 22절; **명백하게, 분명하게** clearly, evidently 16:12. οὐ πάντως: **천만에, 전혀 ~아닌** not at all 롬 3:9; **물론 전적으로 아니지** of course not totally 고전 5:10.

** παρά [비교 라틴어 prae '앞에, 전에'] 기본 기능은 사람, 사물 또는 상황이 어떤 존재와 더불어 곁에 함께 있다는 것을 나타내며, 그 방식은 문법적인 관계에 따라 나타난다. ① 속격 지배로 **~에서 (~의 곁에서)** from (the side of) ⓐ 다른 실체의 근원으로서 어떤 존재에 관해 막 14:43; 요 1:6, 14; 6:46; 7:29; 9:16; 15:26; 17:8. ⓑ 무엇을 제공하는 직접적인 원천인 사람에 대해 ㉠ 정보 마 2:4, 7, 16; 20:20 이문 ㉡ 사물 마 18:19; 막 8:11; 12:2; 눅 1:45 (사자[使者]를 통해서 하나님으로부터); 2:1; 6:19, 34; 10:7; 12:48; 요 4:9; 5:34; 8:40; 10:18; 행 2:33; 3:2; 9:2; 20:24; 22:5; 24:8; 26:10; 갈 1:12; 엡 6:8; 빌 4:18; 살전 2:13; 살후 3:6; 딤후 1:18; 약 1:7; 벧후 1:17; 요이 3; 계 2:28; 3:18. ⓒ 주요 어구들 οἱ παρ' αὐτοῦ

παραβαίνω / παραβολή, ῆς, ἡ

그의 친지들 막 3:21; τὰ παρ'αὐτῆς 그녀의 재산 5:26. ② 여격지배로 밀접한 관계나 어떤 존재와의 연관, 유대를 나타내는 표시로 ~**함께**, **~과 더불어** with, in association with 마 6:1; 8:10; 22:25; 눅 1:30; 2:52; 11:37; 19:7; 요 1:39; 8:38; 행 9:43; 28:14; 롬 2:11; 고전 7:24; 고후 1:17; 갈 3:11; 엡 6:9; 딤후 4:13; 약 1:17; 벧전 2:20; **~의 면전에서, 앞에서** in the presence of 벧후 2:11; **~사이에** among 골 4:16; 계 2:13; **~곁에, 바로 옆에** beside, next to 눅 9:47; **~가까이** near 요 19:25. δίκαιον παρὰ θεῷ 하나님의 우편 살후 1:6. ③ 대격 지배로 ⓐ 가까운 위치나 어떤 것 바로 옆에 있다는 것에 초점 맞추어. **~옆에, ~나란히** alongside 마 20:30; 눅 18:35; **~가에, ~에** near, at 마 13:1; 15:29; 막 4:1; 눅 5:2; 7:38; 17:16; 행 4:35; 10:6; 16:13; 히 11:12. τεσσεράκοντα παρὰ μίαν 사십에 하나 모자란 고후 11:24. ⓑ 행동과 관련된 면에서 어떤 위치를 강조하여 **옆에서, 곁에서** by, beside 마 4:18; 13:19. ⓒ 비교에 초점 맞추어, 번역할 때에 서술에 따라 다양한 번역어가 필요하다. **~에 비해, 견주어** beside μηδὲν πλέον παρά ~에 견주어 이상은 아닌 = **~에 지나지 않도록** 눅 3:13; 같은 방식으로: **~와는 대조적으로** in contrast to 13:2; 18:14; 롬 14:5; 히 2:7 (~보다 조금 못하게, 조금 낮추어); 3:3 (~보다 더 영광스럽게); 9:23 (~보다 위대하게); 1:9 (보다 더 크게); **보다 더 좋아하여, 경배하여** 롬 1:25; **~과 반대로** 26절; 4:18; 11:24; 16:17; 갈 1:8f; **~을 넘어서** beyond, 능력과 관련하여 고후 8:3; 불필요한 사업에 관여하는 것과 관련하여 고전 3:11. 인과관계를 나타내며: οὐ παρὰ τοῦτο οὐκ ἔστιν ἐκ τοῦ σώματος; "그것이 어찌 몸의 일부가 아니라는 이유가 되겠느냐?" 고전 12:15f.

παραβαίνω [παρά, βαίνω '걷다'; '우회하다'] '길에서 벗어나다', 비유로 ⓐ (생각, 관심을) **다른 데로 돌리다** divert ἀφ' ἧς παρέβη Ἰούδας "유다는 제 길로 갔다" 행 1:25. ⓑ **넘어서다, 위반하다** overstep, violate 마 15:2f.

παραβάλλω [παρά, βάλλω] ① **비교하다** compare 막 4:30 이문 ② **접안하다, (배가) 이르다** come alongside, 아마도 부두에 정박시키지는 않고 행 20:15.

παράβασις, εως, ἡ [παρά, βάσις] '어떤 길에서 벗어남', 비유로 **위반, 침해** transgression, violation 롬 2:23; 갈 3:19; 딤전 2:14; 히 2:2; 9:15.

παραβάτης, ου, ὁ [παραβαίνω] **어기는 사람, 위반자** transgressor, violator 롬 2:25, 27; 갈 2:18; 약 2:9, 11.

παραβιάζομαι [παρά, βιάζω] 대격과 더불어 확장된 의미로, **강하게 요구하다** strongly urge 눅 24:29; 행 16:15.

παραβολεύομαι [παρά, βουλεύω] **~을 위험에 내맡기다** venture παραβολευσάμενος ψυχῇ 자신을 위험에 노출시키는 빌 2:30.

* **παραβολή, ῆς, ἡ** [παραβάλλω] '비교나 유비를 통해 새로운 관점을 고취시키는 어떤 것' ⓐ **설명, 비유** illustration, parable 마 13:3, 10 그리고 자주 복음서

παραβουλεύομαι / παραδίδωμι

에서 ⓑ **상징** symbol 히 9:9; 11:19.

παραβουλεύομαι [παρά, βουλεύω; '결정을 내리는 데 실수하다'] **(~을) 고려하지 않다** lack regard (for) 빌 2:30 이문.

παραγγείλας παραγγέλλω 제1부정과거 능동태 분사

παραγγελία, ας, ἡ [παραγγέλλω] '지시를 하기 위해 의도된 선언' ⓐ **지시, 명령** command, order, 고압적인 종류의 행 5:28; 16:24. ⓑ **지도, 명령** instruction, order, 교육적으로 살전 4:2; 딤전 1:5, 18.

παραγγέλλω [παρά, ἀγγέλλω] '권위를 가지고 지시를 내리다', **명령하다, 지시하다, 지도하다** order, instruct, direct 친근한 어조로 지시하는 문맥에서 마 10:5; 막 8:6; 눅 9:21; 행 1:4; 5:40; 16:18; 17:30; 고전 7:10; 살전 4:11; 살후 3:6; 딤전 1:3; 4:11; 6:13.

παραγένωμαι παραγίνομαι 제2부정과거 중간태 가정법.

παραγίνομαι [παρά, γίνομαι] '자신이 위치하도록 길을 나가다' ⓐ 어떤 위치에 이르는 것에 대하여 **오다, 도착하다, 출석하다, 위치하다** come, arrive, be present 마 2:1; 막 14:43; 눅 7:4; 11:6; 14:21; 요 3:23; 행 5:21 등 사도행전에서 자주. 고전 16:3. 도와주는 역할에서 딤후 4:16. ⓑ 드러나게 어떤 위치에 있는 것에 대하여, **현장에 있다, 공개적으로 나타나다** be on the scene, appear in public 마 3:1; 눅 12:51; 히 9:11.

παράγω [παρά, ἄγω] '진행하는 가운데 지나치다' ⓐ **지나가다** pass by 마 20:30; 막 1:16; 2:14; 15:21. ⓑ **떠나다** go away 마 9:9, 27; 요 8:59 이문 비유로, 사라짐에 초점 맞추어 고전 7:31; 요일 2:8, 17.

παραδέδομαι, παραδεδώκεισαν παραδίδωμι 완료 중간태 직설법 그리고 과거완료 능동태 직설법 3인칭 복수.

παραδειγματίζω [παρά, δειγματίζω] **공개적으로 수치스럽게 하다, 욕보이다** shame publicly 마 1:19 이문; 히 6:6.

παράδεισος, ου, ὁ [이란어 차용] '축복받은 이들의 왕국', **낙원** paradise 눅 23:43; 고후 12:4; 계 2:7.

παραδέχομαι [παρά, δέχομαι] '긍정적인 태도로 받아들이다', **받다, 영접하다** receive ⓐ 사물 막 4:20; 행 16:21; 22:18; 딤전 5:19. ⓑ 사람 행 15:4; 히 12:6.

παραδιατριβή, ῆς, ἡ [παρά, διατριβή '시간의 허비'] **끝없는 논쟁** endless wrangling 딤전 6:5 이문.

παραδιδοῖ, παραδιδόναι, παραδιδούς παραδίδωμι 현재 능동태 가정법 3인칭 단수, 현재 능동태 부정사, 그리고 현재 능동태 분사.

** **παραδίδωμι** [παρά, δίδωμι] '한 장소에서 다른 곳으로 옮겨가다', 일반적으로 **넘겨주다** handover ⓐ 사람을 구금하는 과정과 다양한 단계 그리고 재판 절

παραδίδως, παραδοθείς / παραθήκη, ης, ἡ

차 중 여러 부분과 관련될 수 있다. ⓐ 어떤 권위나 형벌로 옮기는 것에 관하여, 책임을 떠넘기거나 누군가에 대한 적대감이 가득차 넘겨주는 것을 모두 의미한다. **넘겨주다, 이송하다** hand over, deliver 마 4:12; 5:25; 10:4, 17, 19; 20:18; 24:10; 26:24f, 46; 막 13:9; 14:11, 18; 15:1, 15; 눅 22:22 (아마도 배반을 나타내어, 비교 6:16); 24:20; 요 6:64; 18:30; 행 3:13; 7:42; 8:3; 12:4; 21:11; 22:4; 고전 11:23; 고후 4:11. ⓑ 하나님의 행위, 형벌 또는 바로잡음을 위해 **넘겨주다** hand over 롬 1:24, 26, 28; 고전 5:5; 딤전 1:20; 벧후 2:4; 구원의 역사 롬 4:25; 8:32; 유사하게 엡 5:2. ⓒ 문맥이 보여주는 상황이나 의도를 가지고 어떤 물건을 옮기는 것에 대하여 **넘겨주다, 주다** hand over, give: 돈 마 25:20; 영혼 요 19:30; 관습 행 6:14; 규정, 규례 16:4; 고전 11:2; 15:3; 벧후 2:21; 교훈의 본 롬 6:17; 권세 눅 4:6; 몸 고전 13:3; 통치 15:24. 자신을 위험에 노출시키는 행동에 관하여 **위험을 무릅쓰다** risk 행 15:26. ⓓ 어떤 사람을 다른 이에게 맡기는 것에 대하여 **의탁하다, 부탁하다, 맡기다** commit, commend 행 14:26; 15:40; 벧전 2:23. ⓔ 부도덕함에 굴복함에 대해 엡 4:19. ⓕ 익은 곡식의 소출을 옮기는 것에 대하여 막 4:29.

παραδίδως, παραδοθείς, παραδοθῆναι, παραδοθήσομαι, παραδοῖ, παραδοθῶ παραδίδωμι 현재 능동태 직설법 2인칭 단수, 제1부정과거 수동태 분사, 제1부정과거 수동태 부정사, 제1미래 수동태, 제2부정과거 능동태 가정법 3인칭 단수, 그리고 제1부정과거 수동태 가정법.

παράδοξος, ον [παρά, δόξα '기대한다'는 의미로] '기대에 이상으로', **놀라운, 비상한** awesome, extraordinary 눅 5:26.

παράδοσις, εως, ἡ [παραδίδωμι] **전통** tradition, 오래되었을 수도 있고 상대적으로 최근에 통용되는 것일 수도 있다. 마 15:2, 3, 6; 막 7:3, 5, 8f, 13; 고전 11:2; 갈 1:14; 골 2:8; 살후 2:15; 3:6.

παραδοῦναι, παραδούς, παραδῷ, παραδώσω παραδίδωμι 제2부정과거 능동태 부정사, 제2부정과거 능동태 분사, 제2부정과거 능동태 가정법 3인칭 단수, 그리고 미래 능동태 직설법.

παραζηλόω [παρά, ζηλόω] **질투를 불러일으키다** incite to jealousy 롬 10:19; 11:11, 14; 고전 10:22.

παραθαλάσσιος, α, ον [παρά, θάλασσα] (갈릴리) **해안가/호숫가에 (위치한)** (located) by the sea/lake 막 4:13; 눅 4:31 이문.

παραθεῖναι παρατίθημι 제2부정과거 능동태 부정사.

παραθεωρέω [παρά, θεωρέω; '간과하다'] **무시하다** neglect 행 6:1.

παραθήκη, ης, ἡ [παρατίθημι] '안전한 보관을 위해 무엇을 맡기는', **맡김, 신뢰** deposit, trust, 다른이에게 전달함에 대하여 안전하고 믿을 수 있음을 암시

하여 딤전 6:20; 딤후 1:12, 14.

παραθήσω, παράθου, παραθῶσιν παρατίθημι 미래 능동태 직설법, 제2부정과거 중간태 명령법 2인칭 단수. 그리고 제2부정과거 능동태 가정법 3인칭 복수.

παραινέω [παρά, αἰνέω] 조언을 주다, 충고하다 (offer) counsel, advise 행 27:9, 22; 눅 3:18 이문.

παραιτέομαι [παρά, αἰτέω] 전치사의 작용으로 이 동사의 의미는 풍부하다. ⓛ παρά와 더불어, 다른 사람으로부터 호의를 기대한다는 긍정적인 의미로, (~을) 요청하다, 구하다 ask (for) 막 15:6; 히 12:19. ② παρά와 더불어, '반대한다'는 의미, 그러므로 어떤 일에 관심이 없다는 부정적인 의미를 가져온다. ⓐ **양해하다** excuse 눅 14:18f. ⓑ **사양하다, 마다하다** avoid 행 25:11. ⓒ **거역하다** refuse 히 12:25; **거절하다, 버리다** reject 딤전 4:7; 딤후 2:23; 딛 3:10. ⓓ 구제 대상자의 목록에서 제외시킴 exclude from a list of dependents 딤전 5:11.

παρακαθέζομαι [παρα, καθέζομαι 비교 ἕδρα '자리'] **곁에 앉다** sit beside 눅 10:39.

παρακαθίζω [παρά, καθίζω] **곁에 앉다** sit down beside 눅 10:39 이문.

****παρακαλέω** [παρά, καλέω] ① '자신의 곁에 있도록 부르다' ⓐ **초청하다, 부르다** invite 긴급함이나 확고부동함을 나타내어 막 5:18; 눅 8:41; 행 8:31; 9:38; 16:15; 28:20. ⓑ **간청하다, 애원하다** entreat, implore, 도움이나 조력을 얻어내기 위하여 마 8:5; 26:53; 막 7:32; 눅 7:4; 행 16:9; 고후 12:8; 몬 9f; 함께 있기를 막 5:18(상반되는 태도 5:17). ② '어려운 시기에 용기를 북돋다', **위로하다, 위안을 주다** comfort, console 마 2:18; 5:4; 눅 16:25; 행 20:12; 고후 1:4; 엡 6:22; 골 2:2; 살전 4:18. ③ '행동을 격려하다', **촉구하다, 강하게 권하다, 격려하다** urge, exhort, encourage 눅 3:18; 행 15:32; 16:39; 롬 12:1, 8; 고전 1:10; 고후 8:6; 빌 4:2; 살전 2:12; 5:11; 딤전 2:1; 딤후 4:2; 히 3:13; 벧전 5:1; **어떤 것을 친절하게 말하다** say someth. friendly (반의어 δυσφημέω) 고전 4:13.

παρακαλύπτω [παρά, καλύπτω] **숨기다, 감추다** hide, conceal 눅 9:45.

παρακαταθήκη, ης, ἡ [παρακατατίθημι '맡기다'] '어떤 것을 신뢰를 가지고 주는 것', **맡기다, 위탁하다** deposit 화폐 거래에 대한 비유로 딤전 6:20 이문, 딤후 1:14 이문.

παράκειμαι [παρά, κεῖμαι] **있다, 매우 근접하다, 바로 거기 있다** be close by, be right there, be present 롬 7:18, 21.

παρακέκλημαι, παρακληθῶ παρακαλέω 완료 중간태 그리고 수동태 직설법 그리고 제1부정과거 수동태 가정법.

παράκλησις, εως, ἡ [παρακαλέω] ① '책임이나 과업에 직면하거나, 수행하도록 격려하기', **(열심히) 권함, 권면** exhortation, encouragement 행 13:15;

15:31; 롬 12:8; 15:4f; 고전 14:3; 고후 8:4, 17; 빌 2:1; 살전 2:3; 딤전 4:13; 히 6:18; 12:5; 13:22. υἱὸς π. 행 4:36. ② '어려운 시기에 용기를 줌', 말이나 태도를 통하여', **위안, 위로** consolation, comfort 눅 2:25; 6:24; 행 9:31; 고후 1:3-7; 7:4, 7, 13; 딤후 2:16; 몬 7.

παράκλητος, ου, ὁ [παρακαλέω] '지도나 격려를 제공하는 사람을 부르는 호칭', **협조자, 격려자, 보혜사(保惠師)** counselor, encourager 요 14:16, 26; 15:26; 16:7; 하나님 임재 가운데 죄인에게 주시는 예수의 격려, 조력 요일 2:1. 특별히 요일 2:1 등에 대해서 **중보자, 중재자** intercessor의 의미를 선호할 때가 있다.

παρακοή, ῆς, ἡ [παρακούω; '듣기를 거부함'] '무시하는 행위', 들은 것에 대하여 순응하기를 거절함에 초점 맞추어 **불순종** disobedience 롬 5:19; 고후 10:6; 히 2:2.

παρακολουθέω [παρά, ἀκολουθέω] '~와 긴밀한 관계를 맺다', **따르다** follow, 여격 ⓐ 표적이나 기사의 힘을 주는 역할에 대하여, **동반하다, 수반되다** accompany, attend 막 16:17. ⓑ 사건이나 이야기에 성실히 주의를 기울임에 대하여, **따르다, 조사하다** follow 눅 1:3. ⓒ 믿을 만한 가르침에 지대한 관심을 기울임에 관하여 **따르다, 추구하다** follow 딤전 4:6; 딤후 3:10.

παρακούω [παρά, ἀκούω] '별로 신경쓰지 않고 듣다', **무시하다** ignore ⓐ 불순종에 초점 맞추어 마 18:17; 눅 5:5 이문 ⓑ 들은 것을 묵살함에 초점 맞추어 막 5:36; 그러나 이 본문에 대해서는 **우연히 듣는다** overhear는 의미를 선호하는 경우도 있다.

παρακύπτω [παρά, κύπτω] **(몸을) 수그리다, 구부리다** bend over 눅 24:12; 요 20:5, 11(εἰς와 더불어, 마리아가 몸을 숙여 무덤 안을 들여다보다); 비유로, **들여다 보다** take a look into 약 1:25; 벧전 1:12.

παράλαβε παραλαμβάνω 제2부정과거 명령법 2인칭 단수.

παραλαμβάνω [παρά, λαμβάνω] ① '자신의 편으로 받아들이다' ⓐ 능동태 상(相)으로 **취하다** take 마 1:20; 2:13f; 요 14:3. ⓑ 수동태 상(相)으로 **받다, 맞아들이다** receive ⓒ 일반적으로 갈 1:9, 12; 빌 4:9; 골 2:6; 살전 4:1; 살후 3:6; 히 12:28. ⓛ 환대함을 나타내어 요 1:11; 고전 15:1. ⓒ 맡은 책임을 나타내어 골 4:17. ⓔ 간수의 영접에 대해 행 16:33. ② '계속 가도록 하다', **데리고 가다** take 마 4:5; 12:45; 24:40f; 27:27; 막 10:32; 눅 9:28; 행 15:39; 21:24; 23:18.

παραλέγω [παρά, λέγω 'choose'] 중간태 παραλέγομαι '옆으로 비켜 가다', ~**따라 항해하다, 움직이다** sail/coast along 행 27:8, 13.

παραλημφθήσομαι, παραλήμψομαι παραλαμβάνω 제1미래 수동태 직설법 그리고 미래 중간태 직설법.

παράλιος, ον [παρά, ἅλς; 'by the sea'] 명사로서 ἡ παράλιος (다시 말해 χώρα)

해안 (지역) the seacoast(area) 눅 6:17.

παραλλαγή, ῆς, ἡ [παραλλάσσω '선택하게 하다, 고르게 하다'] **변화, 변형** variation 약 1:17.

παραλογίζομαι [παρά, λογίζομαι] **속이다** delude, 그럴듯한 논쟁이나 추론을 통하여 골 2:4; 약 1:22.

παραλυτικός, ή, όν [παραλύω; '절름발이로 만들다'] 신약에서 항상 명사로 복음서에서만 (ὁ) π. **다리를 저는 사람, 중풍병자**, the lame pers., the paralytic 마 4:24 등.

παραλύω [παρά, λύω; '풀다, 녹이다'] '약해진 상태가 되게 하다', 수동태 **약해지다** be weakened 히 12:12; **마비되다** be paralyzed 눅 5:18; 행 9:33; ὁ παραλελυμένος **중풍병자, 마비환자** the paralytic 눅 5:24; 행 8:7.

παραμείνας παραμένω 제1부정과거 능동태 분사.

παραμένω [παρά, μένω; '옆에, 가까이에 머무르다'] '어떤 사람과 긴밀한 관계를 맺다' ⓐ 방문하는 것에 대하여, **머무르다** stay 고전 16:6. ⓑ 확장되어 어떤 상황이나 상태로 **남아 있다, 지속되다** remain, continue 빌 1:25 (바울은 살아서 그 말을 받는 자들과 만나기를 기대했다); 히 7:23; 진심어린 관심에 대해 약 1:25.

παραμυθέομαι [παρά, μῦθος '말, 대화'의 의미로 ('옆에서 하는 말')] '어려움을 만날 때 용기를 주다' ⓐ 일반적으로, **응원하다, 격려하다** cheer up, encourage 살전 2:12; 5:14. ⓑ 슬픔의 시기에 **위로하다, 위안을 주다** console, comfort 요 11:19, 31.

παραμυθία, ας, ἡ [παραμυθέομαι] **격려, 응원** encouragement 고전 14:3.

παραμύθιον, ου, τό [παραμυθέομαι] **위로하는 말, 메시지** consoling word/message 빌 2:1.

παράνοια, ας, ἡ [παρά, ἄνοια] **무분별함, 미침** witlessness, madness 벧후 2:16 이문.

παρανομέω [παρά, νόμος] **(율)법을 침해하다** violate (the) law 행 23:3.

παρανομία, ας, ἡ [παρά, νόμος] **범법, 죄** offence 벧후 2:16.

παραπικραίνω [παρά, πικραίνω '마음을 상하게 하다'] '쓰라림을 가져오다', **화나게 하다, 진노하게 하다** provoke 히 3:16.

παραπικρασμός, οῦ, ὁ [παραπικραίνω; '괴로움'] **도발, 진노하게 함** provocation 하나님의 진노하심을 불러일으키는 것으로서 '반역'을 나타내어 히 3:8, 15.

παραπίπτω [παρά, πίπτω; '곁에 떨어지다' 그래서 '어긋나다'] '어떤 상황이나 상태에서 벗어나다', **이탈하다, 배교하다** fall away, commit apostasy 히 6:6.

παραπλεῦσαι παραπλέω 제1부정과거 능동태 부정사.

παραπλέω [παρα, πλέω] 지나가다, 비켜가다 sail past 행 20:16.

παραπλήσιος, α, ον [παρά, πλησίος '가까운'] 중성 παραπλήσιον이 부사로 기능하여 ~가까이, 근접하여 close to, θάνατος와 더불어 =치명적인 병에 걸린 critically ill 빌 2:27.

παραπλησίως [παραπλήσιος] 부사 마찬가지로 likewise 히 2:14.

παραπορεύομαι [παρά, πορεύομαι] '자신의 길을 가다' ⓐ 지나가다 pass by 마 27:39; 막 11:20; 15:29. ⓑ 가다 go 2:23; 9:30.

παράπτωμα, ατος, τό [παρά, πτῶμα(시체)를 통과해 πίπτω(떨어지다); '잘못된 걸음'] 침해, 침범, 잘못 violation, trespass 마 6:14; 막 11:25; 롬 4:25과 바울 서신에서 자주.

παραρρέω [παρά, ῥέω] '곁으로 흐르다', 비유로 빗나가다, 떠내려 가다 drift away 히 2:1.

παραρυῶμεν παραρρέω 제2부정과거 수동태 가정법 제1복수.

παράσημος, ον [παρά, σῆμα ('조짐, 표시')를 통해 σημαίνω(지시하다)에서] 옆에 표시한 παρασήμῳ Διοσκούροις '디오스쿠로'(쌍둥이 신)를 달고 행 28:11.

παρασκευάζω [παρά, σκευάζω '갖추다, 준비하다'] 준비하다, 예비하다 prepare ⓐ 능동태 행 10:10; 벧전 2:8 이문 ⓑ 중간태, 전쟁을 위해 준비하다 고전 14:8; 성도를 섬기기 위한 준비를 수행함에 대해 고후 9:2f.

παρασκευή, ῆς, ἡ [παρασκευάζω와 관련하여 형성된 단어] 신약에서는 축제를 준비하는 시기에: 준비의 날 day of preparation 마 27:62; 막 15:42; 눅 23:54; 요 19:14, 31, 42.

παραστάτις, ιδος, ἡ [παρά, ἵστημι] '돕는 역할로 곁에 서 있는 사람', 조력자, 은인 supporter, benefactor 롬 16:2 이문.

παραστήσομαι παρίστημι 제1미래 중간태 직설법.

παρασχών παρέχω 제2부정과거 능동태 분사.

παρατείνω [παρά, τείνω '뻗다'] 연장하다 extend παρέτεινεν λόγον "(바울이) 말하기를 계속했다" 행 20:7.

παρατηρέω [παρά, τηρέω] '옆에서 보다' ⓐ 감시에 대해 ~에서 눈을 떼지 않다, 면밀히 관찰하다, 집중적으로 관찰하다 keep an eye on, keep close watch on, observe closely 막 3:2; 눅 6:7; 14:1; 20:20; 행 9:24. ⓑ 제의적인 세부사항에 대한 주의깊은 관심에 대해 지키다, 준수하다 observe 갈 4:10.

παρατήρησις, εως, ἡ [παρατηρέω] 면밀한 관찰 close observance μετὰ παρατηρήσεως "면밀한 검토에 달려 있지 않다" 눅 17:20.

παρατίθημι [παρά, τίθημι] ① '어떤 것을 곁에 두다', 내놓다, 제시하다 set

427

παρατυγχάνω / παρεδρεύω

before: 비유 마 13:24, 31; 음식 막 6:41; 8:6f; 눅 11:6; 행 16:34 (환유적으로); 고전 10:27. 중간태, 제시하는 상세한 내용을 강조하여 **제시하다, 알려주다** demonstrate, point out 행 17:3; 28:23 이문. ② '보안이나 안전을 지키는 일을 맡기다', **위탁하다, 맡기다** entrust, commend 중간태 어떤 일에 대한 개인적인 관심을 표시하여 눅 12:48; 23:46; 행 14:23; 20:32; 딤전 1:18; 딤후 2:2; 벧전 4:19.

παρατυγχάνω [παρά, τυγχάνω] **만나게 되다, 마주치다** happen to be present 행 17:17.

παραυτίκα [비교 πάραυτα (παρά, αὐτός) '즉시'; '당장은'] 형용사 역할을 하는 부사로 **일시적인, 잠시의** momentary 고후 4:17.

παραφέρω [παρά, φέρω] '어떤 위치에서 없애다' ⓐ **밀어 버리다, 휩쓸어 가다** carry away 유 12; 비유로 히 13:9. ⓑ 어떤 것이 떠나게 하는 것에 대해 **거두다, 치우다** take away 비유로 막 14:36; 눅 22:42.

παραφρονέω [παρά, φρονέω] '감각에서 벗어나다', λαλέω과 더불어, **열변을 토하다** rave, 극적인 역할을 하여 고후 11:23.

παραφρονία, ας, ἡ [παραφρονέω] **광기, 정신 나감** madness 벧후 2:16.

παραφροσύνη, ης, ἡ [παράφρων '정신없음'; = 더 이전 형태 παραφρονία] **광기, 정신 이상** madness 벧후 2:16 이문.

παραχειμάζω [παρά, χεῖμα '겨울 날씨'] **겨울을 보내다** spend the winter 행 27:12; 28:11; 고전 16:6; 딛 3:12.

παραχειμασία, ας, ἡ [παραχειμάζω] **월동**(越冬) wintering 행 27:12.

παραχράομαι [παρά, χρῆμα '사용하는 물건'] **오용하다, 잘못 쓰다** misuse, παρά 는 '~에 반하여'라는 뜻을 나타낸다. 고전 7:31 이문.

παραχρῆμα [παρά, χρῆμα '사용하는 물건'] 부사 **즉시, 즉각적으로** instantly, immediately (비교 곧장 'on the spot') 마 21:19f; 눅 1:64 등 누가행전에서 자주. 그러나 다른 모든 구절에서는 2차적인 시제로 나타남에 반하여 눅 19:11에서는 μέλλω가 현재시제로 나와 **당장에** soon라는 의미를 나타낸다.

πάρδαλις, εως, ἡ [산스크리트 연관어] 표범 leopard 계 13:2.

παρέβαλον παραλαμβάνω 제2부정과거 능동태 직설법.

παρέβην παραβαίνω 제2부정과거 능동태 직설법.

παρεγενόμην παραγίνομαι 제2부정과거 중간태 직설법.

παρεδίδοσαν/παρεδίδουν παραδίδωμι 미완료 능동태 직설법 3인칭 복수.

παρεδόθην, παρέδοσαν παραδίδωμι 제1부정과거 수동태 직설법 그리고 제2부정과거 능동태 직설법 3인칭 복수.

παρεδρεύω [παρά, ἑδραῖος] **일을 맡아보다, 전담하다** apply oneself (to) 고전

9:13.

παρέδωκα παραδίδωμι 제1부정과거 능동태 직설법.

παρέθηκα, παρεθέμην παρατίθημι 제1부정과거 능동태 직설법 그리고 제2부정과거 중간태.

παρεῖδον παροράω 제2부정과거 능동태 직설법.

παρειμένος παρίημι 완료 수동태 분사.

πάρειμι [παρά, εἰμί] **나타나다, 참석하다** be present 행 10:33; 24:19; 고전 5:3; 고후 10:2, 11; 11:9; 13:2, 10; 갈 4:18, 20; 골 1:6; 계 17:8. 명사로서 τὸ παρόν **지금, 당시** the present 히 12:11. 다음과 같은 뜻을 함축하여 **왔다, 도착했다** be here/there (**도착했다** have come 는 의미의 완료시제처럼), 다음 구절들이 그렇게 표현된 것으로 보인다. 마 26:50; 눅 13:1; 요 7:6; 11:28; 행 10:21; 12:20; 17:6; 골 1:6; 벧후 1:9, 12. ἀρκούμενοι τοῖς παροῦσιν "여러분이 지금 손에 가지고 있는 것 (즉 '여러분의 소유')에 만족해야 한다" 히 13:5.

παρεῖναι πάρειμι 현재 부정사 παρίημι 제2부정과거 부정사.

παρεισάγω [παρά, εἰσάγω] '함께 들여오다', **데려오다, (사람을) 들이다** bring in 벧후 2:1(갈 2:4처럼 구체적인 상황은 드러나지 않은 동기 부여).

παρείσακτος [παρεισάγω] '함께 들여오다', **~로 불법적으로 들어온, 밀반입된** smuggled in 갈 2:4.

παρεισδύ(ν)ω [παρά, εἰσδύω '들어가다, 기어들어가다'] '함께 길을 가다', **은밀히 ~에 들어가다** secretly slip in 유 4.

παρεισενέγκας παρεισφέρω 제1부정과거 능동태 분사.

παρεισέρχομαι [παρά, εἰσέρχομαι] '옆으로 들어오다' ⓐ 종속적인 역할로 **들어오다** come in 롬 5:20. ⓑ 은밀한 방식으로, **슬쩍 들어오다** sneak in 갈 2:4.

παρεισῆλθον παρεισέρχομαι 제2부정과거 능동태 직설법.

παρειστήκειν παρίστημι 과거완료 능동태.

παρεισφέρω [παρά, εἰσφέρω] '더불어 가지고 오다', **이용하다, 적용하다** put to use, apply 벧후 1:5.

παρεῖχαν παρέχω 미완료 능동태 3인칭 복수.

παρεκλήθην παρακαλέω 제1부정과거 수동태 직설법.

παρεκτός [παρά, ἐκτός] 배제하는 양상을 표현하는 기능어 ⓐ 형용사 역할을 하는 부사로 **다른** other χωρὶς τῶν παρεκτός (= χ. τῶν γινομένων π.) 다른 것들은 포함하지 않고 고후 11:28. ⓑ 전치사로서. **~을 제외하고, 배제하여** excluding, except for 마 5:32; 19:9 이문; 행 26:29.

παρέλαβον, παρελάβοσαν παραλαμβάνω 제2부정과거 능동태 직설법 변화형들.

παρελεύσομαι, παρεληλυθέναι / παρέστηκα, παρέστην

παρελεύσομαι, παρεληλυθέναι, παρεληλυθώς, παρελθεῖν
παρέρχομαι의 미래 중간태 직설법, 완료 능동태 부정사, 완료 능동태 분사, 그리고 제2부정과거 능동태 부정사.

παρεμβάλλω [παρά, ἐμβάλλω; '옆에 두다'] '옆에 세우다', **둘러싸다** surround, 포위망 등으로 눅 19:43.

παρεμβαλῶ παρεμβάλλω 미래 능동태 직설법.

παρεμβολή, ῆς, ἡ [παρεμβάλλω] '군사적으로나 관련된 행동으로 사람의 무리를 공간적으로나 구조적으로 배치한 것' ⓐ 비도시적인 요소를 강조하여, 이스라엘 사람들의 행진에서 일시적으로 요새화한 장소에 관하여, **진영**(陣營) camp, 히 13:11, 13; 비유로, 메시아 공동체에 관하여 계 20:9. ⓑ 특별히 로마 군대의 **막사** barracks 행 21:34, 37; 22:24; 23:10, 16, 32; 28:16 이문 ⓒ 확장되어, 전투 배치된 **병력 군대, 부대** army 히 11:34.

παρένεγκε παραφέρω 제2부정과거 능동태 명령법.

παρενοχλέω [παρά ('~에 긴밀히 연결된다'는 역할로), ἐνοχλέω] '(~에 대해) 괴로움을 불러 일으키다', **괴롭히다** annoy 행 15:19.

παρέξῃ παρέχω 미래 중간태 직설법 2인칭 단수.

παρεπίδημος, ον [παρά, ἐπίδημος '집에, 어떤 장소에 방문하여', 비교 ἐπιδημέω; '외부인으로서 거주하여'] '거주하고 있는 외부인으로 머무르는', 신약에서는 항상 명사로 ὁ π. **거주 외부인, 체류인** resident alien, sojourner 히 11:13; 벧전 1:1; 2:11.

παρεπίκρανα παραπικραίνω 제1부정과거 능동태 직설법.

παρέρχομαι [παρά, ἔρχομαι] ① '공간적으로 한 장소에서 다른 곳으로 움직이다' ⓐ **지나쳐 가다** go past 막 6:48; 행 27:9. ⓑ **지나가다, 계속 가다** pass by, go along 마 8:28; **지나가다** pass by 눅 18:37. ⓒ **통과하다** go through, 사회적인 개입 없는 여정에 대해 행 16:8; 17:15 이문. ⓓ **나오다, 다가오다** come (alongside) 눅 12:37; 17:7; 행 24:7 이문. ⓔ 확장된 의미로, 해야하는 것을 무시함에 대하여 **제쳐놓다, 간과하다** pass by 눅 11:42; **어기다** transgress 15:29. ② '끝에 이르러 더 이상 보이지 않다', **지나가 (버리다)** pass (away), 사물 마 5:18a; 24:35a; 26:39, 42; 막 14:35; 고후 5:17; 벧후 3:10; **사람** 마 24:34; 눅 21:32; 약 1:10. 유사하게 이런 의미로 사라지다, 효력을 잃다 lose force 마 5:18b; 24:35b; 눅 21:33b. 시간 지나다 pass 마 14:15; 행 27:9; 벧전 4:3.

πάρεσις, εως, ἡ [πάρειμι] '주목하지 않는 행동', **간과함, 지나침** passing over 롬 3:25.

παρέστηκα, παρέστην, παρέστησα, παρεστώς, παρεστηκώς, παρειστήκειν παρίστημι 완료 능동태 직설법, 제2부정과거 능동태 직설법, 제1부정과거 능동태 직설법, 완료 능동태 분사의 두 가지 변화형, 그리고 과거완료 능동태 직

παρέσχον / παρίστημι, παριστάνω

설법.

παρέσχον παρέχω 제2부정과거 능동태 직설법.

παρέτεινεν παρατείνω 제1부정과거 능동태 직설법 3인칭 단수.

παρέχω [παρά, ἔχω] '무엇이 다른 것에 대해 존재하게 하다' ⓐ 부정적인 측면으로, **가하다, 안기다** inflict 마 26:10; 막 14:6; 눅 11:7; 18:5; 갈 6:17; bring about 딤전 1:4. ⓑ 긍정적인 측면으로 **가져오다, 갖추다** bring about, furnish 행 16:16; 17:31; 19:24; 22:2; 28:2; 딤전 6:17; 딛 2:7; **해주다** do 눅 7:4; **보장하다, 베풀다** ensure 골 4:1.

παρήγγειλα παραγγέλλω 제1부정과거 능동태 직설법.

παρηγορία, ας, ἡ [παρηγορέω (παρά, ἀγορά) '(집회에서 하는) 연설'; '곁에서 말함'] '격려의 원천', **위로, 위안** comfort 골 4:11.

παρηκολουθηκώς παρακολουθέω 완료 능동태 분사.

παρῆλθον παρέρχομαι 제2부정과거 능동태 직설법.

παρῄνει παραινέω 미완료 능동태 3인칭 단수.

παρῆσαν πάρειμι 미완료 3인칭 복수.

παρῃτημένος, παρῃτοῦντο παραιτέομαι 완료 수동태 분사, 미완료 중간태 3인칭 복수.

παρθενία, ας, ἡ [παρθένος] **처녀성, 동정, 미혼** virginity 눅 2:36.

παρθένος, ου, ἡ/ὁ [어원 미상] '성관계를 가진 적이 없는 사람', **동정, 처녀** virgin ⓐ 여성에 대해, 마 1:23; 25:1, 7, 11; 눅 1:27; 행 21:9; 고전 7:25, 28, 34, 36-38; 고후 11:2. ⓑ 남성에 대해, 계 14:4.

Πάρθοι, ων, οἱ [어원은 불분명] **파르티아 사람** Parthians (파르티아 제국은 유프라테스 동편 광대한 지역을 아우름) 행 2:9.

παρίημι [παρά, ἵημι '놓아주다'; '옆에 떨어지게 하다'] ① '지나가다, 지나치다', **무시하다** neglect 눅 11:42. ② '느긋한, 축 늘어진 상태가 되게 하다', **늦추다, 헐겁게 하다** loosen, 수동태 **약해지다** be weakened 히 12:12.

παριστάνω παρίστημι를 보라.

παρίστημι/παριστάνω [παρά, ἵστημι] ① '곁에 위치시키다' ⓐ **제공하다, 처분하다, 쓰게하다** present, put at one's disposal, make available 마 26:53; 행 23:24; 롬 6:13, 16, 19; 유사하게, 제사 관련하여 **바치다, 드리다** present/offer 12:1. ⓑ **바치다, 보이다** τινά τινι 누가 누구에게 다른 이가 있음을 나타내려고 눅 2:22; 행 1:3; 9:41; 23:33; 고후 11:2; 데려가다, 즉, 하나님의 임재 앞에 4:14; 관련된 맥락에서 **내세우다, 위탁하다** commend 고전 8:8. 제공하는 특성에 초점 맞추어 **내놓다, 세우다** present 엡 5:27; 골 1:22, 28; 딤후 2:15. ⓒ **증명하다** prove, 증거를 제시하여 행 24:13. ② '어떤 자리 옆에 있다' ⓐ **쓸모 있다, 도**

431

Παρμενᾶς, ᾶ, ὁ, ᾶν / παροξύνω

움이 되다 be available, be supportive 롬 16:2; 딤후 4:17. ⓑ **가까이 이르다, 도착하다** come near, approach 행 9:39; 27:23f; 적대적인 의도로 4:26; 법적인 의미로 **출두하다, 내보이다** appear/come before 27:24; 롬 14:10. 막 4:29에서 완료형 παρέστηκεν은 추수 때가 왔고 그러므로 그것이 있음을 표시한다. **이르렀다** has come; 비교 παρέστηκεν ἐνώπιον ὑμῶν "여러분 앞에 서 있다" 행 4:10. 행 1:10에서 과거완료는 도착해서 곁에 서 있다는 것을 표시한다. ⓒ **가까이/곁에 서다** stand near/by, 완료 분사 명사를 수식하여 막 15:39; 눅 1:19; 요 18:22; 19:26. 완료 분사가 자주 명사역할을 하여 우연이나, 공식적인 임무거나 상관없이, 곁에 서 있는 사람 one standing by, 막 14:47, 69f; 15:35; 눅 19:24; 행 23:2, 4.

Παρμενᾶς, ᾶ, ὁ, 대격 **ᾶν** [어원은 불분명] 바메나, 파르메나스 Parmenas, 특별한 봉사를 위해 선택받은 일곱 중 한 사람 행 6:5.

πάροδος, ου, ἡ [παρά, ὁδός; '옆 길, 지나가는 길'] **옆으로 지나감, 통과해 지나감** a passing by/through, ἐν παρόδῳ 도중에 고전 16:7.

παροικέω [παρά, οἰκέω] ① '낯선 장소에서 살다', **거처하다, 머물러 살다** live 히 11:9 (εἰς가 ἐν의 뜻이라면, ②를 보라); **방문하다** visit 눅 24:18. ② **이주하다** migrate παρῴκησεν εἰς γῆν τῆς ἐπαγγελίας ὡς ἀλλοτρίαν "낯선 곳, 약속의 땅에 체류인으로서 갔다" 히 11:9.

παροικία, ας, ἡ [παροικέω] '외부인으로서 어떤 장소에 머무름', **체류, 외국인 거주** sojourn, alien residence 행 13:17; 그리스도인의 이생의 삶에 대해 벧전 1:17.

πάροικος, ον [παρά, οἶκος] 형용사로서 **외국인의, 이방인의** foreign 행 7:6, 29; 명사로서 ὁ π. **외국인 체류자** alien resident 엡 2:19; 벧전 2:11.

παροιμία, ας, ἡ [παρά, οἴμη '노래, 시'] '유비를 통해 교훈하고자 고안된 의사소통' ⓐ 인기 있는 간결한 격언 **잠언, 금언** proverb, maxim 벧후 2:22. ⓑ 상대적으로 확장된 은유로서 **설명, 비유** illustration, comparison 요 10:6; 16:25, 29.

πάροινος, ον [παρά, οἶνος; '술과 밀접한'] **술에 중독된** addicted to wine 딤전 3:3; 딛 1:7.

παροίχομαι [παρά, οἴχομαι '떠나다'는 의미로 '가다'] (때·시기 등이) **지나다** be past 행 14:16.

παρομοιάζω [παρόμοιος] **~을 닮았다, ~과 같다** be like 마 23:27.

παρόμοιος, (α), ον [παρά, ὅμοιος] **비슷한, 유사한** like, similar 막 7:8 이문, 13절.

παρόν, τό πάρειμι를 보라.

παροξύνω [παρά, ὀξύς] '감정 표현을 일으키다', 수동태. 반응을 강조하여

ⓐ **자극을 받다** be aroused, 어떤 동기인지 특정하지 않고 행 17:16. ⓑ **성내다** become irritable, 일련의 부정적인 반응이 열거되는 가운데 고전 13:5.

παροξυσμός, οῦ, ὁ [παροξύνω] '고조된 선동', 긍정적인 측면 **고무, 격려** 히 10:24; 부정적인 측면, **심한 의견 충돌** sharp disagreement 행 15:39.

παροράω [παρά, ὁράω] '고려하지 않다', **간과하다** overlook 행 17:30 이문.

παροργίζω [παρά, ὁργίζω] **화나게 하다, 분노를 일으키다** incite to anger 롬 10:19; 엡 6:4; 골 3:21 이문.

παροργισμός, οῦ, ὁ [παροργίζω] **화난 마음의 상태** angry state of mind 엡 4:26.

παροργιῶ παροργίζω 미래 능동태 직설법.

παροτρύνω [παρά, ὁτρύνω '독려하다'] '자극을 주다', **불러일으키다** incite, 적대감의 측면에서 행 13:50.

παρουσία, ας, ἡ [비교 πάρειμι] '모습을 드러냄', 존재하는 상태로 어떤 위치에 다다름을 나타내어 다음과 같은 의미로, **도착, 옴, 도래(到來)** arrival, coming, advent ⓐ 바울과 동료들에 대해, **참석, 도착** presence, arrival 고전 16:17; 고후 7:6f; 빌 1:26, 2:12; 벧후 3:12. 바울의 개인적인 태도에 대해, **직접 대면, 나타남** presence 고후 10:10. ⓑ 그리스도에 대해, 마지막 때에 초점 맞추어 **다가옴, 도래** coming, advent 마 24:3; 고전 15:23; 살전 2:19; 살후 2:1; 약 5:7; 벧후 1:16; 3:4, 12; 요일 2:28. ─ 그리스도에 대한 역설로서 무법자에 대해, **나타남, 도래** coming, advent 살후 2:9.

παροψίς, ίδος, ἡ [παρά, ὄψον '요리된 식사'] 그것을 담은 용기로 음식 코스를 환유적으로 표현하여 마 23:25, 26 이문.

παρρησία, ας, ἡ [πᾶς, ῥῆσις (ῥέω) '말, 연설'] ① 숨김없고 직접적인 말에 대해 **분명한 말씀** plain speech 요 16:29; 고후 3:12. 부사 **분명하게, 숨김없이** plainly, openly 막 8:32; 요 7:13; 10:24. ② 말을 통제하고 제한하는 것과 반대로 말함에 있어서 자유로움에 관해 **솔직함, 허심탄회, 마음을 놓음** straightforwardness, candor, unguardedness 행 2:29; 4:13, 29, 31; 고후 3:12; 7:4; 엡 3:12; 6:19. 의사소통을 할 때 전제하는 관계의 자신감 있는 요소에 초점 **솔직함, 대담함, 자신감** openness, boldness, confidence 빌 1:20; 딤전 3:13; 몬 8; 히 3:6; 4:16; 10:19, 35; 요일 2:28; 3:21; 4:17; 5:14. ③ **(공개적으로) 솔직함** openness(to the public) ζητεῖν ἐν παρρησίᾳ εἶναι **(알도록) 공개되기를 구함** seek to be in public (for recognition) 요 7:4; 여격 구조로 **공개적으로, 드러내어** publicly παρρησίᾳ 요 7:26; 11:54; 18:20; 행 14:19 이문; ἐνπαρρησίᾳ 골 2:15.

παρρησιάζομαι [παρρησία] '제약을 받지 않고 말하다', **솔직히/대담하게/자유롭게 말하다** speak openly/boldly/freely 행 9:27f; 13:46; 14:3; 18:26; 19:8;

παρών / πᾶς, πᾶσα, πᾶν

26:26. 용기에 초점 맞추어 **숨기지 않다, 담대하다** be open/bold 엡 6:20; 살전 2:2.

παρών πάρειμι 현재 분사.

παρῳχημένος παροίχομαι 완료 분사.

*** **πᾶς, πᾶσα, πᾶν**, 속격 **παντός, πάσης, παντός** [복합적인 어원] 다중적인 의미를 가진 이 단어는 주로 통계적인 강조없이 문맥에 따라 포괄성의 특징을 보여주는 개념을 가지고 있다. 일반적으로 π.의 요소가 총체적으로 이해될 때는 **모두** 또는 **전체**(all, whole)이며, 전체나 종류에 강조점을 둘 때는 **각기, 모든 (사람, 것, 이), ~의 모든 종류**(each, every [one/thing/body]), every kind/sort [of])를 뜻한다 ⓐ 전체적으로 이루어진 몇 가지 요소들에 대해, 형용사로 ㉠ 관사와 더불어: π.+관사+명사 **모두, 모든** all 마 1:17; 2:4, 16; 6:29; 25:7; 28:19; 막 2:13; 눅 1:6; 7:35; 행 3:24; 9:39; 10:2; 롬 1:5; 고전 13:2bc; 엡 1:8; 골 1:19; 살전 3:7; 몬 5; 벧전 5:7; 계 5:6. π.+관사+분사 **모든** 마 8:16; 눅 2:47; 행 28:30; 롬 1:7; 살후 1:10; 딤후 3:12; **~한 사람은 모두, 누구든지** anyone/everyone who 눅 19:26; 요 3:8; 4:13; 19:12; 롬 1:16; 고전 16:16; 갈 3:13; 히 5:13; 요일 2:23; **~한 것은 모두, ~한 모든 것** everything that 마 15:17; 18:34; 고전 10:25; 요일 5:4. 관사+분사+π. **~한 모든 것** everything that 눅 9:7; **~한 모든 사람들** all who 행 2:14. 관사+명사+π. **모든** all 마 9:35a; 10:30; 막 1:5b; 요 5:22; 고전 10:1a; 13:2a; 빌 1:13; 딤후 4:21. 집합적으로 관사+π.+명사 ὁ πᾶς νόμος **모든 부분에 있어서 율법** (= **전체 율법, 율법의 모든 것**) 갈 5:14; αἱ πᾶσαι ψυχαί **전체 사람들은** (~의 수로) persons in all 행 27:37. 그 거주민들에 대한 지리적인 위치나 지역의 환유법으로 π.+관사+명사 마 3:5; 8:34; 막 1:5a; 눅 6:17. ⓛ 관사 없이, 단수: **모든** all, 제한 없이 π. σάρξ **모든 인류** 눅 3:6; 롬 11:26; 최대한으로 행 5:23; 23:1; 엡 4:2; 골 1:10a; 딛 3:2a; 약 1:2. 여러가지 측면으로 인식된 것을 하나의 집합으로: **전부, 모든 종류의** all, every kind/sort (of) 마 4:23; 10:1; 23:27; 행 13:10; 롬 1:18; 벧전 5:10. 각 항목이나 종류를 하나의 분류로 강조하여, 구분하지 않고: **어떤, 모든, 각각의** any, every, each 마 3:10; 5:11; 12:25; 13:52; 19:3; 눅 1:37; 행 2:5; 롬 7:8; 고전 1:29; 11:4; 엡 3:15; 5:3; 골 1:10b; 히 4:12; 10:11; 계 7:1; 13:7; 18:22ab; 22:3; **~한 사람은 누구든** anyone who 눅 11:4; πᾶς ἄνθρωπος **모든 사람, 각 사람** everybody/every person 요 2:10; 롬 3:4; 약 1:19. 환유적으로 **온 예루살렘** 마 2:3. 어구들: διὰ παντός(즉, χρόνου) **끊임없이, 항상** constantly/always 마 18:10; 눅 24:53; 행 10:2; 살후 3:16. διὰ π. τοῦ ζῆν (그들의) 전 생애 히 2:15. διὰ π. νυκτός κ. ἡμέρας **온 밤낮으로** 막 5:5. 복수 **모든** all π.+명사 고후 3: 2; 딤전 2:4; 딛 3:2b; 대명사+π. 마 12:15; 13:34; 막 10:20; π.+대명사 마 24:34. ⓑ 명사 또는 대명사로 ㉠ 관사와 더불어 οἱ πάντες **모든 사람, 모두** 롬 11:32ab; 고전 9:22; 빌 2:21; 간접 지

시대명사 막 14:64(they all); 고전 10:17 그리고 엡 4:13(우리 모두). τὰ πάντα **모든 것, 만물** everything, all things, 우주적 의미로 롬 11:36; 고전 8:6; 엡 1:10; 히 1:3; 계 4:11; 근접 문맥의 자료에 대해 고후 4:15; 골 3:8; 대격으로 나타내어 τὰ πάντα 모든 일에, 온전히 엡 4:15. ⓒ 관사 없이 **모든 사람** every one 눅 16:16; **모든 일** everything 마 5:18; 17:11; 18:26; 막 4:34; 9:12; 눅 1:3; 요 13:3; 행 13:38; 롬 14:20; 고전 1:5; 살전 5:21; 딤후 2:7; 벧후 1:3; all 마 26:33; 막 1:37; 6:39; 눅 2:3; 4:22; 요 1:7; 행 1:1; 2:1; 8:1; 롬 3:23; 10:12a; 16:19; 고전 14:31bc; 갈 2:14; 골 3:14; 살후 3:2. ἐν παντί, 일반화하는 의미로, **모든 면에서, 모든 점에서** in every way/respect 고후 7:5, 11, 16; 엡 5:24; **어떤 상황에서든 또는 모든 상황 가운데** 딤전 5:18. κατὰ πάντα **언제나, 어디에서나** 행 17:22. πρὸ πάντων **무엇보다도** above all 약 5:12. πρὸς πάντα **모든 면에서** in all respects 딤전 4:8. 단독으로 πάντα ὑπέδειξα "모든 일에서 나는 보여주었다" 행 20:35.

πάσχα, τό [셈어 기원으로] 격변화 없음. ① **유월절** Passover, 이집트에서 해방됨을 기념하는 이스라엘 민족의 축제 마 26:2 등. ② 환유적으로 **유월절 음식** 마 26:18f; 막 14:16; 눅 22:8, 13; 히 11:28. 또한 유월절 음식과 관련한 희생으로 드리는 어린 양에 관하여, **유월절 어린양** 마 26:17; 막 14:12, 14; 눅 22:7, 11, 15; 요 18:28. 비유로, 그리스도에 대해 고전 5:7.

πάσχω [IE, 비교 πένθος] 이 동사는 긍정적으로나 부정적으로 또는 중립적으로 어떤 의미로든 문맥에서 지시하는 어떤 일을 경험하는 것과 관련된다. 갈 3:4, 문맥 가운데서 묘사된 다양한 축복들에 대한 긍정적 관점으로 보인다. 행 28:5에서 π. 그 자체로는 중립적이고, 대격 οὐδὲν κακόν은 경험하지 못한 것을 가리킨다. 마 17:15은 κακῶς으로 π.이 강화되지 않았다면 의미상 중립적으로 보인다. ② 신약에서는 대부분 부정적으로 고통스러운 경험을 뜻한다. ⓐ 고통이나 죽음을 경험하는 것에 초점 맞추어 **겪다, 당하다** suffer 마 16:21; 17:12; 눅 13:2; 22:15; 행 1:3; 고전 12:26; 빌 1:29; 살후 1:5; 히 2:18; 9:26; 벧전 2:19 그리고 베드로전서에서 자주 – 법적인 처벌과 관련한 괴로움에 대해 4:15. ⓑ 여러가지 어려운 상황에 종속됨에 대하여, **고생하다, 시달리다** endure, undergo 마 27:19; 막 5:26; 9:12; 눅 9:22; 행 9:16; 고후 1:6; 살전 2:14; 딤후 1:12; 히 5:8; 계 2:10.

Πάταρα, ων, τά [어원은 불분명] **바다라** Patara, 소아시아 남서부 루시아의 항구도시 행 21:1.

πατάσσω [비교 πάταγος '충돌'] '매서운 타격으로 때리다' ⓐ 때리는 행위에 초점 맞추어 **내리치다** strike 마 26:51; 눅 22:49f; 행 12:7, 23; 계 11:6; 19:15. ⓑ 치명적인 폭력에 초점 맞추어 **치다, 쳐 죽이다** strike down 마 26:31; 막 14:27; 행 7:24.

πατέω [비교 πάτος '밟음'] 부숴뜨리는 효과를 주는 발동작에 대해, **깔아 뭉개다,**

πατήρ, πατρός, ὁ / πατρῷος, α, ον

짓밟다 walk over, trample 눅 21:24; 계 11:2; 14:20; 19:15; 비유로, 위협적인 상황에 대응함에 대하여 눅 10:19 (그렇지 않으면, 안전함이 보다 개선된다는 의미를 어느 정도 포함하는 것으로서).

** **πατήρ, πατρός, ὁ** [산스크리트 연관어] ① 부모 중 남성에 대해, **아버지** father 마 2:22; 막 1:20; 눅 11:11; 요 4:53; 행 7:14; 고전 5:1; 히 12:9a; 복수, 아버지 어머니를 모두 포함하여 **부모님** parents 히 11:23. ② 생물학적 아버지라는 의미가 한 때 제외되거나 그 이상의 의미를 가진 선조에 대해, **선조, 조상** ancestor, forebear 마 3:9; 막 11:10; 눅 1:73; 요 4:20; 행 3:13; 15:10; 롬 9:10; 11:28; 히 1:1. ③ 의미가 전환되어, 사회적인 지위, 개인적인 탁월함, 영적인 관계를 가진 사람에 대하여, **아버지, 조상** father 마 23:9a; 행 7:2a; 22:1; 롬 4:11; 고전 10:1; 벧후 3:4. ④ 비유로 그 후계자에게 부모의 특징을 보여주는 어떤 근원에 대하여, **아버지** father 요 8:41a, 44. ⑤ 확장된 의미로, 하나님에 대해, **아버지** father ⓐ 그렇게 단언하여 갈 1:1; 엡 1:17; 3:14; 빌 2:11; 골 3:17; 살전 1:1; 벧후 1:17; 유 1. ⓑ 창조자로서 약 1:17; 지지하고 돌보는 부모로서 마 6:4; 7:11; 막 11:25; 눅 6:36; 11:13; 요 8:41b; 20:17c; 롬 8:15; 고후 6:18; 엡 4:6; 히 12:9b. ⓒ 예수 그리스도와 유일한 관계에 있는 분으로서, **아버지** father: 아버지의 인정 가운데서 마 7:21; 11:25; 요 5:17f; 계 2:28; 고백적인 확인에서 롬 15:6; 골 1:3; 히 1:5; 계 1:6.

Πάτμος, ου, ὁ [어원은 불분명] **밧모, 파트모스** Patmos, 소아시아 해안에서 떨어진 에게해의 섬 계 1:9.

πατραλῴας πατρολῴας 다른 형태.

πατριά, ᾶς, ἡ [πατήρ] '친족 관계로 연결된 사람의 집단', **가족** family 눅 2:4; 행 3:25; 엡 3:15.

πατριάρχης, ου, ὁ [πατριά, ἄρχω] '어떤 집단의 창시자', **족장, 가장** patriarch 행 2:29; 7:8f; 히 7:4.

πατρικός, ή, όν [πατήρ] 조상의 ancestral 갈 1:14.

πατρίς, ίδος, ἡ [πατήρ] '집이라고 부를 수 있는 어떤 장소나 지역' ⓐ 고국이라는 의미로, 조국 homeland 요 4:44; 비유로 히 11:14. ⓑ 좁은 의미로 **고향, 마을** home area, hometown 마 13:54, 57; 막 6:1, 4; 눅 4:23f; 행 18:27 이문.

Πατροβᾶς, ᾶ, ὁ [접미사의 어원은 불분명] **바드로바, 파트로바스** Patrobas 바울이 문안한 롬 16:14.

πατρολῴας, ου, ὁ [πατήρ, ἀλοιάω = ἀλοάω '치다, 때리다'] '자신의 아버지를 살해한 자', **아버지를 죽이는 자** patricide 딤전 1:9.

πατροπαράδοτος, ον [πατήρ, παραδίδωμι] '조상에게서 물려받은', **전통적인** traditional 벧전 1:18.

πατρῷος, α, ον [πατήρ] 조상의 ancestral 행 22:3; 24:14; 28:17.

Παῦλος, ου, ὁ [라틴어 *Paulus*] 로마식 이름, **바울, 파울로스** ⓐ 지방 총독, 서기오 바울(세르기오스 파울로스) 행 13:7 (Σέργιος를 보라). ⓑ **사도 바울** 행 13:9 (그 이후에 사도행전에서 여러 번); 롬 1:1 그리고 바울 서신서에서 여러 번; 벧후 3:15.

παύω [복합적인 어원] '활동을 중지하다', **멈추다** stop ⓐ 어떤 행동을 범하지 않도록 지키는 목적어에 초점 맞추어, 능동태 **그치다, 삼가다** stop 벧전 3:10. ⓑ 행동을 지속하지 않는 자신에게 초점 맞추어 **그치다, 마치다** stop, cease 눅 5:4 등.

Πάφος, ου, ἡ [어원은 불분명] **바보, 파포스** Paphos, 구브로(Cyprus) 남서 해안의 항구 도시 행 13:6, 13.

παχύνω [παχύς '두꺼운' πήγνυμι 액체를 굳게 만든다는 의미로] **지방을 만들다** make fat, 신약에서는 항상 수동태로 비유로 이사야 6:10에 대한 인용에서, **둔해지다, 무뎌지다** become dull 마 13:15; 행 28:27.

πέδη, ης, ἡ [비교 πούς, ποδός, 그리고 라틴어 *pes, pedis* '발'] '움직임을 막는 데 사용하는 도구', **쇠고랑, 속박, 족쇄** fetter, shackle 막 5:4; 눅 8:29.

πεδινός, ή, όν [이전 항목과 비교; '걷기에 적합한'] 언덕이 없는 지형에 대해, **평평한, 평탄한 평지의** even, level, flat 눅 6:17.

πεζεύω [πούς; '도보로 가다', '육로로 가다'] **육로로 가다** go by land, '바다로 여행하다'라는 반의어에 초점 맞추어, 행 20:13.

πεζῇ 부사 πεζός를 보라.

πεζός, ή, όν [πούς] **육로로 여행하는** going by land (반의어 배를 이용하는) 마 14:13 이문, 부사 πεζῇ 육로로 가서 14:13.

πειθαρχέω [πείθω, ἄρχω] '지시에 순응하다', **순종하다** obey 행 5:29, 32; **충고에 따르다** follow advice 27:21; 행동을 지속하는 것으로서 **순종하다** be obedient 딛 3:1.

πειθός, ή, όν [πείθω] **설득력 있는** persuasive 고전 2:4.

πειθώ, οῦς, ἡ, 여격 단수 **πειθοῖ** [비교 πιθανός '설득력 있는'] **설득력 있음** persuasiveness ἐν πειθοῖ ἀνθρωπίνης σοφίας λόγοις 사람의 지혜의 설득력 있음으로 고전 2:4 이문.

* **πείθω** [복합적인 어원] 어떤 일과 관련하여 '납득할 만한 상태를 불러 일으키다', 능동태 **설득하다, 확신시키다** persuade, convince 마 27:20; 행 13:43; 18:4; 19:8; 26:28; 28:23; 고후 5:11; **설득하다, 자기 편으로 끌어들이다** win over 행 12:20; 14:19; 마음에 들려고 하다, 지지를 얻으려 하다 please 갈 1:10; **안심시키다, 확신시키다** assure, reassure 마 28:14; 요일 3:19. ⓑ 지키도록 고쳐시키는 것에 대해 ㉠ 수동태 **설득되다, 납득되다** be persuaded/convinced, 설득하는 과정을 진행함에 초점 맞추어 눅 16:31; 행 17:4; 26:26; 27:11; 28:24; 히 13:18. 확신에 초점

Πειλᾶτος / πεισθήσομαι

맞추어, **확신하다** be certain 완료 수동태 눅 20:6; 롬 8:38; 14:14; 15:14; 딤후 1:5, 12; 히 6:9. ⓛ 능동 의미의 수동태로 (~에) **제출하다, 따르다, 순응하다** submit (to), comply, conform to 행 5:36f; 27:11; 롬 2:8; 갈 5:7; 히 13:17; 약 3:3; (단독으로) 행 21:14; σὺ οὖν μὴ πεισθῇς αὐτοῖς "그들이 너를 설득하도록 내버려두지 마라" 23:21; ἐπείσθησαν δὲ αὐτῷ "그렇게 그들은 그의 충고를 따랐다" 5:39. ⓒ 완료와 과거완료 능동태 용법은 명목상 문법적으로 환유법이라 부르는 것과 연관되어 보인다(비교 πειθώ). 그것은 사실상 받아들이는 설득의 결과물을 표현하며, 이에 따라 **어떤 이가 설득당한다** 즉, **확신을 갖는다**고 말할 수 있다. ἐν, ἐπί와 더불어, 또는 여격 단독으로 마 27:43; 막 10:24; 눅 11:22; 롬 2:19; 고후 1:9; 2:3; 10:7; 갈 5:10; 빌 1:6, 14, 25; 2:24; 3:3; 살후 3:4; 몬 21; 히 2:13.

Πειλᾶτος Πιλᾶτος 다른 철자.

πεῖν πίνω 제2부정과거 능동태 부정사.

πεινάω [비교 πένομαι '가난하다, 궁핍하다'] **배고프다, 굶주리다** be hungry, hunger ⓐ 신체적 의미로 마 4:2; 25:35; 막 11:12; 눅 6:3; 롬 12:20; 고전 4:11; 11:21; 빌 4:12; 계 7:16. ⓑ 은유적으로, 어떤 것에 대한 강한 욕구에 대해 마 5:6; 눅 6:21, 25; 요 6:35. ⓒ 아마도 ⓐ와 ⓑ의 의미가 혼합된 것으로 보인다. 눅 1:53 (9:12-17은 양식[糧食]에 대한 보조를, 6:21, 25에서는 마지막 때의 관점으로).

πεῖρα, ας, ἡ [πείρω '찌르다'] '어떤 일을 시도하여 성취하려는 노력' ⓐ 능동 의미로 **시도** an attempt 히 11:29. ⓑ 몫을 받아들인다는 뜻을 함축한 수동 의미로 **경험** an experience 36절.

πειράζω [πεῖρα] ① '결과에 대한 불확실성에 직면하여 어떤 일을 하려고 애쓰다', **노력하다, 시도하다** try, attempt 행 9:26; 16:7; 24:6. ② '어떤 사람의 인품이나 주장에 대한 특징이나 상태를 시험하다' ⓐ 위험한 말이나 행동을 유도하는 것에 관하여 **시험하다** test 마 16:1; 22:18, 35; 막 10:2; 요 6:6; 고전 10:13; 고후 13:5; 히 2:18; 11:17; 계 2:2. ⓑ 죄로 유인함에 대해 **유혹하다** tempt 마 4:1, 3; 막 1:13; 눅 4:2; 갈 6:1; 살전 3:5; 약 1:13f; 계 2:10. ③ '다른 사람이 되갚을 수 있다는 것을 무시하는 방식으로 행동하다', **부추기다, 유혹하다** tempt 행 5:9; 15:10; 고전 10:9; 히 3:9.

πειρασμός, οῦ, ὁ [πειράζω] ① '특징이나 성과를 결정하는 어떤 방법', **시험, 검사** test, trial 벧전 4:12; 히 3:8. ② '비행(非行)의 가능성에 대한 노출', **유혹** temptation 마 6:13; 막 14:38; 눅 4:13; 22:28; 행 20:19; 고전 10:13; 갈 4:14; 딤전 6:9; 약 1:2, 12; 벧후 2:9; 계 3:10.

πειράω [πεῖρα] 신약에서 중간태로만, πειράομαι, **~하려고 하다, ~하려고 시도하다** try, attempt 행 26:21.

πεισθήσομαι πείθω 제1미래 수동태.

πεισμονή, ῆς, ἡ / πεπιστεύκεισαν

πεισμονή, ῆς, ἡ [πείθω] 설득 persuasion 갈 5:8.

πέλαγος, ους, τό [IE] '넓은 수역의 깊은 곳' ⓐ **바다, 외양(外洋)** open water, sea, 특별히 해안 지역과 관련하여 행 27:5. ⓑ 아래 쪽으로 길이에 초점 맞추어, **깊이** depth 마 18:6.

πελεκίζω [πέλεκυς '도끼'] '도끼로 사형에 처하다', **참수(斬首)하다** behead 계 20:4.

πεμπταῖος, α, ον [πέμπτος] **다섯 번째 날의** on the fifth day 행 20:6 이문.

πέμπτος, η, ον [πέντε] **다섯 번째의** fifth 계 6:9; 9:1; 16:10; 21:20.

* **πέμπω** [비교 πομπός '안내자, 동료'] **보내다** send ⓐ 사람이나 다른 존재를 파견하는 것에 대하여 마 2:8; 22:7; 막 5:12; 눅 4:26; 16:24; 요 1:33; 4:34; 행 25:27; 롬 8:3; 고전 16:3; 엡 6:22; 살전 3:5; 벧전 2:14; 계 22:16. ⓑ 물건을 보내는 것에 대해: 구호 헌금 행 11:29; 빌 4:16; **혼란스럽게 하는 영향, 미혹** 살후 2:11; 탈곡기 계 14:15, 18.

πένης, ητος, ὁ [비교 πένομαι '가난하다, 궁핍하다'] **가난한 사람** poor person 고후 9:9.

πενθερά, ᾶς, ἡ [비교 πενθερός '장인, 시아버지(father-in-law)'] **장모, 시어머니** (mother-in-law) 마 8:14; 10:35; 막 1:30; 눅 4:38; 12:53.

πενθερός, οῦ, ὁ [산스크리트 연관어] **장인** 요 18:13.

πενθέω [πένθος] '비통해하는 것에 참여하다' ⓐ 자동사 **비통해하다, 슬퍼하다** grieve, mourn 마 5:4; 9:15; 막 16:10; 눅 6:25; 고전 5:2; 약 4:9; 계 18:11, 15, 19. ⓑ 타동사 **~을 애도하다** mourn over 고후 12:21.

πένθος, ους, τό [πάσχω] **애도, 탄식** mourning 약 4:9; 계 18:7, 8; 21:4.

πενιχρός, ά, όν [πένομαι '생계를 위해 일할 필요가 있다'] **가난에 시달리는** poverty-stricken 눅 21:2.

πεντάκις [πέντε] 부사 **다섯 번** five times 고후 11:24.

πεντακισχίλιοι, αι, α [πέντε, χίλιοι] **오천** five thousand 마 14:21; 16:9; 막 6:44; 8:19; 눅 9:14; 요 6:10.

πεντακόσιοι, αι, α [πέντε, ἑκατόν] **오백** five hundred 눅 7:41; 고전 15:6.

πέντε [IE] 격변화 없음. **다섯** five 마 14:17 등.

πεντεκαιδέκατος, η, ον [πέντε, καί, δέκα] **열다섯 번째의** fifteenth 눅 3:1.

πεντήκοντα [πέντε] 격변화 없음. **오십** fifty 막 6:40 등.

πεντηκοστή, ῆς, ἡ [πέντε; '오십 번째'] 신약에서 π.는 유월절의 오십 번째 날을 축하하는, **오순절**(Pentecost)의 암호로 사용된다. 행 2:1; 20:16; 고전 16:8.

πέπεισμαι πείθω 완료 수동태 직설법.

πεπιστεύκεισαν πιστεύω 과거완료 능동태 직설법 3인칭 복수.

πέποιθα / περί

πέποιθα πείθω 제2완료 능동태 직설법.
πεποιήκεισαν ποιέω 과거완료 능동태 직설법 3인칭 복수.
πεποίθησις, εως, ἡ [πείθω 완료형 πέποιθα를 거쳐서] **자신감** confidence 고후 1:15; 3:4; 8:22; 10:2; 엡 3:12; 빌 3:4.
πέπονθα πάσχω 제2완료 능동태 직설법.
πέπρακα, πεπραμένος πιπράσκω 제1완료 능동태 직설법 그리고 수동태 분사.
πέπραχα πράσσω 제1완료 능동태 직설법.
πέπτωκα πίπτω 제1완료 능동태 직설법.
πέπωκα πίνω 제1완료 능동태 직설법.
περ 다음과 같은 형태의 불변화 전접어를 강화시킨다. διόπερ, ἐάνπερ, εἴπερ, ἐπειδήπερ, ἐπείπερ, ἤπερ, καθάπερ, καίπερ, ὅσπερ, ὥσπερ, ὡσπερεί.
περαιτέρω [πέρα '~넘어, 더 멀리'] 비교급 부사 **더한, 넘어선** beyond 행 19:39.
πέραν [비교 περάω '곧바로 가다'] 부사 **다른 편에** on the other side ⓐ 명사로서 τὸ πέραν **다른 쪽 해안이나, 땅** the shore/land on the other side 마 8:18, 28; 14:22; 16:5; 막 4:35; 6:45; 8:13. ⓑ 속격지배 전치사로 요 1:28; 3:26; 10:40. πέραν τοῦ Ἰορδάνου 요단강 건너편(=동편) 마 4:15, 25; 19:1; 막 3:8; 10:1.
πέρας, ατος, τό [비교 πέραν] '극점', **끝** end, **마침** ⓐ 공간에 대해 마 12:42; 눅 11:31; 롬 10:18. ⓑ 대화에 대해 히 6:16.
Πέργαμος, ου, ἡ / Πέργαμον, ου, τό [πύργος '탑'] 소아시아에 있는, 사르디스 북쪽, 무시아의 알려진 도시, **버가모, 페르가모스** Pergamus/ Pergamum 계 1:11; 2:12.
Πέργη, ης, ἡ [이전 항목과 비교] **버가, 페르게** Perge/Perga, 밤빌리아의 주요도시로 14,000명 관객이 앉을 수 있는 극장이 있었다. 행 13:13f; 14:25.
περί [비교 πέρα '너머'] 방향을 나타내는 속격 또는 대격 지배의 전치사, 그리고 가깝다거나 주변 또는 관계가 있음을 나타내는 표시, 일반적인 의미로 **~주변, ~에 대하여 about ⓐ ἀκούω, ἀναγγέλλω, ἀπολογέομαι, γνωρίζω, γογγύζω, γράφω, διδάσκω, λέγω, μαρτυρέω 등의 동사에 언어적·정신적·감각적·정서적 표현을 담은 부분을 나타내는 속격 목적어를 덧붙여, 또는 그와 같이 동일한 어근의 명사 ἀπολογία, γράμμα, λόγος, μαρτυρία 등에도, **~에 대하여, 관하여** about, concerning ㉠ 상관관계 마 4:6; 6:28; 9:36; 11:7, 10; 12:36; 15:7; 18:19; 22:42; 26:28; 막 1:30; 5:16, 27; 눅 1:1, 4; 2:17; 24:14; 요 1:7; 7:32; 8:14, 26; 16:25; 행 1:1; 7:52; 21:21, 25; 23:20; 24:10, 25; 25:16; 28:31; 롬 1:3; 15:21; 고전 1:11; 7:37; 8:1; 엡 6:22; 살전 1:9; 4:13; 1Ti 1:7; 딛 3:8; 히 6:9; 11:7, 22; 벧전 1:10; 벧후 1:12; 요일 5:9; 유 3. ⓒ 행동에 대한 자극으로서 상황이나 상태, 사물 또는 사람을 주목하도록 하여 마 2:8; 막 1:44; 눅 4:38; 11:53; 요 16:26; 행 15:2; 25:18;

28:21; 롬 8:3; 고전 1:13 이문; 고후 9:1; 골 4:10; 히 11:20. ~에 관하여 For (= '~을 위하여 in the interest of'), 기도하는 것에 대해 눅 6:28; 행 12:5; 골 1:3; 살후 1:3; 히 13:18; 제사 행위에 대해 10:18, 26. 이유에 초점 맞추어 눅 3:15; 19:37; 24:4; 요 10:33; 벧전 3:18; 유 15. ⓒ 주제를 보여주기 위한 도입 고전 7:1 그리고 고린도전후서에서 자주 ⓑ 대격 지배로, 긴밀한 관계나 위치로 보이는 목적어와 더불어 ㉠ 사람, 다른 사람과 관련하여, ~과 함께, 더불어 with 막 4:10; 눅 22:49; 요 11:19a 이문; 행 13:18. ㉡ 어떤 것과 관계함에서 ~과 연결하여, 대하여 in connection with, about 눅 10:40f; 행 19:25. ㉢ 범위에 대해 ~주변에, 주위에 around, about: 재배되는 나무에 대해 눅 13:8; 신체 부분에 대해 마 3:4; 막 1:6; 9:42; 눅 17:2; 어떤 것이나 다른 사람들로 둘러싸인 사람에 대해, 막 3:34; 행 22:6b; 마을 주변의 지역에 대해 막 3:8. ㉣ 시간적인 근사치에 대해 대략, 거의 about, near 마 20:3, 5, 6, 9; 27:46; 막 6:48; 행 10:3, 9; 22:6a. ㉤ 다른 연결에 대하여 ~관하여, ~관련하여 concerning, in reference to 막 4:19; 빌 2:23; 딤전 6:21; 딛 2:7.

περιάγω [περί, ἄγω] ① 타동사, 어떤 사람을 자신과 함께 여행 과정에 데리고 가는 것에 대해 **데리고 다니다** take around/about 고전 9:5. ② 자동사 어떤 지역을 여행하는 것에 대해 **돌아다니다, 두루 다니다** go around/about 마 4:23; 9:35; 23:15; 막 6:6; 행 13:11.

περιαιρέω [περί, αἱρέω] '어떤 것의 주변에 있거나 붙어 있는 것을 치워버리다', **치우다, 벗기다, 없애다** remove 고후 3:16; 히 10:11; 닻을 **끊어버리다, 빠뜨려버리다** cast off /slip 행 27:40; 아마도 28:13은 τὰς ἀγκύρας을 더하여 이러한 의미로 이해하여야 할 것이다. 확장되어, 수동태 소망이 끝났음에 대해, **떨어져 나가다, 단념되다** be cut off, be abandoned 27:20.

περιάπτω [περί, ἅπτω] 불 **피우다** kindle 눅 22:55.

περιαστράπτω [περί, ἀστράπτω] '빛이 나다' ⓐ 타동사 **에워싸 비추다, 반짝이다** flash/shine all around 행 9:3; 22:6 이문 ⓑ 자동사 **비추다, 반짝이다** flash/shine περί와 더불어, 바울에 초점 맞추어 행 22:6.

περιβάλλω [περί, βάλλω] '둘러 덮다' ⓐ 토루(土壘)에 둘러싸임에 대해: **쌓아올리다, 세우다** cast up, erect 눅 19:43 이문 ⓑ 관사를 동반한 의복을 둘러 입는 것에: 행동에 대해, **걸치다** put on 마 6:31; 막 14:51; 눅 12:27; 요 19:2; 행 12:8; 계 19:8. 어떤 것을 입은 사람의 상태에 대해: περιβέβλημαί (τι) **입다** wear 막 16:5; 계 7:9, 13; 11:3.

περιβαλοῦ, περιβαλῶ, περιβέβλημαι περιβάλλω 제2부정과거 중간태 명령법, 미래 능동태 직설법, 그리고 완료 수동태 직설법.

περιβλέπω [περί, βλέπω] 신약에서 중간태로만, (~를) **둘러보다** look around (at)

περιβόλαιον, ου, τό / περιῆλθον

막 3:5, 34; 5:32; 9:8; 10:23; 11:11; 눅 6:10.

περιβόλαιον, ου, τό [περιβάλλω] '몸의 일부를 덮는 데 사용하는 천으로 만든 어떤 것', **망토** cloak 히 1:12; **덮개** covering 고전 11:15.

περιδέω [περί, δέω] **둘러 감싸다, 감아서 묶다** bind/wrap around 요 11:44.

περιέβαλον περιβάλλω 제2부정과거 능동태 직설법.

περιεδέδετο περιδέω 과거완료 수동태 직설법 3인칭 단수.

περιέδραμον περιτρέχω 제2부정과거 능동태 직설법.

περιεζωσμένος περιζώννυμι 완료 수동태 분사.

περιέθηκα περιτίθημι 제1부정과거 능동태 직설법.

περιελεῖν, περιελεών περιαιρέω 제2부정과거 능동태 부정사 그리고 분사.

περιέπεσον περιπίπτω 제2부정과거 능동태 직설법.

περιεργάζομαι [περί, ἐργάζομαι] **설치는 사람/참견쟁이가 되다** be a busy body/meddler 살후 3:11.

περίεργος, ον [περί, ἔργον; '참견하기 좋아하는'] 형용사에서 비롯된 명사로서, **참견하기 좋아하는 사람, 주변 일에만 관심을 두는 사람** meddlesome. 딤전 5:13. 부적절한 호기심에 관계된 일들에 관하여 τὰ περίεργα 마술 행 19:19.

περιέρχομαι [περί, ἔρχομαι] '불규칙한 모습으로 두루 이동하다', (이리저리로) **두루 다니다** go about (here and there) 행 19:13; 히 11:37. π. τὰς οἰκίας **이 집 저 집으로 쏘다니다** 딤전 5:13; 이리저리로 나가다, **두루 항해하다** work a way around, sail around 분명히 맞바람을 받아 방향을 바꾸어 가며 행 28:13 이문.

περιέστησαν, περιεστώς περιΐστημι 제2부정과거 능동태 직설법 3인칭 복수 그리고 완료 능동태 분사.

περιέσχον περιέχω 제2부정과거 능동태 직설법.

περιέτεμον, περιετμήθην περιτέμνω 제2부정과거 능동태 직설법 그리고 제1부정과거 수동태 직설법.

περιέχω [περί, ἔχω] '소유하여 갖다.' ⓐ 감정적인 경험에 대해 **잡다** take hold of 눅 5:9. ⓑ 확장된 의미로, 문서에 대해 **포함하다** contain 행 15:23 이문; 23:25 이문; π. ἐν γραφῇ "그것은 문서(성서)에 있다" 벧전 2:6.

περιζώννυμι/περιζωννύω [περί, ζώννυμι를 통해서 ζωνή] '허리띠나 장식 띠를 두르다' ⓐ **둘러 매다** gird about, 수동태 눅 12:35; 계 1:13; 15:6. ⓑ 중간태 **(스스로) 동여 매다** gird oneself 눅 12:37; 17:8. 비유로 효율적으로 일을 다루는 준비로 옷을 동이다. 엡 6:14.

περιζωσάμενος, περιζώσομαι περιζώννυμι 제1부정과거 중간태 분사 그리고 미래 중간태 직설법.

περιῆλθον περιέρχομαι 제2부정과거 능동태 직설법.

περιῃρεῖτο περιαιρέω 미완료 수동태 3인칭 단수.
περιθείς περιτίθημι 제2부정과거 능동태 분사.
περίθεσις, εως, ἡ [περιτίθημι] 치장, 꾸밈 putting on, wearing, 자신을 장식으로 꾸미는 것에 대해, 벧전 3:3.
περιΐστασο περιΐστημι 현재 중간태 명령법 2인칭 단수.
περιΐστημι [περί, ἵστημι] ① 둘러 서 있다 stand around (원을 그리고) 요 11:42; 행 25:7. ② 접촉하지 않기 위해서 돌아서는 것에 대한 비유로, ~을 외면하다, 피하다 turn away from, avoid 딤후 2:16; 딛 3:9.
περικάθαρμα, ατος, τό [περικαθαίρω '완전히 깨끗하게 하다'] '깨끗함의 결과로 버려진 것', 쓰레기, 잔해 refuse, debris 고전 4:13.
περικαθίζω [περί, καθίζω: '둘러 앉다', 그러나 대부분 적대적인 의미로, 즉, '포위하다'] 둘러 앉다, 포위하다 sit around 눅 22:55 이문.
περικαλύπτω [περί, καλύπτω] '전부 둘러 덮다', 보이지 않도록 하려고 얼굴을 가리다 cover 막 14:65; 눅 22:64; 성물(聖物)을 금으로 히 9:4.
περίκειμαι [περί, κεῖμαι] '주변의 어떤 위치에 있다', 주변에 있다, 둘러싸다 be around, surround, 맷돌을 막 9:42; 눅 17:2; 비유로 히 12:1. 동사의 주어는 행동을 당하는 사람으로서 수동적으로 취급된다. 행 28:20; 히 5:2.
περικεφαλαία, ας, ἡ [περί, κεφαλή] 투구 helmet, 비유로 엡 6:17; 살전 5:8.
περικρατής, ές [περί, κράτος] 제어하는, 바로잡는 in control 행 27:16.
περικρύβω [περικρύπτω의 나중 형태 '사방을 가리다'] 보이지 않게 감추다 keep out of sight, 목적어로 ἑαυτήν과 더불어 눅 1:24.
περικυκλόω [περί, κυκλόω] 둘러싸다, 포위하다 surround, 포위하는 전략으로 눅 19:43.
περιλάμπω [περί, λάμπω] 두루 비추다, 에워싸듯 비치다 shine around 눅 2:9; 행 26:13.
περιλείπομαι [περί, λείπω; '남다'] 신약에서는 수동태로만, 뒤에 남다, 남아 있다 be left behind 살전 4:15, 17.
περίλυπος, ον [περί, λύπη] '깊은 내면적 고통이나 낙담의 상태에 있는' 몹시 괴로운 very distressed 마 26:38; 막 14:34; 매우 슬픈 very grieved 6:26; 눅 18:23.
περιμένω [περί, μένω] '기대하며 어떤 장소에 머무르다', ~를 기다리다 wait for 행 1:4; 단독으로 기다리다 wait 10:24 이문.
πέριξ [περί의 강화형] 부사 주변, 근방(모두)에 (all) around 행 5:16.
περιοικέω [περί, οἰκέω; '주변에 거주하다'] 이웃에 살다 be in the vicinity 눅 1:65.
περίοικος, ον [περί, οἶκος; '주변에 사는'] 이웃에 있는 in the vicinity, 명사로서

περιούσιος, ον / περισσεία, ας, ἡ

복수 οἱ περίοικοι 이웃들 the neighbors 눅 1:58.

περιούσιος, ον [περί, εἰμί; '남겨져 있는'] **특별히 ~에게 속하는** particularly one's own 딛 2:14.

περιοχή, ῆς, ἡ [περιέχω; '둘러싸인'] '일부분을 구별하여 표시', 기록물의 단락에 대해, **부분, 조각, 단락** part, piece, section 행 8:32.

* **περιπατέω** [περί, πατέω] ① '걷는 행위에 참여하다', **거닐다, 걸어다니다, 걷다** go about, walk about/around, walk 마 4:18; 9:5; 11:5; 막 5:42; 11:27; 눅 11:44; 24:17 (함께 걷다); 요 1:36; 6:19; 10:23; 행 3:8; 벧전 5:8 (돌아다니다); 계 2:1; 3:4; 9:20; 21:24. 비유로 요 8:12; 11:10; 12:35; 히 13:9; 계 16:15; 이 마지막 구절은 더 심화되어 확장된 의미로 연결시켜준다 ② '위 과정에 참여하다', 도덕적으로 적당하거나 비난받을만하거나에 상관없이, **행하다** walk 막 7:5; 롬 6:4과 바울서신에서 자주; 요일 2:11; 요이 4.

περιπείρω [περί, πείρω 특히 고기를 꼬챙이에 꿰는 것에 대하여] **꿰뚫다** pierce through, 꼬챙이에 꿰는 것에 대한 비유로 딤전 6:10.

περιπεσών περιπίπτω 제2부정과거 능동태 분사.

περιπίπτω [περί, πίπτω] '에워싸인 결과에 빠지다', **[도둑 따위]를 만나다** fall among 눅 10:30; 거친 바다에 있는 배에 대해, **곤두박질하다, 별안간 기울다** pitch, εἰς과 더불어 행 27:41; 비유로 시험에 대해, **만나다, 겪다** encounter 약 1:2.

περιποιέω [περί, ποιέω; '안전을 유지하다'] 신약에서 중간태로만, περιποιέομαι **자신을 보존하려고 하다, 안전을 지키려고 애쓰다** secure for oneself 눅 17:33; 행 20:28; 딤전 3:13.

περιποίησις, εως, ἡ [περιποιέω] '안전에 관한 상황' ⓐ **보존함, 얻음** preserving 히 10:39. ⓑ **가지게 됨, 소유, 상속** possessing, possession, 존재하는 실체로서 엡 1:14; 벧전 2:9. ⓒ 인식되는 사건으로서, **차지함, 받아누림** gaining 살전 5:9; 살후 2:14.

περιρεραμμένον, περιρεραντισμένον περι(ρ)ραίνω 완료 수동태 분사 형태들. 그리고 제각기 περι(ρ)ραντίζω.

περι(ρ)ραίνω/περι(ρ)ραντίζω [περί, ῥαίνω] 집중적으로 **온통 뿌리다** sprinkle all over 계 19:13 이문.

περι(ρ)ρήγνυμι [περί, ῥήγνυμι] **찢어 버리다, 찢어 벗기다** tear off 행 16:22.

περισπάω [περί, σπάω; '주위에서 벗어나다' 또는 '전환하다'] 수동태 **분주하다, 몰두하다** be involved 눅 10:40.

περισσεία, ας, ἡ [περισσεύω] '기대를 넘어서는 상태나 상황', **풍부함, 풍성함** abundance 롬 5:17; 고후 8:2; **정도, 확장 범위** expansion 10:15; **나머지, 잔여**

remainder 약 1:21.

περίσσευμα, ατος, τό [περισσεύω] '기대 이상의 것', 가득한 것 fullness 마 12:34; 눅 6:45; 풍요, 잉여 surplus 고후 8:14; 나머지 remainder, 바구니에 넣은 나머지 조각 막 8:8.

περισσεύω [περισσός] ①자동사 '수, 총량, 특징이 정도 이상이 되다' ⓐ 사물 풍부하다, 충만하다 abound, be in abundance 마 5:20; 롬 5:15; 고후 1:5; 빌 1:9; 자라다 grow 행 16:5. 분사구문 τὸ/τὰ π. = 남은 것, 잉여물 the surplus 마 14:20; 15:37; 막 12:44; 눅 9:17; 21:4; 요 6:12. ⓑ 사람, (~에 대해) 풍요롭다, 부유하다 abound (in), be rich (in) 눅 15:17 이문; 롬 15:13; 고후 9:8b; 빌 4:12; 골 2:7; 뛰어나다, 탁월하다 be outstanding, excel 고전 14:12; 15:58; 살전 4:1에서는, 10 μᾶλλον을 더하여 지나치게 많다 superabound는 의미를 불러온다. 롬 3:7에서는 이윤을 얻고, 이득을 보인다 make/show a profit 는 의미로 상업적인 이미지가 나타난 것으로 보인다. 고전 8:8; 고후 8:2, 7; 빌 4:18. ②타동사 풍성하게 하다 cause to abound 고후 4:15; 9:8a; 엡 1:8; 살전 3:12; 수동태: 풍요롭게 될 것이다, 잉여를 누릴 것이다 will be enriched/will enjoy a surplus 마 13:12; 25:29; 남아돌다, 주체하지 못하다 get more than enough 눅 15:17 (περισσεύονται을 수동태로 읽어서).

περισσός, ή, όν [περί] '수, 크기, 특징 면에서 특별한' ⓐ 특별한, 여분의, 풍부한 extraordinary, in surplus, in abundance 마 5:47; 요 10:10; 불필요한 superfluous 고후 9:1. ἐκ περισσοῦ 심하게 extremely 막 6:51. ⓑ 명사로서 τὸ περισσόν 그 이상의 것, 덧붙이는 것 something more 속격을 동반하여 비교하는 측면을 표현하여, 마 5:37; 유익 advantage (=부차적인) 롬 3:1.

περισσότερος, τέρα, ον [περισσός] περισσός의 비교급 '풍요의 기준을 초과하여' ⓐ 형용사로 더 훌륭한, 더 나은 greater 마 11:9; 23:13 이문; 눅 7:26; 고전 12:23, 24; 고후 2:7; 더 중요한 more important 막 12:33; 더 심각한 more severe 40절; 더 more 눅 12:4; 더욱더 all the more 48절; 훨씬 더 even more 고전 15:10; 어느 정도 지나치게 rather in excess 고후 10:8. ⓑ 중성 단수가 부사로 더 열심히 more eagerly 막 7:36; 더욱 분명히 in reinforcement 히 6:17; 훨씬 더 풍부하게 even more abundantly 7:15.

περισσοτέρως [περισσότερος] 부사 비교급 (περισσός을 보라) '훨씬 더 높은 수준으로' ⓐ 비교급 의미, 더욱 more 막 15:14 이문; 고후 11:23; 12:15; 갈 1:14 (바울이 자신의 동포들보다 더욱 열심이 있다); 강화하여 훨씬 더 even more 빌 1:14; 히 2:1; 13:19. ⓑ 최상급 의미로 (절대 최상급 또는 출격(出格) 용법) 특별하게 especially 고후 1:12; 2:4; 7:13, 15; 무엇보다 더욱 (all) the more 살전 2:17.

περισσῶς [περισσός] 부사 '높은 수준으로', 격렬히, 매우 intensely, very 행

περιστερά, ᾶς, ἡ / πέρυσι

26:11; 비교급 의미로 **더욱** (even) more 마 27:23; 막 10:26; 15:14.

περιστερά, ᾶς, ἡ [아마도 외래어] **비둘기** pigeon/dove, 신약에서 언급한 종류나 품종은 결정할 수 없다 마 3:16 등.

περισῴζω [περί, σῴζω] **구조하다** rescue (치명적인 위험에서) 막 6:51 이문.

περιτεμεῖν περιτέμνω 제2부정과거 능동태 부정사.

περιτέμνω [περί, τέμνω; '둘레를 베다'] **할례하다** circumcise 눅 1:59 외에도 자주. 비유로, 세례에 대해 골 2:11.

περιτέτμημαι περιτέμνω 완료 수동태 직설법.

περιτιθέασιν περιτίθημι 현재 능동태 직설법 3인칭 복수.

περιτίθημι [περί, τίθημι] **주변에 위치시키다, 두르다, 둘러 치다** put/place around/on 마 21:33 등. 비유로 **수여하다, 부여하다** bestow, confer, 존중함을 보임에 대하여 고전 12:23.

περιτμηθῆναι περιτέμνω 제1부정과거 수동태 부정사.

περιτομή, ῆς, ἡ [περιτέμνω] ⓵ **할례(割禮)** circumcision ⓐ 제의적 예식으로 요 7:22 등에서. ⓑ 비유로 롬 2:29; 골 2:11. ② ①번에 대해 환유적으로, 할례받은 사람들에 대해: **할례자** circumcision, 모세의 규례를 따르는 이들을 집합적으로 **유대인들** Judeans (유대교인들) 행 10:45; 롬 3:30; 갈 2:7-9; 골 3:11. 하나님에 대한 영적 헌신의 공동체로서 그리스도인에게 비유적으로 적용된다. 빌 3:3.

περιτρέπω [περί, τρέπω; '전환하다'] '반대 방향으로 나가다', **몰아가다, ~하도록 만들다** drive 행 26:24.

περιτρέχω [περί, τρέχω] **이리저리 뛰어다니다** run around/about 막 6:55.

περιφέρω [περί, φέρω] **데리고 다니다** carry about 막 6:55; 고후 4:10; 비유로 엡 4:14.

περιφρονέω [περί, φρονέω] 어떤 사람을 고려의 대상으로 만들고 확장되어 **경멸하다** despise 딛 2:15.

περίχωρος, ον [περί, χώρα] **이웃의, 인접한** neighboring, 명사로서 ἡ περίχωρος (γῆ) 마 3:5을 비롯해서 자주.

περίψημα, ατος, τό [περί, ψάω '문지르다, 닦다 περιψάω으로부터 '깡그리 닦다'] **쓰레기, 찌꺼기** waste product, scum 고전 4:13.

περπερεύομαι [πέρπερος '자랑스러운'] '떠벌이처럼 행동하다', **자랑하다, 뽐내다** boast, brag 고전 13:4.

Περσίς, ίδος, ἡ [여자 노예의 보통 이름, '페르시아인'] **버시, 페르시스** Persis, 문안 인사 목록에서 수고를 많이한 성도 롬 16:12.

πέρυσι [πέρας] **지난 해** last year, ἀπὸ πέρυσι **한 해 전에** a year ago 고후 8:10; 9:2.

πεσεῖν, πεσών, πεσοῦμαι πίπτω 제2부정과거 능동태 부정사, 분사, 그리고 미래 중간태 직설법.

πετεινόν, οῦ, τό [πέτομαι] 새 bird 마 6:26 등 빈번하게.

πέτομαι [산스크리트 연관어] 날다 fly 계 4:7; 8:13; 12:14; 14:6; 19:17.

πέτρα, ας, ἡ [어원은 불분명] 바위 rock ⓐ 하나의 돌과는 다른, 암석 지층 마 7:24f 등 자주. 비유로 16:18. ⓑ 바위의 어떤 조각에 대해 롬 9:33; 벧전 2:8.

** Πέτρος, ου, ὁ [어원은 불분명] 베드로, 페트로스 Peter, Rockman (비교 우리말 '바우, 돌쇠'), 사도들의 목록에서 자주 첫머리에 언급되는 사람의 별칭 마 10:2; 막 3:16; 눅 6:14; 행 1:13; 자주 시몬이라고 언급됨 마 4:18; 16:16; 눅 5:8; 6:14; 요 1:42; 18:10; 21:15; 행 10:5; 11:13; 벧후 1:1 등.

πετρώδης, ες [πέτρα + -ωδης] 돌밭 rocky, 명사로, 표토층이 얇은 암석 지대 τὸ πετρῶδες / τὰ πετρώδη 마 13:5, 20; 막 4:5, 16.

πεφίμωσο φιμόω 완료 수동태 명령법 2인칭 단수.

πήγανον, ου, τό [아마도 πήγνυμι와 관련하여] 운향 rue (ruta chalepensis), 약초의 한 종류 눅 11:42.

πηγή, ῆς, ἡ [어원은 불분명] '쏟아지거나 흐르는 방식으로 나오는 액체를 담고 있는 원천' ⓐ 물을 생산하는 것에 초점 맞추어 샘물 spring 약 3:11; 벧후 2:17; 계 8:10; 14:7; 16:4; 특별히 드러난 샘, 보통 우물 well 로 번역된다 요 4:6. 비유로 샘에 대해 14절; 계 7:17; 21:6. ⓑ 말라버린 샘물에 대한 비유로, 만성적으로 피가 나오는 것에 초점 맞추어, 출혈 flow 막 5:29.

πήγνυμι [산스크리트 연관어; '어떤 장소에 단단히 고정시키다'] 치다, 세우다 pitch, set up, 이스라엘의 제의적인 천막이나 장막에 대해 히 8:2.

πηδάλιον, ου, τό [πηδόν '노의 날'] '선박의 조향 장치', 조종하는 외륜, 방향타 steering paddle, rudder 행 27:40; 약 3:4.

πηλίκος, η, ον [비교 ἡλίκος 그리고 라틴어 qualis '어떤 종류의'] 감탄을 나타내는 대명사적 형용사, 크기에 대해 얼마나 큰가! how large! 갈 6:11; 중요성에 대해, 얼마나 위대한가! how great! 히 7:4.

πηλός, οῦ, ὁ [어원은 불분명] '수분을 머금은 상태의 땅', 진흙 clay, 도공이 사용하는 롬 9:21; 물에 갠 진흙풀 muddy paste 요 9:6, 11, 14f.

πήρα, ας, ἡ [어원 미상] 가죽 가방 leather bag 개인적인 용도나 필요를 위해 여행자가 사용하는 눅 10:4; 22:35f; εἰς ὁδόν 과 더불어 마 10:10; 막 6:8; 눅 9:3.

πηρόω [πηρός '불구의, 장애의'] '신체적인 장애를 불러일으키다', ~을 무능력하게 하다, ~할 능력을 빼앗다 disable, incapacitate 신약에서는 이문과 내적 자아로서 마음에 대한 비유로만 막 8:17; 요 12:40; 행 5:3.

πήρωσις, εως, ἡ [πηρόω] 불구인 상태, 비유로 그리고 이야기의 대조적인 표

사에서 막 3:5 이문.

πῆχυς, εως, ὁ [IE] 규빗 cubit, 45-52cm 정도의 길이 단위 마 6:27; 눅 12:25; 요 21:8; 계 21:17. 마 6:27; 눅 12:25에서는 부가되는 수명이라는 뜻으로 보기도 한다.

πιάζω [πιέζω의 도리아 형태] ① '굳게 붙잡다', 손으로 **잡다** grasp, 행 3:7. ② '통제 하에 있다' ⓐ 사람, **붙잡다, 체포하다** seize, arrest 요 7:30, 32, 44; 8:20; 10:39; 11:57; 행 12:4; 고후 11:32. ⓑ 짐승, **포획하다** catch 요 21:3, 10; 계 19:20.

πίε, πιεῖν πίνω 제2부정과거 능동태 명령법 그리고 부정사.

πιέζω [비교 πιάζω] **내리 누르다** press down, 수동태 눅 6:38.

πίεσαι πίνω 미래 중간태 직설법 2인칭 단수.

πιθανολογία, ας, ἡ [πιθανός '설득력 있는, 그럴듯한'] **설득력 있게 들리는 말** speech that sounds convincing 골 2:4.

πιθός πειθόω에 대해 일부 편집본이 선호하는 철자.

πικραίνω [πικρός] **쓰게 만들다** make bitter 계 8:11; 10:9f; 수동태 확장된 의미로 적대적인 감정을 가짐에 대해, **괴롭히다, 모질게 대하다** become bitter/embittered 골 3:19.

πικρανῶ πικραίνω 미래 능동태 직설법.

πικρία, ας, ἡ [πικρός] **쓴** bitterness 행 8:23; 히 12:15; 적대적인 감정에 대해 확장된 의미로 **쓴말, 독설, 악의** bitterness, animosity 롬 3:14; 엡 4:31.

πικρός, ά, όν [IE; '뾰족한, 날카로운', 또한 다양한 느낌을 주는 측면으로 뜻이 확장되어] **쓴** bitter 약 3:11; 정서적으로 의미가 확장되어 ζῆλος πικρός 고약한 시기 심 14절.

πικρῶς [πικρός] 부사, **심히, 슬프게** bitterly 마 26:75; 눅 22:62.

* **Πιλᾶτος, ου, ὁ** [로마식 이름 'Pilatus'] **빌라도, 필라토스** Pilate = **본디오 빌라도** (Pontius P.), 로마의 유대 총독, 지방장관 주후 26–36년 재위 마 27:2 등에서 자주.

πίμπλημι [비교 πλῆθος] '더 이상 추가할 수 없는 상태에 이르게 하다', **채우다** fill ⓐ 물리적인 사물에 대해 마 22:10; 27:48; 눅 5:7; 비물리적인 사물에 대해: 느낌이나 감정과 관련하여 4:28; 5:26; 6:11; 행 3:10; 5:17; 13:45; 19:29; 성령과 관련하여 눅 1:15, 41, 67; 행 2:4; 4:8, 31; 9:17; 13:9. ⓑ 예정된 순간이나 어떤 일이 일어나기를 바라는 기대가 성취됨을 나타내는 특정시점에 관하여, **끝마치다** come to an end 눅 1:23, 57; 2:6, 21f; **결실을 맺다** come to fruition 21:22.

πίμπρημι [비교 *πρήθω '불어서 부풀리다', '불타다'] 신약에서는 항상 수동태로, **부어 오르다, 붓다** swell up 행 28:6; 여기에서는 "열이 나서 화끈거리다"를 나타낼 수도 있지만 더 치명적인 병은 제시된 맥락에서 신의 보복을 의미하는 것처럼

보인다.

πινακίδιον, ου, τό [πινακίς] **작은 서판**(書板) little writing tablet 눅 1:63.

πίναξ, ακος, ὁ [산스크리트 연관어] 다양한 크기의 가재 도구 항목, **그릇** dish ⓐ 세례 요한의 머리를 담을 수 있는 접시 혹은 쟁반과 관련해, **쟁반** platter으로 번역되는 경우가 많다. 마 14:8, 11; 막 6:25, 28. ⓑ 특정되지 않은 물품에 대하여 눅 11:39.

* **πίνω** [비교 πόμα 그리고 πότος] '액체를 섭취하다', **마시다** drink ⓐ 신체적인 의미로, 보통 물이나 술에 대해 마 6:25; 11:18f; 26:29; 27:34; 막 16:18; 눅 1:15; 12:19; 13:26; 요 4:7; 행 9:9; 23:12; 롬 14:21; 고전 9:4; 10:4, 7, 21, 31; 11:22, 25; 15:32; 계 16:6. ⓑ 의미가 전환되어 마 20:22f; 26:27; 막 10:38f; 요 4:14; 6:53f, 56; 7:37; 히 6:7; 계 14:10.

πιότης, ητος, ἡ [πῖαρ '기름' fat (명사) πίων '살찐' (형용사)을 통해서] **기름짐, 풍요로움** richness, 올리브 나무의 뿌리에서 나온 고급 수액(樹液)의 높은 품질에 관하여 롬 11:17.

πιπράσκω [πέρνημι '판매를 위해 수출하다, 판매하다'] **팔다** sell 마 13:46; 18:25; 요 12:5; 행 2:45; 5:4; 비유로 롬 7:14.

* **πίπτω** ['떨어지다', βάλλω이 담고 있는 개념의 수동태] '상대적으로 높은 위치에서 낮은 곳으로 떨어지다' ⓐ **떨어지다** fall 마 10:29; 13:4f; 15:27; 17:15; 24:29; 눅 10:18; 행 5:5; 9:4; 20:9; 계 6:13; 9:1; **무너지다** collapse 마 7:25; 눅 13:4; 히 11:30. 비유로 **떨어지다** fall 눅 11:17; 행 1:26; 13:11; 계 7:16. ⓑ 예배하거나 간구하는 자세로 **엎드리다** fall (down) 마 2:11; 4:9; 17:6; 26:39; 막 5:22; 요 11:32; 계 4:10; 22:8. ⓒ ⓐ의 개념이 확장되어, 재난을 겪다 **무너지다, 멸망하다** fall/perish 눅 21:24; 고전 10:8; 히 3:17; 약 5:12; 계 2:5; 11:13; 14:8; 관련된 방식으로 ⓓ 도덕적이고 영적인 실패에 대해 **쓰러지다, 넘어지다, 전락하다** fall 롬 11:11, 22; 14:4; 고전 10:12; 13:8; 히 4:11.

Πισιδία, ας, ἡ [어원은 불분명] **비시디아, 피시디아** Pisidia, 밤빌리아 남부 지역에 인접한 고지대 행 13:14 이문; 14:24.

Πισίδιος, α, ον [Πισιδία] **비시디아의, 비시디아 사람** Pisidian 행 13:14.

** **πιστεύω** [πείθω] ① '믿다 또는 확신하다' ⓐ 어떤 것에 대한 책임이나 신뢰성에 관하여, **믿다, ~을 신뢰하다** believe, give credence (to, about) 마 24:23; 막 1:15; 눅 1:20; 24:25; 요 8:24; 9:18; 17:21; 20:31; 행 8:36 [37] 이문; 롬 4:18; 6:8; 14:2; 고전 13:7; 갈 3:6; 살후 1:10b; 자료를 보증하거나 보증하는 사람을 나타내는 대명사의 여격을 동반하여, 마 21:25; 막 16:14; 요 2:22; 4:21; 행 8:12. (ἀγάπη) πάντα πιστεύει **(사랑은) 모든 것을 믿는다** 고전 13:7. ⓑ 어떤 것을 믿는다는 근거가 문맥 가운데 분명히 드러나거나 함축되어서 **믿다, 신앙하다, 확신하**

πιστικός, ή, όν / πίστις, εως, ἡ

다 believe, have faith, be confident 마 8:13; 9:28; 21:22; 막 9:23f; 고후 4:13. ⓒ 자주 하나님이나 예수 그리스도 또는 하나님과 동등한 것(예를 들어 φῶς 같은)이 신뢰의 대상으로 언급되어, **(~을) 믿다, 신뢰하다** believe (in), put trust in 마 18:6; 요 3:15; 4:39; 6:30; 12:11, 36; 14:1; 16:9; 17:20; 행 5:14; 9:42; 16:34; 롬 4:5, 24; 갈 2:16; 3:22; 딤전 3:16; 히 4:3; 벧전 2:7. 일부 분사 구문에서 실제적으로 집합 명사로 사용되어, 단독으로 = **신자들, 성도들** believers, 현재 행 2:44; 롬 3:22; 고전 14:22; 살전 1:7; 살후 1:10a 이문; 유사하게 부정과거 행 2:44 이문; 4:32; 살후 1:10a. ② 어떤 사람이나 사물에 대해 '제공하여 신뢰를 바탕으로 하는 역량을 강화하다' **맡기다, 위탁하다** entrust 눅 16:11; 요 2:24; 수동태 롬 3:2; 고전 9:17; 갈 2:7.

πιστικός, ή, όν [πίστις] 막 14:3; 요 12:3의 π.가 특징을 표현하는 형용사인지, 식물 이름에서 유래한 것인지는 논란이 있다. 그러나 전자가 더 타당성이 있어 보인다. **진짜의, 고품질의** genuine, of high quality.

** πίστις, εως, ἡ [πείθω] ① '다른 이들에 대한 책임 의식의 일관성', **신실함, 충실함** faithfulness, fidelity ⓐ 하나님 롬 3:3; 모범으로서 예수 히 12:2. ⓑ 지속성에 대한 평판을 누릴 것으로 기대할 권리를 가지고 있음을 나타내는 어떤 것에 초점 맞추어, **약속, 보증, 맹세** promise, guarantee, pledge 행 17:31; 딤전 5:12; 딤후 4:7. ② '다른 사람의 신뢰성에 대한 평판이 불러온 신앙이나 확신', 신약에서 분명하게 드러났는지 여부에 상관없이 하나님이나 그리스도께서 도우시거나 구원하심에 초점 맞추어 **신앙, 신뢰, 확신** faith, trust, confidence ⓐ 하나님을 막 11:22; 골 2:12; 살전 1:8; 히 6:1; 11:3 등 11장에 여러 번 나옴; 약 1:6; 5:15; 벧전 1:21; 벧후 1:1; 계 2:13. ⓑ 예수와 관련하여 치유가 일어난다는 확신 마 8:10; 9:2; 15:28; 눅 5:20; 8:48; 18:42; 행 3:16. 대부분 π.는 여러 측면으로 하나님의 구원에 대한 선물로서 그리스도를 믿는다는 의미에서 나온다. 행 26:18; 롬 1:8; 고후 4:13; 10:15; 갈 2:16 등 해당 장에서 여러 번; 엡 1:15; 4:5; 빌 1:27; 3:9; 골 2:5; 살후 2:13; 딤후 3:15; 약 2:1; 벧후 1:1 (위의 ⓐ와 비교) ⓒ 하나님이나 그리스도에 대해 특별히 언급하지 않고, 하나님의 도우심에 대한 믿음의 반응으로서 눅 18:8; 행 6:5; 13:8; 14:9; 롬 3:27f; 4:5, 9; 10:8; 고전 2:5; 15:14; 갈 3:2 그리고 해당 장에서 여러 번; 엡 2:8; 빌 1:25; 골 1:23; 살전 3:2; 살후 1:3; 딤후 1:5; 2:18; 딛 1:1; 히 6:12; 11:1 ('소망하는 바'로서 정의내리는 표현으로 π.); 약 1:3; 2:5; 벧전 1:5. 환유적으로, 하나님의 구원 사역에 대한 믿음은 성도들의 공동체가 공유하는 종류의 반응으로 구체화된다. 갈 1:23; 3:23-25; 딤전 4:1, 6; 6:10; 유 3, 20. 신실함이나 헌신을 강조하여 롬 12:6; 살후 1:4; 딤전 1:19; ὑπακοὴ πίστεως 믿음의 순종= 헌신으로 응답함 롬 1:5; 16:26; 비교 행 6:7. 인품의 측면에서 마 23:23; 고후 1:24; 갈 5:22; 딛 2:10; 비교 딤후 4:7 (위의 ①ⓑ를 보라).

롬 14:22 자신을 가늠하는 비평에 초점 맞추어 **확신, 신념** conviction; 비교 고전 13:13.

* **πιστός, ή, όν** [πείθω] ① '변하지 않는 특징을 가지는' 따라서 신뢰할 가치가 있는, **믿을 만한, 충실한, 신뢰할 수 있는** reliable, faithful, trustworthy 마 24:45; 눅 16:10; 행 13:34; 고전 1:9; 4:2; 7:25; 엡 6:21; 골 1:7; 4:7, 9; 살전 5:24; 딤전 1:12; 3:11; 딤후 2:2, 13; 히 2:17; 3:2; 10:23; 11:11; 벧전 1:21; 4:19; 5:12; 요일 1:9; 계 1:5 과 계시록에서 자주; 명사로서 요삼 5. 자주 기독교의 메시지나 관련된 격려문에 대해서, 고후 1:18; 딤전 1:15; 3:1; 4:9; 딤후 2:11; 딛 1:9; 3:8; 계 21:5; 22:6. ② **(헌신하며) 믿는** believing 요 20:27; 행 16:1, 15; 갈 3:9; 골 1:2; 딤전 6:2; 딛 1:6. 명사로서, **성도, 신자** believer 행 10:45; 고후 6:15; 엡 1:1; 딤전 4:3, 10, 12; 5:16.

πιστόω [πιστός] 수동태 ① **설득력이 있다** be made convincing 살후 1:10 이문 ② '무언가의 신뢰도를 확신하다' **설득되다, 확신하다** be persuaded, be convinced 딤후 3:14.

πίω πίνω 제2부정과거 능동태 가정법.

πλανάω [πλάνη] ① '빗나가게 하다', 진리 또는 행동의 기준에서 사람을 이끌어 낸다는 의미로 **오도하다, 기만하다** mislead, deceive 마 24:4f, 11, 24; 요 7:12; 딤후 3:13a; 요일 1:8; 2:26; 3:7; 계 2:20; 12:9 등 계시록에서 자주. ② 수동태, 자주 능동의 의미로 ⓐ 관례적인 행로에서 물리적으로 이탈함에 대하여 **(길을) 벗어나다** stray 마 18:12f; 벧전 2:25 이문; **방황하다** wander about 히 11:38. ⓑ 비물리적으로, 진리나 행동의 기준에서 벗어난다는 의미로: 비유로 **방황하다** wander 벧전 2:25; 벧후 2:15('길을 잃다'). 물리적으로 벗어난다는 개념에서 은유적으로 확장되어, **길을 잃다, 실수하다** go astray, be mistaken 마 22:29; 막 12:24, 27; 고전 6:9; 갈 6:7; 딛 3:3; 히 3:10; 5:2; 약 1:16; 5:19. 수동적 개념이 지배적으로: 눅 21:8; 요 7:47; 고전 15:33; 딤후 3:13b; 계 18:23.

πλάνη, ης, ἡ [IE] ὁ πλάνος 여성형, '표준 경로에서 방황/배회', 비유로 진실이나 올바른 것에서 멀어짐에 대하여 **탈선, 그릇됨, 실수** deviation, error 롬 1:27; 살후 2:11; 벧후 2:18; 3:17; 요일 4:6; 유 11; ἐκ πλάνης **잘못된 생각에서** through error 살전 2:3; 다르게 ἐκπλάνης ὁδοῦ αὐτοῦ **그의 그릇된 길에서** = 그의 (적절한) 길을 방황하는 것에서 약 5:20; 진리에서 다른 사람이 벗어나도록 하는 의도에 초점 맞추어 **속임수, 사기** deceit 마 27:64; 엡 4:14.

πλανήτης, ου, ὁ [πλάνος] **떠돌이, 방랑자** wanderer, 유 13 형용사 역할을 하는 명사. ἀστέρες πλανῆται **떠돌이 별, 유리하는 별**.

πλάνος, ον [πλάνη을 보라] '개인의 정체를 부정확하게 전하는', **속이는, 사기치는** fraudulent 딤전 4:1; 명사로, **사기꾼, 속이는 자, 협잡꾼** deceiver, imposter, fraud

πλάξ, πλακός, ἡ / πλεονεξία, ας, ἡ

ὁ πλάνος 마 27:63; 고후 6:8; 요이 7.

πλάξ, πλακός, ἡ [신들에게 드리는 둥근 빵이라는 의미를 가진 πέλανος와 비교] '표면을 쓰는데 사용하는', 성서에서는 석판에 대해, **판, 돌판** tablet 히 9:4; 또한 λίθινος '돌로 만들어진'을 덧붙여서 그와 같은 의미로 고후 3:3.

πλάσας πλάσσ 제1부정과거 능동태 분사.

πλάσμα, ατος, τό [πλάσσω] '재료를 성형하여 주어진 어떤 것', **만들어진 물건, 작품** molded piece 롬 9:20.

πλάσσω [πηλοπλάθος에 있는 접미사 '도공(陶工), 옹기장이'] '성형하는 공정을 통해 모양을 만들다', **만들다, 빚다, 짓다** form, mold 롬 9:20; 딤전 2:13.

πλαστός, ή, όν [πλάσσω] 은유적으로 무엇을 만들거나 형성한다는 개념이 확장되어, 속인다는 요소가 지배적으로 **꾸민, 조작한, 위조된** fabricated, forged 벧후 2:3.

πλατεῖα, ας, ἡ [πλατύς; '넓은 곳'] '주요 도로', **거리** street 마 6:5 등.

πλάτος, ους, τό [πλατύς] '좌우로 떨어진 거리', **폭, 넓이** breadth, width 엡 3:18; 계 20:9; 21:16.

πλατύνω [πλατύς] **넓히다** widen 마 23:5; 비유로 고후 6:11, 13.

πλατύς, εῖα, ύ [산스크리트 연관어] **넓은** wide 마 7:13.

πλέγμα, ατος, τό [πλέκω; '짜거나 땋은 것'] 딤전 2:9의 문맥에서: **정교한 머리 장식** elaborate hairdo.

πλείων, πλειόνως, πλεῖστος πολύς를 보라.

πλέκω [비교 라틴어 plecto] **엮다** plait, 관(冠)의 역할을 하는 화환을 만드는 것 마 27:29; 막 15:17; 요 19:2.

πλέον πολύς를 보라.

πλεονάζω [πλέον] ① '총량에 더해지다', **증가하다, 더해지다** increase, 자동사 롬 5:20; 6:1; 고후 4:15; 살후 1:3; 벧후 1:8; 상업적인 은유로, **모으다, 늘어나다** accumulate 빌 4:17. ② '더 많아지게 하다', **넘치게 하다, 충만하게 하다** increase, 타동사 살전 3:12. ③ '일반적인 기준을 넘어서다', **남다, 여분이 있다** have extra, 자동사 고후 8:15.

πλεονάσαι πλεονάζω 제1부정과거 능동태 희구법 3인칭 단수.

πλεονεκτέω [πλεονέκτης] **이용하다** take advantage of 고후 2:11; 분명히 금전 문제와 관련해서 사기 같은 것에 연루되어 7:2; 12:17f; 살전 4:6.

πλεονέκτης, ου, ὁ [πλέον, ἔχω] '다른 사람들을 이용해 먹으려는 의도', 탐욕을 발휘하는 사람; 신약에서 명백히 **사기꾼, 협잡꾼** swindler, scammer의 의미로, 고전 5:10f; 6:10; 엡 5:5.

πλεονεξία, ας, ἡ [πλεονέκτης] ① '적당한 기준 이상으로 무엇인가를 얻으

려는 동기 유발', **탐욕, 허욕**(虛慾) greed, avarice 롬 1:29; 골 3:5; 살전 2:5; ἐν πλεονεξία 탐욕을 부리면서, 탐욕에 빠져 엡 4:19; 벧후 2:3. ② 추상적인 것을 구체화한 환유법으로, '탐욕의 표현이나 드러냄', **탐욕스러운 행동, (금전 등의) 강요, 강탈** greedy act, extortion 막 7:22; 눅 12:15; 고후 9:5; 엡 5:3; 벧후 2:14.

πλευρά, ᾶς, ἡ [어원은 불분명] 사람 신체의 **옆, 옆구리** side 마 27:49 이문; 요 19:34; 20:20, 25, 27; 행 12:7.

πλέω [산스크리트 연관어] 작은 배나 큰 선박을 타고 '물 위로 여행하다', **항해하다** sail 눅 8:23; 행 21:3; 27:2, 6, 24; 계 18:17.

πληγή, ῆς, ἡ [비교 πλήσσω] '강제적인 적용으로 물리적인 위해를 가함' ⓐ 강도들이 저지른 **타격, 때림** blow 눅 10:30. ⓑ 형벌로 치거나 때림에 대해, **때림, 태형**(笞刑) stroke 눅 12:48; 행 16:23; 고후 6:5; 11:23. ⓒ **상처** wound 행 16:33; 계 13:3, 12, 14. ⓓ 큰 재난에 관하여, **재앙** plague 계 9:18 과 계시록에서 자주.

πλῆθος, ους, τό [비교 πλήθω '가득 차다' 와 πίμπλημι] '어떤 종류와 관련해 상대적으로 많은 수' ⓐ 사람: ㉠ 우연히 모인 어떤 집단에 대해서, **군중, 무리** multitude, crowd 막 3:7f; 눅 6:17; 23:27; 행 5:14; 19:9; 21:36. ㉡ 공통의 관심사를 가진 집단에 대해서 눅 1:10; 2:13; 공동체 행 4:32; 6:2; 무리 눅 19:37; 요 5:3; 행 2:6; 14:1; 17:4; 21:22 이문 ㉢ 공식적인 업무를 위한 모임에 대해서 **의회** assembly 눅 23:1; 행 6:5; 15:12, 30; 23:7. ㉠ 특정 지역의 일반적인 사람들에 대해서 **대중** populace 눅 8:37; 행 5:16; 14:4; 25:24. ㉡ 자손의 수가 그렇게 엄청남에 초점 맞추어 히 11:12. ⓑ 사물에 대해: 물고기의 **어획**(漁獲) catch 눅 5:6; 요 21:6; 땔감나무의 **꾸러미** bundle 행 28:3; 죄의 **많음** multitude 약 5:20; 벧전 4:8.

πληθύνω [πληθύω πλῆθος의 이오니아 형태] ① '수적으로 늘어나게 하다', 타동사 ⓐ 능동태 **늘리다, 크게 증가시키다** increase, multiply 고후 9:10; 히 6:14. ⓑ 수동태 마 24:12; 행 6:7; 7:17; 9:31; 12:24; 벧전 1:2; 벧후 1:2; 유 2. ② '점점 수가 늘어나다', 자동사 **수가 늘어나다, 크게 증가하다** increase in number, multiply 행 6:1.

πλήκτης, ου, ὁ [πλήσσω; '때리다'] '싸울 준비가 된 사람, 싸우려는 사람', **싸움질하는 사람, 약한 사람을 괴롭히는 자** bully 딤전 3:3; 딛 1:7.

πλήμμυρα, ης, ἡ [πλήθω '가득차다' (πλῆθος를 보라) + -μυρα (비교 μύρομαι '눈물 흘리다')] '높은 수위의 물', **홍수, 큰 물** high water 눅 6:48.

πλήν [비교 호메로스 ἔμπλην '가까운, ~과 밀접한'] 부사 진술이나 이야기에서 수정 또는 종분절(incremental clause)을 소개하여 ① 접속사 역할을 하여 **더, 더욱** rather 마 11:22; 18:7; 26:39; 눅 6:35; 10:11; 11:41; 12:31; 23:28; **다만, (이를) 제외하고는** 계 2:25; **다른 한편으로는** 눅 18:8; 고전 11:11; 엡 5:33; 빌 3:16; 4:14;

πλήρης, ες / πληρόω

~에 관해서는 눅 19:27; πλὴν ἰδοῦ, **그러나(그런데) 보라!** 22:21; πλὴν ὅτι ~외에는 13:33; 행 20:23; τί γάρ; πλὴν ὅτι **결과는 무엇인가?** 그 사실은… 빌 1:18. 역설적으로, μέν뒤의 귀결절에서, 그러나, **그러나** but 눅 22:22. ② 속격 지배 전치사로 역할하여, ~을 제외하고 except 막 12:32; 행 8:1; 15:28; 27:22.

πλήρης, ες [비교 πίμπλημι] 자주, 격변화하지 않고 ① '무엇이 풍부하게 공급되는 상태 또는 조건에서' ⓐ 무엇을 담을 수 있는 용기에 초점 맞추어, **가득 채워진** filled up 마 14:20; 15:37. ⓑ 어떤 존재의 물리적 또는 도덕적, 영적 상태에 초점 맞추어, 긍정적이든지 부정적이든지, 속격과 더불어, (~으로) **가득한** full (of) 눅 4:1; 5:12; 요 1:14; 행 6:3, 5, 8; 7:55; 9:36; 11:24; 13:10; 19:28. ② '가장 잘 익었을 때', 곡식에 대해 **충분히 잘 익은** full-grown 막 4:28; 상업적 은유로, **전부, 온전히** in full 요이 8.

πληροφορέω [πλήρης, φορέω '끊임없이 견디다, 입다', 비교 φορός '자기 길을 감'] '부족한 것이 없는 어떤 지점에 이르다', 관심 있는 사건이나 일들에 대하여 **결실을 맺다** come to fruition 눅 1:1; 임무나 책임에 대하여, **완벽하게 수행하다** carry out perfectly 딤후 4:5, 17; 내적·지적인 관심에 대해 **완전히 만족하다** be totally satisfied 롬 4:21; 14:5; 골 4:12.

πληροφορία, ας, ἡ [πληροφορέω] '부족함이 없는 상태나 상황', **완전함, 확실함** fullness 골 2:2; 살전 1:5; 히 6:11; 10:22.

* **πληρόω** [πίμπλημι] ① '내용물이 최대한으로 풍부해지게 하다', **채우다** fill ⓐ 사물이나 장소를, 능동태 마 23:32; 요 16:6; 행 2:2; 5:3, 28; 엡 1:23; πληρώσει πᾶσαν χρείαν **(하나님께서) 여러분의 필요를 채울 것이다.** 빌 4:19; 수동태 눅 3:5; 요 12:3; 엡 4:10; 계 3:2. ⓑ 사람, 다양한 축복이나 특성으로, 능동태 롬 15:13; 살후 1:11; 수동태 눅 2:40; 행 2:28; 13:52; 롬 1:29; 15:14; 고후 7:4; 엡 3:19; 5:18; 빌 1:11; 4:18; 골 1:9; 2:10; 딤후 1:4. ② '결실 또는 완성을 가져오다' ⓐ 사물에 대해 ㉠ **완성하다** complete 이야기에서 언급된 다양한 항목 행 19:21. ㉡ **성취되다** fulfill, 예언되거나 일어나도록 계획된 어떤 것에 대해, 능동태 3:18; 수동태 눅 1:20; 21:24; 22:16; 요 7:8; 특별히 성서나 예언의 말씀들 마 2:15; 26:54; 눅 4:21; 24:44; 행 1:16; 13:27; 약 2:23; 자주 마 1:22 등에서 처럼 ἵνα로 이끌어서, 또는 ὅπως가 이끌어 8:17; 13:35. ㉢ 특별한 기간이 **채워지다, 완성되다** fill (up), complete, 수동태 막 1:15; 요 7:8; 행 7:23, 30; 9:23; 24:27. ㉣ **충만하다, 벅차다, 가득하다** fill, complete, 표현이나 준비를 갖춤이 최정점에 이르렀음에 초점 맞추어, 수동태 요 3:29; 고후 10:6; 갈 5:14; 요일 1:4; 요이 12; 계 6:11 (수가 참); **성취하다, 수행하다** fulfill, carry out 롬 8:4. ⓑ 사람, 어떤 것을 실행하는데 완벽하게 **완성하다, 수행하다, 성취하다** complete, carry out, fulfill 마 3:15; 5:17; 눅 7:1; 9:31; 행 12:25; 13:25; 14:26; 롬 13:8; 15:19; 골 1:25; 4:17.

πλήρωμα, ατος, τό / πλουσίως

πλήρωμα, ατος, τό [πληρόω] ① '거기 채워진 결과로서 있는 바' ⓐ **내용물** content 고전 10:26; ἦραν κλάσματα δώδεκα κοφίνων πληρώματα "그들은 열 두 광주리에 이르는 부스러기들을 가져갔다" 막 6:43; 유사하게 8:20; **충만함, 풍성함** fullness 롬 15:29; 엡 3:19. ⓑ 결과물에 초점 맞추어 **조각** patch 마 9:16; 막 2:21; **충만함** fullness, 충만하게 공급된 그리스도의 몸으로서 ἐκκλησία 엡 1:23. ② '최고조의 양', **풍성함** fullness 롬 11:12, 25. ③ '최대한으로 특성을 가진', **완전함** fullness ⓐ 하나님에 대해 골 1:19; 2:9. ⓑ 그리스도 요 1:16; 엡 4:13. ④ '계획한 목표가 달성됨을 표시하는 시간적 단계', **때가 참, 완성** fullness 갈 4:4; 엡 1:10. ⑤ '요구 사항을 완료함', **성취** fulfillment 롬 13:10.

πλήσας, πλησθείς, πλησθῆναι, πλησθήσομαι πίμπλημι 제1부정과거 분사 능동태 그리고 수동태, 제1부정과거 수동태 부정사, 그리고 제1미래 수동태.

πλησίον [πέλας '가까운, ~에 밀접한'] 근접성을 나타내는 역할의 부사 ⓐ 명사로서 (ὁ) πλησίον '근접성이나 환경이 가까운 사람, 또는 단순히 인류의 일원', **이웃** neighbor 마 5:43; 막 12:33; 눅 10:29; 롬 13:10; 엡 4:25. 동료 히브리인에 대하여 행 7:27. ⓑ 속격 지배 전치사로 장소에 대해 **가까이** near 요 4:5.

πλησμονή, ῆς, ἡ [πίμπλημι] **만족, 희열** satisfaction, gratification 골 2:23.

πλήσσω [비교 πληγή] 재앙을 퍼붓는 것에 대하여, **때리다, 타격하다** strike, 수동태 계 8:12.

πλοιάριον, ου, τό [πλοῖον의 지소사] 축소된 측면에 초점 맞추지 않고, **배** boat 막 3:9; 눅 5:2 이문; 요 6:22-24; 21:8.

***πλοῖον, ου, τό** [πλέω] 항해하는 선박에 대해, **배, 선박** ship 행 20:13 등 사도행전에서 자주.; 약 3:4; 계 8:9; 18:19. 복음서에서는 언제나 게네사렛 호수에서 주로 고기잡이를 위해 사용되는 작은 선박에 대해, **배** boat 마 4:21; 막 4:1; 눅 5:2f; 요 6:19.

πλοκή, ῆς, ἡ [πλέκω] (꼬아서 만든) 끈, **수술** braiding, braid 벧전 3:3 이문.

πλόος, 모음 축약되어 πλοῦς, 속격 πλοός, 대격.

πλοῦν, ὁ [πλέω] '물줄기에 길을 내는 것' **도해(渡海), 항해** voyage, sailing 행 21:7; 27:9.

πλούσιος, α, ον [πλοῦτος] (고대 사회에서 물질을 소유하는 것과 지위는 밀접하게 연관되어 있다) '어떤 풍부함을 소유한', **풍부한, 부요한** rich, wealthy ⓐ 중요 자산과 관련하여 마 19:23 등. 명사로서 **부자(富者)** rich man 눅 16:1, 19, 21f; 약 1:10f; 2:6; 계 6:15. ⓑ 소유자와 주인으로서의 그리스도의 지위 (함축적으로 우주의) 고후 8:9 다음으로 의미 전환이 이루어져 ⓒ 비물질적인 자산과 관련하여 약 2:5; 엡 2:4; 계 2:9.

πλουσίως [πλούσιος] 부사 **풍부하게** abundantly 골 3:16; 딤전 6:17; 딛 3:6; 벧

πλουτέω / πνεῦμα, ατος, τό

후 1:11.

πλουτέω [πλοῦτος] '풍부하게 소유하다', **풍부하다, 부요하다** be rich/wealthy ⓐ 물질적 자산과 관련하여 눅 1:53; 딤전 6:9; 계 18:3, 15, 19. ⓑ 우주의 소유주와 주인으로서 하나님의 지위 롬 10:12 다음으로 의미 전환이 이루어져 ⓒ 비물질적인 자산과 관련하여 눅 12:21; 고전 4:8; 고후 8:9; 딤전 6:18. ⓓ 아마도 물질적이고 영적인 상태가 이중적으로 계 3:17f.

πλουτίζω [πλοῦτος] **부자가 되다, 풍성해지다** make rich, enrich ⓐ 비물질적 자산과 관련해서 고전 1:5; 고후 6:10. ⓑ 아마도 물질적이고 비물질적 상태가 이중적으로 고후 9:11.

πλοῦτος, ου, ὁ, 또한 **πλοῦτος, τό**, 그러나 후자는 오직 주격과 대격 명사로만 [산스크리트 연관어] **부**(富) wealth ⓐ 물질적 의미로 마 13:22; 막 4:19; 눅 8:14; 딤전 6:17; 약 5:2; 계 18:17. ⓑ 풍성한 공급에 대한 비물질적인 의미로 롬 2:4 등 바울서신에서 자주; 히 11:26.

πλύνω [IE] **씻다, 세척하다** wash ⓐ 그물에 대해 눅 5:2. ⓑ 개인의 정결에 대한 은유로 계 7:14; 22:14.

** **πνεῦμα, ατος, τό** [πνέω] ① 물리적인 항목에 대해 ⓐ **바람** wind 요 3:8a; 히 1:7. ⓑ **숨, 호흡** breath 살후 2:8. ⓒ **영혼**(靈魂) spirit, 신체적인 움직임에 생기를 주는 힘으로서 마 27:50; 눅 8:55; 23:46; 약 2:26; 계 11:11. π.의 중심 개념은 눈에 보이지 않는 움직이는 힘이나 영향력으로서 이어지는 2~5번 항목에서 환유적으로 포함되어 있다 ② 개인적인 내면과 표현되는 인간 정체성으로서 ⓐ 일반적으로 마 5:3; 26:41; 막 2:8; 8:12; 눅 1:47; 요 11:33; 13:21; 롬 1:9; 고후 2:13. ⓑ σῶμα/σάρξ/ψυχή과 구별되어 고전 5:3; 7:34; 고후 7:1; 살전 5:23; 히 4:12. ③ '육체가 아닌 지각 있는 존재', **영** spirit ⓐ 특정되지 않고 행 23:8f. ⓑ 병걸린 사람 히 12:23. ⓒ 하나님, 그렇게 '영'으로 정의되어 요 4:24. ⓓ 어떤 초월적인 매개체 **영**(靈) spirit ㉠ 도움이 되는 존재들에 대해 히 1:14; 12:9; 계 1:4; 5:6. ㉡ 사악한 존재들에 대해 마 8:16; 막 9:20; 눅 9:39; 10:20. 한정하는 말과 함께: ἀκάθαρτον 막 1:23, 26f; 눅 11:24; 행 5:16; 계 18:2; πονηρόν 눅 7:21; 11:26; 행 19:12f, 15f; ἄλαλον 그리고 κωφόν 막 9:17; πύθων 행 16:16; 또한 다음을 보라 눅 13:11. 벧전 3:19는 아마 반역하는 천사에 대한 언급일 것이다. ⓒ (영육이) 분리된 존재의 상태에 관하여, **영, 유령, 귀신** spirit, apparition, ghost 눅 24:37, 39. ④ '초월적인 힘 또는 표현', **영** spirit ⓐ 보통 자기 현시(顯示)에 대한 언급에서: 하나님 마 3:16; 12:18, 28; 눅 4:18; 행 2:17; 5:9; 롬 8:9b, 14; 고전 2:11b; 고후 3:3; 엡 3:16; 벧전 4:14; 부활하신 다음의 예수 (그리스도)의 영에 대하여 행 16:7; 롬 8:9c; 갈 4:6; 벧전 1:11; 하나님의 자기 현시 또는 대리자를 언급하는 간접적인 방법으로서 πνεῦμα ἅγιον / τὸ πνεῦμα τὸ ἅγιον / τὸ ἅγιον πνεῦμα

성령 holy spirit 마 1:18; 3:11; 12:32; 막 3:29; 눅 2:25f; 10:21; 요 14:26; 행 1:16; 13:4; 16:6; 28:25; 롬 5:5; 9:1; 고전 6:19; 엡 4:30; 살전 1:6; 히 10:15; 벧후 1:21. π. ἅγιον를 독립적인 존재로 이해하기 위해서는 마 28:19 을 보라. ⓑ π. 하나님의 구원을 나타내어 ῥῆμα 엡 6:17. ⓒ π.와 초월적인 연합에서 나타나는 **내적인 특징이나 재능**, spirit ㉠ 다양한 행동이나 상태로 나타나서 눅 1:17; 2:27; 행 6:3, 5; 13:52; 고전 2:4; 7:40; 14:32; 고후 6:6; 엡 1:17; 5:18; 계 22:6. 특정 성격이나 인식에 대하여 롬 8:9a, 15; 고전 4:21; 갈 6:1; 엡 4:23; 벧전 3:4. ㉡ 공동체에서 나타나는 의심스러운 유형에 대해 고전 12:10; 고후 11:4; 살후 2:2; 요일 4:1.

πνευματικός, ή, όν [πνεῦμα] '물리적인 존재나 영향력을 초월하여', **영적인, 신령한** spiritual ⓐ 사람, 특히 영적인 것이나 (하나님의) 성령으로 영향받는 것을 지향하는 고전 2:15; 3:1; 14:37; 갈 6:1; 비교 고전 15:47 이문 ⓑ 사물 롬 1:11; 7:14; 고전 9:11; 10:3f; 15:44 (반의어 ψυχικόν); 엡 1:3; 5:19; 골 1:9; 3:16; 벧전 2:5. 명사로, 영적인 문제 롬 15:27 (반의어 τὰ σαρκικά); 고전 2:13; 9:11; 15:46 (반의어 τὸ ψυχικόν); 영적인 은사 고전 12:1; 14:1. ⓒ 하나님의 관심과 조화를 이루지 못하는 권세들에 관하여 엡 6:12.

πνευματικῶς [πνευματικός] 부사 '영적인 관점으로부터', **영적으로** spiritually 고전 2:13 이문; 14; 예언적인 해석에 초점 맞추어 계 11:8.

πνέω [비교 πνεῦμα] **불다** blow, 바람이 마 7:25 등.

πνίγω [어원은 불확실] '어떤 것이 더 이상 살아 있지 못하도록 단단히 붙잡거나 조르다' ⓐ 사람, **목조르다, 교살하다** strangle 마 18:28; 의미가 전환되어 물 속에서 호흡을 할 수 없음에 초점 맞추어, 수동태 **물에 빠져 죽다** drown 막 5:13. ⓑ 잡초가 무성해져서 피해를 입은 식물에 대해 **숨막히다** choke 마 13:7.

πνικτός, ή, όν [πνίγω] **목 졸려 죽은** strangled, 피를 빼내지 않고 먹으려고 죽인 짐승들에 대해 행 15:20, 29; 21:25.

πνοή, ῆς, ἡ [πνέω] 속도가 다양한 '공기의 운동' ⓐ πν. βιαία **강한 바람** 행 2:2. ⓑ **호흡, 숨** breathing, breath, 사람들에게 주시는 하나님의 선물로서 행 17:25.

ποδαπός ποταπός를 보라.

ποδήρης, ες [πούς; '발에 까지 이르는'] 이 어휘는 일반적으로 의복에 관련되기 때문에, 명사적인 용법으로 자연스럽게 발전했다. 발에까지 이르는 옷이나 예복, **긴 옷이나 예복** a garment/robe that reached to the feet, long garment/robe 계 1:13.

ποδονιπτήρ, ῆρος, ὁ [πούς, νίπτω] **발 씻는 대야** basin for washing feet 요 13:5 이문.

πόθεν [IE, 비교 ποῦ] 의문을 나타내는 부사, 직·간접적으로, 어떤 것에 대한 설명에 대한 대답과 관련하여 다음에 초점 맞추어 ⓐ 방향이나 출처에 대해 **어디에**

ποιέω / ποίησις, εως, ἡ

서, 어느 곳에서 from where, whence, 장소에 대해 마 15:33; 눅 13:25; 요 2:9; 3:8; 6:5; 7:27f; 8:14; 9:29f; 19:9; 계 2:5; 7:13; **원인에 대해** 약 4:1; 그외 마 13:27, 54, 56; 21:25; 막 6:2; 눅 20:7; 요 4:11. ⓑ 방법에 대해, **어떻게 그렇게, 어떻게 ~이 가능할 수 있는가** how is it that, how can it be that 막 12:37; 눅 1:43; 요 1:48.

*** **ποιέω** [산스크리트 연관어] ① '물질적인 것을 생산하다' ⓐ 하나님의 생산에 대해, **만들다, 창조하다** make, create 마 19:4; 눅 11:40; 행 4:24; 7:50; 17:24; 히 1:2; 12:27; 계 14:7. ⓑ 인간의 제조나 건설에 관해, **만들다, 세우다, 건설하다** make, construct 마 17:4; 눅 9:33; 요 2:15; 9:6, 11, 14; 18:18; 행 7:40; 9:39; 롬 9:21; 히 8:5; 계 13:14b. 비유로 마 3:3; 히 12:13. ⓒ 자연적인 성장 과정에 대해 마 3:10; 7:17; 막 4:32; 약 3:12a; 계 22:2; 비유로 마 3:8; 21:43; 눅 3:8. ⓓ 수익을 남김에 대해 눅 19:18. ② '어떤 상태나 상황을 불러오도록 행동하다' ⓐ 의무나 책임을 수행하거나 이익을 가져오려고, **행동하다, 실행하다** do, perform 마 1:24; 5:19, 46f; 요 3:21; 8:39; 12:16; 행 3:12; 롬 13:3; 고전 9:23; 11:24; 갈 2:10; 빌 4:14; 살전 5:11; 딤후 4:5; 딛 3:5; 몬 4; 벧전 2:22; 요일 1:6; 요삼 5; 계 1:6; μνείαν ποιεῖν **언급하다** 엡 1:16; καλῶς ποιεῖν **선한 일 하다** 마 12:12; 행 10:33; 벧후 1:19; 요삼 6. 이적이나 표적을 **행하다** 마 21:15; 요 2:23 등 요한복음에서 자주; 행 6:8; 15:12. ⓑ 유익이 되지 않는 어떤 것을 하는 것에 관하여, **행하다** do 요 8:41; 행 24:12; 롬 13:4; 고전 6:18; 딤전 1:13; 요일 3:4; 계 12:17. 적대적인 존재들이 행하는 표적이나 이적에 대하여 마 7:22; 계 13:13, 14a; 16:14; 19:20. ⓒ 어떤 결과를 초래하는 것에 대하여, **~하게 만들다, 원인이 되다** make, cause to be 마 5:32, 36; 막 1:17; 고전 6:15; 고후 5:21; 엡 2:15; 4:16; 벧후 1:10; 유 3. ⓓ 여러 다양한 상황, 상태, 필요를 다루는 것에 대하여, **하다, 행하다** do 마 20:5; 막 11:3; 15:8; 눅 2:27; 16:8; **처리하다** 마 27:22; **말하다, 주장하다** 요 19:7; **길을 내다** 막 2:23; 지갑을 만들다 눅 12:33; 연회를 준비하다, 베풀다 14:12; 합의하다 행 23:13; 제자를 얻다, 삼다 요 4:1; 유월절을 **축하하다, 지키다** 행 18:21; 히 11:28; 권세를 휘두르다 계 13:5, 12a; **평가하다, 여기다** 마 12:33. 기도에 참여함과 관련하여 (기도)**하다** 눅 5:33; 롬 1:9; 빌 1:4. ἵνα와 더불어, **~를 일으키는 원인이 되다** 계 13:16. ἔξω ποιεῖν **나가게 하다** 행 5:34; μονὴν ποιεῖσθαι = **거처를 함께하다** 요 14:23. ⓔ 특징을 드러내는 것에 대하여 보이다 유 15. ⓕ 어떤 기간동안 뭔가를 하며 지내는 것에 대해 시간을 **보내다** 행 15:33; 18:23; 20:3; 고후 11:25; 약 4:13; **일하다, 노동하다** 마 20:12a.

ποίημα, ατος, τό [ποιέω] '만들어진/생산된 어떤 것' ⓐ **무엇인가 만들어진** 결과물에 초점 맞추어 롬 1:20. ⓑ **작업, 기술** work, workmanship 등 기능적인 측면에 초점 맞추어 엡 2:10.

ποίησις, εως, ἡ [ποιέω] 하기, 행위 doing 약 1:25.

ποιητής, οῦ, ὁ [ποιέω] ⓵ '예술 작품의 제작자, 작가', **시인** poet 행 17:28. ⓶ **준행하는 자** doer, 지시에 따라 실행하는 사람에 대하여 롬 2:13; 약 1:22, 23, 25; 4:11.

ποικίλος, η, ον [산스크리트] '여러 기능을 갖춘' ⓐ 단수 **여러 가지의** manifold, 하나님의 은사에 대해 벧전 4:10. ⓑ 복수 **다양한 종류의** of various kinds 마 4:24 등.

ποιμαίνω [ποιμήν] 이 용어의 역사는 보살피고 다스리는 것과 밀접한 연관성이 있다. '가축의 무리를 보살피다', **돌보다**, (양을) **치다** tend, shepherd ⓐ 양떼를 돌보는 것에 대하여 눅 17:7; 목초지 확보에 중점을 두고 고전 9:7. ⓑ 전환된 의미로 ㉠ 하나님께서 백성을 돌보심에 대하여, 보살핌에 초점 맞추어 마 2:6; 요 21:16; 행 20:28; 벧전 5:2; 계 7:17. ㉡ 자신의 관심사만 돌보는 것에 대하여 유 12. ㉢ 관리하는 측면에 초점 맞추어 계 2:27; 12:5; 19:15.

ποιμάνατε ποιμαίνω 제1부정과거 능동태 명령법 2인칭 복수.

ποιμήν, ένος, ὁ [IE] **목자** shepherd 마 9:36; 25:32; 막 6:34; 눅 2:8; 요 10:2; 의미가 전환되어 관리하는 측면에 초점 맞추어 마 26:31; 요 10:11f, 14, 16; 엡 4:11; 히 13:20; 벧전 2:25.

ποίμνη, ης, ἡ [비교 ποιμήν와 ποιμαίνω] **(양)떼** flock 눅 2:8; 고전 9:7; 의미가 전환되어 마 26:31; 요 10:16.

ποίμνιον, ου, τό [= ποίμνη] **(양)떼** flock, 의미가 전환되어 눅 12:32; 행 20:28f; 벧전 5:2f.

ποῖος, α, ον [비교 ποῦ 그리고 οἷος] 의문대명사 ⓵ 종류 또는 부류와 관련하여, **어떤 종류의?** of what kind? 눅 6:32-34; 9:55 이문; 요 12:33; 18:32; 21:19; 행 7:49; 롬 3:27; 고전 15:35; 약 4:14; 벧전 1:11; 2:20. ⓶ **어떤, 무슨?** which, what? = τίς 마 19:18; 21:23f, 27; 22:36; 24:42f; 막 11:28f, 33; 12:28; 눅 5:19; 12:39; 24:19; 요 10:32; 행 4:7; 23:34; 계 3:3.

πολεμέω [πόλεμος] **전쟁을 벌이다** wage war 계 2:16 등 계시록에서 자주. 과장 되어 약 4:2.

πόλεμος, ου, ὁ [비교 πελεμίζω '충격을 주다, 깊게 영향을 미치다'] '무력 충돌' ⓐ 일반적으로 대치 상황에서 **전쟁** war 마 24:6; 막 13:7; 눅 14:31; 21:9; 히 11:34; 계 11:7; 12:17; 13:7; 19:19. ⓑ 전쟁의 일부분으로서 적대적인 접촉 **싸움, 전투** fight, battle 고전 14:8; 계 9:7, 9; 12:7; 16:14; 20:8; 과장하여 약 4:1.

** πόλις, εως, ἡ [산스크리트 연관어] 인구 중심지에 적용하는 용어로, 인구 규모나 주민 수는 광범위하다. ⓐ **도시, 마을** city, town 마 2:23; 10:5; 막 11:19; 눅 2:39; 8:1; 10:12; 요 1:44; 19:20; 행 8:5; 16:12; 롬 16:23; 고후 11:32; 히 13:14; 약 4:13; 벧후 2:6; 유 7; 계 16:19. 비유로 히 12:22; 비교 상징으로 계 11:8; 18:10과

** **πολιτάρχης, ου, ὁ / πολύς, πολλή, πολύ**

계시록에서 자주. ⓑ 환유적으로, **거주민들** inhabitants 마 8:34; 12:25; 21:10; 막 1:33; 행 14:21; 21:30.

πολιτάρχης, ου, ὁ [πόλις, ἄρχω] **시민 치안 재판관, 읍장** civic magistrate 행 17:6, 8.

πολιτεία, ας, ἡ [πολιτεύω] **시민권** citizenship 행 22:28; 엡 2:12에서도 이런 의미로 볼 수 있지만, 이 구절에서는 **공동체의 삶이나 공동체 경험에 참여** participation in the experience/life of community한다는 의미가 더욱 크다.

πολίτευμα, ατος, τό [πολιτεύω] '정치 세력을 구성하는 외국인' (재배치된 퇴역 군인들의 집단 거주지처럼), **연방, 국가** commonwealth, state, 비유로 지상에 살면서 천국 시민이라고 생각하는 하나님의 백성들에 대해, 빌 3:20.

πολιτεύω [πολίτης] 신약에서는 중간태로만 πολιτεύομαι '정치 체제 안에서 의무감을 가지고 역할을 감당하다', **자신의 삶을 이끌어가다, 스스로 수행하다** lead one's life, conduct oneself 행 23:1; 빌 1:27.

πολίτης, ου, ὁ [πόλις] '도시, 마을, 지역의 거주민', **시민** citizen 눅 15:15; 행 21:39; αὐτοῦ과 더불어 동포 compatriot 눅 19:14; 히 8:11.

πολλά πολύς을 보라.

πολλάκις [πολύς] 부사 **자주, 여러 번** often, many times 마 17:15 등.

πολλαπλασίων, ον, 속격 **ονος** [πολύς] **몇 배로 더, 몇 곱절 더** many times more 마 19:29 이문; 눅 18:30.

πολυεύσπλαγχνος, ον [πολύς, εὔσπλαγχνος, 비교 πολύσπλαγχνος] **몹시 동정하는** very compassionate 약 5:11 이문.

πολυλογία, ας, ἡ [πολυλόγος '말이 많은'] **다변, 장황함** verbosity/wordiness 마 6:7; 눅 11:2 이문.

πολυμερῶς [πολύς, μέρος] 부사 **단편적으로** piecemeal 히 1:1.

πολυπλήθεια, ας, ἡ [πολύς, πλῆθος] **인파, 군중** throng/multitude 행 14:7 이문.

πολυποίκιλος, ον [πολύς, ποικίλος] 예술 작품의 다채로운 색상과 관련된다. 또한 형용사는 비물질적인 것에 대한 의미로 확장되어 적용된다. **풍부한 다양성으로** with rich variety 엡 3:10.

** **πολύς, πολλή, πολύ**, 속격 **πολλοῦ, ῆς, οῦ** [복합적인 어원] '범위가 매우 큰' ⓐ 수를 나타내는 형용사로서, 복수 **많은** many ㉠ 사물이나 짐승에 대하여 마 8:30; 13:58; 막 4:33; 눅 7:47a; 12:7(참새가 몇 마리나 많은지, 당신은 가치가 남다르다), 19; 요 3:23; 11:47; 행 1:5; 5:12; 25:7; 롬 5:16; 딤전 6:9; 히 5:11; 계 1:15; 9:9; 19:12. ㉡ 사람., 막 2:15; 마 7:13; 눅 8:3; 고전 4:15; 8:5; 갈 1:14; 4:27; 요일 2:18; 요이 7. 비교급: πλείονες 엄청난 수로 행 28:23; πολλῷ πλείους

πολύσπλαγχνος, ον / πονηρία, ας, ἡ

더욱 많은 요 4:41. 최상급 행 19:32 이문. 집합적으로 마 4:25; 롬 4:17. ⓑ 형용사로, 수량이나 특징이 높은 수준임을 나타내어 ㉠ 사물이나 짐승에 대해 **많은, 대단한** much, great 마 2:18; 5:12; 9:37; 24:30; 막 13:26; 눅 5:6; 10:40; 요 6:10; 행 22:28; 27:10; 롬 9:22; 고전 2:3; 고후 6:4; 7:4; 8:2; 엡 2:4; 골 4:13; 살전 1:5; 딤후 4:14; 몬 7; 히 10:32; 벧전 1:3; 계 7:9; 19:1; κτήματα πολλά 많은 재산 막 10:22. 확장된 무엇인가에 대하여 **긴**: 연설 행 15:32; 시간, 단수 마 25:19; 요 5:6; ὥρας πολλῆς γενομένης 상당히 늦었을 때 막 6:35a; 유사하게 35b; 복수 πολλοῖς χρόνοις 많은 경우에 눅 8:29. 비교급 πλείων 더 엄청난 요 7:31; 행 4:22; 히 3:3; 계 2:19; **한층 더** 요 15:2; 비교 행 2:40. 시간에 대해, 단수 더 이상 (시간) 18:20; 복수 많은 (날들) 행 13:31. 최상급 πλεῖστος 가장 많이 마 11:20. ⓒ 사람, 위대한, 큰, 커다란 great, large, big, 집합적으로 마 26:47; 막 3:7; 행 11:21. 비교급 πλείων 마 21:36. 최상급 πλεῖστος **가장 많은** most, (집합적으로) 엄청난, 어마어마한 immense, vast 마 21:8; 막 4:1. ⓒ 명사로 ㉠ 사물에 대해, 복수 πολλά **많은 것들** 마 13:3; 막 9:12; 눅 3:18; 요 8:26; 행 2:43; 고후 8:22a. 단수 πολύ **많이** 눅 12:48; 행 27:14; 28:6; 롬 3:2; 고후 8:15; πραθῆναι πολλοῦ 높은 가격에 팔리다 마 26:9. 대격이 부사적인 역할을 하여, **엄청나게, 대단하게** 막 12:27; 눅 7:47b; 행 18:27; 계 5:4; τὸ πλεῖστον **최대한으로** 고전 14:27. 부사와 더불어 πολλῷ μᾶλλον **더욱 많이** 마 6:30; 눅 18:39; 롬 5:10; 고후 3:11; 빌 1:23; 2:12. 중성 복수 대격 πολλά 부사로서 **많이, 대단하게** 마 27:19; 막 3:12; 5:10, 38, 43; 6:20; 롬 16:6, 12; 고전 16:12; 약 3:2. ㉡ 사람, 많은 마 3:7; 7:22a; 26:28; 막 2:2; 10:45; 눅 1:1; 요 19:20; 행 4:4; 롬 16:2; 고전 1:26; 고후 11:18; 12:21; 갈 3:16; 빌 3:18; 딛 1:10; 히 12:15; 약 3:1; 벧후 2:2; 요삼 13; 계 8:11. 관사 동반으로 οἱ πολλοί **많은 사람들** 막 6:2; 고전 10:17, 33; 롬 12:5; 히 12:15 이문. ὡς οἱ πολλοί 많은 사람들처럼 고후 2:17; 대부분 마 24:12. 비교급 행 19:32; 27:12; 고전 10:5; 15:6.

πολύσπλαγχνος, ον [πολύς, σπλάγχθον] '자신의 깊은 내면에서 공감한', **인정 많은, 동정하는** compassionate 약 5:11.

πολυτελής, ές [πολύς, τέλος] '높은 가격이 매겨지는', **매우 비싼** very costly 막 14:3; 딤전 2:9; 은유적으로, **매우 값진** very precious 벧전 3:4.

πολύτιμος, ον [πολύς, τιμή] 가치가 높은 highly valued 마 13:46; 26:7 이문; 요 12:3; 비교급 **더 중요한** more important, 시험하는 과정에 대해 벧전 1:7.

πολυτρόπως [πολύτροπος (πολύς, τρέπω '돌리다') '많이 돌린'] 부사 **여러 방법으로** in many ways 히 1:1.

πόμα, ατος, τό [πίνω] 마실 것, 음료 drink/beverage 히 9:10; 비유로 고전 10:4; 12:13 이문.

πονηρία, ας, ἡ [πονηρός] '해로운 계획을 세우는 사고방식', **교활함, 비열함, 악**

πονηρός, ά, όν / πορεία, ας, ἡ

의 cunning, baseness, maliciousness 마 22:18; 눅 11:39; 롬 1:29; 고전 5:8; 엡 6:12. 복수 다양한 종류의 해로운 계획과 표현 막 7:22; 행 3:26.

* **πονηρός, ά, όν** [πένομαι '애쓰다, 고생스럽게 일하다', 비교 πονέω '고되게 일하다' 그리고 πόνος] ① '사회적 가치가 저열하거나, 용인될 수 있는 도덕적·사회적인 표준에서 벗어남', 그래서 보통 **나쁜** bad 그리고 자주 정직하지 못함에 초점 맞추어; ἀγαθός의 반의어 ⓐ 형용사로. ㉠ 살아 있는 존재들: 인간들 마 12:34, 35a, 45b; 16:4; 눅 19:22; 행 17:5; 딤후 3:13; 악한 영 마 12:45a; 눅 7:21; 행 19:12f. ㉡ 사물에 대해: 요 3:19; 행 18:14; 갈 1:4; 골 1:21; 딤전 6:4; 히 3:12; 약 2:4; 요이 11; 요삼 10; 악한 행동으로 물든 시기 엡 5:16; 6:13 (아마도 천체의 악한 날 개념과 관련하여); 사회적으로 기반을 둔 일종의 자랑 약 4:16. 마 20:15에서 π.는 **부러워하는, 시기하는** envious의 뜻으로 번역될 수 있다. 6:23과 눅 11:34에서 마술을 부리는 '사악한 눈'과 연관된 도덕적 차원의 의미가 암시될 수 있지만, 아래 ③은 두 구절의 내용을 모두 담고 있다. ⓑ 명사로서 ㉠ 살아 있는 존재: 인간 마 5:39, 45; 12:35; 고전 5:13. 초월적인 존재 ὁ πονηρός **악한 자, 악마** 마 13:19; 요 17:15; 엡 6:16; 요일 2:13f; 5:18f; 아마도 마 5:37, 교묘한 속임수에 대한 명성에 초점 맞추어. ㉡ 사물에 대해: (τὸ) πονηρόν 마 5:11 (다른 사람에 대해 맹비난하는 발언); 9:4; 막 7:23; 눅 3:19; 행 25:18; 롬 12:9. ② '품질이 떨어지는', 생산물에 대해, ἀγαθός의 반의어('고품질의') **나쁜, 형편없는** 마 7:17f. ③ '악화되거나 원하지 않는 상태나 조건', 시력이 **나쁜** 신체적인 상태에 대해 마 6:23; 눅 11:34 (①ⓐ㉡을 보라); **치명적인** 고통 계 16:2.

πόνος, ου, ὁ [πονηρός를 보라] ① '감정적인 소모와 관계된 일', **곤란, 고생** trouble, toil 골 4:13. ② '큰 불편에 대한 경험', **고통** 계 16:10f; 21:4.

Ποντικός, ή, όν [Πόντος] **본도의, 본도 출신의** of/from Pontus 행 18:2.

Πόντιος, ου, ὁ [삼니움 사람의 이름 그리고 그에 따른 로마의 종족 gens 또는 부족] **본디오, 폰티오스**(Pontius), 유대 총독 빌라도의 첫째 이름 마 27:2 이문; 눅 3:1; 행 4:27; 딤전 6:13.

Πόντος, ου, ὁ [πόντος '바다'를 사용한 독특한 작명] **본도, 폰토스** Pontus, 소아시아 북동쪽 지역, 현재 흑해라고 불리는 곳에 인접해 있다. 그 일부분이 로마의 속주가 되었다. 행 2:9; 벧전 1:1.

Πόπλιος, ου, ὁ [로마인의 첫 번째 이름] **보블리오, 포플리오스** Publius, 어떤 관리자인 것은 분명하지만, 그 정확한 신분에 관해서는 논란이 있다. 행 28:7f.

πορεία, ας, ἡ [πορεύω] '어떤 목적지에 가는 과정', **이동, 여행** trip, journey 눅 13:22. 이 의미는 약 1:11에서 사업상 여행이라는 뜻으로서 타당하지만, 청중들 가운데서는 더 일반적인 행동의 여정이라는 전환된 의미로 느끼는 경우도 있었을 것이다. (삶의) **방식, 추구** way, pursuit.

πορεύω / πορρώτερον

** **πορεύω** [πείρω '어떤 것을 통해 어떤 것을 이끌다', 비교 πόρος '나르다'; '이동하게 하다'] 신약에서는 중간태와 수동태로만 ① '어떤 지역의 일부분에서 다른 곳으로 이동하다', **가다** go ⓐ 문맥에서 출발점과 목적지가 나타나는 경우가 많으며, 다양한 전치사와 연결된다. **가다, 길을 가다** go, make one's way 마 2:8 등. 요 14:12, 28에서 πορεύομαι = "지금 가는 중이다"(I am on my way) ⓑ 비유로, 자신의 삶을 보내다, **지내다** go 눅 8:14. ⓒ 완서법으로, 죽음으로 향해가는 것에 관하여 **가다, 죽다** go, die 눅 22:22; 비교 33절. ② 윤리적인 의미로 ①이 확장되어, **행하다, 살다, 걷다** conduct oneself, live, walk 눅 1:6; 행 9:31; 14:16; 벧전 4:3; 벧후 2:10; 3:3; 유 11, 16, 18.

πορθέω [아마도 산스크리트 연관어, 비교 πέρθω '황폐하게 만들다'] **전멸시키다** annihilate 행 9:21; 갈 1:13, 23.

πορισμός, οῦ, ὁ [πείρω '어떤 것을 통해 무엇을 이끌다' πορίζω '얻다, 획득하다'에서] **이득의 수단** source of gain 딤전 6:5f.

Πόρκιος, ου, ὁ [(고대 로마의) 세 개의 이름 중 두 번째 이름 또는 종족의 이름] **보르기오, 포르키오스** Porcius, 베스도의 종족명 행 24:27.

πορνεία, ας, ἡ [πορνεύω] '성적 부도덕', **간음, 부정** fornication, unchastity 마 5:32; 19:9; 막 7:21; 요 8:41; 행 15:20; 21:25; 고전 5:1; 6:13; 7:2; 고후 12:21; 갈 5:19; 엡 5:3; 골 3:5; 살전 4:3; 계 9:21. 확장된 비유적 의미에서: 묵시적인 음녀의 행위로 나타난 우상 숭배 행위 계 14:8; 17:2, 4; 18:3; 19:2.

πορνεύω [πέρνημι '팔다' πόρνη에서] **간통하다** fornicate 막 10:19 이문; 고전 6:18; 10:8; 은유적 의미로 사용되지 않았다면, 계 2:14, 20도 여기에 해당된다. 확장되어, 비유적 의미로: 묵시적인 음녀의 행위로 나타난 우상 숭배 행위에 대해 계 17:2; 18:3, 9; 2:14, 20에 대해서는 위를 보라.

πόρνη, ης, ἡ [πορνεύω를 보라] **창녀, 음녀** prostitute/whore 마 21:31f; 눅 15:30; 고전 6:15f; 히 11:31; 약 2:25; 정치적 음행에 대한 묵시적 비유로 계 17:1, 5, 15f; 19:2.

πόρνος, ου, ὁ [πορνεύω를 보라] **간음자, 사통자** fornicator 고전 5:9-11; 6:9; 엡 5:5; 딤전 1:10; 히 12:16; 13:4; 계 21:8; 22:15.

πόρρω [πρό; '앞으로, 떨어진'] 부사 **멀리서, 멀리 떨어져서** at a distance, far (away) 마 15:8; 막 7:6; 눅 14:32; 비교급 πορρώτερον **더 멀리** further 24:28; 여기에서는 πορρωτέρω 이문으로서.

πόρρωθεν [πόρρω] 부사 **좀 떨어져서** at a distance, 즉 서로 상대적인 태도를 취하는 사람의 관점에서 눅 17:12; 사라진 지점에 있는 누군가를 바라보는 바라보는 사람의 입장에서 히 11:13.

πορρώτερον 그리고 **πορρωτέρω** πόρρω를 보라.

πορφύρα, ας, ἡ [어원은 불분명, 라틴어에서 차용 *purpura* '조개, 자주색 염료, 자주색으로 염색된 옷감'] 신약에서는 자주색 염료 자체가 아니라, 자주색 염료로 염색하여 대단히 비싼 고급 옷감이나 의복, **자주색 의복** purple garment 막 15:17, 20; 눅 16:19; 아마도 완성된 의복보다는 옷감 **자주 (옷)** purple (cloth) 계 18:12.

πορφυρόπωλις, ιδος, ἡ [πορφύρα, πωλέω] **자주색 옷감의 중개인** dealer in purple cloth 행 16:14.

πορφυροῦς, ᾶ, οῦν [πορφύρα] ⓐ **자주색** purple 색상 요 19:2, 5. ⓑ 환유적으로, 궁극적인 타락의 표현으로, 자주색으로 염색된 고품질의 옷에 대해 τὸ ποπφυροῦν 계 17:4 ('바빌론'을 상징하는 어떤 여인과 관련하여); 18:16 ('큰 도시'와 관련하여).

ποσάκις [πόσος '어떤 수의'] 의문 부사 **얼마나 자주?** how often? 마 18:21; 감탄사의 의미로 23:37; 눅 13:34.

πόσις, εως, ἡ [πίνω] **음료** drink, 마시는 무언가에 대하여 요 6:55; 행위로서 **마시는 것** drinking 롬 14:17; 골 2:16.

πόσος, η, ον [IE] 수적인 측면의 의문사로 ⓐ 정도나 범위에 초점을 맞추어 **얼마나 많은?** how much? 마 12:12; **얼마나 큰?** how great? 6:23; 히 10:29; 감탄사로 고후 7:11; μᾶλλον과 더불어 **얼마나 더 많이** how much more/rather 마 7:11 그리고 자주; 시간에 대해 **얼마나 오래?** how long? 막 9:21. ⓑ 수에 초점 맞추어, 단수 how much? 눅 16:5, 7; 감탄사로서 15:17; 복수 **얼마나 많이?** how many? 마 15:34; 27:13; 막 6:38; 15:4; 행 21:20.

ποταμός, οῦ, ὁ [비교 πίπτω, πέτομαι] '물의 흐름', **강** river ⓐ 자연의 시내 고후 11:26; 계 8:10; 16:4; 요단강 마 3:6; 강기테스강 행 16:13; 유프라테스강 계 9:14; 16:12. ⓑ **휘몰아치는 물길, 창수(漲水)** 마 7:25, 27; 눅 6:48f. ⓒ 묵시적인 시나리오에서 특별한 강물 계 12:15f. ⓓ 비유로, 그리고 복수로 엄청난 공급에 집중하여 ποταμοὶ ...ὕδατος ζῶντος "…한 생수의 강" 요 7:38.

ποταμοφόρητος, ον [ποταμός, φέρω φορέω '함께 지니다'에서] **강물/물줄기에 휩쓸린** swept away by a river/stream, 거센 물줄기에 휩쓸리는 재난을 묘사하는 극적인 비유로 계 12:15.

ποταπός, ή, όν [ποδαπός의 후대 철자] **어떤 종류의** of what sort/kind, 문맥상 어떤 것이 주는 강한 인상에 초점 맞추어 마 8:27; 막 13:1; 눅 1:29; 7:39; 벧후 3:11; 1 요 3:1.

ποταπῶς [ποταπός] 부사 **어떤 방법으로, 어떻게?** in what way, how? 행 20:18 이문.

πότε [IE, 비교 πόθεν] 시간 의문 부사 **언제** when? 간접적이거나 직접적인 질문에

서 마 24:3; 25:37; 막 13:4; 눅 12:36; 요 6:25; ἕως πότε; **얼마 동안이냐?** 마 17:17 등.

ποτέ [비교 πότε] 다양한 용어로 옮길 수 있는 일반화된 시간을 나타내는 불변화사 **~때** when 눅 22:32; **지나간 시절에, 예전에, 전에는** in time past, once (in time), formerly 요 9:13; 롬 7:9; 11:30; 갈 1:13, 23; 엡 2:2; 골 1:21; 딛 3:3; 몬 11; 벧전 2:10; 3:5, 20; **마침내, 드디어** at (long) last, at length 롬 1:10; 빌 4:10; **언제나** ever 고전 9:7; 엡 5:29; 살전 2:5; 히 1:5; 벧후 1:10, 21. ὁποῖοί ποτε ἦσαν **그들이 무엇이었든지** 갈 2:6.

πότερος, α, ον [산스크리트 연관어] 신약에서는 중성 변화형 πότερον으로 의문사로서 **~인지 아닌지** whether 요 7:17.

ποτήριον, ου, τό [πίνω ποτήρ '마시는 컵'에서] **잔, 컵** cup ⓐ 마시는 데 사용하는 가재도구 마 10:42; 23:25f; 막 7:4; 9:41; 14:23; 고전 10:16, 21; 11:25a; 계 17:4. 환유적으로 내용물이 담긴 컵 눅 22:20b; 고전 11:25b, 26. ⓑ 비유로 ㉠ 운명에 따라 고통과 고난을 당하는 것에 대하여 마 20:22f; 26:39; 막 10:38f; 눅 22:42; 요 18:11. ㉡ 하나님의 심판의 잔에 대하여 계 14:10; 16:19; 18:6.

ποτίζω [πότος πίνω에서] '마시도록 액체를 공급하다', 대부분 물에 관련하여 ⓐ 사람, **마시게 하다** give to drink 마 10:42; 25:35, 37; 27:48; 롬 12:20; 비유로 고전 3:2; 12:13; 계 14:8. ⓑ 짐승, 눅 13:15. ⓒ 식물, 비유로 고전 3:6-8.

Ποτίολοι, ων, οἱ [라틴어 *Puteoli* '유황천'] **보디올, 포티올로이** Puteoli 이탈리아의 나폴리 만에 있는 아름다운 해안 도시, 온천으로 유명하다. 행 28:13.

πότος, ου, ὁ [πίνω] '과음하는 사교 모임', 신약에서는 무절제에 초점 맞추어 **술취함, 향락** drinking bout, wild party 벧전 4:3.

ποῦ [IE] 의문 부사, 직·간접적으로, 어떤 사람이나 사물의 위치에 대한 관심을 표현하여, **어디에(?)** where(?) ⓐ 장소에 대해, 동작을 나타내는 동사없이 **어디(?), 어느 장소에서?(?)** where(?), at which place(?) ㉠ 직접: 마 2:2; 26:17; 막 14:12, 14; 눅 8:25; 17:17, 37; 요 1:38 등 요한복음에서 자주; 롬 3:27; 고전 1:20; 12:17; 15:55; 갈 4:15; 벧전 4:18; 벧후 3:4; 계 2:13. ㉡ 간접: 마 2:4; 막 15:47; 요 1:39 그리고 요한복음에서 자주; 부정어와 함께 οὐκ (οὐχ) ἔχειν ποῦ **자리가 없다(무엇을 이루기 위한)** 마 8:20; 눅 9:58; 12:17. ⓑ 장소에 대해, 동작을 나타내는 동사와 함께 **어디에(?), 어느 곳으로?(?)** where(?), to what place(?), whither(?) ㉠ 직접: 요 7:35; 13:36; 16:5. ㉡ 간접: 3:8; 8:14; 9:12; 12:35; 14:5; 히 11:8; 요일 2:11.

πού [이전 항목과 비교] 부사 자료의 정확도가 중요한 것은 아님을 나타내어, **아마 어쩌면** perchance 행 27:29; **대략** about 롬 4:19; **어딘가에서** somewhere 히 2:6; 4:4. —히 2:16에서 δήπου를 보라.

Πούδης, εντος, ὁ [라틴어 *pudens* '예의 범절이 있는'] **부데, 푸데스** Pudens, 기독교인, 로마식 이름 딤후 4:21.

πούς, ποδός, ὁ / πράσσω

* **πούς, ποδός, ὁ** [비교 산스크리트 *pat*, 라틴어 *pes*] '걷거나 뛰는 데 사용하는 신체 부분', 사람이나 짐승의 **발** foot 마 4:6; 7:6; 18:8; 막 5:22; 9:45; 12:36; 눅 9:5; 24:39; 요 11:2; 20:12; 행 4:35; 5:10; 14:8; 롬 10:15; 고전 12:15; 딤전 5:10; 히 12:13; 계 1:15; 3:9. 발길이로 측정되는 공간에 대해, βῆμα ποδός **발 붙일 만한 땅** a foot of ground 행 7:5. 움직이는 사람의 발에 초점 맞추어 눅 1:79; 행 5:9; 롬 3:15; 엡 6:15. 환유적으로 πούς = 다리 계 10:1. 비유로 **힘이나 권위에 대해** 마 5:35; 22:44; 행 2:35; 롬 16:20; 고전 15:25, 27; 히 1:13; 2:8; 10:13; 계 12:1.

πρᾶγμα, ατος, τό [πράσσω] '책임 있는 당사자(들)의 행동과 연관되거나 가정한 어떤 것', **사건, 일** matter, thing: 사건의 발생이나, 현상 눅 1:1; 히 11:1; 공동체의 대응이나 결정을 요구하는 무엇 마 18:19; 롬 16:2; 고후 7:11 ('일, 사건'); 사업상 거래 행 5:4; 사법적 조치 고전 6:1; 변하지 않는 사실에 대해 히 6:18; 어떤 것의 형상보다 열등한 상태나 상황에 있는 무언가에 대해 10:1; 악한 행위에 대해 약 3:16. ἐν τῷ πράγματι **그 일 가운데** 노예와 관련된 적절한 행동 문제와 관련된 완곡어법 살전 4:6.

πραγματεία, ας, ἡ [πραγματεύομαι] '어떤 계획에 참여함', 신약에서 복수로만, **사업, 일들** undertakings, affairs 딤후 2:4.

πραγματεύομαι [πρᾶγμα] '사업상 관련되다', **교역하다, 장사하다** trade 눅 19:13.

πραθείς, πραθῆναι πιπράσκω 제1부정과거 수동태 분사와 부정사.

πραιτώριον, ου, τό [라틴어 차용어] '지방 총독의 본부', **지방 총독의 관저** the praetorium 마 27:27; 막 15:16; 요 18:28, 33; 19:9; 행 23:35. 바울의 구금 장소가 불확실하기 때문에, 빌 1:13에서 π.이 헤롯의 거처를 의미하는지 로마에 있는 **집정관 경비대**를 의미하는지는 불확실하다.

πράκτωρ, ορος, ὁ [πράσσω] '사법 명령을 수행하는 관리', (형무소) **관리, 교도관** officer 눅 12:58.

πρᾶξις, εως, ἡ [πράσσω] ① '행동과 연관됨', **역할, 기능** function 마 16:27; 롬 12:4. ② 환유법으로, 어떤 일을 수행하도록 기능하게 만든 것과 관련해서 **행동, 행위, 실천** action, deed, practice 눅 23:51; 행 19:18; 롬 8:13; 골 3:9.

πρᾶος πραΰς 다른 형태.

πραότης πραΰτης 다른 형태.

πρασιά, ᾶς, ἡ [πράσον '부추'] **정원 가꾸기** garden plot, 비유로 πρασιαὶ πρασιαί **무리무리로, 그룹 그룹으로** group by group 막 6:40.

πράσσω [복합적인 어원] ① '활동에 관여하다', 생산적인 것에 초점을 맞추어 **행하다, 실천하다, ~에 연관되다** do, perform, engage in 눅 23:15, 41; 요 3:20; 5:29; 행 5:35; 16:28; 19:36; 25:11, 25; 26:20, 26, 31; 롬 1:32; 2:1-3; 7:15, 19;

πραϋπαθία, ας, ἡ / πρεσβύτερος, α, ον

9:11; 13:4; 고전 5:2; 고후 5:10; 12:21; 갈 5:21; **수행하다** 눅 22:23; 행 26:9; 롬 2:25; **~에 대하여, 주의하다** 빌 4:9; 살전 4:11; 마술을 **부리다** 행 19:19; 상업적 의미로 **모으다** 눅 19:23. ② '활동에 종사하다', 자동사, 연관된 방식에 초점 맞추어 **행동하다** act 행 3:17; 17:7. 확장된 의미로 ③ 자동사 개인의 상황이나 조건에 대하여 τί πράσσω 내가 어떤 형편인지 엡 6:21; εὐ πράξετε 여러분은 잘 할 것이다 you will do well 행 15:29.

πραϋπαθία, ας, ἡ [πραΰς, πάσχω] **부드러운 기질, 온유함** gentle disposition 딤전 6:11.

πραΰς, πραεῖα, πραΰ [산스크리트] '온화한 태도의 특징을 가지는', **온유한** gentle 마 11:29; 21:5; 벧전 3:4; **참을성 있는** patient 마 5:5.

πραΰτης, ητος, ἡ [πραΰς; = 같은 의미를 가진 보다 이전 형태 πραότης] '고압적이지 않은 태도', **온유, 겸손, 정중함** gentleness, humility, courtesy 고전 4:21; 고후 10:1; 갈 5:23; 6:1; 엡 4:2; 골 3:12; 딤후 2:25; 딛 3:2; 약 1:21; 3:13; 벧전 3:16.

πρέπω [IE; '눈에 잘 띄다, 뚜렷하다'] **알맞다, 적당하다** be fitting/appropriate 딤전 2:10; 딛 2:1; 히 7:26. 비인칭 동사. **어울리다, 마땅하다** 엡 5:3; 히 2:10; πρέπον ἐστίν 마 3:15; 고전 11:13.

πρεσβεία, ας, ἡ [πρεσβεύω] '협상 사절단', **사절, 사절단** embassy 눅 14:32 (왕이 보낸 대사); **대표단** delegation (시민들의 대표로 보낸 사람들) 19:14.

πρεσβευτής, οῦ, ὁ πρεσβύτης를 보라.

πρεσβεύω [πρέσβυς '노인, 장로'] **사절, 특사 역할을 하다** serve as ambassador/envoy 고후 5:20; 엡 6:20.

πρεσβυτέριον, ου, τό [πρεσβύτερος] ① '원로회, 원로원' ⓐ **산헤드린**, 유대인들의 최고 의회 the Sanhedrin, 눅 22:66; 행 22:5. ⓑ 기독교 공동체의 지도자 회의, **장로회** presbytery, 딤전 4:14.

* **πρεσβύτερος, α, ον** [πρέσβυς '노인, 장로'] ① '나이에 있어 순위가 더 높은', **더 나이든** older ⓐ 다른 사람보다 나이가 더 많은 것에 대하여, 자주 명사적으로 **더 나이든 사람** the older one 눅 15:25; 요 8:9; 행 2:17; 딤전 5:1f. ⓑ 확장되어, 조상들에 대한 존경과 유서깊은 과거의 기억을 연관시켜, 복수로 **장로들, 조상들** elders, ancestors 마 15:2; 막 7:3, 5; 히 11:2. ② '공식적인 책임을 많이 가지고 있는', **장로들** elders ⓐ 유대 관리들: 예루살렘 외부 회의들에서 눅 7:3; 예루살렘에 있는 산헤드린에서 마 16:21; 21:23; 26:47, 57; 27:20; 막 8:31; 눅 9:22; 20:1; 22:52; 행 4:5, 23; 6:12; 25:15. ⓑ 초대교회 모임의 지도자들. 행 11:30; 14:23; 15:2; 딤전 5:17, 19; 딛 1:5; 약 5:14; 벧전 5:1, 5. ⓒ 확장된 의미로, 24명의 천상 회의 구성원들 계 4:4, 10 등 계시록에서 자주. ⓓ 1차 독자들은 공유하고 있었으

πρεσβύτης, ου, ὁ / προαιτιάομαι

나 지금은 알 수 없는 역할을 한 사람. ὁ πρεσβύτερος **장로** 요이 1; 요삼 1.

πρεσβύτης, ου, ὁ [이전 항목과 비교] **노인, 늙은 남자** elderly/old man 눅 1:18; 딛 2:2; 몬 1:9 πρεσβευτής를 **사절, 특사** ambassador 등으로 추정하는 것을 더 선호하기도 한다.

πρεσβῦτις, ιδος, ἡ [πρεσβύτης의 여성형] **늙은 여자** elderly/old woman 딛 2:3.

πρηνής, ές, 속격 **οὖς** [복합적인 어원, πρό이 어떤 역할을 하여] **거꾸로, 곤두박질쳐서** headfirst/headlong 행 1:18.

πρησθείς πίμπραμαι(πίμπρημι) 제1부정과거 수동태 분사.

πρίζω/πρίω [IE] '톱으로 잘라내다', **(톱으로) 썰어내다, 켜다** saw apart, 처형에 서 히 11:37.

πρίν [IE] '특정 행동이나 사건이 일어난 순간보다 이전의 시점에서', **이전에** before ⓐ 접속사 마 1:18 등. ⓑ ἤ와 더불어 전치사로서 마 26:34 이문.

Πρίσκα/Πρίσκιλλα (지소사)**, ης, ἡ** [비교 라틴어 *priscus, -a, -um* '옛'] **브리스길라, 프리스카/프리스킬라** Prisca, Priscilla 남편 아퀼라(Aquila)와 함께 사업하는: Πρίσκα 롬 16:3; 고전 16:19; 딤후 4:19; Πρίσκιλλα 행 18:2, 18, 26.

πρίω πρίζω를 보라.

πρό [IE] 속격과 더불어 우선함을 나타내는 표시 ⓐ 공간적으로, **앞에, 전(前)에** ahead, before 마 11:10; 눅 1:76 이문; 7:27; 행 12:6, 14; 14:13; 약 5:9. 히브리적 표현 막 1:2; 눅 9:52; 10:1; 행 13:24 은 다음으로 이어져서 ⓑ 시간적으로, **보다 앞서, 이전에** earlier than, before 마 5:12; 6:8; 8:29; 24:38; 눅 2:21; 11:38; 22:15; 요 11:55; 행 5:36; 21:38; 23:15; 롬 16:7; 고전 2:7; 4:5; 갈 1:17; 2:12; 엡 1:4; 골 1:17; 딤후 1:9; 4:21; 딛 1:2; 히 11:5; 유 25. ⓒ πρὸ πάντων **만물보다 우선하는** 약 5:12; 벧전 4:8.

προαγαγεῖν προάγω 제2부정과거 능동태 부정사.

προάγω [πρό, ἄγω] ① '책임지고 한 장소에서 다른 곳으로 가져오다', **끌어내다, 데리고 나가다** lead/bring out 행 12:6; 16:30; 17:5; 법률 용어로 25:26. ② '앞서 가다 또는 앞서 오다', **앞서다, 선행하다** precede ⓐ 공간적으로 마 2:9; 21:9; 막 10:32; 11:9; 눅 18:39; 비유로 뒤에 남겨두려고 앞서감에 대하여 요이 9. ⓑ 시간적으로 마 14:22; 21:31; 26:32; 28:7; 막 6:45; 14:28; 16:7; 비유로 어떤 경계를 넘어가는 것에 대하여 딤전 1:18; 5:24; 히 7:18.

προαιρέω [πρό, αἱρέω] 신약에서 항상 중간태로, '~을 선호하다', **선택하다, 결정하다** choose, decide 고후 9:7.

προαιτιάομαι [πρό, αἰτία] '먼저 기소를 표명하다', **이미/이전에 고소하다** already/previously charge, 앞선 언급에서 롬 3:9.

προακούω [πρό, ἀκούω] 앞서/먼저 듣다 hear previously/before, 즉 현재 진술에 앞서서 골 1:5.

προαμαρτάνω [πρό, ἀμαρτάνω] 이미/이전에 죄짓다 already/previously sin, 완료 분사 계속되는 상황을 나타내어 고후 12:21; 13:2.

προαύλιον, ου, τό [πρό, αὐλή] '거주지 앞에 있는 장소', **입구, 현관** gateway, vestibule 막 14:68.

προβαίνω [πρό, βαίνω '걸음하다'] '어떤 장소에서 앞으로 이동하다' ⓐ 공간적으로 **앞으로 가다, 계속 가다** go ahead/on 마 4:21; 막 1:19. ⓑ 비유로 그리고 완료 분사로 수년 동안의 발전함을 나타내어, **진보하다, 발전하다** advance 눅 1:7, 18; 2:36.

προβάλλω [πρό, βάλλω] '앞쪽으로 밀어 올리다' ⓐ **(앞으로) 밀어내다** put forward, 사람에 대해, 무리가 공개적으로 드러내어 행 19:33. ⓑ **돋아나다** shoot, 새로운 성장을 하는 식물에 대해 눅 21:30.

προβάς προβαίνω 제2부정과거 능동태 분사.

προβατικός, ή, όν [πρόβατον] **양과 관련된** pertaining to (a) sheep, 요 5:2 πύλη이 더해져서: ἡ προβατική 예루살렘 북쪽 성벽에 위치한 **양문**(羊門) sheepgate.

προβάτιον, ου, τό [πρόβατον] πρόβατον 지소사 양 'lamb', 저자들이 지소사의 의미 없이 사용하는 경우가 많다. 여기서는 προβάτιον의 비유적인 용법으로 연령과 관계없이 친근함을 나타내는 용어로 이해할 수 있을 것 같다, **양** lamb 요 21:16 이문, 17 이문.

πρόβατον, ου, τό [προβαίνω] **양** a sheep ⓐ 목자의 보살핌 가운데 있는 짐승에 대하여 마 7:15; 막 6:34; 눅 15:4, 6; 요 2:14f; 행 8:32; 롬 8:36; 벧전 2:25 (ὡς는 일반적인 양을 타락한 인간을 이해하는 예시로 소개한다); 계 18:13. ⓑ 확장된 의미로 사람, 지도자, 목자의 보살핌을 받는 마 10:6; 15:24; 25:32f; 요 10:7 등 요한복음에서 자주; 히 13:20.

προβεβηκώς προβαίνω 완료 능동태 분사.

προβιβάζω [πρό, βαίνω '걸음하다'] **~을 격려하다, 응원하다** urge on 마 14:8; 행 19:33 이문.

προβλέπω [πρό, βλέπω] 신약에서 중간태로만, '미리 내다보다', **앞서 계획하다, 예비하다** plan ahead 히 11:40.

προγίνομαι [πρό, γίνομαι] **이미 일어나다, 발생하다** happen/take place before, 과거에 저지른 죄에 관하여 롬 3:25.

προγινώσκω [πρό, γινώσκω] ① '중요한 사항에 대해 미리 알다' ⓐ 개인적인 친분을 통해, **전부터 알고 있다** be previously acquainted with 행 26:5. ⓑ 정보

πρόγνωσις, εως, ἡ / προεῖπον, προείρηκα

를 미리 받아서, ~에 대하여 미리 알다 already know about 벧후 3:17. ② '장기적인 계획의 일부를 염두에 두다', **계획을 세우다, 미리 알고 있다** have plans for, know before, 히브리적인 인식이 깊게 들어가서 벧전 1:20; 롬 8:29; 11:2, 사 46:8-13은 하나님의 백성들이 특정한 성취를 기다리고 뜻 깊은 의도를 가지도록 하나님이 백성을 선택하셨다는 것을 표현하는 바울의 π.의 용례들의 모체가 된다.

πρόγνωσις, εως, ἡ [πρό, γνῶσις] '마음 속에 품은 상태', **계획, 목적** plan, purpose, 무언가 우발적으로 일어남에 상대적으로 (προγινώσκω ②를 보라) 행 2:23; 벧전 1:2.

πρόγονος, ον [πρό, γόνος '자손', 비교 γίγνομαι] 신약에서는 오직 복수 명사로 οἱ πρόγονοι, 친족 관계의 정도를 나타내는 문맥에서 ⓐ **선조, 부모** forebears, parents, 부모와 조부모가 함축되었다 딤전 5:4. ⓑ **조상들** ancestors, 정도가 확장되어 딤후 1:3.

προγράφω [πρό, γράφω] ① '미리 기록된', **예전에 써놓다** write about before 롬 15:4; **전에 기록하다** write previously 엡 3:3; **써놓기 전에 알리다** announce before in writing 유 4. ② '널리 알리기 위해 준비하다', **그리다, 묘사하다** depict, portray; 또는 더 좁게 정의된 뜻으로, **게시하다, 간판을 내걸다** to placard 는 뜻으로 보인다. 갈 3:1.

πρόδηλος, ον [πρό, δῆλος '분명한, 눈에 띄는'] '더 깊은 정보가 필요없이', **뚜렷한, 극명한** conspicuous, manifest 딤전 5:24f; **명백한** evident 히 7:14.

προδίδωμι [πρό, δίδωμι] ① '주는 것에 앞서다', **먼저 드리다** give first 롬 11:35. 주는 것에 대한 우선성의 개념은 다음과 같은 확장된 의미로 이어진다 ② '포기하도록 하다', **배반하다** betray 막 14:10 이문.

προδότης, ου, ὁ [προδίδωμι] **배반자, 반역자** traitor/betrayer 눅 6:16; 행 7:52; 딤후 3:4.

προδραμών προτρέχω 제2부정과거 능동태 분사.

πρόδρομος, ον [προτρέχω 부정과거 형태 δραμεῖν에서] '다른 사람보다 앞서 가는 사람', 신약에서는 명사로만 **선구자, 선도자** forerunner, precursor 히 6:20.

προέγνων προγινώσκω 제2부정과거 능동태 직설법.

προέδωκα προδίδωμι 제1부정과거 능동태 직설법.

προεθέμην προτίθημι 제2부정과거 중간태 직설법.

προεῖδον προοράω 제2부정과거 능동태 직설법.

προεῖπον/προείρηκα [πρό, εἶπον] ① '그것이 일어나기 전에 어떤 일에 대해 말하다', **예고하다, 미리 말하다** foretell, tell beforehand 마 24:25; 막 13:23; 행 1:16; 롬 9:29; 고후 13:2(과거 진술과 προλέγω으로 표현한 현재 진술을 병행

προείρηκα, προείρημαι / προῆλθον

하여); 벧후 3:2; 유 17. ② '전에 말한 것을 표현하다', 구두로, **앞서 말하다, 전에 말하다** say before/previously 갈 1:9; 살전 4:6; 앞서 쓴 부분 고후 7:3(3:2; 6:11을 보라); 히 4:7; 10:15 이문 또한 προλέγω를 보라.

προείρηκα, προείρημαι προεῖπον 완료 직설법 능동태 그리고 중간태.

προέλαβον προλαμβάνω 제2부정과거 능동태 직설법.

προελθών, προελεύσομαι 제2부정과거 능동태 분사 그리고 미래 중간태 직설법.

προελπίζω [πρό, ἐλπίζω] **전부터 소망하다, 바라다** hope beforehand, 성취에 대한 기대감을 가지고 헌신함에 대해 엡 1:12.

προενάρχομαι [πρό, ἐν, ἄρχομαι; '앞서 시작하다'] 앞서 출발함에 대하여, **시작하다** begin 고후 8:6, 10.

προεπαγγέλλω [πρό, ἐπί, ἀγγέλλω] **미리 약속하다, 전에 약속하다** promise beforehand/previously, 중간태 롬 1:2; 수동태 고후 9:5.

προεπηγγείλατο, προεπηγγελμένη προεπαγγέλλω 제1부정과거 중간태 직설법 3인칭 단수 그리고 완료 수동태 분사 여성.

προέρχομαι [πρό, ἔρχομαι] '진행하는 과정에서 앞선 자리에 서다' ⓐ 앞에 놓인 방향으로 나가는 것에 대하여, **나가다, 전진하다** go forward 마 26:39; 막 14:35; 행 12:10. 전방에 놓인 위치로 이동함에 대해, **답하여 나오다** come in answer 12:13 이문 ⓑ 앞으로 나가는 중 선두가 됨에 중점을 두어, **앞장 서 오다** go before 눅 22:47. ⓒ 나가는 가운데 다른 사람보다 앞선 것에 초점을 맞추어, **앞서다** go ahead 막 6:33; 눅 1:17; 행 20:5, 13; 고후 9:5.

προεστώς προΐστημι 완료 능동태 분사.

προετοιμάζω [πρό, ἑτοιμάζω] **미리 준비하다, 예비하다** prepare beforehand 롬 9:23; 엡 2:10.

προευαγγελίζομαι [πρό, εὐαγγελίζομαι] **기쁜 소식을 미리 알리다** announce good news in advance, 결국 "복음을 미리 전했다" pregospelize 갈 3:8.

προέχω [πρό, ἔχω] 복잡한 역사를 가진 동사; 신약에서는 자동사로만 **능가하다, 탁월하다** surpass/excel는 의미로 또한 προέχομαι 형태로, 롬 3:9의 문맥에서는 수동태로, 의미는 "우리는 우리의 이점을 잃어가고 있습니까?"다.

προήγαγον προάγω 제2부정과거 능동태 직설법.

προηγέομαι [πρό, ἡγέομαι] **앞장서다** go before, τῇ τιμῇ ἀλλήλους προηγούμενοι "존경하기를 서로 먼저하다" 롬 12:10. π.는 ἡγέομαι이 '생각한다, 여긴다'는 의미를 가지는 것에 기초하여 "존경에 대해서는 각자 (자신보다) 다른 사람을 더 가치 있다고 여기게 하여"라고 해석하기도 한다.

προῆλθον προέρχομαι 제2부정과거 능동태 직설법.

προήλπικα / προκαταγγέλλω

προήλπικα προελπίζω 완료 능동태 직설법.

προημαρτηκόσιν, προημαρτηκότων προαμαρτάνω 완료 능동태 분사 여격 그리고 속격 복수.

προῄρηται προαιρέω 완료 중간태 직설법 3인칭 단수.

πρόθεσις, εως, ἡ [πρό, θέσις '배경, 장소'] ① '이스라엘 제사의 중심인 성소에 차려놓은 빵', **차려놓음, 바침** setting forth, presentation οἱ ἄρτοι τῆς προθέσεως **(하나님께) 바치는 빵, 진설병(陳設餠)** 마 12:4; 막 2:26; 눅 6:4. ἡπ. τῶν ἄρτων 히 9:2, 여기에서 π.는 환유적으로 상이나 빵덩어리 어느 쪽이든 바치는 면에 초점 맞추어. ② '마음 속에 어떤 계획이나 고안을 세우다', **목적, 의도** purpose, intent 행 11:23; 27:13; 롬 8:28; 9:11; 엡 1:11; 3:11; 딤후 1:9; 3:10.

προθεσμία, ας, ἡ [이전 항목과 비교] προθέσμιος '정해진'의 여성형에서 만들어진 명사로, ἡμέρα가 덧붙여져, **정해진 날** appointed day 갈 4:2.

προθυμία, ας, ἡ [πρόθυμος] '최선을 다함에 보이는 관심이 특별한 상태', **선의** goodwill 행 17:11; **준비가 되어 있음, 기꺼이 함** readiness, willingness 고후 8:11, 12, 19; 9:2.

πρόθυμος, ον [πρό, θυμός] '최선을 다하려는 열정으로 가득찬', **열렬한, 적극적인** eager, willing 마 26:41; 막 14:38. 중성 명사로 τὸ κατ' ἐμὲ πρόθυμον **내가 가진 열망** 롬 1:15.

προθύμως [이전 항목과 비교] 고대 세계에서 은인에게 자주 사용하는 부사, **몹시 원하는 마음으로, 기꺼이** set on rendering service, freely 벧전 5:2.

προϊδών προοράω 제2부정과거 능동태 분사.

πρόϊμος, ον [비교 부사 πρωΐ] **이른** early, 명사로서 πρόϊμος = **이른/겨울비** early/winter rain (보통 10월에 일찍 시작하는) 약 5:7.

προϊνός πρωϊνός의 다른 형태.

προΐστημι [πρό, ἵστημι] ① '이끄는 위치에 있다', **지도하다, 진두에 서도** direct, be at the head (of) 살전 5:12; 딤전 3:4f, 12; 5:17. ② '관심을 가지다' (그리스-로마 사회에서 대중을 대신하여 공적인 봉사를 한 사람에게는 특별한 찬사가 더해졌다) **도움을 베풀다** give aid 롬 12:8; **참여하다, 힘쓰다** engage in 딛 3:8, 14.

προκαλέω [πρό, καλέω] 신약에서 중간태로만, '앞으로 나오도록 부르다', **도전하다, 싸움걸다** challenge, 상대보다 앞서려는 것에 대해 갈 5:26.

προκαταγγείλαντας, προκατήγγειλεν 다음 항목의 제1부정과거 능동태 분사 남성 대격 복수 그리고 제1부정과거 능동태 직설법 3인칭 단수.

προκαταγγέλλω [πρό, καταγγέλλω] 그것이 일어나기 전에 어떤 일을 알림에 대해, **예고하다, 미리 알리다** foretell 행 3:18; 7:52.

προκαταρτίζω [πρό, καταρτίζω] 미리 준비하다 get ready in advance 고후 9:5.

προκατέχω [πρό, κατέχω] 이전에 소유하다 have in possession previously προκατέχομεν περισσόν; "우리가 나은 점이 있는가?" 롬 3:9 이문.

πρόκειμαι [πρό, κεῖμαι] ① '(어떤 사람보다) 장소에 미리 있다' ⓐ 존재함에 초점 맞추어 **거기 있다** be there 고후 8:12. ⓑ 하나를 기다리는 무언가과 관련하여, **앞에 놓이다** be set before 히 6:18; 12:1f. ② '다 볼 수 있게 되다', **제시되다** be set forth 유 7.

προκηρύσσω [πρό, κηρύσσω] 공개적으로 선포하다 proclaim publicly 행 13:24.

προκοπή, ῆς, ἡ [πρό, κοπή] 발전, 진전 advancement/progress 빌 1:12, 25; 딤전 4:15.

προκόπτω [πρό, κόπτω] '상황이나 상태가 앞으로 나아가다', **진전하다, 발전하다** advance ⓐ 점점 물러가는 밤에 대해 롬 13:12. ⓑ 내외부적으로, 또 더 개선되는 것이든, 악화되는 것이든 개인적인 발전에 대하여 눅 2:52; 갈 1:14; 딤후 2:16; 3:9, 13.

πρόκριμα, ατος, τό [πρό, κρίμα] '편견에 의한 판단', **편견** prejudgment 딤전 5:21.

προκυρόω [πρό, κυρόω] 예전에 비준하다, 승인하다 ratify/confirm previously 갈 3:17.

προλαμβάνω [πρό, λαμβάνω] ① 미리 취하다, 행하다 take beforehand 막 14:8; 고전 11:21. ② **엄습하다, 갑자기 다가오다** overtake, 놀라움의 요소와 더불어, 수동태 갈 6:1.

προλέγω [πρό, λέγω] 미리 말하다, 앞서 말하다 tell beforehand/in advance 고후 13:2; 갈 5:21; 살전 3:4.

προλημφθῇ προλαμβάνω 제1부정과거 수동태 가정법 3인칭 단수.

προμαρτύρομαι [πρό, μαρτύρομαι] '미리 증거를 제시하다', **미리 증거하다, 예언하다** attest, predict 벧전 1:11.

προμελετάω [πρό, μελετάω] 미리 연습하다, 예행 연습하다 practice/rehearse beforehand, 어떤 일이 있기 전에 말하는 것을 준비함에 대하여 눅 21:14.

προμεριμνάω [πρό, μεριμνάω] 미리 생각하다, 염려하다 be concerned/anxious beforehand 막 13:11.

προνοέω [πρό, νοέω] 생각하다 give thought to ⓐ 사려 깊은 돌봄에 초점 맞추어 딤전 5:8. ⓑ 드러나는 행동에 초점 맞추어 롬 12:17; 고후 8:21.

πρόνοια, ας, ἡ [πρόνοος (πρό, νοῦς) '신중한'] 미리 생각함 forethought ⓐ 사익 추구에 대해 롬 13:14. ⓑ 공익에 대한 관심으로 행 24:2.

πρόοιδα / πρός

πρόοιδα [πρό, οἶδα] 미리 알다, 앞서 알다 know beforehand/previously 행 2:31 이문.

προοράω [πρό, ὁράω] '앞에 있는 것을 보다' ⓐ 공간적인 의미로, 중간태 (드문 용법이지만, 여기에서는 관찰자의 경험에 초점 맞추고 있다) **(누구를) 미리 보다** see before (one) 행 2:25. ⓑ 시간적 의미로, **예측하다** foresee 2:31; 갈 3:8. ⓒ 시간과 공간이 조합되어, **전에 보다** see previously 행 21:29.

προορίζω [πρό, ὁρίζω] 미리 **결정하다** determine beforehand 행 4:28; 롬 8:29f; 고전 2:7; 엡 1:5, 11.

προπαθόντες 다음 항목의 제2부정과거 능동태 분사 남성 복수.

προπάσχω [πρό, πάσχω] 미리, 전에 경험하다 suffer before/previously 살전 2:2.

προπάτωρ, ορος, ὁ [πρό, πατήρ] **조상, 선조** ancestor, 백성의 창시자로서 역할에 초점 맞추어 롬 4:1.

προπέμπω [πρό, πέμπω] '여행에 도움을 제공하다' ⓐ **호위하다** escort 행 20:38; 21:5. ⓑ **길을 서두르다** speed on one's way, 물품 공급과 언제든지 접촉할 수 있는 제안을 암시하여 행 15:3; 롬 15:24; 고전 16:6, 11; 고후 1:16; 딛 3:13; 요삼 6.

προπετής, ές, 속격 **οὖς** [προπίπτω '쓰러지다, 앞으로 넘어지다'] 신약에서는 굴러 떨어지거나 앞으로 넘어지는 이미지와 관련해서 **성급한, 신중하지 못한, 경솔한** 행 19:36; 딤후 3:4.

προπορεύομαι [πρό, πορεύομαι] (~보다) **앞서 가다** go in advance (of) 눅 1:76; 행 7:40.

*** **πρός** [IE] ① 대격 지배, 이 전치사는 주로 어디로 들어가는 것보다는 관계를 암시하여 방향이나 목표를 표시하는 데 사용한다. ⓐ 이동이나 위치를 나타내는 동사와 더불어 ㉠ 사람과 관련하여, 자주 눈에 보이는 위치로, **~으로, ~향하여**, to, toward 마 2:12; 11:28; 13:2; 26:57; 막 1:5; 3:8; 눅 4:26; 16:26; 요 1:29; 행 10:21; 11:30; 25:21; 롬 1:10; 고전 2:1; 고후 12:14; 갈 1:17; 엡 6:22; 빌 2:25; 골 4:10; 살전 2:18; 딤후 4:9; 딛 3:12; 요이 10; 계 10:9; 12:5; ~에 for 행 9:2; **~바로 앞에** next to 5:10b. ㉡ 사물과 관련하여 **~으로, ~향하여** to, toward 고전 12:2; 고후 3:1; 살전 1:9; 계 12:5b; ~에 at 막 1:33; 5:22; 11:4; 눅 3:9; 행 5:10a; 계 1:17; ~에 against 마 4:6. ⓑ 의사소통의 동사와 더불어 **~에게** to 마 3:15; 눅 1:55; 요 7:35; 행 2:29; 12:21; 빌 4:6; 히 11:18; 요이 12b. ⓒ 목적이나 의도를 나타내는 표시로 **~하려고, ~을 예상하여** with a view to, in view of 마 13:30; 23:5; 행 3:10; 27:12; 롬 3:26; 고전 10:11; 15:34; 고후 3:13; 7:3; 10:4; 엡 4:29; 골 2:23; 살후 3:8; 딤전 4:7; 딛 1:16; 약 4:5; 벧전 3:15. 결과를 나타냄에 중점을 두어 요 4:35;

1 요 5:16f. ⓓ 연합 또는 관계에 대한 표시로 ~과 함께 with 막 6:51; 눅 8:19; 요 1:1f; 행 2:47; 3:25; 11:2; 롬 5:1; 고후 6:14f; 7:4; 갈 4:18; 빌 1:26; 살전 3:4; 요일 12a; 앞에 before 롬 4:2; 엡 2:18; 요일 3:21. πρὸς ἑαυτούς 그들 자신에게, 그들 사이에서 막 9:10; πρὸς ἑαυτόν 그 자신에게 눅 18:11. 밀접하게 연관되었다는 의미로 ~에 관련하여, ~에 속하여, ~에 관하여 마 19:8; 눅 18:1; 요 13:28; 행 24:15 이문, 16; 롬 15:17; 고전 7:35; 고후 2:16; 갈 2:14; 6:10; 골 4:5; 살전 2:17; 딤후 2:24; 몬 5; 히 1:8; 5:1; 벧후 1:3; 요일 5:14; 요이 12a; ~과 일치하여, 어울려 눅 12:47; 고후 5:10; 갈 2:14; 엡 3:4; ~에 대하여 regarding 히 6:11; ~에 상대적으로, ~과 비교하여 롬 8:18; ~을 마음에 두고, ~을 위하여 막 12:12; 눅 12:41. 논쟁이나 적대감에 초점을 두어, ~에 반하여 against 행 24:19; 고전 6:1; 엡 6:12; 골 3:13; 계 13:6. 감정을 나타내는 명사와 연결되어 π.는 부사적인 의미를 전한다: πρὸς φθόνον 부러워하여 또는 질투하여, 그 본문의 맥락에 따라서 약 4:5. 어구들: τὰ (즉, ὄντα) πρός τι 어떤 일과 관련 있는 눅 14:32; 19:42; 행 28:10; 벧후 1:3. 생략적으로: τί πρὸς ἡμᾶς; 우리에게 무엇이냐(무슨 상관이 있느냐)? 마 27:4; τί πρὸς σέ; 그것이 당신과 무슨 상관이 있습니까? 요 21:22f. ⓔ 시간 ~을 향하여 toward πρὸς ἑσπέραν ἐστίν "저녁을 향해 가고 있다 = 저녁이 됐다" 눅 24:29; 잠시 동안 for 8:13; 고전 7:5; 고후 7:8; 갈 2:5a; 몬 15; 히 12:10f; 약 4:14. ② 속격과 더불어 이점에 대한 표시로 ~을 위하여 in the interest of 행 27:34. ③ 여격과 더불어 밀접한 관계에 대한 표시로 ~에, ~과 밀접하게, ~과 가까이 at, close by, near 막 5:11; 눅 19:37; 요 18:16; 20:11f; 계 1:13.

προσάββατον, ου, τό [πρό, σάββατον] 안식일 전날, 금요일 day before the sabbath, Friday 막 15:42.

προσαγαγεῖν προσάγω 제2부정과거 능동태 부정사.

προσαγορεύω [πρός, ἀγορεύω '(~에게) 말하다'] '특정 용어나 제목으로 말하다', 부르다, 지명하다 call, designate, 수동태 히 5:10.

προσάγω [πρός, ἄγω] ① '~으로, 에게 가져오다', 사람 또는 장소, 데려오다 bring 마 18:24 이문; 눅 9:41; 행 12:6 이문; 16:20; 확장된 의미로 벧전 3:18. ② '~으로 이동하다', 다가가다, 접근하다 approach, 자동사 실제로 그의 배 가까이로 끌고 오는 것 같은 선원의 관점에서 행 27:27.

προσαγωγή, ῆς, ἡ [πρός, ἀγωγή] 들어감, 입장함 access 롬 5:2; 엡 2:18; 3:12.

προσαιτέω [πρός, αἰτέω] 구걸하다 beg 막 10:46 이문; 눅 18:35 이문; 요 9:8.

προσαίτης, ου, ὁ [πρός, αἰτέω] 걸인, 거지 beggar 막 10:46; 요 9:8.

προσαναβαίνω [πρός, ἀναβαίνω] 오르다, 올라가다 go/move up 눅 14:10.

προσαναλαμβάνω [πρός, ἀναλαμβάνω] '따로 맞아들이다, 받다', 환영하다 welcome 행 28:2 이문.

προσαναλίσκω / προσδραμών

προσαναλίσκω/προσαναλόω [πρός, ἀναλίσκω] '더 쓰다', **써버리다, 소비하다** use up, spend 눅 8:43.

προσαναπληρόω [πρός, ἀναπληρόω] '더하여 채우다', **공급하다** supply, 물질적 욕구를 극복함에 대하여 고후 9:12; 11:9.

προσανατίθημι [πρός, ἀνατίθμι] '덧붙이다' 신약에서는 중간태로만. ① 어떤 사람의 정보나 이해에 무언가를 더함에 대하여, **의논하다** consult 갈 1:16. ② 정보를 주거나 충고함에 대하여, **기여하다, 더하다** contribute, add 갈 2:6.

προσανεθέμην προσανατίθημι 제2부정과거 중간태 직설법.

προσανέχω [πρός, ἀνέχω] **어렴풋이 보이다** loom toward, 시점이 변하여 육지가 눈에 들어오다 행 27:27 이문.

προσαπειλέω [πρός, ἀπειλέω] **더 위협하다** threaten further, 중간태 행 4:21.

προσαχέω [πρός, ἀχέω (ἠχέω의 도리아식 형태)] **울려 퍼지다** resound, 해안가에서 파도 소리가 울려 퍼짐에 대하여 행 27:27 이문.

προσδαπανάω [πρός, δαπανάω] **추가 지출하다, 비용이 더 들다** spend in addition 눅 10:35.

προσδέομαι [πρός, δέομαι] '(~을) 원하다', **필요하다, 아쉬워하다** need 행 17:25.

προσδέχομαι [πρός, δέχομαι] ① '친절한 분위기로 직접 맞아들이다', **환영하다, 환대하다** welcome ⓐ 사람, 눅 15:2; 롬 16:2; 빌 2:29. ⓑ 사물 ㉠ 부정어와 더불어, 뭔가를 환영할 수 있는 기회의 상실 히 11:13 이문 ㉡ 불쾌한 사건에 대한 대응으로 10:34; 같은 맥락에서, 구해지기를 거절하는 부정적인 표현으로 11:35. ② '받아들이려는 마음 가짐으로 기대하다', **기다리다** wait for 막 15:43; 눅 1:21 이문; 2:25, 38; 12:36; 23:51; 행 10:24 이문; 23:21; 24:15; 딛 2:13; 유 21.

προσδίδωμι [πρός, δίδωμι] '~에게 몫을 주다', **나누다, 할당하다** apportion 눅 24:30 이문.

προσδοκάω [πρός, 비교 δοκεύω 그리고 δοκάζω '보다, 깨닫다'는 의미로] '~을 경고하다', 문맥에서 다음과 같은 의미를 반영하여 감정적인 측면을 나타낸다. **예상하다, 기다리다, 구하다** expect, wait for, look for 마 11:3; 눅 1:21; 8:40; 행 10:24; 벧후 3:12-14; 어떤 본문에서는 **예상하다** expect 는 의미가 더 잘맞는다. 마 24:50; 눅 12:46; 행 3:5; 28:6; **긴장하고 있다** be in suspense 는 뜻을 잘 적용할 수 있는 것으로 보인다 27:33.

προσδοκία, ας, ἡ [πρός, δοκέω] '기대하는 상태', 정서적인 측면은 문맥에 따라 정의된다. **우려** apprehensiveness 눅 21:26; **예상, 기대** anticipation 행 12:11.

προσδραμών προστρέχω 제2부정과거 능동태 분사.

προσεάω / προσεύχομαι

προσεάω [πρός, ἐάω] '진행하는 것을 용인하다', **허락하다** permit 행 27:7.

προσεγγίζω [πρός, ἐγγίζω] **가까이 가다, 접근하다** come near, approach, 신약에서는 이문으로만: 막 2:4; 행 10:25; 27:27.

προσεδρεύω [πρός, ἕδρα '앉을 자리'] **돌보다, 종사하다** attend to 고전 9:13 이문.

προσεθέμην, προσέθηκα προστίθημι 제2부정과거 중간태 그리고 제1부정과거 능동태 직설법.

προσεκλίθη προσκλίνω 제1부정과거 수동태 직설법 3인칭 단수.

προσελαβόμην προσλαμβάνω 제2부정과거 중간태 직설법.

προσελεύσομαι, προσελήλυθα προσέρχομαι 미래 중간태 직설법 그리고 완료 능동태 직설법.

προσενέγκαι, προσένεγκε, προσενεγκεῖν, προσένεγκον, προσενεχθείς, προσενήνοχα προσφέρω 제1부정과거 능동태 부정사, 제2부정과거 능동태 명령법, 제2부정과거 능동태 부정사, 제1부정과거 능동태 명령법, 제1부정과거. 수동태 분사; 제2완료 능동태 직설법.

προσέπεσον προσπίπτω 제2부정과거 능동태 직설법.

προσεργάζομαι [πρός, ἐργάζομαι] '투자하여 수익을 얻다', **벌다, 남기다** earn, gain 눅 19:16.

* **προσέρχομαι** [πρός, ἔρχομαι] '한 장소에서 어떤 사람이나 장소로 접근하다', **오다, 다가가다, 접근하다** come, go to, approach 마 4:3; 8:2; 9:20; 26:60; 눅 7:14; 10:34; 요 12:21; 행 7:31; 9:1; 28:9; 히 12:18; **(더) 계속 나가다** go on (farther) 막 14:35 이문, 45. 확장된 의미로: 헌신하려는 정신에 대해 히 4:16 등 히브리서에서 자주; 벧전 2:4; 무엇인가에 동의한다는 의미로, **따르다, 응하다** accede 딤전 6:3.

προσέρηξα προσρήσσω (προσρήγνυμι) 제1부정과거 능동태 직설법.

προσέσχηκα, προσέσχον προσέχω 완료 능동태 직설법 그리고 제2부정과거 능동태 직설법.

προσέταξα προστάσσω 제1부정과거 능동태 직설법.

προσετέθην, προσετίθει προστίθημι 제1부정과거 수동태 직설법 그리고 미과 능동태 3인칭 단수.

προσευχή, ῆς, ἡ [προσεύχομαι] 신약에서는 항상 이스라엘의 하나님께 개인적으로 말씀드리는 것에 대하여 ① **기도** prayer 마 17:21; 막 9:29; 눅 6:12; 행 1:14; 10:4; 롬 15:30; 고전 7:5; 엡 1:16; 빌 4:6; 골 4:12; 딤전 2:1; 몬 22; 약 5:17; 벧전 4:7; 계 5:8. ② **기도하는 장소, 기도처** place of prayer 행 16:13, 16.

* **προσεύχομαι** [πρός, εὐχή] **기도하다** pray 마 5:44; 6:5-7, 9; 마 23:13 [14] 이문; 26:39; 막 13:18; 눅 22:40f; 행 6:6; 롬 8:26; 고전 14:13-15; 엡 6:18; 약 5:17; 유

προσέχω / προσκαρτερέω

20.

προσέχω [πρός, ἔχω] '방심하지 않고 경계하다' ⓐ 경계를 늦추지 않는 것에 대하여, (~을) **경계하다, 조심하다** beware (of), 명령법 ἀπό과 더불어 마 7:15; 10:17; 16:6; 눅 20:46. ⓑ 개인적인 의무에 유념하는 것에 관하여 **조심하다, ~에 유의하다** 마 6:1; 눅 17:3; 21:34; 행 20:28; 딤전 4:13; 부정어와 함께 3:8; ~**에 대한 직무를 수행하다** 히 7:13. ⓒ 유익한 것이든, 쓸모없든, 불건전하든 상관없이 가르침이나 정보에 관심을 두는 것과 관련해서 행 8:6, 10f; 16:14; 히 2:1; 벧후 1:19; 부정어와 함께 딤전 1:4; 6:3 이문; 딛 1:14.

προσῆλθον προσέρχομαι 제2부정과거 능동태 직설법.

προσηλόω [πρ., ἡλόω (ἧλος '못') '날카롭게 하다'] **못박다, 고정시키다** nail/fasten to 골 2:14.

προσήλυτος, ου, ὁ [πρός, ἔρχομαι (비교 제2부정과거 ἦλθον)] **개종자** a convert, 다신교에서 유대교나 모세 종교로 그리고 유대교인들이 따르는 실천으로 개종한 사람 마 23:15; 행 2:11; 6:5; 13:43.

προσήνεγκα, προσηνέχθην προσφέρω 제1부정과거 능동태 직설법 그리고 제1부정과거 수동태 직설법.

προσηχέω προσαχέω 다른 형태.

προσήχθειν προσάγω 제1부정과거 수동태 직설법.

προσθεῖναι, προσθείς, πρόσθες προστίθημι 제2부정과거 부정사, 제2부정과거 능동태 분사, 그리고 제2부정과거 능동태 명령법.

προσθῶ προστίθημι 제2부정과거 가정법.

πρόσκαιρος, ον [πρός, καιρός] '시간이 제한된', **일시적인** temporary 고후 4:18; 히 11:25; 비유로 짧은 기간 동안만 사는 식물들에 대해 마 13:21; 막 4:17.

προσκαλέω [πρός, καλέω] 신약에서 중간태로만, '누구를 만나도록 부르다' ⓐ 나타나도록 초대함에 중점을 두어, (~을) **부르다, 초청하다** call (for), invite 마 10:1; 15:10, 32; 18:2; 막 3:13, 23; 눅 7:18; 16:5; 18:16; 행 6:2; 23:17f; 약 5:14. 확장된 의미로, 하나님의 부르심에 대해 행 2:39. ⓑ 특별한 사안과 관련된 공식적인 부름에 초점 맞추어, **소환하다** summon 군 관계자의 의사소통에 대해 막 15:44; 행 13:7; 23:23; 사업이나 법률상의 행동에 관한 요청에 대해 마 18:32; 행 5:40; 하나님께서 주시는 임무에 대해 13:2; 16:10.

προσκαρτερέω [πρός, καρτερέω] ① '결연함을 가지고 행하다', 종교적인 의무를 수행함에 대하여, ~**을 고집하다, 하려고 하다** persist in, tend to 행 1:14; 2:42, 46; 6:4; 롬 12:12; 골 4:2; 공식적인 책임에 대해, **처리하다** attend to 롬 13:6; 긴밀히 밀착함을 유지함에 관하여, ~**에게 떨어져 있지 않다** keep close to 행 8:13. ② '사용하도록 가까운 곳에 준비하다', 배 막 3:9; 군인 행 10:7.

προσκαρτέρησις, εως, ἡ [이전 항목을 보라] '행함에 있어 단호함을 유지하는 특성', **지속성, 인내력** persistence 엡 6:18.

προσκέκλημαι προσκαλέω 완료 중간태 직설법.

προσκεφάλαιον, ου, τό [πρός, κεφαλή에서 κεφάλαιον] '머리를 기대어 쉬기 위한 어떤 것', 특정 종류로 정의되지 않고, **베개, 등받침** pillow, cushion 막 4:38.

προσκληρόω [πρός, κλῆρος] 수동태 '~에게 배정되다'는 능동태 의미로 사용되어 '~와 동맹하다, 연합하다', **~과 연합하다, 합류하다, 따르다** associate with, join 행 17:4.

πρόσκλησις, εως, ἡ [πρός, καλέω; '사법적 소환'] 명백히 어떤 필사자들은 **초청** invitation(지지자를 찾는 누군가로부터)의 의미로 이해하였다. 딤전 5:21 이문. 그러나 일반적으로는 e를 i로 읽는 것(itacism)의 영향으로 πρόσκλισις로 알려져 있다. 해당 항목을 보라.

προσκλίνω [πρός, κλίνω] 능동 의미의 수동태로, '편을 들다', **합류하다, 따르다** join 행 5:36.

πρόσκλισις, εως, ἡ [προσκλίνω] '다른 사람을 배제하고 한 편을 좋아함', **편애, 편파** favoritism, partiality 딤전 5:21.

προσκολλάω [πρός, κόλλα '풀'에서 κολλάω '붙이다, 합치다'] 비유로 밀착함에 대하여; 항상 능동 의미의 수동태로만 **~에 붙어 있다, ~에 충실하다, ~와 인연을 맺다** cling to, stick to, remain joined, 결혼 약속에 관하여 마 19:5 이문; 막 10:7; 엡 5:31.

πρόσκομμα, ατος, τό [πρός, κόπτ에서 κόμμα '도장, (동전에) 두들겨 만든 자국'] '때린 결과로 다리의 균형을 상실함', **헛디딤, 발이 걸림, 실족** stumbling/stumble ⓐ 비유로, λίθος와 더불어, 발에 걸려 넘어지게 하는 돌로서 그리스도에 관해, 즉, 그에 대한 심판으로 헛디디게 함 롬 9:32f; 벧전 2:8. ⓑ 비유로, 어떤 사람이 자신의 신념과 반대되는 실수를 하게 하는 비유와 관련해서 대해 롬 14:13, 20; 고전 8:9.

προσκοπή, ῆς, ἡ [προσκόπτω] **비방의 빌미** occasion for stumbling, 개인적인 부적절함으로 인한 소외에 대하여 고후 6:3.

προσκόπτω [πρός, κόπτω] ① '공격을 가하다', 타동사, 비유로 해를 입는 것에 초점 맞추어 **공격하다, 때리다** strike against 마 4:6; 눅 4:11. ② '상대적으로 강하게 치다', 자동사 ⓐ 폭풍우 부는 기상에 대해, [벼락이] **~에 떨어지다** strike 마 7:27. ⓑ 단독으로, 의도하지 않은 발의 움직임에 대해 **발에 걸리다, 헛디디다** to stumble 요 11:9f. ③ 비유로, ①과 ②가 도덕적이거나 영적인 영역으로 의미 확장되어, **넘어지다, 실족하다** stumble ⓐ 다른 사람에 대한 이해의 부족을 통해

προσκυλίω / προσοχθίζω

발생한, 자기 신념에 반대로 행동하는 것과 관련해 롬 14:21. ⓑ 불만족에 근거한 부정적인 반응에 대해 롬 9:32; 벧전 2:8.

προσκυλίω [πρός, κυλίω] (~에) **굴리다** roll to/against 마 27:60; 막 15:46.

***προσκυνέω** [πρός, κυνέω '입맞춤하다' (많은 경우 사회적 의식의 일부분)] '특별한 존경을 드려 다른 사람의 명망을 인정하다', 보통 엎드리는 자세를 통하여, (~에게) **경의를 표하다, 존경을 드리다** do obeisance (to), pay homage (to) ⓐ 사람들에게 마 18:26; 행 10:25; 계 3:9. 특별히 예수께 경의를 표하여 마 2:2, 8, 11; 9:18; 14:33; 15:25; 요 9:38. ⓑ 초월적이라고 여겨지는 존재들에게(정체성이 분명히 드러났던지, 암시적이든지), **예배하다** worship ㉠ 유일신 예식에서 신(神) 마 4:10; 눅 4:8; 요 4:20f, 22b; 히 1:6; 11:21; 계 4:10; 5:14. ㉡ 다신교 예식에서 신(神) 행 7:43. ㉢ 악의적인 존재들 마 4:9; 눅 4:7; 계 9:20등 계시록에서 자주. ㉣ 천사들, 종교적인 헌신과 동일한 엎드리는 동작으로 22:8. ⓓ 부활의 주님으로 예수 마 28:9, 17; 눅 24:52.

προσκυνητής, οῦ, ὁ [προσκυνέω] **예배자** worshiper 요 4:23.

προσλαβοῦ προσλαμβάνω 제2부정과거 중간태 명령법.

προσλαλέω [πρός, λαλέω] ~**에게(와) 말하다** talk to (with) 행 13:43; 28:20.

προσλαμβάνω [πρός, λαμβάνω] ① '욕구를 충족시키다', **취하다, 함께 하다** take, partake of, 음식에 초점 맞추어, 능동태 행 27:34 이문; 중간태 27:33, 36. ② '자신에게 가져가다', 중간태 ⓐ 누군가를 여행의 동반자로 데려오는 것에 관하여 **데리고 가다** take along 행 17:5. ⓑ 사적인 동작으로 **(한쪽으로) 데리고 가다** take (aside) 마 16:22; 막 8:32; 아마도 행 18:26. ③ '호의적으로 대하다', 중간태 **환대하다, 영접하다** welcome, receive 행 28:2; 롬 14:1, 3; 15:7; 몬 12 이문, 17.

προσλέγω [πρός, λέγω] **답하다** reply 막 16:14 이문.

πρόσλημψις/πρόσληψις, εως, ἡ [προσλαμβάνω] **호의적인 영접, 맞아들임** hospitable reception, ἀποβολή의 반의어 롬 11:15.

προσμεῖναι προσμένω 제1부정과거 능동태 부정사.

προσμένω [πρός, μένω] '어떤 상태나 상황을 꾸준히 계속하다', **머무르다, 남아 있다** stay, remain ⓐ 누구와 함께 있는 가운데 마 15:32; 막 8:2. 확장된 의미로 행 11:23. ⓑ 어떤 장소에서 행 18:18; 딤전 1:3. ⓒ 신앙 체계와 관련된 일에 헌신하여 행 13:43; 딤전 5:5.

προσορμίζω [πρός, ὁρμίζω (ὅρμος '끈, 사슬') '정박시키다'] 배를 육지에 대어 묶어놓는 것에 대해, **정박하다** moor, 능동 의미의 수동태로 막 6:53.

προσοφείλω [πρός, ὀφείλω] 비유로 금전적 의무에 대해, **빚지다** owe, 바울이 죄를 '빚'으로 부름 몬 19.

προσοχθίζω [πρός, ὀχθέω '동요하다'] 도발적인 행동에 대한 깊은 내적 반응

πρόσπεινος, ον / προστίθημι

에 대해, ~에 분노하다, ~에 염증나다 be angered at/with; be disgusted with 히 3:10, 17.

πρόσπεινος, ον [πρός, πεῖνα '배고픔'] **시장한, 배고픈** hungry 행 10:10.

προσπεσοῦσα προσπίπτω 제2부정과거 능동태 분사 여성.

προσπήγνυμι [πρός, πήγνυμι] '~에 달아 매어놓다', 단독으로 σταυρός와 더불어 이해되어, 예수를 십자가에 십자가형으로 매닮에 대하여, 따라서 = **십자가에 못박다** crucify 행 2:23.

προσπήξαντες προσπήγνυμι 제1부정과거 능동태 분사 복수.

προσπίπτω [πρός, πίπτω] ① **무너뜨리다, 들이닥치다** fall/strike against 마 7:25. ② '깊은 존경심과 헌신을 표현하여 엎드리는 자세를 취하다', **엎드리다** fall down 막 3:11; 5:33; 7:25; 눅 5:8; 8:28, 47; 행 16:29.

προσποιέω [πρός, ποιέω] 신약에서 중간태로만, '행동 방침을 제안하는 태도를 취하다', **의도를 나타내다, ~인 체하다** project intent, pretend 눅 24:28.

προσπορεύομαι [πρός, πορεύομαι] **접근하다, 다가가다** approach, 목적을 이루기 위해 다른 사람에게 다가가는 것 막 10:35.

προσρήγνυμι/προσρήσσω [πρός, ῥήγνυμι] **~에 부딪쳐 부서지다** break against, 파괴적으로 요동치는 물에 대하여 눅 6:48f.

προστάσσω [πρός, τάσσω] '권위 있는 지시를 내리다' ⓐ 행동 과정과 관련하여, **명하다, 명령하다, 지시하다** enjoin, order, prescribe 마 1:24; 8:4; 막 1:44; 행 10:33, 48. ⓑ 인류의 역사나 계절의 기간을 정하심과 관련하여, **정하다, 규정하다** appoint, prescribe 행 17:26.

προστάτις, ιδος, ἡ [προΐστημι] '후원자로 있는 사람' 그리고 그렇게 어떤 사람의 필요나 문제를 옹호하는 이, **후원자, 은인** supporter/benefactor, 후원의 종류에 대해서는 특정하지 않고 롬 16:2.

προστεθῆναι, προστεθήσομαι προστί-θημι 제1부정과거 수동태 부정사 그리고 1 미래 수동태 직설법.

προστεταγμένος προστάσσω 완료 수동태 분사.

προστῆναι προΐστημι 제2부정과거 능동태 부정사.

προστίθημι [πρός, τίθημι] (~에) **더하다** add (on, to) ⓐ 일반적으로 마 6:27, 33; 막 4:24; 눅 3:20; 12:25, 31; 행 2:41, 47; 5:14; 11:24; 갈 3:19; 듣는 사람들이 말을 멈추라고 요구하는 연사의 메시지에 관해, **계속하다** go on, 히 12:19. 구조적으로 고려해보면 눅 17:5은 여기에 속한다(6절은 믿음이 조금이라도 있음을 나타낸다). 마 6:33; 눅 12:31에서는 지상의 것들이 비물질적인 축복에 더해진다는 개념이다. ⓑ πρ.의 용례에서 히브리어의 영향은 분명하다. 직설법 또는 부정사로 나오는 동사 다음에 어떤 행동이나 절차가 반복됨을 나타낸다. προσθεὶς

προστρέχω / προσωπολήμπτης, ου, ὁ

εἶπεν παραβολήν "그는 또 다른 비유를 말했다" 눅 19:11; προσέθετο ἕτερον πέμψαι δοῦλον "그는 그러나 또 다른 노예를 보냈다" 20:11; 유사하게 12절; 행 12:3.

προστρέχω [πρός, τρέχω] ~로 달려가다 run to/toward 막 9:15; 10:17; 요 20:16 이문; 행 8:30.

προσφάγιον, ου, τό [πρός, φαγεῖν (ἐσθίω의 제2부정과거 부정사)] (먹을) 생선, 물고기 fish (to eat) 요 21:5.

πρόσφατος, ον [복합적인 어원] 새로운 new 최근에 만들어진 길에 대한 비유로 히 10:20.

προσφάτως [이전 항목을 보라] 부사 새로, 최근에 recently 행 18:2.

προσφέρω [πρός, φέρω] ① '사람이나 사물이 어떤 사람이나 장소로 움직이게 하다', 가져가다, 보내다 bring, present ⓐ 사람, 마 4:24; 8:16; 18:24; 막 10:13; 눅 23:14; 제의적으로 자신을 바침에 대해 히 9:14. ⓑ 사물에 대해 ㉠ 일반적으로 마 2:11; 22:19; 행 8:18. ㉡ 제의적으로 드리고 바침에 대해 마 5:23f; 막 1:44; 히 8:3f; 10:12. 비유로 요 16:2; 히 5:1, 7. ② 수동태로서, 하나를 다른 것에 가까이 가져감에 대해, 그러나 관대함을 나타내는 능동태 의미로 전환되어, ~을 참다, 대우하다 bear (with), deal (with) 히 12:7.

προσφιλής, ές [πρός, φίλος] '친절한 태도나 접근 방식을 나타내어', 만족스러운, 사랑스러운 pleasing, amiable 빌 4:8.

προσφορά, ᾶς, ἡ [πρός, φέρω] ① '무엇인가를 가져오는 행동', 제의적 의미로 희생드림, 봉헌함 sacrificing, offering 행 24:17; 히 10:10, 14, 18. ② 수동적 측면: '가져오게 되는 것', 제의적 의미로 희생, 봉헌 sacrifice, offering 행 21:26; 롬 15:16; 엡 5:2; 히 10:5, 8.

προσφωνέω [πρός, φωνή] ① '소식을 담아 부르다', 부르다 call 마 11:16; 눅 7:32; 말하다 address 23:20; 행 21:40; 22:2. ② '자신에게 부르다', 부르다, 호출하다, 소환하다 call for, summon 눅 6:13; 13:12; 행 11:2 이문.

προσχαίρω [πρός, χαίρω] 기뻐하다 be glad 막 9:15 이문.

πρόσχυσις, εως, ἡ [πρός, χέω '붓다'; '쏟아붓다'] '액체를 의식에 사용함', 뿌림 sprinkling 히 11:28.

προσψαύω [πρός, ψαύω '만지다'] '손을 대다', 손대다, 만지다 touch 눅 11:46.

προσωπολημπτέω [다음 항목을 보라] 편견을 드러내다/편애하다 show favoritism/partiality 약 2:9.

προσωπολήμπτης, ου, ὁ [비교 정형구 πρόσωπον λαμβάνειν은 아래 πρόσωπον을 보라] 편견/차별을 보이는 사람 one who shows favoritism/partiality 행 10:34.

προσωπολημψία, ας, ἡ / προτίθημι

προσωπολημψία, ας, ἡ [πρόσωπον, λαμβάνω, 다음 항목을 보라] **차별, 편견** partiality 롬 2:11; 엡 6:9; 골 3:25; 약 2:1.

*****πρόσωπον, ου, τό** [πρός, ὤψ '얼굴'] ① '사람이나 사물에서 두드러지게 구별되어 나타나는 부분', **얼굴** face ⓐ 머리의 전면부에 초점 맞추어 마 6:16f; 17:2; 26:39, 67; 막 14:65; 눅 9:29; 24:5; 행 3:13; 6:15; 고전 14:25; 고후 3:7; 약 1:23; 계 4:7; 7:11; 9:7; 10:1. ⓑ 차별이나 편파성을 상징하거나 드러내는 셈어 유형의 표현에서 마 22:16; 고후 5:12; 유 16; πρόσωπον λαμβάνειν "편파성을 보이다" 눅 20:21; 갈 2:6. ⓒ 환유적으로: ἐν προσώπῳ Χριστοῦ 그리스도의 면전에서, 그리스도께서 보시는 가운데 고후 2:10; 1:11처럼 사람에 초점 맞추어. 모임의 구성원들: 백성의 모임 눅 2:31; 산헤드린 행 5:41; 이스라엘의 선조들 7:45; 교회 갈 1:22. πρὸ προσώπου σου 당신의 면전에서 = 당신 앞에서 마 11:10. ⓓ 개인의 존재함에 초점 맞추어 마 18:10; 고후 10:7; 살전 2:17; 살후 1:9; 히 9:24; 계 6:16; 12:14; 20:11. π. πρὸς πρόσωπον 얼굴과 얼굴을 맞대어 고전 13:12. κατὰ πρόσωπον 직접 행 25:16; 고후 10:1; 비교 갈 2:11. ὁρᾶν τὸ π. τινος "어떤 사람의 얼굴을 보다 = 어떤 사람을 직접 보다" 행 20:25; 계 22:4; 유사하게 행 20:38; 골 2:1; 살전 3:10. ⓔ 외부적인 양상에 초점 맞추어 **용모, 외모** countenance, appearance ㉠ 사람, π. κυρίου ἐπὶ ποιοῦντας κακά "주님의 얼굴은 악을 행하는 자들을 대하신다 = 주님은 악을 행하는 자들에게 얼굴 찌푸리신다(못마땅해 하신다)" 벧전 3:12. ㉡ 사물에 대해, 하늘 π. = **모양** 마 16:3; 땅 π. = **표면** 눅 12:56; 21:35; 행 17:26; 식물 π. = **꽃** 약 1:11. ② 셈어적 숙어에 있는 특별한 표현: τὸ πρόσωπον στηρίζειν **얼굴을 정하다**, 결정한다는 측면에서 눅 9:51; πρὸ προσώπου τῆς εἰσόδου αὐτοῦ 그가 입장하는 얼굴 앞에서 = 그가 도착하기 전에 (현장에) 행 13:24.

προτάσσω [πρό, τάσσω] '미리 준비하다', **결정하다** determine 행 17:26 이문.

προτείνω [πρό, τείνω '뻗다, 끌어 당기다'] 채찍질 하기 위해 **펴다, 뻗다** stretch out, 행 22:25.

πρότερος, α, ον [πρό의 비교급] 과거를 나타내는 시간표시 ⓐ 형용사로서 현재 시간에 앞서서 어떤 일이 발생하였음을 지시하여, **이전의, 과거의** earlier, former 엡 4:22; 딤전 1:13 이문. ⓑ 중성 πρότερον 또는 τὸ πρότερον는 부사로서 현재보다 먼저 존재했거나 발생했던 일을 지시하여, **과거에, 예전에, 전에** in time past, earlier, before ㉠ πρότερον 고후 1:15; 히 4:6; 7:27; 형용사 입장에서 히 10:32; 벧전 1:14. ㉡ τὸ πρότερον 요 6:62; 7:50; 9:8; 딤전 1:13. 수신자에게 갈 4:13은 **처음에** first time이든 **이전의** once이든 모호하지 않았을 것이다.

προτίθημι [πρό, τίθημι] 어떤 일을 하려고 '염두에 두다', **뜻을 세우다, 결정하다, 세우다** set forth, determine 롬 1:13; 3:25; 엡 1:9. 롬 3:25를 공개적으로 나타내다

προτρέπω / προφήτης, ου, ὁ

publicly display는 뜻으로 많이 해석하기도 한다.

προτρέπω [πρό, τρέπω] 신약에서 중간태로만, '어떤 일을 하도록 지시하다', προ- 과 더불어 '앞으로'라는 측면을 강조하여, **격려하다, 응원하다** urge, encourage 행 18:27.

προτρέχω [πρό, τρέχω] 앞서 달리다 run on ahead 눅 19:4; 요 20:4.

προϋπάρχω [πρό, ὑπάρχω] '어떤 상태나 상황보다 먼저 또는 앞서 있다', **앞서 있다** be before 눅 23:12; προϋπῆρχεν μαγεύων "그는 마술을 부리곤 하였었다" 행 8:9(그는 마술을 부렸었다).

πρόφασις, εως, ἡ [προφαίνω (πρό, φαίνω) '빛으로 가져 오다'] '숨기거나 감춘 모습이나 모양', **위장, 가식** pretext 마 23:14 이문; 막 12:40; 눅 20:47; 행 27:30; 빌 1:18. ἐν προφάσει πλεονεξίας 감춰진 탐욕으로 살전 2:5. 확장되어 주의를 전환시키는 개념에 대해, **핑계, 구실** excuse 요 15:22.

προφέρω [πρό, φέρω] **내놓다** bring out, 어떤 근원에서 나오는 생산물에 대하여 눅 6:45.

προφητεία, ας, ἡ [προφήτης] ① '하나님의 뜻이나 목적을 드러내는 행위', **예언자적인 행동** prophetic activity 계 11:6. ② '하나님의 뜻이나 목적을 드러내기 위한 권능이나 은사', **예언** prophesying 롬 12:6; 고전 12:10; 13:2; 14:22; 계 19:10. 비교 고전 14:3에서 사실상의 정의. ③ '하나님의 권위나 지시에 따라 이루어진 진술 또는 발표', **예언** prophecy 마 13:14; 고전 14:6; 살전 5:20; 딤전 1:18; 4:14; 벧후 1:20f; 계 1:3; 22:7, 10, 18f.

προφητεύω [προφήτης] ① '하나님의 뜻이나 목적을 말하거나 드러내다', **예언하다** prophesy 마 7:22; 행 2:17f; 19:6; 21:9; 고전 11:4f; 13:9; 14:1, 3-5, 24, 31, 39; 계 11:3. 미리 예고하는 것에 중점을 두어 마 11:13; 15:7; 막 7:6; 눅 1:67; 요 11:51; 벧전 1:10; 유 14; 계 10:11. ② '감춰진 정보를 드러내다', **예언하다** prophesy, 조롱으로, π. = **예언자가 했던 것처럼 밝히다** 마 26:68; 눅 22:64.

προφήτης, ου, ὁ [πρό, φημί] ① '일반적인 인식이나 깨달음을 뛰어넘어 해석하거나 계시하는 능력을 받은 사람', **예언자, 선지자 prophet ⓐ 신약에서는 주로 해석의 영감을 받거나 하나님의 뜻이나 목적을 드러내는 사람에 대해 ㉠ 구약 성서 또는 관련 선지자에 대해 마 1:22; 2:17, 23; 8:17; 12:17, 39; 24:15; 막 1:2; 6:15b; 눅 3:4; 24:44; 요 1:23; 행 2:16; 7:48; 13:20; 롬 1:2; 3:21; 11:3; 살전 2:15; 히 11:32; 약 5:10; 벧전 1:10; 벧후 2:16; 3:2; 계 10:7. 일반적인 암시로 마 13:57; 23:30; 눅 10:24; 13:33f; 행 7:52. ㉡ 예수, 직·간접적으로 마 21:11; 막 6:15a; 8:28; 눅 7:16; 24:19; 요 4:19; 6:14; 7:52; 행 3:22f; 7:37. ㉢ 세례 요한 마 14:5; 막 6:15b; 11:32; 눅 1:76; 20:6. ㉣ 예수께서 보내신 다른 사람들 마 23:34; 눅 11:49; 또는 그리스도를 따르는 공동체에서 있는 행 15:32; 21:10; 고전

12:28f; 14:37; 엡 3:5; 계 11:10, 18; 18:20, 24; 22:6, 9. ⓑ 다신교 세계에서 신에 대한 지혜를 가지고 있으며, 신에게 접근할 수 있다고 특별히 인정된 사람에 대해 딛 1:12. ② 신약 용법에서 환유적으로 예언자들의 글에 대해, **예언서, 선지서** prophet ⓐ 하나의 문서나 다수의 문서들에 대해 행 26:27; 드물게는 예언자의 이름이 제공되어 눅 4:17; 행 8:28, 30. 때로는 모든 성서가 지시대상으로 보인다 눅 24:25; 요 6:45; 히 1:1. ⓑ 예언서에 있는 내용에 초점을 맞추어 마 5:17; 7:12; 22:40.

προφητικός, ή, όν [προφήτης] 예언자의 prophetic 롬 16:26; 벧후 1:19.

προφῆτις, ιδος, ἡ [대응관계인 남성형 προφήτης를 보라] **(여자) 예언자, 여선지자** prophet 눅 2:36; 계 2:20.

προφθάνω [πρό, φθάνω '앞지르다, 가장 먼저 도착하다'] '앞서다' 어떤 일과 관계된 사람, **선수를 치다, 앞지르다** anticipate 마 17:25.

προχειρίζω [πρό, χειρίζω (χείρ) '관리하다'] 신약에서 중간태로만, '자신을 위해 특별한 역할이나 임무를 선택하다', 선호도에 중점을 두어 **임명하다, 정해두다** appoint 행 3:20; 22:14; 26:16.

προχειροτονέω [πρό, χειροτονέω] **미리 택하다, 정해두다** choose/appoint beforehand 행 10:41.

Πρόχορος, ου, ὁ [πρό, χορός] **브로고로, 프로코로스** Prochorus, 예루살렘 초대 교회에서 특별한 봉사를 위해 임명한 사람 행 6:5.

πρύμνα, ης, ἡ [산스크리트 연관어 형용사 πρυμνός, ά, όν '마지막, 제일 뒤쪽'의 여성형] **고물, 선미** stern (배, 선박의 뒷부분, 반의어 πρῷρα) 막 4:38; 행 27:29, 41.

πρωΐ [비교 πρό(선행의 표시) 그리고 πρῴην(또한 πρώην) '최근에'] 부사 (아침에) **일찍** early (in the morning) ⓐ 특정 시간을 나타내지 않고 마 16:3; 20:1; 21:18; 막 1:35; 11:20; 15:1; 16:2, 9; 요 18:28; 20:1; 행 28:23. ⓑ 로마의 계산법에 따르면, 밤의 네 번째 시간으로, **3시에서 6시** 막 13:35.

πρωΐα, ας, ἡ [비교 πρωΐ] (이른) **아침** (early) morning 마 21:18 이문; 27:1; 요 21:4.

πρώϊμος, η, ον πρόϊμος의 다른 형태.

πρωϊνός, ή, όν [πρωΐ] '아침과 관련하여', **이른** early 계 2:28; 22:16.

πρῷρα, ης, ἡ [산스크리트] **뱃머리** prow (배의 앞부분) 행 27:30, 41.

πρωτεύω [πρῶτος] **으뜸이 되다, 첫째 자리를 차지하다** be in first place/position 골 1:18.

πρωτοκαθεδρία, ας, ἡ [πρῶτος, καθέδρα] '특별한 행사나 모임의 영예로운 자리', **가장 좋은 자리, 상석** best seat 마 23:6; 막 12:39; 눅 11:43; 20:46.

πρωτοκλισία, ας, ἡ [πρῶτος, κλισία '긴 의자, 침상'에서 κλίνω '저녁 만찬 때

πρωτόμαρτυς, υρος, ὁ / πταίω

눈에 띄는 기대어 앉는 자리', **영예로운 자리, 상석** place of honor 마 23:6; 막 12:39; 눅 14:7f; 20:46.

πρωτόμαρτυς, υρος, ὁ [πρῶτος, μάρτυς] 피값을 지불한 **탁월한 증인** preeminent witness, 행 22:20 이문 (누가행전에서 '순교자'라는 의미로 알려진 특별한 부류와 관련된 μάρτυς는 찾아볼 수 없지만, 후대 필사자들은 μάρτυς를 영웅적인 '순교자'의 좁은 의미로 이해한 것으로 보이며, 그들은 π.도 마찬가지로 '첫 번째 순교자'(first martyr)로 이해한 것 같다.

πρῶτος, η, ον [πρό의 최상급] 기본 개념: 선행함과 관련 있는 ① '순서에 있어서 우선적인 자리를 차지함' ⓐ 시간적으로, **첫 번째의, 먼저의, 가장 먼저의 first, earlier, earliest 마 12:45; 19:30; 20:8, 10; 26:17; 막 13:10; 16:9; 요 1:15, 30; 20:4, 8; 행 20:18; 26:23; 롬 10:19; 고전 14:30; 빌 1:5; 딤전 2:13; 5:12; 딤후 4:16; 히 8:7, 13; 9:15; 벧후 2:20; 요일 4:19; 계 1:17; 2:4f, 19; 21:1, 4. 중성이 부사로, πρῶτον, 가장 먼저 마 5:24 등 자주. τὸ πρῶτον **처음으로, 먼저** 요 10:40; **처음에** 12:16. ⓑ 열거하는 순서에 중점을 두어 **먼저, 처음으로** first 마 17:27(최초로); 21:28; 22:25; 27:64; 막 12:20; 눅 2:2; 14:18; 16:5; 요 5:4 이문; 19:32; 행 1:1; 12:10; 13:33 이문; 27:43; 히 8:7; 10:9; 계 2:8 등. 중성이 부사로 πρῶτον, 처음에는 막 4:28; 행 3:26; 롬 1:8; 3:2; 15:24; 고전 11:18; 12:28; 히 7:2; 약 3:17. ⓒ 위치에 초점을 맞추어, **맨 바깥(부분)** 히 9:2. ② '의미나 중요성에서 두드러지는', **으뜸인, 가장 탁월한, 중요한** 마 10:2; 20:27; 22:38; 막 6:21; 9:35; 12:28f; 눅 13:30; 15:22(= 매우 특별한); 행 13:50; 17:4; 28:7; 고전 15:3, 47; 엡 6:2; 딤전 1:15f. 중성이 부사로, πρῶτον, (다른 무엇보다) **먼저** 마 6:33; 요 1:41; 행 3:26; 롬 1:16; 2:9f; 3:2; 고후 8:5; 딤전 2:1; 3:10; 벧후 1:20; 3:3.

πρωτοστάτης, ου, ὁ [πρῶτος, ἵστημι; '우두머리, 지도자'] **주모자, 우두머리** ring leader 행 24:5.

πρωτοτόκια, ων, τά [πρωτότοκος] '맏아들에게 배정된 권리', **장자권, 생득권** birthright 히 12:16.

πρωτότοκος, ον [πρῶτος, τόκος] ① '출생 순서에 있어서 첫 번째 아이', **첫째로 태어난, 맏아들로 태어난** firstborn 마 1:25 이문; 눅 2:7; 히 11:28. 확장되어 ② '첫째 아이의 지위를 누리는', **특권을 가진 맏아들** privileged firstborn ⓐ 그리스도에 대해 롬 8:29; 골 1:15, 18; 히 1:6; 계 1:5. ⓑ 하나님 나라의 구성원에 대해 히 12:23.

πρώτως [πρῶτος] 부사 **비로소, 처음으로** first 행 11:26.

πταίω [복합적인 어원] π.의 자동사 용례는 '발을 잘못 디디다'는 뜻을 가진다. **발을 헛디디다, 곱디디다** stumble, trip 또한 그 자체로 상징적인 의미로 도덕적인 재난이나 죄의 의미를 가지게 된다. 롬 11:11; 약 2:10; 3:2. 벧후 1:10에서는 극심

한 위험을 나타내는 분위기를 묘사한 것으로 보인다.

πτέρνα, ης, ἡ [산스크리트] **발꿈치** heel 요 13:18.

πτερύγιον, ου, τό [πτέρυξ의 지소사] '건물이 지극히 높은 지점', 복음서의 청중들은 헤롯 궁전이 누리는 명성 때문에 그것을 나타내고 있음을 잘 알 수 있었을 것이다. 그러나 현대 독자들은 근접한 의미에 만족해야 한다. 날개 끝에 대한 비유로, **높은 가장자리, 정상** high edge, summit 마 4:5; 눅 4:9.

πτέρυξ, υγος, ἡ [πτερόν '깃'] **날개** wing 마 23:37; 눅 13:34; 계 4:8; 9:9; 12:14.

πτηνός, (ἡ), όν [πέτομαι] '날기 위해 갖춰진', **날개 있는** winged, 명사로, **τὰ** πτηνά 새들 고전 15:39.

πτοέω [πτοία '두려움'] '다가오는 위험에 대한 심각한 불안을 일으키다', **무섭게 하다, 겁주다** terrify, scare, 수동태로만 **무서워하다, 겁먹다, 경악하다** be terrified/scared/dismayed 눅 21:9; 24:37.

πτόησις, εως, ἡ [이전 항목을 보라] **협박, 위협** intimidation, 칭찬받을 만한 행동으로 인해 위협받는 것을 미연에 방지한다는 의미로 보인다. 벧전 3:6.

Πτολεμαΐς, ΐδος, ἡ [Πτολεμαῖος (비교 서사시 πτολεμήιος '호전적인') '프톨레미', 이집트의 마케도니아 왕들의 이름] **돌레마이, 프톨레마이스** Ptolemais, 팔레스타인 북부 해안의 페니키아 항구 행 21:7.

πτύξας πτύσσω 제1부정과거 능동태 분사.

πτύον, ου, τό [아마도 '정결하게 하다', '채로 거르다'와 관련한 산스크리트어와 관련이 있는 것으로 보인다] '쭉정이에서 곡식을 골라내는 도구', **까부르는 키, 도리깨** winnowing shovel, flail 마 3:12; 눅 3:17.

πτύρω [비교 πτοέω] '놀라게 하다, 불안하게 하다', 수동태로만, **놀라다, 무서워하다** be frightened/terrified, 협박 당하는 느낌에 반응한다는 의미로, 부정어와 함께 빌 1:28.

πτύσμα, ατος, τό [πτύω] **침, 타액** saliva 요 9:6.

πτύσσω [비교 πτύξ '층, 주름'] **감아 올리다** roll up, 어떤 단락을 마쳤다는 의미로 두루마리를 눅 4:20.

πτύω [어원은 복잡하지만 의성어의 특징을 갖고 있음은 틀림없다] **(침) 뱉다** spit (out) 막 7:33; 8:23; 요 9:6.

πτῶμα, ατος, τό [πίπτω; '쓰러진 것', 확장된 의미로 '쓰러진 몸 = '시체, 사체'] **시체** corpse 마 14:12; 24:28; 막 6:29; 15:45; 계 11:8f.

πτῶσις, εως, ἡ [πίπτω] '무너진 상태', 어떤 구조에 대해 **넘어짐, 붕괴** fall, collapse 마 7:27; 비유로, 사람, 자신의 운명을 깨닫는 데 실패하여, **실추** fall 눅 2:34.

πτωχεία, ας, ἡ [πτωχεύω] '부(τὸ πλοῦτος)와 관련해 상대적으로 가난한 수준', 어느 정도인지는 묘사되지 않고, **가난** poverty 고후 8:2(이 구절에서는 βάθος가 더해져서 설명된다), 9; 계 2:9.

πτωχεύω [πτωχός] **가난하다, 빈궁하다** be poor, 상대적으로 가난한 상태에 처한 것과 관련해서 고후 8:9.

πτωχός, ή, όν [비교 πτοία '두려움' (πτοέω를 보라) 그리고 호메로스 πτώσσω (거지의 입장으로) '수그리다, 움츠리다'] ① '많은 것을 가지고 있는 것에 상대적으로 궁핍한 상태', **가난한** poor ⓐ 상대적으로 가난한 상태에 초점을 맞추어, 형용사로서 막 12:42f(비교 눅 21:3); 명사로서 마 19:21; 막 10:21; 14:5, 7; 눅 6:20; 18:22; 19:8; 요 12:6, 8; 롬 15:26; 고후 6:10; 갈 2:10; 약 2:2f, 5f; 계 13:16. 구걸할 정도로 몰락한 사람 눅 16:20, 22; 또한 명백하게 14:13, 21. ⓑ 가난에 억압적인 사회적 측면과 격려의 필요성에 중점을 두어, 명사로서 마 11:5; 눅 4:18; 7:22. ⓒ 자기만족하는 영적 상태와 상대적으로 영적인 파산 상태임을 깨닫는다는 의미로 전환되어, 명사로서 마 5:3. ② '품질이 매우 저급한', 세상적인 면에서 지극히 가난한 사람의 상태와 관련된 외부적인 양상에 대한 비유로, **천박한, 추레한** shabby 갈 4:9; 고전 15:10 이문; 관련된 맥락에서 계 3:17.

πυγμή, ῆς, ἡ [πύξ 부사 '주먹으로'] **주먹** fist 막 7:3(여기서 주먹이 정확히 어떤 역할을 하는지는 추측할 수 있을 뿐이다).

πυθόμενος πυνθάνομαι 제2부정과거 중간태 분사.

πύθων, ωνος, ὁ [아폴론의 예언으로 유명한 델포이에 위치한 지역인 Πυθώ에서] '사람을 통해 메시지를 전달하는 신탁의 다이몬(그리스 신화의 반신반인의 존재)', **신관(神官), 무당에게 붙는 귀신** python, 동격으로, πνεῦμα πυθῶνα = **신성한 영(점치는 귀신)** 행 16:16.

πυκνός, ή, όν [비교 호메로스 부사 πύκα '빽빽한, 두꺼운'] '잦은, 빈번하게' ⓐ 형용사 **잦은** frequent 딤전 5:23. ⓑ 부사 **자주, 빈번하게** frequently 막 7:3 이문; 눅 5:33; 비교급 πυκνότερον 행 24:26.

πυκτεύω [πύκτης '권투 선수, 복서'] 비유로 주먹다짐으로 싸우다, **권투하다** box 고전 9:26.

πύλη, ης, ἡ [아마도 산스크리트 연관어] **문(門)** gate ⓐ 마 16:18; 눅 7:12; 행 3:10; 9:24; 12:10; 16:13; 히 13:12. ⓑ 비유로 마 7:13f; 눅 13:24 이문.

πυλών, ῶνος, ὁ [πύλη] ① '주된 거주지로 통하는 곳으로 문이 열리는 구조물', **현관, 문, 입구** gateway, gate, entrance 눅 16:20; 행 10:17; 12:13f; 14:13; 계 21:12 등 계시록에서 자주. ② 확장된 의미로, '마당의 앞뜰 역할을 하는 장소', **현관, 입구** gateway, entrance 마 26:71.

πυνθάνομαι [산스크리트] ① **물어보다** inquire 마 2:4; 눅 15:26; 18:36; 요

πῦρ, ός, τό / πῶλος, ου, ὁ

4:52; 행 4:7; 10:18, 29; 21:33; 23:19f. ⓑ **배우다** learn, 물어본 결과에 초점을 맞춘 환유법 종류로 행 23:34.

* **πῦρ, ός, τό** [복합적인 어원] **불** fire 마 13:40; 17:15; 막 9:22; 눅 9:54; 17:29; 22:55; 행 2:3; 7:30; 28:5; 고전 3:15; 히 11:34; 12:18; 약 3:5; 5:3; 벧전 1:7; 계 1:14 그리고 계시록에서 자주, 불이 실재하는 것처럼 구체화되어. 비교 종말론적이고 묵시론적인 특징과 물리적 요소가 혼합된 불 마 3:10-12; 5:22; 7:19; 13:42, 50; 18:8f; 25:41; 막 9:43, 48f; 눅 3:9, 16f; 12:49; 요 15:6; 행 2:19; 고전 3:13; 살후 1:8; 히 10:27; 벧후 3:7; 유 7, 23. 비유로 롬 12:20; 히 1:7; 12:29; 약 3:6.

πυρά, ᾶς, ἡ [πῦρ] '연소 상태에 있는 연료', **불** fire, 온기를 위해 피운 행 28:2f.

πύργος, ου, ὁ [어원 미상] **탑, 망대** tower, 경계를 서는 구조물에 대해 마 21:33; 막 12:1; 눅 13:4; 14:28.

πυρέσσω [πῦρ] **열병 걸리다, 열병을 앓다** have/run a fever 마 8:14; 막 1:30.

πυρετός, οῦ, ὁ [πῦρ] **열병, 고열** fever 마 8:15; 막 1:31; 눅 4:38f; 요 4:52; 행 28:8.

πύρινος, η, ον [πῦρ] **불타는 듯한** fiery, 색상에 대해 계 9:17.

πυρόω [πῦρ] '불 태우다', 신약에서는 수동태로만. ⓐ **불 붙이다, 불 태우다** be set ablaze 벧후 3:12; 극적인 비유로 엡 6:16. 확장된 의미로, 강한 감정이 **불붙다** burn 고전 7:9; 고후 11:29. ⓑ 열기의 강도에 초점 맞추어 **뜨거운 빛을 발하다** be made glowing hot, 정련하는 과정에서 계 1:15; 3:18.

πυρράζω [πυρρός] '불과 관련된 붉은 빛을 발하다', **타는 듯이 붉다** be fiery red, 다가오는 기상 상태를 표시하는 하늘에 대한 비유로 πυρράζει ὁ οὐρανός **하늘이 붉다** 마 16:2f.

πυρρός, ά, όν [πῦρ] '불타는 듯한 색으로', **타는 듯이 붉은** fiery red, 비유로 붉은 용에 대해 계 6:4; 12:3.

Πύρρος, ου, ὁ [πῦρ] **부로, 퓌로스** Pyrrhus, 소바더(Sopater)의 아버지 행 20:4.

πύρωσις, εως, ἡ [πῦρ] '불 때문에 발생하는 어떤 과정' ⓐ **연소** burning, 불 태워진다는 수동태 의미로 계 18:9, 18. ⓑ **불타는 시험**, 아마 야금술의 정련하는 비유로 보인다. 벧전 4:12 (비교 주제와 관련된 기록 1:7).

πωλέω [아마도 산스크리트 연관어] **팔다** sell 마 10:29 등.

πῶλος, ου, ὁ [비교 라틴어 pullus '말이나 나귀의 새끼'] 신약에서는 예수의 예루살렘 입성에 대한 묘사에서만, **수망아지** colt, 분명히 바로 근접한 문맥을 보면, **새끼 나귀** 마 21:2, 5, 7; 요 12:15. 막 11:2, 4f, 7; 눅 19:30, 33, 35에서 π.는 다른 어떤 표현이 주어지지 않아도, 망아지, 새끼 나귀 등을 지시할 수 있다.

πώποτε / πώς

πώποτε [πώ '지금까지, 아직', ποτέ] 부사 '과거의 어느 불특정 시점에 대해', **언제든지, 언제나** at any time, ever, 항상 부정어와 함께 눅 19:30; 요 1:18; 5:37; 6:35; 8:33; 요일 4:12.

πωρόω [πῶρος '돌'] '냉담한 짓을 하다', (~에 대해) **무감각해지다, 돌과 같이 되다** harden, petrify, 메시지를 받아들이도록 자극하는 노력을 도무지 수용하지 않다 요 12:40; 수동태 막 6:52; 8:17; 롬 11:7; 고후 3:14.

πώρωσις, εως, ἡ [πωρόω] '굳어지거나 냉담한 상태', 비유로 닫힌 마음을 가진 사람에 대해 **둔함, 완고함** dullness, obstinancy 막 3:5; 롬 11:25; 엡 4:18.

πῶς [비교 πόθεν에 있는 요소 πο-] ① 사안과 관련하여, 태도, 방식, 또는 이유에 관한 질문을 이끌어오는 부사 **어떻게? 어떤 방식, 방법으로?** how? in what manner/way? ⓐ 직접문 ㉠ 정보를 찾음에 중점을 두어 **어떻게? how?** 눅 1:34; 10:26; 요 3:9; 9:10, 19, 26; 롬 4:10; 고전 15:35. ㉡ 다양한 형식으로 특별히 논증적인 맥락에서: 경이로움이나 놀라움을 나타내는 표현으로 **그러면 어떤가? 어떻게 그럴 수 있는가?** how is it then? how can it be that? 마 16:11; 22:43, 45; 막 9:12; 눅 11:18; 20:41, 44; 요 3:4; 4:9; 12:34; 행 2:8; 갈 4:9; 비평적으로 **어떻게? 무슨 권리로?** how? by what right? 마 7:4; 22:12; 눅 6:42; 요 6:42; 고전 15:12; 갈 2:14; 해명을 요청하여, **어떻게? 어떤 의미로?** how? in what sense? 눅 20:41; 요 8:33; 12:34; 부정문을 부르는 수사학적인 문장에서 **어떻게? 무슨 방법으로?** how? in what way? 마 12:26, 29, 34; 막 3:23; 4:13; 눅 11:18; 요 3:12; 5:44, 47; 6:52; 9:16; 14:5; 행 8:31; 롬 3:6; 6:2; 8:32; 고전 14:7, 9, 16; 고후 3:8; 딤전 3:5; 히 2:3; 요일 3:17; 4:20 이문; 깊이 생각하는 측면으로, **어떻게? how?** 마 23:33; 26:54; 막 4:30; 롬 10:14. ⓑ 간접문 어떻게 how 마 6:28; 10:19; 12:4; 막 5:16; 11:18; 12:41; 14:1, 11; 눅 8:36; 12:11, 27; 14:7; 22:2, 4; 요 9:15, 21; 행 4:21; 11:13; 15:36; 20:18; 고전 3:10; 7:32-34; 엡 5:15; 살전 4:1; 계 3:3. ② 부사 감탄을 나타내는 표시로 **얼마나…한가! how…!** 막 10:23f; 눅 12:50; 18:24; 요 11:36.

πῶς [이전 항목과 비교] 결정되지 않은 부분을 표현하는 전접 불변화사, **다소, 아마도 somehow, perhaps, εἰ와 함께 사용되어 행 27:12; 롬 1:10; 11:14; 빌 3:11. εἰ와 μήπως를 보라.

P

Ῥαάβ, ἡ [히브리어 '넓은, 폭넓은'] 격변화 없음. **라합** Rahab, 여리고의 창녀(수 2장과 6장) 히 11:31; 약 2:25.

ῥαββί [히브리어 '나의 주님'] 모세 율법 전통에 대한 지식을 존경하여 이스라엘 교사들을 부르는 호칭, **나의 주님, 선생님, 랍비** my master, sir, rabbi, 일반적으로 마 23:7f; 세례 요한에 대해 요 3:26; 그를 제외하고는 항상 예수께 대하여 마 26:25, 49; 막 9:5; 10:51 이문; 11:21; 14:45; 요 1:38 (여기에서는 διδάσκαλος 선생으로 번역되었다) 그리고 요한복음에서 자주.

ῥαββουνί [ῥαββί의 대체 형태] **나의 주님, 랍비** my master, rabbi 막 10:51; 요 20:16 (여기에서는 διδάσκαλος 선생으로 번역되었다).

ῥαβδίζω [ῥάβδος] '지팡이, 막대기로 벌하다', **때리다, 매질하다** beat 행 16:22; 고후 11:25.

ῥάβδος, ου, ἡ [IE] 이 용어는 손으로 휘두르는 지팡이나 막대, 일반적으로 나무로 만든 다양한 모양과 기능에 사용하는 도구를 지칭한다. ⓐ **지팡이** staff 걷는데 도움을 주는 마 10:10; 막 6:8; 눅 9:3; 아마도 또한 계 11:1. ⓑ **매** rod 벌하는 것에 대해, 비유로 고전 4:21. ⓒ (왕권을 상징하는) **홀(笏)** scepter 히 1:8; 9:4; 11:21. ⓓ 목자의 지팡이나 벌하는 매에 대한 복합적인 비유를 나타내는 특별한 어구로 ποιμαίνειν ἐν ῥάβδῳ σιδηρᾷ "철장(鐵杖)을 가지고 양을 돌보다" 계 2:27; 12:5; 19:15.

ῥαβδοῦχος, ου, ὁ [ῥάβδος, ἔχω] 공공 질서 유지에 책임이 있는 '로마 치안판사의 수행원', **릭토르**(로마에서 죄인 다스리던 관리), **경찰관, 경찰** lictor, constable, policeman 행 16:35, 38.

ῥαβιθα ραββι θαβιτα로 읽음 막 5:41 이문. 이것은 아람어의 특징을 반영하여 '소녀'의 뜻을 가지는 아람어 단어 ταλιθά와 동일한 단어를 ῥ.가 이끌어온다고 추정된다.

Ῥαγαύ, ὁ [히브리어] 격변화 없음. **르우** Reu, 예수의 조상 눅 3:35.

ῥᾳδιούργημα, ατος, τό [ῥᾳδιουργέω (ῥᾴδιος '쉬운', ἔργον) '교활하게 행동하다'] **사기** roguery, ῥ. πονηρόν 비난받을 만한 나쁜 행동 행 18:14.

ῥᾳδιουργία, ας, ἡ [이전 항목을 보라] '사기와 속임수로 자신의 목적을 확보하는 행위', **사기, 속임수** skulduggery, chicanery 행 13:10.

ῥαίνω [IE] **뿌리다** sprinkle 수동태 계 19:13 이문.

Ῥαιφάν, ὁ / ῥεύσω

Ῥαιφάν, ὁ [카이완(Kaiwan)이라는 여신의 이름과 관련해서 발음하는 문제가 많은 히브리 이름에 대한 그리스어 형태] 격변화 없음. (토성과 관련된 이 신에 대한 다양한 철자 표기법이 있다) **레판** Rephan 행 7:43.

ῥακά [셈어 기원으로] 싸움이 과열되었을 때 사용하는 모욕하는 말, **멍청이, 바보, 돌대가리** emptyhead, dunderhead, numskull 마 5:22.

ῥάκος, ους, τό [IE] **천 조각** piece of cloth, 덧대는 데 사용하는 마 9:16; 막 2:21.

Ῥαμά, ἡ [히브리어] 격변화 없음. 예루살렘 북쪽으로 약 8km 떨어진 **라마** Rama 마 2:18.

ῥαντίζω [ῥαίνω] '액체나 다른 물질을 흩어버리는 방식으로 활용하다' ⓐ **튀기다, 뿌리다** spatter, sprinkle 계 19:13 이문 피흘은 의복에 관하여 ⓑ **뿌리다** sprinkle 히 9:13, 19, 21 물방울이나 입자를 흩어 뜨리는데 중점을 둔 정결 예식에 관하여; 비유로 10:22. ⓒ 중간태 **스스로 세척하다, 씻다** cleanse/wash oneself 막 7:4 이문 개인적인 정결 예식에 관하여.

ῥαντισμός, οῦ, ὁ [ῥαντίζω] (홀)**뿌리기** sprinkling 히 12:24; 벧전 1:2.

ῥαπίζω [ῥαπίς '매'] '손으로 타격하다', **치다, 때리다** slap, strike 마 5:39; 26:67.

ῥάπισμα, ατος, τό [ῥαπίζω] 얼굴을 **치다** slap 요 18:22; 19:3; ῥαπίσμασιν αὐτὸν ἔλαβον "그들이 그를 붙잡고 (아마도 수염을, 모욕을 주는 행동으로) 때렸다" 막 14:65.

ῥαφίς, ίδος, ἡ [ῥάπτω '함께 꿰매다'] **바늘** needle, 꿰매는 데 사용하는 도구로 마 19:24; 막 10:25; 눅 18:25 이문.

ῥαχά ῥακά를 보라.

Ῥαχάβ, ἡ [히브리어 '넓은, 폭넓은'] 격변화 없음. **라합, 라카브** Rahab, 살몬의 아내이자 예수님의 조상 마 1:5.

Ῥαχήλ, ἡ [히브리어 '암양'] 격변화 없음. **라헬** Rachel, 족장 야곱의 아내이자, 예수님의 조상 마 2:18.

Ῥεβέκκα, ας, ἡ [히브리어. 어원은 불분명] **리브가, 레베카** Rebecca, 족장 이삭의 아내 롬 9:10.

ῥέδη, ης, ἡ [라틴어 raeda '네 바퀴달린 여행을 위한 수레'에서] '네바퀴 달린 운송 수단', **수레** carriage 계 18:13.

Ῥεμφάν Ῥαιφάν을 보라.

ῥέραμμαι ῥαίνω 완료 수동태 직설법.

ῥεραντισμένος ῥαντίζω 완료 수동태 분사.

ῥερριμμένος ῥίπτω 완료 중간태/수동태 분사.

ῥεύσω ῥέω 미래 능동태 직설법.

Ῥεφάν Ῥαιφάν을 보라.

ῥέω [산스크리트 연관어] 흐르다 flow, 풍성한 축복에 대한 비유로 요 7:38; 비유로, 재난을 만난 구조물에 대해, ~을 유실되게 하다 wash away 벧후 3:10 추정.

Ῥήγιον, ου, τό [라틴어 Regium/Rhegium] 레기온 Rhegium, 이탈리아 본토 남쪽 끝에 있는 도시 행 28:13.

ῥῆγμα, ατος, τό [ῥήγνυμι] '산산이 조각나는 타격을 겪은 결과', **붕괴, 폐허** collapse, ruin 눅 6:49.

ῥήγνυμι [ῥήσσω의 다른 형태] '힘으로 따로 떨어뜨려 놓다' ⓐ 외부적인 힘으로, **찢어놓다** rip apart 마 7:6; **뜯다** tear 눅 5:6 이문. ⓑ 내부적인 힘으로, **터지다** burst 포도주 부대 막 2:22; 눅 5:37; 수동태 마 9:17. 확장된 의미로 강한 감정적 표현에 대해 **터뜨리다** break out 갈 4:27.

ῥηθείς εἶπον 제1부정과거 수동태 분사.

*ῥῆμα, ατος, τό [εἴρω '말하다, 이야기하다', 비교 완료형 εἴρημαι] ① '단어들로 구성된 의사소통', 자주 중요성이나 특별한 의미를 가지고 **연설, 선언, 선포** statement, pronouncement, declaration 마 4:4 등. ῥήματα βλάσφημα 신성모독적인 언사 행 6:11, 비교 13절. οὐδὲ ἓν ῥῆμα 하나도 대답하지 않는 마 27:14. ② 히브리적인 방식으로, 그리고 일종의 환유법으로, '주목할 만하거나 가치가 있기 때문에 이야기하는 어떤 것', **사안, 일, 사건** a matter, thing, event 마 18:16; 눅 1:37, 65; 2:15, 19, 51; 행 5:32; 10:37; 고후 13:1.

ῥῆξον ῥήγνυμι 제1부정과거 능동태 명령법.

ῥήξω ῥήγνυμι 미래 능동태 직설법.

Ῥησά, ὁ [어원은 불분명] 격변화 없음. 레사 Rhesa, 예수의 조상 눅 3:27.

ῥήσσω [ῥήγνυμι 의 다른 형태] **넘어뜨리다** throw down, 귀신이 피해자를 쓰러뜨려 경련을 일으키게 하는 것에 대해 막 9:18; 눅 9:42. 비교 προσρήσσω.

ῥήτωρ, ορος, ὁ [비교 ῥῆμα] '설득하는 연설과 관련된 공적인 연사', 법률적인 맥락으로 **변호사, 옹호자** attorney, advocate 행 24:1.

ῥητῶς [부사 ῥητός (이전 항목과 비교) 계약에 있어서 '지정된'] '불확실한 말이 없이', **구체적으로 말하면, 명확하게** specifically, expressly 딤전 4:1.

ῥίζα, ης, ἡ [비교 라틴어 radix '뿌리'] ① **뿌리** root ⓐ 식물의 생장에 관해 마 3:10; 13:6; 막 4:6; 11:20; 눅 3:9. ⓑ 비유로, 계보 또는 가계에 대해 마 13:21; 막 4:17; 눅 8:13; 롬 11:16-18; 딤전 6:10; 히 12:15. ② 전체 식물 성장의 근원으로서 뿌리의 개념은 성장의 2차 원천으로 옮겨간다. **싹, 어린 가지** shoot, scion, 비유로 롬 15:12; 계 5:5; 22:16.

ῥιζόω [ῥίζα] '뿌리를 가지게 하다', 수동태 **뿌리박다, 뿌리내리다** be rooted 엡 3:17; 골 2:7.

ῥιπή, ῆς, ἡ / ῥύομαι

ῥιπή, ῆς, ἡ [ῥίπτω] '빠른 움직임', 특히 눈과 관련하여, **눈 깜박할 사이** twinkling 고전 15:52.

ῥιπίζω [ῥιπίς '부채, 풀무' ῥίπτω에서] '바람 불어 여기저기로 움직이다', **흔들리다, 요동하다** toss, 수동태 흔들리는 사람에 대해 바람에 밀려다니는 비유로 약 1:6.

ῥίπτω/ῥιπτέω [복합적인 어원] **던지다** throw ⓐ 강력한 행동에 중점을 두어 마 27:5; 눅 4:35; 17:2; 행 27:19, 29; 맞서는 몸짓으로 22:23 (ῥιπτέω). 비유로, 거부당한 상황이나 상태에 초점 맞추어, 구체적으로는 그들을 보호할 목자 잃은 양과 같은 사람들과 같은, 수동태 '어떤 도움도 없이 남겨지다' 마 9:36. ⓑ 서두르는 동작에 초점 맞추어 **앉히다** 마 15:30.

ῥίψας ῥίπτω 제1부정과거 능동태 분사.

Ῥοβοάμ, ὁ [히브리어 '백성이 늘어난다'] 격변화 없음. **르호보암, 르보암** Rehoboam, 솔로몬의 아들이자 예수의 조상 마 1:7; 눅 3:29 이문.

Ῥόδη, ης, ἡ [ῥόδον '장미', 중동 기원으로 추정] **로데** Rhoda, 요한 마가의 어머니 집의 종 행 12:13.

Ῥόδος, ου, ἡ [ῥόδον '장미'] **로도, 로도스** Rhodes, 크레테와 소아시아 사이, 에게해 남동쪽에 있는 섬 행 21:1.

ῥοιζηδόν [ῥοῖζος '쉭하는 소리'] 의성어적 부사 '신속히 지나가는 획하는 소리와 함께', **쉭하는 소리를 내며** with a whoosh 벧후 3:10.

Ῥομφά 'Ραιφάν을 보라.

ῥομφαία, ας, ἡ [어원은 불분명] **검(劍)** sword 계 1:16; 2:12, 16; 6:8; 19:15, 21. 고통과 괴로움에 대한 비유로 눅 2:35.

ῥοπή, ῆς, ἡ [ῥέπω '기라앉다'] 아래 방향으로 움직임, 여기에서 ὀφθαλμός와 더불어: **깜빡임** 고전 15:52 이문.

Ῥουβήν, ὁ [히브리어] 격변화 없음. **르우벤, 루벤** Reuben, 야곱의 아들 르우벤을 따른 이스라엘 지파 이름 계 7:5.

Ῥούθ, ἡ [히브리어] 격변화 없음. **룻**, 보아스의 모압 출신 아내, 예수님의 조상 마 1:5.

Ῥοῦφος, ου, ὁ [라틴어 rufus '붉은'] ① 구레네 사람 시몬의 아들 **루포, 루포스** 막 15:21. ② 문안에 나오는 바울의 지인 롬 16:13.

ῥύμη, ης, ἡ [ῥύμα와 관련된, 두 가지 주요 의미를 가지는 활쏘기 용어 ('뭔가 당겨진 것' 그리고 환유적으로, 궁수의 신체를 가려주는 '방어물')] 움직이는 군대나 이동하는 물체를 나타내며, 그래서 이동의 특징을 나타내는 장소의 개념으로 확장되어 **거리** street 마 6:2; 눅 14:21; 행 9:11; 12:10.

ῥύομαι ['피신, 보호'의 의미를 가진 ῥῦμα; '보호하다, 구하다'] '사람의 개입으로 위험에서 구해주다', **구원하다, 구조하다, 구하다** deliver, rescue, save 마 6:13;

27:43; 눅 1:74; 11:4 이문; 롬 7:24; 11:26; 15:31; 고후 1:10; 골 1:13; 살전 1:10; 살후 3:2; 딤후 3:11; 4:17f; 벧후 2:7, 9.

ῥυπαίνω [ῥύπος] '더럽히다', 내적이고 도덕적인 타락에 대해, 수동태 **더럽혀지다, 더럽게 되다** be/become filthy ὁ ῥυπαρὸς ῥυπανθήτω "더러운 자는 더러운 채로 남아 있도록 하라", "또는 더욱더 더러워져라" 계 22:11.

ῥυπαρεύω [ῥύπος] '더러워지게 하다', 수동태, 이전 항목과 같이 계 22:11 이문.

ῥυπαρία, ας, ἡ [ῥυπαρός] '더러움/불결함'이라는 외적 개념은 도덕적인 영역에도 쉽게 적용될 수 있다. **오염, 더러움** defilement, sordidness 약 1:21.

ῥυπαρός, ά, όν [ῥύπος] **더러운** filthy ⓐ 옷이 때묻어 soiled 약 2:2. ⓑ 비유로, 도덕적인 타락에 대해, 명사로서 ὁ ῥυπαρός 더러워진 사람 계 22:11.

ῥύπος, ου, ὁ [어원은 불분명] **먼지, 때** dirt 벧전 3:21.

ῥῦσαι, ῥυσάσθω, ῥυσθῶ ῥύομαι 제1부정과거 중간태 명령법, 제1부정과거 중간태 명령법 3인칭 단수. 그리고 제1부정과거 수동태 가정법 1인칭 단수.

ῥύσις, εως, ἡ [ῥέω] **흐름, 분비** flow, 비정상적인 피흘림에 대해 막 5:25; 눅 8:43f.

ῥυτίς, ίδος, ἡ [비교 ἐρύω '당기다, 팽팽해지게 하다'] **주름 잡힌** wrinkle 엡 5:27.

Ῥωμαϊκός, ή, όν [Ῥωμαῖος] **로마의** Roman, 라틴 문자에 대해 눅 23:38 이문.

Ῥωμαῖος, α, ον [Ῥώμη] **로마에 속한** Roman, 명사 역할을 해서 ⓐ 특별히 로마 제국 정부, 복수 요 11:48; 행 25:16; 28:17. ⓑ 속격 의미로 사람, 로마제국의 시민권을 가진 행 2:10; 16:21, 37f; 22:25-27, 29; 23:27.

Ῥωμαϊστί [Ῥώμη] 부사 '로마의 언어로', **라틴어로** in Latin 요 19:20.

Ῥώμη, ης, ἡ [어원은 불분명] **로마** Rome 행 18:2 등.

ῥώννυμι [어원은 불분명, 비교 ῥώμη '육체적인 힘'] '강건하다', 신약에서 항상 완료 수동태 명령법으로 ἔρρωσο 서신의 종결로서 **안녕!** farewell 행 15:29; 23:30 이문.

Σ

σαβαχθανι [아람어] 당신은 나를 버리셨나이다 you have forsaken me 마 27:46; 막 15:34.

Σαβαώθ [히브리어] 군인, 군대와 관련하여, 상용구로 κύριος σαβαώθ **만군의 주님** 롬 9:29; 약 5:4.

σαββατισμός, οῦ, ὁ [σαββατίζω '안식일을 지키다'] **안식일 준수** sabbath observance, 비유로 휴식의 측면에 초점 맞추어 히 4:9.

*__σάββατον, ου, τό__ [히브리어] ① '이스라엘 한 주의 일곱 번째 날, 특별한 제의적 중요성을 가진', **안식일** Sabbath, 단수뿐 아니라 복수로 안식일에 관련되어 ⓐ 단수 마 12:8; 막 2:27f; 눅 6:6f, 9; 요 5:9f, 18; 행 1:12; 13:27, 44. ⓑ 복수 τὰ σάββατα 마 28:1a; 막 1:21; 2:23f; 눅 4:16; 13:10; 행 16:13. 전술한 복수 사용의 예외: ἐπὶ σάββατα τρία 세 번의 안식일 동안 행 17:2. ② '이스라엘의 칠일 주간', **주일** week ⓐ 단수 막 16:2 이문, 9; 눅 18:12; 고전 16:2. ⓑ 단수처럼 동일한 의미로 복수 마 28:1b; 막 16:2; 눅 24:1; 요 20:1, 19; 행 20:7; 고전 16:2 이문.

σαγήνη, ης, ἡ [비교 σάττω '상당히 가득 채우다'] **그물** dragnet, 상대적으로 큰 마 13:47.

Σαδδουκαῖος, ου, ὁ [히브리어] **사두개파 사람** Sadducee, 신약에서는 항상 복수, 이스라엘의 영향력 있는 집단의 구성원들 마 3:7 등.

Σαδώκ, ὁ [히브리어] 격변화 없음. **사독** Zadok, 예수의 조상 마 1:14.

σαίνω [IE] σ. = 아양 떨다 fawn의 주요 의미인 기만하다는 살전 3:3의 용례에서 확장되어 나타나는 것으로 보인다. 여기에서는 속여서 **현혹시킨다** beguile는 뜻을 나타내어, 5절에 나오는 시험하는 자와 관련된 뜻을 강화한다. 그렇지 않으면 많은 해석자와 번역가들이 선호하는 **크게 실망시키다, 동요시키다** dismay, agitate는 번역어에 기대야 할 것이다.

σάκκος, ου, ὁ [히브리어 연관어] '동물의 털로 만들어진 거친 천', **삼베 옷, 거친 옷** sackcloth 마 11:21; 눅 10:13; 계 6:12; 11:3.

Σαλά, ὁ [히브리어 '의로운'] 격변화 없음. **살라** Shelah ① 보아스의 아버지이며 예수의 조상 눅 3:32. ② 가이난의 아들이자 예수의 조상 눅 3:35.

Σαλαθιήλ, ὁ [히브리어] 격변화 없음. **스알디엘, 살라티엘** Shealtiel, Salathiel, 예수의 조상; 마 1:12에 따르면, 여고냐의 아들이며 스룹바벨의 아버지; 눅 3:27에 따르면 스룹바벨의 아버지이자 네리의 아들.

Σαλαμίς, ῖνος, ἡ [어원은 불분명] **살라미, 살라미스** Salamis, 구브로(Cyprus) 동부 해안의 도시 행 13:5.

Σαλείμ, τό [어원은 불분명] 격변화 없음. **살렘** Salim, 세례 요한이 세례를 준 장소(장소에 관해서는 논란이 있다) 요 3:23.

σαλεύω [σάλος '방해'] '흔들거리거나 비틀거리게 하다', **흔들다** shake ⓐ 사물과 구조들 마 11:7; 24:29; 막 13:25; 눅 6:38; 행 4:31; 16:26; 히 12:26, 27a. 비유로 12:27b. ⓑ 확장되고 비유적인 의미로, 사람과 관련하여: 수동태, 내적인 방해를 경험하는 것에 대해 **요동치다, 흔들리다** be shaken 행 2:25; 살후 2:2; 능동태 군중을 감정적으로 불안하게 하는 것에 대해, **흔들다, 방해하다, 당황시키다, 선동하다** shake, disturb, upset, incite 행 17:13.

Σαλήμ, ἡ [히브리어] 격변화 없음. **살렘** Salem, 멜기세덱이 왕이었던 도시 히 7:1f.

Σαλίμ, τό Σαλείμ을 보라.

Σαλμών, ὁ [히브리어] 격변화 없음. **살몬** Salmon, 예수의 조상 마 1:4f; 눅 3:32 이문.

Σαλμώνη, ης, ἡ [어원은 불분명] **살모네** Salmone, 크레테 동부 끝쪽의 곶 행 27:7.

σάλος, ου, ὁ [복합적인 어원] **큰 파도** surge, 아마도 물결이 특별하게 요동침에 대해 눅 21:25.

σάλπιγξ, ιγγος, ἡ [어원은 불분명] **나팔** trumpet ⓐ 악기 자체 마 24:31 이문; 고전 14:8; 히 12:19; 계 1:10 등 계시록에서 자주. ⓑ 환유적으로, 나팔이 만들어 내는 소리 = **나팔 신호, 나팔 소리** trumpet-call/sound 마 24:31; 고전 15:52; 살전 4:16.

σαλπίζω [σάλπιγξ] **나팔 불다** blow a trumpet 계 8:6 등 계시록에서 자주. 만화에 나오는 말풍선처럼 μὴ σαλπίσῃς ἔμπροσθέν σου "여러분은 사람들 앞에서 나팔 불지 마시오" 마 6:2. 비인칭으로 그리고 나팔이 내는 소리에 초점 맞추어 σαλπίσει "나팔이 소리 내리라" 고전 15:52.

σαλπιστής, οῦ, ὁ [σαλπίζω] **나팔수** trumpeter 계 18:22.

Σαλώμη, ης, ἡ [어원은 불분명] **살로메** Salome, 예수의 후원자이자 따르는 자 막 15:40; 16:1. 성서에 이름이 나오지 않는 헤롯의 딸과 혼동하지 말아야 한다. 막 6:22ff; 마 14:6ff.

Σαμάρεια, ας, ἡ [히브리어] **사마리아** Samaria, 북쪽 갈릴리와 남쪽 유대 사이에 있는 팔레스타인 지역 눅 17:11 등.

Σαμαρία Σαμάρεια를 보라.

Σαμαρίτης, ου, ὁ [Σαμαρία] **사마리아 사람** Samaritan 마 10:5 등.

Σαμαρῖτις, ιδος, ἡ / Σάρεπτα, ων, τά

Σαμαρῖτις, ιδος, ἡ [Σαμαρία] 사마리아 사람 Samaritan 요 4:9.

Σαμοθρᾴκη, ης, ἡ [Σάμος, Θρᾴκη '트리키아'] 사모드라게, 사모트라케 Samothrace, 에게해 북동쪽에 있는 섬 행 16:11.

Σάμος, ου, ἡ [어원은 불분명] 사모, 사모스 Samos, 에베소 남서쪽의 섬 행 20:15.

Σαμουήλ, ὁ [히브리어] 격변화 없음. 사무엘 Samuel, 구약의 선지자 행 3:24; 13:20; 히 11:32.

Σαμφουριν [히브리어] 격변화 없음. 삼포린 Samphorin 요 11:54 이문 어느 정도 세포리스와 연관되어.

Σαμψών, ὁ [히브리어] 격변화 없음. 삼손 Samson, 이스라엘의 사사 히 11:32.

σανδάλιον, ου, τό [σάνδαλον '납작한 신발, 샌들'의 지소사, 아마도 아시아 기원으로 추정] 샌들, 신 sandal 막 6:9; 행 12:8.

σανίς, ῖδος, ἡ [어원은 불분명] '구조물의 일부로 사용되는 목재 조각', 판자, 널빤지 board, plank 행 27:44.

Σαούλ, ὁ [히브리어] 격변화 없음. 사울 Saul ① 이스라엘의 첫번째 왕 first king of Israel 행 13:21. ② 사도 바울의 히브리식 이름 행 9:4, 17; 22:7, 13; 26:14.

σαπρός, ά, όν [σήπω] 나쁜 bad ⓐ 질이 좋지 않은 생명체에 관해 마 7:17f; 12:33; 13:48; 눅 6:43. ⓑ 확장된 의미로, 불건전하고 무익한 연설에 대해 엡 4:29.

Σάπφιρα, 속격 ης, 여격 ῃ, ἡ [비교 다음 항목] 삽비라, 사피라 Sapphira, 예루살렘에 있는 초기 메시아 공동체의 구성원이자 아나니아의 아내 행 5:1.

σάπφιρος, ον, ἡ [셈어 기원] 보석, 일반적으로 사파이어 sapphire 로 알려졌다 계 21:19.

σαργάνη, ης, ἡ [IE] 바구니 basket, 아마도 끈으로 만들어진 고후 11:33.

Σάρδεις, εων, αἱ [어원은 불분명] 사데, 사르데이스 Sardis, 소아시아 서부에 있는 고대 리디아의 수도 계 1:11; 3:1, 4.

σάρδινος, ου, ὁ σάρδιον에 대한 후대의 다른 형태 계 4:3 이문 KJV의 형용사 '정어리' sardine라는 용어는 σάρδινος에서 유래하였다. σάρδιον을 보라.

σάρδιον, ου, τό [외래어] 보석, 보통 홍옥수(紅玉髓, carnelian)로 알려짐 계 4:3; 21:20.

σαρδόνυξ, υχος, ὁ [σάρδιον, ὄνυξ '발톱, 손톱' 따라서 가는 줄이 있는 보석 '줄마노'] 보석, 일반적으로 다양한 '마노'로 알려져 있다. 붉은 줄무늬 마노(sardonyx) 계 21:20.

Σάρεπτα, ων, τά [히브리어 (= 자레파트)] 사렙다, 사레프타 Sarepta, 두로와 시돈 사이에 있는 도시 눅 4:26.

σαρκικός, ή, όν [σάρξ] '세상적인 문제나 상황에 속하는' ⓐ 어떤 사물에 초점 맞추고 중립적인 의미로 **물질적인, 일반적인, 일상의** material, ordinary, everyday 롬 15:27; 고전 9:11. ⓑ 도덕적이고 영적으로 지향하는 것에 상대적으로 세속적인 관점에 매이는 것에 초점 맞추어, **세속적인, 순전히 인간적인** worldly, merely human 롬 7:14 이문; 고전 3:1 이문, 3, 4 이문; 고후 1:12; 10:4; 히 7:16 이문; 벧전 2:11.

σάρκινος, η, ον [σάρξ] '세상적인 문제나 상황에 속하는' ⓐ 돌과 같은 상태에 반대되는 살아 있는 물리적 상태와 관련해서, **육체적인, 신체상의, 인간의** fleshly, corporeal, human 고후 3:3. ⓑ 계보적인 상황에 대해, 조상과 연결을 다루어 히 7:16. ⓒ 도덕적이고 영적으로 지향하는 것에 상대적으로 세속적인 관점에 제한되는 것에 초점 맞추어, **세속적인, 순전히 인간적인** worldly, merely human 롬 7:14; 고후 1:12 이문; ὡς와 더불어, 그저 육의 상태에 속한 사람과 관련해서 고전 3:1.

** **σάρξ, σαρκός, ἡ** [어원은 불분명] ① '지상에 육체적인 방법으로 살아 있는 존재', **육체** flesh, 다양한 측면으로 ⓐ 신체적인 존재로서 막 10:8; 고후 10:3a; 갈 2:20; 4:13; 빌 1:22, 24; 히 10:20; 벧전 4:2; 제의적인 규례에 따른 신체적인 요구사항 히 9:10. ⓑ 살, 뼈, 혈액과 같은 특별한 요소들로 구성되어 눅 24:39; 행 2:26, 31; 롬 2:28; 고전 15:39; 고후 12:7; 갈 6:13; 골 2:13; 히 2:14; 유 7, 23; 계 17:16; 19:18, 21. τὰ ἔθνη ἐν σαρκί 육체로는 이방인 = 할례 받지 않은 이방인들 엡 2:11. 비유로 요 6:51-56; 엡 5:30 이문; 약 5:3. ⓒ 구성된 온전한 존재로서, **인간, 사람** human being, person 마 24:22; 눅 3:6; 요 1:14; 롬 3:20; 갈 2:16; 엡 5:29 (ἑαυτοῦ σάρκα = '그 자신'); 벧전 1:24. ἐν σαρκί 실재로는 골 2:5. ⓓ 생성하는 능력으로 요 1:13. ⓔ 인간적 상태에 달려 있는 어려움들에 대해 막 14:38; 고전 7:28; ἐν τῷ σώματι σαρκός αὐτοῦ 허약함을 특징으로 하는 그의 몸에 = "그의 허약한 몸에(즉 죽을 몸으로)" 골 1:22, 비교 24. 2:11은 아래 ②ⓑ를 보라. 부적절함을 시사하여 정형구에서 드러난다. σάρξ καὶ αἷμα 마 16:17; 고전 15:50; 갈 1:16; 엡 6:12. ⓕ 족보에 따른 상황이나 관계에 대하여 롬 1:3; 4:1; 9:3, 5, 8; 고전 10:18; 갈 4:23, 29; 히 12:9. ② '인간의 관점으로 갇힌 상태' ⓐ 인간적인 관점이나 기준에 초점을 맞추어, κατά와 더불어 요 8:15; 고전 1:26; 고후 5:16; 11:18; 엡 6:5; 골 3:22; ἐν와 더불어 빌 3:3f. 인간 관계에 대해, ἐν과 더불어 몬 16. ⓑ 도덕적이고 영적인 지향에 상대적임에 중점을 두어 요 3:6; 바울의 사상에서 영적으로 고양된 새로운 자아에 반대되는 옛 자아 롬 6:19; 7:5, 18, 25; 8:3-9, 12f; 고후 1:17; 10:3b; 갈 5:13, 16f, 19, 24; 엡 2:3; 골 2:18; τὸ σῶμα τῆς σαρκός 육체의 몸, 즉 "자기 만족에 사로잡힌 몸" 골 2:11.

Σαρούχ Σερούχ를 보라.

σαρόω / σέβω

σαρόω [σάρον '쓸다'] **쓸다, 청소하다** sweep 마 12:44; 눅 11:25; 15:8.

Σάρρα, ας, ἡ [히브리어] **사라** Sarah, 아브라함의 아내, 이삭의 어머니 롬 4:19; 9:9; 히 11:11; 벧전 3:6.

Σαρων, ωνος, ὁ [히브리어] 강세와 격변화는 불확실; **사론** 팔레스타인 해안 평원 행 9:35.

σατάν, ὁ, 격변화 없음. 그리고 σατανᾶς, ᾶ, ὁ [셈어 기원] 원수, 대적자 ⓐ 하나님과 하나님께 속한 모든 이들의 된 적, **원수, 대적자** Satan, the Enemy 마 4:10 등. 경우에 따라 대적자로서, 그리고 욥기에서 고난을 가져오는 방식의 역할에 중점을 두어: 눅 22:31; 고전 5:5. ⓑ 의미가 전환되어, 사탄과 같은 방식으로 행동하는 사람에 대하여 마 16:23; 막 8:33.

σάτον, ου, τό [히브리어] 가루를 재는 히브리 단위로 약 13리터 정도의 분량, **스아** seah 마 13:33; 눅 13:21.

Σαῦλος, ου, ὁ [히브리어] **사울**, 사도바울의 이스라엘 이름 행 7:58 등. Σαούλ 을 보라.

σβέννυμι [복합적인 어원] '과정이나 행동을 멈추게 하다', **(불을) 끄다, 소화(消火)하다** quench, put out ⓐ 타는 것과 관련된 사물에 대하여 히 11:34; 비유로 마 12:20; 엡 6:16. 수동태 **(불이) 꺼지다, 나가다** be put out, go out 마 25:8; 막 9:44. ⓑ 확장된 의미로 억누름이나 억압에 대해, **끄다, 소멸하다** quench 살전 5:19.

σβέσαι, σβέσει σβέννυμι 제1부정과거 능동태 부정사 그리고 미래 능동태 직설법 3인칭 단수.

σέ σύ의 대격 단수.

σεαυτοῦ [σέ, αὐτός] 2인칭 단수 재귀대명사. 오직 남성 속격, 여격, 그리고 대격으로만 사용한다. **너 자신** yourself ⓐ 속격 마 18:16 이문; 요 1:22; 8:13; 18:34; 행 26:1; 딤후 4:11. ⓑ 여격 요 17:5; 행 9:34; 16:28; 롬 2:5; 딤전 4:16. ⓒ 대격 마 4:6 등.

σεβάζομαι [σέβας '경건한 경외심'] 능동 의미의 수동태로, **예배하다, 경배하다** worship 롬 1:25.

σέβασμα, ατος, τό [σεβάζομαι] **숭배의 대상** devotional object 행 17:23; 살후 2:4.

σεβαστός, ή, όν [σεβάζομαι] '탁월한 존경의 대상', **존경받는, 위엄 있는** revered, august 로마 황제와 관련된 라틴어 *augustus*의 번역으로, ὁ Σεβαστός 황제 폐하 행 25:21, 25. 소속을 나타내는 영예로운 호칭으로 σπεῖρα Σεβαστή 황제 친위 부대 행 27:1.

σέβω [IE, 경건하게 물러선다는 개념으로] 신약에서 항상 중간태로, '경배하며 존경

을 표할다¹, **예배하다, 경배하다** worship 마 15:9; 막 7:7; 행 18:13; 19:27. 할례에는 동의하지 못하고 이스라엘의 하나님과 이스라엘의 제의를 지키는 것에 매력을 느끼는 비이스라엘인에 대해, 다양 분사구의 형태로 ὁ σεβόμενος, 하나님을 경외하는 자, 하나님의 예배자 행 13:43, 50; 16:14; 17:4, 17; 18:7.

σειρά, ᾶς, ἡ [IE] **사슬** chain 벧후 2:4.

σειρός 더 나은 철자인 σιρός 항목을 보라.

σεισμός, οῦ, ὁ [σείω] **흔들림, 요동, 소란함** shaking, commotion 신약에서는 특정 문맥에서 오직 자연 현상과 관련된 격렬한 재난에 대해서만: **폭풍우** storm 마 8:24; **지진** earthquake 24:7; 27:54; 28:2; 막 13:8; 눅 21:11; 행 16:26; 계 6:12 등 계시록에서 자주.

σείω [IE] **흔들리다, 진동하다** shake 히 12:26; 수동태 마 27:51; 계 6:13. 확장되어, 수동태 예수께서 도착하여 예루살렘 주민이 소동하는 것에 대하여 마 21:10; 두려움같은 내면의 동요 28:4.

Σεκοῦνδος, ου, ὁ [라틴어] **세군도, 세쿤도스** Secundus, 데살로니가의 그리스도인 행 20:4.

Σελεύκεια, ας, ἡ [Σέλευκος, Σ.의 창시자] **실루기아, 셀레우케이아** Seleucia (Pieria) 오론테스 강에 있는 시리아 도시 행 13:4.

σελήνη, ης, ἡ [IE] **달** moon 마 24:29 등.

σεληνιάζομαι [σελήνη] '달의 힘과 연관된 간질 발작을 경험하다', **간질에 걸리다** be an epileptic, 악마의 영향에 따라 피해를 입었다는 관점에서 보아 마 4:24; 17:15.

Σεμεΐν, ὁ [히브리어] 격변화 없음. **시므이, 세메인** Semein, 예수의 조상 눅 3:26.

σεμίδαλις, εως, ἡ [아시아 기원] '고운 밀가루', **귀중한 밀가루** prized flour 계 18:13.

σεμνός, ή, όν [비교 σέβω] '특별히 가치 있거나 존경받을 만한' ⓐ 사람에 대해, 진중함을 가지고 있는, **엄숙한, 품위 있는** serious, dignified 딤전 3:8, 11; 딛 2:2. ⓑ 사물에 대해 **가치 있는, 고결한** worthwhile, honorable 빌 4:8.

σεμνότης, ητος, ἡ [σεμνός] '상당한 존경심을 불러오는 성품이나 방식', **진중함, 품위** seriousness, dignity 딤전 2:2; 3:4; 딛 2:7.

Σέργιος, ου, ὁ [라틴어] **서기오, 세르기오스** Sergius, 지방총독 바울의 별칭으로 로마식 부족명 행 13:7.

Σερούχ, ὁ [히브리어] 격변화 없음. **스룩** Serug, 예수의 조상 눅 3:35.

σέσηπα σήπω 제2완료 능동태 직설법.

σέσωκα σῴζω 제1완료 능동태 직설법.

Σήθ, ὁ [히브리어] 격변화 없음. **셋** Seth, 예수의 조상 눅 3:38.

Σήμ, ὁ / σιγάω

Σήμ, ὁ [히브리어] 격변화 없음. **셈** Shem, 예수의 조상 눅 3:36.

σημαίνω [σῆμα '신호'] '무엇을 이해하기 위한 지침을 제공하다', **보이다, 가리키다** indicate 요 12:33; 18:32; 21:19; 행 11:28; **알리다, 사유를 제시하다** report, give some idea of 25:27; **계시하다** reveal 계 1:1.

σημᾶναι σημαίνω 제1부정과거 능동태 부정사.

* **σημεῖον, ου, τό** [σῆμα '신호'] '상황이나 행동을 통해 가깝거나 먼 미래의 일을 나타내고 보증하는 간접적인 방법', **표시, 표적** sign ⓐ 구별되는 표시에 대해 ㉠ 신호 마 26:48; 글씨 살후 3:17. ㉡ 일어난 일의 표시 또는 확인 마 16:3; 막 13:4; 눅 2:12; 롬 4:11; 고전 14:22. ⓑ 초월적인 능력을 보여주어 무언가를 확인하거나 입증하는 것 ㉠ 기적에 대해: 하나님이나 그리스도를 통한 마 12:38f; 16:1; 막 8:11f; 눅 11:16; 요 2:11; 7:31; 11:47; 12:37; 행 2:22; 7:36; 고전 1:22; 히 2:4; 사도들이나 다른 그리스도인들을 통하여 행 2:43; 4:16; 5:12; 8:6; 14:3; 고후 12:12b; 사탄의 능력이나 영향력으로 마 24:24; 막 13:22; 살후 2:9; 계 13:13f; 16:14; 19:20. 권위에 대한 증명으로 고후 12:12a. ⓒ 전조, 징후 눅 21:11, 25; 행 2:19; 계 12:1, 3; 15:1.

σημειόω [σημεῖον] 중간태 '특별한 인식을 염두에 두다', **주목하다, 표시하다** note, mark 살후 3:14.

σήμερον [IE] 부사 **오늘** today 마 6:11, 30; 11:23; 27:19; 막 14:30; 눅 2:11 등 누가복음에서 자주, 행 4:9; 27:33; 고후 3:14f; 히 3:13; 13:8; 약 4:13. 강조하는 다음 어구로 ἡ σήμερον ἡμέρα 바로 오늘 마 28:15; 행 20:26; 롬 11:8. 짧은 시간을 표현하는 집합적인 어구로 눅 13:32f.

σημικίνθιον σιμικίνθιον에 대한 다른 철자.

σήπω [어원은 불분명] **썩게 하다** cause to rot, 완료 σέσηπα 썩었다 약 5:2.

σηρικός σιρικός에 대한 다른 철자.

σής, σητός, ὁ [셈어 기원] **좀** moth, 옷을 갉아먹는 다양한 종류 마 6:19f; 눅 12:33.

σητόβρωτος, ον [σής, βιβρώσκω] **좀먹은** motheaten 약 5:2.

σθενόω [σθένος '힘'] **강하게 하다, 굳건하게 하다** strengthen 벧전 5:10.

σιαγών, όνος, ἡ [ψίω '잘 씹다'와 유사하게] **뺨** cheek 마 5:39; 눅 6:29.

σιαίνομαι [어원은 불분명] **기분 상하다** be disgruntled, 정확한 의미를 정립하기는 어렵다 살전 3:3 이문.

σιγάτωσαν σιγάω 현재 능동태 명령법 3인칭 복수.

σιγάω [σιγή] ① '말하기를 그만두다' ⓐ **침묵하다** be silent 눅 9:36; 20:26; 행 12:17; 15:12; 고전 14:28, 34. ⓑ **말하기를 멈추다, 잠잠하다** stop speaking, be silent 눅 18:39; 행 13:41 이문; 15:13; 고전 14:30. ② '어떤 것을 공개적으로 나

타내기를 잠시 멈추다', 완료 **비밀을 지키다** kept secret 롬 16:25.

σιγή, ῆς, ἡ [복합적인 어원] **침묵** silence 행 21:40; 이른바 '거룩한 침묵'에 대해 계 8:1.

σίδηρος, ου, ὁ [산스크리트] **철** iron 계 18:12.

σιδηροῦς, ᾶ, οῦν [σίδηρος] **철로 만든** (made of) iron 행 12:10; 계 2:27; 9:9; 12:5; 19:15.

Σιδών, ῶνος, ἡ [히브리어] **시돈** Sidon, 고대 페니키아 해변 도시 마 11:21f 등.

Σιδώνιος, α, ον [Σιδών] **시돈의, 시돈 사람** Sidonian ⓐ 지역적인 표시로 눅 4:26. ⓑ 명사로, 거주민에 대해 행 12:20.

σικάριος, ου, ὁ [라틴어 차용어 sica '단도'에서 sicarius '암살범'] 로마 당국의 관점에서, **테러범, 반란자** terrorist, insurgent 행 21:38.

σίκερα, τό [셈어 기원] **맥주** beer, 도수는 나타나지 않음 눅 1:15.

Σίλας, α / Σιλᾶς, ᾶ, ὁ [복합적인 어원, 비교 다음 항목] **실라, 실라스** Silas, 바울의 동료로 행 15:22-18:5에서 자주 등장. 다음 항목에도 동일하게 해당된다.

Σιλουανός, οῦ, ὁ [라틴어] **실루아노, 실루아노스** 바울의 동료 고후 1:19; 살전 1:1; 살후 1:1; 벧전 5:12. 이전 항목과 비교.

Σιλωάμ, ὁ [히브리어] 격변화 없음. **실로암** Siloam, 예루살렘에 있는 물 공급 체계의 이름, 자세한 것은 알 수 없다 눅 13:4; 요 9:7, 11.

Σιμαίας, ου, ὁ [히브리어] **시마이아스** 딤후 4:19 이문에 따르면 아굴라의 아들.

σιμικίνθιον, ου, τό [라틴어 차용어 semicinctium '좁은 거들'] 노동자가 사용한 어떤 종류의 보호구였던 것으로 보인다, **앞치마** apron 행 19:12.

* **Σίμων, ωνος, ὁ** [히브리어] **시몬** Simon ① 게바로 알려진 베드로 마 4:18; 막 1:16; 눅 4:38; 요 1:41; 행 10:5, 32a. ② 가나나인으로 알려진 사도 ὁ Κανανάιος 마 10:4; 막 3:18, 또는 (ὁ) ζηλωτής 눅 6:15; 행 1:13. ③ 예수의 형제 마 13:55; 막 6:3. ④ 유다 이스가롯의 아버지 요 6:71; 12:4 이문; 13:2, 26. ⑤ 구레네 (Cyrene)으로 예수의 십자가를 지고간 사람 마 27:32; 막 15:21; 눅 23:26. ⑥ 나병환자 마 26:6; 막 14:3. ⑦ 바리새인 눅 7:40, 43f. ⑧ 욥바의 무두장이 행 9:43; 10:6, 17, 32b. ⑨ 마술사 행 8:9, 13, 18, 24.

Σινᾶ [히브리어] 격변화 없음. **시내, 시나이** Sinai, 율법 수여와 관련된 거룩한 산 행 7:30, 38; 갈 4:24f.

σίναπι, εως, τό [νᾶπυ '겨자'의 코이네 형태] **겨자 (식물)** mustard (plant), 불특정 마 13:31; 17:20; 막 4:31; 눅 13:19; 17:6.

σινδών, όνος, ἡ [외래어] '직물' ⓐ 보통 린넨(아마)로 된 매장에 사용하는 긴 천, **아마포, (린넨) 천** (linen) cloth 마 27:59; 막 15:46; 눅 23:53. ⓑ **가벼운 옷차림** light garment **치마** 등 천으로 만든 것으로 정확히는 알 수 없다. 막 14:51f.

σινιάζω / σκανδαλίζω

σινιάζω [σινίον 'a sieve'] **체로 치다, 걸러내다** sift 흔드는 동작으로 눅 22:31.

σιρικός, ή, όν [Σήρ (대부분 복수 Σῆρες 비단을 얻은 사람들)] **비단으로 된** silk(en), 명사로서 τὸ σιρικόν 비단 제품 계 18:12.

σιρός, οῦ, ὁ [어원은 불분명] **깊은 구멍** deep hole, 구덩이나 동굴 같은 벧후 2:4 이문.

σιτευτός, ή, όν [σιτίζω '곡식으로 먹이다'] **살진** fattened, 살아 있는 최고급 소에 대해 눅 15:23, 27, 30.

σιτίον, ου, τό [σῖτος의 지소사] 명사 복수형 τὰ σιτία은 보통 **음식, 식량** food, provisions과 관련된 것으로 보인다. 행 7:12.

σιτιστός, ή, όν [σιτίζω '곡식으로 먹이다'] **살진** fattened, 복수 명사로 τὰ σιτιστά은 특별한 경우로 살진 짐승들 마 22:4.

σιτομέτριον, ου, τό [σιτομετρέω '어떤 분량의 곡식을 분배하다'] '곡식이나 음식의 하루 할당량', **배급량** ration 눅 12:42.

σῖτος, ου, ὁ [어원은 불분명; '어느 종류든 곡식'] 신약에서는 일반적으로 **밀** wheat (또한 '곡식'이라고도 한다)이 암시되어 있는 것으로 보인다. 마 3:12 등. 드물게 복수로 τὰ σῖτα 행 7:12 이문 일반적인 **식량** provisions을 나타내는 것으로 보인다. σιτίον을 보라.

Σιχάρ Συχάρ을 보라.

Σιών, ἡ [히브리어] 격변화 없음. **시온** Sion ⓐ 예루살렘에 있는 시온 산에 대해 계 14:1; 비유로 히 12:22. ⓑ ⓐ의 의미가 전환되어: 예루살렘과 그 거주민 마 21:5; 요 12:15. ⓒ ⓑ의 의미가 확장되어: 하나님의 백성 또는 이스라엘 롬 9:33; 11:26; 메시아적인 새로운 예루살렘으로 조성되어 벧전 2:6.

σιωπάω [σιωπή '침묵'] **침묵을 지키다** observe silence ⓐ 발언을 삼가하여 마 26:63; 막 3:4; 9:34; 14:61; 행 18:9. ⓑ 말하기를 멈추어 마 20:31; 막 10:48; 눅 18:39 이문; 19:40. 말할 능력을 잃어버린 사람에 대하여 1:20. 조용하게 되는 것에 대해, 명령법 σιώπα 잠잠하라! 막 4:39.

σιωπῇ [σιωπή '침묵, 고요'의 여격] 부사 **쉰 목소리로, 조용하게** in hushed tone, quietly 요 11:28 이문.

σκανδαλίζω [σκάνδαλον] 덫을 설치하거나, 또는 다른 방식으로 장애물을 놓는 이미지가 σ.의 두 가지 중요한 용례를 강조한다. ① '누군가 죄를 범하게 만들다', **죄를 저지르게 하다** cause to sin ⓐ 그렇게 조장하는 사람에게 중점을 두어 마 5:29f; 18:6; 고전 8:13; 수동태 롬 14:21 이문; 고후 11:29. ⓑ 하나님의 활동과 관련한 어떤 결정에 대해 부차적인 생각을 하는 것에 초점 맞추어, 수동태 마 11:6; 13:21; 요 16:1; 기대가 충족되지 않아 실망하는 것에 관련하여 마 24:10; 26:31. ② '공개적으로 모욕적인 것으로 보이는 것에 대한 반응을 초래하다', **충**

격을 주다 shock 마 17:27; 요 6:61; 수동태 **놀라다, 충격받다** be shocked 마 15:12.

σκάνδαλον, ου, τό [산스크리트] ① 붙잡는 덫이나 발부리가 걸려 넘어지게 하는 돌처럼 '움직임을 방해하는 것', 이런 이미지로: **덫** trap 롬 11:9; σκάνδαλον ἐν αὐτῷ οὐκ ἔστιν "그의 경우에는 의심할 것이 없다 = 그는 나쁜 일을 할 이유가 없다" 요일 2:10. ② 앞의 의미가 전환되어: **죄에 대한 시험이나 유혹** temptation/enticement to sin 마 16:23; 18:7; 눅 17:1; 롬 14:13; 16:17; 계 2:14. 롬 9:33; 하나님께서 마음을 완악하게 하신다는 생각이 벧전 2:8에서 어떤 역할을 하는 것으로 보인다. ③ 환유법으로: 부적절한 반응을 만든 사람의 잘못이 당연한 것으로 생각되고 있는 원인, 특히 사람이든 사물이든 문제를 일으킨 구체적인 대상으로 전가된다. **수치, 문제** disgrace, problem 고전 1:23; 갈 5:11.

σκάπτω [복합적인 어원] **땅을 파다** dig in the ground ⓐ 구체적인 대상이 없이 눅 16:3. ⓑ 건축을 위해 땅을 파내는 것에 대해 눅 6:48. ⓒ 경작하는 행위에 대해 눅 13:8.

Σκαριώθ [히브리어] 사도 유다와 그의 아버지의 별칭에 대한 철자 중 하나, 막 3:19; 요 6:71에 대한 이문으로. Ἰσκαριώθ와 다음 항목을 보라.

Σκαριώτης [히브리어] 사도 유다와 그의 아버지의 별칭에 대한 철자 중 하나, 마 10:4; 26:14; 막 14:10에 대한 이문으로. Ἰσκαριώθ와 이전 항목을 보라.

σκάφη, ης, ἡ [σκάπτω] **작은 배** small boat, skiff 행 27:16, 30, 32.

σκέλος, ους, τό [복합적인 어원; '벌레', 지렁이 같은, 그 긴 형태가 의미 전환이 이루어 '다리'] **다리** leg 요 19:31-33.

σκέπασμα, ατος, τό [σκεπάζω '덮다'] **덮개** covering, 은신처, 의류 또는 둘 모두, 복수 딤전 6:8.

Σκευᾶς, ᾶ, ὁ [비교 라틴어 scaeva '왼손잡이'] **스게와, 스케우아스** Sceva, 대제사장 행 19:14.

σκευή, ῆς, ἡ [σκεῦος] **장비** equipment, 배의 삭구(索具)와 도르레 등으로 보인다. 행 27:19.

σκεῦος, ους, τό [어원은 불분명] '기능을 수행하는 데 도움이 되는 어떤 것' ⓐ **물건, 물체** thing, object 막 11:16; 계 18:12; **기구, 도구** apparatus, device 행 10:11, 16;11:5; **(배의) 장비** (ship's) gear 행 27:17. 복수 **소유물, 세간살이** belongings 일반적으로 마 12:29; 막 3:27; 눅 17:31; **비품, 장비** furnishings, equipment 히 9:21. 비유로 **도구** instrument 행 9:15. ⓑ 그릇, 용기 vessel, container 눅 8:16; 요 19:29; 롬 9:21; 딤후 2:20f; 계 2:27; 비유로 롬 9:22f; 고후 4:7; 살전 4:4; 벧전 3:7.

σκηνή, ῆς, ἡ [산스크리트] ① '이동 가능한, 거주할 수 있는 구조물' ⓐ 일반적인 주거의 의미로, **초막, 오두막** tent, hut 마 17:4; 막 9:5; 눅 9:33; 히 11:9; 비유

σκηνοπηγία, ας, ἡ / σκληρύνω

로 행 15:16. ⓑ 제사의 중심, **장막**: 야웨의 행 7:44; 히 8:5; 9:21; 13:10; 몰록 신의 행 7:43. ② 뜻이 전이되고 초월적인 의미로, **초막, 장막**: 여러 가지 영원한 것에 대해 눅 16:9; 천상의 장막 또는 성막 히 8:2; 계 13:6; 15:5; 21:3; 그리스도를 뜻하는 의인화된 장막 히 9:11.

σκηνοπηγία, ας, ἡ [σκηνή, πήγνυμι] '장막의 설치', 구체적으로 이스라엘의 **초막절, 장막절** Festival of Booths/Tabernacles을 언급하여 요 7:2.

σκηνοποιός, οῦ, ὁ [σκηνή, ποιέω] 무대 제작자 maker of stage properties, 언어학적으로 가능한 해석 행 18:3; 그러나 전통적으로는 **천막 제작자** tentmaker를 더 선호한다.

σκῆνος, ους, τό [σκηνή] '천막 같은 구조물', **천막, 임시숙소** tent, lodging, 비유로 고후 5:1, 4.

σκηνόω [σκῆνος] '주거를 정하다', **살다, 거주하다** live, dwell 요 1:14; 계 7:15; 12:12; 13:6; 21:3.

σκήνωμα, ατος, τό [σκηνόω] '머무를 장소', **거처, 처소** habitation, 은유적으로. 행 7:46; 벧후 1:13f.

σκιά, ᾶς, ἡ [복합적인 어원] ① **그늘** shade, 더위를 피하는 곳으로 막 4:32. ② **그림자** shadow행 5:15; 비유로 마 4:16; 눅 1:79; 요일 2:8 이문. ③ **그림자** shadow, ②의 확장된 의미로, 실재가 투영된 그 자체의 윤곽 또는 암시 골 2:17; 히 8:5; 10:1.

σκιρτάω [σκαίρω '덩실거리다, 춤추다'] '생동감 있게 움직이다', 태아에 대해, **태동하다, 뛰다, 도약한다** bounce, jump, leap 눅 1:41, 44; 성인에 대해 **뛰다, 뛰어오르다** jump, leap 6:23.

σκληροκαρδία, ας, ἡ [σκληρός, καρδία] '관점을 바꾸는 것을 거부', **완고함, 완악함, 외고집임** stubbornness, perversity, wrongheadedness 마 19:8; 막 10:5; 16:14(영어 번역에서 '마음이 굳었다'는 것이 둔감함을 나타내지만 이는 신약 그리스어나 70인역의 중심 의미가 아니다).

σκληρός, ά, όν [σκέλλω '말리다'; '마르다'] '고집센 성질의', 사람에 대해 **모진, 엄한** difficult, hard 마 25:24; 행 9:4 이문, 6 이문; 26:14; 바람이, **강한** strong 약 3:4; 타협하지 않는 단호한 말에 대해 **어려운, 모진** difficult, hard 요 6:60; 거친 언사 **거친, 무례한** harsh 유 15.

σκληρότης, ητος, ἡ [σκληρός] '고집센 상태나 성품', **완고함** stubbornness 롬 2:5.

σκληροτράχηλος, ον [σκληρός, τράχηλος] **목이 뻣뻣한, 고집센** stiff-necked, stubborn 행 7:51.

σκληρύνω [σκληρός] '고집 세게 하다', **굳어지게 하다** harden, 비유로 고집스

럽게 함에 대해 행 19:9; 롬 9:18; 히 3:8, 13, 15; 4:7.

σκολιός, ά, όν [σκέλος] 굽은 crooked 눅 3:5; 도덕적으로 바르지 않은 모습을 가진 사람으로 의미가 확장되어, **비뚤어진, 삐딱한** perverse 행 2:40; 빌 2:15; 벧전 2:18.

σκόλοψ, οπος, ὁ [복합적인 어원; '말뚝'] '날카로운 부분으로 찔러서 고통이나 괴로움을 야기시키는 것', 구체화되지는 않고, **찔러서 상기시키는 것** pointed reminder 고후 12:7.

σκοπέω [σκοπός] '(~에게) 특별히 생각하다', **주의를 기울이다, 주목하다** pay attention to, take note 눅 11:35; 롬 16:17; 고후 4:18; 갈 6:1; 빌 2:4; 3:17.

σκοπός, οῦ, ὁ [σκέπτομαι '주의깊게 둘러보다', 비교 σκοπέω; 다양한 의미로 '표시', 운동에 관한 측면을 포함하여] **목표** goal, 결승점에 눈이나 마음을 고정시키는 것에 대한 비유로 빌 3:14.

σκορπίζω [σκορπίος와 관련하여 여러 방향으로 빠르게 화살을 발사하도록 고안된 군사 무기에 대한 부차적인 의미로, 비교 같은 의미를 가진 라틴어 scorpio] '여러 방향으로 가게 하다', **뿌리다, 흩어뜨리다** scatter, disperse 마 12:30; 눅 11:23; 요 10:12; 16:32; **나누어 주다** distribute 고후 9:9.

σκορπίος, ου, ὁ [비교 σκορπίζω; 주요 의미 '전갈', 거미류에 속하는 동물로, 쏘아서 생기는 고통이 공포의 대상이다] **전갈** scorpion 눅 10:19; 11:12; 계 9:3, 5, 10.

σκοτεινός, ή, όν [σκότος] 어두운 dark 마 6:23; 눅 11:34, 36.

σκοτία, ας, ἡ [σκότος] ① '밤일 때 지배적인 상태', **어둠** darkness 요 6:17; 20:1; 은유로, 다른 사람이 듣지 못하도록 무엇을 말하는 것에 대해 마 10:27; 눅 12:3. 요 12:35b은 아래를 보라. ② '도덕적이거나 영적인 사안들에 대하여 무지하거나 어리석은 내적인 상황 또는 상태', **어둠** darkness 마 4:16 이문; 요 1:5; 8:12; 12:35a(35b는 실재적인 설명으로 보인다), 46; 요일 1:5; 2:8f, 11.

σκοτίζω [σκότος] 신약에서는 수동태로만, 그리고 자동사 의미로 ① '어둠을 경험하다', 자연 현상에 대해 **어둡다, 어두워지다, 캄캄해지다** be/become dark, be darkened 마 24:29; 막 13:24; 눅 23:45 이문; 계 8:12; 9:2이문. 확장된 의미로 ② '내적인 어둠을 경험하다', 도덕적이고 영적인 사안에 대하여 무지하거나 어리석음에 대해, **속으로 캄캄해지다** be/become inwardly darkened 롬 1:21; 11:10; 엡 4:18 이문.

σκότος, ους, τό [복합적인 어원] ① '빛의 부재', **어둠** darkness 마 6:23; 8:12; 27:45; 막 15:33; 행 2:20; 13:11; 고후 4:6; 벧후 2:17; 유 13. 비유로 고전 4:5. ② '도덕적이고 영적인 사안에 대하여 무지하거나 어리석음', **어둠, 캄캄함** darkness 마 4:16; 눅 1:79; 요 3:19; 행 26:18; 롬 2:19; 고후 6:14; 엡 5:8; 6:12; 살전 5:4; 벧전 2:9; 요일 1:6.

σκοτόω / Σόδομα, ων, τά

σκοτόω [σκότος; 'darken'] 신약에서는 항상 수동태로, 그리고 자동사 의미로 ① '어둠을 경험하다', 태양과 하늘에 대해, **어두워지다, 캄캄하게 되다** be/become dark, be darkened 계 9:2; 16:10. ② '내적인 어둠을 경험하다', 도덕적이고 영적인 사안에 대하여 무지하거나 어리석음에 대해, **어둡다, 어두워지다** be/become darkened 엡 4:18.

σκύβαλον, ου, τό [어원은 불분명] **배설물, 쓰레기** dung 빌 3:8.

Σκύθης, ου, ὁ [어원은 불분명] **스구디아인, 스키타이인** the Scythian, 흑해 북쪽에 사는 골 3:11.

σκυθρωπός, (ή), όν [σκυθρός '심기가 불편한', ὤψ '얼굴'] **기분이 나빠 보이는, 뚱해 보이는** grumpy-looking, sullen 마 6:16; 눅 24:17.

σκύλλου σκύλλω 현재 중간태 명령법 2인칭 단수.

σκύλλω [비교 σκάλλω '휘저어 갈아 엎다' 괭이질을 하여; '가죽을 벗기다, 껍질을 벗기다', 그리하여 '거칠게 다루다, 폭행하다'] '~에 대해(에게) 문제 일으키다', **방해하다, 귀찮게 하다** disturb, bother 막 5:35; 눅 7:6; 8:49. 이런 의미는 저자가 극적인 비유를 사용하지 않았다면 마 9:36에 적용된다 사람, 훔쳐온 양처럼 취급받다. ἐσκυλμένοι καὶ ἐρριμένοι 껍질 벗겨 내동이친.

σκῦλον, ου, τό [σκύλλω; 비교 σκύλος '숨기다'] '적의 약탈 대상이 된 소유물', 복수 τὰ σκῦλα, 일반적인 의미를 가지는 환유법으로 **노획물, 전리품** booty, spoils 눅 11:22.

σκωληκόβρωτος, ον [σκώληξ, βιβρώσκω] **벌레가 갉아먹은** eaten by worms 행 12:23.

σκώληξ, ηκος, ὁ [σκέλος] **벌레** worm, 특정하지 않고 막 9:48.

σμαράγδινος, η, ον [σμάραγδος] **에메랄드로 만든** made of emerald 계 4:3.

σμάραγδος, ου, ὁ [어원은 불분명] **에메랄드** emerald 계 21:19.

σμῆγμα, ατος, τό [σμάω (σμῶ) '연고를 문지르다' 같은 뜻을 가지고 더 길어진 형태인 σμήχω에서] **연고** ointment 요 19:39 이문.

σμίγμα, ατος, τό [이전 항목에 어원] μίγμα(해당 항목을 보라)에 대한 요 19:39 이문.

σμύρνα, ης, ἡ [셈어 차용어] **몰약** myrrh, 점성이 있는 방향성(芳香性) 수지 마 2:11; 요 19:39.

Σμύρνα, ης, ἡ [이전 항목과 비교] **서머나, 스뮈르나** Smyrna, 에베소 북쪽에게해의 항구 도시 계 1:11; 2:8.

σμυρνίζω [σμύρνα] **몰약을 첨가하다** add myrrh, 수동태 술에 대해 ἐσμυρνισμένος 몰약과 섞은 막 15:23.

Σόδομα, ων, τά [히브리어] **소돔** Sodom, 창 18 이하에 묘사된 악명 높은 도

시: 마 10:15; 11:23f; 눅 10:12; 17:29; 롬 9:29; 벧후 2:6; 유 7; 계 11:8.

σοί σύ 단수 여격.

Σολομών, ῶνος, ὁ, 그리고 **Σολομῶν, ῶντος, ὁ** [히브리어] **솔로몬** Solomon, 밧세바와 다윗의 아들, 예수의 조상 마 1:6f; 눅 11:31; 요 10:23; 행 3:11; 7:47.

σορός, οῦ, ἡ [IE] '시신을 매장지까지 나르는 도구', 아마도, **매장용 들것** stretcher for burial 눅 7:14.

σός, σή, σόν [IE] 2인칭 단수 소유대명사 (σύ) **당신의, 당신의 것** your, yours ⓐ 형용사로 마 7:3; 13:27; 막 2:18; 요 4:42; 18:35; 행 5:4; 24:2, 4; 고전 8:11; 몬 14. ⓑ 명사로, 남성 막 5:19; 눅 5:33; 중성 마 20:14; 25:25; 눅 6:30; 22:42; 요 17:10.

σοῦ σύ 속격 단수.

σουδάριον, ου, τό [라틴어 차용어 sudarium (sudo '땀 흘리다'), 개인 물품] **천** a cloth, 문맥에 따라 정해진다 눅 19:20; 요 11:44; 20:7; 행 19:12.

Σουσάννα, ης 또는 **ας, ἡ** [히브리어] **수산나** Susanna, 예수와 열두 제자의 후원자 눅 8:3.

* **σοφία, ας, ἡ** [σοφός] '분별, 이해, 통찰력에 대한 탁월한 재능', **지혜** wisdom 마 12:42; 13:54; 막 6:2; 눅 2:40; 21:15; 행 6:3; 7:10; 고전 2:13; 12:8; 고후 1:12; 엡 1:8, 17; 골 1:9, 28; 2:23; 약 1:5; 3:15, 17; 벧후 3:15; 계 5:12; 13:18; 17:9. 논쟁이나 관점을 제시함에 있어 영리함에 대해 고전 1:17, 19. 지혜에 있어 하나님의 우월하심에 대해 1:21; 유사하게 하나님의 지혜의 표현으로서 그리스도에 대해 24절 환유적으로, 지혜를 발휘함으로써 배움에 대해 행 7:22. 의인화된 지혜 마 11:19; 눅 7:35; 11:49.

σοφίζω [σοφός] ① **지혜롭게 하다** make wise 딤후 3:15. ② **교묘하게 표현하다** express artfully, 수동태 노련한 기교를 담고 있다는 인상을 주는 이야기들에 대하여 σεσοφισμένοι μῦθοι 교묘하게 꾸며진 이야기 벧후 1:16.

σοφός, ή, όν [IE] '높은 수준의 분별, 이해, 통찰력을 가진', **지혜로운** wise 마 11:25; 23:34; 롬 1:14, 22; 16:19; 고전 1:19f; 3:18-20; 엡 5:15; 약 3:13. 현저히 지혜로우신 하나님께 초점 맞추어 롬 16:27; 고전 1:25. 특별한 성취나 기술에 초점 맞추어 3:10; 6:5.

Σπανία, ας, ἡ [어원은 불분명] **서바나, 스파니아** Spain 롬 15:24, 28.

σπαράσσω [IE; '이리저리 당기다, 찢어 발기다'] **이리저리 흔들다** shake to and fro, 악한 영이 경련을 일으키는 것에 대해 막 1:26; 9:20 이문, 26; 눅 9:39.

σπαργανόω [σπάργανον '천으로 된 끈'] '천으로 된 끈으로 묶다', **단단히 싸다** swaddle 눅 2:7, 12.

σπαρείς / σπήλαιον, ου, τό

σπαρείς σπείρω 제2부정과거 수동태 분사.

σπαταλάω [어원은 불분명] '무모한 이기심으로 행동하다', **제멋대로 하라** be self-indulgent 딤전 5:6; 약 5:5.

σπάω [복합적인 어원] '특별한 방향으로 가게 하다', ~을 잡아당기다 draw 중간태 **뽑다** draw 칼집이나 그 위치에서 빼낸 칼 막 14:47; 행 16:27.

σπεῖρα, ης, ἡ [IE; 끈이나 줄처럼 '꼰 것', 여기에서 단단한 집합체를 형성하며 따라서 밀집한 군대 단위라는 개념일 것이다] '더 큰 군대의 일부로서 군인들의 집단', 신약에서 아마도, **보병대** cohort 레기온의 10분의 1이지만 그 수는 다양하게 나타난다. 행 10:1; 21:31; 27:1. 상대적으로 좁은 지역에 있는 군인들에 대한 관점으로 묘사하여, 마 27:27; 막 15:16; 요 18:3, 12, 이 구절들에서는 **파견대** detachment와 같은 확장된 의미를 가질 수 있다.

* **σπείρω** [복합적인 어원] **씨뿌리다** sow seed 마 6:26; 마 13과 막 4에서 여러 번; 눅 8:5; 고전 15:36f; 고후 9:10. 비물질적인 영역에 있는 사안들로 의미가 확장되어 마 13:19; 25:24, 26; 막 4:14; 요 4:36f; 고전 9:11; 15:42-44; 약 3:18. 잠언 같은 표현들: 눅 19:21f; 고후 9:6; 갈 6:7.

σπεκουλάτωρ, ορος, ὁ [라틴어 '정탐꾼, 정찰병', 그리고 백인대 아래에 있는 병사] 처형하는 임무를 포함하는 군인, **경비병** 막 6:27.

σπένδω [비교 σπονδή '제주(祭酒)'] **제주 또는 전제(奠祭)로 붓다** pour out as a drink offering or libation, 수동태 희생적인 죽음에 대한 비유로 빌 2:17; 딤후 4:6.

σπέρμα, ατος, τό [σπείρω] ⓐ '번식의 원천', **씨** seed ⓐ 식물의 씨앗에 대해 마 13:24, 27; 막 4:31; 고전 15:38; 고후 9:10 이문 ⓑ 인간의 씨, 정액에 대해 히 11:18. ② '번식의 생산물' ⓐ 조상의 연속성 또는 계보의 **씨, 후세** seed, posterity 마 22:24f; 막 12:19-22; 눅 1:55; 요 7:42; 8:33, 37; 행 3:25; 13:23; 롬 1:3; 고후 11:22; 딤후 2:8. 환유법과 비유로, 아브라함의 확장된 신앙 공동체에 대하여 롬 4:16; 9:8; 갈 3:29. ⓑ 특별한 후손에 초점 맞추어 **씨, 후손** seed, descendant 갈 3:16. ⓒ 하나님 자신이 소유하신 것을 통해 하나님의 특성을 만들어 내심에 초점 맞추어 **씨** seed 요일 3:9.

σπερμολόγος, ου, ὁ [σπέρμα, λόγος] 새가 씨를 여기저기로 물어나름에 대한 비유로, **재밌는 이야기를 여기저기 전하는 사람** tidbit scavenger, 장난삼아 배워보는 사람으로 바울에 대해 행 17:18.

σπεύδω [복합적인 어원] ① '서둘러 진행하다', 빨리 움직이는 사람에 대해, **서두르다** hurry 눅 2:16; 19:5f; 행 20:16; 22:18. ② '일찍 도착하게 하다', **급히 서두르다, 재촉하다** hurry up, impel 벧후 3:12.

σπήλαιον, ου, τό [비교 호메로스. τὸ σπεῖος '동굴, 굴'] **동굴** cave ⓐ 은신처로

서 히 11:38; 계 6:15. ⓑ 범죄자의 은신처로서 마 21:13; 막 11:17; 눅 19:46. ⓒ 매장지로서 요 11:38.

σπιλάς, άδος, ἡ [복합적인 어원] '물밑의 바위가 많은 지역', **암반, 암초** ledge of rock, reef, 비유로 위험을 묘사하며, 영적인 난파에 대한 위협을 암시한다 유 12.

σπίλος, ου, ὁ [어원은 불분명] '무엇인가 얼룩져서 남은 흔적', **점, 흠** spot, blemish, 비유로 도덕적·영적인 더럽혀짐 엡 5:27; 벧후 2:13.

σπιλόω [σπίλος] '얼룩지거나 흔적이 남게 하다', **흔적을 남기다, 더럽히다** to spot, defile, 은유적으로 도덕적이거나 영적인 오염에 대하여 약 3:6; 유 23.

σπλαγχνίζομαι [σπλάγχνον] '어떤 상황이나 조건 때문에 내적으로 감동되다', **연민을 가지다, 동정을 느끼다, 불쌍히 여기다** have compassion, feel sympathy 마 9:36 등.

σπλάγχνον, ου, τό [비교 σπλήν '비장', 복수로 내부기관에 대해] 신약에서는 항상 복수, 심장, 콩팥, 내장, 허파 등 신체의 내부 기관들에 대해. ⓐ **내부 장기, 내장** inner organs, entrails 행 1:18. ⓑ 비유로 사랑의 관심이나 연민, 주로 **심장** heart으로 옮긴다. 눅 1:78 등.

σπόγγος, ου, ὁ [어원은 불분명] **해면** sponge 마 27:48; 막 15:36; 요 19:29.

σποδός, οῦ, ἡ [어원은 불분명] **재** ashes 마 11:21; 눅 10:13; 히 9:13.

σπορά, ᾶς, ἡ [σπείρω] '뿌려진 것', **씨** seed 벧전 1:23. σ.의 뜻으로 **씨뿌리는 행위** sowing activity 를 취하기도 한다.

σπόριμος, ον [σπορά] '씨뿌려진 상태나 조건', 복수 명사로 τὰ σπόριμα **밀밭** 마 12:1; 막 2:23; 눅 6:1.

σπόρος, ου, ὁ [σπείρω] '파종에 사용되는 식물의 난알', **씨앗** seed 막 4:26f; 눅 8:5, 11; 고후 9:10a; 비유로 10b.

σπουδάζω [σπουδή] '애써 노력하다', **분투하다** strive ⓐ 어떤 장소로 이동함에 대해 딤후 4:9, 21; 딛 3:12. ⓑ 의미가 전환되어, 의무를 수행하거나 목표를 성취하는 열심에 대해: (비교 영어 '비상한 노력을 기울이다' go out of one's way) 갈 2:10; 엡 4:3; 살전 2:17; 딤후 2:15; 히 4:11.

σπουδαῖος, α, ον [σπουδή] '열심으로 가득 찬', **열망하는, 진지한, 열정적인** keen, in earnest, zealous 고후 8:22a; 비교급 8:17, 22b.

σπουδαίως [σπουδαῖος] 부사 '진지한 관심을 가지고', **긴급하게, 간절히** urgently, with concern 눅 7:4; 열심히 딤후 1:17; 간절한 필요를 가지고 딛 3:13; 비교급 σπουδαιοτέρως 더욱 긴박하게 빌 2:28; σπουδαιότερον 매우 간절히 딤후 1:17 이문.

σπουδή, ῆς, ἡ [σπεύδω] ① **서두름, 급함** haste: μετὰ σπουδῆς 서둘러서 막

σπυρίς, ίδος, ἡ / σταυρόω

6:25; 눅 1:39. 급하게 서두른다는 개념은 어떤 일에 대한 열정으로 뜻이 전이 된다. ② '의무를 수행하거나 봉사할 기회에 대해 열정적으로 몰두함', **열심, 열성, 열정적인 헌신** earnestness, zeal, concerned commitment 롬 12:8, 11; 고후 7:11f; 8:7f, 16; 히 6:11; 벧후 1:5; 유 3.

σπυρίς, ίδος, ἡ [σπάρτος '각종 도구를 생산할 때 사용하는 짚'] '짜 만든 용기', 다양한 크기와 기능을 가진 **바구니, 광주리** basket, hamper 마 15:37; 16:10; 막 8:8, 20; 행 9:25.

στάδιον, ου, τό [σπάω] ① '약 192m 정도 되는 거리', **스타디온**, one-eighth mile 마 14:24; 눅 24:13; 요 6:19; 11:18; 계 14:20; 21:16. 환유적으로 ② '공개적인 사건이 벌어지는 장소', **경기장, 원형 극장** stadium, arena (1스타디온 정도 되는 거리에서 경주를 가지는) 거기에서 달리기 경주가 개최되는 데 중점을 두어: 숙어 οἱ ἐν σταδίῳ τρέχοντες 경기장에서 달리는 이들 고전 9:24.

σταθείς, σταθῆναι, σταθήσομαι ἵστημι 제1부정과거 수동태 분사, 제1부정과거 수동태 부정사, 그리고 제1미래 수동태.

στάμνος, ου, ὁ/ἡ [ἵστημι, 서 있는 품목의 개념을 알려주면서] **항아리** jar, 만나를 담은 히 9:4.

στασιαστής, οῦ, ὁ [στασιάζω '시민의 불안감을 조장하는'] '공공의 권위를 폭력적으로 거역하는 사람', **반란자, 모반자** insurgent, rebel 막 15:7.

στάσις, εως, ἡ [ἵστημι] ① '어떤 장소에 존재함', **서 있는** standing ἔχειν στάσιν 그 장소에 있다 히 9:8. 전환된 의미로 ② '공공질서에 도전하는 어떤 위치나 입장', **봉기, 선동, 반란** uprising, sedition, insurgency 눅 23:19, 25; 행 19:40. 잘 알려진 특정 반란에 대해 ἐν τῇ στάσει 막 15:7. 관련성이 있지만, 별로 불안하다는 암시는 없이 ③ '반대편에 자리매김한 것으로 보이는 어떤 상황', **알력, 분쟁, 다툼** dissension, discord 행 15:2; 23:7, 10; 24:5.

στατήρ, ῆρος, ὁ [ἵστημι; 계량 과정에 중점을 두어] '동전 무게 단위', 나흘 치 품삯 가치의 은화, **스타테르** stater 또는 단순히 **은화(銀貨)** silver coin 마 17:27; 26:15 이문.

σταυρός, οῦ, ὁ [ἵστημι; 서 있다는 개념에 중점을 두어] ① '사형 집행에 사용되는 구조물', **십자가** cross 마 27:32, 40, 42; 막 15:21; 눅 23:26; 요 19:17, 19, 25, 31; 빌 2:8; 골 1:20; 히 12:2. 은유적으로 마 10:38에서 사용되어; 16:24은 다음으로 이어지게 한다 ② 환유적으로, 널리 알려진 예수 그리스도의 십자가형을 당하심, **십자가(十字架)** the cross, 고전 1:17f; 갈 5:11; 6:12, 14; 엡 2:16; 빌 3:18; 골 2:14.

σταυρόω [σταυρός] '몸이 십자가에 못박히게 하다', **십자가에 못박다** crucify 마 20:19; 23:34과 마태복음 전체뿐 아니라 나머지 복음서들과 사도행전; 고전

1:13, 23; 2:2, 8; 고후 13:4; 갈 3:1; 계 11:8. 은유적으로, 갈 5:24; 6:14.

σταφυλή, ῆς, ἡ [IE] 익은 포도송이 bunch of ripe grapes 또는 단순히 포도 grapes 마 7:16; 눅 6:44; 계 14:18.

στάχυς, υος, ὁ [복합적인 어원] '곡식류의 씨를 포함한 송이나 이삭', 이삭 마 12:1; 막 2:23; 4:28; 눅 6:1.

Στάχυς, υος, ὁ [이전 항목과 비교] 스다구, 스타퀴스 Stachys, 문안 인사 목록에서 언급됨 롬 16:9.

στέγη, ης, ἡ [στέγω] 지붕 roof 마 8:8; 막 2:4; 눅 7:6.

στέγω [산스크리트, 비교 라틴어 *tego*; 접촉하지 못하도록 '덮다', 또한 '견디다'] '행동을 취하지 않으려 하다', 사실상 편안히 머물러 있고 과감히 나가지 않는다는 이미지로, **주저하다** hesitate 살전 3:1, 5; **포기하다** forgo 고전 9:12; **참고 견디다** put up with 13:7.

στεῖρα, ας, ἡ [산스크리트; 새끼를 낳지 못하는 짐승이나 여인에 대해, '불임인'] '아이를 생산하지 못하는 여인', **불임인 또는 아이 없는 여인** barren/childless woman, 이스라엘 사회의 사회적인 낙인과 관련하여 눅 1:36; 23:29; 갈 4:27. 형용사로 στεῖρος, α, ον 아이를 낳지 못하는, 불임인 barren 눅 1:7; 히 11:11.

στέλλω [산스크리트; 준비하거나 채비를 갖춘다는 개념에 초점 맞추어] 신약에서는 항상 중간태로; 무엇을 준비한다는 주된 개념에서 조금 더 나아가 '사전에 돌본다'는 의미로 ⓐ **경비서다, ~에 대해 지키다** be on guard, guard against 고후 8:20. ⓑ **~을 경계하다, ~에서 멀리 떨어져 있다** be wary of, stay away from 살후 3:6.

στέμμα, ατος, τό [στέφω '두르다, 에워싸다', 비교 στέφανος] '축제에 사용하는 얽힌 장식', **화관, 화환** wreath/garland, 제사의 희생물을 위한 행 14:13.

στεναγμός, οῦ, ὁ [στενάζω] 신음소리, 탄식 groaning ⓐ 억압에 대한 감정의 표현으로 행 7:34. ⓑ 깊은 영적 경험에 대한 표현으로 롬 8:26.

στενάζω [στένω '신음하다, 신음소리를 내다'] '깊이 신음하는 소리를 내다', **신음하다, 탄식하다** groan, sigh ⓐ 불안감을 주는 자극에 반응하여 막 7:34; 롬 8:23; 고후 5:2, 4; 어떤 감정이 틈타는 것에 대하여 히 13:17. ⓑ 은유적으로 확장되어, 어떤 관계에 대한 불만족을 표현하여 **신음하다, (~에 대해) 불평하다** groan, complain (against) 약 5:9.

στενός, ή, όν [복합적인 어원] 좁은 narrow (크기에 대한 뜻으로) 마 7:13f; 눅 13:24.

στενοχωρέω [στενός, χῶρος '땅의 일부분으로 특정 지역'에서 χωρέω; 자동사 '좁은 공간에 국한되다'] 타동사 '좁은 지역에 국한하다', 신약에서는 수동태로만, 그리고 비유로 좁은 지역에 제한됨에 대하여 ⓐ **제한되다, 비좁게 있다** be restricted/

513

cramped, 바울의 마음에 있는 다른 사람에 대한 자리에 대해 고후 6:12. ⓑ 억제되다, 구속받다 be restrained 노력하는 상황에서 느끼는 압박감에 대해 θλιβόμενοι ἀλλ' οὐ στενοχωρούμενοι "사방으로 죄어들어도 움츠러들지 않으며" 고후 4:8.

στενοχωρία, ας, ἡ [이전 항목과 비교] '조이는 환경에서 압박감을 느낌', 고통, 괴로움 distress 롬 2:9; 8:35; 고후 6:4; 12:10.

στερεός, ά, όν [IE, 비교 στηρίζω] '움푹 꺼지거나 흐물거리지 않는', 힘을 암시하여 ⓐ 굳은, 단단한 solid, 건물의 기초에 대해 딤후 2:19; 액체가 아닌 음식 히 5:12, 14. ⓑ 견고한 firm, 비유로, 신뢰할 수 있는 성격의 벧전 5:9.

στερεόω [στερεός] 견고하게 하다 make firm, 적절한 상태를 유지할 수 없는 것과 상대적으로 ⓐ 다리의 힘이나 안정감을 회복함에 대하여 행 3:7, 16. ⓑ 비유로, 교회가 믿음으로 더 견고해짐에 대하여 행 16:5.

στερέωμα, ατος, τό [στερεόω] 견고함, 굳셈 firmness 골 2:5.

Στεφανᾶς, ᾶ, ὁ [이 이름의 발전 과정은 불확실하다] 스데바나, 스테파나스 Stephanas, 고린도교회의 구성원 고전 1:16; 16:15, 17; 부기(附記).

στέφανος, ου, ὁ [στέφω '두르다, 에워싸다'] 화관, 관 wreath/crown, 지중해 세계에서 탁월함의 상징 ⓐ 특정하여 마 27:29; 막 15:17; 요 19:2, 5; 계 12:1. 비교 고전 9:25; 계 9:7; 14:14. 은유적으로 빌 4:1; 살전 2:19; 딤후 4:8; 약 1:12; 벧전 5:4; 계 2:10. ⓑ 특정하지 않고 계 3:11; 4:4, 10; 6:2.

Στέφανος, ου, ὁ [비교 다음 항목] 스데반, 스테파노스 Stephen, 집사(administrator)이자 복음을 담대하게 고백한 사람 행 6:5 등.

στεφανόω [στέφανος] '탁월한 공로를 인정하여 관을 수여하다', 관을 씌우다 to crown ⓐ 운동선수 딤후 2:5. ⓑ 비유로, 예수에 대해 히 2:7, 9.

στῆθι ἵστημι 제2부정과거 능동태 명령법.

στῆθος, ους, τό [산스크리트 '가슴'] 가슴 chest, 즉, 흉부 눅 18:13; 23:48; 요 13:25; 21:20; 계 15:6.

στήκω [ἵστημι의 완료형 ἕστηκα에서] 서다 stand, 바르고 꼿꼿한 위치에 대해 막 3:31; 11:25; 요 1:26 이문; 비유로, 안정성에 중점을 두어 요 8:44; 롬 14:4; 고전 16:13; 갈 5:1; 빌 1:27; 4:1; 살전 3:8; 살후 2:15.

στῆναι ἵστημι 제2부정과거 능동태 부정사.

στηριγμός, οῦ, ὁ [στηρίζω] 견고함, 확고부동함 firmness, 강한 헌신에 대한 의미로 벧후 3:17.

στηρίζω [비교 στερεός] ① '흔들림 없이 어떤 자리에 위치시키다', 설정되다, 놓여 있다 set, 다리 놓을 수 없는 공간을 세움에 대해 눅 16:26; σ. τὸ πρόσωπον (결연하게) 얼굴을 굳게 했다. 눅 9:51. 나중 본문은 확장된 의미로 가는 연결

고리를 제공한다 ② '내적으로 확고하게 하다, 헌신하게 하다', **강화하다, 확인하다, 기반을 잘 만들다** strengthen, confirm, ground well 눅 22:32; 행 18:23 이문; 롬 1:11; 16:25; 살전 3:2, 13; 살후 2:17; 3:3; 약 5:8; 벧전 5:10; 벧후 1:12; 계 3:2.

στῆσομαι ἵστημι 미래 중간태 직설법.

στιβάς, άδος, ἡ [στείβω '발로 밟다'] '잎이 무성한 식물', **잎이 무성한 나뭇가지들** leafy pieces, 특정하지 않고, 잎으로 덮인 길을 제공한다는 개념으로 막 11:8.

στίγμα, ατος, τό [στίζω '찌르다, 문신하다, 표시하다'] '몸에 지울 수 없는 그림을 표시하는 것', **낙인, 흔적** brand, mark 갈 6:17.

στιγμή, ῆς, ἡ [στίζω '찌르다, 문신하다, 표시하다'; 찌름의 개념이 짧은 시간적인 순간으로 뜻이 전환되어] '지극히 짧은 시간적인 간격', **순간, 아주 짧은 순간** moment, split second 같은 개념. 눅 4:5.

στίλβω [어원은 불분명] '매우 밝다', **눈이 부시다, 빛나다, 환하다** dazzle, shine, be radiant 막 9:3.

στοά, ᾶς, ἡ [비교 σταυρός] '지붕 덮이고 기둥이 있는 지역', **주랑**(柱廊), **현관** portico, 그리스-로마 도시와 사회적·정치적·경제적 행동을 위한 장소에 있는 표준적인 양식 요 5:2; 10:23; 행 3:11; 5:12.

στοιβάς στιβάς을 보라.

Στοϊκός, ή, όν [στοά; Στοϊκός와 Στωϊκός 중에서 어떤 것이 본래 철자인지에 대해서는 논란이 있다.] '제논이 창설한 철학 학파와 관련하여', **스토아 학파의** Stoic 행 17:18.

στοιχεῖον, ου, τό [στοῖχος; στοῖχος '연쇄물, 줄'에 있는 한 항목] '복잡한 전체 중 일부분', **요소, 부분** element, part ⓐ 물리적 의미로 벧후 3:10, 12. ⓑ ⓐ가 확장되어 ㉠ 여러 규칙이나 기본적인 가르침 갈 4:3, 9; 히 5:12. ㉡ 다양한 측면으로 우주적인 힘에 대해 골 2:8, 20.

στοιχέω [στοῖχος '연쇄물, 줄'] '동의하다', 비유로 다른 이들과 같은 줄에 서 있는 것에 대해, **(과) 일치하다, ~을 지키다, 따르다** be in line (with), hold to 롬 4:12; 갈 5:25; 6:16; 빌 3:16. 단독으로 **~계열이다** ~be in line (즉 이스라엘 전통에 동의하다) 행 21:24.

στολή, ῆς, ἡ [στέλλω; '장비, 무장', 그러므로 복장을 입는 것에 대해] '긴 겉옷', **예복** robe, 구별하는 표시로 입는 막 12:38; 16:5; 눅 15:22; 20:46; 계 6:11; 7:9, 13f; 22:14.

* **στόμα, ατος, τό** [복합적인 어원] **입** mouth ⓐ 신체 기관으로 마 5:2; 눅 1:64; 요 19:29; 행 1:16; 15:7; 롬 3:14, 19; 10:8; 엡 4:29; 골 3:8; 딤후 4:17; 히 11:33; 약 3:3, 10; 벧전 2:22; 유 16; 계 1:16 등 계시록에서 자주. στόμα πρὸς στόμα λαλεῖν

στόμαχος, ου, ὁ / στρατοπεδάρχης, στρατοπέδαρχος

대면하여 직접 말하다 요이 12; 요삼 14; ἐν ἑνὶ στόματι 한 목소리로 롬 15:6; 아무것도 숨기지 않고 솔직히 말하는 것에 대해 고후 6:11. 신인동형론적으로 하나님에 대해 마 4:4; 딤후 2:8. 환유적으로, 입이 말하는 바 마 18:16; 눅 19:22; 21:15; 고후 13:1. ⓑ 비유로 삼키는 입처럼 인식되는 날이 선 검에 대해 눅 21:24; 히 11:34.

στόμαχος, ου, ὁ [στόμα] 위 stomach 딤전 5:23.

στρατεία, ας, ἡ [στρατεύω '전쟁을 수행하다'] **전투** warfare, 교전하여 싸우는 것으로서, 비유로 고후 10:4; 딤전 1:18.

στράτευμα, ατος, τό [στρατεύω '전쟁을 수행하다']: '군사력' ⓐ 집합적인 더 큰 의미로 **군대** army 계 19:14, 19. ⓑ 더 작은 의미로 **제대(梯隊) 단위, 파견대** military unit, detachment 행 23:10, 27. ⓒ ⓐ와 ⓑ에 대해 환유적으로, 복수 군인들에게 중점을 두어 **병력, 부대** troops 마 22:7; 눅 23:11; 계 9:16.

στρατεύω [στρατός '군대'; '전쟁을 수행하다'] 신약에서 중간태로만, '군인으로 복무하다' ⓐ **군복무하다** be on (military) duty 눅 3:14; 고전 9:7; 딤후 2:4. ⓑ **전투에 임하다** engage in combat 고후 10:3; 딤전 1:18; 약 4:1; 벧전 2:11.

στρατηγός, οῦ, ὁ [στρατός '군대', ἄγω; '장군'] ① '한 도시에서 가장 높은 로마 관리', **치안판사장** chief magistrate; 두 명이 있었다고 추정되므로, 그들의 공식적인 명칭은 라틴어로 두 사내를 의미하는 duoviri 또는 duovirs였다. 대중적으로는 **치안관** praetors으로 알려졌다. 행 16:20, 22, 35f, 38. ② '예루살렘 성전을 담당하는 관리' ⓐ 단수 **지구대장, 시설담당관** captain, superintendent, 성전의 행정 책임자이며, 대제사장의 다음 위치 행 4:1; 5:24, 26. ⓑ 복수 성전 **지구대장, 경비대장** captains/guards, 행정 책임자 밑에서 일했지만, 후자를 배제하지는 않는다. 눅 22:4, 52.

στρατιά, ᾶς, ἡ [비교 στρατός '군대'] '큰 규모로 형성된 존재들' ⓐ 군사적인 측면에 초점 맞추고 우주적 권위를 나타내어 **군대** army 눅 2:13. ⓑ 예배를 명령하는 신들의 무리로 보이는 천체들을 집합적으로 **무리, 군대** host 행 7:42. In 고후 10:4 이문 σ. = στρατεία 위 항목을 보라.

στρατιώτης, ου, ὁ [στρατός 'army'] **군인, 병사** soldier ⓐ 핵심인 군사적 의미로 마 8:9; 28:12; 막 15:16; 눅 7:8; 요 19:2; 행 10:7; 12:6. ⓑ 확장된 의미로, 일반적으로 그리스도 예수를 섬기는 여겨지는 사람에 대해 그와 연합됨에 초점 맞추어 딤후 2:3.

στρατολογέω [στρατός '군대', λέγω '모으다' 그리고 비교 λόγος '헤아림'; '군대를 모으다'] 군복무 하도록 **징집하다** enlist 딤후 2:4.

στρατοπεδάρχης/στρατοπέδαρχος, ου, ὁ [στρατόπεδον, ἀρχή] '보호하는 역할을 하는 군사 관리', **보안 관리자** security officer 행 28:16 이문.

στρατόπεδον, ου, τό / σύ

στρατόπεδον, ου, τό [στρατός '군대', πέδον '땅, 지면'] **진친 부대** encamped army 눅 21:20.

στραφείς στρέφω 제2부정과거 수동태 분사.

στρεβλόω [στρέφω] 비유로 무엇을 비트는 것에 대해, 즉 고문의 과정으로서, **비틀다, 왜곡하다** distort 원하는 해석을 확보하기 위해 벧후 3:16.

στρέφω [IE] ① '위치를 바꾸게 하다', **돌리다** turn ⓐ 능동태: 신체부분에 대해, **뺨** 마 5:39. 단독으로, 하나님이 돌이켜, 헤어짐을 제안하심에 대해 행 7:42. ⓑ 능동 의미의 수동태: 어떤 존재를 대면하는 위치에 있음에 중점을 두어 마 7:6; 9:22; 16:23; 눅 7:9, 44; 9:55; 10:22 이문, 23; 14:25; 22:61; 23:28; 요 1:38; 20:16. 비교 행 7:39; 13:46. ἐστράφη εἰς τὰ ὀπίσω "여인이 뒤를 돌았다" 요 20:14. ② '어떤 위치로 되돌리다', **돌려주다** return 마 27:3. ③ '완전히 다르게 하다', **변형하다, 바꾸다** transform, turn 계 11:6. 비유로, 내적인 변화에 대해 마 18:3; 요 12:40.

στρέψον στρέφω 제1부정과거 능동태 명령법 2인칭 단수.

στρηνιάω [στρῆνος] '노골적인 사치에 빠지다', **흥청대다** cavort 계 18:7, 9.

στρῆνος, ους, τό [στερεός '의지가 강한'의 의미로; '절제되지 않은 욕망'] **사치** luxury 계 18:3.

στρουθίον, ου, τό [στρουθός의 지소사, 어원은 불분명] **참새** sparrow 마 10:29, 31; 눅 12:6f.

στρωννύω/στρώννυμι [στόρνυμι '펼치다'] ① **펼치다, 펼쳐 놓다** spread/lay out, 옷을 마 21:8; 막 11:8. 비교 행 9:34. ② **펴다, 준비를 갖추다** equip 막 14:15 (ἕτοιμον로 한정되어), 환유적으로, 식사를 위한 긴 의자 같은 가구가 마련된 방에 대하여.

στρῶσον στρώννυμι 제1부정과거 능동태 명령법 2인칭 단수.

στυγητός, ή, όν [στυγέω '증오하다'] **혐오스러운** loathsome 딛 3:3.

στυγνάζω [στυγνός '혐오하는, 몹시 싫어하는', 또한 '음울한'] **흐리다, 어두워지다** be dark 마 16:3; **낙담하다, 기가 꺾이다** be dejected 막 10:22.

στῦλος, ου, ὁ [ἵστημι 서 있다는 개념에 초점 맞추어] '지지하는 매개체', 구조물에 대해 **기둥, 원주** pillar, column, **불기둥** fiery pillars 같은 모양을 가진 발에 대해 계 10:1. 비유로, ἀλήθεια를 지탱하는 하나님의 신앙 공동체에 대하여 딤전 3:15; 공동체에서 특별히 중요한 구성원에 대해 갈 2:9; 계 3:12.

*** **σύ** [산스크리트] 2인칭 인칭 대명사: 속격 σοῦ (σου), 여격 σοί (σοι), 대격 σέ (σε); 복수 ὑμεῖς, ὑμῶν, ὑμῖν, ὑμᾶς. 이 대명사는 개인적으로 특별한 정체성의 맥락에서 언급한 존재를 지시한다. σύ, σοί (σοι), σέ (σε) 변화형들은= **너, 당신** you; ὑμεῖς, ὑμῖν, ὑμᾶς 변화형들= **여러분, 당신들** you (persons); σοῦ (σου)과 ὑμῶν 변화형

συγγένεια, ας, ἡ / συγκαλέω

들 = 너의, 여러분의 your. ⓐ 주격은 다음과 같이 사용된다: ㉠ 강조하거나 대조하여 마 2:6; 3:14; 7:11; 14:28a; 27:11a, 예수께서 응수하여 11b; 막 14:30, 67; 눅 1:76; 요 1:19; 4:9; 13:6; 행 9:5; 롬 11:18a; 딤후 2:1, 3 이문; 딛 2:1; 히 1:11; 약 2:3ab; ὑμεῖς δέ 마 21:13; 요 8:14; 고전 3:23; 약 2:6. ㉡ 강조하지 않고 마 16:16; 26:63; 요 8:13; 행 13:33. ⓑ 사격(斜格) 변화형이 사용되어: ㉠ 강조하거나 대조하여 마 5:47; 눅 2:35; 행 7:27ab, 35; 롬 11:18b; 빌 4:3. ㉡ 강조하지 않고 마 1:20; 6:23; 9:6; 14:28b; 26:35; 눅 1:35; 고후 7:7; 빌 1:19.

συγγένεια, ας, ἡ [συγγενής; '친족' 더 나아가 구체적으로 '친족'] '동일한 조상으로 연결된 가족 관계', 집합적 의미로, **(친척) 관계** relationship 눅 1:61; **친족** kinsfolk 행 7:3, 14.

συγγενενεῦσιν συγγενής 여격 복수.

συγγενής, ές [σύν, γένος] '혈통으로 연결된, 관련된', 신약에서는 명사로서만 **친척, 친지, 친족** relative, relation, kinfolk: 단수 요 18:26; 롬 16:11; 대부분 복수로 눅 1:58; 14:12; 21:16; 행 10:24; 롬 16:7, 21은 동일한 의미로 보이지만, 9:3에 표현된 뜻일 수도 있을 것 같다. 여기에서 초점은 바울이 그의 이스라엘 동포와 공유하는 훈훈한 정체성에 있다. 모든 이스라엘은 그의 친족이 된다. 여격 복수 συγγενεῦσιν는 막 6:4; 눅 2:44에 나온다.

συγγενίς, ίδος, ἡ [σύν, γένος] '혈연 관계로 연결된 사람', **친척 여인, 친족** kinswoman, relative 눅 1:36.

συγγνώμη, ης, ἡ [σύν, γινώσκω에서 γνώμη, 비교 συγγινώσκω '~과 함께 생각하다, 동의하다'; '어떤 사안을 다루는 동류 의식'] '특권을 부여함', **허용, 양해** allowance, concession, 상황을 인식함에 중점을 두어 고전 7:6.

συγκάθημαι [σύν, κάθημαι] '한자리에 앉다', **~과 앉다** sit with 막 14:54; 행 26:30.

συγκαθίζω [σύν, καθίζω] ① '~과 앉게 하다', 타동사 **~과 자리를 같이하다** seat together 엡 2:6. ② '더불어 자리잡다', 자동사 **함께 앉다** sit down together 눅 22:55.

συγκακοπαθέω [σύν, κακοπαθέω] '어떤 나쁜 경험을 공유하다', **고난에 동참하다, 함께 고난받다** join in suffering 딤후 1:8; 2:3.

συγκακουχέομαι [σύν, κακουχέω] '누군가와 함께 푸대접을 받다', **함께 학대받다, 함께 고난받다** share mistreatment with 히 11:25.

συγκαλέω [σύν, καλέω; '함께 부르다'] '한 집단으로 모이라고 공표하다' ⓐ 능동태 **소환하다** summon 막 15:16; 눅 15:6, 9; 공적인 일에 초점 맞추어 행 5:21. ⓑ 중간태 **자신의 편으로 부르다, 소환하다** call to one's side, summon 눅 9:1; 23:13; 행 10:24; 28:17.

συγκαλύπτω [σύν, καλύπτω] 감추다, 숨기다 conceal 눅 12:2.
συγκάμπτω [σύν, κάμπτω] 구푸리다 (cause to) bend 롬 11:10.
συγκαταβαίνω [σύν, καταβαίνω] ~와 함께 내려가다 go down with someone, 보다 높은 지리적인 장소에서 더 낮으로 내려감에 대해 행 25:5.
συγκαταβάς συγκαταβαίνω 제2부정과거 능동태 분사.
συγκατάθεσις, εως, ἡ [συγκατατίθημι] '일치하는 상태', **합의, 일치** agreement 고후 6:16.
συγκατανεύω [σύν, κατανεύω] '제안에 동의를 표하다', **합의하다, 동의하다** consent, agree 행 18:27 이문.
συγκατατιθειμένος συγκατατίθημι 완료 중간태 분사.
συγκατατιθέμενος συγκατατίθημι 현재 중간태 분사.
συγκατατίθημι [σύν, κατατίθημι] 신약에서 중간태로만, '~와 동의하다', **동의하다, 의견 일치를 보다** concur 눅 23:51.
συγκαταψηφίζομαι [σύν, καταψηφίζομαι (κατά, ψηφός 투표에 사용하는 '조약돌') 거부하는지 동의하는지 '투표하다'] 신약에서는 항상 수동태로, '집단의 구성으로 선택되다', **수에 포함시키다** be counted in 행 1:26.
συγκεκερασμένος/συγκεκραμένος συγκεράννυμι 완료 수동태 분사.
συγκεράννυμι [σύν, κεράννυμι] '함께 들어 맞도록 하다', **조직하다** organize 고전 12:24; **연합하다, 일치하다** unite 히 4:2.
συγκεχυμένος συγχέω 완료 수동태 분사.
συγκινέω [σύν, κινέω] '격앙된 방식으로 함께 움직이게 하다', **격앙시키다, 선동하다** stir up, arouse 행 6:12.
συγκλείω [σύν, κλείω] ① '함께 도망가지 못하게 하다', **둘러싸다, 잡다** enclose, catch, 고기잡이 그물로 눅 5:6. 뜻이 확장되어 ② '제약 아래에 있게 하다', **가두다, 감금하다** confine, imprison 롬 11:32; 갈 3:22f.
συγκληρονόμος, ον [σύν, κληρονόμος] 형용사로 **공동 상속인 신분의** in joint heirship status 엡 3:6; 명사로서 **공동 상속자** co-heir 롬 8:17; 히 11:9; 벧전 3:7.
συγκοινωνέω [σύν, κοινωνέω] '~과 연결되다' ⓐ 행동에 대해, **참여하다** participate 엡 5:11; 계 18:4. ⓑ 연민이 어린 관심으로, **동참하다, 공유하다** share 빌 4:14.
συγκοινωνός, οῦ, ὁ [σύν, κοινωνός] '~과 관계된 사람', **참여자, 동참자, 공유하는 자** participant, sharer 롬 11:17; 고전 9:23; 빌 1:7; 계 1:9.
συγκομίζω [σύν, κομίζω] '매장을 행하는 데 참여하다', **매장하다** bury 행 8:2.
συγκρίνω [σύν, κρίνω] ① '관계를 가져오다', **연관 짓다** associate 고전 2:13. ②

συγκύπτω / σύζυγος, ου, ὁ

'비교에 근거해서 추론하다', **비교하다** compare 고후 10:12.

συγκύπτω [σύν, κύπτω] 능동태 자동사 **허리가 굽다** be bent over 척추 상태가 이상해서 눅 13:11.

συγκυρία, ας, ἡ [σύν, κυρέω '~과 만나다, 일어나다'] '함께 일어남', **우연히 만남** coincidence: κατὰ συγκυρίαν 우연히 만나서 눅 10:31.

συγχαίρω [σύν, χαίρω] '~과 관련하여 기쁨을 누리다', **기뻐하다** rejoice ⓐ 다른 사람의 기쁨을 공유함에 초점 맞추어 눅 1:58; 15:6, 9; 고전 12:26; 빌 2:17f. 어떤 경우에는 눅 1:58에서 σ.에 대해 **축하한다** congratulate는 번역을 더 선호한다. 빌 2:17f. ⓑ 기쁨을 가져오는 무엇인가에 초점 맞추어: 진리 고전 13:6.

συγχάρητε συγχαίρω 제2부정과거 수동태 명령법 2인칭 복수.

συγχέω/συγχύν(ν)ω [σύν, χέω '붓다'] '뒤섞이게 하다' ⓐ 정신적으로나 감정적으로 자신을 처리 할 수 있는 능력에 영향을 주는 등의 이례적인 상황에 초점을 맞추어, **혼란스럽게 하다, 당혹스럽게 하다** confuse, confound, 수동태 어리둥절하다 be confounded 행 2:6. ⓑ 군중의 행동을 선동함에 초점 맞추어, **선동하다** stir up 행 21:27. ⓒ 선동에 대한 반응에 초점 맞추어, 능동 의미의 수동태로 **소동하다**, be in uproar 행 19:32; 21:31. συνεχύθη ὅλη ἡ πόλις αἰσχύνης "온 도시가 수치심에 소동하였다" (아르테미스에게 범해진 치욕에 대해) 행 19:29 이문.

συγχράομαι [σύν, χράομαι] '상대하다', **어울리다** associate 요 4:9.

συγχύν(ν)ω συγχέω를 보라.

σύγχυσις, εως, ἡ [συγχέω] **대소동, 큰 소란** uproar 행 19:29.

συγχωρέω [σύν, χωρέω] **승인하다, 허락하다** to grant, 관리에게 허가 요청을 보낸 것의 응답에 대해 행 21:39 이문.

συζάω [σύν, ζάω] '밀접한 관계로 함께 지내다', **함께 살다** live with 롬 6:8; 고후 7:3; 딤후 2:11.

συζεύγνυμι [σύν, ζεύγνυμι] **함께 연합하다** join together, 쌍을 이루기 위하여 마 19:6; 막 10:9.

συζητέω [σύν, ζητέω] '사안에 대하여 진지한 대화를 나누다' ⓐ 호의적으로 생각을 교환함에 초점 맞추어, **상의하다, 대화하다** discuss 막 1:27; 9:10; 눅 24:15. ⓑ 논쟁하는 측면에 초점 맞추어, **논쟁하다, 언쟁하다, 토론하다** dispute, argue, debate 막 8:11; 9:14, 16; 12:28; 눅 22:23; 행 6:9; 9:29.

συζήτησις, εως, ἡ [συζητέω] **논란** controversy 행 28:28 [29] 이문.

συζητητής, οῦ, ὁ [συζητέω] **변론가** debater 고전 1:20; 비교 συζητέω b항.

σύζυγος, ου, ὁ [συζεύγνυμι; '함께 일하는 사람, 동료'] '짐을 나눠지는 사람', **짐 지는 자** burden-bearer, 가까운 동료 빌 4:3; 비교 συζεύγνυμι.

συζωοποιέω [σύν, ζωοποιέω] ~와 함께 살아가다 make alive together with, 그리스도인이 부활하신 그리스도와 관련되어 새 생명을 취하다 엡 2:5; 골 2:13.

συκάμινος, ου, ἡ [히브리어] 뽕나무 mulberry tree 눅 17:6.

συκῆ, ῆς, ἡ [σῦκον] 무화과 나무 fig tree 마 21:19-21 등.

συκομορέα, ας, ἡ [σῦκον, μόρον '뽕, 오디'] 돌무화과 나무 fig-mulberry tree, Ficus sycomorus 눅 19:4.

σῦκον, ου, τό [어원은 불분명] 무화과 fig 마 7:16; 막 11:13; 눅 6:44; 약 3:12.

συκοφαντέω [συκοφάντης (σῦκον, φαίνω) '법적 절차에 사람을 노출시키는 고발자'(그리스의 무화과 불법 수출과 연관성을 찾는 것은 συκοφάντης의 어원을 결정하려는 수많은 노력 중 하나다)] '자신의 권한을 개인적인 이득에 오용하다', **갈취하다** extort 눅 3:14 (여기에는 협박이 함축될 수 있다); 19:8.

συλαγωγέω [σύλη '전리품', ἄγω (중복되어)] 누군가를 먹이감이나 전리품으로 끌고 가다라는 일반적인 의미가 이미지에서 나타난다. **사로잡다, 포로로 잡다** captivate 골 2:8.

συλάω [σύλη 'booty'] **약탈하다** pillage, 극적인 비유로(비교 속어 '뜯어내다' rip off') 고후 11:8.

συλλαβεῖν συλλαμβάνω 제2부정과거 능동태 부정사.

συλλαλέω [σύν, λαλέω] '~와 생각을 교환하다', **대화하다, 논의하다, 이야기나누다** converse, discuss, talk over 마 17:3; 막 9:4; 행 25:12 (공식적인 환경에서: 상의하다); 특정 주제로 눅 4:36; 9:30; 22:4.

συλλαμβάνω [σύν, λαμβάνω] ① '포획하여 수요하다' ⓐ 법률적인 의미로 **붙잡다, 체포하다** seize, apprehend 마 26:55; 막 14:48; 눅 22:54; 요 18:12; 행 1:16; 12:3; 23:27; 26:21. ⓑ 어업(고기잡이)에 관한 의미로 **잡다** catch 눅 5:9. ② '과업을 성취하기 위해 원조를 제공하다', σύν의 의미가 충분히 반영되어 **지원하다, 돕다** assist, help 눅 5:7; 빌 4:3. ③ ①항의 의미가 확장되어, 임신한 여자에 대하여, **(아이를) 가지다, 임신하다** conceive 눅 1:24, 31, 36; 2:21; 비유로 약 1:15.

συλλέγω [σύν, λέγω '선택하다'] '격리시키거나 분리하여 떨어뜨리다', **거둬들이다, 따다** gather (in), pick 마 7:16; 13:28-41; 눅 6:44.

συλλημθῆναι, συλλήμψομαι συλλαμβάνω 제1부정과거 수동태 부정사 그리고 미래 직설법.

συλλογίζομαι [σύν, λογίζομαι] '어떤 일과 관련된 양상들을 논의하다', **논의하다, 논쟁하다** discuss, debate 눅 20:5.

συλλυπέω [σύν, λυπέω] 신약에서는 능동 의미의 수동태로만 **슬퍼하다** be grieved 막 3:5.

συμβαίνω [σύν, βαίνω 'walk'] '어떤 사건이 일어나다', **발생하다, 생기다** happen,

συμβαλεῖν / συμβούλιον, ου, τό

come to pass 막 10:32; 눅 24:14; 행 20:19; 21:35; 고전 10:11; 벧전 4:12; 벧후 2:22. τὸ συμβεβηκός τινι 누군가에게 일어난 일 행 3:10; 유사하게 복수 단독 용법으로 눅 24:14.

συμβαλεῖν συμβάλλω 제2부정과거 능동태 부정사.

συμβάλλω [σύν, βάλλω] '함께 하다(cast in with)' 또는 '함께 던지다'(cast together)라는 기본 개념은 σ.의 다양한 용법의 근거가 된다. ① '전투적인 방식으로 교전하다' ⓐ **맞서다, 싸우다** confront 눅 14:31. ⓑ 논쟁을 **걸다, 도전하다** challenge 눅 11:53 [54] 이문. ② '상호 간의 이익을 도모하다', **논의하다** confer 행 4:15; 17:18. ③ '여러가지 뒤섞인 사안에 대하여 생각하다', **곰곰이 생각하다, 숙고하다** ponder 눅 2:19. ④ '~에 빠지다', **맞닥뜨리다** encounter 행 20:14. ⑤ '도움을 주다', **원조하다, 돕다** aid, help 행 18:27.

συμβάς συμβαίνω 제2부정과거 능동태 분사.

συμβασιλεύω [σύν, βασιλεύω] **공동으로 다스리다** be co-ruler 고전 4:8; 딤후 2:12.

συμβέβηκα συμβαίνω 완료 능동태 직설법.

συμβιβάζω [σύν, βιβάζω (βαίνω '걷다, 걸음하다'의 원인을 나타내어) '탑재하다] ① '함께 들어맞게 하다', **결합하다** unite ⓐ 신체에 대해 엡 4:16; 골 2:19. ⓑ 비유로 사랑으로 연합한 공동체에 관해 골 2:2. ② '사건을 일으키다', ①의 의미가 지성적이고 정신적인 영역으로 확장되어, **증명하다, 입증하다** demonstrate 행 9:22. 아마도 고전 2:16과 행 19:33은 **조언하다** advise라는 의미에 속하는 것 같다. ③ '결론에 이르다', **결론짓다** conclude 행 16:10, 사실상 ②의 수동태 의미로.

συμβουλεύω [σύν, βουλεύω] ① '조언을 제공하다', **조언하다, 충고하다** advise 요 18:14; 계 3:18. ② '행동 과정을 토론하다', 적대적인 의도에 초점 맞추어, **함께 계략을 꾸미다, 모의하다** plot together 마 26:4; 행 9:23.

συμβούλιον, ου, τό [σύν, βούλομαι] ① '집단적인 토의에 참여함', 어우러져서(특히 λαμβάνειν, διδόναι, ποιεῖν, ἑτοιμάζειν과 같은 동사들과 함께 결합하여 구문론적으로 연결됨으로) 깊이 생각한다는 의미로 **협의** counsel 그리고 그렇게 숙고한 결과 **결정, 계획** decision, plan. σ. λαμβάνειν과 같은 어구는 정형구로 **결론에 이르다, 계획을 세우다** reach a decision, form a plan처럼 옮기거나, 단순하게 **결정하다** decide로 번역할 수 있다. ⓐ 깊이 생각한다는 일반적인 의미로 σ. ποιεῖν/ἑτοιμάζειν "결론에 이르다" 막 15:1; σ. λαμβ. ἀγοράζειν "구매하기로 결정하다" 마 27:7; σ. λαμβ. διδόναι "주기로 결정하다" 28:12. ⓑ 의도성에 초점 맞추어: 적대적인 의미로 (σ. λαμβάνειν/διδόναι, "계획을 세우다"든지 아니면 동사 단독으로 계획하다로 옮길 수 있다) κατά와 더불어 마 12:14; 27:1; 막 3:6; ὅπως와 더불어 계획을 세우다 마 22:15. ② '심의 또는 자문 기구', **협의회**

council 행 25:12.

σύμβουλος, ου, ὁ [σύν, βούλομαι에서 βουλή] '조언하는 능력을 발휘하는 사람', 조언자 counselor 롬 11:34.

Συμεών, ὁ [셈어적 이름] 격변화 없음. **시므온, 쉬메온** Symeon, Simeon ① 야곱의 아들이며 그의 이름을 딴 지파의 조상 계 7:7. ② 예수의 조상 눅 3:30. ③ 어린 예수를 환영한 사람 눅 2:25, 34. ④ 니게르라는 별명을 가진 인물 행 13:1. ⑤ 사도 베드로로 잘 알려진 인물 행 15:14; 벧후 1:1.

συμμαθητής, οῦ, ὁ [σύν, μανθάνω μαθητής fr.] '따르라고 명령하신 한 선생님을 모시는 서로 함께하는 사람', **동료 학생, 동료 제자** fellow pupil, fellow disciple 요 11:16.

συμματυρέω [σύν, μαρτυρέω] '지지하는 증명을 제공하다', **확인해주다** confirm 롬 2:15; 8:16; 9:1.

συμμερίζω [σύν, μερίζω] 신약에서 항상 중간태로, **~과 공유하다, 나누다** share with, 제단과 그 위에 바친 것들에 대한 몫을 나눔에 대하여 고전 9:13.

συμμέτοχος, ον [σύν, μέτοχος] **함께 나누어 공유하는** jointly sharing in 엡 3:6; 5:7.

συμμιμητής, οῦ, ὁ [σύν, μιμητής] **함께 본받는 동료** fellow imitator, 바울은 본받는 일에 참여하는 다른 이들에 관해 빌 3:17.

συμμορφίζω [σύν, μορφή] '형태 또는 방식을 유사하게 하다', 신약에서 항상 능동 의미의 수동태로만 **동일한 형태, 방식을 취하다** take on same form/style, 십자가에 달리는 경험의 측면에서 예수의 태도와 반응에 초점 맞추어 빌 3:10.

σύμμορφος, ον [σύν, μορφή] **모습이나 방식이 유사한** similar in form or style 롬 8:29; 빌 3:21.

συμπαθέω [συμπαθής] '괴로운 경험을 내적으로 공유하는 능력이 있다', **~과 공감하다, 연민을 느끼다** sympathize with ⓐ 사물에 대한 여격과 더불어, 구문적으로 사람과 사물이 혼합되어 히 4:15. ⓑ 사람에 대한 여격과 더불어, 히 10:34.

συμπαθής, ές [συμπάσχω] '~함께 나누거나 느끼는 능력을 가진', **연민어린, 동정적인** compassionate, sympathetic 벧전 3:8.

συμπαραγίνομαι [σύν, παραγίνομαι] '함께 자리에 있다' ⓐ 상호 연합에 초점을 맞추어, come together 눅 23:48. ⓑ 지원하는 역할에 초점 맞추어 **돕기 위해 찾아오다** come to the aid of 딤후 4:16 이문.

συμπαρακαλέω [σύν, παρακαλέω] **함께 격려하다, 위로하다** encourage/comfort together 롬 1:12.

συμπαρακληθῆναι συμπαρακαλέω 제1부정과거 수동태 부정사.

συμπαραλαβεῖν / συμπόσιον, ου, τό

συμπαραλαβεῖν συμπαραλαμβάνω 제2부정과거 능동태 부정사.
συμπαραλαμβάνω [σύν, παραλαμβάνω] ~을 같이 데리고 가다 take along with 행 12:25; 15:37f; 갈 2:1.
συμπαραμένω [σύν, παραμένω] '변함없이 곁에 머무르다', 도우려고 ~와 함께 머무르다 stay with ~ to help 빌 1:25 이문.
συμπάρειμι [σύν, πάρειμι] 함께 자리하다 be present with 행 25:24.
συμπάσχω [σύν, πάσχω] '동일한 방식으로 함께 겪다', 함께 고난받다 suffer with 롬 8:17; 고전 12:26.
συμπέμπω [σύν, πέμπω] 함께 보내다 send out together 고후 8:18, 22.
συμπεριέχω [σύν, περιέχω] '어떤 지역에 상대적으로 다른 사람과 밀집하여 주변에 서 있다', 주위에 (함께) 서 있다 stand around (together) 눅 12:1 이문.
συμπεριλαβών συμπεριλαμβάνω 제2부정과거 능동태 분사.
συμπεριλαμβάνω [σύν, περιλαμβάνω '포옹하다'] '호의를 보이며 다른 사람에게 팔을 두르다', 포옹하다 embrace 행 20:10.
συμπίνω [σύν, πίνω] 함께 마시다 drink with 행 10:41.
συμπίπτω [σύν, πίπτω] 무너짐, 붕괴 collapse, 구조물이 무더기로 함께 무너짐에 대해 눅 6:49.
συμπληρόω [σύν, πληρόω] ① '완전히 채우다', 사람과 배가 뒤섞여 무서운 파도에 노출되어, 수동태 들어차다, 넘쳐나다 be swamped 눅 8:23. ② 차오른다는 개념이 확장되어, 시간에 중점을 두어: '발생하다' ⓐ 때가 이르다, 가까워오다 approach 눅 9:51. ⓑ 진행 중이다 be in progress 행 2:1.
συμπνίγω [σύν, πνίγω] '압박으로 방해받거나 조이다', 숨막히다, 질식시키다 choke ⓐ 발아중인 씨앗 막 4:7; 씨가 의인화되어 눅 8:14; 하나님의 말씀 마 13:22; 막 4:19. ⓑ 극적인 과장으로, 군중이 압박하여 어떤 사람을 에워싸는 것에 대하여 눅 8:42; 12:1 이문.
συμπολίτης, ου, ὁ [σύν, πολίτης] '다른 사람과 시민권을 공유하여 누리는 사람', 동료 시민, 동포 fellow citizen, compatriot 엡 2:19.
συμπορεύομαι [σύν, πορεύομαι] ① '누군가와 동행에 합류하다', 이동을 함께 함에 초점 맞추어 동행하다(동조하다) go (along) with 눅 7:11; 14:25; 24:15. ② '다른 이들과 어떤 장소에서 이동하여 모이다', 집중함에 초점 맞추어 사람, (많은 수가) 모이다 to flock 막 10:1.
συμποσία, ας, ἡ [συμπίνω] 일반적인 식사 a common meal 막 6:39 이문.
συμπόσιον, ου, τό [συμπίνω] σ.의 '연회, 잔치'라는 중심 의미가 환유적으로 사람에게 전이되어: '식사의 모임, 무리', 여기에서 분배적으로 συμπόσια συμπόσια는 '각 무리 별로' 막 6:39.

συμπρεσβύτερος, ου, ὁ [σύν, πρεσβύτερος] 기독교 공동체에서 '다른 사람과 지도하는 위치를 공유하는 사람', **동료 장로, 같은 장로** fellow elder 벧전 5:1.

συμφέρω [σύν, φέρω] ① '더미를 이루기 위해 함께 모으다', **~을 쌓아올리다, 축적하다** heap 행 19:19. ② '이익을 가져오다', **유용하다, 도움이 되다, 이득이 되다** be useful/profitable, be of advantage ⓐ 3인칭 단수 비인칭 동사로 συμφέρει 고전 6:12; 10:23; 고후 8:10; 12:1 이문 어떤 문맥에서는 συμφέρει가 좋은 것 같다/더 나을 것이다고 옮길 수 있다. 마 5:29f; 18:6; 19:10. ⓑ 명사적 분사로, 관사와 더불어 τὰ συμφέροντα **유익한 것** 행 20:20; πρὸς/ἐπὶ τὸ συμφέρον **도움이 되는 것을 위해** 고전 12:7; 히 12:10; 관사 없이 οὐ συμφέρον μέν "이득이 될 것이 없음에도 (아무런 의미가 없음에도) 불구하고" 고후 12:1.

σύμφημι [σύν, φημί] **~에 동의하다** agree with 롬 7:16.

σύμφορος, ον [συμφέρω] **유익한, 이로운** beneficial, advantageous (συμφέρω를 보라), 명사적 분사 τὸ σύμφορον **유익, 이익** benefit, advantage 고전 7:35; 10:33.

συμφυείς συμφύω 제2부정과거 수동태 분사.

σύμφυτος, ον [συμφύω] '유기적인 연합체로 함께 자라는', **함께 자라는, ~과 연합되는** grown together, united with 롬 6:5.

συμφύω [σύν, φύω] **함께 자라다** grow up with, 건강한 식물과 함께 자라는 잡초에 대해 눅 8:7.

συμφωνέω [σύν, φωνέω] 조화를 이루는 소리에 대한 비유로 확장되어 ① '서로 잘맞다', **어울리다** match, 천의 호환성에 대해 눅 5:36; 선지자의 말씀에 대해 **일치하다** agree 행 15:15. ② 인식의 영역에서 '마음을 잘 맞추다', **일치하다, 합심하다** 마 18:19; τίότι συνεφωνήθη ὑμῖν "어째서 당신 둘이 공모하였습니까?" 행 5:9; 홍정해서 타협함에 대해, **합의에 이르다** 마 20:2, 13.

συμφώνησις, εως, ἡ [συμφωνέω] **일치, 화합** agreement 고후 6:15. συμφωνέω ②를 보라.

συμφωνία, ας, ἡ [σύμφωνος] **음악** music, 특정하지 않고 눅 15:25.

σύμφωνος, ον [σύν, φωνή] '합의로 특징지운', **동의하는** agreeing, 명사로서 관사없이, ἐκ συμφώνου **합의를 보아** 고전 7:5.

συμψηφίζω [σύν, ψηφίζω] **계산하다, 헤아리다** calculate, 화폐 가치로 평가함에 대해 행 19:19.

σύμψυχος, ον [σύν, ψυχή] '영으로 연합된', **조화로운, 생각이 일치되는** harmonious 빌 2:2.

** **σύν** [= 더 오래된 형태 ξύν, 눈에 띄는 외부 영향이나 연결점이 없음] 여격 지배 전치

συναγαγεῖν / συναιχμάλωτος, ου, ὁ

사로 유대나 연결을 나타내어 함께 with ⓐ 유대에 초점을 맞추어, **더불어, 함께 with** 눅 2:13; 7:12; 요 21:3; 행 4:13; 10:23; 빌 1:23; οἱ σύν τινι (즉 ὄντες) 함께 있는 사람들 막 2:26; 눅 5:9; 행 5:17; ἡ χάρις τ. θεου σὺν ἐμοί 내곁에 있는 하나님의 은혜 고전 15:10. ⓑ 사람이나 사물이 부가됨에 초점 맞추어 ~과 함께, ~에 따라 with, along 마 25:27; 눅 5:19; 고전 10:13; 엡 3:18; 약 1:11. 부가한다는 의미는 자주 다음과 같이 옮길 수 있다. **~을 포함하여, ~에 더하여 including, as well as** 눅 20:1; 행 3:4; 10:2; 14:5; 23:15; 갈 5:24; 엡 4:31; 빌 1:1. σύν πᾶσιν τούτοις "게다가, 이 모든 것뿐 아니라" 눅 24:21.

συναγαγεῖν συνάγω 제2부정과거 능동태 부정사.

* **συάγω** [σύν, ἄγω] ① '집단적인 방식으로 합치다', **모으다 gather** ⓐ 사물에 대해 마 3:12; 6:26; 12:30; 13:30; 25:24; 눅 3:17; 15:13 (현금으로 바꾼다는 뜻인지는 논란이 있다); 요 4:36; 6:12. ⓑ 사람에 대해 마 13:2; 22:10; 25:32; 막 4:1; 요 11:47; 행 4:27; 계 16:14; 20:8; ἐπὶ τὸ αὐτό 마 22:34; 행 4:26; 집합적으로 13:44. 자동사 수동태의 의미로 요 18:2. ② '손님으로 다른 사람을 포함하여', **손님으로 맞아들이다 take in as guest** 마 25:35, 38, 43. ③ 명백하게 '다른 사람들의 모임에 들어간다'는 의미로 표면적으로는 어느정도 손님 상태라는 측면이 나타난다. **참여하다 join in**, σύναγε ἔτι ἄνω 조금 더 높이 들어가다 마 20:28 이문.

* **συναγωγή, ῆς, ἡ** [συνάγω (ἄγω의 중복된 형태)] ① '집회 장소', 특히 신약에서는 이스라엘의 제의와 공동체의 중심 활동지로 사용되었고, 예수를 따르는 이들도 메시아 운동 초기 수십 년 동안 회당을 사용했다. **회당**(會堂) **synagogue**으로 번역된다. 마 4:23; 10:17; 막 1:39; 눅 4:15f; 7:5; 요 6:59; 18:20; 행 13:14; 17:17; 18:4; 22:19. ② '회당의 회합', **집회, 회당 assembly, synagogue** 행 6:9; 9:2. 격론을 벌이는 문맥에서 계 2:9; 3:9. ③ '회당의 모임', **모임 meeting**: 유대인들 행 13:43; 유대 기독교인들 약 2:2.

συναγωνίζομαι [σύν, ἀγωνίζομαι] '싸움에 참여하다', **~와 더불어 함께 싸우다 strive along with, 돕다, 지원하다 help, assist** 롬 15:30.

συναθλέω [σύν, ἀθλέω] 비유로 운동 경기에 대해, '더불어 경기에 참가하다', **함께 싸우다 contend along with** 빌 1:27; 4:3.

συναθροίζω [σύν, ἀθροίζω '모으다'] '한 장소에 함께 있도록 하다', **함께 모으다 bring together** (모임을 위회) 행 19:25. 자동사의 수동태 의미로 **모이다 gather** 12:12.

συναίρω [σύν, αἴρω] 상업적 의미로 **(계정을) 정리하다 settle (accounts)** 마 18:23f; 25:19.

συναιχμάλωτος, ου, ὁ [σύν 그리고 형용사 αἰχμάλωτος '창으로 붙잡힌(포로

처럼)' 그래서 보통 '죄수'] **동료 죄수, 감방 동료** fellow prisoner, cellmate 롬 16:7; 골 4:10; 몬 23.

συνακολουθέω [σύν, ἀκολουθέω] ① '~와 함께 추종자가 되다', (함께) **따르다, 동행하다** follow, accompany, 여격 단독으로 사람에 대해, 막 5:37 이문; 눅 23:49; 속격을 동반한 μετά와 더불어 막 5:37; 요 13:36 이문 ② '매우 근접하게 따르다', **따라가다** follow 막 14:51.

συναλίζω [σύν, ἁλίζω '함께 모으다'] 지금 논란이 되고 있는 행 1:4에 나오는 이 단어에는 ~와 **교제를 나누다**와 같은 의미가 꼭 포함되어야 할 것 같다. 행 10:41을 고려하면, ἅλς '소금'은 병행한 동사의 구성 성분, 곧 비유로 '소금을 공유하다', 즉 **함께 식사하다**는 것을 의미하는 것으로 이해하는 것이 어느 정도 장점이 있을 것이다.

συναλίσκομαι [σύν, ἁλίσκομαι '잡히다'] 수동태 **함께 포로로 잡히다** be taken captive together 행 1:4 이문 아마도 비문자적인 의미로 **갇힌 듯이 비좁은 공간에 있다** in close quarters as though confined는 뜻인 것 같다(비교 13절); 그렇지 않으면 이문의 내용은 불가능하다.

συναλλάσσω [σύν, ἀλλάσσω] '관계의 장애를 극복하다', **화해하다** reconcile 행 7:26.

συναναβαίνω [σύν, ἀναβαίνω] **함께 올라가다** go/come up together, 어떤 목적지를 향하는 여행과 관련해서 사용되지만 위로 올라간다는 면에 중점을 두지 않는다. 막 15:41; 행 13:31.

συνανάκειμαι [σύν, ἀνάκειμαι] '기댄 자세로 함께 식사하다', **함께 기대다, 함께 먹다** recline with, eat with 마 9:10; 막 2:15; 눅 14:10; 전치사 없는 복수 명사로 다음과 같이 οἱ συνανακείμενοι **동료 (연회) 참석자**, 잔치에 함께 참석한 사람 마 14:9; 막 6:22, 26 이문; 눅 7:49; 14:15.

συναναμίγνυμι [σύν, ἀναμείγνυμι '함께 섞다'] '함께 뒤섞다', 능동 의미의 수동태로 **~와 어울리다, 사회적으로 교제하다** associate with, mingle socially 고전 5:9, 11; 살후 3:14.

συναναπαύομαι [σύν, ἀναπαύω] '함께 휴식을 즐기다', **휴식을 취하다** relax 롬 15:32.

συναναστρέφομαι [σύν, ἀναστρέφω] '여기저기 함께하다', **~와 어울리다** associate with 행 10:41 이문.

συναντάω [σύν, ἀντάω '만나다'] ① '어떤 사람과 모처에서 대면하기 위해 만나다' 전에 마주친 적이 있는지는 나타내지 않는다. 여격 **~과 만나다** meet with, 눅 9:18 이문, 37; 22:10; 행 10:25; 히 7:1, 10. ② 반대로, 만나거나 경험하는 것이 동인(動因)이 되어 **닥치다, 일어나다** happen 행 20:22.

συνάντησις, εως, ἡ / σύνδεσμος, ου, ὁ

συνάντησις, εως, ἡ [συναντάω] '다른 사람을 마주침', **만남** meeting, 계획된 만남에 대해 마 8:34 이문.

συναντιλαμβάνομαι [σύν, ἀντιλαμβάνω] '어떤 사안을 다루는 데 참여하다', **돕다, 지원하다** help, assist 눅 10:40; 롬 8:26.

συναπάγω [σύν, ἀπάγω] '함께 치워버리다', 수동태 비유로, 허위 진술 때문에, 다른 사람과 함께 속은 한 사람 때문에 크게 충격 받아서 갈 2:13 또는 기준에서 벗어나 기만적인 것으로 벧후 3:17. 롬 12:16에서는 겸손하거나 비천한 것에서 감명 받는다는 긍정적인 맥락에서 묘사가 이루어진다.

συναπαχθείς συναπάγω 제1부정과거 수동태 분사.

συναπέθανον συναποθνῄσκω 제2부정과거 능동태 직설법.

συναπέστειλα συναποστέλλω 제1부정과거 능동태 직설법.

συναπήχθην συναπάγω 제1부정과거 수동태 직설법.

συναποθανεῖν συναποθνῄσκω 제2부정과거 능동태 부정사.

συναποθνῄσκω [σύν, ἀποθνῄσκω] **함께 죽다** die with 막 14:31; 고후 7:3; 딤후 2:11.

συναπόλλυμι [σύν, ἀπόλλυμι] '함께 파괴하다, 같이 파괴하다', 신약에서 중간태로만, **멸망하다** perish 히 11:31.

συναποστέλλω [σύν, ἀποστέλλω] **함께 보내다, 파견하다** send/dispatch along with 고후 12:18.

συναπώλετο συναπόλλυμι 제2부정과거 중간태 직설법 3인칭 단수.

συνᾶραι συναίρω 제1부정과거 능동태 부정사.

συναρμολογέω [σύν, ἁρμολογέω '단단히 묶다'] **함께 연결되다, 모아서 맞추다** fit/join together, 수동태 엡 2:21;4:16.

συναρπάζω [σύν, ἁρπάζω] '강제로 통제하에 두다', **붙잡다** seize ⓐ 사람에 대하여: 악한 영에게 사로잡힌 귀신들린 사람 눅 8:29; 군중들에게 제압당한, 스데반 행 6:12; 군중들에게 끌려온 바울과 같이 다니던 마케도니아인 두 사람 19:29. ⓑ 폭풍우에 휘말린 배에 대해 행 27:15.

συναυλίζομαι [σύν, αὐλίζομαι 'αὐλή에서 밤을 보내다'] **~과 시간을 보내다** spend time with 행 1:4 이문, συναλίζω을 보라.

συναυξάνω [σύν, αὐξάνω] **함께 자라다** grow along with 마 13:30.

συναχθήσομαι συνάγω 제1미래 수동태 직설법.

συνβ- συμβ-를 보라.

συνγ- συγγ-를 보라.

σύνδεσμος, ου, ὁ [σύν, δεσμός] '무엇을 함께 붙잡고 있는 것' ⓐ 해부학적 부분으로 (관절의) **인대** ligament 골 2:19; 비유로 **연결하는 끈** uniting bond 엡

4:3; 골 3:14. ⓑ 비유로 형벌을 위한 끈 **굴레, 족쇄** fetter 행 8:23; 여기에서 어떤 이들은 무엇인가 한 **묶음** bundle**으로** 붙들린 것에 대한 비유로 해석하기도 한다.

συνδέω [σύν, δέω] **함께 묶이다** bind along with 히 13:3.

συνδοξάζω [σύν, δοξάζω] '함께 존경을 보이다', 수동태 **함께 영예를 얻다, 함께 영광을 누리다** be honored with, have a share in glory 롬 8:17.

σύνδουλος, ου, ὁ [σύν, δοῦλος] **동료 노예** fellow slave ⓐ 다른 이와 더불어 어떤 사람의 소유인 사람 마 24:49. ⓑ 확장된 의미로: 통치자에 대한 절대 순종의 관계에 있다고 이해되는 왕실 관리들 마 18:28f, 31, 33. 유사하게 하나님이나 예수 그리스도와 연합하여 공유하는 상태와 관련된 기독교적인 어법으로 골 1:7; 4:7; 계 6:11; 관련된 맥락으로 19:10; 22:9.

συνδρομή, ῆς, ἡ [σύν, δρόμος (비교 δραμεῖν 그리고 τρέχω의 부정과거와 완료 변화형 δέδρομα) '경주'] '달리며 합쳐짐', **함께 달림** running together, 군중으로 형성되어 행 21:30.

συνεβαλόμην συμβάλλω 제2부정과거 중간태 직설법.

συνέβη συμβαίνω 제2부정과거 능동태 직설법 3인칭 단수.

συνεγείρω [σύν, ἐγείρω] '함께 일어나게 하다', **일으켜 세우다** raise up, 예수 그리스도의 부활에 참여함에 대해 of participating in the resurrection of Jesus 엡 2:6; 골 2:12; 3:1.

συνέδραμον συντρέχω 제2부정과거 능동태 직설법.

συνέδριον, ου, τό [σύν, ἕζομαι '앉다' (ἕδρα '자리')] '통치 위원회', **공의회, 의회** council, 신약에서는 항상 이스라엘들의 통치 구조 ⓐ 지방 의회 마 10:17; 막 13:9. ⓑ 예루살렘의 상급 법정 **산헤드린** the Sanhedrin 마 5:22 등. —의미가 전환되어: 산헤드린의 **회의** meeting 요 11:47; 산헤드린의 **회의 장소** meeting room 눅 22:66; 행 4:15.

συνέδριος 행 5:35 이문, 다음 항목에 대한 오류로 보인다.

σύνεδρος, οῦ, ὁ [σύν, ἕζομαι '앉다' (ἕδρα '자리')] **공의회 의원** council member 행 5:35 이문.

συνέζευξα συζεύγνυμι 제1부정과거 능동태 직설법.

συνέθεντο συντίθημι 제2부정과거 중간태 직설법 3인칭 복수.

συνείδησις, εως, ἡ [συνεῖδον] ① '어떤 것에 대한 정보를 주의 깊게 살핌', **의식, 자각, 양심** awareness, consciousness 고전 8:7a 이문 σ. ἁμαρτιῶν 죄의식 히 10:2; σ. θεοῦ 하나님께서 원하시는 바에 대한 자각 벧전 2:19. ② '도덕적·윤리적 기대에 대한 민감성', **도덕의식, 양심** moral awareness, consciousness, 하나님 또는 사회의 도덕의식과 관련해서(선과 악을 미리 구분해 내적으로 통제하는 도덕적 능력의 관점과 혼동해서는 안된다). 무죄와 유죄에 대한 내

συνεῖδον / συνεπιμαρτυρέω

적인 자각에 초점 맞추어 롬 2:15; 고전 8:7b; 10:27-29; 고후 1:12; 딤전 4:2; 딛 1:15; 히 9:14; 10:22. 무죄함에 대한 자각을 지시하는 긍정적인 한정사와 더불어: ἀγαθή 행 23:1; 딤전 1:5, 19; 벧전 3:16; καθαρά 딤전 3:9; 경멸적인 한정사 πονηρά와 더불어 히 10:22; 비교 무죄 또는 유죄에 관한 내적 갈등 롬 2:15(위를 보라). —διὰ τὴν συνείδησιν 책임감의 발로에서 롬 13:5. —고후 4:2의 요점은 다른 사람들이 사도들의 행동이 도덕적 기준에 부합한다는 것을 인식하게 된다는 것이다.

συνεῖδον συνοράω 제2부정과거 능동태 직설법.
συνειδυῖα σύνοιδα 완료 능동태 여성 분사.
συνείληφα συλλαμβάνω 완료 능동태 직설법.
I. **σύνειμι** [σύν, εἰμί] 함께하다 be with 눅 9:18; 행 22:11.
II. **σύνειμι** [σύν, εἶμι] 함께 오다 come together, 군중이 점차 모여드는 것에 대해 눅 8:4.
συνείπετο συνέπομαι 미완료 중간태 직설법 3인칭 단수.
συνεισέρχομαι [σύν, εἰσέρχομαι] '더불어 함께 들어가다', **함께 입장하다, 함께 (들어)가다** enter with, go (in) with 눅 8:51 이문; 요 6:22; 18:15.
συνεισῆλθον συνεισέρχομαι 제2부정과거 능동태 직설법.
συνεῖχετο συνέχω 미완료 수동태 직설법 3인칭 단수.
συνέκδημος, ου, ὁ [σύν, ἔκδημος '집에서 떨어진, 집밖에'] **여행 동반자, 동행자** traveling companion, 임무 목표를 수행하는 데 초점을 맞추어 행 19:29; 고후 8:19.
συνεκέρασα συγκεράννυμι 제1부정과거 능동태 직설법.
συνεκλεκτός, ή, όν [σύν, ἐκλεκτός] '함께 선택받은-', 명사로서 **공동으로 선택된 사람** jointly-chosen one, 교회에서 벧전 5:13.
συνεκπορεύομαι [σύν, ἐκπορεύομαι] **함께 나가다** go out with 행 3:11 이문.
συνέλαβον συλλαμβάνω 제2부정과거 능동태 직설법.
συνελαύνω [σύν, ἐλαύνω] '강제로 불러 모으다', **압력을 가하다** put pressure on 행 7:26 이문.
συνελήλυθα, συνελθεῖν συνέρχομαι 완료 능동태 직설법 그리고 제2부정과거 능동태 부정사.
συνελογισάμην συλλογίζομαι 제1부정과거 중간태 직설법.
συνενέγκας συμφέρω 제1부정과거 능동태 분사.
συνεπέθεντο συνεπιτίθημι 제2부정과거 중간태 직설법 3인칭 복수.
συνέπεσον συμπίπτω 제2부정과거 능동태 직설법.
συνεπιμαρτυρέω [σύν, ἐπιμαρτυρέω] **증언에 참여하다** join in testifying, 말

쏨에 대한 하나님의 확증에 대해 히 2:4.

συνέπιον συμπίνω 제2부정과거 능동태 직설법.

συνεπίσκοπος, ου, ὁ [σύν, ἐπίσκοπος] **동료 감독** fellow overseer 빌 1:1 이문.

συνεπιτίθημι [σύν, ἐπιτίθημι; '더하는 걸 도와주다'] 중간태 συνεπιτίθεμαι **공격에 가담하다** join in attacking, 말로 고발함에 대해 행 24:9.

συνέπομαι [σύν, ἕπομαι (ἕπω의 중간태 '따라가다, 뒤따르다')] **동행하다** accompany 행 20:4.

συνεργέω [συνεργός] '도와주는 방식으로 함께 일하다', **조력하다, 돕다** assist, help 막 16:20; 고전 16:16; 고후 6:1; 약 2:22. πάντα συνεργεῖ εἰς ἀγαθόν "모든 것이 유익하게 작용한다"(σύν은 여기에서 강조하는 역할을 한다) 롬 8:28; 어떤 사본에서는 하나님을 주어로 취하고, 그에 따라 πάντα는 목적어가 된다.

συνεργός, οῦ, ὁ [σύν, ἔργον] **동료 일꾼** fellow worker, 돕는 역할에 초점 맞추어 롬 16:3; 고전 3:9; 고후 1:24; 빌 2:25; 골 4:11; 살전 3:2; 요삼 8.

συνέρχομαι [σύν, ἔρχομαι] ① '사람이 무리로 모이다' ⓐ 어떤 현장에 합류하는 것에 대해, **모이다** gather 막 3:20; 6:33 이문; 눅 5:15; 요 18:20; 행 2:6; 5:16; 16:13. ⓑ 사업을 위한 모임에 대해 **만나다, 모이다** meet, assemble 행 1:6; 22:30; 고전 11:17f, 20; 14:23, 26. 일의 목적과 결합되어 어떤 장소에 온다는 개념 행 25:17. ② '개인적으로 밀접한 관계로 함께 오다', **함께 오다** come together ⓐ 성적인 친밀함에 대해 고전 7:5 이문 ⓑ 결혼 관계로 들어감에 대해 πρὶν ἢ συνελθεῖναὐτούς 그들이 결혼하기 전에 before they were married 마 1:18. ③ '함께 가다/오다', **동행하다** accompany 눅 23:55; 요 11:33; 행 1:21; 9:39; 10:23, 45; 11:12; 15:38; 21:16.

συνεσθίω [σύν, ἐσθίω] **함께 먹다** eat with 눅 15:2; 행 10:41; 11:3; 고전 5:11; 갈 2:12.

σύνεσις, εως, ἡ [συνίημι] '지성으로 쉽게 인식하는 능력', **이해, 이해력, 통찰력** understanding, comprehension, insight ⓐ 통찰력을 위해 정신을 집중하는 능력에 대하여 막 12:33. ⓑ 분별 있는 지적 능력에 대해 눅 2:47; 고전 1:19; 엡 3:4; 골 1:9; 2:2; 딤후 2:7.

συνεσπάραξα συσπαράσσω 제1부정과거 능동태 직설법.

συνεσταλμένος, συνέστειλα συστέλλω 완료 수동태 분사와 제1부정과거 능동태 직설법.

συνέστηκα, συνέστησα, συνεστώς συνίστημι 완료 능동태 직설법, 제1부정과거 능동태 직설법, 그리고 완료 능동태 분사.

συνέσχον συνέχω. 제2부정과거 능동태 직설법.

συνετάφην συνθάπτω. 제2부정과거 수동태 직설법.

σύνετε / συνήλασα

σύνετε συνίημι. 제2부정과거 능동태 명령법 2 복수.
συνετέθειντο συντίθημι 과거완료 중간태 직설법 3인칭 복수.
συνετός, ή, όν [συνίημι] '예리한 분별력을 가진', **똑똑한, 현명한** intelligent, sagacious 마 11:25; 눅 10:21; 행 13:7; 고전 1:19.
συνευδοκέω [σύν, εὐδοκέω] '같이 찬성하다' ⓐ 누군가의 행동을 지지하는 것과 관련해서 경멸적인 뜻으로 **찬성하다, 동조하다** approve, agree with 눅 11:48; 행 8:1; 22:20; 롬 1:32. ⓑ 개인적인 사안과 관련해 합의에 이르는 것과관련해 **동의하다** agree 고전 7:12f.
συνευωχέομαι [σύν, εὐωχέω '잔치를 베풀다', 중간태 '축제를 즐기다'] **함께 잔치하다, 축제를 함께 지내다** feast together 벧후 2:13; 유 12.
συνέφαγον συνεσθίω 제2부정과거 능동태 직설법.
συνεφίστημι [σύν, ἐφίστημι] '반대하여 함께 일어나다', **공격하다** attack 행 16:22.
συνεφωνήθην συμφωνέω 제1부정과거 수동태 직설법.
συνέχεον, συνεχύθη, συνέχυννεν συγχέω 미과 능동태, 제1부정과거 수동태 직설법 3인칭 단수 그리고 미완료 능동태 3인칭 단수.
συνέχω [σύν, ἔχω] ① '에워싸서 방해하다', **에워싸다** surround 눅 8:45; 군사적인 포위 작전에 대해 19:43; 군사적으로 경계 임무를 담당하는 파견대 **보초서다, 지키다** guard 22:63. ② '상황을 통제하다' ⓐ 물리적인 면에 초점 맞추어 **괴롭히다** afflict, 수동태 질병에 관해 마 4:24; 눅 4:38; 행 28:8. ⓑ 정서적인 면에 초점 맞추어 **강요하다, 통제하다** constrain, grip ⓒ 능동태 고후 5:14. ⓓ 수동태 단독으로 눅 12:50(아마도 문자적 의미로 **나는 기다릴 수 없다**); 공포에 사로잡히다 8:37; 선택에 끼어들어서 빌 1:23. συνείχετο τῷ λόγῳ ὁ Παῦλος 바울은 그 말씀에 깊이 몰두했다. 행 18:5. ③ '능력을 제한하다', 듣는 것을 막는 것과 관련해서 [⋯으로] **~을 덮다** 행 7:57.
συνζ- συζ-를 보라.
συνήγαγον συνάγω 제2부정과거 능동태 직설법.
συνηγέρθην συνεγείρω 제1부정과거 수동태 직설법.
συνηγμένος συνάγω 완료 수동태 분사.
συνήδομαι [σύν, ἥδομαι '스스로 즐기다'] '~과 연관하여 기쁨을 누리다', **~으로 기뻐하다** take delight in 롬 7:22.
συνήθεια, ας, ἡ [σύν, ἦθος] '공동체의 전통적인 경험', **풍습, 관례** custom, habit 요 18:39; 고전 8:7; 11:16.
συνῆκα συνίημι 제1부정과거 능동태 직설법.
συνήλασα συνελαύνω 제1부정과거 능동태 직설법.

συνῆλθον / συνοδία, ας, ἡ

συνῆλθον συνέρχομαι 제2부정과거 능동태 직설법.

συνηλικιώτης, ου, ὁ [σύν, ἡλικία] '자신의 연령대의 사람', 또래, 동년배 contemporary 갈 1:14.

συνηρπάκει, συνήρπασα συναρπάζω 과거완료 능동태 3인칭 단수 그리고 제1부정과거 능동태 직설법.

συνῆσαν σύνειμι 미완료 능동태 3인칭 복수.

συνῆτε συνίημι 제2부정과거 능동태 가정법 2 복수.

συνήχθην συνάγω 제1부정과거 수동태 직설법.

συνθάπτω [σύν, θάπτω] 함께 매장하다 bury with, 항상 수동태로 롬 6:4; 골 2:12.

συνθλάω [σύν, θλάω '부수다, 상하게 하다'; '함께 부수다, 부서지다'] 수동태로만 부스러지다 be broken up, 완전히 부서지는 신체에 대해 마 21:44; 눅 20:18.

συνθλίβω [σύν, θλίβω] '빽빽하게 같이 몰려들어서 움직임이 제한되다', 주위로 몰려들다 to crowd around 막 5:24, 31.

συνθρύπτω [σύν, θρύπτω] 산산이 부서지다 break in pieces 비유로 καρδία와 더불어 '의지'나 '결심'의 의미로 행 21:13.

συνιᾶσιν συνίημι 현재 능동태 직설법 3인칭 복수.

συνιδών συνοράω 제2부정과거 능동태 분사.

συνιείς, συνιέναι συνίημι 현재 능동태 분사 그리고 부정사.

συνίημι/συνίω [σύν, ἵημι '풀어주다, 가게하다'] 말이나 행동의 '중요성을 파악하다', 이해하다, 알아차리다 understand, comprehend 마 13:13 등.

συνίστημι, συνιστάνω, συνιστάω [σύν, ἵστημι] ① '동의하도록 거론하거나 제출하다', 권하다, 추천하다 commend, recommend 롬 16:1; 고후 3:1; 4:2; 5:12; 6:4; 7:11; 10:12, 18; 12:11. ② '의심의 여지가 없게 하다', 입증하다, 확고히 하다 confirm, establish 롬 3:5; 5:8; 갈 2:18. ③ '밀접한 관계에 있다', 자동사 함께 서다, 함께 그 자리에 있다 stand with, be there with 눅 9:32. ④ '실재하다', 자동사 존재하다 exist ⓐ 그리스도께 속하는 존재인 만물에 대해 골 1:17. ⓑ 존재하는 실재로서 땅에 대해 벧후 3:5.

συνίων, συνιῶσιν συνίω (συνίημι를 보라) 현재 능동태 분사 그리고 현재 능동태 가정법 3인칭 복수.

συνκ- συγκ-를 보라.

συνλ- συλλ-를 보라.

συνμ- συμμ-를 보라.

συνοδεύω [σύν, ὁδεύω] 함께 여행하다 travel with 행 9:7.

συνοδία, ας, ἡ [σύν, ὁδός] 여행의 동행자 company of travelers 눅 2:44.

533

σύνοιδα / συντελέω

σύνοιδα [σύν, οἶδα] '정보, 지식을 공유하다' ⓐ 다른 사람과, **공모하다, 묵과하다** conspire, connive 행 5:2. ⓑ 어떤 일에 대하여 자신과 **알아채다, 깨닫다** be aware, be conscious of συνοιδα ἐμαυτῷ 고전 4:4.

συνοικέω [σύν, οἰκέω] 보통 남편과 아내가 가정을 공유하는 데 사용하는 용어, **더불어 살다** live with, 남편과 태도에 대한 언급에서 벧전 3:7.

συνοικοδομέω '함께 짓다', (함께) **세우다** build up (together), 수동태 비유로 다양한 부분으로 구성된 구조물에 대해 엡 2:22.

συνομιλέω [σύν, ὁμιλέω] ~**과 함께 대화하다** converse with 행 10:27; 벧전 3:7 이문. 나중 본문은 결혼 관계의 더욱 친밀한 측면을 언급한 것으로 보인다.

συνομορέω [σύν, ὅμορος (ὁμός '다르지 않고 똑같은', ὅρος) '~과 동일한 경계선을 가지는'] ~**에 인접하다** adjoin 행 18:7.

συνοράω [σύν, ὁράω] 신약에서 오직 제2부정과거 변화형으로 συνεῖδον '완전한 통찰력을 가지고' ⓐ 위험에 대한 깨달음에 초점 맞추어 **인식하다** perceive 행 14:6. ⓑ 이해함에 초점 맞추어 **이해하다,** (충분히) **파악하다** understand, comprehend 12:12.

συνοχή, ῆς, ἡ [συνέχω] '탈출의 희망이 거의 없는 상황에 갇혀 있다는 느낌', **실망, 불안, 염려** dismay, anxiety 눅 21:25; 고후 2:4.

συνπ- συμπ-를 보라.
συνρ- συρρ-를 보라.
συνσ- συσσ-를 보라.
συνσπ- συσπ-를 보라.
συνστ- συστ-를 보라.

συνταράσσω [σύν, ταράσσω] '무질서한 상태에 이르게 하다', **정신 못차리게 하다, 혼란을 주다** upset 눅 9:42 이문.

συντάσσω [σύν, τάσσω] '명확한 지시를 내리다', **규정하다, 지시하다** prescribe, instruct 마 21:6; 26:19; 27:10.

συνταφείς συνθάπτω 제2부정과거 수동태 분사.

συντέλεια, ας, ἡ [συντελέω] **끝, 종말** the close/end, 신약에서는 항상 시간적으로 형성된다. συντέλεια αἰῶνος (αἰώνων) 시간의 끝, 세상의 끝 end of time/the world 마 13:39f, 49; 24:3; 28:20; 히 9:26.

συντελέω [σύν, τελέω] ① '마무리짓다, 끝내다' ⓐ 시간적 기간에 대해 **완료하다, 끝나다** complete, finish 눅 2:21 이문; 4:2; 행 21:27. ⓑ 순서상 마지막으로 끝에 이르렀음을 보여주는 사물에 대해, 능동 의미의 수동태 **끝에 이르다, 끝맺다** come to an end 막 13:4; **떨어지다** give out 더 이상 존재하지 않는다는 의미로 요 2:3 이문. ② '목적에 부합하게 나가다', **마치다, 마무리하다** conclude 눅 4:13;

συντέμνω / συνυποκρίνομαι

달성하다, 이루다 bring about, effect 히 8:8. 롬 9:28에서 분사 συντελῶν은 부사 역할을 한다: 효과적으로, 유효하게 effectually.

συντέμνω [σύν, τέμνω '자르다'] '짧게 자르다, 줄이다', **신속하게 행동하다** act with dispatch, 분사 συντελῶν처럼 (이전 항목 2번을 보라) συντεμνῶν 부사 역할을 하여 신속하게 with dispatch 롬 9:28.

συντετμημένος συντέμνω 완료 수동태 분사.

συντετριμμένος, συντετρῖφθαι συντρίβω 완료 수동태 분사 그리고 부정사.

συντεχνίτης, ου, ὁ [σύν, τεχνίτης] **동료 상인** fellow tradesman 행 19:25 이문.

συντηρέω [σύν, τηρέω; '감시하며 지키다'] ① '위험이나 손실로부터 안전을 지키다', **보존하다** preserve 마 9:17; **계속 감시하다** 막 6:20. 확장되어 ② '정보를 유지하는 것에 주의하다', **명심하다, 잘 간직하다** keep (in mind), treasure 눅 2:19.

συντίθημι [σύν, τίθημι] 신약에서 중간태로만, '어떤 일에 대하여 마음에 부합함에 이르다' ⓐ 거래에서 **합의하다** agree 눅 22:5. ⓑ 정책적인 사안에 대해 **결정하다** decide 요 9:22; 행 23:20.

συντόμως [συντέμνω] 부사 '절제되거나 최소한의 방식으로' ⓐ 시간에 관해 **즉시** promptly 짧게 끝나는 마가복음 사본에서 ⓑ 연설에서 **간단히** briefly 행 24:4.

συντρέχω [σύν, τρέχω] '함께 달려오다' ⓐ 공간적인 용어로 **함께 달리다, 서두르다** run/hurry together 막 6:33; 행 3:11. ⓑ 사교에 대한 열심에 대해 벧전 4:4.

συντρίβω [σύν, τρίβω '문지르다'] '강제로 어떤 것에 대한 상태를 바꾸다' ⓐ 식물의 생장을 **꺾다** break 마 12:20(κατεάγω와 더불어 꺾어 떨어뜨리다); 묶는 도구 막 5:4; 옥합에 있는 봉인 14:3; 뼈 요 19:36; 질그릇 계 2:27. ⓑ 사람의 몸에 **상처주다** hurt 눅 9:39. ⓒ **부서뜨리다** crush 롬 16:20.

σύντριμμα, ατος, τό [συντρίβω] **파멸** ruin 롬 3:16.

σύντροφος, ου, ὁ [συντρέφω (σύν, τροφός), 수동태 '함께 길러지다'] 수동태 의미: '함께 자란 사람', **가까운 동료** close associate 행 13:1.

συντυγχάνω [σύν, τυγχάνω] '함께 가다', **가까이 가다** get close to 눅 8:19; **만나다** meet 행 11:26 이문.

συντυχεῖν συντυγχάνω 제2부정과거 능동태 부정사.

Συντύχη, ης, ἡ [συντυγχάνω] **순두게, 쉰튀케** Syntyche, 바울이 평가한 사람 빌 4:2.

συντυχία, ας, ἡ [σύν, τύχη '행운'] 우연히 일어난 일/사건, **우연** chance 눅 10:31 이문.

συνυποκρίνομαι [σύν, ὑποκρίνομαι] '어떤 부분을 행동하는 데 참여하다',

συνυπουργέω / συστέλλω

위선이나 가식에 동조함에 대한 선명한 이미지로 **동조하다, 같이 행동하다** play along with 갈 2:13.

συνυπουργέω [σύν, ὑπουργέω '돕다'] '함께 참여하여 일하다', **협력하다** cooperate 고후 1:11.

συνφ- συμφ-를 보라.

συνχ- συγχ-를 보라.

συνψ- συμψ-를 보라.

συνωδίνω [σύν, ὠδίνω] **함께 고통을 겪다** suffer pain together 비유로 롬 8:22.

συνωμοσία, ας, ἡ [σύν, ὀμνύω] '맹세하여 일에 가담함', **모의하다** plot 행 23:13.

συνών I. σύνειμι 현재 분사.

συνῶσιν συνίημι 제2부정과거 능동태 가정법 3인칭 복수.

Σύρα, ας, ἡ [어원은 불분명] **시리아 여인** Syrian woman 막 7:26 이문.

Συράκουσαι, ῶν, αἱ [어원은 불분명] **수라구사, 쉬라쿠사이** Syracuse, 시칠리아 남동 해안의 그리스 도시 행 28:12.

Συρία, ας, ἡ [어원은 불분명] **시리아** Syria 마 4:24 등.

Σύρος, ου, ὁ [어원은 불분명] **시리아 사람** Syrian man 눅 4:27.

Συροφοινίκισσα, ης, ἡ [Σύρος, Φοινίκη] **수로보니게 여인** Syro-Phoenician woman 막 7:26.

Σύρτις, εως, ἡ [σύρω] **스르디스, 쉬르티스** Syrtis, 북부 아프리카 연안의 위험한 두개의 만(灣)의 이름 행 27:17.

σύρω [복합적인 어원] '끌어서 움직이도록 하다', **끌다** drag: 그물 요 21:8; 용이 끌어간 별들 계 12:4; 죽은 줄로 생각한 사람 행 14:19; 체포한 사람들 8:3; 17:6.

συσπαράσσω [σύν, σπαράσσω] '심한 경련 또는 발작을 경험하게 하다', **경련을 일으키다, 발작하다** convulse 막 9:20; 눅 9:42.

σύσσημον, ου, τό [σύν, σῆμα '표시, 신호'] **신호** signal 막 14:44.

σύσσωμος, ον [σύν, σῶμα] **같은 몸에 속한** belonging to the same body, 즉 하나님의 백성들 엡 3:6.

συστασιαστής, οῦ, ὁ [σύν, στάσις] **동료 반란자** fellow insurgent 막 15:7 이문.

συστατικός, ή, όν [συνίστημι] '떨어진 부분들의 관계를 맺는 데 조력하는 역할을 하는', **추천하는, 소개하는** commendatory, introductory συστατικὴ ἐπιστολή 추천서 고후 3:1.

συσταυρόω [σύν, σταυρόω] 수동태 **함께 십자가에 달리다** be crucified with 마 27:44; 막 15:32; 요 19:32;비유로 롬 6:6; 갈 2:19.

συστέλλω [σύν, στέλλω] '간명해지도록 모으다' ⓐ **줄이다** shorten, 기회의 때

가 제한되어 있음에 대하여 고전 7:29. ⓑ **싸매다** wrap up, 시신을 옮길 수 있도록 준비하는 것에 관해, 아마도 천을 감아서 행 5:6.

συστενάζω [σύν, στενάζω] '보통 신음에 참여하다', **탄식하다, 신음하다** lament, groan 롬 8:22.

συστοιχέω [σύν, στοιχέω] '같은 맥락에 있다', **일치하다, 부합하다** correspond 갈 4:25.

συστρατιώτης, ου, ὁ [σύν, στρατιώτης] 신약에서 군사적인 은유로, **동료 군인, 전우** fellow soldier 빌 2:25; 몬 2.

συστρέφω [σύν, στρέφω] 기본 개념: 어떤 연합체의 형성 ① **함께 모으다** gather together, 불피우는 데 알맞은 나무를 더미로 모아 놓음 행 28:3; 여기에서 행동의 과정과 효과는 나뭇가지 더미를 모으고 정리한다는 뜻으로 합쳐진다. ② **한무리로 모이다, 함께 오다** come/gather together as a group, 사람, **모임** congregating 마 17:22.

συστροφή, ῆς, ἡ [συστρέφω] ① **모임** gathering ⓐ 정서적인 측면을 나타내는 문맥에서 행 19:40. ⓑ 그릇된 의도를 나타내는 문맥에서 행 23:12. 그러나 ② **계략, 음모** plot/conspiracy라는 뜻이 행 23:12에 있는 것으로 보이는데, 이 경우 모여 있는 무리가, 음모를 꾸미는 사람들로서 세우는 계략의 지배적인 주제가 무엇인지에 초점을 맞추고 있는 것이다.

συσχηματίζω [σύν, σχηματίζω '~에 독특한 형태나 모양을 부여하다'] **따르다, 순응하다** conform, 수동태 그리스도인의 정체성과는 거리가 먼 영향을 본보기 삼으려 한다는 의미로 롬 12:2; 벧전 1:14.

Συχάρ, ἡ [히브리어] 격변화 없음. **수가, 쉬카르** Sychar, 야곱의 우물 가까이에 있는 사마리아인의 마을 요 4:5.

Συχέμ [히브리어] 격변화 없음. ① 여성 **세겜, 쉬켐** Shechem 그리심 산 가까이에 있는 사마리아의 도시 행 7:16. ② 남성 **세겜** Shechem, 하몰의 아들 ('Ἐμμώρ를 보라) 행 7:16 이문.

σφαγή, ῆς, ἡ [어원은 불분명] '거칠게 죽임', **도살, 살육** slaughter 행 8:32; 롬 8:36; 약 5:5.

σφάγιον, ου, τό [σφάζω] '제의적으로 죽여 바치는 어떤 것', **도살의 희생물, 제물** victim for slaughter, offering 행 7:42.

σφάζω [어원은 불분명, 비교 φάσγανον '검' 그리고 이전 항목을 보라] '폭력적인 방법으로 죽게하다', **도살하다, 살육하다** slay, slaughter 요일 3:12; 계 5:6, 9, 12; 6:4, 9; 13:3, 8; 18:24.

σφάλλω [복합적인 어원] '발의 균형을 잃다', **미끄러지다, 넘어지다** slip, fall 마 15:14 이문.

σφάξω σφάζω의 미래.
σφόδρα [σφοδρός의 중성 복수 '격렬한, 극단적인'] 부사 '강도의 정도가 높은' ⓐ 동사와 더불어, **매우, 상당히, 대단하게, 극단적으로** very, very much, greatly, exceedingly 마 17:6, 23; 18:31; 19:25; 행 6:7. ⓑ 형용사 **정말의, 순전한** very, exceedingly 마 2:10; 막 16:4; 눅 18:23; 계 16:21.
σφοδρῶς [σφόδρα와 동일한 어원에서] 부사 **몹시, 심히** violently 행 27:18.
σφραγίζω [σφραγίς] '표시로 인증하다', **봉인하다** seal ⓐ 든든히 하다. 무덤에 돌로 마 27:66; 무저갱의 입구 계 20:3. 관련된 맥락으로, 비밀을 유지하다 10:4; 22:10. ⓑ 소유권 요 6:27; 롬 15:28; 계 7:3-5, 8. 비유로 고후 1:22; 엡 1:13; 4:30. ⓒ 어떤 것을 보증하다는 이미지에서 요 3:33.
σφραγίς, ῖδος, ἡ [어원은 불분명] ① '증명하는 데 사용하는 도구', **도장, 날인** seal, signet 계 7:2. ② '증명을 위해 도구로 남긴 표시', **봉인, 날인** seal ⓐ 그러한 표시에 초점 맞추어 딤후 2:19. ⓑ 그 내용에 중점을 두어 계 9:4. ⓒ 가치나 힘을 인증하는데 초점 맞추어, 비유로 롬 4:11; 고전 9:2. ⓓ 서면 자료의 내용물의 보안을 유지하는 기능에 중점을 두어 계 5:1 등.
σφυδρόν, οῦ, τό [= σφυρόν] **발목** ankle 행 3:7.
σφυρίς, ίδος, ἡ σπυρίς를 보라.
σφυρόν, οῦ, τό [σπαίρω '헐떡거리다' (간헐적인 움직임에 개념에서), 그리고 σφαῖρα '공'과 관련되어] **발목** ankle이나 **발꿈치** heel를 의미하는 것 같다. 행 3:7 이문.
σχεδόν ['멀리하다, 떨어뜨려놓다'는 의미를 가진 단어의 부정과거 ἔσχον (ἔχω)와 관련되어] 부사 '규모나 범위의 극단적인 끝에는 미치지 못하는', **거의, 대략** nearly, almost 행 13:44; 19:26; 히 9:22.
σχῆμα, ατος, τό [ἔχω (비교 특징과 관련하여 표현하는 '있다')] '관찰자에게 무엇인가 나타나고 보이는 방식', **외모, 모양** appearance, form 고전 7:31; 빌 2:7.
σχίζω [산스크리트; 비교 σκεδάννυμι '뿌리다, 흩어지다'] '강제로 나눠지게 하다', **찢다, 찢어 발기다** tear, rend ⓐ 직물에 대해: 천이나 의복 눅 5:36; 요 19:24; 물고기 그물 21:11; 특별히 성전 휘장: εἰς δύο 둘로 마 27:51a; 막 15:38; μέσον 눅 23:45. 암석층 마 27:51b. 하늘의 어떤 지역 막 1:10. 확장되어 ⓑ 사람들의 무리가 의견이 달라 나눠짐 행 14:4; 23:7.
σχίσμα, ατος, τό [σχίζω] '강제로 나눠진 어떤 것' ⓐ 직물에 대해 마 9:16; 막 2:21; 사람의 몸 고전 12:25 (은유적으로 27 - 31절에 적용되어; 다른 경우는 25절b). 환유적으로 ⓑ 의견이 다른 사람의 무리에 대해, 요 7:43; 9:16; 10:19; 고전 1:10; 11:18; 아마도 12:25.
σχοινίον, ου, τό [σχοῖνος의 지소사 '꼬거나 땋은 어떤 것', 어원은 불분명] **줄, 끈**

σχολάζω / σωματικός, ή, όν

rope/cord, 특정하지 않고 요 2:15; 행 27:32.

σχολάζω [σχολή] '채워질 수 있는 공간을 경험하다' ⓐ 시간적으로 **여가를 갖다** have leisure, 시공간적으로 자유롭게 사용할 수 있음에 초점 맞추어, σ. προσευχῇ 기도를 위한 시간을 갖다 고전 7:5. ⓑ 공간적으로, **휑하다, 비어 있다** be vacant, 주민을 기다리는 거주지에 대해 마 12:44; 눅 11:25 이문.

σχολή, ῆς, ἡ [ἔχω 상태 또는 조건을 나타내는 의미로] 주요 의미 '행동이나 일에서 자유로움' = '여가'는 환유적으로 '여가를 보내기 위한 장소'라는 뜻을 이끌어온다. 지적인 행동에 초점 맞추어 **강의실, 학교** lecture-hall, school 행 19:9.

σχῶ ἔχω 제2부정과거 가정법 능동태.

** σῴζω [σᾶος (σῶς) '위험에서 자유로운'] '위험한 상태나 상황에서 구하다', **구하다, 건져내다** save, rescue ⓐ 신체적인 위험에서: 실제 위험이나 위협 ㉠ 질병 마 9:21f; 눅 8:50; 요 11:12; 행 4:9; 14:9; 약 5:15. ㉡ 죽음을 포함한 신체적인 위험 마 8:25; 14:30; 24:22; 27:40; 눅 23:39; 요 12:27; 행 27:20, 31; 히 5:7; 유 5. 아마도 행 16:30, 아래 ⓒ를 보라. ⓑ 영적인 위험으로부터: 묵시적인 유형으로 자주 마 10:22; 18:11; 19:25; 눅 13:23; 19:10; 요 3:17; 행 2:40, 47; 4:12; 15:1, 11; 16:31; 롬 5:9f; 11:14, 26; 고전 1:18와 바울 서신 전반에 걸쳐; 히 7:25; 약 1:21; 2:14; 4:12; 5:20; 벧전 3:21; 4:18; 유 23. ⓒ 어떤 구절은 ⓐ와 ⓑ를 연결한다: 마 16:25; 눅 9:24; 롬 9:27; 직유법으로 고전 3:15. 아마도 언어유희로 행 16:30.

** σῶμα, ατος, τό [복합적인 어원; 호메로스 작품에서는 '시체'라는 의미로만] ① '각 부분과 구별되는 조직화된 신체 단위', **몸** body, 죽었거나 살았거나 어느 것이든(우리말은 영어의 'corpse'처럼 죽은 몸을 '시신'(屍身)이나 '시체'(屍體)라고 표현한다) ⓐ 격언처럼 죽은 σ.가 날짐승에게 먹히는 것에 대해 눅 17:37. ⓑ 인간에 대해 ㉠ 죽은: **몸, 시체** body, corpse 마 14:12 이문; 27:58f; 막 15:43; 눅 23:52, 55; 24:23; 요 19:31, 38,40; 20:12; 행 9:40; 유 9. ㉡ 살아 있는: **몸** body 마 5:29f; 6:25; 26:12, 26; 27:52; 막 5:29; 눅 11:34; 24:3; 요 2:21; 19:31; 롬 1:24; 6:6, 12; 7:4; 8:10f, 23; 고전 5:3; 6:13, 18f; 9:27; 10:16; 11:24; 12:12, 25; 13:3; 15:40, 44; 고후 5:6, 10; 10:10; 12:2f; 갈 6:17; 엡 5:28; 빌 1:20; 3:21; 골 1:22; 2:11, 23; 살전 5:23; 히 10:5; 13:3; 약 2:16, 26; 3:6; 벧전 2:24; 계 18:13 (σώματα = 노예들). 그림자에 상대적인 실체로서 골 2:17. ⓒ 짐승에 대해 약 3:3. ⓓ 씨앗과 식물에 대해 고전 15:37f. ⓔ 천체들에 대해(혹성 등) 고전 15:40. ①이 확장되어 ② '어떤 연합체에 밀접하게 연결된 사람', **몸** body ⓐ 성적인 친밀함에 초점 맞추어 고전 6:16. ⓑ 공통의 신앙이나 목적, 다양한 자격에 초점 맞추어 롬 12:5; 고전 10:17; 12:13, 27; 엡 1:23; 2:16; 4:12; 5:23; 골 1:18; 2:19.

σωματικός, ή, όν [σῶμα] '신체와 관련된', **신체를 가진, 형체인** bodily 눅 3:22; 딤전 4:8.

σωματικῶς / σωφρονέω

σωματικῶς 부사 '구체화된 상태로', **몸으로, 화신**(化身)**으로** bodily 골 2:9.

Σώπατρος, ου, ὁ [σῶς (σῴζω를 보라), πατήρ] **소바더, 소파트로스** Sopater, 베뢰아 출신 부로(Pyrrhus)의 아들 행 20:4.

σωρεύω [σωρός '더미'] **쌓아 올리다** heap on 롬 12:20. 환유적으로 수동태는 쌓아 올리는 과정에 있는 사람의 상태를 표현한다. γυναικάρια σεσωρευμένα ἁμαρτίαις "죄가 가득 찬(죄의 짐을 진) 연약한 여인" 딤후 3:6.

Σωσθένης, ους, ὁ [σῶς (σῴζω를 보라), σθένος '힘'] **소스데네, 소스테네스** Sosthenes, 고린도 회당의 지도자 행 18:17; 고전 1:1에 언급된 Σ.와 같은 사람인 것 같다.

Σωσίπατρος, ου, ὁ [Σώπατρος의 부차적인 형태] **소시바더, 소시파트로스** Sosipater, 바울과 가까운 인물 롬 16:21; Σώπατρος와 같은 사람으로 보임. 해당 항목을 보라.

σωτήρ, ῆρος, ὁ [σῴζω] '실재적이거나 잠재적인 위험이나 손실에서 구해 주는 사람', **구주, 구원자, 은인** savior, deliverer, benefactor 보다 광범위한 지중해 세계에서는 특별한 선행을 베푼 인물에게 신이나 인간에 상관없이 적용한다. 그러나 신약에서는 오직 ⓐ 이스라엘의 하나님에 대해 눅 1:47; 딤전 1:1; 2:3; 4:10; 딛 1:3; 2:10; 3:4; 유 25. ⓑ 예수 그리스도에 대해 눅 2:11; 요 4:42; 행 5:31; 13:23; 엡 5:23; 빌 3:20; 딤후 1:10; 딛 1:4; 2:13; 3:6; 벧후 1:1, 11; 2:20; 3:2, 18; 요일 4:14.

σωτηρία, ας, ἡ [σωτήρ] '실재적이거나 잠재적인 위험이나 손실에서 자유로운', **구조, 구제, 구원** rescue, deliverance, salvation ⓐ 신체적인 위험으로부터 구조함 행 7:25; 27:34; 빌 1:19은 ⓑ의 의미를 취하는 것으로 보기도 한다; 히 11:7; 압박에서 눅 1:71은 누가복음의 서사 구조에서 다음으로 이어진다 ⓑ 하나님의 계획하심이나 절차와 관련하여 구원하심에 대해, 예수 그리스도의 역할과 관련하여 눅 1:69, 77; 19:9; 요 4:22; 행 4:12; 13:26; 16:17; 롬 1:16; 10:1, 10; 11:11; 13:11; 고후 6:2; 7:10; 엡 1:13; 빌 1:28; 2:12; 살전 5:8f; 살후 2:13; 딤후 2:10; 3:15; 히 1:14 등 히브리서에서 자주; 벧전 1:5, 9f; 벧후 3:15; 유 3; 계 7:10; 12:10; 19:1; 빌 1:19에 대해서는 아래 ⓐ항목을 보라.

σωτήριος, ον [σωτήρ] '구하는 것과 관련된' ⓐ 하나님께서 베푸시는 호의와 관련하여 **구하는, 구원을 가져오는** rescuing, bringing salvation 딛 2:11. ⓑ 명사로서 τὸ σωτήριον 구하는 수단/구원이 일어나는 수단 엡 6:17; 특별히 하나님의 σ.에 대해 눅 2:30; 3:6; 행 28:28.

σωφρονέω [σώφρων] ① '바른 마음을 가지다', 흐트러진 것에 상대적으로 막 5:15; 눅 8:35; 유사하게 정신나간 것에 상대적으로 고후 5:13. ② '좋은 감각을 사용하다', **분별력 있다, 합리적이다** be sensible 롬 12:3; 딛 2:6; 벧전 4:7.

σωφρονίζω / σώφρων, ον, ονος

σωφρονίζω [σώφρων; 'σώφρων하게 만들다'] '사회적인 책임과 기준에 부합하도록 지시하다', **격려하다, 조언하다** encourage, counsel 딛 2:4.

σωφρονισμός, οῦ, ὁ [σωφρονίζω] '훌륭한 판단을 내리는 능력', **자기 훈련, 절제, 수양** self-discipline 딤후 1:7.

σωφρόνως [σώφρων] 부사 **사려 깊게, 분별 있게** prudently 딛 2:12.

σωφροσύνη, ης, ἡ [σώφρων] '상식적이고 온건한 특성' ⓐ 견해나 생각으로 표현되는 것이 **합리적임, 타당함** reasonableness, 베스도가 바울을 묘사한 '미친 것'에 상대적으로 행 26:25. ⓑ 태도나 외모에 주의하여 표현된 것으로 **훌륭한 판단** good judgment 딤전 2:9, 15.

σώφρων, ον, 속격 **ονος** [σᾶος (σῶς) '해가 없는', φρήν] '책임을 엄중히 생각함으로 나타난', **신중한, 절제된** prudent, self-controlled 딤전 3:2; 딛 1:8; 2:2, 5.

T / τάξις, εως, ἡ

T

ταβέρναι, ῶν, αἱ [라틴어 차용어: *taberna* '오두막'] 신약에서는 장소명으로 항상 복수 Τρεῖς ταβέρναι 세 개의 여관, 아피아 가도(the Appian Way)에 있는 행 28:15.

Ταβιθά, ἡ [셈어 기원] 격변화 없음. **다비다, 타비타** Tabitha, 욥바에 있는 교회의 구성원 행 9:36, 40 (이름은 Δορκάς로 해석된다).

τάγμα, ατος, τό [τάσσω] '연속적인 것에서 상대적인 위치', **순서, 차례** rank 고전 15:23.

τακήσομαι τήκω 제2미래 수동태 직설법.

τακτός, ή, όν [τάσσω] **정해진** appointed, 헤롯의 공식 선언을 위해 준비된 날 행 12:21.

ταλαιπωρέω [ταλαίπωρος] **탄식하다, 괴로워하다** be miserable 약 4:9.

ταλαιπωρία, ας, ἡ [ταλαίπωρος] **괴로움, 비참함** misery 롬 3:16; 약 5:1.

ταλαίπωρος, ον [ταλαι-에 대해서는 호메로스 부정과거 ἔτλην '견디는'(현재 사용되지 않는 τλάω '겪다')과 비교하라. 무게나 짐이라는 개념을 나타내는 용어와 유사하다; -πωρος에 대해서는 πεῖρα와 비교하라] **비참한** miserable 롬 7:24; 계 3:17.

ταλαντιαῖος, α, ον [τάλαντον] **달란트의 무게가 나가는** weighing a talent, 약 45kg 계 16:21.

τάλαντον, ου, τό [비교 현재 사용되지 않는 τλάω '겪다'] 무게 단위와 여기에서 비롯된 화폐 단위. 사용된 금속의 양과 종류에 따라 거래 가치가 다르지만, 어떤 경우에도 상대적으로 엄청난 가치가 있다. 음역: **달란트** 마 18:24, 25에서 자주.

ταλιθά [아람어] **소녀** girl, 연령대는 분명하지 않음 막 5:41.

ταμεῖον, ου, τό [ταμίας '관리인, 집사'] '집안의 더욱 사적인 성격의 어떤 장소' ⓐ **창고, 광** storeroom, 생산물이나 기타 자산을 두는 눅 12:24. ⓑ **내실**(內室) inner room, 다양한 개인적인 용도로 사용하는 마 6:6; 24:26; 눅 12:3.

τανῦν νῦν을 보라.

τάξις, εως, ἡ [τάσσω] ① '정돈된 연속적인 행동에 있어서 어떤 위치 또는 차례', **순서** order 상황에 따라 눅 1:8. ② '활동을 위한 준비', **질서, 체계, 반차** order, 멜기세덱과 더불어 제사 활동을 위한 절차를 출발점으로 삼았다. 히 5:6, 10; 6:20; 7:11, 17. ③ '질서 정연한 상태', **질서 정연함** orderliness 골 2:5;

κατὰ τάξιν 질서 있는 방식으로 고전 14:40.

ταπεινός, ή, όν [어원은 불분명] ① '방식이나 표현이 적당한, 대단하지는 않은' ⓐ 긍정적인 뜻으로 **겸손한** humble 마 11:29; 약 4:6; 벧전 5:5. ⓑ 부정적인 의미로 **저자세인** self-abasing 고후 10:1. ② '상황이나 지위가 상대적으로 낮은', **낮은, 하찮은** lowly 약 1:9. 명사로서 **비천한**(humble) 사람, 사회적 지위에 초점 맞추어 눅 1:52; 어려움에 노출된 고후 7:6. 롬 12:16에서 τοῖς ταπεινοῖς는 사람이나 사물은 언급하는 것일 수도 있다.

ταπεινοφροσύνη, ης, ἡ [ταπεινός, φρήν] **겸손함** humility, 자만심의 태도나 투영과는 대조적으로 행 20:19; 엡 4:2; 빌 2:3; 골 2:18, 23; 3:12; 벧전 5:5.

ταπεινόφρων, ον, 속격 **ονος** [ταπεινός, φρήν] **겸손한** humble 벧전 3:8.

ταπεινόω [ταπεινός] ① '공간적으로 낮아지게 하다', **낮추다, 평평하게 하다** make low, level 눅 3:5. ② '덜 중요하게 여기다', 좋은 의미로 **겸손하게** humble 마 18:4; 23:12b; 눅 14:11b; 약 4:10; 벧전 5:6. ③ '지위가 낮아지게 하다, 낮아 보이게 하다', 깔보는 의미로 **겸손하게 만들다, 굴욕감을 주다** humble, humiliate: 자만을 통하여 마 23:12a; 눅 14:11a; 18:14a; 공동 노동의 참여를 통하여 고후 11:7; 명백한 성공의 결여를 통하여 12:21; 십자가에 달림을 통하여 빌 2:8. ④ '손실을 경험하게 하다', 수동태 **궁핍에 처하다** be in need 빌 4:12.

ταπείνωσις, εως, ἡ [ταπεινόω] ① '더 높은 곳에서 낮은 수준으로 되돌아가는 경험', **굴욕** humiliation 행 8:33; 약 1:10. ② '쓸모가 전혀 없거나 거의 없는 상태' ⓐ **낮은 지위, 비천함** low status 눅 1:48. ⓑ **초라함** lowliness: τὸ σῶμα τῆς ταπεινώσεως = 비천한 몸 빌 3:21.

ταράσσω [θράσσω '방해하다, 망치다'] '장애가 있는 상태가 되게 하다', **뒤흔들어 놓다** agitate ⓐ 사물에 대해, **물이 요동치게 하다** 요 5:3 [4] 이문, 7. ⓑ 사람, 정신적이고 영적인 장애와 관련하여 ㉠ 대격과 더불어 요 11:33; 행 15:24; 17:8, 13; 갈 1:7; 5:10. ㉡ 수동태 구조로 마 2:3; 14:26; 막 6:50; 눅 1:12; 24:38; 요 12:27; 13:21; 14:1, 27; 벧전 3:14.

ταραχή, ῆς, ἡ [ταράσσω] **소란, 장애** disturbance 요 5:3 [4] 이문, 이전 항목을 보라.

ταραχθῶ ταράσσω 제1부정과거 수동태 가정법.

τάραχος, ου, ὁ [ταράσσω] '불안정한 상태나 상황' ⓐ 흥분한 군중의 **소란, 소동** commotion, disturbance 행 19:23. ⓑ **깜짝 놀람, 대경실색**(大驚失色) consternation 징계 위협에 직면한 군인들에 대해 행 12:18.

Ταρσεύς, έως, ὁ [Ταρσός] **다소 사람** a Tarsian, 다소 출신의 사울(바울)에 대해 행 9:11; 21:39.

Ταρσός, οῦ, ὁ [어원은 불분명] **다소, 타르소스** Tarsus, 교육으로 유명한 길리기

543

아의 해상 도시 행 9:30; 11:25; 22:3.

ταρταρόω [Τάρταρος '지하 세계'] '타르타로스에 수감되도록 하다', 고대 세계의 많은 사람들이 타르타로스를 고통의 장소로 여겼다. **타르타로스에 붙잡아두다** hold in Tartarus 벧후 2:4.

τάσσω [비교 τάξις] (기본 개념은 질서 있게 정돈하는 것과 관련이 있다) '정리된 질서를 세우다' ⓐ 공식적인 직급이나 지위를 **맡다** put 마 8:9 이문; 눅 7:8; 롬 13:1; 공적인 행사의 시간을 **정하다** set 행 28:23; 수혜자로 대열에 **등록하다** enroll 13:48; 봉사에 자신을 **헌신하다** devote 고전 16:15. ⓑ 어떤 일을 위해 **정해두다, 마련하다** make arrangement for someth. 마 28:16; 행 15:2; 18:2; 22:10.

ταῦρος, ου, ὁ [IE = 라틴어 *taurus*] **황소** bull 마 22:4; 행 14:13; 히 9:13; 10:4.

ταῦτα = τὰ αὐτά 동일한 것들, 눅 6:23, 26; 17:30에 나온 이문으로만.

ταφή, ῆς, ἡ [θάπτω] **묘지, 매장지** burial plot 마 27:7.

τάφος, ου, ὁ [θάπτω] **무덤** tomb 마 23:27, 29; 27:61, 64, 66; 28:1; 비유로 누군가의 파멸을 초래하는 말 롬 3:13.

τάχα [ταχύς] 부사 '정해지지 않은 수준의 기회에', **아마도, 어쩌면** perhaps, possibly 롬 5:7; 몬 15.

τάχειον τάχιον의 다른 철자, ταχέως을 보라.

ταχέως [ταχύς] 부사 ① 급속도로 효과를 발휘하는 것에 대해 ⓐ 긍정적으로 **빨리, 속히, 지체 없이** quickly, at once, without delay 눅 14:21; 16:6; 요 11:31; 갈 1:6; 살후 2:2; 딤전 5:22. ⓑ 비교급 τάχιον 더 빨리 히 13:19; 비교하는 속격과 더불어 요 20:4. 13:27에서 ποίησον τάχιον의 의미는 한시도 지체하지 않는다는 뜻으로 보인다. ⓒ 최상급 ὡς τάχιστα 가능한 빨리, 속히 행 17:15. ② 기대하던 짧은 기간 안에 행동함에 대해 ⓐ 긍정적으로 (꽤) **금방** (quite) soon 고전 4:19; 빌 2:19, 24; 딤후 4:9. ⓑ 비교급 τάχιον 딤전 3:14 이문; 히 13:23.

ταχινός, ή, όν [= ταχύς] '짧은 시간 안에 일어난' **막 일어나려 하는, 임박한** about to take place, (is) soon 벧후 1:14; **신속하게, 서둘러** swift 2:1.

τάχιον, τάχιστα ταχέως를 보라.

τάχος, ους, τό [ταχύς] '빠름'; 신약에서는 항상 부사구로 ἐν τάχει (=τάχεως) ⓐ 행동에 초점 맞추어, **신속하게, 빠르게, 지체 없이** speedily, quickly, without delay 행 10:33 이문; 12:7; 17:15 이문; 22:18. ⓑ 시간에 초점 맞추어, **곧, 단시간에** soon, in a short time 눅 18:8; 롬 16:20; 딤전 3:14; 계 1:1; 22:6.

ταχύς, εῖα, ύ [어원은 불분명] '신속함을 보여주는' ⓐ 행동에 초점 맞추어, 형용사로 **빠른, 신속한** quick 약 1:19; 중성 단수형 ταχύ로 부사로서, **빨리, 서둘러** 마 5:25; 28:7f; 눅 15:22; 요 11:29. 계시록에서 τ.의 사용은 다음과 같이 나타난

τέ / τέκνον, ου, τό

다 ⓑ 시간에 중점을 둔 부사로서 **단시간 안에, 곧** 막 9:39; 계 2:5 이문, 16; 3:11; 11:14; 22:7, 12, 20.

** τέ [IE] 개념을 καί를 사용하는 방식보다 다른 것과 더 밀접하게 연결하는 전접 불변화사 ⓐ τέ가 단독으로 사용되면 연결하는 기능을 **그리고**로 옮길 수 있다. 마 28:12; 행 4:33; 5:19, 35; 6:7; 23:10; 24:27; 고전 4:21; 엡 3:19; 히 12:2; 마찬가지로 유 6; 동시에, 게다가 요 4:42; 6:18; 롬 2:19. ⓑ 결합하여 ㉠ τὲ … τέ **~뿐만 아니라 또한** 행 26:16; 롬 1:26f; ἐάντε … ἐάν τε **~이든지 ~이든지 간에** 14:8; ἐάν τε **비록 ~라 할지라도** 고후 10:8; τε γάρ **사실 ~조차** 롬 7:7. ㉡ τὲ … καί **~과 ~모두** 또는 단순히 **그리고** and: ὅ τε Ἡρῴδης καὶ ὁ Πιλᾶτος **헤롯과 빌라도** 눅 23:12; 유사하게 히 2:11; 마찬가지로 연결되어 τὲ καί는 **그리고** and라고 옮길 수도 있다. 마 22:10; 행 1:1; 5:24; 롬 1:12, 14; 고전 1:24; 히 5:1; 약 3:7.

τέθεικα, τεθεικώς, τέθειται, τεθῆναι τίθημι 완료 능동태 직설법, 완료 능동태 분사, 완료 수동태 직설법 3인칭 단수, 그리고 제1부정과거 수동태 부정사.

τεθλιμμένος θλίβω 완료 수동태 분사.

τεθνάναι, τέθνηκα θνῄσκω 완료 능동태 부정사 그리고 직설법.

τεθραμμένος τρέφω 완료 수동태 분사.

τεθῶ τίθημι 제1부정과거 수동태 가정법.

τεῖχος, ους, τό [산스크리트 연관어] **벽** wall, 특별히 도시를 에워싸는 것에 대하여 행 9:25; 고후 11:33; 히 11:30; 계 21:12 등.

τεκεῖν τίκτω 제2부정과거 능동태 부정사.

τεκμήριον, ου, τό [τέκμαρ '확정된 표시' 또는 '서약'] '입증하는 어떤 것', **증명** proof, 논증의 형태가 아닌 증명 행 1:3.

τεκνίον, ου, τό [τέκνον의 지소사] **작은 아이** little child, 신약에서는 항상 호격 복수 τεκνία는 가족의 경계를 넘어서는 전환된 의미로서, 아마도 = 사랑하는 이들이여, 요 13:33 등.

τεκνογονέω [τέκνον, γίνομαι] **아이를 낳다, 가지다** bear/have children 딤전 5:14.

τεκνογονία, ας, ἡ [τέκνον, γίνομαι] **출산, 분만** childbearing 딤전 2:15.

* τέκνον, ου, τό [τίκτω] ① **아이** child 마 7:11; 15:26; 21:28; 27:25; 막 7:27; 10:29; 12:19; 13:12; 눅 1:7; 2:48; 11:13; 14:26; 15:31; 23:28; 행 7:5; 21:21; 고전 7:14; 고후 6:13; 12:14; 엡 6:1; 빌 2:22; 골 3:20f; 살전 2:11; 딤전 3:4; 계 12:4f. ② ①번의 확장된 의미로 ⓐ 집합적으로 **후손들, 후대** descendants, posterity 마 2:18; 눅 3:8; 요 8:39; 행 2:39; 13:33; 롬 9:8b. ⓑ 집합 가운데 개인으로 사랑스럽게 언급하여, **아이, 아들** child, son 눅 16:25. ③ ①의 확장된 의미로, 유전적 친밀감에 초점두지 않고, **아이, 작은 자** child 마 9:2; 막 2:5; 10:24; 눅 16:25;

545

τεκνοτροφέω / τελείωσις, εως, ἡ

고전 4:14, 17; 갈 4:19; 살전 2:7; 딤전 1:2; 딤후 2:1; 딛 1:4; 몬 10; 요이 1, 4, 13; 요삼 4; 계 2:23. —하나님의 '자녀들'에 관해 요 1:12; 11:52; 롬 8:16f, 21; 9:8a; 엡 5:1; 빌 2:15; 요일 3:1. 아브라함과 특별한 관계를 통하여 마 3:9; 롬 9:7. —유명한 사람의 특징을 구현한 사람에 대해: 아브라함 요 8:39; 사라 벧전 3:6. —어떤 도시와 관련된 이들에 대해, 신약에서는 예루살렘에 관해서만 마 23:37; 눅 13:34; 19:44; 갈 4:25. 시적인 언급으로, 4:27. —특징이나 기타 추상적으로 정의된 사람에 대해 눅 7:35; 갈 4:28; 엡 2:3; 5:8; 벧전 1:14; 벧후 2:14.

τεκνοτροφέω [τέκνον, τρέφω] 아이들을 키우다 bring up children, 친자 관계는 구체적으로 나타나지 않고 딤전 5:10.

τεκνόω [τέκνον] 아이를 낳다 beget a child 히 11:11 이문.

τέκτων, ονος, ὁ [산스크리트, 비교 τέχνη] '건설에 관련된 사람', 전문 분야가 드러나지 않은 **기술자** craftsman, 그러나 '목수'일 가능성이 높다 마 13:55; 막 6:3.

τέλειος, α, ον [τέλος] '어떤 결핍이나 누락 혹은 부패가 전혀 없는', **완전한, 완벽한** complete, perfect ⓐ 성품, 개인의 신분 또는 공언한 목표에 대한 신실함에서 마 5:48a (본보기로서 하나님과 더불어 48b); 19:21; 고전 2:6; 14:20; 엡 4:13; 빌 3:15; 골 1:28; 4:12; 히 5:14; 약 1:4; 3:2; 요일 4:18. ⓑ 특성이 최고점에 이른 사물에 대해: 하나님의 의지 롬 12:2; 현재의 현상을 대신하거나 완벽하게 하는 것 τὸ τέλειον 고전 13:10; 선물 약 1:17; 자유의 율법 1:25; 장막, 비교급 τελειοτέρα σκηνή "더 완전한 장막" 히 9:11.

τελειότης, ητος, ἡ [τέλειος] '완전함을 가진 특성', **완전함** perfection, 교회의 신실함이나 연합을 표현함에 최고점으로서 골 3:14; 개인적인 성숙함의 과정에서 성취되는 최고점으로서 히 6:1.

τελειόω [τέλειος] '아무것도 놓치지 않는 지점에 이르다' ⓐ 책임이나 과업을 수행하는 것에 관하여 **완성하다** complete 눅 13:32; 요 4:34; 5:36; 17:4; 행 20:24; 히 7:19. 특정한 기간 내에 무엇을 하는 것에 초점 맞추어 눅 2:43. ⓑ 계획된 결론에 어떤 것을 가져옴에 대하여 **성취하다** complete 요 19:28; 약 2:22; 요일 2:5; 4:12, 17. 완전하게 연합된 사람들에 대해 요 17:23. ⓒ 성숙함의 궁극점에 이르는 것에 대해 **온전하다, 완벽하다** complete, to perfect ⓓ 윤리적이고 영적인 완벽함과 관련하여 빌 3:12; 히 7:28; 9:9; 10:1, 14; 11:40; 12:23; 요일 4:18. ⓒ 임무를 수행하는 총체적인 자격과 관련하여, 아마도 = 성별(聖別)하다, 서임하다 히 2:10; 5:9.

τελείως [τέλειος] 부사 **완전하게** completely, 다가올 것을 전부 흡수함에 대하여 벧전 1:13.

τελείωσις, εως, ἡ [τελειόω] '완전한 실현을 가져오는 것' ⓐ 약속의 **성**

취 fulfillment, 눅 1:45. ⓑ 완벽, 완전함 perfection, 총체적 유효성 total effectiveness이 부족한 제의 체계와 관련해서 히 7:11.

τελειωτής, οῦ, ὁ [τελειόω] 완성자 perfecter 히 12:2.

τελεσφορέω [τέλος, φέρω] 완전한 성숙에 이르다 bear to full maturity 눅 8:14.

τελευτάω [τελευτή] 자동사 '끝에 이르다', 전환된 뜻으로 **죽다** die 마 2:9 등.

τελευτή, ῆς, ἡ [τελέω] **죽음** death 마 2:15.

τελέω [τέλος] '완성에 이르다', 이루어지지 않고 남은 것이 하나도 없는 방식으로 역할함에 대해 ⓐ **마치다** to end, 어떤 말이나 가르침 마 7:28; 11:1; 13:53; 19:1; 시간의 기간 계 20:3, 5, 7. ⓑ **(완벽하게) 하다, 마치다** do (completely), 행동이나 목표를 최대한으로 수행함에 대해 마 10:23; 눅 2:39; 12:50; 요 19:28, 30; 행 13:29; 롬 2:27; 갈 5:16; 딤후 4:7; 약 2:8; 계 11:7; 15:1, 8; 17:17. 예언에 대해 눅 18:31; 22:37. ⓒ **완벽하게 성취하다, 완성하다** achieve fully, to perfect 고후 12:9. ⓓ **지불금을 내다, 지불하다** make payment, pay, 내야할 바라는 의미로 마 17:24; 롬 13:6.

τέλος, ους, τό [IE] ① '절정을 나타내는 시점' ⓐ 종료됨에 초점 맞추어, **끝, 종말** end 마 24:6, 13f; 막 3:26; 13:7, 13; 눅 1:33; 21:9; 요 13:1; 고전 1:8; 벧전 4:7. οὐκ과 더불어 눅 1:33. 부사 ἕως τέλους 끝까지 고후 1:13 ('완전히, 속속들이'로 옮기기도 한다) ⓑ 절정에 초점 맞추어, **결과, 결말** outcome, end 마 26:58; 눅 22:37; 롬 6:21f (언어유희로, 아래 ②번을 보라); 고후 11:15; 빌 3:19; 딤전 1:5; 히 6:8; 벧전 1:9. τὸ τέλος κυρίου 주께서 주신 결말, 다시 말해 욥의 긴 시험 약 5:11. εἶτα τὸ τέλος 다음에는 마무리 단계로 고전 15:24. ⓒ 완성의 측면에 초점 맞추어, **끝마침** end 롬 10:4. 환유적으로, τὸ τέλος 모든 것을 완성에 이르도록 하는 이를 지시하는 호칭의 일부로서, 하나님 계 21:6; 그리스도 22:13. 부사구로, 결국, 마침내 finally: εἰς τέλος 마 10:22; 눅 18:5; τὸ δὲ τέλος 벧전 3:8. ② **수입, 세금** revenue, tax 마 17:25; 롬 13:7; 언어유희로 6:21f.

τελωνεῖον τελώνιον을 보라.

τελώνης, οῦ, ὁ [τέλος, ὠνέομαι] **세리, 세관원** revenue/tax officer 마 5:46 등.

τελώνιον, ου, τό [τελώνης] **세관, 세무서** revenue/tax office 마 9:9; 막 2:14; 눅 5:27.

τέξομαι τίκτω 미래 중간태 직설법.

τέρας, ατος, τό [IE] '몹시 놀라게 하는 현상, 신약에서는 항상 σημεῖον과 더불어, **놀라운 일, 경이** marvel, wonder 마 24:24 등. 지역에 국한되지 않고 놀라운 일이 생기거나 국가적인 재난의 경우에는 **전조, 징조** portent, omen라고 옮기며, 행 2:19에서 처럼 하나님께서 개입하여서 이루어졌다는 일반적인 연결점을 보여준다.

Τέρτιος, ου, ὁ / τετράδιον, ου, τό

Τέρτιος, ου, ὁ [= 라틴어 *tertius*] 더디오, 테르티오스 Tertius, 서신을 준비할 때 바울에게 도움을 준 사람 롬 16:22.

Τέρτυλλος, ου, ὁ [어원은 불분명] 더둘로, 테르튈로스 Tertullus, 바울의 고소인을 위한 변호사 행 24:1f.

τεσσαράκοντα τεσσεράκοντα를 보라.

τέσσαρες, 중성 τέσσαρα, 속격 τεσσάρων 넷 four 마 24:31; 막 2:3; 눅 2:37; 요 11:17; 계 4:4.

τεσσαρεσκαιδέκατος, η, ον [τέσσαρες, καί, δέκατος] 열네 번째 fourteenth 행 27:27, 33.

τεσσεράκοντα [τέσσαρες] 격변화 없음. 마흔 forty 마 4:2 등.

τεσσερακονταετής, ές [τεσσεράκοντα, ἔτος; 마흔, 살(年)] '길이가 사십 년인', τ. χρόνος 40년의 기간 a period of forty years 행 7:23; 13:18.

τεταγμέναι, τέτακται τάσσω 완료 수동태 분사 여성 복수, 그리고 완료 수동태 직설법 3인칭 단수.

τεταραγμένοι, τετάρακται ταράσσω 완료 수동태 분사 남성 복수, 그리고 완료 수동태 직설법 3인칭 단수.

τεταρταῖος, α, ον [비교 τέταρτος] '4라는 수치와 관련된 어떤 것과 연관된': 이 형용사는 보통 ἡμέρα와 더불어 사용되며, 네 번째의 fourth라는 뜻이 있고 '3일 후에'로 이해한다. 그러나 요 11:39에서는 나사로를 동작의 주체로 보아, τεταρταῖός ἐστιν (문자적으로는) "그는 4일이다" he's a four-dayer, 문맥상 = "그는 죽은 지 4일째를 보내었다" he's been doing his fourth day dead 또는 "그는 무덤에 4일을 있었다" he's been in the tomb four days.

τέταρτος, η, ον [비교 τέσσαρες] 형용사 연쇄적인 의미로: '연속적인 사건 넷의 마지막', **네 번째의** fourth 마 14:25; 막 6:48; 행 10:30; 계 4:7; 명사로 부분과 관련하여 ἐπὶ τὸτέταρτον τῆς γῆς 땅 4분의 1에 대한 6:8.

τετρα- [IE 어근에서 나온 τέσσαρες와 관련하여 τετράς와 더불어 '숫자 4'] 단어의 한 요소로, 넷.

τετρααρχέω (어떤 편집에는 τετραρχέω) [τετραάρχης] **분봉왕이 되다** be a tetrach (다음 항목을 보라) 눅 3:1.

τετραάρχης, ου, ὁ [τέσσαρες, ἄρχω; 문자적으로 '4분의 1의 통치자'] 왕보다 하위 계급 작은 통치자의 직함: **분봉왕**(分封王, tetrarch), 헤롯 안티파스 마 14:1; 눅 3:19; 9:7; 행 13:1.

τετράγωνος, ον [τετρα-, γωνία] **네 면이 있는** with four sides 계 21:16.

τετράδιον, ου, τό [τετραδ- (비교 τετράς의 속격 τετράδος '숫자 4'), τέσσαρες + 접미사 -ιον에서] **네 명 군인의 보안 교대조** security shift of four soldiers 행

12:4.

τετρακισχίλιοι, αι, α [τετρα-, χίλιοι] 사천 four thousand 마 15:38; 16:10; 막 8:9, 20; 행 21:38.

τετρακόσιοι, αι, α [τετρα-, -κοσιοι] 사백 four hundred 행 5:36; 7:6; 13:20; 갈 3:17.

τετράμηνος, ον [τετρα-, μήν] 사개월 지속되는 lasting four months, ἔτι τετράμηνός ἐστιν 4개월 이상 요 4:35.

τετραπλοῦς, ῆ, οῦν [τετρα-, πλέω에서 πλοῦς (πλόος).] 4배 만큼의, 네 곱절의 four times as much 눅 19:8.

τετράπους, ουν, 속격 ποδος [τετρα-, πούς] '네 발을 가진', 명사로서 τὰτετράποδα 네 발 달린 짐승, 생물 four-footed animals/creatures 행 10:12; 11:6 (여기에서는 명백하게 θηρία과 구별하여 길들여진 짐승); 롬 1:23.

τετραρχής τετραάρχης에 대한 몇 편집본의 철자.

τέτυχε τυγχᾶνω 완료 능동태 직설법 3인칭 단수.

τεφρόω [τέφρα '재, 회분'] 잿더미로 만들다 reduce to ashes 벧후 2:6.

τεχθείς τίκτω 제1부정과거 수동태 분사.

τέχνη, ης, ἡ [τέκτων] '직업과 관련된 숙련된 활동', **기술, 사업, 장사** craft, trade 행 18:3; 계 18:22. 기술적인 구성 요소에 초점 맞추어, **예술적 표현, 예술** artistic expression, art 행 17:29.

τεχνίτης, ου, ὁ [τέχνη] '특별한 기술을 요구하는 생산에 능숙한 사람', **공예가, 장인** craftsperson, artisan, 행 19:24, 38; 계 18:22; **제작자, 건축가** maker 히 11:10.

τήκω [복합적인 어원] '고체 상태에서 액체 상태로 바뀌게 하다', 수동태 자동사 **녹다** melt 벧후 3:12.

τηλαυγῶς [τῆλε '멀리 떨어져', αὐγή '빛, 광선'] 부사 '보는 데 장애가 없는, **똑똑하게, 분명하게** clearly 막 8:25.

τηλικοῦτος, αὕτη, οῦτο [τηλίκος의 강화된 형태 '그런 나이의'] ⓘ '상호작용하는 어떤 것에 비해 정도나 크기가 두드러지는', **매우 대단한, 엄청나게 큰** so great, so large 약 3:4. ② '묘사에서 설명한 정도의 강도로', **그렇게** such 고후 1:10; 히 2:3; 계 16:18.

* **τηρέω** [복합적인 어원] ⓘ '안전한 상태로 유지하다' ⓐ 개인적인 관심과 책임에 중점을 두어 **지키다** keep 막 7:9 이문; 요 2:10; 17:11f; 고전 7:37; 고후 11:9; 엡 4:3; 딤전 5:22; 딤후 4:7; 벧전 1:4; 유 1, 6; 손에 가지고 있다. 요 12:7. ⓑ 징벌의 측면에 초점 맞추어, **감시하다** 마 27:36, 54; 감시하에 두다, **지키다** 행 12:5; 16:23; 24:23; 2Pt 2:4. ② '준수하다', 지시에 대한 반응으로 **지키다, 준수하다** 마

τήρησις, εως, ἡ / τιμάω

19:17; 28:20; 요 8:51f, 55 등 요한복음에서 자주; 행 15:5; 약 2:10; 요일 2:3 등 요한일서에서 자주; 계 1:3과 계시록에서 자주.

τήρησις, εως, ἡ [τηρέω] ① '감시 하에 지키는 행위', **감금, 구류** custody, detention 행 4:3; 5:18. ② '지시나 교훈을 준수하는 행위', **지킴, 준수** keeping 고전 7:19.

Τιβεριάς, άδος, ἡ [Τιβέριος] **디베랴, 티베리아스** Tiberias, 게네사렛 호수, 또는 갈릴리 바다 서쪽 해안의 가장 중요한 도시 요 6:23; 또한 호수를 나타내는 표시의 역할을 하기도 한다. 요 6:1; 21:1.

Τιβέριος, ου, ὁ [라틴어 기원, 비교 로마 신화의 영웅 Tiberinus에서 기원] **디베료, 티베리오스** Tiberius 로마 황제, 14-37, 눅 3:1.

τιθέασιν, τιθείς τίθημι 현재 능동태 직설법 3인칭 복수 그리고 현재 능동태 분사.

** **τίθημι/τιθέω** [산스크리트 연관어] ① '어떤 장소와 연계를 도모하다' ⓐ 일반적으로 **위치시키다, 두다** place, put 마 5:15; 12:18; 22:44; 24:51; 27:60; 막 4:21; 6:29; 10:16; 눅 5:18; 요 11:34; 19:19; 행 3:2; 5:18; 9:40 (경배하는 몸짓으로 무릎꿇다); 롬 9:33; 고후 3:13; 계 1:17; 10:2; 11:9; 기초를 **놓다** lay 고전 3:10; **시작하다, 내놓다** 포도주 요 2:10; **세우다, 내놓다** 벧후 2:6. 상업 용어로: **예금하다, 맡기다** 눅 19:21f; 고전 16:2; **사용할 수 있게 하다, 갖추다** 9:18; **맡기다, 위탁하다** 고후 5:19. ⓑ 내적인 측면에 중점을 두어: **담아두다, (마음에)새기다, 붙들어 놓다** 눅 1:66; 9:44; 21:14; 행 5:4 (계획하다, 꾸미다); 19:21 (다짐하다, 작정하다). ⓒ 어떤 것을 제거하는데 초점 맞추어: 의복, 옷 **벗다, 벗어놓다** take off 요 13:4; 자신의 생명을 **주다, 포기하다** 10:11, 15; 요일 3:16. ② '역할이나 지위를 만들려고 준비하다' ⓐ 역할에 초점 맞추어: 원수를 발받침으로 **삼다** make 눅 20:43; 히 1:13; 아브라함을 조상으로 선포함에 대해 롬 4:17; 상속인으로 세우는 아들에 대해 히 1:2; 불신자들이 불순종의 결과로 '걸려 넘어짐'을 경험하도록 **하다** 벧전 2:8. ⓑ 책임에 초점 맞추어 **정하다, 임명하다** appoint 요 15:16; 행 1:7; 13:47; 20:28; 롬 4:17; 고전 12:28; 딤전 5:9; 딤전 1:12.

τίκτω [비교 호메로스. τέκος '자식, 아이'] '존재하게 하다', **낳다, 출산하다** give birth to, bear 마 1:21, 23, 25; 눅 1:31, 57; 2:6f, 11; 요 16:21; 갈 4:27; 계 12:2, 4f; 13. 예시적인 담화: 비옥한 땅에 대해 히 6:7; 부적절한 욕망에 대해 약 1:15.

τίλλω [어원은 불분명] '성장한 곳에서 추출하다', 익은 곡식에서 알맹이를 제거하는 것에 대해 **따다, 빼내다** pluck, pull out 마 12:1; 막 2:23; 눅 6:1.

Τιμαῖος, ου, ὁ [셈어 기원] **디매오, 티마이오스** Timaeus, 맹인 걸인 바디매오의 아버지 막 10:46.

τιμάω [τιμή] ① '특별히 존경하다', **공경하다** honor, 아버지나 어머니 마 15:4 등.

바울과 일행들 행 28:10; 과부들 딤전 5:3; 보통 사람과 (로마) 황제 벧전 2:17. 하나님에 대한 존경에 대해 마 15:8 그리고 성부와 성자에 대해 요 5:23; 성자의 성부에 대한 공경 8:49; 성부께서 성자를 섬기는 사람을 영예롭게 하심에 대해 12:26. ② '~에 금전적 가치를 부여하다', **값을 매기다** to price 사물이나 사람. 마 27:9.

τιμή, ῆς, ἡ [비교 τίω '숭배하다'] ① '탁월한 재능과 특성에 대한 높은 수준의 존경', **영예, 찬탄, 존경** honor, esteem, regard 요 4:44; 롬 2:7; 9:21; 12:10; 13:7; 고전 12:23f; 살전 4:4; 히 3:3; 5:4; 딤전 6:16; 딤후 2:20f; 벧후 1:17; 계 4:9; 21:26; **특권, 값진 것** privilege 벧전 2:7(9절에서 정의된). 환유적으로 존경에 대한 특별한 표시 **경의** honor 행 28:10. 가치에 대한 인식과 상호 연결된 개념은 다음과 같은 표현이 함께 병행하여 나타난다 ② 상업적 의미로 ⓐ 사고파는 어떤 물건과 관련한 돈에 대해 **가격** price 마 27:6, 9; 비유로 고전 6:20. 집합적으로 **총액** sum 행 7:16; 딤전 5:17. 환유적으로, 판매 수익금에 대해 행 4:34; 5:2f. ⓑ 가치를 매길때, **값어치** worth 행 19:19. 은유적으로 οὐκ ἐν τιμῇ τινι 어떤 가치도 없는 골 2:23; 비유로 고전 6:20.

τίμιος, α, ον [τιμή] '가치가 높은, 높이 평가받는' ⓐ 사람, **존경받는, 높이 평가받는** held in honor/esteem 행 5:34; 상태에 대해 히 13:4. ⓑ 사물에 대해, **가치있는, 값진** valuable, precious 상업적인 연관성에서 고전 3:12; 약 5:7; 벧후 1:4; 계 17:4; 18:12, 16; 21:11, 19; 돈보다 우월한 벧전 1:19.

τιμιότης, ητος, ἡ [τίμιος] '가치를 보유하는 상태', 상업적 함축 **부** wealth 계 18:19.

Τιμόθεος, ου, ὁ [τιμή, θεός; '하나님을 경외하는 사람'] 디모데, 티모테오스 Timothy, 유니게의 아들, 바울의 동료 행 16:1 등.

Τίμων, ωνος, ὁ [τιμή] 디몬, 티몬 Timon, 실제적인 일들을 관리하도록 선택된 일곱 사람 중 하나 행 6:5.

τιμωρέω [τίμωρος (τιμή, ὁράω) '명예를 위해 경고하는 것과 관련해', 따라서 복수, 앙갚음과 관련] '그릇된 행동에 보상을 가하다', **처벌하다, 벌주다** punish 행 22:5; 26:11.

τιμωρία, ας, ἡ [τιμωρέω] '그릇된 행동에 대한 보상', **처벌, 형벌** punishment 히 10:29.

τίνω [IE, 어떤 형태로든 τίω와 관련되지만 의미상으로는 아니다 (τίω는 명예라는 의미와 관련이 있다.)] '처벌이나 보상을 가하다', **치르다, 지불하다** pay 살후 1:9.

τίς, τί, 속격 **τίνος** [IE, 비교 라틴어 quis, quid] ① 의문을 나타내는 표시로 무언가를 정확히 확립하는 것에 대한 관심을 나타내어 ⓐ 명사로서: 남성/여성 τίς 누구? 마 3:7; 6:27; 21:31; 막 2:7b; 11:28; 눅 5:21b; 9:9; 17:7; 요 18:4; 행 17:19;

551

τὶς, τὶ, τινός / Τίτιος, ου, ὁ

롬 7:24; 고전 9:7; 히 1:5; 3:16-18; 어떤 종류의 사람인가? 라는 의미로 눅 5:21a; 요 1:19; 21:12; 행 11:17; 롬 14:4. 관계대명사 역할로 행 13:25 이문; 비교 유사 조건적인 의미로 약 3:13 = εἰ τίς (13 이문의 어구 주석). —중성 τί 어떤 것 마 5:13, 47; 9:5, 11; 12:3; 14:31; 막 10:3; 15:14; 눅 1:18; 롬 3:3, 9; 고전 14:15; 빌 1:18; 계 2:7; 어떤 종류의 것인가? 라는 의미로 막 1:27; 골 1:27; 엡 1:19; 3:18; πρότερον 처럼: 둘 중에 어느 것? 마 9:5; 고전 4:21; 빌 1:22. 중성 왜? 라는 뜻으로 διὰ/εἰς/πρός τί; 마 17:19; 막 14:4; 요 13:28; χάριν τίνος 어떤 이유로? 요일 3:12. (단어들이) 생략된 표현으로 중성 요 1:21; 11:47; 롬 3:3; 고전 5:12. 다음과 같은 숙어로 눅 4:34: τί ἐμοὶ καὶ σοί "내가 당신과 무슨 상관이 있는가?" = 그건 당신 일이 아니다. ἐγώ를 보라. 중성이 관계대명사 역할을 해서 막 14:36; 눅 17:8; 행 13:25; 딤전 1:7. ⓑ 형용사로, 어떤, 어느(what, which) 마 5:46; 눅 14:31; 요 2:18; 18:29; 행 7:49; 10:29; 고후 6:14-16; 벧전 1:11. ⓒ 설명을 요구하는 부사 표시, 왜, 어째서? 마 6:28; 26:8; 막 2:7a; 4:40; 11:3; 눅 6:2, 46; 요 18:23; 행 9:4; 고전 10:30; 15:30. ⓓ 감탄 부사로 등급이나 정도를 나타내어, 얼마나!(how!) 마 7:14; 눅 12:49.

*** **τὶς, τὶ,** 속격 **τινός** [이전 항목과 비교] 전접 부정대명사 특별히 구체적이지 않은 것에 대한 진술이나 대화에서 사용된다 ⓐ 남성/여성 일반적으로 **누군가, 누군든** someone, anyone 마 12:29, 47; 눅 7:36; 요 6:46; 행 5:25; 17:28; 고전 6:11; 갈 1:9; 엡 2:9. 구체적으로 한정짓지 않고 열거하여 **한 사람, 어떤 사람** one, a certain one: 눅 9:49; 고후 2:5; 10:7; 11:21; 고유 명사와 함께 막 15:21; 눅 23:26; 요 11:1; 행 18:7; 드다(Theudas)와 같은 태도를 취하는 **어떤 사람** 5:36; 복수 **어떤(이들), 누군가** certain (ones), some 눅 13:1; 행 15:1; 롬 3:8; 고전 4:18; 15:34; 고후 3:1; 딤전 1:3. —중성 **무엇인가, 어느 것이든** 마 5:23; 20:20; 막 9:22; 11:25; 13:15; 행 4:32; 롬 15:18; 약 1:7; εἶναί τι 어느 분량에 달하는 갈 2:6; 6:3 위의 행 5:36과 같은 맥락에서; 비교 고전 3:7. ⓑ 형용사로 **어떤** some, 최소치는 넘어선다는 암시로 행 18:23; 24:24; 롬 1:11, 13; 고전 11:18; 어느(any) 빌 2:1ab; 어떤(some) 또는 어느(any) 막 16:18; 행 17:21; 히 11:40 (이 마지막 세 구절은 τὶ가 형용사적 대명사로 어떤 것 something을 뜻하는 것으로 보인다). 구체적으로 한정짓지 않고 열거하여: 사람에 대해 **몇몇, 어떤** some, a certain 마 18:12; 눅 1:5; 7:2, 18; 8:2, 27; 17:12; 행 3:2; 10:5; 17:5f; 23:23; 고전 1:16; 빌 3:4; 사물에 대해 **몇몇** some 요 5:14; 행 8:36; 9:19; 10:48; 고전 16:7; 히 10:27. 고조시키는 의미로 βραχύ τι (단지) 잠시 동안만 2:7, 9. 보통의 의미로 ἀπαρχήν τινα 첫 열매 같은 종류의 약 1:18.

Τίτιος, ου, ὁ [어원은 불분명] **디도, 티티오스** Titius, 유스도라 이름하는 행 18:7.

τίτλος, ου, ὁ [라틴어 titulus] 적혀 있는 글, 제사(題詞) inscription, 처벌을 위한 공고로 요 19:19f.

Τίτος, ου, ὁ [라틴어] **디도, 티토스** Titus ① 바울의 선교 동역자 고후 2:13; 갈 2:1; 딤후 4:10; 딛 1:4. ② 유스도(Justus)라 이름하는 사람 행 18:7 이문.

τοιγαροῦν [τοί (진술의 진실성을 나타내는 표시), γάρ, οὖν] 추론을 나타내는 불변화사, **그래서, 그러므로** so (then), therefore 살전 4:8; 히 12:1.

τοίνυν [τοί (이전 항목을 보라), νῦν] 추론을 나타내는 불변화사 **그럼, 그래서** well (then), so 눅 20:25; 고전 9:26; 히 13:13.

τοιόσδε, άδε, όνδε [τοῖος의 강조된 형태 '그렇게'] 주위를 환기시키는 불변화사, 뒤따르는 어떤 것에 중점을 두어 **이와 같이** such as this 벧후 1:17.

* **τοιοῦτος, αύτη, οῦτον/οῦτο** [τοῖος의 강조된 형태 '그렇게'] 대명사적 형용사, 이야기 가운데 선행하거나 뒤따르는 어떤 것을 주목시키는, 특징이나 상황에 초점 맞추어 **그렇게, 이와 같이** such, such as this 마 9:8; 막 4:33; 눅 9:9; 요 4:23; 행 16:24 (받은 지시를 복종하지 않으면 무서운 결과를 초래하는); 26:29; 롬 1:32; 고전 5:1; 16:18; 고후 12:2; 갈 5:21; 엡 5:27; 빌 2:29; 살후 3:12; 딛 3:11; 히 7:26; 11:14; 13:16; 약 4:16; 요삼 8.

τοῖχος, ου, ὁ [비교 τεῖχος (일반적으로 요새화된 방벽)] '무엇을 둘러싸는 중간물 역할을 하는 것', 주거지에서 그러한 면으로서, **벽, 담** wall, 은유적으로 행 23:3.

τόκος, ου, ὁ [τίκτω; '낳다'; 쉽게 화폐로 적용됨을 알 수 있다.] 상업 용어 **이자** interest 마 25:27; 눅 19:23.

τολμάω [τόλμα '대담함'] '명백하게 자포자기하거나 대담하게 행동하다', **감히~ 하다, ~할 엄두를 내다** dare 마 22:46; 막 15:43; 행 5:13; 7:32; 고후 10:2; 11:21; 빌 1:14; 유 9; 주제넘거나 뻔뻔함을 나타내어 롬 15:18; 고전 6:1; 고후 10:12; 유 9. 롬 5:7에서 τολμᾶν ἀποθανεῖν 아마도 = 죽을 위험을 감수하다.

τολμηρός, ά, όν [τόλμα '대담함'] **용감한, 대담한** bold, audacious, 신약에서는 이 단어의 부사로만 사용된다 τολμηρότερον 항목과 τολμηροτέρως 항목을 보라.

τολμηρότερον 형용사 τολμηρός(이전 항목을 보라)의 중성 비교급 형태, 그리고 부사 역할로 **더 과감하게** rather boldly 롬 15:15.

τολμηροτέρως τολμηρότερον의 부사(이전 항목을 보라), 그리고 같은 의미로 **더 과감하게** rather boldly 롬 15:15 이문.

τολμητής, οῦ, ὁ [τολμάω] **대담한, 과감한 사람** daring/audacious, τολμάω를 보라. 벧후 2:10.

τομός, ή, όν [τέμνω '자르다'] '자르거나 뚫기에 적합한', **날카로운, 예리한** sharp, 비유로 히 4:12.

τομώτερος / τοὐπίσω

τομώτερος τομός의 비교급.

τόξον, ου, τό [어원은 확정되지 않았지만 '주목'(朱木, yew) 같은 유연한 나무(라틴 어 taxus)와 관련성이 제시된다] '궁술과 관련된 무기', **활** bow 계 6:2.

τοπάζιον, ου, τό [어원은 불분명] 누르스름한 값진 보석; 보석 중에서 정확히 어디에 속하는지는 불확실하다. 일반적으로는 **황옥** topaz으로 옮긴다. 계 21:20.

* **τόπος, ου, ὁ** [복합적인 어원] ① '공간적인 장소' ⓐ 익명의 지리적 장소 **위치, 장소** place 마 14:35; 24:7; 막 13:8; 눅 4:37; 10:32; 행 12:17; 27:2; 살전 1:8; 계 20:11; 상황에 대한 표시를 하여 마 12:43; 14:13; 막 1:35; 6:35; 눅 16:28; 요 6:10; 벧후 1:19. ⓑ 지역명을 붙여 마 27:33; 막 15:22; 행 27:8; 계 16:16. ⓒ 어떤 대상, 행위, 상태, 현상에 대한 장소: **장소, 공간** place, space 마 26:52 (칼집); 28:6; 막 6:11; 눅 2:7; 14:9f; 19:5; 요 4:20; 11:48 (성전); 14:2; 18:2; 20:25 이문; 행 1:25b (언어유희로); 6:13f (성전); 고전 14:16; 히 8:7; 계 2:5; 6:14. 어떤 책의 구절 눅 4:17; 비교 롬 9:26. ② '책무가 있는 위치', **책임, 직분** responsibility 행 1:25a. ③ '뭔가 할 수 있는 가능성을 제공하는 환경', **기회** opportunity 행 25:16; 롬 15:23; 엡 4:27; 히 12:17; 하나님께 기회를 드려 심판권 변화시킴에 대해 롬 12:19.

τοσοῦτος, αὕτη, οῦτον/οῦτο [τόσος '매우 대단함'] 문맥에서 언급된 것과 관련하여 정도를 표현하는 데 사용하는 상호관계 형용사 ⓐ 수량 **매우 많이** so many 마 15:33; 눅 15:29; 요 6:9; 12:37; 21:11; 고전 14:10; 갈 3:4; **매우 크게** so great 히 12:1 (일부는 질적으로 해석한다); **매우 많은 양으로** so much 계 18:7, 17; τοσούτῳ 너무나 많이 for so and so much 행 5:8. 지속성에 중점을 두어 **아주 많이** so much 요 14:9; 히 4:7. ⓑ 특징이나 중요성 **그렇게, 그렇게 많이** such, so much 마 8:10; 눅 7:9; 히 1:4; 7:22; 10:25.

** **τότε** [IE 대명사 어간 *to + 접미사 -τε] 지시적 시간 부사 ⓐ 나중 또는 과거의 시간을 특정하여 **그때** then 고전 13:12; 히 12:26; 벧후 3:6. 대부분의 참고 성구가 잘 들어맞는다. ⓑ 서술에서 앞에 나오는 것과 밀접하게 연관된 시간이나 상황에 초점 맞춘다. ㉠ **그 때에, 그 시간에** at that time 마 27:16; ἀπὸ τότε 그 때로부터, 그 때 이후로 26:16; 눅 16:16. ㉡ **그 다음에, 그러자 곧** then, there upon 마 2:17; 4:1 등 마태복음에서 자주; 막 2:20; 13:14, 21; 눅 5:35; 11:26; 21:27; 24:45; 요 11:6, 14; 12:16; 19:1, 16; 20:8; 행 1:12; 17:14; 고전 4:5; 고후 12:10; 갈 4:8 (무지와 연결된 예속 상태); 살전 5:3.

τοὐναντίον = τὸ ἐναντίον.
τοὔνομα = τὸ ὄνομα.
τοὐπίσω = τὸ ὀπίσω.

τουτέστιν / τρέφω

τουτέστιν = τοῦτό ἐστιν.

τράγος, ου, ὁ [τρώγω '조금씩 먹다, 아삭아삭 먹다'] **숫염소** he-goat 히 9:12f, 19; 10:4.

τράπεζα, ης, ἡ [τετρα-, πέζα (비교 ποῦς) '발등'; '탁자' 다양한 의미로] '어떤 것을 둘 수 있는 표면', **탁자** table ⓐ 보통 음식을 차려놓기 위한 마 15:27; 막 7:28; 눅 16:21; 22:21, 30. 환유적으로, 탁자에 차려진 음식에 대해 행 16:34; 롬 11:9; 고전 10:21. ⓑ 제의적 용법으로 히 9:2. ⓒ 돈거래를 위한 ㉠ 환전하기 위한 마 21:12; 막 11:15; 요 2:15. ㉡ 돈을 맡겨두기 위한: 은행 사무실 눅 19:23. ⓒ 비용 지불과 식당 운영의 생각을 결합한 언어유희로 **접대** table 행 6:2.

τραπεζίτης, ου, ὁ [τράπεζα; '돈 바꿔주는 사람', 따라서 '은행가'] '환전, 대부 또는 돈을 보관하고 이자를 쳐주는 데 관련된 사람', **은행가, 물주** banker 마 25:27.

τραῦμα, ατος, τό [τιτρώσκω '상처입히다, 손상입히다'] **상처** a wound 눅 10:34.

τραυματίζω [τραῦμα] **상하게 하다, 상처입히다** to wound 눅 20:12; 행 19:16.

τραχηλίζω [τράχηλος] 치명적인 공격에 노출된 희생물이라는 개념에서 아마도 의미가 전환되어 **벌거벗기다** lay bare 히 4:13.

τράχηλος, ου, ὁ [어원은 불분명] **목** neck ('목구멍'을 제외하지 않고) 마 18:6; 막 9:42; 눅 15:20; 17:2; 행 15:10; 20:37; 비유로, '위험을 무릅쓰다', 롬 16:4.

τραχύς, εῖα, ύ [θράσσω '방해하다'] '거칠거나 종잡을 수 없는 상황을 표시하여', **거친** rough, 부드러운 smooth의 반의어. 눅 3:5; 수면 아래의 위험한 상황에 대하여 행 27:29.

Τραχωνῖτις, ιδος, ἡ [τραχύς] **드라고닛, 트라코니티스** Trachonitis, 다메섹의 남부구역; 눅 3:1에서 형용사로 사용되어 ἡ Τ. χώρα 트라고니티스 지역 the Trachonitis region.

* **τρεῖς, τρία** [복합적인 어원] **셋, 3** three 마 12:40; 26:61; 막 9:5, 31; 10:34; 눅 1:56; 요 2:6, 19; 고전 13:13; 갈 1:18; 약 5:17; 요일 5:8; 계 6:6; 속격 복수 τριῶν 마 18:16; 눅 10:36; 계 8:13; 여격 복수 τρισίν 마 27:40; 눅 12:52; 히 10:28.

Τρεῖς ταβέρναι ταβέρναι을 보라.

τρέμω [= 라틴어 tremo '떨다, 흔들리다'] **떨다, 떨리다** tremble, 일반적인 경험을 초월하는 일에 대한 공포와 경외심의 요소는 다음과 같은 신체적인 불안과 밀접하게 연관되어 있다. 막 5:33; 눅 8:47; 행 9:6 이문; 벧후 2:10.

τρέφω [비교 τροφή] ① '음식을 제공하여 돌보다', **영양분을 공급하다, 키우다** nourish 마 6:26; 25:37; 눅 12:24; 23:29; 행 12:20; 계 12:6, 14; 은유적으로 약 5:5. 확장된 의미로 ② '어릴 때 아이에게 돌봄을 제공하다', **기르다, 양육하다**

τρέχω / τρίχες, τριχός

rear, bring up, 능동 의미의 수동태로 **자라다** grow up 눅 4:16.

τρέχω [비교 τροχός] '빠르게 앞으로 움직이다', **뛰다, 달리다** run ⓐ 신체적인 움직임에 대해 마 27:48; 막 5:6; 눅 15:20; 요 20:2, 4; 고전 9:24. ⓑ 은유적으로 롬 9:16; 고전 9:26; 갈 2:2; 5:7; 빌 2:16; 히 12:1; ἵνα ὁ λόγος τοῦ Κυρίου τρέχῃ "주의 말씀이 빠르게 퍼져 나가도록" 살후 3:1.

τρῆμα, ατος, τό [τετραίνω '뚫고 나가다'] '어떤 것을 뚫어서 이루어진 틈', **구멍, 천공** perforation, hole, 바늘과 관련해서는 '귀'로 번역된다. 마 19:24 이문; 막 10:25 이문; 눅 18:25.

τριάκοντα [τρεῖς, -κοντα] 격변화 없음. **삼십, 서른** thirty 마 13:8; 요 5:5; 갈 3:17 등.

τριακόσιοι, αι, α [τρεῖς, -κοσιοι] **삼백** three hundred 막 14:5; 요 12:5.

τρίβολος, ου, ὁ [τρεῖς, βέλος '발사체로 사용되는 물건' 특히 뭔가 뾰족한 것; '뾰족한 식물' 그리고 확장되어 군사적 공격 무기, 비교 영어의 'caltrop 마름쇠, 납가새'의 용례] **엉겅퀴, 가시덤불** thistle 마 7:16; 히 6:8.

τρίβος, ου, ἡ [τρίβω '문지르다'] **길** path 마 3:3; 막 1:3; 눅 3:4.

τριετία, ας, ἡ [τρεῖς, ἔτος] **3년 동안의 기간, 3년** period of three years = three years 행 20:18 이문, 31

τρίζω [IE, 비교 라틴어 *strideo* '긁는 소리를 내다'] **이를 악물다, 이를 갈다** gnash, grind, 이와 이를 마주쳐 움직여서 막 9:18.

τρίμηνος, ον [τρεῖς, μήν] **3개월 동안의, 석 달 기간의** consisting of three months, 명사로서 τὸ τρίμηνον 석 달의 기간; 대격 = 석 달 동안 히 11:23.

τρίς [τρεῖς] 부사 **세 번** three times 마 26:34, 75; 막 14:30, 72; 눅 22:34, 61; 요 13:38; 고후 11:25; 12:8; ἐπὶ τρίς 세 번, 아마도 = '완전히 세 번' 행 10:16; 11:10.

τρισίν τρεῖς를 보라.

τρίστεγον, ου, τό [τρεῖς, στέγη] 건물의 **3층** the third story, 지층을 헤아려서 (영국이나 기타 나라의 = '2층', second story) 행 20:9.

τρισχίλιοι, αι, α [τρεῖς, χίλιοι] **삼천** three thousand 행 2:41.

*τρίτος, η, ον** [τρεῖς] ① 연속적인 의미로 **세 번째의** third ⓐ 형용사로, 생명을 가진 존재에 대해: 인간 마 22:26; 눅 20:12, 31; 천사 계 14:19; 16:4. ⓑ 형용사로, 사물에 대해 ㉠ 시간, ἡμέρα와 더불어 마 16:21 그리고 자주; φυλακή 눅 12:38; ὥρα 막 15:25; 행 2:15; 23:23. ㉡ 기타: 하늘 고후 12:2; 봉인(封印) 계 6:5; 고통, 괴로움 11:14. ⓒ 부사로, (τὸ) τρίτον 막 14:41; 눅 23:22; 요 21:14, 17; 고후 12:14, 13:1; ἐκ τρίτου 마 26:44; 열거하여: **셋째, 셋째로** 고전 12:28. ② 명사로서 부분과 관련하여 τὸ τρίτον (μέρος와 더불어 이해되어) **삼 분의 일** 계 8:7-12; 9:15.

τρίχες, τριχός θρίξ 주격 복수 그리고 속격 단수.

τρίχινος, η, ον [θρίξ] 머리털로 (만든) (made) of hair 계 6:12.

τριῶν τρεῖς 속격 복수.

τρόμος, ου, ὁ [τρέμω] 떨림 trembling, 일반적인 경험을 초월하는 공포와 경외심의 요소가 같은 신체적인 동요와 밀접하게 연관되어 있다. 막 16:8; 고전 2:3; 고후 7:15; 엡 6:5; 빌 2:12.

τροπή, ῆς, ἡ [τρέπω '돌다'] 회전 a turning, 천체의 움직임과 관련한 이미지에서 약 1:17.

τρόπος, ου, ὁ [τρέπω '돌다'] ① '무언가 일어나는 방식이나 절차', **방법, 방식** way, manner 마 23:37; 눅 13:34; 행 1:11; 7:28; 15:11; 27:25; 롬 3:2; 빌 1:18; 살후 2:3; 3:16; 딤후 3:8; 유 7. ② '사람의 살아가는 방식', **처신, 삶의 방식** conduct, way of life 히 13:5.

τροποφορέω [τρόπος, φορέω을 통해서 φέρω] '인내를 가지고 견디다', **참다, 참고 견디다** bear with, put up with 행 13:18.

τροφή, ῆς, ἡ [τρέφω] '신진대사를 유지하거나 영양을 공급하기 위해 필요한 것', **음식, 양식, 식사** food, victuals, diet 마 3:4; 6:25; 10:10; 눅 12:23; 요 4:8; 행 2:46; 27:33f, 36, 38; 약 2:15; 내적인 자아의 영양 공급에 대한 비유로 히 5:12, 14.

Τρόφιμος, ου, ὁ [τροφή] 드로비모, 트로피모스 Trophimus, 에베소인이자 바울의 친구 행 20:4; 21:29; 딤후 4:20.

τροφός, οῦ, ἡ [τρέφω] '아이들에게 영양분을 공급하는 사람', 끝낼 수 없는 아이와의 엄밀한 관계 유모 또는 어머니 nurse 또는 mother 살전 2:7.

τροφοφορέω [τροποφορέω을 보라] 영양분을 공급하다 provide nourishment 행 13:18 이문.

τροχιά, ᾶς, ἡ [τροχός; '바퀴 자국', 여기에서 바퀴 자국이 새겨진 지면에서: '길'] 비유로 영적인 여정에서 바른 길로 움직임에 대해, **여정, 길** course, way 히 12:13.

τροχός, οῦ, ὁ [τρέχω] 바퀴 wheel, 삶의 여정에서 약 3:6.

τρύβλιον, ου, τό [어원은 불명함] '오목한 가정용 용기', 정확한 형태는 정해지지 않고, **대접, 접시, 그릇** bowl, dish 마 26:23; 막 14:20.

τρυγάω [τρύγη '수확'] '익은 생산물을 거둬들이다', 특히 **(포도를) 수확하다** harvest (grapes) ⓐ 열매의 대격과 더불어, 포도 눅 6:44; 계 14:18. ⓑ 열매의 근원을 나타내는 대격, 포도덩굴 계 14:19.

τρυγών, όνος, ἡ [τρύζω '중얼거리다, 구구구 울다'] **작은 비둘기** small pigeon, 또한 **산비둘기** turtledove 로 옮긴다 눅 2:24.

τρυμαλιά, ᾶς, ἡ [τρύω '닳아 헤짐, 고통'] '도구로 구멍냄', 바늘의 뚫린 부분에 대하여 **구멍, (바늘)귀** hole, eye 마 19:24 이문; 막 10:25; 눅 18:25 이문.

τρύπημα, ατος, τό / τύπος, ου, ὁ

τρύπημα, ατος, τό [τρυπάω '구멍 뚫다'] '속을 파서 만든 구멍', **구멍, (바늘) 귀** hole, eye 마 19:24.

Τρύφαινα, ης, ἡ [τρυφή; '앙증맞은'] **드루배나, 트뤼파이나** Tryphena 바울이 그 섬김을 알고 있었던 롬 16:12.

τρυφάω [τρυφή] **사치스럽게 생활하다** live in luxury 약 5:5.

τρυφή, ῆς, ἡ [θρύπτω via τρύφος '부서진 무엇, 작은 조각'] '방종하는 생활 형편', **호화로움, 사치** luxury 눅 7:25 (아마도 요한의 식생활과는 상대적으로, 비교 33절); **흥청하면서** partying 벤후 2:13.

Τρυφῶσα, ης, ἡ [τρυφάω; '감미로운, 달콤한'] **드루보사, 트뤼포사** Tryphosa, 바울이 그 섬김을 알고 있었던 롬 16:12.

Τρῳάς, άδος, ἡ [비교 Τρώς 신화에 따르면 트로이의 창시자] **드로아, 트로아스** Troas, 고대 트로이 가까이에 있는 무시아의 주요 항구 도시 행 16:8, 11; 20:5; 고후 2:12; 딤후 4:13; 둘러싼 지역을 포함하여 행 20:6.

Τρωγύλ(λ)ιον, ου, τό [Τρώς (이전 항목을 보라), 그리고 아마도 γύλιος '길다란 모양을 가진'의 중성] **트로길리온** 에베소 남부 약 34km 떨어진 작은 정착지, 곶(串) 행 20:15 이문.

τρώγω [복합적인 어원] '꼭꼭 씹다', **먹다** eat, 마 24:38; 요 6:54, 56-58; 13:18.

τυγχάνω [비교 τύχη] ① '유익을 얻는 특권이 있다', **~을 우연히 발견하다** happen upon 속격. 눅 20:35; 행 24:2; 26:22; 27:3; 딤후 2:10; 히 8:6; 11:35. ② '일반적인 경험으로 만나다', **우연히 일어나다** come upon 부정어와 더불어 δυνάμεις οὐ τὰς τυχούσας 이례적인 기적들, 즉, 사람이 우연히 만날 수 없는 유형 행 19:11; 유사하게 환대에 관해: 예사롭지 않은 28:2. ─고전 14:10; 15:37에 나오는 조건을 나타내는 구문 εἰ τύχοι는 자료를 판단을 위한 결론은 열려 있으며, **아마도** probably로 적절하게 옮길 수 있다. . 16:6에서는 중성 분사 τυχόν은 만일의 경우를 나타내어 **어떻게 일이 벌어지느냐에 따라, 만약 효과가 있다면** depending on what happens, if it works out으로 번역된다.

τυμπανίζω [τύμπανον '고문 기구'] **고문하다** torture, 아마도 때려서 히 11:35.

τυπικῶς [τύπος] 부사 **본보기 역할을 하여** serving as an example, 훈계를 위한 고전 10:11.

τύπος, ου, ὁ [τύπτω] ① '도구를 밑으로 내리는 힘에 의해 남겨진 표시', **표시, 자국** mark/imprint 요 20:25. ② '어떤 존재에 대한 장인의 표현', 신들의 **초상, 형상, 조각** image, statue, 행 7:43. ③ '어떤 것에 대한 고안으로서', **견본, 양식** model, pattern ⓐ 장인이 신을 표현한 것에 대하여 행 7:44; 히 8:5. ⓑ 생활 방식에 대한 안내로서 롬 6:17; 고전 10:6; 빌 3:17; 살전 1:7; 살후 3:9; 딤전 4:12; 딛 2:7; 벧전 5:3. ⓒ 뭔가 다른 것을 이해하기 위한 모형 역할을 하는 어떤 것,

보통 '모형, 예표'로 옮긴다. 롬 5:14; 고전 10:6, 11 이문 ④ '적어 놓은 것', 공식적인 서한의 **내용** content, 행 23:25.

τύπτω [산스크리트 연관어; 여러 번 때려서 '연타하다'는 것에서 '쏘다, 찌르다'와 같이 한 번 때리는 것까지의 의미 범주로] '일격을 가하다', **(두들겨) 패다, 때리다** beat (up) 마 24:49; 행 18:17; 21:32; **찰싹 치다** smack 막 15:19; 눅 6:29; 행 23:2, 3b; 슬픔으로 자신의 가슴을 **치다** beat 눅 18:13; 23:48. 날카로운 일격을 가하는 비유로 행 23:3a; 고전 8:12.

τύραννος, ου, ὁ [어원은 불분명, 아마도 외래어; 군주의 자리를 찬탈한 자에서, 군벌(軍閥)에 이르기까지 뜻을 가지며, 항상 부정적인 의미는 아니다] **독재적인 통치자, 폭군** autocratic ruler 행 5:39 이문.

Τύραννος, ου, ὁ [이전 항목과 비교; 지중해 세계의 일반적인 이름] **두란노, 튀라노스** Tyrannus, 에베소에 있는 강연홀과 관련하여 행 19:9.

τυρβάζω [τύρβη '무질서, 혼란'] '혼란이 나타나는 상황을 초래하다', **무질서하게 하다, 선동하다** disturb, agitate, 중간태 또는 능동 의미의 수동태로, **스스로 괴롭게하다, 부산을 떨다** trouble yourself, be agitated 눅 10:41 이문.

Τύριος, ου, ὁ [Τύρος] '두로(Tyre)의 거주민', **두로 사람**, the Tyrian, 복수 정적으로서 두로 사람들 행 12:20, 22 이문.

Τύρος, ου, ἡ [셈어 기원] **두로, 튀로스** Tyre, 페니키아의 유명한 항구도시 마 11:21f; 막 3:8; 7:31; 눅 6:17; 행 21:3, 7.

* **τυφλός, ή, όν** [τυφόω] ① 중심 의미로 볼 능력이 없는 것에 관하여, **눈이 먼** blind ⓐ 형용사로 요 9:1, 18, 24; 행 13:11. ⓑ 명사로 마 9:27f; 막 8:22f; 눅 7:21f. ② 인지적인 영역에서 이해력이 부족한 것에 대한 비유로 (고대 세계의 공통된 주제), **눈 먼** blind ⓐ 형용사로 마 15:14; 23:16, 24, 26; 요 9:40f; 벧후 1:9; 계 3:17. ⓑ 명사로 마 23:17, 19; 롬 2:19.

τυφλόω [τυφλός] **눈멀게 하다** cause to be blind, 인지적이거나 영적인 뜻으로 요 12:40; 고후 4:4; 요일 2:11.

τυφόω [τῦφος '연기'에서 τύφω] '연기가 나다', 신약에서는 항상 수동태로 τυφόομαι 그리고 오직 비유로, 자만심으로 주제넘음이 감춰졌다가 연기처럼 부풀어 오름에 대하여, **자만심에 취하다, 자만하다** be puffed up, be conceited 딤전 3:6; 딤후 3:4; 정신적인 불안정성을 나타내어 딤전 6:4.

τύφω [산스크리트 연관어, 비교 τῦφος '연기'] '연기를 내다', 능동 의미의 수동태로 **연기나다** to smoke 등잔 심지가 충분히 연소되지 않아서 마 12:20.

τυφωνικός, ή, όν [τυφών '격렬한 폭풍'] **회오리 바람/태풍 부는** with whirlwind/hurricane force, ἄνεμος τυφωνικός 엄청난 폭풍 행 27:14.

τυχεῖν τυγχάνω 제2부정과거 능동태 부정사.

τύχη, ής, ἡ / τύχοι, τυχόν

τύχη, ής, ἡ [τυγχάνω] '인간의 개입 없이 발생하는 상황', **행운** fortune 눅 10:31 이문 (도리아 방언 형태 τύχα).

Τυχικός, οῦ, ὁ [비교 τυγχάνω] **두기고, 튀키코스** Tychicus, 바울의 동료 행 20:4 등.

τύχοι, τυχόν τυγχάνω 제2부정과거 희구법 3인칭 단수 그리고 제2부정과거 능동태 분사 중성 대격 단수.

ὑακίνθινος, η, ον [ὑάκινθος] 히아신스 색상의, 자줏빛의 hyacinth-colored 계 9:17.

ὑάκινθος, ου, ὁ [어원은 불분명] 히아신스, 풍신자석(준보석의 일종), zircon, jacinth 또는 hyacinth 계 21:20.

ὑάλινος, η, ον [ὕαλος '수정 같은 돌, 유리'] '유리 모양으로 생긴', 유리의, 유리로 만든 of glass 계 4:6; 15:2.

ὕαλος, ου, ἡ/ὁ [어원은 불분명; '수정 같은 돌', 따라서 '유리'] '유리 같은 외관을 가진 무언가', 유리인지, 수정인지는 확실히 정할 수 없다, 그러나 초점은 투명한 성질에 있다. 계 21:18, 21.

ὑβρίζω [ὕβρις] '학대하고 모욕적으로 대우하다', 이렇게 하여 피해자에게 수치를 일으키다 학대하다 mistreat 마 2 2:6; 눅 18:32; 행 14:5; 살전 2:2; 모욕하다 insult 눅 11:45.

ὕβρις, εως, ἡ [어원은 불분명; 주요 의미: '고의적인 폭력' 오만함에 중점을 두어] '안녕을 고의적으로 무시한 경험', ὑβ.의 수동태 측면 ⓐ 모욕적인 대우, 수모, 학대 indignity, mistreatment 고후 12:10. ⓑ 확장되어 폭풍우치는 날씨 때문에 당한 손해의 경험으로 손상, 피해 damage 행 27:10, 21.

ὑβριστής, οῦ, ὁ [ὑβρίζω] 무례한 학대자, 폭행자 insolent abuser 롬 1:30; 딤전 1:13.

ὑγιαίνω [ὑγιής] '안녕한 상태에 있다' ⓐ 신체적인 상황에 초점 맞추어 건강하다 be well 눅 5:31; 7:10; 15:27; 요삼 2. ⓑ 비신체적인 상황에 초점 맞추어 유익하다, 건전하다 be wholesome/sound: 교훈에 대해(διδασκαλία) 딤전 1:10; 딤후 4:3; 딛 1:9; 2:1; 말로 제시하는 것에 대해 (λόγοι) 딤전 6:3; 딤후 1:13; 충성이나 헌신에 대해(πίστις) 딛 1:13; 2:2.

ὑγιής, ές, 대격 ὑγιῆ [산스크리트 연관어] '안녕한 상태로' ⓐ 신체적인 상황에 초점 맞추어 성한, 건강한 well 마 12:13; 15:31; 막 5:34; 요 5:6 등 5장에서 자주; 행 4:10. ⓑ 비신체적 상황에 초점 맞추어 유익을 주는, 건전한 wholesome/sound, 기독교 신앙의 말씀을 지키며 말함에 대해 딛 2:8.

ὑγρός, ά, όν [복합적인 어원] '촉촉한 상태로', 수액을 가진 나무에 대해, 푸른 green 눅 23:31.

ὑδρία, ας, ἡ [ὕδωρ] '물을 담는 통', 물통, 물동이 water jar 요 2:6f; 4:28.

ὑδροποτέω / υἱός, οῦ, ὁ

ὑδροποτέω [ὕδωρ, πότος] **물을 마시다** drink water μηκέτι ὑδροπότει 더 이상 물만 마시지 마라 딤전 5:23.

ὑδρωπικός, ή, όν [ὕδρωψ '수종, 부기'] **수종이나 부종에 시달리는** afflicted with dropsy/edema 눅 14:2.

***ὕδωρ, ατος, τό** [산스크리트 연관어] **물** water ⓐ 물리적인 성분으로 마 3:11 등. ⓑ 은유로 요 4:10f, 14; 7:38; 계 7:17; 21:6; 22:1, 17.

ὑετός, οῦ, ὁ [ὕω '비내리다'] **비** rain 행 14:17; 28:2; 히 6:7; 약 5:7 이문, 18; 계 11:6.

υἱοθεσία, ας, ἡ [υἱός, τίθημι] '한 사람을 아들로 입양하는 상황', 특별한 지위를 가졌다는 의미로, **입양, 양자 됨** adoption, 신약에서는 성별이 구체적으로 드러나지 않고 하나님과의 특별한 관계를 맺는 은혜에 초점 맞추어 롬 8:15, 23; 9:4; 갈 4:5; 엡 1:5.

****υἱός, οῦ, ὁ** [IE] (신약에 나오는 υἱός의 많은 용례가 셈어 배경의 영향 아래에 있다. 그 결과로 '아들'이라는 용어를 무분별하게 사용하면 일부 성별 구분이 모호해지고, 여성을 포함하는 합법적인 추론이 배제될 수 있으므로, 여기에서 '사람, 어린이, 아이들' 같은 번역이 요구된다.) ① '자녀 혹은 후손 중에 남자' ⓐ 사람에 대해 ㉠ 출생에 따라 직접적으로 **아들** son 마 1:21; 10:37; 17:5; 막 6:3; 9:17; 눅 1:13, 31; 2:7; 3:23; 7:12; 15:13; 요 9:19f; 행 13:21; 16:1; 19:14; 23:16; 갈 4:22; 약 2:21. ㉡ 더 윗대의 조상에게 초점 맞추어, **후손, 자손** descendant, son, 예수님에 대해: 다윗 계열의 마 1:1a, 20; 21:9; 22:42; 막 12:35, 37; 눅 18:38f; 아브라함 계열의 마 1:1b. ㉢ 허구의 친족관계, **아들** son 요 19:26; 행 7:21. ㉣ 눅 19:9에 아래 ②으로 이어지는 연결고리가 있다. ⓑ 짐승에 대해, **새끼, 새끼 나귀** off spring, foal 마 21:5. 확장된 의미로 ② '신체적인 족보와 상관없이 밀접하게 연관된 관계나 상황에 놓인 사람', **아들** son ⓐ 학생이나 추종자로서 마 12:27; 눅 11:19; 벧전 5:13. ⓑ 특징이나 조건으로 규정된 사람 ㉠ 남성, 구체적이거나 암시적으로, 아들 마 9:15; 눅 5:34;요 17:12; 행 4:36. ㉡ 성별이 명시되지 않고: 단수 **사람** person υἱὸς τῆς εἰρείνης = 평화에 헌신하는 사람 눅 10:6; 복수 **아이들** children 마 8:12; 눅 16:8; 요 12:36; 엡 2:2; 살전 5:5; 딤후 2:3; 히 12:5. ⓒ 특별한 관계로 정의된 사람에 대해 ㉠ 규정하시는 존재로 하나님께 초점 맞추어 **자녀** child 마 5:9, 45; 눅 6:35; 롬 8:14, 19 등. 아브라함에게 초점 맞추어 갈 3:7. ㉡ 하나님의 **아이, 아들** child, son 로서 예수에 대하여 마 3:17; 4:3; 8:29; 14:33; 16:16; 26:63; 27:54; 막 1:1; 눅 1:35; 4:41; 22:70; 요 1:18 이문, 49; 5:25; 10:36; 19:7; 20:31; 행 9:20; 롬 1:3; 5:10; 8:32; 고전 1:9; 고후 1:19; 갈 1:16; 엡 4:13; 살전 1:10; 히 4:14; 10:29; 벧후 1:17; 요일 1:3 등 요한일서에서 자주; 계 2:18; 지극히 높으신 분의(ὕψιστος = 하나님) 아들로서 눅 1:32; 찬양받으

ὕλη, ης, ἡ / ὑπάγω

실 분(εὐλογητός)의 아들로 막 14:61. ⓒ ὁ υἱὸς τοῦ ἀνθρώπου (문자적인 번역인 '사람의 아들'로는 본뜻을 잘 알아볼 수 없다[barbaric]), 히브리어 표현은 = **인간, 인간 존재** the human one, the human being, 직간접적으로 예수와 관련이 있다. 마 8:20; 10:23; 16:13; 19:28; 막 8:31; 9:31; 10:33; 14:21; 눅 5:24; 7:34; 11:30; 12:8; 17:22; 18:31; 22:69; 요 1:51; 3:14; 5:27; 8:28; 12:34; 행 7:56; 계 1:13; 14:14. ⓓ 복수로 이스라엘과 연결되어, **사람들, 백성들** people 눅 1:16; 행 10:36; 롬 9:27; 고후 3:7, 13; 히 11:22; 계 2:14; 유사하게 행 5:21; 13:26; 일반 사람들과 연결되어 οἱ υἱοὶ τῶν ἀνθρώπων (위에 있는 ⓒ의 단수와 비교하라) = **사람들** people 막 3:28; 엡 3:5.

ὕλη, ης, ἡ [비교 ξύλον] **숲** forest 극적인 과장법으로 약 3:5.

ὑμεῖς σύ 주격 복수.

Ὑμέναιος, ου, ὁ [Ὑμήν '결혼의 신'] **후메내오, 휘메나이오스** Hymenaeus 바울의 적(敵) 딤전 1:20; 딤후 2:17.

ὑμέτερος, α, ον [ὑμεῖς] '밀접한 관계로 당신들에게 속한', **여러분(당신들)의, 여러분의 것** your, yours ⓐ 형용사로 눅 6:20; 요 7:6; 8:17; 15:20; 행 27:34; 고후 8:8; 갈 6:13. τὸ ὑμέτερον ὑστέρημα 여러분의 부족함 = 여러분이 할 수 없는 것 고전 16:17. 받아들임에 초점 맞추어: 어떤 유익에 대해 τῷ ὑμετέρῳ ἐλέει 여러분에게 보인 자비를 통하여 롬 11:31; 승인에 대하여 νὴ τὴν ὑμετέραν καύχησιν ἣν ἔχω "내가 여러분에게 가지고 있는 자랑스러움으로" 고전 15:31. ⓑ 명사로서 τὸ ὑμέτερον "여러분에게 속한 것" 눅 16:12.

ὑμνέω [ὕμνος] '축하하는 노래를 하다' ⓐ 내용에 초점 맞추어, 타동사 용법 **~을 찬송하다, ~에 대해 찬송부르다** sing in praise to/of 행 16:25; 히 2:12. ⓑ 행위에 초점 맞추어, 자동사 용법 **(시편을) 노래하다** sing (psalms) 구약의 시편을 암시하여 마 26:30; 막 14:26.

ὕμνος, ου, ὁ [아마도 ὑδέω '~을 말하다, 축하하다'와 유사하게] '축하하는 노래에 담긴 표현', 하나님을 찬송하는 제의적인 상황에서, **노래, 찬송** song/hymn, 엡 5:19; 골 3:16.

* **ὑπάγω** [ὑπό, ἄγω] 신약에서 항상 자동사로 '어떤 위치에서 나아가다' ⓐ 출발점에 초점 맞추어, **가버리다, 떠나다** go away, leave 마 4:10; 16:23; 19:21; 막 5:34; 8:33; 요 6:67; 약 2:16. 죽는 것에 대한 완곡어법으로 마 26:24; 막 14:21. 마 8:13; 20:14; 막 7:29; 10:52. ὕπαγε가 담고 있는 **집에 가다** go home 는 의미는, 다음으로 이어진다 ⓑ 목표나 도착지에 초점 맞추어 **가다, 길을 가다** go, be on one's way 마 5:24; 8:4; 9:6; 13:44; 18:15; 막 11:2; 눅 8:42; 요 3:8; 9:7; 요일 2:11; 계 10:8. 예수와 그가 아버지께로 가심에 대해 요 7:33 그리고 요한복음에서 자주.

ὑπακοή, ῆς, ἡ / ὑπέλαβον

ὑπακοή, ῆς, ἡ [ὑπακούω] '준수하고 있는 상태', **순종, 복종** obedience ⓐ 인간 주인에게 복종하는 것 롬 6:16a. ⓑ 하나님의 뜻이나 계획에 복종하는 것에 대해 롬 5:19; 6:16b; 15:18; 16:19; 고후 7:15; 10:5f; 벧전 1:2, 14, 22; 히 5:8. ὑπακοὴ πίστεως 믿음이 이끌어내는 순종 롬 1:5; 16:26. ⓒ 요청을 따를 것인지에 대해 (바울은 긍정적인 대답을 기다리고 있음) 몬 21.

ὑπακούω [ὑπό, ἀκούω] '준수하다', **순종하다, 복종하다** obey 마 8:7; 막 1:27; 눅 17:6; 행 6:7; 롬 6:12, 16; 엡 6:1, 5; 빌 2:12; 골 3:20; 살후 3:14; 히 11:8; 벧전 3:6. -문을 두드렸을 때 부르는 신호에 대한 행동에 중점을 두어 **답하다** answer 행 12:13.

ὕπανδρος, ον [ὑπό, ἀνήρ] '남편의 관할 하에 있는', **결혼한** married 롬 7:2.

ὑπαντάω [ὑπό, 그리고 ἄντα와 유사하게 '맞은 편에, 대면하여'] '만남을 위해 가까이 다가가다', **만나다** meet ⓐ 우호적인 방식으로(자주 요청과 함께) 마 28:9; 눅 8:27; 17:12 이문; 요 4:51; 11:20, 30; 12:18; 적대적이지 않게 마 8:28; 막 5:2; 행 16:16. ⓑ 군사적으로 눅 14:31.

ὑπάντησις, εως, ἡ [ὑπαντάω] '만나기 위해 다가감', **만나러 나옴** coming to meet 마 8:34; 25:1; 요 12:13.

ὕπαρξις, εως, ἡ [ὑπάρχω] '누군가에게 속한 것', **소유, 재산** possession, property 행 2:45; 언어유희로 히 10:34.

*ὑπάρχω [ὑπό, ἄρχω] ① '기능적인 방식으로 존재하다', **거기 있다, 발생하다** be there, take place 고전 11:18; 그 자리가 있다 have (its/their) place 빌 3:20; 벧후 1:8; (마음대로) 처분할 수 있다 be at (one's) disposal 행 3:6; 4:37; (~에게) **속하다** belong (to) 4:34; 10:12; 28:7; 벧후 1:8; 유사하게 눅 8:3; 12:15; 행 4:32. 앞에 나온 많은 구절에서 분사의 용법은 명사적인 형식으로 표현된다. τὰ ὑπάρχοντα 소유물, 재산 마 19:21; 24:47; 25:14; 눅 11:21; 12:33, 44; 14:33; 16:1; 19:8; 고전 13:3; 히 10:34; 유사하게 행 5:4 '그것은 너의 재산이었다'; 벧후 3:11. ② '상황에 따라 정해지거나 기능하는 상태, ~이다 be: 장소나 위치를 점유하는 것에 대해 눅 8:41; 9:48; 행 2:30; 벧후 2:19; 특징에 대해 행 7:55; 갈 1:14; 상황에 대해 행 8:16; 롬 4:19; 고전 7:26; 고후 8:17; 빌 2:6(하나님의 형상); 약 2:15; 상태 또는 관계 행 16:3; 19:31 이문.

ὑπέβαλον ὑποβάλλω 제2부정과거 능동태 직설법.
ὑπέδειξα ὑποδείκνυμι 제1부정과거 능동태 직설법.
ὑπέθηκα ὑποτίθημι 제1부정과거 능동태 직설법.
ὑπείκω [ὑπό, εἴκω] 전사(戰士)에게 '이기지 못하다'는 뜻이 은유적으로 확장되어: **항복하다, 굴복하다** yield, submit, 권위 있는 자에게 히 13:17.
ὑπέλαβον ὑπολαμβάνω 제2부정과거 능동태 직설법.

ὑπελείφθην / ὑπέρακμος, ον

ὑπελείφθην ὑπολείπω 제1부정과거 수동태 직설법.

ὑπέμεινα ὑπομένω 제1부정과거 능동태 직설법.

ὑπεμνήσθην ὑπομιμνήσκω 제1부정과거 수동태 직설법.

ὑπεναντίος, α, ον [ὑπό, ἐναντίος; '반대하는'] '반대하는' ⓐ 형용사로서 형벌의 의미로 **반대하는, 거스르는** against 골 2:14. ⓑ 명사로서 **반역자, 대적하는 자** adversary, opponent 히 10:27.

ὑπενεγκεῖν ὑποφέρω 제2부정과거 능동태 부정사.

ὑπέπλευσα ὑποπλέω 제1부정과거 능동태 직설법.

** ὑπέρ [산스크리트 *upari* '위에', ὑπό와 비슷하게] 전치사 ① 어떤 사물이나 사람과 관계된 관심 또는 호기심의 표시로서, '너머에, 위에'라는 공간적인 의미가 은유적으로 확장되어, 속격 ⓐ 지원하는 측면에 초점 맞추어 **~위해, ~대신에, ~의 이익을 도모하여** for, in behalf of, in the interest of ㉠ 사람, 마 5:44; 막 9:40; 14:24; 눅 9:50; 22:19f; 요 11:50-52; 행 8:24; 롬 5:7; 10:1; 고후 1:11; 갈 3:13; 골 1:7; 딤전 2:1f; 히 2:9; 약 5:16; 요일 3:16. ㉡ 사물 요 6:51; 11:4; 롬 1:5 (이름을 전하기 위하여); 고전 15:3 (죄를 없애는 것에 대한 관심); 갈 1:4; 살전 3:2; 요삼 7. ⓑ 대체 또는 대표하는 측면에 초점 맞추어 **~대신에, ~하지 않고, ~의 이름으로** in place of, instead of, in the name of 고전 15:29; 고후 5:14, 15, 21; 몬 13. ⓒ 인과적인 측면이나 근거에 초점 맞추어 **~때문에, ~을 위해서** because of, for the sake ㉠ 사람, 고후 12:10; 빌 1:29. ㉡ 사물에 대해 행 5:41 ('~으로, 때문에'); 롬 15:8, 9; 고후 1:6; 12:8; 빌 2:13; 살후 1:5. ⓓ 관심의 대상에 초점 맞추어 **~에 대하여, 관하여, 관련하여** about, concerning, with regard to 요 1:30; 롬 9:27; 고후 8:23; 12:8; 빌 1:7; 살후 2:1. ② 기준이나 정도를 넘는 상태나 상황에 대한 표시로서, **너머, 초과하여, 이상으로** above, beyond, over, 대격과 더불어 눅 6:40; 행 26:13; 고전 4:6a; 10:13; 고후 1:8; 엡 1:22; 3:20; 빌 2:9; 몬 16; 히 4:12; **~보다 더** 마 10:37. 비교급과 함께 **~보다** 눅 16:8; 히 4:12. 부사 역할로 **더 나아가** 고전 4:6b; 고후 11:23.

ὑπεραίρω [ὑπέρ, αἴρω] 신약에서 중간태로만, '경험에 의해 지나치게 우월감을 느끼다' ⓐ **자신을 너무 높이 평가하다, 의기 양양하다** rate oneself too highly, be elated 고후 12:7. ⓑ **자신을 (지나치게) 높이다** exalt oneself 살후 2:4.

ὑπέρακμος, ον [ὑπέρ, 그리고 비교 ἀκμήν] 고전 7:36에서 ὑπ.의 정확한 의미는 우리가 고린도인들의 가정 상황에 대해 무지하기 때문에 분명히 알 수 없다. 바울 서신의 수신자들은 정확히 그가 말하는 바를 알았을 것이다. 주된 개념은: '한창인 때, 가장 좋은 시절을 넘겨서'. 다음의 가능성들을 포함한다 ⓐ 여인에 대해 **혼기가 지난** 또는 **청춘이 지난** past marriageable age 또는 past youthful bloom. ⓑ 남자 또는 여자의 **성적으로 준비된 최고점에서** at high point of

ὑπεράνω / ὑπερέχω

sexual readiness. 7:36-38에서 사상의 흐름은 위를 선호하는 것으로 보인다.

ὑπεράνω [ὑπέρ, ἄνω] 부사 ~보다 위에, 위로 above ⓐ 공간적인 우위에 대해 엡 4:10; 히 9:5. ⓑ 지위나 상태의 우위에 대해 엡 1:21.

ὑπερασπίζω [ὑπέρ, ἀσπίς 주요 의미는 '방패'] 군사적인 표현을 사용한 은유법으로 '~에 대해 방패를 받치다', 보호하다 protect 약 1:27 이문.

ὑπεραυξάνω [ὑπέρ, αὐξάνω] 풍부하게 증가하다 increase abundantly, 자연적인 현상에 나타나는 성장에 대한 비유로 신앙에 적용시켜 살후 1:3.

ὑπερβαίνω [ὑπέρ, βαίνω '걷다, 디디다'] '한계점을 무시하다', 비유로 벗어나다, 죄짓다 transgress, sin 살전 4:6.

ὑπερβαλλόντως [ὑπερβάλλω + βάλλω의 현재 능동태 분사에서 형성된 -βαλλόντως] 부사 '한계점을 넘어서', 헤아릴 수 없이 beyond count 고후 11:23.

ὑπερβάλλω [ὑπέρ, βάλλω] '한계점이나 정도를 넘어서 진행하다', 능가하다, 뛰어넘다 surpass 고후 3:10; 9:14; 엡 1:19; 2:7; 비교의 속격과 더불어 ὑπερβάλλουσα τῆς γνώσεως ἀγάπη 이해를 능가하는 사랑 엡 3:19.

ὑπερβολή, ῆς, ἡ [ὑπερβάλλω] '한계점이나 정도를 넘는 상태나 상황', 우월, 탁월한 능력 surpassingness, surpassing quality 고후 4:7; 12:7. καθ᾽ ὑπερβολήν 탁월한 우수성을 가진 고전 12:31; 고후 4:17; 지극히 1:8; 매우 특별한 정도로 롬 7:13; 갈 1:13.

ὑπερέκεινα [ὑπέρ, ἐκεῖνος 의 중성 복수에서] 부사 ~을 넘어서, 이상으로 beyond 속격 지배로 고후 10:16.

ὑπερεκπερισσοῦ [ὑπέρ, ἐκ, περισσός] 부사 '지극히 높은 정도나 크기를 능가하여', 매우 간절하게 with utmost fervor 살전 3:10; 극진하게 most highly 5:13; 비교의 속격과 더불어 넘치도록, 훨씬 더 많이 far beyond, far more than 엡 3:20.

ὑπερεκπερισσῶς [ὑπέρ, ἐκ, περισσός] 부사 '지극히 높은 정도나 크기를 능가하여', 극도로, 지극히 to the utmost, very highly 살전 5:13 이문.

ὑπερεκτείνω [ὑπέρ, ἐκτείνω] '한계를 넘어버리다', 재귀적으로 스스로 제한을 넘다 extend oneself beyond οὐ(κ) ὑπερεκτείνομεν ἑαυτούς = "우리는 한계를 벗어난 것이 아니다" 고후 10:14.

ὑπερεκχύν(ν)ω [ὑπέρ, ἐκχύννω] '쏟아 붓다', 수동태 분사 쏟아지는 pouring over 눅 6:38.

ὑπερεντυγχάνω [ὑπέρ, ἐντυγχάνω] '~에 대해 호소하다', 중보하다, 탄원하다 intervene, intercede 롬 8:26.

ὑπερέχω [ὑπέρ, ἔχω] 신약에서 자동사 '우월한 지점에 있다' ⓐ 지위나 상태에 대해, 통제하다, 다스리다 have control, govern 롬 13:1; 벧전 2:13. ⓑ 질적

인 유익에 대해: 대격으로 ~보다 우월하다, 능가하다 be superior to, surpass 빌 4:7; 속격으로 ~보다 더 중요하다 be more important than 빌 2:3. 명사로서 τὸ ὑπερέχον 능가함= 능가하는 가치 빌 3:8.

ὑπερηφανία, ας, ἡ [ὑπερήφανος] '다른 일들을 깔보는 기질이나 상태', **건방짐, 오만함** haughtiness, arrogance 막 7:22.

ὑπερήφανος, ον [ὑπέρ, φαίνω; 드물게 좋은 의미로 '장엄한', 나쁜 의미로 '오만한'] **오만한, 거만한** haughty, arrogant 눅 1:51; 롬 1:30; 딤후 3:2. 반의어 ταπεινός 약 4:6; 벧전 5:5.

ὑπεριδών ὑπεροράω 제2부정과거 능동태 분사.

ὑπερλίαν [형성사는 복잡하다] 부사 **지극히 큰 능력으로** in super capacity, 형용사로 사용되어 οἱ ὑπερλίαν ἀπόστολοι 지극히 큰 사도들, 거물급 사도들 고후 11:5; 12:11.

ὑπερνικάω [ὑπέρ, νικάω] **압도적으로 승리하다** win overwhelmingly 롬 8:37.

ὑπέρογκος, ον [ὑπέρ, ὄγκος; '지나친 크기, 무게'] 은유적으로, **지나치게 과장된** bombastic 벧후 2:18; 유 16.

ὑπεροράω [ὑπέρ, ὁράω] '알아채지 못하다', **간과하다** overlook 행 17:30.

ὑπεροχή, ῆς, ἡ [ὑπερέχω] '우월함을 나타내는 상태나 상황' ⓐ 질적인 강점에 대해, **탁월함** superiority καθ᾽ ὑπεροχήν ~에 대한 탁월함을 주장하여 고전 2:1. ⓑ 다스리는 지위에 대해, **권위** authority 딤전 2:2.

ὑπερπερισσεύω [ὑπέρ, περισσεύω] ① '엄청난 양이다', 자동사 **아주 많다, 풍성하다** abound 롬 5:20. ② '무엇을 풍부하게 하다', 타동사 **한량없이 주다** bestow without measure, 수동태 풍부하게 되다 be made to abound, 여격 그리고 그러한 능동의 의미로 ὑπερπερισσεύομαι τῇ χαρᾷ "나는 기쁨이 넘쳐흐르고 있다" 고후 7:4.

ὑπερπερισσῶς [ὑπέρ, περισσῶς] 부사 '엄청난 정도로', **한계를 초월하여, 측량할 수 없이** beyond bounds, beyond measure 막 7:37.

ὑπερπλεονάζω [ὑπέρ, πλεονάζω] '풍부하여 넘쳐 흐르는', **풍성한** abound 딤전 1:14.

ὑπερυψόω [ὑπέρ, ὑψόω] '최고로 높이다', **지극히 높이다, 찬양하다** exalt 빌 2:9.

ὑπερφρονέω [ὑπέρ, φρονέω] '스스로 중요하게 생각하다', **거만하다** be haughty, 언어유희로 ὑπερφρονεῖν παρ᾽ ὃ δεῖ φρονεῖν "마땅히 생각하는 것 이상으로 스스로를 높이 생각하는 것" 롬 12:3.

ὑπερῷον, ου, τό [ὑπέρ과 비슷하지만, 발전 과정은 명확하지 않다] '집의 상층부분', **위층 방** upstairs room 행 1:13; 9:37, 39; 20:8.

ὑπεστειλάμην ὑποστέλλω 제1부정과거 중간태 직설법.

ὑπετάγην / ὑπόδειγμα, ατος, τό

ὑπετάγην ὑποτάσσω 제2부정과거 수동태 직설법.
ὑπέταξα ὑποτάσσω 제1부정과거 능동태 직설법.
ὑπέχω [ὑπό, ἔχω] 신약에서 법률 용어로, '(겪어야 할) 책임이 있다', **겪다, 받다** undergo πυρὸς αἰωνίου δίκην ὑπέχουσαι 영원한 불의 형벌을 받다 유 7.
ὑπήκοος, ον [ὑπακούω] **순종하는** obedient 행 7:39; 고후 2:9; 빌 2:8.
ὑπήνεγκα ὑποφέρω 부정과거 능동태 직설법.
ὑπηρετέω [ὑπηρέτης] 다양한 능력으로 '섬김을 제공하다', **도움이 되다, 조력하다** be helpful, assist 여격 행 13:36; 20:34; 24:23.
ὑπηρέτης, ου, ὁ [ὑπό, ἐρέσσω '노젓다'에서 ἐρέτης '사공'] '섬김을 제공하는 사람', 문맥에 따라, **조력자, 수행원** helper, attendant ⓐ 직분과 부여된 능력에 따라 다양하게 마 5:25; 26:58; 막 14:65; 눅 4:20; 요 7:32 등 요한복음에서 자주; 행 5:22, 26. ⓑ 예수의 말씀이나 그리스도 사역의 전파와 관련된 문제들에서 눅 1:2; 행 13:5; 26:16; 고전 4:1.
ὕπνος, ου, ὁ [IE, 비교 라틴어 *somnus* '잠'] **잠** sleep, 중심 의미로 마 1:24; 눅 9:32; 요 11:13; 졸음에 초점 맞추어 행 20:9; 비유로 영적인 무기력함에 대해 롬 13:11.
** ὑπό [IE, 비교 라틴어 *sub* '아래'] 전치사 ① 행위자나, 원인을 나타내는 표시, **~으로, ~에 의해** by, 속격 마 1:22; 8:24; 막 1:5; 눅 2:18; 요 14:21; 행 4:11; 고전 1:11; 10:29; 갈 1:11; 골 2:18; 히 3:4; 약 1:14; 계 6:13; **~의 손에, ~로부터** at the hands of, from 막 5:26; 고후 2:6; 살전 2:14. ② 상대적으로 더 낮은 위치에 대한 표시로, **아래에, 밑에** below, under, 대격으로 마 8:8; 막 4:32; 요 1:48; 행 4:12; 롬 3:13; 16:20; 고전 10:1; 15:25, 27; 갈 3:22; 골 1:23. 부근의(호메로스처럼 이른 시기에, 그리고 자기 지역에 있다는 의미로), **~에, ~에 인접하여** at, next to 마 5:15 (많은 경우에 '아래'라는 뜻으로 옮긴다, 숨겨진 위치에); 약 2:3 (부자가 발을 얹는 발등상에 있는 개념에서는 위협적인 품목이라는 의미가 어렴풋이 보인다); 유사하게 시간과 관련하여, **~에, 대략 ~에** at, about 행 5:21. 은유적으로 **~아래에, ~수하에, ~에 종속된** under, subject to 마 8:9; 롬 3:9; 6:14f; 7:14; 고전 9:20; 갈 4:5; 벧전 5:6.
ὑποβάλλω [ὑπό, βάλλω] '그릇된 행동을 하도록 꼬이다', **사주하다, 설득하다** suborn, induce 행 6:11.
ὑπογραμμός, οῦ, ὁ [ὑπό, γράφω] '글자를 쓰는 것을 배우는 과정에서 따르는 양식이나 모범', 삶의 지침에 대한 비유적 묘사로, **모범, 예시** model, example 벧전 2:21.
ὑπόδειγμα, ατος, τό [ὑπό, δεῖγμα, ὑποδείκνυμι를 보라] ① '개인의 도덕적 결정을 위한 지침 또는 지표의 역할을 하는 것' ⓐ 선한 행동에 대한 양식을 보

여주는 데 초점 맞추어, **모범, 예시** example 요 13:15. ⓑ 나쁜 행동을 억제하는 역할에 중점을 두어 **양식, 유형** pattern, type 히 4:11; 약 5:10; 벧후 2:6. ② '차후 다른 경우에서 오는 어떤 것에 대한 지침이나 모델로 작용하는 어떤 것', **상징적 표현 , 모상(模像)** symbolic expression 히 8:5; 9:23.

ὑποδείκνυμι/ὑποδεικνύω [ὑπό, δεικνύμι/δεικνύω] '개인적인 문제들을 다루는 것을 지적하다', **보여주다, 일러주다, 입증하다** show, demonstrate 마 3:7; 눅 3:7; 6:47; 12:5; 행 9:16; 20:35.

ὑποδείξω ὑποδείκνυμι 미래 능동태 직설법.

ὑποδέχομαι [ὑπό, δέχομαι] '호의적인 방식으로 맞아들이다', **환영하다, 환대하다** welcome 눅 10:38; 19:6; 행 17:7; 약 2:25.

ὑποδέω [ὑπό, δέω] 신약에서 중간태로만, '아래에서 지원을 제공하기 위해 동여매다', 발에 신는 것에 대해 **신다** put on 막 6:9; 행 12:8; 비유로 섬김을 감당하기에 자신의 발을 갖춰 준비하는 것에 대하여 엡 6:15.

ὑπόδημα, ατος, τό [ὑποδέω] **샌들, 얕은 단화** sandal 마 3:11 등.

ὑπόδησαι ὑποδέω 제1부정과거 중간태 명령법.

ὑπόδικος, ον [ὑπό, δίκη] '법적인 요구 사항이나 의무에 복종하는', **책임이 있는** accountable 롬 3:19.

ὑποδραμών ὑποτρέχω 제2부정과거 능동태 분사.

ὑποζύγιον, ου, τό [ὑπό, ζυγός] '멍에 아래서 할 일에 매여 있는 짐승', 신약에서 **당나귀, 나귀** donkey, ass 마 21:5; 벧후 2:16.

ὑποζώννυμι [ὑπό, ζώννυμι] '안정성을 위해 선으로 배를 둘러 감다', **밑을 단단하게 묶다, 뒷받침하다** undergird 행 27:17.

ὑποκάτω [ὑπό, κάτω] 부사 역할로 신약에서는 항상 전치사로, '보다 낮은 수준'의 위치를 나타내어, **밑에, 아래에** under, beneath ⓐ 그러한 공간적 위치에 초점 맞추어 막 7:28; 눅 8:16; 요 1:50; 계 6:9; 그러한 맥락으로 표면 아래의 위치에 대해 막 6:11; 계 5:3, 13. ⓑ 복종의 요소와 함께 마 22:44; 막 12:36; 히 2:8; 계 12:1.

ὑπόκειμαι [ὑπό, κεῖμαι] '박힌 위치에 있다', **~아래 놓이다** lie under 눅 6:42 이문.

ὑποκρίνομαι [ὑπό, κρίνω] 배우의 역할에 대한 비유로: '역할을 맡다', **치장하다, 가장하다, 가식적으로 행동하다** put on a show, pretend, 문맥에 따라 정해진다 눅 20:20.

ὑπόκρισις, εως, ἡ [ὑπό, κρίσις] 연극과 같은 작품에서 배우의 역할을 한다는 개념은 일상 영역에 대한 환유법으로 의미가 확장된다. 이런 이유로 **겉치레, 이중성** pretense, duplicity(= 위선 hypocrisy) 마 23:28; 막 12:15; 눅 12:1; 갈 2:13; 딤전 4:2; 벧전 2:1.

ὑποκριτής, οῦ, ὁ / ὑπομιμνῄσκω
—
ὑποκριτής, οῦ, ὁ [ὑπόκρισις] 극작품에서 배역을 맡는 핵심 개념은 '자신이 아닌 것을 그렇다고 내세우는 사람'이라는 ὑποκριτής의 은유적인 용법에 기초한다. 배우, 사칭(詐稱)하는 자 play actor, pretender (= 위선자 hypocrite), 신약에서는 복음서에서만 마 6:2 등.

ὑπολαβών ὑπολαμβάνω 제2부정과거 능동태 분사.

ὑπολαμβάνω [ὑπό, λαμβάνω] ① '감추는 태도를 취하다', **치우다, 내보내다** remove ὑπέλαβεν αὐτὸν ἀπὸ τῶν ὀφθαλμῶν αὐτῶν "그를 그들의 시야에서 벗어나게 하셨다" 행 1:9. ② 보호하여 '맞아 들이다', **~에 호의를 보이다, 맞아들이다** show hospitality to, receive (비교 편의를 제공한다는 의미로 사용된 영어의 '제공하다' put up) 요삼 8. ③ '대화에서 다른 화제로 돌리다', **대답하다** reply 눅 10:30. ④ '견해를 같이 하다', **~같이 생각하다, 추정하다** consider likely, suppose 행 2:15; ὑπολαμβάνω ὅτι 나는 ~와 같이 생각한다 눅 7:43.

ὑπολαμπάς, άδος, ἡ [ὑπολάμπω '아래를 비추다'] 명백하게 빛을 받아들이기 위해 열려 있는 구조에 대한 용어, **구멍, 창** aperture, window 행 20:8 이문.

ὑπόλειμμα, ατος, τό [ὑπολείπω], '큰 수에서 살아남은 작은 일부분', 이스라엘 사람들의 용법에서, 다수가 누릴 수 없는 은혜를 실현시키려고 남겨둔 상대적으로 작은 부분에 불과한 사람에 대해, **남은 자** remnant 롬 9:27.

ὑπολείπω [ὑπό, λείπω] **나머지를 남기다** leave remaining, 신약에서는 항상 수동태로, 그리고 이전 항목에 대한 언어유희로, '큰 무리 가운데 생존자로 남다', **남다** be left 롬 11:3.

ὑπολήνιον, ου, τό [ὑπό, ληνός] '위에서 포도즙틀이 생산하는 포도즙을 받기 위해 고안된 도랑', **(큰) 통** vat 막 12:1.

ὑπόλιμμα ὑπόλειμμα의 다른 철자.

ὑπολιμπάνω [비교 ὑπολείπω] '떠난 후 있을 상황에 유용하도록 뭔가를 불러오다', **(뒤에) 남겨 놓다** leave (behind), 교훈적인 본보기로 벧전 2:21.

ὑπομείνας ὑπομένω 제1부정과거 능동태 분사.

ὑπομεμενηκώς ὑπομένω 완료 능동태 분사.

ὑπομένω [ὑπό, μένω] ① '다른 이들이 떠날 때 어떤 장소에 머무르다', **남다, (뒤에) 머무르다** remain, stay (behind) 눅 2:43; 행 17:14. ② '역경을 만나 굴하지 않다', **견디다** endure 마 10:22; 롬 12:12; 고전 13:7; 딤후 2:10, 12; 히 10:32; 12:2f, 7; 약 1:12; 5:11; 벧전 2:20a (주저함 없이), 20b. 어떤 이들은 롬 8:24 이문을 이 뜻으로 보기도 한다(③을 보라). '어떤 일을 기대함에 끈기 있다', **기다리다, 고대하다** wait for 인내를 요구하는 상황에 놓여 있음에 중점을 두어 이해하지 않는 한(②를 보라) 롬 8:24 이문.

ὑπομιμνῄσκω [ὑπό, μιμνῄσκω] '이전의 경험이나 인식을 뒤이은 어느 시기

ὑπομνῆσαι, ὑπομνήσω / ὑπόστασις, εως, ἡ

에 마음에 떠올리다' ⓐ 능동태 **되새기다, 생각나다** remind 요 14:26; 딤후 2:14; 딛 3:1; 벧후 1:12; 유 5; (화제를) **꺼내다** bring up 요삼 10. ⓑ 수동태 (비교 영어 'I am reminded of') **기억하다, ~을 생각하다** remember, think of 눅 22:61.

ὑπομνῆσαι, ὑπομνήσω ὑπομιμνήσκω 제1부정과거 능동태 부정사 그리고 미래 능동태 직설법.

ὑπόμνησις, εως, ἡ [ὑπομιμνήσκω] '마음에 불러오는 행위', **상기** reminding ⓐ 능동적인 측면, 어떤 사람을 기억의 지점으로 불러오는데 초점 맞추어, ἐν ὑπομνήσει 상기시켜서 벧후 1:13; 3:1. ⓑ 수동적인 측면 ὑπόμνησιν λαβὼν τῆς ἐν σοὶ ἀνυποκρίτου πίστεως "당신의 거짓 없는 약속/믿음을 상기시켜주기 때문이다 = 당신의 거짓 없는 약속을 기억하기 때문이다" 딤후 1:5.

ὑπομονή, ῆς, ἡ [ὑπομένω] ① '행동 과정에서 단호하게 지속하기 위한 역량', **인내, 참을성, 견고함** endurance, perseverance, steadfastness 눅 8:15; 21:19; 롬 2:7; 15:4; 고후 1:6; 살전 1:3; 살후 3:5; 딛 2:2; 히 10:36; 약 1:3f; 5:11; 계 3:10. ② 어떤 일이 '실현되기를 기다리는 끈기', **기대** expectation 계 1:9.

ὑπονοέω [ὑπό, νοέω] '예상되는 생각을 하다', **추정하다, 예상하다** assume, expect 행 13:25; 25:18; 27:27.

ὑπόνοια, ας, ἡ [ὑπονοέω] '미리 예측하는 생각', **추측, 의심** assumption, πονηραί으로 한정되어 딤전 6:4.

ὑποπιάζω ὑπωπιάζω의 다른 형태.

ὑποπλέω [ὑπό, πλέω] ~**보호 아래 항해하다** sail under ὑποπλεῖν τὴν Κύπρον 구브로(Cyprus)를 바람막이 삼아 항해하다 = '구브로가 제공하는 바람을 막아주는 길로 항해하다' = '구브로의 바람 없는 쪽을 항해하다' 행 27:4; 유사하게 7절.

ὑποπνεύσας ὑποπνέω 제1부정과거 능동태 분사.

ὑποπνέω [ὑπό, πνέω] '격렬함이 줄어든 바람의 흐름을 보내다' (밑에서 불어 오다, 비교 영어 '조심스럽게 행동하다' underplay), **부드럽게 불어오다** blow gently 행 27:13.

ὑποπόδιον, ου, τό [ὑπό, πούς] '앉은 자세에서 발을 지지해주는 어떤 도구', **발받침, 발등상** footstool 약 2:3; 하나님의 발등상으로서 땅에 대해 마 5:35; 원수들을 하나님의 ὑπ.으로 만드신다는 표현으로 자주 막 12:36 이문; 눅 20:43; 행 2:35; 히 1:13; 10:13.

ὑπόστασις, εως, ἡ [ὑφίστημι (ὑπό, στάσις) '아래 두다'] ① '행동을 위한 어떤 프로그램', **모험, 사업, 계획** venture, undertaking, project, 가난한 이들을 돕기 위한 약속 고후 9:4; 자랑스럽게 계획한 약속에 대해 11:17; 그리스도와 연합에 대한 약속된 헌신 히 3:14. ② '존재가 실제로 가지고 있는 특성', **실체** reality 히 1:3; 11:1.

ὑποστέλλω / ὑποφέρω

ὑποστέλλω [ὑπό, στέλλω] '참여하는 것에 대해 의혹을 가지다', **물러나다, 피하다** withdraw (=[누구와] 함께하기를 회피하다) 갈 2:12; ~을 삼가다, 꺼리다, 망설이다 refrain/shrink from, hold back 행 20:20; 27; **움츠러들다, 물러서다** shrink back 히 10:38.

ὑποστολή, ῆς, ἡ [ὑποστέλλω] '개입하는 것에 대해 불안해하는 상태나 상황', οὐκ ἐσμὲν ὑποστολῆς 우리는 겁에 질리지 않았다 히 10:39.

ὑποστρέφω [ὑπό, στρέφω] '어떤 위치로 되돌아가다', **되돌아가다** return 막 14:40 이문 등. 눅 1:56 그리고 누가행전에서 자주; 벧후 2:21 '의의 길에'에 먼저 들어섰다가 제자리로 되돌아가는 사람이 누구를 지시하는지는 분명히 드러나지 않았다.

ὑποστρωννύω [ὑπό, στρωννύω/στρώννυμι] **퍼지다** spread (ὑπό는 '밑에'라는 의미의 힘을 계속 유지하고 있고 주름진 질감의 이미지에 기여하면서 의복의 움직임을 예상하게 한다) 눅 19:36.

ὑποταγή, ῆς, ἡ [ὑποτάσσω] **굴복, 순종** submission, 고백 기준에 부합하거나 여기에 동의함 고후 9:13; 자녀들을 적절하게 통제함에 대해 딤전 2:11; 3:4. 환유적으로, 어떤 직책에 복종하기를 요구하는 것으로서 ὑπ.에 대해 갈 2:5.

ὑποταγήσομαι ὑποτάσσω 제2미래 수동태 직설법.

ὑποτάσσω [ὑπό, τάσσω] '어떤 질서에 대한 요구를 준수하다', **복종시키다, 굴복시키다, 따르도록 하다** to subject, to subordinate, bring into compliance, 다양한 관계에서: 아이가 부모에게 눅 2:51; 귀신들이 귀신을 쫓은 이들을 10:17; 하나님, 그리스도, 천사 또는 하나님의 나타나심과 관련하여 사람 또는 사물 롬 8:7; 10:3; 고전 15:27f; 엡 1:22; 5:24; 히 2:5, 8; 12:9; 약 4:7; 벧전 3:22; 사람이 인간적인 권위를 가진 인물이나 체계에 대하여 롬 13:1; 고전 14:34; 골 3:18; 딛 2:5, 9; 3:1; 벧전 2:13, 18; 3:1, 5; 5:5.

ὑποτέτακται ὑποτάσσω 완료 수동태 직설법 3인칭 단수.

ὑποτίθημι [ὑπό, τίθημι] ① '위험에 노출되다', **위태롭게 하다** risk ὑπ. τράχηλον 자신의 목을 내놓다, 관대한 자기 희생에 대해 롬 16:4. ② '나눠주려고 내놓다', **전하다, 가르치다** transmit ταῦτα ὑποτιθέμενος 이 일들을 알리어서, 어떤 유산을 보증함에 대해 딤전 4:6.

ὑποτρέχω [ὑπό, τρέχω] '~보호 아래 달리다', 항해 용어로 νησίον τι ὑποδραμόντες 어떤 작은 섬 아래 바람이 없는 곳으로 밀려 나가 행 27:16.

ὑποτύπωσις, εως, ἡ [ὑποτυπόω (ὑπό, τύπος) '묘사하다, 윤곽을 그리다'] '본뜨기의 기초를 제공하는 윤곽', **본보기, 모범** pattern 딤후 1:13; 딤전 1:16에서는 한정어구 ἐν ἐμοὶ πρώτῳ가 **원형** prototype이라는 의미를 만든다.

ὑποφέρω [ὑπό, φέρω] '~아래서 지탱하다', 부담이나 위험과 관련하여 **견디다**

endure 고전 10:13; 딤후 3:11; 벧전 2:19.

ὑποχωρέω [ὑπό, χωρέω] '어느 지역이나 장소를 떠나다', **피하다, 떠나다** withdraw, go off 눅 5:16; 9:10.

ὑπωπιάζω [비교 ὑπώπιον '얼굴에 가하는 타격'] ① '눈에 타격을 가하여 상처를 입히다', **눈을 멍들게 하다, 창피를 주다** give a black eye to 눅 18:5. 어떤 번역가들은 은유적으로, ~을 (계속 압박하여) 꺾다 wear down 는 의미를 더욱 선호한다. 그러나 예수의 말씀은 극적인 경우가 많다. ② '(명이 들 정도로) 힘든 훈육', 체육에 관한 비유로, **혹독하게 훈련하다** train unsparingly 고전 9:27.

ὗς, ὑός, ἡ [비교 라틴어 sus '암퇘지,돼지'] **암퇘지** sow 문화적으로 돼지과(科)에 한정하여 벧후 2:22.

ὑσσός, οῦ, ὁ [어원은 미확인] '던지려고 고안된 창', **던지는 창, 투창** throwing spear, javelin 요 19:29 인문주의자 카메라리우스(J. Camerarius)의 추정.

ὕσσωπος, ου, ἡ/ὁ [명백한 셈어 차용] 약초, 특별히 **히솝** hyssop으로 알려진 박하과의 작은 풀. 향기로운 잎을 가졌다 요 19:29; 히 9:19.

ὑστερέω [ὕστερος] ① '상대적으로 부족하거나 불리한 상태나 상황에 놓이다' ⓐ 물질적인 재화에 관해, **부족하다** lack 눅 22:35; **고갈되다, 바닥이 나다** become depleted, give out 요 2:3; **가난하다, 궁핍하다** be inwant 눅 15:14; 빌 4:12; 히 11:37; **부족하다, 도움이 필요하다** be in need 고후 11:9. ⓑ 명망에 관해: 개인적인 배려의 관점에서, 부정어와 함께 고후 12:11; 신체 부분과 그 존귀함에 관련해서, **덜 존귀하다** be in lesser esteem 고전 12:24. ⓒ 영적인 것에 대해 **손해가 되다, 부족하다** lack 고전 8:8; **미치지 못하다, 이르지 못하다** come short (of) 롬 3:23; 고전 1:7; 고후 11:5; **~을 놓치다** miss out on 히 4:1; 12:15. 언어유희로, 천국의 보물이라는 주제와 관련한 상업적인 함축으로 마 19:20. ② '체납하다', **지체되다** put in arrears 상속의 주제와 관련된 상업적인 함축으로 (막 10:17) ἕν σε ὑστερεῖ "한 가지가 너를 지체하게 만든다(= '네가 지체된 상태에서 벗어나기 위해 해야 할 한 가지 일이 있다')" 막 10:21; 구문론적인 다른 관점과 언어학적인 측면에 대해서는 주석들을 보라.

ὑστέρημα, ατος, τό [ὑστερέω] ① '생계를 위한 요구 사항을 충족시키지 못하는 것', **부족함, 결핍** lack, deficiency 눅 21:4; 고전 16:17; 고후 8:14; 9:12; 11:9. ② '완전히 완성되거나 만들어지기 위해 남아 있는 것', **잔고, 남은 부분** balance, remaining portion ⓐ 상업적인 비유로, 헌신하는 표현으로서 봉사에 대해: 부족함을 채워 완성하려는 선행에 대해 빌 2:30; 바울이 여전히 그리스도를 향한 신실한 봉사를 지속하면서 기다리는 고난들에 대해 골 1:24. ⓑ 믿음과 헌신의 표현으로 이루어져야 하는 남아 있는 것에 대하여 살전 3:10.

ὑστέρησις, εως, ἡ [ὑστερέω] '필요한 바에 미치지 못하는 상태', **부족함, 가난**

ὕστερος, α, ον / ὕψωμα, ατος, τό

lack, poverty 막 12:44 ('그녀의 아주 작은 것에서'); καθ' ὑστέρησιν 원하는 바에 따라 빌 4:11.

ὕστερος, α, ον [산스크리트] '뒤에 이어지는 상태나 상황에서' ⓐ 사람에 대해, 형용사 비교급으로 **후자의** latter, ὁ ὕστερος 두 번째 사람 마 21:31 이문 ⓑ 시간적인 순간이나 기간에 대해 ㉠ 중성 형용사 부사적으로 사용되어: 비교급 **더 나중에** later 마 4:2; 21:29, 32; 25:11; 막 16:14; 요 13:36; 히 12:11; 최상급 **결국, 마침내** finally 마 21:37; 26:60; 눅 20:32; **최후에** last 마 22:27. ㉡ 형용사의 최상급 용법 ἐν ὑστέροις καιροῖς 마지막 때에 딤전 4:1.

ὑφαίνω [ὑφή 'web'] **짜다, 엮어 만들다** weave 눅 12:27 이문.

ὑφαντός, ή, όν [ὑφαίνω] **짠** woven 요 19:23.

ὑψηλός, ή, όν [ὕψος] ① '위쪽 부분에 위치한', **높은** high 마 4:8; 17:1; 막 9:2; 히 1:3; 계 21:10, 12; 팔을 높이들어 능력을 보이는 것에 대하여 행 13:17. 비교급 ὑψηλότερος 히 7:26. ② '특별한 중요성이 있다고 여겨지는', 중성 명사로 **높은 평가나 가치를 지닌 것, 과장된 것** something highly valued/esteemed, something aggrandizing, 특별한 지위나 거만함을 나타내 보이는 것에 초점 맞추어 눅 16:15; φρονεῖν과 더불어 롬 11:20; 12:16; 딤전 6:17 이문.

ὑψηλοφρονέω [ὕψηλος, φρονέω 비교 φρήν] **거만하게 생각하다, 오만하다** think high-mindedly, be haughty 롬 11:20 이문; 딤전 6:17.

ὕψιστος, η, ον [부사 ὕψι '아주 높이'의 최상급 변화형] ① '공간적으로 지극히 높은 곳에 위치하는', **지극히 높은, 가장 높은** highest 마 21:9; 막 11:10; 눅 2:14; 19:38. ② 지위가 가장 높은 곳에 있는, 하나님에 관해 막 5:7 등.

ὕψος, ους, τό [ὕψι '아주 높이'] ① '위쪽으로 향한 크기나 거리', **높이** height ⓐ 높이의 차원에 초점 맞추어 **높이** height, 도시의 계 21:16; 비유로 엡 3:18. ⓑ 위치에 초점 맞추어 엡 4:8; ἐξ ὕψους 높은 곳에서 눅 1:78; 24:49. ② '지위가 상대적으로 높은 자리에 위치함', 수동태 의미로 하나님의 역사하심을 체험한다는 것을 함축하여 **높이기, 존엄** exaltation, elevation 약 1:9.

ὑψόω [ὕψος] ① '어떤 위치에서 더 높은 곳으로 움직이게 하다', **위로 들어올리다** lift upward 요 3:14; 8:28; 12:32, 34; 행 2:33. ② '지위가 더 높이 오르게 하다', **높아지다, 높은 자리에 오르다** elevate, exalt 마 11:23; 23:12; 눅 1:52; 14:11; 행 5:31; 13:17; 고후 11:7; 약 4:10; 벧전 5:6.

ὕψωμα, ατος, τό [ὕψι '아주 높이'] '우뚝 솟은 특징', **높음, 높이** highness, height ⓐ 환유적으로, 지상 높은 곳에 보이는 지역적인 것과 관련된 점성술적 세력으로 롬 8:39. ⓑ 군사용으로 설계된 높은 공격용 구조물에 대한 비유로 고후 10:5.

φαγεῖν, φάγομαι ἐσθίω 제2부정과거 능동태 부정사 그리고 미래 중간태 직설법.
φάγος, ου, ὁ [비교 오직 현재형으로만 사용되는 ἐσθίω의 부정과거를 담당하는 역할을 하는 ἔφαγον] **대식가, 먹보** glutton 마 11:19; 눅 7:34.
φαιλόνης, ου, ὁ [φαίνω, 라틴어 *paenula* (오래된 형태 φαινόλης에 근거한)의 차용어 '밀착형 두건이 달린 외투', 전천후의] '궂은 날씨 상황에서 사람을 보호하도록 설계된 두건 달린 의복', **외투** cloak 딤후 4:13.
φαίνω [산스크리트 연관어] ① '관찰 가능한 방식으로 기능하다', 빛나는 조건을 제공함에 초점 맞추어 ⓐ 능동태 **비추다, 나타나다** shine, appear 요 1:5; 벧후 1:19; 요일 2:8; 계 1:16; 8:12; 18:23; 21:23. 비유로 요 5:35. ⓑ 능동 의미의 수동태로. 번개가 **번쩍이다** flash 마 24:27; **비추다, 나타나다** shine, appear 2:7; 빌 2:15. ② '볼 수 있거나 관찰되는 상태나 상황에 있다', 자동사 의미의 수동태 **나타나다** appear ⓐ 마 9:33; 13:26; 24:30; 히 11:3; 약 4:14; 벧전 4:18. ⓑ 도착이나 나타남에 초점 맞추어 마 1:20; 막 16:9; 눅 9:8. ⓒ 특징에 초점 맞추어 마 6:5; 23:27f; 눅 24:11; 롬 7:13; 고후 13:7. ③ '정신적으로나 영적으로 파악할 수 있는 상태나 상황에 들어가다', **나타나다, 드러나다** appear 막 14:64.
Φάλεκ, ὁ [히브리어] 격변화 없음. **벨렉, 팔렉** 예수의 조상 눅 3:35.
φανεῖται φαίνω 미래 중간태 직설법 3인칭 단수.
φανερός, ά, όν [φαίνω] '관찰 가능한 상태나 상황에 있는', **공개적으로 알려진, 공공연한** publicly known, in the open 마 12:16; 막 3:12; 6:14; 눅 8:17; 고전 3:13; 11:19; 14:25; 빌 1:13; 알려진 행 4:16; 7:13; 확인할 수 있는, 명백한 갈 5:19; 딤전 4:15; 요일 3:10. 인식의 대상이 됨에 초점 맞추어 롬 1:19. 명사로서 εἰς φανερόν 드러내려고 막 4:22; ἐν τῷ φανερῷ 공공연하게 마 6:4 이문; τὸ φανερόν 뭔가 외부적인, 겉으로 드러난 롬 2:28.
φανερόω [φανερός] '관찰 가능한 상태나 상황이 되다', **알리다, 보이다, 드러내다** make known, show, disclose 막 4:22; 요 1:31; 3:21; 7:4; 21:1; 롬 1:19; 고전 4:5; 고후 2:14; 5:10 (공개적으로 심판대에 출두함에 대해); 골 3:4; 딤전 3:16; 딤후 1:10; 히 9:8; 벧전 5:4; 요일 1:2; 계 3:18.
φανερῶς [φανερός] 부사 '공공연하게 볼 수 있는 상태나 상황으로' ⓐ 공적인 측면에 중점을 두어 **드러내놓고, 공공연하게** openly, publicly 막 1:45; 요 7:10. ⓑ 보이는 것의 명확함에 초점 맞추어 **뚜렷하게** distinctly 행 10:3.

φανέρωσις, εως, ἡ / φασίν

φανέρωσις, εως, ἡ [φανερόω] '공개적으로 드러내는 상태나 상황', 표명, 나타내심 manifestation 고전 12:7; 공개적인 표현, 드러냄 open expression 고후 4:2.

φάνῃ, φανήσομαι φαίνω 제1부정과거 능동태 가정법 3인칭 단수 그리고 제2미래 수동태 직설법.

φανός, οῦ, ὁ [φαίνω] 등(燈) lantern 요 18:3.

Φανουήλ, ὁ [히브리어] 격변화 없음. 바누엘, 파누엘 Phanuel, 예언자 한나(안나)의 아버지 눅 2:36.

φαντάζω [φαίνω, 비교 미래형 φανῶ] '공개적으로 드러내다', 수동태 τὸ φανταζόμενον 공개적인 시선에 열려 있는 것 = 나타난 것 = 광경(光景) 히 12:21.

φαντασία, ας, ἡ [φαντάζω] '드러나게 나타냄을 통하여 주의를 환기시키는 것', 화려한 행사, 과시, 허세 pageantry, fanfare 행 25:23.

φάντασμα, ατος, τό [φαντάζω] '신비로운 방식으로 자신을 나타내는 어떤 존재', 미지의 힘이나 영향력에 대한 인식이 가득한 문화에서 알맞은 번역어는 유령 apparition 마 14:26; 막 6:49.

φανῶ φαίνω 제2부정과거 수동태 가정법.

φάραγξ, αγγος, ἡ [비교 φάρος '쟁기'] 산골짜기, 도랑 ravine, gully (계곡은 아니다. 그런 의미는 문맥이 암시하는 것보다 더 넓은 지역을 나타낸다) 눅 3:5.

Φαραώ, ὁ [이집트어 '위대한 집'에서 나온 히브리어] 격변화 없음. 바로, 파라오 Pharaoh, 이집트 국가 원수 직함, 그리고 여기서 나온 고유명사 행 7:10, 13, 21; 롬 9:17; 히 11:24.

Φαρές, ὁ [히브리어] 격변화 없음. 베레스, 파레스 Perez, 예수의 조상 마 1:3; 눅 3:33.

* **Φαρισαῖος, ου, ὁ** [히브리어] 바리새인 Pharisee, 특히 모세 율법과 그 해석 전통을 준수하는 데 헌신하는 이스라엘 집단의 구성원 마 3:7 등.

φαρμακεία, ας, ἡ [φαρμακεύς '약이나 묘약을 혼합하는 데 전문가'] '주문, 주술, 물질이나 이들의 조합을 통한 속임수', 마술, 마법 sorcery, magic 갈 5:20; 계 9:21 이문; 18:23.

φάρμακον, ου, τό [IE] '속임수를 위해 고안된 여러 품목의 혼합물', (마법의) 묘약, 부적 magic potion, charm 계 9:21.

φάρμακος, ου, ὁ [= φαρμακεύς φαρμακεία을 보라] '주술적인 수단을 통한 속임수의 전문가', 마법사, 주술사 sorcerer, magician 계 21:8; 22:15.

φασίν φημί 현재 능동태 직설법 3인칭 복수.

φάσις, εως, ἡ [φημί] '어떤 사건에 대한 정보', 명확히 서술되지 않은 상태의, 보고, 소식 report, news 행 21:31.

φάσκω [= φημί] '자신감/확신을 갖고 말하다', **단언하다, (강하게) 주장하다** assert, claim 행 24:9; 25:19; 롬 1:22.

φάτνη, ης, ἡ [산스크리트 연관어] '가축을 키우려고 구성된 장소' ⓐ 말이나 소같은 가축을 위해 가두어진 공간에 초점 맞추어, **여물통, 구유** manger ἐν τῇ φάτνῃ 짐승 우리에서 눅 2:7 이문 (관사를 동반하여, 아마도 그 안에 이후에 관사없이 언급한 음식을 담는 통이 있는 공간을 가리킬 것이다.); **외양간** 13:15. 우리에 있는 구체적인 품목에 대해 **먹이 구유** 또는 **여물통** 눅 2:7, 12 (두 구절 모두 관사없이), 16 (φ.와 관련하여, 7절과 12절에서).

φαῦλος, η, ον [어원은 불분명; '값싼, 보잘것 없는, 가치 없는'] '옳고 적절함을 보여주는 데 무감각한', **나쁜, 저급한** bad, low-grade 요 3:20; 5:29; 롬 9:11; 고후 5:10; 딛 2:8; 약 3:16.

φέγγος, ους, τό [어원은 불분명] '빛을 내는 물체에 의해 투사되는 빛남', **빛, 광선** light, radiance 마 24:29; 막 13:24; 눅 11:33 이문.

φείδομαι [산스크리트 연관어, 비교 라틴어 findo '쪼개다, 틈을 내다'] '불리하게 영향을 미치는 일을 하는데 주저하다', **모면하다** spare 행 20:29; 롬 8:32; 11:21; 고전 7:28; 고후 1:23; 13:2; 벧후 2:4f; **삼가다, 참다** forbear 고후 12:6.

φειδομένως [φείδομαι의 분사에서] 부사 '소모되지 않도록 관리하여', 씨앗에 대해 **절약하여, 아껴서** sparingly 고후 9:6.

* **φέρω** [산스크리트 bharati '옮기다', 비교 라틴어 fero '옮기다'] ① '어떤 존재를 한 장소에서 다른 곳으로 옮기다' ⓐ 물리적인 수송을 통하여 **가져오다** bring 마 14:11, 18; 막 1:32; 눅 24:1; 요 2:8; 4:33; 19:39; 행 4:34, 37; 딤후 4:13. 눅 23:26에서는 두 가지 측면이 명백하다: 짊어지고 나르는 것을 도움. ⓑ 안내를 통하여 **안내하다, 인도하다, 지시하다** conduct, lead, direct 막 15:22; 요 20:27 (손가락); 21:18; 행 14:13; 27:15; 히 6:1; 벧전 1:13; 벧전 1:21b; 계 21:24. 강한 바람이 불어오는 것에 대해 행 2:2. 궂은 날씨에 대해 27:15, 17. 비유로, 도시쪽으로 위치한 문에 대해 12:10. ② '인지적인 성격을 지닌 어떤 것을 보내다', **가져오다, 보내다, 지시하다** bear, bring, direct: 법적인 소송, 고소 요 18:29; 행 25:18; 말씀 벧후 1:17f, 21a; 2:11; 요이 10; 규명하다 히 9:16. ③ '부담이 되는 것을 지탱하다', **떠맡다, 지탱하다** bear: 모든 측면에서 우주 히 1:3; 인내와 참을성을 요구하는 어떤 것 롬 9:22; 히 12:20; 13:13. ④ '수확량을 가져오다', **열매 맺다, 생산하다** bear, produce 마 7:18 이문; 막 4:8; 요 15:2 등 해당 장에서 여러 번.

φεύγω [산스크리트 bhujati '굽히다', 비교 라틴어 fugio '도망하다'] ① '과단성 있게 멀리 움직이다', 문맥에 따라 ⓐ 위험을 피해서 어떤 공간이나 상황을 떠남

Φῆλιξ, ικος, ὁ / φθαρήσομαι

에 대해: **도망하다, 탈출하다** flee, escape ⓐ 지리적인 장소나 사람으로부터 멀리 이동함에 초점 맞추어 마 2:13; 8:33; 10:23; 24:16; 요 10:5; 행 7:29; 약 4:7; 계 12:6. ⓑ 하나님의 심판을 다루어서 마 3:7; 23:33; 눅 3:7. ⓑ 비유로, 도덕적이거나 영적인 위험을 피함에 대해 **피하다, 멀리하다** avoid, shun 고전 6:18; 10:14; 딤전 6:11; 딤후 2:22. ⓒ 극적인 환유법으로, 바라는 경험을 얻지 못함에 대하여 계 9:6 (죽음이 고통받는 이들을 피해감). ② '명백하게 존재하지 않는 상태나 상황으로 들어가다', 종말론적인 시나리오에서 **소멸되다, 사라지다** vanish, disappear 계 16:20; 20:11.

Φῆλιξ, ικος, ὁ [라틴어 비교 *felix* '행운의'] **벨릭스, 펠릭스** Antonius Felix, 기원후 52-60년의 유대 행정 장관(정확한 관할 구역은 논란의 여지가 있음) 행 23:24 그리고 사도행전에 자주.

φήμη, ης, ἡ [φημί] '일이나 사건에 대한 정보', **소식, 보고** news, report 마 9:26; 눅 4:14.

* **φημί** [IE, 비교 라틴어 *for* (부정사 *fari*) '말하다, 이야기하다'] '자신의 생각을 언어적인 의사소통을 통해 전하다. 구두(자주 대화로)나 기록으로 ⓐ **말하다** say 마 4:7; 8:8; 막 14:29; 눅 7:40; 23:40; 요 18:29; 행 2:38; 19:35; 22:2; 26:25; 고전 6:16. ⓑ 진술한 내용의 설명이나 해명을, **의미하다** 고전 7:29; 10:15; 15:50; 암시하다 10:19; 주장하다 롬 3:8.

φημίζω [φημί] '정보를 공개하다', **널리, 두루 퍼지다** spread about/around, 수동태 이야기나 내용에 대해 마 28:15 이문; 행 13:43 이문

φησίν φημί 현재 능동태 직설법 3인칭 단수.

Φῆστος, ου, ὁ [라틴어 *festus* '축제의', 또한 애정을 담은 말로] **포르키우스 베스도, 페스토스** Porcius Festus, 벨릭스(Φῆλιξ)에 뒤이은 60년대 초기의 유대 행정 장관, 행 24:27; 25:1와 해당 장에서 자주.

φθάνω [어원은 불분명] ① '어떤 지점에 먼저 도착하다', **앞서다, 선행하다** be ahead of, precede 살전 4:15. 롬 9에서 발동작과 관련된 동사들의 극적인 사용에서(διώκω 추적하다, 31절; προσκόπτω 걸려 넘어지다, 32절) 부정어와 더불어 φ.는 롬 9:31에서 첫째로 도착하는 데 실패함을 표시한다 (즉, 이방인들보다 먼저 도착하지 못했다는 것이다. 왜냐하면 32절b가 언급하는 것처럼 이스라엘이 '걸려 넘어졌기 때문이다.'); 다른 것들은 아래 용례를 참고하라. ② '어떤 지점에 이르다', **도착하다, 이르다** arrive, reach 어떤 일을 할 때 앞설 수 있는 양상이 줄어들어서 ⓐ 목표 대상에 초점 맞추어 마 12:28; 눅 11:20; 고후 10:14; 살전 2:16. ⓑ 상황이나 상태에 초점 맞추어(비교 위 ①번에 있는 롬 9:31); 빌 3:16.

φθαρῇ φθείρω 제2부정과거 수동태 가정법 3인칭 단수.

φθαρήσομαι φθείρω 제2미래 수동태 직설법.

φθαρτός, ή, όν [φθείρω] '파멸로 이끄는 조건을 가진', **썩어 없어질** perishable 롬 1:23; 고전 9:25; 15:53f; 벧전 1:18, 23.

φθέγγομαι [어원은 불분명] '목소리로 표현하다', 성대를 사용하는 행위에 초점 맞추어, **말하다, 선포하다** utter, declare 행 4:18; 벧후 2:16, 18.

φθείρω [산스크리트 ksarati '도망하다, 멀리 떠나다'] '좋은 상황에서 망쳐저서 끝내도록 변화시키다', **망치다, 파멸하다** ruin 고전 3:17; 15:33; 고후 7:2; 11:3; 엡 4:22; 벧후 2:12; 유 10; 계 19:2.

φθερεῖ φθείρω 미래 능동태 직설법 3인칭 단수.

φθινοπωρινός, ή, όν [φθινόπωρον (φθίνω '죽어 없어지다, 사라지다', ὀπώρα '가을') '늦가을'] **늦가을의** in late autumn, 즉 열매 익을 때에 in fruit-ripe time 비유로 — 그리고 도덕적 위기가 커졌음과 연결되는 도입 항목으로서 — 수확할 수 있도록 익어야 하지만 열매가 없는 나무에 대해 유 12.

φθόγγος, ου, ὁ [φθέγγομαι] '소리로 구성된 표현' ⓐ 인간의 음성 체계로 표현하는 것으로 **음성, 목소리** voice 롬 10:18. ⓑ 악기의 표현으로 **음색** note 고전 14:7.

φθονέω [φθόνος] '자신이 원하는 것을 다른 사람이 가지고 있기 때문에 불쾌하다', ~을 **질투하다, 시샘하다** be envious (of) 갈 5:26.

φθόνος, ου, ὁ [복합적인 어원] **시샘**(의 상태) (state of) envy, 이전 항목을 보라 벧전 2:1 등. 비교 마 27:28.

φθορά, ᾶς, ἡ [φθείρω] '해체되고 더 나빠지는 어떤 과정', **부패, 붕괴** decay, ruin 롬 8:21; 고전 15:42, 50; 갈 6:8; 골 2:22; 벧후 1:4; 2:12a, 19, 벧후 2:12b에서 φ.는 파멸을 일으키는 능동 의미를 가지는 것으로 보인다. **멸망하는** ruining, 범법자들은 스스로 멸망하기 때문에 그러므로 13절은 그들의 불의한 이득이 박탈됨을 나타낸다. 다른 이들은 12절b에 있는 φ.를 **부패한 상태, 타락** corrupt condition, depravity이나 마지막 때의 치명적인 **멸망** destruction으로 해석한다.

φιάλη, ης, ἡ [어원은 불분명] 고대 지중해 세계에서 φ.는 음식, 액체, 약, 마법에 쓰는 묘약, 그리고 제사 의식에 사용하는 제물을 보관하거나 분배하기 위한 적절한 깊이와 크기를 가진 접시나 냄비를 뜻한다. **그릇, 냄비** bowl, pan ⓐ 구체적으로 제물을 담는 그릇 계 5:8. ⓑ 종말론적인 전염병이나 재앙을 퍼뜨리는 데 사용하는 용기로서 계 15:7; 16:1과 계시록에서 자주.

φιλάγαθος, ον [φίλος, ἀγαθός] 그리스적인 영향이 지배한 고대 사회에서, φ.는 사회적으로 의식 있는 개인을 묘사한다. **선하고 유익한 것을 배려하는** caring for what is good/beneficial 딛 1:8.

Φιλαδέλφεια, ας, ἡ [φιλάδελφος] **빌라델비아, 필라델페이아** Philadelphia, 골로새 북서부이자 소아시아 사르디스 남동부에 있는 도시 계 1:11; 3:7.

φιλαδελφία, ας, ἡ / Φιλήμων, ονος, ὁ

φιλαδελφία, ας, ἡ [φιλάδελφος] φ.의 중심 의미는 '동기 간의 사랑이나 애정'을 표현한다; 확장된 의미로 신약에서 사용되어 관심사를 공유하는 집단의 허구적인 친족을 향하여 배려하는 태도를 나타낸다. 즉 동료 신자, **형제애**(또는 **자매애**) brotherly [and sisterly] love 롬 12:10; 살전 4:9; 히 13:1; 벧전 1:22; 벧후 1:7.

φιλάδελφος, ον [φίλος, ἀδελφός] **형제애**(자매애)**를 가진**, 확장된 의미로 자신이 속한 집단의 구성원, 형제, 자매를 대할 때 느끼는 일종의 애정 벧전 3:8.

φίλανδρος, ον [φίλος, ἀνήρ] '남편의 이익에 관심을 기울이는', 즉 다른 사람들이 볼 수 있는 방식으로, **남편을 사랑하는** with love for a husband 딛 2:4.

φιλανθρωπία, ας, ἡ [φίλος, ἄνθρωπος] '사람들을 돌보는 특성을 가진 사람이 품은 애정', **친절함** kindness 행 28:2; 딛 3:4.

φιλανθρώπως [φίλος, ἄνθρωπος] 부사, 이전 항목을 보라 **친절하게** kindly 행 27:3.

φιλαργυρία, ας, ἡ [φιλάργυρος] **돈에 대한 애정, 돈을 사랑함** affection for money, love of money 딤전 6:10.

φιλάργυρος, ον [φίλος, ἄργυρος] **돈을 사랑하는** in love with money 눅 16:14; 딤후 3:2.

φίλαυτος, ον [φίλος, αὐτός] '자신에게 집중된 애정을 가지고', **자기 본위의, 이기적인** self-interested, selfish 딤후 3:2.

φιλέω [φίλος] '상대적으로 높은 수준으로 소중히 여기다' ⓐ 태도적인 측면에 초점 맞추어 **몹시 소중히 여기다, 사랑하다** have a high regard for, love ㉠ 사람에 대한 관심 마 10:37; 고전 16:22; 딛 3:15; 계 3:19. 어떤 사람을 친밀한 친구로 여김에 초점 맞추어 요 5:20; 11:3, 36; 16:27; 20:2; 21:15-17. ㉡ 사물에 대한 관심: 대중의 인식 마 6:5; 잔치의 특별한 자리 26:48; 자기 목숨 요 12:25; 속임수 계 22:15. ⓑ 우정어린 인식을 표현하는 예의의 측면에 초점 맞추어 **~에 대한 관심을 표시하다, 입맞춤으로 인사하다** display regard for, greet with a kiss 마 26:48; 막 14:44; 눅 22:47.

φίλη, ης, ἡ φίλος를 보라.

φιλήδονος, ον [φίλος, ἡδονή] '쾌락과 친밀한 관계에 있는', **쾌락을 좋아하는, 쾌락에 빠져 있는** fond of pleasure, devoted to pleasure 딤후 3:4.

φίλημα, ατος, τό [φιλέω] '존경심이나 존중함을 나타내어 자신의 입을 맞추는 상징적인 동작', **입맞춤** kiss 눅 7:45; 22:48. 한정어를 덧붙여 주 안에 한 가족된 신자들의 성실하고 진정한 애정의 측면에 초점 맞춘다. 롬 16:16; 고전 16:20; 고후 13:12; 살전 5:26; 벧전 5:14.

Φιλήμων, ονος, ὁ [φιλέω; '사랑하는 자'] **빌레몬, 필레몬** Philemon, 노예 오

Φίλητος, ου, ὁ / φίλος, η, ον

네시모의 주인 몬 1; 부기(附記) 및 표제.

Φίλητος, ου, ὁ [φιλέω; '사랑할만한'] **빌레도, 필레토스** Philetus, 신자 공동체 안의 반대자 딤후 2:17.

φιλία, ας, ἡ [φίλος] '친구에게 미치는 애정이나 친절함', **우정** friendship, ἔχθρα **적의** enmity 의 반의어 약 4:4.

Φιλιππήσιος, ου, ὁ [Φίλιπποι] '빌립보 출신 사람', **빌립보 사람** the Philippian 빌립보서 표제; 4:15.

Φίλιπποι, ων, οἱ [Φίλιππος] **빌립보, 필리포이** 발칸 반도에 있는 에그나티아 대로(the Egnatian Road) 동편 끝 가까이에 있는 도시, 로마 식민지로 누리는 특권으로 유명하다 행 16:12; 20:6; 빌 1:1; 살전 2:2.

Φίλιππος, ου, ὁ [φίλος, ἵππος] **빌립, 필리포스** Philip ① 분봉왕, 헤롯 1세와 예루살렘의 클레오파트라의 아들 마 16:13; 막 8:27; 눅 3:1. ② 헤로디아의 첫번째 남편 마 14:3; 막 6:17. ③ 열 두 제자 중의 하나 마 10:3; 막 3:18; 눅 6:14; 요 1:43-46, 48 등 요한복음에서 자주; 행 1:13. ④ 신자들의 공동체에서 유명한 인물 행 6:5 (일곱 조력자, 돕는 이들 중의 하나); 8:5과 동일 장에서 자주; 전도자로 언급된 사람 21:8.

φιλόθεος, ον [φίλος, θεός] '하나님과 친밀한 관계에 있는', **하나님을 좋아하는, 하나님께 헌신된** fond of God, devoted to God, φιλήδονος와 더불어 언어유희로, 하나님의 관심사를 거의 염두에 두지 않는 사람에 대해 딤후 3:4.

Φιλόλογος, ου, ὁ [φίλος, λόγος] **빌롤로고, 필롤로고스** Philologus, 바울이 문안한 인물 목록에 있는 롬 16:15.

φιλον(ε)ικία, ας, ἡ [φιλόν(ε)ικος] **논쟁, 언쟁** dispute, argument 눅 22:24.

φιλόν(ε)ικος, ον [φίλος, νεῖκος] **논쟁적인, 언쟁을 벌이는** disputatious, argumentative 고전 11:16.

φιλοξενία, ας, ἡ [φιλόξενος] '자신의 집단 외부에서 왔거나 방문하러 온 사람에 대한 존중', 문화적 전통에 따라 이방인이나 방문객이 손님으로 인정받으며(ξένος을 보라) **환대** hospitality 받을 자격이 있는 롬 12:13; 히 13:2.

φιλόξενος, ον [φίλος, ξένος] '이방인이나 방문객을 존중하는', **호의적인, 환대하는** hospitable 딤전 3:2; 딛 1:8; 벧전 4:9.

φιλοπρωτεύω [φιλόπρωτος (φίλος, πρῶτος) '첫째되기를 좋아하는'] '남보다 나서기를 좋아하다', **책임 맡기를 좋아하다** love to be in charge 요삼 9.

φίλος, η, ον [어원은 불분명] '다른 사람과 친밀한 관계에 있는', 단순히 아는 정도와 상대적으로 ⓐ 형용사로, **친절한, 상냥하게 대하는** friendly, kindly disposed 행 19:31. ⓑ 명사로 **친구** friend ㉠ ὁ φίλος 마 11:19과 누가복음에서 자주. 눅 23:12과 요 19:12에서 φ.는 명사 ἐχθρός 를 그 반의어로 암시하여 정치

φιλοσοφία, ας, ἡ / φλυαρέω

적인 우호를 나타낸다. ⓒ ἡ φίλη 눅 15:9.

φιλοσοφία, ας, ἡ [φιλόσοφος] '탐구에 대한 인상 깊은 헌신', **정교한 논증, 철학** sophisticated argumentation, philosophy 골 2:8. 여기에서는 κενὴ ἀπάτη 와 밀접한 관계를 가지고 이런저런 것을 안다고 함에 있어서 다소 φ.에 대한 부정적인 암시를 나타낸다.

φιλόσοφος, ου, ὁ [φίλος, σοφός] '이성적인 탐구에 몰두하는 사람', **철학자** philosopher 행 17:18.

φιλόστοργος, ον [φίλος, στοργή '애정'] **특별히 부드러운 관심을 가진** with special tender concern, φιλαδελφία와 관련하여, 일반적으로 친교에 대한 관심은 애정의 구체적인 표현으로 실행되어야 함을 나타낸다. 롬 12:10.

φιλότεκνος, ον [φίλος, τέκνον] '아이의 필요를 충족시키는 데 주의를 기울이는', **자신의 아이에 대해 애정을 가진** with love for [one's] child[ren], 젊은 엄마들에 대해 딛 2:4.

φιλοτιμέομαι [φίλος, τιμή] '인정이나 존중 받는 데 크게 관심을 기울이다', **야망을 가지다** be ambitious, 공직으로 인정받거나 특별한 은혜에 대해 열망하는 사람에게 통용되는 단어: 신약에서는 그리스도를 전하는 일에 대한 섬김에 대해 긍정적인 의미로 적용된다 롬 15:20 또는 미덕에 대한 표현으로 고후 5:9; 살전 4:11.

φιλοφρόνως [φιλόφρων] 부사 **세심한 태도로, 극진히** in an attentive manner, 너그럽게 환대하는 주인에 대해 행 28:7.

φιλόφρων, ον, 속격 **ονος** [φίλος, φρήν] **세심한, 극진한, 친절한** attentive, friendly 벧전 3:8 이문.

φιμόω [φιμός '입마개'] ① '조이는 도구로 입을 막다', **재갈을 물리다** to muzzle 고전 9:9 이문; 딤전 5:18. 확장된 의미로 ② '소리내는 것을 멈추게 하다', **조용히 시키다, 입막음하다, 재갈 물리다** to silence, muzzle, gag 마 22:12, 34; 막 1:25; 4:39; 눅 4:35.

φιμώθητι φιμόω 제1부정과거 수동태 명령법.

φλαγελλόω = φραγελλόω, 항목을 보라.

Φλέγων, οντος, ὁ [φλέγω, φλόξ를 보라; '불타는'] **블레곤, 플레곤** Phlegon, 바울이 문안한 롬 16:14.

φλογίζω [φλόξ] **불태우다** set on fire, 비유로 약 3:6.

φλόξ, φλογός, ἡ [φλέγω '타다, 불타다'] **불꽃** flame 눅 16:24; 행 7:30; 살후 1:8; 히 1:7; 계 1:14; 2:18; 19:12.

φλυαρέω [φλύαρος; '지껄이다, 어리석게 말하다'] '어떤 유익도 없이 말하는 것에 참여하다', **험담하다** gossip 대격과 더불어 사람, λόγοις πονηροῖς φλυαρῶν ἡμᾶς

"욕되게 하는 말로 우리를 험담하여" 요삼 10.

φλύαρος, ον [φλύω '헛소리하다'] **수다스러운** gossipy 딤전 5:13.

φοβερός, ά, όν [φόβος] '공포를 불러 일으킬 수 있는', **두려운** terrifying 히 10:27, 31; 12:21.

* **φοβέω** [φόβος] ① '불안해하는 상태에 있다' ⓐ 비정상적인 현상이나 존재들을 만나는 것에 대한 관심에 초점 맞추어: (φοβέω와 동일한 어근의 φόβος는 종종 지중해 문화에 늘 존재했지만 놀랍지 않았던 요소가 신비하게 느껴진다는 것을 반영한다). 자동사 **두려워하다, 무서워하다** be afraid, fear 마 14:30; 17:6; 27:54; 막 5:15; 눅 9:34; 12:7; 계 1:17. ⓑ 상황에 대한 우려나 사람의 개입에 초점 맞추어: 타동사 어떤 것이나 사람**을 두려워하다** be afraid of someone or someth. 마 21:26, 46; 막 6:20; 행 5:26; 롬 13:3; 갈 2:12; 히 11:23, 27; 벧전 3:6, 14; 어떤 사람**에 대해 걱정하다, 염려하다** be apprehensive/worried about 갈 4:11. 자동사 **두려워하다** be afraid 마 25:25; 막 6:50; 행 16:38; 18:9; 27:29; 히 13:6. ② '몹시 존경하다, 경외(敬畏)하다' ⓐ 타동사 ~**에 대해 깊은 존경심을 갖다** have deep respect (for): 사람에 대해, 엡 5:33; 지극히 높은 존재로서 하나님에 대해 눅 23:40; 골 3:22; 벧전 2:17; 계 19:5. ὁ/οἱ φοβούμενος/οι라는 용어는 경우에 따라 비이스라엘인으로서 이스라엘의 하나님께 관심을 가지는 이들을 특정해서 나타낸다. 행 10:2, 22; 13:16, 26. ⓑ 자동사 **두려움으로 가득하다, 몹시 두려워하다** be filled with awe 마 9:8.

φόβητρον/φόβηθρον, ου, τό [φοβέω] '공포에 시달리게 하는 특별한 어떤 것', **끔찍한 광경** terrible sight 눅 21:11.

φόβος, ου, ὁ [φέβομαι '무서워 도망키다'] ① '위협으로부터 벗어나거나 피해야 할 것 같은 느낌', **무서움** fear 요 7:13; 19:38; 20:19; 롬 8:15; 요일 4:18. 사건이나 상황으로 야기된 불안에 대해: 개인적인 만남에 초점 맞추어 고전 2:3; 초월적인 영향에 초점 맞추어 마 14:26; 28:4; 막 4:41; 계 11:11; 18:10, 15. 거리를 확보한다는 개념 ② '존경하는 감정', **숭배, 경외** reverence, awe ⓐ 세상의 권위에 대해: 통치자 롬 13:7; 노예 보유자 벧전 2:18. ⓑ 하나님의 권위나 초월적인 임재에 대해 행 9:31; 19:17; 롬 3:18; 고후 5:11; 7:1; 엡 5:21; 1Pt 1:17; 3:2; 유 23. 반응에 초점 맞추어 마 28:8; 눅 1:12, 65; 행 5:5; 19:17. ⓒ 자신의 신앙에 대해 묻는 사람에 대해 **존중, 정중함** reverence, courtesy 벧전 3:16(하지만 ⓑ에 있는 개념이 제외될 필요는 없다). ③ '어떤 상황에서 벗어날 필요가 있음을 느끼게 하는 과정', ①번과 ②번의 수동적인 것에 상대적인 능동적인 측면: **협박, 위협** intimidation 롬 3:3; 벧전 3:14.

Φοίβη, ης, ἡ [φοῖβος, η, ον '밝은, 빛나는'] **뵈뵈, 포이베** Phoebe, 겐그레아에 하나님의 백성들에게 특별한 섬김을 드린 사람 롬 16:1.

Φοινίκη, ης, ἡ / Φορτουνᾶτος, ου, ὁ

Φοινίκη, ης, ἡ [φοῖνιξ] 뵈니게, 포이니케 Phoenicia, 시리아 중부의 해안 지역, 두로와 시돈으로 유명하다 행 11:19; 15:3; 21:2.

Φοινίκισσα Συροφοινίκισσα를 보라.

φοῖνιξ/φοίνιξ, ικος, ὁ [복합적인 어원] ① '대추야자' (Phoenix dactylifera), 종려나무 palm tree 요 12:13. 다르게 막 11:8. 환유적으로, 전체의 부분 ② '종려나무의 길게 갈라진 잎', 종려 잎, 가지 palm leaf/branch, 여러 고대 문화에서 승리의 상징 계 7:9.

Φοῖνιξ, ικος, ὁ [비교 φοῖνιξ] 뵈닉스, 포이닉스 Phoenix, 크레테 남부 해안의 항구 행 27:12.

φονεύς, έως, ὁ [φόνος] 살인자 murderer 마 22:7; 행 3:14.

φονεύω [φονεύς] '생명을 취하다', 죽이다 kill ⓐ 법적 허가를 얻어, 처형하다 execute, 악한 의도가 있음을 함축하여 마 23:31, 35. ⓑ 법적 허가 없이 살인하다 murder 마 5:21 그리고, 약 2:11a를 포함하여 출 20:13f의 여러 유사한 번역으로; 그래서 또한 수사학적인 문장으로 약 2:11b.

φόνος, ου, ὁ [θείνω '살육하다', 비교 제2부정과거 ἔπεφνον] '생명을 취하는 행위', 죽이기 killing ⓐ 공인 받은 행위로 (예루살렘 권세자들에게) 처형 execution 행 9:1; 처형을 위한 도구의 속성으로 히 11:37. ⓑ 불법적인 행위로 살인 murder 마 15:19; 막 15:7; 롬 1:29; 계 9:21.

φορέω [φόρος] 옮기거나 운반한다는 개념은 φορέω의 모든 용례의 기초가 된다. '밀접하고 지속적으로 그 사람과 관계된 무엇을 지니다', 입다, 부담하다 wear, bear ⓐ 옷을 일상적으로 입는 것에 대해 입다 wear 마 11:8; 약 2:3; 그 개념은 요 19:5에서 가장으로 묘사된 의상의 일부로서 왕관을 쓰는 것으로 의미가 확장된다. 비유로 고전 15:49. ⓑ 힘과 권위의 변함없는 상징으로 검을 차고 다니는 것에 대해 차고 다니다, 지니다 carry, bear 롬 13:4.

φόρον, ου, τό Ἀππίου Φόρον을 보라.

φόρος, ου, ὁ [φέρω] 세금, 공물 tax, tribute, 로마 속주의 전 주민(약간의 예외는 있었음)이 지불하는('들여오는') 직접세 눅 20:22; 23:2; 롬 13:6f.

φορτίζω [φόρτος '짐, 화물'] '짐을 지다', 부담하다, 짐지다 to burden 수동태 마 11:28; 이중 대격으로, 능동태 비유로 눅 11:46.

φορτίον, ου, τό [φόρτος '짐, 화물'] ① '짐으로 옮기는 것' ⓐ 문자적으로, 운송하기 위한 선박 화물, 화물 cargo 행 27:10. ⓑ 비문자적 의미 짐, 부담 burden, 특성은 보통 문맥에 따라 결정된다 ㉠ 가벼운 것으로 마 11:30. ㉡ 아주 힘든 것으로, 권위자가 부과한 조건들 때문에: 무거운 마 23:4; 옮기기 어려운 눅 11:46. ㉢ 개인 사정에 따라 갈 6:5.

Φορτουνᾶτος, ου, ὁ [라틴어 '행운, 성공적인'] 포르투나토스 고린도의 신자

고전 16:15 이문, 17; 부기.

φραγέλλιον, ου, τό [라틴어 차용어 *flagellum* '채찍, 매'] **채찍, 매** whip, lash, 문맥에 따라 정해지는 목적으로 요 2:15.

φραγελλόω [라틴어 *flagellum*을 통해, 이전 항목을 보라] '특별히 고안된 채찍으로 양형 후 처벌을 가하다', **태형을 가하다, 채찍질하다, 매질하다** flog, scourge 마 27:26; 막 15:15.

φραγῇ, φραγήσομαι φράσσω 제2부정과거 수동태 가정법 3인칭 단수 그리고 제2미래 수동태 직설법.

φραγμός, ου, ὁ [φράσσω] '울타리로 경계를 표시하거나 그 역할을 하도록 만들어지거나 재배된 어떤 것' ⓐ 복음서에서는 나무나 덤불의 줄지어 있는 것 **생울타리, 산울타리** hedge 마 21:33;막 12:1; 눅 14:23. ⓑ 비유로 사이를 나누는 역할에 초점 맞추어, **장벽, 칸막이** partition 엡 2:14.

φράζω [어원은 불분명] '쉽게 이해되지 않고 모르는 것을 언급하다', **설명하다** explain 마 13:36 이문; 15:15.

φράσον φράζω 제1부정과거 능동태 명령법.

φράσσω [복합적인 어원] '가로막는 역할을 하도록 장벽을 만들다' 또는 '무엇이 발생하지 못하도록 하다', **차단하다, 멈추다** block, stop ⓐ 사자가 해를 끼치지 못하도록 그 입을 막음에 대해 히 11:33. ⓑ 말로 하는 표현을 막음에 대해 롬 3:19; 고후 11:10.

φρέαρ, ατος, τό [IE 불안정한 움직임이나, 흔들림에 대한 개념이 있는 '샘'을 뜻하는 어근에서] '땅에 뚫린 구멍' ⓐ 지하수를 이용할 수 있도록 고안된 구조물에 대해, **우물** well 눅 14:5; 요 4:11f. ⓑ 지하 세계로 연결되는 구멍 계 9:1f.

φρεναπατάω [φρεναπάτης] '마음을 속이다', **속이다, 사기를 치다, 기만하다** dupe, deceive 갈 6:3.

φρεναπάτης, ου, ὁ [φρήν, ἀπάτη] **속이는 자, 사기꾼** deceiver 딛 1:10.

φρήν, φρενός, ἡ [어원은 불분명] '판단이나 숙고가 필요한 사안에 대한 생각을 전달하는 능력', **생각, 이해** thinking, understanding 고전 14:20.

φρίσσω [φρίξ; 기본 개념은 바람이 일으킨 물결처럼, 게다가 '전율하는, 몸서리 처지는' 또는 머리카락이 '쭈뼛 서는' 것처럼 '불안하게 만들다'는 것이다] '극도로 불안한 일을 만나 떨다', 공포로 **몸을 떨다** shudder 약 2:19.

φρονέω [φρήν] '정신적인 행동 과정과 참여하다' ⓐ 사고 과정에 초점 맞추어 **생각하다** think 고전 13:11. ⓑ 사고방식이나 태도에 중점을 두어 (~에 대해) **생각하다, 염두에 두다, 관심을 가지다, 숙고하다** think, give thought to, be interested in, be concerned about ㉠ 특정하지 않고, 대격과 더불어 행 28:22; 빌 3:15b. ㉡ 구체적으로 드러나거나 함축되어, 대격과 더불어 마 16:23; 롬 8:5; 11:20;

φρόνημα, ατος, τό / φυγή, ῆς, ἡ

12:3, 16; 15:5; 갈 5:10; 빌 1:7 등 빌립보서에서 자주; 골 3:2. ὁ φρονῶν τ. ἡμέραν Κυρίῳ φρονεῖ "특정한 날을 마음에 두는 사람도 (그럼에도) 주님을 염두에 두고 있는 것이다" 롬 14:6. ἀνεθάλετε τὸ ὑπὲρ ἐμοῦ φρονεῖν "나를 위한 여러분의 염려가 되살아났다" 빌 4:10a. τὸ αὐτὸ φ. 동의하다 고후 13:11; 빌 2:2a (= τὸ ἕν φ. 2절b); 4:2.

φρόνημα, ατος, τό [φρονέω] '어떤 일에 생각이 고정되어 있는 사람의 상태나 상황', **사고방식, 심적 태도** mind-set 롬 8:6f, 27.

φρόνησις, εως, ἡ [φρονέω] **사고방식, 지혜** way of thinking 눅 1:17; 엡 1:8.

φρόνιμος, ον [φρήν] '자신의 기지를 효과적으로 발휘하다', **사려 깊은, 판단력 있는** prudent, judicious 마 7:24; 10:16; 25:2; 눅 12:42; 16:8; 고전 4:10; 10:15; 풍자적으로 고후 11:19. γίνεσθε φρόνιμοὡς οἱ ὄφεις "뱀처럼 지혜로워라 = 뱀과 같아라(이리저리 움직이며 잘 빠져나가는 모양)"; ἐν (παρά) ἑαυτοῖς φρόνιμοι "여러분의 관점에서 현명한 = 여러분 스스로 그렇게 현명하다고 생각하는" 롬 11:25; 12:16.

φρονίμως [φρόνιμος] 부사 **신중하게** prudently 눅 16:8.

φροντίζω [φρήν φροντίς '생각'에서] '정신적으로 전념하다', **~에 집중하다** concentrate on, 속격과 더불어 딛 3:8.

φρουρέω [πρό, ὁράω οὐρέω '지켜보다, 감시하다'에서] ① '공식적으로 계속 지켜보다', **감시하다** guard, 도망치지 못하도록 고후 11:32. ② '~에 대한 안전을 제공하다', **보호하다** protect 위험에 대해, 비유로 빌 4:7; 벧전 1:5. ③ '구금하다', **붙들어 놓다, 감금하다** detain, confine, 비유로 갈 3:23.

φρυάσσω [들썩임, 방해, 흔들림을 나타내는 IE 어근에서] 원기왕성하게 코를 힝힝거리는 말에 대한 이미지에서 **코웃음을 치다, 거만하게 행동하다** snort, behave arrogantly 행 4:25.

φρύγανον, ου, τό [φρύγω '굽다, 건조시키다'] '마른 덤불, 나무 조각', 복수 **나뭇가지, 불쏘시개 조각** sticks, pieces of kindling 행 28:3.

Φρυγία, ας, ἡ [어원은 불분명] **브루기아, 프리기아** Phrygia, 소아시아 중부에 있는 나라 행 2:10; 16:6; 18:23; 딤전 부기(附記).

φυγαδεύω [φυγή] '자신의 고향으로 부터 피난해 있다', **유배 생활하다** live in exile 행 7:29 이문.

φυγεῖν φεύγω 제2부정과거 능동태 부정사.

Φύγελος/Φύγελλος, ου, ὁ [명백하게 φυγή와 어느 정도 관련성을 가지고] **부겔로, 퓌겔로스** Phygelus, 바울의 일시적인 동료 딤후 1:15.

φυγή, ῆς, ἡ [φεύγω] '고통스러운 상황에서 피함', **피난, 도주** flight 마 24:20; 막 13:18 이문.

φυείς / φύλλον, ου, τό

φυείς φύω 제2부정과거 수동태 분사.

φυλακή, ῆς, ἡ [φυλακός φύλαξ의 이오니아 형태 해당 항목을 보라.] ① '법을 어긴 사람을 감금하는 장소', 정해진 구금 기간을 수행하는 감옥이 아니라, 피구금자의 사건이 판결 날 때까지 갇히는 장소, **구치소, 감옥, 교도소** holding cell, jail, prison 마 5:25; 14:3, 10; 25:36; 눅 21:12; 요 3:24; 행 5:19; 16:24; 26:10과 누가행전에서 자주; 고후 6:5; 히 11:36; 벧전 3:19 ('영들'이 그 심판을 기다리는 동안 갇혀있음); 계 2:10; 18:2; 20:7. ② '경비병이 파견된 보초 구역', **경계 초소** guard-post 행 12:10. ③ '경비병이 근무하는 시간', **(경계) 시간** watch ⓐ 구체적인 로마 방식으로 마 14:25; 막 6:48; 눅 12:38. ⓑ 특정되지 않고 마 24:43; 눅 2:8.

φυλακίζω [φύλαξ φυλακή에서] 소송의 처리를 위해 '구류에 처하다', **감금하다, 감옥에 넣다** confine, put in jail 행 22:19.

φυλακτήριον, ου, τό [비교 φυλάσσω의 미래와 부정과거 형태] 이마와 왼쪽 팔에 매다는 이스라엘 성서에서 뽑아낸 구절이 담은 상자와 기도 끈을 말하는 특별한 제의적 용어(출 13:9,16; 신 6:8; 11:18을 보라), **기도 끈, 기도상자** prayer band, prayer case 마 23:5.

φύλαξ, ακος, ὁ [φυλάσσω의 미래와 부정과거 형태] **경계병, 감시병** guard, sentinel 마 27:65 이문, 66 이문; 행 5:23; 12:6, 19.

φυλάσσω [이전 항목의 φυλ- 형태와 관련하여] ① '감시인으로 근무하다', **경계하다, 감시하다** guard, watch: 목자들 눅 2:8; 간수들 8:29; 행 12:4; 23:35; 28:16; 경계 부대 막 15:25 이문 ② '어떤 것이 손상되지 않도록 확인하다', **안전하게 지키다, 보전하다** keep safe, preserve 요 12:25; 17:12; 살후 3:3; 딤전 6:20; 딤후 1:12, 14; 벧후 2:5; 요일 5:21; 유 24. 어떤 사람을 위해서 일시적으로 무엇을 가지고 있는 것에 대해 **지키다** watch 행 22:20. ③ '조심하다' 또는 '경계하다', **피하다, 멀리하다** avoid 눅 12:15; 행 21:25; 딤후 4:15; 벧후 3:17. ④ '어떤 것이 침해당하지 않도록 하다', **지키다, 준수하다** keep, observe 마 19:20; 눅 11:28; 요 12:47; 행 7:53; 16:4; 21:24; 롬 2:26; 갈 6:13; 딤전 5:21.

φυλή, ῆς, ἡ [비교 φύω '내다, 생산하다'] '사람들의 하위 집단', 구체적인 것은 문맥에 따라 결정되어 ⓐ 일반적으로, 세상에 있는 사람들의 하위집단이나 집단 **민족, 족속, 사람들의 집단** people, people group 계 13:7; 복수 **종족들** peoples 마 24:30; 계 1:7; 7:9; 11:9; 14:6. ⓑ 이스라엘 조상의 혈통에 관해 **지파** tribe 마 19:28; 눅 22:30; 히 7:13f; 약 1:1; 구체적인 이름이 언급되어 눅 2:36; 행 13:21; 롬 11:1; 빌 3:5; 계 5:5; 7:4 그리고 해당 장에서 자주.

φύλλον, ου, τό [IE, 비교 라틴어 folium '잎'] **잎, 이파리** leaf, 무화과 나무의 마 21:19; 24:32; 막 11:13; 13:28; 유일하게 그늘을 가진 나무로 계 22:2.

φύραμα, ατος, τό [φύρω '혼합 물질'] '건조하거나 젖은 성분을 혼합하거나 반죽하여 만들어지는 연성 물질의 덩어리' ⓐ 굽는 과정에서 **(반죽) 덩어리** batch (of dough) 고전 5:6; 갈 5:9; 비유로 고전 5:7. ⓑ 옹기 생산 과정에서 **(진흙) 덩이** lump (of clay) 롬 9:21; 11:16.

φυσικός, ή, όν [φύσις] '세상 속에서 살아가는 존재로서 사람에게 기대되는 것이나 기준에 부합하여' ⓐ **자연적인, 순리적인** natural, 남성과 여성에 관련된 구조적인 설계에 부합하는 성관계에 대해 φυσικὴ χρῆσις 자연적인 기능 롬 1:26f. ⓑ 사물들에 대한 자연적인 질서에서 포획과 멸망의 운명을 가진 짐승들에 대해 벧후 2:12.

φυσικῶς [φυσικός] 부사 '근본적인 행동 방식으로', **자연스럽게, 본능적으로** naturally, 뒤따르는 풍자적인 맥락에서 직유법으로 정의된 대로 유 10.

φυσιόω [φύσις] 풀무에 대한 비유로: '자만심으로 부풀리다' ⓐ 능동태 **자랑하다, 자랑스럽게 여기다** puff up, make proud, 정교한 지식에 대해 고전 8:1. ⓑ 능동 의미의 수동태로, **교만하게 되다, 자만하다, 뽐내다** become puffed up, become conceited, put on airs 고전 4:6, 18f; 5:2; 13:4; 골 2:18.

φύσις, εως, ἡ [φύω] '존재의 근본적인 상태', **본질** nature ⓐ 다른 종류의 영향력이나 간섭이 있기 이전에 출생으로 결정된 것으로 인간이나 동물 개체의 기본 상태나 특징, **본성, 본질** nature 롬 1:26; 2:14, 27; 고전 11:14; 갈 2:15; 4:8 (만들어진 신들과 관련하여); 약 3:7 (동물들이 길들여지지 않은 상태로 세상에 들어온 것에 대해); 엡 2:3 (그리스도와 관련된 구제책을 경험하지 못하고 세상에 온 인간들에 대하여, 5절 이하, 그리고 따라서 잠재적으로 하나님의 진도 앞에 놓여있음); 비유로 가지치기의 결과가 아닌 가지들 롬 11:21, 24. ⓑ 하나님의 기본적인 성품에 대해, **본성** nature, 인간을 지배하고 있는 세속적인 부패와는 구별되는 것으로서 벧후 1:4.

φυσίωσις, εως, ἡ [φυσιόω] 비유로 부풀어오른 상황이나 상태, **교만함, 자만심, 자부심, 우쭐댐** a being puffed up, self-importance, pride, conceit 고후 12:20.

φυτεία, ας, ἡ [φυτεύω] 비유로 농업의 성장에 대해, **식물, 초목** a plant 마 15:13.

φυτεύω [φυτόν '식물'을 통해서 φύω] **심다** to plant 마 15:13 등. 비유로 고전 3:6-8.

φύω [산스크리트 bhavati '도착하다, 번영하다'] 농업 용어, **자라다, 성장하다, 움이 트다** grow, grow (up), come up 눅 8:6, 8; 비유로 식물의 생장에 관하여 히 12:15.

φωλεός [IE] '짐승의 집이라 할 수 있는 장소', 여우의 **굴** den 마 8:20; 눅 9:58.

φωνέω / φωστήρ, ῆρος, ὁ

φωνέω [φωνή] ① '주의를 끌기 위한 생각으로 소리를 내다' ⓐ 수탉에 대해 (특히 이른 새벽에) **닭이 울다** crow 마 26:34 등. ⓑ 사람에 대해 **부르짖다, 힘주어 외치다** cry out, proclaim with emphasis 막 1:26; 눅 8:8, 54; 23:46; 행 16:28; 계 14:18. ② '자신에게 호소하다', **소환하다, 부르다** summon, call for 마 27:47; 막 9:35; 10:49; 눅 19:15; 요 1:48; 2:9; 11:28; 12:17; 18:33; 행 10:18; **초청하다** invite 눅 14:12. ③ 사람을 신원을 확인하고 언급해서 **부르다** call 요 10:3; 13:13.

** φωνή, ῆς, ἡ [φημί 그리고 φαίνω와 관련하여 '숨김없이 알린다'는 의미로] ① '청각적 인상', **소리, 소음** sound, noise 마 2:18; 눅 1:44; 요 3:8; 고전 14:7f; 히 12:19; 계 4:5과 계시록에서 자주. ② '청각적 인상을 만들어 내는 능력', **음성, 목소리** voice, 직접적으로든지 아니면 기계적인 매체를 통하여 간접적으로든지 ⓐ 일반적으로 마 12:19; 막 5:7; 눅 17:13, 15; 19:37; 요 5:25, 28; 행 12:14; 히 3:7, 15; 계 5:2. ⓑ 자주 강조적인 측면과 관련하여 마 24:31 이문; 27:46; 막 1:26; 15:37; 눅 4:33; 11:27; 23:23; 요 11:43; 행 2:14; 4:24; 7:57; 14:11; 19:34; 26:24; 히 12:26; 계 1:10; 10:3 등 계시록에서 자주, 특히 여격 어구로 φωνῇ μεγάλῃ. ⓒ 특히 중요한 등장 인물의 마 3:17; 요 12:28; 행 7:31; 12:22; 22:7, 9; 벧후 1:17; 계 14:13; 19:5. 세례 요한과 관련하여 φωνὴ βοῶντος 외치는 자의 소리 마 3:3; 막 1:3; 눅 3:4; 요 1:23 (이 본문에서 자신에 대해 말하는) 환유적으로: 보는 사람이 그에게 말하고 있는 사람의 음성을 '(알아)본다', 즉, 그는 그 목소리가 누구 것인지 아는 데 관심 있다. 계 1:12. ⓓ 식별할 수 있는 목소리로: 헤롯이 신처럼 소리내다 행 12:14; 나귀가 사람처럼 소리내다 벧후 2:16. ⓔ 감정 표시에 초점 맞추어 **어조** tone 갈 4:20. ③ '의사소통 체계', **언어** language 고전 14:10f.

* φῶς, φωτός, τό [φάος의 아티카 축약 형태 '빛', 산스크리트 연관어] ① '드러내거나 공개하는 매체로서의 역할', **빛** light ⓐ 물리적인 영역에서: 마 17:2; 눅 8:16; 행 12:7; 고후 4:6; 6:14; 계 18:23; 어둠의 반의어로서 마 4:16; 6:23; 10:27. 비유로 ἐν τῷ φωτί = 드러나게, 개방적으로 마 10:27; 눅 12:3. 외계의 근원에서 나온: 행 9:3; 12:7; 22:6, 9, 11; 26:13; 고후 11:14; 계 21:24. ⓑ 비물리적인 의미로: ㉠ 일반적으로 요일 7a. ㉡ 예수와 연결되어 요 1:7; 9:5; 12:35f, 46. ㉢ 하나님과 연관되어 눅 2:32; 요 8:12a; 딤전 6:16; 요일 1:5, 7b. ㉣ 신자들에게: 그들에게 나타나는 하나님께서 조명하심의 효과에 초점 맞추어 마 4:16; 눅 16:8; 행 26:18; 롬 13:12; 엡 5:9, 13; 골 1:12; 살전 5:5; 벧전 2:9; 요일 2:8; 하나님의 빛을 가진 자들로 자신들에게 초점 맞추어 마 5:14, 16; 행 13:47; 롬 2:19. ② '빛이나 광선을 발하는 것', 문맥에 따라: **횃불, 등불** torch/lamp 행 16:29; **불** fire 막 14:54; 눅 22:56; **태양** sun 요 11:9; **천체들** heavenly bodies 약 1:17; **눈** eye 마 6:23; 눅 11:35.

φωστήρ, ῆρος, ὁ [φῶς] ① '빛으로 밝히는 것', 직유법으로 **천상의 발광체, 별**

φωσφόρος, ον / φωτισμός, οῦ, ὁ

(celestial) brightener, star 별 2:15. ② **광선, 광휘**(光輝) radiance, splendor 계 21:11. 어떤 이들은 ①의 의미로 해석하지만, 여기에서는 환유법이 작용하고 있는 것으로 볼 수 있다.

φωσφόρος, ον [φῶς, φέρω] '빛을 가지고 있는, 빛을 주는', 명사로서 ὁ φ. **샛별, 계명성** = 금성(the planet Venus) 벧후 1:19.

φωτεινός, ή, όν [φῶς] '빛의 특징을 가지는', **밝은** bright 마 17:5; **조명된, 빛으로 가득한** illuminated, full of light 마 6:22; 눅 11:34, 36.

φωτίζω [φῶς] '빛으로 밝게 하다' ⓐ **조명을 비추다** provide illumination, 빛이 제공하는 유익에 초점 맞추어 계 18:1; 21:23; φωτίσει ἐπ' αὐτούς 그들을 위해 빛을 비추다 22:5 (ἐπί 없이 이문; 비교 눅 11:36, 빛이 이동이 수월하도록 촉진하는 곳). 이 역할은 전환된 의미로 나타난다 ⓑ **초월적인 빛이 드러내거나 노출시킴에 대해 폭로하다, ~을 밝은 데에 드러내다** bring to light: 개인적인 행동 고전 4:5; 하나님의 은밀한 계획 엡 3:9; 복음 가운데 신자들을 위해 준비된 것 딤후 1:10. 수동태, 하나님께 적절하게 반응하기 위한 조명하심의 수혜자가 되는 것에 대하여, **깨달음을 얻다** be enlightened 엡 1:18; 히 6:4; 10:32. ―요 1:9은 그 개념을 개괄한다: τὸ φῶς τὸ ἀληθινὸν φωτίζει πάντα ἄνθρωπον "참된 빛이 모든 사람을 비추었다."

φωτισμός, οῦ, ὁ [φωτίζω] '빛을 비추는 행위', **조명**(照明) illumination, 비유로: 그리스도 영광의 말씀을 통해 제공되는 계몽에 초점 맞추어 고후 4:4; 무지에서 하나님의 영광에 대한 지식으로 옮겨감에 대한 계몽에 초점 맞추어 6절.

Χ

*χαίρω [산스크리트 연관어] ① '어떤 사건이나 상황에 대해 좋은 감정이 나타나는 상태에 있다', 행복하다, 기쁘다, 즐겁다, 대단히 기뻐하다 be happy/glad/delighted, rejoice 마 2:10; 18:13; 막 14:11; 눅 1:14; 15:32; 요 3:29; 행 5:41; 롬 12:12; 고전 7:30; 고후 13:9; 빌 1:18; 4:4; 골 1:24; 살전 3:9; 벧전 4:13; 요이 4; 요삼 3; 계 19:7. ② 다른 사람의 선의를 보증하는 것과 같은 인사 표현으로, 일종의 교제에 들어가기 위한 윤활유, **인사, 문안** greetings 마 26:49; 27:29; 28:9; 막 15:18; 눅 1:28; 요 19:3; 요이 10 부정사의 생략 용법으로 χαίρειν **문안** greetings 행 15:23; 23:26; 약 1:1.

χάλαζα, ης, ἡ [χαλάω] 우박 hail 계 8:7; 11:19; 16:21.

χαλάω [비교 χαίνω/χάσκω '벌어지다' 그리고 χάος '넓은 공간'] '비어 있는 공간에서 하향 운동을 일으키다', **내려 보내다** let down 막 2:4; 눅 5:4f; 행 9:25; 27:17, 30.

Χαλδαῖος, ου, ὁ [셈어 기원] '바빌론과 관련된 메소포다미아 지역의 거주민', **갈대아인** Chaldean 행 7:4.

χαλεπός, ή, όν [어원은 불분명] '다루기 어려운': 정상이 아닌 사람에 대해 **위험한** dangerous 마 8:28; 시간적인 기간에 대해 **어려운, 압박감을 주는** stressful 딤후 3:1.

χαλιναγωγέω [χαλινός, ἄγω] 비유로, 도구를 사용하여 짐승의 입으로 그것을 관리하는 것에 대하여, **굴레를 씌우다, 제어하다** bridle, control 약 1:26; 3:2.

χαλινός, οῦ, ὁ [어원은 불분명] **재갈, 굴레** bit/bridle 약 3:3; 계 14:20.

χαλινόω [χαλινός] 비유로, 굴레로 짐승을 관리함에 대해 **제어하다** control 약 1:26 이문.

χαλκεύς, έως, ὁ [χαλκός] '금속을 가지고 일하는 사람', 후대 용례에서 어떤 종류의 금속인지에 대해서는 구체적이지 않다. **금속 세공인, 금속 노동자** metalworker 딤후 4:14.

χαλκηδών, όνος, ὁ [χαλκός, 어미는 불분명] 정확한 분류는 알 수 없는 보석 **옥수(玉髓)** chalcedony (?) 계 21:19.

χαλκίον, ου, τό [χαλκός] '금속 용기', 문화에 따라 구체화되어(구리, 놋쇠 또는 청동) **기원전자, 놋그릇** kettle 막 7:4.

χαλκολίβανον, ου, τό 또는 **χαλκολίβανος, ου, ὁ** [χαλκός, 접미사

χαλκός, οῦ, ὁ / χαρίζομαι

의 의미에 대해서는 논란이 있다] 정확한 의미는 정리되지 않았다. (아마도 고급 황동이나 청동) **질 좋은 금속** fine metal 계 1:15; 2:18.

χαλκός, οῦ, ὁ [어원은 불분명] ① '금속 (구리, 놋쇠 또는 청동) 제조된 상품의 재료로서', **금속** metal 계 18:12. ② '금속으로 만들어진 물건' ⓐ 울리는 소리를 만드는 무언가 **(놋쇠로 만든) 징** (brass) gong 고전 13:1. ⓑ **돈** 마 10:9; 막 6:8; 12:41.

χαλκοῦς, ῆ, οῦν [χαλκός] 숭배를 위한 조각상에 대해, 다른 금속과 관련해서 볼 때, 특별히 **청동으로 만든** bronze 계 9:20.

χαμαί [복합적인 어원] 부사 '움직임의 대상이 되는 지구나 땅에서', **땅에** on the ground, 침뱉음에 대해 요 9:6; 상대방을 존중하여 스스로 겸손을 보이는 자세를 취함에 대해 18:6.

Χανάαν, ἡ [히브리어] 격변화 없음. **가나안** Canaan 요르단 서쪽 땅 행 7:11; 13:19.

Χαναναῖος, α, ον [Χανάαν] **가나안 사람** Canaanite 마 15:22.

*   **χαρά, ᾶς, ἡ** [χαίρω] ① **기쁨** joy ⓐ 여러 가지 상황을 경험했을 때 정서적 반응으로 마 2:10 등. 축하하여 공유함에 대해 25:21, 23. ㅡ 이전에 경험한 기쁨을 초월하리라는 예상으로 히 12:2. ② '기쁨을 가져다주는 사람', **기쁨** joy 눅 2:10; 빌 4:1; 살전 2:19f.

χάραγμα, ατος, τό [χαράσσω '새기다'] '새기는 과정으로 나온 생산품' ⓐ 조각상에 대해, 깎아 만든 것, **새겨 만든 것** engraved work 행 17:29. ⓑ 인체에 새기는 어떤 표시에 대해 **낙인, 표** brand 계 13:16f; 14:9, 11; 16:2; 19:20; 20:4.

χαρακτήρ, ῆρος, ὁ [χαράσσω '새기다'; '구별하는 표시', 도장을 찍어 만든] **진정한 표상** authentic representation 하나님의 본질적 존재와 정체성에 대한 직접적인 표현으로 히 1:3.

χάραξ, ακος, ὁ [χαράσσω '새기다'] '뾰족한 말뚝이 있는 군사 구조물', **말뚝 울타리, 흉벽** palisade, siege-work 눅 19:43.

χαρῆναι, χαρήσομαι χαίρω 제2부정과거 수동태 부정사 그리고 제2미래 수동태 직설법.

χαρίζομαι [χάρις] 단독으로 사용되는 고후 2:7을 제외하고 항상 여격 ① '호의를 베풀다', **베풀다, 주다** grant 문맥에 따라 ⓐ 치료에 대해 눅 7:21. ⓑ 정책과 선의에 대한 문제로 관할권을 인정하는 것과 연관된 행정 절차에 관하여, **넘겨주다, 이양하다** deliver, hand over 행 3:14; 25:11, 16. ⓒ 선의를 보여주는 다른 다양한 유익을 **베풀다** grant 행 27:24; 고전 2:12; 갈 3:18; 빌 1:29; 2:9;몬 22. 호의를 베푼다는 개념에는 다음이 포함된다 ② '의무를 면제해주다', **용서하다** forgive ⓐ 재정적인 의무에 대해 눅 7:42f. ⓑ 범죄, 그릇된 행동, 죄에 대한 책

χάριν / χάρτης, ου, ὁ

임에 대해 롬 8:32; 고후 2:7, 10; 12:13(수사학적인 비웃음); 엡 4:32; 골 2:13; 3:13.

χάριν [χάρις] 속격지배 전치사 역할을 하는 χάρις의 대격 ⓐ 관찰에 대한 설명 **~의 관점에서, ~ 때문에** in view of, because of 눅 7:47; 요일 3:12. 엡 3:1, 14에서 바울은 선행하는 관찰과 연결하여, **그것에 대한 이유는**(1절에서 유보된 결론이 8절에서 표현된다) 동시에 영향 받을 대상을 염두에 두고 있다. ⓑ 대상을 나타내어 **~에 대한 관심에서, 그렇게 하기 위해, 그렇게 되도록** in the interest of, so as to secure/bring about 갈 3:19; 딤전 5:14; 딛 1:5, 11; 유 16.

** χάρις, ιτος, ἡ [χαίρω] ① '관대함에 기대어 나타나는 베풂', 자주 받는 사람의 가치와 상관없이, 일반적으로는 하나님의 은혜라는 문맥에서, **호의** favor 눅 1:30; 2:40, 52; 요 1:16; 행 2:47; 4:33; 11:23; 13:43 (행위에 나타난대로 41절); 15:11, 40; 18:27; 롬 1:7; 3:24; 4:4; 5:21; 6:14; 11:5; 12:6; 고전 16:23; 고후 8:1; 히 10:29; 약 4:6; 벧전 4:10. 자주 **호의, 은혜** favor, grace로 나타난 친절하고 관대한 메시지에 중점을 두어 눅 4:22; 요 1:14; 행 14:3; 20:32; 골 4:6. ② '선의의 표현으로 기꺼이 부여된 이익', **호의, 은혜, 자선, 축복** favor, grace, beneficence, blessing 행 24:27; 고전 16:3; 고후 1:15; 유익하지 않은 표현과는 대조적으로 엡 4:29. 능력과 개인적인 풍요로움에 대한 하나님의 은혜를 특별히 내려 주심에 초점 맞추어 행 6:8; 7:10; 고전 15:10; 고후 1:12; 9:8; 벧후 3:18; 사도직에 대한 하나님의 은혜 롬 1:5; 12:3; 15:15; 고후 12:9; 갈 2:9; 엡 3:2; 4:7; 빌 1:7. ③ '관대함을 보여주는 것에 대한 반응', **보답의 표현, 감사** expression of requital, thanks 롬 6:17; 7:25; 고전 10:30; 15:57; 골 3:16. 눅 6:32-34의 압축적인 용례는 본문에 나오는 상호 간에 유익을 주고받는 일은 앞으로 축하를 받는 것의 기대와 함께 호의를 베푼 것의 공로에 대한 인정이 없다는 것을 보여준다. 반대로 벧전 2:19에서 χ.는 공로에 대한 인정이 있다는 것을 표현하는 것으로 이해하는 것이 적절하다.

χάρισμα, ατος, τό [χαρίζομαι] '관대한 행위에서 나온 결과물', 신약에서는 항상 신자들에게 주시는 하나님의 자비로우심과 연결하여, **하나님의 은혜** divine gift ⓐ 일반적으로 롬 1:11; 5:15f; 6:23; 11:29. ⓑ 공동의 행복과 관련하여 롬 12:6; 고전 1:7; 7:7; 12:4, 9, 28, 30f; 고후 1:11; 딤전 4:14; 딤후 1:6; 벧전 4:10.

χαριτόω [χάρις] '호의를 받도록 하다', **친절을 베풀다, ~에게 호의를 베풀다** show kindness/favor to 엡 1:6; κεχαριτωμένη 호의를 입은 사람 눅 1:28.

Χαρράν, ἡ [히브리어] 격변화 없음. **하란** Haran 북부 메소포타미아에 있는 장소 행 7:2, 4.

χάρτης, ου, ὁ [어원은 불분명, 비교 χαράσσω '새기다'] '필기에 사용하는 용도의

χάσμα, ατος, τό / χείρων, ον, ονος

파피루스', 종이 paper 요이 12.

χάσμα, ατος, τό [χαίνω/χάσκω '벌어지다', 비교 χάος '넓은 공간'] '깊고 개방된 장소', **심연, 구렁텅이** gulf, chasm 눅 16:26.

χεῖλος, ους, τό [IE] ① (입의) **가장자리, 입술** lip (of the mouth), 복수 **입술** the lips 마 15:8; 막 7:6; 롬 3:13; 고전 14:21; 히 13:15; 벧전 3:10. ② 비유로, 물줄기의 가장자리에 대하여 **연안, 둑** shore, bank 히 11:12.

χειμάζω [χεῖμα '겨울 날씨, 폭풍우'] '험악한 날씨에 시달리다', 수동태 **폭풍우에 시달리다** be storm-tossed 행 27:18.

χείμαρρος, ου, ὁ [χεῖμα '겨울 날씨, 폭풍우', ῥέω; 축약형이 더 지배적으로 나타나 χειμάρρους] '우기 동안에만 물이 흐르는 자연적으로 개방된 수로' **와디, 건천(乾川), 골짜기, 계곡** wadi, valley, ravine 요 18:1.

χειμών, ῶνος, ὁ [χεῖμα '겨울 날씨, 폭풍우'] '궂은 날씨 상태' **나쁜 날씨, 폭풍우** bad weather, storm 마 16:3; 행 27:20; 우기에 대해 **겨울** winter 요 10:22; 딤후 4:21; 부사 속격 χειμῶνος 겨울에 마 24:20; 막 13:18.

χείρ, χειρός, ἡ [복합어인 어원] ① '손가락 달린 신체 부분', **손 hand ⓐ 해부학적인 요소에 초점 맞추어 마 3:12 등. ⓑ 진정성이나 강한 개인적인 관심을 기록하는데 사용하는 기능적인 면에 중점을 두어 고전 16:21; 갈 6:11; 골 4:18; 살후 3:17; 몬 19. ② 비유로 강력한 행동의 주체로서 손에 대해 **손** hand ⓐ 하나님의 눅 1:66; 요 10:29; 13:3; 행 7:50; 13:11; 히 1:10; 2:7 이문; 10:31; 그리스도의 요 3:35; 10:28; 천사의 행 7:35. ⓑ 적대적인 존재의 마 17:22; 26:45; 눅 24:7; 요 10:39; 행 12:11; 21:11b; 28:17; 고후 11:33.

χειραγωγέω [χειραγωγός] **손으로 이끌다, 인도하다** lead/take by the hand 행 9:8; 22:11.

χειραγωγός, οῦ, ὁ [χείρ, ἄγω] **안내, 인도** a guide 시력을 상실해 손에 이끌려 다녀야 하는 바울에 대해 행 13:11.

χειρόγραφον, ου, τό [χείρ, γράφω] **서면 기록, 기록 문서** written declaration 비유로, 특별히 부채와 관련된 공식적인 문서에 대하여 골 2:14.

χειροποίητος, ον [χείρ, ποιέω] **손으로 만든** hand-crafted 막 14:58; 행 7:48; 17:24; 엡 2:11; 히 9:11, 24.

χειροτονέω [χείρ, τείνω 투표하려고 '손을 뻗치다'] '업무를 선택하다', **임명하다, 정하다** appoint 방식은 특정되지 않고 ⓐ 신자들의 공동체에서 취한 행동에 대해 **고르다, 선택하다** choose, elect 고후 8:19. ⓑ 바울과 바나바가 교회 지도자들을 뽑은 것에 대해 행 14:23.

χείρων, ον, 속격 ονος [비교 호메로스. χερείων 순위가 '열등한'] κακός의 비교급 **더 나쁜** worse 문맥에서 드러난 상황에 대조적으로; 옷의 찢어진 곳에 대

Χερούβ, τό / χλιαρός, ά, όν

해 마 9:16; 막 2:21; 행정적인 실수에 대해 마 27:64; 그릇된 행동에 대한 처벌에 대해 히 10:29. 불특정한 더 좋지 않은 상황 눅 11:26; 요 5:14; 딤전 5:8; 딤후 3:13; 벧후 2:20.

Χερούβ, τό [히브리어] 복수 Χερουβίν을 제외하고 격변화 없음. **날개 달린 생물, 그룹** winged creature, 언약궤와 관련되어 히 9:5.

χήρα, ας, ή [비교 χῶρος '비어 있는' 공간이나 장소에 대해] '배우자를 잃은 여자', **과부** widow ⓐ 마 23:13 [14] 이문; 막 12:40, 42f; 눅 2:37; 7:12; 18:3, 5; 20:47; 21:2f; 행 9:39; 고전 7:8; 딤전 5:3a, 4, 11, 16. 종말론적인 창녀의 과장된 부정에서 계 18:7. ⓑ 특별한 배려를 받는 과부들에 대해 딤전 5:3b, 9.

χις′ χξς′를 보라.

χιλίαρχος, ου, ὁ [χίλιοι, ἄρχω] 라틴어 *tribunus militum*을 번역한 말 '군사 호민관' = 보병대 또는 레기온(legion) 하위 제대(梯隊)의 사령관, 이론적으로는 레기온의 10분의 1이나 600명의 병사로 구성되어 있지만, 시대에 따라 수는 다양하다. **고위직 군인, 무관, 천부장** high ranking military officer 막 6:21; 요 18:12; 행 21:31-33, 37; 23:17-19; 25:23; 계 6:15; 19:18.

χιλιάς, άδος, ή [χίλιοι] 집합 명사 **천명**(으로 구성된 집단) (group of) a thousand, 대부분 사람에 대해 눅 14:31; 행 4:4; 고전 10:8; 계 5:11; 7:4-8; 11:13; 14:1, 3; 측정치에 대해 21:16.

χίλιοι, αι, α [산스크리트 연관어] **천(千)** a thousand ⓐ 시간적인 기간에 대해 벧후 3:8; 계 11:3; 12:6; 종말론적인 천년왕국에 대해 20:2-7. ⓑ 공간 단위에 대해 계 14:20.

Χίος, ου, ή [어원은 불분명] **기오, 키오스** Chios 소아시아 서쪽 해안에서 떨어진, 동일한 이름의 해상 도시를 가지고 있는 큰 섬 행 20:15.

χιτών, ῶνος, ὁ [셈어 차용] '피부에 바로 접촉하여 입는 옷', 본래는 남성용이었으나, 후대에는 여성들도 입었다. **튜닉** tunic(고대 그리스나 로마인들이 입던 옷으로 소매가 없고 무릎까지 내려오며 헐렁하다), **속옷** 마 5:40; 막 6:9; 눅 6:29; 행 9:39; 유 23; 복수로 마 10:10; 막 6:9; 14:63; 눅 3:11은 화려한 취향을 나타내는 것으로 보인다.

χιών, όνος, ή [비교 χεῖμα '겨울 날씨, 폭풍우'] **눈** snow 마 28:3; 계 1:14.

χλαμύς, ύδος, ή [아마도 외래어] **망토** cloak, 한정어 κόκκινος 붉은, 새빨간 red, scarlet χ.는 싸게 염색하여 군인들이 입었던 옷임을 나타낸다. 마 27:28, 31.

χλευάζω [χλεύη '농담, 익살'] '비웃는 경멸과 관련이 있다', **조롱하다** scoff 행 17:32.

χλιαρός, ά, όν [χλίω '온화하다, 부드럽다, 화려하게 살다'] **미온적인** lukewarm

Χλόη, ης, ἡ / χόρτος, ου, ὁ

지나치게 심각한 것에 연루되지 않는 것에 대해 계 3:16.

Χλόη, ης, ἡ [비교 χλόη '식물의 어린 순'] **글로에, 클로에** Cloe 고린도교회에 알려진 여인 고전 1:11.

χλωρός, ά, όν [비교 Χλόη] 파랑과 노랑 사이의 색상을 나타내는 형용사, 범위와 더 정확한 것은 문맥에 따라 결정된다 ⓐ 식물의 생장에 대해 (연한) **녹색** (light) green, 들판이나 초원의 지면을 덮고 있는 것에 대한 묘사에서 막 6:39; 계 8:7. 명사로서 τὸ χλωρόν 푸른 것, 푸성귀 9:4. ⓑ 말에 대해 **창백한, 푸르스름한 회색** pale, greenish gray 계 6:8.

χξς′ ἑξακόσιοι (χ′) ἑξήκοντα (ξ′) ἕξ에 대한 숫자 표시 (ς′, 옛문자 스티그마) 666 계 13:18 이문 어떤 사본에서는 χις′ 616으로 읽는다.

χοϊκός, ή, όν [χόος (χοῦς) '쌓인 토양'] '흙, 땅에서 만들어진', **흙의, 땅의** earthy 고전 15:47-49.

χοῖνιξ, ικος, ἡ [어원은 불분명] 건량(乾量) 단위, μέδιμνος(밀을 재는 단위)의 1/48, 그리고 대략 **1리터나 반 되** 계 6:6.

χοῖρος, ου, ὁ [어원은 확실하지 않음] 신약에서는 항상 복수로 **돼지** swine 마 7:6; 8:30-32; 눅 15:15f.

χολάω [χολή] **분개하다, 화내다** be angry 요 7:23.

χολή, ῆς, ἡ [비교 χλόος '연두색'; '담즙, 쓸개즙'] **담즙, 쓸개즙** bile/gall, 쓴 물질에 대해 마 27:34. 비유로, 쓰다는 개념을 강조하여: χολὴ πικρίας 쓴 쓸개 행 8:23.

Χοραζίν, ἡ [어원은 불분명] 격변화 없음. **고라신, 코라진** Chorazin 갈릴리의 마을 마 11:21; 눅 10:13.

χορηγέω [χορός, ἄγω; '합창단의 비용을 부담하다'에서 기원] '필요를 충족시키는 후원자로 기능하다', **너그럽게 공급하다** supply generously 고후 9:10; 벧전 4:11.

χορός, οῦ, ὁ [어원은 불분명] **춤추기** dancing, 파티를 즐겁게 만드는 것에 대해 눅 15:25.

χορτάζω [χόρτος; 동물에게 식물을 만족할 지점까지 먹이는 것에서 기원] '음식에 대한 필요를 충족시키다' **먹이다, 채우다** feed, fill 막 8:4; 대부분 수동태, πεινάω의 반의어, **만족하다, 실컷 맛보다** be satisfied, have one's fill 마 14:20; 막 7:27; 눅 6:21; 16:21; 요 6:26; 빌 4:12; 약 2:16; 계 19:21. 마지막 때의 축복에 대해 마 5:6.

χόρτασμα, ατος, τό [χορτάζω] **음식** food 행 7:11.

χόρτος, ου, ὁ [IE; '농장 안 마당, 목초지'] '푸른 초목' ⓐ 들판이나 초원과 관련된 것으로 **풀** grass 마 6:30; 14:19; 눅 12:28; 요 6:10; 약 1:10f; 벧전 1:24; 계 8:7; 9:4. ⓑ 초기 단계에서 날처럼 보이는 심은 곡식에 대해, **식물** plant 마 13:26. ⓒ 말린 상태의 풀에 대해 **건초(乾草)** hay 고전 3:12.

Χουζᾶς, ᾶ, ὁ [어원은 불분명] 구사, 쿠자스 Chuza, 헤롯 안티파스의 친구 눅 8:3.

χοῦς, χοός, 대격 **χοῦν, ὁ** [χέω '붓다'; '쌓인 토양'] '물질이나 흙의 고운 가루', 먼지 dust, 길의 막 6:11; 애통하는 동작으로 사용하는 계 18:19

χράομαι [χρή] 영어의 '다루다' handle와 마찬가지로 다의적인 단어 ⓐ '쓸모 있게 만드는 것에 참여하다', **사용하다** use 여격과 더불어 행 27:17; 고전 9:12, 15; 딤전 1:8; 5:23. 대격 **사용하다, 이용하다** put to use 고전 7:31. ⓑ '어떤 상황에서 필요를 충족시키기 위해 무언가를 하다', **행동하다** act 고후 1:17; 3:12; 13:10; 기능하다. φιλανθρώπως χρῆσθαι 친절한 방식으로 작용하다, 또는 친절하게 대하다. 여격(비교 χρηστός) 행 27:3; μᾶλλον χρῆσαι 더 유용하게 기능하다, 자유인이라면 기회가 더 넓어진다는 의미로 고전 7:21 (다른 관점들에 대해서는 주석을 보라).

χράω κίχρημι의 오래된 형태.

χρεία, ας, ἡ [χρή] ⓐ '필요한 상태나 경험', 수동태 의미로, **필요하다** need 자주 ἔχω를 동반하여, **~이 필요하다** be in need ⓐ 복지나 일상 용품이 부족함에 초점 맞추어 마 6:8; 막 2:25; 행 2:45; 4:35; 20:34; 28:10; 롬 12:13; 고전 12:21; 엡 4:28; 빌 2:25; 요일 3:17. ⓑ 다양한 삶의 상황이나 영적인 사안과 관련해서 필요하다는 보다 일반적인 의미로 마 3:14; 9:12; 21:3; 26:65; 눅 10:42; 15:7; 19:31, 34; 요 2:25; 13:10, 29; 16:30; 살전 1:8; 4:9; 딛 3:14; 히 5:12; 7:11; 10:36; 요일 2:27; 계 3:17; 21:23. πρὸς οἰκοδομὴν τῆς χρείας 부족한 것을 해결하기 위하여 엡 4:29. ⓑ '필요를 충족시키는 행동', **계획, 사업, 일, 봉사** program, business, matter, service 행 6:3.

χρεοφειλέτης/χρεωφειλέτης, ου, ὁ [χρή, ὀφειλέτης] **빚진 자, 채무자** debtor 눅 7:41; 16:5.

χρή [IE] 매우 오래된 격변화 하지 않는 여성형 명사로 '그래야만 하거나 일어나야 하는 바'를 뜻한다. **필요, 불가피한 일** necessity 동사 변화형 ἐστί와 더불어 이해된다. **~이 필요하다** it is necessary 약 3:10.

χρῄζω [χρή] '~이 부족한 것을 경험하다', **필요하다** need ⓐ 사물에 대해 개인적인 복지와 관련하여 마 6:32; 눅 11:8; 12:30. ⓑ 추천서에 대해 고후 3:1. ⓒ 필요를 충족시키도록 도움이 필요한 사람에 대해 롬 16:2.

χρῆμα, ατος, τό [χρή] '복지를 위해 있어야 하는 재료들' ⓐ **소유물, 재산** property, holdings 막 10:23. ⓑ **돈** money 행 4:37; 8:18, 20; 24:26.

χρηματίζω [χρῆμα] ⓐ 정치적이거나 재정적인 문제에 대한 토의나 협상의 의미하는 χ.의 초기 용례는 신탁으로 정보를 준다는 의미로 발전했다. 신약에서는 다양한 경로를 통하여, '하나님의 말씀을 전한다' ⓐ 복음에 대해, 수동태로

χρηματισμός, οῦ, ὁ / Χριστός, οῦ, ὁ

계시되다, 예언되다 be revealed, prophesied 눅 2:26. ⓑ 엄격한 가르침에 초점 맞추어 **이르다, 경고하다** enjoin, warn 능동태 히 12:25; 수동태 마 2:12, 22; 행 10:22; 히 8:5, 11:7. ② '이름이나 직함을 붙이다', ~라는 이름으로 통하다 go by the name (of), **이름하다, 부르다** be called/named(영어에서는 숙어적인 수동태로) 행 11:26; 롬 7:3.

χρηματισμός, οῦ, ὁ [χρηματίζω] '특별한 하나님의 응답', **신탁, 응답, 계시** oracle, answer, revelation 롬 11:4.

χρῆσαι χράομαι 제1부정과거 중간태 명령법.

χρήσιμος, η, ον [χρῆσις] '필요를 충족시키는', **이로운, 유리한** advantageous 마 20:28 이문; **유용한, 유익한** useful, of benefit 딤후 2:14.

χρῆσις, εως, ἡ [χράομαι] '친밀하게 연결된 상태', 신약에서는 오직 성관계와 관련해서 **관계, 작용** relations, function 롬 1:26f.

χρῆσον κίχρημι 제1부정과거 능동태 명령법.

χρηστεύομαι [χρηστός] '도움이 되는 방식으로 기능하다', **유용하다, 도움이 되다, 친절하다** be useful/helpful, kind 고전 13:4.

χρηστολογία, ας, ἡ [χρηστός, λόγος] '좋고 유용한 일을 주는 것처럼 보이지만, 방심하는 사이 이득을 취해가는 입에 발린 말', **구슬리는 그럴듯한 말** smooth talk 롬 16:18.

χρηστός, ή, όν [χράομαι] 높은 수준으로 쓸모 있다고 인정할 수 있음을 표현하는 문맥에 따라 구체화되는 용어 **도움이 되는** 마 11:30; **좋아하는** 눅 5:39; **친절한, 선한** 6:35; 엡 4:32; 벧전 2:3; 좋은 품성을 지닌, 훌륭한 고전 15:33. 명사로서 τὸ χρηστόν **인자하심** 롬 2:4.

χρηστότης, ητος, ἡ [χρηστός] '높은 수준의 유용함을 지닌 특징', 지중해 세계에서 질서정연한 사회를 유지하는 데 중요한 요인으로 이해되었다, **친절함, 너그러움, 선량함** kindness, generosity, goodness 롬 3:12; 9:23 이문; 11:22; 고후 6:6; 갈 5:22; 엡 2:7; 골 3:12; 딛 3:4. 도덕적인 측면에 초점 맞추어 롬 2:4.

χρίσμα, ατος, τό [χρίω] 성별하기 위해 기름을 사용한다는 개념은 특별하게 성령을 수여받는다는 뜻으로 확장된다, **기름부음, 도유(塗油)** anointing 요일 2:20, 27.

Χριστιανός, οῦ, ὁ [Χριστός] '그리스도라 불리는 이에게 속한 자', **그리스도 추종자, 그리스인** Christ-follower, Christian 분명히 외부인이 부여한 조롱하는 의미의 꼬리표 행 11:26; 26:28; 벧전 4:16.

***Χριστός, οῦ, ὁ** [χρίω] ① '이스라엘의 고대하는 소망을 성취하는 이로서 마지막 때의 구원자', **기름부음 받은 자, 메시아, 그리스도** the Anointed One,

χρίω / χρυσόπρασος, ου, ὁ

Messiah, Christ 마 2:4; 16:20; 22:42; 24:5; 막 13:21; 눅 2:26; 4:41; 24:26; 요 1:20; 7:26f, 31, 41f; 행 2:31; 3:18; 9:22; 17:3; 18:5; 26:23; 계 11:15; 12:10. 메시아의 역할과 메시아로서 그리스도의 이름 사이가 연결되는 이행 단계는 다음 구절에서 볼 수 있다.: 롬 9:5; 고전 1:6; 9:12; 고후 2:12; 갈 1:7; 엡 2:5; 빌 1:15; 골 1:7; 살후 3:5; 1Ti 5:11; 히 3:14; 벧전 4:13; 요일 9; 계 20:4. ② '예수께 주어진 개인적인 이름', **그리스도** Christ 마 1:16; 막 1:1; 9:41; 요 1:17; 행 2:38; 24:24; 롬 1:4; 고전 2:2; 고후 1:21; 갈 4:19; 골 3:16; 히 3:6; 10:10; 약 1:1; 벧전 1:1-3; 2:21; 5:10; 요일 1:3; 유 1; 계 1:1f, 5.

χρίω [IE, 비교 χραίνω '가볍게 만지다, 문지르다'] **바르다** anoint 신약에서는 하나님이 특별한 섬김을 위해 어떤 이를 돋보이게 하는 이미지와 관련해서만 사용된다(비교 χρίσμα) 눅 4:18; 행 4:27; 10:38; 고후 1:21; 히 1:9.

χρονίζω [χρόνος] '무언가를 행하거나 성취하는 데 예상보다 시간이 더 소요되다' ⓐ **시간이 걸리다, (예상보다 오래) 계속되다, 지연되다** take time, linger, delay 마 24:48; 25:5; 눅 12:45; 히 10:37. ⓑ **시간을 보내다, 머물러 있다** spend time, stay, 의무를 이행하기 전 어느 정도의 시간 동안 한 장소에 머물러 있던 것에 대해 눅 1:21.

* **χρόνος, ου, ὁ** [IE] ① '시간의 기간', **시간** time 마 25:19; 막 2:19; 눅 8:27; 요 7:33; 행 17:30; 20:18; 롬 7:1; 16:25; 고전 7:39; 갈 4:1; 딤후 1:9; 딛 1:2; 히 4:7; 벧전 1:17; 4:2f; 유 18; 계 6:11. 특별히 기회에 초점 맞추어 2:21; 10:6; 20:3. ② '시점 또는 명확한 순간', **때** time 마 2:7; 행 1:6; 히 5:12

χρονοτριβέω [χρόνος, τρίβω '문지르다' 그래서 '허비하다'] **시간을 허비하다** lose time, 책임에 대한 압박 때문에 아시아 주(州)에서 시간을 허비하지 않으려는 바울에 대해 행 20:16

χρύσεος 축약되지 않은 형태. χρυσοῦς를 보라.

χρυσίον, ου, τό [χρυσός] χρυσός의 지소사 ① **금** gold으로 알려진 귀금속 고전 3:12 이문; 히 9:4. 정련된 상태에 초점 맞추어 벧전 1:7; 계 3:18; 21:18. ② '금으로 만들거나, 금으로 장식한 물체' ⓐ 개인적인 금장식, **금장식품, 보석** 딤전 2:9; 벧전 3:3; 계 17:4; 18:16. 마지막 두 구절은 아마도 **금괴** ⓑ **금화, 돈** 행 3:6; 20:33; 벧전 1:18. ⓒ 아마도 탁 트인 광장 계 21:21.

χρυσοδακτύλιος, ον [χρυσός, δάκτυλος δακτύλιος에서] **금반지를 낀** 또는 **손가락에 금반지를 낀** with a gold ring or with gold rings on one's fingers 약 2:2.

χρυσόλιθος, ου, ὁ [χρυσός, λίθος] '노르스름한 색상의 보석', **감람석** 계 21:20.

χρυσόπρασος, ου, ὁ [χρυσός, πράσον '리크(큰 부추와 유사한 채소)'] '높

χρυσός, οῦ, ὁ / χωρίον, ου, τό

은 투명도의 금빛 푸른 색상을 가진 보석', chrysoprase로 음역하며, **녹옥수** 계 21:20.

χρυσός, οῦ, ὁ [셈어 차용] ① **금** gold으로 알려진 귀금속 마 2:11; 고전 3:12; 계 9:7; 18:12. ② '금으로 만들거나 혹은 금으로 장식한 물체' ⓐ 개인용 금장식, **금 장 식품, 보석** 딤전 2:9 이문; 계 17:4 이문; 18:16 이문 ⓑ **신의 형상** 행 17:29. ⓒ **금화, 돈** 마 10:9. ⓓ 규정할 수 없는 금 gold 마 23:16f; 약 5:3.

χρυσοῦς, ῆ, οῦν [χρυσός] '금으로 만들거나 혹은 금으로 장식된', **금으로 된** golden 딤후 2:20; 히 9:4; 계 1:12f과 계시록에서 자주.

χρυσόω [χρυσός] **금으로 장식하다** adorn with gold 계 17:4; 18:16.

χρῶ χράομαι 현재 중간태 명령법 2인칭 단수.

χρώς, χρωτός, ὁ [복합적인 어원] '신체의 표면적인 부분', **피부** skin 행 19:12.

χωλός, ή, όν [어원은 불분명] **지체가 부자유한, 불구의** crippled 마 11:5 등. 발을 잃어버리는 것에 초점 맞추어 마 18:8; 막 9:45.

χώρα, ας, ἡ [비교 χῆτος '부족, 결핍' 그리고 그와 같이 χήρα '상(喪)을 당한 사람', χῆρος '여인, 사별한', χωρίς '~없이'; '열린 공간'] ① '소유한 재산과 대조적인 영토의 확대', 나라나 장소 이름, 이야기 내용으로 한정됨 ⓐ **지역, 장소** region, area 마 8:28; 막 1:5; 5:1, 10; 눅 2:8; 3:1; 15:13-15;행 12:20; 13:49; 16:6; 26:20. 도시와 상대적으로 개방된 시골 눅 11:55; 행 8:1. 바다와 대조적인 해안선 27:27. ⓑ **고향** homeland 마 2:12. ⓒ 의미가 전환되어 마 4:16. ② '소유주의 관할 지역', **토지 재산** landed property 눅 12:16; 복수 **밭** fields 21:21; 요 4:35; 약 5:4.

Χωραζίν Χοραζίν을 보라.

χωρέω [χώρα; '움직임을 위해 공간을 사용하다'] ① '어떤 장소를 향하여 움직이다' **가다, 향하다** go, head for, εἰς과 더불어 마 15:17; 비유로 벧후 3:9. ② '공간이 있는 어떤 상황 가운데 있다', **두다, 포함하다** hold, contain 막 2:2; 요 2:6; 21:25. 비유로, **자리를 마련하다** have/make room: 다른 사람을 향하여 자신의 마음을 여는 것에 관하여 고후 7:2; 하나님의 가르침을 위해 자신의 마음안에 공간을 확보하는 일에 대하여 마 19:11f; 요 8:37.

χωρίζω [χώρα; '거리를 만들다'] ① '사이에 공간을 통하여 떨어지게 하다', **나누다, 갈라놓다** separate 마 19:6, 막 10:9; 롬 8:35, 39. ② '떠나서 관계를 끊다', 수동태 능동의 의미로 ⓐ **떠나다, 가버리다** leave, go away 어떤 장소로부터 움직여서 행 1:4; 18:1f; 몬 15. ⓑ 이혼을 통해 **헤어지다** separate (oneself) 고전 7:10f, 15.

χωρίον, ου, τό [χώρα] χώρα의 지소사, '땅에서 상대적으로 작은 지역', **장소** place 마 26:36; 막 14:32; 땅의 일부분, 작은 **구획** piece of land, plot 요 4:5; 행 1:18f; 4:34, 37 이문; 5:3, 8; 28:7.

χωρίς [χώρα] 부사 ① '분리된 상태로', **따로 떨어져, 그것만으로** apart, by itself 요 20:7. ② 속격 지배 전치사로 기능하여: '포함하지 않는 어떤 상태나 상황으로', **~없이, ~과 떨어져** without, apart from ⓐ 사람. 요 1:3; 15:5; 롬 10:14; 고전 4:8; 엡 2:12; 히 11:40; 헤아리지 않고, 언급하지 않고 마 14:21; 15:38. ⓑ 사물에 대해 마 13:34; 눅 6:49; 롬 3:21; 4:6; 7:9; 딤전 5:21; 몬 14; 히 4:15 등 히브리서에서 자주; 약 2:18, 20, 26; (~으로부터) 분리되어, (~의) 외부에 고후 12:3; 헤아리지 않고, 차치하고 11:28.

χωρισμός, οῦ, ὁ [χωρίζω] **알력, 불화** dissension 행 4:32 이문.

χῶρος, ου, ὁ [비교 라틴어 *caurus* '북서풍'] **북서쪽** northwest 행 27:12.

Ψ / ψευδοπροφήτης, ου, ὁ

ψάλλω [복합적인 어원; '진동을 일으키다', '퉁기다' 악기의 현을, 일반적으로는 목소리로 함께 노래 부르며] '축하하는 방식으로 노래하다', 악기 반주의 유무가 정해지지 않고, **찬양의 노래를 부르다** sing song(s) of praise 롬 15:9; 엡 5:19; 단독으로 약 5:13. 열거되는 정신적 능력을 사용함에 초점 맞추어 고전 14:15.

ψαλμός, οῦ, ὁ [ψάλλω] '축하하는 시' ⓐ 시편에 수집된 구약의 시들에 대해, **시편** psalm 눅 20:42; 24:44; 행 1:20; 13:33. ⓑ 신약에서 예배를 드릴 때 목소리를 이용한 음악적 표현과 관련해서 **찬송** song of praise 고전 14:26; 엡 5:19; 골 3:16.

ψευδάδελφος, ου, ὁ [ψευδής, ἀδελφός] '밀접하게 엮인 그룹에서 동료의 지위를 거짓으로 대표하는 사람', **거짓 형제, 가짜 구성원, 허위 구성원** false/counterfeit/bogus brother/member 고후 11:26; 갈 2:4.

ψευδαπόστολος, ου, ὁ [ψευδής, ἀπόστολος] '사도의 사역을 위한 하나님께서 주신 자격을 가졌다고 그릇되게 주장하는 사람' **거짓 사도, 가짜 사도** false/bogus apostle 고후 11:13.

ψευδής, ές [ψεύδω '속이다', 중간태 '거짓말하다'] '진리에 반대되는', **허위, 가짜** false, lying 행 6:13; 계 2:2; 명사로서 **거짓말쟁이** liar 21:8.

ψευδοδιδάσκαλος, ου, ὁ [ψευδής, διδάσκαλος] '하나님께서 인정하심 없이 교사의 직분을 주장하는 사람', **거짓 교사, 가짜 선생** false/bogus teacher 벧후 2:1.

ψευδολόγος, ον [ψευδής, λόγος] '거짓 정보 제공' 또는 '정보의 왜곡', **거짓말** lying, 명사로, 복수 **거짓말쟁이** liars 딤전 4:2.

ψεύδομαι ψεύδω를 보라.

ψευδομαρτυρέω [ψευδόμαρτυς] **거짓 증언하다** give false witness/testimony 마 19:18; 막 10:19; 14:56f; 눅 18:20.

ψευδομαρτυρία, ας, ἡ [ψευδόμαρτυς] **거짓 증언, 거짓 증거** false witness/testimony 마 15:19; 26:59.

ψευδόμαρτυς, υρος, ὁ [ψευδής, μάρτυς] '사실과 다르게 증언하는 사람', **거짓 증인** a false witness 마 26:60; 고전 15:15.

ψευδοπροφήτης, ου, ὁ [ψευδής, προφήτης] '예언자직에 대한 (하나님의) 인증을 받았다고 거짓으로 주장하는 사람', 잘못된 정보 제공에 대한 함축 여부

에 상관없이, **거짓 선지자, 가짜 예언자** false/bogus prophet 마 7:15 등.

ψεῦδος, ους, τό [ψεύδω] '진짜인 어떤 것에 대한 왜곡 방식', **거짓말, 허위** a lie, falsehood 요 8:44; 롬 1:25; 살후 2:9, 11; 요일 2:21, 27; 계 14:5; **거짓** lying 엡 4:25; ποιεῖν ψεῦδος 거짓말하다, 거짓을 행하다 계 21:27; 22:15.

ψευδόχριστος, ου, ὁ [ψευδής, Χριστός] '이스라엘의 기름부음 받은 자, 메시아라고 거짓으로 주장하는 사람', **가짜 메시아** bogus Messiah 마 24:24; 막 13:22.

ψεύδω [어원은 불분명] 신약에서 중간태로만, ψεύδομαι ① '거짓인 것을 진술하다', **거짓말하다** lie 마 5:11 등. ② '거짓말하면서 조작된 인상을 주려고 노력하다', **속이다** lie 행 5:3.

ψευδώνυμος, ον [ψευδής, ὄνομα] '부적절한 명칭을 가지다', **거짓으로 이야기되다, 틀린 이름으로 불리다** falsely termed, miscalled 딤전 6:20.

ψεῦσμα, ατος, τό [ψεύδω] '허위 조작에 연루됨', **거짓, 허위** lying 하나님의 진짜 정체성과 행동을 잘못 나타내는 행동이나 표현에 대해 롬 3:7.

ψεύστης, ου, ὁ [ψεύδω] **거짓말쟁이** liar 요 8:44, 55; 롬 3:4; 딤전 1:10; 딛 1:12; 요일 1:10; 2:4, 22; 4:20; 5:10.

ψηλαφάω [ψάλλω] '살펴보는 방식으로 손을 움직여 접촉하다', **느끼다, 매만지다** feel, touch 눅 24:39; 행 17:27; 히 12:18; 요일 1:1.

ψηλαφήσειαν ψηλαφάω 제1부정과거 능동태 희구법 3인칭 복수

ψηφίζω [ψῆφος] ① '숫자를 합산하여 금액을 정하다', **계산하다, 헤아리다** calculate, count 비용을 확정함에 대해 눅 14:28. ② '숫자를 알파벳 문자로 나타낸 낱말의 뜻을 해독하다', 게마트리아 또는 숫자적인 언어유희에 대하여, **해독하다** solve 계 13:18.

ψῆφος, ου, ἡ [비교 ψάμμος '모래'] '상대적으로 작은 크기의 돌', **조약돌, 돌멩이** pebble, stone ⓐ 투표에 사용하는 행 26:10. ⓑ 계 2:17에 나오는 ψῆφος λευκή 흰돌에 사용된 상징을 이해할 수 있는 정확한 문화적 맥락은 불분명하다.

ψιθυρισμός, οῦ, ὁ [ψιθυρίζω '속삭이다'] '작은 목소리로 정보를 전달하다', 폄하하는 의미를 함축하여 **은밀한 험담, 소문** covert gossip, tale-bearing 고후 12:20.

ψιθυριστής, οῦ, ὁ [ψιθυρίζω '속삭이다'] **떠벌이, 가납사니** gossipmonger, tale-bearer 롬 1:29.

ψίξ, ψιχός, ἡ [ψίω/ψίζω '부숴뜨리다, 씹다'] **부스러기** crumb 눅 16:21 이문.

ψιχίον, ου, τό [ψίξ] 이전 항목의 지소사. **매우 작은 조각, 부스러기** a very little bit, crumb 마 15:27; 막 7:28; 눅 16:21 이문.

ψυγήσεται ψύχω 제2미래 수동태 직설법 3인칭 단수.

ψυχή, ῆς, ἡ / ψώχω

** ψυχή, ῆς, ἡ [ψύχω] ① '육체적으로 죽은 사람에게는 없는 특징', **생명** life 마 2:20; 막 3:4; 눅 12:20, 22; 요 10:11, 17; 13:37; 15:13; 행 2:27; 20:10, 24; 롬 11:3; 16:4; 빌 2:30; 살전 2:8; 요일 3:16; 바다 생물에 대해 계 8:9. 환유적으로 ② '생명체를 소유하고 있는 것', **사람** person 행 2:41, 43; 3:23; 7:14; 15:26; 27:37; 롬 13:1; 고전 15:45; 벧전 3:20; **생물** creature 계 16:3. ③ '단순히 신체적인 기능 이상으로 사람에게 필수 불가결한 것', **생명, (내적) 자아, 영혼** life, (inner) self, soul 마 6:25; 10:28; 20:28; 22:37; 막 8:36; 눅 1:46; 12:19; 17:33; 요 12:27; 롬 2:9; 고후 1:23; 살전 5:23; 히 6:19; 13:17; 약 1:21; 5:20; 벧전 1:9; 벧후 2:8; 요삼 2; 계 12:11; 18:13. 어떤 ψ.는 볼 수 있다. 계 6:9; 20:4. 정신, 감정, 태도, 다른 내적인 측면에 초점 맞추어 마 11:29; 26:38; 막 12:30; 14:34; 행 4:32; 14:2; 빌 1:27; 히 4:12; 계 18:14. ἐκ ψυχῆς 진심으로 엡 6:6; 골 3:23; ψυχὴν αἴρειν 생명을 앗아가다, 긴장하고 불안해한다는 뜻을 나타내는 이례적인 표현 (비교 우리말의 '혼을 쏙 빼놓다', '넋이 빠지게 하다')으로 요 10:24.

ψυχικός, ή, όν [ψυχή] '육체적인 충동으로, 육체적인 방향으로' ⓐ **육체적인** physical 고전 15:44; **영적이지 않은, 세속적인** unspiritual, worldly 2:14; 약 3:15. ⓑ 명사로서 τὸ ψυχικόν 육체적인 것 고전 15:46; ψυχικοί 세속적인 사람들 유 19.

ψῦχος, ους, τό [ψύχω] '차가운 상태', **추위** cold 요 18:18; 행 28:2; 고후 11:27.

ψυχρός, ά, όν [ψῦχος] **차가운** cold 마 10:42; 태도로 의미가 전환되어 계 3:15f.

ψύχω [IE; '숨쉬다, 식히다'] 신약에서는 수동태로만, ψύχομαι 비유로 타오르다가 식어버리는 불에 대해, **끄다, 소멸하다** go out, be extinguished 마 24:12.

ψωμίζω [비교 ψωμίον] ① '작은 부분으로 나누어 먹게 하다', **먹이다** feed 롬 12:20. 의미가 전환되어 ② '단편적으로 나누어주다', 소유를 **담아주다, 나눠주다** dish out, dispense 고전 13:3.

ψωμίον, ου, τό [비교 ψώχω] **빵의 작은 부분, 빵조각** small portion of bread, bit of bread 요 13:26f, 30.

ψώχω [ψάω (ψῶ) 타동사 '문지르다', 자동사 '무너지다'] **비비다** rub 눅 6:1.

Ω

Ω, ὤ 그리스어 알파벳의 마지막 글자 **오(메가)** o(mega). 신약에서는 상징으로 ἄλφα와 연결되어 처음부터 끝까지 만물을 다스리는 존재에 대해: τὸ Ω 계 1:11 이문; τὸ ὦ 계 1:8; 21:6; 22:13.

ὦ 감정을 나타내는 감탄사 **오! O!** 마 15:28 등.

Ὠβήδ Ἰωβήδ를 보라.

* **ὧδε** [비교 ὅδε] 부사 장소에 대해: 상대적으로 가까운 위치에 대한 표시 ⓐ 어느 지점으로 이동하는 것에 초점 맞추어 **여기로, 이곳에, 이쪽으로** here, to this place, hither 마 8:29; 17:17; 20:6; 22:12; 막 11:3; 눅 9:41; 요 6:25; 20:27; 계 4:1. ⓑ 어느 지점에 있는 위치에 초점 맞추어 **여기에서, 이 장소에서** here, in this place 마 12:6; 막 9:1, 5; 16:6; 눅 4:23; 11:31f; 17:21; 21:6 이문; 요 6:9; 11:21; 행 9:14; 히 13:14; 약 2:3. τὰ ὧδε 이곳 사정 골 4:9. ⓒ 확장된 의미로, 대화하는 상황에 초점 맞추어 여기에서, 이런 관계에서 고전 4:2; 계 13:10. ὧδε ἡ σοφία ἐστίν "여기에는 지혜가 필요하다." 13:18. ὧδε ... ἐκεῖ 여기에, 이 경우에…그곳에는, 다른 경우에는 히 7:8.

ᾠδή, ῆς, ἡ [ᾄδω] **노래** song 엡 5:19; 골 3:16; 계 5:9; 14:3; 15:3.

ὠδίν, ῖνος, ἡ [비교 ὀδύνη] '출산과 관련된 고통', **해산의 고통, 노고(勞苦)** birth/labor pains 마 24:8; 막 13:8; 행 2:24; 살전 5:3.

ὠδίνω [ὠδίν] **산고/수고를 견디다** suffer birth/labor pains 갈 4:27; 계 12:2; 비유로 갈 4:19.

ὦμος, ου, ὁ [IE] **어깨** shoulder 마 23:4; 눅 15:5.

ὤμοσα ὀμνύω 제1부정과거 능동태 직설법.

ὠνέομαι [ὦνος '지불한 가격'] **사다** buy 행 7:16.

ᾠόν, οῦ, τό [복합적인 어원] **알, 달걀** egg 눅 11:12.

** **ὥρα, ας, ἡ** [IE] ① '하루 중 일정 시간', **시간, 때** hour, time ⓐ 하루 중 정확히 어떤 길이인지는 구체화되지 않고 마 24:36; 25:13; 눅 12:39f; 계 3:3. ⓑ 하루 중 구체화된 길이를 언급하여 ㉠ 특별한 시간 간격 없이 마 20:12; 26:40; 막 11:11; 눅 22:59; 요 11:9; 행 19:34. 비교 그 이야기 문맥에서 눅 2:38; 행 16:18; 고전 4:11. ㉡ 하루의 시작으로부터 구체적으로 시간 간격을 헤아려서(이것은 '제 1시' = 대략 우리의 6시 또는 오전 6시이 될 것이다) 또는 밤의 시작으로부터 (= 대략 18시 또는 오후 6시) **시간** hour 마 20:3, 5, 9; 27:45; 막 15:25; 눅

605

ὡραῖος, α, ον / ὡς

23:44; 요 1:39; 19:14; 행 2:15; 3:1; 10:30. 물시계나 해시계로 정확한 것을 측정하는데 사용했다. ⓒ 의미가 확장되어 상대적으로 짧은 시간에 대해 **잠시** (a/the) time 요 5:35; 고후 7:8; 살전 2:17. πρὸς ὥραν 잠깐갈 갈 2:5; 잠시 동안 몬 15. μιᾷ ὥρᾳ 순식간에 계 18:10. ② '행동이나 사건이 일어난 시점', **때** time 마 8:13; 막 13:11; 14:35; 눅 10:21; 13:31; 요 5:28 그리고 요한복음에서 자주; 행 16:33; 롬 13:11; 요일 2:18; 계 11:13; 14:15.

ὡραῖος, α, ον [ὥρα] 중요한 시기와 관련하여 시간을 폭넓게 나타내는 개념은 특히 무르익은 과일과 젊음을 꽃피우는 인간처럼 가치 있는 대상으로서 **아름다운** beautiful이라는 개념을 불러온다. 마 23:27; 행 3:2, 10; 롬 10:15.

ὤρυξα ὀρύσσω 제1부정과거 능동태 직설법.

ὠρύομαι [산스크리트 연관어] **으르렁대다** roar 벧전 5:8.

*** **ὡς** [비교 ὅς] 부사 주된 기능은 이야기의 요소들을 연결시켜주는 것이다 ① 양식이나 본보기라는 개념을 중점으로, 문맥에 따라 그렇게 인식하거나 인식해야 할 여러가지 방식으로 직유를 표현하고, 이루어진 내용이나 사안에 대한 드러나지 않은 질문에 대답하는 것: **(바로) ~처럼** 마 1:24; 6:10, 12; 막 4:36; 행 23:11; 25:10; 고전 7:17; **(바로) ~같이, ~과 유사하게** 마 6:5; 18:3; 22:30; 롬 9:27; 엡 2:3; 벧전 1:24; **~하는 방법으로** 마 5:48; 26:39; 27:65; 막 10:15; 눅 3:23; 9:54 이문; 12:27; 15:19; 요 7:46 이문; 고전 13:11; 엡 5:28; 6:20; 골 3:18; 살전 5:2; 계 4:6; **마치 ~인 것처럼** 고전 3:15; **마치 ~인 듯이** 히 11:29. —마 17:20 ~처럼 (그 요점은 겨자씨가 작은만큼 작은). ② 주어적인 관점에 초점 맞추어: **마치 ~인 양, ~이라는 생각으로, ~처럼** as though, with the thought that, like 행 3:12; 23:15 (근거가 박약한 이유에 대해), 20; 27:30; 28:19; 고전 4:18; 7:25 (~이라 확신하는); 고후 5:20; 11:21 (~라는 것을 알고 있는); 엡 5:1; 5:8; 골 3:12; 살후 2:2; 딤전 5:2 (다른 사람의 인식에 바울의 그릇된 행동이라 생각하는 것); 딤후 2:3, 9; 히 12:16; 13:17 (~이라는 것을 아는); 벧전 2:2; 2:5, 11, 12, 13, 25; 3:6; 4:12, 15 (~라는 이유로; 비교 눅 16:1; 23:14); 5:8; 벧후 1:3 (~라고 보아서); 요이 5; 계 1:15; 3:3 (도둑이 행하듯이: 언급한 사람과 연관된 행동을 하는 인물에 대한 환유법으로); 5:6 (살해된 사람처럼); 12:15 (뱀이 빠르게 흐르는 강처럼 물을 흘려 보낸다); ἤκουσα ὡς φωνήν 나는 소리 같은 것을 들었다 19:1, 6. ③ 행동이나 사건의 측면에 초점 맞추어, **~하는 방식으로**(절을 이끌어) 눅 6:4; 24:6, 35; 행 10:28; 롬 1:9; 11:2; 고후 7:15; 빌 1:8; 살전 2:11a. ④ 다른 용법 ⓐ 시간적인 의미로 **~할 때, 후에** when, after 눅 1:23, 41, 44; 요 2:9; 4:1; 행 5:24; 10:7, 25; 하는 동안, 할 때, 하는 한 눅 12:58; 24:32; 요 12:35f; 20:11; 행 1:10; 8:36; 21:27; **~한 이래로, ~할 때부터** 막 9:21. ⓑ 감탄으로 롬 10:15; 11:33. ὡς ἄν ~할 때, 하자마자 15:24; 고전 11:34; 빌 2:23. ⓒ 목적을 표현하여

~하기 위하여 in order that 행 20:24; 히 7:9. ⓓ 결과를 표현하여 **그리하여** 히 3:11; 4:3. ⑤ 숫자상 어림으로 **대략, 거의, 근접하게** 막 5:13; 눅 1:56; 요 6:10, 19; 행 13:18, 20; 27:37 이문; 계 8:1. ⑥ 최상급과 더불어 ὡς τάχιστα 최고 속도로, **가능한 빨리** 행 17:15.

ὡσαννά [히브리어/아람어 '도우소서' 또는 '간구하오니, 구원하소서'] 격변화 없음. **호산나** hosanna, 찬양의 외침 마 21:9, 15; 막 11:9f; 요 12:13.

ὡσαύτως [ὡς, αὐτός αὕτως에서 '아주 똑같은 방식으로'] 부사, ὡς의 강조형: **같은 방식으로, 유사하게, 마찬가지로** in like manner, similarly, likewise, 마 20:5 등.

ὡσεί [ὡς, εἰ] ① 상호 관계의 표시로 **~처럼** like 이런 방식으로 마 3:16; 9:36; 막 9:26; 눅 22:44; 행 2:3; 6:15; 9:18 이문; 롬 6:13; 히 1:12. ② 수나 측정값에 대한 표시로 **대략, 거의** about, approximately 마 14:21; 눅 3:23; 9:14; 23:44; 행 1:15; 19:7.

Ὡσηέ/Ὡσῆε, ὁ [히브리어] 격변화 없음. **호세아** Hosea, 그의 책과 관련한 환유법으로 롬 9:25.

ὠσί οὖς 여격 복수.

ὥσπερ [ὡς, ρες] 부사 사건이나 상황과 관련된 방식에 관해 **(바로) ~처럼** (just) as 마 6:2 등.

ὡσπερεί [ὥσπερ, εἰ] 부사 경고하는 어조를 나타내는 역할로 **마치 ~인 것처럼, ~인듯이** as though, as if 고전 4:13 이문; 15:8.

****ὥστε** [ὡς, τέ] 연이은 불변화사는 선행하는 문장의 결과로 나타나는 절을 소개한다. ① 독립절을 이끌어서 **이런 이유로, 그러므로, 그래서** for this reason, therefore, (and) so 마 12:12; 막 2:28; 롬 7:4, 12; 고전 3:7; 5:8; 고후 5:16f; 갈 3:9, 24. 명령법과 더불어 고전 15:58; 빌 2:12; 살전 4:18; 벧전 4:19. ② 종속절을 이끌어서 ⓐ 행동의 결과 **~하도록 ~하다** so that 마 8:24; 27:14; 막 1:45; 2:12; 눅 12:1; 요 3:16; 행 1:19; 고후 1:8; 갈 2:13. ⓑ 의도하는 결과에 대해 **~하려는 목적으로, 에 대한 관점으로, ~하기 위하여** for the purpose of, with a view to, in order that 마 10:1; 27:1; 눅 4:29; 9:52 이문; 20:20.

ὦτα οὖς 주격 그리고 대격 복수.

ὠτάριον, ου, τό [비교 ὠτίον] '외이(外耳)', **귀** ear 막 14:47; 요 18:10.

ὠτίον, ου, τό [οὖς의 지소사] **귀** ear 마 26:51; 막 14:47 이문; 눅 22:51; 요 18:10 이문, 26.

ὠφέλεια, ας, ἡ [비교 ὠφέλιμος] '어떤 유익한 상황', **이익, 이득, 장점** profit, gain, advantage 롬 3:1; 유 16.

ὠφελέω [ὄφελος] ① '이전에 존재했던 이상으로 좋은 일을 가져오는 활동에 참여하다' ⓐ **돕다, 조력하다** help, assist 마 15:5; 16:26; 히 4:2; μηδὲν ὠφεληθεῖσα

ὠφέλιμος, ον / ὤφθην

전혀 도움받지 않고 = 더 나아지는 바가 없이 막 5:26; 유익하게 하다 고전 14:6; (~에) **이점이 있다, 유익하다** be of advantage (to), be of benefit (to) 막 8:36; 눅 9:25; 고전 13:3; 갈 5:2; 히 13:9. ⓑ 가치가 있다 롬 2:25; ἡ σάρξ οὐκ ὠφελεῖ οὐδεν 육체는 전적으로 쓸모없다 요 6:63. ② '활동에 성공하다', **성취하다** accomplish 부정어와 더불어 = **아무런 소용없다** get nowhere 마 27:24; 요 12:19.

ὠφέλιμος, ον [ὠφελέω] '쓸모 있는', **도움이 되는, 유용한** helpful, useful 딤전 4:8; 딤후 3:16; 딛 3:8.

ὤφθην ὁράω 제1부정과거 수동태 직설법.

신약성서 그리스어 사전

Copyright ⓒ 새물결플러스 2017

1쇄 발행	2017년 6월 20일
3쇄 발행	2024년 10월 4일
지은이	프레드릭 윌리엄 댕커
옮긴이	김한원
펴낸이	김요한
펴낸곳	새물결플러스
편 집	왕희광 정인철 노재현 이형일 나유영 노동래
디자인	황진주 김은경
마케팅	박성민
총 무	김명화 이성순
영 상	최정호
아카데미	차상희
홈페이지	www.holywaveplus.com
이메일	hwpbooks@hwpbooks.com
출판등록	2008년 8월 21일 제2008-24호
주 소	(우) 04114 서울특별시 마포구 신촌로28가길 29
전 화	02) 2652-3161
팩 스	02) 2652-3191

ISBN 979-11-6129-017-1 91230

책값은 뒤표지에 있습니다.